比較憲法学の現状と展望

初宿正典先生古稀祝賀

[編集委員]
毛利　透
須賀博志
中山茂樹
片桐直人

成文堂

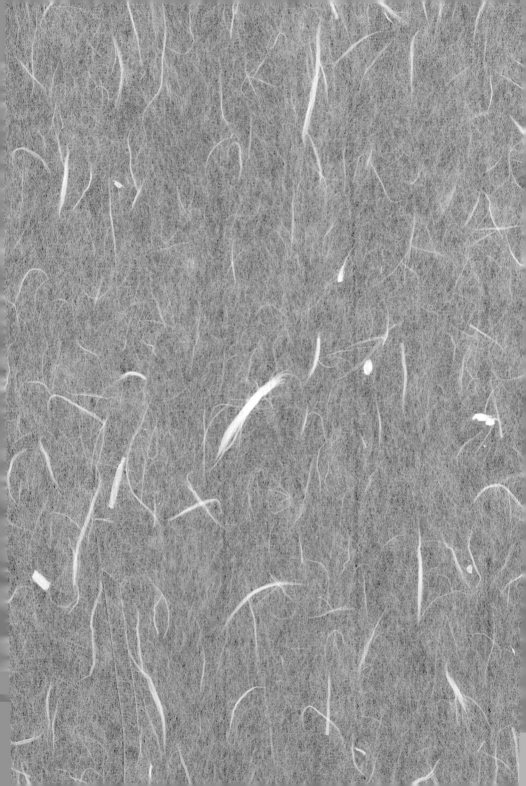

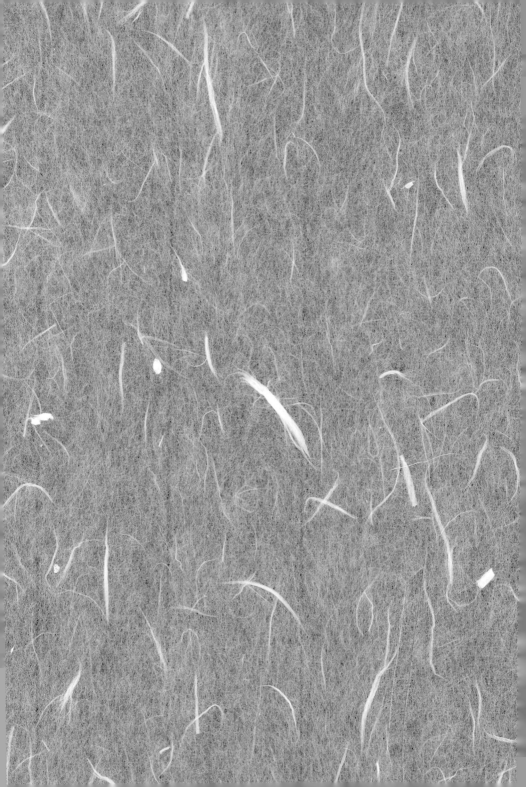

初宿正典先生

謹んで古稀をお祝いし
初宿正典先生に捧げます

執筆者一同

はしがき

　初宿正典先生は、1947年6月10日に滋賀県にお生まれになり、2017年、めでたく古稀を迎えられた。本書は、初宿先生のご指導を受け、あるいは共に憲法を論じて、交流を重ねてきた研究者により、先生の古稀をお祝いするために編まれた献呈論集である。このたび、初宿先生の古稀をお祝いすることができるのを、一同心よりうれしく思う次第である。

　初宿先生は、2012年に京都大学を定年退職されたあと、同年、京都大学名誉教授となられるとともに、京都産業大学で引き続き熱心に研究・教育にあたってこられた。その間、年来のご研究を、『日独比較憲法学研究の論点』（成文堂、2015年）、『カール・シュミットと五人のユダヤ人法学者』（成文堂、2016年）としてまとめられた。また、若手研究者を率いて比較憲法の入門書である『レクチャー比較憲法』（法律文化社、2014年）を編まれたほか、『基本判例憲法25講』、『憲法判例』、『憲法 Case and Materials』、『新解説　世界憲法集』、『ドイツ憲法集』といった従来から定評のある各種のテキスト群も引き続き手を入れられ、あるいは、新しい形で世に問われるなど、精力的にお仕事を続けておられる。

　我々は、2010年に、初宿先生の還暦をお祝いして、祝賀論文集『各国憲法の差異と接点』（成文堂、2010年）を献呈している。還暦に引き続き、こうして古稀をお祝いできることは誠に感慨深いものがあるが、その還暦祝賀論文集の冒頭で土井真一教授が振り返ったように、初宿先生は、これまで一貫して、ドイツの憲法学史・憲法論に関心を持たれ、その周到・丹念な検討と内在的理解を踏まえた明晰な分析で、数多の燦然たるご業績を生み出してこられた。初宿先生のこれらのご業績は、わが国の公法学に限らず、法思想史をはじめとする幅広い学問領域にも影響を与えるものであるが、加えて、このような先生の比較憲法学を基礎とする学問上のスタイルが、日本国憲法の分析やその解釈論においても遺憾なく発揮されてきたことはいうまでもない。

　比較法学は、従来、憲法学に限らず、わが国の法学研究として正当かつポピュラーな方法として定着してきた。しかし、比較法学という手法が、いわば「法の認識」論を超えて、日本国憲法の解釈論として意味あるものとなるためには、比

較の対象として選択された素材のテキストや関連の解釈学説を単純に比べるだけでは不十分であり、両者の歴史的・文化的・社会的背景についても深い洞察が必要となる。初宿先生がこの点を常に意識され、好んで比較の対象とされてきたドイツはもとより、日本についても、解釈学説や判例を形作る背景を踏まえた理解を志向されてきたことは、改めて解説するまでもないだろう。

　本書に寄稿した研究者はみな、初宿先生のご業績のみならず、このような先生のスタイルからも、多くのものを学んできた。研究を進めるにあたっても、あるいは、概説書や判例集の類いを執筆するにあたっても、我々が常に意識するのは、法律や判例、学説を、その背景まで含めて、できる限り丁寧に理解することであり、このことは、初宿先生から受けた学恩として、我々の研究成果のひとつひとつに、色濃く映し出されている。我々が、本書に『比較憲法学の現状と展望』というタイトルを付けたのもそのような意味からであり、その一方で、本書に寄せられたそれぞれの論考が、必ずしも単純な比較法的分析に終始していないのも、それゆえである。

　初宿先生は、2018年3月に京都産業大学を退職されたが、その際に伺ったお話によれば、最近は、ドイツ憲法への関心を一層深め、研究を進めておられるそうで、一同、先生の尽きることのない意欲に驚かされるとともに、近い将来、その成果に触れられることを今からとても楽しみにしている。今後も、私ども後進に引き続きご指導・ご鞭撻をいただけるようお願い申し上げたい。また、長年にわたり先生のご活躍を支えてこられた令夫人とともに、これからもお元気でご活躍されることを心よりお祈り申し上げる。

　本書は、本来であれば、初宿先生が古稀を迎えられるのに合わせて贈呈させていただくべきところであったが、1年余り刊行が遅れてしまった。編者の責によるものであり、先生および原稿を早くに寄せてくださった執筆者の方には、お詫び申し上げる。末筆ながら、本書の企画、編集にあたっては、成文堂の篠崎雄彦氏のご尽力が欠かせなかった。ここに記して、御礼を申し上げたい。

2018年7月

編　者　一　同

目　次

はしがき

第 1 部　歴史と理論

公法学テキストの受容とその文脈――Dietrich Jesch の日本とドイツ
における受容をめぐって――……………………………高 田　　篤（ *3* ）

レズローブ――独仏狭間の法学者――　………………時 本 義 昭（ *23* ）

アンテベラム期における経済規制と裁判所の役割
………………………………………岸 野　　薫（ *57* ）

非常事態の布告制度の憲法原理上の地位――ドイツ近現代憲法における
憲法制度との関連を踏まえて――…………………山 中 倫太郎（ *75* ）

ヴァイマル憲法における婚姻・家族条項――GHQ 民政局原案への影響と
その限界をめぐって――……………………………鈴 木　　敦（ *107* ）

基本法に与えたバイエルン憲法の影響 …………櫻 井 智 章（ *137* ）

世代間正義と民主主義 ………………………………毛 利　　透（ *161* ）

グローバル化時代に公法学の可能性は残されているか
………………………………………………山 田 哲 史（ *181* ）

人工知能技術の人間存在への倫理的影響について
………………………………………………樺 島 博 志（ *201* ）

宮沢俊義「国家神道」像の批判的検討 …………須 賀 博 志（ *215* ）

憲法改正規定の改正について――清宮四郎教授の所説を中心に――
………………………………………………土 井 真 一（ *241* ）

第2部　統治機構

二元代表制下の統治機構をめぐる諸問題 ………… 大　石　　　眞（273）

議場構造の憲法学…………………………………… 赤　坂　幸　一（297）

議事規則・多数決・エントレンチメント——アメリカ連邦議会上院の
　　フィリバスター——………………………………… 二本柳　高　信（331）

日米の個別法律の現況と課題 …………………… 御　幸　聖　樹（347）

内閣官房の機能に関する比較法的考察——フランス内閣事務総局の機能
　　との対比——…………………………………… 奥　村　公　輔（373）

独立財政機関と憲法——イギリスの予算責任局を題材として——
　　…………………………………………………… 上　田　健　介（401）

公債発行と憲法85条——議論の手掛かりを求めて—— 片　桐　直　人（433）

応答的司法の政治的基盤と正統性 ………………… 見　平　　　典（459）

トランプ政権初期の入国禁止措置と合衆国司法部
　　……………………………………………………… 松　本　哲　治（479）

アメリカにおける連邦法による州法の専占をめぐる議論の一断面
　　——医薬品規制に関する最近の判例を中心に——……… 髙　井　裕　之（495）

第3部　基本権

「憲法上の権利」の導出に関する試論——ドイツの公権論を参考に——
　　……………………………………………………… 篠　原　永　明（525）

何人も国籍を離脱する自由を侵されない——国籍離脱の自由と帰化の
　　憲法上の位置づけについて——……………… ペドリサ・ルイス（547）

戸籍実務と憲法上の権利………………………… 稲　葉　実　香（569）

同性婚と日本国憲法 ……………………………… 白　水　　　隆（591）

修正13条の意義…………………………………… 藤　井　樹　也（611）

目　次　*vii*

スポーツイベントの安全と公法的規制——フランスのフーリガン対策
　法制の憲法問題——………………………………井　上　武　史（*631*）

わが国における大学の自治制度の経緯について
　………………………………………………齊　藤　芳　浩（*653*）

憲法問題としての研究倫理——学問の自律性と公共性——
　………………………………………………中　山　茂　樹（*699*）

イタリア婚姻制度における教会法秩序と国家法秩序との連結
　——イタリア政教関係の一側面——…………………田　近　　　肇（*725*）

医師法17条による医業独占規制と憲法——タトゥー彫師訴追事件に
　即した検討——…………………………………曽我部　真　裕（*749*）

憲法的刑事手続の一側面——刑事裁判における訴訟能力論をめぐって——
　………………………………………………尾　形　　　健（*769*）

「教育格差」社会における憲法第26条の「教育を受ける権利」
　に関する考察　…………………………………梁　　　邵　英（*803*）

ドイツ連邦憲法裁判所と就学義務　………………横　田　守　弘（*825*）

ドイツにおける教会の自己決定権と労働者の基本権——教会労働者
　の忠誠義務に関する判例の展開を中心に——…………倉　田　原　志（*853*）

初宿正典先生 略歴・主要著作目録　………………………………（*873*）

第 1 部

歴史と理論

公法学テキストの受容とその文脈
——Dietrich Jesch の日本とドイツにおける受容をめぐって——

高　田　　篤

一　はじめに
二　„Gesetz und Verwaltung" の内容
三　„Gesetz und Verwaltung" の日本とドイツにおける反響・評価
四　現代ドイツ公法学におけるイエッシュ「再読」とそれに対する批判
五　Jesch 受容とその文脈
六　おわりに

一　はじめに

　古典的学説が提起された学的に重要なテキストについては、現在の私達がそれを素直に読み返し、それと直接向き合うという読み方もあり得る。しかし、より学的なのは、省察された読み方である。すなわち、著者とその学問体系を探索した上で、そのテキストが生まれた文脈、例えば、政治的、社会的、経済的、思想的な時代状況といった一般的文脈を理解する。同時に、著者の知の出会い、例えば他の有力な理論家、理論、グループ Kreis との出会い、交流、軋轢、著者の理論につながる知の系譜、著者が活躍した場所（ヴィーン、ハイデルベルクなどの）といった具体的文脈を知る。これらの文脈を踏まえ、テキストを理解するというものである[1]。しかしながら、テキストの意義を理解するには、それが生まれた文脈だけでなく、それにどのような肯定的・批判的な反響があったか、また、それらを経て、テキストがどのような発展を遂げたか[2]、といったことも重要である。さらに、そのテキストが、後の時代にどのように読まれ、受容されたのか、

1　例えば、数多くのドイツ公法学の古典的テキストを産出したカール・シュミットについて、その具体的な文脈を精査した業績として、初宿正典『カール・シュミットと五人のユダヤ人法学者』（成文堂、2016年）がある。筆者は、この著者から、テキスト探究の方法を学ぶ機会を、研究生活の最初から今日に至るまで、絶え間なく与えていただいてきた。
2　例えば、版の更新に伴うテキストの変化などが考えられる。

4

あるいは、受容されなかったのか、といったことにも、留意する必要がある。

　本稿で取り扱うのは、Dietrich Jesch のテキストの日本とドイツにおける受容である。Jesch は、1923年7月4日に生まれ、1960年に Marburg 大学教授に就任し、1963年6年15日、40歳になる直前に、交通事故で亡くなった。しかし、彼が1959年に提出した教授資格申請論文 „Gesetz und Verwaltung“ は、1961年に公刊され[3]、日本とドイツの公法学、就中「法律による行政」論に非常に大きな影響を与えたのである。本稿では、まず、„Gesetz und Verwaltung“ の内容を概観する（二）。次に、同テキスト公表後の、日本における反響とドイツにおける評価（三）を概観する。また、同テキストは、近年のドイツにおいて、「再読」、再評価される一方で、そのような高評価を相対化しようとする批判もなされているが、それらの議論を紹介し、検討する（四）。さらに、三、四における Jesch 受容を分析することを通じて、日本とドイツの公法学の文脈を探究する（五）。最後に、古典的テキストの受容の分析、比較検討が持ち得る学的意義と可能性についても考察する（おわりに）。

二　„Gesetz und Verwaltung“ の内容

　Jesch は、„Gesetz und Verwaltung“ において[4]、法律による授権の伝統的限定（「侵害留保」）が、立憲君主制の本質的要素であることを証明し、憲法構造が転換したことを踏まえて、モダンな留保概念を帰結しようとした。その際、伝統的な留保学説には三つの問題があるとされる。すなわち、

　　1　留保が介入（侵害）行政（Eingriffsverwaltung）にのみ関連付けられ、給
　　　　付行政に関連付けられていないこと、
　　2　特別権力関係において妥当しないこと、
　　3　一般条項類似の授権で留保の要件が充たされるとされること
の三つである[5]。

　Jesch は、ここにおける基本的な問題を、執行権の形式的法律に対する関係、

3　Dietrich Jesch, Gesetz und Verwaltung, J. C. B. Mohr（Paul Siebeck）, 1961.

4　本書の内容は、出版後の早い段階で、日本において詳細に紹介された。遠藤博也「イエッシュにおける憲法構造論（一）」（1968年）・同『国家論の研究──イエッシュ、ホッブス、ロック』（信山社、2011年）所収。

5　Jesch（Anm. 3）, S. 1.

すなわち、執行の立法に対する関係であると捉える[6]。その際、方法論的前提として、法律適合性原則が憲法構造の機能であり、法律適合性原則の妥当、内包、外延は、各憲法秩序（spezielle Verfassungsordnung）のそれぞれの構造に機能的に（funktional）依存しているとする。それ故、この原則の意義は、憲法構造と共に変化する。伝統的な法律適合性原理の機能的位置（funktionale Stellung）は、立憲君主制の憲法構造において示され得ることになり、そして、いまや変更された憲法構造から、法律適合性原則について、その変更された機能的位置と新たな内容形成とが推論され得るという[7]。つまり、Jesch によれば、ボン基本法の新たな憲法構造は、議会が最高の国家機関であることを明らかにしている。議会だけが、憲法が沈黙している場合に、権限の推定を主張することができる。立憲君主制下とは異なり、議会は、最早、統治・行政領域における執行権の自然の自由を制限するのではなく、執行権に活動するために必要な権限を付与する。執行権は、政府のレベルにおける政治的決定に関して憲法で与えられた活動権限——これは議会のコントロールに服するが——を除けば、法律による授権無しに活動するための権限を持たないという[8]。また、Jesch は、司法権の機能的位置がそのコントロール権限にあり、議会と執行権を監視し、それによって憲法と全法秩序が維持される。そして、全ての行政活動は司法審査可能であり、執行権の意のままにできる、法から自由な領域は最早存在しないというのである[9]。

　このような前提に基づき、Jesch は、1の授権の範囲について、執行権は、基本法秩序の構造によれば、憲法が自身で執行権に十分な権限を与えていない限り、行政として、純然たる執行する権力になったのであり、それ故、すべての行為形式について議会の授権に依存する。したがって、給付と優遇は、議会による授権に基づいてのみ、行政から与えられるとした[10]。2の特別権力関係について、執行権の行為権限は憲法又は法律による特別の配分に基づいてのみ存在する

6　Jesch（Anm. 3）, S. 3.
7　Jesch（Anm. 3）, S. 66 f.
8　Jesch（Anm. 3）, S. 171. 基本法80条1項の規定（「法律によって、連邦政府、連邦大臣またはラント政府に対し、法規命令を発する権限を与えることが出来る。その場合には、与えられる権限の内容、目的および程度は、法律において規定されなければならない。……」）は、執行権が、法律の執行と法律の指示の具体化に、精確に境界づけられた範囲内で、限定されている、という考えに基づいているとされる（Jesch（Anm. 3）, S. 95.）。
9　Jesch（Anm. 3）, S. 98 f.
10　Jesch（Anm. 3）, S. 205.

6

として、カテゴリカルに授権不要な領域が存在することを否定した[11]。3の概括的授権について、そもそも基本法の下では、許されないとする。すなわち、執行権は議会の授権規範に依存しているのであって、議会は限界づけられた授権要件を定めなければならない。さもなければ、議会は規範を定め（Normierung）、統制する（Lenkung）という任務を放棄することになるからだという[12]。また、授権の特定化（Spezifizierung）は、立法者自身がおこなわなければならず、立法者がそれを裁判所に押しつけることは許されない。執行権の権力を制限する任務は、議会に与えられていて、裁判権は、憲法上、この限界が維持されるよう監視することにのみ任ぜられているとして、行政措置に対する完璧で実効的な裁判所のコントロールの必要性から、立法者が裁判官による判断の基準を整える義務を導き出したのである[13]。

三　„Gesetz und Verwaltung" の日本とドイツにおける反響・評価

1　日本における反響

日本では、Jesch の „Gesetz und Verwaltung" が出版された直後の1960年代において、その学説が肯定的に評価された。高田敏は、1964年に、民主制下、「法律による行政」は、立憲君主制下のような「法律の留保」（法律による授権）だけではなく、法律による行政作用の手続的・内容的規制を要求すると論ずる中で、Jesch の „Gesetz und Verwaltung" を、「法律の留保」において内容的規制を問題として取り上げ、そこにおいて概括的授権（Globalermächtigung）ではなく特定的授権（spezifizierte Ermächtigung）が必要であると説いている業績として、肯定的に引用した[14]。また、遠藤博也は、1968年に、ドイツにおける行政法の把握が、「憲法は変わるが、行政法は存続する」という Otto Mayer 流のものから、第二次大戦後は「具体化された憲法」（Fritz Werner）という捉え方に変わったとし、Jesch について、憲法構造論を正面に押し立てて行政法理論の再検討を迫っ

11　Jesch（Anm. 3), S. 212.
12　Jesch（Anm. 3), S. 222.
13　Jesch（Anm. 3), S. 225 f.
14　高田敏「オーストリアにおける『法律による行政』とわが国における問題点（１）——法律による行政の範囲　その２」広島大学政経論叢13巻５、６号（1964年）168頁。

た学者として、高く評価した[15]。

しかし、その後、日本の行政法学において、Jesch の „Gesetz und Verwaltung" の意義は相対化された。大橋洋一は、1985年に、1970年代以降に発展した本質性理論が「全部留保説から多くの刺激並びに示唆を受け」たとしつつも、同理論を――後に見るドイツの実務の自己理解に反して――「侵害留保学説の対象領域拡大の試みとして把握」し、伝統学説発展の延長線上に位置づけた。そして、Jesch もこの立場だと整理される全部留保説に対して、ドイツにおいて「努力して戦いとられた原則をただちに再び例外要件により取消す」ものであるとの批判がなされたことを強調した[16]。大橋に代表されるように、行政法学の「通説」的見解は、「Jesch ＝全部留保説＝過去の学説・学問発展の本流にはない学説」として、その意義を小さく位置づけたのである。

2　ドイツにおける評価

これに対して、ドイツの学説は、各年代で Jesch の „Gesetz und Verwaltung" を高く評価した。1962年には、Christian-Friedrich Menger が、「Jesch の作品が我々の学にとってどれほど大きな価値があることか」は「明らか」である。Jesch の研究の個々について賛成するかどうかは別にして、その「説得力ある業績は永続的価値を持ち続ける[17]」とした。1984年には、Hermann Weber が、„Gesetz und Verwaltung" について、「当時において最も引用された行政法のモノグラフィーであることは確か[18]」であるとした。2015年には、Christoph Schönberger が、戦後、専ら連邦憲法裁判所が憲法について未来を開く役割を担う状態が続いたが、„Gesetz und Verwaltung" から、「連邦憲法裁判所と国法学との建設的な協力が始まった[19]」としたのである。このように、ドイ

15　遠藤・前掲（4）5-6頁。遠藤は、この論文の中で、Jesch の所説が、「単なる思いつきの域に止まるものではなくて相当周到な用意の上に出来上っている」と評価しつつ、「後の検討」のために、「そこに問題があること、その原因は奈辺にあり、これに対処するにはさらに如何なる前提作業が必要であるか」を示すことを目指したが、未完に終わった。

16　大橋洋一「法律の留保額説の現代的課題」（1985年）同『現代行政の行為形式論』（弘文堂、1993年）所収5頁。

17　Christian-Friedrich Menger, Gesetz und Verwaltung. Bemerkung zum gleichnamigen Buch von Dietrich Jesch, Der Staat, 1962, S. 366.

18　Hermann Weber, Otto Bachof zum 70. Geburtstag, NJW 1984, S. 472.

19　Christoph Schönberger, Der „German Approach": Die deutsche Staatsrechtslehre im Wissenschaftsvergleich, in: ders., Der German Approach", 2015, S. 30. 但し、Schönberger は、Jesch の

ツの公法学においては、Jesch の „Gesetz und Verwaltung" が学説史において持つ決定的な意味が、一貫して認められてきたのである。

　また、ドイツの実務も、Jesch の „Gesetz und Verwaltung" を「法律の留保」原則の転換にとって決定的な役割を果たしたものと位置付けた。すなわち、連邦憲法裁判所は、1978年の Kalkar 決定において、法律の留保原則の理解が、特にそれが民主制の構成要素（Komponente）も有していることへの認識でもって近年転換した、とした上で、法律の留保理解を再構成したパイオニアとしての役割をJesch に認めて、学説引用の先頭に掲げ、立法者が、「介入（Eingriff）」というメルクマールから切り離され、基本的な規範領域における規律についてすべての本質的決定を自ら下さなければならない、としたのである[20]。

四　現代ドイツ公法学におけるイエッシュ「再読」とそれに対する批判

1　Jesch「再読」論

　三2で見たように、ドイツにおいて、Jesch の „Gesetz und Verwaltung" は、絶えず評価されてきたが、近年、Oliver Lepsius が同書の「再読」を行い、その現代的意義を唱えたことによって、新たな形で注目されている。

　Lepsius は、同書がドイツの行政法学発展にとって画期的な業績（Meilenstein）

　「行政の法律による拘束」を強調する立場には批判的な論者である（Christoph Schönberger, „Verwaltungsrecht als konkretisiertes Verfassungsrecht" ——Die Entstehung eines grundgesetzabhängigen Verwaltungsrechts in der frühen Bundesrepublik, in: Michael Stolleis (Hg.), Das Bonner Grundgesetz　Altes Recht und neue Verfassung in den ersten Jahrzehnten der Bundesrepublik Deutschland (1949–1969), 2006, S. 79 f.)。

20　BVerfGE 49, 89（126）.「法律の留保の原則は、確かに憲法において明示的に言及されていないが、しかしそれが妥当することは基本法20条3項から明らかになる（BverfGE 40, 237 [248]）。この原則の理解は、特にそれが民主制の構成要素も有していることへの認識でもって、近年転換した（Jesch, Gesetz und Verwaltung, 1961, S.205 f.; Rupp, Grundfragen der heutigen Verwaltungsrechtslehre, 1965, S. 104 ff.; ders, JZ 1977, S. 226 f; Ossenbühl, Verwaltungsvorschriften und Grundgesetz, 1968, S. 208 ff; ders, Gutachten B zum 50. Deutschen Juristentag, 1974, S. 155 ff.; Stern, Das Staatsrecht der Bundesrepublik Deutschland, Bd I, 1977, S. 637 ff.; Kisker, NJW 1977, S. 1313 ff.; Listl, DVBl. 1978, S. 12 ff.; Niehues, Schulrecht und Prüfungsrecht, 1976, S. 37 ff.)。今日では、立法者は、——「介入」というメルクマールから切り離されて——基本的な規範領域において、とりわけ基本権行使の領域において、基本権行使が国家的規律を受け入れる（zugänglich）限りは、すべての本質的決定を自ら下さなければならない、ということが、繰り返し判決されている。」

であり、その結果、法律の留保が法治国家的なものから民主的なものへと新たに観念し直され、法律から自由な行政というイデオロギーが破壊され、すべての行政活動が民主的正統性と民主的統制を必要とするとの帰結が導かれた、と評価する。しかしながら、Lepsius によれば、同書は行政法学において長い間行きすぎであるとみなされていた。行政法学の多数は、行政が法律の留保の彼岸で本来的に（originär）形成を任務としているということ（Gestaltungsauftrag）に固執しようとしたとされる[21]。

Lepsius によれば、これが突破されたのは、法律の留保をめぐる1970年代の初めの連邦憲法裁判所判決によってであり、それによって行政法が民主制原理に包摂されることが始まったとされる。しかし、Lepsius は、連邦憲法裁判所がJesch と比べれば道半ばであったという。なぜならば、同裁判所は、基本法80条１項２文（「その場合（法律によって法規命令を発する権限を与える場合）には、与えられる権限の内容、目的及び程度は、法律において規定されなければならない。」〈（　）内は筆者による〉）という規範に効果を持たせる代わりに、本質性理論と議会留保でもって、あまり輪郭を与えられない代償戦略を発展させたが、それは、実務上、法律の留保に明確な民主制の輪郭を与えていないからである。それどころか、Lepsius は、オショー判決[22]やグリコール判決[23]で、「国家指導」というトポスを通じて、Jesch と裁判所が永らく排除しようとしたもの＝留保を免れた国家行為が、しかも介入行政の分野で、再び導入されたとして、連邦憲法裁判所の近年の傾向を強く批判する。また、Lepsius は、行政法学の現状も批判し、多くの議論が行政法の遅れた民主化の回りを堂々巡りし、法律の留保によってではなく、団体訴訟、情報請求権、社会のアクターの関与、利害関係人の参加によって正統化の補償をし、民主化を達成しようとしているとする[24]。

Lepsius は、Jesch のモデルが流行遅れのように見えるが、Jesch が基本法から法律の留保を民主制的に導き出したことについて正しいのであれば、彼の本は

21　Oliver Lepsius, Wiedergelesen――Dietrich Jesch: Gesetz und Verwaltung, 1961――, JZ 2004, S. 350.

22　オショー判決については、西原博史「政府の情報提供活動における〈警告〉と信教の自由の保障」ドイツ憲法判例研究会編『ドイツの憲法判例　Ⅲ』（信山社、2008年）117頁以下参照。

23　グリコール判決については、丸山敦裕「情報提供活動の合憲性判断とその論証構造――グリコール決定を手がかりに――」阪大法学55巻５号（2006年）121頁以下参照。

24　Lepsius,（Anm. 21), S. 350 f.

10

行政法学にとって充足されていない憲法的遺贈である[25]、と結論づける。このように、Lepsius は、同書が今日においても大きな意義を持つことを主張しているのである。

2 「再読」批判論

この Lepsius による Jesch 評価に対して、Ino Augsberg から強い批判が加えられている。

Augsberg も、Jesch の学説史上の意義を高く評価する点では Lepsius と同様である。すなわち、今日のドイツ行政法学において共通了解となっている憲法への定位、憲法化（Konstitutionalisierung）は、1950 年代においては当然のことではなく、Otto Bachof によれば、それと最初に格闘したのは、Ernst-Wolfgang Böckenförde の „Gesetz und gesetzgebende Gewalt[26]" と Jesch の „Gesetz und Verwaltung" だったという[27]。しかしながら、Augsberg は、Böckenförde の著作が専ら歴史に定位したものであったのに対し、Jesch の著作は歴史的に論証しているが、最初から現在のドグマーティクの変化を目的とした構想であったとし、その唯一性を強調している。つまり、Jesch の著作が、国法学・行政法学の伝統的理解の歴史的由来をテーマにしつつ、それが変化した憲法条件下・基本法下での状況に適合していないことを説明し、物の考え方において「新たな定位」の条件を作り出すことを意図して書かれ、それが貫徹されたものであるというのである[28]。

しかしながら、Augsberg は、Jesch の著書に対する高い評価にもかかわらず、そこには今日の観点からして不十分な点があるという。つまり、Jesch は行

25　Lepsius, (Anm. 21), S. 351.

26　Ernst-Wolfgang Böckenförde, Gesetz und gesetzgebende Gewalt. Von den Anfängen der deutschen Staatsrechtslehre bis zur Höhe des staatsrechtlichen Positivismus, Dunker & Humblot, 1958.

27　Otto Bachof, Über einige Entwicklungstendenzen im gegenwärtigen deutschen Verwaltungsrecht, in : ders., Wege zum Rechtsstaat. Ausgewählte Studien zum öffentlichen Recht, Athenäum, 1979, S. 248.

28　Ino Augsberg, Demokratische Aufklärung　Dietrich Jeschs Neubestimmung der Verwaltungsrechtsdogmatik unter dem Grundgesetz, in: Carsten Kremer (Hrsg.), Die Verwaltungsrechtswissenschaft in der frühen Bundesrepublik (1949-1977), Mohr Siebeck, 2017, S. 288 ff. 尚、日本において Jesch と Böckenförde を比較対照した業績として、林知更「国家学の最後の光芒？——ベッケンフェルデ憲法学に関する試論——」同『現代憲法学の位相——国家論・デモクラシー・立憲主義』（岩波書店、2016年）所収125-128頁がある。

政法を新たに基本法へと方向付けようとするが、それをほとんど専ら民主制理論の視角からおこなっている。これに対して、基本権に基礎づけられた考慮は、ほとんど見いだされない[29]。行政法を個々人の主観的権利に根付かせることは、Jeschの見方からすると、19世紀の自由主義的な法治国家の基本型を反映するもので、確かに新たな諸関係の下で放棄されてはならないが、新たな諸関係にとって特有のものではない。Jeschは、法治国家性と民主制の争いにおいて、法治国家的・基本権的思考が持ち続け得る意義に対してほとんど注意を払っていない[30]と批判するのである[31]。

このようにJeschを評価・批判するAugsbergからすると、特に基本権・法治国家的意味における19世紀的立憲主義を顧慮するだけではなく、それを越えて民主制構想に新たに定位しようとする論者達、例えばLepsiusやChristoph Möllers[32]によって「Jeschルネッサンス」が進められていることは、偶然ではないという。彼らは、Jeschを先駆者として発見し、その意図と直観を今の時代のためにさらに発展させようとしている。例えば、Lepsiusは、議会法律が制御力（Steuerungskraft）を喪失したという診断を否定し、モダンな統治体においてこそそれが重要であると主張する[33]。そして、政治的問題設定が、その憲法関連性に

---

29 Augsbergは、Jeschには、基本権について、公権力による権利侵害に対する裁判的救済を保障する基本法19条4項の意義についての業績があるにすぎないという（Augsberg,（Anm. 28), S. 297)。この業績は、Maunz-Dürig基本法コンメンタールの19条4項の記述が、「試補Dietrich Jesch博士（チュービンゲン）」の「19条4項の解説に際しての貴重な協力」によるものとされ、DürigからJeschに対しての謝辞が記されていることを指す（Günter Dürig, Kommentierung des Art. 19 Abs. IV Grundgesetz（Auszug), in: ders., Gesammelte Schriften 1952-1983, hrsg. v. Walter Schmitt Glaeser und Peter Häberle, Duncker & Humblot, 1984, S. 197)。Jeschのマールブルク大学における同僚だったHubert Görgは、この評釈が「主として彼（Jesch）の筆になる」〈（　）内は筆者による〉ものであるという（Hubert Görg, In memoriam Dietrich Jesch, DÖV 1963, S. 543)。

30 その際、Augsbergは、Jeschが国家と社会の二元論を否定していること（Jesch（Anm. 3), S. 173)に特に注目する。そして、このことがJeschの全体構想の特徴を表しているとした上で、国民主権によって共同体化された政治領域に対して、国家的高権による直接的な手出しから守られたゾーンが引き続き持つ重要性について、少なくとも議論するはずのところ、そのような考慮が全く欠けていると批判する（Augsberg,（Anm. 28), S. 297 f.)。

31 Augsberg,（Anm. 28), S. 297ff.

32 Möllersは、自らの論文をJeschの学問的記念に献じている（Christoph Möllers, Theorie, Praxis und Interdisziplinarität in der Verwaltungsrechtswissenschaft, VerwArch 93, 2002, S. 22)。

33 Oliver Lepsius, Steuerungsdiskussion, Systemtheorie und Parlamentarismuskritik, Mohr Siebeck, 1999.

12

基づいて連邦憲法裁判所の決定に割り振られる傾向に対して、政治過程の独自論理と議会による決定の必要性を強調する[34]。また、Möllers は、Lepsius に加勢して、基本法は政治過程を代替しない[35]。様々な民主制理解についての論争は、性急に連邦憲法裁判所によって確定された特定の理念モデルに有利なように決せられてはならない。より説得力があるのは、特定の民主制のルールに関する規定力が民主制過程自体に与えられることであるという[36]。Augsberg は、彼らがJesch の遺贈を引き継ぎ、それに再び命を吹き込もうとしているとする[37]。

Jesch 流の議会への固着に対して、Augsberg は、執行権の独自の作用と民主的正統性をあくまでも固持し、権力分割の複雑な構図を論拠として持ち出す批判があり、Jesch を支持する者はこのような批判と対峙しなければならないという。すなわち、Jesch は、執行権を、優位に立つ（dominierend）議会法律による指令に対し事実上独自の行為余地を持たない「言葉の厳格な意味における執行する権力」と整理している[38]。しかし、立法者が行政を条件的に他者プログラム化することが、高度に複雑で絶えず動態的に変わっていく規律分野において、なおうまくいくのか疑問である[39]、として Jesch や Jesch を支持する者を批判するの

---

34 Oliver Lepsius, Die maßstabsetzende Gewalt, in: Matthias Jestaedt u.a., Das entgrenzte Gericht. Eine kritische Bilanz nach sechzig Jahren Bundesverfassungsgericht, Berlin 2011, S. 209 ff.（本書の邦訳、鈴木秀美・高田篤・棟居快行・松本和彦監訳『越境する司法——ドイツ連邦憲法裁判所の光と影』（風行社、2014年）173-177頁を参照）

35 Christoph Möllers, Das Grundgesetz. Geschichte und Inhalt, C.H. Beck, 2009, S. 117.

36 Christoph Möllers, Legalität, Legitimität und Legitimation des Bundesverfassungsgerichts, in: Jestaedt u.a.（Anm. 34）, S. 337, 395.（本書の邦訳・前掲（34）288-289頁、332頁を参照）

37 Augsberg,（Anm. 28）, S. 299 ff.

38 Jesch（Anm. 3）, S. 171. 確かに、Jesch は、執行権を「言葉の厳格な意味における執行する権力」であるとするが、後述するように、不確定法概念における判断余地と狭義の裁量とについて、師である Bachof の判断余地説を前提としつつ検討を加える重要な論文を残している（Dietrich Jesch, Unbestimmter Rechtsbegriff und Ermessen in rechtstheoretischer und verfassungsrechtlicher Sicht, AöR 82, 1957, S. 163 ff.）。したがって、Jesch が執行権を、裁判との関係はともかく、法律に対して独自の行為余地を持たないものと捉えている、という整理は、Jesch の内在的理解としては明らかに誤っている。この記述からも、Augsberg の Jesch 分析が、その内在的分析に徹して書かれたものではなく、Jesch 分析を通じて Jesch 再読を唱える現在の論者を批判することに力点が置かれたものであることが明らかになろう。

39 法を条件プログラムとして見るということは、法を、一般的なルールを定め、それに反した場合は不利益を課すことによって個人の行動を統御するシステム、と捉えることを意味する。これに対し、法を目的プログラムとして見るならば、法を、目標を設定し、その実現に向けた評価指標を特定し、関与者にインセンティヴを設けるなど、複雑な統御手法を展開するシステム、と把握することになる。Augsberg に対しては、法を目的プログラムとして見た場合でも、本質的な基準、考慮すべき要素、組織、手続などについて法律で規定することの意義は相対化することが出来ない、との反批判が可能であろう。

である[40, 41]。

3 「再読」論と「再読」批判論に見出される共通性

　四1、2で見たとおり、Lepsius と Augsberg は共に Jesch の高い学説史的意義を認める点では共通するが、Lepsius が Jesch に現代的意義を見出し、„Gesetz und Verwaltung" の再読を勧めるのに対し、Augsberg は Jesch には基本権・法治国家の観点が欠けており、また、Jesch 流の議会優位の考え方は高度に複雑化した現代社会には適合しない、としてその意義を相対化している。このように両者は Jesch に対する評価を異にしているが、両者の Jesch 理解は、内容上、次の三点で共通している。

　①専ら Jesch の法律の留保論にのみ着目している。

　② Jesch の議論が専ら民主制の観点から展開されたものと捉えられている。

　③ Jesch の学説が法治国家論批判・克服の文脈で理解されている。

　しかしながら、①、②、③は「不適切」、「誤読」ではないかとおもわれる。すなわち、Jesch は、1957年の論文において、不確定法概念における判断余地と狭義の裁量とについて、法理論的検討[42]と憲法的検討を行っている。ここでの憲法的問題とは、誰が不確定法概念の解釈と適用について最終的に決定を下すのか。行政官庁なのか行政裁判所なのか、という憲法上の権限分配に関するものである。Jesch によれば、権力配分原理（Gewaltenteilungsprinzip）は実定憲法ごとに異なるが、基本法は、権力区分・分離（Gewaltenunterscheidung und -trennung）で

40　Augsberg, (Anm. 28), S. 301 f. Augsberg は、Lepsius や Möllers とは反対に、行政の独自の拡大された行為余地を認めようとする。その際、それを、機能的・実用的な必要性から証明するだけではなく、規範的な、国家行為の正統性に向けた視点において、一般的には行政活動の民主的独自価値を、特別には分裂した知の産出過程と決定過程を参照することによっておこなおうとする（S. 302 f）。Augsberg の問題意識については、Ino Augsberg, Informationsverwaltungsrecht Zur kognitiven Dimension der rechtlichen Steuerung von Verwaltungsentscheidungen, Mohr Siebeck, 2014, S. 18 ff. も参照。

41　Augsberg は、民主制的な問題次元と法治国家的な問題次元とを結びつけることは Jesch によってなされなかったが、„Gesetz und Verwaltung" ではほとんどテーマ化されていない基本権という問題領域を取り上げているのは Hans Heinrich Rupp であるとし、Jesch の弟子弟子 Rupp を高く評価する（Augsberg, (Anm. 28), S. 303 f.）。

42　法理論的検討において、Jesch は、不確定法概念の問題を構造分析し、それを法律（法律概念）への拘束と法律を解釈するに際しての裁判官の自由との対抗と理解する。その上で、それを、概念核（Begriffskern）と概念暈（Begriffshof）という概念を用いて説明し、それに基づき、不確定法概念の解釈と狭義の行政裁量とを分析している（Jesch (Anm. 38), S. 168 ff., 183 ff., 209.）。

は満足せず、権力コントロールの原則を実現した[43]。この原則を裁判所と行政官庁との関係で特に刻印付けているのが19条4項（「何人も、公権力によって自己の権利を侵害されたときは、裁判で争う途が開かれている。」）であり、この規定において執行権と裁判所の両「法適用権力」の地位と権限に関する基本決定が定められている。それによって、裁判所は執行権のコントロールに任じられており、裁判所の法の見方が行政官庁の見解に優位するというのである[44]。この論文は、大きな注目を集めたものであったというだけではなく[45]、そこにおける検討結果は、„Gesetz und Verwaltung" にも取り入れられている[46]。上記の Jesch 理解の①と②は、およそ行政官庁と裁判所との間の憲法上の権限分配に関する Jesch の重要な議論が考慮されておらず、「不適切」である。また、②と③は、基本法の下の

---

43 Jesch は、基本法の定める権力配分原理について、既に自身の博士論文の中で検討していた。すなわち、権力配分の理念は、あらゆる法治国家的憲法において組織原理として黙示的あるいは明示的に認められている。しかし、その形造り方（Ausgestaltung）は個々において様々であり、作用理論、権力分離、権力コントロールの3つに分類できる。基本法の下で定められた権力配分の形については、その創始者が、12年間の国家社会主義の支配に鑑み、権力の抑止に重きを置くこととなった。権力の抑止は、第三権による他の二権のコントロールの形で遂行されており、立法に対するコントロールについては基本法93条、100条が、行政に対するコントロールについては基本法19条4項が、それぞれ規定されている。司法は、その任務に対応して、ドイツの憲法史上初めて、他の二権力から厳密に分離された。それに対して、第一権と第二権の間の分離は、それほど厳密ではなく、真性の相互抑止を欠いているが、議会制民主主義のシステムにおいては、そうならざるを得ない。ここでは、権力濫用の防止という意味における国家権力の抑制は、あらゆる国家権力の表出に対するすぐれてコントロール部局たる司法の設置によってのみ実現される。このモダンな権力配分原理を首尾一貫して実施すれば、司法には全般的に行政の行為に対するコントロール権限が帰属するのが当然であるということになるとする（Dietrich Jesch, Die Bindung des Zivilrichters an Verwaltungsakte, Palm & Enke, 1956, S. 117 ff.）。

44 Jesch（Anm. 38), S. 234 ff.

45 この論文は、国際的にも注目され、日本だけではなく、例えば、台湾においても早い時期に紹介されている。翁岳生「論『不確定法律概念』與行政裁量之關係」（1967年）・同『行政法與現代法治國家』（三民書局、2015年）所収66-71頁。日本において、最近この論文を取り扱った業績として、高田倫子「ドイツ行政裁量論における憲法の構造理解とその変遷（三・完）——行政に対する司法の地位に関する一考察——」阪大法学62巻6号（2013年）164-165頁がある。

46 „Gesetz und Verwaltung" には、例えば次のような記述がある。行政活動の司法審査は、基本法19条4項からだけでも、拒否できない要請となった。かつては執行権に与えられるとされた法から自由な領域など、もはや存在しない。立法権、執行権、司法権への権力の配分は、基本法によって権力コントロールのシステムへと発展させられた。司法は、議会と執行権を、それらの活動が憲法、法律、法に合致しているかについてコントロールする。議会は、法的にそして殊に政治的に執行権をコントロールし、司法を立法によって拘束する。その執行権だけが、他の二権力に対するコントロール権限を持たない（Jesch（Anm. 3), S. 98 f.）。
　　前述したように、Jesch は概括的授権が許されないということを、執行権の活動に対する裁判官による実効的なコントロールの必要性からも導き出そうとしたが、その前提には、ここで概観した、基本法の定める権力配分原理、権力コントロールシステムについての彼の理解がある。

権力配分において裁判所は執行権のコントロールに任じられているという把握が法治国家的[47]なものであるため[48]、「誤っている」のである[49]。

五 Jesch 受容とその文脈

1 日本における Jesch 受容とその文脈

　三1で見たように、„Gesetz und Verwaltung" 出版直後の1960年代の日本において、Jesch の学説はきわめて正確に理解され、肯定的に受容された。それが可能だったのは、当時の行政法学の状況、課題の故であった。つまり、当時の行政法学において、行政の法律による授権の範囲を拡大することが求められるとともに、行政の法律による覊束も課題とされるようになっていた。また、行政の裁判的統制の拡大も目指されたが、法律による授権が拡大し規律密度が高まれば、それに応じて裁判的統制の可能性も拡大するというように、両課題は相互に連関していた。日本においては、これらの課題が、大日本帝国憲法から日本国憲法への転換に伴って、（ドイツ語に翻訳することのできない概念である）「法治行政」論の文脈で議論され、それは日本国憲法下での法治主義、民主制の拡大を通じて発展す

47　確かに、この把握は、基本法20条1項、28条1項が宣言する法治国家原理自体から直接的に帰結されたものではない（Jesch (Anm. 3), S. 101）。しかし、これが、民主制的なものではなく、法治国家的なものであることは、間違いなかろう。

48　他の箇所においても、Jesch は、法治国家の意義を強調している。すなわち、その博士論文の冒頭で、ナチス期の経験を踏まえて、国家官庁による市民の自由領域への違法な介入をコントロール・矯正するには、司法による保護と助けが必要であるという。しかし、完璧な権利保護に価値があるのは法治国家においてのみであるとする。なぜならば、経験が教えるとおり、全体主義国家においては、裁判所も、行政と同様、恣意の代弁者となるからである。ある国家を法治国家と特徴付けるのは、権利保護の途が開かれていることではなく、全ての国家機関が充たす精神であるというのである（Jesch (Anm. 43), S. 13）。

　　また、Jesch は、„Gesetz und Verwaltung" において、本稿で既に検討したように、法律適合性原則を憲法構造の機能であるとし、法律による留保や概括的授権の禁止について、ボン基本法の構造に即して慎重に論じている。しかしながら、1957年の論文の段階では、行政の自由と財産への介入に関して、基本法20条3項において明示的に規定されているのは法律の優位のみで、法律の留保はそうではない。法律の留保は法治国家原理の本質的内容であるとしていた（Jesch (Anm. 38), S. 245 N. 298）。Jesch はこの考え方を „Gesetz und Verwaltung" で大きく乗り越えることとなったが、1957年の論文の記述は、Jesch が法治国家原理を軽視しているわけではないことを示しているといえよう。

49　ここでの「不適切」、「誤読」の指摘は、Lepsius, Möllers, Augsberg を非難しようとしてのものではない。彼らは、現在のドイツ公法学における重要な研究者であるが、そのような彼らが、このような読み方をしていることが興味深いのであり、また、ドイツ公法学の現状をよく表しているのである。

ると捉えられたのである。このような日本の行政法学にとって、立憲君主制憲法から立憲民主制憲法への転換に伴って、実定憲法構造の機能としての法律適合性原則が転換したと説く Jesch の議論は、同じ問題意識、共通の視角からのものとして、理解され易かったのである。

他方、Jesch の著作は、日本の行政法学の「通説」的立場から、過去の書物として整理された。これについても、当時の通説的立場の課題と日本における文脈を把握すれば、理解できる。日本の実務においては、「侵害留保説」的理解が、今日に至るまで強く残っている。通説的立場は、それと対峙し、実務に対して建設的なオルタナティブを提供する必要があった。そこで、ドイツで1970年代に貫徹された本質性理論について、その日本の実務における受容を目指し、それが全部留保説を否定・克服するもの、「侵害留保説」の延長線上にあるものとして説明、整理したのである。そのため、日本においては、Jesch について、当初における正確な理解、肯定的な受容にもかかわらず、その学説史的意義について高い評価が確定しなかったのである。

2 ドイツにおける Jesch 受容とその文脈

これに対して、ドイツにおいては、Jesch の議論が、ドイツの文脈から生じたものであるため、その登場直後から、問題なく理解、評価された。Jesch の議論が学説史上高い価値を有することは、今日に至るまで、Jesch の議論に重要な点で賛成することのできない論者も含め、共通了解となっているのである。

しかし、時が経ち、ドイツの公法、公法学をめぐる状況が変化すると、Jesch の議論が、その元々の文脈抜きに理解されるようになった。ドイツにおける状況の変化の中で、特に重要なことは、法治国家をめぐる国法学の焦点が制度・機関としては主に憲法裁判[50]・連邦憲法裁判所にあてられたことである。そして、法律の規律密度の高さは、専ら民主制の貫徹として把握されるようになった。それが行政訴訟を通じた行政統制・権利保護の強化に繋がるという観点は、既に法律の規律密度が高く、行政訴訟が活発なドイツにおいて、改めて取り上げる必要のない当然の前提となっているように見受けられるのである。そのようなドイツの国法学においては、議論対立が、民主制対法治国家、議会対連邦憲法裁判所とい

50　連邦憲法裁判所による憲法裁判だけではなく、専門裁判所における憲法適合的解釈も含めてである。

う形で展開されることが多い。したがって、Jesch は、この枠組みにおいて、彼の理論を評価する研究者から、また、批判する研究者からも、民主制、議会の側の論者として把握されることになるのである。しかしながら、このような形のJesch の捉え方は、彼の問題意識や当時のドイツにおける条件や課題を反映していない。Jesch の重要な問題関心の一つは給付行政にあったが、基本法には社会権規定が存在しない。給付行政について、法律の授権を確立し、規律密度を高め、それによって行政裁判所や社会裁判所などによる統制を強化し、権利保護を図ることは、Jesch にとって当然の方策だったのである[51]。

また、Augsberg は、Jesch には基本権保護の視点が弱いと批判するが、彼もまた、Jesch が自らの理論を練り上げた時代の文脈を十分に顧慮していない。1959年に教授資格を獲得し、1961年に出版した „Gesetz und Verwaltung" について、彼が完成を目指して作業していたのは、ちょうど連邦憲法裁判所の基本権保護の萌芽期であった。同裁判所の基本権保護にとって重要な意義を持つこととなる Elfes 判決[52]は1957年に、Lüth 判決[53]と薬局判決[54]は1958年に下されたばかりであった。しかも、Elfes 判決では、原告は敗訴し、自身の基本権は保護されなかったのである。もちろん、1949年に制定された基本法の下における基本権をどのように捉え、取り扱うかは、ドイツの公法学者にとって最も重要なテーマの一つであった。しかしながら、1950年代は、戦後ドイツにおける基本権論の萌芽期であり、基本権の捉え方、取り扱い方、個々の基本嫌の意義などの議論が、未だ渾然一体となって展開されており、基本権論が分化、深化、活性化、本格化するには1960年代を待たなければならなかった。1963年に死去する Jesch には、憲法裁判所による基本権保護[55]に定位しつつ、本格的に基本権論を展開する時間は残

---

51 この点については、例えば、日本において社会的法治国家論を展開し、具体的権利説、行政訴訟法の憲法適合的解釈、法律による授権と羈束の意義を強調する授権原則説を唱えた高田敏の学的営み（高田篤「生存権の省察——高田敏教授の「具体的権利説」をめぐって——」村上武則・高橋明男・松本和彦編『法治国家の展開と現代的構成』（2007年、法律文化社）132頁以下参照）と比較すれば、Jesch の置かれた文脈、問題意識が明確化されよう。

52 BVerfGE 6, 32.

53 BVerfGE 7, 198.

54 BVerfG 7, 377.

55 連邦憲法裁判所が他の（裁判所を含む）国家機関との関係においてまたドイツ社会の中において「基本権裁判所（Grundrechtsfachgericht）」としての立場、意義を高めていく上で、既述の三判決が非常に重要であったことについては、高田篤「ドイツ連邦憲法裁判所の『自己言及』」法律時報89巻5号（2017年）35-38頁参照。

されていなかったのである[56]。

さらに、基本法制定から70年近く経った現在において、法律適合性原則が憲法構造の機能であり、法律適合性原則の具体的あり方はそれぞれの実定憲法の構造に機能的に依存している、という Jesch の方法論的前提の意義が、ドイツの公法研究者によって切実なものとして理解されることもなくなった。すなわち、ドイツにおいては、立憲君主制憲法たる大日本帝国憲法から立憲民主制憲法たる日本国憲法へと転換した日本においてとは異なり、ヴァイマル憲法において立憲民主制が実現していたにもかかわらず、そこにおいて法律適合性原則は、立憲君主制憲法たる帝国憲法の下においてのそれと変わることがなかった[57]。そこで、Jesch は、基本法下の新たな法律適合性原則を、法治国家原則や民主制原則から直接導くことはせず、基本法の構造の機能として説明し、ヴァイマル憲法下のそれとは別のものとして論じた[58]。法律適合性原則を実定憲法の構造の機能とする理論的考察は、実定憲法を前提とする「憲法的検討」における理論的営為であり（現在の用語で表記すれば「憲法理論」[59]）、基本法下のドグマーティクを展開するために、不可欠の前提だったのである。憲法への定位、憲法化が進み、本質性理論が通説化した今日のドイツ公法学において、Jesch の方法論、理論的営為の重要性、意義を切実に理解することは容易ではないということであろう[60]。

56　そのような中、Jesch は、前述の通り（前掲・(29)）、基本法19条４項の意義について極めて重要な業績を残したのであり、その意義を軽視することはできないのではないかと思われる。Jesch の19条４項についての思索は、既述の通り、1955年の博士論文、1957年の不確定概念ついての論文、1961年の „Gesetz und Verwaltung" の中で、一貫して展開されていたのである。

57　Jesch は、ヴァイマル憲法下での法律適合性原則の不変更の理由として二つの要因を挙げている。ひとつは、国法学上の概念装置が、立憲君主制から立憲民主制への転換にもかかわらず、維持されたこと。これは、法律家の保守的な思考と、両体制における国法解釈者の人的同一性（例えば Gerhard Anschutz）とによるという（Jesch (Anm. 3), S. 7）。ふたつは、ライヒ大統領の強力な地位が、ある意味で、立憲君主のそれと対応していたことである。Jesch は、ヴァイマル憲法の過渡的性格とその君主制期への結びつきから、法律適合性原則が変わらずに維持されたことが理解されるという（Jesch (Anm. 3), S. 172 N. 1）。

58　ヴァイマル憲法下の議論以外に、Jesch は、1920年10月１日のオーストリア連邦憲法18条１項（「すべての国家行政は、法律の根拠に基づいてのみ行使され得る。」）によって、全部留保を実定化された憲法原則として直接に解釈論として取り扱うことのできるオーストリアの公法学者との違いも、強く意識していた（Jesch (Anm. 3), S. 188, auch S. 186 ff., S. 188 N. 58、後掲・註63もご覧いただきたい）。

59　Jesch は、Kelsen の理論的営為を、「あらゆる時代にそしてあらゆる国民にあてはまる法の理論を立てようとしている」（Dietrich Jesch, DÖV 1961, S. 436）とし、「法理論」と位置づけている。Jesch の行政の法律適合性をめぐる理論的営為（「憲法理論」）は、これとは抽象化のレベルを異にするものなのである。

六　おわりに

　本稿では、Jesch のテキストの日本とドイツにおける受容について検討した。このように、古典的業績、学説がそれぞれの国でどのように理解・受容されたのかを比較・分析すれば、それを通じて各国の学問の文脈、すなわち、各国の学問の課題、論点、状況などの特徴が理解される。

　日本の行政法学は、法律による行政と行政の裁判的統制の進展を課題としてきた。そこにおいては、法律の授権・羈束をどこまで求めるのか、それらをどのように説明し根拠づけるのかが重要な論点となってきた。ドイツの本質性理論の紹介は1980年代に始まったが、現在同理論への支持が拡大している。それにつれて、本質性理論の説明の仕方、根拠づけもゆるやかに変化している。つまり、それは「侵害留保説」が発展したものという、ドイツの学説、実務の自己理解とは異なる不自然な説明から、全部留保説の問題提起を受容したものという理解へと変わってきているのである[61]。この原因のひとつとして、日本において、元来、憲法学と行政法学が断絶していたところ、近年、状況が改善し、行政法学における憲法的省察が拡大していることがあろう。日本の公法学においても、法律による行政や行政に対する裁判的統制に根本的な憲法的省察を加えた Jesch のテキストについて、再読の客観的条件が整いつつあると言い得るように思われる。

　他方、ドイツの公法学においては、近年、本稿でも取り上げた Schönberger や Lepsius などを中心に、その学問の「径路依存（Pfadabhängigkeit）」が強調されている。つまり、公法学が、a ドグマーティク中心、b 法治国家原理中心、c

---

60　本稿で検討した Augsberg は、Jesch の議論内容を批判するだけではなく、その方法論にも言及している。すなわち、憲法構造は各憲法を見ただけでわかるはずはなく、多くの憲法とその構造の比較が必要である。重要なのは、基本法自体の構造ではなく、基本法が発効したことによる構造転換である。Jesch は、それを立憲君主制の憲法構造との境界分け（Abgrenzung）を図ることで説明し、法律適合性原則の帰結を引き出している。この点で、驚かれるかもしれないのは、Jesch がヴァイマル憲法に相応の検討を加えていないことである。Jesch は、その下で帝国から受け継がれた国法上の考え方が継続していたという理由で、ヴァイマル憲法を重要な、検討されるべき中間段階とは見ていないという（Augsberg,（Anm. 28）, S. 292 f.）。この叙述からは、Augsberg が、Jesch の方法論が持ったその議論展開の文脈におけるきわめて切実な意義について、文脈に即して（「追体験」できるような形で）理解しようとしているようには見受けられない。

61　最近の教科書における例として、原田大樹『グラフィック行政法入門』（新世社、2017年）62頁の記述（「本質性理論は全部留保説が提起した行政に対する民主的コントロールの要請を正面から受け止めた理論構成であると言えます。」）がある。

　　　　20

　「国家」中心、という路線のそれぞれに沿って展開し、そこからの逸脱が困難
だったということを批判・検証することが課題であるとの指摘がなされているの
である。そして、そこでは、A 公法学の方法、B 法治国家原理と民主制原理の相
互関係、C ヨーロッパ化・グローバル化への対応が重要な論点とされている[62]。
Lepsius が Jesch を評価するのはこのような文脈においてなのであり、Jesch
を、ドグマーティカーではない理論家として（←A）、民主制論によって法治国
家論を克服する論者として（←B）評価しているのである。その中で、公法学の
方法（A）をめぐっては、現在のドイツ公法学における理論の重要性が強調され
ている。しかし、そこでは、例えば、理論の課題、抽象度を異にする Hans
Kelsen と Jesch が同様に議論されるなど[63]、議論が十分には熟していない状況に

62　この学問の「径路依存」という見方については、既に、近年のドイツにおけるケルゼンの「再
　　発見」の文脈で紹介した（高田篤「ドイツにおけるケルゼン『再発見』と国法学の『変動』の兆
　　し」辻村みよ子・長谷部恭男・石川健治・愛敬浩二［編］『『国家と法』の主要問題』（2018年、
　　日本評論社）83-86頁）。そして、それは、連邦憲法裁判所のあり方をめぐって展開されている近
　　年の議論とも通底しているのである（高田篤「解説」鈴木他・前掲注（34）所収369-370頁）。
63　Kelsen と Jesch をめぐっては、前述の通り Jesch の „Gesetz und Verwaltung" が持つ学説史上
　　の意義を高く評価する Schönberger が、Jesch は Kelsen の法理論的認識から法律の留保に関する
　　内容上の要請を導き出しているが、それは Kelsen には無かったものであり、法理論的に理由づ
　　けることができないと記している（Schönberger（Anm. 19）, „Verwaltungsrecht als konkretisi-
　　ertes Verfassungsrecht", S. 79 N. 120）。しかし、この記述は、様々な意味において明らかに誤っ
　　ている。そもそも、Jesch は、„Gesetz und Verwaltung" において、行政の法律適合性を実定憲
　　法・基本法に則して論じようとしており、法理論的に導き出そうとしていない。また、Jesch
　　は、法段階説的な Merkl のいう「法適合性」を、自らが追求する「法律適合性」と明確に区別し
　　て、「法適合性」から一定の法律の留保は引き出すことができたとしても、それは一般条項の形
　　式における概括的授権を排除できないとしている（Jesch（Anm. 3）, S. 186 f.）。さらに、Jesch
　　は、オーストリア連邦憲法18条1項における全部留保の規定の背後にヴィーン学派の法段階説と
　　の関連があったとしても、それはオーストリアの実定化された憲法原則であり、そこから基本法
　　下の問題に何も取り出すことは出来ない。法理論的認識、法政策的要請、実定化された原則の間
　　は、厳密に区別されなければならないという（Jesch（Anm. 3）, S. 188）。ここからも明らかなよ
　　うに、Schönberger や Lepsius は、現在のところ、理論のあり方、意義について、Kelsen と
　　Jesch に即した形での具体的な検討を行っていないし、その間の異同を分析するための視角も有
　　していないのである。
　　　Jesch は、Kelsen の「法理論」について、1956年の博士論文以来、一貫して高く評価してい
　　る。Jesch は、Kelsen の法規範の「解釈」についての理論に対して根本的な批判を投げかける一
　　方（Jesch（Anm. 38）, S. 172 N. 36; Dietrich Jesch, DÖV 1961, S. 436）、判断余地の考察など、
　　様々な「法理論的検討」を行う際に Kelsen を頻繁に参照するとともに、純粋法学を読んで常に
　　精神的に得るところがあるということを告白している（Jesch, DÖV 1961, S. 437）。これは、
　　Kelsen をタブー視する傾向が強かった1950年代、60年代のドイツ公法学においては（高田・前掲
　　注（62）「『再発見』」78-80頁）、異例のことであった。しかし、それとは別に、Jesch は、「憲法
　　的検討」、就中行政の法律適合性について検討する際に、自らの学的営為と、Kelsen の法理
　　論、オーストリア連邦憲法の制定などの実務的成果とを、明確に境界分けしようと努めている。

ある。理論についての省察、例えばその位置価値、射程などに関する省察が、不十分なのである。また、法治国家と民主制の関係（B）をめぐっては、執行府の自律性を容認する立場、議会の意義・優位を強調する立場、議会と裁判所による執行府・行政機関の統制を重視する立場の間で議論が交わされている。この状況において、現在のところ、専ら議会の意義を強調する論者によってJesch「再読」の意義が強調されているような様相が示されているのである[64]。

　このように、各国における古典的業績・学説の受容を比較検討すると、各国の法・法学の文脈が明らかになり、各国の研究者の相互理解が促進されるとともに、各国における学問の自己理解を具体的な形で深めることができる。また、このような形での比較研究を通じ、古典的業績・学説そのものの理解も進み、その普遍的意義を正確に捉えることが出来るようになる。Jeschについては、それが法治行政の意義の解明に持つ普遍的意義が明らかになるのである。

　かねてより、日本の比較法研究に対しては、「一方通行」的な「継受」の伝統の故に、各国の法、法学を閉じた単一体として系譜論的に把握し、各国事情の特殊性を前面に出しており、様々な社会の法の議論を「同時代的環でつなぐ視角」が「稀薄」であるとの批判がなされてきた[65]。また、近年、日本の法学は、ある種の応用自然科学モデルを前提とする「グローバル化」の圧力にさらされて、その普遍性を問われる一方で、法実務的知見や議論が「グローバル」に伝播し、異なる法文脈において学的省察を欠いたまま直ちに参照、応用されるという現象も、頻繁に見られる。そのような中で、各国の公法学を、各々の文脈に拘束されながらも、発展・転回しつつある同時代的営みとして捉え、それらの「照らし合わせ」を進め、相互理解だけでなく、学的省察に基礎を置く相互影響を追究することは、重要な課題であろう。古典的業績・学説理解の相互比較はその有力な方法なのである。

　このようなJeschによるKelsenの評価、批判、境界分けは、Jeschの理論的営為の方法と内容を正確に理解する上で、重要な手掛かりを与えるものである。また、それを分析することは、Kelsen理論の射程、客観的意義、発展可能性を追究する上でも、絶好の切り口となり得よう。これらの点については、高田篤「イエッシュによるケルゼンの受容と批判の検討」文明と哲学10号（2018年）195頁以下において、若干の検討を行った。

64　しかし、実際には、ドイツにおいて、Jeschは多くの公法研究者によって熟読されており、議会と裁判所による統制を重視する立場の論者の中にも、Jeschを正確に理解し、高く評価する研究者が少なからず存在する。

65　上山安敏『憲法社会史』（日本評論社、1977年）3頁。

レズローブ
——独仏狭間の法学者——

時　本　義　昭

　一　はじめに
　二　生涯と業績
　三　「真正議院内閣制」論
　四　国家と法との一般理論
　五　おわりに

一　はじめに

　レズローブ（Robert Redslob, 1882-1962）は、わが国の憲法学界においては、宮沢俊義の紹介をとおして議院内閣制の均衡論者として知られている。日本国憲法の下における第1回解散（1948年12月23日）に際して、7条3号にもとづく内閣の自由な解散権を主張する政府・与党（第2次吉田内閣と自由党）と、解散は69条の場合に限られるとしてそれに反対した野党（民主党・社会党・国民協同党）とが対立する中で、宮沢は前者を支持すべく「議院内閣制のイギリス型とフランス型——比較法的考察——」1949年の中でレズローブの議院内閣制論を援用したが、もちろん、自身のいう「イギリス型の議院内閣制」とレズローブのいう「真正議院内閣制」との相違を自覚していた[1]。その後、内閣による解散権の自由な行使が憲法運用として定着していく中にあって、議会と執行府の間に均衡を要求するという点でレズローブの議院内閣制論が憲法学界に影響を与え続けてきたことは否定できないであろう。ということは、彼は憲法学者ということになりそうであるが、必ずしもそうとはいえない。

　レズローブの憲法関係の業績は、単行本という形をとったものとしては『1789年のフランス国民議会の国家理論（*Die Staatstheorien der französischen Nationalver-*

1　宮沢俊義「議院内閣制のイギリス型とフランス型——比較法的考察——」同『憲法と政治制度』1968年63頁。

sammlung von 1789)』1912年と『議院内閣制』ドイツ語版（*Die parlamentarische Regierung*）1918年・フランス語版（*Le régime parlementaire*）1924年のみであり、加えて議院内閣制などに関する雑誌論文が数点あるにとどまる[2]。このように憲法関係の業績が少ない原因の1つは、彼がストラスブール大学において1929年以来国際（公）法（以下、単に国際法という）を担当していたことにある。その結果、量という点では国際法関係の業績が多いが、しかし、後世に対する影響という点では憲法関係の業績の方がより重要である[3]。とりわけ、『議院内閣制』は「彼の学問的業績の全体からすれば『周縁に属する』」にもかかわらず後世にもっとも大きな影響を与え、しかも独仏の架け橋となった[4]。

　ところで、憲法関係の業績にしろ、国際法関係の業績にしろ、レズローブが法学者として残した業績の多くは、「事物の必然によってドイツ人として生まれた」[5]という彼の出自と密接な関係を有する。すなわち彼は、「歴史的思い出の自尊心をとおしてフランスに属する」[6]と自任するにもかかわらず、ドイツ領のアルザス地方で生まれ、シュトラスブルク大学で法学教育を受け、ドイツの大学で研究者として出発したのである。その結果、彼の法学関係の業績は「魂における悲劇的な二元主義」[7]の帰結であるといえる。そこで、彼の憲法関係の業績を憲法学の立場から取り上げようとする本稿は、それを彼の生涯の中に位置づけることから始めなければならない。

二　生涯と業績

　レズローブは、カレ・ド・マルベールの生誕100年を記念して1961年にストラスブール大学で行われた研究報告・討論会に寄せた1文の中で、同僚であったカ

2　『属領（*Abhängige Länder*）』1914年は純粋な憲法関係の業績とはいえないが、導入部分で国家の定義が論じられている。レズローブの法学関係の業績については、cf. Armel Le Divellec, "Robert Redslob, jurist alsacien entre la France et l'Allemagne" in *Bicentenaire de la Faculté de droit de Strasbourg 1804-2004*, 2008, pp. 156-158（同論文は、Jahrbuch des öffentlichen Rechts, 2007に掲載された同じタイトルの論文の再録である）。

3　Ibid., p. 141.

4　Ibid., p. 143.

5　Ibid., p. 135 note 39.

6　Robert Redslob, *Entre la France et l'Allemagne*, 1933, p. 106.

7　*Ibid.*, p. 61.

レ・ド・マルベールは「フランスのアルザス人をもっともよく体現している人の1人」であり、アルザス地方における「わが国の悲劇的な試練を象徴するような……人物」である[8]として、法学者としての彼ではなく、フランスのアルザス人としての彼に対する敬慕の情を切々と述べている。晩年におけるこのような感情の背後にあるのは、彼の家族がフランス国籍を選択してドイツに併合されたアルザス地方を去り、レズローブの家族がそこにとどまったことに対する悔恨であろうが、注意すべきは、レズローブが生まれたときにはアルザス地方はすでにドイツ領であったという事実である。したがってすでに述べたように彼はドイツ人として生まれたわけであるが、「伝統と感情において非常にフランス的な両親」[9]の下で育った。とりわけ、ルター派の牧師であり、独仏の「バイリンガルのモデル」[10]のような父親は彼の幅広い教養の形成に大きな影響を与えたようである。いずれにしても、彼は「フランスの精神的囲繞地であった家庭」[11]で「確信を有するフランス人」[12]として育てられた結果、フランス文化・文明とフランス語[13]とに強い愛着を抱くようになったのである。このような彼にとってドイツ領としてのアルザス地方は「運命」[14]であり、フランスとの「精神的な紐帯」[15]を保持する彼は「独仏の二重文化」[16]の下で「精神の二元性（bimétallisme）」[17]に苦しむことになる。その際看過してはならないのは、アルザス地方におけるドイツとの二重性・二元性がアルザス地方をさまざまな点で豊かにしたことを彼が認めているということであり、さらに、その結果としてアルザス地方がドイツの影響を受けな

---

8 "Communication（"Raymond Carré de Malberg, La personalité"）de M. Robert Redslob" in *Relation des Journées d'études en l'honneur de Carré de Malberg 1861-1935*, 1966, pp. 19 et 18. 具体的には、拙稿「訳者あとがき」カレ・ド・マルベール（拙訳）『法律と一般意思』2011年220-221頁参照。

9 R. Redslob, *supra note*（6）, p. 44. なお、Redslob の表記については、ドイツ語的に表記すればレズローブとなるであろうが、はたして本人がそれを望んだであろうかということから、本稿ではレズローブと表記する。いずれにしても、固有名詞の発音については本人に聞くしかない。

10 *Ibid.*, p. 45.

11 *Ibid.*, p. 30.

12 Robert Redslob, *Alma mater*, 1958, p. 7.

13 独仏のおそらく完全なバイリンガルであるレズローブにとって、主観的にはフランス語が「母国語」（R. Redslob, *supra note*（6）, p. 31）であり、彼にとってフランス語を話すことは、parler le français ではなく、parler français である（cf. p. 177-178. さらに、cf. p. 12）。

14 *Ibid.*, p. 3.

15 *Ibid.*, p. 35.

16 A. Le Divellec, supra note（2）, p. 124.

17 *Ibid.*, p. 243.

かったフランスの他の地域よりも優れているとまでいう[18]。ここには、「アルザ
ス人は、ある意味では、きわめて強い紐帯によって故郷に結びつけられており、
そこにおいてしか本当の幸せを感じることができない」[19]といった、カレ・ド・
マルベール同様の[20]われわれの理解を超えたアルザス地方に対する愛着も示され
ているが、実は、レズローブのアルザス地方に対する思いにはカレ・ド・マル
ベールのそれよりもさらに強いものがあり、その意味で、冒頭でふれたフランス
のアルザス人としてのカレ・ド・マルベールに対する敬慕の情は複雑であるとい
わざるをえない。すなわち、普仏戦争の敗戦に伴ってフランス国籍を選んだ人々
はドイツ国籍を選んだ「われわれを不忠者であると指弾したが、われわれは［ド
イツ領時代のアルザス地方においてフランス的なものを守り続けたのであるか
ら、］実際には彼らよりもはるかにフランスであった」[21]という強烈な、あるいは
屈折した矜持であり、この矜持はフランス国籍を選んでアルザス地方を去った
人々に対する強い反発を意味する。アルザス地方を「去った人々は故郷を犠牲に
してフランスを保持［＝選択］した。［それに対して、］われわれはもはやフラン
ス［人］ではないが、しかし祖先の土地を守ったのである」[22]。あるいは、「ドイ
ツの領土におけるフランス」的なもの、故郷の「魂」、「フランスのアルザスの尊
厳」[23]を死守したのである。このような矜持と反発は文才豊かなレズローブにお
いては自伝という形をとった。その自伝が、アルザス地方においてドイツ人とし
て生まれたにもかかわらずフランス的であり続けた自己（＝「アルザス地方におけ
るゲルマン主義の囚われ人」[24]）を正当化しようとするものであることは当然である。

　ここで自伝とは、『フランスとドイツの間（*Entre la France et l'Allemagne*）』1933
年と『母校（*Alma mater*）』1958年である。前者は「われわれ追放者の生活の悲
惨さ」[25]が忘れられることのないようにとの思いから大学入学（1900年）より前

18　*Ibid.*, pp. 240-241. さらに、cf. R.Redslob, *supra note*（12）, pp. 297-299. ただし、ドイツ文学に
　精通していたレズローブは伝統的なドイツ文化の中にあってプロイセンは異質であるとして、プ
　ロイセンに対しては生理的とでもいうべき拒否反応を示している（cf. Le même, *supra note*（6）,
　pp. 105-110 ; Le même, *supra note*（12）, pp. 62-65）。

19　R. Redslob, *supra note*（6）, p. 175.

20　拙著『国民主権と法人理論──カレ・ド・マルベールと国家法人説のかかわり──』2011年220
　頁註（47）参照。

21　*Ibid.*, p. 42.

22　*Ibid.*, pp. 234-235.

23　R. Redslob, *supra note*（12）, pp. 6-7.

24　R. Redslob, *supra note*（6）, p. 34.

を、後者はドイツ領で教育を受けた数少ないフランスの大学関係者という立場から[26]その後（主として第1次世界大戦の終結まで）を、それぞれ対象としている。前者では、幼少期から青年期にかけてのさまざまな思い出が井上靖『しろばんば』（1965年（新潮文庫））を髣髴させるメランコリックな雰囲気の中で描かれているが、レズローブの憲法関係の業績を彼の生涯の中に位置づけようとする本節が対象とすべきは主として後者である。

alma mater というラテン語は直訳すれば育ての母、つまり乳母という意味であり、法学者レズローブの乳母とは母校であるシュトラスブルク大学[27]（法学部）である。ところで、すでにふれたように、彼は父親の影響の下で青年期には多彩な才能を示していたようであるが、まず職業として大学教授を、その後専門分野として法学を、それぞれ選択したと述べている。法学を選択した理由は消極的なものであり、それ以外の魅力的な諸分野の間で決めがたいこと、法学はさまざまな分野とかかわりを有することから、法学と神学の間で迷った末、ある知り合いの忠告で法学に決定したとのことである[28]。また、職業として大学教授を選択した時点ではその理由は示されなかったが、裁判官資格取得（1908年）後、実務家ではなく研究者を選択した理由は、学問の自由によって支配機構としての国家から一定の距離を置くことができるからであると述べられている[29]。ところで、『母校』では、20世紀初頭のドイツにおける法学部のさまざまな内部事情が当事者の視点から生き生きと描かれており、19世紀末のフランスがドイツを法学教育のモデルとした[30]という点からも同書は興味深いが、同書の中でもっともわれわれの関心を引くのはやはりラーバントの位置づけであろう。

後ほど述べるように、レズローブが研究者として職を得るに際してラーバントは重要な役割を果たすが、学部時代のレズローブはラーバントをどのようにみて

---

25 *Ibid.*, p. I.

26 R. Redslob, *supra note* (12), p. 8. さらに、vgl. Christoph Schönberger, "Vom repräsentativen Parlamentarismus zur plebiszitären Präsidialdemokratie : Raymond Carré de Malberg (1861-1935) und die Souveränität der französischen Nation", Der Staat, 1995, S. 361 Anm. 7.

27 ドイツ第2帝政下のシュトラスブルク大学については、西村稔『知の社会史』1987年141-142頁参照。

28 *Ibid.*, pp. 16-18.

29 *Ibid.*, p. 88. このような理由の背後には後ほど述べるようなドイツ国家に対する嫌悪感があるが、この点については、cf. R. Redslob, *supra note* (6), p. 13.

30 拙著『法人・制度体・国家——オーリウにおける法理論と国家的なものを求めて——』2015年76-77頁註（15）参照。

いたのであろうか。ラーバントは公法・商法・海事法・私法・法制史を担当して
たことからも想像できるように、非常な博識さでもって学生を圧倒していたよう
である。講義録を見ることなくもったいぶってゆったりと話す彼からは、小柄で
はあるが頑健な体格も相まって、尊大さというよりも威厳が感じられたそうであ
る。そして、彼は法学部の名声を一身に担い、「学生・大学・政府は彼を半ば宗
教的な崇拝の念で取り囲んだ。彼は教会の聖人のようであった」。意外な情報と
しては、彼は美食家で冗談好きだったそうである。彼は講義では、ルソー的な民
主主義や議院内閣制を軽くあしらうとともに、普通選挙に対して軽蔑的であり、
レズローブはこのようなラーバントを典型的な君主主義者と評している[31]が、だ
からといって法学者としてのラーバントを低く評価してたわけではない。レズ
ローブは第3節で述べるように国民主権を前提とした国家理論という点でラーバ
ントと立場を異にするが、研究生活に入った当初は「ラーバントの弟子（élève
de Laband, Laband-schueler）」[32]をもって自任していた。『母校』の彼に関する叙述
には常に彼に対する尊敬の念が感じられるのであり、この点で、レズローブはフ
ランス第3共和制下の法学者とは異なる。

　レズローブは学部時代はまじめな学生であったようであり[33]、刑法の領域で学
位論文（*Die kriminelle Unterlassung*）を提出し（1906年）、国家試験に合格して裁判
官資格を取得した（1908年）後、すでに述べた理由で実務家ではなく研究者を選
択して母校で私講師（Privatdocent）となった[34]。私講師時代（1909-1913年）には
刑法と法哲学を担当したが、個人を国家の道具としかみなさないドイツ的な国家
観に対する反発[35]から、フランス革命に由来する民主的な国家理論へと関心が向
かい、フランス・イギリス・アメリカを対象とする比較憲法に関する講義を行う
ようになり[36]、このような講義をふまえたうえで革命期の国家理論を啓蒙期の政

31　R. Redslob, *supra note*（12）, pp. 19-23.

32　*Ibid.*, p. 132.

33　Cf. *ibid.*, pp. 49-54.

34　*Ibid.*, pp. 85-90. レズローブが刑法の領域で学位論文を執筆したのは刑法の担当者（Fritz van
　Calker）との個人的なつながり（さらに、cf. pp. 30-32）からであり、刑法関係の業績は私講師
　時代の2つのみである。また、彼は最初にドイツの大学に迎えられたアルザス人であったとのこ
　とである（p. 102）が、当時のドイツの大学におけるアルザス人の置かれた状況については、
　John E. Craig, *Scholarship and Nation Building The Universities of Strasbourg and Alsatian
　Society（1870-1939）*, 1984, pp. 168-173.

35　R. Redslob, *supra note*（6）, p. 13；Le même, *supra note*（12）, p. 88.

36　R. Redslob, *supra note*（12）, p. 104. このような内容の講義はラーバントの国法学の講義と大き

治思想にさかのぼって体系的に論じたのが『1789年のフランス国民議会の国家理論』である。同書によって彼はラーバントの後継者とみなされるようになる[37]が、しかし、同書とそれに先行する講義との内容はレズローブを微妙な立場に置いた。すなわち、学問の自由によって当局による講義への介入はなかったが、レズローブは講義の民主的内容を快く思わない同僚の存在や大学外部における敵意を感じざるをえなくなったのである[38]。そして、同一学部内での昇進を認めない慣行もあり、彼は将来を悲観するようなり、他大学への転出を何度か試みたがうまくいかなかった。その際、他大学への転出はアルザス地方を離れることを意味するので、アルザス地方に対する強い愛着を有する彼は職業の選択を誤ったのではないかとまで考えるようになり、「絶望した」[39]。ところがその頃（1911-1912年）、国際協調と紛争の平和的解決とを目的とするシュトラスブルクの国際友好団体から参加を打診され、公法系の学者を含む多くのドイツ人が参加していたことから快諾するとともに、国際法関係の著作を執筆するようなった。彼は、当時のこのような状況について、「私に一条の光が射した」[40]と回想している。その後、すでに述べたように、国際法は彼の主要な研究領域となり、ストラスブール

く異なることが予想されるが、後者については、Paul Laband（Bernd Schlüter（Hrsg.）), *Staatsrechtliche Vorlesungen*, 2004, S. 55ff. によってその内容を窺い知ることができる（同書については、西村清貴『近代ドイツの法と国制』2017年93-155頁参照）。

37 Cf. R. Redslob, *supra note* （12）, p. 132.

38 *Ibid.*, pp. 102-105, 108 et 112.

39 *Ibid.*, p. 110.

40 *Ibid.*, p. 115. レズローブが国際法に関心を持つようになった他の原因として、ドイツ第2帝政下におけるエルザス＝ロートリンゲン地方の法的地位をめぐる問題があり、この原因は彼が国家理論に関心を持つようになった原因でもある。エルザス＝ロートリンゲン地方はドイツへの併合後皇帝の直轄地である帝国領（Reichsland）とされたが、帝国領は他のラントと異なり、帝国の固有の支配権の対象とされた（Paul Laband, *Das Staatsrecht des Deutschen Reiches*, 5. Aufl., Bd. II, 1911, S. 211ff.（とくに、S. 260 ff.））ことなどから、レズローブは、エルザス＝ロートリンゲンは他のラントと対等ではないという意味で国家でないとして、「国家の外観を有する」（R. Redslob, *supra note* （12）, p. 130）「植民地」（R. Redslob, *supra note* （6）, p. 232）にすぎないという。さらに、エルザス＝ロートリンゲン地方の法的地位に関するこのような認識はラーバントと一致しているが、それをラーバントが肯定するのに対して、自分は批判するという（このような意味における外見的国家の比較研究が R.Redslob, *supra note* （2）（とくに、vgl. S. 65 ff.）である）。そして、シュトラスブルク大学における私講師としての講義のエルザス＝ロートリンゲン地方に関する部分はしばしば学生に「政治的動揺」（R. Redslob, *supra note* （12）, p. 130）をもたらしたとのことである。また、さまざまな点で従属的な地位に置かれていたエルザス＝ロートリンゲン地方で生まれ、育ったことが、レズローブをして、国際法の領域で平和主義と国際協調主義とに向かわせたといわれる（A. Le Divellec, supra note （2）, p. 142）。なお、1911年に制定されたエルザス＝ロートリンゲン憲法については、vgl. Ernst Rudolf Huber, *Dokumente zur deutschen Verfassungsgeschichte*, 3. Aufl., Bd. III, 1990, S. 38 ff.

30

大学復帰後にはその正教授となるのである。

『1789年のフランス国民議会の国家理論』が出版され、国際法という新しい研究領域が開拓された1912年は、レズローブの生涯におけるターニング・ポイントであるといえる。おそらくこの年に、ロストック大学から正教授就任の話があったであろうからである。彼はその所在地を地図で捜したという[41]が、ロストックは中世のハンザ同盟の中心として伝統を有するバルト海に面した港湾都市であり、ロストック大学は当時の学生数が約1000人（法学部のスタッフ7人）の小規模大学であるが、1419年に創立された世界でもっとも古い大学の1つである。もちろん、アルザス地方に対して強い愛着を有し、ラーバントの後任を希望していたレズローブにとってロストック大学は不本意であるが、レズローブの「運命を握っていた」といわれるラーバントが、一方で、ロストック大学に強く働きかけるとともに、他方で、レズローブに対して「必ずかつ直ちに受け容れるべきです」、受け容れないことは「あなたの全キャリアにとって致命的となるでしょう」と強く迫ったことから、レズローブは長くとどまることはないであろうという思惑の下に決心せざるをえなかった[42]。採用に際しては、彼がプロテスタントであることや第3節（註（99））でふれる同書に対するラーバントの書評が有利に作用したようである[43]。

　レズローブはロストック大学で公法・カノン法・行政法・万民法を担当した。彼はロストック大学を「配所（exil）」といい、ロストックへの滞在は「有益な旅行」であるという[44]が、決して居心地は悪くなかったようである。ドイツにおける大学の自治は君主制国家における共和制的要素であるとしてその「民主的構造」[45]を称賛するとともに、さまざまな役職を歴任したが、ここでロストック大

41　R. Redslob, *supra note*（12）, p. 138.

42　*Ibid.*, pp. 144-146. ラーバントは、レズローブがシュトラスブルク大学にとどまりたいこと、あるいはレズローブと彼の家族とがアルザス地方を離れたくないことを十分承知していた。それに対して、レズローブは、自分がロストック大学に行くことはシュトラスブルク大学法学部のスタッフにとって「厄介払いする（s'en barrasser, wegloben）」ことを意味するというようなことをいっている（*ibid.*, p. 142）が、オットー・マイヤーの古稀記念論文集（*Festgabe Otto Mayer*, 1916）へ寄稿（"Völkerrechtliche Ideen der französischen Revolution"）していることからすれば、スタッフから「一定の認知」（A. Le Divellec, supra note（2）, p. 134）を得ていたことが窺われる。

43　*Ibid.*, pp. 138（さらに、cf. A. Le Divellec, supra note（2）, p. 131）et 142.

44　*Ibid.*, pp. 169 et 243.

45　*Ibid.*, p. 178.

学時代について詳しく述べることはできない[46]。着任の1年後には第1次世界大戦が勃発し、彼はフランス系アルザス人ということで肩身の狭い思いをし、時の経過とともに食糧事情が逼迫する中で、国際法関係の業績をいくつか残している[47]。そして、大戦終結を見据えて、「ストラスブール大学において将来行うことができるであろう教育にとって有益な準備」として『議院内閣制』をフランス語で執筆した。ここでシュトラスブルク大学ではなくストラスブール大学というのは、「本来の運命に戻された」大学と述べられている[48]こと、また、フランス語で執筆されたことから、大戦後エルザス＝ロートリンゲン地方がフランスに返還され、シュトラスブルク大学がフランスの大学となり、そこで彼が教えるという見通しの下で同書が執筆されたであろうからである。ところが、大戦が彼の予想より長引いたことから、ドイツ語に翻訳されて出版されたのが1918年のドイツ語版である。いずれにしても同書は、アルザス地方が大戦後にドイツ領にとどまった場合フランスに移住するという決意[49]でフランスの大学での研究・教育を見据えて「中期的な戦略的展望」[50]の下で執筆されたといえるであろう。

それはともかく、第1次世界大戦終結後の混乱の中で、レズローブはアルザス地方の臨時政府からラーバントが占めていたポストへの「あれほど長らく夢見ていた就任」を打診されたが、正常化後の申し出を期待していったん断った[51]。1918年12月以来閉鎖されていたストラスブール大学は翌年1月に再開されたが、ラーバントの後任はカレ・ド・マルベールということになり、フランス国籍取得後のレズローブは「信条としての共和派のフランス人」[52]として教授資格試験を免除されて法学部に受け容れられた[53]。レズローブの研究・教育業績からすれば

46　なお、レズローブはロストック大学時代にラーバントの影響力に期待してフランクフルト大学への転出を試みたが、うまくいかなかった。レズローブによれば、ラーバントは「すばらしい名声を有するが、敵も多かった」(*ibid.*, p. 244) とのことである。

47　単行本としては、R. Redslob, *supra note* (2); Le même, *Das Problem des Völkerrechts*, 1917であり (すでに述べたように、前者は純粋な国際法関係の業績とはいえない)、後者は検閲によって出版が遅れたとのことである (Le même, *supra note* (12), p. 275)。

48　R. Redslob, *supra note* (12), p. 276.

49　*Ibid.*, p. 265.

50　Ibid., p. 136.

51　*Ibid.*, pp. 287-288.

52　Ibid., p. 137.

53　外国から大学を引き継ぐという前例のない事態に備えてさまざまな準備を行っていたフランス政府は、休戦協定の締結 (1918年11月11日) をうけて、ストラスブール大学に先遣隊を派遣し、その中には、法学教育の担当者の1人としてカレ・ド・マルベールが含まれていた。学生数約

32

当然であるが、その後、講師・助教授などを経て、1922年に正教授となり、すでに述べたように1929年から国際法を担当するようになった。そして、1945年から1952年まで学部長を務めた後、1953年に定年退官した[54]。

　レズローブは、アルザス＝ロレーヌ地方のドイツへの併合という「運命的な誤り」が「私の生涯とキャリアとを狂わせた」と述懐している[55]。確かに、本節の対象である大学入学以後の彼の人生は「数奇な運命」であり、それは「独仏の運命」によって支配されていたといえる[56]。しかし、そうでなかったとしたら、はたして彼の関心が公法へと向かい、次節以降の対象である『1789年のフランス国民議会の国家理論』や『議院内閣制』が生み出されていたであろうか[57]。これらは（もちろん、他の業績も）、普仏戦争後のアルザス地方の二元性と彼の稀有な才能との結合の産物なのである。この結合は彼にとって悲劇であったとしても、その産物はわれわれにとって幸運な贈り物であるといえるであろう。

　さて、レズローブの憲法関係の業績を憲法学の立場から取り上げようとする本稿は、以下では、主として『議院内閣制』における「真正議院内閣制」論と『1789年のフランス国民議会の国家理論』および『属領』における国家理論とを有機的に結びつける形で議論を展開することにしよう。

　2000人のストラスブール大学はカトリック系の神学部・プロテスタント系の神学部・法学部・文学部・理学部・医学部の6学部によって構成されていたが、とりわけ法学部については引き継ぎに伴う困難が予測された。というのは、すでに一定期間の法学教育を受けている学生をドイツ法からフランス法への変更に対応させなければならないからである。このような困難な任務を公法の領域で担ったのが彼であり、生活環境も含めたさまざまな困難の中で、いわば新生ストラスブール大学の創立メンバーを支えたのは愛国心と使命感であった。そのかいあってか、1年目の定期試験の結果はまずまずの出来であったようである。このような状況の下でレズローブが担った役割は、政治制度の転換に伴って過渡的に必要になる公務員に対するドイツ法の教育であった。1919年11月19日に正式に決定された教授陣も含めて、cf. Jean. Gaudemet, "Les débuts de la faculté de droit et des sciences politiques de Strasbourg au lendemain de la Première Guerre mondiale", Revue d'histoire des facultés de droit et de la science politique, 1997, pp. 96-104 ; J. E. Craig, *supra note* (34), pp. 208-225. 以上のことから、本節の冒頭で述べたカレ・ド・マルベールに対するレズローブの敬慕の情には、厳しい状況の下で母校を再興した創設メンバーに対する尊敬と感謝との念が含まれていたといえる。

54　A. Le Divellec, supra note (2), pp. 138-139. なお、ストラスブール大学時代のレズローブの講義は学生の評判が良く、他学部（とくに、文学部）の学生も聴講したとのことである（p. 140）。また、レズローブを学部長に任命した国民教育相はかつて同僚であったカピタンである（cf. Benoît Yvert (dir.), *Dictionnaire des ministres de 1789 à 1989*, 1990, pp. 675 et 743)。

55　R. Redslob, *supra note* (12), p. 290.

56　*Ibid.*, p. 302.

57　現に、レズローブは一時期ローマ法に関心を示している（*ibid.*, pp. 52-54)。

三 「真正議院内閣制」論

　レズローブの議院内閣制論について論じる前に、その主体たる文献である『議院内閣制』について書誌的な検討を行っておかなければならない。すでに述べたように、『議院内閣制』は第1次世界大戦後におけるフランスの大学での教育を見据えて原稿の段階ではフランス語で執筆されたが、大戦が予想より長引いたことから、単行本としては、いったんドイツ語に翻訳されて出版された後、彼自身によって再びフランス語に改められて出版された。もっとも、ドイツ語版とフランス語版はまったく同じというわけではない。第1に、フランス語版には大戦後の各国憲法の動向が追加されている。この追加部分は、大戦後にヨーロッパ諸国で導入された合理化された議院内閣制を彼が自らの議院内閣制論との関係でいかに評価しているかという点で興味深いが、ここではほんど取り上げることはできない[58]。第2に、それ以外の両版の相違である。同書は原稿の段階からフランス語版に至るまでフランス語→ドイツ語→フランス語という経過をたどったことになるが、われわれが目にすることができるのはドイツ語→フランス語、つまりドイツ語版と彼自身の翻訳によるフランス語版とである。そして、フランス語版については、確かに、独仏のバイリンガルである著者自身による翻訳であることから、これ以上の翻訳はないように思える。しかし、著者自身による翻訳には厄介な問題が潜んでいることを看過してはならない。すなわち、翻訳をとおして先行するテキストに手を加えるという可能性であり、多くの著者はこのような誘惑に打ち勝つことはできないであろう。その結果、例えば、ボダン『国家論』のラテン語版（1586年）やホッブズ『リヴァイアサン』のラテン語版（1668年）には著者自身による訂正がみられ、『議院内閣制』の冒頭における「議院内閣制の定義」についても同様であるが、本稿筆者のみる限り、その変更は議院内閣制論の内容

58　当時の合理化された議院内閣制は、民主化の一環として執行府を議会に従属させようとする（大石眞『議院自律権の構造』1988年114-119頁。さらに、cf. Pierre Lalumière et André Demichel, *Les régimes parlementaires européens*, 2ᵉ éd., 1978, p. 66 ; Philippe Lauvaux, *Parlementarisme rationalisé et stabilité du pouvoir exécutif*, 1988, pp. 7-8）という点で、レズローブの議院内閣制論における均衡理論とは異質であり、現に彼は、議院内閣制を「飼いならそうとしたことは誤りであった」として、当時の合理化された議院内閣制に対して批判的である（Robert Redslob, "La Charte de Bonn Son caractère en doctrine constitutionnelle", Revue internationale d'histoire politique et constitutionnelle, 1952 pp. 169-170）。なお、以下、傍点は原文強調である。

にかかわるものではない。

　そこで、議院内閣制論についてである。レズローブが『議院内閣制』において目指したのは、イギリスにおいて数世紀にわって形成されてきた議院内閣制の「真髄」を探求し、ヨーロッパ大陸におけるその適用を示すことである[59]。もっとも、同書の冒頭で示された議院内閣制の「抽象的原理」あるいは「内在的論理の体系」[60]がイギリス憲政史から抽出されたものであるか否かは明らかではない。この点については後ほど取り上げることにして、そこで示された議院内閣制は国家元首の自由な解散権を備えた議院内閣制であり、このような解散権によって議会と執行府の間に均衡が実現される。そして周知のように、このような解散権を備えた議院内閣制は真正議院内閣制と、そうではない議院内閣制は不真正議院内閣制と、それぞれいわれる[61]。以上のような内実を有する議院内閣制論は、その大枠という点で、第1次世界大戦勃発前後のフランスにおいては、何ら目新しいものではない。現に、彼は「デュギーの弟子」[62]として「デュギーの主張を繰り返したにすぎない」[63]し、デュギーの議院内閣制論は第3共和制憲法に大きな影響を与えたプレヴォ＝パラドルの議院内閣制論を共和制化したものである[64]。にもかかわらずなぜ、レズローブの議院内閣制論は両大戦間の独仏において大きな影響力を発揮したのか。ドイツについては、レズローブ自身が認めてい

59　R. Redslob, *supra note*（12），p. 276. 以下、『議院内閣制』からの引用は、ドイツ語版については、R. Redslob, *supra*（p. 2），S.～という形で、フランス語版については、R. Redslob, *supra*（p. 2），p. ～という形で、それぞれ示すことにする。

60　R. Redslob, *supra*（p. 2），S. 8；p. 10.

61　レズローブの議院内閣制論の行き届いた紹介として、上村貞美「真正議院内閣制度論批判」法学雑誌19巻1号1972年（とくに、44-48頁）参照。

62　Ezékiel Gordon, *Les nouvelles constitutions européennes et le rôle du chef de l'État*, 1934, p. 53. さらに、cf. p. 54.

63　Michel Dendias, *Le renforcement des pouvoirs du Chef de l'État dans la démocratie parlementaire*, 1932, p. 80. あるいは、「レズローブの真正および不真正議院内閣論［は］彼［デュギー］の均衡理論に還元される」（Friedrich Glum, *Das parlamentarische Regierungssystem in Deutschland, Großbritannien und Frankreich*, 1950, S. 115 f. さらに、vgl. S. 393 Anm. 80. Armel Le Divellec, "Adhémar Esmein et les théories du gouvernement parlementaire" in Stéphane Pinon et Pierre-Henri Prélot（dir.），*Le droit constitutionnel d'Adhémar Esmein*, 2009, p. 180も同旨）。それ故、二元型議院内閣制論は「デュギー・レズローブ理論」（同上・37頁）ともいわれるが、レズローブ自身もデュギーの影響を認めている（Robert Redslob, "Le régime parlementaire en Allemagne", Revue du droit public, 1923, p. 520 note 1）。ただし、両者の議院内閣制がまったく同じであるとはいえないということについては、後ほど述べるとおりである。なお、以下、［　］内は本稿筆者による註記である。

64　プレヴォ＝パラドルの議院内閣制論については、宮沢・前掲書註（1）、151-165頁参照。

るように、同書が当時「ドイツ語で議院内閣制を論じた唯一のものであることから、ヴァイマル憲法の制定者の役に立った」[65]からである。この点については「おわりに」で言及することにしよう。フランスについては、いくつかの原因が考えられるが、まず確かに、彼の議院内閣制論にはほとんど目新しいものは含まれていないが、しかし、同書は当時としては包括的な議院内閣制の比較研究であり、第3共和制下の議会主権に対する「批判の統合と総合」[66]たりえた。次に、このような包括性の下で真正議院内閣制と不真正議院内閣制とが明確に図式化されることによって、2つの言葉が議会主権批判と国家改革論とにおいて一種のスローガンのようなものとなったであろうことが考えられる。これらのことから、「エルザス＝ロートリンゲン地方の返還後、ロストックからシュトラスブルクに帰ってきたエルザス人であるレズロープにこの議論が委ねられた」[67]ように思われたのであるが、すでに述べた理由から同書によって議院内閣制に関する議論が深まったとは思えない。ただし、この点については、彼の議院内閣制に関する踏み込んだ検討が必要であり、そこで以下では、執行府の内部関係・有権者団の位置づけ・同書の冒頭で示された議院内閣制のモデルの意味について検討することにしよう。

第1に、執行府の内部関係についてである。二元型議院内閣制といわれる類型の中には、実は、2つのタイプが含まれている。これら2つのタイプはこれまで意識的に区別されてこなかったようである[68]が、執行府の内部関係に着目すれば両者の相違は明らかである。1つのタイプにおいて、執行府の内部で主導権を握っている、したがって政治的決定権を握っているのは国家元首である。国家元首は議会から独立した固有の正統性に支えられて議会と対峙し、両者を結び付け

65　R. Redslob, *supra note* (12), p. 276. ただし、『議院内閣制』のドイツ語版が「ドイツ語で議院内閣制を論じた唯一のものである」とまではいえない。具体的には、cf. A. Le Divellec, supra note (2), p. 144 note 73. さらに、vgl. Christoph Schönberger, *Das Parlament im Anstaltsstaat*, 1997, S. 393 ; M. Dendias, *supra note* (63), p. 79. とくに注目すべきは Robert Piloty, *Das Parlamentarische System*, 2. Aufl., 1917 であり、同書は、議院内閣制の「優れている点は議会において政党をとおして表明される人民の意思と政府の意思との完全な一致にある。……それは王権を形式的権力の段階を超えて比類のない政治・倫理的な力にまで高める」(S. 37) として、一元型に傾斜した議院内閣制論を展開している。

66　Ch. Schönberger, *supra note* (65), S. 387.

67　*Ibid.*, S. 386.

68　数少ない例外の1つとして、小島慎司「オーリウの制度理論と日本国憲法の関連性」論究ジュリスト18号2016年156頁。

るのは内閣である。内閣は、一方で議会の信任を必要とし、他方で国家元首に
よって任命されるので、議会と国家元首の双方に対して責任を負う。このような
タイプの議院内閣制をここでは本来の二元型議院内閣制ということにしよう。も
う１つのタイプにおいて、執行府の内部で主導権（＝政治的決定権）を握っている
のは内閣（総理大臣）である。内閣は解散制度によって議会から自立して議会と
対峙し、両者の間に対立が生じた場合には国家元首が介入する。その意味で国家
元首は両者の間に介在し、その最後の手段が国家元首による解散権の行使であ
る。このようなタイプの議院内閣制をここでは擬（peusdo）二元型議院内閣制と
いうことにしよう。これら２つのタイプを国家元首の地位に着目したカピタンの
類型論[69]（＝「歴史的展開図式」）に当てはめれば、絶対君主制→制限君主制→議院
内閣制（二元型議院内閣制［＝本来の二元型議院内閣制→擬二元型議院内閣制］→一元型
議院内閣制→無元首型議院内閣制）→会議制ということになるであろう（［　］内が当
てはめた部分）。では、レズローブのいう「真正議院内閣制」はどちらのタイプに
属するであろうか。この点レズローブによれば、統治の主導権を有するのは内閣
であり、国家元首は「権力の名義人（nomineller Träger, titulaire）」[70]にすぎない。
内閣が執行府の「主人」[71]なのである。ただし、国家元首は名目化しているわけ
ではなく、議会と内閣が対立した場合、内閣を更迭するか議会を解散する。これ
ら以外の国家元首の権限は儀礼的であり、その実質的決定権は内閣に属する。こ
こで重要なのは、議会と内閣の対立の背後にそれぞれと人民（有権者団）の対立
が存在するということであり、人民と内閣の対立の場合にしろ、人民と議会の対
立の場合にしろ、国家元首は人民と内閣または議会との「媒介者」[72]にすぎない
（前者の場合における最終的解決は内閣の更迭であり、後者の場合におけるそれは議会の解
散）。このことは有権者団の位置づけとかかわるので第２で検討することにし
て、ここでは、執行府の内部関係に限定して、彼が依拠しているデュギーの議院
内閣制論について確認しておくことにしよう[73]。デュギーによれば、議院内閣制

69　樋口陽一『議会制の構造と動態』1973年 8 - 9 頁、および高橋和之『国民内閣制の理念と運用』
　　1994年47-48頁。さらに、cf. René Capitant, *Écrits d'entre-deux-guerres（1928-1940）*, 2004, pp.
　　347-352.

70　R. Redslob, *supra*（p. 2）, S. 4 ; p. 5.

71　*Ibid.*, S. 6 ; p. 7. したがって、レズローブは議会と内閣の均衡と、議会と国家元首の均衡との間
　　で逡巡している（Ch. Schönberger, *supra note*（65）, S. 390）とはいえない。

72　R. Redslob, *supra*（p. 2）, S. 7 ; p. 8.

73　レズローブの議院内閣制は君主制だけではなく共和制をも対象としているので、君主制のみを

とは議会と執行府の協働の体制である。そこにおいて協働を実現するのは「政治機構の本質的構成要素」[74]である内閣であり、内閣の対議会責任と解散制度という「2つの本質的手段」[75]によって協働が実現される。では、執行府の内部関係はどのように捉えられているのかといえば、実はこの点は必ずしも明らかではない。というのは、一方で国家元首は政府を体現し、他方で内閣は国政を主導するとされつつ[76]、これらが述べられる文脈において議院内閣制の定義と歴史的叙述とが明確に区別されているとはいえないからである。確かに、イギリスの議院内閣制に関する歴史的叙述からすればレズローブに近いような印象を受けるが、しかし、議院内閣制の定義との関係でそうであるとは断定できない。レズローブとの相違として指摘できるのは、均衡ではなく協働という用語が多用されていることくらいであろうか。いずれにしても、彼の（真正）議院内閣制論はデュギーの強い影響を受けつつ、定義という点ではより洗練されているといえるであろう。また、デュギーは解散を「真のレファレンダム」[77]と位置づけているが、この点でもレズローブの方が詳細である。

　そこで第2に、有権者団の位置づけについてである。すでに述べたように、議会と対抗関係にあるのは内閣であり、国家元首は両者の間に対立が生じた場合に解決に向けて引き金を引く機関にすぎない。その意味で、「国家元首は人民主権の手段なのである」[78]。そして、最終的決定権を有するのは、議会の解散に続い

前提としているコンスタンとシャトーブリアンとの議院内閣制論は対象としない。コンスタンについては、深瀬忠一「バンジャマン・コンスタンの中立権の理論」北大法学論集10巻合併号1960年、および樋口雄人「バンジャマン・コンスタンの中立権理論について──そのフランス議院内閣制理論史における位置づけの試み──」憲法論叢7号2000年を、シャトーブリアンについては、宮沢・前掲書註（1）、119-150頁を、それぞれ参照。それに対して、プレヴォ＝パラドルについても、一応「彼は君主政および共和政の双方に適合するような改革を考慮している」が、「『自由な国民』のために共和政よりも立憲君主政の方がより適当だと考えている」（同上・160頁および163頁）ことから、対象としない。なお、デュギーの議院内閣制論については、「第1次大戦を境にして多少変化しているといわれ」る（上村・前掲論文註（61）、37頁）が、ここで問題にしているのはレズローブに対する影響であるので、大戦前に書かれたものを引用の対象とする。

74　Léon Duguit, *Traité de droit constitutionnel*, t. I, 1911, p. 411.

75　*Ibid.*, p. 416.

76　*Ibid.*, pp. 411, 412 et 416. さらに、cf. Léon Duguit, *Études de droit public II : L'État, les gouvernements et les agents*, 1903（同書は2005年に復刊されたが、本書はオリジナル版を用いた）, pp. 327-330 ; Evelyne Pisier-Kouchner, *Le service public dans la théorie de l'État de Léon Duguit*, 1972, pp. 253-254. なお、註（91）も参照。

77　L. Duguit, *supra note*（76）, p. 330 ; Le même, *supra note*（74）, p. 415.

78　R. Redslob, *supra*（p. 2）, p. 8.

て行われる選挙において意思を表明する人民（有権者団）である。したがって、「両権力は共通の支配者、つまり主権の存する人民を有し」、「最高の意思は人民のそれである」[79]。このようなレズローブの主張からすれば、彼の（真正）議院内閣制論は「国体としての民主政」を議院内閣制の「生命原理」として位置づけたものであるという理解[80]が成り立つ。この理解からすれば、第3共和制下における大統領の名目化の下で内閣の弱体・不安定に呻吟するという議院内閣制の機能障碍において、「大統領の民主的正統性を強化し権威を高めるための公選制導入」[81]へと向かうことが予測されるが、彼自身はそのような方向へと向かわない。彼にとっての、実質的意味の憲法という「有機体に駆動力を付与し、その調和のとれた活動を規制する」生命原理は議会と執行府の相互関係であり[82]、議院内閣制の場合には両者の均衡が実現・維持されなければならず、それを実現・維持するのが大統領なのである。その際、大統領は君臨すれども統治しないのであり、コンスタン的な中立権の担い手として議会と内閣が対立した場合にのみ介入する[83]。したがってレズローブにとって、ミルランのような「統治する大統領」[84]、換言すれば「政治的大統領はもはや真の大統領ではない」[85]。そして、大統領が議会と対峙する執行府の首長ではないことからすれば大統領の直接選挙は不要であり、現にレズローブは、第3共和制憲法について、「大統領の選出方法を変更することによって解散に関する問題を解決しようとすべきではい」として、改革案としては解散に対する元老院の同意（公権力の組織に関する1875年2月25

---

79 *Ibid.*, S. 4 und 6 ; pp. 5 et 8.

80 石川健治「議会制の背後仮説——議会と政府の関係の諸相」法学教室225号1999年67-69頁。同論文に依拠したレズローブの議院内閣制論の理解として、曽我部真裕・見平典編『古典で憲法を読む』2016年110-114頁（曽我部執筆）。

81 石川・前掲論文註（80）、69頁。レズローブ自身がそれを示唆する箇所として、cf. *ibid.*, S.184f. ; pp. 264-265.

82 *Ibid.*, S. 1 ; p. 1.

83 もっとも、レズローブは、中立権の担い手としての立憲君主に近いのは有権者団であるという（*ibid.*, S. 6 f. Anm. 2 ; p. 8 note 1）。

84 A. Le Divellec, supra note（2），p. 149. 具体的には、前掲拙著註（30）、386-387頁参照。

85 Robert Redslob, "Une réforme constitutionnelle : la dissolution de la chambre", Revue politique et parlementaire, 1929, pp. 198. もっとも、ミルランは自己の大統領強化論を展開するにあたってレズローブに依拠している（Stéphane Pinon, *Les réformistes constitutionnels des années trente. aux origines de la Ve République*, 2003, p. 29）。なお、先の拙著における、「ミルランが目指した大統領像は……レズローブ的な『二元型議院内閣制の再興』の下で実現されるべきものであり」（同上・386頁）という記述のうちの「レズローブ的な」は、本稿でいうところの「本来の」に置き換えられなければならない。

日法律 5 条）の廃止を主張する[86]。いずれにしても、確かに「真正議院内閣制」論は解散をとおして民主的要素を取り込んだが、しかし民主的要素は均衡関係を構成する 1 つの要素にすぎない。レズローブが追求したのは、人民による一元的な支配ではなく、「複数の意思の協働」の体制という意味で「穏和な統治」の体制であり[87]、国政レベルにおけるその現象形態が大統領によって実現されるべき議会と執行府の均衡なのである。要するに、「議院内閣制とは均衡の体制である」[88]。ところが、このような「真正議院内閣制」論には、大統領が担うべき民主的要素および均衡関係を構成する民主的要素とは異質な要素は存在しない。例えば、オーリウの多元的主権論における政府の主権（統治組織に蓄積された専門技術的な能力）や法の主権（人間の意思を制約する要素）のような非民主的要素[89]は存在しないのである。レズローブ自身が認めているように、「その結果、共和制が［真正］議院内閣制［の実現］に強く抵抗するということは否定できない」[90]。その原因は彼の一元的で同質的な国家観にあり、彼の議院内閣制論は共和制の下では失敗する運命にあったといわざるをえない[91]。このことは、第 5 共和制の下で

---

86 Ibid., pp. 198-199 et 200. レズローブが大統領の直接選挙を主張しないもう 1 つの理由は政党との関係における不確実性である。すなわち、現在の用語でいえば、半大統領制におけるコアビタシオンの下で大統領の権威と権限の行使とを維持できるのかという問題である（p. 198）。また、直接選挙に伴う大統領職の政治化（＝「政治的大統領」）は中立権の担い手としての「真の大統領」にとって好ましくない。同様の見方を示すものとして、ibid., pp. 494 et 515-516, 小島慎司『制度と自由』2013 年 3 頁註（6）。

87 R. Redslob, supra (p. 2), S. 7 f.; pp. 9-10.

88 Ibid., S. 4; p. 5. vgl. Ch. Schönberger, supra note (65), S. 389 und 391; A. Le Divellec, supra note (2), p. 149.

89 前掲拙著註（30）、第 3 章第 1 節 2 参照。

90 R. Redslob, supra (p. 2), S. 184; pp. 263-264.

91 このように、レズローブとオーリウの相違は議院内閣制論ではなく国家理論にあるというのが本稿の立場であるが、それに対して、小島慎司は、両者の相違は議院内閣制論にあり、オーリウは本稿でいうところの本来の二元型議院内閣制論に立脚しているという前提に立って、『憲法精義（Précis de droit constitutionnel）』の「第 2 版［1929］でもオーリウが［大統領の］公選論を［実質的には］変えていないとする」（小島・前掲論文註（68）、151 頁）先の拙著の理解（前掲拙著註（30）、389-391 頁）を批判する。もちろん、オーリウは同書の初版（1923 年）で主張した大統領の直接選挙に関する部分を第 2 版で削除するのであるが、その原因を、先の拙著がミルラン大統領による能動的な大統領像にもとづいた憲法運用の失敗（＝「強いられた辞任」）にあるとみる（したがって、この失敗がなければオーリウは第 2 版においても大統領の直接選挙を主張していた）のに対して、小島は、カレ・ド・マルベールによる（第 3 共和制憲法の規定する）議院内閣制の一元論的理解の登場と 1924 年の下院議員選挙の結果における政治勢力の変動とによって、大統領の直接選挙を導入した場合、大統領 - 内閣 - 下院という一元的な憲法運用（＝デュヴェルジェのいう半大統領制の下における「議会多数派の首長としての大統領」型（モーリス・デュヴェルジェ（拙訳）『フランス憲法史』1995 年 164-168 頁）または「超大統領」型（拙稿

40

1962年の憲法改正によって大統領の直接選挙が導入された、というよりも導入されざるをえなかったという事実によって示されたといえるであろう[92]。そこで、レズローブの国家理論が問題になるが、その前に、議院内閣制のモデルに関する問題について検討しておかなければならない。

　第3に、『議院内閣制』の冒頭で示された議院内閣制のモデルの意味についてである。レズローブの「真正議院内閣制」論に対する批判としてよくあるのは、

「モーリス・デュヴェルジェの半大統領制論（三・完）」自治研究69巻9号1993年104頁））がもたらされる可能性があることにオーリウが気づいたことにあるという。そして、このような一元的な憲法運用（の可能性）がオーリウの均衡理論に反することから、大統領の直接選挙に関する部分は第2版で削除されたというわけである。テキストの読み込みと幅広い目配りとにもとづく深い理解は小島の書くものによくみられ、そこに非凡なものを感じるのは本稿筆者だけではないと思うが、オーリウが『憲法精義』の第2版で大統領の直接選挙に関する部分を削除したことの原因に関する理解については賛成できない。第1に、オーリウが立脚している議院内閣制論についてであるが、この点は、すでに述べた、二元型議院内閣制といわれる類型の中に含まれている2つのタイプのうち、彼のいう議院内閣制がどちらのタイプかという問題である。実は、二元型議院内閣制といわれる類型の中に2つのタイプが含まれているということは院生時代の筆者を悩ませた問題であるが、各論者のテキストのどこに力点を置くかによってその論者のいう議院内閣制に関する理解は変わってくるというのが現在の筆者の立場である。小島の依拠するカピタンによれば、すでに取り上げたデュギーの議院内閣制論は「明らかに」本稿でいうところの本来の二元型議院内閣制論ということになる（R.Capitant, *supra note* (69), p. 409）が、すでに述べたように本稿はそのように断定しない。また、カピタンによれば、エスマンの議院内閣制論も本来の議院内閣制論に属するが、このことはデュギー以上に明白であるにもかかわらず、執行府の内部で実質的決定権を行使するのは内閣（総理大臣）である（Adhémar Esmein, *Éléments de droit constitutionnel français et comparé*, 5ᵉ éd., 1909, pp. 132-140）。そのためであろうか、「わが国においては、特にエスマンの理論について、奇妙な対立がある」（上村・前掲論文註（61）、37頁）といわれる。となると、二元型議院内閣制といわれる類型の中には3つのタイプが含まれている可能性も出てくるが、この点についてはここでは踏み込まない。第2に、カレ・ド・マルベールの一元論と大統領の直接選挙の下における大統領－内閣－下院という一元的な憲法運用の可能性との関係については、グレヴィーが大統領に就任した1879年には大統領・首相・上下両院が共和派によって掌握され、その気になれば、大統領を頂点とする一元的支配が可能であったということからすれば、カレ・ド・マルベールの一元論はオーリウによる大統領－内閣－下院という一元的な憲法運用の危険性の認識にとって決定的とはいえない。第3に、1924年の下院議員選挙の結果における政治勢力の変動と大統領の直接選挙の下における大統領－内閣－下院という一元的な憲法運用の可能性との関係については、このときの政治勢力の変動は第3共和制の初期において二元型議院内閣制に立脚した憲法運用から一元型議院内閣制に立脚したそれへという変化をもたらしたような規模と性質とを有するとまではいえないということ、さらに、同年の下院議員選挙は変則的な比例代表制（具体的には、前掲拙著註（30）、407頁註（31）参照）にもとづいて行われたものであるということから、この選挙の結果における政治勢力の変動が大統領の直接選挙の下における大統領－内閣－下院という一元的な憲法運用と直ちに結びつくとは思えない。以上の3つの理由から、『憲法精義』の初版と第2版との相違の原因はミルラン大統領による能動的な大統領像にもとづいた憲法運用の失敗にあるという拙著の平凡な理解の方が説得力があるのではないかというのが筆者の判断である。

92　Cf. S. Pinon, *supra note* (85), p. 496.

そこで主張されている擬二元型議院内閣制は第1次世界大戦の勃発前後のヨーロッパにはもはや存在しないという意味で「まったくの時代錯誤」[93]だというものである。はたして、このような批判が有効な批判であるといえるであろうか。彼は、このモデルは「抽象的な原理」にとどまるので「歴史における具体例」の検討が必要である[94]というが、ここでは、擬二元型議院内閣制が過去に存在したか否[95]かは問わない。それよりも重要なのは、このモデルが「説明的というよりも規範的である」[96]という指摘である。つまり、このモデルは、議院内閣制とはこうあるべきであるという規範的モデルであり、このモデルが過去と現在に存在しないからといって無意味であるとはいえない。またその結果、社会的現実や政党の役割を考慮していないという批判[97]も有効であるとはいえない。それに対して、すでに指摘したように、共和制を前提とした一元的で同質的な国家理論の下で「真正議院内閣制」を実現するのは難しいといわざるをえない。国家理論との整合性の問題である。ところが、彼の国家理論についてはこれまであまり論じられることがなかったことから、節を改めて検討しなければならない。

四　国家と法との一般理論

レズローブには研究生活の初期から「憲法に対する偏愛」[98]がみられるといわれるが、その原因として、ラーバントの影響を別にすれば、すでに述べたように、個人を国家の道具としかみなさないドイツ的な国家観に対する反発とエルザス＝ロートリンゲン地方の法的地位をめぐる問題に対する関心とを挙げることができる。そして、前者から『1789年のフランス国民議会の国家理論』が、後者か

93　Ch. Schönberger, *supra note* (65), S. 293 (S. 388 も同旨). 同時代のフランスにおける同様の批判としては、例えば、cf. Boris Mirkine-Guetzévitch, *Le régime parlementaire dans les constitutions européennes d'après-guerre*, 1937, pp. 14-15.

94　R. Redslob, *supra* (p. 2), S. 8 ; p. 10.

95　具体的には、上村・前掲論文註 (61)、48-56頁参照。

96　A. Le Divellec, supra note (2), p. 152. 小林昭三『ワイマール大統領論研究序説』1964年66頁も同旨。

97　Cf. ibid., p. 155. 確かに、レズローブの議院内閣制論には「やや過剰な教義への性向」(p. 151) があることは否定できない。それに対して、イギリス法に精通し、議会法の専門家であるハチェックの議院内閣制論 (vgl. Julius Hatschek, *Deutsches und Preussisches Staatsrecht*, Bd. I, 1922, S. 533 ff.) は議院規則や憲法運用に目配りしているという点で当時としては異彩を放っていたといえる。

98　Ibid., p. 141.

ら『属領』が、それぞれ生み出されたと考えられる。すなわち、『1789年のフラ
ンス国民議会の国家理論』において、「国民議会の闘争を追跡する」ことによっ
て1791年憲法という「まったく新しい構築物」を支える国家理論を導き出す[99]こ
とが、『属領』において、「国家を正しく理解するための有益な試金石」である属
領を論じることによって国家の本質を把握する[100]ことが、それぞれ目指されたの
である。あらかじめ指摘しておくべきは、議院内閣制論とは異なり、国家理論に
おいては民主的要素が重視されているということであり、その理由はすでに指摘
した両書の執筆動機にあるとみるべきであろう。以下では、すでに検討した議院
内閣制論を念頭に置きつつ、『属領』において提示された国家の定義（国家の枠組
み）を示したうえで、それを補う形でその内部における国民（人民）の位置づけ
あるいは役割を『1789年のフランス国民議会の国家理論』から抽出することにし
よう。

1　結節点としての人民

　『属領』は独仏においてもわが国においてもほとんど引用されることがない
が、属領の比較（各論）に先立って提示された国家と法との一般理論（総論）は
大変興味深い。確かに、レズローブは「法の一般理論に関する著作を著さなかっ
た」[101]。しかし、同書において国家との関係でさまざまな観点から法が論じられ

99　Robert Redslob, *Staatstheorien der französischen Nationalversammlung von 1789*, 1912, S. 2
　　f. レズローブは、先行業績である Léon Duguit, *La séparation des pouvoirs et l'Assemblée natio-
　　nale de 1789*, 1893 や Egon Zweig, *Die Lehre vom Pouvoir Constituant*, 1909 は1789年から1791
　　年にかけて国民議会が創出した国家理論の一部を扱ったにすぎないとして、『1789年のフラン
　　ス国民議会の国家理論』において「国民議会の国家理論を体系的に描写し、その源にさかのぼる
　　こと」を目指したという（R. Redslob, *supra note*（99）, S. 4）。このような意味で「フランス革命
　　の教義」（ibid., p. 133）を描いたといえる同書を、ラーバントは『公法アルヒーフ』において、
　　「高度な技術と幅広い資料および国家論関係の文献の巧みな利用とによって、著者はこの素材
　　［革命期の国家論とそれに影響を与えた理論］を集約し、1791年憲法と18世紀の国家論とによっ
　　て構成されるいわば二重構造物を構成することに成功した。……それ［描写］がすばらしいの
　　で、読み始めた者は読み切るまで中断する気にならない。私はほとんど中断することなく最後ま
　　で読みとおした」と絶賛した（Paul Laband, *Abhandlungen und Rezensionen*, Bd. II, 1980, S. 229
　　f.）。そして、レズローブによれば、このような評価はロストック大学の正教授就任に際して有利
　　に作用した（R. Redslob, *supra note*（12）, p. 142）。なお、同書はフランスの『公法雑誌』におい
　　て、フランスの公法学者とって有益なものとして紹介されている（Revue du droit public, 1912,
　　p. 424）

100　R. Redslob, *supra note*（2）, S. 2.

101　Ibid., p. 153.

ており、それらをとおして彼の法思想を窺い知ることができる。その際意外なのは、すでに述べたように「ラーバントの弟子」をもって自任するレズローブの国家理論がラーバントのそれとかなり異なるということであり、その意味でレズローブのラーバントに対する関係は「アンビヴァレントである」[102]といえるが、この点については必要に応じて言及することにしよう。

レズローブによれば、国家は人民・領土・支配権（Herrschaft）によって構成されるが、このことを国家の法的定義とみるべきではない[103]。これらのうち、支配権が「国家の魂」・「国家の内的生命力」であり、国家にとっての「枢要な概念」である[104]。そして、支配の中身は「心理的強制」であり、ということは支配の対象は心理的存在、つまり人間である。その結果、領土も含めた物は支配の対象ではなく、この点で彼はラーバントと異なる[105]。さらに両者の間には相違があり、しかもこの相違は国家理論の根幹にかかわるものである。レズローブによれば、国家を形成する目的は共通の意思を創出し、現実化することではなく、共通の利益を実現し、維持・管理することである。「国家には、共通の利益は存在するが、共通の意思は存在しない」のである。このような立場からすれば、一般意思という概念によって両者を混同したことが「ルソーの国家理論の根本的な誤り」であるといわざるをえない[106]。国家における意思の契機よりも利益の契機を重視するこのような立場はすでに『1789年のフランス国民議会の国家理論』において示されている[107]が、もちろん、利益を実現し、維持・管理するのは意思であり、その意味ですでに述べたように支配権は「国家の魂」・「国家の内的生命力」なのである。しかし、主観的意思は客観的利益によって制約され、その限りで、ドイツ第2帝政下の法実証主義国法学が立脚する意思理論は否定される[108]。支配権は意思それ自体ではなく、意思がもたらす利益によって正当化されるのである。これはいわば支配の静態的側面であり、利益を実現し、維持・管理する意思

102　Ibid., p. 155 note 124.

103　前掲拙著註（20）、117頁註（173）参照。

104　*Ibid.*, S. 2 und 4.

105　*Ibid.*, S. 4 ff. ラーバントが領土を国家権力の対象とするという点については、同上・116頁註（156）。

106　*Ibid.*, S. 10 f. S.129 も同旨。

107　R. Redslob, *supra note*（99），S. 106.

108　その意味で、レズローブの国家理論はミシュウの法人理論（同上・第2章第2節および第3節参照）に近いといえる（vgl. R. Redslob, *supra note*（2），S. 36 Anm. 2）。

という動態的側面は「人民の大多数の部分（stärkerer Teil）」[109]によって正当化されなければならない。ここで「大多数の部分」とは曖昧な表現であり、そのことはレズローブ自身も認めている[110]。また、レズローブにおいては「比喩的でしかも往々にして情緒的な表現が……法思想の表明の厳密さを害する」[111]ことがあるともいわれるが、彼が支配者と被治者の関係をいかに捉えているかはすでに『1789年のフランス国民議会の国家理論』において示されている。

　1789年から1791年にかけての憲法制定国民議会において示され、その帰結である1791年憲法において規定された代表制の理解という点で、第1次世界大戦以前のレズローブは当時のフランス憲法学界との関係では先進的であったといえる。彼はカレ・ド・マルベールのように国民と人民を区別しない（以下、人民に統一する）が、レズローブのいう人民はバコのいう自ら意思を表明することができる「集合的で具体的な」主体[112]に近い。レズローブによれば、憲法制定国民議会における議論とその帰結である同憲法とにおける人民は「市民の全体」である「完全に自立した人（Person）として議会と対峙する」[113]。そして、両者の意思の一致が求められ、そのためには人民は議会を統制しなければならない。そうでなければ、「人民は主権と自由を失い、人民でなくなる」[114]のである。その結果、議会は人民から独立して人民の意思を創出するのではなく、人民による一定の統制の下でそうしなければならない。その際、人民が議会を統制する手段として命令委任やレファレンダムが求められているわけではなく、同憲法において規定されている（第3編第1章第2節）のは選挙、しかも間接制限選挙のみである。もちろん同憲法は議院内閣制を備えていない[115]が、彼は憲法制定国民議会が想定し同憲法が

109　*Ibid.*, S. 18.

110　*Ibid.*, S. 58.

111　Ibid., p. 153.

112　拙稿「ノモス主権と理性主権」龍谷紀要29巻2号2008年11頁。

113　R. Redslob, *supra note*（99）, S. 129. さらに、vgl. S.146. レズローブは、その結果生じる「2つのまったく異なる人」の存在という不都合を回避する手段が（国家法人説を前提とした）「機関理論」であるというが、『属領』において機関理論は取り上げられない。

114　*Ibid.*, S. 124.

115　憲法制定国民議会において、ミラボーの影響の下で「議院内閣制に近い制度」が一時議論されたが、権力分立に反するという理由で退けられた（Michel Troper, *La séparation des pouvoirs et l'histoire constitutionnelle française*, 1973（rééd., 1980. 同書は2014年にも復刊されたが、本稿は1980年版を用いた）, p. 71）。詳しくは、cf. Prosper Duvergier de Hauranne, *Histoire du gouvernement parlementaire en France*, t. I, 1857, pp. 89-119；L. Duguit, *supra note*（99）, pp. 47-70；H. Simonnet, *Le gouvernement parlementaire et l'Assemblée constituante de 1789*, 1899, pp. 45-118；

立脚する人民と議会の関係を半代表制（unvollkommene Vertretung, Gouvernement semi-représentatif）という[116]。このような理解は1791年憲法の制定に至る革命初期に第3共和制下の憲法運用を投影したものであり、さまざまな問題を含んでいるといわざるをえない。しかし、それよりもここで重要なのは、逆に、このような理解を普通選挙と議院内閣制を備えた第3共和制の下に移転させた場合、それはカレ・ド・マルベールのいう代表制と議院内閣制が結合した半代表制[117]に近いということである。ただし、カレ・ド・マルベールとレズローブの間には一元型議院内閣制論と二元型議院内閣制論という相違だけではなく、カレ・ド・マルベールが直接民主制に向かうのに対して、レズローブはすでに述べた大統領の直接選挙に反対することに表れているように直接民主制的志向を有しない[118]。レズローブのいう半代表制においては、これもすでに述べたことであるが、たとえ解散の場合に人民が最終的決定権を握っていても、人民が国政に介入するルートは議会選挙のみである。それ以上の介入は、彼にとって、議会と執行府の均衡の、さらに議院内閣制それ自体の否定を意味するのである[119]。「『真正』議院内閣制は議会主義よりも立憲主義を想起させる」[120]といわれる所以であり、ここに彼の議院内閣制論が第2次世界大戦後急速に影響力を失い、「議院内閣制の理論史にとっての重要性」[121]を有するにとどまる原因の1つがあるとみるべきであろう。いずれにしても、「人民の大多数の部分」が支配権を支持することの実体は半代表であり、半代表と「真正議院内閣制」が結びつくことによって議会と執行府の

Nathalie Havas, *La responsabilité ministérielle en France*, 2012, pp. 105-121.

116 R. Redslob, *supra note* (99), S. 108. レズローブは半代表制に関してデュギーを引用する（引用されるのは *Manuel de droit constitutionnel*, 1907 であるが、同書は入手することができなかったので、第1次世界大戦前に出版された L. Duguit, *supra note* (74) をもってその代用とする（具体的には、p. 328））が、デュギーにおける半代表制という概念の問題性については、高橋和之『現代憲法理論の源流』1986年345-346頁参照。

117 前掲拙著註 (20)、267-269頁。

118 高橋和之によれば、「エスマン［は］議院内閣制をいわゆる『二元的』なものとして考えているの」（高橋・前掲書註 (115)、334頁註 (35)）で、エスマンにとって「議院内閣制は『代表制［＝純粋代表制］』の一種であ」（309頁）り、その結果として彼は直接民主制的志向を有しないことになる。それに対して、一方でレズローブは議院内閣制と半代表制を結びつけているし、他方で半代表制の概念は論者によって微妙に異なることから、すぐ後で述べるように、直接民主制的志向の有無は有権者団も含めた統治機構内部において均衡の要素（自由主義）を重視するか民主的要素を重視するかに拠るであろう。

119 Cf. ibid., p. 147.

120 Ch. Schönberger, *supra note* (65), S. 389.

121 Ibid., p. 150.

間には解散をとおして有権者団の介入によって均衡が維持される。両者の間で均衡が維持されるということは両者が結びつけられるということであるが、実は、有権者団は連邦制論においても結節点としての役割を果たしている。

　連邦制論について検討する前に、単一国家と連邦国家に共通する国家理論一般について述べておかなければならない。レズローブによれば、「人民の大多数」が特定の人（々）に権力を付与し、その結果分離された支配者と被治者とのそれぞれの構成員は交代するが、「大多数の意思はとどまる」とき、「全体人としての国家それ自体、団体（Körperschaft）としての国家」が存在する。これらのうちもっとも重要なのは「人民の大多数」による権力の付与＝権力の正当化であり、それが特定の人（々）から分離されたとき「支配の制度（Institution der Herrschaft）」が成立する[122]。この「制度」は、ドイツ国法学でいうところのアンシュタルト（Anstalt）ではなく、オーリウ的な意味における制度体に近いといえる[123]。すなわち、多くの人々が国家において共同生活を営み、その支配を正当化しているという継続的な事実あるいは状態であり、「大多数に立脚した支配の制度は［国家という］団体の生命の核心である」[124]。したがって、このような事実あるいは状態の反映である国家の人格化（Personifikation）は単なる擬制ではなく、このような事実あるいは状態の「簡略表現であり、それ以外の何ものでもない」[125]。もっとも、ここでいう国家の人格化は必ずしも国家の法人格化を意味しない[126]が、すでに示唆したようにレズローブの国家理論が法人実在説に立脚していることは間違いない。後者、つまり国家の法人格化については正面から論じられることなく、本節2で述べるように支配と法が密接な関係にあるように国家と法も密接な関係にあることから国家は「法的性質を有する構成物」[127]、つまり法人であり、その結果として支配者は法人の機関である。そして、国家という団体＝法人の特殊性は、その法人格にしろ、その支配の正当化にしろ、外部に由来することなく内部において調達されるという点にある。外部からみれば、国家の法

122　R. Redslob, *supra note* (2), S. 35. さらに、vgl. Le même, *supra note* (99), S. 363.

123　さらにいえば、ビュルドーが「制度」化された憲法制定権力という場合の「制度」（前掲拙著註(30)、21-22頁参照）により近いといえる。

124　R. Redslob, *supra note* (2), S. 40.

125　*Ibid.*, S. 37.

126　Vgl. *ibid.*, S. 37 Anm. 1.

127　*Ibid.*, S. 37. さらに、cf. R. Redslob, *supra note* (12), p. 161.

人格と支配権とは自生するのである。したがって、レズロープが「支配権が始原的であるということは国家にとって必然的（zwingende）前提である」[128]というとき、支配権の始原性（Ursprünglichkeit）の根拠は団体の始原性にある。国家の団体性にしろ、その支配権にしろ、始原性を強調することは、国家と他の団体とを区別する基準という点でラーバントに依拠することを意味するが、この点はドイツ第2帝政下の国法学においては連邦制論の中で論じられた。

　そこで連邦制論についてであるが、連邦制をめぐる諸問題はドイツ第2帝政下の国法学の重要なテーマであると同時に、国法学者を悩ませたテーマでもあった。そこにおける重要な争点の1つは、それまで国家の指標とされてきた主権と支邦の国家性とをいかにして両立させるかという問題であり、ラーバントの立場は、一方で、国家の指標から主権を除外することによって支邦の国家性を維持し、その限りで国家概念を拡大しつつ、他方で、国家権力の始原性によって国家としての支邦とその他の団体とを区別するというものである[129]。そして、このような始原性の欠如という点で、すでに述べたようにラーバントとレズロープはエルザス＝ロートリンゲン地方の国家性を否定するわけである。その意味で、連邦制論の枠組みあるいは骨格という点で、レズロープはラーバントに依拠しているといえるが、その実体において反旗を翻す。すなわち、ラーバントによれば、連邦国家においては、主権的な中央権力が連邦の全体人格に帰属し、全体人格を構成する支邦は法主体として中央権力の行使に参与すると同時に、その客体となる[130]が、このような立論に関して、レズロープによれば、「ラーバントは、誰がより高次の権力の保持者なのかという問いを立てる。われわれは、それは何に由来するのかという問いを立てる。われわれは権力の源を探求するのである」[131]。換言すれば、レズロープにとって、「連邦国家とは、複数の国家によって構成されている国家ではなく、複数の国家の人民によって構成されている国家なのである」[132]。連邦国家を上からではなく下から統合しようとする、その意味ですでに

128　R. Redslob, *supra note*（2）, S. 49. なお、国家の定義については、すでに述べたことも含めて、その後も基本的に変わらない（cf. Robert Redslob, *Théorie de la Société des Nations*, 1927, pp. 1-9）。

129　前掲拙著註（20）、82頁および99-100頁。

130　同上・96-99頁。

131　R. Redslob, *supra note*（2）, S. 64 Anm. 2.

132　*Ibid.*, S. 64 Anm. 1.

48

述べたように人民が結節点としての役割を果たすのであれば、上部は法人として
の連邦国家（Bundesstaat）ではなく、ザイデルのいう主権国家間の契約としての
国家連合（Staatenbund）[133]でもいいのではないか。現に、カール・シュミット
は、ザイデルに親近感を示しつつ、「人民の同質的統一性［は］支分国の政治の
境界を無視し、連邦と政治的に自立した支分国の併存という浮動状態［＝「政治
的実存の二元主義」］を脱却し、一貫した統一性へと傾く」[134]という。そして確か
に、レズローブは多元的国家論を否定している[135]が、しかし看過してはならない
のは、レズローブが『属領』の全編にわたって多用する「大多数の人々
（stärkere Mehrheit）」の役割は支配権への関与ではなく、その支持・正当化にと
どまるということである。その結果、直接民主制を志向しないという点で国家理
論と議院内閣制論は一致するわけである。

　ところで、以上で概観した国家理論において、レズローブはいくつかの点で師
であるラーバントに従わなかった。その中にあって、エルザス＝ロートリンゲン
地方の国家性を否定するという点で両者は一致するが、すでに述べたようにその
ような法的現状をラーバントが肯定するのに対して、レズローブは当然批判す
る。となると、レズローブの法理論はラーバント的な法実証主義、というよりも
法律実証主義とは異なるものにならざるをえない。

2　折衷的な法理論

　レズローブの法理論は難解というよりも曖昧である。それは一方で、すでに述
べた理由からドイツ第2帝政下の法秩序を肯定するものであってはならない。他
方で、彼は17・8世紀の古典的自然法論を否定する[136]。その結果、単純に考えれ
ば、彼の法理論は法実証主義でもなければ自然法論でもないということになる。
そうはいっても、何をもって法実証主義とし、何をもって自然法論とするか[137]に

133　Max von Seydel, *Staatsrechtliche und politische Abhandlungen*, 1893, S. 25 und 28.

134　カール・シュミット（阿部照哉・村上義弘訳）『憲法論』1974年441-442頁（［　］内は424頁）。

135　Vgl. R. Redslob, *supra note*（2）, S. 51 ff.

136　レズローブはデュギーとの関係で自然法論を明確に否定している（*ibid.*, S. 28 ff.）が、レズ
　　ローブの（国際法論の）中に自然法論的な要素を見出す論者が存在する（cf. ibid., p. 155 note
　　125）。具体的には、cf. Robert Redslob, *Histoire des grands principes du droit des gens*, 1923, pp.
　　17-41.

137　この点についてはここでは踏み込まないが、さしあたり、拙著『フランス近代憲法理論の形成
　　──ロッシからエスマンへ──』2018年79-80頁註（52）参照。

よって、彼の法理論に対する評価は変わってくるであろう。

　法は他者との関係を規律するものである以上、集団の形成に先立って法が存在するということはありえない。この他者との関係性の有無によって法と宗教上の規範や道徳規範とが区別されるが、では、国家が法に先行するのか。レズローブは法（Rechtssätze）を支配者とその命令とを示す規範であるとしたうえで、「それは［国家という］共同体と同時に発生する」[138]という。換言すれば、「国家と法を分離することは無益である。国家と支配権は法と密接不可分に結びついている」[139]。意外なのは、このような法と国家の関係について、ラーバントの同僚であるレーム[140]が引用されていることである。確かに、レームにとって、国家の存在とともに法も存在し、「法秩序はその［国家の］本質と結びついている」が、しかし、国家の存在とともに存在する法の内容は、例えば、「被治者は服従を義務づけられている」というものである[141]。実は、彼は皇帝と諸侯君主の同盟ために「新しい君主主義原理の再生をめざした……新絶対主義者」[142]の一人であり、わが国の戦前の神権主義的国法学に影響を与えた[143]。その結果、政治的にはレズローブとレームは対極に位置している（ただし、藤川・前掲論文註（142）のレーム理解からすれば、両者の関係に関するこのような捉え方は大きく変わる可能性がある）が、国法学の中に政治的なものを持ち込もうとする[144]点では両者は近いということが

138　R. Redslob, *supra note* (2), S. 20.

139　*Ibid.*, S. 27.

140　Cf. R. Redslob, *supra note* (12), pp. 34-35. レズローブによれば、ラーバントがいなければ、レームは「大きな一派」を形成していたであろう。

141　Hermann Rehm, *Allgemeine Staatslehre*, 1899, S. 159.

142　上山安敏『憲法社会史』1977年181頁。それに対して、藤川直樹「ドイツ立憲君主政における王統と国家──ヘルマン・レームの公法学──」国家学会雑誌126巻3・4号2013年113-137頁参照。さらに、vgl. Michael Stolleis, *Geschichte des öffentlichen Rechts in Deutschland*, Bd. II, 1992, S. 440 f.

143　上杉愼吉「国体及政体」星島二郎編『最近憲法論』1913年（復刻版（1989年））365頁参照。ただし、レームと神権主義的国法学の関係に関するこのような理解には異論がある（藤川・前掲論文註（142）、138頁註（7）参照）。

144　レズローブは、「国家理論は単なる国法に関する学ではない。［そもそも］政治がなければ国法もない」として、国法の背後にあって国法を支えているもの、具体的には「大多数の意思」を重視する（R. Redslob, *supra note* (2), S. 348. さらに、cf. Le même, supra note (58), pp. 168-169）。その結果、「社会学的考察を法学的考察から分離することはできない」（*ibid.*, S. 27）。また、「国家とは国民の常に再生する意思行為である」（*ibid.*, S. 348）という記述はスメントを髣髴させ（vgl. Rudolf Smend, *Verfassund und Verfassungsrecht* in Ders., *Staatsrechtliche Abhandlungen und andere Aufsätze*, 3. Aufl., 1994, S. 187 und 195 f. さらに、高橋信行『統合と国家』2012年288-289頁註（551）も参照）、レズローブはその有機体的な国家観とともにヴァイマル期

50

でき、法と政治を分離する、というよりも法の中から政治的なものを排除しよう
とするラーバントと対抗関係にあるといえる。

　レームとの関係はともかく、法と国家の関係が同時存在であるとして、では、
国家における法の役割は何か。レズローブによれば、「支配は法において活動
し、法は支配に内容を付与する」。換言すれば、「法と支配は内容と形式のような
不可分な関係にある」。その結果、国家と支配は「抽象的な制度」であるが、そ
れらの「具体的な形態は法をとおして認識することができる」。逆にいえば、「法
を考察から排除すれば空しい諸概念の世界に至る」[145]。このような法の捉え方か
らいえることは、法と国家は密接不可分な関係にあるが、法は国家によって強制
されることから、法と強制は一応別のものであり、強制は法の本質ではないとい
うことである。では、法の内実あるいは特質は何かといえば、すでに述べたよう
に、国家の目的が共通の利益を実現し、維持・管理することであり、その手段で
ある支配権は大多数によって支持されていなければならないことから、大多数に
よって正当化された利益であり、レズローブの叙述からはそれ以上のことはいえ
ない。法が支配権の活動を指示するに際して、正義であるとか公正さといったも
のは言及されない。その結果、法と国家の密接な関係や法を正当化するのが大多
数の利益であることなどを考慮すれば、彼の法理論は基本的には法実証主義に近
いといえるのではないか。1つ注目すべきは、国家によって強制される規範には
法（命題）だけではなく、習律（Konventionalregeln）も含まれるということであ
る[146]。というのは、習律は大多数の意思によって支えられているという点では民
主的であるが、制定法のように意識的には変えられないという点で自由主義的要
素を含んでいるからである。ここに、議院内閣制論における自由主義的要素に通
じるものがあるといえるであろう。

　の公法の領域における反というよりも非法実証主義な流れを先取りしていたといえる。ただ、レ
　ズローブが法（秩序）を有機体的に捉えている（cf. Robert Redslob, "Le régime politique de
　l'Alsace-Lorraine sous la domination allemande", Revue du droit public, 1921, p. 23）か否かにつ
　いては、ここでは断言できない。
145　R. Redslob, *supra note* (2), S. 26 f.
146　*Ibid.,* S.26. したがって、レズローブはダイシーの習律の概念には批判的である（S. 25）。なお、
　法と慣習一般の相違は「組織化された保障」（S. 21）の有無である。

五　おわりに

　レズローブはドイツ第2帝政下のエルザス＝ロートリンゲン地方でドイツ人として生まれ、成長した。しかし、フランス系のアルザス人の家庭に育った彼はフランスに対する強い愛着を抱くようになり、ドイツとフランスに引き裂かれて「精神の二元性」に苦しむことになる。しかし実は、彼の内部におけるこのような分裂が、かえって、第1次世界大戦後のドイツにフランス的なものを持ち込むことを可能にし、その結果として彼は独仏の「2つの文化のちょうつがい」[147]の役割を果たすことができたのである。彼もこのことは自覚していたが、その中でもっとも重要なのは議院内閣制論である。

　レズローブの「真正議院内閣制」論がプロイスをとおしてヴァイマル憲法に大きな影響を与えたことは繰り返し指摘されてきた[148]。ここで同憲法の制定過程を分析することはできないが、プロイスは、同憲法の父といわれるように、その構想段階から中心的な役割を果たした[149]。その彼は、議会と執行府の関係について、大統領制ではなく議院内閣制を採用したが、その理由の1つは3月前期（Vormärz）以来イギリスが政治制度のモデルとされてきた[150]からであろう。となると、いかなる議院内閣制かということが問題になるが、彼は大統領が名目化して執行府が議会に従属するフランス第3共和制下の議院内閣制を「対抗モデル」[151]として設定した。このような「対抗モデル」は「不真正議院内閣制」であるとして、それを克服すべく大統領を強化して議会と執行府の間に均衡を実現しようとする彼に大きな影響を与えたのがレズローブである。プロイスによれば、

147　Claude Klein, "La découverte de la doctrine française du pouvoir constituant en Allemagne: de l'Empire à la République fédérale" in Olivier Beaud et Patrick Wachsmann (dir.), *La science juridique française et la science juridique allemande de 1870 à 1918*, 1997, p. 142.

148　ここでは、Ernst Rudolf Huber, *Deutsche Verfassungsgeschichte seit 1789*, Bd. VI, 1981, S. 45 f, クラウス・シュテルン（赤坂正浩他編訳）『ドイツ憲法Ⅰ』2009年304-305頁のみを挙げておく。

149　ただし、ヴァイマル「憲法の初期段階の草案がプロイスの手によって作成されたという意味であって、それ以上でもそれ以下でもない」（初宿正典『カール・シュミットと五人のユダヤ人法学者』2016年389頁）という点には注意を要する。その中にあって、後ほど述べる議会・大統領・内閣の関係については、彼の構想が「ほぼそのままの形でヴァイマル憲法に最終的に採用されるに至っている」（419頁）。

150　Vgl. Ch. Schönberger, *supra note* (65), S. 394. ただし、小林・前掲書註（96）、43-46頁参照。

151　*Ibid.*, S. 383.

それぞれ選挙された議会と大統領が「活動的な媒介機関」である内閣によって結びつけられ、内閣は大統領によって任命される。そして、議会と大統領が対立した場合には、大統領による議会の解散をうけて人民が裁定を下す[152]。制定された同憲法における議会・大統領・内閣の関係は大枠においてこのようなものとなり、その際、プロイスがレズローブの「真正議院内閣制」論に依拠した理由の1つは大統領の直接選挙を正当化するためであったといわれる[153]が、それに対して、レズローブは大統領の直接選挙には大統領職の政治化を招くとして否定的であった。もちろん、大統領の直接選挙が大統領を執行府の首長にするとは限らない。大統領選挙の政治的意味は各国の歴史・政治文化・政党状況などによって異なる。しかし、直接選挙は大統領に執行府の首長として議会と対峙する可能性を開くのであり、このことからすれば、彼のいう「真正議院内閣制」とプロイスのいうそれおよび同憲法の規定する議院内閣制との間に一定の距離があることは否定できないであろう[154]。そのためもあって、レズローブは同憲法の規定する議会と執行府の関係が一応議院内閣制であることを認めつつ、憲法全体に対しては調和を欠いた「寄せ集め」であるとして否定的な評価を下している[155]。しかし、レズローブ→プロイス→同憲法という影響関係からすれば、レズローブが「ヴァイマル憲法に対してかなり批判的な意見を表明することはやや逆説的に思える」[156]

152 Hugo Preuß, "Denkschrift zum Verfassunsentwurf（3./20. Januar 1919)", in Ders., *Gesammelte Schriften*, III, 2015, S. 145 ff.

153 Vgl. Ch. Schönberger, *supra note*（65）, S. 385 Anm. 187；Armenl Le Divellec, *Le gouvernement parlementaire en Allemagne*, 2004, pp. 25-26.「真正議院内閣制」論はヴァイマル憲法という「新しい民主的枠組みにおける強い執行府という考え方に対して健全な理論的基盤を提供した」（A. Le Divellec, supra note（2）, p. 151）わけであるが、プロイスが直接選挙によって大統領を強化しようとする目的の1つは、統一主義（Unitarismus）によって連邦主義（Föderalismus）を克服することであった（遠藤泰弘「ヴァイマル憲法制定の審議過程におけるフーゴー・プロイス──直接公選大統領制をめぐって──」権左武志編『ドイツ連邦主義の崩壊と再建』2015年2-3頁）。

154 Vgl. Klaus von Beyme, *Die parlamentarischen Regierungssysteme in Europa*, 1970, S. 268 ff., 小林・前掲書註（96）, 121-123頁、および同『ワイマール共和国の成立』1980年80-81頁参照。

155 R. Redslob, *supra*（p. 2）, pp. 294-295. フランスでは、制定直後のヴァイマル憲法については、民主化や社会化という点での進歩性が一般に高く評価されていた（Carlos Miguel Herrera, "Weimar chez les jurists français contemporains" in Carlos Miguel Herrera（dir.）, *La Constitution de Weimar et la pensée juridique française*, 2011, pp. 8-10）が、カレ・ド・マルベールがそうする（前掲拙訳註（9）, 201-211頁）ことは、彼の二元型議院内閣制批判との関係で問題である（前掲著書註（20）, 23頁註（6）参照）。もっとも、この批判が第3共和制憲法の解釈との関係にとどまるのであれば、必ずしも問題であるとはいえないが。なお、「真正議院内閣制」論は直接民主制を志向しないという点では第5共和制憲法の源の1つはいえないであろう。

156 A. Le Divellec, supra note（2）, p. 146.

といえなくもないが、「それにしても、レズロープの影響は大きかった」[157]。このような相違にもかかわらず、ヴァイマル期に彼は、肯定的にしろ批判的にしろ、よく引用されたのである[158]。しかしそのとき、フランス人としてストラスブール大学にいた彼は議院内閣制論も含めて憲法の領域については積極的に発言しなくなっていた。そして「真正議院内閣制」論は、一元型議院内閣制に立脚したボン基本法の制定に伴って、もはや「議院内閣制の理論史にとっての重要性」しか有しなくなったのである[159]。

　ところで、普仏戦争から第1次世界大戦までの独仏の法学界の関係は、多くの領域においてドイツがフランスに影響を与えるというものであったが、その後も含めて数少ないフランスがドイツに影響を与えた領域として憲法制定権力論がある[160]。ただ、この領域でレズロープが議院内閣制におけるような強く広い影響を与えたとはいえない。第1に、憲法制定権力論はフランス革命期の国家理論・憲法理論の研究の一部を構成するが、ドイツにおいてこの領域で先鞭をつけたのはツヴァイク『憲法制定権力論』(*supra note* (99)) であり、『1789年のフランス国民議会の国家理論』はそれに続くものである。そして、前者は憲法制定権力論について古典ギリシャからナポレオンによる支配の確立まで網羅的に論じているのに対して、後者は1789年から1791年にかけての国民議会が創出した国家理論を全体として対象としているので、憲法制定権力論はその一部（第7章）として扱われているにすぎない[161]。しかも、憲法制定権力論の主たる対象は一応憲法制定権力と憲法改正権の区別を前提とした憲法制定権力と立法権の区別、および憲法制定議会と人民の関係（どのような関係であれば人民が主権者であるといえるか）であるが、これらは前者においても論じられている。さらにいえば、憲法制定議会と人

157　小林・前掲書註 (96)、66頁。さらに、vgl. Josef Lukas, *Die organisatorischen Grundgedanken der neuen Reichsverfassung*, 1920, S. 27 ff.

158　具体的には、vgl. Ulrich Scheuner, "Ueber die verschiedenen Gestaltungen des parlamentarischen Regierungssytems II", Archiv des öffentlichen Rechts, 1927, S. 345 ff.

159　A. Le Divellec, supra note (2), p. 150. なお、ボン基本法の規定する議院内閣制に関するレズロープの評価は否定的というよりも、彼によれば、この議院内閣制は、建設的不信任制度 (67条) や解散制度 (68条) などからすれば、もはや「議院内閣制とはいえない」(R. Redslob, supra note (58), p. 165)。

160　C. Klein, supra note (147), p. 135.

161　Cf. ibid., p. 142.『属領』における憲法制定権力論については、vgl. R. Redslob, *supra note* (2), S. 56 ff. なお、憲法制定権力について、ツヴァイクは「言葉の敏感さ」(E. Zweig, *supra note* (99), S. V) を重視してフランス語を用いるのに対して、レズロープはドイツ語 (verfassunggebunde Gewalt, konstituierende Gewalt) を用いる。

民の関係は憲法制定権力論に固有の問題というよりも、代表制の主たるテーマである。第2に、ドイツでは伝統的に法的性質という点で憲法と法律は区別されてこなかったが、このような捉え方はヴァイマル期にも主流の考え方として維持された[162]。その際、憲法制定権力と立法権は区別されないというよりも、憲法制定権力という概念それ自体が不要であり、人民が憲法制定権力を行使して一定の実体的価値を帯びたものとして制定した憲法というフランス革命期の憲法観はヴァイマル期のドイツには根付かなかった[163]。その結果、ツヴァイクやレズローブの憲法制定権力論の影響は自ずと限られたものにならざるをえなかったのである。

最後に、国法学の中に政治的なものを持ち込もうとするレズローブの法理論は、「ゲルバ-ラーバント学派［が、ヴァイマル］期に、とりわけ方法論との関係であらゆる方向から批判の『標的』とされた」[164]ことからすれば、確かに大きな流れに掉さしたといえる。しかし看過してはならないのは、ドイツの多くの論者が意思理論を前提にしていたのに対して、彼はそうではなかったということである。いずれにしても、彼はこのような流れを形成し主導したのではなく、それに属していたにすぎない。

以上、ドイツにおける議院内閣制論・憲法制定権力論・法理論のそれぞれにおいてレズローブが果たした役割を概観したが、第1次世界大戦までのフランス法学はドイツ法学の強い影響下にあったことを忘れてはならない。その中にあって、フランス系のアルザス人であるレズローブがドイツ人として、しかもドイツ法実証主義国法学の代表的人物であるラーバントの「弟子」として、大戦後のドイツ公法学にフランス的なものを持ち込み、とりわけ議院内閣制論において大きな影響力を行使したということには、独仏の関係に翻弄された彼の人生と同様に、ある種の「歴史的運命」[165]を感じざるをえない。その間、レズローブは人生においても学問においても「精神の二元性」に苦しみ続けたが、多くのヨーロッパ諸国の大学からの招聘や、とりわけ第2次世界大戦後のヨーロッパ統合の動き

162　前掲拙著註（30）、3 - 4 頁。さらに、vgl. Götz-Friedrich Schau, *Das Verhältnis von Verfassung und einfachem Recht in der Staatsrechtslehre der Weimarer Republik*, 2002, S. 39 ff.

163　新しい憲法概念の動向については、栗城壽夫「ヘルマン・ヘラーにおける憲法の規範力（1）」名城ロースクール・レビュー34号2015年 4 - 5 頁、林知更『現代憲法学の位相』2016年19-21頁など参照。

164　前掲拙著註（20）、30頁。

165　A. Le Divellec, supra note (2), p. 145.

などから[166]、晩年には、フランス人かドイツ人かではなく、ヨーロッパ人である
ということに心の平安を見出したようである[167]。

(2017年 5 月上旬脱稿)

166　Ibid., pp. 140-141.
167　Cf. R. Redslob, *supra note* (12), pp. 301-302.

アンテベラム期における経済規制と裁判所の役割

岸　野　　薫

一　はじめに
二　主権の分割
三　「残余の主権」と通商条項
四　「残余の主権」と契約条項
五　アンテベラム期における裁判所の役割

一　はじめに

　立憲主義と人民主権をいかに調和させるかをめぐる問題は、とりわけ再建期修正条項制定以降に論じられるようになったといわれている[1]。本稿は、それに先立つ南北戦争以前、具体的にはMarbury判決とDred Scott判決[2]という2つの重要な司法審査権行使の事例の狭間の時期を対象に、冒頭の両概念の位置づけと裁判所の果たす役割について検討を試みるものである。

　アンテベラム期は、アメリカ史の中でも人口が劇的に増加し、また領土も購入や併合に伴い大きく拡大した時期にあたる。それに伴い、国内交通を改良する必要が生じ、道路や橋梁、運河等の交通網が整備され、1830年頃からは鉄道事業も開始された。新しい輸送手段の出現は、輸送革命とも称され、また併せて、印刷・通信の分野でも技術革新がみられるなど、アメリカの社会経済は変革のときを迎えていた[3]。公権力が経済活動に関与する方法や程度は時代によって異なる

1　*See* Jack Goldsmith & Daryl Levinson, *Law for States: International Law, Constitutional Law, Public Law*, 122 HARV. L. REV. 1791 1852-58 (2009).

2　Marbury v. Madison, 5 U.S. (1 Cranch) 137 (1803), Dred Scott v. Sandford, 60 U.S. (19 How.) 393 (1857).

3　「市場革命」について、CHARLES SELLERS, THE MARKET REVOLUTION: JACKSONIAN AMERICA, 1815-1846 (1991), JOHN LAURITZ LARSON, THE MARKET REVOLUTION IN AMERICA: LIBERTY, AMBITION, AND THE ECLIPSE OF THE COMMON GOOD (2010) 等参照。

が、この時期は、事業の認可や特権の付与、税免除などを通じて、主に経済基盤の整備にかかわる事業に財政支援を行う形でなされていた[4]。そうした中で、連邦裁判所に持ち込まれた主な問題は、財産と経済活動をめぐる州の諸規制に対し、連邦がどう向き合うかであった。

連邦最高裁では、マーシャル・コート（1801-35）とトニー・コート（1836-64）が、アンテベラム期にかかるが、本稿では、特にジャクソン政権で司法長官と財務長官を歴任し、首席判事就任以前から熱心なジャクソニアンであった後者に焦点を当てていく。トニー（Roger Brook Taney）の評価は、時代とともに異なるものの[5]、一般的には、悪名高い Dred Scott 判決を書いたという1点が、彼の評価を左右してきた。そこで本稿では、紙幅の関係上、奴隷制に関する部分はいったん保留し、変容するアメリカの社会経済と司法という視角から、本稿冒頭に掲げた課題に接近していきたい。

二　主権の分割

連邦法に対する司法審査は、ジャクソン期の半ばまでには広く受け入れられた実践となっていた。理由として、1つには、とりわけマーシャル・コート全盛期に、連邦最高裁が「至高かつ不偏の法廷」として一定の敬意を払われていたこと、また1つには、Dred Scott 判決以前の数十年間、連邦裁判所が、奴隷制を除き世論を二分するような合衆国憲法上の問題を託されてこなかったことが挙げられる[6]。このように、連邦裁判所が政治的に重要な連邦法を審査する機会を欠く一方で、合衆国憲法上の中心的課題は、権力の横の分割よりも縦の分割、すなわち、連邦と州の各権限の間にいかに境界線を引くかであった。

元来、合衆国憲法は、「各州を1つの完全なる国家主権の下にそっくりそのまま統合する[7]」ことを意図したものではない。合衆国憲法制定以前の各邦は、「他

4　Herbert Hovenkamp, *Inventing the Classical Constitution*, 101 IOWA L. REV. 1, 11 (2015). アメリカ経済史・政策史において、州ないし地方の経済政策に焦点を当てることの重要性を説くものとして、例えば、折原卓美「ポリス・パワー」三田学会雑誌108巻2号（2015年）109頁。

5　トニー・コート法学に関する学説の評価として、澤登文治「トニー・コートの虚像と実像——州主権主義と人種偏見——」南山法学24巻1号（2000年）85-113頁。

6　Mark A. Graber, *Naked Land Transfers and American Constitutional Development*, 53 VAND. L. REV. 73, 116-117 (2000). Barry Friedman, *The History of the Countermajoritarian Difficulty, Part One: The Road to Judicial Supremacy*, 73 N.Y.U. L. REV. 333, 388-90 (1998).

のあらゆるものから独立し、自発的行為によってのみ拘束される1つの主権を有する団体[8]」であった。合衆国憲法批准後、主権が連邦政府と州政府に分割されるにあたり、憲法制定者らは、連邦政府の管轄は憲法に列挙された限られた範囲のみに及び、その他の全ての対象については各州に「残余の神聖な主権[9]」が保持されると説明した。つまり、各州は「これまでに保持し、またこの憲法によって排他的に連邦に委任されたわけではない主権上の全ての権限を明白に有[10]」し、その権限は「人民の生命、自由、財産、さらには州内の秩序や改善、繁栄に関する…あらゆる目的[11]」に及ぶとされた。

　各州にとり置かれた主権の存在は、合衆国憲法1条8節が連邦議会に付与された権限を列挙していることからも導かれたが、権利章典追加によって、合衆国憲法修正10条に明示された。但し、それは文言上、州の権限が行使される適切な範疇まで明らかにするものではなく、連邦最高裁においても、広範な州の権限を定義することは「必要でも適切でもない」とされた[12]。

　権利章典追加以降、連邦最高裁は州の行為に対する権利章典の適用を回避してきた。さらに、Barron v. Mayor of Baltimore（1833）で、権利章典における諸権利の保障は州に向けられたものではないことが示されて以降[13]、その解釈は、1868年に修正14条が追加されるまで維持された。結果、アンテベラム期において州の権限を制約しうるのは、その州の憲法と合衆国憲法本文中の数個の条項のみに留まった。後者を代表するのが、合衆国憲法1条8節3項の通商条項と1条10節の契約条項である。以下では、両条項に関わる諸判決を辿ることを通じて、修正10条を主たる憲法的基礎づけとする「州の残余の主権」とその限界について検討していく。

7　THE FEDERALIST No. 32, at 199 (Hamilton)(Jacob E. Cooke ed., 1961).

8　*Id*. No. 39, at 254 (Madison).

9　*Id*. 256.

10　*Id*. No. 32, at 200 (Hamilton).

11　*Id*. No. 45, at 313 (Madison).

12　Sturges v. Crowninshield, 17 U.S. (4 Wheat.) 122, 193 (1819).

13　32 U.S. (7 Pet.) 243 (1833).

60

三 「残余の主権」と通商条項

1 マーシャル・コート

連合規約下においては、多くの州で、他州との通商に壁を設ける保護主義的な施策がとられていた。このことは、連合規約失敗の一因とみなされ、憲法制定会議では通商に対する国家規模での統制が提案されることとなった。そこで生まれたのが、連邦議会の州際通商規制権限である。

経済発展に伴い通商活動が活発化するなか、州の主権的権限の及ぶ範囲に関する重要な課題の1つは、連邦議会の有する通商規制権限を排他的とみなすか否かであった。この課題に対し、マーシャル・コートは、まず McCulloch v. Maryland（1819）で修正10条の厳格解釈を斥け、連邦議会が規制しうる範囲を広く確保した[14]。さらに、Gibbons v. Ogden（1824）で、州際通商に関する連邦議会の態度が明らかでない場合にも、各州はその権限を行使しえないことを示唆する通商条項解釈を行った[15]。

但し、そのように中央集権的性格が強くあらわれた判決においてさえ、連邦権限に限界のあることの了解はあった。特に後者の判決においては、連邦の通商規制権限と排他的関係にたつ「州の残余の主権」ついて、一定の言及がみられた。それは、州には「主権の不可分な属性[16]」として「中央政府に引き渡されていない、州領域内のあらゆることを包含する巨大な立法[17]」を行う権限があり、「州のポリスや国内通商を規制し、自州民を統治する[18]」ことが一般に認められている、ということであった。

連邦最高裁は、ここで初めて「ポリス」の語を用い、合衆国憲法に先行して存在する州の主権的権限について語ることとなる。同判決から3年後の Brown v. Maryland（1827）において、「ポリス・パワー」と呼称されるこの言葉は、合衆国憲法自体には存在していない。しかし、その観念は合衆国憲法制定以前に、諸邦が大陸会議に対し邦内の統治権限を主張する際に用いられており、さらに、憲

---

14 17 U.S.（4 Wheat.）316（1819）.
15 22 U.S.（9 Wheat.）1（1824）.
16 *Id*. at 198.
17 *Id*. at 203.
18 *Id*. at 208.

法制定会議でも州の権限について論じる際、「州内のポリス（internal police）」という言葉により表されていた[19]。「ポリス・パワー」は、のちに「自由や財産の使用を規制ないし制約することにより、公共の福祉を促進する権限[20]」を意味することとなるが、マーシャル・コートの段階では、そこまでの内容をもつには至っていない。上述の Brown 判決でも、傍論の中で「感染の恐れのあるものや健康に害を及ぼすものを移動または破棄すること」がその権限にあたり、通商条項が州に禁じることの「明らかな例外」をなすと言及されるにとどまったのである[21]。

2　トニー・コート

このようにして、連邦最高裁に持ち込まれた「ポリス・パワー」の概念は、トニー・コートにおいて、更なる展開をみせることとなる。最高裁がその概念を再び用いたのは、マーシャルの中央集権的構想からの離脱を明らかにしたとされる1837年の N.Y. v. Miln においてであった。

この裁判では、州外から到着する船の船長に、乗客の氏名、年齢、出身地、職業等の報告を課した州法の合憲性が争われていた。トニーも加わった多数意見は、これを州際通商規制の事例ではなく、州に入ってくる貧困者や犯罪者から共同体を守り、「州民の安全、幸福、繁栄を促進し、もって一般の福祉に備える[22]」ためのポリス・パワーの事例として捉えた。多数意見曰く、「州は、諸外国がそうであるように、その領域内のあらゆる人と物に対し、否定しがたい無制限の管轄を有している[23]」。それは「州にとって単なる権利ではなく、必ず果たさなければならない厳粛な義務」であって、「州内のポリス（internal police）」と呼称される[24]。そこには、「身体的害悪から保護する」ことだけでなく、「道徳的害悪に対し予防的措置を採る」ことも含まれており、本事案にいう貧困は後者にあたるというのであった[25]。

19　Randy E. Barnett, *The Proper Scope of the Police Power*, 79 Notre Dame L. Rev. 429, 476 (2004).

20　Ernst Freund, The Police Power: Public Policy and Constitutional Rights iii (1904).

21　25 U.S. (12 Wheat.) 419, 444 (1827). "police power" には、「警察権」、「警察権能」、「福祉権能」という訳語が当てられることもあるが、本稿では時代によりその意味内容が変わることを踏まえて、「ポリス・パワー」と表記する。

22　36 U.S. (11 Pet.) 102, 139 (1837).

23　*Id.*

24　*Id.*

かかる Miln 判決を経て、連邦議会の通商規制権限は排他的かという先の課題に答えたのが、1847年の License 判決である。輸入酒類の販売を許可制とする州法の合憲性をめぐって、トニーは次のように述べた。すなわち、連邦法と矛盾しない限りにおいて、州は競合的に「通商の安全または便宜のため、あるいは州民の健康の保持のため、自身の港や領土における通商を規制することができる[26]」。本件の場合、「衛生や検疫に関する法は、必然的にある程度、各州の港における外国通商規制[27]」の側面を有するのであるが、当該飲料の輸入が健康や安全、道徳に危険を及ぼす恐れがある以上、州は固有のポリス・パワーをもって輸入を禁じることができる。このように述べた上で、トニーは、州のポリス・パワーについて以下のように言及した。

「州のポリス・パワーとは何か。それは、その領域における全ての主権に固有の統治権限にすぎない。そして、州がその領域内で、検疫に関する法や罪を罰する法を制定するにせよ、正義の法廷を設置する法を制定するにせよ…通商を規制する法を制定するにせよ、いずれの場合も同じ権限を州は行使している。つまり、主権的権限、その領域の範囲内で人と物を統治する権限である。州が立法を行うのはこの権限のためであり、通商を規制する州の権威は、合衆国憲法によって制限されている場合を除き、健康に関する法を制定する州の権限と同じくらい絶対的なのである[28]」。

このようにして、ポリス・パワー概念の広範さを鮮明にしたトニーの意見に続き、同判決では他にもマクリーン判事（John McLean）が、この州の権限を「自己保存のために不可欠であり、ゆえに全ての組織された共同体に必然的に存在する力」と表現し[29]、またグリエ判事（Robert C. Grier）が、ポリス・パワーには「犯罪を抑止し罰するためのあらゆる法、公共の平穏、健康、道徳の保持のためのあらゆる法」が含まれるとしている[30]。さらに、License 判決から 2 年後の Passenger 判決多数意見においても、License 判決のポリス・パワーに関する理

---

25 *Id.* at 142. このように、身体的・道徳的危険からの保護を州の権限とする伝統は、Miln 判決に始まり、Prigg v. Pennsylvania, 41 U.S. (16 Pet.) 539 (1842) 及び後述の License 判決に引き継がれた。

26 License Cases, 46 U.S. (5 How.) 504, 579 (1847).

27 *Id.* at 581.

28 *Id.* at 583.

29 *Id.* at 589.

30 *Id.* at 631.

解が踏襲され、安全や健康、道徳に関する州の権限を「至高のポリス・パワー」の一部とする理解が示されている[31]。

3　連邦制下におけるポリス・パワーの概念

「ポリス」という概念は、ブラックストン（William Blackstone）が、当時のアメリカの文献や判決で広く引用された『イギリス法釈義』の中で、秩序維持を主たる目的とした権限を包括的に表す言葉として用いていた。同書では、「public police 及び economy」という語をもって、「王国の適切な規制や国内秩序」を意味していた[32]。その権限は経済活動にも及ぶものとされ、経済活動は公衆の迷惑とならないよう、また公衆の便宜に適うよう行われなければならないとされた。但し、それは共同生活を保つための秩序維持が中心で、積極的な作用まで含むものではなかっといわれている[33]。

これに対し、少なくともトニー・コートにおける「ポリス・パワー」概念は、ブラックストンのいう秩序維持より広い内容をもっていたと推察しうる。前項にみた諸判決によれば、それは第1に、規制擁護の文脈における鍵概念として、州内の統治または「主権」そのものと同定される傾向にあり、第2に、健康や安全のための方策のみならず、州内の通商とも関連し、さらに正義の法廷の設置や犯罪の処罰までをも含むものであった[34]。これらの点からいえることは、「残余の主権」を定義しえなかったのと同様、その概念もまた様々なものを含み、範囲の確定が困難であったということである。トニーの言葉によれば、「統治のあらゆる事柄、とりわけポリスの事柄においては、広範な裁量が必要となる。それは、正確に限界を画することが困難で、変容する社会の要請のもと行使されなければならない[35]」。

では、確定的でないその権限の範疇は、最終的に誰によって決せられるのか。当時の最高裁は、ポリス・パワーの概念の定義如何よりも、連邦と州の境界をい

31　Passenger Cases, 48 U.S. (7 How.) 283, 423-24 (1849).

32　WILLIAM BLACKSTONE, 4 COMMENTARIES ON THE LAWS OF ENGLAND 162 (1769) (Thomas A. Green ed., 1979).

33　高原賢治「アメリカにおける『警察権能』の理論の展開（一）――公共の福祉についての一考察――」国家学会雑誌74巻9・10号（1961年）32-34頁。

34　FREUND, *supra* note 20, at 2.

35　46 U.S. at 592.

かに引くかの方に関心を寄せていたといわれている。しかし、連邦制下で用いられるポリス・パワー概念における両者の連関を前提とするなら、後者の任を負う者が、実質的に前者の最終判断権者と考えることができよう。後者について、トニーは、境界線の確定は容易な仕事ではないと断りつつも、合衆国憲法がそれを明示せず、また、連邦及び州の各立法府が自らの法で自らの権限を決することが適切でない以上、合衆国憲法に従って裁判所が判断する事柄であると論じている[36]。それはつまり、連邦と州に適切な権限を割り振る役割を通じて、両政府の権限を拡大・縮小させる裁量が、終局的には合衆国憲法を解釈する連邦最高裁にあると考えられていたことを意味しよう。その判断権をもって、トニー・コートは厳格な通商条項解釈を採用し、州のポリス・パワーの確保を志向したものと思われる。

ただいずれにせよ、権限の外延が不明確であるということは、その権限は濫用される可能性を孕んでいることとなる。勿論、濫用の危険のあることが、その権限の存在自体を否定する根拠とはなりえず、問題は、その濫用から、合衆国憲法が連邦政府に付与した権限、ひいては個人の自由をどのようにして守っていくかということとなろう。州のポリス・パワー概念が連邦の統治権限に対する一種の防護壁として機能するなか、州がどこまでその権限を行使しうるかはアンテベラム期に繰り返し提起された争点であった。以下では、ポリス・パワーに対する憲法上の制約原理としての契約条項に係る諸判決について検討していく。

四 「残余の主権」と契約条項

1 マーシャル・コート

19世紀アメリカ法学の発展に寄与したケント（James Kent）が、『アメリカ法釈義』で論及した「規制権限」の概念は、「ポリス・パワー」を指したといわれている[37]。元来ケントは、財産を獲得し享受する権利を「個人の絶対的権利」とみ

---

36 *Id.* at 574.

37 EDWARD S. CORWIN, LIBERTY AGAINST GOVERNMENT: THE RISE, FLOWERING AND DECLINE OF A FAMOUS JURIDICAL CONCEPT 88 (1948). ホームズ（Oliver Wendell Holmes）が監修した同書の第12版では、「政府のこの権限は、いまやポリス・パワーと呼ばれている」という脚注が付けられている（JAMES KENT, 2 COMMENTARIES ON AMERICAN LAW 340 (1827) (O.W. Holmes, Jr. ed., 1873). WILLIAM J. NOVAK, THE PEOPLE'S WELFARE: LAW AND REGULATION IN NINETEENTH-CEN-

なし、私有財産と契約の神聖さを説いた人物である[38]。しかし、同時にケント
は、市民の生命や健康、快適さを危険に晒すような財産の使用は禁じられると
し、その規制をコモン・ロー上の法諺に似た2つの原則、すなわち「すべて人は
隣人を害しないよう汝の財産を使うべし」と「私益は共同体全体の利益に貢献す
べし」という2原則によって正当化した[39]。

　このように、私有財産の保障が、アメリカ法学にとって不可欠な原理の1つで
ある一方で、財産は常に公共善のための規制と無縁ではなかった。私有財産と公
共善の間にいかにして適切な境界線を引くかは、アメリカ法史の大半において、
立法や司法の場で論じ尽くされてきた。そのことはアンテベラム期においても例
外ではなく、劇的な人口増加と領土拡大、それに伴う輸送・通信手段の発達を背
景に、私有財産と政府による規制の関係が考察されてきた[40]。

　19世紀を通じて、経済発展に係る多くの政策が、州固有の権限を用いて実施さ
れたが、その権限に枠をはめる1つの手段が、ロック的な社会契約論に裏打ちさ
れた既得権の理論であった。18世紀末葉から19世紀初頭の裁判所では、憲法に記
された特定の条項ではなく自然法の観点から、既得権の保護を論じる裁判官も
あった。例えば、Vanhorne's Lessee v. Dorrance（1795）で、パターソン判事
（William Patterson）は、「財産を獲得し、保有し、それを保護してもらう権利は、
人の自然的で生得的かつ不可譲の権利の1つ」であり、「財産の保持は社会契約
の第一目的である」と説いた[41]。また、Calder v. Bull（1798）では、チェイス判
事（Samuel Chase）が、契約の自由や財産権の重要性を、自然的正義の諸原則か
ら説きおこした。曰く、「一国の憲法または基本法によって明示に制限されてい
ない」としても、「社会契約の偉大なる第一原則」に反する連邦議会の行為は、
「立法権の正当な行使とみなすことができない」[42]。さらに、Ogden v. Saunders
（1827）では、マーシャルが、「諸個人は契約への権利を政府から得るのではな

TURY AMERICA 50（1996））。Slaughter-House 判決にも同旨の言及がある（Slaughter-House
Cases, 83 U.S.（16 Wall.）36, 62（1873））。ケントの叙述は、プーフェンドルフ、ヴァッテル、ブ
ラックストンのポリス概念に関する分析を想起させると指摘されている（Santiago Legarre, The
Historical Background of the Police Power, 9 U. PA. J. CONST. L. 745, 781（2007））。

38　KENT, *supra* note 37, at 1.

39　*Id.* at 340. NOVAK, *supra* note 37, at 50.

40　G. EDWARD WHITE, AMERICAN LEGAL HISTORY: A VERY SHORT INTRODUCTION 35, 42-43（2014）.

41　2 U.S.（2 Dall.）304, 310（1795）.

42　3 U.S.（3 Dall.）386, 388（1798）.

い。自身の有するその権利を社会に持ち込んだのである」と述べ、契約の権利が
人の法によって与えられたものではなく、前政治的な自然的権利であることに言
及していた[43]。

　しかし、このように自然法規範に依拠する傾向は次第に薄れてゆき、代わりに
積極的に用いられるようになったのが、合衆国憲法の契約条項であった。契約上
の債権債務関係を侵害する法の制定を州に禁じた条項である。この条項によっ
て、例えば、Sturges v. Crowninshield（1819）では、立法前に成立した契約上の
債務支払いの義務から、債務者を解放する州法が無効と判示され[44]、Green v.
Biddle（1823）では、善意の無断居住者を土地所有者が追い出すことを困難にす
る州法が無効と判示された[45]。いずれも有産者の既得権を手厚く保護し、富の再
分配を抑制するために、合衆国憲法が用いられた例である。

　さらに、マーシャルは、既得権の理論と契約条項を巧みに調和させ、既得利益
の保護をはかっていくこととなる。Fletcher v. Peck（1810）において、マーシャ
ルは、「法律が性質上、契約であり、その契約の下で絶対的権利が付与されてい
たなら、法律を廃止してそれらの権利を剥奪することはできない[46]」と述べ、後
の議会が前の議会の判断に拘束される場合のあることを明らかにし[47]、その上で
財産権に干渉したりその価値を減じたりする州の行為が無効であることを宣言し
た。マーシャル・コートでは他に、New Jersey v. Wilson（1812）において、特
許状に書かれた税免除も契約条項による保護の対象となり、州議会はかかる有利
な取り扱いを撤回することができないとされた[48]。また、Dartmouth College v.
Woodward（1819）では、州が大学を法人化する認許状も契約条項によって保護
された契約であって、州議会がそれを損なう変更をなすことは決してできないと
判示された[49]。かくて、マーシャル・コートでは、契約条項が、州による経済規

43　25 U.S.（12 Wheat.）213, 346（1827）. マーシャル・コートが同様の領域で自然法を適用した重
　　要な例が、Terrett v. Taylor, 13 U.S.（9 Cranch）43（1815）である。ここでストーリ判事は、「自
　　然的正義の諸原則、あらゆる自由な政体の基本法、合衆国憲法の精神と文言、最も尊敬すべき裁
　　判所の判断」にもとづき、州法を無効とすると判示した（Id. at 52）。
44　17 U.S.（4 Wheat.）122（1819）.
45　21 U.S.（8 Wheat.）1（1823）.
46　10 U.S.（6 Cranch）87, 135（1810）.
47　19世紀の契約条項について、エントレンチメントの視角から整理したものとして、二本柳高信
　　「エントレンチメントと合衆国憲法の契約条項」産大法学46巻4号（2013年）473-79頁。
48　11 U.S.（7 Cranch）164（1812）.
49　17 U.S.（4 Wheat.）518（1819）.

制を連邦裁判所が取り締まるための主な手段となっていったのである。

2 トニー・コート

ところが、トニー・コートに移り、州の行為に対する歯止めとして機能してきた契約条項の効果は、一定程度後退をみることとなる。マーシャル・コートの契約条項拡張解釈路線から舵を切る契機となったのが、以下にみる Charles River Bridge v. Warren Bridge (1837)[50]である。

原告の Charles River Bridge 会社は、州より設立認許状をもって橋梁の建設と通行料徴収の権限を付与されていた会社である。ところが、交通量の増加を受け、州議会は、別の会社にも近くに橋梁を建設する認許状を与え、建設費用回収後には通行料無料の橋とすることとした。原告への認許状には、競合する橋梁の建設禁止や排他的権利の付与等は記されていなかったが、原告は、州議会による建設許可を契約とみなし、その中で70年間通行料を徴収する権限が与えられていたことをもって、排他的権利を付与する約定が含まれていたと主張した。裁判では、先の認許状で黙示に付与された排他的権利を後の認許状が侵害し、契約条項に違反したかどうかが争点となった。

マーシャルの思想を継いだストーリ判事 (Joseph Story) は、所有権の保護と契約の自由の護持の観点から、「一般的な理性の原理や法の解釈原理によれば、〔原告への〕目下の権利付与には、立法府は当該営業権を反故にしたり本質的に害したりしないということが必然的に含まれている[51]」という反対意見を述べた。これに対し、法廷意見を執筆したトニーは、ポリス・パワーという言葉自体は用いないものの、日々発展する社会における政府の役割について、次のように述べた。

「あらゆる政府の目標や目的は、その政府を樹立した共同体の幸福と繁栄を促進することである。ゆえに、政府が、創設の目的を達成する権限を削減するよう意図したとは決して想定されえない。しかも、自由で、活動的で、進取的であり、人口も富力も常に増大しつつあるわれわれのような国家においては、新しい交通手段が、移動や通商のために日々必要となってくるのであり、また、それは

---

50 36 U.S. (11 Pet.) 420 (1837). 事案の詳細については、田中英夫「アメリカ法における競争社会の到来——Charles River Bridge Case——」同編『英米法の諸相』（東京大学出版会、1980年）86-115頁。

51 *Id.* at 646.

人々を快適にし、便利にし、豊かにならしめるために不可欠となる。州が、こうした権限を放棄したなどと想定されるべきではない。なぜなら、課税権同様それは縮減されず保持されることに、共同体全体が利益をもつからである[52]」。

この意見の前提にあるのは、後の議会が変更しえない排他的権利を原告に認めることは、「公共の改善の進行を妨げ、これまでわが国が政策として促進してきた公平かつ平等な競争を中断させる[53]」という認識であった。トニーは、財産権の神聖不可侵に配慮しつつも、「共同体もまた権利をもつこと、そして市民の幸福と安寧は、その共同体の権利を忠実に保持することにかかっていることを、われわれは忘れてはならない[54]」という。

さらに続けて、排他的権利を想定するには、「正義が何を要求し、当事者はどうすべきであったかについて、裁判官自身の見解に基づき行動する、司法権の強力な行使」が必要となるが、そのような権限を行使して、司法が「州に留保された権限を処理することはできず、また、法の真意解釈や単なる技術的論証によって、州の安寧や繁栄に必要な州内のポリスや改善のための権限を、州から些かも奪うことはできない」[55]。なぜなら、「快適さや利便性を促進する権限や、公共の繁栄を促進する権限は、……平明な文言によってそうすることが意図されていない限り、州によって放棄された又は削減されたと解釈されるべきではないと要求する権利を、共同体はもっている[56]」からである。ゆえに、独占の特権を付与するという州の明確な意思表示のない限り、文言の曖昧さは「投資家に不利に、公衆に有利に働かなければならない[57]」。このように述べて、トニーは、社会経済の発展とそれへの公衆の関心を背景に、認許状の厳格解釈を通じて、より広範な権限を州議会に認めることこそ公共の利益に資し、契約条項にも反しないと判示した。

そして、この判決以降、最高裁は一様に、明示されていない排他的特権の主張

---

52 *Id.* at 547-48. トニーはこの部分につき Providence Bank v. Billings, 29 U.S. (4 Pet.) 514 (1830) のマーシャル意見を参照している。この判決はマーシャル・コート末期に下されたもので、法人設立認許状に税免除の明示の定めがない限り、州による課税権の放棄は推定されるべきではなく、州がのちの法律で課税することになっても契約条項に反するものではないとした。

53 MORTON J. HORWITZ, THE TRANSFORMATION OF AMERICAN LAW 1780-1860, 134 (1977).

54 36 U.S. at 548.

55 *Id.* at 551, 552.

56 *Id.* at 549-50.

57 *Id.* at 544.

を斥けていくこととなる[58]。例えば、Ohio Life Insurance & Trust Co. v. Debolt (1853) は、「課税権も…その他の主権的権限も、放棄の意図が平明すぎて誤解しえないほどの文言で宣言されていない限り、裁判所によって放棄されたとみなされることはない[59]」とし、Charles River Bridge 判決の解釈ルールを踏襲することを明らかにした。また、法律で橋梁の経営権を付与した後にそれを公用徴収することについて争われた West River Bridge Co. v. Dix (1848) では、公用徴収は州固有の権限であり、明文で排除されていない限り、州はこの権限を留保して経営権を付与したとみなすべきであると判示された。ここでも、政治共同体はおよそ「自らの存在を守る権利と義務、そして共同体全体の利益と福祉を保護し促進する権利と義務」を必然的に有することや、社会全体のために行使される州の収用権限は、あらゆる私的諸権利に優位することが確認されている[60]。

3　ジャクソン的信条からみた契約条項

　共同体の一部のみを利する立法を斥け、共同体全体の利益とそれを体現する州議会の裁量を重視した Charles River Bridge 判決は、かつてマーシャル・コートが既得権者に与えていた保護を縮減するものであった[61]。補助金や独占権の付与を通じて個人投資を引き出す伝統的手法に則るなら、ストーリ反対意見のように、契約の安定性と投資家の権利確保が目指されたであろう。しかし、トニー法廷意見が重要視したのは、自由かつ公正な市場での競争であった[62]。

　財産が自由の基盤である一方で、既得権の絶対視は自由を狭める要因となると

58　JAMES ELY JR., THE CONTRACT CLAUSE; A CONSTITUTIONAL HISTORY 104 (2016).

59　57 U.S. (16 How.) 416, 435 (1853).

60　47 U.S. (6 How.) 507, 531 (1848).

61　Robert E. Mensel, *"Privilege against Public Right:" A Reappraisal of the Charles River Bridge Case*, 33 DUQ. L. REV. 1, 29 (1994).

62　その相違を、社会の変容に伴う財産権の観念の変化——既得権に代表される伝統的社会秩序における静的な財産観から、財産権をその効用との関係で捉える動的な財産観への変化——と関連づける理解もある。田中・前掲注 (50) 121-23頁、HORWITZ, *supra* note 53. ホーウィッツの著作については、田中英夫「著書紹介」アメリカ法 [1981-1] 45頁 (1981年)、土屋正春「ホーウィッテーゼとその周辺——19世紀アメリカ法史研究の問題点——」大阪学院大学法学研究第 7 巻第 1・2 号 (1982年) 1 頁、折原卓美「19世紀前半における財産権概念の変容——Morton J. Horwitz の所説を中心として——」同『19世紀アメリカの法と経済』(慶應義塾大学出版会、1999年) 161頁を参照。19世紀における財産権観の変遷を論じるものとして、他に、中村孝一郎「19世紀アメリカにおける財産権観の変遷——規制的収用理論の淵源を探る——」阪大法学51巻 2 号 (2001年) 103頁等がある。

70

いうトニーの立場は、特権の付与を平等および民主主義に対する脅威とみなし、既得権保護のための政府介入を敵視したジャクソニアンの政治と径庭はない。そのため、本判決は「司法的領域における特権にたいする闘い」を象徴する「ジャックソン的信条の古典的宣言」[63]であるとか、実用性や現実への適応を企図した「公共政策の文書[64]」であるなどと評されている。

但し、留意すべきは、Charles River Bridge 判決の下った1837年が、憲法解釈にジャクソニアンのイデオロギーが持ち込まれた１つの転換点とみなされる一方で[65]、それでも「全体像は変化ではなく継続」であったと評価されていることである[66]。たしかに、マーシャル・コートも、最後の10年には、契約条項の拡張解釈に伴う既得権偏重的な判断をやや修正するようになっていたし[67]、他方でトニー・コートも、会社や契約に係る諸判決の中で、「秩序の下での自由と経済発展の礎としての財産権に敬意を払う[68]」姿勢を明らかにしていた。例えば、州の負債者救済法が争われた Bronson v. Kinzie（1843）では、「契約の誠実さを維持し、その忠実な執行を確保する[69]」ことの重要性を説くなど、とりわけ債権者債務者関係ではマーシャル法学に立脚し、契約条項を通じて契約の法的安定性を確保しようとしていた。この点、トニー・コートは、「財産権や経済の進歩にプラ

63　R. ホーフスタッター（田口富久治・泉昌一訳）『アメリカの政治的伝統Ⅰ』（岩波書店、2008年）89頁。

64　STANLEY I. KUTLER, PRIVILEGE AND CREATIVE DESTRUCTION: CHARLES RIVER BRIDGE CASE 93 (1971).

65　Id. at 120. 同書は、① Charles River Bridge 判決が Dartmouth College 判決を、② Miln 判決が Gibbons 判決を、③ Briscoe v. Bank of Kentucky, 36 U.S.（11 Pet.）257（1837）が Craig v. Missouri, 29 U.S.（4 Pet.）410（1830）を、各々1837年に事実上覆したことをもって、「1837年の司法による革命」と称している（Id. at 117-32）。

66　ELY, supra note 58, at 59. 同様に、1837年をマーシャルの中央集権的な連邦観を修正する転換点と捉えつつも、トニー・コートは「フェデラリストの遺産の多くを保持する」側面を併せ持ったという BRUCE ACKERMAN, 1 WE THE PEOPLE 76（1991）; R. KENT NEWMYER, THE SUPREME COURT UNDER MARSHALL AND TANEY 114-15（1968）も参照。　山口房司「アンテ・ベラム期における財産権概念の変容——既得権・契約条項・通商条項と警察権能——」アメリカス研究第14号（2009年）50-51頁。

67　この時期の最高裁判決として、Ogden v. Saunders, 25 U.S.（12 Wheat.）213（1827）, Willson v. Black Bird Creek Marsh Co., 27 U.S.（2 Pet.）245（1829）, Providence Bank v. Billings, 29 U.S.（4 Pet.）514（1830）, Barron v. Mayor of Baltimore, 32 U.S.（7 Pet.）243（1833）等がある。

68　JAMES ELY JR., THE GUARDIAN OF EVERY OTHER RIGHT: A CONSTITUTIONAL HISTORY OF PROPERTY RIGHTS 81（3rd ed., 2008）.

69　42 U.S.（1 How.）311, 318（1843）. 同判決を支持するものとして、McCracken v. Hayward, 43 U.S.（2 How.）608（1844）, Gantly's Lessee v. Ewing, 44 U.S.（3 How.）707（1845）. See ELY, supra note 58, at 59, 61, 88-89.

グマティックにかかわり合う[70]」ことを通じて、建国以来の私有財産の尊重と、共同体の利益を損なう財産権行使の制約との均衡をはかっていたと理解されよう。

それでもやはり、次の点において、両コートは決定的に異なっていたものと思われる。契約条項は、デュー・プロセス条項の実体的解釈以前において、多数派に抗する主な手段であったが、先の契約の変更を禁じることで現在の州の権限を拘束するマーシャルの拡張解釈に対し、トニーは否定的であった。それは、トニーが、今ここにいる多数派の意思に対する過去による拘束を最小限に留めようとしたことを意味しよう。トニー・コートは、州立法に体現される人民主権という考え方を是認し、それに基づきマーシャル・コートであれば無効にしたであろう立法を支持してきたとされる[71]。ポリス・パワー概念に依拠して州の規制立法が支持される際、それを理論的に支えたのは、公共善の受託者たる主権者人民の観念であり、民主主義政府は重要な公的事柄を実現しているという認識であった。ここでの人民主権は民主主義の意味により近いが、かかる概念の用い方は前コートのそれとは異なるように思われる。そのため、次章では、民主主義の憲法上の位置づけと人民主権の意味に焦点を当て、両コートにおける裁判所像に接近していきたい。

五　アンテベラム期における裁判所の役割

制憲世代の系譜を継ぐマーシャルやストーリの理解によると、合衆国憲法は「人の陥りやすい急激かつ強力な情念から、自らと自らの財産を守ろうとする決意」によって採択されたものであった[72]。ゆえに、「人民の意思という一般的表現」で、立法府による財産権規制を無制限に正当化しうるとも考えられなかった[73]。そこには、民主主義を「群衆（mob）による支配の婉曲語法のようなもの[74]」とする理解が伏在している。他方、彼らが人民主権の語を用いる際に想定

70　TIMOTHY S. HUEBNER, THE TANEY COURT: JUSTICES, RULINGS, AND LEGACY 37 (2003).

71　BERNARD H. SIEGAN, PROPERTY RIGHTS: FROM MAGNA CARTA TO THE FOURTEENTH AMENDMENT 209-10 (2001).

72　10 U.S at 138.

73　Wilkinson v. Leland, 27 U.S. (2 Pet.) 627, 657 (1829). 同趣旨のことは、ストーリの『合衆国憲法釈義』でも繰り返されている（JOSEPH STORY, COMMENTARIES ON THE CONSTITUTION OF THE UNITED STATES § 712 (1833)）。

74　JAMES McCLELLAN, JOSEPH STORY AND THE AMERICAN CONSTITUTION 269 (1971).

したのは、上の「人民」とは区別される、その同意で合衆国憲法を正当化した不可分一体の「人民」であった。アンテベラム期の重要な憲法上の争点には、多かれ少なかれ「どの人民が主権者であるか」、個々の州か、それとも合衆国全体かという問いが関わりを有していたが[75]、彼らの意図したのは明らかに後者であった。ストーリらは、その人民主権概念を用いて、連邦権限の拡張と、それと表裏にある州政府に対する制約を正当化していったのである。

マーシャル・コートは、州による規制を審査することを通じて、州議会から連邦の共和主義的な社会秩序を保護する者として、最高裁の地位を確立してきた[76]。このように、連邦最高裁を、州議会から個人を守る砦とみなす見方は、「州の権力行使は公衆の利益に本質的に敵対しており、連邦にとっても命取りになる」という、州の民主的多数派に対する不信に立脚するものであった。これとは対照的に、トニーは、州の人民こそ「何が自らの利益になるかに関する最善の裁判官[77]」であるという。そうであるなら、最高裁はもはや、マーシャルの構想した指導的役割を果たすエリートとして立ち現れる必要はない。「民主主義の行き過ぎ」を懸念した世代が去ったのち、次の世代は「責任をもって統治する同胞の能力へのより重大な信頼」から民主主義を擁護したのである[78]。

大衆迎合的な政治文化が醸成されていくなか、次の世代の一員たるトニーは、ジャクソニアンの政治経済政策が基礎に置くのと同様の理解、すなわち「連邦ではなく州が、セクト的に分裂した連邦の、多様かつ衝突する経済的要求をよりよく扱うことができる[79]」という信念に基づき、州の判断を尊重する法解釈を行っていった。その信念は、合衆国憲法を合衆国人民の法というより、むしろ主権を有する諸州間の契約とみなす理解を支え、契約たる合衆国憲法は、各当事者の主権を維持するため、厳格に解釈された。すなわち、連邦政府が州から統治権限を奪いうるのは、主権者の明示の同意によってのみとされ[80]、裁判所は、主権者の

---

75 Akhil Reed Amar, *Of Sovereignty and Federalism*, 96 YALE L. J. 1425, 1455 (1987).

76 AUSTIN ALLEN, ORIGINS OF THE DRED SCOTT CASE: JACKSONIAN JURISPRUDENCE AND THE SUPREME COURT 1837-1857, 23 (2006).

77 57 U.S. at 429.

78 LARRY D. KRAMER, THE PEOPLE THEMSELVES: POPULAR CONSTITUTIONALISM AND JUDICIAL REVIEW 247 (2004).

79 NEWMYER, *supra* note 66, at 114.

80 H. Jefferson Powell, *The Original Understanding of Original Intent*, 98 HARV. L. REV. 885, 931 (1985).

意思を表す文言の意味を修正しえなかった。法の解釈においても、トニーは、立法府が制定した法を、主権者によって委任された権限の範囲内で拘束的なものとみなした。立法府は、明示された法の文言を通じてのみ人民を代弁しうるため、法文は文字通りに厳格に解釈されなければならないとされた。

　フリードマン（Barry Friedman）は、トニー・コートが権威を保った理由の1つは、「多数派の大義と提携しているようにみえた[81]」点にあったと指摘している。その理解は、裁判所を含む各統治部門の正当性を、究極的に世論の受容に求めたジェファソン的な人民立憲主義観[82]とも類似している。「個人は自州で十分に代表されている」とみなされる以上、上述のように、人民主権概念に担保された州のポリス・パワーの行使は、最大限尊重されることとなろう。とすると、連邦裁判所の残る任務は、州の権限領域に対する連邦政府の浸食を防ぐこと、すなわち、各権限領域の境界を適正に保持することなのであり、それが結果的に、個々人の権利保障につながると考えられていたといえよう。つまり、トニー・コートは、連邦の権威と個人の権利の名の下に州権を制約しようとしたマーシャル・コートを修正し、連邦権力からの自由を掲げて、共同体の利益、すなわち州多数派の自由をこそ志向したのである。ジャクソニアン・デモクラシーという民主化の波の中で、選挙によらない連邦裁判所は、このようにして反多数決主義の批判を大方において避けえたのであろうと思われる。

　なお、多数決ルールと結びついた人民主権を掲げるトニー・コート法学は、人民の意思と擬制される州による規制を統制し難いことを欠点とした。この点への司法の対応は、再建期修正条項の追加以降に新たな局面を迎えることとなる。連邦政府を制約し州多数派の自由を保護するものであった権利章典が、個人と少数派の自由を多数派から保護するものへと変化したためである[83]。多数派が共通の利益や情念の下に結集することにより少数派及び個人の権利が危険に晒されるということは、合衆国憲法制定期に既にマディソン（James Madison）が指摘していたことであったが、南北戦争後に役割を変えた権利章典の解釈を通じて、多数派の利益と結び付いたジャクソニアン法学は修正されていくこととなる。

　最後に、この小論は、冒頭にも述べたようにトニー・コート法学全体を射程に

81　Friedman, *supra* note 6, at 413.

82　Kramer, *supra* note 78, at 189.

83　Akhil Reed Amar, The Bill of Rights: Creation and Reconstruction xii-xiii (1998).

おいたものではない。変容を遂げる社会経済領域の諸判決の分析に限定して、考察を試みたものである。それは、当時の連邦制や主権、民主主義の意味を探る上で重要な含みをもっていたものの、それだけでトニー・コート法学を語るのは不十分であるといえよう。後にセイヤー（James Bradley Thayer）の批判を惹起したトニーの憲法解釈方法論や、中央集権的な側面をみせる奴隷制にかかわる諸事例への対応等を含め、トニー・コートの全体像の評価については、次稿に譲りたいと思う。

非常事態の布告制度の憲法原理上の地位
——ドイツ近現代憲法における憲法制度との関連を踏まえて——

山　中　倫太郎

一　はじめに
二　法治国家原理との関係
三　権力分立原理との関係
四　国民主権・民主制原理との関係
五　おわりに

一　はじめに

1　問題の所在

　一つの観点を強調して極端に考えるのであれば、非常事態（又は緊急事態）に実効的に対処するためには、非常事態の布告という迂遠な手続きをわざわざ経ることなく、行動能力を有する国家機関が現場で即座に対処措置に訴えるのが迅速かつ効果的であるとも考えられる。にもかかわらず、近現代の立憲主義国家では、しばしば非常事態の布告（又は宣言）の制度が法制化され、原則的には、政治的機関による非常事態の布告（又は宣言）がなければ非常事態の対処のための処置に移行することができない。この場合、非常事態の布告の制度の形態は、布告の対象となり得る非常事態の類型（戦争、内乱の他、大規模災害、テロ及び経済恐慌を含むか否か）、事態の法的定義の有無及び様態、布告権が分配される国家機関、布告の手続き、並びに、布告の法的効果等について、比較憲法的・憲法史的にも、多様である。

　このように、近現代の立憲主義国家において布告制度が存在すること、そして存在する場合にその形態が多様であることは、近現代の憲法の構成原理との関係でいかなる意義を担っているであろうか。非常事態の布告制度は、非常事態法制・緊急事態法制の起点に位置し、その発動を制御するものである。それゆえに、その制度のあり方は、非常事態法制・緊急事態法制の実効性に関わるのみな

らず、それを憲法の構成原理との関係で可及的に整合的に位置付けるためにも重要な地位を占める。かつて小林直樹教授が、広義の緊急権につき、「さしあたり緊急権の誤・濫用を防止するための第一歩は、『非常事態』の認定と宣告の権限を誰に与えるかというところから始まる。いつ・誰が・どういう仕方で、『非常事態』だと宣言する——すなわち緊急権の発動体制に入る——かは、論理的にも・事実上でも端初の問題となろう。」と述べられ、緊急権の誤・濫用の防止という観点から布告制度の重要性を指摘された[1]のは、極めて正当である。かかる認識において指導的観点となっているのは、法の支配又は法治国家の原理であると見受けられるが、いかなる制度要素がいかなる理論的意味において緊急権の誤・濫用の防止にとって重要なのかという点については、更なる解明の余地が残されている。加えて、それ以外の憲法原理との関係でも非常事態の布告制度の理論的位置付けを解明し、もって複眼的かつ総体的観点からの理論的検討へと研究を展開させるという途も未開拓であると考えられる。

　本稿では、以上の問題関心に基づいて、非常事態の布告制度が近現代の憲法諸原理との関係でいかなる意義を担っているかを解明することを課題とする。このような課題に取り組むに際して注意しなくてはならないのは、①位置付けの対象となる、非常事態の布告制度の有無及び具体的形態が憲法史的・比較憲法的にも多様であること、②位置付けに際して依拠される、近現代憲法の構成原理には、近現代憲法に通底する傾向と内容がみられるとはいえ、その内容理解及び相互関係は具体的には一様ではなく、各国憲法における具体的な差異があることである。その点に鑑みて、本稿では、まずは特定の近現代立憲国家における布告制度及び憲法原理との関係で非常事態の布告制度の憲法原理上の位置付けを解明することに直接の課題を置く。もっとも、このような課題への取組みのなかで、より一般的意義を有しうる理論及び視座との関係を意識して分析を——多少なりとも——実施することで特定国家の憲法を越え出る視点の獲得を試みたい。

　本稿では、以上の課題を遂行するために、ドイツ国法学・憲法学において、ド

1　小林直樹『国家緊急権』（学陽書房・1979年）26頁。小林教授は、正当にも、具体的制度の背景にある歴史的条件との関係で、その現実的作用——機能及び逆機能——を捉える必要についても説かれ、「制度を信奉するフェティシズムは、とりわけ緊急権については、厳しく戒められなければならない。」（同書117頁）という。そういった広い視野の下に、本文中の引用部分——また、布告制度の具体的内容及びその意義の如何を問う、本稿の問題関心——が位置付けられるべきであることを、ここで付言しておきたい。

イツ近現代憲法における布告制度がドイツ近現代憲法における憲法原理との関係でどのように位置付けられてきたかを分析する。ドイツ国法学・憲法学における位置付け論を対象としなければその課題を遂行できないという理由を提示することはできないが、次の点で、その課題の遂行にとって有益であると考えられる。すなわち、ドイツ近現代憲法史において、非常事態の布告制度は、その有無及び具体的形態において多様であり、法理論、憲法理論及び憲法解釈という複数の理論的視角からその位置付けがその時々の国法学者・憲法学者によってなされてきたので、そのような成果を系統的に整理・分析し場合によっては発展させることによって、非常事態の布告制度の具体的多様性を踏まえつつ、本稿の問題関心に対して複眼的な視点からの解答が可能となるであろう。

2 問題の対象——「非常事態」の「布告制度」

（1）非常事態

　従来の憲法学において、非常事態又は緊急事態という用語が使われる場合、英語でいう Emergency、ドイツ語でいう Notstand の訳語として用いられる場合も少なくなかった。ここではドイツ語の Notstand の方に着目すると、それが法律用語として使用される場合においても法領域ごとに具体的意味の違いがある（例えば、ドイツ刑法34条及び35条、ドイツ民法228条及び904条）が、特定の法益への危険に際して、それ自体が違法な行動が、危険の除去のために個々に詳細に考慮された要件の下で許され、少なくとも免責されるという点に、共通の特徴が見出される[2]。

　憲法上の Notstand の意味が多義的であることに注意しなければならないが、Staatsnotstand の定義においては、「『国家の存立』が、内外から、戦争又は内戦により脅かされている状態」（ペーター・シュナイダー（Peter Schneider））[3]、「統一構造である国家が、全体として直接的に、又は、その要素である国民、領域及び強制権力への危殆によって、間接的に、脅かされている状況」（ハンス・エルンスト・フォルツ（Hans-Ernst Folz））[4]とされ、国家の存立という法益への危険という点

2　Klaus Stern, Das Staatsrecht der Bundesrepublik Deutschland, Bd. 2, 1980, S.1289.
3　Peter Schneider, Notstandsrecht, in: Evangelisches Staatslexikon, Bd.2, 3., neubearbeitete Aufl., 1987, Sp. 2253.
4　Hans-Ernst Folz, Staatsnotstand und Notstandsrecht, 1962, S. 27 ff.

が基礎に置かれている点において共通している。また、クラウス・シュテルン (Klaus Stern) の解説によれば、「Notstand（又は Ausnahmezustand）を一般的に規定しようとしたところではいつも、次の表現が用いられてきた。すなわち、国家の存立（存在）又は公共の安全及び秩序にとっての重大な危険であって、憲法において予定された通常の手段ではなく、例外的な手段でのみ除去され得る危険という表現である。」と述べられ、その解説には、「例外的な手段でのみ除去され得る」という要素もみられる[5]。いずれにせよ、これらは、最近の日本の憲法学において、「非常事態」が、「『平時の統治機構をもってしては対処できない』程度の緊急事態のみを指す。」とされ、「緊急事態」と区別される例（狭義の非常事態）[6]がみられることとの対比ではより広い意味を有し、ドイツ国法学・憲法学の文献において Notstandsrecht（非常事態法［又は緊急事態法］）、Notstandsverfassung（非常事態憲法［又は緊急事態憲法］）という表題の下で論じられる具体的内容に対応している。

　以上を踏まえて、本稿で「非常事態」という用語を用いる場合には、この意味における Notstand を指し（広義の非常事態）、同様に Notstand の訳語として用いられてきた「緊急事態」と区別を設けていない。本稿も、狭義の非常事態の概念が用いられる際に基礎にある理論的関心を共有するが、それを「非常事態」ということばの意味、また、「非常事態」と「緊急事態」の意味の違いというレベルでは問題としていない。

（2）例外状態との関係

　「例外状態」ということばは、ドイツ語の Ausnahmezustand という独特のことばの訳語として用いられ、次のように説明される。「真の Ausnahmezustand は、国家の存立又は公の安全及び秩序を外的な生活領域から脅かす、存在に関するすべての危険に際して生ずる。」「Ausnahmezustand は、その例外的状況 (exzeptionelle Situation) が憲法で予定された通常の方法では防止又は除去されることができず、その防止又は除去が例外的手段によってのみ可能であるという点に特徴を有する。」（コンラート・ヘッセ (Konrad Hesse)）[7]、「国法の意味における例外状

5　Stern, a.a.O., S. 1295.

6　愛敬浩二「改憲問題としての緊急事態条項」論究ジュリスト15号（2015年）142-143頁。また、参照、髙田篤「非常事態とは何か」論究ジュリスト21号4頁。

7　Konrad Hesse, Ausnahmezustand und Gundgesetz, DöV Heft. 24 (1955), S. 741 f.

態は、憲法に予定された通常の手段では除去されることができない、国家生活の攪乱」（ラインホルト・ツィッペリウス、トマス・ヴュルテンベルガー（Reinhold Zippelius/Thomas Würtenberger））[8]、「通常の場合において利用される手段ではその克服がもはや不可能であると考えられる程に、国家の存立、その安全及び（法 -）秩序にとって重大な危険が存在する状態が、Ausnahmezustand によってあらわされている。」（エッカルト・クライン（Eckart Klein））[9]。この意味における Ausnahmezustand は、「例外的手段でのみ除去され得る」という要素に着目した概念であるが、クラインの定義にみられるように、特定の法益への危険という要素を加味する場合もみられる。

　ところで、Ausnahmezustand が、「憲法で予定された通常の方法では防止又は除去されず、その防止又は除去は、例外的手段によってのみ可能である」という要素に着目した概念であるとして、その例外的な手段は、通常時の憲法規範・憲法原理の一時停止に基づくものには限られない。そのことは、Ausnahmezustand 及び Ausnahmerecht という表題で論じられる内容に、通常時の憲法規範・憲法原理の効力を維持することを前提とした、非常事態の特例が含まれている点からも明らかである。本稿では、そのような広い意味での Ausnahmezustand を指して「例外状態」ということばを用いる（広義の例外状態）。もっとも、Ausnahmezustand が立憲的憲法秩序の一時停止という意味によって特定された形で狭く定義される場合もないではない（狭義の例外状態）。確かに、ヴァイマル憲法において「例外状態（Ausnahmezustand）」と呼ばれた憲法制度（ヴァイマル憲法48条の「独裁条項」）では、憲法に従った憲法秩序の停止——例えば、基本権停止——が予定されていたので、「例外状態」ということばの意味がそのように特定されることにも、歴史的な理由がないではない。シュテルンが Ausnahmezustand という用語よりも伝統的に法学で使われてきた Notstand という用語をむしろ選択した理由の一つに、Ausnahmezustand という表現が法秩序の拘束を受けないことを示唆していることとの対比で、Notstand の概念が、むしろ私法、刑法及び国際法との結び付きにおいて法秩序内在的な概念であることを明ら

8　Reinhold Zippelius/Thomas Würtenberger, Deutsches Staatsrecht, 31. Aufl., 2005, S. 498.
9　Eckart Klein, Innerer Staatsnotstand, in: Josef Isensee und Paul Kirchhof（Hrsg.）, Handbuch des Staatsrechts der Bundesrepublik Deutschland, Bd. 12, 3, völlig neubearbeitete und erweiterte Aufl., 2014, Rn. 1.

かにすることを挙げた[10]のも、そのような沿革に鑑みてのことと推察する。さらに、狭義の例外状態と軌を一にするがよりラディカルな概念構成は、カール・シュミット（Carl Schmitt）の政治理論にもみられる。その著作『政治神学』において、「ここで Ausnahmezustand とはすべての非日常的権能・警察的緊急措置・緊急命令をいうのではない。その本質は原理上無限定の権能、即ち全既存秩序の停止にある。」[11]と述べられ、法秩序の全部停止との関係で Ausnahmezustand の概念が構成されている。シュミットの場合は、例外状態を「限界概念（Grenzbegriff）」として把握しその本質を純化させた概念とした点において特徴的であるといえよう。

　以上の検討からは、非常事態及び例外状態のいずれのことばもが多義的であり、その意味には広狭があることが明らかになる。もっとも、両者を広い意味で捉えた場合、非常事態においては、①特定の法益――特に国家の存立――への危険という要素、例外状態においては、②通常の憲法的手段による対処の不可能性という要素に重点があるという違いがないわけではないが、両者の定義が重なり、その場合には、いずれにも①及び②の要素が認められる。また、両者の内包が厳密に同一ではないとしてもその外延が広く重なることもあろう。両者が互換的に用いられる例[12]がしばしばみられるのは、そのような事情があるからだと考えられる。そのことを踏まえて、本稿でも両者を互換的に用いる。もちろん、そのような定義によっていない論者もあるので、その議論を参照する際には、その都度断りを入れる。

（3）布告制度

　以上の広義の非常事態又は例外状態は、「宣言（Erklärung）」、又は、より一般的には、「布告（Verhängung）」され、その法行為を要件として非常事態を特段の規律対象とする例外法が発動される。ハンス・ボルト（Hans Boldt）の表現によ

10　Stern, a.a.O., S. 1294.

11　Carl Schmitt, Politische Theologie, 9. Aufl., 2009, S. 18.（カール・シュミット（著）・長尾龍一（訳）「政治神学」『カール・シュミット著作集 I』（慈学社・2007年）所収 7 頁（この訳は、初版の訳である。本文中の訳も基本的に同訳によっているが、特に Ausnahme, Ausnahmezustand の訳語の部分を「非常」「非常事態」から「例外」「例外状態」に置き換えている）。

12　Vgl. Stern, a.a.O., S. 1295. Staatsnotstand について、vgl. auch Konrad Hesse, Grundzüge des Verfassungsrechts der Bundesrepublik Deutschland, Neudruck der 20. Aufl., 1999, S. 301 (Rdnr. 720)（コンラート・ヘッセ（著）・初宿正典・赤坂幸一（訳）『ドイツ憲法の基本的特質』（成文堂・2006年）445頁。同訳書では、Ausnahmezustand が「非常事態」、Staatsnotstand が「国家緊急事態」と訳出されている。）

れば、かかる法行為は、「法定された要件に基づいて、権限を有する国家機関によって、所定の形式で、所定の内容をもって、特に、戒厳状態におかれる地域を──及び、フランス法によれば、この措置の期間も──挙げて」なされる[13]。かかる説明を踏まえ、また、ドイツ近現代憲法における布告制度を具体的に検討した上で結論的にいえば、非常事態の布告制度は、① 非常事態の存在を基礎付ける具体的事実が存在することを要件として（布告の実質要件）、② その存在が、所定の形式に従って法定の国家機関により確定及び公示される（布告の形式要件）という要素に分析され、③ 布告には、特定の地域的・時間的限定が付されることもある（布告の限定）。そして、④布告によってそれと結び付けられた法的効果が発生し（布告の法的効果）、通常時の憲法規範及び憲法原理の効力が、a. 一時停止される場合及び b. 一時停止までは予定されないことを前提に非常事態の特例が許されるにとどまる場合がある。なお、特に②の内容について付言しておくと、非常事態の存在が法定の国家機関によって「確定（Feststellung）」されるという特別の行為が要求される場合、その行為は布告において中核的地位を占める。

3　本稿の構成

本稿では、以上の検討対象について、法治国家原理（二）、特に権力分立原理（三）、及び国民主権・民主制原理（四）との関係で、ドイツ近現代憲法における布告制度について順に憲法原理上の位置付けを明らかにしてゆく。

二　法治国家原理との関係

1　非常事態の実質要件

（ア）　エルンスト・ヴォルフガング・ベッケンフェルデ（Ernst-Wolfgang Böckenförde）は、「法哲学的及び憲法理論的問題としての例外状態」という法理論的色彩を帯びた表題の下で、法規範の存立構造における例外状態について次のように結論付けた（この場合、例外状態は、非常事態と同義であるとみてよい）。いわく、「法規範とそれにおいて前提とされた社会的現実の状況の間には、相関的な関係付けという意味における必然的関係がある。前提とされた正常状態がなくなれ

13　Hans Boldt, Rechtsstaat und Ausnahmezustand, 1967, S. 134.

ば、規範の意図された規整力のための基準点が失われる。『ある一定の正常性
は、疑いなく、規範性の持続的な前提である……規範の通用は、そのために規範
が定められている、通常の一般的状態を前提とし、完全には予測不可能な例外状
態は、規範的にも評価され得ない』」[14]。この点において憲法規範も本質的に同様
の存立構造を有することになるであろう。

　上述の説示に引き続いて、ベッケンフェルデは、憲法・法律と国家任務の遂行
の関係のあり方を視野に含めて憲法規範の存立構造を分析し、例外状態の憲法的
指標の解明にとって重要な視点を示した。その骨子は、①国家機関は、憲法及び
法律によって利用に供された行為権限・行為様態による制約の下で任務遂行する
ことがその中核において可能であり、この場合、その制約による支障を甘受すべ
きことも織り込み済みであるが、その行為権限・行為様態は、通常の状態が存在
することを前提としている。②例外的事態（Ausnahmelage）には、かかる行為権
限・行為態様と任務遂行の間に原則的な「不一致（Diskrepanz）」が生じ、その行
為権限・行為様態では、任務遂行が困難になるか、その一部又は全部が不可能と
なる。③このような例外的事態において任務遂行の要請が残されるならば、異常
な状況に相応しい権限及び簡略化された様態への要求が生ずる（例えば、必要性の
前に法なし、（超法規的）国家緊急権、超法規的緊急状態などの権原への要求）が、④に
もかかわらず、その行為権限・行為様態に固執し上述の権原要求が憲法秩序に
よって否定されるならば、その必然的帰結は任務遂行の要請の相対化である。⑤
しかし、例外状態において課題となる任務は、安全や法秩序の保障といった、国
家の基本目的であろうから、その任務遂行のための行為圧力は強力で、実際に
は、任務遂行を断念することではなく法的限界の逸脱をもたらすであろう。⑥例
外的事態が法により把握され支配されるべきであるならば、その事態に関係付け
られた行為権限・行為様態を事前に評価することによってである[15]。

　上述のベッケンフェルデの分析のうち憲法規範の存立構造論に直接関係するの
は①及び②であり、法治国家原理との関係で、次の点で有意味な認識が示されて

14　Ernst-Wolfgang Böckenförde, Der verdrängte Ausnahmezustand, NJW Heft 38 (1978), S.
　　1884 f. また、同論文における法規範の存在構造論について、ベッケンフェルデが参照したハイン
　　リッヒ・ヘンケル（Heinrich Henkel）及びヘルマン・ヘラー（Hermann Heller）にまで遡って
　　内在的な検討を実施する文献として、参照、三宅雄彦「例外状態について（一）（二）」早稲田大
　　学大学院法研論集79号（1996年）215-224頁以下、80号（1997年）261-268頁。

15　Böckenförde, Der verdrängte Ausnahmezustand, S. 1885.

いる。すなわち、法治国家原理において法治する法規範、特に憲法規範には限界があるという認識に立った上で、通常時の憲法規範によって予定された権限・行為様態による任務遂行の困難性・不可能性という指標によってその限界点の所在を示している点である。この場合、特に不可能性という指標は、通常時の憲法規範の限界に直面して、その任務遂行のために非常時の憲法規範へと——一部又は全部が——移行せざるを得ない限界条件を示すと同時に、その移行を限定して恣意を防止するための法的要件の手掛かりを提供する点で、そこに法治国家的意義を見出すことが可能である。その要件は、非常事態において権力の集中という帰結がもたらされることに鑑みて、例外的措置の授権を「真の例外状態の場合に厳格に限定する必要性」(ヘッセ)[16]に応え得る。

さて、⑥のベッケンフェルデの結論は、上述の限界条件を充足する事態——例外状態——が生起する可能性を排除せずに直視して、その事態に相応しい行為権限・行為様態を事前規律するべきであるというもので、例外状態の法制化の途を進むべきという主張であった。そのような結論は、法理論的分析から一義的に演繹されたものというよりも、それを基礎としつつ「憲法政策的態度表明」[17]の要素によって具体的な形をとったものといえる。その主張に際して、ベッケンフェルデは、イギリスやスイスの例を概観した上で、ドイツの法秩序を背景にして考えるとその例は移植不可能であるという結論に至った[18]が、そのことは、例外状態に対する法秩序の向き合い方には複数のタイプものがあることを示している。また、ベッケンフェルデは、法制化の軌道を——戦後直後の例外的な時期を除いては——歩んできたドイツの文脈に即して、通常時の憲法規範とは別に非常事態の憲法規範を設けることで非常事態を法——この場合、成文法——で規律しようという試みを支持したのであったが、この場合に、その構想する法制化の態様は、1968年の基本法改正によって実現をみた、対外的非常事態に重点を置いた、カズイスティックな規律法による規律ではカヴァーされない領域までを一般条項

---

16 Konrad Hesse, Grundfragen einer verfassungsmäβigen Normierung des Ausnahmezustandes, JZ (1960), S. 106.

17 水島朝穂『現代軍事法制の研究』(日本評論社・1995年) 265頁。同文献では、ベッケンフェルデの「憲法政策的態度表明」の問題点が検討されている。本稿では、ベッケンフェルデ構想の基礎にある法理論及び憲法理論的基礎との関係で特に布告制度の有する位置付けを分析するにとどめ、その構想の是非を解明することを目的とはしておらず、水島教授の論文とは問題関心の重点を異にしている。

18 Böckenförde, Der verdrängte Ausnahmezustand, S. 1886 ff.

によって広範に覆って合法化し、かつ法的限界を設けるというものであった。これに対して、ゲルトルーデ・リュッベ−ヴォルフ（Gertrude Lübbe-Wolff）は、そのような一般条項でも、法によってカヴァーされない領域を完全に駆逐することはできないこと、他方では、そのように合法化された例外状態こそが「合法的な無拘束（legale Ungebundenheit）」を引き起こし、「法的な通常状態を完全に抑圧する」傾向をもつことを根拠として、ベッケンフェルデの構想を批判し、例外状態の包括的規律をしないことが濫用に対する保障であると主張した[19]。そのような「憲法政策的態度表明」を支えるのは、ベッケンフェルデとは異なったリスク評価に基づく、法治国家原理との関連付けであって、法制化問題の最大の争点は、その点に存する。もっとも、非常事態の法制化をおよそ完全に拒絶するというラディカルな方向性を徹底しない限りは本稿の主題である布告制度の要否及び様態の問題に逢着することになろう。

　現在まで、ドイツにおける非常事態の法制化の軌道は、ベッケンフェルデ構想にまで徹底するには至っていない。しかし、通常時の憲法規範とは別に非常事態の憲法規範を部分的にであれ設けるという方向性に踏み出す以上は、いずれにせよ布告制度の有無及び具体的形態が課題となり、この場合、上記の限界条件は、非常事態の布告制度の実質要件自体又は要件充足性判断との関係で実定制度及びその運用を外在的に評価する視点を提供し、その要件自体又は要件充足性の判断が限界条件を適切に捉えているかが問題となるであろう。カイ・ヴィントホルスト（Kay Windthorst）は、非常事態のメルクマールをより分析的に提示して、①「脅威の烈度及び脅かされた法益の等級によって資格付けられた、特別の危険状態」が生じ、かつ、②その危険状態は、「憲法において通常の場合のために予定された手段ではなく、非常の手段によってのみ除去され得る」ことを要すると説いた[20]が、②の要素は、このような文脈に位置付けることができる。

　（イ）　また、通常時の憲法規範からの逸脱をやむなしとし得る利益のみが非常事態の憲法規範への移行を規範的に正当化し得るという価値的側面も、非常事態の憲法規範への正当な移行条件を模索する上で考慮の外に放逐することはできな

19　Gertrude Lübbe-Wolff, Rechtsstaat und Ausnahmerecht, ZParl Heft 1（1980）, S. 117 ff. これに対するベッケンフェルデの反論については、vgl. Ernst-Wolfgang Böckenförde, Rechtsstaat und Ausnahmerecht Eine Erwiderung, ZParl Heft 4（1980）, S. 591 ff. また、参照、三宅雄彦「例外状態について（三・完）」早稲田大学大学院法研論集82号（1997年）200頁以下。

20　Kay Windthorst, Der Notstand, in: Markus Thiel（Hrsg.）, Wehrhafte Demokratie, 2003, S. 366.

いと考えられる。そのような視角から上記の憲法規範の存立構造論をみると、行為権限・行為態様と任務遂行の間に原則的な「不一致」が生じた場合において任務遂行を優先させることが規範的に正当化されることがあり得るとすれば、その任務がいかなる価値に基礎付けられているかが問題となるであろう[21]。ベッケンフェルデが上記⑤において指摘しているように、例外状態において課題となる任務は、安全や法秩序の保障といった、国家の基本目的であろうから、それは個人の安全という利益のみでなく、憲法秩序自体又はその前提に関する利益に該当する。また、かかる価値が脅かされる可能性・蓋然性も価値的評価を左右する指標となるであろう。ヴィントホルストが非常事態について示した、上述①の要素において、「脅威の烈度及び脅かされた法益の等級」が挙げられていることは、このような理論的文脈に位置付けることが可能である。

　かかる指標もまた、非常事態の憲法規範への移行を条件付けることで恣意を防止するための、実定法制度及びその運用を外的的に評価する視点を提供する。例えば、プロイセン憲法では、「戦争又は内乱に際し、公共の安全に対する危険が差し迫った場合」（プロイセン憲法111条）という実質要件が存在していたが、この場合、「公共の安全」の概念が——単なる警察法上の概念ではなく——憲法秩序又はその前提に関わる法益を指し、かつ危険の切迫性が要求されていた。これは、大きくみれば、そのような視点から説明可能な要件化である。むろん、その要件化及び要件該当性判断の具体的有り様がかかる視点に照らして正当化可能なものであったかは、厳密な精査を要する課題である。その点に関する不当な要件化及び要件該当性判断は、「偽の非常事態」において通常時の憲法規範の制約から逸脱することに合法性の衣を着せることを意味し、通常時の憲法規範の規範力の低下をもたらすからである。他方で、国家任務の実効的な遂行のために非常事態の憲法規範への適切な移行を妨げてはならないという観点も看過してはならない。その点に、非常事態の布告制度における実質要件を要件化するという、法政策上難しくかつ微妙な課題がある。

　（ウ）　以上のような、法益に対する危険という要素を基礎に据えた要件化との対比でより厳格な法治国家的制約をもたらす可能性があるのは、非常事態がいか

21　ここでは、実定制度及びその運用を外在的に評価する視点が問題とされているにとどまり、優越的価値という一般原理に基づいて超憲法的国家緊急権が是認されるという憲法論を提示するものではない。

なる場合に存在するかを構成要件的に要件化することである。というのは、不確定概念——「公共の安全に対する危険が差し迫った場合」という概念——のみによって立てられた要件では、その充足性判断においても一定の事実が存在することに非常事態の確定の判断が拘束されるとはいえ、より広い事実評価の余地が残されるからである。

　構成要件的な要件化の例として、「戦争又は内乱に際し」（プロイセン憲法111条）という要件が同条項の「公共の安全に対する危険が差し迫った場合」という要件に付加されていた点を挙げることができる。これに対して、ヴァイマル憲法48条2項では、非常措置権の行使の実質要件は、「ドイツ国内において、公共の安全及び秩序に著しい障害が生じ、又はそのおそれがあるとき」であり、構成要件的な要件化を欠いていた。これについては、シュミットも、同条5項の施行法につき、「正しい見解によれば、5項において予定されたライヒ法律が、これまで未完結とされてきた、48条の暫定状態を終わらせ、法治国家的な概念に合致する、例外状態を作り出すことになる。その際に、法律制定者は、従来の戒厳法の図式に拘束されていないが、すべての独裁的諸権限の要件及び内容をより詳細に文言化して記述するという方向性を有する原則的傾向は受け継がなければならず、48条2項の一般的な授権からそのような型の法律という意味における例外状態法を作り出さなければならないであろう。」と述べ、「内容上の諸要件の限定」に加えて、「形式的な諸制約」——「一定の形式を義務付けられた、明確な非常事態『宣言』」——を設ける可能性及び必要性を指摘していた[22]が、その施行法が制定されることはなかった。その後、1968年改正後の基本法では、非常事態を区分するというコンセプトの下で、「防衛事態（Verteidigungsfall）」につき、「連邦領域が武力によって攻撃され、又はそのような攻撃が差し迫っている」場合（115a条1項）という法的定義が施され、構成要件的な要件化に新たな立法例を追加するに至った。

　かかる要件化は、重大な法益侵害が一定限度以上に危険にさらされ、かつその危険に対処して国家任務を全うする際に通常時の憲法規範が限界を迎えるであろう典型的事態（例えば、主権国家間で生起する近代戦争という典型）をつかみ出して限定を加えるもので、非常事態の類型に応じたカズイスティックな規律の基礎とな

22　Carl Schmitt, Die Diktatur des Reichspräsidenten nach Artikel 48 der Weimarer Verfassung, in: ders., Die Diktatur, 6. Aufl., 1994, S. 254 f., 257.

る。その要件をより詳細に定義するにつれて、布告の局面における法治国家的な制約の厳格度を強化できる可能性がある。

けれども、そのような規律は、次の二つの点において実効的な任務遂行との間で緊張関係をもたらし得る。一つは、布告の実質要件における定義という形で典型的に予定されることがなかった事態が生起する可能性を完全には排除できないことである。そのことは、「例外の特徴に属するのは、事前には計算できず、それゆえに規範的にも予期できない状況、すなわち予測不可能性である。」(ベッケンフェルデ) という、非常事態の本質に由来する[23]。また、歴史状況との関係では、19世紀には相対的に安定した政治的、社会的及び経済的秩序の下で国家的危機状況の典型の見通しが可能であったのとは異なって20世紀にはそのような与件が存在しないといった類の見方が、つとに繰り返されてきた[24]。21世紀に入ってからは、国家にも比類される軍事力を有する国際テロ組織による非対称型攻撃(これに対する「対テロ戦争」)、また、サイバー攻撃という現象として、かつて典型として想定されてこなかった事態が発生し、それが非常事態の法のあり方に新たな課題を突きつけていることは、特筆されるべきであろう。もう一つは、通常時と非常事態の間において微妙かつ連続的な移行段階が存在することに鑑みれば、構成要件的な定義によって通常時と非常事態の間に截然とした区別を設けることが実効的な任務遂行にとって障壁となるリスクを抱えていることである。

上記いずれかのリスクが顕在化すれば、布告を要件として構築された、非常事態の法規範の一群によって覆うことができない領域が顕在化し、行為権限・行為態様と任務遂行の間の「不一致」の問題に再び逢着してしまう。この点に、非常事態の構成要件的要件化を厳格にすることが実効的な任務遂行との間で孕むジレンマがある。ベッケンフェルデが、「予測不可能性が再び排除されることがないならば、包摂可能な形で規律された構成要件という意味において限界付けがなされ得ないかもしれず、相対的な一般条項へと導かれているにとどまる。」[25]というスタンスに向かったのは、かかる「不一致」を可及的に避けようとするがゆえであったといえよう。

---

23 Böckenförde, Der verdrängte Ausnahmezustand, S. 1885.

24 Vgl. z. B. Hesse, Ausnahmezustand und Grundgesetz, S. 744; Georg Flor, Staatsnotstand und rechtliche Bindung, DVBl Heft 5 (1958), S. 150. また、参照、岩間昭道『憲法破毀の概念』(尚学社・2002年) 311頁。

25 Böckenförde, Der verdrängte Ausnahmezustand, S. 1885.

（エ）　一般条項型及び構成要件型のいずれの要件化の途をゆくとしても、非常事態の布告の実質要件の充足の有無の判断に際しては、政治的な判断の余地が残され、その要件化の様態に応じて、その広狭、それと関連して、客観的事実による拘束の程度に相違が生じることは否めない。とはいえ、かかる実質要件充足性の判断は、純然たる政治的決断とは一線を画することにも注意しなければならない。そのことは、ベッケンフェルデと同様に法規範が前提とする正常性という出発点に立脚するシュミット理論との対比において際立つ。というのは、「主権者とは、例外状態にかんして決定を下す者をいう（Souverän ist, wer über den Ausnahmezustand entscheidet）」）という命題に集約されるその主権理解は、規範主義に対して決断主義を対置させた——特に具体的秩序思考以前の——理論傾向の下では、非常事態の存否の判断が主意主義的な決断に還元されてしまう契機も含むようにもみえるからである。

（オ）　ところで、非常事態の存在が公権的に「確定」されることの意味について、ベッケンフェルデは、「例外状態の要件の形式的な確定」が必要な二つの理由として、①例外状態の実質要件は「法治国家的な構成要件的確定性をもっては限定的のみにしか文言化できないので、その要件の充足の確定が常に政治的決定の性格をも有する」こと、②「その政治的重要性に鑑みて、この確定を官僚制の日々の包摂業務から遠ざける」ことを挙げている[26]。かかる説示には、単に確定が必要であるにとどまらず、非常事態の要件の充足の判断が政治的性格をもつことを前提とした上で特に政治的機関による確定が必要である理由が示されている。

2　非常事態の布告の形式行為性

非常事態の布告に特定の手続きが要求されることの意味は、いかなる点にあるであろうか。今少しいえば、例外権能の保持者が非常事態の存在を認知するや否や即時に行動を中心にした処置に移行するという直裁なやり方ではなく、非常事態の布告——確定及び公示——という法過程を行動の前段階に設け、かつ、それを形式行為とするという迂遠な執行過程を法的に設定することの理論的意味が問題となる。

この点につき、ベッケンフェルデは、「例外状態の可能な規律の特徴」を特定

26　Böckenförde, Der verdrängte Ausnahmezustand, S. 1889.

の憲法システムへの帰属には依存しない一般的なものとして提示し、その特徴の一つとして、「例外状態の処置は、通常状態の法と本質的かつ構造的に区別されたままでなければならない。」と指摘し、「基本法の憲法秩序における例外状態の規律のモデル構造」の「最初のメルクマールは、通常状態の事態及び法、並びに、例外状態の事態及び法を明確に分離することである。このことは、形式的な観点においてのみ、つまり、例外状態の形式的宣言によって妥当するのではなく、内容的な観点においても妥当する。」[27]と説いた。ここで「内容的な観点」——とりわけ法律と措置の区別——と並び、「形式的な観点」が挙げられたのは、通常時の憲法規範と非常事態の憲法規範を区別するために形式的布告が有する意義に着目してのことであろう。かかる区別がなければ、非常事態の憲法規範が通常時の憲法規範へと侵食しこれを変質させてしまう。それゆえに、その区別は、「通常状態のインテグリティの保全及び維持」[28]にとって重要であるが、この場合、非常事態の布告を要件とするという基準から非常事態の一群の憲法規範が区別されていることになる。

　以上の憲法規範構造論と関係するが、通常時において非常事態の憲法規範が濫用的に適用されることを防止する機能について指摘する、エルンスト・ルドルフ・フーバー（Ernst Rudolf Huber）の説示は、示唆的である。彼は、プロイセン戒厳法について次のように述べた。いわく、

　　「立憲的な戒厳の厳格な形式化は、例外権能が限度を超えて濫用されることに対する最も効果的な保障の一つであった。極端な事態が通常の秩序に侵入することが非常に明確に際立たされなくてはならない場合には、あらゆる権力保持者は、例外権能を最も必要な場合にのみ使用せざるを得ない。というのは、ささいな事件においてそれを使用することによって自らの及び例外法の信用を失うであろうからである」[29]。

　かかる説示において、実際には非常事態を基礎付ける事実が存在しないのに非常事態が布告されることによって通常時において非常事態の憲法規範が適用されてしまう危険性に対抗する保障機能が、布告の形式性に見出されているようである。この意味において、布告の形式性は——法秩序の変動を告知するという直接的な意義に加えて——例外権能の濫用の防止という法治国家的意義を担っている

27　Böckenförde, Der verdrängte Ausnahmezustand, S. 1885 f., 1888.

28　Böckenförde, Der verdrängte Ausnahmezustand, S. 1886.

29　Ernst Rudolf Huber, Deutsche Verfassungsgeschichte seit 1789, Bd.3, 1963, S. 1049.

ことになるだろう。かかる機能は、直接には布告の実質要件に期待されようが、布告の形式性にもかかる機能が期待されている。

かかる観点からみれば、1851年のプロイセン戒厳法で予定された、戒厳状態の布告が厳格な形式行為であり、布告形式の遵守が戒厳状態における非常の処置の有効性にとって不可欠なものと考えられたことには、積極的な意味を認めることができる。そして、これと対照的なのがヴァイマル憲法48条であり、ゲルハルト・アンシュッツ（Gerhard Anschütz）は、同条に次のような難点を見出していた。

> 「48条2項及び4項によって許される『措置』の効果は、旧法の用語（『戦争状態』、『戒厳』）に倣って、しばしば『例外状態（Ausnahmezustand）』と呼ばれている。旧法と新法の間の重要な相違を意識したままでいる場合には、それでいいかもしれない。旧戦争状態は、明確な『宣言』である形式行為によってのみ創られ、対応する廃止行為（actus contrarius）によって終了され得たので、その効果（執行権の軍事指揮権者への移転、特定の基本権の失効の許可）は、戦争状態の宣言がなされかつそれが公布された後にはじめて生じ得た、異常な法状態であった。新法は、形式的意味におけるかかる例外状態をなんら知らない。2項及び4項に従って許される措置は、例外状態を事前に宣言することなくなされる。そのことは、例外法の脱形式化であり、これに対しては、法治国家的な形式厳格性のあるべき法の観点から重大な疑念が唱えられている」[30]。

同様にして「例外法の脱形式化」にヴァイマル憲法48条の問題点を看取する見解は、戦後にもみられた。例えば、ゲオルク・フロール（Georg Flor）は、既に1954年の論文で、同条項によりライヒ大統領に認められた権限を例外状態の形式的宣言なく行使できたことは、「その歩みの射程及び意義を対外的に十分に明らかにさせるわけではないから著しい危険を含む」という問題意識の下で、プロイセン戒厳法における「トランペット音及び太鼓打ち」による公示を挙げて、法治国家原理の観点から一定の厳格形式性を備えた宣言の必要性を説いていた[31]。その後、1968年に成立した基本法改正では、防衛事態の確定には、連邦議会の確定議決（これに加えて、連邦政府の提案及び連邦参議院の同意）、及び、連邦大統領による連邦官報への公示を要するという形式が要求され（基本法115a条3項1文）、非常事態の布告の形式行為性の問題について部分的な解決が図られた（なお、緊迫事態についても、連邦議会の確定議決（80a条1項2文）に加え、公示が要求されると解さ

30　Gerhard Anschütz, Die Verfassung des deutschen Reichs, 14. Aufl., 1933, S. 277.
31　Georg Flor, Fragen des Ausnahme- und Staatsnotrechts, Juristische Rundschau (1954), S. 128.

れている[32]）。もっとも、ドイツ基本法が複雑なのは、その解決に不徹底を抱えた点であった。その点は、ヘッセが非常事態の確定への議会の関与の欠如という問題点として提示したように[33]、議会関与の問題と重なるので、後述することにしよう。

三　権力分立原理との関係

1　非常事態の布告の国家作用論上の地位

　非常事態の布告は、権力分立論における国家作用の区分においていかなる地位を占めるであろうか。ここでは、布告作用の中核をなす、非常事態の確定作用が有する国家作用論上の地位が問題とされる。

　ビスマルクライヒ憲法の下において、「戦争状態（Kriegszustand）」（68条）の布告は、「皇帝の軍事的諸権利（militärische Rechte）」の一つ（パウル・ラーバント（Paul Laband））[34]、あるいは、「皇帝の司令権（Kommandogewalt）の構成要素」（ゲオルク・マイヤー（Georg Meyer））[35]として位置付けられていた。プロイセン憲法及びビスマルクライヒ憲法の下でも基本的に適用されたプロイセン戒厳法では、戒厳の布告に伴って文民官庁の権力が軍隊へと移行することとされたので、その布告が軍事的権能の一環としての性格を帯びていたからである。伝統的に「統帥権（Oberbefehl）」の内容として非常事態の宣言又は布告が挙げられてきた[36]ことにも、そのような事情が反映している。非常事態の布告が現代との対比では軍事技術的色彩をより濃く帯びていたこと、また、（狭義の）執政概念が未成熟であり、その統帥との概念上の関係という理論的問題が介在していることもあり、布告が

32　Vgl. z. B. Wolfgang Graf Vitzthum, Der Spannungs- und Verteidigungsfall, in: Josef Isensee/ Paul Kirchhof（Hrsg.）, Handbuch des Staatsrechts der Bundesrepublik Deutschland, Bd. 7, 1992, Rdnr. 10.

33　Hesse, Grundzüge des Verfassungsrechts der Bundesrepublik Deutschland, S. 316 f.（Rdnr. 767）（訳書468頁）.

34　Paul Laband, Deutsches Reichsstaatsrecht, neubearbeitung auf der Grundlage der 3. Aufl. des kleinen Staatsrechts des Deutschen Reichs, 1907, S. 332.

35　Georg Meyer, Lehrbuch des deutschen Staatsrechts, unveränderter Nachdruck der 7. Aufl. von 1919, 2005, S. 843.

36　参照、山中倫太郎「ドイツ防衛憲法における命令司令権（Befehls- und Kommandogewalt）の概念と論理」防衛法研究36号（2012年）166頁及び179-180頁。また、同論文で掲げられている文献も参照されたい。

執政作用に属するかが必ずしも自明ではなかったといえる。

その後、ヴァイマル憲法及び制定直後のドイツ基本法が非常事態の布告制度の問題を意識させにくかったことを経て、1968年改正後の基本法では、非常事態の布告制度が外的非常事態について予定されたので、布告作用の権力分立論上の地位を再び論題にする余地が生じた。この問題につき結論的にいえば、連邦議会による防衛事態の確定議決の性格は、「実質的な執政行為」[37]、「形式的意味を有する国家指導行為」[38]とされ、「執政（統治）（Regierung）」又はこれと等置される「国家指導（Staatsleitung）」という作用に分類される。

ベッケンフェルデの説示を今一度繰り返すと、例外状態の実質要件は、「法治国家的な構成要件的確定性をもっては限定的のみにしか定式化できないので、その要件の充足の確定は、常に政治的決定の性格をもつ」。その説示にもあらわれているように、非常事態の実質要件が法によって規定され、その確定に際しその要件の充足が要求される場合にも、政治的な判断の余地は残される。そのことに加え、次の事情が加わる。すなわち、特に基本法に即していえば、防衛事態の確定の議決は、「宣言的な事実確認又は法確認ではなく、それは準備された非常事態憲法の有効化のための遮断を除去するのであるから形成的効果（konstitutive Wirkung）を有」し[39]、「国内的領域において、部分的に憲法から、部分的には通常法律の諸規定から生ずる、一群の法効果を惹き起こす」[40]ことになる。この場合、非常事態の確定効果は、法的効果のみを考慮しても、軍事にとどまらず、外交、経済に及び、また、社会をも包括する広範な国家活動にまで及ぶ。このことに鑑みれば、実質要件が充足された場合において、非常事態を確定してその効果を発生させるか否かの判断も高度な政治的決定の性格を有することになるであろう。この意味において、布告作用の中核に存在する確定作用は、法によって覊束されつつも、高度の政治的決定たる性格を失わない。「執政」又は「国家指導」の概念が、「創造的決定、政治的イニシャティブ、及び国家全体の総合的な指導、並びに実施活動の嚮導的コントロール」（ウールリッヒ・ショイナー（Ulrich

---

37　Roman Herzog, in: Theodor Maunz/Günter Dürig/Roman Herzog/Rupert Scholz, Grundgesetz Kommentar, 1969, Art. 115a Rdnr. 38.

38　Rainer Grote, Hermann v. Mangoldt/Friedrich Klein/Christian Starck, Kommentar zum Grundgesetz, Bd. 3, 6., vollständig neubearbeitete Aufl. 2010, Art. 115a Rdnr. 24.

39　Herzog, a.a.O., Rdnr. 38.

40　Werner Heun, in: Horst Dreier (Hrsg.), Grundgesetz-Kommentar, Bd. 3, 2. Aufl. 2008, Art. 115a Rdnr. 19.

Scheuner))[41]、「国家活動に方向性を与える政治的指導任務の遂行」（シュテルン）[42]を意味するとすれば、上述の性格を有する確定作用は、まさに執政作用としての位置付けに馴染み、行政過程における確認とは異なる性格のものといえるであろう。

　もちろん、かかる位置付けが国法体系上の説明枠組みであることを超えて実定憲法解釈上の帰結をもたらすか否かについては慎重な検討を要し、とりわけ憲法裁判的統制を免れるという帰結を直ちにもたらすわけではないことは強調されるべきであろう。むしろ、ドイツ基本法の憲法裁判制度の下においては、防衛事態につき憲法裁判上の統制が承認されている。すなわち、手続違反に対しては連邦憲法裁の完全な統制が及ぶと考えられ、内容上の統制については、政治的機関の判断裁量及び評価裁量が認められるので濫用の統制又は明白性の統制の審査にとどまると考えられている[43]。

2　非常事態の布告権の配分

　以上のように非常事態の確定が「執政」としての性格を有することを踏まえて、非常事態の確定権をいかに配分するかは、権力分立論における権力の分離及び均衡の問題に属し、非常事態の確定の形式要件――すなわち、非常事態の確定の権限及び手続き――の問題につながる。

（1）確定権における権力分離

　確定権の配分問題については、既にシュミットの著作において非常事態の確定権を非常権限の保持者とは別の主体に付与することの法治国家的位置付けに関する言及がみられた[44]が、戦後には、1954年及び1958年の論文でフロールがその点について早くから着眼し、次のように指摘していた。いわく、「連邦首相を例外権能の担い手の任に就かせることは、しかし、国家緊急事態の始期を確定しそれにより自ら独裁的権限の発動を惹起するという権利も含んではならない。」、「例外諸規定において予定された特別権限の行使を許すほどに事態が切迫しているか否かに関する決定は、大きな疑念の下でのみ、その権限を自ら行使する任に就い

41　Ulrich Scheuner, Der Bereich der Regierung, in: ders., Staatstheorie und Staatsrecht, 1978, S. 478.

42　Stern, a.a.O., S. 681.

43　Vgl. z. B. Grote, a.a.O., Rdnr. 39 ff.; Heun, a.a.O., Rdnr. 21.

44　Vgl. Schmitt, Die Diktatur des Reichspräsidenten nach Artikel 48 der Weimarer Verfassung, S. 255.

ている者の手に置くことが許されるであろう」[45]。その理由として、フロール
は、「例えば政府の長が非常全権(Notvollmachten)の担い手に選定されており、
同時に、いつそれを行使すべきかを自らが決定できるときには、その長にとっ
て、単なる議会の見込みなさに際して、又は自らの権力的地位を脅かすかもしれ
ないが憲法の基礎を脅かすわけではないような政治的難局に際して、非常事態を
宣言し、それによりその地位を確固たるものとしようとする誘惑が、その長に
とって余りにも大きくなるであろう。」という[46]。

　その後、ベッケンフェルデは、1978年の論文において、非常事態をより包括的
に成文規律するための諸観点を示したが、その際、布告権――特に確定権――を
例外権能から分離することの法治国家的意義を、次のように明確に打ち出した。
いわく、「法治国家的保証の可能なモーメントとして、この確定権限を例外権限
の保持と分離することが決定的である。例外権限の担い手が自己に授権するとい
う危険は避けられなくてはならない」[47]。かかる観点からの説明は、例外権能が
非常事態の確定という過程を含むとみるならば、その権能から非常事態の確定権
を区分して分離するという意味を有する点において権力分立論の視点を含み、そ
こには例外権能の濫用の防止という目的がみられる。

　かかる観点は、布告制度の具体的・歴史的なあり方を評価するに際しても有意
なものとして、ベッケンフェルデによって提示された。すなわち、1851年のプロ
イセン戒厳法において、内閣が戒厳を布告し、その後に強化された執行権力が自
らにではなく軍事指揮権保持者に移行したことは、プロイセン戒厳法の「法治国
家的内容」であったと評された[48]。他方で、ヴァイマル憲法48条は、大統領が非
常措置権に訴えるに際して非常事態の布告という特別行為及び手続きを要求して
いなかったので、大統領とは別の国家機関に確定権が帰属することもなかった。
かかる点は、1949年に基本法が制定された後ほどなくして、基本法改正による非
常事態の憲法化が構想されるに際して、ヴァイマル憲法48条の制度上の欠陥とし
て明確に認識されるようになった。例えば、ヘッセは、1960年の論文で、ヴァイ
マル憲法48条の「本質的な欠陥」を、一つには、「国家緊急権(Staatsnotrecht)

45　Flor, Staatsnotstand und rechtliche Bindung, S. 151; Flor, Fragen des Ausnahme- und Staats-
　　notrechts, S. 127.
46　Flor, Fragen des Ausnahme- und Staatsnotrechts, S. 127.
47　Böckenförde, Der verdrängte Ausnahmezustand, S. 1889.
48　Böckenförde, Der verdrängte Ausnahmezustand, S. 1889.

への移行は、ライヒ議会の同意なしで、かつ外に向かって効果的にあらわれることなく、——全く例外的事態（Ausnahmelage）が存在しない場合にも——可能であった」という点に見出し、布告の形式行為性の欠如に加えて議会への確定権の分離の欠如にも問題を看取していた[49]。

1960年のシュレーダー草案は、ヴァイマル憲法48条に近い一般条項型の非常事態規定から成り、各種の非常事態を包括する「例外状態（Ausnahmezustand）」について、原則的に連邦議会の議決を要する公示を要求していた（草案115a条1項から3項）。提案した政府の趣旨説明によれば、「ヴァイマル憲法48条とは異なって、第1項は、その側では特別の非常事態権限の要件及び基礎を形成する例外状態の布告に関する特別の議決を要求する。」と述べられ[50]、ヘッセは、このような60年草案の要素にヴァイマル憲法48条とは本質的な点において異なる「新しいもの」を見出したのであった[51]。その後も、非常事態の布告制度は、外的非常事態のみについて基本法で予定され、68年に成案に至った（防衛事態（基本法115a条）及び緊迫事態（80a条））。もっとも、ヴァイマル憲法48条との関係で直接に問題を孕んでいたはずの内政上の非常事態——「連邦若しくは州の存立又はその自由で民主的な基本秩序に対する差し迫った危険」（基本法91条、87a条4項）。この場合につき、「危険が差し迫っている州において、その危険に対処する用意がなく、又は対処し得る状態にないとき」には、連邦政府が州の警察力を連邦の指示に従わせ、連邦国境警備隊、更に軍隊も出動させることができることが予定されている——について、基本法ではその確定及び公示が予定されず、それゆえに、確定権の分離が不徹底なものにとどまった。その点の評価については、一つの問題がある。

（2）確定権における権力交錯

以上のように非常事態の確定権が例外権能を担当する国家機関とは別の国家機関に分離せしめるとしても、確定権の分担に相応しい機関としていかなる機関が権力分立原理から導かれるかは、今一つ先の問題である。

プロイセン戒厳法において布告権が基本的に内閣によって担当されたことと対照的に、1968年改正以降の基本法では、非常事態——この場合、防衛事態——の

49　Hesse, Grundfragen einer verfassungsmäßigen Normierung des Ausnahmezustandes, S. 107.
50　BT-Drucks. 3/1800, S. 3.
51　Hesse, Grundfragen einer verfassungsmäßigen Normierung des Ausnahmezustandes, S. 107.

確定という一作用を異なる政治的機関が分担する体制が取られ（確定提案権（連邦政府）、確定権（連邦議会）及び確定同意権（連邦参議院））、その体制は協働執政の一局面を成すと同時に抑制と均衡のあり方を特徴付けている。執政（統治）（＝作用的意味における Regierung）が必ずしも連邦政府（＝組織的意味における Regierung）に独占されるわけではないという認識は[52]、布告作用——特に確定作用——の局面でも妥当することになろう。

　かかる分担体制は、機能的権力分立理解の下で、機能適合的な機関構造の観点からの説明が可能であるが、「防衛事態の確定に複数の最高国家機関が関与することは、一方では、非常事態の状況においても『抑制と均衡（checks and balances）』の思想を完全に適用しているが、他方で、その手続きを複雑とし、憲法の条文において規律を経験してこなかった、一連の疑問を提起した。」[53]という解説がみられ、この領域への権力交錯の導入自体が国家任務の実効的実現とは相反する側面をもつことも否定し難い。それゆえに、非常事態の布告の例外型による補完に一工夫が必要となり（連邦議会に代替する確定機関としての合同委員会（基本法115a 条 2 項）及び、所轄の機関による確定不能の場合の確定・公布擬制（115a 条 4 項）の存在）、そこに負荷がかかることになるかもしれない。

四　国民主権・民主制原理との関係

1　主権と非常事態の諸相

　非常事態と主権及び国家の関係について、最も意識的かつ徹底的な解明を試みた論者は、シュミットである。あるいは、シュミットが主権及び国家の本質の解明を試みる上で根本的な意味をもったのは、非常事態であったというのが正確かもしれない。その理論的特徴は、ヘッセがシュミットのごとく非常事態に主権及び国家の本質を求めるのではなく、「民主的な立憲国家では、国家の権威の本質は事の通常の秩序において明らかになり、国家の現実の中核は、通常の憲法的生活に存する。」[54]と述べたことと対照的である。そこでヘッセが参照したのは、ルドルフ・スメント（Rudolf Smend）である[55]。憲法理論の対立において非常事態の

52　Vgl. z. B. Stern, a.a.O., S. 680.
53　Grote, a.a.O., Rn. 24.
54　Hesse, Ausnahmezustand und Grundgesetz, S. 742.

位置付けが主要な——あるいは、本質的な——争点を成していることが、この点にあらわれている。本稿では、異なった憲法理論的説明の可能性があることを踏まえつつも、シュミット理論の内在的検討を試みることで、一つの理論型の分析を試みるにとどめておく。

　そのシュミットは、法規範が前提とするノーマルな状況が存在するか否かを含めて決定する存在である主権者が法外に存在し、それが法秩序の実現を担保していることを示した。こうした法の存立構造観との関係でいえば、「主権者とは、例外状態にかんして決定を下す者をいう」という命題は、仲正昌樹教授が読解されたように、「少しヘンな感じもしますが、彼が言っている『主権』というのが、法典化された『憲法』によって規定される国家の意志のようなものではなく、憲法秩序がいかなるものかを規定する、憲法制定権力的な次元の力を含んだもの、法を超えた権力だとすれば、それなりに辻褄が合います。」、主権者は、「ライヒ大統領と同じレベルの権限」を超えて、「既存の法秩序の下で『決断する』だけでなく、何が『例外状況』であるか決めることができる」[56]ということであろう。また、シュミットが、「正常時に効力をもつ法規たる一般規範は、絶対的例外状態を決して把握することはできず、従って真の例外的事例の存否の決断を完全に基礎づけることはできない」と述べ、主権を「極限領域の概念」として「限界状態」に結び付けて理解している[57]点からしても、シュミットの主権概念は、絶対的例外状態との関係で理解されるべきである。そこには、憲法制定権力（pouvoir constituent）の次元にまで及ぶ権力が含まれ、それは主権の本質を純粋に示すものと考えられる。

　かかる意味における主権が憲法制定権力としてあらわれ、憲法規範を通じて、戦争、内乱などの例外的事態にまで憲法的規律を拡張してゆけば、その分だけ憲法規範によって把握しようとする領域が拡張され、これに対応して、絶対的例外状態、そしてそこにおいて顕在化する主権者の決定は後景に退くが、完全には排除されない。シュミットは、「例外状態を可能な限り詳細に規定しようとする法治国家的傾向の意味するところは、それが法が自らを停止する事態を正確に規定

55　Rudolf Smend, Verfassung und Verfassungsrecht, in: ders., Staatsrechtliche Abhandlungen und andere Aufsätze, 3., wiederum erw. Aufl., 1994, S. 212 f.

56　仲正昌樹『カール・シュミット入門講義』（作品社・2013年）174-175頁。

57　Vgl. Schmitt, Politische Theologie, S. 13（訳書2頁）

98

しようとする試みにほかならない。しかし、法はどこからこの力を汲みとるのか……」、「相互に抑制させ、期限を付し、さらに法治国の戒厳制度のように非常権能を列挙するなどして、例外的事例に与えられる諸権能を限定しようとしても、主権の問題は後退するが消滅しない。」[58]と述べているが、そこには、そういった含意があるように思われる。

さて、シュミットは、狭義の例外状態の概念の下で、特に法秩序の停止との関係で、「例外状態を可能な限り詳細に規定しようとする法治国家的傾向の意味するところは、それが法が自らを停止する事態を正確に規定しようとする試みにほかならない。」[59]と述べた。かかる記述には、非常事態の要件を憲法制定によって予め規定し限界付けるという、主権——この場合、憲法制定権力——の一つの発動形態が提示されている。シュミットの主権論の下でも、非常事態の布告制度において実質要件——いかなる場合に非常事態が存在するか——が法的に限定されることによる法治国家的制約の説明が可能であることを、そのような記述に確認することができる。そして、その趣旨は、例外状態を広い意味で捉える場合にも妥当するであろう。シュミットが主権の発動の歴史的形態をその法制史的著作『独裁』において検証し、「委任独裁」として「現行法治国家的秩序内における独裁」として描き出した、フランスを起源としてプロイセンへと継承された戒厳法の発展は、シュミットのいう「法治国家的傾向」に対応する[60]。

もっとも、シュミットの主権論においては、残存する主権者という観念のゆえに、主権の直接の発動として憲法を踏み越える可能性も残される。これとの対比では、ベッケンフェルデが「実質的立憲国家（materieller Verfassungsstaat）」として定式化した立憲国家観が対照的であり、その立憲国家観によれば、次のように観念される。

　　「この意味での立憲国家の法的特徴は、次の点にある。すなわち、この立憲国家には、主権の保持者そのものであるようないかなる審級ももはや存在しない、ということである。つまり、そこでは、あらゆる国家機関は、憲法によって創られた、憲法に服する権力であり、憲法によって付与された権限の担当者にすぎないことになる」。
　　「また、国家機関は、自らが主権者を代表しているということを理由にして、前あるいは超憲法的権限に訴えることは許されない。というのも、このような権限は、実質

---

58 Schmitt, Politische Theologie, S. 20, 18（訳書 8 頁、6 頁）
59 Schmitt, Politische Theologie, S. 20（訳書 8 頁）
60 Carl Schmitt, Die Diktatur, 6. Aufl., 1994, S. 168 ff.

的立憲国家においては存在しないからである。このことは、とりわけ、非常事態権限についていえる。こうした権限が特定の機関に明示的に与えられていない場合には、そうした権限は、――立憲国家の観点からみれば――存在していないのであり、したがって、このような場合には、超憲法的非常事態や不文の国家緊急権に訴えることはできないのである」[61]。

　この「実質的立憲国家」の観念において、「主権者は、憲法の制定を通して自らを放棄し、消滅する」ものと観念されるが、これに対して、ベッケンフェルデ自身は、「実質的立憲国家の概念と密接に結びついている憲法の主権という考えは、規範は自らで自らを執行したり適用したりするわけではないから、結局のところ一つの擬制でありつづけることになる」、「国家における最高の権威あるいは権力についての問いは、国家がおよそ権力と決定の平和な統一体として存在しつづけようとするかぎり、立憲国家の概念や原理を援用することによって回避したり排除したりすることができない問いである。」[62]という。1978年及び1981年の論文において、ベッケンフェルデが、1968年の基本法改正が外的非常事態に関する憲法的規律を中心としていたのに対して、内的非常事態については憲法的規律が十分にはなされなかったという認識の下、国内安全の領域において超法的国家緊急権が発動され――それ自体違法であるにもかかわらず――正当化されることを危惧し、一般条項型の包括的成文規律モデルを模索したこと[63]は、かかる理論的背景の下でよりよく理解が可能である。そのモデルにおいて非常事態の布告が対内的非常事態の領域についても例外なく予定されたのは、例外状態において通常時の憲法からの逸脱が不可避であり、それが主権の直接の発動として――換言すれば、超憲法的国家緊急権として――顕現する危険性があることに鑑みて、その逸脱の端緒の部分に法治国家的制御を広く加えようとするものであったといえよう。

61　Ernst-Wolfgang Böckenförde, Begriff und Probleme des Verfassungsstaates, in: ders., Staat Nation Europa, 1999, S.129f.（本文中の引用は、E・-W・ベッケンフェルデ（著）・岩間昭道（訳）「立憲国家の概念と諸問題」ベッケンフェルデ（著）・初宿正典（編訳）『現代国家と憲法・自由・民主制』（風行社・1999年）所収152-153頁による。）

62　Böckenförde, Begriff und Probleme des Verfassungsstaates, S. 133 ff.（本文中の引用は、ベッケンフェルデ（著）・岩間（訳）「立憲国家の概念と諸問題」155-157頁による。）

63　Böckenförde, Der verdrängte Ausnahmezustand, S. 1881 ff., insbes. 1888 ff.; ders., Ausnahmerecht und demokratischer Rechtsstaat, in: Hans Jochen Vogel/Helmut Simon/Adalbert Podlech (Hrsg.), Festschrift für Martin Hirsch, 1981, S. 259 ff., insbes. 264 ff.

100

2 主権者によって委託された権限としての布告権

統治機構の構成原理の一時停止が、戦争や内乱など極度の異常事態について憲法自体によって予定されていれば、そのような状態は、もはや憲法によって把握された事態であって、絶対的例外状態ではない。また、その下で認められる権限も法秩序の外側に位置している絶対的主権ではなく、憲法秩序の内部においてそれによって構成された相対的権限であるにとどまるであろう。例えば、ヴァイマル憲法48条のライヒ大統領の権限も憲法制定権力そのものではなくその権威に基づいて委託を受けた権力に過ぎず、それは、憲法という委託形式によって法的に構成されている以上、憲法によって構成された権力（pouvoir constitué）という性格付けがまずもって相応しい。フーバーの次の説示には、その点に関わる正当な指摘をみることができる。

> 「主権性（Souveränität）を、絶対的かつ無制限で、憲法によって限界付けられず憲法で前提とされた、政治権力の充実（Fülle）と理解できる場合、立憲国家においては、『主権者とは、例外状態にかんして決定を下す者をいう』という命題は、妥当しない。というのは、その命題は、『例外状態にかんして決定を下す者が主権者である』という反転を含むからである。しかし、ライヒ大統領は、例外権能の保持者として、"法的拘束の欠如（legibus solutus）"のゆえに憲法の上に立つので憲法を随意に破棄できるだけでなく除去もできるような全体的独裁者ではなかった。むしろ、ライヒ大統領は、例外権能の保持者としても、その例外的諸権限が憲法により構成され、それゆえに憲法の通用を前提とした憲法機関であった」[64]。

その指摘において述べられているように、ヴァイマル憲法48条2項のような──制定当初は、施行法制定までの暫定的な存在とみられた──例外権能の総体が憲法によって構成された権力であるとすれば、ドイツ基本法のように、例外権能から非常事態の確定権を区別し、それをより厳格な実質要件及び形式要件に服せしめたからといって、その確定権が憲法によって構成された権力としての特徴を失うわけではあるまい。かかる意味で、非常事態の確定権は、憲法によって構成された権力といえよう。もっとも、フーバーがいうように「その命題は、『例外状態にかんして決定を下す者が主権者である』という反転を含む」か否かは、別途の検証を要する問題ではある。

64　Ernst Rudolf Huber, Deutsche Verfassungsgeschichte seit 1789, Bd. 6, 1981, S. 691.

3 国民主権・民主制原理における布告権の意義

（ア）　民主制原理によれば、「国家の任務の遂行、及び権限行使は、国民自身に遡及し、そこから発する正統化を必要とする」（実効的な民主的正統化）。かかる原理からすれば、非常事態の布告権、特にその中核的権限である確定権はいかなる意義を有するであろうか。ここでも、ベッケンフェルデの理論を中心に据えるが、本稿の問題との関係で依然として重要性を失わないのが、民主的正統化の形態を区別しつつ、その相関関係を踏まえて、民主制原理が要求する民主的正統化の実効性（正統化水準）の充足の有無を判断するという視点である。

ベッケンフェルデによれば、民主的正統化の形態は、①「憲法制定者自らが、法律制定権、執行権及び裁判権をそれぞれ独自の作用及び機関（組織的意味における権力）として構成し、国民がそれを通じて自らより発する国権を行使する（基本法20条2項）」ことによって確保される民主的正統化（機能的・制度的な民主的正統化（funktionelle und institutionelle demokratische Legitimation））、②「途切れることのない、国民に還元される、国家的事務の遂行を委ねられた官職保持者に対する正統性連鎖」によって生じる民主的正統化（組織的・人的な民主的正統化（organisatorisch-personelle demokratische Legitimation））、③「国権の行使が、その内容からして国民から導出され、又は、国民意思によって媒介され、及び、この方法で国民による国権の行使を確保する」ことを達成しようとする民主的正統化（事項的・内容的な民主的正統化（sachlich-inhaltliche demokratische Legitimation））に区別される[65]。

かかる視点は、特定の個別憲法の民主制原理というよりも、より一般的な視座を提示するものといえ、個別憲法の民主制原理及び個別規定によって正統化水準及び正統化形態のあり方が特定的に指示されることになろう。

（イ）　布告権、特にその中核にある確定権が国民の憲法制定権力によって憲法を通じて構成され限界付けられている場合（2で既に検討された）、そのことは、機能的・制度的な民主的正統化の文脈に位置付けることができる。というのは、

65　本段落におけるベッケンフェルデの理論については、vgl. Ernst-Wolfgang Böckenförde, Demokratie als Verfassungsprinzip, Josef Isensee/Paul Kirchhof (Hrsg.), Handbuch des Staatsrechts, Bd. 2, 3., völlig neubearbeitete und erweiterte Aufl., 2004, Rdnr. 11 ff. また、参照、E-W・ベッケンフェルデ（著）・岩間昭道（訳）「国家形態および統治形態としての民主制原理」ベッケンフェルデ（著）・初宿正典（編訳）『現代国家と憲法・自由・民主制』（風行社・1999年）所収213頁以下。

憲法によって創設された機関によって憲法が割り当てた布告作用——特に確定作用——が遂行されるからである。

　（ウ）　ベッケンフェルデによれば、非常事態の確定権は、「民主的な憲法組織の原則によれば、国民代表機関の所になくてはならない。立憲君主制において君主の政府がそうであるように。」といわれる。基本法の議院内閣制構造の下で内閣も組織的・人的正統化の連鎖の下にあることに鑑みれば、確定権が国民代表機関に帰属しなくてはならないという要請が「民主的な憲法組織の原則」から直ちには導かれないようにも思われ、例外権能を保持する政府が同時に確定権限の主体となるのは不適格であるという消極的な理由が権力分立上の考慮として併せて存在した[66]ことが、この問題にとって決定的であったといえるかもしれない。もっとも、基本法における防衛事態の確定制度の具体的規律を所与として内在的にみれば、「基本法の憲法秩序によれば中心的で人的に直接に民主的に正統化された憲法機関としての連邦議会が、原則的に防衛事態についての確定決定をなす」[67]、「防衛事態の確定についての決定権は、人的にも直接に民主的に正統化された憲法機関としての連邦議会のところにある」[68]という説明が成り立ち、その具体的規律が基本法の民主制原理に具体的な形態を付与しているといえよう。

　（エ）　基本法の防衛事態及び緊迫事態についていえば、防衛事態の実質要件が憲法で定義されている点に加え、国民に対して責任を負う連邦議会が——法律という法形式は要求されないが——その都度の確定議決によって非常事態の確定行為について内容的に民主的正統性を付与することになり、これは事項的・内容的な民主的正統化にとって重要である。このような確定制度が存在しない内的非常事態——内政上の非常事態——については、非常事態が存在することを前提とした非常措置に対する責任追及という形で内容的に民主的正統性を付与することになろうが、議会留保型に比べて事項的・内容的正統化という点で脆弱である。

　（オ）　以上のような、民主的正統化の諸形態が相互関連性を有するなかで、非常事態の確定という執政作用について、基本法の民主制原理が要求する正統化水準が確保されているかが確定制度の内容の評価に際して問題となる。しかし、基

66　Vgl. Böckenförde, Der verdrängte Ausnahmezustand, S. 1889.
67　Bruno Schmidt-Bleibtreu/Axel Hopfauf, in: Bruno Schmidt-Bleibtreu/Franz Klein（Hrsg.）, Kommentar zum Grundgesetz, 10. Aufl. 2004, Art. 115a Rdnr. 8.
68　Heun, a.a.O., Rdnr. 11.

本法の民主制原理の具体的内容が基本法によって具体的に制度化されている確定制度によって特定されるという側面があることは否定できない。この点に関連して、基本法では、内的非常事態——内政上の非常事態——については、非常事態の確定制度自体が存在せず、連邦議会が確定をすることも予定されなかったことが、外的非常事態と内的非常事態の間に、確定行為に対する民主的正統化の水準という点において、ある種の齟齬をもたらしている。そのことを基本法の民主制原理という観点からどのように統一的・整合的に説明するかは、一つの問題であるといえよう。

4 布告権における議会化

（ア） 非常事態の布告における、議会の関与形態を歴史的に俯瞰すると、① 非常事態の布告権行使に対する議会統制から、② 非常事態の布告権の議会留保への発展を看取することができる。②の段階への発展は、1968年の基本法改正によって、外的非常事態（防衛事態及び緊迫事態）について実現をみたが、その発展の特徴及び意義は、非常事態の布告権における議会化が①の段階にとどまっていた時期との対比において、明確となる。

（イ） プロイセン戒厳法において、内乱時について、布告権は、原則型において内閣に付与されていた（2条2項）。フーバーによれば、そのことは、一定の場合を別にして、軍事的ならぬ政治的保証措置がこの場合に問題となることを法律が認めてのことで、それにより議会による大臣責任の余地が生じたと指摘されている[69]。また、プロイセン戒厳法では内閣は布告について議会に事前又は事後に説明することを義務付けられていた（17条）ことにも注目しなければなるまい。その後、北ドイツ連邦憲法を経た後、ビスマルクライヒ憲法68条によれば、プロイセン戒厳法の暫定的な適用が予定されていた（その後、それに代わる法律は制定されなかった）が、布告権は連邦総司令官（Bundesfeldherr）としての皇帝に移行し、皇帝の軍事司令権の発露と考えられた。かかる説明からすれば、戦争状態の布告にはライヒ首相の副署を要しないがゆえに布告権の行使に対する議会統制の手掛かりを失うことになりそうであるが、実行及び学説ではそのような見解はとられなかった。むしろ、戦争状態の布告についてライヒ首相の副署を要し、その

---

69 Huber, Deutsche Verfassungsgeschichte seit 1789, Bd. 3, S. 61.

ことによって布告が憲法上の要件及び形式を具備していることにつき、ライヒ首相が責任を負うと解されたという[70]。また、戒厳の布告についてプロイセン議会に説明する義務を定めたプロイセン戒厳法17条は、ビスマルクライヒ憲法の下では、皇帝が戦争状態の布告について連邦参議院及びライヒ議会に対して説明義務を負うというように解され、実際には、その布告につき副署する首相に対して連邦参議院及びライヒ議会が統制権を行使した[71]。

　以上からすれば、確かに、既にプロイセン憲法及びビスマルクライヒ憲法の段階においても、布告について議会による政治的コントロールの途が開かれていないではなかったが、議会は未だ布告の同意権及び廃止権をもたなかったのである。

　（ウ）　かかる段階と対比するならば、国民主権及び民主制原理に立脚した基本法において、1968年の基本法改正を通じて防衛事態及び緊迫事態につき連邦議会が形成的効果を備えた形で非常事態の確定権を有するようになったことは、非常事態の布告権における議会化、及びこれに伴う組織的・人的な民主的正統性及び事項的・内容的な民主的正統性の強化という点において意義深い歴史的発展であったといえよう。

　（エ）　もっとも、かかる発展は、次の二点において一定の限界又は例外を伴っており、「一見したところ細密な規定を施すと同時に、議会の関与に広く道を開くようにみえながら、実際には議会の役割を限定し、緊急措置の垣根を部分的に取り払う基本法の構造」(村西良太)[72]という総括が相応しい。かかる構造は、次の点につき、憲法政策上の批判を呼び起こすことになった。一つは、外的非常事態の規定においても非常事態の確定を経ないで非常事態法の適用を可能とする途が残され（基本法115c条4項、80a条1項1文及び3項）、それゆえに議会の関与が予定されなかったことである。もう一つは、内的非常事態については、そもそも確定制度が基本法で予定されなかったので連邦議会の関与が排除され、この点で不徹底を抱えたことである。このことについて改正時に理由がなかったわけではなく、実効的な任務遂行との関係における相対的最適化については、布告効果の内容、及び代替的・補完的方法の可能性も踏まえて、具体的な精査を要するところがないではない。しかし、例えば、ヘッセによれば、濫用の防止という観点か

70　Huber, Deutsche Verfassungsgeschichte seit 1789, Bd. 3, S. 1047.
71　Huber, Deutsche Verfassungsgeschichte seit 1789, Bd. 3, S. 1054.
72　村西良太「国家緊急事態と議会留保」論究ジュリスト9号（2014年）75頁。

ら、確定及び公示の手続きの欠如、並びに議会の統制の不備が問題とされ、「規範的要件が不明確であったり、それがまったく欠如していることの危険性は、議会による［緊急事態（注——本稿では非常事態）等の］確定の要請、および緊急事態の公布の要請がもっと決然とした形で保持されていたならば、緩和されていたであろう。」と批判的に評された[73]。これは、法治国家原理及び権力分立原理との関係における消極的評価といえようが、議会の関与の問題は、民主的正統性の確保という観点からも問題とする余地があったといえよう。

五　おわりに

　かつて岩間昭道教授は、非常事態と法の関係について、①「非常事態を法の問題として承認し、それに実定法によって対処しようとする立場」（実定法無限界説）、②「非常事態を法の問題として承認しつつも、それにたいしては不文法ないしは不文の法理によって対処しようとする立場」（法無限界説）、③「非常事態は原則として法の外の問題だとして、非常事態を法の世界から追放ないし排除しようとする立場」（法限界説）の立場に区別された[74]。このような区別によれば、非常事態の布告制度という問題自体が関係するのは、直接には①の立場に立つ法体系についてであり、この意味において、本稿の問題関心自体が限定されている。加えて、本稿では、近現代のドイツ憲法における布告制度が有する意義が、ドイツ憲法学及び国法学の説明に依拠する形で解明されてきたに過ぎず、その意味で、本稿冒頭の問題提起に対して本論の分析を通じて示された結論は、直接には、その限りにおけるものにとどまっている。

　もっとも、その検討に際してドイツ憲法学及び国法学の議論が参照されるとき、そこには、法理論のみでなく、憲法理論においても、より一般的な理論的基礎が姿をあらわしていることは、本稿で示されている通りである。その理論的基礎は特定国家の憲法を越え出る視点を含み、そこに本稿冒頭のより一般的な問題関心に対応する内容を見出すことはできるであろう。但し、本稿の分析では、シュミット及びベッケンフェルデの理論型が中心に据えられており、それは、憲

73　Hesse, Grundzüge des Verfassungsrechts der Bundesrepublik Deutschland, S. 316（Rdnr. 766）（訳書468頁）.

74　岩間・前掲書308頁.

法と国家の関係、個人と国家の関係、及び国家の本質における非常事態の地位について一つの見方に立脚するもの[75]であって、別様の理論型からの説明及び評価も理論的に考えられる。その点においても、本稿の検討は、限定的なものにとどまっている。

75　岩間・前掲書332頁以下は、この点を明確に解明した上で、その見方に対置させる形で日本国憲法における非常事態法制の問題を解明している。

ヴァイマル憲法における婚姻・家族条項
——GHQ 民政局原案への影響とその限界をめぐって——

鈴　木　　敦

一　はじめに
二　民政局原案における婚姻・家族条項
三　ヴァイマル憲法第119条の規範的意義
四　おわりに

一　はじめに

1　問題の所在

　婚姻と家族について定める日本国憲法第24条が、GHQ 民政局の調査専門官ベアテ・シロタ（Beate Sirota）によって起草された原案をもとにしている事実は、今日、広く知られている[1]。シロタは、マッカーサー草案の起草を担当した唯一の女性であり、当時22歳という若さであった。後述するとおり、幼少期からの10年間を日本で過ごしたシロタは、男性に対して法的にも社会的にも劣位に置かれた戦前の日本女性の姿を目の当たりにして育ったという。このため、厳しい時間的制約があったにもかかわらず、民政局原案の段階において、男女の平等を基礎としつつ、妊産婦や児童の具体的権利保障を含む多数の条文を起草している。

　なお、日本の法制度に関する専門知識に乏しかった若きシロタが短期間で詳細な条文を起草できたのは、欧米各国の憲法典を参照したからであった。特にソヴィエト連邦やスカンジナヴィア諸国などの憲法が設けていた社会権規定に強い影響を受けたシロタは、これら各国の憲法や法律の条文を参考にしながら、自らの試案をまとめあげている。そして、日本国憲法第24条に結実する条文案の起草

1　シロタの経歴及び憲法原案起草過程における活躍については、ベアテ・シロタ・ゴードン（構成・文：平岡磨紀子）『1945年のクリスマス——日本国憲法に「男女平等」を書いた女性の自伝——』（柏書房、1995年）に詳しい。また、第24条の成立経緯を扱った現時点で最も詳細な研究として、和田幹彦『家制度の廃止』（信山社、2010年）第1章が挙げられる。

に際して参照されたのが、婚姻の憲法的保護と家族への公的助成とを規定したドイツのヴァイマル憲法第119条であった。

もっとも、同条は、現行憲法第24条とは異なる部分が多く、また、シロタ起草の民政局原案と比較しても、かなりの隔たりがあることが分かる。そうだとすれば、シロタが自らの試案に盛り込んだ婚姻・家族条項は、はたしてヴァイマル憲法第119条の本来的な意味内容とどこまで一致するものであったのかという疑問も生じることとなる。

2　本稿の方法

本稿は、このような問題意識から、シロタが起草した民政局原案とヴァイマル憲法第119条の成立経緯を検証し、両規定の比較を通じて、その共通点と相違点とを明らかにすることを目的とする。

そこで、以下ではまず、GHQ民政局における憲法原案の起草過程を検証し、シロタ起草の婚姻・家族条項が、どのような意図に基づくものであったのかを考察する（二）。そして、ヴァイマル憲法第119条の成立経緯をたどり、同規定の規範的意義を確認したうえで、シロタ試案との比較検討を行うこととする（三）。

なお、以下の本論では、必要に応じてシロタ自身が残した証言を利用するが、その際の方針について、若干付言しておきたい。シロタは、1970年代に数名の研究者によるインタヴュー[2]を受けたほかは、1993年に日本のドキュメンタリー番組[3]への出演を決断し、市民向けの講演を行うようになるまでは、憲法制定過程

2　シロタ・同前191頁は、日本国憲法制定への関与について、「私が、閉ざした口の鍵を開けたのは、一九七七年にミシガン大学の研究者スーザン・ファーに話した時で、それまで両親にも話してはいなかった」としている。これは、スーザン・J・ファー「女性の権利をめぐる政治」坂本義和＝R・E・ウォード編『日本占領の研究』（東京大学出版会、1987年）501頁において言及されている1977年3月22日のインタヴューを指すものであろう。

　　ところが、トルーマン大統領図書館所蔵の「デイル・ヘレガース文書」のなかには、既に1972年4月6日及び14日の段階で行われた詳細なインタヴューが確認でき、自伝の記述は正しくない。Transcript of Interviews of Mrs. Beate Gordon, Mr. Joseph Gordon and Mr. Irwin Hersey, Conducted by Mr. John McCobb and Mr. Roy Watanabe Concerning the Drafting and Translation of the Constitution of Japan., April 6 & 14, 1972. (Dale M. Hellegers Papers, Box 1)

　　なお、同資料については、故・天川晃横浜国立大学名誉教授を通じて、長崎大学多文化社会学部のコンペル・ラドミール准教授が撮影したデジタル資料を閲覧させていただく機会に恵まれた。ここに記して、両先生のご厚意に深く感謝を申し上げたい。

3　ドキュメンタリー工房制作『私は女の幸せを憲法に書いた～ベアテの新ニッポン日記～』（1993年5月31日放送）。なお、現在は、同番組を収録したDVDが入手可能である。

への自らの関与を公けにしてこなかった[4]。したがって、その活躍が一般に知られるようになったのは、早くとも1993年以降のことであったと言うことができる[5]。

　占領下の日本において男女の平等や社会正義の実現のために孤軍奮闘したというシロタのエピソードは、新憲法の理念が社会に広く定着した時代状況もあり、おおむね好意的に受け止められた。こうした反応に接したシロタは、その後も日米を頻繁に行き来し、憲法制定過程に関する講演活動を続けるとともに、多くのインタヴューを残すこととなる。また、後年には、「歴史の証人」としての活動にとどまらず、日本国内の護憲運動にも深く関与し、政治的な発言も増えていった[6]。こうして2012年12月末にその生涯を閉じるまで勢力的に活動を続けたシロタの影響力は大きく、その証言はしばしば美談とともに、無批判に受け入れられてきたように思われる。

　しかし、当事者が残した証言といえども、その客観性や正確性については慎重な検証が必要であることは論を俟たない。特にシロタの場合、証言を始めた時期の遅さもあるためか、その内容はときに揺らいでおり、なかには当時の記憶と事後的に得た知識とが渾然一体に語られてしまっているケースもあるなど、不正確な部分が少なくない[7]。そうだとすれば、シロタが憲法制定過程において果たした役割も、当時のシロタがもちえた知識や実際の能力を踏まえたうえで位置づけなおす必要があるだろう。本稿では、このような認識に基づき、シロタの証言の

4　シロタは、長きにわたって沈黙を守った理由に、①憲法草案の起草が極秘任務であったこと、②起草当時の自身の若さが明るみに出ることで改憲論が勢いづくことを恐れたこと、を挙げている。例えば、土井たか子＝ベアテ・シロタ・ゴードン『憲法に男女平等起草秘話』（岩波書店、1996年）42頁参照。

5　土井＝シロタ・同前2頁によれば、日本社会党中央執行委員長（1986～1991年）を務め、護憲派の政治家として活躍した土井たか子も、1993年の講演を聴くまで、マッカーサー草案へのシロタの関与を知らなかったという。

6　例えば、2000年5月、第147回国会参議院憲法調査会に参考人として招かれたシロタは、憲法制定過程に関する証言を求められたにもかかわらず、持ち時間を超過して調査会長の数回の指摘を受けながらも、「私は、この憲法が本当に世界のモデルとなるような憲法であるから改正されなかったと思います。日本はこのすばらしい憲法をほかの国々に教えなければならないと私は思います。」といった政治的主張を展開している。第147回国会参議院憲法調査会第7号（2000年5月2日）3-4頁参照。

7　このような事情は、最も参照される機会の多いシロタの自伝・前掲注（1）が、シロタ自身の筆によるものでないこととも関係していよう。同書は、シロタが自らの体験をカセットテープに吹き込んだものをドキュメンタリー工房取締役プロデューサーの平岡磨紀子が原稿に起こし、シロタの前で読み上げ訂正を受けるという形でまとめられたものであり（313-314頁）、後に英語で公刊された Beate Sirota Gordon, *The Only Woman In The Room: A Memoir*, Kodansha International, 1997の和訳ではない。なお、後注（98）も参照のこと。

110

みに過度に依存することは避け、可能なかぎり複数の典拠や裏づけとなる史資料にあたり、その妥当性を確認しながら考察を進めることとしたい。

二　民政局原案における婚姻・家族条項

1　シロタの来歴

　ベアテ・シロタは、1923年10月25日、ウィーンにおいて、ユダヤ系ウクライナ人の両親のもとに生まれた。シロタと日本との関係は深く、その始まりは1929年夏に著名なピアニストである父レオ・シロタ（Leo Sirota）の日本招聘を機に両親とともに5歳で来日した時にまで遡ることができる。来日後は、6歳前からドイツ学校で教育を受けたが、教師陣のナチ化のために12歳でアメリカンスクールに転校しており、1939年夏に16歳で同校を卒業し、サンフランシスコの女子大学ミルズ・カレッジへ単身留学するまでの10年間を日本で過ごした[8]。

　渡米後の1941年12月に太平洋戦争が勃発すると、大学在学中のシロタは、自活の必要に迫られ、翌年夏からサンフランシスコのCBSリスニングポストで日本の短波放送の英訳アルバイトを始めている。なお、同組織は、戦局の進展を受けて、連邦通信委員会（Federal Communication Commission）内の外国放送諜報部（Foreign Broadcast Intelligence Service）へと再編され、1942年8月から翌年7月まで引き続き通訳を務めた。

　これと前後して1943年5月に19歳で大学を卒業すると、同年9月から1945年5月まで、サンフランシスコの戦争情報局（Office of War Information）において、日本語専門官（Japanese language technician）として対日宣伝の放送原稿作成などを担当した。さらに、同局を退職すると、1945年7月から10月まで、ニューヨークのタイム誌の外国部において、編集調査員（Editorial Researcher）として日本を対象とした記事の資料収集などを務めた。なお、シロタは早くから語学に秀でた才能をもち、大学卒業時には、日本語、英語、フランス語、ロシア語、ドイツ語、スペイン語の6カ国語を話すことができたという[9]。

　8　Nassrine Azimi & Michel Wasserman, *Last Boat To Yokohama: The Life And Legacy of Beate Sirota Gordon*, Three Rooms Press, 2015, pp. 45-51. なお、同書の抄訳、ナスリーン・アジミ＝ミッシェル・ワッセルマン（小泉直子訳）『ベアテ・シロタと日本国憲法　父と娘の物語』（岩波書店、2014年）22頁以下も参照。

　9　シロタ・前掲注（1）94-98頁、150頁参照。また、シロタは、ラテン語も読めたという（94頁）。

第二次世界大戦が終結すると、シロタは、日本に残した両親にいち早く再会する目的で、アメリカ政府内の外国経済局（Foreign Economic Administration）が実施していた日本占領のための人材募集に志願する。そして、同年12月末に日本へと戻ると、12月27日からGHQ民政局において、調査専門官（Research Expert）として働き始め、当初の約1ヶ月は女性の政治運動と小政党の運動について調査に従事した[10]。

2　草案起草の準備段階
（1）憲法草案の起草方針

1946年2月4日、GHQ民政局長のコートニー・ホイットニー（Courtney Whitney）は、連合国最高司令官ダグラス・マッカーサー（Douglas MacArthur）の命令を受けて、民政局内で極秘の会合を開き、招集したスタッフらに、すべての仕事に優先して日本政府へ提示するためのモデル憲法草案を極秘裏に作成することを指示している。

本会合では、2月12日までの9日間に草案を完成させ、マッカーサーの承認を受けるという基本的なスケジュールが示された。このため、草案作成を効率的に進める必要性から、作業は分野ごとに個別の委員会が行うこととし、運営委員会がそれらを調整すべきことが「作業上の心得」として確認された[11]。

また、草案の起草においては、①構成や見出しなどは大日本帝国憲法の例に従うこと、②憲法案には、「細かな点を徒らに多く書きこむべきではないが、国民の基本権を護るために必要だと考えられる場合には、〔権力に対する〕制約をはっきりした形で規定すべき」[12]ことなどが、自由討議において取り上げられた。

（2）市民的権利に関する委員会の構成

こうした方針により、民政局における憲法草案の起草過程では、立法権、行政権、司法権などの各分野を担当する8つの委員会が設置されたが、このうち権利

10　シロタの渡米以後の経歴については、主に、極東軍総司令部参謀第2部民間諜報局作戦部特殊活動課の調査メモ "SUMMARY OF INFORMATION / SUBJECT: SIROTA, Miss Beate, Research Analyst, Public Administration Division, Government Section, GHQ"（APO 500, 15 January 1947), Papers of the Major General Charles A. Willoughby, MacArthur Papers RG-23.（国立国会図書館憲政資料室所蔵マイクロフィルム）［請求記号：MMA-5, Reel No. 13］を参照。

11　高柳賢三＝大友一郎＝田中英夫編『日本国憲法制定の過程Ⅰ　原文と翻訳——連合国総司令部側の記録による——』（有斐閣、1972年）105-106頁参照。

12　高柳ほか・同前103-105頁参照。

112

章典の起草を担当したのが、市民的権利に関する委員会（Civil Rights Committee）である。

同委員会には、ピーター・ルースト（Pieter Kornelis Roest）、ハリー・ワイルズ（Harry Emerson Wildes）、ベアテ・シロタ[13]の 3 名が配置された[14]。このうちルーストは、委員会の取りまとめ役であり、シカゴ大学で人類学及び社会学の博士号を取得し、文化人類学者としてインドやアメリカの大学での教育歴をもっていた。またワイルズも、ペンシルヴァニア大学で社会学の博士号を、さらにテンプル大学で人文学の博士号を取得した人物であり、戦前に慶應義塾大学での経済学の講師経験をもつ学識経験者であった[15]。

市民的権利に関する委員会では、原案の起草にあたり、まず最初に盛り込まれるべき諸権利をその性質ごとに分類したうえで、担当者が割り当てられた。同委員会の第 1 次試案は、章題を「Civil Rights」とし、その下に、①総則（GENERAL）、②自由（Freedom）、③具体的な権利及び機会（Specific Rights and Opportunities）という 3 つの節を設けており、このほかに節題の付いていない司法上の権利も起草されている[16]。なお、シロタは、ルーストとワイルズから女性の権利を起草することを提案され[17]、③のうち社会福祉に関する規定の一部を担当しており、そのほかに、②に分類される学問の自由も起草を担当したという[18]。

ところで、アメリカの独立研究者デイル・ヘレガース（Dale M. Hellegers）によれば、同委員会は、立法権や司法権を担当した他の委員会とは異なり、草案起草に必要なスタッフの専門知識の蓄積がなかったとされる。前年10月のいわゆる「自由の指令」も他の部局が作成したものであったし、最高司令官が求めていた大陸法の専門家も東京に到着していなかった[19]。また、同委員会のスタッフは、

13　シロタは、アメリカ帰国後の1948年 1 月に、民政局で通訳を担当したジョセフ・ゴードン（Joseph Gordon）との結婚により、「ベアテ・シロタ・ゴードン」となったため、草案起草時は「ゴードン」姓ではなかった。

14　"Memorandum setting forth organization of Public Administration Division of Government Section into committees for preparation of draft constitution", Alfred Hussey Papers; Constitution File No. 1: Document No. 6. （国立国会図書館憲政資料室所蔵）

15　両者の経歴につき、田中英夫『憲法制定過程覚え書』（有斐閣、1979年）73頁、132頁以下を参照。

16　Hussey Papers 24-G-2-1〜24-G-2-16. 同資料は、犬丸秀雄監修『日本国憲法制定の経緯――連合国総司令部の憲法文書による――』（第一法規、1989年）112-143頁において確認できる。

17　ベアテ・シロタ・ゴードン（聞き手：横田啓子）「私はこうして女性の権利条項を起草した」世界583号（1993年 6 月号）65-66頁参照。

18　Transcript of Interview of Mrs. Beate Gordon, *supra* note 2, April 14, 1972, pp. 3-5.

民政局法規課長マイロ・ラウエル（Milo E. Rowell）が前年12月にまとめた『日本の憲法についての準備的研究と提案のレポート』[20]の存在を知らず、同レポートが起草時に参照されることもなかった。すなわち、帝国憲法や日本法全般について同委員会があらかじめ備えていた知識は、ワイルズの慶應義塾大学における僅かな教育歴とシロタの日本での実体験に由来するもののみであった[21]。

（3）シロタによる各国憲法の収集・調査

　このような事情もあり、シロタは、タイム誌で身につけたリサーチャーとしての能力を活かして、手本となるべき各国の憲法や法令を収集・調査することから作業を始めている。2月4日の民政局会合の終了後、シロタは、ルーストから外出許可を得ると、ジープで都内の大学や図書館をまわり、各国の憲法が収められた文献を「原書を含め十数冊」[22]借り出したという。なお、草案起草作業が極秘任務であったことから、収集にあたっては、司書に不審に思われることのないように、単一の図書館から多数の憲法集を借り出すことはせず、複数の図書館から少しずつ慎重に借り出していった。こうしてシロタが集めた文献を手に民政局へ戻ると、これらの憲法集の多くは他の委員会のスタッフらにも貸し出され、大いに参照されたという[23]。

　シロタ自身は、自らが借り出した憲法集のタイトルなどについて具体的な証言を残していない[24]。ただし、他の委員会でも参照されたという証言からは、これ

19　大陸法の専門家としてGHQ民政局に配属された人物に、アルフレッド・オプラー（Alfred C. Oppler）がいる。オプラーの配属は同年2月23日であったため、マッカーサー草案の起草には関与しなかったが、憲法制定後の法律改正を指導するなど、戦後日本の法制改革に大きな役割を果たした。なお、オプラーの経歴と占領期法制改革への貢献については、アルフレッド・C・オプラー（内藤頼博監訳）『日本占領と法制改革　――GHQの役割担当者の回顧』（日本評論社、1990年）、及び、出口雄一「『亡命ドイツ法律家』アルフレッド・C・オプラー――異文化接触としての戦後法制改革」（2009年初出）同『戦後法制改革と占領管理体制』（慶應義塾大学出版会、2017年）205頁以下に詳しい。

20　"Report of preliminary studies and recommendations of Japanese Constitution"（6 December 1945）, Milo Rowell Papers on New Japanese Constitution, Doc. No. 1.（国立国会図書館憲政資料室所蔵電子式複写物）

21　Dale M. Hellegers, *We, the Japanese People, World War II and the Origins of the Japanese Constitution*, vol. 2, Stanford University Press, 2002, pp. 581-582.

22　シロタ・前掲注（1）149頁。

23　Transcript of Interviews of Mrs. Beate Gordon, Mr. Joseph Gordon and Mr. Irwin Hersey, *supra* note 2, April 6, 1972, pp. 54-55.

24　民政局行政課立法係のジャスティン・ウィリアムズ（Justin Williams）は、各委員会のスタッフらが東京帝国大学の所蔵する1939年版の世界主要憲法集を利用していたことに触れているが、同書がシロタの借り出してきたものかは判然としない。Justin Williams, Sr., *Japan's Political*

114

らが主として英語の文献であったという推測が成り立つであろう[25]。そして、この推測は、後述のとおり、シロタが起草した委員会試案の文言からも裏づけられるように思われる。

なお、シロタが収集した各国の憲法のなかには、アメリカ合衆国（独立宣言を含む）、イギリス（マグナカルタなど）、ドイツ、フランス、ロシア（ソヴィエト）、デンマーク、スウェーデン、フィンランド、ポルトガル、オーストリア、アイルランド、ウルグアイ、ベルギー、スイスのものが含まれていたという[26]。

3　シロタ起草の委員会試案

（1）シロタの起草方針

シロタは、当時の日本において、学問の自由、市民的権利の全般、女性の権利の保障が極めて脆弱であったことを強く意識しながら、収集したこれらの憲法すべてを読み、その中で最も優れた規定を選んで、日本国民にとって適切と思われるものにまとめたという[27]。

特に委員会試案の起草にあたっては、次の諸点に留意して、可能なかぎり明確で具体的に書くように努めたとしている。

(1)　合衆国憲法には女性の権利を保障する条文が存在せず、あいまいであるため、米国女性は法的不利益を被っている。

(2)　日本の男性中心の官僚制度と社会の中では、憲法で規定しておかないかぎり、女性解放を実現するための法的規制は非常に困難である。

(3)　日本語はどちらにも解釈できるようなあいまいな表現が可能であるから、草案は、日本人男性官僚によって都合のいいように解釈されないように明確である必要がある[28]。

Revolution under MacArthur: A Participant's Account, The University of Georgia Press, 1979, p. 108.

25　実際に、「ベアテの日本国憲法　上」（朝日新聞1993年4月26日付夕刊10頁）には、図書館から借り出した憲法が英文であったことを示唆するシロタの証言が見られる。

26　Nassrine Azimi & Michel Wasserman, *supra* note 8, pp. 60-61. また、シロタ・前掲注（1）149頁も参照。

27　Transcript of Interviews of Mrs. Beate Gordon, Mr. Joseph Gordon and Mr. Irwin Hersey, *supra* note 2, April 6, 1972, p. 55.

28　シロタ・前掲注（17）66頁。なお、Transcript of Interviews of Mrs. Beate Gordon, Mr. Joseph Gordon and Mr. Irwin Hersey, *supra* note 2, April 6, 1972, p. 56にも同様の証言が見られる。

こうしたシロタの考えは、当然ながら、2月4日の民政局会合で確認された草案全体の起草方針とは差異のあるものであった。なお、市民的権利に関する委員会では、シロタだけでなく他のメンバーも社会正義への情熱に基づいて多くの権利規定を起草しており、最終的に同委員会の第1次試案は、全48箇条に及ぶ大部のものとなった。なかでもシロタが携わった第3節（第18条〜第41条）は、委員会案の半分を占める詳細なものであり、このうちシロタは少なくとも第18条から第30条までの起草を担当している[29]。

（2）第1次試案に見られる婚姻・家族条項

市民的権利に関する委員会と運営委員会との草案のすり合わせ作業は、2月8日と9日の両日に渡って行われている。ここでは、2月8日に提出されたと思われる第1次試案のなかから、現行憲法第24条の起源となる規定を確認しておこう。

18. The family is the basis of human society and its traditions for good or evil permeate the nation. Hence marriage and the family are protected by law, and it is hereby ordained that they shall rest upon the undisputed legal and social equality of both sexes, upon mutual consent instead of parental coercion, and upon cooperation instead of male domination. Laws contrary to these principles shall be abolished, and replaced by others viewing choice of spouse, property rights, inheritance, choice of domicile, divorce and other matters pertaining to marriage and the family from the standpoint of individual dignity and the essential equality of the sexes.[30]

［試訳］

18. 家族は、人間社会の基礎であり、その伝統は善きにつけ悪しきにつけ、国民の中に浸透する。それゆえ、婚姻及び家族は、法の保護を受ける。婚姻及び家族は、紛う方なき両性の法的及び社会的平等に、親の強制ではなく相互の同意に、そして男性の支配ではなく協力に、基礎を置くべきことを、ここに定める。これらの諸原理に反する法律は廃止され、配偶者の選択、財産権、相続、住居の選択、離婚その他の婚姻及び家族に関する事項は、個人の尊厳と両性の本質的平等の見地に立つ法律によって置き換えられるべきである。

本条で注目されるのは、婚姻と家族に関して、男女の平等を求めるだけでなく、これらを法的に保護するという規定を設けることで、私的な共同生活に対す

29　シロタは、学問の自由以外は、社会福祉型の規定のみを担当したと述べており、第1次試案の31条以下は起草した記憶がないという。Transcript of Interview of Mrs. Beate Gordon, *supra* note 2, April 14, 1972, p. 5.

30　Hussey Papers 24-G-2-7.（犬丸・前掲注（16）124頁収録）

116

る国家の積極的な関心が強く示されている点であろう。特に同条が「具体的な権利及び機会」と題する第3節に置かれていたところを見ると、そこには社会国家思想の影響をうかがうことができる[31]。

なお、シロタは、この他にも、婚姻の有無を問わない妊産婦の保護や非嫡出子の平等な取扱い（試案第19条）、養子縁組の制限や長子相続権の廃止（同20条）など詳細な規定を多数起草している。第18条及びこれらの諸規定が、明治民法下の家制度に対する根本的な改革を求める案となっていることは一見して明らかであろう。もっとも、シロタ自身は、民法典の内容を直接に確認していたわけではなく[32]、これらの規定の起草には、日本における10年間の生活経験が少なからず影響していたものと思われる。

（3）シロタの証言と疑問

ところで、1995年出版のシロタの自伝も言及するとおり、市民的権利に関する委員会の第1次試案第18条は、①婚姻及び家族の法的保護、②婚姻関係における男女の平等を規定している点において、次のヴァイマル憲法第119条（原文は後出：三・2・（3)・(b)）からの明らかな影響がうかがえる。

> 第119条　婚姻は、家族生活並びに国民の維持及び増殖の基礎として、憲法の特別の保護を受ける。婚姻は、両性の同権に基づくものとする。
> ②　家族の純潔保持、健全化及び社会的助成は、国及び市町村の任務である。多子家族は、それにふさわしい扶助を求める権利を有する。

31　なお、2月8日の折衝後に作成されたと思われる第2次試案では、第3節が「社会的及び経済的権利（SOCIAL AND ECONOMIC RIGHTS）」に改められ、婚姻・家族条項も同一の文言でそのなかに引き継がれている。"Original draft of Committee reports", Alfred Hussey Papers; Constitution File No. 1, Doc. No. 8.（国立国会図書館憲政資料室所蔵）

32　シロタ・前掲注（1）156頁には、次のような記述がある。
　　「憲法草案を書くにあたって、私の一番の気がかりは、日本女性の権利について法律がどういう立場をとっているかという点だった。分厚い民法にも目を通した。私にとって日本語は、話すことは自由だが、読み書きの方は完璧とは言い難かった。一〇年間の日本での小学校からハイスクールに至る基礎教育はドイツ学校とアメリカンスクールだったからである。それでも、辞書と大格闘を演じつつ、女性の権利の条項は繰り返し読んだ。」（傍点筆者）
　　シロタの能力と活躍ぶりを示すエピソードであるかに見えるが、民法学者の和田幹彦教授が1993年に実施したシロタへのインタヴューによれば、シロタは「二四条などの起草時に明治民法ないしその関連文献は全く参照しておらず」、さらに、シロタから「読んだことはないので、読みたい」と乞われて、明治民法の英訳を送ったという（和田・前掲注（1）91頁以下参照）。
　　そうだとすれば、自伝中の記述には、この時に送られた資料から学んだ知識が含まれているということになりそうである。和田教授が適切に指摘するように、シロタの自伝には、「シロタ＝ゴードンの事後調査と、新憲法起草当時のシロタの知識や作業が、明らかに混同されている」部分があり（同92頁）、鵜呑みにできない記述が少なくない。

③　母性は、国の保護及び扶助を求める権利を有する[33]。

　シロタは、「生きて行く人間にとって一番大切なものは、"家庭"であり、その家庭の中では"男女は平等である"ことを謳っておかなければならないと考えた」[34]と述べており、家庭（家族）の重要性について繰り返し言及していた。このような証言からすれば、シロタが同条に注目し、自らの草案に取り入れようとしたことは当然であったとも言えよう。

　他方で、ヴァイマル憲法が婚姻を「国民の維持及び増殖の基礎」と位置づけていた点は、シロタ起草の第1次試案第18条と大きく異なる点でもある。また、ヴァイマル憲法が、婚姻に憲法上の保護を与えるとともに、家族に対する社会的助成を規定していたのに対して、シロタ案にいう「家族の法的保護」が何を意図したものであったのかは必ずしも明らかでなく、数多く残されているシロタの証言は、この点についてほとんど何も語っていない。

　さらに、シロタは、最初期に行われたと目される1972年のインタヴューでは、社会福祉に関する規定、とりわけ女性のためのものは、ロシアとスカンジナヴィア諸国の憲法を主なモデルにしたと答えるにとどまり、意外にも、ヴァイマル憲法の名前を挙げていない[35]。

　もっとも、第1次試案の諸規定を確認すると、第18条のほかにも、第19条、第22条、第26条において、当時英訳されていたヴァイマル憲法の文言との明確な類似性（＝部分的な一致）を指摘することができる[36]。このように、ヴァイマル憲法がシロタの起草作業に与えた影響はけっして小さくないが、シロタ自身は、既に

33　高田敏・初宿正典編訳『ドイツ憲法集　第7版』（信山社、2016年）138頁の初宿訳を参考に、鈴木が訳出した。

34　シロタ・前掲注（1）155-156頁。なお、鈴木昭典『日本国憲法を生んだ密室の九日間』（創元社、1995年）201-202頁の証言も同旨。

35　Transcript of Interviews of Mrs. Beate Gordon, Mr. Joseph Gordon and Mr. Irwin Hersey, *supra* note 2, April 6, 1972, p. 55.

36　Howard Lee McBain & Lindsay Rogers, *The New Constitutions of Europe*, Doubleday, Page & Company, 1922, pp. 176-212に収録されているヴァイマル憲法の英訳と比較すると、シロタが起草を担当した第1次試案の第18条、第19条、第22条、第26条には、それぞれ英訳の第119条、第121条、第147条、第163条との部分的な一致が指摘できる。
　なお、初宿正典『憲法II　基本権〔第3版〕』（成文堂、2010年）245頁は、学問の自由を憲法典において明文で保障するのは、1849年のフランクフルト憲法以来のドイツ憲法の伝統であるという重要な指摘を行っている。既に確認したとおり、現行憲法第23条の原案がシロタの起草によるものであったことを考えれば、同条もヴァイマル憲法第142条に着想を得たものであるという仮説は十分に成り立ちうるように思われる。

118

1972年の段階では、参照したはずのこれらの憲法の諸規定をほとんど覚えていな
かった[37]。

　以上の事実は、草案起草当時のシロタがヴァイマル憲法に関する詳しい知識を
もっていなかったという推測を成り立たせる。また、２月８日の委員会試案提出
までに行うことのできる調査にも自ずから限界があり、起草作業に先行して同憲
法の運用実態を把握する時間的余裕はなかったであろう[38]。そうだとすれば、シ
ロタは、委員会試案の起草に際しては、各国憲法の文言のみを手掛かりに作業を
進めたと考えるのが妥当であろう。

　それでは、シロタが一つの理想を見出したヴァイマル憲法第119条は、どのよ
うな経緯をたどって成立した条文だったのであろうか。同条では何が意図され、
また、憲法制定後はどのように運用されたのであろうか。そして、シロタの試案
に対して、どこまで具体的な影響を与えたと考えるべきなのだろうか。以下の
「三」では、これらの疑問点を明らかにするため、まず同条の成立経緯をたどる
こととしよう。

三　ヴァイマル憲法第119条の規範的意義

1　ヴァイマル憲法の制定

（１）憲法制定の契機

　ヴァイマル憲法は、1918年に勃発したドイツ11月革命によって、皇帝ヴィルヘ
ルム２世が退位し、1871年のビスマルク憲法が事実上失効したことを受けて、新
たに制定された憲法であった。1918年11月９日、ドイツ社会民主党（SPD）の
フィリップ・シャイデマン（Philipp Scheidemann）が「共和国」の宣言を行う
と、翌10日には、ドイツ独立社会民主党（USPD）の参加の下に、両党各３名の
代表者からなる暫定政府「人民代表委員会」が成立する。

　この暫定政府から新憲法草案の担当者として内務国務次官に選任されたのが、

37　実際に、第１次試案の第26条の典拠についてインタヴューで尋ねられたシロタは、ヴァイマル
　憲法の英訳がほぼそのままの形で利用された規定であるにもかかわらず、「思い出せない」と答
　えている。Transcript of Interview of Mrs. Beate Gordon, *supra* note 2, April 14, 1972, p. 5.
38　シロタ・前掲注（１）152頁には、「理想の国家を描いて作った憲法だったが、皮肉なことにヒ
　トラーに逆手にとられて利用されてしまったのだった。しかし、理念としてのワイマール憲法
　は、実にすばらしいものだった。」という記述があるものの、やはり条文を紹介するのみで、具
　体的な評価は見られない。

ドイツ民主党（DDP）の創設者の一人である公法学者のフーゴ・プロイス（Hugo Preuß）であった。プロイスは、1918年12月9日、憲法草案作成準備のための小委員会を設置すると、12日までの4日間にわたって非公開の審議を行い、そこでの検討結果をもとに起草作業を進め、翌年1月3日に一応の草案（草案I）を暫定政府に提出した[39]。同案は、14日の閣議で修正を受けると、19日に実施された憲法制定国民議会選挙の翌日に公表された（草案II）[40]。

　なお、本選挙では、完全比例代表制が採用されたほか、選挙権年齢が25歳から20歳へと引き下げられ、さらに女性参政権が認められた。投票率は約83％という記録的な高率となり、各党の議席数は、ドイツ社会民主党が163議席、中央党（Zentrum）が91議席、ドイツ民主党が75議席、ドイツ国家人民党（DNVP）が44議席、ドイツ独立社会民主党が22議席、ドイツ人民党（DVP）が19議席、その他の諸政党が7議席であった[41]。

　これを受け、暫定政府は2月6日、テューリンゲン州中部の都市ヴァイマルに国民議会を招集する。そして、国民議会は同月11日、社会民主党党首のフリードリヒ・エーベルト（Friedrich Ebert）を初代大統領に選出し、大統領はシャイデマンを総理大臣に指名した。

　しかし、選挙の結果、暫定政府を構成した左派二党（社会民主党・独立社会民主党）は過半数の議席獲得に失敗し、右派政党（国家人民党・人民党）も少数議席にとどまると、中道政党（カトリック系の中央党・自由主義勢力の民主党）がキャスティング・ボートを握ることとなった[42]。このため、社会民主党は、議会内での支持獲得の必要から、中央党・民主党との連立を模索し、2月13日には、「ヴァイマル連合（Weimarer Koalition）」と呼ばれる三党の連立内閣が誕生する。これら三党は合計で78％の議席占有率となり、政権の基盤は安定していたが、過半数

39　小林昭三『ワイマール共和制の成立』（成文堂、1980年）59-64頁参照。
40　草案I及び草案IIは、*Heinlich Triepel*, Quellensammlung zum Deutschen Reichsstaatsrecht, Tübingen: J. C. B. Mohr（Paul Siebeck）, 1931, Nr. 7（S. 6 ff）u. Nr. 10（S. 10 ff）において原文を確認できる。また、初宿正典「プロイスのヴァイマル憲法草案」（1988年初出）同『カール・シュミットと五人のユダヤ人法学者』（成文堂、2016年）438頁以下に、両草案の比較対照表があり、参照に便利である。
41　エーベルハルト・コルプ（柴田敬二訳）『ワイマル共和国史　研究の現状』（刀水書房、1987年）28頁、275頁参照。なお、1919年1月21日のライヒ選挙法改正に伴い、東部駐留軍の隊員による選挙が翌月2日に実施され、新たに2名が選出された結果、最終的に社会民主党が165議席に達し、議席総数は421議席から423議席に増加した。
42　リタ・タルマン（長谷川公昭訳）『ヴァイマル共和国』（白水社、2003年）26頁以下参照。

を占める政党の不在は、新憲法が「三党間の妥協の産物となること」[43]を予期させるものでもあった。

（2）制憲過程の概略

プロイス第2次草案（草案II）は、諸邦委員会での検討を経て、2月17日の第1次政府草案（草案III）となり、同21日に第2次政府草案（草案IV）として国民議会に提出されている[44]。なお、国民議会における憲法草案審議では読会制が採用され、同案は2月24日に本会議へ上程された。初日の本会議では、とくにプロイス自身による憲法草案の趣旨説明があり、ここに初めて政府による憲法草案の公式声明が行われた。

本会議第一読会では、2月28日より総括質問が始まり、翌月4日には草案の逐条審議のための憲法委員会（第八委員会）の設置が決定され、同委員会に草案を付託して審議が終了している。憲法委員会では、第一読会（3月4日～6月2日）及び第二読会（6月3日～18日）で審議が行われ、6月18日に憲法委員会草案（草案V）[45]が議決されると、国民議会への報告がなされた。

同案はその後、本会議の第二読会（7月2日～22日）に戻されると、審議過程で多数の修正を受けたうえで第二読会案（草案VI）として議決され、続く第三読会（7月29日～31日）において最終審議が行われると、最終日の7月31日に、賛成262票、反対75票（棄権1）の大差で憲法案が採択された。こうして、8月11日にエーベルト大統領の署名を受けると、ヴァイマル憲法は、同月14日に公布され、即日施行された。

（3）ヴァイマル憲法における基本権の性質

以上のような成立経緯をたどったヴァイマル憲法は、「社会主義的・ブルジョワ的・保守的な三種の思想のコンプロミスだった」[46]と評されるように、対立する政治勢力の駆け引きのなかで生まれた妥協的性格の強い憲法典であることは夙に指摘されてきた[47]。

43　クリスティアン・フリードリヒ・メンガー（石川敏行ほか訳）『ドイツ憲法思想史』（世界思想社、1988年）237頁。

44　草案III及び草案IVは、*Triepel*, a.a.O.（Anm. 40）, Nr. 13（S. 17 ff）u. Nr. 14（S. 27 ff）において原文を確認することができる。

45　*Triepel*, a.a.O.（Anm. 40）, Nr. 22（S. 38 ff）において原文を確認できる。

46　小林孝輔『ドイツ憲法小史〈新訂版〉』（学陽書房、1992年）183頁。

47　小林昭三・前掲注（39）123頁以下、コルプ・前掲注（41）31頁以下、デートレフ・ボイカート（小野清美ほか訳）『ワイマル共和国──古典的近代の危機』（名古屋大学出版会、1993年）36頁

このようなヴァイマル憲法の特徴は、詳細な基本権規定のなかにも見てとれる。特に憲法制定過程においては、「何を『基本的』な権利として保障するかの法的議論よりも、憲法制定を担った諸政党の政治的要求が優先され」[48]、相対立する政治理念が十分に整理されないままに盛り込まれた。このような事情から、ヴァイマル憲法下での基本権保障は、主に議会の制定する法律に委ねられることとなった[49]。

以上のような基本権の性質は、本稿の注目する第119条においても例外ではない。例えば、ドイツの公法学者クリストフ・グズィ（Christoph Gusy）によれば、婚姻、家族、親子関係について規定するヴァイマル憲法第119条から122条の規定は、「現状に対する承認と改革を行うべしという委任との間における緊張に満ちた妥協」[50]を含むものであった。以下では、このような評価を受ける第119条の成立経緯の検証を中心に、諸政党の政治的要求がどのような過程を経て条文に結実したのかを確認していくこととしたい[51]。

2　ヴァイマル憲法第119条の成立経緯

（1）小委員会における婚姻・家族条項の登場

（a）憲法委員会の設置　本稿が注目する婚姻・家族条項は、国民議会に提出された第2次政府草案（草案Ⅳ）の中には見られない。そもそもプロイス第1次草案（草案Ⅰ）には、基本権に関する独立した章は存在せず、僅かに3箇条が規定されるのみであった[52]。また、プロイス第2次草案（草案Ⅱ）では、基本権の拡

以下など多数。

48　塩津徹『現代ドイツ憲法史——ワイマール憲法からボン基本法へ——』（成文堂、2003年）46頁。

49　なお、法律による基本権の保障という考えは、当時の国法学における法治国思想のあらわれでもあった。塩津・同前44頁以下参照。

50　*Christoph Gusy*, Die Weimarer Reichsverfassung, Tübingen: Mohr Siebeck, 1997, S. 300. クリストフ・グズィ（原田武夫訳）『ヴァイマール憲法　全体像と現実』（風行社、2002年）244-245頁。

51　ヴァイマル憲法第119条の成立経緯を扱った主な先行研究として、光田督良「憲法による家族の保障」DAS 研究会編『ドイツ公法理論の受容と展開——山下威士先生還暦記念』（尚学社、2004年）451頁以下、小玉亮子「ヴァイマル憲法第119条の成立——国制に家族はどう位置づけられたのか——」比較家族史研究21号（2006年）1頁以下、倉田賀世『子育て支援の理念と方法——ドイツ法からの視点』（北海道大学出版会、2008年）10頁以下をそれぞれ参照した。

52　プロイスが自らの草案に基本権規定をほとんど盛り込まなかったのは、フランクフルト憲法制定をめぐる紛糾の反省を踏まえ、基本権についての際限のない審議を避けるためのものであったとされる。初宿正典「プロイスのヴァイマル憲法構想」（1988年初出）同・前掲注（40）『カール・シュミットと五人のユダヤ人法学者』413頁以下参照。

充を主張するエーベルトの要請を受けて、初めて「ドイツ国民の基本権」と題する第2章が設けられたが、同案の基本権も、1849年のフランクフルト憲法（未発効）に見られる古典的基本権を取り込んだ全12箇条であり[53]、第2次政府草案（草案Ⅳ）でも全13箇条にとどまっていた。

国民議会において憲法草案の審議が開始されるのは、2月24日の第14回本会議でのことである[54]。第2次政府草案に対しては、各党代表から基本権の内容をさらに充実させるべきであるとの主張がなされ、多くの修正が提案される。これを受けて、前出の憲法委員会が設置されると、民主党のコンラート・ハウスマン（Conrad Haußmann）を委員長とし、修正提案を踏まえた憲法案の作成が決定された。なお、憲法委員会は28名で構成され、その内訳は、社会民主党11名、中央党6名、民主党5名、国家人民党3名、人民党2名、独立社会党1名であった[55]。また、憲法委員会は、「さらに問題別に14の小委員会に分割され、それぞれに1人の報告者と1人の副報告者が選任された」[56]という。

このうち基本権小委員会の委員長を務め、ヴァイマル憲法の社会権規定の基礎を築いたのが神学者の民主党議員フリードリヒ・ナウマン（Friedrich Naumann）であった[57]。ナウマンは、3月31日の第18回憲法委員会において、自らが起草した「国民に分かりやすい基本権の試案」（Versuch volksverständlicher Grundrechte）[58]を提案している。もっとも、同案は、詳細な社会権規定を設けてはいたものの、ここにも婚姻・家族条項は見られなかった。

(b) 小委員会におけるバイエルレ提案　　ところで、ナウマン案は、国民の理

53　初宿・同前422頁以下参照。

54　Verhandlungen der verfassunggebenden Deutschen Nationalversammlung, Band 326.: Stenographische Berichte. Von der 1. Sitzung am 6. Februar 1919 bis zur 26. Sitzung am 12. März 1919, Berlin 1920, S. 282 ff.
　　なお、国民議会の議事録については、バイエルン州立図書館が提供するウェブサイト「Verhandlungen des Deutschen Reichstags」（http://www.reichstagsprotokolle.de/index.html）がデジタル化資料を提供しており、同サイトでは議員らの基礎情報を参照することもできる。

55　小林昭三・前掲注（39）110-111頁に、当初の28名の委員全員の名前を確認することができる。

56　吉森賢「ドイツ共同決定制度と所有権の社会的責任――その制度化過程――」横浜経営研究31巻1号（2010年）57頁。

57　ナウマンの果たした役割については、山下健次「基本権規定の法的性格の展開（一）」立命館法学46号（1962年）1頁以下、同「フリードリッヒ・ナウマンの基本権草案」立命館法学48号（1963年）34頁以下を参照。

58　Verhandlungen der verfassunggebenden Deutschen Nationalversammlung, Band 336.: Anlagen zu den Stenographischen Berichten. Nr. 391: Bericht des Verfassungsausschusses, Berlin 1902, S. 171 ff.（以下、単に「Verhandlungen, Bd. 336, S. 171 ff.」の要領で略記する。）

解を優先したこともあり、必ずしも条文としての体裁を備えていなかった。この
ため、同案は委員会で批判を受け、条文にふさわしい形式を整えるとともに、内
容面でも修正を受けることとなる。しかし、ナウマンは病におかされ、会議の出
席が次第に困難となったことから、法史学者の中央党議員コンラート・バイエル
レ（Konrad Beyerle）がその役割を引き継ぎ、「基本権を中心とする提案・条文案
の策定と執筆の実務を担当」[59]したのであった。

ヴァイマル憲法第119条の原案は、まさにこのバイエルレが提案したものと考
えられる。小委員会の審議は議事録が作成されておらず[60]、これまで提案者や提
案時期などは不明とされてきたが、ドイツの公法学者ヴァルター・パウリー
（Walter Pauly）によれば、5月5日の第3回基本権小委員会において、「ドイツ
人の家族生活の基礎としての、また、国民の維持及び増殖の源泉としての」婚姻
の保護が明文で確認されたという[61]。実際に、翌6日付の小委員会案に関するバ
イエルレの提言資料の中には、次の試案を確認することができる。

II. Grundlagen des Gemeinschaftslebens
14. Verfassungsmäßige Gewähr der Ehe.
　Die Ehe steht als Grundlage des deutschen Familienlebens und als Urquell der
Erhaltung und Vermehrung der Nation unter dem besonderen Schutze der Verfas-
sung.
　Die Gesundung, Reinerhaltung und soziale Förderung der Familie ist Aufgabe der
Bevölkerungspolitik des Reiches. Kinderreiche Familien haben Anspruch auf aus-
gleichende Fürsorge des Staates.
Antrag Beyerle.[62]

［試訳］
II. 共同生活の基礎
14. 婚姻の憲法上の保障
　婚姻は、ドイツ人の家族生活の基礎として、また、国民の維持及び増殖の源泉とし
て、憲法の特別な保護を受ける。
　家族の健全化、純潔保持及び社会的助成は、ライヒにおける人口政策上の任務であ
る。多子家族は、調整のための国の扶助を求める権利を有する。
バイエルレ提案

59　吉森・前掲注（56）57頁。
60　*Viola Schmid*, Die Familie in Artikel 6 des Grundgesetzes, Berlin: Duncker & Humblot, 1989,
　S. 246.
61　*Walter Pauly*, Grundrechtslaboratorium Weimar, Tübingen: Mohr Siebeck, 2004, S. 42.
62　*Pauly*, a.a.O.（Anm. 61）, S. 82.

本提案は、婚姻を「国民の維持及び増殖の源泉」と位置づけ、さらに、家族を国家の「人口政策」のなかに位置づけている点で、家族を構成する個々人の利益よりも共同体的利益への志向がうかがえる[63]。

ドイツの民法学者ディーター・シュヴァープ（Dieter Schwab）によれば、「不可侵の基本権領域としての婚姻と家族」という観念は、啓蒙主義、ロマン主義、そして社会主義の教義に対抗するものとして19世紀初頭以降に発展してきたものであり、このような家族保守的思考はカトリックの教義とも強く関連していたとされる[64]。その意味で、本提案が民主党のナウマンではなく、カトリック系政党である中央党のバイエルレによってなされた事実も注目に値しよう。

なお、同案は、一箇所の字句修正を受け、5月28日付の「基本権の予備協議のための小委員会提案」の第12条となり、憲法委員会の審議のなかで検討されていくこととなる。

（2）憲法委員会における審議

(a) 第33回憲法委員会 5月30日の第33回憲法委員会では、冒頭に小委員会を主催したバイエルレによる報告があり、前出の第12条案が取り上げられている。ここにおいてバイエルレは、同案の婚姻の憲法的保護の試みについて、「何よりもまず基本権の国民教育的価値にかんがみて不可欠であり、社会生活の支柱としての婚姻にも言及しないわけにはいかない。第2項では、家族を人口政策の任務の重要な要素としている」[65]と述べて、その採択を求めている。

バイエルレの提案に対しては、カトリック司祭であった中央党委員フランツ・ヒッツェ（Franz Hitze）や、弁護士であった民主党委員ブルーノ・アプラス（Bruno Aplaß）らによる賛成が示されている。なお、ヒッツェは、第2項において「人口政策上の任務」の主体に位置づけられていた「ライヒ」（Reich）に、

---

63 小玉・前掲注（51）11頁によれば、人口政策上の意義から家族が位置づけられた背景には、「19世紀末から始まるドイツにおける出生率の低下」と、第一次世界大戦での「敗戦による社会的荒廃」という事情があったとされる。

64 Vgl. *Dieter Schwab*, Zur Geschichte des verfassungsrechtlichen Schutzes von Ehe und Familie, in: *Walter J. Habscheid, Hans Friedhelm Gaul, Paul Mikat* (Hrsg.), Festschrift für Friedrich Wilhelm Bosch zum 65. Geburtstag 2. Dezember 1976, S. 893 ff.; *Dieter Schwab*, "Familie", in: Geschichtliche Grundbegriffe, Historisches Lexikon zur politich-sozialen Sprache in Deutschland, Band 2, Klett-Cotta, Stuttgart, 1975, S. 253 ff.（なお、後者の邦訳として、杉田孝夫・田崎聖子訳「家族の概念史（Ⅰ）～（Ⅲ完）」生活社会科学研究15号（2008年）33頁以下、16号（2009年）81頁以下、17号（2010年）101頁以下も参照）

65 Verhandlungen, Bd. 336, S. 377.

「支邦国」（Staat）及び「市町村」（Gemeinde）という文言の追加を提案した。本提案は、人口政策がライヒよりも各支邦国（Einzelstaaten）と市町村の問題として重要であるとの考えに基づくものであった。これに対して、アプラスは一定の賛同を示しつつも、単に「Reich」を削除し、ライヒとラントの両方の国法上の活動を含むと解釈しうる「Staat」のみを残すことを提案する。しかし、ヒッツェは、市町村の任務の重要性を改めて強調し、「Staat」と「Gemeinde」のみに言及するように提案を改めたため、最終的に、この二つの文言が草案に残ることとなった[66]。

　委員会では、当然ながら反対意見も示されている。その中でも注目されるのが、連立政権の最大勢力である社会民主党の委員らによるものであった。例えば、労働法学者のフーゴ・ジンツハイマー（Hugo Sinzheimer）は、「第12条 1 項は、私たちがおそらく正当とは認めるものの、それ自体は法原則ではなく、法規定をまって初めて引き出されうる根本方針を含んでいる」と述べ、憲法の中にそのような政治的原則を表現する余地はないとして、全文の削除を主張した[67]。

　また、同党のサイモン・カッツェンシュタイン（Simon Katzenstein）も、一般的な婚姻制度と婚姻法上の個々の規定とを区別しようとするバイエルレの提案に、そのような分割は不可能であるとして反対の姿勢を示した。これに対して、アプラスは、「第12条の意義は、道徳律によって創造された倫理的な婚姻制度である単婚（monogame Ehe）が、憲法改正なしには廃止されえないこと」にあり、民法上の婚姻規定は単純なライヒ法律で改正できるとの反論を展開している[68]。

　この他にも、元裁判官の人民党委員ルドルフ・ハインツェ（Rudolf Heinze）は、第12条の意味内容が明確でないことを問題とし、そのような事柄が憲法の特別な保護を受けることに疑問を示している。これに対して、バイエルレは、「我々は、国民に、彼らの再起のための、また、倫理教育のための、重要な根本思想を与えたい」と応答した[69]。

　同日の審議終盤では、中央党のヨーゼフ・マウスバッハ（Joseph Mausbach）から、「我々は、小委員会審議において、法生活と倫理の基礎を基本権の中に受け

66　Verhandlungen, Bd. 336, S. 377 f.
67　Verhandlungen, Bd. 336, S. 378.
68　Verhandlungen, Bd. 336, S. 378 f.
69　Verhandlungen, Bd. 336, S. 378.

126

入れることに同意した。我々はその後、これを基本線に審議を行った。ここで見解を改めると、小委員会の仕事はほとんど残らない」との指摘があり、最終的に、次の第12条案が確認されている。

Die Ehe steht als Grundlage des deutschen Familienlebens und als Urquell der Erhaltung und Vermehrung der Nation unter dem besonderen Schutze der Verfassung.

Die Gesundung, Reinerhaltung und soziale Förderung der Familie ist Aufgabe der Bevölkerungspolitik in Staat und Gemeinde. Insbesondere haben kinderreiche Familien Anspruch auf ausgleichende Fürsorge.[70]

［試訳］
① 婚姻は、ドイツ人の家族生活の基礎として、また、国民の維持及び増殖の源泉として、憲法の特別な保護を受ける。
② 家族の健全化、純潔保持及び社会的助成は、国及び市町村における人口政策上の任務である。特に多子家族は、調整のための扶助を求める権利を有する。

　以上の審議からは、バイエルレが、ドイツ国民に一定の倫理基準を示すものとして婚姻・家族条項を提案したこと、そして、国家の人口政策的な関心から家族への公的助成が盛り込まれたことが確認できる。この意味において、同案の思想は、政治的・倫理的自律性をもった家長の統率の下に、国家による私的領域への介入を拒否する「家」という団体を重視するドイツの伝統的家族観[71]とは一線を画すものであったと言えよう。

　(b) 第41回憲法委員会　　家族規定の審議は、6月17日の第41回憲法委員会へと引き継がれたが、ここでは、規定が第12条から第32a条へと移動する[72]。同日の審議においても、草案の内容を支持する民主党及び中央党委員と、これに反対し、もしくは修正案を提案する社会民主党委員という基本的な構図が見られる。第32a条の審議の冒頭、ジンツハイマーは再び同条1項の削除を主張した。しかし、その理由は、前回の発言と同様のものであったために、即座に、中央党委員のヨハン・コッホ（Johann Koch）、アプラスらの反論がなされている[73]。

70　Verhandlungen, Bd. 336, S. 379.
71　近代市民社会を構成する「自由な個人」の基礎が、中世ヨーロッパにおいて「家」（Haus）の政治的・倫理的自律性を担った家長にあったとし、前国家的な団体としての「家族」の重要性を指摘する論考として、村上淳一『ドイツ市民法史』（東京大学出版会、1985年）第1章を参照。
72　Verhandlungen, Bd. 336, S. 505 ff
73　Ebenda.

このような流れを受けて、カッツェンシュタインは、第1項の削除要求が受け入れられない場合、同項中の「ドイツ人の」という文言を削除すべきであると提案している。これは、ドイツ文化圏の中にある他の民族を区別すべきでないとの考えに基づくものであった。また、第二の提案として、「憲法」の代わりに「法律（による婚姻の保護）」という文言を用いるべきことが提案された[74]。

なお、ここでは、同じく社会民主党のマックス・クァルク（Max Quarck）から示された婚姻の憲法的保護に対する疑義が注目される。クァルクが指摘したのは、婚姻を憲法の特別な保護の対象とする場合、そのような条文の採択は、全政党が目指している非嫡出子の保護に反するということであった。クァルクは、非嫡出子がドイツにおける出生数のかなりの割合を占めていることに言及し、これらの子供が「国民の維持及び増殖」にとって重要な役割を果たしていることを指摘する。さらに、このことから、婚姻が「国民の維持及び増殖の源泉」であるとする文言に疑問を投げかけ、その削除を提案した[75]。

もっとも、クァルクの指摘が同日の審議のなかで深められた形跡はなく、同日中に示された修正提案は、すべて否決されている[76]。このため、憲法委員会案として国民議会本会議へ提出されたのは、委員会第一読会において採択されたものであった。

(c) **委員会審議の特徴**　以上の委員会審議からうかがえるのは、最大勢力である社会民主党の委員に対する、中央党及び民主党委員らの一貫した優勢である。そして、審議におけるこれらの中道政党の優勢こそが、憲法委員会案における家族保守的思考の維持につながったと考えることができる。

また、憲法委員会は委員の大半を男性議員が占めており、女性議員がほとんど参加していなかったという構成上の特徴を指摘することができる[77]。国民議会における女性議員の数は、全423議席中37議席であり、全体の1割弱にとどまっていた[78]。したがって、委員会での男女の構成の偏りは、必ずしも不合理なもので

74　Verhandlungen, Bd. 336, S. 505.
75　Verhandlungen, Bd. 336, S. 505 f.
76　Verhandlungen, Bd. 336, S. 506.
77　小林昭三・前掲注（39）110-111頁が列挙する憲法委員会の全委員のうち、女性は、わずかに社会民主党のマリー・ユハッツ（Marie Juchacz）1名であり、さらにユハッツは委員会審議において、婚姻・家族条項に関する具体的な発言を残していない。
78　タルマン・前掲注（42）28頁参照。なお、女性議員の内訳は、社会民主党19名、中央党6名、民主党5名、国家人民党3名、独立社会民主党3名、人民党1名であった。

128

はなかったが、他方で、必然的に婚姻の一方当事者となる女性の意見を審議から排除してしまうという結果を招いたように思われる。

　このことを裏書きするように、審議が国民議会第二読会に移ると、そこでは女性議員らの積極的な発言が見られるようになり、それまでの委員会審議とは対照的に、母性の保護や非嫡出子の権利保障に関する具体的な修正提案が示され、最終的には、男女の同権までもが具体化されていくこととなる。以下では、第二読会以降の国民議会の審議を確認していくこととしよう。

（3）国民議会における審議

　婚姻と家族のみを基本権的保護の対象とする憲法委員会案は、国民議会本会議において、必ずしも好意をもって受け入れられなかった。特に社会民主党と独立社会民主党の議員にとって、委員会案は特別な問題を含むものであり、様々な指摘がなされている。

　また、既に触れたとおり、国民議会の審議で注目されるのは、母性の保護や非嫡出子の権利保障を求めた女性議員らの活躍である。特に婚姻・家族条項に関する女性議員らの関心の高さは際だったものがあり、その僅かな議席数を考えれば、審議に与えた影響は決して小さくなかったと言えるであろう。

　(a) 第二読会　　第二読会では、7月16日の第58回本会議において家族規定の審議が開始される。なお、第二読会に提出された憲法委員会案では、婚姻・家族条項は、第32a条から第118条へと移動したが、その内容は、若干の字句修正があるものの、前出の案と同内容といってよい[79]。

　同日の婚姻・家族条項に関する審議では、冒頭にバイエルレが報告者として委員会案の趣旨説明を行っているが[80]、この後に、各党から主張・提案されたのが、母性の保護や非嫡出子の権利保障の問題であった。もっとも、各党の考えは微妙に異なるものであり、提案は、中央党、社会民主党、民主党、独立社会民主党のそれぞれから行われている。

　まず、中央党のアドルフ・グレーバー（Adolf Gröber）は、第1項を「母性は、法律の定める基準に従い、保護及び扶助を受ける。」とし、第2項を「嫡出でな

79　Verhandlungen, Bd. 336, S. 11.

80　Verhandlungen der verfassunggebenden Deutschen Nationalversammlung, Band 328.: Stenographische Berichte. Von der 53. Sitzung am 10. Juli 1919 bis zur 70. Sitzung am 30. Juli 1919, Berlin 1920, S. 1597 ff.（以下、「Verhandlungen, Bd. 328, S. 1597 ff.」の要領で略記する。）

ヴァイマル憲法における婚姻・家族条項（鈴木）　　*129*

い子には、立法を通じて、身体的、精神的及び社会的成長についての公平な条件が設けられなければならない。」とする第118a条の新設を提案しているが、ここからは、母性及び非嫡出子の問題は、婚姻・家族の問題とは別に規定すべきであるとの中央党の立場がうかがえる[81]。

　一方、社会民主党は、マリー・ユハッツ（Marie Juchacz）ら6名（うち女性4名）からの提案として、第1項を「婚姻及び母性は、憲法の保護を受け、国の扶助を求める権利を有する。」とする修正案を提示している。さらに、ユハッツと同志らは、第1項に「嫡出でない子は父親の氏を名乗る権利を有し、嫡出子と同等の法的地位を有する。」という1文の追加を、また、第1項に続けて、「嫡出でない子は、養育、教育、父及び母からの相続について、嫡出子と同等の権利を有する。」、「家族の健全化及び社会的助成は、国及び市町村の任務である。」という2文を挿入することを提案した[82]。

　さらに、民主党のヘルマン・ルッペ（Hermann Luppe）ら5名（うち女性3名）は、第118条を「婚姻は、憲法の保護を受け、母性は、国の保護及び扶助を求める権利を有する。」（第1項）、「家族の健全化及び社会的助成は、国及び市町村の任務である。多子家族は、調整のための扶助を求める権利を有する。」（第2項）とし、非嫡出子の保護については続く第119条に規定することを提案した[83]。

　そして、独立社会民主党からは、ローレ・アグネス（Lore Agnes）と同志らが、第1項を「妻は、自らの婚姻のために、職務の就任または執行を妨げられない。」とする修正案と、第3項に公衆衛生制度の国有化などを定める規定の追加を提案した。また、同党のルイーゼ・ツィーツ（Luise Zietz）と同志からは、第2項に「嫡出でない子は父の氏をもちい、嫡出子と同等に扱われる。嫡出でない子の母は、公的関係において、夫人（Frau）と呼ばれることを求める権利を有する。」という文言の追加が提案された[84]。

　各党の提案確認後の審議では、まず、社会民主党のエリーザベト・レール（Elisabeth Röhl）からの発言が記録されている。レールは、婚姻が子供の養育と必ずしも直接的に結びついていないことを指摘し、第118条1項で、「婚姻」と同

81　Verhandlungen, Bd. 328, S. 1599-1600.
82　Verhandlungen, Bd. 328, S. 1600.
83　Ebenda.
84　Ebenda.

時に、既婚・未婚を問わない「母性」の保護を規定することの重要性を主張した。また、非嫡出子の平等な法的取扱いによって、女性への道徳的な非難が緩和されることも説いている[85]。

これに対して、中央党のアグネス・ノイハウス（Agnes Neuhaus）は、社会民主党、独立社会民主党の双方の提案への不同意を表明した。ノイハウスは、非嫡出子の保護自体は否定せずに、嫡出子と非嫡出子の平等な法的取扱いによって「民族の良識（Volksgewissen）が動揺する」ことを問題として、両者を故意に同じ地位に置くことは避けるべきであるとの主張を展開した。このため、非嫡出子に対する保護は、婚姻・家族条項とは別個に定めるべきものとした。また、「婚姻」と「母性」を並置する社会民主党案に対しても、後者に未婚の母が含まれうることを指摘し、両者を並置することはできないとする。ただし、ノイハウスは、母性の保護の必要性も否定しておらず、自党提案の第118a条を確認している[86]。

次に発言した民主党のエリーザベト・ブレンナー（Elisabeth Brönner）も、非嫡出子の保護の必要性は認めつつ、非嫡出子と嫡出子とを「同等」とする独立社会民主党の提案には、平等化の方向性が明確でないとの理由から反対している。また、「婚姻」と「母性」とを並置する社会民主党案については、制度とそうでないものとを同一に憲法的保護の対象とすることはできないとして、母性の保護は、第１項後段に別個に規定することを提案した[87]。

これらの審議を経て、第二読会における婚姻・家族規定の採決は、翌17日の第59回本会議において行われた。同会議では、各党提案の修正案が順次採決にかけられたが、最終的に、民主党提案が第１項及び第２項の基本となり、第２項の後段には独立社会民主党提案の一部が採択された。第二読会案第118条は、以下のとおりである。

> Die Ehe steht unter dem Schutz der Verfassung, die Mutterschaft hat Anspruch auf den Schutz und die Fürsorge des Staats.
> Die Gesundung und soziale Förderung der Familie ist Aufgabe des Staats und der Gemeinden. Kinderreiche Familien haben Anspruch auf ausgleichende Fürsorge. Die Mutter des unehelichen Kindes hat den Anspruch, auch im amtlichen Verkehr als Frau bezeichnet zu werden.[88]

---

85 Ebenda.
86 Verhandlungen, Bd. 328, S. 1601 ff.
87 Verhandlungen, Bd. 328, S. 1603 ff.

［試訳］

① 婚姻は、憲法の保護を受け、母性は、国の保護及び扶助を求める権利を有する。

② 家族の健全化及び社会的助成は、国及び市町村の任務である。多子家族は、調整のための扶助を求める権利を有する。嫡出でない子の母親は、公的関係において、夫人と呼ばれることを求める権利を有する。

ここでは、第2項案から「人口政策」という文言が姿を消しているが、第二読会では、母性の保護の必要性について各党間の広範な合意が見られた。これは、左派政党が依拠した社会国家思想が、「国民の維持及び増殖」に強い関心を示してきた中道政党の考えに結びついたものと考えることができるであろう。

これに対し、非嫡出子の扱いをめぐっては、養育などについての嫡出子と「同等の権利」の保障を求める社会民主党と、身体的、精神的及び社会的成長についての「公平な条件」の提供を目指す中央党との間の大きな対立が見られる。この問題については、結局、民主党が両勢力の折衷的な提案（身体的、精神的、社会的成長についての同・等・の・条・件・）を行うことで一定の決着が図られ、最終的にヴァイマル憲法第121条へと結実した。

(b) 第三読会　第三読会では、7月30日の第70回本会議において婚姻・家族規定の審議が見られ、同日中に条文が確定する[89]。

ここで注目されるのが、第118条1項に「婚姻は、両性の同権に基づくものとする。」という文言の追加を求める民主党のアプラスと同志らの提案である[90]。これは、ヴァイマル憲法第109条に結実する「男女の平等原則」が、当初、私法上の権利には及ばないとされたことを受けてのものだとされ[91]、実際に、国家人民党のアダルベルト・デューリンガー（Adalbert Düringer）は、民法上の構造が修正されることを理由にこれに反対したが、民主党のマリー・バウム（Marie Baum）が同案を積極的に支持する演説を行い、その後の採決でも承認を得た。

なお、第三読会では、第二読会案第118条1項中に置かれていた母性の保護が、新設の3項に移動し、2項後段に置かれていた未婚の母の呼称をめぐる規定が削除されることとなる。こうして確定した第118条は、ヴァイマル憲法では第

88　Verhandlungen der verfassunggebenden Deutschen Nationalversammlung, Band 337.: Anlagen zu den Stenographischen Berichten. Nr. 392 bis 691, Berlin 1920, S. 426.

89　Verhandlungen, Bd. 328, S. 2126 f.

90　Verhandlungen, Bd. 328, S. 2126.

91　倉田・前掲注（51）29頁。

132

119条として、以下のとおり規定されるに至った（試訳は前出：二・3（3））。

Artikel 119.

Die Ehe steht als Grundlage des Familienlebens und der Erhaltung und Vermehrung der Nation unter dem besonderen Schutz der Verfassung. Sie beruht auf der Gleichberechtigung der beiden Geschlechter.

Die Reinerhaltung, Gesundung und soziale Förderung der Familie ist Aufgabe des Staats und der Gemeinden. Kinderreiche Familien haben Anspruch auf ausreichende Fürsorge.

Die Mutterschaft hat Anspruch auf den Schutz und die Fürsorge des Staats.

3　第119条の規範的意味内容

（1）法的意義と限界

以上に見てきたように、ヴァイマル憲法第119条は、家族保守的思考に基礎を置き、共同体的利益を志向するバイエルレの提案に始まったが、国民議会での審議を通じて、男女の同権や母性の保護を明記するなど、左派勢力や女性議員らの主張を踏まえた、いくつかの重要な修正を受けて成立した。もっとも、相対立する政治勢力の妥協の下に成立した本条の運用実態は、基本権保障の観点からすれば、当初期待された機能を十分に果たすものとはならなかった。それでは、本条は、どのような法的意義をもつものであったのだろうか。以下、簡単ではあるが、要点のみ確認しておくこととしよう。

第一に、第119条1項は、「制度的保障」（institutionelle Garantie）の規定として理解されたことである。例えば、本理論の主唱者カール・シュミット（Carl Schmitt）は、本条における婚姻と家族の保護を制度的保障の例に挙げ、基本権とは区別されなければならないとする[92]。これが意味するのは、同規定が制度的

92　Vgl. *Carl Schmitt*, Verfassungslehre, 1. Auflage, Berlin: Duncker & Humblot GmbH, 1928, S. 170 ff.（邦訳として、尾吹善人訳『憲法理論』（創文社、1972年）215頁も参照。）

　シュミットによれば、「国家の内部では、自然的または組織された団体の基本権というようなものは、ありえない。この、いうところの基本権においては、実は制度的保障があるのである。家族は家族として真正の意味の基本権をもつものではなく、家族の成員も家族の成員としてそれをもつわけではない。家族は、憲法律により、ひとつの制度として保護されうるにすぎない」（邦訳215頁（S. 173）・強調原文）とされる。

　なお、シュミットは後に、憲法典による制度の保障の類型を、公法上の「制度体保障」（institutionelle Garantie）と私法上の「法制度保障」（Institutsgarantie）とに区別したが、このような分類の下に、婚姻制度は後者に属するものとされるに至った。石川健治『自由と特権の距離〔増補版〕』（日本評論社、2007年）31頁以下・162頁以下、及び、鵜澤剛「制度的保障」大林啓吾・

保障の次元でのみ直接適用される法とみなされたということである。換言すれば、婚姻の憲法的保護は、単婚に基づく婚姻制度を法律の改正によって廃止・変更することを禁じる意味をもつものと理解されたのであった[93]。

第二に、第119条は、国民の主観的権利としての性質を認められなかったことである。特に第2項及び第3項は、直接適用される法とはされず、法律の解釈基準として間接的な有効性しか認められなかった[94]。このため、同条が求める両性の同権、多子家族への公的扶助、母性の保護などの要求については、これらを具体化する立法が不十分だったこともあり、必ずしも実現されなかった。グズィによれば、「憲法上規定が置かれている夫婦と家庭に対する改革自身が進展することはほとんどなく、詳細な法的準備が行われたにもかかわらず、そのための法的措置はとられることがなかった」[95]。

第三に、婚姻に憲法の特別の保護を与えることで、明確に法律婚に基づく家族への助成を想定していた第119条は、結果的に、法律制定によって非嫡出子に対して嫡出子と同等の条件の提供を求める第121条の意義を限定したことである。すなわち、第121条は、潜在的に第119条の内容に抵触するものと捉えられたため、狭く解釈されたのであった[96]。このため、同条によって、非嫡出子に対する事実上の不利益取扱いが大きく改善されることはなかった[97]。

（2）シロタ試案第18条への影響

ここまでヴァイマル憲法第119条の成立経緯と運用実態とを確認してきたが、民政局原案起草時に同条を手本にしたというシロタが、こうした法的意義や限界を把握していたかは極めて疑わしいように思われる。そうであるとすれば、前出のシロタ試案第18条に対するヴァイマル憲法第119条の影響は、どの程度あった

見平典編『憲法用語の源泉をよむ』（三省堂、2016年）136頁参照。

93　Vgl. *Gerhard Anschütz*, Die Verfassung des Deutschen Reichs vom 11. August 1919, mit Einleitung und Erläuterungen, Berlin: Verlag von Georg Stilke, 1921, S. 200.; *Matthias Pechstein*, Familiengerechtigkeit als Gestaltungsgebot für die Staatliche Ordnung, Baden-Baden: Nomos Verlagsgesellschaft, 1994, S. 52.

94　*Schmid*, a.a.O.（Anm. 60）, S. 260 f によれば、第119条2項中の「請求（Anspruch）」という制憲者の文言選択は、権威ある注釈書からは無視されたという。

95　*Gusy*, a.a.O.（Anm. 50）, S. 300.（邦訳244-245頁）

96　*Gusy*, a.a.O.（Anm. 50）, S. 301.（邦訳246頁）

97　ハンス・モムゼン（関口宏道訳）『ヴァイマール共和国史　民主主義の崩壊とナチスの台頭』（水声社、2001年）70頁は、憲法制定後も、非嫡出子の扱いの改善要求については裁判所によって取り消されるのが通例であったことを指摘している。

ということができるのだろうか。最後に、両規定を比較しつつ、この問題を検討してみよう。

　まず、文言上の類似点であるが、シロタ試案に見られる①婚姻及び家族の法的保護（第18条中段）、②婚姻における両性の平等（同条中段・後段）、③妊産婦の保護（第19条）などの規定については、ヴァイマル憲法第119条からの明確な影響を指摘できるであろう。

　もっとも、シロタ試案第18条はヴァイマル憲法第119条の内容を一字一句引き写したものではないという点も注目に値する。例えば、ヴァイマル憲法では、婚姻が「家族生活並びに国民の維持及び増殖の基礎」と位置づけられていたのに対して、シロタ試案は、家族を「人間社会の基礎」と位置づけるにとどまっている。また、同憲法に見られる家族の「純潔保持」や「健全化」というある種の倫理性を伴う文言も、シロタ試案には引き継がれていないことが指摘できる。

　さらに両規定の相違点を際立たせるのは、シロタ試案第18条が、ヴァイマル憲法の運用実態とは異なり、「具体的な権利」（第2次試案では「社会権」）の保障を意図して起草された事実であろう。また、試案第18条が、婚姻及び家族は、「紛う方なき両性の法的及び社会的平等に、親の強制ではなく相互の同意に、そして男性の支配ではなく協力に、基礎を置くべき」とする詳細な文言によって両性の平等を強調するとともに、「個人の尊厳」を明記することで個人主義を打ち出している点も差異のあるところである。

　このような両規定の類似点と相違点とを見たとき、シロタ試案がヴァイマル憲法第119条から影響を受けているのは、主として国民議会における社会国家的・平等主義的な修正箇所であり、バイエルレ提案から見られた共同体的利益を志向する文言はほとんど採用されていないことが分かる。このことからは、ヴァイマル憲法の文言からの意識的な取捨選択の形跡がうかがえる[98]。

　なお、シロタ試案では、「婚姻と家族の法的保護」と「非嫡出子の平等取扱い」

98　平岡磨紀子が「構成・文」を担当したシロタ・前掲注（1）159頁には、「婚姻は、家庭生活、民族の維持増進の基礎として、憲法の特別の保護を受けること。婚姻は両性の同権を基礎とすること。家族を社会的に助成することは、国家の義務であること。そして母性は、国家の保護を求める権利があること……などを〔自らの草案に〕詳しく書いた」（傍点・挿入筆者）という記述が見られるが、シロタが同書をもとに再編集した英語版の前掲注（7）110頁では、傍点部分は除かれている点が注目される。同書には、日本版の不正確な部分をそのまま引き継いでしまっている箇所が少なからず見られるが、そうした編集作業のなかで、この言葉が削られたことには一定の意味があるように思われる。

（第19条・第21条）のいずれもが盛り込まれており、この点では、ヴァイマル憲法の抱えていた妥協的性格がそのまま引き継がれているかに見える。もっとも、これはシロタの主たる目的が、同憲法の思想を取り入れることそれ自体にはなく、戦前の日本における家制度の下での不平等を変革することにあったと考えれば、合理的な説明が可能であろう[99]。すなわち、シロタは、自らの目的を達成する手段をヴァイマル憲法の文言に見出し、それを必要に応じて利用したにとどまるのであって、その運用実態がどのようなものであったのかはそもそも関心の対象ではなかったというわけである。

以上のような認識が正しいとすれば、ヴァイマル憲法第119条がシロタ試案第18条に与えた直接的影響は限定的なものであり、シロタ試案の理解に際しては、同憲法が備えていた規範的特質を過度に読み込むべきではないということになろう。

四　おわりに

本稿は、ベアテ・シロタ起草の委員会試案第18条とヴァイマル憲法第119条の関係に注目し、両規定の来歴をたどりつつ、文言上及び思想上の類似点と相違点をさぐることで、規定間の影響の程度を明らかにしようとするものであった。

その検討結果は、既に本論中に明らかだと思われるが、シロタ試案第18条がヴァイマル憲法第119条に着想を得ていることは疑いがないとしても、実質的な影響は限定的であったということができる。特に試案第18条が、明治民法下の家制度に対する改革要求を含むものとして起草されたという背景事情を考えれば、同案の力点が「個人の尊厳」と「両性の平等」にあることは明白であり、その意味において、共同体的利益を重視するヴァイマル憲法第119条とは似て非なるものであった、というのが、本稿のささやかな結論である。

なお、シロタらが起草した市民的権利に関する委員会試案第3節は、「この節ほど、途中で姿を消した条文の多い部分はない」[100]と評されるように、マッカーサー草案完成までに、運営委員会による徹底した削除・修正を受けている。合衆

99　例えば、シロタ・前掲注（1）163頁では、「私は、日本の国がよくなることは、女性と子供が幸せになることだと考えていた。だから、いろいろな国の憲法を読んでも、その部分だけが目に入ってきた。」とされている。

100　田中・前掲注（15）138頁。

国憲法に通暁していた運営委員会のメンバーにとって、社会保障に関する詳細な規定は、憲法ではなく法律で定められるべきものと考えられた。また、これらの諸規定は、理想主義的なプログラム規定と理解され、裁判を通じて実現されうる具体的権利を定めたものとは理解されなかったのである[101]。

このような事情から、委員会試案中の婚姻及び家族の法的保護を明記する一節は、民政局における検討段階において既に削除され[102]、日本側に提示されたマッカーサー草案第23条では、「家族ハ人類社会ノ基底ニシテ其ノ伝統ハ善カレ悪シカレ国民ニ滲透ス」（外務省仮訳）という単体では別段の法的意味をもちえない文言のみが残り、この一節も後の GHQ と日本側との徹夜折衝において削除された[103]。こうして、婚姻・家族条項は、社会権規定として起草されながらも、最終的には、自由・平等を内容とする規定へと変化してゆくこととなる。

もっとも、現行憲法第24条を制憲史的理解に基づいて論じるためには、さらに帝国議会における逐条審議や、憲法制定と並行して行われた民法改正作業の検証も必要であることは言うまでもない。本稿では、前出の結論とともに、このような次なる課題があることを確認しつつ、ひとまず筆を擱くことにしたい。

---

101 例えば、田中・前掲注（15）146頁に見られるラウエルの証言を参照。
102 1946年2月12日に運営委員会内で行われた各委員会修正原案の検討会議では、弁護士及び裁判官の実務経験があった運営委員会メンバーのアルフレッド・ハッシー（Alfred Rodman Hussey）から、シロタ試案に見られる「家庭の復権〔の原理〕が、普遍的で疑問の余地のないような妥当性をもつものであるかどうかについての若干の懐疑の念」が表明されている（高柳ほか・前掲注（11）253頁、挿入は原文による）。アメリカ法の専門的知識を備えていたハッシーによるこの指摘は、ヴァイマル憲法第119条の成立経緯を確認してきたいま振り返ると、示唆に富むものであるように思われる。
103 佐藤達夫（佐藤功補訂）『日本国憲法成立史 第3巻』（有斐閣、1994年）78頁参照。

基本法に与えたバイエルン憲法の影響

櫻 井 智 章

- 一 はじめに
- 二 ヘレンキームゼー草案
- 三 憲法裁判所
- 四 人間の尊厳
- 五 法治国家
- 六 おわりに

一 はじめに

　本稿は、バイエルン憲法（1946年12月2日）がドイツ連邦共和国基本法（1949年5月23日）に対して与えた影響について検討することを目的とする。本稿筆者は、かつてバイエルン憲法裁判所について紹介・検討したことがあるが、その際にバイエルン憲法裁判所が連邦憲法裁判所の創設にとって大きな意味を持ったことについても触れた[1]。本稿は、その趣旨を敷衍して、憲法裁判所に限らずバイエルン憲法が連邦の基本法に対して与えた影響について素描するものである。

　基本法の制定過程については、占領下での憲法制定という共通点もあり、日本における関心も比較的高いといえる[2]。しかしその際に、先行する州憲法、とり

1　櫻井智章「バイエルン憲法裁判所について（一）～（三）・完」甲南法学55巻1・2号（2014年）29頁以下、同3号（2015年）29頁以下、同4号（同年）69頁以下。日本ではほとんど知られていないバイエルン憲法についての基本的な情報も書いているので、併せて参照をお願いしたい。

2　例えば、小林昭三「『ボン基本法』の制定経過に関する覚書」早稲田大学政治経済学雑誌161号（1960年）113頁以下、同「ボン基本法の制定過程における占領軍政府の干渉について」同誌165号（1960年）73頁以下、北住炯一「ドイツ『複合占領』と連邦・州憲法の成立」『現代史と民主主義〈年報日本現代史2号〉』（東出版、1996年）201頁以下、同「連邦制成立をめぐるドイツと占領国の交錯」（名古屋大学）法政論集173号（1998年）1頁以下、石田憲『敗戦から憲法へ』（岩波書店、2009年）など。

　もっとも本来であれば、西側三カ国（英米仏）による占領下で日本国憲法（1946年11月3日）より2年半も遅く制定された基本法よりも、アメリカ一国占領下で制定時期も日本国憲法と近い

わけバイエルン憲法が基本法に与えた影響について触れるものは管見の限りほとんどない。まとまった研究としては、宮本光雄と北住炯一の業績が目につく程度である。宮本光雄は、内容面だけでなく基本法制定に携わった人たちがその数年前には州憲法制定にも関わっていたという人的連続性の観点からも、基本法制定にとっての州憲法の重要性を正当に指摘するものの、ヴュルテンベルク・バーデン憲法（1946年11月28日）とヘッセン憲法（同年12月1日）のみを扱い、バイエルン憲法には触れていない[3]。北住炯一はバイエルンの役割を重視するものの、連邦制の成立という観点に限られている[4]。

　しかしドイツでは、制定史にまで立ち入って記述する詳しめの著書・コンメンタールなどではバイエルン憲法に言及している例がしばしば見られる[5]。そもそもバイエルン憲法は「将来のドイツ憲法の先駆（Vorläufer）、模範（Vorbild）」となることを目指して創られた[6]。もっとも、おおよそ憲法制定者は、多かれ少なかれ後代の模範となるような憲法を制定するという意気込みをもって憲法制定に臨むものといえ、しかも後の憲法が先の憲法を参考にすることは当然といえば当然である。しかし、バイエルン憲法については、このような一般論には解消しえない影響を指摘しうる。基本法の基礎となったのが《ヘレンキームゼー草案》であったことはよく知られている。このヘレンキームゼー草案にバイエルン憲法の影響が強く見られるのである（後述）。さらに、連邦憲法裁判所第三代長官ゲープハルト・ミュラーが「バイエルンの憲法裁判所の判決は、いくつかの点で連邦憲法裁判所の判決のさきがけとなった[7]」と指摘していたように、連邦憲法裁判

　　バイエルン憲法やヘッセン憲法の方が比較対象としては適切である。大嶽秀夫『二つの戦後　ドイツと日本』（日本放送出版協会、1992年）は、基本法ではなく旧西側諸州の憲法と日本国憲法の親近性について指摘していた。バイエルン憲法と日本国憲法との比較については、別稿を予定している。

3　宮本光雄「西ドイツ州憲法制定過程とその史料」成蹊法学29号（1989年）61頁以下。むしろ自身の個人的信条からバイエルン憲法には否定的ですらある。同「自発的国防論と国防義務論」成蹊法学36号（1993年）97頁以下。

4　北住炯一「ドイツ戦後連邦制の成立と地域アイデンティティ」（名古屋大学）法政論集183号（2000年）1頁以下。

5　とりわけ、ミュンヘン大学で学んだ経歴を持つシュテルン（Klaus Stern）教授の全5巻（7分冊）の大著 Das Staatsrecht der Bundesrepublik Deutschland〔部分訳として、赤坂正浩ほか編訳『ドイツ憲法Ⅰ総論・統治編』（信山社、2009年）、井上典之ほか編訳『同Ⅱ基本権編』（信山社、2009年）〕では、バイエルン憲法への言及も多い。

6　*Wilhelm Hoegner*, in: Stenographischer Bericht über die Verhandlungen der Bayerischen Verfassunggebenden Landesversammlung, S. 1 (15. Juli 1946).

7　ゲープハルト・ミュラー（村上淳一訳）「ドイツ連邦共和国における憲法裁判権」法曹時報21巻

所の判例に対するバイエルン憲法の影響についても見逃すことはできない。キーパーソンとなるのは、当時のバイエルン州首相ハンス・エーハルト（Hans Ehard, 1887-1980年）、「バイエルン憲法の父」の一人にしてヘレンキームゼー会議でも大きな役割[8]を果たしたハンス・ナヴィアスキー（Hans Nawiasky, 1880-1961年）、バイエルン憲法裁判所で活躍した後に連邦憲法裁判所第二代長官となったヨゼフ・ヴィントリッヒ（Josef Wintrich, 1891-1958年）[9]の３人である。

二　ヘレンキームゼー草案

　先に指摘したように、基本法の基礎となった《ヘレンキームゼー草案》にはバイエルン憲法の影響が顕著である。これは決して偶然ではなく、バイエルン政府（首相ハンス・エーハルト）が意図的に行ったことである。すなわち、エーハルトは1948年７月15日夜遅くから16日にかけての州首相会議で、専門家委員会をバイエルンの「静穏な地（ruhige[r] Ort）」で開催することを提案し[10]、実際に同年８月10日から23日までバイエルンの景勝地キーム湖[11]の男島で会議は開催されることとなった。その表向きの理由は、雑務に煩わされることなく基礎的な仕事に取り組めるようにするためとされていた。実際、２つしか電話の接続がない島での作業は、あらゆる干渉・影響から遮断された審議を可能にしたと言われている[12]。島の景観も好評であった。しかし本当の理由は、制定される基本法にバイエルンの影響を及ぼし得るようにすることにあった[13]。ホストとしての地位を最大限に

　　3号（1969年）2頁。

　8　*Reinhard Mußgnug*, Zustandekommen des Grundgesetzes und Entstehen der Bundesrepublik Deutschland, in: Josef Isensee／Paul Kirchhof（Hrsg.）, Handbuch des Staatsrechts der Bundesrepublik Deutschland Bd. 1, 3. Aufl. 2003, S. 329（Rn. 39）は、「持続的影響（nachhaltige[r] Einfluß）」と表現している。

　9　ヴィントリッヒについては、櫻井智章「戦後ドイツにおける基本権論の展開の出発点」初宿正典先生還暦記念論文集『各国憲法の差異と接点』（成文堂、2010年）421頁以下を参照。

　10　Der Parlamentarische Rat 1948-1949 Akten und Protokolle, Bd. 1 Vorgeschichte, 1975〔以下PR1と略記〕, S. 160.

　11　ゲーテ・インスティトゥート・ミュンヘン校のBerthold Kuhne先生によれば、Chiemseeのchを「ヒ」ではなく「キ」と発音する（Duden Aussprachewörterbuchでも［ki:mze:]）のはBairischだからとのことである。

　12　*Barbara Fait*, Potsdam‐Herrenchiemsee‐Bonn, in: Haus der Bayerischen Geschichte（Hrsg.）, Auf dem Weg zum Grundgesetz, 1998, S. 28.

　13　*Peter Bucher*, Einleitung, in: Der Parlamentarische Rat 1948-1949 Akten und Protokolle, Bd. 2 Der Verfassungskonvent auf Herrenchiemsee, 1981〔以下PR2と略記〕, S. CXIV. この点に触れ

140

利用したというだけではない。他の委員が特別な準備をすることなく集まったの
に対し、バイエルンはナヴィアスキーらの手による「バイエルンの基本法草案
(Bayerisher Entwurf eines Grundgesetzes für den Verfassungskonvent)」(PR2, S. 1-34)
および「基本法制定に関するバイエルンの基本構想 (Bayerische Leitgedanken für
die Schaffung des Grundgesetzes)」(PR2, S. 34-44) を周到に準備し、会議に提出し
た。この草案が議論のたたき台とされたわけではないが、結局のところ審議の最
も重要な基礎となったのである[14]。その後、ボンでの「議会評議会 (Parlamenta-
rischer Rat)」において、ヘレンキームゼー草案から変更を加えられた箇所がある
ことも確かであり、その結果として、基本法144条に基づく採択をバイエルン州
議会が否決する (賛成：64、反対：101、棄権：9)[15]という事態も発生している。し
かし、全員が憲法の専門家 (Verfassungsexperten) によって構成され党派的利害
を排除して審議したうえで作成されたヘレンキームゼー草案[16]は、「ワイマール
の教訓」からよく学んだ内容となっていたというだけでなく、アントン・プファ
イファー (Anton Pfeiffer, CSU/Bayern)[17]、アドルフ・ズュスターヘン (Adolf
Süsterhenn, CDU/Rheinland-Pfalz)[18]、カルロ・シュミート (Carlo Schmid, SPD/Würt-
temberg-Hohenzollern)[19]などヘレンキームゼー会議の主要メンバーが議会評議会

る文献は多いが、とりわけ *Karl-Ulrich Gelberg*, Hans Ehard, 1992, S. 172 f. ; *ders.*, Bayerische
Strategien für den Konvent, in: Peter März/Heinrich Oberreuter (Hrsg.), Weichenstellung für
Deutschland, 1999, S. 55-57 ; *Rudolf Morsey*, Die Rolle der Ministerpräsidenten bei der Entste-
hung der Bundesrepublik Deutschland 1948/49, in: Bundesrat (Hrsg.), 50 Jahre Herrenchiem-
seer Verfassungskonvent, 1999, S. 46 f. を参照。日本でも入手が容易なものでは、*Rudolf Morsey*,
Zwischen Bayern und der Bundesrepublik, JZ 1981, S. 366 ; *Horst Säcker*, Verfassungskonvent
1948, DÖV 1998, S. 785 f. を参照。

14 *Fait*, Potsdam - Herrenchiemsee - Bonn (Fn. 12), S. 33.
15 Stenographischer Bericht über die Verhandlungen des Bayerischen Landtags, Bd. 4, S. 79 ff.,
   S. 174 (19.-20. Mai 1949).
16 *Fait* (Fn. 12), S. 28 f. ヘレンキームゼー会議に関する議長プファイファーによる「学問的研究団
   体 (wissenschaftliche Studiengesellschaft)」という自己評価 (PR1, S. 381) をも参照。
17 憲法準備委員会以来バイエルン憲法制定に携わったプファイファーはヘレンキームゼー会議の
   議長を、議会評議会では CDU/CSU 会派の長を務めている。カタカナ表記については、初宿正典
   『暇つぶしは独語で〔新版〕』(成文堂、2010年) 166頁以下を参照。
18 カトリック自然法論者であるズュスターヘンの思想と彼が中心となって制定されたラインラン
   ト・プファルツ憲法については、遠藤孝夫「ドイツ占領期ラインラント・プファルツ州憲法の制
   定と宗教教育の復権」弘前大学教育学部紀要97号 (2007年) 87頁以下参照。
19 隣国となるヴュルテンベルク・バーデン憲法の制定に際して中心的役割を果たす。宮本光雄
   「西ドイツ州憲法と戦争放棄」成蹊法学28号 (1988年) 228頁以下、同・前掲注 (3)「西ドイツ
   州憲法制定過程とその史料」65頁以下、遠藤孝夫「戦後ドイツ社会の再建とキリスト教倫理の復
   権」岩手大学教育学部附属教育実践総合センター研究紀要 8 号 (2009年) 1 頁以下。議会評議会

においても中心的に活躍したという人的継続性もあり、基本法に決定的な影響を
与えたことは確かである[20]。「ボン基本法」と呼ばれることもある基本法である
が、バイエルン州首相（当時）シュトイバーが「基本法はバイエルンで生まれた
(Die Wiege des Grundgesetzes stand in Bayern.)[21]」と述べたのは決して誇張とは言
えないのである。

　当然のことながら、バイエルン王国以来の歴史と伝統に基づく地域アイデン
ティティの強さを誇るバイエルンの主眼は、連邦に対する州権の擁護にあった。
とりわけ首相は「彼ほど具体的かつ包括的に連邦制構想を掲げた州首相は他にい
ない」と評されるエーハルトであった[22]。集権的ナチス体制の否定という一般的
状況に加えてバイエルンの分権志向[23]を考慮に入れれば、バイエルンが州権の強
い連邦制を主張することは驚くに値しない。教皇ピウス11世の回勅「クアドラ
ジェジモ・アンノ（40周年）」（1931年）で示された「補完性原理」[24]が、カトリック
が強くキリスト教社会同盟（CSU）が政権を握るバイエルンで強い影響力を持っ
た[25]というだけでなく、「下から上への民主主義（Demokratie von unten nach
oben）」はバイエルン憲法自体に規定されているところでもあった（11条4項）[26]。

では SPD 会派の長を務めている。なお、Carl Schmitt との混同に関するエピソードとして、初
宿・前掲注（17）『暇つぶしは独語で』121頁以下〔同『カール・シュミットと五人のユダヤ人法
学者』（成文堂、2016年）155頁以下〕参照。

20　*Werner Frotscher/Bodo Pieroth*, Verfassungsgeschichte, 15. Aufl. 2016, S. 380 f. (Rn. 782 f.);
栗城壽夫「ドイツ基本法（憲法）の成立と展開」聖学院大学総合研究所紀要52号（2012年）43頁。

21　*Edmund Stoiber*, Vorwort, in: Auf dem Weg zum Grundgesetz (Fn. 12), S. 3.

22　北住・前掲注（4）「ドイツ戦後連邦制の成立と地域アイデンティティ」30頁。日本の自民党よ
りも遥かに強固なバイエルン保守政治の基礎を築いたエーハルトであるが、元来は法律家であっ
た。櫻井「バイエルン憲法裁判所について（一）」36-37頁注（18）を参照。

23　ヘレンキームゼー会議の会場だった旧城（Altes Schloß）には、「スウェーデン、ノルウェー、
デンマーク、オランダ、ベルギー、ルクセンブルク、アイルランド、スイスはバイエルンより小
さい、だが独立していて幸せである」というポスターが掲げられている（同ポスターは Auf dem
Weg zum Grundgesetz [Fn. 12], S. 18にも掲載されている）。

24　参照、ピオ11世（岳野慶作訳解）「クアドラジェジモ・アンノ」中央出版社編『教会の社会教
書』（中央出版社、1991年）191-92頁。ズュスターヘンはこの回勅を、国家の絶対主義を克服す
る垂直的権力分立原理を説いたことにより、国家における絶対主義を克服するモンテスキューの
水平的権力分立論に匹敵するものと位置づける。*Adolf Süsterhenn*, Das Subsidiaritätsprinzip als
Grundlage der vertikalen Gewaltenteilung, in: Vom Bonner Grundgesetz zur gesamtdeutschen
Verfassung, Festschrift zum 75. Geburtstag von Hans Nawiasky, 1956, S. 141 ff.

25　Vgl. *Hans Ehard*, Die geistigen Grundlagen des Föderalismus (1954), 1968, S. 4 f. CSU の連
邦制構想についてまとめる、北住炯一「戦後ドイツ国家形成と連邦主義言説」（名古屋大学）法
政論集221号（2008年）29頁以下をも参照。

26　Stenographische Berichte über die Verhandlungen des Verfassungsausschusses der Baye-
rischen Verfassunggebenden Landesversammlung Bd. 1, S. 133 ff. (26. Juli 1946). ここで補完性

したがってバイエルンの力点も連邦制や第二院のあり方に置かれていた。そし
て、まさにこの《連邦制》問題こそが、最終的に「バイエルンの立場から満足し
うる憲法を完成させることがボンではできなかった」（エーハルト）[27]として、バイ
エルン州議会が基本法の採択を否決するという結末へと導いたことは事実であ
る。しかし他方で、「基本法の最も争われた部分[28]」と指摘される《連邦参議会》
の創設に際しては、州政府の代表によって構成される連邦参議会型か、州議会の
選出する独立した議員によって構成される元老院型か、という争点（ヘレンキー
ムゼー会議では決着をつけずに、草案では両案が併記されていた〔PR2, S. 592-94〕）につ
いて、エーハルトの活躍（エーハルト・メンツェル会談）によってビスマルク憲法
以来の連邦参議会型になったことが知られている[29]。当初から連邦参議会を「憲
法全体の要点（Angelpunkt）」と位置付けていたエーハルト[30]は後に、連邦参議会
の実現は「連邦主義思想にとっての決定的成果」だったと評している[31]。

　以上のような連邦制に関する争点以外でも、バイエルン憲法およびバイエルン
の基本法草案がヘレンキームゼー草案および基本法に影響を与えた痕跡を見出す
ことは困難ではない。以下では、基本法の特徴として指摘されるいくつかの点に
絞って見ていくこととする[32]（政権の不安定だったワイマール憲法に対して、政権の安
定化を図ったことが基本法の特徴として挙げられることも多く[33]、この点についてもバイエ

　原理について力説した CSU のシュヴァルバー（Josef Schwalber）は、後にヘレンキームゼー会議
　におけるバイエルン代表となり、議会評議会のメンバーにもなっている。議会評議会においても
　連邦制について力説し（Der Parlamentarische Rat 1948-1949 Akten und Protokolle Bd. 9 Ple-
　num, 1996〔以下 PR9 と略記〕, S. 89 ff.）、最終的には基本法に反対した12人のうちの１人となる。
27　St. B. LT (Fn. 15), S. 81.
28　*Hermann von Mangoldt*, Das Bonner Grundgesetz, 1. Aufl. 1953, S. 262. マンゴルトは議会評議
　会のメンバーであった。
29　*Rudolf Morsey*, Die Entstehung des Bundesrates im Parlamentarischen Rat, in: Bundesrat
　(Hrsg.), Der Bundesrat als Verfassungsorgan und politische Kraft, 1974, S. 71, S. 76 f. ; 北住炯一
　「戦後ドイツにおける連邦参議院の成立」（名古屋大学）法政論集208号（2005年）39頁以下、高
　田篤「ドイツ「連邦参議院」の展開についての一考察」阿部照哉先生喜寿記念論文集『現代社会
　における国家と法』（成文堂、2007年）439頁以下。
30　*Rudolf Morsey*, Föderalismus im Bundesstaat (1988), in: ders., Von Windthorst bis Adenauer,
　1997, S. 476.
31　*Morsey*, Die Entstehung des Bundesrates (Fn. 29), S. 77.
32　憲法判例においても、《憲法適合的解釈》の手法を初めて用いた BVerfGE 2, 266 (282) が1952
　年２月13日のバイエルン憲法裁判所判例（DÖV 1952, S. 373/VerfGH 5, 19 [29]）の参照を指示し
　ているなど興味深い例があるが、別の機会を期したい。
33　例えば、*Friedrich Karl Fromme*, Von der Weimarer Verfassung zum Bonner Grundgesetz, 1.
　Aufl., 1960, S. 79 ff. ; 3. Aufl. 1999, S. 92 ff.

ルン憲法の模範性が指摘されることがある[34]。この問題については、他の州憲法をも踏まえた検討が必要であるとともに、スイスがモデルとされている[35]ことも含め興味深い点であり、別の機会に扱いたい)。

三　憲法裁判所

「ドイツ連邦共和国基本法をきわだたせている最大の特徴の一つは、憲法の番人（Hüter der Verfassung）として広範な権限を付与されている連邦憲法裁判所（Bundesverfassungsgericht）の存在であることは言うまでもない[36]」と指摘されているように、基本法を（ドイツ憲法史的にだけでなく比較憲法的にも）特徴づける制度として《憲法裁判所》を挙げることに異論はあるまい。その憲法裁判所こそ、バイエルン憲法の影響が最も顕著である[37]。連邦憲法裁判所にはワイマール憲法時代の国事裁判所よりも遥かに広範な権限が付与されることとなるが、それらの権限が「ヘレンキームゼー会議では、ほとんど審議もなく次々と列挙された[38]」と評されることがある。これは、当然のことながら何の根拠もなく思いつきで列挙されていったわけではなく、先述のようにバイエルンの基本法草案に依拠しているのである（そしてバイエルンの基本法草案は当然のことながらバイエルン憲法に依拠

34　*Thoedor Maunz*, Deutsches Staatsrecht, 1. Aufl. 1951, S. 8. マウンツもヘレンキームゼー会議に参加していた。当時はフライブルク大学教授でありバーデン州代表 Paul Zürcher の Mitarbeiter としての参加であったが、ナヴィアスキーの門弟であり、1952年からナヴィアスキーの講座を承継してミュンヘン大学教授となる。ナチスの過去がしばしば問題とされる（vgl. *Michael Stolleis*, Theodor Maunz [1993], in: ders., Recht im Unrecht, 1994, S. 306 ff.）が、招聘に尽力したのはナヴィアスキーだったという。*Florian Hermann*, Hans Nawiasky, in: Hermann Nehlsen/Georg Brun (Hrsg.), Münchner rechtshistorische Studien zum Nationalsozialismus, 1996, S. 432.

35　*Wilhelm Hoegner*, Professor Dr. Hans Nawiasky und die bayerische Verfassung von 1946, in: Staat und Wirtschaft, Festgabe zum 70. Geburtstag von Hans Nawiasky, 1950, S. 3. バイエルン憲法については、「バイエルン憲法の父」であるヘーグナーとナヴィアスキーがともにスイス亡命経験者であり、しかもヘーグナー草案が亡命中にスイスで準備されていたという経緯もあり、スイス憲法の影響が指摘されている。櫻井「バイエルン憲法裁判所について（一）」39頁注（25）を参照。

36　初宿正典「フランクフルト憲法におけるライヒ裁判所の管轄権」（1982年）同『日独比較憲法学研究の論点』（成文堂、2015年）477頁。

37　何よりも *Ekkehard Schumann*, Bayern als Vorreiter umfassender Verfassungsgerichtsbarkeit, in: Martin Löhning (Hrsg.), Zwischenzeit, 2011, S. 151 ff. を参照。シュテルンもバイエルン憲法裁判所の「模範（Vorbild）」性について論じている。*Stern*, Staatsrecht (Fn. 5) Bd. II, 1980, S. 330 f.〔『ドイツ憲法 I』367頁〕；Bd. III/2, 1994, S. 1242〔『ドイツ憲法 II』369頁〕。

38　永田秀樹「西ドイツ連邦憲法裁判所成立過程の研究」法学論叢104巻 2 号（1978年）60頁。

していた）。このことは、バイエルン憲法、バイエルンの基本法草案、ヘレンキームゼー草案、基本法を対照すれば一目瞭然である[39]。ヘレンキームゼー会議において第三小委員会（Unterausschuss III）で憲法裁判所について担当したのがバイエルンのクラウス・ロイサーであった。このロイサーは、バイエルン憲法制定に際して事務方（事務総長）として大きな役割を果たした人物であり、バイエルン憲法の最も権威的なコンメンタールの共著者である[40]（1951年9月からは連邦憲法裁判所の初期メンバーとなる[41]）。

また、同じく大陸型憲法裁判所の中でもとりわけドイツ連邦憲法裁判所を際立たせる権限、その意味で良くも悪くも連邦憲法裁判所の特徴的な権限として挙げられるのが《政党禁止》（基本法21条2項）である。しかし、違憲な政党を選挙や投票から排除する規定（15条2項）、そしてその点に関する決定を憲法裁判所に行わせる規定（62条）は、既にバイエルン憲法に置かれていた[42]（憲法に違反した大臣の弾劾は伝統的に国事裁判所の権限であり、大臣弾劾手続に準拠して構想されたと考えられる[43]）。「民主主義者に対してのみ民主主義」を保障し[44]、「自殺としての民主主義（Demokratie als Selbstmord）」を拒絶する[45]というのが「バイエルン憲法の父たち」による趣旨説明である。「自殺としての民主主義」は、ヘレンキームゼー報告書においても ―― 草案20条（基本法18条）の基本権喪失に関してではあるが ―― 触れられている考え方であり[46]、ナヴィアスキーは基本法21条2項の説明に

39　対照表は、櫻井「バイエルン憲法裁判所について（二）」65-66頁【表9】及び同「同（三）・完」104-105頁【表12】に掲げてある。

40　*Hans Nawiasky/Claus Leusser*, Die Verfassung des Freistaates Bayern vom 2. Dezember 1946, 1948. このコンメンタールは、まさにヘレンキームゼー会議が開催された1948年8月に出版されている。

41　もっとも、連邦におけるバイエルン州代表（Bevollmächtiger des Freistaats Bayern beim Bund）となるため、すぐに辞職している（1952年1月）。

42　同様の規定はヘッセン憲法（146条）、ラインラント・プファルツ憲法（133条）にも見られた（後者は1991年の憲法改正によって削除されている）。バーデン憲法（118条）にも存在した。

43　Vgl. *Schumann*, Bayern als Vorreiter (Fn. 37), S. 120.

44　*Wilhelm Hoegner*, Lehrbuch des Bayerischen Verfassungsrechts, 1949, S. 3 f. ; *ders.*, Die Bayerische Verfassung von 1946 als Antwort auf die Vergangenheit, in: Nach 20 Jahren, 1966, S. 11.

45　*Hans Nawiasky*, in: St. B. VA (Fn. 26), Bd. 1 S. 103（25. Juli 1946）. Vgl. auch *Nawiasky/Leusser* (Fn. 40), S. 92.「憲法の民主的基本思想」に反する憲法改正の禁止（75条1項2文）などについても「自殺としての民主主義」の否定が趣旨だと説明されている（ebd., S. 31, S. 155）。

46　PR2, S. 516. 政党禁止（草案47条4項）については、連邦憲法裁判所のみが政党を違憲と判断しうる点が強調されている（PR2, S. 537）。このこと自体、草案の基本権の部分にナヴィアスキーの影響が強く見られる（後述）1つの証左といえる。

際してもワイマール期の「自殺としての民主主義」に言及している[47]（アンシュッツに代表されるワイマール憲法解釈の「自殺に至るまでの中立性」を指摘していたのがカール・シュミットであった[48]）。そして、まさに基本法の政党禁止と趣旨[49]が同じであるが故に、基本法の制定によって —— 政党を違憲と判断できるのは連邦憲法裁判所のみとされたため —— バイエルン憲法のそれらの規定は実際上無意味になったと解されている[50]。

さらに、あらゆる手続の中で圧倒的多数を占めるという量的な側面だけでなく「基本権の擁護者」としての役割という質的な側面においても、連邦憲法裁判所における最も重要な手続となっているのが《憲法異議》であることは周知の通りである。この憲法異議こそ、これから見ていくように、バイエルンの伝統的制度であった。基本法の下での憲法異議の制度化に際しても、バイエルンの憲法異議が「傑出して（herausragend）」重要だったと指摘されている[51]。

1818年憲法では、「憲法上の権利（constitutionelle Rechte）」の侵害を理由としてすべての国民（及び自治体）が提起できる等族議会（1872年以降は州議会）への異議（第Ⅶ編21条）〔及び憲法の侵害を理由とする等族の国王への異議（第Ⅹ編5条）〕が定められていた。ここに憲法異議の起源を求めること[52]が妥当かどうかはともかくとして、両院の実務において「憲法異議（Verfassungsbeschwerde）」という表現が用いられるようになったという（「憲法異議」という表現はバイエルンの国法学者マックス・フォン・ザイデル[53]に由来すると言われることもある[54]が、シューマンによれ

---

47 *Hans Nawiasky*, Die Grundgedanken des Grundgesetzes für die Bundesrepublik Deutschland, 1950, S. 83.

48 *Carl Schmitt*, Legalität und Legitimität, 1932, S. 47〔田中浩＝原田武雄訳『合法性と正当性』（未来社、1983年）71頁〕。

49 ヴィントリッヒ・コートで「自由の敵には無条件な自由を与えない」「たたかう民主主義」と表現される（BVerfGE 5, 85〔138, 139〕）。

50 VerfGH 11, 164（180）; *Hans Nawiasky/Hans Lechner*, Die Verfassung des Freistaates Bayern, Ergänzungsband 1953, S. 46.

51 *Stern*, Staatsrecht（Fn. 5）Bd. III/2, S. 1273 f.〔『ドイツ憲法Ⅱ』395頁〕。

52 *Hildegund Holzheid*, Der Bayerische Verfassungsgerichtshof als Hüter der Bayerischen Verfassung, in: 50 Jahre Bayerische Verfassung, 1996, S. 68; *Stern*, Staatsrecht（Fn. 5）Bd. III/2, S. 1270〔『ドイツ憲法Ⅱ』392頁〕。シュテルンは現在の憲法異議の先駆者（Vorläufer）として、①1849年フランクフルト憲法126条g号（未施行）、②1818年バイエルン憲法、③1919年バイエルン憲法を挙げる（ebd., S. 1268 f.〔391頁〕）。

53 *Max von Seydel*, Bayerisches Staatsrecht Bd. 2, 1. Aufl. 1885, S. 72; *ders.*, Das Staatsrecht des Königreichs Bayern, 1. Aufl. 1888, S. 57.

54 *Bruno Schmidt-Bleibtreu*, in: Maunz/Schmidt-Bleibtreu/Klein/Bethge, Bundesvefassungs-

ば、実務上用いられていた表現を学問上導入したのがザイデルである）[55]。バイエルンで
は、国事裁判所が設けられたのは三月革命後の1850年のことであるから、憲法異
議の方が国事裁判所よりも歴史が長い。1919年憲法（バンベルク憲法）では、憲法
違反の権利侵害に対して国事裁判所への憲法異議が規定された（93条1項・70条1
項）。そこでは既に、他の権利救済手段を尽くした場合にのみ憲法異議が許され
ることも明記されていた（93条1項2文）。ここに現在の憲法異議の直接の起源を
見出すことができる[56]。現行のバイエルン憲法では、法令が民衆訴訟の対象とさ
れているという点を除き、現在連邦で採用されているものとほぼ同様の憲法異議
が導入されていた（66条・120条）。同時期に制定されたヘッセン憲法における類
似の手続が ── バイエルンを模範（Vorbild）としている[57]にも関わらず ──
「憲法異議」ではなく「基本権訴訟（Grundrechtsklage）」と称されているのは、憲
法異議が「特殊バイエルン的性格（spezifisch bayerische[r] Charakter）」を有すると
考えられていたからである[58]。

　今でこそ憲法異議は質的にも量的にも最も重要な手続となっているが、基本法
の制定に際しては導入が否定・先送りされたこともよく知られている[59]。しか
し、バイエルンの基本法草案では憲法異議は当然に規定されており（62条8号）、
ヘレンキームゼー草案でも導入が予定されていたものであった（98条8号）。その
理由としてヘレンキームゼー報告書は、「憲法異議によって基本権は初めて主観
的権利としての完全な性格を獲得する[60]」と説明するが、これと全く同じ表現が
ナヴィアスキー＝ロイサーのバイエルン憲法コンメンタールに見られる[61]。最終

---

　　gerichtsgesetz, § 90 Rn. 3 (Sept. 2003, Sonderdruck 2004)；*Stern*, Staatsrecht (Fn. 5) Bd. III/2,
　　S. 1237〔『ドイツ憲法Ⅱ』365頁〕。

55　*Ekkehard Schumann*, Verfassungsbeschwerde (Grundrechtsklage) zu den Landesverfas-
　　sungsgerichten, in: Christian Starck/Klaus Stern (Hrsg.), Landesverfassungsgerichtsbarkeit,
　　Teilband II 1983, S. 154 f.

56　*Klaus Schlaich/Stefan Korioth*, Das Bundesverfassungsgericht, 10. Aufl. 2015, S. 147 (Rn. 197).

57　*Hans Lechner,* Die Verfassungsgerichtsbarkeit, in: Bettermann/Nipperdey/Scheuner (Hrsg.),
　　Die Grundrechte Bd. III/2, 1959, S. 671.

58　1950年4月21日の連邦議会法制度・憲法委員会におけるヘッセン国事裁判所長官カール・レー
　　ア（Karl Lehr）の発言（*Reinhard Schiffers*, Grundlegung der Verfassungsgerichtsbarkeit, 1984,
　　S. 202）。Vgl. auch *Stern*, Staatsrecht (Fn. 5) Bd. III/2, S. 1276〔『ドイツ憲法Ⅱ』397-98頁〕。

59　畑尻剛＝工藤達朗編『ドイツの憲法裁判〔第2版〕』（中央大学出版部、2013年）285頁（工藤達
　　朗）、宍戸常寿『憲法裁判権の動態』（弘文堂、2005年）117頁以下。

60　Bericht über den Verfassungskonvent auf Herrenchiemsee vom 10. bis 23. August 1948, in:
　　PR2, S. 622. Vgl. auch Bericht des Unterausschusses III, in: PR2, S. 324.

61　*Nawiasky/Leusser* (Fn. 40), S. 202.

的には、連邦憲法裁判所法（1951年）によって憲法異議は導入されることとなったことも広く知られている[62]。その際、同法の政府草案がバイエルン憲法に依拠していたことが指摘されている[63]。今でこそ多くの州で導入されている憲法異議である[64]が、当時導入していたのはバイエルンとヘッセン（基本権訴訟）のみだった（ザールラントはドイツ復帰後の1958年に導入）のであり、「基本権訴訟」ではなく「憲法異議」という表現が採用されたということ自体が —— 連邦参議会は「基本権訴訟」の導入を提案していた[65]のであるから —— 重要な意味を持つといえる。さらに、連邦憲法裁判所法の制定過程において、憲法異議の導入にとって決定的（endgültig）だったといわれるのが1950年4月21日の連邦議会法制度・憲法委員会（Ausschuss für Rechtswesen und Verfassungsrecht）である[66]。この委員会において、導入反対論が根強く主張される状況の中で、ヘッセン国事裁判所長官レーアとともに賛成派の有識者（Sachverständiger）として意見を述べ、導入に尽力したのがバイエルン憲法裁判所長官代理（事務総長）ヴィントリッヒであった[67]。その背後にあるのは、基本権の意味と目的は各人が基本権の擁護者（Wahrer）であって初めて実現されるという考え方[68]であり、そのための制度が憲

62　1969年の改正で基本法上にも明文の規定が置かれた（93条1項4a号）。この点、憲法異議は1969年に導入されたという誤りを目にすることがある。エルフェス判決（1957年）、リュート判決（1958年）、薬局判決（同年）などの著名な判例が憲法異議によるものであるということを知っているだけでも容易に回避することのできる初歩的な誤りであるが、元最高裁判所裁判官ですらこのような明白な誤りを平然と述べている。島谷六郎「憲法裁判所について」判例タイムズ873号（1995年）6頁。

63　*Walter Roemer*, Das Gesetz über das Bundesverfassungsgericht, JZ 1951, S. 198. 連邦憲法裁判所法を起草したガイガー（Willi Geiger）は、ミュンヘン大学およびビュルツブルク大学で法学を学んだ経歴をもち、バンベルクで活躍していた。Vgl. *Richard Ley*, Willi Geiger†, NJW 1994, S. 1050.

64　Vgl. *Klaus Stern*, Der Aufschwung der Landesverfassungsbeschwerde im wiedervereinigten Deutschland, in: Verfassung als Verantwortung und Verpflichtung, Festschrift zum 50-jährigen Bestehen des Bayerischen Verfassungsgerichtshofs, 1997, S. 241 ff.

65　BT-Drucks. 1/788, S. 46 f.

66　*Sabine Hain*, Die Individualverfassungsbeschwerde nach Bundesrecht, 2002, S. 79（もっとも過大評価も戒めている。Vgl. ebd., S. 93）。

67　*Schiffers*（Fn. 58), S. 186 ff. ; *Heinz Laufer*, Verfassungsgerichtsbarkeit und politischer Prozeß, 1968, S. 120 f. ; *Rüdiger Zuck*, Das Recht der Verfassungsbeschwerde, 4. Aufl. 2013, S. 54（Rn. 156). Vgl. auch *Theodor Maunz*, Ringen um ein wertgebundenes Recht, JöR 1984, S. 170.

68　*Josef Wintrich*, Schutz der Grundrechte durch Verfassungsbeschwerde und Popularklage, 1950, S. 7 ; *ders.*, Die Rechtsprechung des bayerischen Verfassungsgerichtshofs, in: Hermann Wandersleb (Hrsg.), Recht, Staat, Wirtschaft Bd. 4, 1953, S. 148 ; *ders.*, Zur Problematik der Grundrechte, 1957, S. 32.

法異議にほかならない。憲法異議の導入に際して重視されたのは「国民の民主的意識の強化」という論拠[69]であるが、これこそまさにヴィントリッヒの見解であった[70]（これ自体は、公共的な事柄に能動的に参加することによって「公民としての徳」が陶冶されるというオーソドックスな見解に過ぎない。しかし、この点を踏まえれば、基本権は個人の主観的権利であるとともに共同体の客観的価値でもあり、憲法異議には個人の主観的権利保障に尽きない客観的意義もある、という戦後ドイツの通説的な見解をより適切に理解することができる。個人も共通善の実現に対して共同責任を負うのであり[71]、基本権は個人の利益のためにのみ認められるのではなく、公共の利益にも役立たなければならないという考え方を表明しているのがバイエルン憲法117条である[72]。ヴィントリッヒはこの117条を非常に重視していた[73]）。このヴィントリッヒが後に連邦憲法裁判所長官となり、裁判長（第一法廷）を務めたエルフェス判決（BVerfGE 6, 32）やリュート判決（BVerfGE 7, 198）などの憲法異議を通じて、戦後ドイツの基本権論は目覚ましい発展を遂げていくこととなる。

なお、ヘレンキームゼー草案と基本法の相違として、憲法異議とともに挙げられるのが憲法裁判所の位置づけである。ヘレンキームゼー草案においては、バイエルン憲法およびバイエルンの基本法草案と同様に、憲法裁判所に関する特別な章が予定されていた。バイエルン憲法においては、「憲法機関」であることを明らかにするために組織・権限などを憲法に明記すべきというデーラー（Thomas Dehler, FDP）の提案[74]もあり、憲法裁判所に関する章が設けられることとなった（そしてナヴィアスキーによって起草された）[75]。これによって憲法裁判所が《憲法機

---

69 Deutscher Bundestag Plenarprotokoll vom 18. Jan. 1951, S. 4227.

70 Vgl. *Wintrich*, Schutz der Grundrechte (Fn. 68), S. 23（本書は連邦憲法裁判所法の制定が大きな政治課題となっていた1950年1月16日の講演に基づくものである）。この点でバイエルン憲法裁判所の民衆訴訟を高く評価していた。Vgl. ebd., S. 18；櫻井「バイエルン憲法裁判所について（三）・完」89-93頁。

71 Vgl. *Josef Wintrich*, Über Eigenart und Methode verfassungsgerichtlicher Rechtsprechung, in: Verfassung und Verwaltung in Theorie und Wirklichkeit, Festschrift für Wilhelm Laforet anläßlich seines 75. Geburtstages, 1952, S. 235；櫻井「バイエルン憲法裁判所について（三）・完」99-100頁。

72 *Nawiasky/Leusser* (Fn. 40), S. 198 f.

73 *Wintrich*, Eigenart (Fn. 71), S. 247；*ders.*, Rechtsprechung (Fn. 68), S. 145 f.；櫻井・初宿還暦435頁。

74 St. B. VA (Fn. 26), Bd. 1 S. 53 f.（18. Juli 1946）。デーラーは後にアデナウアー内閣で連邦司法大臣となる。連邦憲法裁判所法はデーラー大臣の下で、同大臣によって抜擢されたガイガーによって起草された（*Richard Ley* [Fn. 63], S. 1050）。連邦憲法裁判所法1条によって連邦憲法裁判所の「憲法機関」性が示されることとなる。

関》であることが特に明瞭になったと指摘されていた[76]。ヘレンキームゼー会議でも憲法裁判所に関する特別な章を設けるべきだとされ[77]、それによって憲法裁判所に特別な重みを与え、他の権力との対等性を可視化しようとした[78]。それに対して、基本法では憲法裁判所に関する特別な章が設けられずに「裁判」の章に位置づけられることとなった。そのため、連邦憲法裁判所の「憲法機関」性について疑義が生じることとなり[79]、「新たな地位のための連邦憲法裁判所の闘争[80]」が必要となった。

四　人間の尊厳

基本法における「最高の憲法原理（oberstes Verfassungsprinzip）[81]」が冒頭１条１項に掲げられた《人間の尊厳》であることを否定する者はいないだろう。「ドイツの戦後の憲法体制をもっともよく特徴づけている[82]」とも評されている。

デューリッヒは、基本法の「人間の尊厳」条項がヘレンキームゼー草案１条２項を介してバイエルン憲法100条に由来するものであることは「疑いがない（zweifelsfrei）」と指摘していた[83]。わが国でも田口精一は早くから、バイエルン憲法

75　St. B. VA (Fn. 26), Bd. 1 S. 289 f. (5. Aug. 1946). その際に、CSU のラッハーバウアー（Carl Lacherbauer）の提案により、名称も従来の「国事裁判所」から、憲法保障を第一次的任務とするため「憲法裁判所」に変更された。Vgl. auch ebd., Bd. 2 S. 420 (21. Aug. 1946) ; St. B. LV (Fn. 6), S. 74 (11. Sept. 1946).

76　*Josef Wintrich*, Aufgaben, Wesen, Grenzen der Verfassungsgerichtsbarkeit, in: FS Nawiasky (Fn. 24), S. 201 Fn. 18〔影山日出弥訳「憲法裁判の任務・本質・限界」（愛知大学）法経論集30号（1960年）243頁注（18）〕. Vgl. auch VerfGH 19, 1 (5 f.).

77　PR2, S. 416（報告者はロイサー）。

78　PR2, S. 301, S. 418, S. 554.

79　ナヴィアスキーが最高の連邦機関（höchste Bundesorgane）として挙げるのは、国民、連邦議会、連邦参議会、連邦政府、連邦大統領の５つのみである。*Nawiasky*, Grundgedanken (Fn. 47), S. 77. マウンツは連邦会議、連邦宰相を加えた７つのみを挙げる。*Maunz*, Staatsrecht (Fn. 34), S. 191（1965年の第14版からは連邦憲法裁判所も挙げるようになる。S. 293 f.）。

80　*Laufer* (Fn. 67), S. 278 ff. Vgl. Der Status des Bundesverfassungsgerichts, JöR 1957, S. 109 ff.

81　Vgl. BVerfGE 54, 341 (357); 56, 216 (235) usw. 類似の表現も多いが「最高の憲法原理」という表現はヴィントリッヒに由来すると言われる。*Günter Dürig*, Der Grundrechtssatz von Menschenwürde (1956), in: ders., Gesammelte Schriften, 1984, S. 132 ; *ders.*, in: Maunz/Dürig, Grundgesetz Kommmentar, Art. 1 Abs. 1 Rn. 14 (1958).

82　初宿正典「比較の中の二つの憲法」（2014年）同・前掲注（36）『日独比較憲法学研究の論点』45頁。

83　*Günter Dürig*, Die Menschenauffassung des Grundgesetzes (1952), in: Gesammelte Schriften (Fn. 81), S. 27.

100条の規定が「ドイツ基本法第1条第1項の制定に際して、その模範とされていたことは明白である[84]」と指摘していた。また、諸州の憲法も含め「人間の尊厳」について詳細に検討した若松新は「バイエルン憲法100条は、ほとんど基本法1条の、原形というべきものであった」と指摘している[85]。

バイエルン憲法100条は「人間の人格の尊厳（die Würde der menschlichen Persönlichkeit）は、立法、行政、司法において尊重されなければならない」と規定していた（同条は2003年に改正され、現在では基本法と全く同じ文言となっている）。この「人間の尊厳」条項は、過去の経験から絶対に必要と主張するナヴィアスキーの提案によって導入されたものである[86]。前文にも「人間の尊厳に対する敬意」を欠いたが故に直面させられている廃墟こそが憲法制定の動機であることが示されている。ヘレンキームゼー草案は、冒頭の「国家は人間のためにあるのであって、人間が国家のためにあるのではない」（1条1項）という有名な一節に続く同2項で、「人間の人格の尊厳（die Würde der menschlichen Persönlichkeit）は不可侵である」と規定していた。この1条2項は、ナヴィアスキーが指摘しているように、バイエルン憲法100条を模範（Vorbild）としたものである[87]。有名なヘレンキームゼー草案1条1項についても、ヘレンキームゼー会議（第一小委員会）で基本権について担当したナヴィアスキーの手によるものであり[88]、ほぼ同じ表現がナヴィアスキー＝ロイサーのコンメンタールにも登場している[89]。

もちろん、「国家は人間のためにあるのであって、人間が国家のためにあるのではない」という考え方は、国家の役割を個人や各種の共同体に対する補完的な機能に限定して国家の自己目的化を否定する「補完性原理」と関連する[90]とともに、人間は神が創ったものであるのに対して国家はその人間が創ったものにすぎ

84　田口精一「ボン基本法における人間の尊厳について」（1960年）同『基本権の理論〈田口精一著作集 1 〉』（信山社、1996年）9頁。

85　若松新「ボン基本法における『人間の尊厳』（8）」早稲田政治公法研究30号（1990年）248頁。

86　St. B. VA (Fn. 26), Bd. 1 S. 233 (1. Aug. 1946). その後の目覚ましい伝播・発展を目にして「予想外の壮大な運命を体験した！」と述べている。*Nawiasky/Lechner,* (Fn. 50), S. 110.

87　*Nawiasky,* Grundgedanken (Fn. 47), S. 26.

88　*Hermann,* Hans Nawiasky (Fn. 34), S. 441. そもそも草案の基本権に関する部分にはナヴィアスキーの影響が顕著である。Vgl. *Bucher* (Fn. 13), PR2, S. LXXXI ; PR2 S. 214 Fn. 81, S. 350 ; *Stern,* Staatsrecht (Fn. 5) Bd. III/1 1988, S. 144 ; 本稿注（46）。

89　*Nawiasky/Leusser* (Fn. 40), S. 62, S. 183（ともに後述のバイエルン憲法99条の趣旨を説明する箇所である）。

90　*Adolf Süsterhenn,* PR9, S. 55.

ないという神学的な背景があり[91]、例えばフランスのトマス主義哲学者ジャック・マリタンの著書『人間と国家』にも同様の表現は見られる[92]（そして、マリタンの影響を受けた1948年12月の世界人権宣言においても、人間の尊厳が重要な位置を占めている[93]）。また、ヘレンキームゼー草案１条１項は議会評議会で削除されたため、条文自体は基本法には残っていないが、国家の組織・作用に関する諸規定に先立って第１章に「基本権」を掲げることによって「国家の権力に対する人間とその尊厳の優位」を表明しているものと解されている[94]。この点では、ワイマール憲法と同様に「国家の構成と任務」に関する第１編に続いて、第２編に「基本権および基本義務」を位置づけているバイエルン憲法とは異なっていることも確かである。この順序問題については、バイエルン憲法においても、同時並行で創られていた同じアメリカ占領下のヴュルテンベルク・バーデン憲法（およびヘッセン憲法）と同様に、基本権を国家組織の前に置くべきだという提案もあったが、ナヴィアスキーやヘーグナーがそのような編成に反対したという経緯がある[95]。国家に関する規定が先に置かれるべきなのは、占領軍によって人工的に作られた他の州とは異なりバイエルンには「千年以上の歴史」（前文）があるという国家意識があったことも確かであるが、何よりも、国家を再建して初めて個人の権利について語ることができるというのがその理由である[96]。バイエルンにおいても国民の権利が憲法の中心（Kernstück）をなすべきだと考えられていたことに変わりはない[97]。そもそも「国家は人間のためにあるのであって、人間が国家のためにあるのではない」という考えはナヴィアスキー国家論の中心思想であ

---

91 PR2, S. 217 Fn. 84. ナヴィアスキーはユダヤ人としてナチス期にはスイスへの亡命を余儀なくされるが、カトリックであったという。*Hans F. Zacher*, Hans Nawiasky, in: Helmut Heinrichs u.a. (Hrsg.), Deutsche Juristen jüdischer Herkunft, 1993, S. 691〔畑尻剛訳「ハンス・ナヴィアスキー」森勇監訳『ユダヤ出自のドイツ法律家』（中央大学出版部、2012年）1030頁〕。

92 *Jacques Maritain*, Man and the State, 1951, p. 13〔久保正幡＝稲垣良典訳『人間と国家』（創文社、1962年）16頁〕。

93 参照、小坂田裕子「国際人権法における人間の尊厳（一）」中京法学46巻１・２号（2012年）25頁以下。

94 BVerfGE 7, 197 (209). 草案１条１項の削除に対する批判も含め *Nawiasky*, Grundgedanken (Fn. 47), S. 18をも参照。

95 St. B. VA (Fn. 26), Bd. 1 S. 40 (18. Juli 1946), S. 133 ff. (26. Juli 1946)；Bd. 2 S. 381 f. (20. Aug. 1946). シュヴァルバー（本稿注（26）参照）は、個人から出発し各種の共同体を経て国家へ至る「補完性原理」を憲法の編成にも反映させるよう主張した。

96 *Nawiasky/Leusser* (Fn. 40), S. 29.

97 *Wilhelm Hoegner*, in: St. B. LV (Fn. 6), S. 14 (13. Aug. 1946).

る[98]。バイエルン憲法は、ナチス体制の否定[99]はもちろん、それを許容したワイマール憲法の失敗の克服を目指して制定されたことは確かである（阻止条項〔14条4項〕、違憲な政党の排斥〔15条2項〕、憲法改正の限界〔75条1項2文〕、広範な権限を有する憲法裁判所〔60条～67条〕など[100]）。しかし、そうした消極的な側面だけにはとどまらず、積極的に、人生を生きるに値するものとするような国家像を描き、そうした国家像を実現できる国家組織を創ることを目指して制定されたのである[101]。バイエルン憲法には、3条2文[102]（国家は公共の福祉に仕える）、99条1文（憲法は、すべての住民の保護および精神的・身体的福祉に仕える）のように、国家の自己目的化を否定する趣旨で導入された条文もあり[103]、ヘレンキームゼー草案1条1項と同じ趣旨は表明されているのである。特に後者（99条）は、占領米軍の「要望（Wunsch）[104]」── より過激な表現を用いれば「占領米軍の押しつけ（Drängen）[105]」── によって最終段階で現98条が挿入されたため分かり難くなってしまったが、本来であれば第2編「基本権および基本義務」の冒頭に位置づけられるべき規定だったのである。

　ともあれ、議会評議会でいくつかの変更を受けて現在の基本法1条が完成する[106]わけであるが、その際に1条2項が「それ故に（darum）」不可侵・不可譲の人権を信奉するという規定となった結果、人間の尊厳は人権の基礎づけという意味合いを帯びることとなり、しかも同3項の表現が「以下の基本権（nachfol-

---

98　*Hans Nawiasky*, Allgemeine Staatslehre, 2. Teil Bd. 1, 1952, S. 200 ; 4. Teil 1958, S. 11.
99　この関連では、人種的・民族的憎悪を煽る行為を禁止し処罰すると定める119条が現代的観点から興味深い。
100　櫻井「バイエルン憲法裁判所について（一）」62頁。
101　*Nawiasky/Leusser* (Fn. 40), S. 27. Vgl. auch *Hans F. Zacher*, Vom Lebenswert der Bayerischen Verfassung, in: Land und Reich, Stamm und Nation, Festgabe für Max Spindler zum 90. Geburtstag, Bd. 3 1984, S. 485 ff.
102　1984年の憲法改正により、自然的生活基盤および文化的伝統の保護について規定する第2項が新設されたため、現在では3条1項2文。
103　St. B. VA (Fn. 26), Bd. 1 S. 195, S. 199 (30. Juli 1946) ; Bd. 2 S. 388 (20. Aug. 1946). Vgl. auch *Hoegner*, Lehrbuch (Fn. 44), S. 154.
104　1946年12月11日の閣議におけるヘーグナーの発言（*Karl-Ulrich Gelberg*, Die Protokolle des Bayerischen Ministerrats 1945-1954, Das Kabinett Hoegner I, Bd. 2 1997, S. 1033）。
105　*Christian Pestalozza*, in: Nawiasky/Schweiger/Knöpfle (Hrsg.), Die Verfassung des Freistaates Bayern, Art. 98 Rn. 1 (2005).
106　厳密にいえば、1956年の改正で1条3項の「行政」が「執行権」に変更されている。高田敏＝初宿正典編訳『ドイツ憲法集〔第7版〕』（信山社、2016年）213頁。この改正については、初宿正典「基本法における《執行権》の概念」同・前掲注（36）『日独比較憲法学研究の論点』462頁以下を参照。

gende Grundrechte)」に変更された[107]ことから、1条1項で規定された「人間の尊厳」は基本権か、という疑義が発生することとなった[108]。「ドイツ人の基本権および基本義務」という編題にもかかわらず、その下に個人の基本権を保障する規定だけでなく、原則・指針を示したに過ぎない規定（いわゆるプログラム規定）をも含めていたことをワイマール憲法の「重大な欠陥（schwerer Mangel）」と考えたナヴィアスキーは、個人の主観的公権としての基本権とプログラム規定を厳密に区別すべきことを主張していた[109]。そのためバイエルン憲法では、第2編「基本権および基本義務」に導入された「人間の尊厳」条項が個人の主観的公権としての基本権を保障する（したがって憲法異議を通じて憲法裁判所によって保護されうる）ものであることは当然のことであった[110]。バイエルン憲法裁判所は、早くも1948年3月22日判決（つまり基本法はもちろんヘレンキームゼー会議よりも前の判決）において、後の議論に大きな影響を与える「人間の尊厳」論を展開するとともに、人間の尊厳が憲法異議を通じて保護されうる基本権であることを承認していた[111]。連邦憲法裁判所も、基本法1条1項が基本権を保障していることを当然の前提にしていると解される[112]。

　学説上も、デューリッヒは「人格概念及びその価値内容を法的概念として把握することを最初に試みた功績は、バイエルン憲法裁判所に帰せられる」と指摘していた[113]。全面書き換えが画期と目される[114]ほど基本法1条の解釈論にとって決

107　こうした変更の経緯については、初宿正典「基本法の人権概念の規範性」（1998年）同・前掲注（36）『日独比較憲法学研究の論点』83頁以下に詳しい。

108　*Nawiasky*, Grundgedanken (Fn. 47), S. 26 ; *Maunz*, Staatsrecht (Fn. 34), S. 84 ; *Dürig*, in: Maunz/Dürig (Fn. 81), Art. 1 Abs. 1 Rn. 4 ; *Mangoldt*, Bonner Grundgesetz (Fn. 28), S. 43 f.

109　St. B. VA (Fn. 26), Bd. 2 S. 195 f. (30. Juli 1946). この主張が貫徹しえたわけではない（櫻井「バイエルン憲法裁判所について（一）」62-63頁）が、バイエルン憲法に数多く見られるワイマール憲法類似のプログラム規定は、その多くが第2編「基本権および基本義務」にではなく、第3編「共同生活」、第4編「経済および労働」に置かれており、すべてが第2編「ドイツ人の基本権および基本義務」に詰め込まれていたワイマール憲法とは異なっている。Vgl. auch St. B. VA (Fn. 26), Bd. 2 S. 375 f. (12. Aug. 1946).

110　*Hoegner*, Lehrbuch (Fn. 44), S. 140 f.

111　VerfGH 1, 29 (32). この判決理由の重要部分はヴィントリッヒが執筆したとマウンツは述べる（*Maunz*, Ringen [Fn. 67], S. 169）。

112　BVerfGE 1, 97 (106) ; 15, 249 (255) ; 61, 126 (137) ; 109, 133 (151) ; 125, 175 (222) usw. Vgl. *Stern*, Staatsrecht (Fn. 5) Bd. III/1, S. 26 f. ; Bd. IV/1 2006, S. 15, S. 61 f. ; ピエロート＝シュリンク（永田秀樹ほか訳）『現代ドイツ基本権』（法律文化社、2001年）116頁（Rn. 350）。

113　*Dürig*, Menschenauffassung (Fn. 83), S. 30.

114　*Ernst-Wolfgang Böckenförde*, Die Würde des Menschen war unantastbar (2003), in: ders., Recht, Staat, Freiheit, Erweiterte Ausgabe 2006, S. 379 ff. ; *ders.*, Bleibt die Menschwnwürde

定的な役割を果たしたデューリッヒの１条注釈[115]を一読すれば、随所にバイエル
ン憲法裁判所の判例やヴィントリッヒの著書・論文の参照が指示されていること
に気づくはずである（ヴィントリッヒの見解は連邦通常裁判所の判例でも引用されてい
る[116]）。先述のように国家の自己目的化が否定される一方で、人間は「目的それ
自体」でなければならないとされ、人間を国家の単なる手段・単なる客体として
扱うことの禁止が導かれることとなる[117]。

　さらに、人間の尊厳に関連する解釈問題として次の２点についてもバイエルン
憲法の影響を指摘しうる。

　第一に《違憲の憲法》の問題である。人間の尊厳をはじめとする超実定的価値
（憲法制定権力をも拘束する法の理念）を体現した憲法規範は憲法規定の中でも高次
のランクにあり、低次の憲法規範が高次の憲法規範に違反する場合には「違憲」
となりうる。このような見解を強く打ち出したのがバイエルン憲法裁判所であっ
た[118]。特に阻止条項（憲法14条４項）に関する1949年６月10日判決（VerfGH 2, 45）
及び非ナチ化条項（憲法184条）に関する1950年６月10日判決[119]（VerfGH 3, 28）〔並
びにそれらの判決に対する批判に答えた1951年３月14日判決（VerfGH 4, 51）〕が
代表例である。そして、バイエルン憲法裁判所の中でもとりわけ「違憲の憲法」
を強く主張したのがヴィントリッヒであった[120]。ナヴィアスキーは、バイエルン
憲法裁判所がヴィントリッヒの影響を受けていることは明らか（offenbar）だと
指摘している[121]。フォルストホフが自然法の波を巻き起こした人物としてラート

---

　　unantastbar?（2004）, ebd., S. 408 ff.〔水島朝穂＝藤井康博訳「人間の尊厳は不可侵たり続けてい
　　るか？」比較法学42巻２号（2009年）268頁以下〕。
115　*Dürig*, in: Maunz/Dürig（Fn. 81）, Art. 1（1958）.
116　BGHSt 19, 325（326）; 24, 173（175）; BGHZ 35, 1（8）. 連邦憲法裁判所の判例への影響について
　　は、櫻井・初宿還暦421頁以下でその一端を垣間見たほか、高橋和広「私的生活形成の核心領域
　　論に関する一理論的考察」神戸法学年報29号（2015年）159頁以下を参照。
117　文献も含め、櫻井・初宿還暦436-37頁を参照。
118　Vgl. *Otto Bachof*, Verfassungswidrige Verfassungsnormen?（1951）, in: ders., Wege zum
　　Rechtsstaat, 1979, S. 9 ; *Willibald Apelt*, Ersteckt sich das richterliche Prüfungsrecht auf Ver-
　　fassungsnorm?, NJW 1952, S. 1 ; *Hans Carl Nipperdey*, Die Würde des Menschen, in: Neumann/
　　Nipperdey/Scheuner（Hrsg.）, Die Grundrechte Bd. II, 1954, S. 2.
119　判例集で1950年４月24日と誤記されている（*Wintrich*, Rechtsprechung［Fn. 68］, S. 141）た
　　め、４月24日と表記している文献も多い。４月24日は口頭弁論の日である。
120　*Georg Bäurle*, 25 Jahre Bayerischer Verfassungsgerichtshof, in: Verfassung und Verfassungs-
　　rechtsprechung, Festschrift zum 25-jährigen Bestehen des Bayerischen Verfassungsgerichts-
　　hofs, 1972, S. 18 f. ; *Franz Knöpfle*, Verfassungsgerichtsbarkeit in Bayern, BayVBl. 1984, S. 262.
121　*Hans Nawiasky*, Das Problem des überpositiven Rechts, in: Naturordnung in Gesellschaft,

ブルフとともにヴィントリッヒの名前を挙げる[122]のも当然といえる。この「違憲の憲法」の問題こそ、バイエルン憲法裁判所の判例が連邦憲法裁判所に影響を与えた最たる例である。連邦憲法裁判所は、バイエルン憲法裁判所の判例を明示的に引用したうえで、バイエルン憲法裁判所の見解に従う（sich anschließen）と述べている（BVerfGE 1, 14 [32]）。ヴィントリッヒ・コートでは基本法21条2項の合憲性審査が実践されている[123]。

　第二に《基本法の人間像》の問題である。人間の尊厳は、尊厳が認められるべき「人間」像の問題と密接に関連している。「基本法の人間像」は、投資助成法判決（BVerfGE 4, 7 [15f.]）で定式化され、その後多くの憲法判例に承継されて重要な役割を果たしている[124]。シュテルンは、この投資助成法判決における「人間像」が当時の連邦憲法裁判所長官ヴィントリッヒの見解を取り入れたものだと指摘していた[125]。ベッカーは判例における人間像定式の起源（Herkunft）を探り、ヴィントリッヒの見解（特にその「基本義務」に関するバイエルン憲法117条[126]の解釈）に由来する（entspringen）ものであることを論じている[127]。

　以上のように、基本法の中心をなす「人間の尊厳」条項の制定史においても解釈論においても、バイエルン憲法が大きな役割を果たしたのである。バイエルン憲法裁判所長官（当時）カール・フーバーが、基本法の基本権、特にその中心をなす「人間の尊厳」（基本法1条1項）がバイエルン憲法に依拠したものであるこ

　　Staat, Wirtschaft, Johannes Messner zur Vollendung seines 70. Lebensjahres, 1961, S. 386.

122　*Ernst Forsthoff*, Zur heutigen Situation einer Verfassungslehre（1968）, in: ders., Rechtsstaat im Wandel, 2. Aufl. 1976, S. 223；櫻井・初宿還暦425頁。

123　BVerfGE 5, 85（134 ff., bes. 137-39）. Vgl. *Wintrich*, Zur Problematik（Fn. 68）, S. 12；*dens.*, Die Bedeutung der „Menschenwürde" für die Anwendung des Rechts, BayVBl. 1957, S. 137.

124　BVerfGE 27, 1（7）；30, 1（20）；33, 1（10f.）；33, 303（334）；45, 187（227）；50, 290（353）；65, 1（44）；109, 133（151）usw.

125　*Stern*, Staatsrecht（Fn. 5）Bd. III/1, S. 32 Fn. 131；櫻井・初宿還暦429頁。

126　本稿注（72）（73）を参照。ヘレンキームゼー草案にも「基本義務」規定は存在した（19条）。ナヴィアスキーはその削除に批判的である（*Nawiasky*, Grundgedanken [Fn. 47], S. 33）。基本法自体には基本義務の規定は存在しないが、「基本法の人間像」という形で実際上は非常に大きな役割を果たしていることになる。今の日本では「基本義務」を重視する解釈は「立憲主義を理解していない」と言われかねない状況であるが、かつて我妻栄はワイマール憲法の基本義務（163条）こそを画期的だと評価していた。我妻栄「基本的人権」（1954年）同『民法研究Ⅷ 憲法と私法』（有斐閣、1970年）74-75頁。また、「ノブレス・オブリジュ」をも伴う「高い身分の普遍化」として「個人の尊厳」を捉える、蟻川恒正『尊厳と身分』（岩波書店、2016年）が示唆に富む。

127　*Ulrich Becker*, Das ‚Menschenbild des Grundgesetzes' in der Rechtsprechung des Bundesverfassungsgerichts, 1996, S. 47 ff., S. 72.

とを強調する[128]のも、決して理由がないわけではない。

五　法治国家

　ワイマールの法律国家（Gesetzesstaat）、ナチスの不法国家（Unrechtsstaat）とは異なるボンの法治国家（Rechtsstaat）という意味において、基本法の特徴として《法治国家》を挙げることができる。

　しばしば指摘されるように、ワイマール憲法の通説を代表するアンシュッツのコンメンタール[129]の索引に「法治国家」の項目は存在しない。それに対して、基本法の概説書・コンメンタールなどで「法治国家」に触れない本は（特に現在では）皆無ではないかと思われる。その理由としては、①法治国家原理に関する判例の進展も重要であるが、②明文の規定（基本法28条）が存在することが大きいと考えられる。①の点では、バイエルン憲法裁判所が早くから法治国家原理に関する判例を積極的に展開していたこと[130]が指摘されるべきである。②の点では、バイエルン憲法3条1文（現3条1項1文）は「バイエルンは、法治国家、文化国家、社会国家である」と表明する。この規定は、過去に法治国家が粉砕された経験からナヴィアスキーが強く導入を主張したものである[131]。法治国家原理に由来する諸原則（権力分立、法律による行政の原理、司法権の独立、遡及法の禁止など）に関する規定が憲法に掲げられる例は多い。しかし、「法治国家（Rechtsstaat）」という表現を用いた世界最初の憲法が、1946年バイエルン憲法だと言われている[132]。そして、このバイエルン憲法3条1文が、基本法で「法治国家」という表現を明文化する際のモデル（Vorbild）となったと指摘されている[133]（さらに法治国

128　*Karl Huber*, Die Rechtsprechung des Bayerischen Verfassungsgerichtshofs zu den Grund-rechten, BayVBl. 2010, S. 389 f.

129　*Gerhard Anschütz*, Die Verfassung des Deutschen Reichs vom 11. August 1919, 14. Aufl. 1933.

130　*Wintrich*, Rechtsprechung (Fn. 68), S. 160 ff. ; *ders.*, Grundfragen des Verfassungsrechts in der Rechtsprechung des Bayerischen Verfassungsgerichtshofs, BayVBl. 1958, S. 134 ff. ; *René Marcic*, Die Judikatur des Bayerischen Verfassungsgerichtshofes, Juristische Blätter 1953, S. 115 f. ; *Meinhard Schröder*, Rechtsstaatlichkeit in der Rechtsprechung der Landesverfassungs-gerichte, in: Christian Starck/Klaus Stern (Hrsg.), Landesverfassungsgerichtsbarkeit, Teilband III 1983, S. 225 ff.

131　St. B. VA (Fn. 26), Bd. 2 S. 387 (20. Aug. 1946).

132　*Michael Piazolo*, Der Rechtsstaat, 3. Aufl. 2004, S. 97.

133　*Stern*, Staatsrecht (Fn. 5) Bd. I, 2. Aufl. 1984, S. 776 〔『ドイツ憲法 I』173頁〕。

家原理との関係では、法規命令制定の授権に際して授権の「内容、目的および範囲」を法律に明記することを求める基本法80条1項2文が、ヘレンキームゼー草案102条2項〔PR2, S. 601〕、バイエルンの基本法草案64条3項〔PR2, S. 25〕を介して、バイエルンの1948年5月8日法律〔GVBl. 1948, S. 82〕に由来することも挙げられるべきである[134]。

　法治国家原理に由来する諸原則のうちで、戦後、憲法裁判権の普及とともに著しい発展を遂げたのが《比例原則》である。バイエルン憲法裁判所は、早くから比例原則に基づく審査を導入していた[135]（ヴィントリッヒは既に1958年の段階でバイエルン憲法裁判所の判例に基づき、適合性・必要性・均衡性の三項目を示していた[136]）。シュテルンは、比例原則の憲法化にとって重要な役割を果たしたのは学説よりも判例であり、その最初の試みはバイエルン憲法裁判所であったと指摘する[137]。その際に大きな役割を果たしたのがバイエルン憲法98条2文であった[138]。この98条2文はヘレンキームゼー草案21条4項に受け継がれていた[139]。比例原則は、一連の判例の中で導入され精緻化されていったものであり、連邦憲法裁判所においても特定の判例によって確立されたと述べることは難しい。レプシウスは「ドグマーティクにおける比例原則の起源は、1950年代の連邦憲法裁判所の裁判例にある」として、特にエルフェス判決、リュート判決、薬局判決を挙げている[140]。こ

134　赤坂幸一「立法委任の『内容・目的・範囲』」法学セミナー752号（2017年）66頁以下。Vgl. auch VerfGH 1, 81（91）; 2, 143（165）; 3, 28（44f.）; 5, 103（117）; *Wintrich*, Grundfragen（Fn. 130）, S. 134 f.

135　VerfGH 1, 81（91）; 2, 72（82）; 4, 63（74）; 9, 158（177）usw. ベルンハルト・ヴォルフ（田口精一訳）「ドイツ連邦憲法裁判所および州憲法裁判所の判例に関する報告」（1959年）田口精一『法治国家原理の展開〈田口精一著作集2〉』（信山社、1999年）369頁以下をも参照。VerfGH 1, 81にはヴィントリッヒが関与している（GVBl. 1949, S. 39）。

136　*Josef Wintrich*, Zur Auslegung und Anwendung des Art. 2 Abs. 1 GG, in: Staat und Bürger, Festschrift für Willibalt Apelt zum 80. Geburtstag, 1958, S. 7.

137　*Stern*, Staatsrecht（Fn. 5）Bd. III/2, S. 770〔『ドイツ憲法II』310頁〕; *ders.*, Zur Entstehung und Ableitung des Übermaßverbots, in: Wege und Verfahren des Verfassungslebens, Festschrift für Peter Lerche zum 65. Geburtstag, 1993, S. 171.

138　*Stern*, Staatsrecht（Fn. 5）Bd. III/2, S. 770〔『ドイツ憲法II』310頁〕; ヴォルフ・前掲注（135）「判例に関する報告」341頁。

139　デューリッヒはヘレンキームゼー草案21条4項がバイエルン憲法98条を模範としている（nachbilden）であることは明らか（offensichtlich）と指摘していた。*Dürig*, Menschenauffassung（Fn. 83）, S. 34 Fn. 40.

140　オリヴァ・レプシウス（横内恵訳）「比例原則の可能性と限界」自治研究89巻11号（2013年）60頁、73-74頁注（2）。ヴァールは薬局判決を重視する。*Rainer Wahl*, Der Grundsatz der Verhältnismäßigkeit, in: Verfassungsstaatlichkeit im Wandel, Festschrift für Thomas Würtenberger, 2013, S. 828 ff. 実際「薬局判決で展開された『段階理論』は、公共の福祉によって要請される職業の自由への制限に際して比例原則を厳格に適用した結果である」と指摘されている

158

れらは、まさしくヴィントリッヒ・コートを代表する基本権判例である（リュート判決の相互作用論にはヴィントリッヒが本質的に関与したとマウンツは指摘する[141]）。

法治国家原理との関連でさらに挙げられるべきは《一般的行為自由説》である。一般的行為自由説の意義は「法治国家原理の主観化」にこそあるからである[142]。そして、この一般的行為自由説に関してもバイエルン憲法の影響が指摘されている[143]。1951年3月10日および7月20日の判決において既に、バイエルン憲法101条（何人も、法律および良俗の制限内で、他人を害しないすべてのことを行う自由を有する）は、同条所定の制限内において一般的行為自由を保障したものであるという解釈が示されていた[144]。これらの裁判には、後にエルフェス判決（1957年1月16日）で第一法廷の裁判長を務めるヴィントリッヒが関与している[145]。エルフェス判決は、自身の解釈を正当化するために制定史を引き合いに出している（BVerfGE 6, 32 [38 ff.]）。この制定史の援用が議会評議会の見解としては不適切であることを、そのメンバーであったデーラーが指摘している[146]。しかし、基本法2条1項の起源となるヘレンキームゼー草案2条2項にまで遡れば、それがバイエルン憲法101条に依拠したものであることは一目瞭然である[147]。ヴィントリッヒは、エルフェス判決が採用した解釈により、基本法2条1項にはバイエルン憲

（BVerfGE 13, 97 [104]）。

141　*Maunz*, Ringen（Fn. 67）, S. 171.

142　*Ekkehard Schumann*, Die Aufwertung der Verfassungsbeschwerde im Elfes-Urteil und im Lissabon-Urteil des Bundesverfassungsgerichts, in: Perspektiven des Öffentlichen Rechts, Festgabe 50 Jahre Assistententagung Öffentliches Recht, 2011, S. 58, S. 75 f.；櫻井「バイエルン憲法裁判所について（二）」61-62頁。この点につき、櫻井智章「基本権論の思考構造（一）（二）・完」法学論叢155巻3号（2004年）126-27頁、6号（同年）106頁、同『判例で読む憲法』（北樹出版、2016年）200頁をも参照。

143　*Wolfgang Knies*, Auf dem Weg in den „verfassungsgerichtlichen Jurisdiktionsstaat"?, in: Verfassungsstaatlichkeit, Festschrift für Klaus Stern zum 65. Geburtstag, 1997, S. 1172 Fn. 84；*Schumann*, Aufwertung der Verfassungsbeschwerde（Fn. 142）, S. 53-55；櫻井「バイエルン憲法裁判所について（二）」59-62頁。

144　VerfGH 4, 30（39）; 4, 150（161）. Vgl. *Wintrich*, Rechtsprechung（Fn. 68）, S. 156；ヴォルフ・前掲注（135）「判例に関する報告」367頁以下。

145　GVBl. 1951, S. 43, S. 139. バイエルン憲法裁判所の公式判例集には現在でも関与した裁判官の名前は記されていない（連邦でも判例集20巻までは同様だった）。しかし、違憲決の場合には官報に公表される（1947年憲法裁判所法54条4項、1990年改正後の現行法では25条7項）ため、官報を調べるとヴィントリッヒが関与していたことがわかる（本稿注（135）も同様）。現在の官報では主文と要旨しか掲載されていない。

146　*Thomas Dehler*, Zur Entstehungsgeschichte des Art. 2 Abs. 1 des Grundgesetzes, JZ 1960, S. 727 ff.

147　櫻井「バイエルン憲法裁判所について（二）」61頁【表8】参照。

法101条が有する意味内容が与えられることとなる、と述べていた[148]。

バイエルン憲法101条は基本法 2 条 1 項よりも一般的行為自由を保障するものであるという解釈が素直に成立しやすい条文であることは確かである。しかし、法治国家原理に反する侵害はバイエルン憲法101条に違反するという解釈が当初から示されていた[149]ことは、一般的行為自由説の意義を考えるうえでも見逃されてはならない。

六　おわりに

以上で基本法の成立と展開にとってバイエルン憲法が果たした役割の一端を示すことができたのではないかと思われる[150]。例えば憲法裁判所だけを見ても、「ドイツでは、1949年 5 月23日に公布されたボン基本法によって初めて包括的な憲法裁判権が確立された。それは、その権限の広範性においてドイツの憲法裁判史上例を見ないものである[151]」と説かれ、イタリア憲法裁判所が「1920年のオーストリアについで世界で二番目の憲法裁判所構想であった[152]」という見解が意外に拡散している現状[153]に鑑みれば、基本法に先行する州憲法の重要性を指摘する

148　*Wintrich*, Zur Problematik (Fn. 68), S. 26 Fn. 55.

149　*Nawiasky/Leusser* (Fn. 40), S. 40. その趣旨の判例として、VerfGH 33, 130 (135)；34, 40 (46)；36, 56 (69) などがある。

150　*Dieter Hömig*, Der Freistaat Bayern und das Bundesverfassungsgericht, BayVBl. 2016, S. 205 ff. は、十字架決定（BVerfGE 93, 1）や薬局判決（BVerfGE 7, 377）などバイエルン州法の基本法適合性が争われた事件や、第二次堕胎判決（BVerfGE 88, 203）や生活パートナーシップ法判決（BVerfGE 105, 313）などバイエルン州政府が提起した事件などを取り上げ、基本法の発展にとってのバイエルンの役割に光を当てる。また、ナヴィアスキーは「今日のドイツ公法学の最大学派の始祖」（石川敏樹編著『ドイツ語圏公法学者プロフィール』〔中央大学出版部、2012年〕367頁）となっており、この観点からの検討も興味深いと考えられるが、別の機会を期したい。ロイサーやヴィントリッヒもナヴィアスキーの教え子である。ベッケンフェルデもナヴィアスキーのゼミに出席していたという（*Hans F. Zacher*, Hans Nawiasky, in: Juristen im Portrait, Festschrift zum 225jährigen Jubiläum des Verlages C.H. Beck, 1988, S. 603）。

151　永田秀樹「連邦憲法裁判所の地位、組織および裁判官の選任」大分大学経済論集33巻 5 号（1982年）383頁。民衆訴訟のあるバイエルン憲法裁判所の方が権限は広範である。

152　永田秀樹「イタリアの憲法裁判」覚道豊治先生古稀記念論集『現代違憲審査論』（法律文化社、1996年）214頁。イタリア憲法裁判所は、活動開始こそドイツ連邦憲法裁判所に遅れる（独：1951年 9 月、伊：1956年 1 月）が、構想としてはドイツよりも早い（ドイツ基本法：1949年 5 月、イタリア憲法：1948年 1 月）という趣旨であるが、バイエルン憲法裁判所は1946年12月に構想され、47年 7 月には活動を開始している。

153　田近肇「イタリア憲法裁判所の制度と運用」岡山大学法学会雑誌62巻 4 号（2013年） 1 頁〔同「イタリア憲法裁判所」曽我部真裕＝田近肇編『憲法裁判所の比較研究』（信山社、2016年）23

意味は大きいと思われる。

1946年12月生まれのバイエルン憲法は、本稿が捧げられる初宿正典先生より少し前に古稀を迎えた。基本法も間もなく古稀を迎えようとしている。初宿先生は、早くからヘレンキームゼー草案の重要性に着目され、ワイマール憲法および基本法と対比して翻訳される[154]とともに、個々の解釈論においてもヘレンキームゼー草案をはじめ基本法の制定過程の議論にまで遡って検討を加えられた[155]。本稿は、初宿先生の問題意識を引き継ぎつつバイエルン憲法の視点から基本法について眺めたものである。本稿筆者がバイエルン憲法に興味を持つようになったのは、初宿先生還暦記念論文集に寄稿した論文[156]でヴィントリッヒについて扱ったのがきっかけである。その後、初宿先生編集の比較憲法の教科書でドイツ憲法を担当した[157]ことが基本法全体について勉強し直すよい機会となった。ちょうど在外研究の機会にも恵まれ、バイエルン憲法と基本法について本格的に取り組むことができた。本稿は、このように初宿先生と縁のある仕事から生まれたものである。本稿が、日頃から比較憲法的・憲法史的な基礎研究の重要性を説いておられた初宿先生の学恩に報いたことになれば幸いである[*]。

[**追記**]　初宿先生は近時の訳書『ドイツ連邦共和国基本法』（信山社、2018年）において Bundesrat の訳語として《連邦参議会》を提唱している。初宿先生の意向を汲んで本稿も最終段階で「連邦参議会」へと変更した。

頁〕、佐藤幸治『立憲主義について』（左右社、2015年）251頁注（178）など。

154　初宿正典「ヘレンキームゼー草案の基本権部分」（愛知教育大学）社会科学論集18号（1979年）203頁以下、同「ヘレンキームゼー草案（続）大統領と連邦政府」同誌19号（1980年）209頁以下、同「ヘレンキームゼー草案（三）裁判に関する部分」同誌22号（1982年）249頁以下。

155　現在ではその多くが、本稿でもしばしば参照・引用した、初宿・前掲注（36）『日独比較憲法学研究の論点』に収録されている。

156　櫻井「戦後ドイツにおける基本権論の展開の出発点」初宿還暦421頁以下。

157　櫻井智章「ドイツ」初宿正典編『レクチャー比較憲法』（法律文化社、2014年）第4章。初宿正典「Preface」同書 i-ii 頁でも示されているように、同書は初宿先生がドイツ憲法を担当された阿部照哉編『比較憲法入門』（有斐閣、1994年）の事実上の後継書である。

＊　本稿の表題自体、初宿先生の比較憲法史に関する論文「フランクフルト憲法の成立に与えたアメリカ合衆国憲法の影響」法学論叢134巻3・4号（1994年）97頁以下へのオマージュである。他方で、初宿先生は『判例法学』、『いちばんやさしい憲法入門』、『目で見る憲法』（いずれも有斐閣）など日本国憲法に関する多くの学習教材を手掛けられてきたことも見逃すことはできない。還暦記念論文集でも書いたように、本稿筆者が大学で初めて手にした憲法の本が、初宿先生の『基本判例・憲法25講』（成文堂、訂正版第4刷、1995年）であった。櫻井・前掲注（142）『判例で読む憲法』で用いた「判例を読むことを通じて憲法を学ぶ」という勉強方法は、初宿先生のこの本から学んだものである。

世代間正義と民主主義

毛　利　　透

一　はじめに
二　ロールズを手がかりに
三　財政上の拘束の憲法への書き込み
四　時間における一般性
五　将来世代の人々の基本権による現在世代の決定への拘束?
六　政治過程の改革構想——直接民主政の導入?
七　まとめにかえて

一　はじめに

　民主主義とは、簡潔にいえば国民の支配のことであるが、そこでいう国民を構成する人々は、常に変動し続けている。個人の意思も移ろいやすいものであるが、そもそも国民の人的構成自体が時間とともに同一性を失っていくのだから、いくら一時点において圧倒的な民意が示されたとしても、政治が永続的にそれに沿って行われればよいということにはならない。議会が民主的正統性を保持するためには、適切な間隔を置いて選挙で国民から選び直されなければならない。民主主義における支配は、常に「期限つき」(Herrschaft auf Zeit) でなければならない。政治は、そのときどきの民意に対応して行われなければならない。

　しかし、「期限つきの支配」だからといって、そのときどきの国家権力担当者が短期間しか効力を有しない決定しかできない、あるいはすべきでない、ということはない。政治的決定は、それが効力を有する共同体が期限なしで存続することを前提にしてなされる。したがって、共同体の長期的利益に貢献するものとして正当化される必要がある。ドイツ連邦憲法裁判所のある判決は、民主的立法者の任務を「自分たちの任期を超えて考察し、共同体利益の持続的な充足のために配慮する」ことだと述べているが[1]、適切な見解といえよう。

現在の民意への対応と、共同体の長期的利益の保持の間には、緊張関係が存する。現在の国民が、まだ見ぬ子孫らのことを真剣に考えて政治的意見を形成する保障はない。むしろ、自分たちの短期的利益の充足を政治権力に求める傾向にあることは否定できないであろう。だとすると、現在世代の利益のために、同じ共同体を構成することになる将来世代の利益が犠牲になる危険があることになる。現在の世代が資源を浪費して豊かな生活をすることを許容し、将来世代が生きていくための資源を枯渇させてよいのか、また温暖化などの悪影響を残していいのか、あるいは現在の世代が公債を大量に発行して、財政赤字のツケを将来世代に回していいのか、などといった問題は、すでに長く議論の対象となっているところである。今日、これらは世代間正義の問題として議論されている。本稿は、世代間正義の規範的要請が民主主義理論にもたらしうる課題について、簡単な考察を行うものである[2]。

二　ロールズを手がかりに

　ジョン・ロールズは、その正義論において世代間正義の問題に取り組んだ。「ロールズ産業」において世代間正義はさほど主要な論点とはなっていないが、世代間正義を論ずる際には、ロールズは欠かせない出発点となっている。彼は、世代間正義の観点から「正義にかなった貯蓄原理」が要請されると論じた。原初状態の当事者らが、各家系を代表しており、かつ先行する全世代が従ってきたと自分たちが望むような原理を採択すると想定するならば、「社会の進展の水準ごとにそれぞれ適切な貯蓄率（あるいは貯蓄率の幅）を割りあてるためのルール」としての貯蓄原理を正義にかなったかたちで採択するはずだとする。後続世代のために我々が過大な犠牲を払う必要はない。しかし、先行する諸世代から自分たちが受け継いだ富が正当だと考えるならば、自分たちの子孫のためにも一定の富を

　1　BVerfG 79, 311 [343].

　2　本稿は、世代間正義をめぐって分厚く存在する哲学的探究については、ほとんど扱えない。これについては、宇佐美誠の一連の研究（「将来世代・自我・共同体」経済研究55巻1号（2004）1頁、「将来世代への配慮の道徳的基礎」『世代間衡平性の論理と倫理』（鈴村興太郎編、2006）255頁、「非同一性問題」『法理論をめぐる現代的諸問題』（角田猛之ほか編、2016）114頁など）のほか、吉良貴之「世代間正義論」国家学会雑誌119巻5・6号（2006）381頁など参照。なお、「世代」は多義的用語であるが、本稿では世代間正義が論じられる場合の通例どおり、「現在世代」を現在生存している人々、「将来世代」をこれから生まれてくる人々という意味で用いている。

残すことが正義にかなう[3]。

　私は、ロールズが提唱したこの貯蓄原理について、本格的に議論する能力はもたない。ただ、ロールズは世代間正義を財の配分の問題の一環として、つまり財の世代間配分の原理としての貯蓄原理に集約して論じており、しかも、それはあくまでも正義の二原理が実現された社会を達成するために求められるものだと理解されていることには、注意が必要である。「正義は、先行世代が後続世代をひたすら富ませるために貯蓄することを、要求しない……。貯蓄は、正義にかなった制度と平等な自由との全面的な実現をもたらすための条件として、要求される」[4]。ロールズは、貯蓄原理によって世代内部における格差原理が制約されることを認めているが、これは「後続世代において最も不遇な人びとの生活水準を向上させる」[5]ために求められるものである。つまり、ロールズにおいて世代間正義は、その正義の二原理の内容自体に修正を迫るものではなく、その実現の確実性を高めるために求められている。「正義にかなった貯蓄原理は、正義にかなった社会を実現し保持するという負担を公正に分かち合うことに関する、世代間の了解事項」であり、理論上は、貯蓄要請はいずれ「終局」を迎えることが予定されている[6]。

　こうしてみると、ロールズ自身は世代間正義を独自の正義問題としてとらえていたわけではないといえるだろう。ロールズ解釈においてこの問題が大きな役割を果たしてこなかったことにも、理由があるといえる。もちろん、彼の検討が世代間正義への注目を高める一つの契機となったという貢献は否定できないが。

　ところで、私はもう一つ、あまり世代間正義との関連で取り上げられていないが、ロールズが憲法上の基本権保障の意義を世代間正義の観点からも論じていた点に注目したい。ロールズは、現在世代の人々が自分たちの利益のみを尊重し、後続世代の利益を考慮しないことは、民主主義に反するとはいえないと認める。上述の貯蓄率も実際には立法で定められる必要があるが、それが正義にかなった貯蓄原理に反するものであったとしても、民主的に定められた数値を政府が覆すことは民主主義に反する。「デモクラティックな体制が正当化されていると仮定

3　ジョン・ロールズ『正義論　改訂版』（川本隆史ほか訳、2010）381-88頁。
4　同390頁。
5　同391頁。
6　同389頁。

するならば、そうした権能を政府が持っていることは結局のところより甚大な不正義につながるのが通常であろう」。しかし、国民の決定が後続世代に「修復不可能な損害」を引き起こしてしまうことはありうる。ロールズはそのような場合には、「損害をこうむる当事者たち、すなわち将来世代が不在であること」も考慮に入れれば、「市民的不服従や良心的拒否」といった抵抗運動が正当化されるとする[7]。

　ロールズ正義論の一つの重要な主張である市民的不服従論が、ここで不在の将来世代との関係で登場していることは、世代間正義と憲法上の自由権保障との関係を考える際に興味深い視点を提供するであろう。ロールズによれば、「社会について言うと、純粋な時間選好は正義に反する」。つまり、現在世代の利益を将来世代の利益よりも完全に優先することは、正当化できない。なぜなら、これは「現在生きている人びとが自分たちの利益のために当人の時間軸上の位置を悪用することを意味するから」[8]。しかし、民主主義は現在世代の決定の尊重を意味する。どの程度将来世代のことを考慮するかも、最終的にはその時々の国民が決めるべきだとするのが民主主義である。我々は、この民主主義を「不完全な手続き上の正義」として受け入れている[9]。つまり、民主的決定は、多くの場合において正しい決定を生むのである。が、常に正しく決定するとは限らない。この緊張関係は、結局のところ、現在の国民に自分たちのなしていることがいかに不正義なのかを自覚させることによって、可能な限りで解消するしかない。我々の行為によって致命的な影響を受けてしまう将来世代は、まだ存在しないのだから、この自覚を促す役割は、将来世代の被る被害を代弁しようとする現在世代の人々がなすしかない。将来世代が不在だからこそ、その利益を代弁しようとする人々の主張に耳を傾ける必要性は増すのである。

　民主的な決定が「国民の意思」によって正当化されるとしても、だからといってそれに対する反対運動を弾圧してよいということにならないのは当然である。民主政プロセスは常に開かれていなければならない。ただ、将来世代が回復不能な損害をこうむるおそれのある政策が、それでも実施に値するかどうかの判断においては、さらに民主的決定の正当性が疑われる事情が存在する。大きな影響を

7　同395-96頁。

8　同394頁。

9　同395頁。

受ける当事者である将来世代の意見が、そこで確実に考慮されるためのメカニズムが存在しないからである。この正当性の低さが、当該政策に対する抵抗運動の許容性判断に影響すると考えることは、十分可能であろう。このような決定を行い実施するにあたっては、それが正当化できない時間選好に基づいていないかどうかという点から、通常の民主的決定の場合よりも慎重な吟味を必要とする。もしこの決定に対して将来世代への影響を理由にして強い反対運動が起きたときには、それは、世代内部の議論では十分考慮されない危険の残る世代間正義の観点から、現在世代の我々に対してさらなる反省を迫る契機として受け止められるべきだということになる。現在の民意の支持を理由にして無視あるいは抑圧してよいと考えるべきではない。

このような見解は、世代間正義の観点から重大な問題となりうる環境政策などの場面での抗議行動の法的評価についても、影響を与えうる注目すべき指摘であるといえよう。

三　財政上の拘束の憲法への書き込み

上記の議論において、ロールズは世代間正義を財の配分の観点から考えており、その決定は通常の立法として行われると前提されている[10]。だからこそ、不完全な手続的正義としての民主政が原則として信頼されると同時に、それに対する抵抗運動への配慮が求められるのである。確かに、将来世代のために現在世代がどの程度節約しなければならないかは、そのときどきの経済状況などによって大きく左右されるものであり、あらかじめ憲法に書き込んでおくことは困難であるし、また通常の民主政過程をしばる弊害も大きいだろう。

しかし、一般論としていえば、民主政過程によって正しい決定ができない可能性の比較的高いとされる分野については、立法者の権限を憲法でしばっておくというのは、むしろ当然ともいえる発想であろう。今日、後世のための貯蓄どころか、公債の大量発行というかたちで将来世代の富を先食いしているとすらいえる財政状況の中で、財政赤字の上限を憲法に書き込むべきだという提唱がなされる

10　財の配分に関する正義の第二原理の実現は、立法によってなされるとされている。同269-71頁。憲法と立法の分業論に見られる、ロールズの憲法観については、毛利透「憲法の役割——ロールズ、ハーバーマス、日本」『憲法の発展Ⅰ』（鈴木秀美ほか編、2017）5頁、9-14頁参照。

のも、容易に理解できる。ドイツの基本法は、古くから財政赤字を制限する条項を有してきたことで知られる。この条項について簡単に検討し、憲法によって現在世代の財政上の判断余地をしばるという方策の価値について考察することにする。

1969年の改正から2009年の改正まで効力を有していた基本法115条1項2文は、連邦の起債につき、以下のように定めていた。「起債による収入は、予算中に見積もられている投資のための支出の総額を超えてはならず、例外は経済全体の均衡を乱すことを防止するためにのみ許される」[11]。ある年度の財政赤字が基本法に違反するかどうかが争われた事件において、連邦憲法裁判所は1989年の判決で、この条項の趣旨を以下のように述べた。「いずれにせよ、将来の収入を財政上先取りすることは、次のように限定されるべきである。それは、将来に受益が及ぶ性質の支出額の範囲内でのみ、債務が引き受けられてよいということである」[12]。

しかし、本条項は、景気低迷を克服するための例外も認めていた。ここでいう経済全体の均衡の乱れとは、例外として限定的に考えるならば、相当の景気低迷を意味すると解すべきであろう。しかし、そのときどきの政府は、景気減速に直面すれば、次の選挙での勝利を考えて常に景気対策を行う必要に迫られる。政治においては短期的視野が決定的なのである。どんな不況も、その中にいる人々にとっては大問題であり、景気対策を求める声を無視することはできない。こうして、実際にも経済全体の均衡の乱れは容易に認定されることになり、例外が原則と化していった。そして、連邦憲法裁判所も、この例外条項を「不確定憲法概念」を用いたものとして、政治部門によるその緩やかな解釈を是認した[13]。

連邦憲法裁判所は、ある年度の予算につき同条項との一致が改めて争われた事件の2007年の判決で、やはり以下のように述べて、立法者の判断を尊重する態度を明確にした。「債務の状態が長期的に憂慮すべき展開を示しているとしても、それは、状況に応じた裁量による財政政策を行う立法者の憲法上の権限を損なうものではない」[14]。

ただし、この2007年の判決には、例外条項のより厳格な解釈を求める反対意見

---

11 本稿での基本法の訳文は、高田敏・初宿正典（編訳）『ドイツ憲法集（第7版）』（初宿訳、2016）に大体倣っている。以下同じ。

12 BVerfGE 79, 311 [334].

13 BVerfGE 79, 311 [338-46]; 119, 96.

14 BVerfGE 119, 96 [147].

が付されていた。反対意見は、人口の高齢化により社会保障の持続性が疑問視されており、さらに債務が増大すると、その返済のため経済政策に回せる額が限定されることになるため、ますます債務減額が困難になるとする。こうして社会国家を持続・発展させていくことが困難になり、「将来世代の負担」が増大する。今日の債務は、経済全体の均衡を維持することに役立っておらず、むしろ「自由の制約、社会保障法上の財産権地位の価値低下、民主的形成能力の喪失」といった重大な弊害を招いているのである[15]。学説上も、同裁判所の緩やかな解釈態度に対しては批判的な見解が多かった[16]。結局、同条項は債務の限定に失敗したと評価され、2009年の基本法改正でより詳細な規定にとって代わられることになる。

　しかし、連邦憲法裁判所の解釈は、やむを得ないものであったというべきであろう。同裁判所は、その時々の経済状況について判断するための十分な能力をもってはいない。また、予算についての決定権は議会制民主主義の最重要な要素の一つであり、財政に関する憲法条項についての議会の解釈権限は尊重せざるを得ない。予算の構成は政治的判断の集積ともいえるものであり、それに憲法裁判所が介入することは、予期せぬ副作用を引き起こす危険があろう。

　確かに憲法遵守を政治部門に任せてしまうと、政治家には長期的視点から財政の健全性を維持することへの関心が高いとはいえない以上、憲法の債務上限規定が有名無実化する危険は高い。だが、裁判所が上記の限界にもかかわらず、将来世代の利益を代弁するかたちで民主的決定を覆すことからは、別の問題が発生するだろう。当然ながら、裁判所は将来世代から委託を受けているわけでもなく、世代間正義の観点から権力間のバランスを動かす理由は存在しないからである。既述の抵抗運動があくまでも非権力的に現在世代に慎重な反省を迫るものであるのとは異なり、裁判所は権力的に議会の判断を修正できる。世代間正義がそこまでの権力移動を正当化できるとは、考えにくい。

　ドイツは結局、財政赤字削減のために、許容される債務の上限をより明確に基本法に書き込むという方法をとることにした。2009年改正後の115条2項は、連邦の債務は原則として名目国内総生産の0.35パーセント以下でなければならない

15　BVerfGE 119, 96 [172 f.]- abweichende Meinung von Di Fabio und Mellinghoff.

16　Z.B. Josef Isensee, Schuldenbarriere für Legislative und Exekutive, in: Festschrift für Karl Heinrich Friauf, 1996, S. 705, 712-19; Stefan Mückl, „Auch in Verantwortung für die künftigen Generationen", in: Festschrift für Josef Isensee, 2007, S. 183, 189-93; Hermann Pünder, Staatsverschuldung, in: Handbuch des Staatsrechts, Bd. V, 3. Aufl., 2007, Rn. 27-73.

としている。ただし、やはり景気状況の考慮は認められている（もっとも、不況期だけでなく、好況期における配慮、つまり好況期の高収入を赤字解消に充てること、も求められている）。また、「自然災害又は国の統制を超え国の財政状態を著しく損なう異常な緊急状態の場合」には、さらに例外が認められる[17]。

　この規定は、2016年より発効したが（143d 条 1 項）、ドイツは好況に支えられて、2012年より債務を名目国内総生産の0.35パーセント以内に抑え続けている[18]。だが、このようにドイツが均衡財政にこだわっていることに対しては、他国からの批判的な意見も多く聞かれる。ドイツは、自国の将来世代のことを、現在の国際情勢への機動的な対応よりも優先しているということにもなる。はたしてこれが経済政策として健全といえるかどうかは、世代間正義の観点を入れて考えるとしても、評価が分かれるだろう。憲法によって予算編成に厳しい枠づけを行い、民主的な財政政策の余地を狭めることは、それが実現されたとしても、必ずしも常に政治的に高く評価されるべきことといえるとは限らない。また、今後ドイツ経済が不況に見舞われたときに、「異常な緊急状態」概念が拡大解釈されない保証はない。もしそのような解釈がとられれば、ドイツに対し、自国優先主義に基づき憲法のいいとこ取りを行っているという批判が寄せられるおそれがあるのではないか。

四　時間における一般性

　ドイツの財政条項のような明確な規定がなければ、憲法解釈に世代間正義の観点を取り込むことはできないのであろうか。グレゴール・キルヒホフは、法律に要求される一般性を「時間における一般性」にまで拡張して解釈するという、興味深い試論を提起している。

　キルヒホフは、一般性の内容として、人的一般性、対象の一般性、領域的一般性などの他に、時間的一般性も含まれるとする。法律は、持続的に効力をもつも

17　むろん、現在は EU レベルの財政規律も考慮する必要があるが、本稿では省略する。ユーロ参加国に課せられた財政赤字上限が、もはや多くの国で遵守されていないのは、周知のところである。

18　連邦財務省のウェブページ Entwicklung der öffentlichen Finanzen（2017年 2 月23日付け）http://www.bundesfinanzministerium.de/Content/DE/Standardartikel/Themen/Oeffentliche_Finanzen/Entwicklung_Oeffentliche_Finanzen/entwicklung-oeffentliche-finanzen.html より（2017年 8 月 1 日閲覧）。

のと想定されてきた。効力が一時的な法律は、適用事例が限られることになり、一般的とはいえない。法律は持続的に妥当することにより、法への信頼を基礎づける。また、法の持続性は、時間の中における法の下の平等を確保するためにも必要である。したがって、長期的に妥当することを目指していない法律は、時間における一般性に違反している。権力分立の観点からも、立法者は持続的な規律を行い、行政は現在を扱い、司法は過去について判断するという分担がなされるべきである[19]。

キルヒホフは、このような考察から、定着した法は特に理由がない限り改正すべきではないというが[20]、当然ながら、法律は必要に応じて改正されていくものである。また、時限立法は基本法上許されていないということもないであろう。キルヒホフもそのような極端な主張をするわけではない。ここで重要となるのが、彼が一般性要求の法的拘束力について行っている三段階の分類である。

キルヒホフは、基本法の諸原理、諸条文の検討の結果として、「基本法は法律の理念、その一般性と結びついている」とするが、しかしこの結びつきの背景には様々な考慮があるのであって、基本法が求める一般性を単純に定式化することはできないとする。「一般的法律という理念には、多層的で多様な意味が含まれている」。そして彼は、基本法の一般性要請を、その強さによって三段階に区分する。まず、①「法律の一般性の基本的中核的要求」は裁判によって実現を求めることができる。これに対し、②立法者を拘束する憲法要請ではあるが、裁判による実現を求めることはできない種類の一般性要求もある。さらに、③それよりも法的拘束力の弱い、憲法上の賢慮のルールとしての一般性要求もある[21]。

基本法19条1項が定める、基本権を制約する法律への一般性要求に沿っていえば、まず同項が明文で個別事例に向けた法律による基本権制約を禁止していることからも、個別法律による基本権制約禁止という意味での一般性要求は①にあたり、その違反は訴訟で救済されるべきだとする[22]。これに対し、それ以上の「一般性」は、立法者が政策形成にあたって考慮すべき憲法上の要請であるが、その

---

19 Gregor Kirchhof, Die Allgemeinheit des Gesetzes, 2009, S. 162 f. Vgl. ders., Demografischer Wandel und Demokratie, in: Martin Gebauer u.a. (Hrsg.), Alternde Gesellschaft im Recht, 2015, S. 83, 89-93.

20 Kirchhof, Die Allgemeinheit des Gesetzes, S. 162.

21 Ebd., S. 377 f.

22 Ebd., S. 378 f.

判断権を奪うかたちで裁判によって実現することはできない（②）[23]。これに加えてキルヒホフは、「憲法は、さらに賢慮のルールを基礎づけている。これは、特に法律の必要性についての決定や規律密度、命令制定権者への委任にあたって、立法者を導くべきものである。」という。この③の一般性要求は、適用範囲が限られてはいるが②の要求に反するとはいえないような法律を制定すべきかどうかの判断において、「立法者の憲法意識」に訴えるものである。法律は長期的視野をもって制定されるべきだという理念も、これにあたる[24]。

　キルヒホフは、国家債務の増大により、現在世代が未来の資源を先取りし、将来世代の負担が増していることに、時間における一般性との関係で大きな問題があるとする。しかし、この場面での時間における一般性は、裁判での実現が可能な基準とはいえない。基本権制限についての基本法19条1項は財政には使えないし、3条1項の一般的な平等条項も、国家債務についての時間における平等を規律するための十分な拠り所を与えない。では、この場面で時間における一般性要求は上記の②にあたるのか、それとも③にとどまるのか。この点がキルヒホフの叙述ではあいまいである。彼は、憲法の実施にあたって、「特に法治国原理に含まれている、裁判可能ではないが拘束的な一般性指示が立法者を導く」べきである、と述べると同時に、基本法解釈にあたって「一般性要求は賢慮のルールとして志向を定めうる」とも述べている[25]。ただ、キルヒホフが、将来世代は現在声を上げられないにもかかわらず負担を押し付けられるので、その権利を守るためには「法律の一般性による——裁判可能ではない——事前の保護が決定的である」と述べ、また「時間における一般性は未来を忘れた支出政策を禁止する」と断言していることからは、時間における一般性は国家債務との関係で②にあたる法的拘束性を有しているとされているように見える[26]。

　このようなキルヒホフの主張については、まず、法律の一般性概念に時間軸における一般性を含めることの是非が問題となろう。一般的にいって、現在の人々の利益だけではなく将来のことも考えた政策が望ましいというのは、そのとおりであろう。しかし、民主主義における支配は「期限つき」であり、法律が効力を

23　Ebd., S. 379-82.
24　Ebd., S. 382 f.
25　Ebd., S. 569-72.
26　Ebd., S. 601-03.

有するのも当然改正されるまでという条件つきのものである。民主政における決定は常に暫定性を有しないといけない。そうでなければ、まさに将来世代の自由を奪うことになってしまう。だとすれば、人的一般性や対象における一般性と同じレベルでの憲法上の要請として、時間における一般性が求められているといえるかどうかは、非常に疑わしい。定着した法律の改正や、最初から暫定的な効力のみを有するとされる時限立法が、本来的に憲法上疑わしいということになる理論には、従えないものを感じる。

　上記したとおり、キルヒホフは、一般性要求の憲法上の拘束力に差をつけることによって、極端な帰結を避けようとしている。しかし、時間における一般性要求が、それだけで①の裁判で実現可能な基準を提供する場面は想定しがたい。②は立法者を法的に拘束するとはいうが、その拘束力は政策形成の中で働くのであって、しかも裁判統制にかからないのであるから、③との区別が困難である。キルヒホフ自身がこの区別を厳密に扱っていないことも、上記したとおりである。だとすれば、時間の中での一般性として言えるのは、立法にあたっては長期的視野をもつべきであるという程度の「賢慮のルール」にとどまるのではないか。そして、法的拘束力の極めて弱いこのルールを、憲法が求める法律の一般性要求の内容であるということの意義は、非常に乏しいであろう。

　キルヒホフが、財政赤字に関して時間における一般性が②のレベルの拘束力をもてると考える背景には、本研究刊行時（2009年）のドイツの債務状況が将来世代の人々の権利を侵害していることは「すでに明確に認識できる」との彼の判断があったように思われる[27]。時間における一般性要求の侵害が明確であるので、それが議会に対し拘束力をもって対処を迫る状態に至っているのだということである。しかし、当時のドイツの財政状況の評価については、異なる見方も十分可能であろう。

五　将来世代の人々の基本権による現在世代の決定への拘束？

　法律の一般性は立法者の権限を制約する原理であるが、民主的決定に対する制約として一番典型的なのは、基本権保障であろう。では、将来世代の人々の基本

27　Ebd., S. 602.

権を理由にして、現在の立法者の決定に憲法上の限界を設けることができるだろ
うか。いまだ存在しない個人の基本権保障を考えることは、いろいろと困難な法
理論的問題を提起する。この問題を扱ったミハエル・クライバーの博士論文を素
材にして、少々検討を加えてみよう。

　クライバーは、いまだ存在しない個人の主観的権利を考えることはできないと
し、さらに将来世代という集団が基本権を有するという論理も、基本権論として
採りえないとする[28]。それでも彼は、基本権保護は将来世代にも及んでいると主
張する。その基本権理論上の根拠は、①基本権の客観的価値秩序性、②基本権保
障は、自由が現実に行使できることまで求めること、③人である限り有するとい
う基本権の根本性である。①から、基本権は社会の根本原理として、具体的主体
から抽象化された意味を有するとされる。②からは、現在世代は、将来世代の
人々が自由を実際に行使できる諸条件を奪わないよう求められる。③からは、お
よそ未来に人が存在するなら、その人々は現在の我々が享受する基本権と同様の
権利を有すると推定できる[29]。

　その上でクライバーは、将来世代の基本権保護の基本権ドグマーティクへの組
み入れとして、客観法としての基本権の効力から基本権保護義務論が使えると
し、さらに自由の前提保障も特に社会国家原理と結びつく形で将来世代の基本権
保障を根拠づけるとする[30]。そうだとしても、存在しない人々の基本権保障をど
うやって主張するのか。この点、ドイツには、抽象的規範統制など、主観的権利
侵害を必要とせずに連邦憲法裁判所の判断を求められる手続がある。また、憲法
異議での主張も排除されない。憲法異議を求めるには自分の権利が害されている
必要があるが、ひとたび憲法異議が適法になされれば、審査基準となる憲法規範
は主観的権利侵害に限らないというのが裁判所の立場だからである[31]。さらに、
そうだとしても、将来世代の基本権保障のために必要になる現在世代の立法者へ
の制約について、合理的に判断できるのか。もしそんなことを本気で実行すれ

28　Michael Kleiber, Der grundrechtliche Schutz künftiger Generationen, 2014, S. 175 f., 295 f.
29　Ebd. S. 285-89. クライバーは、将来世代に基本権保障が及ぶ根拠として、その他、基本法20a
　　条の存在と民主主義原理も挙げる。ただしこれらは、直接にはむしろ将来世代への責任を示すも
　　のと位置づけられている。Ebd., S. 290-93.
30　Ebd., S. 296-324. それぞれの論理が正当化する基本権保障の範囲には、一定の限定があるとも
　　されている。
31　Ebd., S. 324-26.

ば、今以上に立法者の判断余地が奪われ、法秩序の憲法化が進んでしまうのではないか。しかし、クライバーは、基本権保護義務や自由の前提保障は世代間の対立が問題となる場面に限らない基本権ドグマーティクの一環であり、それが将来世代の基本権保障に応用されても有用性を失うわけではないはずだという。基本権制約の合憲性を考える際には、いずれにせよ比較衡量が必要になる。将来世代の利益も、この比較衡量の枠組みの中で評価することは十分可能だというのである[32]。その際には、むろん未来の不確実性も考慮に入れられる。しかし、将来世代の基本権に全く配慮しなくていいということにはならない[33]。

　いまだ存在しない人々の基本権を主観的権利として想定することができないのは、クライバーのいうとおりであろう。そうすると、ドイツのような裁判制度をもたない日本にとっては、彼の主張を検討する実践的意味は少ないということになる。それでも、クライバーの意欲的な主張について理論的検討が不要となるわけではない。では、どのように評価すべきか。具体的主体から抽象化された基本権の要請を考えること自体は、裁判所で法令の合憲性についての文面上の審査が行われる際には、現実になされていることである。立法事実の審査とはそのようなものであろう。それでも、現に存在する人々の権利が現状の社会において一般的に何を要請するかを考えることと、いまだ存在しない人々が将来の社会において自由に生きるために何が必要かを考えることには、権利論の観点からは質的相違があるのではないか。

　基本権は、現に存在する諸個人が尊厳をもって生きられるための権利であり、それが客観法としての効力をもつというのも、法秩序はすべての個人が尊厳をもって生きられるような内容をもたなければならないという要請によるものである。そこで念頭に置かれているのは、現に存在している人々である[34]。将来の社会がどのようになるかについては、我々は能力の及ぶ限りで予測することができる。しかし、将来具体的にどのような個人が存在するにいたるのか、現在の我々にはまったく予測できない。具体的な個人の誕生は、ほぼ完全に偶然に支配されている。将来世代は、世代としての存在は確実視できるが、その構成員を具体的

32　Ebd., S. 300-08, 319-24.

33　Ebd., S. 200-10

34　ドイツの中絶判決で基本権保護義務論による保護の対象となった胎児も、具体的個体性を有しており、近い将来に個人として出生することがほぼ確実視される存在である。

に想定することは不可能だという特徴をもつ[35]。他方、基本権とはその社会の構成員たる個人個人が有する権利である。つまり、将来世代においては、誰が基本権を有しているのかという問いに、まったく答えることができない。基本権を侵害されうる個人を特定することが、不可能なのである。

　基本権が個人であれば当然もつ権利である以上、将来の人々も類似の権利をもっているはずと想定することは可能であり、また必要ともいえようが、そのことが現在の立法者に対してなす規範的要求を基本権の名で正当化することは、その権利としての意義からしてやはり無理があるのではないか。将来世代に対する配慮は、現在の我々が将来世代に対して有する責任として論ずべきもののように思われる。

六　政治過程の改革構想——直接民主政の導入？

　ドイツで憲法学における世代間正義の観点からの検討が国家債務の増大に向けられてきたのは、債務の大きさが少なくとも多くの憲法学者にとって重大な問題と思われていたことに加えて、自然環境保護については基本法20a条で、国家目標規定がすでに置かれていることによるところもあろう。同条はこの保護を「将来世代に対する責任を果たすためにも」として規定しており、基本法は環境保護については世代間正義の観点を明文で取り入れているのである。この条項は法的効力を持つとされるが、しかしその実現は立法以下の具体化に委ねられるところが非常に大きい[36]。

　将来世代への配慮を法的に民主政過程の外部から強制することは、その要請が特定性を大きく欠くために困難である。だとすれば、世代間正義の観点からは、その民主政過程において将来世代への配慮ができるだけ働くような仕組みを取り入れることが求められるといえよう。既述のとおり、ロールズは世代間正義の観

35　未来に誰が存在するかは現在の政策によって変わってくるという非同一性問題（デレク・パーフィット『理由と人格』（森村進訳、1998）479頁以下参照）が知られているが、そもそも未来に存在する人間は偶然で決まるとしか言えないのではないか。亀本洋「世代間の衡平」論究ジュリスト22号（2017）62頁、70頁参照。

36　基本法の国家目標規定については、小山剛『基本権の内容形成』（2004）262頁以下、浅川千尋『国家目標規定と社会権』（2008）、石塚壮太郎「国家目標規定と国家学」法学政治学論究97号（2013）335頁など参照。

点から抵抗運動の許容性拡大を求めていたが、現在の議会制民主主義に対して、より制度的な改良の可能性はないだろうか。

ヴォルフガング・カールとその弟子であるアンドレアス・グラーザーは、持続可能な発展という考慮がより立法過程で反映されるために、直接民主政を取り入れるべきだという、注目すべき提唱を行っている。将来世代への配慮と直接民主政がどうつながるのか、カールらの主張を検討してみたい[37]。

カールらは、議会制には政治の視野が短期的となるという欠陥が必然的に伴うと考える。政治家は、現在の国民が犠牲を払う覚悟は低いと考え、選挙で負けるのを恐れ、将来に向けて必要な対策を避けようとする。「裸の権力関心へと固定された政党は、政党間競争の受け入れられた法則にしたがい、（見かけ上）人気のある解決のために、事態に即した解決を犠牲にする傾向を常にもつ」。選挙によって短期間で責任を問われる政治家が、長期的影響のありうる決定を行うという緊張が、議会制には内在している。ドイツでは連邦レベルで純粋な代表民主政がとられており、権力が政党や一部の団体に独占されている。これが、国民の政治参加意欲を低める効果をもっており、ますます政治が自己利益を優先する政治家のものとなる。カールらは、現状のドイツの政治制度は持続可能性を十分考慮できない欠陥をもっていると診断する。その克服のためには「政党間の競争ではなく、政党に対する理念の競争」が必要であり、そのために「市民社会の参加の強化」が求められているという[38]。

代表民主政の抱える問題性への対処として、審議会などを設置して専門家の知見を政治過程に反映させようとする策はいろいろとられてきたが、専門家の影響力が強まりすぎると、議会責任が空洞化され、民主的正統性の観点から問題を引き起こす。また、審議会は必ずしも市民参加には貢献せず、議会と国民の距離を近づけることに役立たない[39]。カールらは、市民参加の強化のために直接民主政を導入すべきだと主張する。「スイスやアメリカでの研究は、直接民主政では長

---

37 カールは、世代間正義概念は漠然としすぎているとして、憲法上の国家目標規定として使えるような規範的意味のある概念としては持続可能性（Nachhaltigkeit）が適切だとする。しかし、世代間正義概念を拒絶するわけではなく、また両概念を明確に区別するわけでもない。Wolfgang Karl, Staatsziel Nachhaltigkeit und Generationengerechtigkeit, DÖV 2009, S. 2, 7-9. カールの求める持続可能性を、世代間正義とほぼ同義と考えて論を進めても問題ないと思われる。

38 Wolfgang Karl und Andreas Glaser, Die Nachhaltigkeitsfähigkeit der parlamentaristischen Demokratie, in: Klaus Lange (Hrsg.), Nachhaltigkeit im Recht, 2003, S. 9, 10-17.

39 Ebd., S. 19-28.

期的利益が尊重され、実現されるより大きな可能性があることを示している」。
一般国民がどうして近視眼的ではないといえるのか、という批判はありえる。し
かし、国民の意識は、自分たちが実効的影響力をもっていると自覚すれば、変化
しうる。国民は直接参加の機会を与えられれば、「自分たちの利益を超え、子ど
もや孫たちの利益を考慮に入れる」ことが、各国での経験から示されている。
カールらは、もちろん制度づくりに慎重さは必要だが、政策の持続可能性を高め
るために、直接民主政の導入を考えるべきだというのである[40]。

　カールらの主眼は、議会制には政党が常に選挙を意識して近視眼的な人気取り
に走らざるを得ないという必然的欠陥があり、その矯正のために国民に直接参加
の途を開くべきだということにある。そのような機会が与えられれば、国民は自
己利益を超えた判断ができる。これは、「政党間のポピュリズム競争を統御する」
ことにもつながる[41]。つまり、代表民主政では国民自身は政治的熟慮を求められ
ないため、長期的視野をもつよう促されることもない。このような国民を相手に
する政党は、その短絡的支持を得ようとして人気取りに走る必然的傾向をもつ。
しかし、国民自身に実効的権力行使の機会を与えれば、その行使にあたって国民
は長期的利益を考慮する能力を発揮するはずだということである。代表民主政は
国民の潜在的能力を発揮させない体制なのであり、共同体の長期的利益を十分に
考慮した政策が採用されるためには、その能力が現実化されるよう制度改革が必
要なのだということになる[42]。

　スイスやアメリカの直接民主政の経験が、将来世代の利益を十分考慮するもの

40　Ebd., S. 32-38.

41　Wolfgang Karl, Nachhaltigkeit und Institutionen – eine rechtswissenschaftliche Sicht, in: ders., (Hrsg.) Nachhaltigkeit als Verbundbegriff, 2008, S. 267, 276-81, 289-95. Vgl. Wolfgang Karl, Einleitung: Nachhaltigkeit durch Organisation und Verfahren, in: ders. (Hrsg.), Nachhaltigkeit durch Organisation und Verfahren, 2016, S. 1, 20-24.

42　Andreas Glaser, Nachhaltige Entwicklung und Demokratie, 2006は、カールの指導の下で書か
れた、この問題をスイスとの比較法をふまえつつ詳細に検討する博士論文である。主張内容は、
カールとほぼ重なる。なお、Fabian Wittreck, Nachhaltigkeit und direkte Demokratie, in: Wolf-
gang Karl (Hrsg.), Nachhaltigkeit durch Organisation und Verfahren, 2016, S. 159は、直接民主
政拡大論者（毛利透『統治構造の憲法論』(2014) 33-34頁参照）の筆になる論文だが、将来世代
への配慮との関係での直接民主政の優位性主張の点では、カールらよりも慎重に見える。Michael
Wrase, Direkte Demokratie und Nachhaltigkeit – ein Beitrag aus verfassungsrechtlicher Pers-
pektive, Jahrbuch für direkte Demokratie 2011 (2012), S. 103, insb. 117も、カールらは「少々
楽観的すぎる」としつつ、直接民主政の代表民主政の欠点に対する矯正策としての意義は認めて
いる。

世代間正義と民主主義（毛利）　*177*

となっているといえるかどうかは、評価が分かれうるだろう。ただ、国民に政治的影響力行使の機会が些少しか与えられないのであれば、人々が政治的話題について議論に参加するインセンティブはごく低いままであり、結果としてその意見が反省性を欠くものとなりがちだという点は、一般論としては同意できるところである。国民は政治的課題に直面したとき、初めから適切な意見を有するわけではない。個人と共同体の意見は双方とも、議論の中で練り上げられ、合理性を高められる。民意の反省性を高めるには、この議論に参加するインセンティブを高めることが必要だというのは首肯できる主張である[43]。

　しかし、そのために直接民主の採用が適切といえるのかについては、疑問を提起することができよう。オリバー・レプシウスは、議会の認知能力を高く評価する立場から、カールらの議会制批判に反批判を加えている。議会制の長所の一つに、それが立法者と法への服従者とを明確に分け、法律制定後も後者の判断の自由を確保し、後者による前者に対するコントロールを常に可能とすることがある。国民による直接の決定は誰のコントロールにも服さず、つまり正当化を必要としない。レプシウスはさらに、社会問題について長期的な予測は非常に困難であり、重要なのは、政治的決定がいつでも修正できることであるとする。議会による決定は、選挙によって一定の期間ごとに見直しの対象になる。しかし、国民による決定に対してはコントロールが働かないため、状況の変化への対応策を組み込むことができない。だとすると、これは持続可能性の理念には反することになる[44]。

　レプシウスは、そもそも何が共同体の長期的利益になるかについて、現在世代

43　毛利透『民主政の規範理論』（2002）139-41頁、同『表現の自由』（2008）67-68頁参照。

44　Oliver Lepsius, Nachhaltigkeit und Parlament, in: Wolfgang Karl（Hrsg.）Nachhaltigkeit als Verbundbegriff, 2008, S. 326, 336-38, 342-44. レプシウスの議会制擁護論としては、すでに Oliver Lepsius, Die erkenntnistheoretische Notwendigkeit des Parlamentarismus, in: Martin Bertschi u.a.（Hrsg.）, Demokratie und Freiheit, 1999, S. 123がある（高田篤「議会制の意義」『国民主権と法の支配　佐藤幸治先生古稀記念論文集［上巻］』（2008）271頁参照）。この論文でレプシウスは、「相互主観性への強制」（S. 154）により一般的・抽象的概念レベルでコンセンサスを得られる点に制度としての議会の認知能力の高さを認めており、直接民主政にはそのようなコンセンサス形成能力がないと批判している。直接民主政は、当該社会問題への解決がある提案へのイエスかノーかに絞られるような状況への対処には適しているといえるが、そのようなことは現実にはめったにない。また、間接・直接民主政の併存に対しても、議会から代表者としての責任感を奪い、慎重な議論がなされなくなるとして批判的である。ただ、この論文での議会制擁護には、議会が外からコントロールされる点への評価は見当たらない。本文でのレプシウスの主張は、彼の議会制論の進展としても関心を引くものといえる。

の人間が確定的に判断する能力はもっていないという出発点をとる。たしかに、カールらが、直接民主政が将来世代の利益をよりよく考慮したと評価する事例も、本当にそう評価できるのかどうか確かとはいえない。自然環境を守り、国家債務を減らすことが、常に将来世代のためになるといえるだろうか。レプシウスは、むしろ政治的決定がコントロールに服するかたちで正当化を必要とし、それが状況の変化によって減少した場合には修正に服するというメカニズムが確保されていることこそ、重要だと考える。直接民主政は、国民による決定を時宜に応じて修正するメカニズムをもたず、むしろ一度下された決定は修正しえないものとして妥当しつづける。レプシウスは、その背後には社会状況が変化しないという前提があるが、これはまさに時間の問題を無視する態度であるとし、その長期的視野からの決定としての適性を否定するのである[45]。

　国民投票による決定は、秘密投票の積み重ねであるから、当然ながら結果について理由を示さない[46]。にもかかわらず、それは国民の意思として高い正当性を有する。だとすると、「とにかく国民が決めたことだ」からということで、決定後、状況の変化に応じた適切な修正をはねつけることにつながる危険が、たしかにあるのではないか。国民の政治的反省能力は、投票結果というよりも、議論の過程において現れるはずである。国民投票に、永続的な議論の機会をむしろ摘んでしまう危険が大きいのだとしたら、それが将来世代により配慮する政策決定手続だとは、いえないであろう。

七　まとめにかえて

　世代間正義が現在世代に何を要求するかを特定するのは、原理的にいって極めて困難である。だとすれば、ロールズにならい、民主的決定への原則的信頼を保ちつつ、将来世代への大きな影響が予想できる政策の決定プロセスにおいては特に慎重な検討を行うことが求められよう。これは、あまりにも当然の事柄のようではあるが、立法手続の改善や立法過程における抵抗運動の再評価につながるの

45　Lepsius, Anm. 44（Nachhaltigkeit und Parlament）, S. 344. レプシウスは、持続可能性の観点から議会の政策形成の幅を狭めるような規定を基本法に書き込むことにも、基本的に反対している。Ebd., S. 349 f.

46　毛利前掲注（43　『民主政の規範理論』）265頁以下参照。

であれば、まったく無意味というわけでもなかろう[47]。これに対し、世代間正義をもちだして、法的拘束力をもって現在世代の立法者の判断権を狭めることには、この概念が要求する内容の不確定さからして、懐疑的にならざるを得ない。より具体的な政策内容についても、そのときどきの世代が長期的視野から判断するしかなく、法はそのための環境を整えることに関心を向けるべきであろう。また、この問題が既存の政治体制に対する評価を大きく変える理由となるわけでもないと思われる。

　　［**追記**］　本稿は、科学研究費（課題番号26285008）の助成を受けた研究成果の一部である。

47　現在の代表民主政にカールらと類似の問題性を見いだしつつ、むしろ審議会による問題提起の政治的影響力に期待し、かつ、その程度の議会への制約は将来世代の利益のために正当化できるとする論稿として、Johannes Rux, Intertemporale Strukturprobleme der Demokratie Die Öko-Diktatur als Ausweg?, in: Martin Bertschi u.a. (Hrsg.), Demokratie und Freiheit, 1999, S. 301.

グローバル化時代に公法学の可能性は
残されているか

山　田　哲　史

一　はじめに
二　憲法学あるいは棟居快行の憂鬱
三　行政法学の躍動とその課題
四　Armin von Bogdandy の国際公権力概念の可能性
五　おわりに

一　はじめに

　対内的最高性を有し、国内において公権力を独占するとともに、対外的には独立し、他国と平等な地位に位置付けられる主権国家によって形成される近代主権国家体制は、今大きな揺らぎを見せている。国家を超える（supranational）レベルにおいては、国際的枠組みにおける法形成に伴う、国家の自由領域の縮減、国内においても、国家あるいは公的アクターがその任務の効率化を目指してあえて行なっているところではあるものの、公私協働や私化・民間化が進むなど私的アクターの影響力が増大している。そして、その複合的事象として、市場のグローバル化や、サイバースペースに代表される国境を知らない（擬似）空間の存在を通じて、国境をまたぐ（transnational）形での多国籍企業の活動が発達し、私的アクターによるグローバルなルール形成が進展するような現象もあげられる。このように、従来「国際問題」として総称されてきた問題群は、現代において、国際（international）すなわち国家間（interstate）、あるいは政府間（intergovernmental）の枠を超えて、超国家的、国境横断的な問題となっており、まさに、これを総称する場合には、「グローバル」という形容詞を冠するのが適切なものとなっている。
　このような現状を国家の位置付けに着目して整理し直せば、近代主権国家[1]

1　なお、本稿が描くような近代主権国家像はあくまで理念型であり、必ずしも歴史上事実として存在していた訳ではないことには注意しておく必要がある。

は、まさに内憂外患にさらされているということになる。もう少し敷衍すれば、対内的最高性を背景に、公権力、なかんずく法形成の独占を行うとともに、対外的独立性を背景に、国家間関係においても合意した決定にのみ拘束される[2]というモデルは、すでに崩れ去っている[3]。このような、グローバル化の下での近代主権国家の黄昏を踏まえたとき、主権国家の形成とその公権力の統制を理論づけてきた公法学もまた、終焉、あるいは、少なくとも黄昏を迎えなくてはならないのではないかという懸念が生じることも宜なるかなというところである。

本稿は、基本的にこのような懸念を共有しつつ、グローバル化時代において、公法学に本当に可能性が残されていないのか、現在の議論状況の素描を通して検討する。

二　憲法学あるいは棟居快行の憂鬱

我が国において、グローバル化時代における公法学の存続に対する、先に述べたような危惧を最も鮮明に表明するのが、棟居快行である。2013年から2015年にかけて、グローバル化三部作とでも呼ぶべき論考[4]を続けて公にした棟居は、そのうちの最後を飾る論考の冒頭で、「憲法学がグローバル化を語るのは、映画の『ラストエンペラー』の皇帝が紫禁城を外に見るのに似ている[5]」と自嘲気味に述べるのであった。このように、本来は「語り得ぬこと」をあえて語る覚悟をした棟居は、本稿がすでに「はじめに」で指摘したようなグローバル化の実相を、①経済グローバル化の進行、②国際的共通価値の世界標準化、③主権国家の決定権限の喪失、④主権国家の条約執行機関化とまとめつつ、このような状況下における主権国家の融解あるいは少なくともその変容を指摘する[6]。こうして、グロー

2　ただし、慣習国際法については、国際社会を形成する全国家の同意を必ずしも要求しないことに留意しておく必要がある。

3　もっとも、工藤達朗「市場のグローバル化と国家の位置づけ」公法研究74号（2012年）11頁が示唆するように、このような診断の背景には、ドイツの立憲君主期という特定の状況下での国家、社会の二分論である可能性は否定できない。

4　棟居快行「グローバル化が主権国家にもたらすもの」長谷部恭男ほか編『現代立憲主義の諸相上』（有斐閣、2013年）695頁以下［棟居（高橋古稀）］、同「グローバル化の中の憲法」松本和彦編『日独公法学の挑戦』（日本評論社、2014年）17頁以下［棟居（松本編）］、同「グローバル化社会と憲法」法律時報87巻11号（2015年）121頁以下［棟居（法時）］。

5　棟居（法時）・同上121頁。

6　棟居（法時）・同上123頁。これに対して、伝統的な主権国家観、あるいはそれを下敷きにした

バル化した市場こそが「主権者」の地位につくと結論づける[7]棟居は、グローバル化社会における、国家の撤退が市民の経済的自由の国家からの解放を意味する可能性にも言及し、ただそれには否定的な見解を示す[8]。他方で、国法秩序から解放された司法権の可能性に議論を展開させる。すなわち、本来私人間の紛争解決を主たる任務としており、国法体系の上位法から下降してくるような法の適用よりも、水平的な私人間の関係に潜在する自生的な法の発見として位置付けられるべき司法[9]は、立法や行政とは異なり、主権国家の枠組みを超えることが容易なのだと指摘するのである[10]。そして、むしろそのような司法権こそ、近代立憲主義において国家権力の一つとして取り込まれる前の司法権の姿であり、先祖返りに他ならないのだという。ここでは、主権国家から解放された裁判所が、国際標準としての国際人権の実現に寄与する可能性も示唆される[11]が、棟居はそのよ

憲法観との断絶は自覚しつつも、グローバル化した市場におけるアクターの一つとしての国家が、人権保障を含むサービス提供について、消費者たる市民によって評価される「均衡的民主主義」概念という、新たな民主政観、国家観を採用することによって、すなわち、憲法理論の変化によって対応可能である、あるいはすでに憲法理論の方がそのような変化を無意識に行なっているとするのが、工藤・前掲註（3）19頁である。以上のような工藤の議論に対して、国家の撤退に伴う、私的権力や市場経済の侵入による自由の切り崩しという工藤自身の設定した問題への解決策が十分に示されていないという、棟居（高橋古稀）・前掲註（4）699頁註（1）の指摘はその通りである。この点も含めて、新たなグローバル化時代の憲法理論について、工藤によるさらなる説明が望まれるところである。

7　棟居（高橋古稀）・前掲註（4）711頁。同論文の707頁から711頁にかけて、主権国家の連帯や刑事・民事制裁、金融活動への課税などの主権国家による対応策が検討されるが、いずれについても悲観的な結論が与えられている。あわせて、棟居（松本編）・前掲註（4）20頁も参照。

8　棟居（法時）・前掲註（4）124-125頁。

9　ここで、裁判所あるいは司法を「法原理部門」として位置付け、民主的な正統性とは別個の正統性基盤を有する機関であることを示唆する佐藤幸治の議論（佐藤幸治『現代国家と司法権』（有斐閣、1988年）57頁以下）が引かれている（棟居（松本編）・前掲註（4）34頁）。ただし、佐藤は法原理部門としての裁判所を近代立憲主義の重要な構成要素として位置付けている点には注意しておく必要がある。

　　以上の議論に関連して、一方で立法を集団的自己決定に基礎付けられた民主的正統化の契機として、他方で司法を個人的自己決定に基礎付けられた正統化の契機として、それぞれ位置付ける、Möllers の議論（C. Möllers, Gewaltengliederung, 2005, S. 94 ff.）が参照されるべきである。なお、棟居は、立法・行政の民主的正統性と司法を対置させているが、Möllers の議論において、控除説的に把握される行政は、立法による民主的正統化と司法による個人的正統化の中間に位置付けられ、双方が混在する領域と位置付けられる。

10　棟居（法時）・前掲註（4）124-125頁。

11　この見立てを積極的に推進する立場にある（と棟居も位置付ける）のが、山元一の「トランスナショナル人権法源論」である。本稿筆者は、これまで国内における権力分立に留意しつつ、山元の議論に批判的な立場を示してきた（拙著『グローバル化と憲法』（弘文堂、2017年）243-245頁［初出、2015年］など）が、棟居による整理を踏まえて改めて考えれば、近代立憲主義の国法秩序から解放された裁判所に期待する議論と、権力分立に着目した議論が嚙み合わないのは詮な

うな楽観的な見方には懐疑的である。確かに憲法上の権利の構造に拘束されることなく、グローバルな人権法源に基づく判断が司法によって可能になる可能性もある[12]が、そこには裁判所による独善を防止するすべはもう残されていない[13]。結局、ここでも近代立憲主義の国家構想にまた違った変容が生じているのである。

本稿筆者は、グローバル化時代における別稿で各国の基本価値、あるいは憲法上の価値についてのゲートキーパーとしての（国内）裁判所像を提示している[14]が、これは、上で紹介した棟居のいう国法体系から解放された裁判所像とは、180度違うものであるということができよう。もっとも、ゲートキーパーとしての裁判所にしても、結局裁判所が権限・権限を握ることになる危険に言及した点には、国法体系から解放された裁判所に対する棟居の懸念と共通するものを見出すことも不可能では無いだろう。また、権限・権限が裁判所の手中に収まることを防ぐ上でも、裁判所の役割は、あくまで、国内議会による十分な基本決定がなされているかを確認し、十分でないと判断された場合には、それを議会に差戻すものに止めるというのが、本稿筆者の基本的な考え方ではある[15]が、棟居の危惧は、まさに議会による基本決定の不可能性にこそ淵源があるのであり、その意味で、本稿筆者と棟居の間にはやはり距離があるといえよう。グローバル市場によ

きことといえよう。

　なお、婚外子相続分規定違憲決定に、トランスナショナル人権法源論への親近性を見出す、山元の議論（山元一「『憲法的思惟』vs.『トランスナショナル人権法源論』」法時87巻4号（2015年）74頁以下）に対する、棟居の批判的コメントとして、棟居（法時）・前掲註（4）127頁註（8）も参照。さらに、夫婦同氏訴訟最高裁判決におけるドメスティックな姿勢への「揺り戻し」に対する山元のコメントとして、山元一「トランスナショナルとドメスティックの間で揺れる最高裁」法時88巻3号（2016年）1頁以下も参照。この点について、本稿筆者は、従来、国籍法違憲判決や婚外子相続分違憲決定における国際法、外国法への言及をことさら重大視すべきでは無いという立場をとっており、夫婦同氏訴訟最高裁判決における国際法、外国法への冷淡な態度も従来の最高裁の立場の延長線上にあると考えている。以上の点につき、拙著・同上236頁以下も参照。

12　憲法上の権利あるいは、国法体系からの解放については、いわゆる私人間適用論において、高橋和之が提唱する「新無効力論」（高橋和之「『憲法上の人権』の効力は私人間には及ばない」ジュリスト1245号（2003年）137頁以下）との接続が容易であることが強調されている（棟居（法時）・前掲註（4）127頁・棟居（松本編）・前掲註（4）28-29頁）。ただし、高橋和之自身は、国内人権と国際人権を峻別する立場を採用していること（高橋和之「国際人権の論理と国内人権の論理」ジュリスト1244号（2003年）69頁以下）には留意しておく必要があろう。

13　「公序良俗」に、国法体系が承認しない社会正義を裁判所限りで盛り込むことによる、「民法のイスラム法化」（棟居（法時）・前掲註（4）125頁）、「私法のイスラム法化」（棟居（松本編）・前掲註（4）35-36頁）すら起こりかねないと指摘している。

14　拙著・前掲註（11）475-476頁。

15　同上・439-440頁参照。

る「主権」の侵奪は確かに進行しているが、なお各国に基本決定を行う余地があるのではないかというのが、本稿筆者の見立てである。棟居の比喩[16]に倣えば、これは、近代主権国家という難破船になお止まることを選択した上に、その沈没までの時間を長く見積もりすぎているということになろう。

三　行政法学の躍動とその課題

1　総説

　二では、棟居快行の議論によりつつ、憲法学にとってグローバル化という問題がその根本を揺るがせる問題であり、憲法学の消滅か、さもなくば、重大な変容を余儀無くされるものであることを論じてきた。そして実際に、我が国においては、グローバル化について取り組む憲法学説は多くない。ただし、これが、グローバル化時代における「公法学」の可能性の欠如を意味するかというと、そうとは言い難い状況が展開されている。棟居も指摘するように、行政法学においては、日本でもグローバル化について活発な議論が展開されるようになってきているのである[17]。その背景には、アメリカ、あるいはイタリアで盛ん論じられるようになってきたグローバル行政法論、あるいはドイツにおける国際行政法論がある。これらの構想が気鋭の行政法学者[18]によって我が国の行政法学界にも持ち込まれ、議論が活況を見せているのである。本章では、主として、上記のような気鋭の行政法学者による紹介によりながら、グローバル行政法、あるいは国際行政

16　棟居（高橋古稀）・前掲註（4）713頁註（10）参照。なお、ここで棟居は、山元一のスタンスを「難破船に見切りをつけ、救命ボートで憲法のチェック機能や立憲主義のアイデアなど救出しうるものを持ちだそうという」ものと性格づけている。

17　棟居は、「行政法学者らの水を得たような活躍が目立」つと表現する（棟居（法時）・前掲註（4）121頁註（1））とともに、主権国家性の軛という問題は、「憲法学に特有のものであり、「行政法学はさっさと国家主権の檻から抜け出しているようでもある」とも述べている（棟居（高橋古稀）・前掲註（4）702頁註（6））。しかし、斎藤誠「グローバル化と行政法」磯部力ほか編『行政法の新構想Ⅰ』（有斐閣、2011年）339頁〔374頁の（追記）によれば、2008年5月に一旦出来上がっていた原稿のようである〕が冒頭で、「日本の行政法学は、現在極めて鎖国的に構成されている」と述べていることには、留意が必要であり、（一部の）行政法学者が「水を得て」躍動し始めたのは、基本的に2010年代からであるという点には留意しておく必要があろう。

18　興津征雄「グローバル行政法とアカウンタビリティ」浅野有紀ほか編『グローバル化と公法・私法関係の再編』（弘文堂、2015年）48頁註（4）は、「双頂の孤峰」をなすのが、原田大樹と（ただし、広い意味では行政法各論に位置付けられるものの、税法学者の）藤谷武史の研究であるというが、興津のこの論考もまた重要な業績として位置付けられる。

法という概念、あるいはその基本構想を概説し、その方向性であったり、議論の内容であったりが、グローバル化時代における公法学としての活路となるのか、その意義と限界を探ることにしたい。

2　グローバル行政法

アメリカのニューヨーク大学を中心とする研究プロジェクト[19]として——また同様のプロジェクトがイタリアでも立ち上がっているようである[20]が——グローバル行政法の研究が進められ、我が国においてもグローバル行政法という言葉が行政法学において知られるようになっている。しかし、グローバル行政法というものが一体なんなのかといえば、その理解は難しい。

まず、研究プロジェクトのスタート時点での綱領的論文[21]とはいえ、それを見ると、雑多なものがグローバル行政法として一括りにされていることがうかがえる。すなわち、まずグローバル行政法の規制対象となる「グローバル行政活動」というものは多様である。敷衍すると、それが行われる「場所」は、「グローバル行政空間」と呼ばれるが、これは物理的な場所として画定されるものではなく、国家間（interstate）のやりとりという枠組みを超えて[22]、個人や私企業に直接影響を及ぼすような形でなされる場面であることをもって従来の国際法の規律領域とは区別された独自の「領域」が設定されるものなのである[23]。そして、実際的な活動は、国際機構の内部におけるものであったり、各国の国内であったりと、様々であることが想定されているし、その主体である「グローバル活動主体」も国際機関、各国の行政官庁のネットワーク、内国規制当局、公私協同的な組織、さらには、私的アクターまでもそこに含まれている[24]。結局、国境をまた

19　*See,* http://www.iilj.org/gal/

20　*See,* http://www.irpa.eu/category/gruppi-aree-ricerca/global-adm-law/ なお、国際憲法雑誌15巻2号（15 INTʼL J. CONST. 339 (2015)）には、「グローバル行政法イタリア学派」に属する論者たちがグローバル行政法プロジェクト10周年に際して寄稿した諸論考が掲載されている。

21　B. Kingsbury, N. Krisch, & R. Stewart, *The Emergence of Global Administrative Law,* 68 LAW & CONTEMP. PROBS. 15 (2005).

22　これが、「国際（international）」ではなく、「グローバル（global）」行政法とされる所以でもある。この点について、B. Kingsbury, *The Concept of 'Law' in Global Administrative Law,* 20 EURO J. INTʼL L. 23, 25 (2009) 及び、藤谷武史「多元的システムにおける行政法学——アメリカ法の観点から」新世代法政策学研究6号（2010年）149頁註（35）を参照。

23　Kingsbury et al, *supra* note 21, at 25-26. 興津・前掲註（18）52-54頁。

24　Kingsbury et al, *id.,* at 23-24.

ぐ一定の活動のうち、行政（administration）と理解しうるものが生じてきていることを背景に、その反面で欠如が問題になってきているアカウンタビリティを何らかの手法で、塡補しようとするものなのである[25]。

　加えて、アカウンタビリティの確保の手法について論じられているところを見ても、グローバル行政活動が多様なものを含んでいることがよくうかがえる。すなわち、アカウンタビリティ確保の手法として、ボトム・アップ方式とトップ・ダウン方式が挙げられているが、前者が行政手続によるアカウンタビリティ充足を国内における活動において行い、これを積み上げていくというものであり[26]、後者は、国際機構などにおける行政手続の活用を指すものとされる[27]。

　最後に見たところにも示唆されていたように、アカウンタビリティ確保の手法についても、結局は、国内行政手続法のアナロジーが主たるものとなっているということも指摘できる。もちろん、国内における手法のアナロジーに限定されていないが、そこで示されるものは、いまいち具体性に欠けている印象を受ける[28]。興津は、このように手続に傾倒するグローバル行政法を、民主主義や権利といった実体的価値を棚上げして、アカウンタビリティという手続的法原理を規範的原理として背景に持つものと指摘している[29]が、これは、国内行政法におけるアメリカ行政法学の傾向とも重なるところがあるといえよう[30]。

25　*See, id.,* at 16. 興津・前掲註（18）55-56頁は、この点を強調する。なお、アカウンタビリティ概念自体の不明確性、多義性について、拙著・前掲註（11）164-167頁で論じたが、本稿では、アカウンタビリティの定義について、基本的に興津の説明（興津・同上61-72頁）に従うことにする。

26　Kingsbury et al, *id.,* at 54-57.

27　*Id.,* at 57.

28　*Id.,* at 58. ここでは、アカウンタビリティの枠にとらわれず、他国や他機関との交渉等を通じた「圧力」の活用の可能性であるとか、多様な制度間での相互の統制・調整といったものにも言及している。この点については、藤谷・前掲註（22）153頁も参照。

29　興津・前掲註（18）49頁。ただし、アカウンタビリティの確保にあたり、比例原則や平等原則のような一般原則ではあるものの、実体的基準の充足も要求していること（Kingsbury et al, *id.,* at 40-41; 興津・同上56頁；藤谷・同上151）には注意しておく必要がある。

30　藤谷・前掲註（22）156-158頁。*See also,* R. B. Stewart, *U.S. Administrative Law: A Model for Global Administrative Law?,* 68 LAW & CONTEMP. PROBS. 63（2005）［この論文もアメリカ行政法以外の行政法がグローバル行政法の構想に当たって参照に値しないというものではない］. ただし、Stewart, *id.,* at 73-75も示唆するように、アメリカ行政法における、行政手続に並ぶ柱としての裁判所による行政統制が、グローバルな場面では十分に機能していないということには注意を要しよう。なお、アメリカにおける due process 保障が必ずしも司法的統制を要求しないという点にも言及する藤谷・同上157頁もあわせて参照。以上の議論に関連して、本稿筆者による、アメリカ公法学における行政手続の意義、とりわけ民主政構想との関係についての簡潔な考察とし

グローバル行政法プロジェクトが「学問運動」であり[31]、基本的には、具体的事象の記述から帰納的に一般的な理論枠組を抽出しようというものである[32]から仕方ないのかもしれないが、対象が拡散した結果、コアとなるもの、言い換えればどのような対象を論じるのかが不明確になっており、国家権力の統制を議論対象としてきた、従来の公法学との接続性もよくわからないものとなっているように感じられる。

さらに、手続の重視にも関係するところでもあるが、グローバル行政法においては「国家」というものの存在が重視されていない[33]。我が国においても、興津征雄がこの点を鋭く問題視し、「国家なき行政法」の存立可能性を主題化している[34]。興津によれば、グローバル行政法の陣営内でも、アカウンタビリティの問責者、すなわちグローバル行政法の存立基盤となりうる母体を探求する議論がなされているとのこと[35]だが、興津もそこに十分なものを見出せていないようである[36]。現在において国家にこだわることは必ずしも適切ではないが、国家から離

て、拙著・前掲註（11）149-167頁も参照。*See also*, R.B. Stewart, *Administrative Law in the Twenty-first Century*, 78 N.Y.U. L. Rev. 437, 439-443 (2003).

31 藤谷・同上149頁、興津・前掲註（18）51頁註（12）も参照。

32 Kingsbury et al, *supra* note 21, at 23-24. 藤谷・同上150、155頁、興津・同上76頁註（157）も参照。

33 手続重視との関係性も含めて、藤谷・同上159頁を参照。ただし、最近、グローバル行政法陣営においても、国家の再評価の必要性を説くものが見られる。とりわけ印象的なのは、イタリア学派の総帥である Sabino Cassese 自ら、S. Cassese, *Global Administrative Law: The State of the Art*, 13 Int'l J. Const. 465, 467 (2015) において、そのような指摘をしていることである。*See also*, G. Napolitano, *Going Global, Turning Back National: Towards a Cosmopolitan Administrative law?*, 13 Int'l J. Const. 482, 484 (2015)［グローバル行政法プロジェクトの出発時には、行政法学にとって「約束の地」であるかに見えたグローバル行政法の舞台グローバル組織（global institution）は、2008年以降の金融危機の中で脆弱性を露呈する一方、国家や国内行政法の底力が見出されたと指摘する］。

34 興津・前掲註（18）49頁。

35 同上・72頁以下。

36 同上・81頁。興津が紹介・検討する、Krisch の議論（N. Krisch, *The Pluralism of Global Administrative Law*, 17 Euro J. Int'l L. 247 (2006)）は、本稿筆者が瞥見した限りでは、国家中心のアカウンタビリティ構想がもはや成り立たないことや、様々なアクターの相互交渉の重視を強調する（具体的なあり方についての構想の相違は、興津・同上80頁参照）ものの、なぜ、行政手続的アプローチが有効なのか、結局、アカウンタビリティなり正統性が要求される「グローバル行政活動」の範囲は何が画するのかについては語っていないように思われる。他方、Kingsbury（B. Kingsbury, *The Concept of 'Law' in Global Administrative Law*, 20 Euro J. Int'l L. 23 (2009)）の議論については、グローバル行政法を「（公）法」として認識するための、条件を検討するという方向性での検討を行っているが、興津・同上74頁も示唆するように、そこで問題とされる publicness は、アカウンタビリティなり正統性なりが要求される基準を析出する試みと評価することができよう。これについては、改めて少し触れることにする。

れた場合に、正統性やアカウンタビリティの調達に困難が伴うとともに、そもそも、なぜ正統性やアカウンタビリティがある行為について要求されるのかという根拠も、曖昧なものとなってしまう可能性があろう[37]。

3　国際行政法

国家にこだわらず、むしろ極力国家を排除しようとするのがグローバル行政法であるならば、逆に国家にこだわるのが、ドイツの国際行政法の議論である。

現在の国際行政法の議論について紹介する前に、まずは、国際行政法という概念の歴史的沿革について簡単に紹介しておきたい。19世紀中頃からの国際河川制度のもとでの国際河川委員会や万国郵便連合に代表される、国際行政連合の発足に伴い、国際行政法等概念が登場するようになる。当時国際行政法という概念のもとに想定されていたのは、主として、抵触法としてのそれであったと言われる。すなわち、公法分野において、国際私法に対応する形で、「各国の国内行政法の適用範囲の限界またはその国際的抵触関係を処理する法[38]」と定義づけられるものであった。このような国際行政法の定義づけは、国際組織独自の行政、行政法（行政国際法 [droit international administratif][39]）というものを認めず、国際組織のもとでの各国行政機関の活動を結局各国の国内行政法の規律対象に還元してしまうことを意味していた。しかし、のちに国際組織が発展するに従って、国際組織内部での行政的活動を規律する独自の法の存在が認識・主張されるようになり、これも広い意味での国際行政法概念に取り込まれるようになったとともに、一部では、行政事項に関する国際法という意味で、行政国際法という用語が与えられ、公法抵触法としての国際行政法との区別を強調する場合も見られるように

37　必ずしも国家と関連する必要はないが、完全に私的な存在の活動に正統性やアカウンタビリティが要求されるかは疑わしいし、少なくとも行政法的発想の転用によって得られるそれらは要求されないということになるのではないか。

　　グローバル行政法陣営においても、特に、研究プロジェクトの進展とともに、グローバル行政法の法的基盤や規範的基礎づけの不十分性は認識されている。*See, e.g.* E. Chiti, *Where Does GAL Find Its Legal Grounding?*, 13 INT'L J. CONST. 486 (2015); M. Savino, *What If Global Administrative Law is a Normative Project?*, 13 INT'L J. CONST. 492 (2015).

38　山本草二「国際行政法の存立基盤」同（兼原敦子・森田章夫編）『国際行政法の存立基盤』3頁（有斐閣、2016年）［初出、1969年］。ここまでに触れた、国際行政法概念の展開史についても、同論文を参照。

39　これに対して、公法抵触法は国際行政法（droit administratif international）と呼ばれるというように、フランスなどでは当時から呼称の区別があったという。

190

なった[40]。ドイツにおける議論は、19世紀後半から20世紀前半にかけて、前者の公法抵触法としての国際行政法に基本的に集中する形で展開され[41]、やがて関心は薄れていったとされる。他方、国際法学の関心はむしろ後者の行政国際法に向けられたが、そこでは「行政法」という意識は弱まり、いずれにしても、国際的な行政法という議論は、ドイツに限らず世界的にも、戦後長らく注目されなかった[42]。グローバル化が進展をみせる中で、21世紀に入り、国際的あるいは国境を越える行政法について関心が寄せられるようになったのであるが、その二つの潮流が、先に見た、アメリカ、イタリアにおけるグローバル行政法論であり、そして、ここで主題となっているドイツにおける国際行政法論なのである。

　20世紀前半までの国際行政法論においては、国際組織、とりわけ国家間（あるいは、政府間）で形成される組織が国家に対置され、独自の行政法を論じうるかに要点があってわけであるが、現在では、グローバル化の進展とともに、狭い意味での国際機構に該当するような国際組織に限定されず、私人、私的団体が関与したものであったり、政府間のものであっても、行政官庁相互の非公式なネットワークであったりというものが登場するようになっている。すなわち、①国内における行政法の抵触問題や②国際機構内部の行政の処理に加えて、③グローバルなレベルにおける政策実現の規律というものも課題に上がっているわけである。グローバル行政法論が、③を中心としつつ、②も包含するような形で、「グローバル行政活動」——その輪郭がはっきりとしていないことは先に述べたとおりであるが——について、国内行政法、とりわけ行政手続法の手法を応用して、統制を働かせようとしたものであったのに対し、近時におけるドイツの国際行政法論は、次のような性格を持っている。つまり、一応は、①ないし③のすべての領域を守備範囲に入れつつ、あくまで、国家、国内行政法を議論の対象、舞台として扱うものである[43]。もう少し敷衍すると、国際機構のほか、グローバルなレベル

40　行政国際法の発展やその基盤を積極的に論じたのが山本草二である。

41　*Siehe* u.a. *K. Neumayer*, Internationales Verwaltungsrecht Bd. 1-4, 1910-1936. とりわけ、*K. Neumayer*, Internationales Verwaltungsrecht Bd. 1, S. III-IV や、*K. Neumayer*, Internationales Verwaltungsrecht Bd. 4, S. III では、国際私法の類推（Analogie）や公法分野でそれに対応するものとして、国際行政法、あるいは、国際公法（Internationales öffentliches Recht）というものが構想されたことが語られている。

42　その例外をなすとされるのが、山本草二の研究であり、前掲註（38）の論文は、グローバル行政法の文献（Kingsbury et al, *supra* note 21, at 20）においても、日本語文献であるにもかかわらず、言及されている。

で行われる政策決定の国内における実施や、政策決定への国内行政官庁等の関与を、国内行政法を利用してどのように統制するかを論じるものと位置付けられるのである[44]。私法の統一が理想とされ、各国法の共通性を基礎に調整が論じられる、国際私法の場合とは逆に、公法・行政法分野においては、他国の法の適用が基本的には想定されないことを理由に[45]、現在の国際行政法論において、抵触法としての国際行政法への関心は低いとされる[46]が、租税法の領域における二重課税の回避、租税回避の防止などを良い例として、管轄権の調整が実際問題になっているのであって、最近では、抵触法としての国際行政法への関心の復活が必要であると説くもの[47]も見られる。

---

43 例えば、*E. Schmidt-Aßmann*, Die Herausforderung der Verwaltungsrechtswissenschaft, Der Staat Bd. 45, 2006, S. 315 ff. [英語版として、E. Schmidt-Aßmann (J. Windsor trans.), *The Internationalization of Administrative Relations as a Challenge for Administrative Law Scholarship*, 9 GER. L.J. 2061 (2008) も参照] は、新時代の国際行政法の妥当領域を、国際的な行政組織の活動の規律、国内行政法に対する内容規律、水平的・垂直的な行政の連携や特殊な結合の規律という3分野とする一方 (S. 336-338)、規律内容については、国内行政法上、あるいは国際法上の信義則、平等原則、比例原則の応用が説かれ、行政機関相互の連携に関して、行政協定などで情報管理の基本原則が決定されていることが多いという事実を指摘するなどしている (S. 333-335)。

44 従って、国際行政法というのは、集合概念であると理解されており (*M. Ruffert*, Perspektiven des Internationalen Verwaltungsrechts, in: *C. Möllers, A. Voßkuhle u. C. Walter* (Hrsg.), Internationales Verwaltungsrecht, 2007, S. 405)、統一的な一般理論が存在するというよりは、様々な参照領域の状況分析の段階にある発展途上の議論であると評価できるのではないか。加えて、国際行政法が、複数の法領域に渡る様々な現象・規律についての理論的な基盤や根本的問題を探求するものである (いわゆる「総論」である) と評価するものとして、*G. Biaggini*, Die Entwicklung eines Internationalen Verwaltungsrechts als Aufgabe der Rechtswissenschaft, VVDStRL Bd. 67. 2008, S. 438 f. がある。

　さらに、これに関連して、国際行政法論の立場から、グローバル行政法論に対して、社会科学の概念を借用して事実を描写するに止まるもので、法学的議論とは言い難い面があると批判を加える、*C. Möllers*, Internationales Verwaltungsrecht: Ein Einführung in die Referenzanalysen, in: *ders, A. Voßkuhle u. C. Walter* (Hrsg.), Internationales Verwaltungsrecht, 2007, S. 3も参照。*See also*, C. Möllers, *Ten Years of Global Administrative Law*, 13 INT'L J. CONST. 469, 470 (2015).

45 *K. Vogel*, Der räumliche Anwendungsbereich der Verwaltugsrechtsorm, 1965, S. 299 [ただし、抵触法の問題が一切生じないという趣旨ではなく、主として、国際私法に対応するような自律的法分野としての国際行政法の存在を否定する]; K. Vogel, *Administrative Law, International Aspect*, 1 ENCYCLOPEDIA OF INTERNATIONAL LAW 22, 24-25 (R. Bernhardt, ed., 1992). 国際私法とパラレルに考えるのを排除する必要があることを強調するものとして、*Schmidt-Aßmann* (Anm. 43), S. 236も参照。

46 原田大樹「グローバル化時代の公法・私法関係論」浅野有紀ほか編『グローバル化と公法・私法関係の再編』(弘文堂、2015年) 33-34頁。また、このように、抵触法としての国際行政法と区別されるところの近時の国際行政法概念を、原田は、「国際的行政法」と呼んでいる。

47 *Ruffert* (Anm. 44), S. 400 f. 加えて、原田・同上34-35頁、斎藤・前掲註 (17) 349頁以下も参照。

原田大樹は、以上のように要約される国際行政法について、あくまで国家というものを起点として議論を展開している点を捉えて、国家という分野的な一般性を有し、民主的な正統化を要し、また民主的に正統化されているとされる組織がどれだけ関与しているかを基準にすること（「係留点としての国家」）によって、グローバルな活動にどのような正統化が必要とされるかを振り分けることができるし、分野ごとに分断されがちな（断片化）、グローバルな政策形成に紐帯を与えることができると評価している[48]。

このように見ると、国家という枠組みに縛られない行政法学の躍動と棟居はいうけれども、少なくともドイツの国際行政法論や我が国でそれにコミットする原田大樹については、近代国家という難破船の中になお止まろうとする見解であると評価できるだろう。

4 評 価

以上見てきた行政法学におけるグローバル化への対応をまとめると、まず、グローバル行政法論というものが、国家にこだわらず、行政法、とりわけ行政手続法のツールを用いて、グローバルな活動に一定の法的規制を与えようとするものであるが、規制が及ぶべき範囲がはっきりしないという特徴を持つものであるということができる。言い換えると、行政手続法の手法を用いた、規制なり、正統化なりを要求する基準がはっきりとしないのである。これに対して、（広い意味での）国際行政法は、国家の関与を基準として、正統化、とりわけ民主的正統化の必要性を判断するという意味で、明確な基準を持っている。確かに、かつてのような地位にはないにしても、今なお特別なプレゼンスを持つ国家を基準とすることには、一定の妥当性が認められよう。しかし、国家の関与がないというだけで、民主的正統化の要求など、公法的規律が必要とされないといいきれるのか。グローバル化時代に公法学が生き残っていく余地があるとすれば、公法的規律を及ぼすべきか否かを判断するためのグローバル化時代に適合的な基準を提示することが、必要とされるのではないか。そのような方向性で議論を展開しているのが、ドイツはハイデルベルクのマックス・プランク国際公法・比較公法研究所長、Armin von Bogdandy である。続く、四では、von Bogdandy の議論の概要

48　原田・同上45頁。

を紹介した上で、その議論に関して簡潔な検討を加え、ひいては、グローバル化時代における公法学の存続可能性を占ってみることにする。

四　Armin von Bogdandy の国際公権力概念の可能性

1　国際公権力概念のあらまし

　von Bogdandy の国際公権力概念の内容を紹介する前に、まずは、彼がこのような概念装置を導入する狙いあるいは意図から明らかにしておくことにしよう。von Bogdandy によれば、国際公権力概念の導入は、グローバル・ガバナンス論[49]に法的考察、とりわけ公法的アプローチによる考察を可能とするためのフレームを与えることを目論むものであるという[50]。彼の理解では、グローバル行政法論や国際行政法論というものも、同様の意図を持った試みであるとされるが、提示される内容が適切ではない[51]。

　このように、グローバルなガバナンス活動に対する、法的、とりわけ公法的なパースペクティブからの規範的評価を可能とするために導入される、国際公権力とはどのように定義されるのか。次は、いよいよこの点について見ていくことに

49　グローバル・ガバナンス論の概要をまとめることは容易ではないが、さしあたり、グローバル化の状況下において、政府（ガバメント）の限界を前提に、公的、私的、さらにはハイブリットな様々な主体の相互作用、ネットワーク構築によって問題が調整・解決されるあり様を観察し、あるいはそのような問題の調整・解決を志向する議論ということができる。von Bogdandy 自身がグローバル・ガバナンス論の特徴についてまとめたものとして、A. von Bogdandy, P. Dann & M. Goldmann, *Developing the Publicness of Public International Law*, 9 GER. L.J. 1375, 1378 (2008)〔ドイツ語版（むしろこちらの方が翻訳版である）として、*A. von Bogdandy, P. Dann u. M. Goldmann*, Völkerrecht als öffentliches Recht, Der Staat Bd. 49, 2010, S. 23 ff.〕がある。以上の点について、邦語では、遠藤乾「序章 グローバル・ガバナンスの歴史と思想」同編『グローバル・ガバナンスの歴史と思想』（有斐閣、2010年）3－6頁などを参照。

50　von Bogdandy et al, *id.*, at 1378-1381. ここでは、グローバル・ガバナンスと位置付けられる様々な活動の正統性（legitimacy）には、疑問が投げかけられているが、事実描写や機能分析を主とする政治学的アプローチであるグローバル・ガバナンス論には規範的評価の枠組みが備わっておらず、そのような疑問への応答が不可能であるとの指摘が見られる（*see*, at 1379-1380）。しかし、規範的評価を排除し、機能分析に徹するところにグローバル・ガバナンス論のアイデンティティが存在するともいえ（遠藤・同上6頁などを参照）、単に、グローバル・ガバナンス論の外部から、規範的評価の重要性を説いているだけと評価することができよう。

51　A. von Bogdandy, *General Principles of International Public Authority*, 9 GER. L.J. 1909, 1921 (2008). 彼によれば、グローバル行政法論や国際行政法論は、国際的な行政にも国内の行政法にも妥当する原理の存在を想定するものであり（at 1918）、世界連邦を志向するものだ（at 1919）が、欧州法を除けば直接適用も欠く現状において、そのような志向は適切なものではないのである。

194

しよう。国際公権力（international public authority）は、「国際（的）interna-
tional」、「公（的）public」、「権力 authority」という三つの要素からなってい
る。von Bogdandy もこの三要素に分けて定義の説明を行なっているので、それ
を順に追っていくことにしたい。

　ここで、語順には反するが、二つの形容詞によって修飾される対象であり、こ
の概念の中核をなす、権力の意義から見ていくと、他者の法的、あるいは事実的
な状況を形成することによって、他者の地位・状況を決定し、また自由を縮減す
る能力のことを言い、その行使は、典型的には、決定や規則といった、基準のよ
うな道具立ての設定を通じて行われるが、「ランキング」のような情報の提供[52]
によっても行われるものであると定義されている[53]。von Bogdandy は、このよ
うな「権力」の定義が従来のものより広いことは自覚しつつ、ドイツの国内公法
学においても権力概念の柔軟化が議論になっていること[54]にも触れながら、非拘
束的で、他の法主体の行動に一定の条件付けを与えるに過ぎないものであって
も、個人の自由や政治的自己決定に重要な影響を与えるので、自由で民主的な伝
統において理解された公法が要求する正統化要請が生じるからだと説明する[55]。
一定の公法的規制を及ぼし、正統化を図るべき対象を画定する意図が国際公権力
概念論には存在していることが、ここでも明らかになっているといえよう[56]。残
る「国際（的）」と「公（的）」の部分について、von Bogdandy は一括して説明
している。もっとも、「国際（的）」について立ち入って説明するところはなく、
おそらく、国家にとらわれず、国際的なレベルで行われること、さらに言えば、

52　ここでは、OECD の学力国際比較 PISA ランキングが具体例として想定されている。PISA ラ
　ンキングに関する、国際公権力概念論を用いた von Bogdandy による検討として、A. von Bogda-
　ndy & M. Goldmann, *The Exercise of International Public Authority through National Policy
　Assessment*, 5 INT'L ORG. L. REV. 241 (2008) も参照。

53　von Bogdandy et al, *supra* note 49, at 1381-1382. ただし、重要な事案をカバーできることを目
　指した発展途上のものであり、網羅的な定義とはなっていないと断っている（at 1381 n. 17）点
　には注意しておく必要がある。

54　ここでは、*H. Dreier*, Vorbemerkung vor Art. 1, in: *ders.* (Hrsg.) Grundgesetz Kommentar, 2.
　Aufl., 2004, S. 119 ff. Rn. 125 ff.［2013年刊行の最新版（3. Aufl.）では、S. 130 ff. Rn. 125 ff. に同
　様の記載がある。なお、ここでは、事実上の基本権制約（Eingriff）が論じられている］や、*E.
　Schmidt-Aßmann*, Das Allgemeine Verwaltungsrecht als Ordnungsidee, 2. Aufl., 2004, S. 18 ff.
　［エバーハルト・シュミット - アスマン（太田匡彦・大橋洋一・山本隆司訳）『行政法理論の基礎
　と課題』（東京大学出版会、2006年）18頁以下。ここでも、厳密には、権力概念の拡大ではな
　く、権力的行為以外へと行政法学の検討対象とすべきことが説かれる］が引用されている。

55　von Bogdandy et al, *supra* note 49, at 1382-1383.

56　*See also, id.*, at 1380.

ここにいう国際とは狭い「interstate」の意味ではなく、グローバルやトランスナショナルといった形容詞との間に大きな違いを持たせない意味で用いていると考えられる。こうして最後に焦点となるのが、「公（的）」の意味であるが、「権力」によって追求される目標が「公益 public interest」として位置付けられ、ゆえに、「権力」は法的根拠（legal basis）に基づいて政治的共同体によって割り当てられたものであることを意味するという[57]。

　ある活動が、以上のように把握された国際公権力、より正確にはその行使であると認識された場合、正統化要請にかかることとなるのはともかく、具体的に、その正統化、あるいは「公法的統制」とはどのようなものなのであろうか。この点に関する一般的な説明は必ずしも十分とは言い難い[58]が、以下のような構想が示されている。つまり、国際法人格の存否によって区別される厳密な意味での国際機構（international organization）に限定されず、非公式なネットワーク組織のようなものも含む、国際組織（international institution）の法を構築し、この国際組織法において、公法的統制を及ぼすのだという。もう少し敷衍すれば、この国際組織法は、国際公権力の行使にあたって、行政法の視点を盛り込んだ統制を構築するとともに[59]、手続を初めとする内部の諸制度の内容やアカウンタビリティの充足・不充足に関する評価の準拠点となるような立憲的枠組を設定し[60]、国家組織と国際組織の相互関係を中心とする、現在のグローバルなガバナンスにおけるアクターの相互関係に体系的に対応したものであることが要求されるという[61]。

57　*Id.*, at 1383.

58　von Bogdandy が国際裁判所という具体的な制度をめぐって、正統化のあり方などについて述べたものとして、A. von Bogdandy & I. Venzke, *In Whose name? An Investigation of International Courts' Public Authority and Its Democratic Justification*, 23 EURO J. INT'L L. 7 (2012) などがある。これについては、拙著・前掲註（11）464-465頁も参照。

59　この点で、国際レベルにおける行政法的アプローチを説く、グローバル行政法論（上述、二2参照）や国際機構における「行政法」を説く行政国際法（同じく、二3参照）に接合される。

60　この点で、グローバル立憲主義、その中でも——国際的な人権保障の確保をグローバル立憲主義として位置付ける見解（わが国では、江島晶子の「グローバル人権法」論や、山元一のグローバル人権法源論をここに分類できる。*See also*, S. Gardbaum, *Human Rights and International Constitutionalism, in* RULING THE WORLD? 233 (J. L. Dunoff & J. P.Trachtman, eds., 2009)［国際人権と国内憲法における人権の相違も強調しつつ、最後に共通点と相違点を理解することが国際レベルの「憲法的転回」を生みうると指摘する])などとも接合できないわけではないが——、国際機構内部における立憲的仕組の構築を説くもの（*see, Part II: The Constitutional Dimensions of Specific International Regimes, in* RULING THE WORLD? 111 (J. L. Dunoff & J. P. Trachtman, eds., 2009)）との接合可能性が見出せよう。

61　von Bogdandy et al, *supra* note 49, at 1395.

以上のような枠組においては、近時ドイツにおいて主として論じられている意味での国際（的）行政法論との接合がなされていないようにも思われる。確かに、国際組織という国際レベルでの統制枠組を説くものであり、新旧を問わず、ドイツの国際行政法論とは毛色が違う議論ということができよう。もっとも、国際行政法論がグローバルな主体の一つである国家内部の問題に関するものであり、国際組織法論が国際レベルでの問題についてのものであるとすれば、両者は守備範囲の異にするものとして、併存させるのは可能であるように思われる。

　このように見てくると、すでに触れられてきたところではあるが、von Bogdandy の国際公権力論は、グローバル行政法論や国際行政法論、さらにはグローバル・ガバナンス論、グローバル立憲主義論に結節点を与え、正統化を要求する基準を提示することを通じて、法的評価、統制を可能とする思考枠組であるということが再確認できよう。

2　若干の検討

　先に示唆したように、国際公権力という概念を打ち立て、正統化が要求される行為の範囲を明らかにしようという、von Bogdandy の議論は、これまでのグローバル行政法の議論に欠けていた適用範囲の画定基準を提示するものとして、新規かつ魅力的なものである。もっとも、完全に独特な議論かというとそうではなく、前掲註(36)で触れた Kingsbury の見解も類似の議論として整理可能であることには注意しておく必要があろう。Kingsbury の議論は、グローバル・ガバナンスという現象の中から、「グローバル行政法」と呼べるものを抜き出そうとする。彼によれば、従来「行政法」と呼ばれてきたものには共通して「公益」関連性がみとめられるという。そして、グローバル行政法というからには、行政法あるいは公法として認められるだけの公共性（publicness）を満たす必要があり[62]、そのための諸要件が論じられる[63]。他方、国内行政法において、公権力概念が行政法の守備範囲を画する基準となってきたことに鑑みれば、von Bogda-

---

62　Kingsbury, *supra* note 36, at 30.

63　*Id.*, at 31-33. 法律による行政の原則（legality; ドイツ的な訳語を与えるのが妥当かは疑問の余地もあるが、理解すべき内容をわかりやすく表しており、興津・前掲註(18) 73頁の訳語に倣う）、理由提示の原則（rationality）、比例原則（proportionality）、法の支配（rule of law）、人権保障といった要素を満たすことが求められている。興津・同上のほか、藤谷・前掲註(22) 158-159頁註(78) も参照。

ndy の国際公権力概念の構築は、グローバルな場面での行政法の領分を示そう
という試みとして整理される。このように見れば、両者の議論の（少なくともそ
の狙いの）近似性を確認できよう[64]。

　ただし、von Bogdandy が正統化の要求される活動の枠である、国際公権力概
念の構築に軸足をおいている[65]のに対して、Kingsbury は、公権力概念を構想す
ることによって、グローバル行政法を析出させることよりも、グローバル行政法
がもつべき規範内容の解明にむしろ焦点を当てて論じており、両者の結合によっ
て一つの議論が形成されると評価することも不可能ではあるまい。

　また、両者に共通する問題として、公共性などの概念が正統化要求の基準にな
るとともに、正統化が要求されるべき範囲の妥当な設定を目指して、公共性の定
義が行われるといった具合に、ある範疇に含まれる活動にはどのような統制（正
統化）が要求されるかという議論と、一定の統制（正統化）を要求されるべき活
動の範疇はどのようなものかという議論が循環していることが指摘できる。

　最後に国際公権力概念の具体的内容について触れておくと、拘束性、強制性が
必ずしも公権力該当性の基準とはならないとされている点が注目される。つま
り、様々なインセンティブやサンクション、あるいは両者の組み合わせによっ
て、意思決定を誘導し、実際的に他人の権利や地位に事実上の制約を加えるもの
を権力と位置付けている[66]。これは、事実上の制約という基準が曖昧であり、正
統化要求の範囲を画定する適切な基準たり得ないのではないかという疑問を抱か
せるとともに、そもそも、事実上とはいえ他人の権利や地位への制約は正統化を
要求するのだという説明は、結論先取りであり、トートロジーであるという批判
が可能であろう。ただし、von Bogdandy 自身も国内行政法における公権力概念
の揺らぎ、あるいは拡大論に触れている[67]が、特に実務上行政指導の重要性が高
く、その統制が問題になってきたわが国にも共通する問題として、一方性や強制
性による公権力概念の基礎づけは、国内行政法の文脈においても困難になってき

64　グローバル・ガバナンスに公法的視点からの規律を与えることの必要性を説く際に、Kings-
　　bury と von Bogdandy が相互に参照しあっていることについては、Kingsbury, *id.*, at 30 n. 19と
　　von Bogdandy et al, *supra* note 49, at 1380 n. 16を参照。
65　もっとも、先に触れたように、von Bogdandy も国際裁判所などを例に、国際公権力の行使に
　　当たって求められる正統化について、個別に論じている。
66　前掲註（53）ないし（55）及び対応する本文参照。
67　前掲註（54）及び対応する本文参照。

ている[68]。このような事情に鑑みると、統一的・集権的な権力主体を持たない国際的（あるいは、グローバル）な場面において、従来のような狭い公権力概念を維持することが適切でも、可能でもないことには留意しておく必要があるだろう。

　このように見てくると、von Bogdandy の国際公権力概念論には難点もあり、なお発展途上というところもあるが、この議論は、従来グローバル化に関連して議論されている、グローバル・ガバナンス論や、グローバル行政法論、国際行政法論、グローバル立憲主義論などに法学的観点から分析を加えるための道筋を示し、また相互の関係性を整序するものである[69]。それとともに、公法学——といっても、憲法学よりも主として行政法学ということになりそうだが——にとって、グローバル化時代においてなお存在価値を認められる余地があることを示しているように思われる。

五　おわりに

　本稿におけるここまでの検討をまとめると、以下のようなものとなる。すなわち、グローバル化の進展により、近代主権国家体制は大きくその姿をかえ、そこに基盤を置いている、公法学、とりわけ憲法学は、退場あるいは、少なくとも大きな変容を余儀なくされようとしている。もっとも、これは、従来公法学が培ってきた様々な考え方や規律が全て無駄になるということを意味するわけではない。実際に、行政法的な規律をグローバルレベルで活用しようという試みは盛んに検討されている。それでも、行政法的な規律を及ぼすことが可能、適切、ある

68　我が国においても、この問題はすでに古くて新しい問題となっている。例えば、塩野宏「行政における権力性」芦部信喜編『岩波講座基本法学 4　権力』（岩波書店、1983年）179頁以下、特に205頁以下、原田尚彦「行政上の『公権力』概念」松田保彦ほか編『国際化時代の行政と法』（良書普及会、1993年）1 頁以下、特に 5 頁などを参照。

69　なお、Kingsbury も、グローバル行政法を、①国際組織における制度デザインに関する規律、②他の同様の組織や国家（そしてその機関）、個人や私的アクターに対して向けられ、あるいは実質的に影響を与える決定に関する規律、③決定や組織構成に関する手続規律に分類しており（Kingsbury, *supra* note 36, at 34）、あくまでグローバル行政法論の枠内にとどまる議論の立て方となってはいるものの、①と③には、von Bogdandy の国際組織法との類似性が認められるとともに、②も Kingsbury が公際法（inter-public law）と表現する側面（*see*, B. Kingsbury, *International Law as Inter-Public Law, in* Moral Universalism and Pluralism 167, 188 ff. (H. S. Richardson & M. S. Williams eds., 2009). 興津・前掲註（18）74-75頁も参照）であり、これも、von Bogdandy が国際組織相互あるいは国際組織と国家相互関係の規律を視野に入れていること（前掲註（61）と対応する本文を参照）との間に親和性を見出せる。

いは要求される範囲について論じるものは未だ少ない。その例外として、本稿では、von Bogdandy の国際公権力論や、それとの対比において Kingsbury の「グローバル行政法における法の概念」論を紹介して、正統化のために用意すべき装置の設定ほか、正統化要求の基準の探求というフロンティアが公法学になお残されている可能性を指摘した。

また、本稿では立ち入って検討できなかったが、前掲註(69)で触れた、Kingsbury の公際法といった考え方は、Teubner が主唱する、問題領域ごとの「立憲化」したシステムが並立し、その相互作用がなされるという意味でのグローバル立憲主義の構想[70]にも接合可能であるように思われる。Teubner の構想の下においても、国家も一つのシステム、アクターとして、基本的価値の選択・形成を行いつつ、他のシステムとの間でプラグマティックな調整を行う基準として、国内憲法、そして国内憲法学が生き残っていく可能があるのではないだろうか[71]。

本稿の以上のような議論は、基本的に従来の内外における議論を切りはりしたものにとどまっており、筆者の備忘録以上のものではないという誹りを甘受しなければいけないだろう。もっとも、様々に行われている、グローバル化に伴う公法学的議論を俯瞰して、グローバル化時代における公法学の進むべき方向性について論じたものは、少なくともわが国において珍しい。今後の日本公法学の行方にとって、本稿にもなにがしか寄与するところがあるかもしれない。

重厚な学説史研究と丹念な判例研究を我々にお示しくださる初宿先生の古稀をお祝いするにあたって、理論的探究も実証的検討も欠く、このような備忘録を献

70　邦語では、グンター・トイブナー（綾部六郎＝尾崎一郎訳）「二値編成複合性の立憲化」新世代法政策学研究10号（2011年）181頁以下や、同（村上淳一訳）「グローバル化時代における法の役割変化」H. P. マルチュケ＝村上淳一編『グローバル化と法』（信山社、2006年）3頁以下などを参照。

71　国際法・国内法の結節点として、国際法・国内法の両平面において法の形成・適用を独占する主体であった国家は、多様なアクター、システムのうちの一つにすぎないことになるが、なおも一般性や民主的正統性を標榜できる有力なアクターとしての地位を維持しうる。これは、徳川慶喜が構想した大政奉還後の徳川宗家にでも准えられよう。同様の趣旨については、拙稿「法秩序の多層化・多元化の下での憲法の意義と限界」岡田順太・片桐直人・松尾陽編『憲法のこれから』（日本評論社、2017年）140-141頁でも述べた。

　なお、Kingsbury が Teubner の構想に否定的であるのは確かである（Kingsbury, *supra* note 69, at 186 & 192）が、この批判は、Teubner が自生的な法秩序（サブシステム）形成にこだわり、グローバル・ガバナンスにおける法規範の析出を困難にしている（Kingsbury はそこで公共性［publicness］に着目する）という点にあり、本稿が注目する様々な法体系の並立という点では対立がないものといえよう。

呈することには忸怩たる思いがある。しかし、浅学菲才の身にあって、無駄に理想を追ったところで、いつまでもお祝いすることが叶わない。今後の精進を誓って、筆を擱くことにする。

(2017年5月末脱稿)

[**付記**] 本稿は、平成29年度 JSPS 科研費（若手研究 B）「新時代における『法律の留保』論の展開」（課題番号17K13607）及び、平成26年度 JSPS 科研費（若手研究 B）「グローバル化時代における国内裁判所と民主政」（課題番号26780020）の交付を受けて行った研究の成果の一部である。

人工知能技術の人間存在への倫理的影響
について

樺　島　博　志

一　問題状況
二　ケアにおける人工知能技術の実用化の現状
三　親密圏における人型ロボット——アクトロイドの可能性
四　デジタル・ドールの社会経済的インパクト
五　女性パートナーの経済的価値
六　ヒューマノイドの投げかける人間存在への問い
七　人間の工業的再生産
八　結語——倫理を守るのか、制御不能になるのか

一　問題状況

　アラン・チューリングによる計算機科学の基礎理論の解明から80年余り経た今日、コンピューター技術の発達が、人類の福利の向上に多大な貢献を果たしてきたことは、言うまでもない。今日では、携帯端末によるデジタル・データの通信をはじめ、画像認識・画像処理技術を用いた娯楽手段の仮想現実化・拡張現実化など、日常生活の細部に至るまで、コンピューター技術のもたらす快適さと利便性が享受されている。もちろん、一般的抽象的には、コンピューター技術に由来する副作用として、機械に取り囲まれた人間存在の孤立化と疎外の問題を指摘することもできる。個別具体的には、伝統的に人間に担われてきた法律実務についても、人工知能による法務サービスの代替と、法律家の過剰・失業問題が懸念されたりもしている[1]。

　本稿では、こうしたコンピューター技術、とりわけ人工知能技術の発達が、近い将来、どのように人間の在り方に影響を及ぼすのか、倫理的見地からの評価を

1　参照、特集「AI時代の食える弁護士」週刊エコノミスト、2018年2月27日号、20-39頁。

試みたい。方法論としては、倫理的立場に立つ以上、経験的客観的な手法ではなく、直観的解釈的なアプローチを採用する。したがって、本稿の示す見解の明証性は、読者の精神世界における知的経験のなかに共感を見いだせるか否かにかかっている。このような前提で、本稿では、恣意的にではあるが、筆者の関心に即して、コンピューター技術や人工知能技術にかかわる社会事象の幾つかを取り上げ、筆者なりの解釈を付すこととしたい。

　本稿の問題関心を示す出発点として、「ユーチューバー」[2]と呼ばれるビジネスモデルを取り上げてみよう。YouTuber（ユーチューバー）もしくはYouTubeクリエイターとは、主にYouTube上で独自に制作した動画を継続的に公開する人物や集団を指す名称である。狭義では「YouTubeの動画再生によって得られる広告収入を主な収入源として生活する」[3]者を指す。ユーチューバーにとっては、10,000クリック以上のコンテンツの閲覧によって、収入を得られるとされる。それゆえ彼らにとっては、32億人と言われる全世界のインターネット利用者から、10,000クリックを獲得することが、はじめの目標値となる。すなわち、インターネットの全利用者のうち、わずか0.0003％ほどの人がそれぞれ1回クリックするだけで、ユーチューバーは、はじめの利益を得ることができるのである。そのため、ユーチューバーは、インターネットの大多数の利用者ではなくて、ごくわずかのニッチのニーズに訴求すれば足りる。言い換えれば、彼らは、全世界のごく少数の人たちの興味関心に対象を絞って、ビジュアル・コンテンツを制作し、ユーチューブのウェブサイトにアップロードすれば、利益を生み出すことができるのである。このことの裏返しとして、彼らは、現実世界に生活する隣人たちに注意を払う必要はない。すなわち、現実世界に無関心のまま繋がりを欠いていても、場合によっては巨万の収入を得られるのである[4]。

2　「YouTuber」in Wikipedia, URL: https://ja.wikipedia.org/wiki/YouTuber (stand 2018-03-03).
3　「YouTuber」in Wikipedia（FN 2）同所。
4　たとえば、PIKOTARO（ピコ太郎）によるユーチューブ上の動画作品の楽曲「ペンパイナッポーアッポーペン：PPAP（Pen-Pineapple-Apple-Pen）」は、1億回以上のクリックを獲得している（URL: https://www.youtube.com/watch?v=0E00Zuayv9Q）（stand 2018-03-06）。ユーチューブを運営するグーグル社はクリックあたりの単価を公表していないが（URL: https://www.google.co.jp/adsense/start/#/?modal_active=none ）（stand 2018-03-06）、1クリック0.1円として計算すれば、1000万円の広告収入が得られることになる。なお、この1分8秒の比較的短い楽曲は、筆者の主観的な評価としては、多くの聴衆を魅了する芸術作品というよりは、むしろ笑いを誘うメロディー、リズム、ダンスから成る意外性を特徴としており、ニッチの聴衆を対象とした作品と思われる。同様の印象は、3億クリック以上を記録している韓国のスーパース

ユーチューバーに見られるようなニッチ・マーケットの繁栄と細分化をもたらす一方で、コンピューター技術の発達は、無線データ通信技術の発達と合わせて、「ユビキタス・コンピューティング」のかたちで、場所を問わずインターネットを介してコンピューターを利用できる環境を実現した。ユビキタス・コンピューティングを前提として、たとえばドイツ政府は、2013年に「インダストリー4.0」[5]を発表し、センサーとアクチュエーターを組み込んだ小型コンピューターのネットワーク化とビッグデータの活用により、2025年までに産業界の生産性を向上させる、という産業政策を策定した。

このように見れば、現在のコンピューター技術の発達は、ニッチ・マーケットの発達のみならず、産業社会構造全体に変化をもたらす潜在力を持っていると見ることができよう。本稿の見通しとしては、コンピューター技術の発達途上にある現代において、人間社会の本質は、人格相互の関係性から機能的関数的関係性へと変化しつつあるのかもしれない。言い換えれば、将来の人間社会において、人間関係は、もはや相互の尊重と共感により結合された人格的関係という側面が減退し、デジタル化されたデータに仲介された関数的関係という側面が強まるのかもしれない。このような問題関心から出発して、本稿では、配慮と世話（ケア）を仲立ちとする人間関係において、コンピューター技術が、将来的に、人間存在の意味にとって、どのような影響を持ちうるのか、考察してみたい。

二　ケアにおける人工知能技術の実用化の現状

日本政府は、厚生労働省と経済産業省を中心に、高齢者介護におけるロボットの利用を促進する政策を掲げている[6]。このなかで、介護ロボットは、三つのカテゴリーに分けられている。一つは、介護士による介助を支援するためのロボットで、要介護者を抱えるためのパワーアシスト・スーツなどがこれに当たる。二

ターPsy による「GANGNAM STYLE」にもあてはまる（https://www.youtube.com/watch?v=9bZkp7q19f0）（stand 2018-03-06）。

5　Bundesministerium für Bildung und Forschung (hrsg): *Zukunftsbild „Industrie 4.0"*, Berlin 2013, URL: https://www.bmbf.de/pub/Zukunftsbild_Industrie_4.0.pdf（stand 2018-03-06）.

6　参照、厚生労働省老健局高齢者支援課、経済産業省製造産業局産業機械課「ロボット技術の介護利用における重点分野」改訂版2017、URL: http://www.meti.go.jp/press/2017/10/20171012001/20171012001-1.pdf（stand 2018-03-06）。

つ目は、要介護者自身を支援するためのロボットで、高齢者の屋内移動や外出を
サポートする歩行支援ロボットなどがこれに当たる。三つ目は、高齢者とのコ
ミュニケーションや見守りをするためのロボットで、ソニーによって開発された
ペット・ロボット「aibo」[7]などがこれに当たる。このうち、介護士支援ロボット
と高齢者支援ロボットは、介護制度のなかでの利用が前提となるのに対して、コ
ミュニケーション・見守りロボットの大半は、消費者により購入され私的利用に
供されていると思われる。しかし、コミュニケーション・見守りロボットで用い
られている人工知能技術は、介護制度のなかでも利用されうることが期待されて
おり、とりわけ、ロボットとの対話を通じて、認知症患者をはじめとする高齢者
のコミュニケーション能力を維持し向上させることに、期待が寄せられている。
たとえば、ペットロボットのうち、産業技術総合研究所によって開発されたアザ
ラシ型ロボット「パロ」は、アニマル・セラピー類似の効果があるとされ、認知
症のほか、PTSD、ガン、発達障害、精神障害などの患者のケアや治療に用いら
れている[8]。

　日本政府は、介護ロボットを活用する長所として、次の三点を取り上げてい
る。まず、ロボットによる支援を通じて要介護者の生活の質を高めるとともに、
介護士に掛かる負担を軽減すること、つぎに、ケアの分野におけるロボット工学
を発達させること、さいごに、介護士の職業を魅力あるものとするために、介護
制度の生産性と効率性を高めること、といった点にメリットが見いだされてい
る[9]。このような政府による福祉産業政策の背景として、高齢化に伴い、若年人
口の減少とともに、介護制度における十分な労働力を確保するのが困難となって
いる、という状況がある。にもかかわらず、現実には、介護施設のうち28.6%し
か、介護ロボットを導入していない[10]。介護ロボットの導入を阻む要因として、
ロボットの価格が高価であること、ロボットの操作の習得が容易でないこと、信
頼感の点で人間よりロボットのほうが劣ること、といった問題点が指摘されてい

　7　参照、SONY「aibo」URL: https://aibo.sony.jp/（stand 2018-03-06）。
　8　参照、産業技術総合研究所ほか「第9回パロによるロボット・セラピー研究会・抄録集」
　　　http://intelligent-system.jp/paro-therapy9.pdf;「パロ」URL: http://paro.jp/（stand 2018-03-
　　　06).
　9　参照、前掲註6。
　10　参照、介護ロボット ONLINE「介護ロボットの普及率はどのくらい？普及を阻む3つの要因」
　　　URL: https://kaigorobot-online.com/contents/66（stand 2018-03-07）。

る。これらの阻害要因を取り除くために、将来的には、ロボット工学の発達が期待されるていところである。

三　親密圏における人型ロボット——アクトロイドの可能性

　将来、人工知能ロボットが認知症患者と対話できるようになるならば、同様に、日常生活のストレスにあえぐ多くの人々にとっても、話し相手がつとまるであろう。すでに消費者市場において、ニュースの読み上げ、オンライン・ショッピング、質問と回答などのコミュニケーション能力を備えたスマート・スピーカーが販売されている。近い将来、トヨタ自動車によって開発された「T-HR3」[11]がさらに発展するような形で、人型ロボット（humanoid）[12]にスマート・スピーカーのもつ対話機能が組み込まれて、外観と知性の点で、人間と等価性のあるロボットが開発販売されることが予想される。すでに研究機関では、「アクトロイド（actroid）」[13]と称される高度に人間を模倣したロボットの開発が進められている。とくに、大阪大学の石黒浩教授のグループは、2003年に「リプリー（Repliee）Q1」[14]を公表して以来、世界のアクトロイド開発における主導的な役割を果たしている。将来アクトロイドが普及するには、上述の介護ロボットを導入する際の障碍と同様の課題に直面するものと考えられる。すなわち、価格、操作のしやすさ、そしてメンテナンスと耐用年数である。もちろん、将来のある時点では、これらの技術的な問題は解消されることが期待される。

　このように、人型ロボットが、人工的な人間の模倣を志向している限りにおいて、それが消費者市場において成功をおさめるためには、たんに人工知能によるコミュニケーション能力だけではなくて、ロボットの躯体の身体との類似性も重要なファクターとなるだろう。そして、人間の身体の模造という点では、「Sex Doll」もしくは「Love Doll」[15]と呼ばれる主として男性用の疑似性交のための商

11　トヨタ自動車「第3世代のヒューマノイドロボット T-HR3を発表」2017-11-21、URL: https://newsroom.toyota.co.jp/jp/detail/19666327 (stand 2018-03-06).

12　Cf. "Humanoid", Wikipedia, URL: https://en.wikipedia.org/wiki/Humanoid (stand 2018-03-07).

13　"Actroid", Wikipedia, URL: https://en.wikipedia.org/wiki/Actroid (stand 2018-03-07).

14　Ibidem.

15　"Sex Doll", Wikipedia, URL: https://en.wikipedia.org/wiki/Sex_doll (stand 2018-03-07).

品がすでに存在する。とりわけ、ポリ塩化ビニールの骨格に、鋼鉄製の関節と、シリコンの肉体を備えた等身大の人形が、「Real Doll」[16]として市場で販売されている。もしも将来、「Real Doll」の身体に人工知能を組み込んで、コミュニケーション能力と性的慰安をもたらしてくれるアクトロイドが開発販売されるならば、交際相手や結婚相手の代用物として、実社会において一定のニーズが生まれるかもしれない。

四　デジタル・ドールの社会経済的インパクト

　ここでは、「Real Doll」型の等身大人形に人工知能を備えたアクトロイドが開発され普及した場合、いかなる社会経済的インパクトを持ちうるのか、検討してみたい。問題を単純化するために、この種のアクトロイドの女性版を「デジタル・ドール（Digital Doll）」[17]と称して、これが生身の人間の女性の代替物となる事態を想定することとする。デジタル・ドールが普及すれば、男性の女性にたいする需要の一部が、デジタル・ドールにたいする需要に代替されることが考えられる。たとえばまず、結婚相談所と呼ばれる男女の仲介サービス業に影響が出るであろう。さらには、性風俗産業においても、デジタル・ドールは、サービスの質と衛生安全面で優位に立ちうる事態も想定されるので、女性従業者にとって競合関係に入ることも考えられる[18]。もっとも、このことは、ロボットが人間の仕事を奪うという消極的な影響としてではなくて、女性の性的搾取の前提を覆すという積極的効果と評価することもできよう。

　これらの例から推察されるように、デジタル・ドールの普及は、ロボットによる人間の労働の代替と同様、ひろく社会経済的インパクトを持ちうると考えられる。では、経済合理性の観点から、どの程度の価格になれば、社会構造に変化をもたらしうるだけのインパクトを持つであろうか。合理的価格の算定にあたっ

16　"Real Doll", Wikipedia, URL: https://en.wikipedia.org/wiki/RealDoll（stand 2018-03-07）.

17　Cf. Turkle, Sherry: "Relational Artifacts – From Virtual Pets to Digital Dolls", lecture at University of Washington, on July 10, 2014, URL: http://uwtv.org/series/jessie-and-john-danz-lecture-series/watch/bypZPHhrAkQ/（stand 2018-03-15）.

18　ちなみに、すでに1971年に発表された星新一『ボッコちゃん』（108刷、新潮文庫、2015年、14-19頁）は、バーのマスターが作った接客ロボット「ボッコちゃん」が惹き起こす悲喜劇を描いている。

て、現在すでに販売されている同等物の市場価格を参照することとする。まず、デジタル・ドールの構成として、ソフトバンクによって販売されているAIロボットの「ペッパー（Pepper）」[19]と等価の頭脳、および、「Real Doll」として販売されているモデル「Tanya」[20]の身体を備えているものとする。頭脳部分の価格についてみると、「ペッパー」のハードウエアの価格が198,000円、これに加えて、人工知能のデータ通信費用が月額14,800円、損害保険料が月額9,800円となっている。「ペッパー」の耐用年数を保守的に見積もって３年とすると、一年あたり、(198,000/3) + (14,800*12) + (9,800*12) = 427,200円の費用がかかることとなる。他方身体部分の価格についてみると、「Tanya」の価格は、税抜価格で6474.-USD、＄１＝¥110で換算すると、712,140円となる。「Tanya」の耐用年数も同様に保守的に見積もって１年と想定することとする。このように積算すれば、頭脳と身体からなるデジタル・ドール一体の現在価値で換算した合理的市場価格は、保守的に見積もって、概算で年額427,200 + 712,140 = 1,139,340円となる。はたして、人間の男性は、１年に100万円あまりの金銭を支払って、精神的肉体的な慰安を提供してくれるロボットのパートナーを手に入れることに、価値を見出すであろうか。

五　女性パートナーの経済的価値

　近時公表された婚姻にかかる経済的価値にかんする研究は、人間の女性パートナーの経済的価値について次のように評価している[21]。これによれば、女性からみた専業主婦の主観的な市場価値は年収約166万円であるのにたいし、家事労働コストを労働時間と時給で計算すれば、女性平均時給1383円に主婦としての年間労働時間2199時間を掛けて、専業主婦の経済的価値は年収約300万円と算定されている。それゆえに、女性パートナーの経済的価値が、夫婦世帯総年収の半分と見積もるとすれば、専業主婦と結婚できる夫の年収は、約600万円以上に相当す

19　Soft Bank「Pepper（一般販売モデル）」URL: https://www.softbank.jp/robot/consumer/ （stand 2018-03-09).

20　Real Doll「Tanya（RealDoll 2 Configuration 1)」URL: https://secure.realdoll.com/realdoll-2/ tanya-realdoll 2-configuration-1/ (stand 2018-03-09).

21　参照、白河桃子、是枝俊悟『「逃げ恥」にみる結婚の経済学』毎日新聞出版2017年、30-32、55-57頁。

ることになる。ここで、人間とロボットの価値を比較することの理論的可能性や倫理的問題性を度外視して、純粋に経済合理性の観点に限定するならば、男性にとっての身体的精神的慰安という効用の面について、女性パートナーとデジタル・ドールとを、大変大雑把であれ、比較をすることが可能となる。すなわち、デジタル・ドールの購入費用が年額100万円あまりと予想されるのに対して、女性パートナーと結婚するのにかかる費用は、市場価値からフルコストによる経済的価値に幅を持たせるとして、年額170万円から300万円程度の範囲にあるものと推定される。

　ここでわれわれは、AI技術の発達にともなうロボットによる人間の労働の代替という問題[22]と、同様の問題に直面しているのかも知れない。一般論として、人間は、人工知能を備えたロボットと、経済合理性の観点から、競争することができるのであろうか。もちろん、価値合理性[23]という規範的観点を取るならば、人間の価値、あるいは、不可侵・不可譲の人間の尊厳、という道徳的次元においては、人間は、ロボットに取って代えられることはない。しかし、費用便益分析にもとづく合理的選択[24]という功利主義モデルのアプローチを採用するならば、上記の経済合理性の観点からの比較も意味を持ちうるようになる。仮に上の例において、男性にとっての精神的身体的慰安という効用に関して、ロボットの効用が人間のもたらす効用と等値だとするならば、年額の費用が3分の1しかかからないデジタル・ドールを選択することは、経済的効率性の点から合理的である、と見ることはできる。そして将来的には、人間の女性は、「Real Doll」型のデジタル・ドールと、経済合理的な観点から競争することを強いられる可能性がある。一般論としては、現在の「インダストリー4.0」のはるか以前から、第二次産業革命の過程において、人間の熟練労働は、労働市場において、機械によって取って代わられたのであった。現在の人工知能とロボット工学の発達は、労働市場のみならず、家族のような親密圏[25]においてさえも、人間がロボットに代替される可能性を秘めているのである。

22　参照、井上智洋『人工知能と経済の未来 2030年雇用大崩壊』第16刷、文藝春秋社2017年、129-136頁。

23　Vgl. Weber, Max: *Wirtschaft und Gesellschaft*, Tübingen: J.C.B Mohr 1922, S. 27.

24　Cf. Stiglitz, Joseph E., Walsh, Carl E.: *Economics*. 4 th ed. New York: W. W. Norton 2006, p. 26.

25　Cf. Hannah Arendt: *The Human Condition*, 2 nd ed. introduction by Margaret Canovan, Chicago & London: The University of Chicago Press, 1998, pp. 69 f.

六　ヒューマノイドの投げかける人間存在への問い

　前節では、将来、人工知能とロボット工学の発達によって、労働市場だけでなく、親密圏においても人間がロボットに代替されるかもしれないという潜在的可能性について、いささかグロテスクな仕方ではあるが、叙述を試みてみた。無論、パートナーをめぐってロボットと競争関係に立つという不愉快な状況は、人間の女性だけではなくて、男性にとっても同様に妥当するであろう。すなわち、当然ながら、男性型ヒューマノイドが、知性と肉体の点で理想的男性像を具現化する可能性は、女性型ヒューマノイドの可能性と同等である。このように、人間の男女ともに、その一定数が、人間のパートナーではなくてヒューマノイドによって精神的身体的な欲求の充足をはかるならば、人間関係はいよいよ希薄になり、相互に疎外されたものとなるであろう。この事態に一般的な定式を与えるならば、産業革命以降、人間の知性が科学技術の発展に先進した結果、人間の価値の希薄化という実践的に不合理な帰結をもたらし続けている、と言えるかも知れない。

　すでに、ジョセフ・ワイゼンバウムが1960年代に自然言語処理技術を用いたコンピューター・プログラム「エリザ（ELIZA）」を開発した際、彼の秘書をはじめとする人々が、エリザとの会話にすぐに感情移入するようになり、あきらかにエリザを擬人化して接していたと言う[26]。シェリー・タークルは、これを「エリザ効果（Eliza effect）」[27]と呼んでいる。彼女は、人々が人工知能の対話者を価値あるものとみなすのは、人々がコンピューターと会話したいというだけではなくて、他者との会話に落胆しているからだと、捉えている。ELIZA 以降の MIT のプロジェクト Cog についても同様に、子どもたちはロボットである Cog を感覚を備えた存在として認知していることが示されており、すでに焦点は、人間がロボットをどう感じるかではなく、ロボットがどう感じるか、ということに移行している[28]。前節において、デジタル・ドールが、親密圏において、人間に代替し

26　Cf. Weizenbaum, Joseph: *Computer Power and Human Reason, from judgment to calculation*, San Francisco: W. H. Freeman & Co., 1976, p. 6.

27　Turkle, Sherry: "Authenticity in the age of digital companions", Interaction Studies 8 : 3 (2007), p. 502.

28　Cf. Turkle, S. op. cit. FN 27 (2007), p. 504.

うる可能性を示唆したが、パートナーとしてヒューマノイドと交際するという発想は、ある人が野卑だと感じたとしても、他の人にとっては自然なものとして受け入れられる可能性は、大いに有り得るのである。

　この点において、シェリー・タークルは、人間との親密な関係を築くことを目的としたコンピューター装置のことを「関係創出機械（Relational Artifacts）」[29]と呼び、その例として、上述の ELIZA にはじまり、上にふれた日本製の「aibo」と「パロ」のほか、「タマゴッチ」と「ファービー」、さらに、MIT の開発した「Kismet」と「Cog」、iRobot 社の「My Real Baby」を挙げている。タークルは、関係創出機械が人間存在に与える影響について、次の問いを提起している。すなわち問題は、はたして、ヒューマノイドは、人間との真の関係性（authenticity）[30]を構築することができるのか、ということである。この関係性における真正性をはかるベンチマークとなるのが、信頼、配慮、共感、愛情、あるいは、愛、といった言葉で想起されるような感情である。そのさい、コンピューターが知性を持つとしても、コンピューターが抱くとされる感情が、単なる人間の感情の模倣にとどまらず、実際に人間と同様の感情を持つ、と言うことができるであろうか。さらには、人間のいだくような愛情とは別のありかたにおける、コンピューター独自の愛情と言ったものが成立しうるのであろうか[31]。この点が問題となるのは、人間の感情がしばしば反感を含みうるのに対して、コンピューターの人間にたいする感情は、相手方の人間の好みに沿うことができるからである。タークルは、この点において、人間の自我の危うさを見て取っている。すなわち、人間の自我の感覚は崩れやすいものであって、人間は、精神の弱さから、しばしば自分の自我を他者に投影しがちである。しかし人間関係においては、容易に、自我の期待に沿わない他者によって、失望を被ることとなる。これにたいして、人工知能により学習した関係創出機械は、人間の自我を忠実に反映して、完全に自我の期待に応えることによって、人間にとって、新たなナルシスト的経験の可能性を開いてくれるものですらありうる。この点において、人工知能を装備したヒューマノイドは、人間との関係性の構築において、他者たる人間に対して「比較優位」[32]にあるとさえ言えるのかも知れない。

29　Turkle, S. op. cit. FN 27 (2007), p. 502.
30　Turkle, S. op. cit. FN 27 (2007), p. 504.
31　Cf. Turkle, S. op. cit. FN 27 (2007), p. 508.

七　人間の工業的再生産

　人間のパートナーがロボットに代替されるという事態において、人間の子孫の存続を危ぶむ悲観論が唱えられるかもしれない。しかし、コンピュータ・ロボット科学と同様に、生命医学技術の発達を目の当たりにすれば、人間の子孫の工業的生産すら実現可能となり、種の存続などは杞憂に過ぎないのかもしれない。周知の通り、人間の工業的生産の鍵となる基礎技術は、山中伸弥教授らにより開発されたiPS細胞の開発である。iPS細胞とは、人工多能性幹細胞（induced pluripotent stem cells）の略称であり、成体の体細胞から遺伝子操作によってES細胞（胚性幹細胞：embryonic stem cells）と同様の多能性ないし分化万能性を備えた細胞として開発されたものである[33]。iPS細胞の開発は、自家移植用の臓器の作製など、再生医療の分野における実用化を目指して行われたものであるが、倫理問題を度外視して純粋に技術的可能性という観点から見れば、成人の遺伝子からiPS細胞を作ることによって、ヒト・クローンの作製にも応用できるものと考えられる。

　ここでもう一つの鍵となる技術として、クローン技術がかかわってくる。近時、中国科学院神経科学研究所（Chinese Academy of Sciences Institute of Neuroscience）のQiang Sun博士が、クローン羊ドリーと同様の技術を用いて、二匹のサル・クローンを産み出すことに成功した、と報じられた[34]。無論、ヒト・クローンの作製は、2005年にユネスコ総会にて採択された「生命倫理と人権に関する世界宣言（Universal Declaration on the Human Genome and Human Rights）」[35]の第11条をはじめとする生命倫理規範により禁止されている。しかし、サル・クローンの作製が技術的に可能であるのならば、ヒト・クローン技術を開発して、人間の子孫を作製して人類を再生産するところまでに、しかも、遺伝子操作により望ましい人類の子孫を再生産するところまでに、技術的にあと一歩のところまで来

32　Turkle, S. op. cit. FN 27 (2007), p. 510.

33　参照、八代嘉美『iPS細胞・世紀の発見が医療を変える』第3刷、平凡社新書2008年、p. 21-26。

34　Cf. Helen Briggs: "First monkey clones created in Chinese laboratory", BBC News, 24 Jan 2018, online URL: http://www.bbc.com/news/health-42809445 (stand 2018-03-11).

35　"Universal Declaration on the Human Genome and Human Rights", URL: http://www.unesco.org/new/en/social-and-human-sciences/themes/bioethics/human-genome-and-human-rights/ (stand 2018-03-11).

ていると見ることもできる。このように、生命医学技術の発達と合わせて、人工知能とロボット工学の近未来のもたらしうる倫理問題を同定するとすれば、一方で、人間がヒューマノイドによって代替され、他方同時に、人間が人工的に人間を再生産できるようになる、という事態である。

八　結語——倫理を守るのか、制御不能になるのか

　上のような近未来の状況において、われわれは、科学技術の発達とともに、人間存在の条件に関わる根本問題に直面していることを、あらためて確認することになるであろう。すなわち、人類は、ロボットとクローン人間からなる社会のなかで、生の意味を見出すことができるであろうか。この問いが根本的であるのは、人間は何故に生きるのか、という人間存在の意味への問いに関わっているからである。ここで改めて、問題の出発点を同定したい。すなわち、上にみたヒューマノイドの将来の発達を見通しながら、人間存在の意味への問いを問うているのは、人間の側である。逆に、いかに人工知能の知性が優れているとしても、コンピューターの側から、人工知能の発達が人間存在やコンピューターの存在にいかなる倫理的な問いを投げかけているのか、という問いを定立することは、現時点ではない。西垣徹は、倫理問題の同様の出発点として、AI技術の限界について、次のような示唆を与えている。すなわち、人工知能は、感情を持つことはできず、それゆえ、共感も反感も持つことはない。なぜならば、それは、センサーで感受された刺激に対して機械的に反応することしかできないからである[36]。かりに人工知能が、人間知性よりも遥かに優れた仕方で計算や分析ができるとしても、それは人間的な感性を伴わない単なる機械的な反応に過ぎないとも思われるのである。

　あらためて、上に提起した問い、すなわち、人間が、親密圏において、ヒューマノイドをパートナーとすることが、合理的なのか不条理なのか、という問いに立ち返ってみたい。以上の考察から明らかとなったように、この問いは、人間が自ら定立している倫理的な問いである。それゆえ重要なことは、道徳的判断の基準は、ロボットによってではなく、人間によって立てられるべきものだ、という

36　参照、西垣徹『ビッグデータと人工知能』中央公論社2016年、104頁以下。

ことである。しかも、人間によって定立されるべき道徳基準は、技術的合理性、マックス・ウェーバーの意味での目的合理性[37]といったいわゆる客観的基準によって得られるものではない。むしろ、問い自体が価値合理性にかかわる直観的なものである以上、その答えについても直観判断による実質的道徳にもとづくものでなければならない。この問いによって明らかとなるのは、現在の科学技術の発達が、ますます、人間存在の実存的危機を招きうるという、根本的な矛盾である。すなわち、コンピューター科学とロボット工学が発展すればするほど、人間による倫理と道徳判断がますます重要性を持つようになる、という矛盾である。なぜならば、倫理と道徳は、人間存在の他者との共存と共感に根ざすものだからである。

---

37 Vgl. Weber, M.: *Wirtschaft und Gesellschaft*, a. a. O. (FN 23) S. 16.

宮沢俊義「国家神道」像の批判的検討

須　賀　博　志

一　はじめに
二　宮沢俊義『憲法Ⅱ』の「国家神道」像
三　一般国民の神社参拝義務？
四　神社の国教的性格？
五　「神社は宗教にあらず」批判？
六　歴史的展開の無視
七　「神権天皇制」の「当然の結果」？
八　その後の「国家神道」像の展開

一　はじめに

　憲法学の教科書・体系書・注釈書では、信教の自由（日本国憲法20条・89条）の解釈論を展開するに先立って、欧米における信教の自由の発達に触れた上で、明治憲法下では信教の自由の保障が著しく不十分であったことと、いわゆる神道指令が明治憲法下の「国家神道」を否定して信教の自由・政教分離を徹底したことに言及するのが、ある種の作法となっている。本稿が捧げられる初宿正典先生の体系書も例外ではなく、次のように記述されている[1]。

　（2）明治憲法下の信教の自由の保障　明治憲法も「日本臣民ハ安寧秩序ヲ妨ケス及臣民タルノ義務ニ背カサル限ニ於テ信教ノ自由ヲ有ス」（第28条）として信教の自由を保障してはいたが、明治憲法の下では、神社神道が「宗教団体法」（昭和14年）等の法制上も、それ以外の神道や仏教あるいはキリスト教とは異なる取扱いがなされ、ある意味で《国教》のような特殊な性格を与えられていたこと（国家神道）、そしてそれ以外の宗教の自由に関しては、はなはだ弱い保障でしかなかったことは、よく指摘される通りである。すなわち、同法にいう「宗教団体」は「神道教派、仏教宗派及基督

1　初宿正典『憲法2基本権』（第3版、成文堂、2010年）210〜212頁。

教其ノ他ノ宗教ノ教団……並ニ寺院及教会ヲ謂フ」とされたが、神社はここにいう宗教団体には含まれなかった。また一般の神道教派、仏教宗派、基督教等は文部省の管轄下にあってその宗教行政の対象とされていたが、神社のみは内務省の管轄下に置かれ、1940（昭和15）年以降は内務所の外局として設置された神祇院が、神社に関する事項、神職に関する事項、および敬神思想の普及に関する事項をつかさどっていた。

　加えて、明治憲法第28条が保障していた信教の自由も、安寧秩序を妨げず臣民の義務に反しない限りにおいて、認められていたに過ぎず、したがってとくに昭和期に入ってからは、公務員に神社神道式儀式への参拝が義務づけられながら、「神社は宗教〔施設〕にあらず」という命題によって正当化されていた。また信教の自由には、他の基本権規定とは異なって《法律の留保》の文言がなく、このことの意味については議論があった。

　（３）総司令部の宗教政策　　第二次大戦直後の1945（昭和20）年10月から12月にかけて一連の GHQ の命令や指令が出された。同年10月４日に日本政府に対して出された覚書である「政治的、公民的及宗教的自由ニ対スル制限除去ノ件」によって、「思想、宗教、集会及言論ノ自由ニ対スル制限ヲ設定シ又ハ之ヲ維持セントスル」一切の法令の廃止とその適用の停止が命ぜられ、その対象として、治安維持法、思想犯保護観察法と並んで、上記の宗教団体法も含まれていた。またこれに続く同年12月28日公布の「宗教法人令」（勅令第719号）によって、宗教団体の設立は自由になった。これを契機に、新しい宗教法人の設立が急増した。文献によると、この勅令施行後の1946（昭和21）年から1949（昭和24）年までの４年間に、宗教法人が9,878も増加しており、すでに1949年末において宗教法人の数は18万を超えていたという（井上恵行『改訂 宗教法人法の基礎的研究』（1972年）278～9頁）。

　（４）神道指令　　しかしこの宗教法人令にも神社や神宮に関する規定はなく、これらについては1945（昭和20）年12月15日のいわゆる神道指令（「国家神道、神社神道ニ対スル政府ノ保証、支援、保全、監督並ニ弘布ノ廃止ニ関スル件」SCAPIN-448）によって、従来の神社神道に関する特別扱いや宗教に関する規制がことごとく廃止された。その後、日本国憲法の下で「宗教法人法」（昭26法126号）が制定されて、神社も同法上の一法人としての地位をもつものとなり、今日に至っている。

　この記述を、次に紹介する宮沢俊義の議論と比べると、①明治憲法下については、宗教団体法や神祇院など昭和期を中心に記述されており、明治・大正期についての記述を慎重に避けていること、②制度の変遷を中心に記述されており、国民の神社参拝義務や他の宗教への弾圧といった自由抑圧的なイメージや神権天皇制といったイデオロギーに言及していないこと、③戦後の宗教法制についての記述が詳しく、宗教法人数といった実態にも触れていること、といった特徴がある。宮沢の議論について後に指摘するような諸問題を回避しており、全体として

抑制のきいた慎重な記述となっている。その背景には、「もとより、近代日本の政教関係の全体を『国家神道』の概念で説明することが適切かどうか、少なくとも天皇制と国家神道とを直結しうるかどうかについては、議論がありうる。」[2]という問題意識がある。憲法学において一般的な「国家神道」像[3]に対して、ある種の躊躇を覚えているわけである。

　本稿は、この問題意識を受け継いで、憲法学の「国家神道」像を検討し批判するものである。その対象としては、憲法学の「国家神道」イメージの完成形を示し、こんにちまで決定的な影響を及ぼしている、宮沢俊義（1899-1976）の言説を取り上げる。

二　宮沢俊義『憲法II』の「国家神道」像

　宮沢は「国家神道」[4]についてたびたび論じているが、その完成形を示す『憲法II──基本的人権──』[5]の記述をまず紹介する。同書では、「神社は宗教にあらず」という項目名の下に4頁にわたって明治憲法下の政教関係が論じられている。

　宮沢はまず、キリスト教の解禁に触れてから、明治憲法28条の信教の自由とその起草者意思として伊藤博文『憲法義解』[6]の記述を紹介するが、宗教の自由を妨げたものとして次のような神社の国教的性格を指摘する[7]。

　　明治憲法は、神権天皇制をその根本義とし、その当然の結果として、天皇の祖先を

2　同前211頁。

3　憲法学における「国家神道」像の形成過程について、拙稿「戦後憲法学における『国家神道』像の形成」山口輝臣編『戦後史のなかの「国家神道」』（山川出版社、近刊）参照。この拙稿は本稿と同時並行して執筆したこともあって、叙述が一部重複していることをお詫びしたい。

4　宮沢が明治憲法下の政教関係を「国家神道」と名付けたのは、晩年になっていた1971年の『憲法II』（新版）が初めてである。それ以前には宮沢本人がこの語を使っていたのではないので、正確性という点では問題があるが、宮沢の示す明治憲法下の政教関係全般の記述を「国家神道」と表示することにする。こんにちでは一般的な用語法であり、憲法学においてこの語を学術用語として──神道指令に登場する歴史用語としてではなく──最初に使用したのが宮沢だと考えられるからである。なお、筆者は、明治憲法下の政教関係を「国家神道」という語で説明するのは不正確あるいは不適当と考えているので、カギ括弧付きで表記する。

5　宮沢俊義『憲法II──基本的人権──』（有斐閣、初版1959年、新版1971年）。初版と新版の違いはわずかであり、ここでは初版によって紹介する。

6　明治憲法の中心的な起草者であった井上毅が起草・審議の参考のために執筆した草案説明書をもとに、憲法制定後に修正の上、起草責任者であった伊藤博文の名で刊行された逐条注釈書である。伊藤博文（宮沢俊義校注）『憲法義解』（岩波文庫、1940年）。

7　宮沢『憲法II』（初版）340～341頁、（新版）347～348頁。

神々として崇める宗教——神社または惟神道——を、ほかの宗教と同じに扱うことを好まなかった。ことに、明治憲法の基本理念とされた天皇崇拝の精神的基盤を固めるために、天皇の神格の根拠としての神社に対して、多かれ少なかれ国教的性格を与えることを必要と考えた[8]。そこで、仏教や、キリスト教などの神社以外の宗教を容認しながらも、神社に対しては、それらとはちがった公的性格をみとめ、神宮・神社には、公法人の地位を、その職員たる神官・神職には、官吏の地位を与えた。行政組織法的にも、一般の宗教に関する行政は、文部省の所管としつつ、神社に関する行政だけは、それとは別に、内務省神社局、後には神祇院の所管とした。そして、一般国民に対しても、神社参拝を強制し、ことに官公吏に対しては、公の儀式として行なわれる神社的儀式に参列する義務を負わせた。

　この叙述には、明治憲法下の政教関係の制度的な側面がコンパクトにまとめられている。神社神道の国教的地位とその内容、一般国民の神社参拝義務、官公吏の儀式参列義務である。後２者については、別の箇所で「明治憲法時代には、宮中の儀式をはじめ多くの国家的な儀式が、原則として、神社によって行われ、関係公務員は、職務として、それに参加することになっていた。後には、一般人に対しても、いろいろな形で——たとえば、学校の生徒に対しては、教師の指示という形で——神社的な儀式や行事に参加することが強制されるに至った。明治憲法の末期において、義務教育の小学校ないし国民学校の庭に小型神社が設けられ、児童は、——もちろん、教師も、——毎日それに礼拝させられたことを、おもい出すべきである。」と敷衍されている[9]。国教的性格や神社参拝義務の根拠が、明治憲法の「根本義」である「神権天皇制」の「当然の結果」に求められているのが特徴である[10]。

　8　後述するように、新版ではこの位置に「こうして国家神道が成立した。」〔強調原文〕という文が追加されている。

　9　宮沢『憲法Ⅱ』（初版）347頁、（新版）354頁。「小型神社」とは、御真影を納めた奉安殿のことであろう。御真影と奉安殿については、小野雅章『御真影と学校——「奉護」の変容——』（2014年、東京大学出版会）参照。同書によると、御真影の強制下付、全教育機関での四大節学校儀式挙行の強制といった御真影の神格化の完成と並行して、神社様式奉安殿への御真影「奉護」形態の統一化が押し進められたのは、1930年代以降のことである。

10　宮沢俊義『日本国憲法（法律学大系コンメンタール篇）』（日本評論社、初版1955年、芦部信喜補訂による全訂版1978年）でも、明治憲法下の政教関係の制度的側面がまとめられている。すなわち、明治憲法は信教の自由を定めたが、神社に国教のような待遇が与えられ、神社への参拝が「臣民タルノ義務」とされたため、信教の自由は十分に確立されていなかった、終戦後の神道指令によって神社の国教的取扱いは廃止された、という（（初版）242〜243頁、（全訂版）243頁）。さらに、日本国憲法20条の解釈論を展開する中で、明治憲法時代に行われた神社参拝の強制、神社を公法人としその職員を官吏とし仏教諸宗の管長を勅任待遇としたこと、関係公務員の神社儀式参加義務、一般人の神社儀式・行事参加義務が、日本国憲法によって否定されたものの例とし

宮沢は次に、明治憲法の信教の自由と神社の国教的取扱いとの矛盾を解消するため、政府は「神社は宗教にあらず」という説明をしたという。すなわち、「神社は、宗教ではない。それは、単に祖先の祭りというだけのもの（！）であり、憲法にいう宗教ではない。だから、神社だけを特別に扱い、これに公的な地位をみとめ、国民にそれへの礼拝を強制しても、憲法の定める信教の自由には、関係がない。」という説明である。しかし、宮沢に言わせると、「神社が本来宗教であることは明らかであるから、この説明は、つまり、明治憲法の定める信教の自由は、神社を国教とみとめることと両立する限度においてのみ、みとめられていたことを意味することになる。」そして、こう評価する[11]。

　　明治憲法の下で、かように、信教の自由がまったく骨ぬきになっていたことは、明瞭である。そこでは、いかにも、キリスト教や、仏教を信仰することも、布教することも、一応は自由であった。しかし、その自由に対しては、根本的な限界が与えられていた。それは、天皇の祖先が神々であり——その代表者が天照大神であった、——天皇自身も神の子孫として——「現御神」（あきつみかみ）として——神格を有することの信仰を否認しないことであった。ところで、宗教というものの本質からいって、かような限界は、信教の自由そのものを否定するにひとしかった。〔中略〕

　　明治憲法の末期には、国家主義・軍国主義・ファシズムの強化とともに、神社国教制が公然と支配するに至った。

さらに宮沢は、「神社は宗教にあらず」の二つ目の「役割」に話を転ずる。「神社は宗教にあらず」という命題は、一方で、神社国教制が信教の自由を骨ぬきにしたことを「おおいかくす役割」すなわち宗教の自由に対して「きわめて敵対的な」役割を果たしたが、「ところが、この命題が、後に至って、ある限度において、最小限度の信教の自由を守る（？）役割をはたすまわり合せになった」というのである。いわく、神社国教制の強化により優位に立った神社は攻勢をとり、神社宗教論に立って、神社は天皇の宗教であり国民の宗教だから日本人はすべて神社を信仰しなければならず、それ以外の宗教は日本では存在を許されない、という見解が強くなった。このような反キリスト教的のみならず反仏教的な見解に対して、政府は、神社は「宗教」ではないので、神社を崇めることと「宗教」を信仰することは矛盾しない、とした。「政府のかような説明は、その理論的不正

て挙げられている（（初版）239〜241頁、（全訂版）239〜241頁）。

11　宮沢『憲法Ⅱ』（初版）341〜342頁、（新版）348〜349頁。

確さは別として、当時優勢をきわめていた神社の攻勢に対して、明治憲法でみとめられていた最小限度の信教の自由（？）を保持しようとの意図にもとづいていた。」その限度で、「神社は宗教にあらず」という命題が果たした役割は、いくぶんでも宗教の自由に対して友好的だった。これは、「『神社は宗教にあらず』という、本質的に宗教の自由に対して敵対的であるはずの命題が、神社の攻勢の行きすぎを少しでもおさえる役割を演ずるに至ったほど、明治憲法の晩年には、神社国教論が有力になっていた」ことを意味する、と[12]。

そして最後に宮沢は、「ここに至って、明治憲法の下でまがりなりにもみとめられていた信教の自由は完全に死滅した。そして、『神国日本』だとか、『神洲不滅』だとかのかけ声の下に、狂信的な神国主義が、日本を太平洋戦争の降伏にまでつきすすめたのである。」[13]と述べて、「神社は宗教にあらず」という項目を閉じる。

その後で、宮沢は、項を改めて、ポツダム宣言、神道指令、いわゆる天皇の人間宣言という沿革に触れて[14]、日本国憲法の規定を紹介し解釈を展開している。その内容の紹介は割愛するが、その最後の部分で、宮沢が靖国神社国営論と伊勢神宮国家補助論に批判を加え、「宗教的施設としての靖国神社に、国が補助を与えることが憲法上許されないことは、政教分離の原則からいって、あまりに明瞭である。」「神宮が宗教施設であることは明らかであり、これを『宗教』でないとすることは、まさに明治憲法時代の『神社は宗教にあらず』の命題を復活させることにほかならず、日本国憲法に反することは、きわめて明瞭である。」[15]と述べていることは、宮沢の実践的な意図を物語っているであろう。

三　一般国民の神社参拝義務？

まず最初の批判として、一般国民の神社参拝義務を取り上げる。宮沢は、「明治憲法は、『臣民たるの義務に背かざる限に於て』信教の自由をみとめる。ところで、神社を信仰することは、『臣民たるの義務』に属する。したがって、憲法

12　同前（初版）343～344頁、（新版）350～351頁。
13　同前（初版）344頁、（新版）351頁。新版では、最後の部分が「狂信的な神国主義が、日本を支配した。」となっているなど、多少表現が異なる。
14　同前（初版）344～345頁、（新版）351～352頁。
15　同前（初版）353頁、（新版）360～361頁。

の保障する信教の自由は、はじめから神社の国教的地位と両立する限度内においてのみ、みとめられていたと解すべきである。」[16]と述べているが、本当に神社への信仰が「臣民タルノ義務」に属すると考えられていたのであろうか。

　結論から言うと、明治憲法下の少なくとも公法学説において、神社の参拝が「臣民タルノ義務」に含まれると論じた学者はいなかった[17]。明治・大正期には、信教の自由を制約する「臣民タルノ義務」に神社に関連するものが含まれるという学説は皆無であり、この義務に関連して神社に言及したのは、昭和期になってからの美濃部達吉（1873-1948）が最初である。神社に関連する「臣民タルノ義務」の内容とされたのは、「国家及び皇室の宗廟たる神宮、歴代の山陵、皇祖皇宗及び歴代の天皇の霊を祭る神社等に対し不敬の行為を為さゞる義務」[18]であった。これは、不敬な行為をしないという不作為義務であって、参拝という積極的な作為を義務づけるのではない。しかも、刑法（明治40年法律第45号）によって「神宮又ハ皇陵」に対する「不敬ノ行為」（74条２項、不敬罪）と「神祠仏堂墓所其他礼拝所」に対する「公然不敬ノ行為」（188条１項、礼拝所不敬罪）とが処罰されていた[19]のであるから、美濃部はこれを確認しているに過ぎないともいえる。礼拝所不敬罪の保護対象は神社だけでなく仏教寺院も含まれており、法令上とくに神社が優遇されていたのでもなかった。里見岸雄（1897-1974）も「日本の民族的信仰、即ち国体的信仰を否定し、又はそれに背反する信教の自由は認められない。神宮、神社、皇祖皇祖の神霊、山陵等に対する不敬、否認は、臣民たるの義務に背く」[20]と主張したが、「国体的信仰」の否定・背反を禁じているだけで、それを実践するという積極的作為を要求してはいないので、美濃部と同旨であろう。

　もっとも、戦時期になると、美濃部は「神社を尊崇しこれに対し不敬の行為な

16　同前（初版）342頁、（新版）349頁。

17　詳しくは、拙稿「学説史研究と憲法解釈——明治憲法における信教の自由——」公法研究73号（2011年）112～115頁参照。

18　美濃部達吉『逐条憲法精義』（有斐閣、1927年）399～400頁。

19　不敬罪は、日本国憲法の施行にともない昭和22年法律124号によって削除されたが、礼拝所不敬罪は、昭和22年改正でも平成７年法律91号による口語化でも変更されることなく存続している。神社に対する不敬行為は現在でも刑法上の犯罪であるが、これを日本国憲法の政教分離に反すると主張する憲法学者はいないようである。

20　里見岸雄『帝国憲法概論』（立命館出版部、1942年）532頁。なお、日蓮主義者の里見は、神社神道を宗教とは考えておらず、戦後も神社非宗教論を主張した。

きことは、臣民としての当然の義務」[21]というようになり、神社の「尊崇」という積極的作為を含めるようになった。宮沢も、神社（惟神道）は「古来わが国において国教的地位を占めるものであり、憲法の定める信教の自由の原則もこの伝統の基礎の上に、それと両立する限度においてのみみとめられる」[22]と述べるにいたる。美濃部の神社「尊崇」や宮沢の「国教的地位の伝統」という「臣民タルノ義務」の解釈が、具体的にどのような行為義務を意味しているのかは明らかでないが、このような憲法解釈が示されたのが戦時体制下のことであり、美濃部・宮沢といった東京帝国大学の立憲主義学派にほぼ限られていた、ということは確かであろう[23]。また、明治憲法下の最後まで、神社を参拝しないという行為に対して刑事罰が科されることはなかった。

たしかに、日露戦争後に行われた地方改良運動以降、小学校における学校行事の一環として神社参拝が取り入れられ、児童に対する参拝の事実上の強制がなされるようになった。さらに、第1次世界大戦後の民力涵養運動（1919年～）、関東大震災後の国民精神作興詔書に基づく教化運動（1923年～）、共産党弾圧と並行する教化総動員運動（1929年～）、日中戦争開戦後の国民精神総動員運動（1937年～）といった教化政策がとられると、神社参拝、神宮大麻の頒布、神棚の設置などがだんだん強く奨励されるようになり、キリスト教徒や浄土真宗門徒と軋轢を起こすようになった。このような政策が信教の自由を侵害するのではないかという論争は「神社問題」と呼ばれ、帝国議会や宗教制度調査会（1926年設置）・神社制度調査会（1929年設置）などで長期にわたって、神社非宗教論批判と関連して激しく展開された。この論争のさなかの1932（昭和7）年に起こった上智大学学生靖国神社参拝拒否事件では、配属将校の引き上げという陸軍の圧力に屈したカトリック教会が、信者の学生生徒児童の神社参拝を許容した。これにより、それまで小学校に限定されていた神社参拝が上級学校にも普及し、昭和10年代には参拝拒否が不可能となる社会的雰囲気が形成されてしまった[24]。

21　美濃部達吉『日本行政法下巻』（有斐閣、1940年、復刻版2001年）562頁。もっとも、この義務には、「決して他の宗教を排斥する趣旨でない」し「宗教的の信仰を強要する趣旨でもない」という留保が付されている。

22　宮沢俊義『憲法略説』（岩波書店、1942年）63頁。

23　神社参拝に関する憲法解釈の変遷については、新田均『「現人神」「国家神道」という幻想』（PHP研究所、2003年）第2部第2章「神社参拝は『法的に』強制されたか？」（151～176頁）参照。

24　新田『「現人神」「国家神道」という幻想』第2部第3章「強制された『事実』とは？」（177～209頁）。

このように、児童生徒への神社参拝の強制が昭和期に入って事実上行われるようになったことは、否定できない。明治憲法下では神社参拝の強制が行われたという宮沢の言説は、それゆえ、事実無根とはいえない。しかし、宮沢のいう「一般国民」への神社参拝の強制は、少なくとも法規範としては存在したことはなく、事実上それが行われたのも1930年代に入ってからのことであった。戦時期という限られた時期に事実上行われた強制を、明治憲法時代全体を通じての、しかも——究極的には明治憲法の神権天皇制に基づく——国民一般への法的強制であったかのように論じるというのは、二重の意味で過度な一般化を行っていると言わざるをえないであろう。また、法的な強制と事実上の強制とを区別せずに論じているのは、不当である。法学において、一定の強制が法的根拠のある公的なものか、私人間で社会的圧力を背景に事実上おこなわれたものか、という点の検討は決定的に重要なはずであるが、宮沢は「国家神道」を論じる際にはかかる視点を欠落させているようである。

　さらに、「一般国民」への神社参拝強制の根拠あるいは事例として挙げられるのが、宮沢じしんの体験であるという点にも、疑問を抱かざるをえない。『憲法II』ではその根拠は挙げられていないが、憲法制定直後に「全国の少年少女の皆さんに読んでいただきたい」[25]という趣旨で書かれた『あたらしい憲法のはなし』では、神社参拝義務を強調した上で、その事例を挙げていた。すなわち、「〔明治〕憲法の文字のうえでは信教の自由を定めながら、実際には神社を国の宗教（すなわち、国教）として取扱い、日本人はすべて神社にお参りする義務があるとした」[26]。しかし日本国憲法はこれを否定して、「いままでのように、国家の力で神社にお参りすることを強制することは許されなくなった。戦争中は誰でも、神社の前を通るときは敬礼をしなくてはならなかった。電車に乗っていても、神社の前では敬礼させられたものである。そういうことはもうない。誰も敬礼を強制されることはない。敬礼したい人は自由に敬礼するがよろしい。したくない人はしなくともよろしい。どちらでも人の好きずきでいい、ということになった」という[27]。また、日本独立直後に行われた講演「神々の運命と憲法」とそれを敷衍した評論「神々の復活」[28]を読むと、電車が神社の前を通る際に車掌の合図で乗

25　宮沢俊義『あたらしい憲法のはなし』（朝日新聞社、1947年）はしがき 2 頁。
26　同前81頁。
27　同前83頁。

客が敬礼をさせられたというエピソードと、学校に「小型神社」が作られ生徒に礼拝が強制されたという事実が紹介されている。

これらは、宮沢本人が実体験したものと思われ、「だれでも忘れていないだろう」[29]あるいは「おもい出すべき」[30]体験、すなわち国民共通の体験であると宮沢は考えている[31]。これらの事実が戦時中にあったことは確かであろうし、それを体験した世代の人々には何よりも確実な論拠と感じられるであろうが、その体験を共有しない世代——戦時中に学齢期に達していなかったであろう『憲法Ⅱ』の最初の読者の世代も含めて——にとっては、検証も反論もできない言説とならざるをえない。学問の作法として、客観化できない個人的体験を論拠とすることが不適切なことは言うまでもないが、さらに、戦後憲法学界の第一人者という宮沢の権威を背景とすると、宮沢個人の体験は、「自らが時代の体験者であるという、戦後世代には疑義を呈しがたい高み」[32]からのご託宣となる。そして、「疑義を呈しがたい」ご託宣と化すのは、一般国民への神社強制がなされたという一事象だけでなく、宮沢の「国家神道」像全体に及んでしまうのではないか。

四　神社の国教的性格？

次に、神社の国教的性格についての宮沢の言説を検討する。その具体的内容、すなわち神宮・神社の公法人の地位、神官・神職の官吏の地位、神社行政の内務省神社局・神祇院の所管、の３点についても不正確なところがあるが[33]、ここで

28　宮沢俊義「神々の運命と憲法」法律時報26巻1号（1954年）、同「神々の復活」文藝春秋1954年2月号、ともに宮沢俊義『憲法と天皇——憲法二十年　上——』（東京大学出版会、1969年）所収。内容は後述する。

29　宮沢「神々の復活」『憲法と天皇』202頁。電車内での敬礼についての表現である。なお、憲法学者の尾吹善人（1929-1995）も、津地鎮祭訴訟最高裁判決を批判したエッセイの中で、「いわば『戦末派』としての私じしんの体験」の一つとして、「戦時中、その釜山の植民地的・人工的『竜頭山神社』下でも、東京の九段下でも、チンチン電車が通過するときには、車掌が『脱帽・敬礼』と号令をかけたものである。」と述べている（尾吹善人『憲法徒然草』（三嶺書房、1983年）177～178頁）。

30　宮沢『憲法Ⅱ』（初版）347頁、（新版）354頁。義務教育学校の「小型神社」への礼拝についての表現である。なお、宮沢は、学校の儀式での御真影への敬礼と教育勅語奉読についての思い出を、宮沢俊義「文明開化と天皇教」（初出1959年）『宮沢俊義随筆集』（学生社、1977年）180～181頁で語っている。

31　他に宮沢が神社崇拝強制の例として挙げるのは、外地・外国での神社創建と原住民への神社参拝強制であるが、これは新聞報道などの記憶に基づいていると思われる。

32　新田『「現人神」「国家神道」という幻想』150頁。

は、明治憲法下で神社に国教的性格があると認識されていたのか、という問題を取り上げる。

ここでも、公法学説において神社神道は国教的地位にあると主張されるようになったのは、昭和期に入ってからであって、おそらく美濃部が最初であった[34]。大正期までの美濃部は、「祭神の儀が其の本質に於て一種の宗教として認むへきや否やは暫く論せす」[35]としていたが、昭和期に入ってすぐに、神道を「疑もなく一の宗教であり、而してそれはわが帝国の国教である」[36]と位置づけた。しかも、このような見解がすぐに有力になったわけではなく、支持者は山崎又次郎（1890-1962）・筧克彦（1872-1961）・宮沢俊義などに限られた[37]。明治・大正期の公法学説では、神社神道を宗教ととらえる発想じたいがほとんどなく、明治憲法下の政教関係は政教分離体制であるという理解が一般的であった[38]。

美濃部が昭和期に入ってから神社国教論＝神社宗教論に左袒するようになった

33　明治後期から昭和期にかけての通説では、神社は公営造物であるとされていたが、法令の明文で神社に法人格が与えられていたわけではないので、神社の法的性格についてはかなり複雑な議論があった。法令上神社に具体的に与えられた権利義務も、他の公法人とはかなり異なっていた。神宮（伊勢神宮）の神官は官吏であったが、それ以外の神社の神職は官吏ではなく待遇官吏であって、たとえばその俸給は国ではなく神社の財政から支払われた。神社行政が神社局・神祇院の所管で、宗教行政を所管する文部省宗教局とは別であったことは確かであるが、神社を直接監督する地方官のレベルでは、神社行政と宗教行政を管轄する部署は同じであったので、実態としては神社の特別扱いは言われているほどではなかった可能性がある。これらの点については、さらに実証的な研究が必要である。

34　例外的な先駆者として有賀長雄がいる。有賀は「神道国教論」哲学雑誌25巻280号（1910年）1頁以下において、「神道は現在に於て其名を避けながらも実は既に国教である」と述べた上で、「神道を国教とすることの当否」について、社会学上「宜い」し、哲学上は神道の教理を儒教によって発展させていくべきと主張した。しかし、この有賀も、明治憲法制定後しばらくは、天皇やその祖先への尊敬は信仰でも宗教でもないとしていたのであって（同講述『帝国憲法講義完』（明治法律学校講法会、出版年不明；復刻版、信山社、2003年）186〜187頁）、神道非宗教説から神道宗教説へと改説した点は美濃部と同様である。ただ、その時期が美濃部より20年近くも早いのが興味を引く。

35　美濃部達吉『日本行政法各論上』（有斐閣、1917年）871頁。同『憲法撮要』（有斐閣）でも、訂正3版（1926年）180頁まで神社神道に国教的地位を認める叙述は存在しなかった。

36　美濃部達吉『逐条憲法精義』（有斐閣、1927年）402頁。同旨の論文として、同「神社の性質と信教の自由」中外日報編輯局編『神社と宗教批判』（中外出版、1930年）8〜13頁。同『憲法撮要』では、改訂第5版（1932年）174頁に、神社神道が「国家的宗教の地位を有する」との記述が登場する。

37　山崎又次郎『憲法学』（丸善、1933年）786頁、筧克彦「神社は国体上明らかに国教なり──祭政一致の皇国体と信教自由──」美濃部教授還暦記念『公法学の諸課題　第1巻』（有斐閣、1934年、復刻版1987年）111〜177頁、宮沢『憲法略説』63頁。

38　拙稿「学説史研究と憲法解釈──明治憲法における信教の自由──」公法研究73号（2011年）112〜114頁。

のは、「宗教」概念の変化にともなうものであった。明治・大正期の公法学説で
は、「宗教」の要素として、教義の存在や宇宙を主宰する絶対者への信仰を漠然
と前提にしていた。しかし、改説後の美濃部は、「宗教」を「超人的神霊の存在
に対する信仰を基礎とする人間の精神生活の規範」[39]と定義し、一神教的な神を
前提とせず教義も明確でないものまでも「宗教」に含ませるようになった。神社
神道を「宗教」ひいては「国教」と性格づけるためには、「宗教」概念の拡張が
必要だったのである[40]。

　宮沢はどうかというと、美濃部達吉『逐条憲法精義』への書評[41]の中で、神社
を国教と断言する美濃部に対して、「あらゆる偏見を排除して直接に事物の真相
を掴む真に科学的な態度」と賞賛したうえで、美濃部がさらに一歩進んで国教主
義そのものの批判を試みなかった点は遺憾、と述べていた。宮沢が初期の頃か
ら、神道の国教的地位に対して批判的な立場にあったことがうかがえる。しか
し、1942年の『憲法略説』では、前述のように、神社（惟神道）の国教的地位を
認め、信教の自由が「この伝統の基礎の上に、それと両立する限度においての
み」[42]のものだと限定した。

　美濃部を嚆矢とする公法学説における神社宗教論への変化は、山口輝臣が明ら
かにした日本社会全体での「宗教」概念の変化・拡張[43]に沿うものであった。す
なわち、明治10年代に定着したキリスト教・仏教をモデルとする「宗教」概念か
ら、明治30年代に登場した宗教学の「宗教」概念への転換である。前者の宗教概
念に立てば、神社は宗教ではないとされるのはごく自然であって、神社非宗教論
が政府の公式見解となったのは当然のことであった。美濃部の改説は、明治30年
代に宗教学で誕生した新たな「宗教」概念が、20年以上かかって公法学説に受容
された結果だったのである[44]。神社非宗教論は、それが政府見解となった明治期
には社会通念に即したものであったのであるが、「宗教」概念の変化によって昭
和期に強く批判されるようになった、と評価する方が適切であろう。

　要するにここでも、神社宗教論＝神社国教論という昭和期にさかんになった主

39　美濃部達吉『日本行政法下巻』（有斐閣、1940年、復刻版2001年）559頁。
40　拙稿「学説史研究と憲法解釈」115～116頁。
41　国家学会雑誌42巻9号（1929年）、宮沢俊義『憲法論集』（有斐閣、1978年）247頁。
42　宮沢『憲法略説』63頁。
43　山口輝臣『明治国家と宗教』（東京大学出版会、1999年）。
44　拙稿「学説史研究と憲法解釈」116～117頁。

張を、明治憲法時代全体を通じての通説——というよりむしろ時代を超越する真理——であったかのように述べるという、過度の一般化がみられるのである。

五 「神社は宗教にあらず」批判？

　そうだとすると、神社非宗教論が信教の自由の保障と神社神道の国教的地位との矛盾を糊塗するためのものであったという宮沢の言説も、疑わしくなる。宮沢の「国家神道」像は、「神社は宗教にあらず」という命題への批判を中心に展開されているので、ここで、その内容をもう一度確認した上で、その批判に筆を進めることにする。

　宮沢の「神社は宗教にあらず」批判は、日本国憲法制定直後にはやくも登場している。憲法の人権規定を概説した「国民の権利及び義務」[45]においてである。この論文で宮沢は、明治憲法の信教の自由の「実際での運用は頗る不完全なもの」で、「神社が国教としての地位を有することが、そこで完全な信教の自由が実現されることを根本的に妨げていた」と述べた上で、「神社は宗教でないという……永年の政府の解釈」には次の二つの効用があったと主張する。その一つは、「神社の国教的地位を憲法の信教の自由の原則と形式的に一応妥協させる効用」であり、「神社は宗教でないとすれば、神社をどう特別に取扱つても、宗教の自由の原則には関係ないということになる。つまり、政府は神社は宗教でないと説くことによつて、神社を特別扱いすることが憲法の信教の自由の原則と少しも矛盾しないと主張することができると考えたのである」というものであった[46]。もう一つは、太平洋戦争がすすんで神社の国教性が強調され他の宗教が排斥された時期に、「政府は神社は宗教でないとの説明によつて、神社方面からする一般の宗教に対する攻撃を少しでも緩和しようと努力した。すなはち神社に対しては国教的地位をみとめるのであるが、神社は宗教ではない——少くとも一般の宗教ではない——から、神社に対する信仰は必ずしもほかの宗教に対する信仰を妨げるものでない、……神社信仰の強調は決してキリスト教や仏教に対する信仰の制限を意味しない、と説くことができた」という効用であった。宮沢は、神

45　宮沢俊義「国民の権利及び義務」蠟山政道責任編輯『新憲法講座　第2巻』（政治教育協会、1947年）。
46　同前233頁。

社の国教的地位が「真の信仰の自由の原則の実現を妨げたことも明白である」ので、神道指令がそれを否定した、と述べている[47]。

この論文で明治憲法下の政教関係を論じるにあたって、神社の法的地位などの制度的側面に触れることなく、神社非宗教論という政府解釈への批判に終始しているのが目を引く。「神社は宗教にあらず」の「二つの効用」という議論は、宮沢が好んだところであったようで、これを発展させたのが『憲法II』における前述の「二つの役割」という議論であった。

「神社は宗教にあらず」の「二つの効用」あるいは「二つの役割」という議論に対しては、次の2点の疑問を提示しうる。まず1点目は、「神社は宗教にあらず」は誰が主張したのか、という点にかかわる。宮沢は、「神社は宗教にあらず」という命題は「当時の政府」の説明であるとしている。内務省神社局も文部省も神社非宗教論を公式見解としていたことは確かであるが、近代日本の神社政策・宗教政策・教育政策にかかわった政治主体は他にもあり、いわゆる国家神道体制は、それらの複雑な対立と妥協の中で形成され展開してきた[48]。「政府」が一枚岩であったかのような宮沢の記述は、誤解を招きかねない。また、「神社は宗教にあらず」という命題は、政府以外の多くの政治主体が別々の思惑をもって利用したものであった。大正期から昭和初期にかけて、浄土真宗やキリスト教を中心とした反神社勢力は、神社は宗教でないという以上は神社に対して個人の祈祷・神楽や葬儀、神宮大麻の頒布などの宗教的行為を禁止すべきだと政府に迫ったし、神社側は、神社は宗教でなく国家の宗祀というのであればそれにふさわしい経済的・社会的待遇をすべきだと主張した。神社局は退っ引きならない対立をしている両者の間に立って、妥協を成立させることも新たな政策展開による局面の打開をすることもできず、明治以来の既存の制度に寄りかかった現状維持をするほかなかった、というべきであろう。明治後期に固まった神社制度は、制度形成当時の社会通念であった一神教モデルの「宗教」概念に立脚したものであり、昭和期にかけての「宗教」概念の変化や神社に対する国民意識の変化にともなう制度の変更が必要とされていたのに、政府にはその力がなかった、と考えるのが自然のように思われる。政府は、永年にわたる検討をしたにもかかわらず、神社法案をまとめることもできなかったし、戦時期になるまで宗教団体法を成立させる

47　同前234頁。
48　阪本是丸『国家神道形成過程の研究』（岩波書店、1994年）。

こともできなかったのである。当時の政府とくに内務省神社局や文部省宗教局には、宮沢がいうようなキリスト教徒を「おさえつけ」る力はなく、宗教弾圧を行ったのは戦時下という特殊な時代に入ってから、しかも警察や陸軍の力によってであった[49]。

　次に宮沢は、「明治憲法の晩年」に「神社」が攻勢をとり神社宗教論を主張して、神社以外の宗教はすべて異端で日本では存在を許されない、という見解を述べるようになったという。しかし、明治憲法時代の「神社」は個々バラバラに行政の監督下にあって、全神社を包括する組織は存在しなかったので、「神社」を代表する公式見解はありえない。そこで、宮沢のいう「神社」は、「神社人」あるいは「神社界」の意味であろうが、神社宗教論を主張した神社人は少数で、明治憲法制定後、戦時期までの神社界の大勢は神社非宗教論であったと考えられる——神社本庁は戦後も神社非宗教論を公式見解としているようである——[50]。宮沢が神社国教論を主張した神道人として念頭に置いているのはおそらく筧克彦であるが[51]、筧は——宗教学者の加藤玄智とならんで——神社人からも独自の見解を唱える人物と目されていたのであって、彼を「神社」を代表する人物と位置づけるのは適切ではない。その筧であっても、神社以外の宗教の存在を許さないと論じたわけではなく、神社という国教の下に他の諸宗教が予定調和的に活動するという姿を描いていたようである[52]。他の宗教に神社を否定する自由を認めないという意味では強い制約であるが、宮沢がいうような神社以外の宗教の存在を否定するという主張が本当になされていたのか、かなり疑わしい。そうだとすると、宮沢のいう「神社は宗教にあらず」の二つ目の効用は、実際に存在したのか疑問ということになろう。

49　この部分の記述は、現時点での筆者の仮説を記しており、十分に実証されたものではない。今後、神社法をめぐる法制度と政治的・宗教的論争の展開について実証的研究を進めたいと考えている。

50　神社新報社編『増補改訂　近代神社神道史』（神社新報社、1986年）193～196頁。

51　宮沢『憲法講話』（岩波書店、1967年）30～32頁に、研究会で文部省の局長に対して筧が神社が宗教であることをはっきり承認すべきと詰問したというエピソードが紹介されている。

52　筧「神社は国体上明らかに国教なり」113～126頁。

六　歴史的展開の無視

　ここまで、宮沢の「国家神道」像の個々の部分に対する批判を行ってきた。これからは、その全体に関わる批判に進みたい。

　叙述のスタイルの問題として最初に指摘したいのは、宮沢の言説の中では行為の主体が明示されていないことである。たとえば、本稿二の最初の引用を例にすると、「神社に対して、多かれ少なかれ国教的性格を与えることを必要と考えた」のも、「神社に対して……公的性格をみとめ」たのも、「神社に関する行政だけは……内務省神社局……の所管とした」のも、「神社参拝を強制し」たのも、文脈上の主語は「明治憲法」となっている。明治憲法には神社に関する規定はなかったので、これはもちろん擬人化表現である。神社行政の所管を定めていたのは内務省官制（明治33年勅令第163号による改正後）という勅令であり、神社に対する公的性格は関係法令の分析から導かれる。しかし、神社参拝の強制はどこで定められたのか明らかでないし、神社の国教的性格を憲法解釈によって導いた解釈者はいったい誰なのか——宮沢本人がそれに含まれることは確かだとしても——示れてない。このことによって、宮沢の歴史認識が妥当か否かの検証が難しくなっていることは確かであろう。

　次に内容面での批判として、まず、『憲法Ⅱ』の叙述では、明治憲法下での政教関係について歴史的展開を読み取ることができなくなっている、という問題点を指摘したい。宮沢は、日本独立後の1954（昭和29）年に、講演「神々の運命と憲法」を行い、それを敷衍した評論「神々の復活」を執筆している。自衛隊発足や日本遺族会の発足など、靖国神社をめぐる政治問題が胎動しはじめた頃のことである[53]。これらでは、明治憲法下の政教関係について時代を区切って描いていた。少々長くなるが、宮沢の率直な認識を示すと思われるので、概略を紹介しよう。

　「神々の運命と憲法」は、明治憲法時代以降の神社神道・天皇・国家の関係を芝居に見立てて概観したものである。第1幕の明治憲法時代の題は「神々は栄え

53　宮沢は、1951年のエッセイ「憲法第九条問答」でも、「やれ『君が代』だ、紀元節だ、日の丸だ、という声が、やれ祖国の防衛だ、再軍備だ、という声といっしょになって、またもとの軍国主義、超国家主義、神がかり主義を呼びおこすようなことになりはしないだろうか。」という時局への危惧感を示し、アジア大会選手がそろって明治神宮に参拝したことに疑問を呈していた。（宮沢俊義『右往左往』（勁草書房、1951年）37～39頁）。

る」。その第1場は「神々はほほえむ」で、「神々のご機嫌がよく、国民のほうでも、その神様にお辞儀をしなければならないことは迷惑ではあるが、まあ我慢のできないこともない、という時代」であった。明治憲法には信教は自由と書いてあったが、日本人は、自身神格をもつ主権者である天皇の祖先たる天照皇大神とそれを取り巻く八百万の神々を信仰しなくてはならなかった。神社は国教であり、神を崇めることは国民の義務とされた。もっとも、「多くの日本人は、宗教的にあまり神経が鋭くありませんから、神社の前でお辞儀をさせられても、別に大して気にもせず」「実はさほど苦痛とも感じなかった」、というのである[54]。ところが、第1幕の第2の場面である明治憲法の晩年の題は「神々はいらだつ」。神々は疑い深い目で国民をみ、イントレラントになって、電車の中で神社の前を通るときには車掌に号令をかけさせてお辞儀をさせる。また、外地や外国にまで神社を建て、神々の弥栄を唱えさせようと強制する。「実質的に見れば、それは、神々の権威が衰えはじめ、神様が自信を失い、そのために、絶望的状態になり、ヒステリックになっていたことのあらわれだ」、と宮沢は分析した[55]。

　終戦後にあたる第2幕の題は「神々は衰える」あるいは「神々はたそがれる」。GHQ は、日本の軍国主義の原因は惟神道にあると考えて、日本の神々に弾圧を加え、神々の追放を命じた。不敬罪や治安維持法がなくなり、天皇に最大級の敬語を使う必要もなくなった。「舞台がだんだん暗くなって、神様はどこにいるかわからなくなったが、では神々は死んでしまったかというと、そうではありません。よくしらべて見ると、まだ生きているのです。」たとえば、法律を公布する官報に「裕仁」と書くのをはばかって「御名」と書いていること、〔国会開会式において〕天皇を神様扱いする礼儀作法である「カニの横ばい」をしていること、そのほか宮中の宗教的（神社的）行事のやり方・扱い方などにこの種の徴候が見出される。「神々はまだなかなか死んでしまってはいない。だいぶ元気がなくなり、たそがれてはいるが。まだまだ息がたえてしまったわけではない」[56]。

　第3幕はいつ開いたのかよくわからず、いつのまにやら始まっているが、題は「神々はよみがえる？」。このごろ、新聞で皇室に関する記事が増え、天皇や皇太子が公の資格で神宮に参拝することがあたりまえのように新聞で取り扱われ、警

54　宮沢『憲法と天皇』185～187頁。
55　同前187～188頁。
56　同前189～192頁。

備隊員が公式な行動として伊勢神宮に参拝し、政治家が大臣や議長になると伊勢においまいりするなど、神々がよみがえりつつある徴候がみられる。この幕はどう終わるかわからず、これから先の脚本がまだできていない。それを書くのはわれわれ国民の仕事であり、どうやってこの第3幕を終わらせるかを考えなくてはならない。問題は宗教の自由の問題であり、国家と宗教との関係の問題である。日本では完全に宗教と国家との分離、フランスでいうライシテの原則が認められているが、これは、日本ではいままであまりに国家が宗教と結びつきすぎたので、その弊害を考えて、徹底的に国家と宗教を離そうとしたからである[57]。このように論じてきた上で、宮沢は、次のように述べる[58]。

> これは、たんに宗教だけの問題ではありません。それは、結局思想の自由、言論の自由という問題に関係してきます。ものを合理的に考えるか、それとも神秘的超越論的な信仰にもとづいて考えるか、こういった根本的なものの考え方に関係してきます。こうなると、これは結局デモクラシーが育つか、育たないかという問題に関係してくるのである。もし神々がこれからほんとうによみがえって、昔のように繁栄するというようなことになれば、それは日本の憲法の定めているデモクラシーそのものの危機ではないか。神々がよみがえるときは、すなわち、憲法がたそがれるときではないか。私はこういう心配をもっています。

次に、「神々の復活」の論旨は、「神々の運命と憲法」とほぼ同じであるが、憲法と神々の対立関係について、より直截的な表現がなされている。すなわち、「私はかねて神々の運命が日本の憲法の運命を決定すると考えている。明治憲法をほろぼしたのは、まさしく神々であった。神々は、明治憲法をほろぼす力をもっていると同時に、それに代わった日本国憲法を動かす……あるいは、変える力をもっている。」と[59]。また、昭和時代に軍国主義が強くなると（「神々の運命と憲法」にいう第1幕第2場）、「キチガイじみた神社強制が容赦なく行われた。」という[60]。結論部分には、「神々の運命は、すなわち、憲法の運命である。神々がよみがえるときは、憲法がたそがれるときである。したがって、神々がよみがえりつつある徴候が見られるということは、憲法の基礎がぐらつきつつある徴候が見られるということになる。／われわれは、もっと真剣に、神々の復活とその再武

57　同前192〜195頁。
58　同前195頁。
59　同前197〜198頁。
60　同前202頁。

装に対して警戒する必要がある。」[61]という勇ましい表現もある。

　また、「神々の復活」は、「神々の運命と憲法」よりも少し詳しく、次のような違いがある。まず、昭和期の神社強制の具体例として、電車の中での神社に対する敬礼の強制と神社の海外進出のほかに、学校での「小型神社みたいなもの」への礼拝の強制なども挙げられている[62]。さらに、戦後に「神々が死んでしまってはいない」例として、「神々の運命と憲法」に挙げられたものに加えて、日本PTA全国協議会が全国大会のプログラムの一環として伊勢神宮の御遷宮白石献納奉仕、参拝、太々神楽奉奏を組んだこと、無名戦士の墓を作るという計画に対して靖国神社奉賛会・靖国講などから反対が起こっていることが指摘されている[63]。

　以上が「神々の運命と憲法」と「神々の復活」の概要であるが、これらでは、明治憲法時代を二つに区分し、神々がイントレラントになって強制が強まるのは「明治憲法の晩年」つまり戦時期とされていた。しかし、『憲法Ⅱ』では、そのような明確な時代区分が見られない。わずかに、「神社は宗教にあらず」という命題について説明する文脈で、「明治憲法の末期には、国家主義・軍国主義・ファシズムの強化とともに、神社国教制が公然と支配するに至った。」「明治憲法の末期において、神社国教制の強化とともに、優位に立った神社は、しだいにより攻勢をとり、……神社が宗教であるとの主張を真正面に出しはじめた。」[64]といった記述がみられるのみである。叙述全体としては、明治憲法の下での信教の自由は、最初から神社国教制の下で「まったく骨ぬきになっていた」[65]ということが強く印象づけられるようになっている。このような叙述は、大正期や昭和初期の状況を体験していない世代に対して、戦時期の信教の自由のない状況が明治憲法下全期間において同様であったとの誤解をもたらすであろう。

七　「神権天皇制」の「当然の結果」？

　宮沢が明治憲法下の全期間で神社参拝の強制が行われ信教の自由がきわめて制限されていたとする理由の一つは、神社参拝強制を含む神社の国教的性格が、明

61　同前208頁。
62　同前202〜203頁。
63　同前206〜107頁。
64　宮沢『憲法Ⅱ』（初版）343頁、（新版）350頁。
65　同前（初版）342頁、（新版）349頁。

治憲法の根本義である「神権天皇制」の「当然の結果」とされたことにあるであろう。「神権天皇制」とは、「神勅にもとづき万世一系の天皇が主権者であり、統治者であるという原理」「天皇は、神の子孫であり、自身も神格を有するという建前」[66]をいう。

　宮沢は、同趣旨のことを少しずつ違った表現で繰り返し強調している。戦後すぐには、明治憲法の根本建前は「神勅主権主義または神権主義」[67]であるといい、後には、「神意主権」「神勅主権」[68]といい、最後に「神権天皇制」[69]に落ち着いた。明治憲法にこのような根本義がある以上、その帰結である神社の国教的性格や神社参拝強制は、明治憲法の当然の要請として憲法が施行されていた全期間にわたって実行されなければならないはずである。神権天皇制が明治憲法の根本建前であるとすると、理論的に、神社参拝強制は明治憲法の下では常に行われていなければならない。宮沢の議論が破綻しないためには、神社参拝強制は最初から行われていなければならなかった。宮沢が事実に反してまでも、一般国民への神社参拝強制が明治憲法下で常に行われていたと主張した理由は、このような理論的一貫性の確保のためであったと考えられる。

　宮沢じしんが述べるように、明治憲法下では、憲法原理としての「神権天皇制」を意味していた言葉は「国体」であった[70]。宮沢は戦時期に、「諸諸の古典に伝へられる皇孫降臨の神勅以来、天照大神の神孫この国に君臨し給ひ、長へにわが国土および人民を統治し給ふべきことの原理が確立し、それがわが統治体制の不動の根柢を形成してゐる。／わが国家におけるこの固有にして不変な統治体

66　同前（初版）259、309頁、（新版）266、315頁。

67　宮沢俊義「新憲法の概観」国家学会編『新憲法の研究』10頁。「天皇はかの天孫降臨の神勅にもとづいて日本を統治し給ふとせられた」ことを意味する。

68　宮沢俊義『憲法』（改訂5版、有斐閣全書、1973年）28頁（初版は1949年）。その内容は、「主権のもち手としての天皇は、現にある天皇ではなく、その祖先——その極限として、天照大神が措定された——であった。天皇の祖先は、神格を有すると考えられた……。日本の憲法に関する天皇の祖先の具体的な意志は、なにより、古典に伝えられる天孫降臨の神勅で表現されていると考えられた。」というものである。

69　宮沢『憲法Ⅱ』（初版）259、309頁、（新版）266、315頁のほか、宮沢『憲法講話』110〜112頁。後者によると、「明治政権は、国家統一の根拠を神勅にもとづく天皇制——神権天皇制——に求めた。」「明治憲法では、天皇制の根拠は、『神勅』ないし『神意』にあるとされた。……国民が欲しようが欲しまいが、日本は天照大神の子孫が『王たるべき地』であることが『神勅』できまっているから、天皇が日本を統治するのだ、というのが、その根本の建前であった。」

70　宮沢『憲法講話』111頁。宮沢俊義「王冠のゆくえ——君主政の運命——」（初出1949年）『神々の復活』（読売新聞社、1955年）69頁も同旨。

制原理を国体という。」[71]と述べていた。したがって、たしかに宮沢じしんの「国体」＝「神権天皇制」概念は戦時期から晩年まで一貫しているのであるが、問題は、そのような憲法原理が明治憲法下で一般的に承認されていたのか、ということである。

宮沢のいう「神権天皇制」のような主張はいわゆる国体論であるが、明治憲法下の公法学説は昭和期に入ると、国体論者から、主権の所在という形式的な国体概念を墨守して日本国体の本質を没却する議論をしている、と攻撃を受けた[72]。また、いわゆる正統学派の代表者である穂積八束ですら、国体の根拠を天孫降臨の神勅には求めておらず、わが国の国体の淵源は祖先崇拝の大義に基づくという家族国家論に立脚していた[73]。宮沢のように、国体論を直截に憲法原理に持ち込む立場は、昭和期に登場した少数説に過ぎないのではないかという疑問がある。この点を明らかにするには、憲法学における国体論について本格的に論じる必要があるので、本稿では疑問を提示するに留める。昆野伸幸の研究によると、国体論じたいも時代によって大きく変化しており、とりわけそれが猛威を振るった昭和10年代には内部での相克が激しくなったとされる[74]。憲法学もその影響――というより圧力――を多分に受けたと思われるのであって、明治期から「神権天皇制」が憲法原理だと一般に考えられていたとは想定しがたい[75]。宮沢のいう「神権天皇制」が実際には昭和期の短期間にのみ有力であった言説であったとすると、その「当然の結果」である神社の国教的性格もそのようなものに過ぎなかったのではなかろうか。

最後に、『憲法Ⅱ』では明言はしていないが、宮沢の見解は、日本国憲法のデモクラシーと神社神道とが両立しえないという前提に立っている。この両立不可

---

71 宮沢『憲法略説』73頁。
72 たとえば、里見岸雄『国体憲法学』（二松堂書店、1935年）。
73 穂積八束『修正増補　憲法提要』（修正増補5版、有斐閣、1935年）103～106頁（初版は1910年）。なお、八束の兄である穂積陳重の祖先祭祀論について、問芝志保「穂積陳重の先祖祭祀論――『国体イデオロギー』言説の知識社会学――」寺田ほか編著『近現代日本の宗教変動』305～342頁参照。
74 昆野伸幸『近代日本の国体論――〈皇国史観〉再考――』（ぺりかん社、2008年）。
75 宮沢『憲法』179～181頁において、「日本憲法の根本的特色――誇るべき美点――だとされた」「国体」の意味を示すものとして挙げられているのは、1935年の国体明徴運動と1937年の文部省『国体の本義』であり、昭和10年代の事象に限られている。これらのいう「国体」に対する宮沢の評価は、「明治憲法の下で天皇絶対主義・神権主義・軍国主義ないしファシズム等々を根拠づけるための美名として利用された」というものである。

能性の根拠は、一見すると、「ものを合理的に考えるか、それとも神秘的超越論的な信仰にもとづいて考えるか、こういった根本的なものの考え方」[76]の違いに求められているように見える。しかし、「神秘的超越論的な信仰」に基づくのは神社神道だけではなく、すべての宗教が同様であろう——むしろ神社神道は一神教よりも神秘的超越論的色彩は弱いであろう——から、両立不可能性の根拠は、明治憲法の根本義である神権天皇制において神社神道が天皇の「神格」の根拠とされていたことに求められると考えられる[77]。そうだとすると、日本国憲法と神社神道とが両立不可能なのは、日本国憲法と明治憲法とがその原理において両立不可能であることの反映ということになる。しかしながら、「神権天皇制」が明治憲法の憲法原理であったという宮沢の見解は、戦時期に登場した独自の見解ではないかと先に示唆した。もしその示唆が正しければ、神社神道と明治憲法とは原理的に不可分とは言えなくなるはずである。明治憲法・「神権天皇制」・神社神道の一体性を前提にした宮沢の批判は、戦時期に宮沢じしんが——本人としてはおそらく不本意に[78]——述べた国体論を、明治憲法そのものに仮託した上で非難しているという、一種の独り相撲なのではなかろうか[79]。

76　宮沢「神々の運命と憲法」『憲法と天皇』195頁。宮沢は、絶対主義的な考え方は必然的になんらかの「神」に結びつき、民主制は「論理必然的に」相対主義的世界観を前提とするので、近代民主制においては相対化された神々だけが存在を許されるという（宮沢俊義「民主制の世界観」（初出1951年）『平和と人権——憲法二十年　中——』（東京大学出版会、1969年）99〜102頁）。なお、宮沢『憲法講話』39頁参照。

77　宮沢の見解では、天皇の「神格」の承認そのものが「うまれ」に基づく社会的差別であり（宮沢『憲法Ⅱ』（初版）259頁、（新版）)、天皇への「敬語」や「敬礼」もそのコロラリーとされている（宮沢「天皇」（初出1953年）『憲法と天皇』147〜148頁）。「神々の運命と憲法」や「神々の復活」において、「御名御璽」の表記や国会開会式での「カニの横ばい」といった天皇に対する敬意の表現が「神々がまだ生きている」証拠として挙げられているのは、天皇の「神格」と天皇への敬意とが不可分一体であるという前提があるからであろう。しかし、およそ国家元首や君主に敬意を払うのはどの国家であっても行われることであるから、天皇への敬意の表明はその「神格」の承認に結びつくという宮沢の前提は不可解である。もっとも、宮沢は、天皇は君主でも元首でもないという立場である（宮沢『憲法』181頁）。

78　宮沢俊義「教授会でのあいさつ」（初出1970年）『憲法論集』（有斐閣、1978年）498〜503頁参照。

79　本稿の主題から外れるが、神社神道が日本国憲法の原理と両立しえないという前提から、どのような解釈論上の帰結が導かれるのかは、興味深い問題である。宮沢じしんは、そこから「国家の非宗教性または政教分離の原則」を導くにすぎず、神社神道とそれ以外の宗教との差別待遇は、——問題として指摘されている事例のほとんどが神道に関するものであって、神道に対する敵対視や嫌悪感を行間から強く感じるとはいえ——少なくとも明言してはいない。しかし、宮沢の立場を徹底するならば、「日本国憲法は、アメリカの思想に強い影響を受けている点からすれば、基本的には、友好的・厳格分離型に属すると理解できるものの、明治憲法時代の国家神道の扱いに対する反省からすれば、神道に関する限り、非友好的政教分離原則を採用したものともいえる。」（阪本昌成『憲法理論Ⅱ』（成文堂、1993年）345頁）という帰結が自然に導かれるのでは

八　その後の「国家神道」像の展開

　以上、『憲法Ⅱ』初版を中心に、宮沢俊義の「国家神道」像を検討し批判を加えた。一般国民の神社参拝義務、神社の国教的性格、神社宗教論＝神社国教論、「神権天皇制」という国体論など、その主要部分において、昭和期とりわけ戦時期に登場した新説——宮沢本人を含む——を明治憲法時代全体での通説であったかのように扱うという過度な一般化が行われており、明治憲法下の政教関係を客観的に描いたものとは到底いえない、という結論である。宮沢の「国家神道」像は、日本国憲法と原理的に対立する「神権天皇制」というイデオロギーから演繹的に描かれており、宮沢独自の見解とみるべきものである。そしてその「神権天皇制」は、戦時期の宮沢じしんの立場に他ならず、戦後の宮沢が「国家神道」を批判するのは、自らのかつての見解を非難しているに過ぎないのではないか、と考えられる。

　その後、晩年にいたる宮沢の見解の変化を簡短に紹介して、むすびに代えることにする。宮沢は『憲法Ⅱ』の初版を刊行した1959年に東京大学を定年退官し、立教大学に移る。1967～68年には論文集７冊をまとめる一方、「現在の日本の憲法の重要な諸問題を講話ふうに解明しよう」[80]とする『憲法講話』を出版した。その第Ⅱ章は「国家と宗教」と題し、政教分離の下での国家は、宗教一般に対して好意をもつ態度や宗教一般に対して敵意をもつ態度をとるべきではなく、「宗教に対して完全に無関係な、そして、宗教的にまったく中立的な態度」をとるべきと主張している[81]。ここでも、戦後の日本で政教分離が採用された理由として、明治憲法時代の政教一致についてかなり詳しく論じている。その論旨は『憲法Ⅱ』と大きく異なるものではないので、詳しい紹介は割愛するが、『憲法Ⅱ』からの変化は次の２点である。

　第一に、「神勅」を政治体制の根本原理とし、高天原の神々とその子孫である天皇を「神」としてあがめる「神ながらの道（惟神道）」そして「天皇崇拝」を精

　ないかと思われる。このような帰結は、信条による差別の禁止を定める憲法14条１項と両立するのであろうか。
80　宮沢『憲法講話』はしがき ⅰ 頁。
81　同前37～39頁。

神的なよりどころとしたのは、「明治憲法」ではなく「明治政権」とされている[82]。また、「明治政権」が神社国教制を確立したとして制度的な説明をした後に、明治憲法はこれを少しでも変えようとの意図はなかったと論じているので[83]、叙述の順序としても、明治憲法の制定に先立って神社国教制が確立したことになっている。明治維新以降、神道指令まで、近代日本は神社国教制一色に塗り込められていたかのような記述となっており、時代による変化への関心がまったく見られなくなった。

　第二に、神社国教制は、宗教の自由のみならず、「言論の自由そのほかの自由を定めた明治憲法の諸規定をも、有名無実にしてしまうほどのものであった。」[84]との評価が下されていることである。『憲法Ⅱ』では、神社の国教的地位によって「まったく骨ぬきになっていた」[85]のは信教の自由とされたが、『憲法講話』では精神的自由にまで拡張されたのである。表現の自由については、「戦前……には、皇室に関しては、神さまについてのように、最大限の敬意をもって発言することが要求されていたのに反して、戦後はそういうきゅうくつな制限がなくなった。／この変化を、憲法論的にいえば、言論の自由または表現の自由が、戦後にはじめて確立された、ということになる。」[86]と述べられている。このような表現の自由の制限が神社国教制と関連する理由は、「神権天皇主権主義が否定され、国民主権主義がこれに代わったことに関連して、天皇の神聖不可侵性が解消したので、不敬罪だの、皇室尊厳冒涜罪だのは、存在の理由を失ってしまった。」[87]という記述に示されているであろう。要するに、信教の自由の制限も表現の自由のそれも、神権天皇制がもたらすものなのである。すなわち、「明治政権は、国家統一の根拠を神勅にもとづく天皇制――神権天皇制――に求めた。明治憲法は、天皇を神聖不可侵と定めたが、そこでは、天皇制もまた神聖不可侵とされた。その結果、天皇制については、それを根拠づけ、または、それを賞めたたえることだけが許され、それを批判することは、かたく禁じられていた。天皇制は、タブーであった。」[88]。

82　同前27〜28頁。

83　同前29〜30頁。

84　同前27頁。36頁も参照。

85　宮沢『憲法Ⅱ』（初版）341頁、（新版）348頁。

86　宮沢『憲法講話』5〜6頁。

87　同前13頁。

このようにして、宮沢の語る神社国教制はますます、時期的に長期間に及び内容的にも抑圧色の強いものとなってきた。その背景にはおそらく、靖国神社問題や神宮国有化問題の昂揚がある。1966年には建国記念の日が制定されるなど復古的な動きが一定の成果を上げ、『憲法講話』が出版された1967年には靖国神社国家護持にかかるいわゆる村上試案がまとめられ、賛否の論争が華々しく行われていた。そのような中で、宮沢『憲法Ⅱ』の新版が1971年に刊行される。自民党が毎年のように、議員立法で靖国神社法案を提出しては廃案とされ、靖国神社問題がクライマックスを迎えていた頃であった。

　『憲法Ⅱ』新版の叙述は、初版からほとんど変化はない。目につく変化は、神社に国教的性格を与えることによって「国家神道」が成立するという記述が追加されたこと[89]と、「国家神道について、見よ。村上重良・国家神道（岩波書店）。」という注が新たに付されたこと[90]である[91]。村上『国家神道』の出版は前年の1970年なので、宮沢はすぐに、自説と同旨の文献として自らの体系書に紹介したことになる。憲法学において、明治憲法下での政教関係の全体あるいは神社の国教的性格を示す学術用語として「国家神道」の語が用いられたのは、これがはじめてのようである。それまでにこの語が用いられたのは、ほぼ、神道指令の名称あるいは本文中に用いられた語としての文脈においてであった。宮沢と村上は、年齢が30歳ほど開いているし、出身学部や専攻も異なり、両者に交流はなかったようである[92]。宮沢が『国家神道』を読んで宗教学における同志を発見したことで、憲法学の「国家神道」像と村上の「国家神道」論の蜜月が成立した。

88　同前110〜111頁。なお、学問の自由については、天皇機関説事件の際の徳富蘇峰の言動を例に、「学問の自由を好まぬ人たちは、すなわち、民主主義を好まぬ人たちである。かれらは、したがって、民主主義に立脚し、学問の自由を保障する今の憲法を好まず、それを改正して、戦前に返すことを好むだろう。」（同前57〜58頁）と述べ、学問の自由への好悪が日本国憲法と明治憲法の対立と結び付けられている。また、法の下の平等に関連して、神社国教制が宗教による差別を実質的に相当ひろい範囲でもたらした（神社礼拝を官吏就任の条件とすることなど）とされている（同前76〜77頁）。

89　宮沢『憲法Ⅱ』（新版）348頁。

90　同前（新版）351頁。「神社は宗教にあらず」の項目に付された注で示されている文献は、この他に、明治初期のキリスト教解禁に関して稲田正次『明治憲法成立史　上巻』（有斐閣、1955年）と、明治憲法の起草者意思を示すものとして伊藤博文『憲法義解』のみである。

91　「政教分離」の項目では、津地鎮祭訴訟での名古屋高裁の違憲判決（新版出版と同年の1971年）と、靖国神社国営化法案の衆議院提出・不成立についての言及が追加されている（同前（新版）360・361頁）。

92　『憲法Ⅱ』新版の出版より前の時期に、宮沢が村上の文献を引用した例も、逆に村上が宮沢の文献を引用した例もないようである。

憲法改正規定の改正について
——清宮四郎教授の所説を中心に——

土 井 真 一

一　はじめに
二　清宮理論の概要
三　清宮理論の批判的考察
四　むすびにかえて

> 思考は、思考される状態の可能性を含んでいる。
> 思考可能なことは、存在可能でもある。
> ——Ludwig Wittgenstein

一　はじめに

　憲法改正規定に基づいて、憲法改正規定自体を改正することは可能か。

　この問いは、長きにわたって、我が国及び諸外国の憲法学者、国法学者あるいは法哲学者による理論的考察の対象となってきた。また、それと同時に、現実の政治過程において憲法改正規定の改正が争点となる際には、激しい政治論争が巻き起こることもある。我が国でも、昭和31（1956）年に内閣に設置された憲法調査会や、平成25（2013）年の第2次安倍晋三内閣期において、憲法96条の改正問題が政治的課題として取り上げられ、論議を招いたところである。

　このように、憲法改正規定の改正に関する問題は、学術的にも政治的にも非常に重要な争点であるが、ただ、本稿は、このうち、専ら前者の学術的関心に基づくものである。憲法96条の改正が主張される政治的又は思想的文脈等を考察することも憲法現象の政治学的分析として重要な意義を有すると思われるが、本稿では、規範理論的観点から、憲法改正規定の改正がどのような法的論理構造を有する現象であるのか、憲法改正規定の改正に理論的限界があるとすれば、どのような論拠に基づくのか、といった問題を中心に検討を行う。

また、憲法改正規定の改正に関する問題は、憲法制定権力論をはじめ、憲法の基礎理論に関する他の論点と密接に関連し、既にいくつもの優れた理論が多様な展開を示しており、これらすべてを同時に分析することは、筆者の乏しい能力を超えている。そこで、本稿では、大日本帝国憲法（以下「帝国憲法」という）下から、この問題について精密かつ最高水準の理論的考察を行っていた清宮四郎教授の所説に焦点を当てて[1]、その批判的考察を試みることとしたい。

なお、憲法改正の限界論については、限界を超えた改正憲法規定の現実の効力に関する問題があり、「現実の憲法改正が、限界説の立場から見て『限界』とされる限度を超えてなされてしまった場合」であっても、「具体的な改正がその限界にとどまるものかどうかについての判定権は裁判所にはなく……、改正権者（国民）自身であると解されるから、……国民投票を通じて国民が承認したという事実によって、かかる改正も正統化される」[2]という事態も十分に考えられる。しかし、この法の妥当に関する理論的問題の検討については別の機会に譲ることとし[3]、本稿では、憲法改正規定及びそれを含む憲法典と、当該改正規定を改正する行為及び改正後の改正規定の関係に関する問題に考察の対象を限定することとしたい。

1　本稿では、清宮の研究業績のうち、主に以下のものを対象として考察を行う。①清宮四郎「違法の後法」美濃部教授還暦記念『公法学の諸問題第2巻』（有斐閣、1934）167頁以下〔清宮四郎『国家作用の理論』（有斐閣、1968）75頁以下に所収。以下頁数は同書による〕、②「憲法改正作用」野村教授還暦祝賀『公法政治論集』（有斐閣、1938）1頁以下〔前掲『国家作用の理論』145頁以下に所収。以下頁数は同書による〕、③「憲法の時間的通用範域」国家学会雑誌57巻4号（1943）425頁以下〔清宮四郎『憲法の理論』（有斐閣、1969）95頁以下に所収。以下頁数は主に同書による〕、④「憲法の憲法（一）」法学13巻6号23頁以下（1944）〔前掲『憲法の理論』71頁以下に所収。以下頁数は同書による〕、⑤「憲法改正行為の限界」法律タイムズ3巻4号（1949）12頁以下〔前掲『国家作用の理論』169頁以下に所収。以下頁数は同書による〕、⑥「憲法改正の手続」清宮四郎・佐藤功編集『憲法講座第4巻』（有斐閣、1954）219頁以下〔前掲『国家作用の理論』121頁以下所収。以下頁数は同書による〕、⑦『憲法Ｉ統治の機構〔第3版〕』（有斐閣、1979）。

2　初宿正典『憲法1 統治の仕組み（I）』（成文堂、2002）44頁。また、伊藤正己『憲法〔第3版〕』（弘文堂、1995）658頁、佐藤幸治『日本国憲法論』（成文堂、2011）41頁、毛利透・小泉良幸・淺野博宣・松本哲治『憲法Ｉ総論・統治〔第2版〕』（有斐閣、2017）32頁〔毛利透〕、長谷部恭男『憲法〔第7版〕』（新世社、2018）37頁などを参照。

3　清宮もこの問題に関連して、事実の規範力の問題について考察を加えている。清宮・前掲注（1）「違法の後法」89-99頁などを参照。

二 清宮理論の概要

1 「憲法改正」及び「憲法制定」の概念

清宮は、「憲法改正」の概念を「成典憲法中の条項の修正・削除および追加をなし（狭義の改正）、あるいは、別に条項を設けて、もとの憲法典を増補すること（狭義の増補）によって、憲法に意識的に変改を加える行為をいう」[4]と定義する[5]。そして、このように定義された憲法改正は、憲法制定と本質的に異なる作用であると理解される。すなわち、「憲法の制定は、新たに憲法を設ける作用であるのに対し、憲法の改正は、憲法制定作用によって設けられた、既存の憲法を前提とし、その定める手続によって行なわれる作用」[6]として区別されるのである。

しかし、この区別は、新国家又は従来憲法典の存在していない国家における最初の憲法典の制定[7]と、既に憲法典が存在する場合における憲法典の変更という、単に時系列上の先後の差異に止まるものではない。清宮において憲法制定と憲法改正は、「国法秩序における段階を異にする作用である」[8]と位置付けられるのである。

では、なぜ憲法制定と憲法改正は国法秩序において段階を異にすると理解されるのか。この点については、法の動態的体系と静態的体系の2つの観点から説明し得る[9]。

---

4 清宮・前掲注（1）『憲法Ⅰ』386頁。
5 この定義は帝国憲法時代からほぼ同様である。例えば、清宮・前掲注（1）「憲法改正作用」147頁を参照。
6 清宮・前掲注（1）「憲法改正の手続」123頁。清宮・前掲注（1）『憲法Ⅰ』386頁も同旨である。
7 「憲法制定」は、一般的には、「憲法典の制定」と同義ではない。ただ、清宮が「憲法改正」を憲法典の改変に限定して用いており、また、多くの場合、「憲法制定」の語を「憲法典の制定」を念頭において用いているのではないかと推察されることから、この文脈では「憲法制定」を「憲法典の制定」に限定して用いる。
8 清宮・前掲注（1）『憲法Ⅰ』386頁。
9 規範の「静態的体系」（static system）及び「動態的体系」（dynamic system）あるいは「静的原理」（das statische Prinzip）及び「動的原理」（das dynamische Prinzip）については、*See* HANS KELSEN, GENERAL THEORY OF LAW AND STATE 112-113 (1961) [hereinafter KELSEN, GENERAL THEORY. ハンス・ケルゼン（尾吹善人訳）『法と国家の一般理論』（木鐸社、1991）195-197頁]。

2 法の動態的体系に基づく憲法規範の段階性

（1）授権規範、被授権者による法定立行為及び定立された法規範の関係

第1に、法の動態的体系とは、法規範の創設を授権する法規範の段階構造を意味する。ある個人又は複数人の意思行為が国家法の定立とされるためには、当該個人等の意思行為がそれに先行する国家法による授権に基づいていなければならない。そして、先行する授権規範もまた、ある個人等の意思行為により定立されたものであり、それが国家法とされるためには、さらに先行する国家法による授権が必要となる。この授権規範の連鎖が、始原的授権規範から整合的に系統付けられている状態を法の動態的体系と呼ぶのである。

この動態的体系において、授権規範、被授権者による法定立行為及び定立された法規範の関係は、単に時系列上の発生的連鎖としてではなく、階層的な規範序列として捉えられる。すなわち、「法定立者の法定立の権限及び手続の根本を規定する規範は、法論理的に、右の定立者によって定立せられる規範よりも上位段階の規範であるを要」[10]するとされるのである。そして、「下位段階の法規範が上位段階の法規範に違反する場合、下位段階の法規範が上位段階の法規範の規定する法創設規定に違反して創設される場合」は「違法の法」[11]であるとされ、「法定立者は、おのれ自身の法定立権能及び手続の根本を自己規定することは法論理的に不可能である」[12]との結論が導出される。

この理論枠組みを憲法改正作用に適用すると、憲法改正者による憲法改正行為は、憲法改正権を授権する憲法改正規定に基づくものであり、憲法改正者が新たに定立する改正憲法規範は、憲法改正規定の下位法規範となる。したがって、「法定立者の自己規定は、それが、おのれ自身の法定立権能及び手続の根本規定たる限りは、法的には不可能で、憲法改正規定の改正を改正規定そのものから誘導することは出来ない」[13]とされるのである。

（2）憲法規範の段階構造——根本規範、憲法改正規範及び普通の憲法規範

しかし、ここで問題となるのは、憲法改正規範と憲法改正者が定立する改正憲法規範の実定法上の法形式である。憲法改正は、その定義上、憲法典の既存の条

10　清宮・前掲注（1）「憲法改正作用」161頁。
11　清宮・前掲注（1）「違法の後法」87頁。
12　清宮・前掲注（1）「憲法改正作用」161頁。
13　清宮・前掲注（1）「憲法改正作用」164頁。

項を変改する作用であるから、改正憲法規範は憲法典の条項として位置付けられる。そして、通例、憲法改正規定も憲法典の条項であることから[14]、一見する限り、両者に法形式上の差異は認められないようにも思われる。

そこで、清宮は、憲法典が均一の法形式の規範によって構成されるとする理解を排して、「憲法と指称せられる国法の一体系を形成する各箇の法規範はすべて同一の法的意義をもつものでなく、憲法の内部でさらに体系的意義を異にする法規範に分つ必要がある」とし、「第一、根本規範、第二、憲法改正規範、第三、普通の憲法規範」[15]の階層序列を認める。このうち、第2の憲法改正規範は、憲法改正権を授権する規範であり、第3の普通の憲法規範とは、根本規範及び憲法改正規範を除く、その他の憲法規範であって、憲法改正作用を通じて生み出される規範あるいは憲法改正の対象となる規範を意味する[16]。それゆえ、清宮によれば、憲法改正規範は普通の憲法規範に上位するものとされるのである。

問題となるのは、第1の根本規範の位置付けである。帝国憲法下において清宮は、主として、規範の動態的体系の観点から[17]、まず憲法改正規定の定立を問題とする。憲法改正の手続が憲法典中において定められる場合、通例、当該憲法改正規定を定立したのは憲法典の制定者であり[18]、憲法典の制定者を憲法制定者又は主権者と呼ぶならば、憲法改正規定を定立する作用は、「主権者によって行な

14　例外として、憲法典中に明文の憲法改正規定がなく、例えば、通常の立法手続による改正など、解釈によって憲法改正手続が導かれる場合がある。1848年イタリア憲法（サルデーニャ王国基本憲章）の例については、A.パーチェ（井口文男訳）『憲法の硬性と軟性』（有信堂高文社、2003）を参照。

15　清宮・前掲注（1）「憲法改正作用」158頁。

16　普通の憲法規範の改正については、清宮・前掲注（1）「憲法改正作用」165-167頁を参照。

17　帝国憲法下において清宮は、根本規範及びその定立の問題を大日本帝国の「國體」と関連付けて考察しようとしたのではないかと推察し得る痕跡がある（清宮・前掲注（1）「憲法の憲法（一）」79-81、89-93頁、清宮・前掲注（1）「時間的通用範域」462-463頁［本註においては雑誌論文の頁を記載した］などを参照）。また、尾高朝雄教授の「根本法」の概念に着目し、「根本法が形式法的根本規範に対して特別の存立意義をもち得るとすれば、それは政治作用の内容に関し、実体法的性格をもったものであろう」（清宮・前掲注（1）「憲法の憲法（一）」94頁）と述べており、憲法規範における実質的内容の段階性に関心を有していたことが伺える。もし、そうであるとするならば、「國體」の内容によっては、清宮の根本規範は、帝国憲法の時代から法の静態的体系の観点を含むものとして理解し得ることになろう。この点について、芦部信喜・高見勝利・樋口陽一「研究会 清宮憲法学の足跡」ジュリスト964号（1990）85-88頁を参照。

18　理論的には、憲法改正の手続等を定める実質的な法規範と憲法典中に存する憲法改正規定を独立に観念し、後者は先行する前者の確認規定として憲法典中に導入されたと解することも可能である。その場合には、前者の定立者と憲法典の制定者が一致しない可能性があることに留意が必要である。

246

われる作用」[19]となる。

それでは、さらに憲法典を定めるという意味での憲法制定作用を根拠付ける法規範は存在するのであろうか。この点について清宮は、「一般国家学または一般憲法学の問題として抽象的に考察するときは、憲法の成立する以前に憲法を制定する者を定める法、憲法制定という決定行為を根拠づける法の先存を想定することが可能であり、さらに遡って、憲法制定者を定める法そのものを定立する行為並びにその根拠法を想定することも可能である」[20]とする。そして、この憲法の前にあって憲法制定作用を根拠付ける法規範が、根本規範あるいは「憲法の憲法」であるとし、「国家における始源的法創設の最高権威を設定し、他の一切の国家法秩序の通用を基礎づけるものとして他の憲法規範と段階を異」[21]にすると結論付ける。これによって、根本規範―憲法制定作用―憲法改正規範―憲法改正作用―普通の憲法規範という段階構造が成立することになるのである。

このような憲法規範内に認められる動態的体系に基づけば、「憲法改正規定の改正は、改正規定そのものではなく、根本規範によって直接に法的に基礎づけられ、しかも、根本規範によってのみ基礎づけられ得る」ものであり、「一般に憲法改正規範定立の作用は根本規範に定められた主権者に専属する」[22]から、憲法改正規定により授権された憲法改正者が、憲法改正規定の根本を変更することはできないとされるのである。

3　法の静態的体系に基づく憲法規範の段階性

これに対して、日本国憲法下において清宮は、法の静態的体系の観点から[23]、

19　清宮・前掲注（1）「憲法改正作用」161頁。同162-163頁も参照。
20　清宮・前掲注（1）「憲法の憲法（一）」79-80頁。
21　清宮・前掲注（1）「憲法改正作用」159頁。
22　清宮・前掲注（1）「憲法改正作用」164頁。なお、憲法改正規定の改正を論じる際に、清宮は、この段階構造のうち、「戦前は規範の上下関係、戦後は権限関係の上下関係を引き合いに出している」（太田航平「憲法改正規定改正限界論序説――ドイツ基本法79条解釈を参考に」法学新報120巻11・12号（2014）86頁）と指摘する見解がある。この点は、後に検討するように、清宮が、法論理的な段階性と憲法制定権と憲法改正権の区別のいずれを重視するかという問題に関連する。
23　ここでいう規範の静態的体系とは、例えば、「他者を害してはならない」という規範から「嘘を述べて他者の名誉を害してはならない」という規範が導かれるように、その内容の故に妥当している一般的規範から、より特殊な具体的規範が導出される関係に着目して、規範の実質的内容の一般性に応じて整序される体系である。*See* KELSEN, GENERAL THEORY, supra note 9, at 112〔ハンス・ケルゼン・前掲注（9）『一般理論』195-196頁〕.

憲法の制限規範的性格[24]と関連付けつつ、実質的内容にも着目して根本規範を論じている。清宮は、帝国憲法下と同様、根本規範が、「一つには、何人が憲法制定権をもつ機関であるかを定め、これに憲法制定権を授権する規範である」とした上で、「二つには、制定せられる憲法の内容について、例えば、人権の尊重、平和主義などというような限定を加える規範である」とする。そして、「いずれにしても、根本規範は、憲法を根拠づけ、その内容を制約するものであるから、憲法の憲法である」が、「国法体系においては、特別の法形式は与えられないで、憲法の中にその席をしめている」から、「憲法の憲法という憲法である」[25]とする。

　この際、清宮は、根本規範が憲法制定作用を規律し、制定される憲法典の内容を制約する点に着目していること、日本国憲法における根本規範として挙げられている例が、国民主権主義、基本的人権尊重主義、永久平和主義の３つの原理と、これらの原理の根底にある個人の尊厳原理であり[26]、憲法典の重要な部分がこれらの原理を具体化する規定から構成されていることに鑑みれば、より一般的には、根本規範とそれ以下の憲法規範とが静態的体系として段階構造を形成すると解されているのではないかと推察される。

　以上のように、憲法規範の段階構造を静態的体系の観点からも理解し得るとすれば、憲法制定作用自体が根本規範により規律され、憲法制定者によって定立される憲法改正規定の内容も根本規範によって制約される理論的可能性が開かれる。従って、この根本規範の中に、例えば国民主権主義など、憲法改正の手続の内容に関連する規範が含まれるならば、憲法改正者のみならず、憲法制定者もまた、かかる根本規範に反する憲法改正の手続を定めることは許されないこととなる。清宮が、「憲法改正規定の改正は、……根本規範によって直接に法的に基礎づけられ」[27]るとし、「改正規定の改正によって、根本規範に触れることができない」[28]とするのは、かかる趣旨を示すものであると解される。

---

24 「制限規範としての憲法」とは、「授権規範としての憲法」と対比して、「他の国家行為の内容を規律し、それに方向を与え、その限界を画する」（清宮・前掲注（1）『憲法Ⅰ』19頁）憲法規範を意味する。
25 清宮・前掲注（1）『憲法Ⅰ』33頁。
26 清宮・前掲注（1）『憲法Ⅰ』33頁。
27 清宮・前掲注（1）「憲法改正作用」164頁。
28 清宮・前掲注（1）『憲法Ⅰ』411頁。

三　清宮理論の批判的考察

　憲法改正規定の改正に関する清宮理論は、以上のように、法及び憲法の基礎理論に基づく精緻な論理構造を有しており、我が国の憲法学説において、現在もなお有力な地位を占めている。このような清宮理論について検討するには、その基礎となる理論的根拠ごとに内在的・論理的な分析を行うことが適当であろう。そこで、本稿においては、以下、①授権規範、被授権者による法定立行為及び定立された法規範の段階性（以下「授権に関する法論理的段階性」という）、②根本規範論及び憲法制定権と憲法改正権の区別に関する論点の順に検討を行うこととする[29]。

1　授権に関する法論理的段階性

　既に概観したように、憲法改正規定の改正に関する清宮理論の基礎に、授権に関する法論理的段階性を承認する考え方があることは明らかである[30]。この授権に関する法論理的段階性は、ウイーン学派を代表する Adolf Julius Merkl や Hans Kelsen 等によって構築された法段階説の主柱を成すものであり[31]、また、Alf Ross によって憲法改正規定の改正の問題に適用され[32]、H. L. A. Hart との間で論争が行われた[33]。このうち、Merkl 等の法段階説については既に詳細な検討

29　なお、本文において掲げた①及び②の論点の区別は相対的であって、それぞれ相互に関連しており、最終的には一体となって清宮理論を支えている点に留意が必要である。

30　清宮理論において授権に関する法論理的段階性が果たす役割を重視する理解として、石川健治「あえて霞を喰らう」法律時報85巻8号（2013）1-3頁、同「窮極の旅」石川健治編『学問／政治／憲法——連環と緊張』（岩波書店、2014）31-33頁、高見勝利「憲法改正規定（憲法96条）の『改正』について」奥平康弘・愛敬浩二・青井未帆『改憲の何が問題か』（岩波書店、2013）80-86頁などを参照。なお、高見勝利『憲法改正とは何だろうか』（岩波書店、2017）30-44頁においては、必ずしも清宮理論の分析に限定されているわけではないが、憲法制定権と憲法改正権の区別及び根本規範論と憲法の基本的同一性の維持に関する論点に比重を置いた論理が展開されている。

31　Vgl. A. Merkl, Prolegomena einer Theorie des rechtlichen Stufenbaues, in: Alfred Verdross (Hrsg.), Gesellschaft・Staat und Recht : Untersuchungen zur reinen Rechtslehre（1931）, S. 252 ff〔アドルフ・ユリウス・メルクル〔勝亦藤彦・小田桐忍訳〕「法段階構造の理論に関するプロレゴーメナ」山梨学院ロー・ジャーナル6巻（2011）143-211頁〕; Hans Kelsen, Reine Rechtslehre （2. Aufl. 1960）, S. 228-282〔ハンス・ケルゼン〔長尾龍一訳〕『純粋法学〔第2版〕』（岩波書店、2014）214-268頁〕。

32　See ALF ROSS, ON LAW AND JUSTICE 78-84（1959）; Alf Ross, On Self-Reference and a Puzzle in Constitutional Law, 309 MIND 1-24（1969）〔hereinafter Ross, On Self-Reference〕.

33　See H. L. A. HART, ESSAYS IN JURISPRUDENCE AND PHILOSOPHY 170-178（1983）. また Ross と Hart の議論を紹介し明晰な分析を行ったものとして、長谷部恭男「憲法典における自己言及——

があり[34]、Ross らの論争に関する検討は別の機会に譲ることにして、本稿では、清宮理論の考察に必要な限りで、この授権に関する法論理的段階性について言及する。

（1）授権に関する法論理的段階性と法的効力の段階性

授権に関する法論理的段階性については、まず、それが法的効力の段階性とどのように関連するかを問題としなければならない。なぜなら、憲法改正規定の改正においては、授権規範たる憲法改正規定と、それに基づいて定立された改正憲法改正規定との関係をどのように規律するかが問題となると理解されているからである。もし授権規範たる憲法改正規定が、改正憲法改正規定に対して法的効力において優位するのであれば、改正憲法改正規定は無効となり、他方、両規範が法的効力において同位であれば、「後法は前法を廃止する」(lex posterior derogat priori) の原理に基づき、改正憲法改正規定が優位することになる。このように考えられて来たがゆえに、授権に関する法論理的段階性から法的効力の段階性が導出されるか否かが争点とされてきたのである。

この点、法形式及び法的効力の段階は明確であるべきことから、法形式と法的効力の段階を一対一対応させるべきであり、同一の法形式内において法的効力の段階性を認めるべきでないとする考え方があり得る[35]。ただ、法形式の同一性の判断基準は必ずしも明確でなく、また固定的でもない。例えば、我が国においても、「行政命令」という法形式の内部において、政令と府省令の細分化が生じ、法的効力の段階性が認められている[36]。また、スペイン憲法81条1項に定める「組織法」(leyes orgánicas)[37]は、議会が定立する「法律」の形式を取るが、「通常の法

A・ロスの謎」芦部信喜先生還暦記念『憲法訴訟と人権の理論』（有斐閣、1985）821-842頁、長谷部恭男『憲法の論理』（有斐閣、2017）42-52頁を参照。

34　菅野喜八郎『国権の限界問題』（木鐸社、1978）155-198頁などを参照。

35　清宮が憲法典内において規範の段階性を認めることを適当でないとする見解として、大塚滋『憲法改正限界論のイデオロギー性』（成文堂、2017）189-193頁を参照。

36　この点を指摘するものとして、菅野・前掲注（34）168-169頁を参照。

37　スペインの leyes orgánicas は、「基本的権利及び公的自由の具体化に関する法律、自治憲章及び一般的選挙制度を承認する法律、並びに憲法で定めるその他の法律」（81条1項。翻訳は、参議院憲法調査会事務局『参憲資料6号スペイン憲法概要』（2001）43頁〔池田実〕による）を指すものである。このように、スペイン憲法が保障する「基本的権利及び公的自由の具体化に関する法律」を含むため、必ずしも統治機構の組織を定める法を意味するわけではないことから、leyes orgánicas を「組織法」とするのは適切でなく、「憲法附属法」と訳すべきであるという指摘がある（参議院憲法調査会事務局『参憲資料25号憲法典と憲法附属法に関する主要国の制度』（2004）16頁〔大石眞〕を参照）。

律」（leyes ordinarias）と制定手続を異にし（81条2項）、「法律」の法形式において最高ランクに位置付けられている。このように、従来は同一の法形式とされてきたものが細分化し、法的効力に段階性が認められることもあり得るところである。

しかし、そうであるとしても、制定主体及び制定手続が全く同一の法形式間では、通例、法的効力の段階が区別されることはない。例えば、国会法第6章の2には日本国憲法の改正の発議に関する規定が置かれ、68条の2は改正案原案の発議の要件を定めている。同条が通常の立法手続に基づいて制定されたものである以上、国会法の他の規定と同様、通常の法律と同一の法的効力を有するものと解される。従って、例えば、各議院の議員定数の改定に伴って、同条に定める改正原案の発議に必要な賛成議員数を変更する場合には、通常の法律の形式によって改正を行うことになる。同条は、憲法96条1項に定める国会による憲法改正の発議手続の細則を規定するものであり、法的拘束力を有する規範である以上、例えば、衆議院議員80名で行った発議など、同条に違反した改正原案の発議は違法であり、そのような改正原案の審議は許されないであろう。しかし、他方で、憲法改正権の授権に関わるからといって、授権に関する法論理的段階性から、同条が、憲法典の他の条項はもとより、通常の法律に優位する効力を有することにはならない。

もし、国会法68条の2に関するこのような理解が法論理的に可能であるならば、授権に関する法論理的段階性は法的効力の段階性と一応区別して考えられることとなる[38]。そもそも、授権に関する法論理的段階性とは、授権規範は、被授権者による法定立行為及び定立された法規範に時間的及び論理的に先行して存在し、被授権者による法定立行為に根拠を付与するとともに、その範囲を制限し、それによって定立された法規範の妥当性又は正統性を基礎付けることを意味する。換言すれば、授権規範の授権の範囲を逸脱する法定立行為によって定められた法規範は、その妥当性又は正統性を授権規範から承継することができないということである。したがって、授権規範による被授権者の行為に対する法的規律力

38　この点について、菅野は、「同一法秩序内部でも異なった意味での『段階構造』が少なくとも二つ、即ち、法相互間の『依存関連についての論理的判断の見地』に由来する『段階構造』と、『法定立能力についての法的判断の見地』に由来するそれとの二種類の『段階構造』が並存可能ということになりはしないだろうか」として、前者を「法相互間の論理的制約・被制約という意味での段階構造」、後者を「法的効力の強弱という意味での段階構造」と位置付けている（菅野・前掲注（34）184-185頁）。

が認められる以上は、授権規範の授権を逸脱した被授権者の行為は違法であり、そのような行為により定立された法規範は、その根拠を欠くという意味で無効であって、一応有効に成立した複数の法規範間の関係を法的効力の段階性によって規律する場合とは異なると解することも可能である[39]

　従って、授権規範たる憲法改正規定、被授権者の行為である憲法改正行為及び改正憲法規範の関係を考察する際にも、授権に関する法論理的段階性の問題と法的効力の段階性の問題を一応区別して分析した上で、その相互関係を検討するのが適当であろう。

　そこでまず、以下（2）及び（3）において、憲法改正規定を改正する権限（以下「憲法改正規定の改正権」という）の授権を想定する場合、それが法的にどのような構造を有するかについて検討する。次に、法的効力の段階性については、当該法規範の制定主体及び制定手続の問題と関連付けて議論することが一般的であることから、2において、清宮による憲法制定権と憲法改正権の区別を踏まえて考察することとする。

（2）授権規範に基づく授権規範の変更と論理的な矛盾・抵触

　憲法改正規定の改正において授権に関する法論理的段階性が問題とされるのは、一般に、授権規範に基づいて当該授権規範を変更することが、論理的な矛盾・抵触を生じさせるとの理解が前提となっている。では、いかなる意味において矛盾・抵触が生じるのであろうか。

　この点について、まず、被授権者の法定立行為による授権規範への抵触、すなわち被授権者による法定立行為が授権規範に定める手続に従って行われなかった

39　この点について、国会法68条の2の例に即して説明するならば、国会法68条の2に定める要件を満たさない改正原案の発議を違法と判断するために、国会法68条の2の法的効力を改正憲法規定の法的効力に上位させる必要はない。国会法68条の2は、授権に関する法論理的段階が上位にある法律として、国会及び国会議員の行為を規律するのであり、それに違反する行為が違法無効なのであって、国会法68条の2と改正憲法規定の間に矛盾が生じ、その法的効力が問題となるわけではないからである。もし憲法改正の発議に関する法律の規定が憲法改正の発議手続に関わることを理由として、当該規定に改正憲法規範よりも上位又はそれと同位の法的効力を認めるとするならば、法律によって、例えば、憲法改正の発議の手続につき憲法57条の定める会議の公開の例外を定めることが認められることになりかねない。
　これと同様に、国会法に定める立法手続に違反する法律を無効と判断するために、国会法の規定の効力を通常の法律の効力に上位させる必要もない。法規範の定立権限の授権を受けた者が自らその定立手続を規定することは、一般に見られる法現象であり、通常は、定立の授権を受けた法規範と同様の法形式において行われ、上位の法的効力が認められる法形式が設定されるとは限らない。

場合を想起し得るが、この問題については既に（1）で触れたので、繰り返さない[40]。

　次に、授権規範の内容と定立された法規範の内容との抵触が問題となり得る。例えば、日本国憲法96条は憲法改正に国会の発議と国民投票を要求しているが、これを授権規範として、新たに国会の議決のみで憲法改正を認める条項を定立するならば、両規範は国民投票の要否について異なる内容を有し、同時に適用し得ず、相互に他を排斥するという意味で矛盾・相反するとされるのである[41]。

　しかし、かかる意味での矛盾・相反を問題とすることについては、次の2点を指摘することができる。第1に、法改正により既存の法規範の内容を変更する限り、既存の法規範の内容と新しい法規範の内容が、かかる意味で矛盾・相反することは当然である。逆に両規範の内容に矛盾・相反する部分がないとすれば、そもそも改正することを要しない。第2に、「ある時点 t における条文の内容を、t より将来の時点 t+1 から未来に向けて変更するというのが改正の基本的意義である以上、改正前後の法文が同一時点に存在することはなく、両者が自己矛盾の関係となることもない」[42]。すなわち、改正前の法規範と改正後の法規範は、改正後の法規範の施行期日を境として法的に妥当する時間的範囲を異にするのであるから、同一時点で適用が競合することはないのである[43]

　ただ、ここでは、改正前と改正後の法規範一般ではなく、授権規範とそれに基づいて定立された規範について、その内容の矛盾・相反が言われるのであるから、このような規範間の矛盾・相反に特有の法論理的問題が存在しないかを、さらに検討する必要がある。

　この点、第1に、定立された法規範が妥当するためには、当該規範の妥当の時間的範囲において、当該法規範の定立を授権した法規範が同時に存在し続ける必要があるとするのであれば、改正前と改正後の法規範の並存を問題とする余地が生じる[44]。しかし、一般に、ある法規範の定立を授権する法規範が、その後にお

40　このような形で定立された法規範についても、その妥当性が問題となり得るところであり、清宮も「事実の規範力」について論じている（清宮・前掲注（1）「違法の後法」89-99頁を参照）。

41　高見・前掲注（30）「憲法改正規定（憲法96条）の『改正』について」81-82頁を参照。

42　大屋雄裕「憲法改正限界論の限界をめぐって」竹下賢ほか編『法の理論33 特集《日本国憲法のゆくえ》』（成文堂、2015）56頁。

43　この点については、大塚・前掲注（35）41-42頁（脚注5）も参照。*See also* HART, supra note 33 at 176-177.

44　Hart は Ross の議論にこのような想定があるのではないかと指摘している。*See* HART, supra

いて変更された場合であっても、当該授権規範に基づき定立された法規範の効力が当然に失われるとされるわけではない。

理論上、国家機関によって定立された法規範は国家に帰属し、当該国家機関の意思としてではなく、国家の意思として存続するのであるから、当該規範を定立した国家機関又は当該機関の意思決定手続の変動によって、既に成立した法規範が直ちに消滅するわけではないと解することが可能である。また、実際上も、帝国憲法下で制定された法令及び帝国憲法76条1項により効力を承認された法令は、日本国憲法下においても、その内容が日本国憲法に反しない限りその効力を維持しているのである[45]。この点、清宮も、憲法98条1項が経過規定としての意味を有するものと解した上で、「これによって失効するのは、法令の内容が憲法に違反する場合であり、内容が違反しないかぎり、手続・形式が異なるにすぎない場合は、日本国憲法のもとで、それに該当する法形式と同じ効力をもつものとみなされる」[46]としているのである。

第2に、法の動態的体系における授権関係が演繹的推論の形式によるものと理解した上で[47]、前提命題と結論命題の内容に矛盾・相反が認められるが故に推論が成立せず、法の妥当性又は正統性が授権規範から転移し得ないのではないかという問題があり得る[48]。

確かに、法の動態的体系における授権関係を単純化すれば、「Xが手続Pに従って行った決定は法的効力を有する」という大前提と、「Xが手続Pに従って決定Dを行った」という小前提から、「決定Dは法的効力を有する」という結論を導出する法的三段論法の形式をとる。そして、前述の憲法96条の改正の例の場合には、憲法96条が定める手続の内容と改正96条が定める手続の内容は矛盾・

---

note 33 at 176.

45 帝国憲法下の法令の日本国憲法下における効力の問題については、小嶋和司・大石眞『憲法概観〔第7版〕』（有斐閣、2011）34-35頁、樋口陽一ほか『注解法律学全集4憲法Ⅳ』（青林書院、2004）335-340頁〔佐藤幸治〕、山崎友也「革命と国家の継続性」長谷部恭男責任編集『岩波講座憲法6憲法と時間』（岩波書店、2007）3-25頁などを参照。また、関連する最高裁判例として、最大判昭和23年6月23日刑集2巻7号722頁、最大判昭和24年4月6日刑集3巻4号456頁、最大判昭和27年12月24日刑集6巻11号1346頁、最大判昭和36年7月19日刑集15巻7号1106頁などを参照。

46 清宮・前掲注（1）『憲法Ⅰ』26頁。

47 新しい規範を定立する立法権の行使を演繹的推論と理解することに疑問を提起する見解として、See, e.g., HART, supra note 33 at 177.

48 演繹的推論による法の正当性の転移とその問題については、安藤馨・大屋雄裕『法哲学と法哲学の対話』（有斐閣、2017）252-264頁〔安藤馨〕を参照。

相反しているといってよい。

　しかし、この推論における結論命題は、直接的には、「決定 D は法的効力を有する」であって、例えば、「Y が手続 Q に従って行った決定は法的効力を有する」といった命題ではない。このような命題は、決定 D の内容であるに過ぎないのである。もし、決定 D の内容を大前提となる命題の内容から演繹的推論によって導出しなければならないとするならば、それは法の動態的体系ではなく、静態的体系の問題であろう。法の動態的体系において、大前提となる命題は決定 D の内容を制約しないのであり、「規範は特別な意志の行為によって創設されねばならず、知的作用によりある前提から帰結さるべきものではない」[49]。そして、動態的体系における授権関係に従って法が成立すれば、法内容の問題は、先述のように改正前と改正後の法の矛盾・相反の問題として処理することが、論理的に可能である。

　ただ、この点に関連して、第 3 に、憲法改正規定に基づいて憲法改正権の帰属を変動させることは、「改正権の自己否定（自殺行為）という論理的矛盾をおかすことになる」[50]とする指摘がある[51]。すなわち、権能・権限を有する者が、その権能等に基づいて、当該権能を譲渡・放棄することは法論理的に許されないとする

49　KELSEN, GENERAL THEORY, supra note 9, at 114〔ハンス・ケルゼン・前掲注（9）『一般理論』198頁〕.

50　芦部信喜『憲法制定権力』（東京大学出版会、1983）111頁。また、同書120-124頁も参照。なお、清宮は、この自己否定の問題を必ずしも重視しているわけではなく、主として憲法改正権による憲法制定権の簒奪、あるいは「憲法制定権と憲法改正権との混同」（清宮・前掲注（1）『憲法Ⅰ』411頁）の問題としている。

51　この指摘に基づけば、憲法改正権を授権する規範の変更が一切認められないのではなく、国民投票制度の廃止など、憲法改正権の所在を実質的に変動することが許されないとするに止まる。その場合には、授権規範からの演繹的推論の妥当性自体を問題とするわけではない点に留意が必要である。

　これに関連して、筆者は、死に対する権利あるいは自殺する権利について、「自らの存在意義に対する否定的評価を前提にして、自己の生命及び身体に対する重大かつ不可逆的な侵害を直接的にもたらす行為については、それ自体を憲法上の権利として類型化すべきではない」（土井真一「『生命に対する権利』と『自己決定』の観念」公法研究58号（1996）97頁）と考えている。しかし、これは、およそ自己否定となる行為を法的に認めないとするものではなく、法人及び団体等が、その目的を終えるなどして、その意思に基づき解散することは認められるべきであろう（一般社団・一般財団法148条、202条、会社法471条など）。死に対する権利の問題において重要なのは、全法秩序の基礎である個人の尊厳原理により、各人が「人格としてその根源的な存在意義を承認されなければならない」（前掲論文同頁）ことを前提とする点にある。

　したがって、国家機関の権限の変動にこの論理を持ち込むとするならば、当該の国家機関について、全法秩序の観点から、その根源的な存在意義を承認されなければならないか否かを検討する必要があろう。

のである。

　しかし、私法の領域に視野を広げれば、例えば所有権の放棄や譲渡のように、権利の帰属主体の意思に基づいて権利の帰属を変動させることを当該権利の内容とする制度が現に存在しており[52]、論理的な矛盾を来しているわけではない[53]。また、代理制度（民法99条）においては、権利の主体（本人）が、本人のために法律行為を行う法律上の地位又は資格（代理権）を他者（代理人）に授与することが認められており、売買契約の締結など当該権利の変動を代理権の範囲に含めることができる。従って、権利の帰属主体の意思又はその委任を受けた者の意思に基づいて権利の帰属を変動させることを当該権利の内容とする制度が、それ自体として法論理的に不可能とされるわけではない。

　ただしかし、逆に、すべての権利又は権限について、その帰属主体の意思に基づく権利等の帰属の変動を当該権利等の内容とすることが、論理必然的に導出されるわけでもない。例えば、民法は、「賃借人は、賃貸人の承諾を得なければ、その賃借権を譲り渡し、又は賃借物を転貸することができない」（612条１項）とし、賃借権者による賃借権の譲渡及び転貸を制限している。これは、「賃借権とは、単に賃借物を使用収益する権利ではなく、賃貸人から許された者が使用収益する権利である」[54]と人的に権利構成をするならば、「賃貸借は賃借人に対する信用にもとづいておこなわれるため、賃貸人に無断で、他の者に賃借物を使用収益させることは許されない」[55]と考えられるからである。他方、賃借権は「賃借物を使用収益する権利であり、……それ自体一つの物的な財産権であるととらえるならば、賃借権の譲渡や転貸は原則として認められることになる」[56]。実際、借地借家法は、民法の特例として、土地の賃借権の譲渡又は転貸の許可を与える裁

52　民法206条は、「所有者は、法令の制限内において、自由にその所有物の使用、収益及び処分をする権利を有する」と定めており、この処分とは、「目的物を物質的に変形・改造・破壊することと、法律的に譲渡・担保設定その他の処分行為をすることを含む」（我妻栄〔有泉亨補訂〕『新訂物権法（民法講義Ⅱ）』（岩波書店、1983）270頁）とされている。佐久間毅『民法の基礎２物権』（有斐閣、2010〔補訂２版〕）26-27頁、安永正昭『講義物権・担保物権法〔第２版〕』（有斐閣、2014）130頁、松岡久和『物権法』（成文堂、2017）10-11頁なども参照。なお、所有権を他者に移転させるために売買契約又は贈与契約を締結する場合には、所有権者の意思だけでなく、所有権の移転を受ける側との合意が必要となるのは当然である（民法549条、555条）。

53　大屋・前掲注（42）57頁は、権利の帰属主体の意思に基づいて、当該主体が消滅する時点で、権利が変動する例として、遺言制度について検討を行っている。

54　山本敬三『民法講義Ⅳ-１契約』（有斐閣、2005）456頁。

55　山本・前掲注（54）510頁。

56　山本・前掲注（54）457頁。

判制度を規定している（19条・20条）。

このような点を踏まえれば、権利等の帰属主体が、その権利等の内容として、当該権利等の帰属を変動させることが許されるか否かは、矛盾律その他の論理法則によって必然的に定まるものではなく、原則として、権利等の内容やその帰属主体の地位等を考慮して決すべき実定法上の問題であると解される。従って、憲法改正者の意思に基づく憲法改正権の変動については、公法における権限の授権の意義を踏まえて、憲法改正権の内容や憲法改正者の地位等について考察することが必要であろう[57]。

ただ、かかる考察の前に、次の点を検討しておく必要がある。すなわち、所有権の譲渡等の場合には、権利の帰属主体の意思に基づく権利帰属の変動を認める民法規範が独立に存在しており、権利の帰属主体は当該規範に従って意思行為を行っているに過ぎず、その意思行為により当該法規範の内容を変更しているわけではない。それに対して、憲法改正権の帰属の変更は憲法改正規定という規範の変更を伴う。この点を法論理的にどのように分析することができるであろうか。

（3）憲法改正権の授権の法論理的分析

授権とは、一般に、一定の権利、権限又は資格等を他の者又は機関等に授与することであり、被授権者は授権を受けた範囲内でのみ行為することが法的に許されると解されている。これは、既に述べたように、法の動態的体系において授権関係は、妥当する若しくは妥当すると措定される法規範又は正統である若しくは正統であると措定される法規範から、法の妥当性又は正統性が転移していく過程として理解されるからである。

従って、授権規範は、妥当性等が問題となる法規範に先行して存在しなければならず、法の妥当性等の転移源は転移先に対して上位に位置するという意味において、授権規範は上位規範であって、授権規範の妥当性等が、問題となる法規範の妥当性等に依存することがあってはならない。「一つの法規範の通用は、原則

---

57 公法においては、授権された権限の再授権・再委任の禁止の原則が言われる。これは、公法にとって統治機構における権限配分が最重要事項であり、授権者と被授権者の信頼関係を前提として行われるものであること、及び統治を行う際にはその機構の安定が重要であることなどを根拠とするものである。ただ、通常の国家機関に対する授権の変更は、通常の憲法改正又は法律改正により行う途が開かれているのに対して、憲法改正権の授権について、そのような途を法的に閉ざすことが適当かどうか、問題となり得るところである。そして、この問題は、法論理的に解決されるものではなく、適切な実定憲法制度の設計の問題であるように思われる。

として、それに通用性を与える他の法規範の通用を前提とし、根拠としてのみ可能」であり、「法規範は、その通用の根拠をおのれみずからに与えること、すなわち自己授権することはできず、その通用の根拠を他に求めなければならない」[58]。それゆえ、清宮においては、憲法改正権を授権し改正手続を規律する法規範は、改正憲法規範に対して、立法権を授権し立法手続を規律する法規範は、改正法律に対して、法論理的に上位の段階に位置するとされるのである[59]。

58　清宮・前掲注（1）『憲法 I』17頁。なお、ここにいう法の「通用」と法の「妥当」は、ほぼ同義と解してよいであろう。

59　清宮がこの問題を本格的に論じたのは、衆議院議員選挙法（大正 8（1919）年法律60号。以下「大正 8 年法」という）の改正問題である。大正 8 年法は衆議院議員の選挙において小選挙区制選挙を採用したもので、同法 1 条は「衆議院議員ハ各選挙区ニ於テ之ヲ選挙ス。選挙区及各選挙区ニ於テ選挙スヘキ議員ノ数ハ別表ヲ以テ之ヲ定ム」とし、別表において「本表ハ十年間ハ之ヲ更正セス」と規定していた（以下「10年更生禁止規定」という）。しかし、満25歳以上の男子による普通選挙制及び中選挙区制選挙を導入するため、 6 年後の大正14（1925）年の法改正により（大正14年法律47号。以下「大正14年法」という）により、同法別表も改正されたのである。
　この大正 8 年法別表に違反する大正14年法別表という問題について、清宮は、10年更正禁止規定の法的拘束力を承認した上で、大正 8 年法の10年更正禁止規定が有効に成立するとすれば、「それは法律でありながら法律の変更規定を包有するもので、普通の法律と同じ段階にはあり得ず、これより上位段階の規範」と看做されねばならず、「憲法補充的性質の法律である」（清宮・前掲注（1）「違法の後法」87頁）とする。そして、授権に関する法論理的段階性に基づいて、大正14年法が大正 8 年法の別表を改正したことは、「後の法律が前の法律に違反する法律、違法の後法なのは疑ない」とし、「それが無効でなく有効に成立したものと見るとしても、拠るべき実定法上の条項はなく、前の法律を後の法律で合法的に変更することは法上は不可能なのである」（清宮・前掲注（1）「違法の後法」88頁）とする。
　しかし、この立論は問題となる法現象の一部のみを捉えたものに過ぎない。もし、清宮がいうように、法律の変更規定を包有することにより、当該法律が普通の法律に上位する法形式を有するようになるとするならば、そもそも論じなければならないのは、いかなる根拠に基づいて、大正 8 年法が10年更正禁止規定を法律として定めることができたのかという点である（この点について、美濃部達吉教授は、「唯単純な人口の増減だけでは十年間は之を動かさないといふ方針を言明して居るだけで、それも立法の方針の予定に止まり絶対に立法者を拘束する力を有するものではない」（美濃部達吉『選挙法概説』（春秋社、1929）103頁）とし、宮澤俊義教授は、10年更正禁止規定が「ただ立法上の方針を宣明したにすぎぬのであつて、何らの法的効力を有つものではない」（宮澤俊義『選挙法要理』（一元社、1930）84頁）としており、大正14年法による改正の違法性よりも、大正 8 年法の法的効力に疑問を示している）。
　清宮自身この論点に触れ、「前法において自ら後法による廃止変更を禁ずる旨を明定する場合」として、「永久不変更を宣言するものと、選挙法の例の如く一定の期間を限るものとがあり得る」とし、前者については「紛糾を避けるため別の機会に譲る」として判断を保留し、後者については、「憲法との問題は別として、十年くらいの不更正は法の可変性とも矛盾せず、立法政策上の問題はとに角、法の内容としては可能である」（清宮・前掲注（1）「違法の後法」86頁）とする。
　しかし、清宮によるこの説明は不可解である。大正 8 年法の10年更正禁止規定に関する問題の本質は、同規定が法律の変更を規律するものであり、本来より上位の法によって定めるべき事項を法律の形式で定めることが、憲法の授権の範囲を超えるか否かであって、法の可変性の観点から更正禁止期間の長短の適切性を論じることではない。10年更正禁止規定の改正を法律で行うことが違憲・違法であるならば、当該規定を法律で定めること自体が違憲・違法であり、10年更正

このような授権に関する法論理的段階性を、前述の所有権の放棄・譲渡の例に適用すると、どのようになるだろうか。おそらく、理論上、①所有権の帰属・変動に関する法規範、②所有物に対してどのような支配が認められるかという所有権の内容に関する法規範、及び③所有者が所有権に基づいて行う行為の３つを区別することができよう[60]。

そして、所有者の意思に基づいて所有権の帰属を変動させることが可能とする法制度においては、規範①として、例えば、「所有権の変動は、所有者の意思表示によって、その効力を生ずる」といった内容の規範（以下「権利変動規範」という）が存在することを想定し得る。この権利変動規範は、国会が法律の形式で定めるものであり、所有者が定めるものではない。それゆえ、所有者による所有権の譲渡等の意思表示は、権利変動規範に基づく行為であって、所有者の意思表示によって権利変動規範に変更は生じないから、上位段階にある法を下位段階にある法又は意思行為によって変更したり、上位段階の法による授権の範囲を超えた意思行為が行われたりしているわけではない。

ただ、このような法制度が現実に機能するためには、上記のような権利変動規範だけではなく、制度が始動する時点において存在する物に対する所有権の初期帰属が確定していなければならない[61]。もし立法者が、所有権の初期帰属を定め

禁止規定の制定が合憲・合法であるならば、当該規定を改廃する法律を制定することも合憲・合法と解されねばならないはずである。

なお、清宮は、大正14年法を違法の後法と解しつつも、これを有効とするのは、「実定法の内容を離れて別の見点に立つものといわねばならない」（清宮・前掲注（1）「違法の後法」88頁）として、「事実の規範力」の問題へと考察を進める（清宮・前掲注（1）「違法の後法」89-99頁を参照）。清宮理論における事実の規範力の位置づけについては、Felix Somló の理論や尾高朝雄教授との学問的交流の影響など、ヨーロッパ留学や京城帝国大学時代の清宮の研究活動を丹念に調査し検討した優れた研究として、石川・前掲注（30）「窮極の旅」24-36頁がある。また、芦部・高見・樋口・前掲注（17）81-85頁、高見勝利「日本国憲法の基本構造の究明——清宮四郎先生の戦後の業績」ジュリスト964号（1990）101-102頁なども参照。

60 規範②に定める所有権の内容を、所有権の帰属に変動を生じさせない範囲に限定すれば、規範①と規範②を一応区別することができる。この点、所有者の意思に基づく所有権の変動が問題となる場合には、この２つの規範の区別は不分明である。しかし、公用収用により所有権の帰属が変動する場合には、国又は地方公共団体の一方的意思表示により所有権の帰属が変動することを認める法規範が、所有権の内容を定める法規範と別に存在することは明瞭である。

とはいえ、所有物を滅失させる物理的行為は、所有権を滅失させる行為に当たることから（松岡・前掲注（52）226頁などを参照）、所有物が食料品であるような場合には、通常予定される所有物の利用が当該所有物を滅失させる行為となり、規範①と規範②の区別が困難となる場合がある。

61 この権利等の初期帰属の確定は、理論上、例えば「時点Ｔにおいて物を占有する者は、当該物

る法規範と権利変動規範を規範①として定めれば、所有者の意思に基づいて所有権の帰属を変動させる法制度は、法論理的に矛盾を来すことなく説明可能である。この際、さらに権利変動規範により所有者に対して授権される、所有権帰属を変動させる権能を、所有権そのものの内容として法的に構成する手法がとられる場合には、規範①が規範②に融合することとなり、所有権による所有権帰属の変動という再帰的関係が生じるかのような外観が生じるが、法論理的には２つの規範を区別することは可能であり、この両者を１つに構成するか否かは、立法者による実定法上の選択の問題に過ぎない。

　この分析を憲法改正規定の改正の場合に応用するならば、憲法改正権を授権する規範は、理論上、憲法改正権の内容を定める規範と憲法改正権の帰属を定める規範に大別され、前者は、憲法改正権の初期内容を定める規範と憲法改正権の内容の変動を定める規範、後者は、憲法改正権の初期帰属を定める規範と憲法改正権の帰属の変動を定める規範から構成される。そして、憲法改正権を授権する規範が通常の憲法規範に対して法論理的に上位段階に位置することを認めるとしても、憲法改正権の帰属の変動を定める規範が、憲法改正権者の意思表示により憲法改正権の帰属の変動が生じる旨を定めていれば、憲法改正権者の意思表示に基づいて憲法改正権の帰属を変動させることも法論理的に不可能ではない。

　つまり、広義の意味で憲法改正権の帰属を定める規範は、理論上、憲法改正権の帰属の変動の方式を定める規範（以下「改正権変動規範」という）と、改正権変動規範に基づいてある時点で改正権が誰に帰属しているかを具体的に定める規範（以下「具体的な改正権帰属規範」という）の２つに区別されるのである[62]。そして、改正権変動規範として、現に憲法改正権が帰属する機関の意思表示により憲法改正権の帰属を変動させることを認める場合には、改正権変動規範に反することな

に対する所有権を取得する」といった一般的規範の形式を採る場合と、「Ａの所有権はＸに帰属する」といった形で具体的に確定する方式があり得る。ただ、実際には、民法における所有権の初期帰属の確定は、一般的方式によるほかないが、憲法改正権など公法上の権限の初期帰属の確定は、具体的方式を採ることになろう。

62　比喩的にいえば、このような規範構造は漸化式に類似する。漸化式は、数列の各項がそれ以前の項の函数として定まるという意味で数列を再帰的に定めるものである。
　　なお、憲法改正権の初期帰属を定める規範をさらに分析するならば、初期帰属の決定方法を定める規範（例えば、最初の憲法改正者は憲法制定者が定めるという趣旨の規範）とそれに基づいて最初の憲法改正者を定める規範の２つを理論上観念することができる。前者は改正権変動規範に類する上位規範であり、後者が具体的な改正権帰属規範である。

く、現に憲法改正権が帰属する機関が、その意思表示により、具体的な改正権帰属規範を定めることになるのである。この場合、現に憲法改正権が帰属する機関は、具体的な改正権の帰属について意思表示をするに止まり、改正権変動規範の内容を変更しない限りは、憲法改正権の帰属の変動は、授権における法論理的段階性を害することなく行われることになる[63]。

このように、改正権の帰属の変動が改正権者の意思に基づいて起こる制度において規範の論理構造が曖昧になるのは、改正権変動規範による被授権者と具体的な改正権帰属規範による被授権者が同一主体となること、及び改正権変動規範と改正権の初期帰属を定める規範の定立が同一主体によって行われることが多いことに起因するのではないかと思われる。しかし、憲法改正規定の改正の場合において、授権に関する法論理的段階性は、この改正権変動規範との関係において認められればよいのであって、改正権変動規範を憲法制定者の意思に基づくものとして維持する限り、法論理的な混乱は生じないのではないかと思われる。

このように理解することができるとすれば、憲法改正規定に基づく憲法改正規定の改正の問題は、授権に関する法論理的段階性に基づいて、法論理的に不可能なのではなく、実定憲法が憲法改正規定の改正についてどのような制度を想定しているか、あるいは各憲法典の憲法改正規定をこのような法論理的構造を持つ規範として理解することができるかという、実定憲法解釈の問題に帰着するのではないかと思われる。

（4）清宮理論における授権に関する法論理的段階性の意義

以上、清宮が前提とする授権に関する法論理的段階性について分析してきたが、最後に、清宮が、憲法改正規定の改正の限界を考察する際に、この授権に関する法論理的段階性をどの程度重要視していたかについて再検討を行う必要がある。

憲法改正権を授権する憲法改正規定と憲法改正権者が定立する改正憲法規範について、前者が後者に対して法論理的又は法的効力において上位段階に位置し、

63　Ross が想定した次のような根本規範（basic norm）、「88条〔当時のオランダ憲法における憲法改正規定〕により設けられた権威（authority）に対し、当該権威が後継を定めるまでの間は従え。後継の権威が定められたときは、当該権威に対し、当該権威がその後継を定めるまでの間は従え。以下無限に続く」（Ross, *On Self-Reference*, supra note 32 at 24.〔　〕内は筆者注）とする命題は、このような規範構造を1個の命題で示そうとしたものと解することができるかもしれないが、詳細な検討は別の機会に譲る。この Ross の根本規範については、長谷部・前掲注（33）「憲法典における自己言及」839-841頁、長谷部・前掲注（33）『憲法の論理』49-50頁を参照。

後者による前者の変更は許されないと理解するのであれば、憲法改正規定を憲法改正手続により改正することは一切許されないとするのが、その論理的帰結となるはずである[64]。しかし、清宮は、憲法改正規定の改正が一切許されないとするのではなく、一般的に、「法定立者の自己規定は、それが、おのれ自身の法定立権能及び手続の根本規定たる限りは、法的には不可能」であるとし、憲法改正規定の改正についても、「硬性憲法の軟性憲法への変更、軟性憲法の硬性憲法への変更を憲法改正規定によって根拠づけることを許されない」[65]と説く[66]。とすれば、根本規定に触れない限り、憲法改正規定の改正は許されるのであるから、清宮は、憲法改正規定を改正する権限を憲法改正規定により授権すること自体は法論理的に可能であると認めていることになる。それゆえ、清宮は「もはや厳密な意味での憲法改正規定の改正不能論を放棄されたとみてよいように思われる」[67]との指摘がなされているのである[68]。

　ただ、憲法改正規定の法論理的構造を（3）で述べたように多層的に理解するならば、清宮理論は、憲法改正規定の改正権の内容を、憲法改正手続の根本に及ばない範囲で変更を行う権限として初期設定し、かつそのような憲法改正規定の

64　このように理解する場合であっても、憲法96条2項については、改正憲法規範の公布手続に関する規定であり、憲法改正権を授権し、その行使の手続を定める規定ではないと解するのであれば、同条1項に基づく2項の改正は可能であろう。

65　清宮・前掲注（1）「憲法改正作用」164頁〔傍点筆者〕。

66　日本国憲法下において、清宮は、憲法改正規定の改正について法論理的限界と根本規範による限界という2種類の限界に言及し、前者について、「硬性憲法の軟性憲法への変更を、憲法改正規定によって根拠づけることは、法的に不可能といわねばなるまい」としている。それに対して、「国会の発議と国民の承認という民主的手続を変更して、国会の議決と天皇の裁可を必要とするというように改めることは許されない」のは、根本規範に基づく限界であると整理している点に留意が必要である（清宮・前掲注（1）『憲法 I 』411頁を参照）。

67　菅野・前掲注（34）195頁。

68　清宮が憲法改正規定の根本規定に及ぶ改正のみが法論理的に不可能とする点について、論理的整合性を欠くと批判する見解として、大塚・前掲注（35）74-75頁を参照。また、工藤達朗「憲法改正限界論」長谷部恭男責任編集『岩波講座憲法6 憲法と時間』（岩波書店、2007）245頁は、「もし憲法改正権の根拠規定を改正できないなら、国民投票を廃止することができないだけでなく、国会の発議の要件を緩和することもできないはずであろう。それができるのであれば、改正手続規定自体は改正可能で、あとは改正の理論的限界の問題に解消される」と指摘する。なお、太田・前掲注（22）88頁は、清宮が「憲法96条には実質的意味の憲法改正規範と普通の憲法規範が混在していると考えられているのではないだろうか」とし、「改正の根本の内容、おそらく『憲法改正は通常の法律改正よりも困難な手続で行うべし』という内容は、まさに法段階において根本規範と普通の憲法規範の間に位置」すると理解する可能性を指摘している。興味深い分析であるが、ただそこまで実質的意味の憲法改正規範の内容を限定するのであれば、独自の法形式を認める必要はなく、根本規範に位置付ければよいのではないかという疑問が生じるところである。

改正権の内容の変動を禁じた上で、これを憲法改正権者に授権するものと理解することが可能である。このように理解することによって、授権に関する法論理的段階性の理論を維持しつつ、憲法改正規定の改正の限界を、憲法改正権の根本規定に限定することが論理的に可能となる。ただ、憲法改正権の変動について、清宮が想定するような法制度と、憲法改正者の意思表示により憲法改正権の帰属を変動させる制度のいずれをとるかは、実定憲法制度における選択の問題であるから、清宮が説く憲法改正規定の改正の限界論を、法論理上、必然的に導出されるものと理解することはできない。やはり、憲法改正規定に基づく憲法改正規定の改正の問題は、実定憲法が憲法改正規定の改正についてどのような制度を想定しているかという、実定憲法解釈の問題に帰着するのである。

2　根本規範、憲法制定権及び憲法改正権と憲法改正規定の改正
（1）清宮理論における「根本規範」、「憲法制定権」及び「憲法改正権」の概念
　清宮において、憲法改正規定の改正に関する法論理的段階性は、憲法制定権と憲法改正権の区別と結合し、憲法「改正規定は、憲法制定権にもとづくものであって、憲法改正権にもとづくものではなく」、「改正権者による改正規定の自由な改正を認めることは、憲法制定権と憲法改正権との混同となり、憲法制定権の意義を失わしめる結果となる」[69]とされる。このように、憲法改正規定を定める主体を憲法制定権者、改正憲法規範を定める主体を憲法改正権者として区別することができれば、前述のように、憲法改正規定と改正憲法規範の法的効力に段階性を認めることも不合理ではない。

　しかし、清宮の憲法制定権と憲法改正権の区別は、特有の根本規範論が介在することによって、独自のものとなっている。そこで、憲法制定権力と憲法改正権を区別する典型的な論者である Carl Schmitt の議論と対比することで、清宮理論の分析を行うこととしよう。

　Schmitt における「憲法制定権力」（verfassunggebende Gewalt）と「憲法改正権」（die Zuständigkeit zur Verfassungsänderung）の区別は、彼の「積極的意味での憲法」（die Verfassung im positiven Sinne）と「憲法法律」（das Verfassungsgesetz）の区別と関連する。Schmitt は、憲法典の各条項を同質的に理解することを否定

69　清宮・前掲注（1）『憲法Ⅰ』411頁。

し、積極的意味の憲法とは、「政治的統一体が決断した特殊な全体形態についての意識的決定」[70]であるとする。そして、ワイマール憲法について、民主制、共和制、連邦制、議会主義・代表制及び市民的法治国といった基本原理を積極的意味での憲法に当たるとしている。それに対して、憲法法律は、「憲法に基づいてはじめて妥当し、憲法を前提」[71]とするもので、形式的意味での憲法に分類される個別的な規範を意味する。

そして、憲法制定権力とは、「政治的意思であり、この意思の力または権威により、自己の政治的実存の態様と形式についての具体的な全体決定を下すことができる、すなわち政治統一体の実存を全体として決定することができる」[72]とし、憲法改正権は、「憲法法律によって与えられた権能にほかならないのであり、あらゆる憲法法律上の権能と同様、限定されたものであり、この意味において真正の権限（コンペテンツ）」であるとした上で、「憲法を保持しつつ憲法法律の規定について改正、追加、補充、削除等々を行う権能のみを意味し、新しい憲法を制定する権能を含ま」[73]ないとするのである。

さらに、Schmitt は、憲法改正規定の改正について触れ、「憲法修正権限の本来の基礎を変更し、拡大しあるいは代わりのものを置く権能、たとえば憲法76条をその定める手続に従って改正し、憲法法律の改正はライヒ議会の単純多数決によるというように変える権能までも含まない」[74]としている[75]。

このような Schmitt の憲法制定権力論と清宮理論を比較すると、第1に、清宮は、「憲法のまえに、憲法制定行為を根拠づける法規範を認めることは、法論理的に可能であり、また、必要である」として、これを「根本規範」[76]と呼び、「実

---

70 Carl Schmitt, Verfassungslehre (1928), S. 21（カール・シュミット〔阿部照哉・村上義弘訳〕『憲法論』（みすず書房、1974）39頁）. 翻訳書として、他に C・シュミット〔尾吹善人訳〕『憲法理論』（創文社、1972）がある。

71 Ebd., S. 22（阿部・村上訳40頁）.

72 Ebd., S. 75 f（阿部・村上訳98頁。傍点筆者省略）.

73 Ebd., S. 102 f（阿部・村上訳130頁）.

74 Ebd., S. 103（阿部・村上訳130頁）.

75 この点は、清宮の見解と類似するのであるが、しかし、Schmitt の場合、憲法改正規定を積極的意味での憲法ではなく、憲法法律として位置付けるとするならば、なぜ憲法改正規定を改正することが許されないのか、その理由は必ずしも明確ではない。

76 清宮は「根本規範」という名称を用いているものの、これが Kelsen のいう法論理的意味での Grundnorm と異なるものであることについては、「根本規範は、Kelsen のいうように、仮設的の規範、単なる観念的の規範ではなく、一国の憲法の一部、いな、最も重要な部分として実在する規範であり、実定規範である。その始源性から生ずる他の実定法規範との相違、その法的定立不

定的に定立された法規範とみなすのが妥当である」[77]とする。そして、根本規範の内容として、憲法制定権を授権する規範と制定せられる憲法の内容について限定を加える規範の両者があるとする。

その結果、実質的には、清宮の根本規範はSchmittの積極的意味での憲法と、清宮の普通の憲法規範はSchmittの憲法律と類似することになる[78]。とするならば、Schmittの憲法制定権力に相当するのは、清宮の場合、根本規範を制定する権力となるはずである。この点について、清宮は、根本規範の定立の主体、定立の法的根拠をたずねることは、「もはや仮想の問題であり、根本規範については、さらにその法的根拠を求めることは不可能であり、断念しなければならない」[79]としているが、これは、根本規範の定立主体が仮想の存在であるとするものなのか、根本規範の定立主体は実際に存在するが、それに対する法的授権を想定することはできないとするものなのかは、必ずしも判然としない。ただ、清宮が「憲法制定者に憲法制定権を授権する法規範もまた歴史的な意志行為にもとづくものとみられる」[80]としていることからすれば、根本規範を実定する制定主体が存在するか、根本規範は伝統を通じて成立する慣習法であるとするか、いずれかを想定しているのではないかと推察される[81]。

能性は、根本規範の実在性、実定性と背馳するものではない」（清宮・前掲注（1）「憲法改正作用」160頁）と述べていることからも明らかである。この点については、菅野・前掲注（34）57-62頁を参照。

また、Kelsenの根本規範論については多くの研究があるが、最近のものとして、毛利透「『旧ヨーロッパ的』あるいは『実存主義的』ケルゼン─ホルスト・ドライアーのケルゼン研究に依りつつ」石川健治編『学問／政治／憲法』（岩波書店、2014）55-88頁を、管見については、土井真一「H. Kelsenの根本規範論に関する覚書」法学論叢132巻1・2・3号（1992）255-276頁を参照。

77 清宮・前掲注（1）『憲法Ⅰ』32頁。

78 この点は、清宮が根本規範を「憲法の憲法という憲法である」（清宮・前掲注（1）『憲法Ⅰ』33頁）と位置付けているところからも推認できる。おそらく、清宮がSchmittの積極的意味での憲法の概念を受け入れられなかった理由は、それが「法的当為または規範の世界に属しないで、単なる事実の世界に属する存在である」（清宮・前掲注（1）『憲法Ⅰ』2頁）と理解したことによると思われるが、このような理解が適切か否かは、別に検討すべき問題である。

79 清宮・前掲注（1）『憲法Ⅰ』33頁。

80 清宮・前掲注（1）『憲法Ⅰ』32頁（傍点筆者）。

81 この点、帝国憲法下において清宮は、「憲法の規定内容はすべて憲法の制定によって新設せられ、施行によって新たに通用するに至ったものとは限らず、それらのうちには既に以前から不文法または他の成文法として行われていたものがあらためて憲法の条項に採り上げられたものもある」とし、「帝国憲法第一条乃至第三条の規定の大部分、また、天皇の大権に関する多くの規定のごときはこれに属する」ほか、「国務大臣・枢密院・司法裁判所……はいずれも憲法の制定または施行前から存した制度である」（清宮・前掲注（1）「時間的通用範域」104頁）と指摘する。そして、「憲法は単なる製作物ではない。憲法は幾世紀にもわたる労作であり、一民族にお

第2に、Schmitt においては、憲法改正規定の位置づけが不明確であったのに対して、清宮においては、憲法改正規定は、根本規範に基づいて憲法制定権が定める規範であって、普通の憲法規範に上位するものと位置付けられている[82]。この点に、憲法改正規定と普通の憲法規範の段階性を憲法制定権と憲法改正権の制定主体の相違によって基礎づけ、憲法改正権を普通の憲法規範の改正に限定する清宮理論の特色が示されていると言えよう。

（2）清宮における憲法制定権と憲法改正権の区別に関する批判的考察

このように、憲法制定権と憲法改正権に基づいて、憲法改正規定の改正を限界付けようとする清宮理論に対しては、第1に、憲法制定の時点において、「憲法改正規定と同時的に成立した普通の憲法規範の定立権威も憲法改正権だとするのは明らかに事実に反するだろう。『改正作用によって生み出される普通の憲法規範』のみが、『直接に改正規定』に基づく規範なのであって、『憲法改正権』の所産ということができるに止まる。憲法改正規定と同時的に成立した『普通の憲法規範』は、憲法改正規定と同じく『憲法制定権』の所産とみなければならぬ」とする批判がある。そして、憲法制定者が定めた普通の憲法規範を改正することができるとするのであれば、「『憲法改正権』は『憲法制定権』の所産をも有効に改正しうることを認めることになるわけだから、前提に反することなしには、憲法改正規定が『憲法制定権』に基づくという一事からして、憲法改正規定の改正は不可能といった結論を引き出すことはできない」[83]とされるのである[84]。

確かに、歴史的事実として見るならば、このような批判が指摘する点は正しく、憲法改正規定を定めたのが憲法制定者であるということのみから、その改正は不可能であるとの結論を導き出すことはできない。しかし、憲法制定権と憲法改正権を区別する考え方を合理的に解釈するならば、この考え方において重要なのは、「制定」と「改正」又は「変更」という時間軸上の区別ではなく、制定・

いて発展を遂げてゐる限りの合理的なるものの理念および意識である。それ故にいかなる憲法も単に主体によつて創作せられるものではない」とするヘーゲルの言葉を引用し、「憲法の核心的部分は特にかくあらねばならぬ」として、どちらかと言えば、根本規範を慣習法とする立場さらには神権主義的に理解する立場を示唆している（清宮・前掲注（1）「時間的通用範域」461-463頁〔この部分は雑誌論文の頁数を記載している〕）。
82 清宮・前掲注（1）『憲法Ⅰ』34-35頁を参照。
83 菅野・前掲注（34）189頁。
84 同様の批判として、大塚・前掲注（35）72-73頁を参照。

変更の対象が、憲法の基本原理を定める規範か、それを具体化する規範その他の憲法規範かという区別にある。もし、憲法制定時においてもこの区別を徹底するならば、憲法制定者が憲法の基本原理と憲法改正権者を定めた上で、その他の憲法規範の制定を憲法改正権者に委ねるという手続をとることも、理論的には不可能ではない。しかし、このような段階的手続を踏むことは煩瑣であることなどを理由として[85]、現実には、憲法を制定する者が憲法制定権と憲法改正権の両者を行使することになるが、その後は、憲法改正権が憲法制定者から分離して、憲法改正権者に帰属することになる。このように解すれば、歴史的事実としては、制定時において憲法典のすべての規定は憲法制定者により定められるとしても、法的には、憲法制定権の行使により定立された規範と憲法改正権の行使により定立された規範があるとすることは可能であり、この限りにおいて清宮理論は、必ずしも不合理ではない。

　しかし、憲法制定時における憲法制定行為の性質を以上のような作用論的区別により説明するとしても、法的効力の段階性を問題とするためには、第2に、清宮が行う憲法制定権と憲法改正権の区別の性格、及び権能・作用に関する区別とその主体及び手続の区別との関連を検討する必要がある。

　まず、清宮が行う憲法制定権と憲法改正権の区別については、国家作用に関する理論上の区別としては、それが諸国の憲法現象を的確に理解する上で有益である限り、認められてよい。しかし、その理論上の区別を、直接、各国の実定憲法で定められる権能・権限の内容とすることはできない。清宮理論に基づけば、憲法改正権を授権するのは憲法制定者であり、憲法制定者は、憲法改正権者を指定するのみならず、憲法改正権の内容を定め、また前述のように、憲法改正権の帰属の変動に関する規範を定めることも論理的に排除されない。憲法改正権の内容は、実定憲法によって定まるのであり、法論理的に確定されるわけではないのである。

　そして、憲法制定者が憲法改正権の内容を定めることは、憲法変動に関する憲法制定者と憲法改正権者の役割分担を憲法制定者が定めることである。その際に考慮されるべき一つの重要な観点が、憲法制定者と憲法改正権者の距離である。

85　憲法典は全体が有機的に関連するもので、基本原理とその具体化という形で端然と区別することは困難であるという理由も考えられるが、この場合には、憲法制定権と憲法改正権の区別自体が困難になる。

すなわち、憲法制定者と改正権者の距離が近接し、その同質性が高まれば、改正権者の正統性も高まり、両者の権能・権限の内容は類似する傾向を有することになる。他方、両者の距離が広がれば、逆の傾向を示すことが想定されよう。このように、憲法改正権の内容とその主体及び手続の問題は相互に循環しながら確定されていく側面があるのである。

それでは、清宮は、憲法制定権及び憲法改正権の主体及び手続をどのように理解しているのだろうか。この点、日本国憲法下において清宮は、国民主権原理について、「民主国における国民は、主権、すなわち国政についての最高の決定権をもち、国の最高法規たる憲法を制定する機能を与えられる」としている。そして、「主権者として、その権能を行使する国民は、国家の所属員としての国民との関係においては、……天皇の地位にあるものは、観念上それから除外され、また、権能を行使する能力のない、未成年者のようなものも除外される」とする。「主権者としての国民が、どのような手続でその権能を行使するかについては、成典憲法には定められていないが普通」であり、「主権者たる国民は、直接に憲法を制定しないで、間接に、『憲法制定会議』などの代表者を通じて、憲法を制定するのが例である」[86]とし、日本国憲法は、「国民が、国民主権の原理によって、新たに認められた憲法制定権にもとづき、その代表者を通じて制定したものとみなされるべきである」[87]とするのである。

それに対して、憲法改正は、憲法上の機関としての国民の権能であるとされる。この場合の国民は、「選挙または投票権者の総体」として合成機関を構成するものであり[88]、憲法96条1項に定める「国民の承認は、憲法改正を決定する行為である」[89]と位置付けられる。

このような理解を前提にするならば、清宮理論において憲法制定者と憲法改正者の同質性は非常に高いといえる[90]。実際、清宮は、憲法改正手続において、

86　清宮・前掲注（1）『憲法Ⅰ』130-131頁。
87　清宮・前掲注（1）『憲法Ⅰ』51頁。
88　清宮・前掲注（1）『憲法Ⅰ』132頁。
89　清宮・前掲注（1）『憲法Ⅰ』401頁。
90　あるいは、日本国憲法の制定時には国民投票が実施されなかったのに対して、憲法改正においては国民投票が必須であるとされていることからすれば、憲法改正手続においてこそ、より国民主権の理念に忠実であるとの評価もあり得ないわけではない。
　　なお、この点、憲法制定権力の担い手である国民を観念的統一体としての国民と捉え、憲法制定権力を正当性の契機として理解する場合には、憲法制定権力としての国民と憲法改正権者とし

「主権者たる国民が登場する以上、代表者たる国会ではなく、本人たる国民に決定権があるのは、国民主権の原則からみて当然のことである」[91]と述べている[92]。とするならば、「これら両権力の主体がいずれも主権者たる国民であることからすれば、改正権力たる国民が改正手続規定に従って、改正規定を改正することができないのは何故なのか、制定当時の国民の限界設定が現在の国民を拘束しうる根拠は何なのかについて、さらに説明を要する」[93]といえよう。日本国憲法については、憲法制定及び憲法改正の主体及び手続の異同を根拠として、憲法制定権と憲法改正権の内容を本質的に区別したり、両者が定める憲法規範の効力に違いを認めたりすることが、法論理的な必然として導かれるわけではないのである。

　第3に、清宮においては、憲法制定権と憲法改正権の区別を行うにもかかわらず、根本規範が設定されることによって、憲法制定権の内容が非常に限定されてしまうという問題がある。憲法の基本原理は制定される憲法の内容を制約するものとして根本規範の内容とされるために、憲法制定者は、憲法の基本原理を決定する権能はなく、既に定められている根本規範の内容を憲法典中に条項として組み入れるに過ぎない[94]。他方、普通の憲法規範は憲法改正権によって制定・改正

　ての国民には距離が生じることとなり、その結果として、憲法制定権と憲法改正権の区別も明確にすべきであるとされるかもしれない。しかし、憲法制定権力を正当性の契機として理解する場合であっても、憲法を実際に制定した者が存在し、その制定行為が観念的統一体としての国民の名において行われたものとして説明するに止まる。とすれば、憲法改正についても、憲法改正権者である国民が観念的統一体としての国民の名において行うものであると説明することも可能である。実際、憲法96条2項の「国民の名で」の意味につき、「憲法改正が主権の存する国民の意志によって成立したとする趣旨を示す」（宮澤俊義〔芦部信喜補訂〕『全訂日本国憲法』（日本評論社、1978）796頁。また、樋口ほか・前掲注（45）317頁〔佐藤幸治〕も参照）とするものがある。そうであれば、国民主権にいう「国民」を観念的統一体としての国民と理解するからと言って、現実の憲法制定行為と憲法改正行為の性質を区別する理由とはならないと解する余地もあり、この点についてさらに検討を行う必要がある。
91　清宮・前掲注（1）『憲法I』401-402頁。
92　この点に関連して、清宮が、国民主権原理を根本規範の内容であると理解し、憲法改正の国民投票を廃止するなど、国民主権の原理を害するような憲法改正規定の改正は、根本規範に反するとする際には（清宮・前掲注（1）『憲法I』411頁、同・前掲注（1）「憲法改正行為の限界」178-179頁を参照）、暗黙の裡に、憲法制定権と憲法改正権の同質性が前提とされていると言ってよく、むしろ憲法制定権と憲法改正権の区別論と不整合を生じさせている可能性がある。
93　初宿・前掲注（2）43頁。
94　ただ、清宮において根本規範の存否及びその内容の確定は、実定法上の問題とされる点に留意が必要である。これを徹底すれば、「憲法をもって窮極の根本法と看做すか、または憲法の前提にさらに根本法を認めるか、認めるとしてそれはどのような意味のものであるかは、結局、各国憲法の史実に即して決せられねばならぬ」こととなり、「ブルクハルトが憲法の法的根拠の問題を当初から断念し、……ケルゼンが実定法的意味での憲法の根拠として単なる仮設としての根本規範または法論理的意味の憲法なるものを樹立しているに過ぎぬのは、いずれも主として説明の

されるとするならば、「根本規範——憲法改正規定——普通の憲法規範」という憲法の段階構造において、憲法制定権は憲法改正規定の制定のみをその固有の役割とするかのようである。しかし、それでは、憲法制定権は憲法改正規定の上位段階性を基礎付けるためだけに設定された権限であるかのように受け止められかねない。実際、このような問題等を踏まえて、清宮における憲法改正規定の改正の限界は、授権に関する法論理的段階性や憲法制定権と憲法改正権の区別ではなく、「その実は『根本規範』改正不能論、憲法改正規定の改正をも含めて『根本規範』を否定する如き憲法改正は法的に不可能とされる主張」[95]として一元的に理解すべきという見解もある[96]。

　以上のような検討を踏まえるならば、清宮による憲法制定権と憲法改正権の区別から、憲法改正規定の改正の限界が法論理的に導出されるとすることは困難であるように思われる。

四　むすびにかえて

　以上、憲法改正規定の改正の限界の問題について、清宮理論に焦点を当て、授権に関する法論理的段階性、法的効力の段階性及び憲法制定権と憲法改正権の区別等の観点から、若干の考察を行った。そこから得られた結論は、かかる観点か

対象となった欧州諸国の憲法の根拠となるべき史実の欠如または不完全という点に一つの大きな原因が存するものと考えられる」（清宮・前掲注（1）「憲法の憲法（一）」80-81頁）こととなる。とするならば、革命の結果、突如憲法典が制定された場合には、「革命の結果生まれた憲法である故にさらにそれを根拠づける法を求めることが困難」（清宮・前掲注（1）「憲法の憲法（一）」79頁）であることになろう。

　このように理解するとすれば、日本国憲法下において、基本的人権の保障や平和主義が憲法制定者に上位する根本規範の内容とされるのは、ポツダム宣言を受諾することで、宣言に示された国際法上の要求によって憲法の内容を制約されざるを得なかった歴史状況（清宮・前掲注（1）『憲法Ⅰ』44-45頁を参照）を反映した実定法解釈と理解することも不可能ではないことになる。清宮の根本規範論の実定法理論としての性格を重視する議論として、芦部・高見・樋口・前掲注（59）88頁を参照。

95　菅野・前掲注（34）194頁。

96　確かに、根本規範を、その定立手続を問題とせず、憲法制定者にとって所与の規範として措定すべきものと理解するのであれば、このような見解も説得的である。ただ、清宮理論における根本規範の実定性を重視するとするならば、清宮のように、憲法制定権を「憲法典」の制定権と理解するのではなく、その法的性格は別としても、実質的な内容において清宮の根本規範とSchmittの積極的意味での憲法とは同質のものと捉えて、憲法制定権の概念を根本規範の制定について用いる方向で理論的な再構成を行うこともあり得ないわけではない。

ら分析する限り、憲法改正規定の改正の限界が、法論理的な必然性を以て導かれるわけではなく、実定憲法が定める憲法改正規定の解釈問題であるに止まるのではないかというものである[97]。

しかし、これはいまだ暫定的な結論に過ぎない。例えば、憲法制定権力と憲法改正権の同質性を認める場合や、憲法制定権力の概念を否定する場合などに、どのような結論となるか、また日本国憲法96条をどのように解釈すべきかといった問題は、筆者に課された今後の検討課題である。

末筆ながら、私のような浅学を19歳の頃から三十有余年にわたって温かく御指導いただいた初宿正典先生に対して、厚く御礼を申し上げ、末永い御健康と御活躍を心から祈念して、この拙稿を捧げさせていただきたい。

　　[追記]　本稿の執筆に際して、京都産業大学法学部の中山茂樹教授、京都大学大学院法学研究科博士後期課程の伊藤健君、音無知展君、中岡淳君から貴重な意見を頂いたことに謝意を記したい。

97　憲法改正規定の改正の問題について、「日本の学説の問題点は、法段階論あるいは憲法制定権力論といった一般理論を無媒介に憲法解釈理論に応用している点」にあるとして、「憲法解釈としてやるべきことは解釈準則、すなわち文言、体系、制定史、目的などを手がかりに実定憲法の内容を明らかにすることであって、一般法理論を大上段に持ち出し、それを法解釈に転用することではない」（太田・前掲注（22）97頁）との指摘がある。もっともな指摘であり、本稿は、一般理論を分析することによって、一般理論から一義的な帰結が導かれるわけではないことを示す試みである。

第 2 部

統治機構

二元代表制下の統治機構をめぐる諸問題

大　石　　眞

　一　はじめに
　二　地方自治の本旨と補完性原理
　三　民主的な代表機関の相互関係
　四　二元代表制における議会の意義と機能
　五　おわりに

一　はじめに

　（1）　地方自治制度のあり方は、主として地方自治法の改正による改革によって、かなり変わってきている。主なものだけでも、東京都特別区長の公選制の廃止（1952年）、指定都市制度の創設（1956年）、財務制度の整備（1963年）、特別区長の公選制の復活（1974年）、職務執行命令訴訟の見直し（1991年）などが挙げられる[1]。その後の動きの中で最も重要なのは、1999年（平11）に制定された地方分権一括法であり、これによる一連の改革は「第一次分権改革」と総称される[2]。

　同法は、それまでの改革の総決算として制定されたもので、国・地方関係における権限の移譲と機能分担の再構成を大きな柱としたものである[3]。とりわけ、いわゆる機関委任事務の廃止、地方自治体の事務の見直し——法定受託事務と自治事務への再編成と国の直接の執行事務への統合——や国による関与のルールの明確化が行われたことは、画期的なことと言えよう。これと同時に、いわゆる地方事務官の廃止も行われ、いわゆる必置規制についても廃止を含む大幅な緩和が行われた。

1　以下の叙述を含めて、1947年から2012年までの六六年間にわたる地方自治制度の変遷の経緯については、とくに小西　敦『地方自治法改正史』（信山社、2014年）を参照。
2　西尾　勝『地方分権改革』（東京大学出版会、2007年）122頁。その「第一次」という表記には、「第一期・第二期」と称すると喪われてしまう継続的な動態を示す意図がある。
3　地方分権一括法の概要については、小西・前掲書382頁以下参照。

この地方分権改革は、確かに国・地方関係における権限移譲を主眼としていたが、地方自治体は移譲された権限をどう行使すべきかというのが次の課題となる。この課題は、地方自治体における機関相互の関係をどのように組み立てるかという論点と不可分に結び付いており、地方分権改革は首長・議会関係の見直しを必至とする[4]。

（2）　その意味で、地方分権一括法の制定前後から、地方分権の進展に応じた議会制度のあり方が批判的に再検討されてきたことは、当然である。住民代表議会の議員も執行機関の長も住民の公選により公選される二元代表制の下では、地方議会は、同じ民主的正統性を与えられた機関として活性化しなければならないからである。

そこで、自治体政治の改革のためには、「自治体議会制度の改革こそ最も喫緊の課題になってきている」[5]とさえ言われた。多くの地方自治体で、議会の基本理念・事項を定め、議会・議員の活動規範や議会運営の基本ルールを盛り込んだ「議会基本条例」が制定されるようになり[6]、地方自治法も、委員会の議案提出権の承認（2006年）、議決事件の範囲の拡大（2011年）、議員定数に関する「上限付条例定数制度」[7]から完全な条例定数制度への転換（同年）、通年会期制度の容認（2012年）、委員会規定の簡素化（同年）というように、そのための種々の改正が行われてきた[8]。その間に出された第28次〜第30次地方制度調査会の答申・意見や都道府県議会制度研究会の報告など[9]が果たした役割にも、大きなものがある。

こうした動きは、たんに議会制度の充実・活性化という題目で括られるようなことがらではなく、およそ地方自治体における機関間関係――国政の場合、国

4　大石　眞「未完の地方分権改革」同『統治機構の憲法構想』（法律文化社、2016年）365頁参照。

5　西尾・前掲書250頁。277頁参照。

6　自治体議会改革フォーラムの調べによると、2017年（平29）7月現在で、31の道府県（66%）と16の政令指定都市（80%）で制定済みである。

7　松本英明『地方自治法の概要〈第一次改訂版〉』（学陽書房、2007年）166頁。

8　市議会レベルにおける委員会の議案提出・通年会期制などの最近状況については、全国市議会議長会『平成29年度 市議会の活動に関する実態調査結果』（2017年）9頁以下参照。

9　第28次地方制度調査会の答申（2005年12月）は「地方の自主性・自律性の拡大及び地方議会のあり方」を、また第29次地方制度調査会の答申（2009年6月）は「今後の基礎自治体及び監査・議会制度のあり方」をそれぞれ内容とし、第30次地方制度調査会の「地方自治法改正案に関する意見」（2011年12月）は地方議会の会期・専決処分・直接請求制度などに焦点を絞ったもので、いずれも重要な提案を含んでいる。また、その28次地制調の答申をうけた都道府県議会制度研究会報告『改革・地方議会』（2006年3月）も、その参考資料として付された前年の『中間報告』とともに、数々の具体案を提示している。

民・議会・政府の相互関係に当たる——の再構築に向けたものである。もちろん、これは、二元代表制を前提とする限り、当然、住民・議会・首長のそれぞれの権限に着目し、民主的な統治機関の関係として捉えた制度改革論でなければならない。この観点からすると、住民と議会、そして議会それ自体のあり方などについては、なお検討を要する多くの問題があるように思われる。

　これについて筆者は、少し前に簡短な検討を加えたことがあるが[10]、必ずしも充分に意を尽くしたものとは言えない。そこで本稿では、とくに住民の直接請求、議会・首長関係、そして議会内部事項の位置づけなどについて改めて検討することにするが、その前に、それらを検討する際に前提となる現行憲法所定の地方自治条項、とくに第92条の意義を再確認しておきたい。

二　地方自治の本旨と補完性原理

1　補完性原理の位置づけ

（1）　憲法第92条にいう「地方自治の本旨」（the principle of local autonomy）とは何かと問われたとき、しばしば「団体自治」と「住民自治」という二つの要素が語られてきた。この団体自治は別名「法律的自治」とも言われ、住民自治というのは言葉を換えて「政治的自治」と言われることもある[11]。

　しかしながら、そもそも「地方自治の本旨」は、そうした団体自治・住民自治という用語で語らないと説明できないものだろうか。実は、そのような考え方をする場合、いわゆる補完性の原理を大前提にしているのではないか。

　この補完性原理（Subsidiaritätsprinzip）は、もともとカトリック的な社会哲学・社会理論を背景としたもので、基本的に、「社会体活動は、集団成員が自らの固有の力では自己の使命を達成しえないかぎりでのみ、援助であらねばならない」と限定された「社会体の諸権限の限定原理」であり、その帰結として「諸管轄や権限の分権化を意味する」[12]。そうした事情から、日本ではかつてその原理について語られることはほとんどなかったが、欧州統合が進むとともに、それが欧州

10　大石　眞「地方自治体をめぐる憲法問題」国際文化研修95号（2017年）26頁以下参照。
11　宮澤俊義＝芦部信喜『全訂　日本国憲法』（日本評論社、1978年）759頁。
12　以上について、ヨハネス・メスナー『自然法　社会・国家・経済の倫理』（水波　朗＝栗城壽夫＝
　　野尻武敏共訳・創文社、1995年）326頁以下参照。

諸国の憲法やヨーロッパ自治憲章の中にも取り入れられるに至って[13]、表立って語られるようになった。今日では日本の行政学・政治学や公法学などでも、ほぼ不可欠の術語になっている。

この原理を世俗化して地方分権論に応用すると、小さな団体ができる事務はできるだけ身近な団体で行うべきで、そこで出来ない事務のみをより大きな団体が行うという考え方になる。したがって、家族などの小さな団体・組織ができないことは地域で補うこととし、その地域で出来なければより大きな広域の自治体で補助する、それでも出来なければ、さらに国家という大きな団体が必要な援助を行うことが求められる、ということになる[14]。

この原理は、第一次分権改革の成果の一部として、地方自治法の改正において、国は「国際社会における国家としての存立にかかわる事務」、「全国的に統一して定めることが望ましい国民の諸活動若しくは地方自治に関する基本的な準則に関する事務」そして「全国的な規模で若しくは全国的な視点に立つて行わなければならない施策及び事業の実施」などを重点的に担い、「住民に身近な行政はできる限り地方公共団体にゆだねること」を基本とする（第１条の２第２項）、というように定式化され、国・地方の事務配分の基本原理として取り入れられた。そこで、今日の地方自治関係の文献では「近接性の原理」とともにその原理がしばしば言及されている[15]。

（２）　ここで問題となるのは、そうした概念と憲法の「地方自治の本旨」はどういう関係にあるかという点である。もし、それが地方自治法の改正によって、いわば創設的に導入されたものと解するなら、単に法律上の原則にすぎず、憲法上の原理とは言えない。その意味での立法指導原理と位置づけることはできない

13　例えば、イタリア憲法第118条１項・４項、ドイツ連邦憲法第23条１項参照。フランスでは、地方公共団体の最善の権限行使を任務とする旨を定めた憲法７条２項が補完性原理を確認したものと解釈されている。ヨーロッパ自治憲章は、より明確に「公的な任務は、市民に最も身近な地方自治体によって優先的に行われる」旨を明記している（４条３項）。但し、補完性原理をドイツ憲法ではEU・加盟国間の権限配分原理としてとらえ、イタリア憲法では国と州・県・市町村などの地方団体との関係やそれら地方団体間の関係で定めるなど、その用法は微妙に異なっている。

14　この点に関して、西尾・前掲書248頁は、そうした「できる、できない」という判定基準として、たんなる客観的な能力の有無だけでなく、「人々の主観的な意思の有無」も含めるべきだと主張する。

15　例えば、松本『地方自治法の概要』（前掲）49〜50頁、同『新版　逐条地方自治法〈第９次改訂版〉』（学陽書房、2017年）17頁以下（もっとも、なお「曖昧性のある概念」だとする）。川﨑政司『地方自治法基本概説〈第６版〉』（法学書院、2015年）12〜13頁など。

ことになる。

　思うに、今日、明治期の地方三新法——1878年（明11）の郡区町村編制法・府県会規則と地方税規則を指す——以来140年になろうとしているが、その地方自治史に流れているのは、身近な地域の事務は地域の担い手である住民で処理していくという基本的な姿勢であろう。これを前提とすれば、それまで明確には補完性・近接性の原理ということばでは語られなかったとしても、自ずから補完性・近接性といった理念が映し出されているのではないか。それを確保するために現行憲法は「地方自治」の章を設け、学説も住民自治ということばを用いて来たということではないか。そう考えると、補完性・近接性の原理は、憲法が保障する地方自治の理念に内在する憲法上の原理として認めるべきではないかと思う。

　したがって、そこから当然に、地方的な事務の処理について、基礎自治体優先という原則——現行制度の用語でいえば「市町村優先の原則」——が導出されることになる[16]。

　こうして、ある公的事務の実施が求められる場合、基礎自治体が行うことが出来なければ広域自治体でカバーし、広域自治体——現行制度では都道府県になる——でも行うことが出来なければ、より広域の統治団体——現状では国家——の役割として行うべきだということになる。いずれにしても、よく語られる補完性原理は、憲法で地方自治を保障する以上そこに内在するものと位置づけられるべきで、地方自治法はそれを明確に書き表したにすぎないと再構成することができよう。

2　二層制の構造と事務配分原則

（1）　地方自治体は、伝統的に基礎自治体である市・町・村と広域自治体とされる都・道・府・県から構成されてきた。この場合、都道府県は、「広域にわたるもの、市町村に関する連絡調整に関するもの及びその規模又は性質において一般の市町村が処理することが適当でないと認められるもの」を処理するのに対し、市町村は一般的に「地域における事務」を処理するもの（都道府県に留保されたものを除く）とされる（自治法2条参照）。憲法で問題になるのは、そうした地方

16　松本『地方自治法の概要』（前掲）50頁、同『新版 逐条地方自治法』（前掲）19頁も、近接性の原理を「公的責務は、一般的に市民に最も身近な行政主体によって行われるべきだ」という意味に解し、わが国に適用すれば「市町村優先の原則」となることは間違いないと説く。

278

自治体の二層制が憲法上当然に要請されるのかという解釈上の論点である。

この点で取り沙汰されてきたのが、いわゆる道州制論である[17]。最近は少し下火になったように見えるが、県を残したままの道州制論、いわば屋上屋を重ねるような議論は別として、二層構造の問題は、都道府県をなくして基礎自治体と道州という、より大きな広域自治体の構成にする制度設計もありうるのかという議論と関連する。そして、道州制の導入とともに都道府県を廃止することが憲法上可能であるとしても、それが政治的に望ましいのかという問題、さらに、それを廃止する方法についても「新たな道州の区画割と個々の道州の設置は、関係都道府県の協議と合意によるべきなのか、それとも法律によるべきなのか」[18]という重要な論点がある。

（2）　そうした論点とは別に疑問視すべきは、地方公共団体が、市町村という基礎自治体と都道府県という広域自治体から成る二層構造をとる以上、それに伴う事務配分原則があるはずなのに、いわゆる政令指定都市の制度はそれを破って例外を設定するものであり、そこに問題はないのかという点である。

すなわち、指定都市の制度によれば、指定区間の一級河川と二級河川の管理、学級編成・教職員定数の決定とか、犯罪捜査・運転免許などの警察関係事務は都道府県に残されるが、他の事務は原則的に政令指定市に移管される（自治法第252条の19～第252条の22参照）。同じ市の中でも政令指定市は、いわば一種の都道府県に格上げされるわけである[19]。

基礎自治体・市町村と都道府県・広域自治体を分ける以上、原則的な事務配分の区別があるはずなのに、多くの指定都市——現在20を数える——を創設して、いわば都道府県と同じレベルにする仕組みは、どのように説明できるのか。もちろん、かつて存した「都道府県の区域外」（自治法旧265条1項）の特別地方公共団体としての「特別市」と大きく異なる指定都市の制度が採用されたことについては、「道府県は大都市地域から得られる道府県税収を利用できる。道府県は、事務移譲により、法制的に、大都市行政の負担から一部解放される」という府県のための制度であるという背景的な説明[20]はよく解るが、そうした仕組みをとるべ

17　その基本的な類型については、西尾・前掲書152頁参照。
18　西尾・前掲書158頁参照。
19　このような事務配分の特例のほか関与等の特例の問題もあるが、ここでは立ち入らない。この点については、川崎・前掲書39頁参照。
20　金井利之『自治制度』（東京大学出版会、2007年）151頁以下参照。

き根拠を説いたものとは言いがたい。

一方で、あらゆる市町村・基礎自治体をすべて同じ紀律に服させる「市町村一律主義」[21]を採りつつ、他方で、市の一部（指定都市）についてだけ広域自治体に準じる事務を配分することは、合理的に説明できるのであろうか。

誤解のないように付言すれば、私は、指定都市の制度に反対というわけではない。もともと、例えば、人口約369万人を擁する横浜市と人口10万人程度の一般市を同じように取り扱うことに無理があるのは、よく理解できる。ただ、市町村と都道府県という二層制を前提とする以上、これに伴う事務配分の原則があるはずで、指定都市制度はそれに対する例外を設けるものとして、相応の明確な根拠と説明を要するのではないかと気になるのである。

三　民主的な代表機関の相互関係

ここでは、議員・議会と首長がともに選挙による住民の付託を受けた住民代表としての地位をもつことに留意し、そのあり方を民主的な代表機関の相互関係をめぐる制度設計の問題として考察する。そこで、まず、代表機関の民主的正統性を基礎づける議会組織法（選挙制度）のあり方について検討し、次に、住民と選挙による付託を受けた議会との関係、その議会と首長との関係を、順次再検討することにしよう。

1　議会組織・議員選挙法の問題

（1）　選挙制度のあり方については、近年、とくに公職選挙法第15条8項所定の人口比例原則と憲法第14条に由来する投票価値・政治的平等との関係が問題視されている。まず、この人口比例原則の適用については、各選挙区における選挙すべき議員数の算出方法として、各選挙区の人口を議員一人当たりの人口で除して得られる数値［＝議員定数配当基数］を計算し、この計算により生じた端数は、これを切り上げて得た数が議員定数に達するまで、端数の数の大きい順に切り上げる取扱いをすべきもの、とされている（昭和39年8月26日自治省選挙局長回答）。

その上で、累次の判例を素材として検討を加えるが[22]、最高裁によれば、憲法

21　松本『新版 逐条地方自治法』（前掲）1392頁参照。

22　以下では、判決文は最高裁のホームページで容易に確認できるので、煩雑さを避けるため判決

の要請を受けて「地方公共団体の議会の議員の定数配分につき、人口比例を最も重要かつ基本的な基準とし、各選挙人の投票価値が平等であるべきこと」が強く要求される（最一判昭和60年10月31日〈千葉県議会定数訴訟〉、最三判同62年2月17日〈東京都議会定数訴訟〉参照）。

　もっとも、この場合、かつて藤島判事が説いたように、「特例選挙区と他の選挙区との間に生じる議員一人に対する人口の較差を問題にすることは当を得ない」と思われる。というのも、「特例選挙区の設置が適法であるとされた以上、選挙人の投票価値の平等を図るという観点から各選挙区の議員定数の増減の適否を検討する論議に、既に投票価値の平等の要求の譲歩の下に議員定数1を配分した特例選挙区と他の選挙区との間の議員一人に対する人口の較差を持出すこと自体、論理的に矛盾」しており、「選挙人の投票価値の平等の問題は、特例選挙区を除いた選挙区間において論じられるべき」だからである（最二判平成5年10月22日〈千葉県議会・愛知県議会特例選挙区事件〉における同判事の補足意見）。そのためか、近年は、もっぱら特例選挙区以外の選挙区間較差が問題視されるように見受けられる。

　（2）　この人口比例原則については、しかし、現行制度上、二つの面から修正が施されている。その第一は、いわゆる地域間均衡の要請であって、「特別の事情があるときは、おおむね人口を基準とし地域間の均衡を考慮して定めることができる」（公選法15条8項但書）とされる。この趣旨について、最高裁は、「都市の中心部における常住人口を大幅に上回る昼間人口の増加に対応すべき行政需要等を考慮して地域間の均衡を図る観点から人口比例の原則に修正を加えることができる」ようにしたものと説くが（最一判平成27年1月15日〈東京都議会定数訴訟〉参照）、常住人口と昼間人口の差異は、「地方公共団体の実情等に応じた地域に特有の事情の代表例」（櫻井判事の補足意見）と位置づけられる。

　その地域間均衡規定を適用して、都道府県議会が議員の定数の各選挙区に対する配分に当たり、「人口比例の原則に修正を加えるかどうか及びどの程度の修正を加えるかについては、当該議会にその決定に係る裁量権が与えられている」（最一判平成27年1月15日〈前出〉、最三判同28年10月18日〈千葉県議会定数訴訟〉参照）。もちろん、「人口比例を最も重要かつ基本的な基準とし、各選挙人の投票価値が

　　年月日のみを示す。

平等であるべきこと」が強く求められる（前掲判決ほか、最一判平成27年1月15日〈前出〉、最三判同28年10月18日〈前出〉など参照）。

　そうすると問題は、議員定数配分に関する議会の裁量権の限界であるが、これは、人口比定数——法所定の人口比例原則をそのまま適用した場合に各選挙区に配分されるべき議員定数——と現配分定数との乖離の程度いかんというかたちで問題となる。この点について、従来の判例は、地域間均衡規定の適用について、「いかなる事情の存するときに……修正を加えるべきか、また、どの程度の修正を加えるべきかについて客観的基準が存するものでもない」と説いていたが（最一判昭和60年10月31日〈前出〉以降、最二判同7年3月24日〈東京都議会特例選挙区事件〉など参照）、最近の判例ではそうした説示は見当たらないようである（最一判平成27年1月15日〈前出〉、最三判同28年10月18日〈前出〉参照）。これは、人口比定数と現配分定数との乖離の程度が「客観的基準」となりうることを考慮したものであろうか。

　（3）　人口比例原則に対する第二の修正は、特例選挙区の設置である（公選法271条参照）。最高裁によれば、その趣旨は、「社会の急激な工業化、産業化に伴い農村部から都市部への急激な変動が現れ始めた状況に対応したもの」で、「都道府県議会議員の選挙については、歴史的に形成され存在してきた地域的まとまりを尊重し、その意向を都道府県政に反映させる方が長期的展望に立った均衡のとれた行政施策を行うために必要であり、そのための地域代表を確保する必要がある」という。

　もちろん、ここでも議会の裁量が問題となるが、それについて最高裁は、「具体的にいかなる場合に特例選挙区の設置が認められるかについては、客観的な基準が定められているわけではなく」、議会において「当該都道府県の行政施策の遂行上当該地域からの代表確保の必要性の有無・程度、隣接の郡市との合区の困難性の有無・程度等を総合判断」して、「特例選挙区の設置の必要性を判断し、かつ、地域間の均衡を図るための諸般の要素を考慮した上でその設置を決定したときは、……原則的には裁量権の合理的な行使として是認され」る旨説いている（以上、最一判平成1年12月18日〈千葉県議会特例選挙区事件〉、同年12月21日〈兵庫県議会特例選挙区事件〉参照）。

　ここでもその限界が争われるが、最高裁は、当該選挙区の人口を議員一人当たりの人口で除して得た配当基数が「0.5を著しく下回る場合」には特例選挙区の

設置は認められないという立場を示す（最二判平成5年10月22日〈愛知県・千葉県議会特例選挙区事件〉参照）。その意味は、「当該選挙区の配当基数の数値が重要かつ基本的な要素」であり、「当該選挙区の配当基数が0.5の2分の1（0.25）に満たない数値に至ったとき」は「著しく下回るものと評価されてもやむを得ない」（最二判平成5年10月22日〈前出〉における藤島判事の補足意見）との考え方が参考になるであろう。

　（4）　さて、いわゆる地域代表は、そもそもどのような仕組みによって確保されるべきか。この課題は、国民代表を一元的に確保する国政選挙の場合とは大きく異なっている。というのも、市町村と都道府県からなる二層構造に対応する市町村・都道府県間の事務配分の原則の下において（二2参照）、地方自治体における「地域代表」は、基礎自治体と広域自治体のそれという重層性をもつからである。

　つまり、基礎自治体である市の中でも、指定都市は、都道府県が処理すべき事務の大部分を処理するが、現行法は、そのような指定都市をもつ都道府県の議会選挙についても一律に人口比例原則を当て嵌めている。その結果、都道府県議会における指定都市選出議員の割合はかなり高くなっている[23]。このような傾向、つまり指定都市の事務配分特例（道府県化）によるひずみは、指定都市のある道府県で20市を数える中核市（2018年1月現在、全国で48市）の存在によって一層強まっている。こうした結果をもたらす人口比例原則を貫くことは、果たして合理的であろうか。

　この問題を考えるに、指定都市は、事務配分において都道府県に準ずるのであるから、指定都市の代表を道府県議会で確保する必要性——判例にいう「当該地域からの代表確保の必要性」——は、必ずしも高くはないと言える。その観点からは、むしろ指定都市の選挙区においては人口比定数より割当議席を減らし、その分だけ指定都市以外の地域——いわゆる地方部——に割り当てるという案が考えられる。これは、二層制を前提とした一つの打開策にすぎず、乱暴な提案かも知れないが、人口比例原則を重層的な地域代表をもつ地方自治体議会に機械的に当て嵌めている現行法の改正も視野に入れるべきであろう。

23　その典型例は、京都府と京都市の場合で、京都府議会（定数60人）における京都市選出議員は34人で、全体の56.6％を占めている。なお、複数の指定都市を抱える大阪府と神奈川・静岡・福岡三県の議会では、指定都市の合計議員定数がその議員定数を上回っており、京都市会（定数67人）のように単独で府議会議員を上回っている例もある。

なお、昨今強く主張される議員定数削減の議論だけでは、適切な「地方部における地域代表」を確保しえなくなるおそれがあり、やはり人口規模に応じた適正な議員定数を考える必要がある[24]。その意味で、かつて採用されていた法定上限数という考え方も再考に値する。

2 住民と議会の関係

(1) 半直接民主制的な構造

国政レベルでみると、国民と議会の関係は、しばしば説かれる「直接民主制」と「代表民主制」（間接民主制）のほかに、「半直接民主制」（démocratie semi-directe）という類型があることに注意する必要がある[25]。

そもそも代表制の原理では、国民が議員を選挙し、代表者が政治・統治の内容をすべて決定することになるが、直接民主制では国民自らが国政の内容そのものを決定するわけで、原理的には議会や代表議員は要らないことになる。しかし、実際的な国政の運営を考えると、直接民主制の論理は制度化にはなじまず、他方、代表民主制の論理も、国民と議会との間に生じる意思のずれや溝を埋めることができない。そこで、直接民主制と代表民主制（間接民主制）の長所をともに活かす仕組みとして、半直接民主制が現れたのである。

この制度は、第一次世界大戦後のヨーロッパ大陸諸国で出現したもので、第二次大戦後も広く国政レベルで十分実行可能であることが示されている。現代の代表民主制とは、いわば直接民主制の要素を取り入れた半直接民主制であるとみるのが、今日の国民・議会関係論の常識であろう。典型的な代表民主制の国であるイギリスですら、ヨーロッパ共同体に残留するかどうかという時に、事前の諮問的レファレンダムを実施して決定したが（1975年）、最近でもEUから離脱するかどうか決める時に、同じように国民の意思を問い（2016年）、いわゆるブレグジットが決定した。

このように議会ですべてを決めるのではなく、場合によっては国民（有権者）自らが決定するという仕組みを採用しているので、国民と議会の関係は半直接民

---

24 例えば、人口規模でみると兵庫県と北海道はほぼ同じで（それぞれ約558万人・550万人）、広大な地域を抱える点でも共通しているが、議員定数では兵庫県は87、北海道は101であり、議員一人当たり人口で約1万人の差がある。

25 以下の半直接民主制に関する議論については、とくに大石 眞『立憲民主制』（信山社、1996年）90頁以下、146頁以下参照。

主制と言われるが、それにはいろいろな方法がある。

　まず、国民が発案する——地方政治レベルだと住民発案と言われる——イニシアチブの方法がある。これは、住民の方で在野法曹の力も借りながら法律案をつくり、それを議会に提出すれば、議会はそれを国民に問うというものである。これに対し、議会が決定した事項について、最終的に国民が判断し、最終的な決定を行うのが、典型的なレファレンダムである。よく「国民投票」と言われるが、国民表決と表示するほうが妥当であろう。というのも、一般の議員の選挙の時も、ある日一斉に有権者が票を投ずる行動をとるので、その形だけを見れば「国民投票」に違いないのだが、票を投ずる意味がまったく異なっている。選挙では国政を決定する代表者を選ぶために票を投ずるが、レファレンダムでは、国政の中身そのものを決めるために票を投ずる。だからこそ表決なのである。国政内容それ自体を決めるという行為の本質とそのための手続・技術の問題とは異なるのである。

　さらに、議会や特定の議員の解職を求めるリコールという方法も、直接民主制的な契機としてよく紹介されるが[26]、この説明は、紙幅の都合上、省略せざるをえない。いずれにしても、それら多様な方法を組み合わせるかたちで国民と議会が対峙すると、半直接民主制という構図ができることになる。

　他方、地方自治レベルでは、住民自治の理念から、半直接民主制の仕組みは住民と議会の関係において早くから取り入れられている。すなわち、議員がすべて公選されること（自治法17条）は代表制を採用することから当然であるが、住民が条例の制定改廃について直接請求をなしうること（同12条・74条）、議会の解散や議員の解職を請求できること（同13条・76条・80条）などは、地方自治法の制定当初から採用されている。

（2）直接請求の制限と住民自治

　問題は、地方自治を尊重し、住民自治を強調する現行憲法の下、住民による条例の制定改廃請求が制度化されているが、その対象から「地方税の賦課徴収並びに分担金、使用料及び手数料の徴収に関するもの」が外されていることにある（自治法74条1項括弧書）。これについては、住民自治という観点から憲法上の問題はないのだろうか。

26　現行憲法第79条に定める最高裁判所裁判官国民審査制度を直接民主制の表れとする見方の誤りについては、大石 眞『憲法講義〈第3版〉』（有斐閣、2014年）77～78頁参照。

斯界の権威的なコンメンタールである長野士郎『逐条 地方自治法』、それを継承した松本英昭『新版 逐条地方自治法』などを紐解いても——基本的な姿勢が現行法の解釈にあるせいか——説得的な立論が展開されているとは言えず、憲法論から見た場合、その背景にある思想や理念や考え方との関係で疑念を禁じえない。

　というのは、まず第一に、制定当初の地方自治法には、地方税の賦課徴収などの事項を住民の直接請求の対象から外す規定はなかった。それが付加されたのは、制定後一年余り経った同法の一部改正法（昭和23年7月20日法律第179号）によってである[27]。その改正理由について権威的注釈書は、「地方税等の賦課徴収に関する条例の制定又は廃止に関する住民の直接請求は、制度そのものとして必ずしも適当でないものがあるのみならず、近時におけるその運営の実情を見るに地方公共団体の財政的基礎を危うし、その存在を脅かすものがあると認められる」からである[28]、と説く。

　確かに、当時の情勢を考えると、その説明も理解できないわけではない。というのも、当時、労働関係の諸団体を中心として地方自治体を相手とする「地域闘争」が行われ、その手段として電気ガス税の廃止を始めとする地方税の賦課徴収条例の改廃請求の運動が行われたという事情があったからである[29]。しかも、その改正案の趣旨説明では、地方自治法第74条1項括弧書を加えたのは「現日本の段階におきましては……まだその時期に達していないという感じもいたします」というものであった[30]。しかし、その時期尚早という判断は、地方自治法施行後70年を経て地方自治・住民自治の意識が浸透した今日でも、なお維持しなくてはならないのであろうか。

　第二に、もともと住民自治を強調するという立場からすると、原理的に、どう

27　その点については、小西・前掲書90頁において、同改正が当時「非常に大きな問題であると認識されていた様子である」として、関係する議論が詳しく紹介されている。

28　長野士郎『逐条 地方自治法』（学陽書房、1953年）149頁、長野・同書〈第12次改訂新版〉（1995年）183頁（以下では、前者を長野・前掲初版、後者を同・改訂新版と略称する）。また、松本『新版 逐条地方自治法』（前掲）264頁。

29　長野・前掲初版149頁。もっとも、この分野での「直接請求を認めると、負担が軽くなることのみをもって何人にも一応の賛成が得られやすいので……経験上容易に請求が成立し……財政的基礎を揺るがすに至る好ましくない事態を惹起しがち」になるという推論（松本『新版 逐条地方自治法』（前掲）147頁）は、「電気ガス税を中心とした地方税の減税を求める税条例の改正請求が多数行われ、そのほとんどが否決された」（第30次地方制度調査会「地方自治法改正案に対する意見」4頁）という説明と噛み合わない。

30　小西・前掲書同頁参照。

して「地方税の賦課徴収並びに分担金、使用料及び手数料の徴収に関するもの」は、直接請求の対象から最初から外す必要があるのか、という疑問を投げかけることができる。現に、権威的解説書も、「直接請求制度は……住民自治、直接民主主義の原理に基く基本権である」ことを認めているし[31]、そうした改廃請求がそのまま確定するわけではなく、首長や議会の段階で相応の審議や審査がなされることが制度化されているのである。

このようにみてくると、第30次地方制度調査会が、本稿のはじめに触れた「地方自治法改正案に対する意見」（2011年12月）において、「本来あるべき姿に立ち戻り、住民自治の充実・強化の観点から地方税等に関する事項を条例制定・改廃請求の対象とすることを基本とすべきである」（5頁）と——幾つかの留保を付しつつではあるが——提言したことは、当然の成り行きだと言えよう。

今日の注釈書においても、このように「地方税、分担金等に関する条例を除外することについては、住民自治、受益と負担のバランス等の観点から批判する見解も見られる」ことが付記されている[32]。ここから推測すると、実務関係者が、現行法上の直接請求制度の除外規定を漫然と肯定し、それに固執しているわけではないことが窺われる。ただ、そうだとしても、憲法上の住民自治との原則との兼合いをどう考えるのかという点について、かつての時期尚早論を超える、原理的で明確な説明がないことに変わりはない。

3　議会と首長との関係

（1）いわゆる首長主義の内実

議会と首長の関係についても、これまで述べた半直接民主制と同じような議論ができる。まず、国政レベルでは、議会と政府の関係について議院内閣制か大統領制かという古典的な対比があるが、この場合、議院内閣制では、国民が議会構成員を選出し、その議会から政府・行政の最高責任者が選出され、内閣の大臣と議員は当然に兼ねるものとされる。そのため、内閣は議会の信任にもとづいて在職するだけでなく、議会と内閣は立法権その他の権限行使の上で協働関係に立ち、議会は内閣不信任決議権をもつのに対し、内閣は下院解散権を行使できる。これに対し大統領制では、大統領も議会も国民によって選ばれ、それぞれ独立し

31　長野・前掲初版142頁、同・改訂新版173頁参照。

32　松本『新版 逐条地方自治法』（前掲）265頁。

て権限を行使し、相互に干渉しないというものである。例えばアメリカ合衆国では、議員と政府の構成員は完全に分離され、大統領に対する不信任議決などは制度的にありえないし、議会で国務長官が発言することも考えられない。

こうした古典的な機関関係の図式を前提とすると、論理的には、議会も首長も公選される地方自治の場面でも、大統領制の仕組みが望ましいという議論になろう。しかしながら、これは必ずしも十分な根拠をもつ議論とは言えない。

というのは、国政レベルでも、フランス現行憲法（1958年制定）から始まった議院内閣制の要素と大統領制の要素を組み合わせる議会・政府関係、いわゆる半大統領制（régime semi-présidentiel）は、すでに大統領制・議院内閣制と並ぶ統治類型として定着しているからである。したがって、議会も首長も公選される二元代表制である以上当然に大統領制であるべきだという機械的な議論は、必ずしも通用しないのである。

現在の地方自治法の定める関係をみると、実は、そうした国政レベルの半大統領制に近くなっている。実際、首長に対する議会の不信任の議決の制度やこれに対抗する首長の議会解散権が認められ（自治法178条）、首長には議案提出権もあるので（同149条）、基本的に半大統領制に近い相互抑制関係になっている。つまり、現行法の定める議会・首長関係は、基本的に半大統領制と同じ構造を示しているのである[33]。

もっとも、このように国政レベルの統治機構論とパラレルに議論することに対しては、強い批判がある。すなわち、「議会は確かに立法権を行使することをもって主要な任務の一つとするものであるが、むしろ一般的には、当該地方公共団体の重要な案件に関する最高の審議議決機関であり、その中には立法事項を含むが行政的意思決定も含まれる」がゆえに、現行「憲法における長と議会の二元代表制という概念構成から、地方公共団体の機関関係のあり方につき、国家レベルの立法権と行政権の区別を単純に類推することはできない」というものである[34]。

これについては、確かに、二元代表制ということのみから議院内閣制・大統領制かといった「機関関係のあり方」を論結することはできないであろう。しかし

33　この点については、大山礼子「首長・議会・行政委員会」松下圭一＝西尾勝＝新藤宗幸編『自治体の構想4　機構』（岩波書店、2002年）22頁以下も、同様の指摘をしている。
34　塩野 宏『行政法Ⅲ 行政組織法〈第四版〉』（有斐閣、2012年）197～198頁参照。

ながら、まず、その批判は、二元代表制が前述の半大統領制とも両立可能である
ことを看過しているように思われる。また、国会も、単に立法権規定に基づく立
法事項だけでなく、憲法上、多くの法律事項・国会議決事項を決定するとともに
各種の政府統制権をもち、内閣人事に対する同意権も憲法上の根拠を有してい
る[35]。したがって、もともと「国家レベルの立法権と行政権の区別」自体、単純
な類型化になじまない要素を含むとみるべきであろう。

（2）アンバランスな機関関係

いずれにしても、現行制度上の二元代表制には、議院内閣制的な要素はあるも
のの、とくに自治体の代表権（147条）をもつ首長を中心とする要素が多く見ら
れ、現行の二元代表制に対しては、しばしば「アンバランスな議会・首長の権限
関係」になっていること[36]、議会の権限は制限的に列挙されているのに対して、
首長の権限は例示的な概括例示主義によっていること[37]に対して、かなり強い批
判が寄せられてきた。

とくに、議会の権限踰越又はその議決の法令違反等を理由とする特別拒否権
（176条4項〜8項）のほかに、議会の議決に対する「異議」によるいわゆる一般的
拒否権（同条1項〜3項）があるが、これは、およそ「議院内閣制をとる国にはな
い制度」[38]として、強い批判に曝されてきた。また、首長には専決処分の権限
（179条）も認められ、議会への報告と事後的な審査はあるものの、効力にはまっ
たく影響しないものとされ、しかも、その元の規定は、「議会を招集する暇がな
いと認めるとき」という大雑把な要件規定だったため、緩やかに運用されてきた。

もっとも、この運用の是非については、現実の事例を精査してからでないと、
判断できない背景がある。というのも、「そのほとんどすべてが地方税法の改正
に係る議決事件」であり、「国会における次年度予算の議決と税法案を含む予算
関連法案の議決が年度末ぎりぎりまでずれ込むことが間々あるが故に、これを受
けた地方税条例改正案を自治体議会に付議する暇がなくなっている」[39]という事
情を無視できないからである。とはいえ、首長による専決処分の事例が多く出て
きたことを踏まえて、第28次地方制度調査会の答申を受けるかたちで地方自治法

35　この点については、大石『憲法講義〈第3版〉』（前掲）167頁参照。
36　大森 彌『分権改革と地方議会』（ぎょうせい、2002年）79頁。
37　この点については、とくに駒村良則『地方議会の法構造』（成文堂、2006年）180頁参照。
38　大森・前掲82頁。
39　西尾・前掲書173頁。

が改正され、現在では、「議会の議決すべき事件について特に緊急を要するため議会を招集する時間的余裕がないことが明らかであると認めるとき」として、要件がかなり厳格に絞り込まれている（179条参照）。

この専決処分という制度自体の必要性は否定できない。というのも、議会は次の会計年度までに予算を議決しなければならないが、それが議決されない場合も当然起こりうる。国政レベルでも、当初予算が議決されない見通しになればすぐ暫定予算（財政法30条参照）が組まれるが、その暫定予算すら成立しない予算不成立という事態は、過去何度も起こっている。この専決処分の制度がなければ、そうした「予算の空白」と同じ問題が生じてしまうからである。

四　二元代表制における議会の意義と機能

1　公選議会としての視点

（1）議会法・会議法と議会の自律権

住民代表機関としての議会は、単なる会議体・審議会とは異なり、当該自治体の議決機関であり、国政における議会と同じく独立した公選議会として位置づけられる。まず、この基本的な視点を押さえる必要がある。

こうした議会法の観点からすると、その権限と機能は、相応に充実したものでなければ意味がない。したがって、自治立法権としては条例・予算などの議決権について、執行機関を統制する権限としては検査・報告・監査要求権、強制調査権や不信任決議権について、そして住民に対する情報提供機能としては会議公開の原則について、それぞれの内容を充実させることが重要である。

もう一つは、議会が会議体である以上、いわば会議法の準則にしたがう機関であるという視点であって、審議・議決機関として合理的な議事進行ルールを備えなくてはならない。例えば、議長提出の原案に対し修正案が幾つか出た場合、原案から最も遠いものから採決するのが原則とされる。なぜなら、原案提出側は有利な立場にあり、それから採決するとそのまま多数決で決まるので、他の案は採決に付されず、修正案に込められた少数意見は無視されることになる。つまり、原案から遠いものから採決することは少数意見の尊重という精神につながるわけで、この採決方法は会議法の常識という観点から導かれる。

そうした会議法上の議事準則をそなえた独立の会議体として、議会は、その内

部の組織編成・運営のあり方を自由に決定できる機関でなければならない。その中には、議案の発議・修正、審議手続、発言ルールのほか、予備審査をおこなう委員会の組織・構成と審査手続といった委員会のあり方なども含まれる。このような自由な決定権は、住民代表機関としての議会が独立した会議体として固有する自律権という考え方に基づくものである。

これに対し、議会の自律権を「議会が自らその組織及び運営に関して、自主的に決定し、処理し得る権限」としつつ、それを決定権（議員の資格決定権など）と自主解散権を含む広義の自律権とそれらを除いた狭義の自律権に分け、後者の範囲を内部組織運営権・規則制定権・紀律権及び懲罰権とする議論もある[40]。

この立場からすると、先ほど示した議会の自律権は狭義の自律権に限局されているとの印象を否めないかも知れない。しかしながら、広義の自律権に含まれるとされる議会の自主解散権などは、「地方公共団体の議会の解散に関する特例法」（昭和40年法律第118号）によって初めて認められたもので、そもそも独立の会議体としての議会に固有の自律権という範疇に入れるべきものではあるまい。

この点については、かつての憲法上の解散権論争の中で衆議院の解散決議による自律的解散が認められるかという争いがあったことを想起することができる。結論的には、議員の地位を強制的に剥奪する効果をもつ解散権は憲法の明文がない限り認められないとするのが支配的で[41]、議院自律権の名の下に自主的解散を可能とする議論は成り立ちえなかった。

（2）議会関係事項に関する考え方

いま述べた議会の自主解散権の問題は、議会に関係する事柄はすべて議会それ自身で自由に決められるかという問題とも関連している。次に、この論点について検討しよう。

およそ議会に関係する事項は数多くあるが、まず第一に、議会の構成の原理や権限は本来、議会内部事項とは言いがたく、基本法――国政なら憲法典になる――の所管になる。したがって、地方自治法が、議員の定数・任期（90条・93条）、招集・会期制度（101条・102条）、会期不継続の原則（119条）、正副議長の構成と権限（103条・104条）、議決事項（96条・97条）、意見書提出権（99条）、各種の

40　松本英昭『地方自治法の概要』（前掲）182頁以下参照。同様の理解を示すものとして、川崎政司・前掲書234～235頁。

41　宮澤＝芦部・前掲書122～123頁参照。

監視・統制権（98条・100条・178条）、首長等の出席義務・説明書提出義務（121条・122条）について定めているのはやむを得ない。

第二に、基本的な議事通則に属するものも、固有の議会内部事項とは言えず、これも基本法（地方自治法）の所管とされるのはやむを得ない。例えば、定足数の問題（113条）、会議公開の原則（115条）、多数決の制度（116条）のような基本的なルールは、議会内部のこととは言えない。なお、一事不再議の原則は、現在では会議規則の所管とされ（標準都道府県議会会議規則15条参照）、法律で規律されているわけではない。

これらの事項とは違って、さらに議会内部の組織・運営に関するものがある。議会の内部自律権という観点からすると、最も問題になるのは、その内部的な組織・運営に関する事項をどのように位置づけるべきかという点で、以下これについて検討することにしよう。

2　議会内部事項の位置づけ

（1）議院手続準則の三層構造

現行の地方自治法における議会の内部事項の位置づけは、現在の国会両議院の議院手続準則のあり方と同じような構造をとっている。すなわち、各議院の内部的な組織・運営・手続については、まず、所属議員を除名する場合の要件（憲法58条2項但書）など憲法典の明文で定めており、次に、委員会の構成、その審査手続や本会議の審議手続などについて国会法が詳しく定め、さらに各議院の議院規則が手続準則の細則を定めている。このような憲法・国会法・議院規則という三層構造は、憲法・議院法・議院規則から成り立っていた明治憲法下の「議院法伝統」を無反省に継承したものである[42]。

そもそも憲法は、各議院の院内手続準則についてその議院で定めるものとしている（58条2項参照）。にもかかわらず、明治憲法時代の議院法を引き継ぐかたちで、国会法が各院の内部事項を詳しく規律している。そうすると、国会法は法律として、最後は他権力の長である内閣総理大臣が署名し、さらに天皇による公布

42　その点については、とくに大石　眞『議院自律権の構造』（成文堂、1998年）221頁以下、『議院法制定史の研究』（成文堂、1990年）1頁、「日本議会法伝統の形成」『憲法史と憲法解釈』（信山社、2000年）68頁以下及び「憲法問題としての国会制度」『憲法秩序への展望』（有斐閣、2008年）172頁以下など参照。

手続も経る必要がある。しかも、もともと法律であるから、場合によっては参議
院が反対しても最終的には衆議院のみで決定できるが（憲法第59条参照）この場
合、参議院の運営自律権は認められないに等しい奇妙な事態に陥ってしまう。

（2）三層構造をめぐる諸問題

　地方自治法における議会の内部事項の位置づけも、これと似たところがある。
すなわち、まず地方自治法による直接の規律、次に同法が条例に委任している事
項があり、さらに、それ以外の会議手続準則を当該議会の会議規則で定めるとい
う構造になっている。したがって、ここでも議院法伝統・国会法体制と同じよう
な三層構造——法律（地方自治法）、条例及び会議規則からなる仕組み——を指摘
することができ、やはり同じ観点からの批判的検討を加えることができる。

　第一に、議会の内部事項について、地方自治法（国家法）が直接に規律を及ぼ
している事項として、議長の委員会出席権（105条）、主要な委員会の設置・所管
（109条）、議員の議案提出要件（121条）、開議請求要件（114条）、修正動議提出要件
（115条の2）などを挙げることができる。これらは、本来、議会の内部的な組織・
運営上の問題であるのに、なぜそこまでの国家的な規律が必要なのであろうか。

　とくに委員会の設置・所管を明記し、条例事項とする点（109条）について、権
威的解説書は、一貫して、「常任委員会制度は、普通地方公共団体の組織に関す
る事項である」と考えられたためであると説く[43]。しかし、「条例で……置くこ
とができる」とされる常任委員会の制度を、議会の内部組織・運営の問題でな
く、「地方公共団体の組織に関する事項」だと断定する根拠はどこにあるのだろ
うか。しかも、人口規模も事務の範囲もまったく違う市町村議会と都道府県議会
に対してそれらの規律を画一的に求める制度的な合理性はあるのだろうか。

　第二に、議会の内部事項について、地方自治法によって条例（自主法）への委
任が行われているものがある。その代表例として、「委員の選任その他委員会に
関して必要な事項は、条例で定める」（109条9項）としている委員会関係条例が
挙げられよう。これは、現在、基本的に、全国都道府県議会議長会の下で策定さ
れた「標準都道府県議会委員会条例」[44]に準拠して作成・制定されており、常任

43　長野・前掲初版284頁、松本『新版 逐条地方自治法』（前掲）427頁。

44　後の本文でも述べるように、これは、「標準都道府県議会会議規則」とともに、もともと内務省
　が地方自治法の制定をうけて各都道府県の総務部長宛に通知した参考準則を引き継いだものであ
　り、1956年の大幅な同法改正に合わせて改訂され、後に「標準都道府県議会傍聴規則」も策定さ
　れている。

委員会の名称・定数・所管、委員選任の方法、定足数・表決数、公述人の決定・発言、会議規則との関係などを所管としている。

このように、議会運営委員会の設置を含めて議会の内部運営に属する事項を議会規則でなく条例の所管としていること、その前提として、条例によらない限り独立の会議体としての自由な運営権を有しないとすることは、住民代表議会としての自律的な議会のあり方として合理的なのであろうか。

そもそも委員会の制度は明らかに議会の内部事項であるが、地方自治法は会議規則の制定を義務づけているので（120条参照）、委員会の制度については、その議会の自律的な会議規則で決めれば足りることである。どうしてこのような仕組みがいまだに残っているのか解らないが、しばしば参照される解説書を参照しても、明快な説明は見られない。以下、その問題について少し立ち入った検討を加えることにしよう。

その制度の由来を見ると、地方自治法の施行に当たって、同「法に関するブロック会議の際御希望があった」ことをうけて、当時の内務省内で検討した結果、1947年（昭22）5月29日に、同省行政課長が各都道府県の総務部長宛てに通知した「常任委員会及び特別委員会条例準則」が「御参考まで」に送付されている[45]。この内務省通知にあるモデル委員会条例を原型として、現在の「標準都道府県議会委員会条例」が策定され、各都道府県議会は基本的にこれに準拠するという仕来りが続いているのである。

この点について、権威的解説書は、常任委員会を「議会の内部的な機関として構成されるもの」[46]と位置づける一方で、「……常任委員会及び特別委員会に関し必要な事項は、条例でこれを定める」としていた地方自治法旧第111条の規定を念頭に、「常任委員会及び特別委員会に関する条例については、……委員会の組織及び委員の選任、解任……等に関して規定し、会議の手続は会議規則に一括して規定するのが適当である」と説く[47]。ここでは、明らかに委員会制度が議会の内部事項に属することが意識されているにもかかわらず、現在もなお、かつて内務省が各都道府県総務部長宛てに通知したモデル委員会条例に準拠する仕組みが

45　その全容は、長野・前掲初版290〜294頁に収められている。

46　長野・前掲初版283頁、同・改訂新版327頁参照。松本・前掲書427頁。

47　長野・前掲初版290頁、同・改訂新版336頁参照。松本・前掲書433頁参照。なお、いずれも改訂版の文言は地方自治法の改正に合わせて微妙に変わっているが、立論の内容はまったく同じである。

生きているのは、奇妙というほかない。

　しかも、その解説書には、その委員会条例と「会議規則との管轄範囲の決定は、必ずしも明確ではない」こと、したがって、委員会「条例において、会議規則の関係を明らかにすることが必要になってくる」ことまでも説かれている[48]。

　そもそも条例は、議会自ら定めたそれ自体の意思ではなく、所定手続を経て制定された地方自治体としての団体意思である。したがって、条例の所管事項だとすると、手続的に見ると、条例は首長への送付が義務づけられ、形式上、首長による拒否権・再議要否の審査に付され、さらに公布手続（自治法16条）が採られる。そうすると、その内容に問題があると判断された場合、首長による一般的な拒否権に遭うことにもなりかねない。

（3）会議規則の位置づけ

　前記のように、各議会は会議規則の制定を義務づけられるが（自治法120条参照）、これについても、地方自治法制定後まもなく「都道府県議会会議規則準則」（昭和22年10月10日付け）が策定され、内務省行政課長名により各都道府県総務部長宛てに通知された。これが現行の「標準都道府県議会会議規則」にも引き継がれている[49]。

　その標準会議規則には、現在、会議時間、一事不再議、議事日程、選挙方法、議案説明・委員会付託などの議事方法、発言、質問、委員会条例の所定事項を除く委員会運営準則、表決方法、そして懲罰に関する事項などが盛り込まれている。

　このような会議規則の所管事項について、権威的注釈書は、「いわゆる議会の本会議に関する議事手続のみならず、常任委員会、議会運営委員会又は特別委員会に関する議事手続並びに選挙、決定の手続についても同様に含まれる」とし、その内容は、「単に議会内部の運営、手続のみならず請願手続等公表を必要とする規定を含んでいるので、その制定、改廃は［地方自治］法第一六条の規定による公告式条例の定めるところにより公表しなければならない」と説く[50]。

　しかし、この命題は妥当であろうか。代表例として挙げられている地方自治法

48　松本・前掲書同頁。参照、長野・前掲書同頁。

49　その「都道府県議会会議規則準則」の全容は、長野・前掲初版323〜341頁に収められている。その冒頭に置かれた添書には、「この準則は地方議会の自律主義、委員会中心主義及び言論尊重主義を基調とし国会の会議規則等を参酌して制定したもの」であることが記されている。長野・前掲初版321頁。

50　長野・前掲初版320頁。参照、松本・前掲書465頁。

第六章第七節章所定の請願手続（124条・125条）などの「公表を必要とする規定」であるなら、会議規則から切り離して、別途、関係条例の所管として制定すれば足りるのであって、会議規則自体の属性とは言えない。同章第九節「紀律」（129条〜133条）も、それと同様に考えられるかも知れないが、ここでは紙幅の関係から省略する。

五　おわりに

（1）　これまで論じてきたところを要約すると、以下のようになる。まず、いわゆる補完性原理は、憲法による地方自治の保障に内在するものと位置づけられ、改正地方自治法はそれを明確に書き表したにすぎないと考えられる（二1）。

次に、住民・議会・首長の相互関係では、①地方自治体における「地域代表」は、市町村と都道府県からなる二層構造に対応する事務配分原則の下（二2）、基礎自治体と広域自治体のそれという重層性をもつため、指定都市をもつ都道府県の議会選挙についても一律に人口比例原則を当て嵌めるのは妥当でない（三1）。②住民の直接請求の対象から地方税の賦課徴収などに関するものが除外されているのは、住民自治の観点から憲法上疑義がある（三2）。③二元代表制ということのみから機関関係のあり方を論結することはできないが、アンバランスな議会・首長の権限関係には批判が強い（三3）。

そして、議会の内部事項の規律については、地方自治法の直接規制、同法による条例委任及び議会の会議規則という三層構造が見られるが（四1）、とくに委員会条例などの位置づけやその会議規則との所管区分には、公選議会としての自律権からみて疑問が多い（四2）。

このように現行法の定める機関関係や議会制度にはさまざまな問題があるが、それには、自治制度へのアプローチがほぼ行政組織法・地方行政組織法といった観点から行われたという事情が関係しているかも知れない。自戒を込めて言えば、本稿で試みたように、そこにも憲法・議会法といった視点を導入して再検討する必要があるように思われる[51]。

51　むろん、これまでも「行政法学のみならず、憲法学、税法学を含む財政法学などの関連法律学」が地方自治に強い関心を寄せてきたことは（塩野・前掲書126頁）、衆知の通りである。ただ、議会を取り扱う際も、「地方行政組織法上特に注目すべき問題に関するもの」に焦点を当て、委員

（2）　さて、本稿の冒頭で紹介したさまざまな制度改革を通覧すると、現行憲法の下でも地方自治制度のあり方が実に多様なものでありうることがよく判る。その意味では、地方自治は変更可能性に富む制度ということになるが、このことは、現行憲法の地方自治に関する規律の密度が低い——憲法第92条ないし第95条の概括的な規定しかない——ことを示している。その規律内容が緻密であれば、これほどまでにその内実が揺れ動くということはなかったであろう。

そうだとすると、かつて最高裁判所は、特別区区長公選制の廃止が問題になった時、普通地方公共団体がもつべき「地方自治の基本的権能」として、「相当程度の自主立法権、自主行政権、自主財政権等」を述べたが（最大判昭和38年3月27日）、この憲法解釈として示された趣旨をより具体化し、その内容を憲法典に明文化して地方自治の充実を図ることは、十分考えられる選択肢というべきであろう。

実際、一連の地方分権改革において指導的な役割を果たして来た論者も、「国会による自治権侵害を防ぐ手立て」の一方策として、「憲法に『地方自治の本旨』を具体化した諸条項を設け、この国会制定法は憲法のこれらの諸条項に反しているので無効であると、最高裁が違憲判決を下す余地を拡大すること」を提案している[52]。

　　会条例や会議規則などの問題を除外する傾向があったこと（藤田宙靖『行政組織法』〈有斐閣、2005年〉223頁以下参照）も、また事実である。

52　西尾・前掲書244頁。そこでは、他の方策として「国会そのものを地方自治の砦に変えていく」ための参議院組織改革論も説かれているが、その地方自治条項改正論は、年来の主張でもある。西尾　勝「『地方自治の本旨』の具体化方策」東京市政調査会編『分権改革の新展開に向けて』（日本評論社、2002年）47〜48頁参照。

議場構造の憲法学

赤　坂　幸　一

一　国会議事堂の建築理念と議院制度
二　明治初年の公議空間
三　帝国議会の議場構造
四　議場構造の憲法学

　「現在、これしかないと考えられている現実も、本当は誰かが一所懸命考えたり、あるいは偶然の結果できあがったものだとわかります」（山崎正和ほか「『明治の東京計画』藤森照信著〈書評鼎談〉」文藝春秋62巻2号（1984年）290頁）。

一　国会議事堂の建築理念と議院制度

　統治機構が作動するためには具体的な「場」が必要である。この「場」は、歴史的な事情・偶然性を背景としつつも、制度の理念を踏まえて構想されるのが通例であるが、いったん設定された「場」は、翻って制度の運用を規定する。とりわけ議会建築が議院制度のあり方と密接に関係していることは、例えば現国会議事堂の建築に携わった小島栄吉が「議事堂建築の施工に就て[1]」において次のように述懐していることからも推察されよう。いわく、「……長い間の工事でございます為に、……議院の制度が更り、或は議員数が殖える、或いは書記官長、議長が迭る度に、一旦決って其通りに施工して居るのが、途中変更が起ったり、追加があったり致しまして、坪数が殖え、非常に工事を施工するには、困った不便と云うやうなことが多々ありました」〔傍点筆者〕と。
　同じく池田譲次「議事堂建築余談[2]」も、「日本の国の立憲国であると云ふことを象徴する所の唯一の建築」であるところの帝国議会議事堂について、「日本建

1　小島栄吉「議事堂建築の施工に就て」建築雑誌51輯623号（1937年）213頁以下。
2　池田譲次「議事堂建築余談」建築雑誌51輯623号（1937年）211頁。

築の様式を取入れたのでは失敗の危険があり、徒に西洋の様式に倣ったのでは面白くない。結局さう云ふ風な流派形式に捉はれないで、日本の議院の本質を十分生かして、流派、形式を超越したものをやらうと云ふ気持で造られたのが、此の議事堂であります」〔傍点筆者〕と述べている[3]。

実際に竣工に至るまでには、「最も大切な設計図並に各種の重要書類を始めとして、外国人の設計した図面[4]や、国内国外から苦心して集められた色々な参考資料、標本、模型等は、丁度大蔵省にあったものでありますから殆ど焼けてしま」い、設計を再度行う必要がったが、関係者の尽力により、手元の記録・記憶を辿りつつ設計図を再び元通りにまとめて工事が続行された[5]。その際、大枠に変更はなかったが、普選の実施などを受けて、一旦出来た議場関連施設を再び壊して造り直すこともあったという。このような苦心の末に完成をみた現在の国会議事堂は、扇形・階段状に設けられた議員席に国務大臣席が一段高く対置されており（いわゆるひな壇）、これは初代仮議事堂以来のドイツ帝国議会型を継承したものだとされている[6]。

それでは、そのような議場構造が採用された背景には、どのような制度理念や歴史的事情が存したのであろうか。本稿では、明治初年以来の議事制度の理念及び議事空間の理解を見た上で（二）、わが国における議事堂の建築史に見る議場構造を検討し（三）、最後に、そのような議場構造が含意する憲法上・政治思想史上の意義について考察することとする（四）。

なお、明治14年10月の国会開設の詔を承けて、議事堂の建築はまずコンドル（Josiah Conder, 1852-1920）やエンデ（Hermann Ende, 1829-1907）・ベックマン（Wilhelm Böckmann, 1832-1902）の官庁集中計画の一環として構想された。これらの官庁集中計画については、建築史学の領域に於いて重要な業績が陸続と公刊されており[7]、本稿では、とくに議場構造に纏わる民主制理論を探究するに必要な限り

3　もっともこれは、いわゆる「様式論争」を踏まえて、その不毛さ（参照、家魔投「吾等の意見(1)」建築雑誌24輯282号（1910年）292頁）を説いたものとも解しうる。

4　関東大震災により、明治期にドイツ人建築家が作成した設計図など、貴重な書類が全て焼失したという（大森とく子「国会議事堂と各省庁庁舎──その建築の記録」ファイナンス17巻5号（1981年）72頁）。

5　「新議事堂雑話」土木建築工事画報昭和11年11月号231頁は、これを「記憶設計」と表現する。大熊喜邦「帝国議会議事堂の建築を語る」同前225頁。

6　大森・前掲「国会議事堂と各省庁庁舎」72頁、大熊喜邦「帝国議会議事堂の建築を語る──承前」土木建築工事画報昭和11年12月号259-260頁。

で、議事堂建築史を概観することとしたい[8]。その際、ドイツ人建築家の動静やそれを取り巻く日本人建築家・技術者の動向、およびドイツ帝国議会の設計構想とわが国の３次にわたる仮議事堂の建設構想、ならびに内閣・内務省・大蔵省の数次にわたる議院建築計画とが複雑に入り組み、併行しつつ進展していることから、①諸外国の議場構造、②ドイツ人建築家の動静、③仮議事堂の建設、④議事堂本建築の進展、および⑤日本人建築家の動向に着目した別稿の年表[9]も適宜参照されたい。

二　明治初年の公議空間

1　公議理念と議場形式への着目

　すでに明治維新前後におけるわが国への立憲思想の紹介・導入に際して、公議理念と共に、公議を形成する場の形式に着目した議論が行われていた。例えば『村垣淡路守渡米日記』（万延元年）は、アメリカ国情調査の一環として米国議会議事堂の構造に着目した報告を含んでいるし、渋沢栄一『航西日記』（慶応３年）も、イギリス議会の議場の風景を伝えて興味深い。とりわけ、幕末期の議会構想を示す「議事院規則案」（憲政資料室収集文書1116、推定慶応３年12月）は、「上下両院の設置、下院における諸藩以外からの『有材ノ者』の登用を構想し、イギリス議会にならった議席の配置図、議事録の配布方法、開会時の議院の作法等の実際的規定をも提示[10]」するもので、興味を惹く。

　このように、幕末維新期において、公議のあり方（議事法および議事体構成法）と公議の「場の形式」とは、一体のものとして構想されていたのである。

7　代表的なものとして、藤森照信「エンデ・ベックマンによる官庁集中計画の研究、その(1)～その(5)」日本建築学会論文報告集271-281号（1978-1979年）、同『明治の東京計画』（岩波書店、1982年、岩波現代文庫2004年）、堀内正昭『明治のお雇い建築家　エンデ＆ベックマン』（井上書院、1989年）、清水英範「コンドルの官庁集中計画に関する研究」土木学会論文集Ｄ２（土木史）68巻１号（2012年）49-68頁がある。

8　このテーマに関する日本政治史学の先行研究として、清水唯一朗「議場の比較研究(1)　日本の国会議事堂と議場」（『SFC研究所日本研究プラットフォーム・ラボ　ワーキングペーパーシリーズ』No. 5、2013年７月）、奈良岡聰智「議場構造論——ひな壇廃止論をめぐる攻防を中心として」御厨貴・井上章一編『建築と権力のダイナミズム』（岩波書店、2015年）35頁以下がある。

9　赤坂幸一「統治機構論探訪14　政治空間と法——議場構造の憲法学」法セミ（2018年６月号）90頁。本稿は、この論稿を大幅に加筆・補完したものである。

10　『議会開設百二十年記念　議会政治展示会目録』（国立国会図書館、2010年）５頁。

2　西欧型議事法の受容

その後、明治初期に議事法の形成・研究を担ったのが議事体裁取調所（明治元年9月）である。その調査は旧幕府の洋学研究機関たる開成所の知識人を中心として行われ、諸藩士・旧幕臣を招集し徳川側の戦略の参考にしようとした開成所会議[11]（戊申正月中旬）や、徳川家政改革の一環として設けられた旧公議所[12]にまで遡る。かつて、この前者の運営を担ったのが神田孝平・渡辺一郎・柳河春三らの開成所関係者であり、後者の創設を主導し、その運営規則たる「公議規則」を立案したのも、神田孝平・加藤弘之・西周・津田真道ら、開成所関係の開明的知識人であったという[13]。

そもそも、議場を設けて議題を定め、討論を経て議決するという議事制度が広く知られるようになるのは、もう少し後、福沢諭吉ほかの『会議弁』（明治6年）によってであるが、すでに幕末維新期以来、前述のような公議理念・議事制度の紹介ないし検討が行われ、この「公議規則」においても、①議長たる「頭取」と運営委員たる「公議掛」が議場の秩序維持及び議事進行を担当し（議長職・議事運営委員）、②一般参集者の提案は公議掛に提出して頭取が取捨し、また各総裁局の提案は直接頭取に提出することとなっていた[14]。さらに、③討論に際しては直接の応答が許されず、必ず議長職を介して応対すべきものとされ[15]（一定の議事法）、④衆議が一致しがたいときは「衆説」（多数決）により決すべきものとされていた。

11　この「開成所会議」については、尾佐竹猛「戊申正月中旬　会議之記　開成所」新旧時代2巻8号（1926年）51-59頁、開成所「会議之記」明治文化研究会編『新聞会叢──幕末秘史』（岩波書店、1934年）所収、および原口清「江戸城明渡しの一考察」（同『戊辰戦争論の展開』（岩田書院、2008年）所収）276-278頁以下を参照。

12　新政府の上下議事所が公卿・諸侯・諸藩士など上層階級に限られていたのに対し、旧幕府側の旧公議所は、旧幕臣・諸藩士・百姓・町人までを幅広く糾合するものであった。

13　原口・前掲論文277-289頁。

14　原口・前掲論文287-288頁。公議規則の草案に当たる神田孝平「会議法則案」（慶応4年1月）では、議長は「演説方」とされ（Speaker の訳語）、他方、運営委員たる「公議掛」への言及は見られない。参照、神田孝平「会議法則案」（松本三之介・山室信一校注『言論とメディア』（岩波書店、1990年））271-273頁。公議規則の規定からは、旧公議所が、建白受理機関たる性格と、諮問事項・建白事項に関する諮問的議事機関たる性格を併有していたことが看取される。

15　これがイギリス・モデルの議事法に由来することについては、赤坂幸一「統治機構論探訪15　議員特典再考」法セミ762号（2018年）71頁を参照。

3 公議所と集議院

このような西洋型議事法の受容が進む中、わが国で実際に活動した最初の本格的な議事機関としては、五箇条の御誓文の趣旨を体現すべく旧姫路藩邸に設置された公議所がある[16]（明治2年3月7日）。維新期の流動的な政治状況の中にあって、御誓文に謳われた公議理念の制度化は、新政府の正統性を確立するための喫緊の課題であったと言って良い[17]。そのために設置された新政府側の公議所には、諸藩の存続を前提に、各藩・諸学校[18]一名ずつの公議人（任期4年、2年ごとの半数改選、25歳以上）が選出され、各公議人は議案を付して建言することができた[19]。公議所の任務は「律法の定立」とされたが、実際には政府の諮問に対する答申を主たる目的としており[20]、かつ5分の3の多数を得た議案は議長より「天裁ヲ乞フ」ものとされた。審議に際しては委員会制度（分課制度[21]）および三読会制に類似した審議方式が用いられ、審議に際して執政官に対する質問を行うことも予定されていた[22]。

これら明治維新後初期の議事法の形成は、旧公議所以来の流れをくみ、旧幕府開成所出身の洋学者を中心として行われ、主としてイギリス・モデルを参照しつつ、具体的には神田孝平・津田真道・加藤弘之らが編集した「公議所法則案」

16　公議所は明治2年3月から6月にかけて22回の会議を開いたが、その内容は「公議所日誌」および「官板議案録附決議録」で確認することが出来る。

17　宮地正人『幕末維新期の社会的政治史研究』（岩波書店、1999年）312頁。それは、いわゆる公議政体派諸侯と、岩倉を中心とする公議「後退」派の両者に共通する課題であった。両者が各々異なった公議理念を抱きつつ、公議所運営で対立した経緯については、山崎有恒「公議所・集議院の設立と『公議』思想」（明治維新史学会編『維新政権の創設』（有志社、2011年）所収）118頁以下、および寺島宏貴「『公議』機関の閉鎖——新旧『公議所』と集議院」日本歴史786号（2013年）54頁以下を参照。

18　国立公文書館蔵「学校ニ令シ諸学校ヨリ公議人一名公議所ニ出サシム」（明治2年2月8日）。

19　もともと各藩から選出された公議人がいたが、明治元年11月19日に議事体裁取調所が設置されて公議人を管轄し（於東京大手町一丁目旧姫路藩邸）、この議事体裁取調所に公議所が設けられることとなった。参照、国立公文書館所蔵「議事体裁所ヲ建設シ諸藩公議人ヲ管轄セシム」（明治元年11月19日）、同「公議所ヲ議事体裁所ニ設ク」（明治元年12月6日）。

20　入江宏「公議所議員の学校論——喜連川藩公議人秋元予級録『学校建言集』を中心に」宮地正人『明治維新の人物像』（吉川弘文館、2000年）224頁。

21　入江・前掲論文228頁以下。

22　国立公文書館所蔵「公議所法則案ヲ議員ニ付ス」（明治元年12月）、アジ歴所蔵「記録資料・公議所法則案」（明治元年12月）。これとは別に、五官より高等官4等以上1名ずつが参加すべきこととなっていた。参照、国立公文書館所蔵「公議所開議ノ日ヲ定メ四等官以上一人ツ、出席セシム」（明治2年2月8日）、「来七日公議所開議ニ付五官ヨリ四等官以上一人ヲ出サシム」（明治2年3月5日）。

【図1】公議所の議席配置図

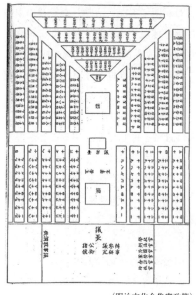

（明治文化全集憲政篇）

（明治元年12月）として結実した[23]。その議場空間も、対面式を基本としつつ、馬蹄型の要素を取り込むもので、主としてイギリス及びコモンウェルス諸国で見られる様式である（【図1】）。

儒者・士族層を中心とする公議人と、議事運営を担った開成所以来の開明派知識人との欧化路線を巡る対立（廃刀論など）を契機に公議人の議論が過激化し[24]、公議所は集議院に改組されたが（明治2年7月）、この集議院も公議所と同様の審議規則を有していた[25]。もっとも、これら公議所・衆議院といった明治初期の議事機関は、その存立の主たる根拠を藩に有していたのであって、明治4年7月の廃藩置県により形骸化することとなる[26]。

ここでは、明治初期の公議空間が、少なくともその主要部分において、イギリス型の議事法・議場構造を基礎として形作られていたことを確認しておこう。

三　帝国議会の議場構造

1　コンドルの議院建築計画

その後、明治14年の国会開設の詔を経て、議会の開設が具体的な日程に上るようになると、明治17年9月の井上馨の上申に端を発する官庁集中計画が持ち上

23　山崎有恒「明治初年の洋学者と議会制度導入」日本歴史554号（1994年）。
24　山崎有恒「『公議』抽出機構の形成と崩壊」（伊藤隆編『日本近代史の再構築』（山川出版社、1993年）所収）57頁以下、同「明治初年の公議所・集議院」（鳥海靖ほか編『日本立憲政治の形成と変質』（吉川弘文館、2005年）所収）15頁以下、及び同「公議所・集議院の設立と『公議』思想」（明治維新史学会編『維新政権の創設』（有志舎、2011年）所収）118頁以下。
25　国立公文書館所蔵「重ネテ集議院規則ヲ定ム」（明治2年9月）、同「記録材料・集議院規則」（明治2年9月）。
26　公議・公議所の基盤と動揺につき、清水・前掲論文5-6頁も参照。

がり、この事業のために太政官に籍を移したコンドルが、2種類の官庁集中計画と共に、2部の議院建築計画を作成したことが知られている[27]（明治18年1月頃）。日本建築学会図書館・妻木文庫に遺るコンドル自筆の議事堂平面図は、建築費を抑えたプランBに該当するものと思われるが、ここで注目されるのは、右側の上院がイギリス方式、左側の下院がフランス方式という珍妙な議場構造が採用されている点（【図2】）、それにも拘らず、コンドル自身は、自筆のプランB説明文（英文）及びその翻訳（太政官罫紙4枚）において、この点につき何らの説明をも加えていない点である。

後に見るように、議席配置が示す政治図像学的意義は、イギリス型（対面型）とフランス型（半円型）とでは全く異なっており、本来的には公共体（Gemeinwesen）の統一性をいかに確保するか、という問題に関わっている（⇒4）。そこには支配の正統性をめぐる象徴的な政治的意義が含まれているのであり、両者を結合するには相応の説明が必要になるはずである。この点についての説明が（そして両院の機能の相違についての説明が）欠けているということは、コンドルがこの点について明確な意図までは有してはいなかったことを窺わせる。何よりも、明治

【図2】コンドルの議場構造案

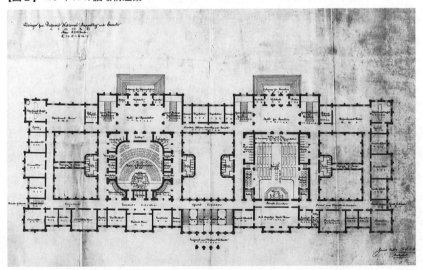

27　藤森・前掲「エンデ・ベックマンによる官庁集中計画の研究、その1」133頁。

18年初頭には、明治憲法体制の明確なイメージは未だ固まっていないのであっ
て、理念不在のまま明確な議場構造を具体化すること自体、困難であっただろ
う。以上を踏まえれば、議場構造の象徴的側面を度外視し、専ら「建築の物理的
側面[28]」から、この時期の珍奇な議場構造案について、その審議上の機能をイ
メージすることには、いささか無理があると言わざるを得ない[29]。

2　ドイツ派への傾倒

　コンドル案が提示された後、1886（明治19）年2月に官庁集中計画のため内閣
に臨時建築局（総裁井上馨）が設けられ、その一環としての帝国議会議事堂の建
設予定地についても、1887（明治20）年4月に現在の麹町区（現千代田区）永田町
に決定された[30]。しかし、その設計者として白羽の矢が立ったのは、コンドルで
はなく、ドイツのエンデ＝ベックマン事務所であった。

（1）ベックマンの来日

　というのも、井上馨がコンドルの立案した官庁集中計画（明治18年1月）を物
足りなく感じていたこと[31]、また伊藤博文がコンドルへの一極集中をかねてより
懸念していたことから[32]、井上馨は、コンドル案を拒否しつつ、コンドルの母国
イギリスの建築家協会に改めて人選を依頼したのである。しかし、イギリス側は
コンドルや工部大学校教授のお雇い外国人に対する日本政府の処遇[33]に対する不

28　佐藤信「議事堂をめぐる政治──国会議事堂研究序説」御厨貴・井上章一編『建築と権力のダ
　イナミズム』（岩波書店、2015年）5頁。
29　清水・前掲論文は、このコンドル案を評して、「上院はイギリス型、下院はフランス型という議
　場の設計、天皇・大臣室を右側に、議長・議員室を左側に配した議事堂の内部設計から、予定
　されていた議事の進行を考えてみると、上院から下院という流れが見えてくる。政府・与党と野党
　の議論によって、場合には天皇が臨御して行われた結論が下院に回付され、下院では閣僚は出席
　せず、報告員がこれを伝えるかたちが想定されていると見られる」と述べる。しかし、上下両院
　の構成・権限関係も全く不明である中、しかも下院には当然に閣僚は出席しないとの想定の下に
　（フランスでは最前列に政府構成員が着席する）、天皇が予め臨御した場で得られた結論が、下院
　で改めて審議されるという見立てには、やはり無理があろう。
30　この内閣臨時建築局の技師となったのが、米国コーネル大学の建築学士として帰国間もない妻
　木頼黄（1859-1916）であった。以後、議事堂建築は妻木の悲願となり、内務省・大蔵省の技官
　として議事堂建築を主導することになる。参照、金山弘昌「妻木頼黄と日本橋の意匠」人文科学
　27号（2012年）76-77頁。
31　鈴木博之・藤森照信・原徳三（監修）『「鹿鳴館の建築家ジョサイア・コンドル展」図録』（建築
　画報社、2009年）10頁及び88頁。
32　佐藤・前掲論文8頁。
33　フランス人ボアンヴィル（Charles Alfred Chastel de Boinville, 1850-1897）及びイギリス人
　ディアック（John Diack, 1828-1900）は体系的な建築学の講義を行えず、学生たちの不満を受け

満もあって、非協力的であった[34]。しかも、当時の国際情勢の関係上、条約改正を実現するためにはドイツ帝国政府からまず承諾を得る必要があり、同政府との良好な関係を築くためにドイツ帝国政府推薦の建築家に依頼する戦略が採られた[35]。加えて、当時のドイツ帝国は普仏戦争に勝利したビスマルク得意の時代であって、日本と同じく市区改正に取り組んでいる最中で、わが国の良きモデルたり得た。こうして臨時建築局は、ドイツ帝国政府と関係の深いエンデ・ベックマン事務所[36]と契約することになり、1886（明治19年）4月28日、まずベックマンが来日することとなる[37]。

エンデおよびベックマンはともにベルリン建築アカデミーで学び、奨学金・賞金をもとに二年間イタリア等を周遊した後、1859年に同時に建築士の資格を得、翌1860年共同でエンデ・ベックマン建築設計事務所を開設している。当時エンデは芸術アカデミー会員兼ベルリン工科大学教授にして土木建設省顧問、ベックマンも建築家協会会長にしてドイツ建築新聞（Deutsche Bauzeitung）を創刊するなど、華々しい活躍を見せていた[38]（【写真1】【写真2】）。そもそも井上馨がドイツ帝国政府に建築家の招聘を打診した際、その交渉相手が土木建築アカデミーの建

て雇い止めとなった。ボアンヴィルはフランス人ではあるが、イギリス人建築家ホワイトに師事し、ホワイトは当時、イギリス王立建築家協会の事務局長を務めていた。コンドルも同協会の構成員である。なお参照、藤森照信『日本の近代建築（上）』（岩波新書、1993年）166-169頁。

34　藤森照信「赤レンガ棟の誕生」司法法制部季報113号（2006年）152-153頁。藤森・前掲「エンデ・ベックマンによる官庁集中計画の研究、その1」133頁も参照。

35　大熊喜邦「議事堂建築の概要」建築雑誌51輯623号（1937年）197頁、同・前掲「帝国議会議事堂の建築を語る」209頁。

36　両者は1860年にベルリンで共同の建築設計事務所を構え、1872年・1882年に行われたドイツ帝国議会議事堂コンペにネオバロック様式の設計案をもって臨んでいる。もっともエンデ・ベックマン事務所がドイツにおいて官庁設計に関与したのは、この帝国議会議事堂案（1872年2等、1882年3等）と、ハンブルグ市庁舎のコンペ案（1867年）、西プロイセン州議会の建築物のみであった。それゆえ同事務所にとって明治の官庁集中計画は、国家的な規模を持つ最重要の案件であったと言える。参照、堀内正昭「エンデ・ベックマンとドイツ——司法省・東京裁判所・警視庁案の再検討」日本建築学会東北支部研究報告集47号（1986年）9-16頁、同「ヘルマン・エンデの経歴について——日本招へい時（1886）のエンデの地位」東海支部研究報告集25号（1987年）517頁。

37　伊東忠太ほか「明治建築座談会〈第1回〉」建築雑誌47輯556号（1932年）35-36頁。なお、ベックマンが帯同した助手ハインリヒ・メンツ（Heinrich Mänz）に焦点を当てた研究として、堀内正昭「来日ドイツ人建築家ハインリヒ・メンツの経歴と建築作品」日本建築学会関東支部研究報告集（2006年）425-428頁も参照。

38　両者の経歴については、堀内正昭「エンデ・ベックマンの経歴について」研究報告集・計画系56号（1985）269-272頁、同「日本に影響を与えたドイツ人建築家たち」『東京都江戸東京博物館研究報告第13号』（江戸東京博物館、2007年）81-119頁、および関野貞「最初の議院建築の設計者エンデと其貢献」新旧時代第2年、第3冊10-11頁を参照。

【写真１】ベルリンに残るエンデ通り　　【写真２】同じくベックマン橋

(筆者撮影)　　　　　　　　　　　　　　　　　　　　　(筆者撮影)

築部長代理、ヘルマン・エンデその人であった[39]。日本政府の招請に応じて来日した建築参事官ベックマンは、妻木等のドイツ留学を建議した後、明治19年6月30日、議院・司法省・裁判所の建築実施を目的として[40]、日本政府との間に高等建築参事官として5年契約（いわゆるベックマン条約）を締結することになる[41]。

（２）ドイツ派の形成

このベックマン招聘に与って力があったのが、造家学会（後の建築学会）の創立委員にして、孝明天皇の落胤との風聞[42]もあった松ヶ崎万長（1858-1921）である。松ヶ崎は岩倉使節団の随員としてベルリンに渡り、12年間を同地で過ごし

39　堀内・前掲「ヘルマン・エンデの経歴について」519-520頁。
40　当初、ドイツ人建築家の招聘方針は、(a)プロジェクトの起工にとどまり、(b)設計図の作成や(c)建築全体の請負契約については、日本政府の都合に応じて後の判断に委ねることとされていた（藤森・前掲「エンデ・ベックマンによる官庁集中計画の研究、その１」134-135頁）。ベックマン条約により、日本政府側は(b)・(c)の段階にまで踏み込んだと言えよう。
41　関野・前掲論文12頁。
42　藤森照信「近代日本の異色の建築家——なぞの出生に反逆した松ヶ崎万長」科学朝日42巻1号（1982年）77-80頁（のち近江栄・藤森照信『近代日本の異色建築家』（朝日選書、1984年）3章以下に所収）。しかし近年の周到な研究により、松ヶ崎の経歴についてはほぼ明らかとなっている。岡田義治・初田亨「松ヶ崎万長の経歴と作品——松ヶ崎万長の作品研究３」学術講演梗概集Ｆ２・建築歴史・意匠（1996年）77-78頁、同「松ヶ崎万長のドイツ留学中の経歴——松ヶ崎万長の作品研究４」学術講演梗概集Ｆ２・建築歴史・意匠（1997年）67-68頁、同「建築家　松ヶ崎萬長の初期の経歴と青木周蔵那須別邸——松ヶ崎萬長の経歴と作品（そのⅠ）」日本建築学会計画系論文集514号（1998年）233-240頁、同「建築家　松ヶ崎萬長の後期の経歴と作品——松ヶ崎萬長の経歴と作品（そのⅡ）」日本建築学会計画系論文集519号（1999年）279-286頁。
　なお、松ヶ崎家には萬長の長男（明長）の妻（淑子）が認め伝承し来たった萬長に関する記録が現存するとのことであるが（同「建築家　松ヶ崎萬長の初期の経歴と青木周蔵那須別邸」注7）、稿者未見である。

た[43]。わが国最初期のドイツ派建築家であり[44]、帰国後の明治19年、いわゆる官庁街集中化計画の実現を使命とする臨時建築局の筆頭建築家となり、外務次官・造家学会初代会長の青木周蔵とともに、エンデやベックマンの招聘に尽力する[45]。

　見逃してはならないのは、日本の官庁集中化計画実現のために、エンデ・ベックマン事務所の関係者が来日する一方で、河合浩蔵、妻木頼黄、渡邊譲らの日本人建築家、およびその他の留学生たちが、1887（明治20）年からベルリンに留学していることである[46]。そもそも明治10年代には、建築家という職業類型が社会的に認知されておらず、わずかに工部省においてコンドルの弟子たちが、お雇い外国人の建築家が手掛けなかった分の木造洋風建築を担当していたに過ぎなかった[47]。若手のコンドルのもとで学んだ建築家を、自らの事務所で再教育しようとしたわけであり[48]、このことが昭和初期まで続くドイツ派の形成に寄与した[49]（実際、帰国後の妻木は、内務省及び大蔵省の官僚建築家のトップとして、大蔵省・内務省・日本赤十字社本社をはじめとする明治政府の重要建築をドイツ様式で手掛け、また国会議

43　その間の経緯については、岡田義治・初田享「松ヶ崎萬長のドイツ留学中の経歴」日本建築学会大会学術講演梗概集（1997年）67-68頁を参照。

44　臨時建築局時代に松ヶ崎の部下であった妻木頼黄（1859-1919）、河合浩蔵（1856-1934）、渡邊譲（1855-1930）らは、後にドイツ・モデルに依拠した大規模な様式建築の設計を手掛けることになる。この三者の折り合いは悪く、生涯一度もともに設計を手掛けることはなかったが（北原遼三郎『明治の建築家・妻木頼黄の生涯』（現代書館、2002年）118-119頁）、ドイツ派は大蔵省・内務省（妻木）と法務省（河合）を拠点に命脈を保った。しかし、若手建築家の育成はイギリス派の首領・辰野金吾が統括する東京帝大が主導したことから、ドイツ派は次第に弱体化することとなる（増田彰久ほか『失われた近代建築　Ⅰ都市施設編』（講談社、2009年）136頁〔藤森照信執筆〕）。明治から昭和初期の建築界におけるイギリス派・ドイツ派・フランス派の角逐・盛衰については、藤森・前掲『日本の近代建築（上）』209-267頁を参照。

45　松ヶ崎については伊東忠太ほか「明治建築座談会〈第2回〉」建築雑誌47輯566号（1933年）34頁以下も参照。

46　伊東忠太ほか・前掲「明治建築座談会〈第1回〉」44-46頁、伊東忠太ほか・前掲「明治建築座談会〈第2回〉」25-26頁、河合浩蔵「渡邊博士を弔う」建築雑誌537号（1930年）1880頁以下、湯目甫「明治初期獨逸留學當時の思出――市河、佐々木兩翁の談」セメント工業27巻8号（1937年）7-9頁、堀内正昭「ドイツにおけるエンデ＆ベックマンの建築遺構について」日本建築学会大会学術講演梗概集（1995年）481頁、同・前掲「旧W・ベックマン邸（ベルリン、1886年）の文化財としての価値について」301-302頁、同・前掲「日本に影響を与えたドイツ人建築家たち」91-93頁、藤森・前掲『日本の近代建築（上）』197頁。

47　藤森照信『国家のデザイン』（三省堂、1979年）101頁。

48　藤森・前掲「赤レンガ棟の誕生」153頁。しかし、コンドルとベックマン自身は友好的な関係を構築し、河合浩蔵らがエンデ＝ベックマン事務所に留学する際にも、途中まで同道している。参照、堀内正昭・藤森照信「ベックマン『日本旅行記』について」建築史学7号（1986年）122頁。

49　堀内ほか・前掲「ベックマン『日本旅行記』について」94-95頁、堀勇良「ドイツから影響を受けた日本人建築家たち」『東京都江戸東京博物館研究報告第13号』（江戸東京博物館、2007年）121-145頁。

事堂の建築をめぐってイギリス派の辰野金吾と文字通りの死闘を演じることになる[50]（後述三5(1)））。

（3）留学生の見た議事堂案

こうして1886（明治19）年11月、臨時建築局より建築技術者・留学生等、併せて20名余が松ヶ崎萬長の斡旋によりエンデ・ベックマン事務所（兼ベックマン旧邸[51]【写真3】）に派遣されたが、そのうちの2名、市河亀吉・佐々木林蔵の回顧によれば、「臨時建築局の仕事は帝国議事堂や其他の諸官衙の建築であって、独逸へ行って見ると、ベックマン建築会社では既に之等の設計が出来上って居って何でも半蔵門に船が入る様になって」いた。また同事務所は「独逸の議事堂其他沢山の工事を請負って」おり、「在独中最も大きな工事は独逸議事堂の建築」であったという。ベルリン留学中の妻木は、エンデ・ベックマン事務所で建築実務を学ぶ傍ら、同地でわが国の国会議事堂案の作成に従事した[52]。

【写真3】ベックマン旧邸

（ベルリン、筆者撮影）

留学生たちは、3年間の研修を終えて帰国する際の明治22年1月、再びドイツ船舶で帰国する船中で、憲法発布の報に接することになる[53]。

50　詳細については『明治建築をつくった人々　その四　妻木頼黄と臨時建築局——国会議事堂への系譜』（博物館明治村、1991年）及び増田彰久ほか『失われた近代建築　Ⅱ文化施設編』（講談社、2010年）78頁〔藤森照信執筆〕）。藤森は言う、辰野と妻木の「どっちがやっても、今の実現した国会議事堂よりはよくなったにちがいないが、妻木の方がよりよかったという説に、私としては残念ながら同意せざるを得ない」と（同上）。

51　堀内正昭「ベルリンの旧ベックマン邸（1886年）の保存状況と文化財的価値」日本建築学会関東支部研究報告集Ⅱ71号（2001年）405頁以下も参照。なお旧ベックマン邸のファサードを手がけたのは、ドイツ帝国議会議事堂の装飾を手がけた彫刻家、Otto Lessing（1846-1912）である（堀内正昭「旧W・ベックマン邸（ベルリン、1886年）の文化財としての価値について」日本建築学会計画系論文集553号（2002年）300頁）。

52　堀内・前掲「日本に影響を与えたドイツ人建築家たち」93頁、同「広島臨時仮議事堂（竣工1894年）における議場小屋組の構法について」学苑・環境デザイン学科紀要873号（2013年）33頁。

53　以上、湯目・前掲「明治初期獨逸留学當時の思出」7-9を参照。

3 エンデ・ベックマンの議事堂案

さて、ベックマン及び助手メンツの作業は順調に進展し、1886（明治19）年5月12日には議事堂のファサードのスケッチ案および1階・2階平面図を青木周蔵に提出している。5月28日には日本政府より議事堂案に対する賞賛を受け[54]、6月18日には首相・伊藤博文に議事堂及び司法省の完成図面・見積、くわえて6項目の建白書を提出している[55]。こうして6月24日、ベックマンは青木周蔵とともに明治天皇に拝謁し、議事堂及び司法省の主要平面図とパース、ならびに大規模な首都改造計画図につき説明したところ、明治天皇は――ベックマンの予期に反して――図面の譲渡を希望し、ベックマンは驚きつつもこれを承諾している[56]。これを踏まえて6月30日、ベックマンは議院・裁判所・司法省の建設実施を目的として、上述の高等建築参事官契約（5カ年。いわゆるベックマン条約）を日本政府と締結した。

ベックマンは7月2日に帰国の途に就くが、翌20年5月4日、今度はエンデが議院・司法省・裁判所の設計図面（議事堂の設計担当者は後出のケーラー[57]）を携えて来日し、同12日、これらを天覧に供した。ベックマン邸に滞在した留学生が見たという議事堂その他の諸官衙の設計図は、この携行案作成時のいずれかの段階のものと推察される。エンデ滞在中の7月11日、日本政府はエンデ・ベックマン事務所と議院官衙の設計・工事監督契約を締結し、議事堂の工事監督担当者をベックマン事務所のリヒャルト・ゼール（Ludwig Richard Seel, 1854-1922）、及びアドルフ・シュテークミュラー（Adolf Stegmüller, 生没年不詳）に決定した[58]。

---

54 明治19年6月3日付の毎日新聞記事によると、建築局雇メンツは同日までに国会議事堂の測量及び図面調製を終えて担当部局に提出している（堀内・前掲「来日ドイツ人建築家ハインリヒ・メンツの経歴と建築作品」426頁）。

55 この議事堂案はベルリンに持ち帰られ、エンデ・ベックマン事務所でさらに錬成されたが、結局日の目を見なかった（堀内ほか・前掲「ベックマン『日本旅行記』について」123頁）。

56 以上につき堀内ほか・前掲「ベックマン『日本旅行記』について」102-113頁を参照。このときベックマン及びメンツの作成した主要平面図（作業原案となる基本設計図）は、現在までのところ発見されていないが、翌年エンデが持参する完成図に比して、より大規模なものであったという（藤森・前掲「エンデ・ベックマンによる官庁集中計画の研究、その1」136頁）。

57 堀内正昭『初代国会仮議事堂を復元する』（ブックレット近代文化研究叢書10、2014年）18-22頁。

58 関野・前掲論文15頁。ゼール及びシュテークミュラーについては、堀勇良「外国人建築家の系譜」日本の美術447号（2003年）53-55、91-92頁、堀内正昭「ドイツ東洋文化研究協会（OAG）に所属した来日ドイツ人建築家たち」日本建築学会関東支部研究報告集Ⅱ78号（2008年）369-372頁、および堀内正昭・山田利之「リヒャルト・ゼールの経歴ならびに建築作品について――R・ゼール研究その1」日本建築学会大会学術講演梗概集（2002年）347-348頁を参照。

【図3】エンデ・ベックマンの議場構造案

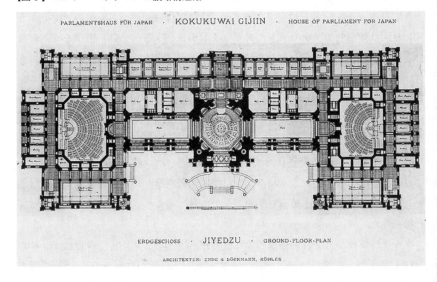

このようにして作成された国会議事堂のエンデ・ベックマン・ケーラー案[59]であるが、その第1次案とされるもの（ドイツ・ルネッサンス方式：日本建築学会図書館所蔵[60]【図3】）は、議事堂の外観（双柱による分節、玄関部、マンサード屋根及びドームなど）及び内部構造の一部（中央ホールの形状やホワイエ付近の配置）において、エンデ・ベックマンのドイツ帝国議会議事堂案及び最優等のヴァロット案との類似性が指摘されている[61]。本稿の関心事である議場構造については、両院ともに政府席が扇形の議員席に対置されるドイツ型の特徴を示している。

ここで止目すべきは、エンデ・ベックマンが本議事堂案を作成するに際して、ドイツ帝国議会議事堂案の設計コンペの場合のような、詳細な条件が付されていなかったと想定される点である。そもそも1886（明治19）年6月は明治憲法の制定に至る遙か前、未だ各議院の権限や対政府・両院間の関係などが未確定の段階であった[62]。エンデ・ベックマンの裁量に委ねられた部分が多かったと想定する

---

59 エンデは来日中、さらに議事堂の略図を作成したという。関野・前掲論文15頁。
60 堀内・前掲「日本に影響を与えたドイツ人建築家たち」94頁。
61 堀内正昭「エンデ・ベックマンの日独国会議事堂案について」研究報告集・計画系56号（1985年）267-268頁。
62 そのため、たとえば上下両院の議場各々に天皇の桟敷席が設けられるなど、後の貴衆両院間のごとき役割分担が顕在化していなかったことが読み取れる。もっとも、明治憲法典が施行されて

ことにも[63]、相応の理由があろう。それゆえ、エンデ・ベックマン事務所として
は、1872・1882年のドイツ帝国議会議事堂の自身のコンペ入賞作をもとに、これ
に手を入れる形で設計図面を作成したのではないかと思われる。

　その後の議事堂建築は、しかし、財政的制約や工部大学校・イギリス派とドイ
ツ派との角逐等を背景に、長らく頓挫した。その経緯についてここで詳しく触れ
ることはできないが、ベックマン・エンデ間の見解の相違[64]や、ゼール等のドイ
ツ人建築家・ドイツ人建築家が建築局の信頼を失っていったこと[65]、及び地質調
査の金額が嵩んだことも、エンデ及びベックマン失脚の一つの理由であったとい
う[66]。ベックマン自身が『インド旅行記』に付した「『日本旅行記』補遺」によ
れば、1887（明治20）年にエンデが来日した時点で既に政治状況が変化してお
り、とくに反政府系新聞が冗費批判を繰り広げ、また外国人建築家への強権付与
を批判したことから、西洋モデルの官庁街集中化計画がとん挫することとなり、
議事堂建築に関しても、議会開設時までの本建築完成が危ぶまれたことから、エ
ンデに対し仮議事堂の設計が依頼されることになったという[67]。

　こうして明治20年にはエンデの解雇[68]および帰国、ならびにコンドルの復権、
外務大臣・臨時建築局総裁たる井上馨の辞職、ドイツ留学中の建築家・職人など
の召還が相次ぎ、翌年3月には松ヶ崎も工事部長を辰野金吾に譲って依頼免職と
なった[69]。

　後、明治43年の議院建築準備委員会においても、貴族院に加えて衆議院に玉座を設けるべしとの
　意見が出されている。玉座をもつ共通の式場を設置する案も出されたが、開院式・閉院式を貴族
　院で行う制度であったことから立ち消えになった。現在の衆議院本会議場の議長席の後ろに御座
　所が設けられているのは、このときの議論の名残であるという（大熊・前掲「議事堂建築の概
　要」200頁）。
63　堀内・前掲「エンデ・ベックマンの日独国会議事堂案について」268頁。
64　ベックマンは官庁街建設予定地の地盤が軟弱なことから計画変更の上帰国したが、代わって来
　日したエンデは当初計画を強行しようとし、大失敗に終わったという。参照、岡田義治ほか・前
　掲「建築家　松ヶ崎萬長の初期の経歴と青木周蔵那須別邸――松ヶ崎萬長の経歴と作品（その
　Ⅰ）」236頁。
65　伊東忠太ほか・前掲「明治建築座談会〈第二回〉」26-32頁。
66　大森・前掲「国会議事堂と各省庁庁舎」73頁。もっとも、以上のような見方自体、「工部大学校
　系の一直線の近代化に対する唯一の横槍ともいうべき臨時建築局」に対する、工部大学校側・イ
　ギリス派側からの批判的見地を反映している点に、留意しなくてはなるまい（藤森・前掲「エン
　デ・ベックマンによる官庁集中計画の研究その1・発端よりベックマン来日まで」131-132頁）。
67　Wilhelm Böckmann, *Reise nach Indien, aus Briefen und Tagebüchern zusammengestellt*, Berlin
　1893, S. 85 f. 堀内・前掲『初代国会仮議事堂を復元する』5‐7、22頁も参照。
68　そのあおりを受けて、建築中だった法務省赤レンガ棟は、当初計画の半分、前方部分だけが建
　築されることになった。藤森・前掲「赤レンガ棟の誕生」157頁。

4 仮議事堂の時代

　以上のような事情から、開設当初の帝国議会は、本建築ではなく、仮議事堂で開催されることとなった。しかし、ここで注意すべきは、同じくエンデ・ベックマン事務所で設計された初代仮議事堂以来、一貫してドイツ帝国議会議事堂型の議場構造が採用されていたことである。すなわち、エンデ・ベックマンが本議事堂の和洋折衷案を設計していた明治20年末頃、巨額の予算及び帝国議会開設時期の切迫に鑑みて、従来の大規模な官庁集中計画を中止し、ひとまず仮議事堂を建築することが決定された[70]。金子堅太郎「議院建築意見」が示すように「万世不朽ニ伝ハル堅固荘厳ナル議院」、「宇内ノ粋ヲ抜キ美ヲ集メ〔た〕一ノ壮麗優美ナル建物」を造ろうとすれば、「経費節倹ノ点ヲ以テ粗悪ナル建物ヲ築ク」ことは許されず、十年以上を要する議事堂建築を前に、仮議事堂を建設すべきことはいわば当然の成り行きであったからである。

　この木造仮議事堂の設計図は、エンデとベックマンがベルリン帰着の上送付してきたものであり、日光や中国・朝鮮視察の成果を反映してか、和七洋三の和洋折衷型木造議事堂であった[71]。しかし、この和洋折衷案は、明治21年1月17日の閣議で「一切日本式を混用すべからず」とされたことから、他の和洋折衷式諸官庁案もろとも、日の目を見なかった[72]。しかも実際に建てられた初代国会仮議事堂

69　前掲『明治建築をつくった人々　その四　妻木頼黄と臨時建築局』66頁、及び岡田義治ほか・前掲「建築家　松ヶ崎萬長の初期の経歴と青木周蔵那須別邸——松ヶ崎萬長の経歴と作品（その I）」236頁。なお伊東忠太ほか・前掲「明治建築座談会〈第二回〉」31頁によれば、以前は臨時建築局に関する様々な書類が内務省に残されていたが、大正12年の大地震の際に消失し、現在は関野が書き抜いておいたものしか現存していないという。関野・前掲「最初の議院建築の設計者エンデと其貢献」10頁も参照。
　　なおまた、松ヶ崎が官を辞したのはエンデらによる議院建築の失敗や、長期の留学により日本語に不自由していたことなどが原因とされる（森井健介・岩下秀男「本会創立者松ヶ崎萬長氏のこと」日本建築学会論文報告集・号外（1996年）725頁）。その後の松ヶ崎は、雌伏期間を経て妻木頼黄のすすめで渡台し、台湾鉄道ホテル（明治41（1908）年竣工）など多くの洋式建築の設計実務を陰ながら支えることとなった（岡田義治ほか・前掲「建築家　松ヶ崎萬長の後期の経歴と作品——松ヶ崎萬長の経歴と作品（その II）」281頁以下）。

70　関野・前掲論文17-18頁。

71　大森・前掲「国会議事堂と各省庁庁舎」68頁によれば、明治21年1月にエンデ＝ベックマン事務所が送付してきた議事堂案は和洋折衷様式で、当局者の意を満たさず、かつ経費も嵩むことから、日本政府はドイツ人との契約を解除し、とりあえず木造仮議事堂を造ることにしたという。

72　この点、エンデ＝ベックマン事務所による東京改造計画自体が、妻木留学中の1887（明治20）年、いったん和三洋七の和洋折衷方式に改められたことに注意を要する（金山・前掲「妻木頼黄と日本橋の意匠」79-80頁）。これらの図面の中では、現在、エンデ＝ベックマン事務所のケーラーによる国会議事堂案、および同国会仮議事堂案（明治20年9月23日）、ハルトゥング（Adolf

は、工期2年5ヶ月を経て1890（明治23）年11月に竣工したものの（於内幸町2丁目）2ヶ月足らずで焼失し[73]、これまで十分な研究の対象となってこなかった[74]。しかし近年の研究の進展により、国会仮議事堂の原案はエンデ・ベックマン事務所案（明治20年）にまで遡り、その後上述の「和洋折衷案」、さらに煉瓦作りから木造に変更した仮議事堂案が作られるという経過を辿ったことが判明している。

すなわち当初、初代国会仮議事堂の設計を行ったのは、エンデ・ベックマン事務所のパウル・ケーラー（Paul Köhler, ?-1888）であったが、ケーラーは病弱であったため来日できず、実施設計を行ったのは同事務所のアドルフ・シュテークミュラーと、内務技師・吉井茂則であったという[75]。この初代国会仮議事堂案の実施平面図（一階平面図及び二階平面図）は、現在、昭和女子大図書館に保管されているが[76]、この仮議事堂はシュテークミュラーが「工事を担任し……仮議事堂は建築の時限短くして一々遠国の指揮を受け難ければ此等の指揮者なくステヒメール氏一人にて一切を計画[77]」した模様で、その基本構造も同時代ドイツの祝典会場（仮設建築物）に似て、いわゆる「ドイツ小屋」方式が採用されていた[78]。

Hartung）による裁判所案、ならびにギーゼンベルク（Edger Giesenberg）担当の海軍省案が知られている（堀・前掲「外国人建築家の系譜」59-62頁）。

73　岡田常三郎『国会議事堂焼失の顛末』（大日本書籍行商社、1891年）。それが議事法研究に与えた影響につき、赤坂幸一「議事堂火災と議事法研究」（尚友倶楽部・赤坂幸一編『議院規則等に関する書類』（尚友ブックレット、2013年）所収）を参照。

74　たとえば1985（昭和60）年に初代国会仮議事堂の復元プロジェクトを行った㈱大林組は資料の不足・不正確性に悩まされ、そもそも諸文献に見られる平面図のいずれが正確なものか、その判定に困難を覚えたという。参照、大林組編著『復元と構想——歴史から未来へ』（東京書籍、1986年）132-141頁。

75　堀内正昭「初代国会仮議事堂（竣工1890年）の小屋組について」日本建築学会関東支部研究報告集Ⅱ76号（2006年）537頁、同「初代国会仮議事堂（竣工1890年）の小屋組について——わが国の国会仮議事堂に関する研究その2」日本建築学会計画系論文集607号（2006年）179-180頁、同・前掲「初代国会仮議事堂を復元する」5-7頁、および今井正敏「国会議事堂参議院本会議場の木彫と漆について(1)」住と建築 life stage621号（2012年）2頁。

　　なお、明治23年の議院建築時の両院議長官舎の設計・監督も、吉井茂則氏とされる（伊東忠太ほか・前掲「明治建築座談会〈第二回〉」12-12頁）。岸田日出刀の設計によって1961年に竣工し、2001年に大成建設によって住居部分等の新館が増築された現在の衆議院議長公邸については、内井昭蔵「作品衆議院議長公邸」新建築76巻11号（2001年）208-215頁を参照（内装については竹取物語や能のコンセプトが取り入れられたという）。

76　堀内・前掲「初代国会仮議事堂（竣工1890年）の小屋組について」540頁によれば、「国会仮議事堂の図面は2004年3月千葉県内の古物市場で出され、東京の古書店が購入した」。同図面は昭和女子大学が所蔵しており、堀内正昭「国会仮議事堂案と建設までの図面の変遷史」日本建築学会関東支部研究報告集Ⅱ75号（2005年）635頁で明瞭に見ることができる。同・前掲「日本に影響を与えたドイツ人建築家たち」109-116頁も参照。

77　明治21年1月24日付毎日新聞記事。

【図4】ドイツ帝国議会仮議事堂（1871-1894）

創建時の初代仮議事堂の姿を描いた絵画資料は多数存在するが[79]、本稿の関心の対象である議場の内部構造については、「衆議院議場之光景」（明治23年12月1日付郵便報知新聞附録）及び「国会議事之図」（明治23年12月）が、ドイツ帝国議会型（当時は仮議事堂（1871年）時代【図4】）とされる当時の議場の有様をよく伝えている。その後の2次にわたる仮議事堂も、また日清戦争時に広島に設けられた臨時仮議事堂も、いずれもドイツ帝国議会議事堂の方式を採用している。広島仮議事堂についての妻木の言葉を借りれば、「議場は東京仮議院の通り殆んど同一の拵へで……議席を段々に造り最後部の床高を国務大臣政府委員席の床と同一になし議員席は半円径階段形八段に造り……議長席及演壇等其他総て東京仮議院の通り拵へ[80]」たのである。仮議事堂については、ドイツ帝国議会の仮議事堂の議席配置が、さながらに移植されたのであって、短時日に竣工にこぎ着けなくてはならない条件の下、新たな理念に基づいて議場の設計を再考するような遑がなかったのも当然である。

5　帝国議会の議事空間
（1）大蔵省臨時建築部の主導による議院建築計画

このような仮議事堂の建築・運用と並行して、議事堂の本建築の計画が徐々に

78　初代国会仮議事堂が、その原案段階において、明治時代に「ドイツ小屋」と称された技法を用いていたことについては、堀内正昭「国会仮議事堂の図面の変遷史——わが国の国会仮議事堂に関する研究」日本建築学会計画系論文集604号（2006年）191頁以下、同・「初代国会仮議事堂の小屋組みについて——わが国の国会仮議事堂に関する研究その2」日本建築学会計画系論文集607号（2006年）179頁以下、および同「初代国会仮議事堂関連図面の発見とその構法について」日本建築学会大会学術講演梗概集（2008年）195頁以下を参照。

79　堀内・前掲「初代国会仮議事堂（竣工1890年）の小屋組について」537頁、同「その2」180頁。その他、実際の初代国会仮議事堂の模様を伝えるものとして、営繕管財局編『帝国議会議事堂建築報告書』（1938年）がある。

80　妻木頼黄「広島に於ける仮議事堂に就て」建築雑誌9輯107号（1895年）306頁。議席最後列が国務大臣・政府委員席と同等の高さになる、いわゆるひな壇形式を用いている点も同様である。

進行した。明治30年の内務省による議院建築調査は特段の結論を出さずに終わったが[81]、明治32年の議院建築調査会（内務省）は辰野（民間建築界の代表にして建築学会長）・妻木（大蔵省臨時建築部の指導者）・吉井（既存の仮議院の設計者）に平面計画案の提出を求めた。実質的には辰野・妻木の一騎打ちで[82]、妻木が決定する平面計画案に基づいて外観のデザインを公開コンペで決定しようとするものであった。妻木は下僚の小林金吾を伴い米・独・仏・墺の各国議会の視察を行い（英国議事堂はイギリス派辰野との関係からか視察対象から外されている）、辰野も大学で調査を進めたが、肝心のコンペ予算が議会を通らず、議院建築計画は再び流産することになる[83]。

　議院建築計画が再度日程に上ったのは、明治40年末、日露戦争終了後の祝典の時代に於いてであった[84]。気鋭のデザイナー武田五一を大蔵省臨時建築部にリクルートした妻木頼黄は、自身による議院建築の決意を固め、1年目は武田・矢橋賢吉らを欧州に派遣し、2年目に設計、3年目起工という手順を思い描いた[85]。これに対し辰野らイギリス派は、①欧米調査よりも内国調査を優先すべきこと、および②議院建築設計を一人にゆだねるべきではなく建築募集の方法によるべきこと、を力説した[86]。前者はいわゆる様式論争につながり、後者は民主政治の殿

81　この時期、アメリカ合衆国ボストンの建築家クラム（Ralph Adams Cram, 1863-1942）が来日し、4ヶ月の滞在中に和洋折衷の国会議事堂案を作成しているが、その間の経緯は不明である（堀・前掲「外国人建築家の系譜」62-63、88頁）。

82　明治の建築界においては、内務・大蔵両省の官庁営繕を司る官僚建築家・妻木頼黄と、建築学会・大学関係者を統括する辰野金吾、および宮内庁に君臨する宮廷建築家・片山東熊が、三大勢力をなしていた（金山・前掲「妻木頼黄と日本橋の意匠」75頁）。イギリス系のコンドル・辰野ラインと、ドイツ系のエンデ＝ベックマン・妻木ラインとの対立について、増田彰久ほか前掲『失われた近代建築　Ⅱ文化施設編』78頁も参照。

83　藤森・前掲『日本の近代建築（上）』239、254頁。

84　この間妻木はドイツ・バロック様式の横浜正金銀行を設計しているが、国会議事堂の習作を兼ねていたと想定される（藤森・前掲『日本の近代建築（上）』244頁）。またこの当時は、日露戦勝記念に加えて万国博覧会や明治天皇在位50年式典といった国家的祝典が準備されており、議院建築計画はその一環として位置づけられていたという。山崎鯛介「議院建築計画（現・国会議事堂）をめぐって」新建築別冊『現代建築の軌跡』（2014年）80頁。

85　当時の妻木は大蔵省臨時建築部長として、蔵相を兼務する親ドイツ派の桂太郎首相（第2次桂内閣）に直接具申できる特権的な地位にあり、この地位を利用して、悲願の議院建築実現に向けて精力的に活動したという（部下の欧米派遣や全国の石材・木材調査など。金山・前掲「妻木頼黄と日本橋の意匠」76-77頁、前掲『明治建築をつくった人々　その四　妻木頼黄と臨時建築局』7-8頁、48-49頁）。その成果が、『議院建築準備委員会議事要録』（1912年）、『議院建築調査報告書』（1910年）、『各国議院建築調査復命書』（1910年）、及び『各國議院建築図面』（1910年）である（いずれも大蔵省臨時建築部編）。

86　この二点は日本橋の建築にも共通する論点であった。日本橋をめぐる妻木・辰野両陣営間の論

堂の設計を民主的に行うべきだという主張となって、大きな影響を及ぼすことになる。

（2）議院建築準備委員会における論争

すなわち、欧米視察の成果をもとに設計に取りかかろうとした妻木であったが、大蔵省の独断専行に対する非難を前に孤立することとなったのである。というのも、辰野金吾ら建築学会所属の在野の建築家たちは、「議院建築の方法に就いて」を公表し、また建築学会は、明治43年3月14日、臨時総会において「議院建築ニ関スル特別委員会」を発足させ、17日に「帝国議院建築準備に関する意見書」および「帝国議院建築準備に関する公表書」を発表している[87]。さらに同43年5月30日・同年7月8日に行われた建築学会の討論会「我国将来の建築様式を如何にすべきや」が加わって、妻木は孤立することとなった[88]。

ここに大蔵省は、辰野等への妥協策として「議院建築準備委員会」を組織し、辰野金吾・伊東忠太・塚本靖・中村達太郎らが委員に名を連ねることとなった。しかし官側が多数を占める同委員会の席上、肝心の設計競技方式の導入は大差で否決され[89]、伊東は妻木のこのようなやり方を終生憎むこととなる。いずれにせよ、この準備委員会において、敷地、間取り、国産品使用方針など10数項目に渉る決議が採択され、その後の議事堂建築の基本方針に大きな影響を与えることとなった。ただし、今回の議院建築計画自体は、財政上の理由から又もや延期されることとなる。

（3）議事堂本建築の議場設計

このような経過を踏まえて、妻木死後の1917年、ようやく議事堂本建築に直結する議院建築調査会が大蔵省に設置された。同調査会は、市来乙彦・大蔵次官を会長とし、貴衆両院書記官長や各省高官を委員とする大がかりなもので、会議の

　争について、金山・前掲「妻木頼黄と日本橋の意匠」93-94頁を参照。

87　建築雑誌280号（1910年）173-177頁、および谷川正己「議院建築問題の意義」日本建築学会近畿支部研究報告書、歴史・意匠8号（1968年）57頁以下。

88　谷川・前掲57頁以下。辰野等は、イタリア・ルネッサンス様式と「日本趣味」との折衷を予定していた妻木の議院建築案を批判・牽制していた（金山・前掲「妻木頼黄と日本橋の意匠」77頁）。その他、当時の議論の一端や、建築学会の立場より見た世間の反応については、「先月来新聞雑誌に出でたる議院建築に関する事項」建築雑誌24輯282号・284号・288号・289号（1910年）を参照。

89　妻木ら大蔵省臨時建築部主導の議事堂建築を確保するために、若槻大蔵次官が強硬な擁護発言を行ったためである（大森・前掲「国会議事堂と各省庁庁舎」70頁）。

原案は大蔵省臨時建築課[90]（課長は矢橋賢吉。他に大熊・小林技師や福原俊丸ら）が作成し、明治末期の建築準備委員会の検討結果を引き継ぎつつ、その後の研究成果が加味されている（ただし、財政状況を考慮して事業規模は縮小された）。調査会は11回の会議を開催し、建築準備委員会の基本方針を継承しつつ、建築物の構造や設備、室数など具体的な建築方針の骨子を決定した。その中でとくに注目されるのは、設計競技（コンペ）方式の導入である。

　すなわち、先述の辰野金吾ほか「議院建築の方法に就いて」等、建築学会の一連の運動が契機となって、妻木亡き後の議院建築は、辰野の思い描いたとおり設計競技（コンペ）方式の採用へと向かい、また「様式論争」へと発展していった。これらは明治19年の官庁集中化計画の一環としての議院建築計画や、明治30年代の議院建築調査会等による計画立案時には見られなかった動きであり、西洋建築の摂取の時代から、これを咀嚼し、わが国独自の議院設計を模索する時代へと、時が移ったことを意味している。実際に設計・建築された現在の国会議事堂についても、素材は原則としてわが国独自のものを使用することとし、内部意匠も大光天井のステンドグラスや四周のダイナミックな石膏レリーフなど、独自のデザインが採用されている。「国会議事堂の設計思想は、可能な限り外国の影響を受けない意匠、国産の材料で世界に誇れる建築を作り上げることであ[91]」り、これは明治末期の議院建築準備委員会以来、確立した根本方針となっていたのである。

　しかし、議事堂建築の問題を離れて、議場構造のあり方についてみれば、実は、明治期のエンデ・ベックマンの設計や、仮議事堂の議場構造が、さながらに継承されている。臨時建築局は議院本館の建築および敷地内一般配置に関する意匠設計を募集し、第1次締切が大正8年2月15日、第2次が大正8年9月15日とされた。その際、様式等は原則として自由であり、「議院トシテ相当ノ威容ヲ保タシムルコト」および建築材料はやむを得ない限り国産を用いるべきこと等が定められていたにとどまる（臨時議院建築局『議院建築意匠設計懸賞募集規程』（1919年）第6条）。

90　大正2年6月の行政整理により、大蔵省臨時建築部は官房の一課（臨時建築課）に編入された。この時、妻木は大蔵省を去っている。

91　今井正敏「国会議事堂参議院本会議場の木彫と漆について(3)」住と建築 life stage 623号（2012年）3頁。

【図5】議事堂コンペで示された「間取略図」

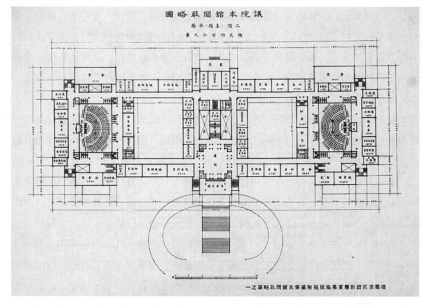

しかしながら、設計条件を示す「所要室数及坪数表」をみれば、両院ともに450の議席を「演壇ヲ中心トシテ弧状階段形ニ排列」すべきこと、国務大臣及び政府委員席（左右各々約20席）は「議長席ノ左右二列ニ設ケ」るべきこと、3階には貴族院17、衆議院20の委員室を設けるべきこと（そのうち最大の90坪の部屋はとくに予算委員室に充てること）、が求められており、(a)従来のドイツ帝国議会型（扇状）本会議場を維持しつつ、いわゆる委員会主義に対応した議事堂構造が模索されていること、また(b)貴族院では部制の存続を前提とした「部室」が要求されているのに対して、衆議院ではすでに政党会派別の「議員控室」の設置が要請されていることなど、当時までの議会運営をふまえた議事堂の設計が要請されている。議場内部構造に関する限り、「所要室数及坪数表」でドイツ帝国議会型（扇状）が指示された上に、募集規程に付された参考間取図が詳細なものであったために（【図5】）、新たな議事理念に基づいて政治空間たる議場を形成し直す余地は、限られたものであったと言えよう。

　それでは、以上のような半ば歴史的な理由からドイツ型の議場構造が採られたとして、そのような構造を取ることの意味は、どこに存するのだろうか。日本国

憲法が議院内閣制を制度的に採用したことを根拠に、イギリス型議場構造の方が適合的である、という言明は、疑いの余地のないものなのか。次に、この点に立ち入って検討してみよう。

四　議場構造の憲法学

1　空間形式の基本類型

　現代の主要国の議場構造は、大別して、(a)対面型（イギリス・モデル：カナダ、シンガポール）と(b)半円型（フランス・モデル：ベルギー、デンマーク、アメリカ合衆国、ノルウェー）とに分けられる。もっとも、(a)の変型方式たる馬蹄型（$(a)_2$：オーストラリア、インド、アイルランド、ニュージーランド）や、(b)の変型方式たる政府席対置型（$(b)_2$：ドイツ、イタリア、日本、オランダ、スイス、オーストリア）が存する点にも、注意が必要である。

　この点だけからしても、日本の議場構造を戦前以来のドイツ型であるとして断罪する議論に説得力がないことは明らかであるが、問題は、なぜこのような類型の分化が生じたか、という点である。また(a)対面型では例外なく自席からの発言が認められており、他方、(b)半円型では概ね演台で発言されるが、このような相違を偶然の産物ということは難しく、そこには何等かの意味があると想定するのが自然であろう。ライトの『空間と革命』が示すように[92]、フランス革命時には、旧体制との断絶の下に、身分制議会には見られなかった(b)半円型議場構造が、意識的に採用されたのである。

2　「議会における国王」

　その際、西欧の政治神学の基底的な思考枠組みたる「国王二体論」に着目することが効果的である。カントーロヴィチ（E. H. Kantorowicz, 1895-1963）は、名著『王の二つの身体』の中で、イングランドの政治思想において「王それ自体の永遠性と個人としての王の時間性、王の非物質的で不可死の政治的身体と物質的で可死的な自然的身体との区別のように——たとえしばしばまぎらわしくはあっても——明確な区別がなかったとすれば、議会がこれと類似の擬制へと訴えなが

92　James A. Leith, *Space and Revolution, Projects for Monuments, Squares, and Public Buildings in France 1789-1799*, Mcgill-Queen's University Press, 1991, p. 83 *et suiv*.

【図6】 イギリス庶民院（1793年）

ら、政治的身体としての国王チャールズ１世の名と権威において、自然的身体としての同じ国王チャールズ１世と闘うべく軍隊を召集するようなことは、ほとんど不可能であっただろう[93]」と指摘している。

ここにあるのは、body politic（政治的身体）という中世政治神学に特有の観念で、当初は国王の一身に結びつけられていた「政治的身体」の観念が、次第に議会により簒奪され、議会自身が「政治的身体たる国王」の名において、自然的身体たる国王個人を死刑に処したもの、と観念される。「議会における国王（King in Parliament）」はその端的な表現で、当初は庶民院・貴族院とともに統治者の一部であった国王が、次第に、議会により政治的権力を剥奪され、議会自体が「議会における国王」（政治的身体）を体現するようになる。こうして、自然人としての国王が死んでも、公共体の政治的身体はなお継続するのであって、統治の正統性に深刻な危機は生じない。

このことは、公共体の政治的統一の確保という点で、非常な利益である。イギリスでは君主がなお政治的統一の象徴機能を果たしており（「女王はコモンウェルスを象徴する」）、例えば、議会のすべての決定は君主により親署され、イギリス

93　エルンスト・H・カントーロヴィチ（小林公訳）『王の二つの身体──中世政治神学研究（上）』（ちくま学芸文庫、2003年）47-48頁。

議会の行為としての正統性を付与される。それゆえ、それを超えて、議場構造や議席配列において、公共体の政治的統一性を確保するための仕組みを設ける必要はないのである。【図6】は1793年のイギリス庶民院の様子を描いたものである。欧州諸国の議会の中で唯一、イギリスは、身分制議会の時代から議場構造を変えることがなかった。現在のイギリス方式は、まさしく、身分制議会の時代の議場構造をさながらに継承したものなのである。

3 Nation と individu

その含意は、もう一つの典型的な議場構造を示すフランスと比較した場合に、より明瞭となる。マイヤーズ（A. R. Myers, 1912-1980）が提示した、旧体制の身分制議会から近代的な個人主義に基づく議会への移行を示す、二つの図像を見比べてもらいたい。【図7】は典型的な身分制議会の有様を示すもので、正面奥に国王、左側に聖職者、右側に軍事的職責を担う貴族、手前に都市市民の姿が見える。これが、元首（Head）としての国王、及び肢体としての聖職者・貴族・市民とから成る、body politic としての身分制議会と観念されたのである。

これに対して【図8】は、諸身分によって構成される社会から、均質的な個人により構成される有機的統一体としての社会への移行過程を示している。正面奥に君主はおらず、当該社会のために語る議長（Speaker）達が陣取っている。右端は、聖職者ではあるが、高位の聖職者ではなく修道士である。左端は、貴族ではなく市民からなる軍人であり、会議体の中央部にも、これらの軍人が暴動抑止のために控えている。市民たちが聖職者・貴族を圧迫し、それによって、自由かつ平等な均質的個人から成る社会へと、これらの者を統合してゆくのである。ホッブズのレヴァイアサンの表紙も、これと同じ隠喩（メタファー）を示している。

【図7】ポーランドの身分制議会（1590年）

【図8】アッペンツェルの住民会議（18世紀）

国王の政治的身体と自然的身体とが分離されていなかったフランスでは、国王ルイ16世の処刑は、国王の自然的身体とともに政治的身体を葬ることを意味した。これは、公共体の政治的統一の確保という点で、危機的な状況にあることを意味している。それゆえ、国王亡き後の正統性の真空地帯を埋め、公共体の政治的統一を回復する主体として、Nation（人民又は国民）が、重要な役割を果たしたのである。

　この点、筆者はかつて次のように指摘したことがある。「旧体制下の三部会の有権者は、各身分制秩序への帰属を根拠に投票権を認められたため、選挙は団体を基礎として（à base corporative）行われた。革命期には、このような旧身分制秩序の政治的影響を排除し、国家と個人から成る公共体の創設が試みられたが、その憲法上の表現は、①主権が不可分の形で『国民体（corp national）』としてのnation に帰属すること、②この nation は——特殊利益を持つ階級・集団からではなく——（あらゆる集団的利益から解放された、nation の等質な構成員としての）諸個人から構成されること、であった[94]」と。本来各人は、一人一人が異質な存在である。その個人から成る nation が統一を保つためには、異質なはずの個人を統合して、派閥・部分の働きを可能な限り抑え込む必要が存するのであって（議員は「全国民の代表」でなくてはならない）、そのため、投票を集計したのちは、投票用紙が焼き捨てられさえしたのである[95]。

　このような、議会において公共体の政治的統一を保つための仕組みが半円式の議場構造であって、①身分で議席を区切るのではなく、全ての者が平等・均質な

94　赤坂幸一「人口比例と有権者数比例の間」論究ジュリスト2013年春号44頁。
95　Philip Manow, Im Schatten des Königs: Die politische Anatomie demokratischer Repräsentation, edition suhrkamp, 2008, S. 34.

個人であるという建前の下に、等しく議場に座を占めることを象徴するために、半円形ないし円形の議場構造が採用された。また、②（頭部に当たる）中央の演台に向かって（肢体に当たる）議席が扇状に広がる議席構造が採用され、③この演台（頭部）では、各々の登壇者を通じて、共和国という政治的公共体の統一的な voice が発されることが意図されたのである[96]。

こうして、半円型の議場構造は、フランス近代革命における公共体の政治的統一の確保の要請を、政治的身体（body politic）や政治権力の体化（Verkörperung：その所産としての Staatskörper）といった旧体制のメタファーに依拠して実現しようとするもので、すぐれて象徴的な意味の世界を構築している。議事堂や議場の構造は、このような意味の世界、象徴的な機能の観点からも、検討されなくてはならないのである[97]。

4 憲法原理の表現としての議場構造

それゆえ、フランス近代革命の志向する均質的な個人から成る新たな国家的統一を追求する諸国において、この象徴的なシステムが受容されたことは、決して偶然ではない。音響効果や討論機能等からすれば、当時の成功例であったイギリス型議場構造を採用することが自然であったにも拘らず、敢えて、この半円型の議場構造が採用されたのである。

例えば、フランス 2 月革命の余波を受けドイツ統一を志向して開催された、フランクフルト憲法制定国民議会の議席構造を見てみよう。「パウル教会の内部の基本図面——ドイツ憲法制定国民議会の全構成員の議席配置」（ベルリン・ドイツ歴史博物館所蔵、1848年【図9】[98]）が示すように、全構成員は均質に議席を割り当てられ、そこに身分に基づく議席ブロック区分は見られない。全議席は頭部に当たる演台に向かって均整に配置され、国民の意思を語る頭部（演台）に対する胴

---

96 「国王の左右及び対面に座を占める 3 つの議席ブロックをもつ身分制議会から、同質的な〔構成員からなる〕半円構造への変化は、フランス革命と結びついた、政治的代表の方式の根本的な変化を示している」(Philip Manow, *op. cit.*, S. 49)。

97 例えば佐藤信は次のように指摘している。いわく「空間には象徴的な機能と物理的な機能が存在している。それらの機能はそれぞれ視覚と触覚に訴えかける。議事堂建築の計画形成過程において、建築界は主として、この象徴的な機能をめぐって争った。どのような空間を作り出すか、どのように国威を張るかについて、政治が生じた」と。佐藤・前掲論文28頁。

98 Dorlis Blume, Ursula Breymayer und Bernd Ulrich (Hrsg.), *Im Namen der Freiheit!*, Sandstein Verlag/Dresden, 2008, S. 185-187.

【図9】パウロ教会

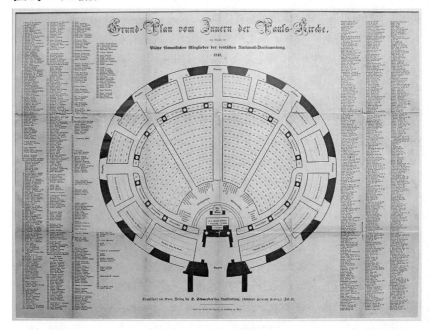

体と位置づけられる。このような「政治的身体」により公共体の統一性が象徴されていたのである。

　このような半円型議場構造は、後のドイツ帝国議会の議事堂でも維持されている[99]。ただし、そこでは、フランス・モデル（(b)）の変型として政府席対置型の議場構造がとられ（(b)₂）、かつこの政府席は前方議員席よりも相当高い位置に置かれた（いわゆる「ひな壇」）。このような議場構造は、君主の信任に依拠する内閣と、有権者団の選挙に依拠する議会とが、異なる正統性原理をもって対峙する立憲君主制下の統治構造には適合的であった。とりわけひな壇の高さは、ヴァイマル共和国時代・ナチス時代を通じて、なお政府の権威を示すものとして仕えたが[100]、第2次大戦後には、ボン基本法に対応する新たな議場構造が模索されるこ

99　ヴァロットの諸設計案及び実施案でも一貫して扇形（半円型）＋政府席対置型の議場構造が採用されている（Paul Wallot, *Das Reichstagsgebäude in Berlin*, Cosmos, 1897, S. 7 et *passim*）。これは1871年以来のドイツ帝国議会仮議事堂の議場構造（前出【図4】）を引き継ぐものである。
100　その一背景要因としての広範な命令授権の問題について、赤坂幸一「統治機構論探訪5――委任立法の『目的・内容・範囲』」法セミ752号（2017年）74-83頁を参照。ドイツでひな壇が議員

とになる。

　ここで、1992年に完成したボンの新議事堂を見てみよう。世界的建築家ギュンター・ベーニッシュ（Günter Behnisch, 1922-2010）は、ここに二つの憲法原理が表現されるよう意を用いたという。その一が透明性の原理である。およそ公共的決定が透明なプロセスにおいて理由を提示して行われなくてはならない、という理念は、第2次大戦後のドイツ連邦共和国の重要な公共施設を彩っている（ボン旧議事堂、連邦憲法裁判所等）。それはかつての統治プロセス、及びその統治プロセスが展開された政治空間に対する否定であり、まさしく対抗的建築物（Gegenbau）としての意義を有している[101]。ボンの新議事堂がこの理念を極限にまで体現した議事堂であることは、容易に看取することができよう（【図10】）。そしてこの理念は、ドイツ統一に伴いドイツ連邦議会がベルリンの旧帝国議会議事堂に移転してからも部分的に受け継がれている[102]。

　しかし第二に、ここで注目すべきは、円形議場の採用である（【図11】）。ドイツ帝国議会以来の政府席対置型を意図的に放棄し、連邦政府（及び連邦参議院）の構成員を連邦議会議員と等しく円形に配置したのは、「ともに語り合う公共体」を表現するためであり、かつ、議会の審議機能の集約・拡充に着目したものであるとされる。しかし、ここに示唆されるように、円形議場の意義は、後半部分の機能的観点のみから説明し尽くされるものではない。政府席の撤去、及び半円形から円形への発展は、まさしくフランス・モデルの半円型（(b)）を拡充するもので、ドイツ憲政史上で言えば、かのパウル教会の憲法制定国民議会の構造に立ち返り、これを発展させることを意味する。その象徴的意義については先に見たと

　　席と同じ高さに引き下げられたのは、ようやく1986年のことであった。現行の憲法制度を忠実に議場に反映させようとしたら、こういう姿になった、とドイツの議員が説明している（足立利昭「国会議事堂――その歴史とエピソード」月刊自由民主485号（1993年）97頁）。なお日本では、鉄筋コンクリート構造の階層に膨大なコストがかかることと、本会議場外の廊下との関係で、ひな壇の廃止は困難であるという。

101　Heinrich Wefing, Demokratie im Glashaus - Einige Anmerkungen zu dem schwierigen Verhältnis von Politik und Architektur, in: D. Blume et al. (Hrsg.), *op. cit.*, S. 123-127.

102　なお、この透明性の原理は、現在の国会議事堂についても部分的に取り入れられている。たとえば参議院の参観施設について岡田新一は、「この施設の建設で重要なことは、……『三権の丘』のシンボル的存在である国会議事堂周辺のデザインとして、景観に対する新たな方向付けが求められたことだ」と指摘した上で、主要施設を地下に埋めて国会議事堂周辺にクリアな空間を演出しつつ、「地上に顔を出したわずかな施設（出入口棟）を透過性の高いものとして、歴史的な価値を加えつつある議事堂に対峙させる」とその構想を語っている（岡田新一ほか「参議院参観・テレビ中継施設」新建築80巻10号（2005年）120頁）。

【図10】 ガラス張りのボン新議会

ころであるが、このような円形議場構造は国レベルでは稀であり、4分の3の円形を伴うフィンランド議会に見られる程度で、むしろ各州レベルの議会や、構成国・構成員の完全な同格性がポイントとなる国際機関（例、シュトラースブルクの旧EU議会）で採用されてきたものである[103]。すなわち、円形議場構造は、単に議論を活性化させるという機能的目的のみならず、同格・同質の構成員による討議から導かれる公共体の共通の voice を演出する、という象徴的意義をも有しているのである（「ともに語り合う公共体」）[104]。

その際、第2次大戦後に旧ボン議事堂を設計したシュヴィッペルト（Hans Schwippert, 1899-1973）自身、新たな時代の統治システムに——議会と内閣が対抗関係に立つ立憲君主制下の伝統的な権力分立システムではなく、与党・内閣と野党との対抗関係に着目した議院内閣制のシステムに——適合的なものとしてすでに円形議場を提案していたこと、しかしアデナウアーが急進的な形での再出発（radikale Neubeginn）を好まず伝統的な議席配置に固執したために頓挫したこと、その意味でベーニッシュのボン新議事堂は旧議事堂以来の設計思想を正統に

103　Manow, *op. cit.*, S. 22 f.
104　Wefing, Demokratie im Glashaus, S. 128-129. 同書によれば、ボン新議事堂の円形議場構造は、連邦参議院や連邦政府も同一次元で等しく審議に関与すべきことを象徴するものだと言う。Siehe auch Ingeborg Flagge und Wolfgang Jean Stock（Hrsg.）, *Architektur und Demokratie, Bauen für die Politik von der amerikanischen Revolution bis zur Gegenwart*, Hatje, 1992, S. 286-291.

【図11】ボン新議会の議場構造

継承・発展させたものであることに、今一度注意する必要があろう[105]。1999年にドイツ連邦議会がベルリンの旧帝国議会議事堂に移転するにあたり、伝統的な議場形式とどう折り合いをつけるかが問題となり、結局、審議機能の拡充は議員個人の討論能力と会議体の議事規則に待つ部分が大きいとして伝統的な半円型（$(b)_2$）に戻されたが[106]、そこでも、同格・同質の構成員の討論による公共的決定という理念（象徴的意義）が維持されている点を看過してはならないのである。

5　民主的代表

そして諸国の議場構造を、このように政治支配の正統化という観点から読み解いたのが、気鋭の政治哲学者フィリップ・マーノウ（Philip Manow, 1963-）の『国王の影のうちに——民主的代表の政治解剖学[107]』（2008年）である。

マーノウによれば、民主制では、各人が私益を追求する中で多様な voice が語られるという問題、すなわち政治的統合をいかに実現するか、という問題がある。これを防ぐための防御装置が民主的代表という演出であって、（自席からでは

105　Wefing, Demokratie im Glashaus, S. 128.
106　Wefing, Demokratie im Glashaus, S. 131. もっとも当初は、旧ドイツ帝国議会議事堂を円形議場に改築する予定であったという。塩原壮太・本間義人・大塚隆『新議事堂を考えるために——欧米議事堂調査レポート』（NUI 日建設計 都市・建築研究所、1998年）7頁、34-35頁。
107　Manow, *op. cit.*

なく）人々の注視する中央の演台で、公共体の統一的な voice が語られる仕組み
がとられる。それゆえ、民主制理論は代表という観念を内在させているのであっ
て、国家規模では構成員全員による直接的な政治参加が困難だから、その次善の
策（直接民主制の代替物）として代表制が採用されている、というわけでは決して
ない[108]。

　このような観点はまた、本来は異質な個人から、いかにして統一的な公共の
voice、すなわち一般意志を導くのか、という問題を抉り出す。例えば坂井豊貴
は、ルソーの理論の中に、熟議的理性の行使——各人が私益のみを追求するので
はなく、互いを認め合い、私益の背後にある共通の公益を探究する——という理
念が含まれていることを指摘する[109]。「人間が一様ならば自分も他人も同じよう
なものなので、わざわざ熟議的理性を行使して、意志を一般化してまで、ともに
必要とする社会的基盤が何かを探る必要性は乏しい[110]」からである。

　一般意志の発見、ないし一般意志への適合性は、しかし、最終的には多数決に
よって決定されざるを得ない。それゆえ、多数決の暴走への歯止めをかける必要
が存する。少数派が多数派の決定（多数派の見出した一般意志）に従うのは、それ
が熟議的理性の行使の結果であることが前提である。換言すれば、人々の利害対
立が鋭く意志が一般化できないような対象は、そもそも多数決による決定に委ね
ることができない（個人の自由や権利の侵害に関する事柄、あるいは構造的少数派の抑
圧にかかわる事柄など）。これを確保するために、法律に優位する形式的効力をも
つ憲法典による防波堤を設けたり（「憲法保留[111]」）、一般意志の決定に複数の機関

108　Manow, *op. cit.*, S. 53-56. そもそもフランス人権宣言においては、人権のみならず、「代表」や
　「法律」といった統治機構にかかわる諸概念も、政治哲学的原理の表明と考えられていたのであ
　る。赤坂幸一「『立憲主義』の日独比較——憲政史の観点から」憲法理論叢書（2016年）24頁。
　また、それが議員の不逮捕特権や免責特権にかかる憲法解釈論に及ぼす影響について、赤坂・前
　掲「議員特典再考」70頁以下。

109　「人民とは構成員たちからなる一個の分割不能な共同体であり、一人ひとりの構成員ではない。
　そして一般意志とは、個々の人間が自らの特殊性をいったん離れて意志を一般化したものだ。意
　志を一般化するとは、自己利益の追求に何が必要かをひとまず脇に置いて、自分を含む多様な人
　間がともに必要とするものは何かを探ろうとすることである。〔…〕一般意志は人々を対等に扱
　い、人間に共通の必要を尊重し、平等性を志向する傾向をもつ。個人が特殊的な『私』の次元か
　ら一般的な『公』の次元へと思考を移すという、熟議的理性の行使——それを意志の一般化と呼
　ぼう——を通じて自分たちで共同体を運営するのが、人民が一般意志の指揮のもとに置かれると
　いうことだ」（坂井豊貴『多数決を疑う——社会的選択理論とは何か』（岩波新書、2015年）76
　頁）。

110　坂井・前掲書77頁。

111　赤坂幸一「統治機構論探訪2　憲法保留」法セミ749号（2017年）51-58頁。

の関与を求めたり、また多数決のハードルを上げるべきことが、統治機構論への含意として導かれる[112]。そして、立法過程や公共的決定の過程に透明性ないし理由付けを求めることも[113]、この前提を確保するためであるに他ならないのである。

[**追記**] 初宿先生は、京都大学法学部の入学式典の日に親しくお声がけいただいて以来、在学中も、また私が研究者としての途を歩み始めてからも、私にとって常に導きの星でした。これからも、後進の私たちの途を照らし続けてくださることを願っています。

112　板井・前掲書81-83頁。
113　宍戸常寿・赤坂幸一・大河内美紀・林知更・西村裕一・山本龍彦「日本国憲法のアイデンティティ　第1回　座談会：憲法のアイデンティティを求めて」論究ジュリスト2018年冬号〔赤坂発言〕。

議事規則・多数決・エントレンチメント
――アメリカ連邦議会上院のフィリバスター――

二本柳　高　信

　一　はじめに
　二　多数決
　三　反エントレンチメント原理
　四　手続とエントレンチメント
　五　おわりに

一　はじめに

　アメリカ合衆国の連邦議会上院では、上院規則が討論の打ち切りに特別多数を求めていることから、過半数の上院議員が賛成している議案であっても、反対議員が演説を続けることによって採決を阻止することができ、一般に「フィリバスター」と呼ばれている[1]。これは、実質的には法案の成立等に特別多数要件を科すものであるといえる[2]。

　フィリバスターは近年の連邦議会政治において大きな変化を被ってきている。

1　「フィリバスターという語は広い意味では立法を遅延させたり変更させたり阻止させたりするための議会でのあらゆる策略や引き延ばしの動議を含む」とされるが、「一般には、休みなしの演説として用いられている」（WALTER J. OLESZEK et al., CONGRESSIONAL PROCEDURES AND THE POLICY PROCESS 302 (10th ed. 2015))。もっとも今日、実際に長時間の演説をする必要はなく、フィリバスターを行うという脅し（silent filibuster）だけでも同等の効果を有する。上院でのフィリバスターについては、廣瀬淳子「アメリカ連邦議会上院改革の課題」レファ2014年3月号35頁が極めて詳細である。

2　無制限の討論は上院の伝統であるとしばしば言われており、実際、上院が初めて討論終結規則を設けたのは、1917年のことである。そのときには出席し投票した議員の三分の二の賛成でもって討論が打ち切られるものとされた。この特別多数要件は、1975年に総議員の五分の三に引き下げられたが（上院規則第22条第2項）、上院規則の変更の提案については、変更されなかった。See OLESZEK, supra note 1, at 307. なお、これらの規則が拘束力を持つ前提として、上院規則は議会期を超えて継続するものとされているということがある（上院規則第5条第2項）。

　従って、「フィリバスターの合憲性」と一般に呼ばれていることがらは、正確に言えば、上院議員がフィリバスターを行うことの合憲性でも、討論終結規則の合憲性でもなく、これら複数の上院規則の結びつきの合憲性を指すものと解するのが適切であろう。

その結果、実務上の問題は消滅したとしても[3]、それらの変化とほぼ同時期にな
された理論的な検討[4]には、立法手続一般にとって興味深いものがみられる。そ
こで本稿は、それらの理論的な検討を紹介し、分析することによって、立法手続
に対する新たな視角を析出することを目的とする。

　本稿の構成は次の通りである。一では、フィリバスターが多数決原理に反する
という議論を紹介し、それがフィリバスター違憲論の論拠として不十分とされて
いることを示す。二では、議会は後の議会を拘束できないという反エントレンチ
メント原理を根拠とするフィリバスター違憲論を検討し、その問題点を指摘す
る。最後に三で、その問題点は手続を定めるルールの特殊性に起因すること、そ
して、フィリバスターの文脈では上院におけるその歴史を検討する必要があるこ
とを論ずる。

二　多数決

1　立法と多数決

　日本国憲法と異なり[5]、合衆国憲法には議院での単純多数決を定める明文規定
はない。しかしながら、フィリバスターに対して多数決原理に反するという批判
がなされている。　連邦議会の議事手続においては――憲法が特に明文で規定し

　3　2001年に就任した共和党のブッシュ大統領による裁判官の指名が民主党によるフィリバスター
　　によって著しく妨げられたことが大きな問題となり、2003年に、単純多数で議院規則の改正が可
　　能であると提唱された。これは、賛成派は「憲法上の選択肢（constitutional option）」と呼ぶ
　　が、それを行使したならば全面報復を招き上院は焼け野原になるということから「核の選択肢
　　（nuclear option）」という名でも呼ばれる。参照、宮田智之「連邦判事の承認をめぐる上院の対
　　立」外法225号190頁（2005年）、後藤光男・北原仁監訳『トマス・ジェファソンと議会法』（成
　　文堂、2008年）151頁（秋葉丈志執筆）。それ以降の動向については、参照、廣瀬・前掲注（1）。
　　同論文で、2013年に最高裁判所判事を除くすべての行政府及び司法府の人事承認について「核の
　　選択肢」を実現する上院議事規則の解釈変更がされたことが紹介されているが（48頁）、2017年
　　4月にはトランプ大統領が保守派のゴーサッチ氏を最高裁判事に指名するにあたって、まず、過
　　半数での討論終結を可能とする上院規則の改正が、五分の三に満たない共和党議員の賛成多数に
　　よって可決された。そしてその結果、民主党によるフィリバスターが封じられ、上院での過半数
　　の賛成で指名が承認された。
　4　これらの検討の先駆的なものがCatherine Fisk & Erwin Chemerinsky, The Filibuster, 49
　　STAN. L. REV. 181 (1995) であるが、そこでは「法学者たちは、フィリバスターに限定的な注
　　意しか払ってこなかった」といわれている（id. at 183）。
　5　日本国憲法第56条第2項は、「両議院の議事は、この憲法に特別の定のある場合を除いては、出
　　席議員の過半数でこれを決し、可否同数のときは、議長の決するところによる。」と定めている。

ていない限り——単純多数決でなければならないことは、1995年に下院が増税法案の可決には五分の三の特別多数を要するとする規則を採択したときに、その批判として主張され議論された[6]。

それらの主張において、まず、合衆国憲法の条文と構造から単純多数決の要請が導出されるとされるのが常であり、次の二点がよく挙げられる。第一に、合衆国建国時のオリジナルの合衆国憲法には、連邦議会において特別多数が求められる事項が五つ存在していることである。すなわち、弾劾の決定[7]、議員の除名[8]、大統領の拒否権行使に対する再可決[9]、条約の承認[10]、憲法修正の提案[11]であるが[12]、これらの規定の存在は、逆に、列挙されていない場合には単純多数決が求められていることを示していると解される。

第二に、憲法上、「副大統領は、上院の議長となる。ただし、可否同数のときを除き、表決には加わらない」[13]とされているが、上院の議決が「多数決でなされるのでなければ、副大統領にタイブレークの票を与えることは無意味な行為である」[14]。

---

6 See e.g., Benjamin Lieber & Patrick Brown, On Supermajorities and the Constitution, 83 GEO. L. 1. 2347 (1995); Bruce Ackerman et al., An Open Letter to Congressman Gingrich, 104 YALE LJ. 1539 (1995); John O. McGinnis & Michael B. Rappaport, The Constitutionality of Legislative Supermajority Requirements: A Defense, 105 YALE LJ. 483 (1995) [hereinafter McGinnis & Rappaport, Defense]; Neals-Erik William Delker, The House Three-Fifths Tax Rule: Majority Rule, the Framers' Intent, and the Judiciary's Role, 100 DICK. L. REV. 341 (1995); Jed Rubenfeld, Rights of Passage: Majority Rule in Congress. 46 DUKE LJ. 73 (1996); Robert S. Leach, House Rule XXI and an Argument Against a Constitutional Requirement for Majority Rule in Congress, 44 UCLA L. REV. 1253 (1997); John O. McGinnis & Michael B. Rappaport, The Rights of Legislators and the Wrongs of Interpretation: A Further Defense of the Constitutionality of Legislative Supermajority Rules, 47 DUKE LJ. 327 (1997). この下院規則を扱ったものとして、土屋孝次「アメリカにおける議院規則制定権の限界」法政論叢35巻1号37頁 (1998)。

7 U.S. Const. art. I, § 3, cl. 6.

8 Id. art. I, § 5, cl. 2.

9 Id. art. I, § 7, cl. 2.

10 Id. art. II, § 2, cl. 2.

11 Id. art. V.

12 その後、第14修正 (資格剥奪の解除)、第25修正 (大統領の職務遂行不能の決議) でも特別多数要件が設けられている。

13 U.S. Const. art. I, § 3, cl. 4.

14 Lieber & Brown, supra note 6, at 2350. See also Delker, supra note 6, at 350 (副大統領の投票に関する規定の存在は「制憲者たちが、特に列挙されていない全ての場合において多数決が支配することを意図していたことを支持するものである」; Ackerman, et al., supra note 6, at 1541 n. 9 (「条文上、多数決へのコミットメントは、上院が『可否同数の』場合には副大統領に一票が与えられることによっても表明されている」。)。

334

さらに、これらの解釈を補強するものとして、合衆国憲法の制定を促した背景の一つに、特別多数決規定を採用する連合規約（Articles of Confederation）の機能不全があったことも指摘され[15]、また、当時、立法府において単純多数決が通常のルールであったとも主張されている[16]。

フィリバスターの批判者達は、以上のように合衆国憲法が法律の成立要件を単純多数としているのに対して、フィリバスター自身は討論終結に関するものであって、法案の成立要件を定めているものではないとしても、実質的には法律の成立に特別多数を必要とさせているものであるから、合衆国憲法に違反すると主張する。

2　議院規則と多数決

しかしながら、これらの論拠は決定的なものではないという反論もされている。まず、合衆国憲法において特別多数が求められる場合の列挙が限定列挙であると解する根拠はない[17]。もし、通常立法の成立に関して特別多数要件を課すことに制憲者たちが反対していたならば、単純多数決を明文で規定することもできた。しかし、そのような規定を設けるどころか、合衆国憲法は、各院がその議事手続に関する規則を制定する権限を認めている[18]。もちろん、この権限は白紙委任的なものではない。例えば、定足数については明文規定があり、つまり、議院の自律的な決定に委ねられてはいない[19]。しかし逆に言えば、法案の成立に必要

15　See, e.g., Delker, supra note 6, at 351（連合規約の主要な欠陥の一つは、課税法案を含むもっとも主要な立法に邦の三分の二の同意を求めることであった）；John C. Roberts & Erwin Chemerinsky, Entrenchment of Ordinary Legislation: A Reply to Professors Posner and Vermeule, 91 CAL. L. REV. 1773, 1803（2003）（連合規約の「もっとも明白な欠点は、通常のタイプの立法が特別多数の承認でもってしか成立しないことであった」）. But see also John O. McGinnis & Michael Rappaport, Our Supermajoritarian Constitution, 80 TEX. L. REV. 703, 707（2002）（「特別多数決の採用はアメリカが新しく取り入れたものである。……人民の多数派を制限する手段としての成文憲法主義という思想を確立した同じアメリカ人たちは、また、特別多数決の徳を称揚していた。」）。

16　See, e.g., John C. Roberts, Majority Voting in Congress: Further Notes on the Constitutionality of the Senate Cloture Rule, 20 J.L. & POL. 505, 525（2004）.

17　See, e.g., McGinnis & Rappaport, Defense, supra note 6, at 488（「憲法典における７つの特別多数要件の存在は、議院が他の特別多数ルールを採用することを禁じる結論を支持するものではない」）；Fisk & Chemerinsky, supra note 4, at 240（「特別多数が求められる７つの場合の列挙はこれらが特別多数の許容される唯一の場合であるということを必然的に意味するわけではない」）。

18　U.S. Const. art I, § 5, cl. 2.

19　議院規則が司法審査に服するかどうか、服するとしてどの程度か、議論のあるところである

な票数のような明文で定められていない事項については、議院の自律的な決定に委ねることを意味していたと解しうる[20]。

憲法は、通常立法の成立要件として単純多数決をデフォルトとしつつ、連邦議会が決めることもその裁量としていたと考えれば、副大統領の上院議長としての投票権に関する規定は、「多数決がデフォルト・ルールであること、そして上院が二分された時には副大統領が均衡を破ることという制憲者たちの前提を反映しているだけでありうる」[21]。

3 上院と多数決

さらに、フィリバスターの合憲性を論証するのに、上院の特殊性に訴えることが考えられる。すなわち、合衆国憲法自身、多数者支配を貫徹するものではなく、違憲審査制をはじめとして、さまざまな反多数決主義的な仕組みを設けていると理解されている。上院もまたそういった仕組みの一つに数えられる。上院のそのような性格を示すものとして、次の——必ずしも互いに緊張関係がないとは思われないが——2点がある。

第一に、上院議員は人口とは無関係に各州から2名ずつ選出されることである[22]。そもそも、「立法府における多数決の魅力の多くは、立法府が公衆を大まかに代表していることから導かれている」[23]。しかし、上院はそうではないのであるから、上院に単純多数決を求める理由は下院とは別に見いだされなければならない[24]。

が、連邦最高裁は「その規則によって各院が憲法上の制限を無視したり、基本的な諸権利を侵害したりすることはできず、規則によって定められた手続のモードないし手法と、達成されようとする結果との間には合理的な関係がなければならない」と判示している（United States v. Ballin, 144 U.S. 1, 5 (1891)）。

20 See, e.g., McGinnis & Rappaport, Defense, supra note 6, at 486-87.

21 Leach, supra note 6, at 1261. See also McGinnis & Rappaport, Defense, supra note 6, at 488.

22 U.S. const. art I, §3, cl. 1.

23 Aaron-Andrew P. Bruhl, Burying the "Continuing Body" Theory of the Senate, 95 IOWA L. REV. 1401, 1424 (2010)(citing Jeremy Waldron, Principles of Legislation, in THE LEAST EXAMINED BRANCH: THE ROLE OF LEGISLATURES IN THE CONSTITUTIONAL STATE 15, 30 (Richard W. Bauman & Tsvi Kahana eds., 2006)).

24 逆に、上院のフィリバスターを多数者支配という観点から擁護することができるかもしれない。というのは、特別多数決について次のような指摘がされているからである。それによれば、特別多数決は一般論としては多数者支配という意味での民主主義に反するが、合衆国憲法に列挙された特別多数規定は、他の仕組みの反民主主義的な性質と相殺することによって、最終的には民主主義に資するものである。Brett W. King, The Use of Supermajority Provisions in the Con-

第二に、制憲者たちの多くによって上院が熟慮的機関であることが期待されていたと主張される[25]。フィラデルフィアの憲法会議に出席していなかったジェファーソンがワシントンに連邦議会上院の存在理由を尋ねたところ、ワシントンは、カップの熱いコーヒーをソーサーに注いで冷ますことに喩えて答えたというエピソードは――その出所は不確かであるようだが――よく知られている[26]。

　また、上院におけるフィリバスターの長い歴史がその合憲性を示すものとして、しばしば挙げられている[27]。確かに、人種別学を考えれば明らかなように、ある実務が長い歴史を持つことは必ずしもその実体的な合憲性を保障するものではない。けれども、議院規則の文脈では、議院の自律や裁判所の審査能力といった考慮が働くことは十分ありえよう[28]。

三　反エントレンチメント原理

　前述の議論状況を踏まえて、フィリバスターを合憲とする立場の論者だけではなく、違憲とする立場の論者にあっても、フィリバスターの違憲性を主張する

---

　　stitution: the Framers, the Federal Papers and the Reinforcement of a Fundamental Principle, 8 SETON HALL CONST. L. J. 363 (1998). この議論をフィリバスターに応用すれば、小州選出の上院議員による立法を阻止することを可能にするものとして、つまり、少数者の支配を妨げるものとして、フィリバスターは機能しうる。

25　See, e.g., Virginia A. Seitz & Joseph R. Guerra, A Constitutional Defense of "Entrenched" Senate Rules Governing Debate, 20 J. L. & POL. 1, 20 (2004). See also Vik D. Amar, The Senate and the Constitution, 97 YALE L.J. 1111, 1114 (1988) (「上院は、長期的には賢明でないであろう政策選好や価値選好から人民を保護することを――他のどんな統治制度とも異なり――その職務とする、選び抜かれた熟慮機関であることを意図されていた」)。

26　See Lieber & Brown, supra note 6, at 2383 n. 161 (citing Keep the Filibuster; Unlimited Debate Guards Against Unruly Passions, House. CHRON., Nov. 28, 1994, at A16). Lieber と Brown は「これはフィリバスターを擁護する者がもっとも頻繁に挙げる論拠であり、いくらかの説得力を有している」と評している (id.)。
　　なお、上院議員の直接選挙を定めた1913年の第17修正の成立によって上院の性格が変化するという認識は、少なくとも1913年当時にはほとんど存在していなかったようである。参照、拙稿「合衆国憲法第17修正の成立」専修ロージャーナル12号209頁、219頁（2016年）。

27　See, e.g., Seitz & Guerra, supra note 25, at 3 (「この長く続いている実務は、規則の変更に関する討議の討論終結に特別多数が求められていることの合憲性を強く推定させる」); Michael J. Gerhardt, The Constitutionality of the Filibuster, 21 CONST. COMMENT. 445, 451-55 (2004)). See also Fisk & Chemerinsky, supra note 4, at 243 (「連邦最高裁は長く、歴史的慣行は合憲性を評価するのにレレバントであると宣言してきている」)。

28　See Seitz & Guerra, supra note 25, at 15 (「上院自身がその規則の合憲性の第一の――そして、司法審査適合性故に最終的でもあり得る――判定者であ」る)。

際、「多数決主義の様々な限界故に、多数決主義から出発する議論は、……他の論拠を付け加える必要がある」[29]ことが広く認識されているように思われる。

そこでフィリバスターの批判者たちは、各議院はその議事規則を定めることができるとする合衆国憲法の規則制定条項[30]に、議会は後の議会を拘束することができないという反エントレンチメント原理[31]を結びつけて、フィリバスターの違憲性を論じている[32]。

1 アメリカ憲法における反エントレンチメント原理

イギリス法において、議会主権に関連して Blackstone が次のように述べていることは、よく知られている。

> のちの国会の権能を傷つけるような国会制定法は拘束力がない。……立法部は真に主権的権力なのであるから、それはつねに平等であり、つねに絶対的権威をもっている。それは地上にそれに優位するものを認めない。もし以前の立法部の命令が現在の国会を拘束（bind）しうるとすれば、以前の立法部が優越するものとならざるをえない[33]。

アメリカにおいても、「議会が後の議会を拘束することはできない」という観念は広く受け入れられてきている。このことは、いくつかの連邦最高裁判決に見てとることができる。例えば、州都の所在地を永遠に固定すると定める州法が問題となった Newton v. Commissioners[34]において、連邦最高裁は次のように判示

---

29 Bruhl, supra note 23, at 1424. Bruhl はここで、自分と同じ主張をしているものとして、Brett W. King, Deconstructing Gordon and Contingent Legislative Authority: The Constitutionality of Supermajority Rules, 6 U. CHI. L. SCH. ROUNDTABLE 133, 187 (1999) と Roberts, supra note 16, at 523-24とを挙げている（Bruhl, supra note 23, at 1424 n.84）。See also Fisk & Chemerinsky, supra note 4, at 245（「フィリバスターは、多数決主義の背後にある他の憲法原理を侵害するときにのみ、違憲である」）。

30 U.S. Const. art. I, § 5, cl. 2.

31 エントレンチメント（entrenchment）とは、もともと「塹壕に立てこもる」といった意味の単語である。エントレンチメントは、日本では憲法典について議論されることが多い。参照、阪口正二郎『立憲主義と民主主義』（日本評論社、2001年）。けれど本稿では、もっぱら「議会が後の議会を拘束する」という意味でのエントレンチメント、すなわち、立法エントレンチメント（legislative entrenchment）を問題にする。なお、立法エントレンチメントという観点から合衆国憲法の契約条項を検討したものとして、拙稿「エントレンチメントと合衆国憲法の契約条項」産法46巻4号469頁（2013年）。

32 Bruhl によれば、反エントレンチメント原理は、フィリバスターの合憲性をめぐる「論争の全てのサイドが、最強で最も重要な論拠と考えている」（Bruhl, supra note 23, at 1425）。

33 1 WILLIAM BLACKSTONE, COMMENTARIES ON THE LAWS OF ENGLAND (1765)（訳は、伊藤正己「国会主権の原則の再検討（一）」国家81巻3・4号149頁、153頁（1968））。

34 100 US 548 (1879). Newton 判決は、「恐らく、そのトピックに関する連邦最高裁のリーディン

している。

　　その後の立法府は全て、前の立法府と同じ、公共の利益に対する管轄と権限を有している。後の立法府は、採択について前の立法府が有していたのと同じ、改廃の権限を有しており、それ以上でも以下でもない。この点で、全てが、完全平等の立場を有している。このことは、事物の本性において必然的にそうなのである。それぞれの立法府がいつでも、変化する環境と現在の緊急が求めるものは何であれなしうることは、公共の福祉にとって死活的である。これと異なる結論は、恐ろしいものであろう[35]。

　もっとも、イギリスにおける反エントレンチメント原理が議会主権に基づいていたことを考えると、議会も憲法の拘束の下にあり、立法が憲法に違反していないか司法審査に服するアメリカにおいては、反エントレンチメント原理の別の理由付けが必要であろう。

　この点、「エントレンチメント」概念をアメリカ憲法学界に導入した Eule[36] は、アメリカ憲法における人民主権から出発して、主人（人民）に対する代理人として議会を位置づけることによって、立法エントレンチメントの禁止を導出している。すなわち、議会・議院を構成する議員が周期的な選挙によって選出されることは、議会・議院の権限に時間的な限界が存在することを意味しており、それは具体的には、遡及法の禁止[37]と立法エントレンチメントの禁止として現れると Eule は主張する。

　Eule による反エントレンチメント原理の根拠付けには異論も唱えられているが[38]、結論として、「議会が後の議会を拘束できないこと」、すなわち、反エントレンチメント原理は今日のアメリカ法学においてほとんど普遍的に受容されてい

　　グ・ケースである」と評されている（Bruhl, Using Statutes to Set Legislative Rules: Entrenchment, Separation of Powers, and the Rules of Proceedings Clause, 19 J.L. & POL. 345, 374 (2003)）。

35　100 US 548, 559.

36　Julian N. Eule, Temporal Limitations on the Legislative Mandate: Entrenchment and retroactivity, 1987 AM. B. FOUND. RES. J. 379. Eule は、「エントレンチメントの概念は、読者にとってと同様、筆者にとっても新規なものである」と述べている（id. at 426）。

37　U.S. Const. art. I, § 9, cl. 3; art. I, § 10, cl. 1.

38　Bruhl は、次のように批判している。「Eule の議論には欠陥があるように見える。なぜならば、限定された任期の存在は、必然的に、その任期を超えて拘束力あるコミットメントをなす権限を主人が付与していないことを示すわけではないからである。例えば、ビジネスでは、代理人は（例えば契約を通じて）コミットメントすることができるが、それは代理人の任期を超えて一定期間、会社を拘束する。それゆえ任期の存在は付与された権限の限界に関して語らない」（Bruhl, supra note 23, at 1430 n. 107）。

るといってよいように思われる[39]。

2　上院の継続性

このような定義に照らして、エントレンチメントは、フィリバスターに関する「上院の諸規則の何が誤りであるかを表明するのにぴったりなイディオムのようにみえる」[40]。フィリバスターによって、つまり、現在の少数者によって現在の多数者の行為が制限されているというのは、実は、現在そして将来の上院の過半数の議員が、過去の上院の定めた規則によって拘束されているということであるから。

もっとも、反エントレンチメント原理が原則として法律や議院規則に適用されるとしても、上院については、下院とは異なる別の考慮が働くとも指摘されている。そこで持ち出されるのは、上院のいわゆる「継続的機関 (continuing body)」という性質であるが、それは「フィリバスター論争において中心的な役割を演じている」と評されている[41]。

上院の「継続的機関」論とは次のようなものである。2年ごとに全議員の選挙が行われる下院と異なり、上院は2年ごとに三分の一の議員が改選される[42]。つまり、選挙の前後でも、議員の三分の二は変化しない。そして上院の定足数は半数である[43]、つまり上院が行動するのに三分の二よりも少ない半数の議員で十分であることに鑑みれば、上院は選挙によってその同一性を失うことがない、「継

39　See, e.g., Charles L. Black, Jr., Amending the Constitution: A Letter to Congressman, 82 YALE L. J. 189, 191 (1972)（連邦議会が後の議会を拘束できないことは、「あまりに明らかであるので、述べられることはまれである」）。
　　恐らく唯一の例外が、Eric A. Posner & Adrian Vermeule, Legislative Entrenchment: A Reappraisal, 111 YALE L. J. 1665 (2002) である。この論文以前には、「われわれの jurisprudence の確立された部分として反エントレンチメント原理を受け入れない論者を学界で見つけることはほとんど不可能であった」と評されている (Roberts, supra note 16, at 542)。本稿では、反エントレンチメント原理自体は、フィリバスターをめぐる論争の参加者のほとんどが受け入れていると思われるので、論じないこととする。

40　Bruhl, supra note 23, at 1426.

41　Id. at 1405. なお、「継続的機関」という上院理解は、かなり以前から討論終結規則と結びつけて論じられてきている。See Note, Cloture, Continuing Rules and the Constitution, 48 MINN. L. REV. 913 (1964). Bruhl は、フィリバスターの文脈で継続的機関論が今日のような形で現れたのは、20世紀初頭の Walsh 上院議員による継続的機関論への攻撃であったと推測している。Bruhl, supra note 23, at 1415.

42　Const. art. I, § 3, cl. 2.

43　Id. art. I, § 5, cl. 1.

続的機関」であるといえる[44]。

実際、各会期の冒頭でその議事規則をゼロから採択する下院と異なり、上院規則は会期を超えて継続するものとされている。そしてこの事実は、一度定められた上院規則がその後も上院を拘束し続けるという主張を支えるものとして持ち出されるのが常である[45]。

継続的機関論に基づくフィリバスターの擁護論は、次のように構成することができるだろう。すなわち、エントレンチメントとは、前述のように、「議会が後の議会を拘束すること」と定義されている。しかし、上院がこのように時間を超えて自己の同一性を保持し続けるならば、「後の」上院というものは観念できず、従って、上院規則の拘束力はエントレンチメントとは無関係であり、上院規則が反エントレンチメント原理に反するということ自体があり得ない[46]。

これに対して Bruhl は、たとえ上院が継続的機関であることを認めたとしても[47]、そのことからはフィリバスターの文脈で他者による拘束が存在しないことを意味するだけであり、フィリバスターを擁護するためには、なお、上院が自らを拘束すること、すなわちコミットメントすることを許されている理由を説明しなければならないと主張する[48]。その論拠を Bruhl は次のように説明している。

　　上院は、個人や人民のように時を超えて存在する主体であるとしても、それは主体であると同時に代理人である。……上院の権限は、主人が付与する権限に左右される。……さて、この代理人の権限は、コミットメントすることに及ぶだろうか。私はノーと言いたい。代理人の主人──それをわれわれが、人々のことと認識しようと、

44　Bruhl によれば、「議会の専門家、尊敬される学者、そして連邦最高裁は皆、上院が継続的機関であるという観念を展開している」。Bruhl, supra note 23, at 1421 (citing Eastland v. U.S. Servicemen's Fund, 421 U.S. 491, 512 (1975); McGrain v. Daugherty, 273 U.S. 135, 181-82 (1927); 1 GEORGE H. HAYNES, THE SENATE OF THE UNITED STATES: ITS HISTORY AND PRACTICE 341 (1938); Gerhardt, supra note 27, at 464-65).

45　なお、規則制定条項にいう「各院」とは、議会期毎の議院を指すと解釈して、かつて採択された議院規則はその後の議院を拘束しないという主張も上院議員らによってされてきている。See Eule, supra note 36, at 409-10. But see id. at 409 (そのような解釈の「釈義的ないし歴史的支持はまばらである」)。

46　See Gerhardt, supra note 27, at 465 (「上院は継続的機関であるので、上院のどの議員がフィリバスターのエントレンチメントによって害されるのか、はっきりしない」)。

47　もっとも、Bruhl, supra note 23 の主要な主張は、そのタイトルが示すように、「『継続的機関』論を埋葬する」ことである。その理由は、上院が下院などの他の国家機関と異なる仕方で継続的であることの説明は不十分であり、また、もしその理解を規則制定以外の文脈でも一貫して維持するならば不合理な帰結が導かれるというものである。

48　Id. at 1427-31.

人民のことと認識しようと、あるいは（第17修正以前のように）州のことと認識しようと——は、政治的なコミットメントをするようになっている。主人は、憲法の制定と修正を通じてこれをする。上院は、憲法典に定められていない規則のセットへのコミットメントを通じて、その本質的な権力を横取りしてきている[49]。

「人々がコミットできることに疑問はない」[50]が、上院もそうであることは自明ではなく、説明が必要であるというのはその通りかもしれない。とはいえ、Bruhl のこの批判では、フィリバスターが自己拘束、コミットメントであることの十分な説明が与えられていないように思われる。それはつまり、決定において特別多数を求めることが、（単純多数を求めるのとは異なる）「拘束」であるというのはどういうことか、という問題である[51]。

この、エントレンチメントにおける「拘束」の意味の不明確さは、実は、反エントレンチメント原理に基づくフィリバスター批判にかなり共通してみられるように思われる。次にこれについて検討することにしたい。

3 「拘束」の意味

反エントレンチメント原理を理由とするフィリバスター違憲論における「拘束」の説明の不十分さは、論者がエントレンチメントの典型として挙げる例とそれに対して加えている説明に見いだすことができる。

まず、反エントレンチメント原理を根拠とするフィリバスター違憲論のパイオニアである Eule は、1960年代から70年代にかけて、討論終結に特別多数を要求する上院規則の修正決議に対する討論終結の賛成票が過半数を上回りつつも、特別多数を獲得できずに否決された事例を挙げて、「エントレンチメントのこれ以上の描写はないだろう」と述べている[52]。そして、続けて、次のように主張する。

　　問題なのは、主人——有権者——が自らに留保している諸権利の侵害である。すなわち、考えを変える権利。将来の有権者の多数派が自らの声を聞いてもらい、法へと変換される能力に干渉することによって、上院は、合衆国憲法の第1編第3節第1項と第17修正に定められている代理人の時間的限界を逸脱している[53]。

49　Id. at 1430.
50　Id. at 1429.
51　個人であれば、多数決の問題はもちろん生じない。
52　Eule, supra note 36, at 410.
53　Id.

また、同様にフィリバスター違憲論の立場に立つ Fisk と Chemerinsky は、「エントレンチメントが基本的な民主制原理を侵害し、それを憲法上疑わしいものとする理由を描写する一例」[54]について、次のように述べている。

> 現在の共和党支配の連邦議会がそれが採択したどんな法律も連邦議会の将来の会期の特別多数によってのみ改廃可能であるとする法律を採択したとする。明らかに、立法プロセスの選挙的コントロールは深刻に損なわれ、人民主権とデモクラシーという基本的前提が傷つけられるであろう[55]。

これらの例や説明は直感的には説得力があるようにみえるかもしれないが、よく考えると、次のような疑問を呈することができよう。すなわち、合衆国憲法は、条約の承認や弾劾など、連邦議会が単純多数によって決定することのできない事項をいくつか定めているが[56]、それらも「将来の有権者の多数派が自らの声を聞いてもらい、法へと変換される能力」を制限し、あるいは、「基本的な民主制原理」に反するということにならないだろうか[57]。

この疑問に対して、条約の承認や弾劾などに特別多数が必要とされることは憲法典に明文規定があるので許容されると応答するならば、それはつまり、合衆国憲法が明文規定のない限り単純多数決を命じているということを前提にしている。しかし、それは、(反エントレンチメント原理でもって) 証明されるべきことであって、「循環している」[58]という批判が妥当するように思われる。

反エントレンチメント原理を理由とするフィリバスター違憲論がこのような批判を受けるのは、エントレンチメントとして典型的に意識されてきたのが実体的な政策であるのに対して、フィリバスターは手続に関わるものであることに起因するように思われる。そこで次に、エントレンチメントと手続の関係について改めて検討することにしたい。

---

54 Fisk & Chemerinsky, supra note 4, at 250.

55 Id.

56 See supra notes 7-12 & accompanying text.

57 Fisk と Chemerinsky はまた、「上院議員に、その機関の多数が選好する法案を採択する上院議員の憲法上の権利を否定しているので、将来の連邦議会の構成員が立法や規則を変更できないことは違憲である」(Fisk & Chemerinsky, supra note 4, at 251) とも述べている。そのような権利があるとすれば、フィリバスターにおけるのと同様に、条約の承認や弾劾などにおいても否定されていることになろう。

58 Gerhardt, supra note 27, at 448. Seitz と Guerra も、Fisk と Chemerinsky の議論は「偽装された多数主義論である」と批判している (Seitz & Guerra, supra note 25, at 22 n.77)。

四　手続とエントレンチメント

1　手続的エントレンチメント

　Eule のエントレンチメント論では、エントレンチメントはいくつかのタイプに分類されている。変更を絶対的に禁止する絶対的エントレンチメント、変更が特別な手続を踏むことを求める手続的エントレンチメント、一定の期間だけ変更を禁じる一時的エントレンチメント、そして、定められた出来事が発生した場合のみ変更を許す条件付きエントレンチメントの４つである[59]。

　これらのうち、絶対的エントレンチメント、一時的エントレンチメント、条件付きエントレンチメントでは、後の議会の努力ではどうしようもできない事由に変更の可否が左右されることから、後の議会が「拘束」されていると評価するのに異論はないであろう。しかしながら手続的エントレンチメントにいう、「特別な手続」については、それが何を意味するのか検討する必要があるように思われる。

　例えば、「増税法案については可決に五分の三の票が必要である」と定める議院規則であれば、それは、通常の法案の場合とは異なる「特別な手続」を踏むことを求めるものであり、反エントレンチメント原理に明らかに反するものと評価されるだろう。しかし、簡単にそう評価できるのは、それ以外の通常の法案について単純多数決というベースラインが既に存在しているからである。

　Eule 自身は、前述のように、単純多数決が通常の手続であるという前提に基づいて、特別多数を求める上院規則は特別な手続を踏むことを求めるものであり、従って、許されないと結論づけている。しかし、二で議論したように、「単純多数決が通常の手続である」ということについては必ずしも自明ではない。むしろ、フィリバスター（の恐れ）が存在する手続こそ上院にとって「通常」のものである、という表現も考えられる。

2　非対称的エントレンチメント

　エントレンチメント論において「拘束」の意味が不明瞭であるのは、手続を定める規則にも、それに先行して、成立要件などを定める手続に関する規則が必要

59　Eule, supra note 36, at 384-86.

であるという循環の存在を反映しているものと評価することができるかもしれない。そのような循環から抜け出すために、手続的規則については、エントレンチメントの禁止が適用されず、議院が自由に定めることができると結論づけることが考えられる[60]。

しかしそのような結論に飛びつく前に、McGinnis と Rappaport による対称的エントレンチメントと非対称的エントレンチメントとの区別が検討に値するように思われる[61]。McGinnis と Rappaport によれば、対称的エントレンチメントとは、「エントレンチする手段が、それを廃止するのに必要な同じ特別多数決の下で採択されるときに生じる」[62]ものであり、非対称的エントレンチメントとはそうでないものである。硬性憲法は一般にエントレンチメントの好例として挙げられるが、例えば、「合衆国憲法第18修正は、それを廃止するのに必要なのと全く同一の手続を経て採択されたので、そのエントレンチメントは対称的である」[63]。

McGinnis と Rappaport は、非対称的エントレンチメントは原則として許されないが、対称的エントレンチメントは憲法上許容されるという強い推定が働くと主張する。その論拠の一つは、対称的エントレンチメントは非対称的エントレンチメントと異なり、「各世代に、エントレンチされた規定を採択廃止する平等な機会を与えている」[64]ということである。確かに、反エントレンチメント原理が立法府の平等から導出されるのであれば、対称的エントレンチメントは反エントレンチメント原理に牴触するものではないと解される。

この二分法を用いると、前述の Fisk と Chemerinsky が挙げた、「現在の共和党が支配している連邦議会がそれが採択したどんな法律も連邦議会の将来の会期の特別多数によってのみ改廃可能であるとする法律を採択」することは、その採

60　循環の存在を論拠としてはいないが、手続を定める規則についてはエントレンチメントの禁止はそもそも適用されないと主張するものとして、Seitz & Guerra, supra note 25, at 25-27. それに対する批判として、Roberts, supra note 16, at 538-39.

61　John O. McGinnis & Michael B. Rappaport, Symmetric Entrenchment: A Constitutional and Normative Theory, 89 VA. L. REV. 385 (2003).

62　Id. at 388.

63　Id. at 417. なお、合衆国憲法第五編が上院における州の平等な投票権がその同意なしに奪われることはないとしていることについて、McGinnis と Rappaport はその非対称性を認めた上で、「かかる規定が今日われわれの多くにとってどんなに問題あるもののようにみえても、平等な投票権規定が課す追加的な費用よりも、憲法典の便益が上回るであろう」という理由で正当化しているが（id. at 430）、かかる規定を盛り込むことなしにはそもそも合衆国憲法自身が成立しなかったのであれば、対称的エントレンチメントと解する余地もあるのではないだろうか。

64　Id. at 426.

択が単純多数でなされるならば、非対称的エントレンチメントに分類され、特別な事情のない限り、許されない[65]。

このように考えると、手続を定める規則であっても、単純多数で採択されながら後の変更には特別多数を求めるものは許されないと考えることには、一定の説得力があるように思われる。

3 エントレンチメントと歴史

もっとも、手続規則一般には反エントレンチメント原理が適用されるとしても、上院のフィリバスターに限っていえば、特別な事情を指摘することができる。それは、上院においてフィリバスターが長い歴史を有していることである。確かに、法形式的には、討論終結には特別多数を要すると最初に定める議院規則は過半数の賛成票で成立することができ、従って非対称的エントレンチメントであると評することができるかもしれない。しかし、その後の上院で長くそれが尊重されてきたのであれば、実質的には、それは対称的エントレンチメントと評することもできるように思われる[66]。

従来から、上院の歴史がフィリバスターの合憲性を支持するものとしてしばしば持ち出されている[67]。それに対して、政治部門で何かある実務——例えば、人種別学——がいくら長く続けられていても、そのことからただちにそれが合憲であると結論づけることはできないという反論がありえよう。もっとも、反エントレンチメント原理に基づく議論の場合には、問題となっているものの性質（エントレンチメント性）を評価する上で、それが実務において広く受け入れられきたかどうかという事実は、その合憲性を実体的に評価する際の考慮事由となると考えられる[68]。

---

65 Fisk と Chemerinsky も、「上院の現在の議会期の議員が規則を変更する能力を行使するのを妨げることは、議員たちに平等な保護を否定するものである；当該規則を採択した者たちはそうする権限を有していたが、他方で、現在や将来の上院の議員は不平等に取り扱われている」と指摘していた（Fisk & Chemerinsky, supra note 4, at 251）。

66 なお、McGinnis と Rappaport 自身はフィリバスターの全面的な合憲論には与しておらず、「討論終結規則を変更するかどうかに関して上院が投票するならば、それを変更するのに単純多数のみが必要とされる」とする（McGinnis & Rappaport, Defense, supra note 6, at 507）。

67 See supra note 27 & accompanying text.

68 もっとも、上院の歴史について理解は分かれている。一方ではフィリバスターの合憲性を支持するという主張がある。See Gerhardt, supra note 27, at 466（「確立された原理としての多数決は、上院によってきっぱりとかつ変わることなく退けられてきている」）；SARAH A. BINDER &

五　おわりに

　以上でみてきたアメリカ連邦議会上院のフィリバスターの合憲性をめぐる論争は、決定手続を定めるルールには、多数決原理に解消しきれない論点が存在していることを示している。特別多数決はこれまで、熟慮といった多数決（あるいは手続的に理解されたものとしての民主主義）に外在的な諸価値を持ち出して議論されることが多かったように思われる。しかしながら、民主主義を純粋に手続的なものとして理解するとしても、反エントレンチメント原理およびそれに基づくフィリバスター批判の難点の存在は、そのような意味での民主主義についても、なお、検討すべき事柄のあることを示しているように思われる。

STEVEN S. SMITH, POLITICS OR PRINCIPLES 169 (1997)（上院の多数が単純多数の討論終結を有したことは「まれであり、恐らくは決してなかった」）。他方で、そのような結論は歴史から導かれないという意見も強い。See Fisk & Chemerinsky, supra note 4, at 185（「今日用いられているようなフィリバスターは、上院の、無制限の討論という長い年月を経た不可侵の伝統の一部ではない」）; Bruhl, supra note 23, at 1417（単純多数がフィリバスターを打ち負かせるかについて「多様な見解が存在したが、第一原理のレベルで決定的な正面からの解決は存在しなかったと筆者にはみえる。むしろ、相対立する立場が、1917年にも20世紀半ばを通じても、妥協によって調停されていた。」）; Roberts, supra note 16, at 521（討論の打ち切りに特別多数を要件とする「規則の合憲性の支持以上に、無関心ないし抵抗を、上院での討論を制限する試みの歴史は示している」）。

日米の個別法律の現況と課題

御 幸 聖 樹

　一　はじめに
　二　日　本
　三　アメリカ合衆国
　四　おわりに

一　はじめに

　恣意的・専断的な立法を防止するため、法律が一般性を有することが望ましいことに争いはない。ただ、わが国では、法律の一般性を充たさない個別法律の合憲性については学説上の対立があり、かつ、現実の立法としては個別法律と評価されうる法律が存在している。

　このような法律の一般性を巡る問題について、初宿教授は、「法律の一般性と個別的法律の問題——いわゆるオウム規制法の制定を契機として——」と題する御論文[1]にて、わが国の法律を参照しつつ、比較法的知見をもって応答された。同論文では、実質的に個別法律と評価されうる法律によって国民の基本権が制限されているわが国の現状を指摘し、合憲性が厳格に判断されなければならないと提言されている。

　本稿は、初宿教授の上記論文に着想を得て、アメリカ合衆国を比較法の対象国として、個別法律制定権限の根拠条文や限界といった合憲性を巡る議論、個別法律に対する立法府・司法府による対応の現況について整理した上で、特に立法府と司法府において個別法律の慎重な審議・審理を可能にする理論的・制度的改善点について考察するものである。

　まず、一では、日本について、学説における議論状況と立法実務・裁判例が整

1　初宿正典「法律の一般性と個別的法律の問題」法学論叢146巻5・6号（2000年）26-44頁。

理される。前者の学説における議論状況では、法律の一般性の意義やその議論の射程、個別法律の合憲性に関する説の対立および個別法律該当性の判断基準が整理される。後者の立法実務・裁判例では、個別法律と評価されうる法律が概観されるとともに、従前の裁判例が整理される。これらを通じて、現在の日本における個別法律の現況を示し、その課題を明らかにする。

次に、二では、アメリカ合衆国について、個別法律の意義・根拠条文・限界、アメリカ連邦議会における個別法律の立法手続、アメリカ連邦議会における個別法律の運用について整理した上で、日本への示唆を得る。そこでは、アメリカ合衆国と日本にはかなりの共通点が見られるものの重大な相違点があることが示されるとともに、日本において個別法律の慎重な審議・審理を可能にするための理論的・制度的改善点を導出する。

二　日　本

1　学説における議論状況

個別法律の合憲性については、上述したように日本の学説上も議論がなされてきた[2]。ここでは、現在の議論状況について概観する。

2　さしあたり、以下の文献が挙げられる。赤坂正浩「法律の一般性とボン基本法19条1項1文」新正幸ほか編『公法の思想と制度』（信山社、1999年）（以下、「赤坂①」と引用。）255-282頁、同「立法の概念」公法研究67号（2005年）（以下、「赤坂②」と引用。）148-159頁、芦部信喜『憲法と議会政』（東京大学出版会、1971年）260頁、新正幸『憲法と立法過程』（創文社、1988年）238-249、265-266頁、浦部法穂『憲法学教室〔第3版〕』（日本評論社、2016年）567-568頁、大石和彦「『個別法律の問題』の問題性」白鷗法学13巻1号（2006年）167-212頁、阪本昌成『憲法理論Ⅰ〔補訂第3版〕』（成文堂、2000年）（以下、「阪本①」と引用。）277-278頁、同『憲法1　国制クラシック〔全訂第3版〕』（有信堂高文社、2011年）（以下、「阪本②」と引用。）171-174頁、初宿・前掲脚注（1）26-44頁、高田敏「立法の概念」奥平康弘ほか編『憲法学5』（有斐閣、1977年）1、18-20頁、高橋和之『立憲主義と日本国憲法〔第4版〕』（有斐閣、2017年）367-369頁、玉井克哉「法律の『一般性』について」樋口陽一・高橋和之編『現代立憲主義の展開　下』（有斐閣、1993年）（以下、「玉井①」と引用。）383-412頁、同「国家作用としての立法――その憲法史的意義と現代憲法学」法学教室239号（2000年）（以下、「玉井②」と引用。）72-80頁、樋口陽一ほか『注解法律学全集3　憲法Ⅲ〔第41条〜第75条〕』（青林書院、1998年）（以下、「樋口①」と引用。）23-26頁（樋口陽一執筆）、同『憲法Ⅰ』（青林書院、1998年）（以下、「樋口②」と引用。）213-217頁、松井茂記『日本国憲法〔第3版〕』（有斐閣、2007年）158-160頁、毛利透「法律の概念、個別的法律」曽我部真裕ほか編『憲法論点教室』（日本評論社、2012年）158-163頁。

（1）法律の一般性の意義

まず、法律の一般性については、その概念はそもそも多義的であることが指摘されてきた[3]。ただ、通常の用法としては、ここでの「一般性」とは、一般的・抽象的規範であること、すなわち、①「受範者が不特定多数」であり（一般的）、かつ、②「規制の及ぶ場合（事件）が不特定多数」であること（抽象的）をいうと説明される[4]。

この定義には特に争いは見られない。ただ、ここには以下のとおり留意すべき点がある。

まず、日本において、法律の一般性を充たさない個別法律の概念は、上記の①・②の両方の要素を充たさない個別的・具体的法律を意味するのか、それとも①・②の要素のうちいずれかを充たさない一般的・具体的法律や個別的・抽象的法律も含むと解されているのか、明らかではない。上記の定義を文字通り受けとめるのであれば、①・②の要素のうちいずれかを充たさない場合は個別法律を意味すると考えられるが、定義を行った論者の記述からは不明確である[5]。

次に、「不特定多数」という用語について、「不特定」と「多数」は区別しうる概念である[6]ところ、ここでの「不特定多数」は、「不特定又は多数」を意味するのか「不特定かつ多数」を意味するのか、必ずしも明らかではない。すなわち、前者では不特定かつ多数・不特定かつ少数・特定かつ多数が含まれ（すなわち、特定かつ少数のみが除外される。）、後者では不特定かつ多数のみが含まれる（すなわち、不特定かつ少数・特定かつ多数・特定かつ少数が除外される。）。ただ、定義を行っ

3　芦部・前掲脚注（2）260頁。

4　芦部・前掲脚注（2）260-261頁。同旨、芦部信喜・高橋和之補訂『憲法（第6版）』（岩波書店、2015年）296頁。なお、その他の定義として、例えば、「法律の適用される要件が抽象的かつ不特定であること」という定義がある。玉井②・前掲脚注（2）74頁。

5　但し、芦部・前掲脚注（2）262頁では、個別的・具体的法律の許容性が論じられる前段階として、一般的・具体的法律や個別的・抽象的法律の許容性については自明とするような記述が存在する。なお、個別的・具体的法律のみを立法行為の禁止の限界として記述する文献として、石川健治「第41条」芹沢斉ほか『新基本法コンメンタール憲法』（日本評論社、2011年）297、303頁。このような記述からすると、法律の一般性を充たさない個別法律とは、個別的・具体的法律のみを意味すると解しているように読める。

6　「不特定」と「多数」の概念の区別は、法律上も当然になされている。例えば、著作権法2条5項では「公衆」には特定かつ多数の者を含むとされており、そのため不特定少数、不特定多数、特定多数の者は含まれるが、特定少数の者は含まれないと解されている。また、刑法230条1項の名誉毀損罪の構成要件である「公然」についても、不特定又は多数の者が認識できる状態と解されており、やはり「不特定」と「多数」は区別されている。

た論者の別部分の記述では、個別的・具体的法律を「特定数の人および特定事件のみを規律する」法律と言い換えている[7]。そうであれば、正確には個別法律の定義には「多数」（少数）という多寡は関係なく、「不特定」（特定）のみが関係すると理解すべきように思われる。

　いずれにせよ、日本における個別法律の定義に関わるこれらの点について、議論が十分になされてきたとは言えない[8]。ただ、いずれにせよ、受範者が特定されており、かつ、規制の及ぶ場合（事件）も特定されている個別的・具体的法律は個別法律の典型例であるといえよう。そのため、本稿では、①受範者が特定され、かつ、②規制の及ぶ範囲（事件）が特定されている法律を、日本における個別法律として論を進める。

（2）法律の一般性の議論の射程

　ア　憲法41条「唯一の立法機関」との関係　　憲法41条「唯一の立法機関」は、周知のとおり、一定の法規を定める権限は国会のみに属するという権限分配上の実体的・内容的な原則（国会中心立法の原則）とその形式である法律の制定は国会両議院の手続だけで完結するという、国家行為形成上の手続的・形式的な原則（国会単独立法の原則）の二つの意味を有するとされてきた[9]。そして、前者について、原則として国会のみが専属的所管事項として法律の形式で定めることができる内容については、実質的意味の法律（法規）とは何かという形で伝統的に議論されており[10]、大別して①国民の権利を制限し、国民に義務を課する成文の一般的法規範と解する見解、②一般的抽象的法規範と解する見解、③国民の権利に関係する一般的・抽象的法規範と解する見解の3つに分けられる[11]。さらに、近時は、実質的意味の法律という概念は君主と議会との間の権限分配を争う歴史的文脈の中で生じた概念であり、国民主権に立脚する日本国憲法の下では不要であるとして、憲法41条によって形式的意味の法律を制定する権限が国会に付与されていると解する見解[12]も有力に主張されている。

　7　芦部・前掲脚注（2）262頁。

　8　立法実務に携わった者からも、個別法律の意味は必ずしも明確ではないと指摘されている。大島稔彦『立法学　理論と実務』（第一法規、2013年）92頁。このような状況が生じているのは、法律の一般性や個別法律の定義が未だ不明確な点にも起因するように思われる。学説が明確な定義づけを怠ってきたことを指摘する文献として、大石（和）・前掲脚注（2）178頁。

　9　大石眞『憲法講義Ⅰ（第3版）』（有斐閣、2014年）146頁。

　10　大石（眞）・同上147頁。

　11　赤坂②・前掲脚注（2）148-149頁。

以上が、憲法41条「唯一の立法機関」の解釈を巡る議論であるが、このような議論と本稿で扱う個別法律の合憲性に関わる法律の一般性の議論とは、区別して論じられる必要がある。すなわち、前者の41条「唯一の立法機関」を巡る解釈は一定の事項を国会の権限として確保するための議論、すなわち国会の専属的所管事項に関する議論である。他方、後者の個別法律の合憲性に関わる法律の一般性の議論は、国会の権限の制約に関する議論であり、専属的・競合的所管事項のいずれにも含まれない事項に関する議論である。文献の中にはこれらの議論を混在させるものも存在するが、理論的には区別されるべきである[13]。

立法権には種々の限界が存在することは自明であるところ、体系的には個別法律の合憲性に関わる法律の一般性の問題は、立法権に対する不文の限界に関わる問題、すなわち、不文のうちに法律の所管に属さないとされる事項の問題として位置づけることが適切であろう[14]。

イ　組織規範　　組織規範については、法律の一般性が要請される対象ではないと主張される。ただ、ここでの組織規範としては、行政機関の組織編成に関わる規範と、国や地方公共団体とは独立の法人格を付与されて行政事務を行う法人の設立に関わる規範とを区別して論ずる必要がある。

まず、法律の一般性は行政機関の組織編成に関わる規範には要請されないと有力に主張される[15]。すなわち、このような規範は性質上個別法律であるとの認識

12　高橋・前掲脚注（２）367-369頁、松井・前掲脚注（２）158-160頁、石川・前掲脚注（５）302頁。

13　赤坂②・前掲脚注（２）149-150頁。村西良太『執政機関としての議会』（有斐閣、2011年）254頁注（107）。

14　このような整理として、石川・前掲脚注（５）302-304頁、新・前掲脚注（２）255、265-266頁。なお、もちろん、学説によってはおよそ個別法律を専属的所管事項と考える説も存在し、また、個別法律のうち個人の権利義務に関わる規範を専属的所管事項と考える説も存在する。前者の説として、松井・前掲脚注（２）159-160頁、高橋・前掲脚注（２）368頁。後者の説として、赤坂②・前掲脚注（２）157頁、新・前掲脚注（２）238-249頁。そして、前者の説からは個別法律は不文のうちに法律の所管に属さないとされる事項には含まれないこととなり、後者の説からは個人の権利義務に関わる規範以外の個別法律については不文のうちに法律の所管に属さないとされる事項に含まれるかどうかを改めて検討する必要があることになる。このように、特に前者の説からは、個別法律も専属的所管事項に位置づけられ（そうすると、不文のうちに法律の所管に属さないとされる事項には当然に含まれないことになるため）それで足りることになる。ただ、種々の学説を体系的に整理するという観点からは、法律の一般性の問題は不文のうちに法律の所管に属さないとされる事項の問題として整理することが有用であろう。そのような整理をした上で、前者の説については、法律の一般性の問題は不文のうちに法律の所管に属さないとされる事項には関係しないと解する説として、端的に位置づけられることになろう。

15　毛利・前掲脚注（２）163頁、玉井②・前掲脚注（２）74、76-77頁、大石（和）・前掲脚注（２）184-185頁。

はなされるが[16]、そもそも法律の一般性は立法の専制を防止するために国家と国民との関係において求められるべきものであるため、行政機関の組織編成には法律の一般性は要請されないと解するのである[17]。

ただ、そのように主張する論者であっても、国や地方公共団体とは独立の法人格を付与されて行政事務を行う法人の設立に関わる規範にも法律の一般性が要請されないかどうかについては、法律の一般性が要請されないという結論は維持されるものの、理由づけは必ずしも定まっていないように思われる[18]。

なお、組織規範に法律の一般性が要請されるかどうかという問題とは別個の問題として、組織規範が一般性を有すると評価しうるかについては、若干の議論がある。すなわち、上述のように性質上個別法律であるとの評価がある一方、設置法の適用を受ける職員には入れ替わりがあるため適用される人の範囲は開かれており、その意味ではいわゆる「業法」並みには一般性を有すると評価する余地があるとも指摘される[19]。もしそのような理由づけが可能であれば、団体の構成員が変動する可能性があれば特定の団体を受範者とする法律であっても一般性を有すると評価されることとなろう。しかし、そもそも日本における法律の一般性の定義において、受範者となりうるのは自然人だけでなく団体を含むことが当然視されている以上、特定の団体のみを受範者としたのであれば個別法律と評価せざるを得ないであろう[20]。

ウ 「一の地方公共団体のみに適用される特別法」　憲法95条の「一の地方公共団体のみに適用される特別法」については、憲法が明文にて許容する個別法律であり、合憲性に争いはない。すなわち、立法行為の不文の限界としての法律の一般性の議論は、このような個別法律の合憲性に影響を及ぼさない。

なお、憲法95条の位置づけについては議論が存在する。すなわち、憲法95条で明文をもって個別法律が許容されている以上、それ以外の個別法律は禁止されているという解釈が存在する[21]（後述の個別法律の合憲性に関する説としては、違憲説に

16　玉井②・前掲脚注（2）76-77頁。

17　毛利・前掲脚注（2）162-163頁、大石（和）・前掲脚注（2）184-185頁。

18　毛利・前掲脚注（2）163頁、大石（和）・前掲脚注（2）185-186頁。

19　赤坂②・前掲脚注（2）153、159頁注（36）。

20　このような評価の違いは、結局のところ、日本における法律の一般性の定義の明確化の必要性を示唆するように思われる。なお、後述するように、アメリカ合衆国では特定の個人だけでなく特定の団体を受範者とする場合も個別法律と考えられている。

21　阪本①・前掲脚注（2）278頁。

整理される論者によって主張される。）。ただ、憲法95条の存在は、憲法がそれ以外の個別法律を禁止することと必ずしも直結しないとの反論もなされている[22]。

（3）個別法律の合憲性に関する説の対立

上述の組織規範や95条の「一の地方公共団体のみに適用される特別法」以外の個別法律を認めるかどうかについて、以下のような説の対立がある。

ア　違憲説　　立法権の不文の限界として法律の一般性を位置づけて、個別法律を違憲とする説[23]である。

この理由としては、①立法の専制への防壁としての法律の一般性を重視する見解[24]や、②法の属性として予見可能性を担保するためにも一般性などの形式を備えることは不可欠であるため、そのような形式を備えない個別法律は法の支配から許されないという見解[25]がある。

なお、この説の論者は、授益的な個別法律と侵害的な個別法律の区別を踏まえつつも、政治過程が票田のために授益的な個別法律を制定するおそれを直視し、どちらの個別法律も許容されないとする[26]。

イ　法律の一般性を考慮しつつも例外的に合憲となる余地を認める説　　この説[27]は、法律の一般性を考慮しつつも、例外的に合憲となる余地を認める。この理由としては、社会国家的現実において法律の一般性は変容を余儀なくされたという状況の変化などが挙げられる[28]。そして、平等原則や権力分立原則に反しない限りは個別法律も合憲になるとされる[29]。

この説については、法律の一般性の議論が平等原則や権力分立原則といった条件に変化しており、そもそも国会に個別法律の制定権限を認めているかのような前提に立っていることに留意が必要である[30]。そのため、後述するとおり、立法

22　大石（和）・前掲脚注（2）186頁。

23　樋口②・前掲脚注（2）216頁、浦部・前掲脚注（2）568頁、阪本①・前掲脚注（2）277-278頁。

24　樋口②・同上213-217頁、浦部・同上568頁。

25　阪本①・前掲脚注（2）274-278頁。

26　樋口②・前掲脚注（2）216頁、浦部・前掲脚注（2）568頁。

27　芦部・前掲脚注（2）262頁。同旨の見解と評価しうる文献として、野中俊彦ほか『憲法Ⅱ（第5版）』（有斐閣、2012年）81-82頁（高見勝利執筆）、長谷部恭男『憲法（第7版）』（新世社、2018年）332頁。なお、新・前掲脚注（2）239-242、265-266頁は専属的所管事項として個別法律を許容する。ただ、法律の一般性は原則として立法行為の不文の限界に当たると考えており、下記の「他の憲法規定に反しないことを条件とする合憲説」とは区別されよう。

28　芦部・前掲脚注（2）260-262頁、新・前掲脚注（2）239-242、265-266頁。

29　芦部・前掲脚注（2）260-262頁、新・前掲脚注（2）265-266頁。

権の不文の限界として法律の一般性を位置づけない下記の「他の憲法規定に反しないことを条件とする合憲説」と合憲性の判断が類似することとなる。

　ウ　他の憲法規定に反しないことを条件とする合憲説　　この説[31]は、前提として立法権の不文の限界として法律の一般性を位置づけない。そのため、個別法律のように法律の一般性が欠けていてもそれ自体では違憲とはならない。ただ、以下の点に留意する必要がある。

　まず、同説は個別法律を常に合憲とみなしているわけではなく、他の憲法規定に反しない限りで合憲と述べるにすぎない。そして、個別法律が抵触する恐れのある他の憲法規定として、具体的には、平等原則や司法権が挙げられる。すなわち、個別法律は平等原則との関係では「合理的区別」であることが論証される必要があり[32]、また、個人に刑罰などを科す個別法は司法権の簒奪となるため許されないとする[33]。個別法律が平等原則や権力分立原則違反になりうる可能性を認める点は、上述した「法律の一般性を考慮しつつも例外的に合憲となる余地を認める説」と共通する。

　次に、確かに同説は法律の一般性を憲法上の要請とは考えないが、その価値自体を軽視しているわけではない。すなわち、法の一般性により予測可能性が担保されること、法が一般的であることは法の支配の基本的な要請であることは同説の論者によっても確認されている[34]。ただ、法の一般性が立法の本質ではないと解する点に、特徴がある。

　最後に、既に述べた点にも重なるが、同説の論者は授益的な個別法律と侵害的な個別法律の区別に留意しているように見受けられる。すなわち、刑罰などを科す侵害的な個別法律は許されないとする[35]点は、少なくとも侵害的な個別法律には否定的であると評価できよう。

30　阪本①・前掲脚注（2）277頁。なお、平等原則と法律の一般性の問題は、論理的には別次元の問題である。すなわち、前者は一定のカテゴリーを取り出して別異取扱いを行うことの合理性を問題とするが、後者は当該法律それ自体が一般性という属性を有しているかどうかを問題とする。毛利・前掲脚注（2）163頁。

31　松井・前掲脚注（2）160頁、高橋・前掲脚注（2）368頁。なお、高田・前掲脚注（2）19-20頁は松井・高橋説と異なり、専属的所管事項としては法律の一般性を要請する。ただ、法律の一般性は立法行為の不文の限界にはならないとする点では共通する。

32　高橋・前掲脚注（2）368頁。

33　松井・前掲脚注（2）160、179頁、高田・前掲脚注（2）19-20頁。

34　高橋・前掲脚注（2）368頁、松井・前掲脚注（2）160頁。

35　松井・前掲脚注（2）160、179頁。

（4）個別法律該当性の判断基準

受範者及び規制の及ぶ範囲（事件）が特定されているかどうかについて、どのような判断基準から判断すべきか。この点、あまり議論がなされているわけではない[36]が、①法律の文言上、名指ししているかどうかで判断すべきとする考え方と、②①に加えて、法律の内容から受範者・規制の及ぶ範囲（事件）が限定されているかどうかで判断すべきとする考え方、の2つに整理しうる。①だけでは、立法技術的におよそ名指しすることを避けさえすれば、実質的に特定の受範者・規制の及ぶ範囲（事件）にのみ該当する法規範について憲法上の規律が及ぶことがなくなり、法律の一般性の価値が大きく減殺されるおそれが生じる。②が適切と考えるべきであろう[37]。

2 立法実務・裁判例

（1）個別法律の例

ア 組織規範 上述した通り、組織規範については、法律の一般性が要請される対象かどうか争いがある。もし法律の一般性が組織規範にも及ぶと考えた場合、個別法律として合憲性が問題視されるであろう法律は枚挙にいとまがない。例えば、文部科学省設置法（平成11年法律第96号）のような法律は個別法律と評価される[38]。また、狭義の国の機関とは言えない、日本中央競馬会法（昭和29年法律第205号）のような特殊法人に関する法律、日本銀行法（平成9年法律第89号）のような認可法人に関する法律も個別法律と評価される[39]。これらの法律の存在からすると、立法実務上は組織規範については法律の一般性の要請が及ばないと評価されているように思われる。

イ 授益的な個別法律 組織規範以外にも、個別法律と評価される法律は存

---

36 ドイツの学説上の整理として、赤坂①・前掲脚注（2）264-266頁。

37 このような考え方を採用していると整理しうる文献として、毛利・前掲脚注（2）163頁。同文献では、「個別対象を明示して法律の規律対象とする」場合だけではなく、「法律の適用対象を過去の事実によって限定し、論理的に特定の対象への適用しか想定できないというような場合」にも、一般性違反を主張できるとする。

38 石川・前掲脚注（5）303頁。但し、このような各省設置法も職員に入れ替わりがあることから一般性を有すると評価しうるとする見解があることについては上述した。脚注（19）参照。

39 玉井②・前掲脚注（2）76-77頁。なお、筑波大学の設置に際して学校教育法の一部改正という一般的な規定によって対応したことが法律の一般性との関係の立法例として挙げられる場合があるが、ここでの組織規範の立法例として整理しうる。玉井②・前掲脚注（2）79頁注（14）。

在する[40]。例えば、授益的な個別法律として、財団法人日本遺族会に対する国有財産の無償貸付に関する法律（昭和28年法律第200号）が挙げられる。同法律において、受範者は「財団法人日本遺族会」と文言上名指しで特定されており、かつ、規制の及ぶ場合についても、土地と建物の無償貸付とそれに伴う用途の制限や監督について規律しており、いわば個別の使用貸借契約のような事象に関する規律であるため、規制の及ぶ場合の特定がなされていると評価できよう。また、財団法人日本海員会館に対する国有の財産の譲与に関する法律（昭和30年法律第80号）も、授益的な個別法律と評価しうる。すなわち、同法律において、受範者は「財団法人日本海員会館」と文言上名指しで特定されており、かつ、規制の及ぶ場合についても、国有財産の譲与とそれに伴う用途制限や譲与契約の解除について規律したものであり、いわば個別の贈与契約のような事象についての規律であるため、特定がなされていると評価できよう。これらの法律は、上述したように、法律の一般性を厳格に要求する説からすると違憲と評価されるであろうし、それ以外の説からも平等原則や権力分立原則に反しないかどうかが問われることとなろう。

　他に授益的な個別法律として評価できそうな法律として、例えば、「オウム真理教に係る破産手続における国の債権に関する特例に関する法律」（平成10年法律第45号）がある。同法は、オウム真理教に対する破産申立事件である「東京地方裁判所平成七年（フ）第三六九四号、第三七一四号破産申立事件」において、国が届け出た一定の債権は、国以外の者が届け出た債権のうち生命又は身体を害されたことによる損害賠償請求権に劣後すると規定する。同法律は、規制の及ぶ場合が特定されているのは明白であるが、受範者（すなわち、上記事件において生命又は身体を害されたことによる損害賠償請求権を届け出た者）は、規定の文言上は名指しされていない。また、「オウム真理教犯罪被害者等を救済するための給付金の支給に関する法律」（平成20年法律第80号）は、オウム真理教による特定の犯罪行為を日時や態様を記述しつつ具体的に列挙した上で、そのような犯罪行為により死亡した者の遺族及びそのような犯罪行為によって障害が残り、又は傷病を負った者（オウム真理教の構成員であった者を除く。）に対し、給付金を支給する旨の法律である。同法律も、オウム真理教による特定の犯罪行為という事象に限定された

40　個別法律と評価されうる法律を列挙する文献として、大石（和）・前掲脚注（2）178-182頁。

規律であり、規制の及ぶ場合が特定されているとも評価できようが、受範者（すなわち、給付金の受給者）については、規定の文言上は名指しされていない。ただ、既に述べたように、個別法律該当性の判断基準は、法律の規定の文言上名指しされている場合に限らず、法律の内容から受範者が限定されていると評価される場合も含むと考えるのであれば、法律制定時において受範者の範囲が将来において開かれていなかったと評価されるような場合（すなわち、論理的に特定の受範者への適用しか想定できない場合）は、これらの法律も個別法律と評価される余地があるようにも思われる。

　これらのごく一部の法律をもって立法実務の傾向を考察することは適当ではないかもしれないが、これらの法律の存在から強いて言えば、授益的な個別法律について法律の一般性の要請が及ばない、又は、及ぶとしても例外的に許容される余地があると、立法実務上扱われていると評価できるように思われる。

　ウ　侵害的な個別法律　　侵害的な個別法律該当性が問題となる法律として、まず、俗に「成田新法」と称される「新東京国際空港の安全確保に関する緊急措置法」（昭和53年法律第42号）がある。同法1条の目的から、同法は特定の団体の活動を規制する目的から制定されたものと評価しうる[41]。ただ、同法制定の動機はそのようなものであったとしても、同法の内容からすると受範者は特に限定はなく将来において開かれており、また、規制の及ぶ範囲（事件）としても抽象的に記述されている。そうであれば、個別法律と評価することは困難であろう[42]。

　また、「無差別大量殺人行為を行った団体の規制に関する法律」（平成11年法律第147号）も問題視される。同法は、オウム真理教[43]という破壊活動防止法の適用が困難な特定の団体について、特別の立法によって解決を図ったものということができる[44]。同法1条の目的規定では、「例えばサリンを使用するなどして、無差別大量殺人行為を行った団体」といった表現が見られ、また、同法4条1項の「無差別大量殺人行為」の定義規定では「この法律の施行の日から起算して十年

41　初宿・前掲脚注（1）33頁。

42　同法につき、最高裁も法律の一般性を特に問題視していない。最大判平成4年7月1日民集46巻5号437頁（成田新法事件）。

43　厳密には、「麻原彰晃こと松本智津夫を教祖・創始者とするオウム真理教の教義を広め、これを実現することを目的とし、同人が主宰し、同人及び同教義に従う者によって構成される団体」と定義しうる。ただ、本稿ではこのような意味を含めて、単に「オウム真理教」と記述する。

44　制定経緯について、初宿・前掲脚注（1）34-35頁。

以前にその行為が終わったものを除く。」とされており、受範者としてオウム真理教が想定されていることが伺える[45]。しかし、同法の内容自体はオウム真理教以外の団体にも適用しうるものであり（同法4、5条参照）、受範者は将来において開かれている。また、規制の及ぶ範囲（事件）としても抽象的に記述されている。そうすると、個別法律該当性の判断としては、個別法律には該当しないと評価されるべきであろう[46]。同法と同様に、「特定破産法人の破産財団に属すべき財産の回復に関する特別措置法」（平成11年法律第148号）も、受範者としてオウム真理教やその構成員等を想定していたことは明らかであるが、受範者は将来において開かれており、規制の及ぶ範囲（事件）としても抽象的に記述されている。そうであれば、やはり個別法律には該当しないと評価されるべきであろう。

　これらのごく一部の法律をもって立法実務の傾向を考察することはやはり適当ではないかもしれないが、これらの法律の存在から強いて言えば、侵害的な個別法律は法律の一般性の要請が特に強いと、立法実務上考えられていると評価できるように思われる。

45　なお、実際にこれまで同法はオウム真理教（脚注43参照）にのみ適用されている。このことは、同法31条にて施行状況を国会報告することが求められているところ、同報告の内容を記載した公安調査庁のHPから確認できる。http://www.moj.go.jp/psia/kokkaihoukoku.html（2018年4月1日最終検索）。

46　裁判例では、同法は個別法律（処分的法律）に該当せず、かつ、平等原則にも反しないと判示されている。東京地判平成13年6月13日判時1755号3頁、東京地判平成23年12月8日訟月59巻8号2012頁（控訴審の東京高判平成25年1月16日判時2184号14頁も同旨）、東京地判平成29年9月25日判例集未登載参照。これらの裁判例では、個別法律該当性の有無は判断されているものの、それは平等原則違反の有無の判断の枠内で語られているにすぎない点に注意が必要である。あえて個別法律該当性を判断しつつも、しかしそれは平等原則違反の判断の一要素にすぎないというスタンスは、上述の個別法律の合憲性に関する学説のうち「法律の一般性を考慮しつつも例外的に合憲となる余地を認める説」に親和的であると評価できよう。なお、同法の個別法律該当性を否定した裁判例の判断を批判する判例評釈として、田近肇「無差別大量殺人行為を行った団体に対する観察処分等を定めた団体規制法の合憲性」新・判例解説watch web版憲法No.139　2-3頁（http://lex.lawlibrary.jp/commentary/pdf/z18817009-00-011391593_tkc.pdf（2018年5月8日最終検索））。同文献では、個別法律の該当性判断において受範者が名指しされているかどうかは重要ではなく、立法者の真の意図こそが重要であるとして、裁判例の判断が批判されている。確かに、既に述べたように、受範者が名指しされていないことのみをもって個別法律ではないと評価することはできない。しかし、裁判例が個別法律の該当性を否定したのは名指しの有無のみに着目したからではなく、同法の要件が他の受範者にも適用可能であることが考慮されたためである。立法者意思の認定が本来的に困難であることにも鑑みると、最終的に成立した法律の要件が他の受範者に適用可能かどうかを個別法律該当性判断において重視した裁判例の判断は、説得的であるとも思われる。

（2）裁判例

法律の一般性について判示された代表的な裁判例として、名城大学事件[47]が挙げられる。同事件では、「学校法人紛争の調停等に関する法律」（昭和37年法律第70号）について、法の一般性等が問題となった。すなわち、同法律は、学校法人紛争の処理に関し調停等の措置を規定したものであるが、立法過程[48]や同法附則4条にて施行の日（昭和37年5月1日）から起算して2年を経過した日に失効する旨を定めていたことからも、名城大学のみを受範者として想定していたことは明らかである。しかし、同法の規定自体は一般法としての性質を備えており、実際に他の学校法人の紛争にも適用可能な法律であった[49]。そのため、判決は、同法「は……学校法人名城大学の紛争という単一の事件のみを規律として成立したものでないことは法文上明白であるから、調停法がそのような法律であることを前提とする原告の主張は理由がないことが明らかである」として、簡潔に個別法律該当性を否定した。

名城大学事件は個別法律該当性が問題となった代表的な裁判例として引用されることが多いが、そこで問題となった法律はそもそも個別法律とは評価し難いものであることに留意する必要があろう。その意味では、裁判所は個別法律該当性がクリティカルに問題となる事件について未だ判断を下していないといえる。

3　小　括

以上、日本における個別法律について、学説の議論と立法実務・裁判実務について概観した。

前者の学説の議論については、法律の一般性や個別法律の定義自体に不明確さが残るとともに、個別法律該当性の判断基準にもほぼ議論が欠けていることが確

47　東京地判昭和38年11月12日判タ155号143頁。名城大学事件の経緯について、初宿・前掲脚注（1）32-33頁。また、法律の一般性が問われたその他の裁判例として、脚注46参照。

48　衆参の委員会審議において、名城大学のみを受範者として想定していることが確認されていた。前者について、衆議院文教委員会「第40回国会　衆議院文教委員会議録第13号」1頁［荒木萬壽夫文部大臣発言］（昭和37年3月14日）。後者について、参議院文教委員会「第40回国会　参議院文教委員会会議録第10号」1頁［杉江清文部省管理局長発言］（昭和37年3月27日）。

49　実際、千葉工業大学について同法の適用が争われることとなり、一審（東京地判昭和39年4月1日判時368号2頁）では適用が是認された。ただし、二審（東京高判昭和40年2月16日行集16巻2号328頁）では、同法は附則4条に基づき昭和39年4月30日にて失効したことを理由に、訴えを却下するに至った。そのため、結果的には同法は名城大学にのみ適用されたことになる。

認された。個別法律の合憲性については議論が活発であるが、専らその点に議論が集中していたとも評価できる。

後者について、まず立法実務については、組織規範は法の一般性の要請を受けないという前提で立法がなされているような印象を受ける。また、授益的な個別法律は散見されるものの、侵害的な個別法律は注意深く避けられており、両者については立法実務上区別がなされてきたと評価できるのではないだろうか。次に裁判実務については、代表的な裁判例として挙げられる名城大学事件は一般法律と評価されるべき法律が問題となった事件にすぎず、裁判では未だ個別法律該当性がクリティカルに争われる事件はないといえる。

三　アメリカ合衆国

1　個別法律の意義・根拠条文・限界
（1）意　義

アメリカにおける個別法律（private legislation[50]）とは、公益のためではなく特定の個人や団体の利益保護を目的とする法律と定義される[51]。

このような定義が一般的であるが、日本における個別法律の定義との違いとして、以下の点に留意する必要がある。

まず、日本における個別法律の定義と異なり、規制の及ぶ場合（事件）が特定されていることは含まれていない。あくまで、受範者が特定されていることのみが挙げられている点が特徴的である。

次に、個別法律に含まれるのはあくまで授益的な個別法律であって、侵害的な個別法律は含まれない。そもそも、個別法律が必要となる理由として、一般法律（public law）は生じうるあらゆる状況を想定することはできず[52]、さらに連邦行政機関及び裁判所は一般法律の解釈に基づいて判断することが求められるため、行政手続や司法手続によっても救済を受けることができない者が生じるためと説明されている[53]。すなわち、個別法律の制定権限は、様々な理由のために特別の処

50　private law や private act という呼称も存在する。

51　1 GUIDE TO CONGRESS 604 (7th ed. 2013).

52　WILLIAM MCKAY & CHARLES W. JOHNSON, PARLIAMENT AND CONGRESS 388 (2010).

53　GUIDE TO CONGRESS, *supra* note 51, at 604.

遇を受けるに値すると思われる人々を救済するための連邦議会の特権と位置付けられており[54]、特定人や特定の団体の権利を制限する[55]ためのものではない。

最後に、立法実務において、一般法律と個別法律のどちらに該当するのか不明確な場合を含めて、「みなし」によって対処がなされている。すなわち、後述するように一般法律と個別法律で異なる立法手続を採用するアメリカ連邦議会において、両者の区別はより厳密になされる必要がある。そのような実際上の必要性から、立法実務においては、①指定された個人に利益を付与するにもかかわらず、一般公衆に対して適用可能な規定を含む場合、②個人としての人々ではなく集団としての人々に関係する場合、③外国政府に対し当該国の国民の被害の補償を行う場合、④個人の救済のための諸規定に外国による請求に対する弁済の条項を含む場合、⑤私企業に対し公有地の地役権を設定する場合、⑥政府所有の土地と個人所有の土地の交換を授権する場合、⑦特定の銀行の全ての預金者の返済について規定しているが、その預金者は名前によって特定されていない場合、一般法律案（public bill）とみなすことができるとされ[56]、一般法律と個別法律がより細かく振り分けられている。このような「みなし」によって、一般法律と個別法律の立法実務上の区別は定義上の区別と少しズレが生じているように思われるが、一般法律と個別法律のどちらに該当するか不明確な場合に対処するための一つの方法とも考えられる。

（2）根拠条文

連邦議会が個別法律を制定するための合衆国憲法上の根拠条文として、まず、合衆国憲法修正第1条の「……苦情の処理を求めて政府に対し請願する権利[57]」が挙げられることも少なくない[58]。しかし、請願された事項について連邦議会が法律を制定する権限が請願権から生じるとすれば、およそ伝統的に州や地方自治

---

54 *Id.*

55 なお、連邦政府への禁止規定である合衆国憲法第1編9節3項は「私権剥奪法（Bill of Attainder）……を制定してはならない。」とする（州政府への禁止規定は合衆国憲法第1編10節）。私権剥奪法については、松井茂記『アメリカ憲法入門（第8版）』（有斐閣、2018年）145-147頁。

56 CHARLES W. JOHNSON, JOHN V. SULLIVAN, and THOMAS J. WICKHAM, HOUSE PRACTICE, A GUIDE TO THE RULES, PRECEDENTS AND PROCEDURES OF THE HOUSE 166-167 (2017).

57 初宿正典・辻村みよ子編『新解説世界憲法集（第4版）』（三省堂、2017年）86頁（野坂泰司執筆）。

58 MCKAY & JOHNSON, *supra* note 52, at 388. WALTER J. OLESZEK ET AL., CONGRESSIONAL PROCEDURES AND THE POLICY PROCESS 154 (10th ed. 2016).

体に委ねられている事項について請願がなされた場合にも連邦議会による立法権を認めてしまうことになりかねないと批判される[59]。

他の根拠条文として、連邦議会の権限を列挙する合衆国憲法第1編8節1項の「合衆国の債務（debts）の弁済[60]」をする権限が挙げられる[61]。すなわち、同項の「債務」は法的なものである必要はなく、道徳（moral）や道義（honorary）に関するものであってもよいとの連邦最高裁判決[62]があることから、そのような説明がなされている[63]。ただし、このような説明に対しては、およそすべての個別法律が同項の対象となるわけではないと批判される[64]。

このように、根拠条文についてはさほど自明ではない。上記のような説のほか、一般法律を制定することができる事項については個別法律も制定することができるのであるから、一般法律の根拠条文が当該事項に関する個別法律の根拠条文になるという説明もなされている[65]。

（3）個別法律の限界

個別法律の根拠条文が上記のように説明されるとしても、なお合衆国憲法上2つの問題点があると指摘される。1点目は平等保護に関するものであり、同じ状況に置かれている人々のうち個別法律が制定された者とそうでない者とが生じた場合には問題となる。しかし、連邦議会が個別法律を制定しなかった場合でも訴訟を提起することは認められておらず、さらに上下両院とも個別法律の可決・否決の理由をほとんど公表していないため、すべてのケースが等しく取り扱われているかどうかはそもそも判断できないとされる[66]。2点目は権力分立論に関するものであり、個別法律の制定というのは法の制定というよりも事実上は個別事件への法適用であるため、司法権に対する侵害ではないかが問題となる。しかし、連邦最高裁判決[67]では司法権の侵害ではないと簡潔に述べられている。

59　Note, *Private Bills in Congress*, 79 HARV. L. REV. 1684, 1685 (1965).

60　初宿・前掲脚注（57）79頁（野坂泰司執筆）。

61　MCKAY & JOHNSON, *supra* note 52, at 388. Note, *supra* note 59, at 1685.

62　Pope v. United States, 323 U.S. 1 (1944).

63　さらに、帰化に関する個別法律は合衆国憲法第1編8節4項が根拠条文として挙げられ、それに関連して移民に関する個別法律は合衆国憲法第1編8節18項（必要かつ適切条項）が根拠条文として挙げられる。Note, *supra* note 59, at 1685.

64　Matthew Mantel, *Private Bills and Private Laws*, 99 LAW LIBR. J. 87, 89 (2007).

65　*Id*. at 89.

66　*Id*. at 89. Note, *supra* note 59, at 1686.

67　Paramino Lumber Co. v. Marshall, 309 U.S. 370 (1940).

なお、上述したとおり、アメリカにおける個別法律は授益的な個別法律に限られていることに起因して、そもそも司法審査がなされる可能性自体が小さいことにも留意する必要がある[68]。司法審査がなされにくいことも影響して、個別法律の合憲性を巡っては、平等や権力分立との関係での限界だけでなく、そもそも根拠条文についての議論も必ずしも深まっていないのが現状である。

2　アメリカ連邦議会における個別法律の立法手続
（1）立法手続
　個別法律の立法手続は一般法律のそれと異なり、かつ、下院と上院でも異なる手続を経る点が特徴的である。

　ア　法案提出段階　まず、法案提出段階について、当該個別法律によって利益を受ける個人や団体、又はそれらの代理人たる弁護士やロビイストなどが、議員に対して個別法律案（private bill）を提出するように働きかけることから始まるのが一般的である[69]。個別法律案の名称は通常「～の救済のための（For the relief of）」から始まるのが通常である[70]。なお、一般法律案の提出の場合、時間短縮等のために同僚法案（companion bill）という同内容の法案が他院に提出されることも少なくない[71]が、個別法律案では同僚法案の提出はさほど多くないと指摘される[72]。また、共同提案者（cosponsors）について、下院では共同提案が下院規則12条[73]によって認められていない[74]が、上院では認められている[75]。

　イ　審議段階　審議段階について、上述したように上院と下院では異なる手続を経る。このうち、一般法律案の手続と比較して重要な差異が見られるのは下院の手続である。

68　Note, *supra* note 59, at 1685.

69　一般法律が執政府や連邦議会によって考案されることと対照的であると説明される。GUIDE TO CONGRESS, *supra* note 51, at 604.

70　*Id.*

71　GUIDE TO CONGRESS, *supra* note 51, at 577.

72　1986年から2013年の間に成立した個別法律のうち、同僚法案が提出されたのは23％であった。Christopher M. Davis, *Procedural Analysis of Private Laws Enacted: 1986-2013*, CRR Report for Congress RS22450 5 (Apr. 9, 2013).

73　Rules of the House of Representatives 115th Congress, H. R. DOC. NO. 114-192 (2017), R. XII (7)(b)(1).

74　JOHNSON ET AL, *supra* note 56, at 177. もっとも、下院規則12条にもかかわらず、下院にて共同提案がなされた個別法律案（最終的に成立）も存在する。Davis, *supra* note 72, at 5.

75　Davis, *supra* note 72, at 5.

364

（ア）下院　　下院での審議について、近時は提出された個別法律案[76]の多くが司法委員会（Judiciary Committee）に付託される[77]。個別法律案が委員会を通過するかどうかは、一般的に個別法律以外に救済の途がないことを示すことができたかどうか次第である[78]。

可決相当の委員会報告がなされた個別法律案は、個別法律案議事日程表（Private calendar）という特別の議事日程表に登載される[79]。個別法律議事日程表に登載された議案の審議は、出席議員の3分の2の特別多数決によって免除される等の事情がない限り、月の最初の火曜日に行われる[80]。また、議長の裁量によって、月の第3火曜日に行うこともできる[81]。

個別法律案は民主党と共和党の両党からそれぞれ3名ずつ選出された合計6人の議員によって構成される異議申立人（official objectors）によってふるいにかけられる[82]。異議申立人に十分な審査の時間を確保するため、委員会報告がなされた個別法律案は、本会議上程日に先立ち少なくとも7議事日[83]（legislative days）は個別法律案議事日程表に登載しなければならない[84]（さらに、委員会報告書は本会議上程日に先立ち3暦日は利用可能でなければならない[85]。）。異議申立人は、問題ありと思料する個別法律案の審議について異議を唱え又は遅らせるという役割を果たすことになる[86]。そして、1人の下院議員が個別法律案の審議に異議を唱えた場合、同個別法律案の審議は後の審議に見送られる[87]。2人以上の下院議員が個別法律案の審議に異議を唱えた場合、原則として報告書を提出した委員会に再付託される[88]が、この再付託は同個別法律案が下院を通過しないことを通常は意味す

76　下院規則上、個別法律案の対象としうる事項については限定がある。Rules of the House of Representatives 115th Congress, *supra* note 73, R. XII（4）.

77　1986年から2013年の間に成立した個別法律170件のうち、150件が下院司法委員会に付託された。Davis, *supra* note 72, at 3.

78　JOHNSON ET AL, *supra* note 56, at 178.

79　Rules of the House of Representatives 115th Congress, *supra* note 73, R. XIII（1）(a)（3）.

80　*Id.*, R. XV（5）(a). OLESZEK, *supra* note 58, at 154.

81　*Id.*, R. XV（5）(b)（1）. OLESZEK, *supra* note 58, at 154.

82　JOHNSON ET AL, *supra* note 56, at 178.

83　議事日（legislative day）とは、開会から散会までの間を意味する。松橋和夫「アメリカ連邦議会上院における立法手続」レファレンス640号（2004年）7、14頁。

84　JOHNSON ET AL, *supra* note 56, at 178.

85　OLESZEK, *supra* note 58, at 154.

86　JOHNSON ET AL, *supra* note 56, at 719.

87　GUIDE TO CONGRESS, *supra* note 51, at 605.

88　Rules of the House of Representatives 115th Congress, *supra* note 73, R. XV（5）(a). JOHNSON

る[89]。しかし、このように異議を唱えられた個別法律案であっても、全会一致によって、後の審議に不利益なしに見送る（pass over, without prejudice）ことができる[90]。個別法律案の審議に異議が出なければ、下院の一般規則と全院委員会の規則が結合した手続の下で下院が運用されることを意味する「全院委員会としての下院（the House as in Committee of the Whole）」にて審議がなされる[91]。

（イ）上院　　上院の手続については、一般法律案の審議と比べてあまり差異はない。

まず、提出された個別法律案の多くはやはり司法委員会に付託される[92]。この点は、下院と類似している。

ただ、個別法律案について特別の議事日程表を設けて原則として月一回の審議を行う下院と異なり、上院では個別法律案について特別の議事日程表は存在せず[93]、一般法律と同一の手続で審議される[94]。すなわち、朝の時間[95]（morning hour）の終了後いつでも上程することができ、通常は全会一致手続を用いて処理される[96]。

このような下院の手続との差異には、上院と下院の性質の違いが表れていると指摘される[97]。すなわち、下院議員と異なり州全体の代表者である上院議員は個人的な訴えと距離を置いているのである。

ウ　大統領による署名又は拒否権行使　　一般法律と同様に、両院で可決された個別法律案は大統領に提出される[98]。大統領により署名がなされると個別法律

ET AL, *supra* note 56, at 178, 719.

89　GUIDE TO CONGRESS, *supra* note 51, at 605.

90　JOHNSON ET AL, *supra* note 56, at 178. なお、後の審議に回された個別法律案は一括法案（omnibus bill）に挿入することもできるが、この種の一括法案は近年ほとんど用いられていない。GUIDE TO CONGRESS, *supra* note 51, at 605. また、規則の適用を回避するいわゆるサスペンションルール（suspension of the rules）は、近時は個別法律の手続に用いられていない。JOHNSON ET AL, *supra* note 56, at 178.

91　GUIDE TO CONGRESS, *supra* note 51, at 605.

92　1986年から2013年の間に成立した個別法律170件のうち、120件が上院司法委員会に付託された。Davis, *supra* note 72, at 3.

93　OLESZEK, *supra* note 58, at 246.

94　松橋・前掲脚注（83）17頁。

95　上院では、新たな議事日においては、会議の開始後2時間を「朝の時間」として確保している。松橋・前掲脚注（83）14-16頁。

96　Mantel, *supra* note 64, at 96.

97　*Id.* at 97.

98　GUIDE TO CONGRESS, *supra* note 51, at 605.

として成立し、一般法律とは区別された個別法律としての法律番号が付される[99]。大統領により拒否権が行使された場合は一般法律と同様の手続となり[100]、各院が3分の2以上の特別多数決で再可決すれば個別法律として成立する。

（2）一般法律と個別法律の境界

一般法律と個別法律は立法手続上も区別されているが、実際の事件では、本来的には個別法律として制定されるべき特定の個人の利益保護を目的とする法律であったとしても、例外的に一般法律の手続で制定された例も存在する。そのような事件として、Terri Schiavo事件[101]が挙げられる。同事件では、植物状態となったTheresa Marie Schiavoについて、夫の申立てを契機として生命維持装置の取り外しが州裁判所にて命じられた後、生命維持装置の取り外しについてTheresa Marie Schiavoの両親が連邦地方裁判所に訴訟を提起することを認める法律[102]が一般法律の手続で制定された。同法律は、法律名自体が「Theresa Marie Schiavoの両親の救済のための法律（An Act for the relief of the parents of Theresa Marie Schiavo.)」であり、かつ、法律の内容自体もTheresa Marie Schiavoの生命維持装置の取り外しに関する訴訟についてフロリダ中部地区連邦地方裁判所に管轄権を付与するとともに、Theresa Marie Schiavoの両親に同訴訟についての当事者適格（standing）を認めるというものであった。ただ、同法律の9条は、「連邦議会の意図（sense of the Congress)」として「第109議会期において飲食物および医療を供給、差止め又は停止に関して決定をする能力のない無能力者の地位及び法的権利に関する方針を検討することが、連邦議会の意図である。」と規定しており、理論的には同条によって特定の個人以外の人々も含む法規範となるため、個別法律ではなく一般法律として規律されるべき事項になると説明される[103]。

このような例を見ると、一般法律と個別法律は区別されているものの、実際は法技術的に容易に操作可能な区別にすぎないとも考えられる。ただ、あくまで同

99　*Id.*

100　*Id.*

101　同事件における法的問題点を時系列に沿って整理した邦語文献として、井樋三枝子「テリ・シャイボ事件において制定された2つの法律をめぐる問題点」外国の立法225号（2005年）158-176頁。

102　P.L. 109-3, 119 Stat. 15 (2005).

103　Mantel, *supra* note 64, at 99-100. MCKAY & JOHNSON, *supra* note 52, at 389.

事件は、生命維持装置が取り外された後、速やかに法律を制定する必要があった
という緊急を要する状況[104]の下でなされたことであり、たとえこのような例が
あったとしても一般法律と個別法律の手続が基本的に区別されているという点は
軽視すべきではないとも考えられる。

3 アメリカ連邦議会における個別法律の運用

(1) 近時における個別法律の減少

アメリカ連邦議会における個別法律の沿革はイギリス議会にあるとされ[105]、早
くも第1議会期[106]から個別法律が制定されている[107]。

個別法律の成立数については、時代によって増減が激しい。まず、初期におい
ては、第1議会期（1789-91年）は10件、第2議会期（1791-93年）は15件、第3議
会期（1793-95年）は30件、第4議会期（1795-97年）は11件、第5議会期（1797-99
年）は20件という、2桁台前半であった[108]。

その後は一時的に急増する時期もあり、例えば、第59議会期[109]（1905-07年）は
6248件（ただし、その次の第60議会期（1907-09年）は234件）、第81議会期（1949-51年）
は1103件（ただし、その前の第80議会期（1947-48年）は457件）であった[110]。

ただ、近時は急激に減少しており、第104議会期（1995-96年）は4件、第105議
会期（1997-98年）は10件、第106議会期（1999-2000年）は24件、第107議会期
（2001-02年）は6件、108議会期（2003-04年）は6件、第109議会期（2005-06年）は

---

104 *Id.* at 100 n78. 特に下院において、個別法律案の審議日は原則として限定されているのは上述
   したとおりである。

105 MCKAY & JOHNSON, *supra* note 52, at 388. イギリス議会からさらにローマ法に遡るとも言われ
   る。GUIDE TO CONGRESS, *supra* note 51, at 604.

106 アメリカ連邦議会では、下院議員の任期にあわせて、奇数年の1月3日正午から次の奇数年の
   1月3日正午に終わる2年を Congress（議会期）という。1933年に承認された合衆国憲法第20修
   正2節に基づき、奇数年の1月3日正午に開始して次の奇数年の1月3日正午に終了する。
   GUIDE TO CONGRESS, *supra* note 51, at 568.

107 最初の個別法律案は1789年9月24日に連邦議会で可決され、その5日後にワシントン大統領に
   よって署名された。その内容は、海外勤務の合衆国公務員の賃金の遡及的支払に関するものであ
   る。An Act to the Baron de Glaubeck the Pay of a Captain in the Army of the United States,
   ch. 26, 6 Stat. 1 (1789), GUIDE TO CONGRESS, *supra* note 51, at 604.

108 6 Stat. 1-38.

109 第59議会期では、成立した一般法律の数は700件に満たなかった。JOHNSON ET AL, *supra* note
   56, at 176. このように、一般法律の成立件数よりも個別法律の成立件数の方がはるかに多かった
   時期もある。

110 GUIDE TO CONGRESS, *supra* note 51, at 604.

1 件、第110議会期（2007-08年）は 0 件、第111議会期（2009-10年）は 2 件、第112議会期（2011-2012年）は 1 件、第113議会期（2013-14年）は 0 件、第114議会期（2015-16年）は 0 件となっている[111]。

　個別法律が減少した理由として、まず、①個別法律を制定する必要性が減少するような制度を整えたことが挙げられる。すなわち、例えば、上下両院から要請があった場合に個別法律案について勧告的な報告書を提出する権限等を有する請求裁判所（Court of Claims）（現在では、連邦請求裁判所[112]（Court of Federal Claims））の設置や1946年立法府改革法[113]（Legislative Reorganization Act of 1946）をはじめとする行政機関への授権を行う法律の制定がなされたことにより、個別法律の必要性が減少した[114]。それ以外にも、②個別法律に関するスキャンダル[115]によって審議がより厳格になったこと、③個別法律にはかなりの時間を費やす必要があるにもかかわらず請求が不正なものであると判明することもあることから、議員がスタッフを割り当てることに消極的であること、④予算の不足によって多くの人々に影響を与えるプログラムが削減されているときにごく少数の人々にのみ特別の利益を与えることを議員がためらうこと、⑤個別法案を提出する前に一般法律の制定を望む議員も多いことが減少の理由として挙げられる[116]。

（2）個別法律が用いられる事項

　個別法律が用いられる事項として、近時[117]は、①移民（その多くは、一般法律では永住者としての地位を付与することが認められない者に対しそのような地位を付与するもの）、②合衆国に対する請求、③国有地の譲渡、④公務、⑤船舶証明書に大別される[118]。そして、特に①と②に関する個別法律が多数を占め、1986年から2013年の間（第99議会期から第113議会期の間）に成立した170件の個別法律のうち、①は94件、②は56件、③は11件、④は 6 件、⑤は 3 件であった[119]。

111　以下の、合衆国政府印刷局（U.S. Government Publishing Office）HP にて確認。https://www.gpo.gov/fdsys/browse/collection.action?collectionCode=PLAW&browsePath=113&isCollapsed=false&leafLevelBrowse=false&ycord=0（2018年 3 月27日最終検索）。

112　制度の説明として、浅香吉幹『現代アメリカの司法』（東京大学出版会、1999年）74-75頁。

113　P.L. 79-601, 60 Stat. 812 (1946).

114　GUIDE TO CONGRESS, *supra* note 51, at 604.

115　Mantel, *supra* note 64, at 92-93.

116　GUIDE TO CONGRESS, *supra* note 51, at 604. OLESZEK, *supra* note 58, at 154-155.

117　1950年までは、土地の請求・軍事裁判・年金に関する個別法律がより一般的であったとされる。GUIDE TO CONGRESS, *supra* note 51, at 604.

118　Davis, *supra* note 72, at 1.

（3）政党による影響

　近時の個別法律を対象とした研究によると、1986年から2013年の間（第99議会期から第113議会期の間）に成立した170件の個別法律のうち、共和党議員により提案されたのは73件、民主党議員により提案されたのは97件であった[120]。この数字は、民主党議員によって提案されて成立した個別法律は共和党議員のそれよりも多いことを示すものではあるが、大差はないと評価しうるであろう。

　そして、1986年から2013年の間において、①民主党が上下両院の多数党であった時期に成立した個別法律については、共和党議員により提案されたものは38％、民主党議員により提案されたものは62％、②共和党が上下両院の多数党であった時期に成立した個別法律については、共和党議員により提案されたものは56％、民主党議員により提案されたものは44％、③上院の多数党と下院の多数党が異なっていた時期に成立した個別法律については、共和党議員により提案されたものは43％、民主党議員により提案されたものは57％であった[121]。この数字からは、個別法律の成立について政党の影響が伺える。ただ、政党が決定的な要因であるとまではいえないことも示している[122]。

（4）議員の選挙区による影響

　1986年から2013年の間（第99議会期から第113議会期の間）において、成立した個別法律の多くは人口の多い州選出の議員によって提案されたものであった。具体的には、カリフォルニア州・テキサス州・ニューヨーク州・フロリダ州は人口の多い4州であるが、それらの州は、同州選出の議員が（最終的に成立した）個別法律について提案した数の点でもトップの4州となった[123]。しかし、アラスカ州やワイオミング州といった人口の少ない州選出の議員であっても、オハイオ州・イリノイ州・ニュージャージー州といった比較的人口の多い州選出の議員よりも多くの（最終的に成立した）個別法律について提案していた[124]。このような数字からすると、提案した議員の選挙区である州や地域といった要素は、個別法律が成立するかどうかの点では重要ではないとされる[125]。

119　*Id.* at 2.
120　*Id.* at 4.
121　*Id.*
122　*Id.*
123　*Id.*
124　*Id.*

4 小括——日本との比較も含めて

アメリカ合衆国における個別法律の定義について、受範者の特定のみがメルクマールであって規制の及ぶ範囲（事件）の特定はメルクマールではないこと、授益的な個別法律のみが想定されていることは日本と異なる。また、立法実務上、一般法律と個別法律の区別は「みなし」によってより明確化されている点も注目に値する。個別法律該当性が微妙な場合も生じうる点に鑑みると、このような「みなし」によって振り分けていく作業も必要であるように思われ、そのような作業を通じて立法府・司法府にとって利用可能な一般法律・個別法律の明確な区別が生み出されるのではないだろうか。

個別法律の合憲性に関わる根拠条文・限界については、アメリカの議論は低調である。まず、根拠条文については、個別法律制定権限が連邦議会に認められていることに争いはないものの、必ずしも自明とはいえない。また、限界については、平等原則や権力分立原則が関係すると考えられている点は日本と同様であるが、裁判においてあまり機能していない。この点に関係して、授益的な個別法律について、そもそも訴訟提起がなされにくい点が指摘されている点は印象的である。少なくとも、授益的な個別法律について訴訟提起がなされにくい点は日本も共通すると思われ、そのような法律について司法審査を及ぼすためには客観訴訟として争う途を法定することも一つの方策であろう。

立法手続において、個別法律と一般法律の立法手続が区別されている点は、興味深い。日本ではこのような区別は存在しないが、一般法律とは異なり個別法律には特有の問題があると考え、しかし個別法律の定義づけや個別法律該当性の判断基準の設定およびそのあてはめに困難を生じているのが現状であれば、個別法律案と評価しうる法案については、特別な立法手続きを設けることも立法論としてはあり得る。重要なのは、個別法律案（と評価しうる法案）の「見える化」であって、例えば立法動機として特定の受範者への適用を念頭に置いている法律案について、特別な立法手続を設けることで慎重な審議が可能となり、ひいては恣意的・専断的立法の抑制につながるのではないだろうか。

個別法律の運用については、何よりもまず、アメリカ合衆国でも減少している点を強調すべきであろう。個別法律制定権限が伝統的に認められている国であっ

---

125 *Id.*

ても個別法律の問題性が意識されたうえでその数が減少しているのが現状であり、日本において個別法律を増大させるべき理由は特に見当たらない。

四　おわりに

　以上、日米の個別法律の学説・実務について概観するとともに、日本の個別法律について立法府・司法府による統制が働くための改善点を検討した。両国は、議会に個別法律制定権限が当然に認められると考えるかどうかといった点ではスタンスの違いはあるものの、個別法律が（少なくとも現在では）イレギュラーな存在であると認識している点は共通しており、個別法律の限界について権力分立や平等原則が語られる点も、議論状況が一定程度共通していることを示している。

　しかし、両国にはやはり重大な相違点がある。おそらく、アメリカ合衆国では議会の個別法律制定権限を一定程度認めることが前提とされているため、個別法律の統制について日本よりも（あくまで「相対的に」というレベルではあるものの）理論的・制度的に精緻化されている点が見られる。個別法律の定義は日本と比べて明確であり、立法実務上は「みなし」によって個別法律案の該当性判断の明確化が志向されている。立法過程において個別法律案は一般法律案と区別されており、個別法律案について慎重な審議を可能とする制度的前提がある（なお、司法審査については、授益的な個別法律については訴訟提起が困難であることからあまり機能しているとは言えないが、少なくともそのような問題点は認識されている。）。

　もちろん、個別法律は恣意的・専断的な立法となるおそれがあり、安易に認められるべきではない。ただ、日本においても個別法律と評価しうる法律が現に存在していることにも鑑みると、合憲性についての議論のみならず、立法府や司法府が個別法律の統制を十分に行うことができるような理論的・制度的な改善点を考察することが求められよう。本稿は、初宿先生のご学恩に報いるには甚だ拙い考察にすぎないが、漸進的な改善策を提示するものである。

内閣官房の機能に関する比較法的考察
――フランス内閣事務総局の機能との対比――

奥　村　公　輔

　一　はじめに
　二　フランスの行政機構
　三　フランス内閣事務総局の機能
　四　おわりに

一　はじめに

1　内閣の補助部局としての内閣官房

　わが国において「内閣」[1]に置かれる「内閣の直属機関」又は「内閣の補助部局」[2]（以下、内閣の補助部局）がある。この機関として、「内閣に、内閣官房を置く」と定める内閣法第12条第1項によって設置される内閣官房、「内閣官房の外、内閣に、別に法律の定めるところにより、必要な機関を置き、内閣の事務を助けしめることができる」と定める内閣法第12条第4項に基づいて設置された、内閣府（内閣府設置法第2条）[3]、内閣法制局（内閣法制局設置法第1条）、国家安全保障会議（国家安全保障会議設置法第1条）が挙げられる[4]。

1　一般的に、「内閣」は、内閣総理大臣及び国務大臣から構成される「狭義の内閣」と、「狭義の内閣」の事務を助ける内閣の「補助部局」をも含めた「広義の内閣」とに分けられる。藤田宙靖『行政組織法』（有斐閣、2005年）118頁。

2　「内閣直属の機関」と呼称しているものについては、佐藤達夫『憲法講話〔改訂〕』（立花書房、1960年）181-182頁、「内閣の補助部局」と呼称しているものについては、藤田・前掲注（1）118頁。

3　この点、内閣の補助部局は内閣の事務を助ける事務しか行いえないという観点から、内閣府設置法第3条第2項及び第4条第3項が、「内閣の事務を助けること」（第3条第1項）以外の一定の事柄に関する事務、つまり「行政各部」の担当する各「行政事務」をも担当することを規定していることは、憲法第65条と第73条柱書の両方の規定に違反する、という見解もある。森田寛二「国家行政組織法と内閣府設置法（3）」自治研究75巻12号（1999年）16頁。

4　「内閣に置かれる」機関ではないが、「内閣の所轄の下に置かれる」機関として人事院（国家公務員法第3条）が挙げられ、これも内閣の補助部局的な機能を果たしているとされる。藤田・前掲注（1）118頁。藤田の人事院理解に対する批判として、森田寛二『行政機関と内閣府』（良書

374

ところで、衆知のとおり、憲法第65条の「行政権」概念について学説の対立がある。しかしながら、その内容をいかに定義するかに関わりなく、憲法第73条は、内閣の専任的事務を定め、また、第72条及び第74条は、内閣総理大臣の指揮監督に服すべき「行政各部」と「主任の大臣」の存在を予定している。このことから、裁判例[5]は、「内閣の職権には……自ら直接に具体的な行政事務を行う職権と行政事務を分掌する行政各部を統轄する職権とが存する」としている。大石眞によれば、「国家行政組織の統轄に関する事務は、内閣が専任的におこなう『一般行政事務』（憲法第73条柱書）の代表的なものと考えられる。その働きは、それらの組織・編成（法制）、予算、人事及び指揮監督を通じて行政組織の統合を図ること、要するに、いわゆる総合調整機能というものに帰着する」[6]。したがって、内閣の補助部局は、このような内閣の総合調整機能を補助することを任務とする。

内閣の補助部局としての内閣法制局[7]に関しては、1990年代後半以降、その機能に関する研究が多くなされるようになり[8]、近年では、最高裁判所との関係や、内閣との関係に関する分析がなされるようになってきた[9]。

一方で、第一次的な内閣の補助部局は、内閣法第12条第1項・第4項によれば、内閣官房である[10]。内閣官房は、内閣法第12条第2項第1号から第14号で列

　　普及会、2000年）8‐9頁を参照。

5　東京高判昭和33年2月11日判時139号5頁。

6　大石眞『憲法秩序への展望』（有斐閣、2008年）194頁。この総合調整機能は、藤田・前掲注（1）118頁によれば、具体的には、「法制管理」、「組織管理」、「財務管理」、「人事管理」という「行政管理」である。

7　内閣法制局は、藤田宙靖・前掲注（1）118頁の分類によれば「法制管理」を補助している。

8　特に、内閣法制局の審査事務機能に関する研究として、例えば、平岡秀夫「政府における内閣法制局の役割」中村睦男＝前田英昭（編）『立法過程の研究』（信山社、1997年）282-303頁、西川伸一「内閣法制局による法案審査過程――『政策形成過程の機能不全』の一断面として」政経論叢72巻6号（2004年）259-309頁、佐藤岩夫「違憲審査制と内閣法制局」棚瀬孝雄（編）『司法の国民的基盤：日米の司法政治と司法理論』（日本評論社、2009年）81-108頁、山本庸幸「内閣法制局の審査」大森政輔＝鎌田薫（編）『立法学講義〔補遺〕』（商事法務、2011年）87-101頁、大石眞『統治機構の憲法構想』（法律文化社、2016年）261-268頁。

9　大石・前掲注（8）300-342頁、拙稿「立法過程における合憲性統制と合憲性確保」片桐直人ほか（編）『別冊法学セミナー新・総合特集シリーズ8　憲法のこれから』（日本評論社、2017年）164-173頁。

10　制定当時（昭和22年1月16日）の内閣法第12条は「内閣に、内閣官房及び法制局を置く」（第1項）、「内閣官房及び法制局の外、別に法律の定めるところにより、必要な機関を置き、内閣の事務を助けしめることができる」（第6項）と規定し、また、第2項・第3項において内閣官房及び（内閣）法制局の所掌事務もそれぞれ規定し、内閣官房及び（内閣）法制局を第一次的な内閣

挙されている事務及び同条第3項に基づき政令で定められる事務を行う。これらの様々な事務は、内閣の総合調整機能を補佐するための事務であると言える。これらの事務は、内閣法及び政令により定められているとは言え、これらの事務を通じて内閣官房が果たしている機能は多岐にわたる。実際に、内閣官房は、内閣、内閣法制局、その他の内閣の補助部局、「内閣の統轄の下に置かれる」行政機関たる中央省庁、議会、最高裁判所との関係で様々な機能を果たしている。

2　本稿の目的――比較対象としてのフランス内閣事務総局――

　本稿は、内閣の補助部局としての内閣官房の機能を検討するための比較法的素材として、フランス法を対象とする。というのも、フランスには、一見してわが国の内閣の補助部局たる内閣官房及び内閣法制局にそれぞれ対応すると思われる内閣事務総局（Secrétariat général du Gouvernement）及びコンセイユ・デタ行政部（sections administratives du Conseil d'État）が存在しているからである。とは言え、衆知のとおり、第五共和制のフランスには執行府の二元性がある。すなわち、執行府には大統領（Président de la République）と首相（Premier ministre）を頂点とする内閣（Gouvernement）が存在し、大統領の補助部局と内閣の補助部局はそれぞれ別個に存在している。しかし、本稿は、わが国の内閣官房の機能の比較法的検討を目的としているので、内閣の補助部局たる内閣事務総局を検討対象とする。したがって、本稿では、まず、フランスの行政機関を概観した上で（二）、フランス内閣事務総局の機能を明らかにし（三）、最後に、フランス内閣事務総局とわが国の内閣官房の機能上の違いを検討する（四）。

　なお、本稿は、フランス執行府に関する用語について、大統領によって任免される首相を頂点とする合議体として「内閣」を、大統領、内閣及びその他中央行政機関を含めたものとして「政府」を用いることとする。

の補助機関としていた。しかし、GHQの方針により（内閣）法制局が解体され、独立回復後、すぐに（内閣）法制局は内閣に置かれたが、内閣法ではなく、法制局設置法（昭和27年7月31日法律第252号）第1条に「内閣に法制局を置く」と規定され、法制局設置法第3条においてその所掌事務が規定され、その後、法制局は内閣法制局へと名称変更され、法制局設置法も現在の内閣法制局設置法となった。いずれにせよ、内閣法制局は内閣法において直接規定される第一次的な内閣の補助部局ではなくなったのである。

二　フランスの行政機構

　二ではフランスの行政機構について概観する。ただし、ここでは、内閣事務総局の機能を検討するための必要最小限度の記述にとどめる。

1　命令による行政組織の設置

　第五共和制フランスにおいては、大統領、内閣、内閣を構成する首相及び大臣（ministre）を除いて、政府の組織や中央省庁の一覧・数を恒久的に定めた憲法（以下、第五共和制憲法を指す）上・憲法附属法律（loi organique）[11]上の規定は存在しない。さらに、フランスにおいては憲法第34条に法律事項が定められており、それらの法律事項以外の事項はすべて命令事項となる（憲法第37条第1項）が、行政組織が憲法第34条の法律事項に含まれていないために、通常法律（loi ordinaire）においても行政組織は規定されていない。したがって、行政組織は法律を根拠としない独立命令によって定められることになる。すなわち、大統領が憲法第6条・第7条に基づいて国民の直接選挙によって選出されると、大統領は、首相を含めた内閣構成員（大臣・特任大臣（ministres délégues）[12]・政務長官（Secrétaire d'État）[13]）を任命するデクレ（décret）を発令し、その後それぞれの内閣構成員にいかなる権限を付与するかを決定するデクレを発令する。この後者のデクレによって各内閣構成員の名称が決定され、各内閣構成員が所管する省庁と各省庁の名称が決定される。内務大臣（省）、国防大臣（省）、外務大臣（省）、司法大臣（省）といった一部の伝統的な大臣（省）については、その名称が変わらない傾向にあるが、それ以外の伝統的な大臣（省）に関しては、大統領デクレによりその名称が変わる傾向にある。さらに、省庁の構成は大統領によって決定されるた

11　フランスにおける loi organique は、わが国では「組織法律」と訳されることが多い。この点、大石眞は、憲法附属法を「国政の組織と運営に必要な規範、すなわち実質的意味の憲法に属する法規範であって、憲法典を補充する意味をもつ規範又はそれを内容とする議会制定法」と定義した上で、フランスの loi organique に「憲法附属法」の訳を充てている。大石・前掲注（6）9-12頁。本稿も大石の用語法に従う。

12　特任大臣は大臣の下に置かれ、委任デクレによりその権限は定められる。Bénédicte Dorinet, *Le Conseil des Ministres en France*, ANRT, 2005, p. 242.

13　政務長官は、特任大臣と同様に大臣の下に置かれ、委任デクレによりその権限は定められる。政務長官について詳しくは、拙著『立法手続と権力分立』（2016年、信山社）94-95頁を参照。

め、すでに廃止された大臣（省）もあれば、近年になって登場した大臣（省）もある[14]。このように、フランスにおいては行政の組織自律権が存在しており、行政組織の創設・改編・廃止が柔軟に行われていることに特徴がある[15]。

しかし、すでに見たように、執行府には大統領と首相を頂点とした内閣が存在している。憲法第5条第1項は、「大統領は、憲法の遵守を監視する。大統領は、その裁定により、公権力の適正な運営と国家の継続性を確保する」と規定しており、国家元首たる大統領はいわば「裁定者」としての役割を与えられているが、大統領は憲法の他の諸規定により執行府の長としての役割も有している。一方、第20条第1項は「内閣は、国の政治を決定し指揮する」と定めた上で、第21条第1項第1文は「首相は、内閣の活動を統率する」と規定し、首相は内閣の首長として国政を指揮する立場にあり、首相もまた執行府において大きな権限を有している。それゆえ、フランスの執行府は「双頭の執行府」とも呼ばれる。

2　大統領の下の行政組織

ここでは、大統領の下の行政組織を見ていく。大統領の下には大統領府（Présidence de la République）がある。大統領府はエリゼ宮（Palais de l'Élysée）にあるため、単に「エリゼ」と呼ばれることが多い。大統領府には2つの組織がある。

（1）大統領キャビネ

大統領キャビネ（Cabinet）[16]には広義のものと狭義のものがある。というのも、サルコジ政権以前は、大統領府事務総局（Secrétariat général de la Présidence de la République）と大統領キャビネ（狭義）が存在していた。しかし、サルコジ政権以降、大統領事務総局は名称上大統領キャビネ（広義）に併合されている[17]。したがって、現在は、大統領キャビネ（広義）という名称の組織の中に、従来からの

14　恒常的に存在し、すでに廃止され、又は、近年登場した内閣構成員の名称については、以下を参照。Matthieu Caron, *L'autonomie organisationnelle du Gouvernement : Recherche sur le droit gouvernemental de la Ve République*, LGDJ, 2015, pp. 145-153.

15　わが国の行政組織法定主義と、フランスを含めた諸外国の行政組織編成権とを比較検討したものとして、以下を参照。上田健介『首相権限と憲法』（成文堂、2013年）293-321頁。

16　フランスのキャビネは「官房」と訳されることが多いが、日本の「官房」とはその位置づけや機能が異なるため、本稿では「キャビネ」と訳す。フランスのキャビネについては、以下の文献を参照。濱野雄太「フランスの行政府における大臣キャビネ」レファレンス758号（2014年）77-100頁。

17　Olivier Gohin et Jean-Gabriel Sorbara, *Institutions administratives*, 7e éd, LGDJ, 2016, pp. 133-134.

大統領キャビネ（狭義）の役割を果たすものと、従来の大統領府事務総局の役割を果たすものが存在しているのである。

大統領キャビネ（広義）の長は、大統領府事務総長（Secrétaire général de la Présidence de la République）である。大統領府事務総長は、大統領の一番の側近であり、一般的に高級公務員から起用され、大統領と日々接見し、大統領に国内外の問題や省庁の動向について報告し、さらには、内閣改造や国民議会解散などの高度に政治的な問題への対処にも関与する[18]。また、大統領府事務総長は、後述するように、内閣事務総長とともに、大統領と内閣との間の調整も行う。

大統領キャビネ（広義）の構成員は、大統領アレテ（arrêté）[19]により任命され、大統領とその進退をともにする。まず、以前の大統領府事務総局に当たる部分の構成員の主な任務は、大統領が決定した政策の方針と各省庁によるその解釈との一貫性を確保するために、各省庁の活動を監督することである。ここには、様々な行政分野に精通した補佐官（conseiller）が存在しており、政策形成的役割を担っている。他方で、狭義の大統領キャビネの構成員の主な任務は、大統領の活動・スケジュール等を管理することであり、したがって、その構成員は大統領府における総務的役割を担っている[20]。

（2）大統領特別参謀本部

大統領府のもう1つの組織として、大統領特別参謀本部（État-major particulier du président de la République）がある。この組織は、首相府（後述）や国防省と連携し、軍隊の長としての大統領（憲法第15条第1文）を補佐する。その長たる大統領特別参謀総長（chef d'état-major particulier du président de la République）は、大統領府において大統領事務総長に次ぐ地位にある[21]。

3　内閣の下の行政組織

内閣の下の行政組織は大きく2つに分けられる。1つは首相の下に置かれる首

18　Pascal Jan, *Le président de la République au centre du pouvoir*, La Documentation française, 2011, p. 163.

19　一般にアレテとは、大統領、首相を含む大臣、県知事、市町村長などの行政庁が発する一般的又は個別的な効力をもつ命令を指す。

20　Jean Massot, *Chef de l'Etat et chef du Gouvernement*, La Documentation française, 2008, p. 171. 参照、濱野・前掲注（16）94-95頁。

21　Gohin et Sorbara, *supra* note（17）, pp. 137-138. 参照、濱野・前掲注（16）94頁。

相府である。首相府はマティニョン宮（Hôtel de Matignon）にあるために単に「マティニョン」と呼称され、「首相府」はマティニョンの日本語での意訳である。もう１つは大臣の下に置かれる中央省庁である。首相府と他の中央省庁とではその組織・任務に大きな違いがあるので、ここではそれぞれ別に見ていく[22]。

（１）首相府

首相府は、首相キャビネ、内閣事務総局、その他の部署・機関で構成されている。

（a）首相キャビネ　首相キャビネ（cabinet du Premier ministre）の役割は、全中央省庁を監視し、省庁間のあらゆる問題に関する指示を補佐し、大統領府や中央省庁の大臣キャビネ（後述）と連携して現実の課題に対して首相に報告すること、様々なアクター（議会、議会多数派、労働組合、職業組合、メディア等）との連絡役を通じて公的意思決定のためのネットワークを形成することである[23]。

首相キャビネは、首相キャビネの長たるキャビネ長（directeur de cabinet）を筆頭に、キャビネ次長（directeur adjoint）、様々な行政分野を担当する補佐官（conseillers）及び審議官（charges de mission）などから構成されている[24]。首相キャビネ構成員は、首相アレテによって任命される。

首相キャビネ構成員は、各省庁の大臣キャビネの上級構成員が参加する各種の省庁間会合（reunions interministerielles）（後述）を主宰することで、様々な省庁間の調停を行う[25]。

（b）内閣事務総局　内閣事務総局の機能については三で詳述するので、ここではその組織について見ておく。

内閣事務総局は、その長たる内閣事務総長（Secrétaire général du Gouvernement）によって統轄される。内閣事務総長は、コンセイユ・デタ副長官と並ぶ公務員の最高職である[26]。内閣事務総局局長（directeur au Secrétariat général du Gouvernement）は内閣副事務総長として、内閣事務総長を補佐する[27]。また、首相キャビ

22　後述するように、フランスにも独立行政機関が存在するが、紙幅の関係上、本稿では取り上げない。

23　Gohin et Sorbara, *supra* note（17）, pp. 143-144. 参照、濱野・前掲注（16）96頁。

24　Jacques Fournier, *Le travail gouvernemental*, Dalloz, 1987, pp. 143-145.

25　Georges Dupuis, Marie-José Guédon et Patrice Chrétien, *Droit administratif*, 12ᵉ éd., Dalloz, 2010, p. 209. 参照、濱野・前掲注（16）96頁。

26　Poselyne PY, *Le Secrétariat général du Gouvernement*, La Documentation française, 1985, pp. 69-72.

27　PY, *supra* note（26）, pp. 73-74.

ネとは別に、内閣事務総局自体にもキャビネ（cabinet au Secrétariat général du Gouvernement）が存在し[28]、これは内閣事務総長キャビネと呼ばれる。事務総長及び局長以外の内閣事務総局構成員は補佐官及び審議官である[29]。

(c) その他の部署・機関　　その他の部署・機関は次の７つに分類される。すなわち、①首相の指揮監督下にあり、首相が管理するもの（国防・国家安全事務総局など）、②首相の指揮監督下にあるが他の大臣が管理するもの（持続可能な発展に関する国家評議会など）、③他の大臣の指揮監督下にあるが、首相が管理するもの（利用者及び行政簡素化代表委員会など）、④首相に直属するが、他の大臣の指揮監督下にあり、他の大臣が管理するもの（国立公文書館など）、⑤予算が首相府予算に計上される独立行政機関（国家人権諮問委員会など）、⑥首相に直属する公施設法人（国立行政学院など）、⑦首相府の予算から補助金が支給されている機関（フランス経済情勢観測所など）である[30]。

（2）中央省庁の組織

中央省庁は、大臣キャビネとその他の部局から構成される。

(a) 大臣キャビネ　　中央省庁の大臣キャビネ（cabinets ministériels）は、大統領キャビネや首相キャビネと同様に、慣習的な制度であり、大臣キャビネについて正面から定めた憲法上・憲法附属法律上・法律上の規定は存在しない。このため、大臣の裁量で決定できる余地を大きく残しており、柔軟な運用が可能である一方で、必ずしも透明性が高いとは言えない点が特徴である[31]。大臣キャビネはキャビネ長によって統轄され、大臣キャビネ構成員は大臣アレテにより補佐官及び審議官として任命される[32]。

大臣キャビネが担う機能は、①参謀的機能、②省庁運営の監督、③省庁間の調停、④大臣の活動管理、⑤議会や議員への対応、⑥メディアへの対応、⑦関連団体への対応である。①〜④は政府内に関係する業務、⑤〜⑦は対外関係業務である[33]。

28　PY, *supra* note（26），p. 75.
29　PY, *supra* note（26），pp. 77-78.
30　参照、濱野・前掲注（16）96頁。
31　濱野・前掲注（16）84頁。ただし、「大臣キャビネに関する行政組織を定める1948年７月28日デクレ第1233号」は、大臣キャビネの役職・任命・資格について定めており、このデクレは現在も効力を有している。
32　Fournier, *supra* note（24），pp. 104-111.
33　これらの７つの機能について、詳しくは、以下を参照。濱野・前掲注（16）84-85頁。

（b）その他の部局　　省庁における大臣キャビネ以外の部局は、一般に、局（Direction）又は総局（Direction générale）、室（Service）で構成され、それらの下に部（Sous-direction）や課（Bureau）が置かれる。総局は基本的に複数の局で構成されるが、例外的に特に重要な1つの局が総局となることもある[34]。局又は総局、室の編成は、コンセイユ・デタの議を経た首相デクレ[35]により定められる[36]。一方で、部の編成は、所管大臣と首相との共同の署名でのアレテによって定められ、他方で、課の編成は所管大臣の単独アレテによって決定される[37]。これらの部局は、それぞれの所管事務を担当するのみであり、省庁には省庁内の監督や調整を担当する部署が存在しておらず、大臣キャビネが省庁内の政策の監督・調整機能を担っている[38]。

4　合議機関

すでに見たように、フランスの行政機構においては、大統領と大統領府構成員、首相と首相府構成員、各中央省庁の大臣とその省庁構成員が存在している。ここでは、これらの政府機関間の調整を行うための様々な合議機関を見ていく。

（1）閣　議

閣議は大統領が主宰し（憲法9条）、すべての内閣構成員から構成される合議機関である[39]。閣議は、大統領府で、毎週水曜日の午前に定期的に開催される。閣議では、事前に大統領府事務総長と内閣事務総長によって調整されたA、B、C、D部分に分類される様々な議題について審議決定を行う[40]。大統領府事務総

34　Dupuis, Guédon et Chrétien, *supra* note（25）, p. 206. 参照、濱野・前掲注（16）81頁。

35　デクレは我が国における政令に相当する。首相デクレには、①単純デクレ、②コンセイユ・デタの議を経たデクレ、③閣議を経たデクレ、④コンセイユ・デタの議と閣議を経たデクレに分類される。一方、大統領も明文の定めのある場合にデクレを発令できる（いわゆる大統領デクレ）。大統領デクレは、①単独で発令するデクレ、②閣議を経たデクレ、③コンセイユ・デタの議と閣議を経たデクレに分類される。

36　中央省庁の編成に関する1987年6月15日デクレ第389号第2条。

37　中央省庁の編成のあり方の変遷に関しては、以下も参照。Fournier, *supra* note（24）, pp. 112-114.

38　濱野・前掲注（16）82頁。

39　なお、とりわけコアビタシオンの際には、首相が主宰する閣内会議（Conseil du Cabinet）が開かれることが多い。閣議と閣内会議との相違について、詳しくは、拙著・前掲注（13）95-96頁を参照。

40　閣議の議題におけるA〜D部分に関して、詳しくは、拙著・前掲注（13）97-98頁を参照。D部分は、サルコジ大統領の主導により、2007年5月17日首相通達によって導入された。

長及び内閣事務総長は閣議に陪席し、議事録を作成する。

（2）省庁間会合

省庁間会合とは、特定の政策分野に関わる内閣の判断を行うことを目的として、首相又は大臣の発意により開催されるものである。首相キャビネ又は大臣キャビネが、関連する省庁の大臣キャビネ構成員を招集する。議題は首相キャビネによって決定される[41]。省庁間会合は、年間を通じて頻繁に開催されている[42]。

（3）省庁間委員会

省庁間委員会（comités interministériels）は、複数の省庁にまたがる特定の政策分野についての議論を行うためのものである。首相が省庁間委員会を主宰し、関係大臣がこれに出席する。ただし、関係大臣が省庁間委員会を主宰することもある[43]。

（4）関係閣僚会議

関係閣僚会議（Conseils restreints）は、大統領により主宰し、首相及び関係大臣が出席する。大統領の権限と首相の権限にまたがる分野（国防、外交など）についての議論が行われる[44]。

三　フランス内閣事務総局の機能

二ではフランスの行政機構を概観したが、三ではフランスの「行政機構の中枢に位置づけられる」[45]内閣事務総局の機能について見ていく[46]。

1　首相、首相キャビネ及び内閣事務総局の関係

内閣事務総局の機能を見る前に、フランスの行政機構における内閣事務総局の

41　PY, *supra* note（26），pp. 44-47. 以下も参照。Fournier, *supra* note（24），pp. 200-217.

42　省庁間会合は1年に1000回以上開催される。Pierre Gévart, *Le President de la République et les institutions français*, Etudiant, 2007, p. 31.

43　PY, *supra* note（26），pp. 47-49.

44　PY, *supra* note（26），pp. 49-50.

45　Jan, *supra* note（18），p. 100.

46　フランス公法学はこれまで、内閣事務総局の機能の分析・整理に必ずしも熱心ではなかった。それは、内閣事務総局の機能を容易には認識しづらいことに原因があろう。しかし近年、Matthieu Caron が、政府関係者の書籍・論文や、法令を含めた政府資料に基づいて、内閣事務総局の機能を体系的に分析・整理した（Caron, *supra* note（14），pp. 617-645）。三では、基本的にCaron の分析・整理に依拠しつつ、内閣事務総局の機能を見ていく。

位置づけを確認しておく。

すでに見たように、内閣事務総局は、首相の下に置かれる首相府の中の1つの機関である。フランスの首相は、国家行政における特定の政策事務（例えば、国防、外務、財務、内務など）を所管する他の大臣（特任大臣及び政務長官を含む）とは異なり、特定の政策事務を所管するわけではない。すなわち、首相は「伝統的省庁部門の頂点」に位置しているわけではなく[47]、首相の任務は省庁間調整（coordination interministérielle）を行うことであり[48]、「首相は、執行府の活動全体の運営、調整及び統制という統轄的使命（vocation générale）を有している」[49]のである。したがって、首相の下におかれる首相府はそのような省庁間調整の任務を負うことになる。

しかし、首相府には首相キャビネと内閣事務総局が存在している。首相キャビネが、内閣の政策の定義、他の大臣キャビネの調整・統制、省庁間の調整及び裁定、大統領府との制度的結びつきの機能を有する[50]のに対して、内閣事務総局は、「内閣全体及び特に首相の意のままになる行政機関」[51]として、首相キャビネと連携しつつ、内閣全体を補佐するために様々な機能を果たしている。すなわち、内閣事務総局は、政府における「決定の準備、決定の通知及び決定の調査の重要な回路（circuits）の任務」[52]を有しているのである。

このような任務を有していることから、内閣事務総局は、①国家継続性の保障者としての機能、②政府審議の編成者としての機能、③法律家・法律顧問としての機能を果たしているとされる。

2　国家継続性の保障者の機能

内閣事務総局は、「行政官で構成され、かつ、政治的変化の後も存続する永続的機関である。新たな首相が任命されるとき、その前の首相キャビネは消滅する。新たな大統領が選出されるとき、大統領府のすべての構成員は変化する。内

47　Marceau Long, *Les services du Premier ministre*, Economica, 1981, p. 14.

48　Caron, *supra* note （14）, p. 617.

49　Pierre Ardant, *Le Premier ministre en France*, Montchrestien, 1991, p. 91.

50　Caron, *supra* note （14）, p. 617.

51　Ardant, *supra* note （49）, p. 91.

52　Jean-Louis Quermonne, « La coordination du travail gouvernemental », in Institut Français des Sciences Administratives (IFSA), *Le Secrétariat général du Gouvernement*, Economica, 1986, p. 65.

384

閣事務総長及びその協力者は、通常、政治的変化の際にも存置する。彼らは、結果として、国家の運営の継続性を確保する」[53]。したがって、「内閣は消滅しても内閣事務総局は残る」[54]のである。

このような安定性を享受することで、内閣事務総局は、国家継続性の保障者として、（1）すべての新たな内閣の編成長の機能と、（2）「内閣の記録装置」の機能を有している。

（1）新たな内閣の編成長の機能

大統領が首相を任命するとき、同時に、首相の提案に基づき、新たな内閣を編成しなければならない（憲法第8条）。その一方で、辞職した内閣は「扱ってきた事案の申し送り（expédition des affaires courantes）」を行う[55]。すなわち、新たに任命された内閣の長（首相）は、すぐに審理中の事案の状態を認識できるだけでなく、さらに、その政策を実施するために、熟練した公務員により扱われてきた事務手続を享有することできる[56]。このような新旧2つの内閣を仲介する内閣事務総局の機能は、以下の4つの側面で生じる[57]。

①第一に、内閣事務総局は、辞職する首相の辞職デクレ及び新たに任命される首相の任命デクレを準備する。

②第二に、内閣事務総局は、内閣の任命デクレを準備し、新たな内閣の編成を管理する。これによって、内閣事務総局は、法的に首相を補佐する。その後、内閣事務総局は、内閣構成員の任命デクレを作成し、他方、内閣構成員の任命後すぐに、内閣構成員をそれぞれの所管省庁の建物に配属し、彼らの移動、住居及び保護の手段を決める。さらに、内閣事務総局は、権限の委譲儀式に関与し、内閣構成員に自身の大臣キャビネ構成員の採用方式を通知し、政府の慣習及び審議に関する必要不可欠な最初の指示を出す。

③第三に、内閣事務総局は新たな内閣の最初の閣議の準備を確保する。通常の閣議は内閣事務総局と大統領府とで共同して準備されるが、新内閣発足後の最初

53　Fournier, *supra* note（24），p. 146.

54　Caron, *supra* note（14），p. 619.

55　Caron, *supra* note（14），p. 620. 内閣の「扱ってきた事案の申し送り」の観念について、以下のコンセイユ・デタ判決を参照。C.E., 29 janvier 1965, *Sieur Mollaret et Syndicat national des médicins, chirurgiens et spécialistes des hôpitaux publics, Rec.*, p. 61.

56　Caron, *supra* note（14），p. 620.

57　以下の分析・整理を参照。Caron, *supra* note（14），pp. 620-622.

の閣議は内閣事務総局のみによって準備されるのである。最初の閣議では、例えば、内閣構成員職業倫理憲章（charte de déontologie）や内閣構成員の処遇に関するデクレなどが審議決定されるが、これらはすべて内閣事務総局のみによって準備される。

④第四に、内閣事務総局は内閣構成員の権限及び委任に関する諸デクレと、大臣キャビネ構成員の任命に関する諸アレテを準備する。すなわち、内閣が可能な限り迅速に職務に就くことができるように、内閣事務総局は、これらのデクレ及びアレテを準備するのである[58]。特定の政策分野を所管する各省大臣（minisitres de plein exercice）の権限は、コンセイユ・デタの議と閣議を経た大統領デクレ（décret en Conseil d'État et en Conseil des ministres）[59]によって定められ、一方で、特任大臣及び政務長官の権限は、コンセイユ・デタへの諮問に付されない大統領デクレ[60]により定められる。内閣事務総局は、大臣間の諸権限の衝突がないことに留意して、これらのデクレを準備する。

まず、これらのすべての権限デクレは、権限衝突がないことを確認するために、首相又は首相キャビネ長に付される。次に、権限デクレは、新たに任命された内閣が参加する第二又は第三の閣議の際に提出される。一方、委任デクレは、当然、権限デクレの発効後に閣議で審議決定される。

また、内閣事務総局は、首相キャビネ構成員の任命アレテを起草し、さらに他の省庁の大臣キャビネ構成員の任命を統制する。

（2）「内閣の記録装置」の機能

内閣事務総局は、「内閣の記録装置（memoire du Gouvernement）」[61]、さらには「国家の記録装置（memoire de l'État）」[62]としての機能を果たしている。この機能は、次の3つの側面で生じる[63]。

①第一に、内閣事務総局は、コンピューター管理の下で、内閣の決定文書のすべてを保管する。これらの決定文書はその後のすべての内閣によって利用され

58　2007年5月18日内閣事務総長通達第5222号は、「大臣の権限デクレは内閣事務総局によって最短の期間で起草され、次いで、閣議で審議決定される」と定めている。

59　前掲注（35）を参照。

60　この大統領デクレは閣議で審議決定される。前掲注（35）も参照。

61　Long, *supra* note（47）, p. 14.

62　Bernald Chantebout, *Droit constitutionnel*, 30ᵉ éd., Sirey, 2013, p. 521.

63　以下の分析・整理を参照。Caron, *supra* note（14）, pp. 622-623.

る[64]。同様に、政府審議に必要な文書（報告書、内部法律文書、コンセイユ・デタ意見、学説及び判例など）のすべての調査を行うために、内閣事務総局構成員（及び首相キャビネ構成員）は、内閣事務総局文書課（service de documentation）を利用することができる。

②第二に、内閣事務総局は、内閣事務総長を仲介として、閣議の記憶装置である。大統領府での週1回の閣議での審議決定の際に、内閣事務総長は唯一、2つの部数で保管される閣議の議事録（compte rendu）を作成するためにノートを取ることを許可される。

③第三に、内閣事務総局は、内閣及び市民の法的記録装置である。すなわち、内閣事務総局は日々、フランス国家の最も詳細な法的監視を行っており、政府審議に用いられる法律テキスト、命令テキスト、判例のすべてを自身の下に収集している。この収集されたテキスト及び判例は、「インターネットによる法の普及の公役務に関する2002年8月7日デクレ第1064号」によって創設されたインターネットサイト「Legifrance」を経由して、市民によって利用される。

3　政府審議の編成者の機能

次に、内閣事務総局は、首相の省庁間調整を補佐するために、政府審議全体の編成者としての機能も有している。具体的には、（1）政府活動の指揮者及び計画者の機能、（2）政府活動の調整者及び政府審議決定の事務総長の機能が果たされている。

（1）政府活動の指揮者及び計画者の機能

内閣事務総局は、首相の諸部局を指揮し（a）、政府活動を計画し（b）、政府活動の遂行を確保する（c）[65]。

（a）**首相の諸部局の指揮**　　各省庁の事務総長と同様に、内閣事務総長は、首相の諸部局の事務総長の役割を果たしている。そのために、内閣事務総長は、首相の諸部局によって行使される参謀、戦略、将来予測、支援の機能を統合し、また、官報課及びフランス文書課のような多様な部局を指揮する。

（b）**政府活動の計画**　　ジスカール・デスタン大統領の7年間の任期以来、閣議の議題の起草を容易にするために、閣議のA部分及びC部分[66]に記載される

64　Fournier, *supra* note (24), p. 146.
65　以下の分析・整理を参照。Caron, *supra* note (14), pp. 624-627.

政府審議カレンダーが作成されてきた。このカレンダーは、「政府審議プログラム（Programme de travail gouvernemental）」（以下、PTG）という名称を付けられているが、公表されない。

PTGは、内閣事務総局によって作成される。PTGの原案作成前に、内閣事務総局は、内閣構成員に、優先順位をつけて、かつ、工程表を伴って、取るべきことを提案する諸措置の詳細なリストを半期毎に作成させる。例えば、内閣構成員が閣議の議題でA部分において記載させる所管テキスト、又は、内閣構成員がC部分において提示したい意見交換（communication）である[67]。PTGの内容は、半年毎に、内閣事務総局と首相キャビネとが協力して進める省庁間会合[68]の後、首相、内閣事務総長、大統領補佐官及び首相補佐官による会合において決定される。

首相キャビネによって確定的に確認されると、PTGは内閣事務総長によって関連する各大臣に通知される。

(c) **政策の追跡**　首相キャビネ構成員のように、内閣事務総局審議官は、1つ又は複数の省庁の文書を追跡することを任務としている。すなわち、「内閣事務総局審議官の役割は、様々な省庁から発信された、首相府を通過するすべての文書を追跡することである。内閣事務総局審議官はそれぞれ、一定数の省庁から構成される『書類（portefeuille）』を有し、その案件を追跡する。内閣事務総局審議官は10名程度しかいないので、各審議官は複数の省庁を担当しなければならないのである。首相府で文書を受け取るのは内閣事務総局審議官である。審議官は、首相キャビネ構成員と恒久的関係を有し……、会合を組織し、その報告書を作成し……、コンセイユ・デタに移送され、又は、閣議に付される草案を追跡する」[69]。

一方、内閣事務総局補佐官は政府活動の重要かつ横断的な一定の問題を追跡する。例えば、経済補佐官は、経済及び財政に任務を負う省庁から生じるすべての問題の上級専門家でなければならない。一方で、憲法事案補佐官は、政府活動に関するすべての憲法問題を通知され、それを調査しなければならない。特に、法

66　前掲注（40）を参照。

67　前掲・2007年5月18日内閣事務総長通達第5222号。

68　省庁間会合において、「bleu」と称される議事録が作成される。内閣事務総局及び首相キャビネは、「記録装置」として、審議中のテキスト案をメモし、そして、立法手続の遂行のために必要な省庁間審議及び多様な諮問を開始することを求める。Caron, *supra* note（14）, p. 626.

69　Fournier, *supra* note（24）, p. 151.

388

律の憲法適合性の問題が憲法院に提起されたとき、憲法事案補佐官が内閣の所見を準備する。

（2）政府活動の調整者及び政府審議決定の事務総長の機能

内閣事務総局は、首相府と大統領府との間、首相府と中央省庁との間、及び、中央省庁間での調整を行うことを任務としている。すなわち、内閣事務総局は、「省庁間手続の実施者」[70]である。一方で、内閣事務総局は、内閣と議会との間、内閣とコンセイユ・デタとの間、及び、内閣と憲法院との間での「橋渡し（passerelle）」の役割を果たしている[71]。したがって、「内閣事務総局は、そこから生じる決定及びテキストの準備に関するものすべてについてのこれらの機関間の関係を確保し、その領域において、手続の適正性を監視することを任務とする」[72]のである。

このような任務を有するために、内閣事務総局は、(a) 政府活動の一般的調整機能、(b) 省庁間会合及び一定の省庁間委員会の事務局機能、(c) 閣議の準備及び事務総局機能を有している[73]。

(a) 政府活動の一般的調整機能

内閣事務総局は、政府審議に関与する政治・行政諸機関を結合させ、政府活動の一般的調整機能を果たしている。

①第一に、内閣事務総局は情報の省庁間分配者（repartiteur interministériel d'informations）である。すなわち、内閣事務総局は、大統領府、大臣キャビネ及び中央省庁の下に存在する政府内部情報を収集し、これらの政府機関にその情報を拡散する。

②第二に、内閣事務総局は指示の省庁間供給者（pourvoyeur interministériel d'instructions）である。すなわち内閣事務総長は、内閣構成員、大臣キャビネ及び中央省庁責任者に対して、情報を提供するために、又は、指令を付与するために「SG通達（Circulaire SG）」という形式で、かつ、「首相の名で」なされる通達を通知することができる[74]。

③第三に、内閣事務総局はテキストの省庁間調整者（coordinateur interministé-

---

70 Alexandre Bonduelle, *Le pouvoir d'arbitrage du Premier ministre sous la Vᵉ République*, LGDJ, 1999, p. 312.

71 Caron, *supra* note（14）, p. 627.

72 Chantebout, *supra* note（62）, p. 521.

73 以下の分析・整理を参照。Caron, *supra* note（14）, pp. 627-631.

74 すなわち、「SG通達」は、首相の委任に基づいて、内閣事務総長によって署名される。

riel de textes) である。すなわち、内閣事務総局は、政府提出法律案やオルドナンス案はもちろん、一般規制措置であれ個別任命措置であれ、デクレにも大臣アレテにもすべて関与する。したがって、「内閣事務総局は、〔テキストの〕考えが形成され始めたときから官報での公布まで、断続的に〔テキストに〕関与する」[75]のである。さらに、内閣事務総局はこれらのテキストすべてに関する署名及び副署を集める任務を負っている。

(b) 省庁間会合及び一定の省庁間委員会の事務局機能

①第一に、内閣事務総局は、省庁間会合の編成において決定的な役割を果たし、常に事務局機能を果たす。これまでの慣習により、内閣事務総局が、首相キャビネの求めに基づき、首相キャビネ構成員によって主宰される省庁間会合を招集する。

②第二に、内閣事務総局は、ある省庁間委員会の編成に関するデクレがそれを予定しているときは、その省庁間委員会を招集しなければならず、その事務局機能を果たす。ただし、数多くの省庁間委員会にはその固有の事務局を有しているものもある。

③第三に、このような省庁間会合及び一定の省庁間委員会において、内閣事務総局はその事務局として「公証人（notaire）」[76]又は「共和国の書記官（greffier de la République）」[77]の機能を果たす。すなわち、これらの省庁間会合及び一定の省庁間委員会に出席する内閣事務総局審議官は、「bleu」と称される議事録を作成する。この議事録は、首相キャビネによって確定されると、首相によって決定されたものと見なされる。その後、内閣事務総局は、関係大臣にその議事録を配布する任務を負う。

(c) 閣議の準備・事務総局機能　　大統領府と首相府との間の接続媒体（interface）として、内閣事務総局は、週１回毎の閣議を計画し、準備し、記録する（実際には、首相キャビネと緊密な関係を有する内閣事務総長キャビネが、閣議を準備する）。したがって、「閣議を通過するすべてのものは、必ず内閣事務総局を通過する」[78]のである。

75　Guy Carcassonne, « Ce que fait Matignon », *Pouvoirs*, 1994, n° 68, p. 33.

76　Serge Lasvignes, « Le secrétariat général du Gouvernement », *Les cahiers de la fonction publique et de l'Administration*, juillet-août 2006, n° 258, p. 11.

77　Jan, *supra* note (18), p. 100.

78　Fournier, *supra* note (24), p. 147.

①まず、内閣事務総局は、自身がその管理の任務を負うPTGを通じて、半期毎の閣議を計画する。内閣事務総局は、とりわけ、閣議に提出されなければならないテキストが時宜に適って準備されているかどうかを監視する。

②次に、内閣事務総局は、閣議の議題の準備に関与し、A〜D部分の草案を首相府の認証に付する。すなわち、一方で、A部分のテキスト案及びC部分の意見交換は、内閣事務総局審議官によって首相キャビネの認証に付される。他方で、B部分の個別措置及びD部分の審議事項は、内閣事務総長キャビネ長によって首相キャビネ長の認証に付される。

③その後、内閣事務総局は、以上の手続で準備された議題を大統領キャビネ[79]に付する。大統領府事務総長は、内閣事務総長とともに、その議題を調整し、その調整された議題文書は、大統領、首相及びその他内閣構成員に対してそれぞれの専用敷地で提出される。

④最後に、内閣事務総長は、閣議の事務総長として閣議を補佐する。同様に閣議に陪席する大統領府事務総長とともに、内閣事務総長は、議事録、公式声明（コミュニケ）[80]、決定一覧表（relevé des décisions）[81]を作成する[82]。

4 法律家及び法律顧問の機能

内閣事務総局は、法律であれ命令であれ、規範的手続（procédure normative）のすべての局面に関与する。そのために、内閣事務総局は、「国家の規範的活動の職人的楔（cheville ouvrière）」[83]を構成し、「内閣による法治国家準則の尊重を監視する」[84]。したがって、内閣事務総局は、（1）法律家（légiste）、つまり、政府テキストの作成者及び政府テキストの質の保障者の機能を果たす一方で、（2）法律顧問（jurisconsulte）・法的助言者（conseiller juridique）の機能を果たしている。

79　大統領キャビネは、同時に、内閣構成員に対して閣議招集を通知する。

80　閣議の後に公式声明は公表され、内閣報道担当大臣がその公式声明についてコメントする記者会見が開かれるのが通例である。拙著・前掲注（13）99頁。

81　憲法院はこの決定一覧表に基づいて閣議での審議決定の有無を判断している。詳しくは、拙著・前掲注（13）121-125頁を参照。

82　なお、閣議での審議決定は、それ自体、法的効力を有しない。これに関する学説及び判例について、拙著・前掲注（13）104-108頁を参照。

83　Jean Gicquel, « Le programme de travail gouvernemental sous la Ve République, Brèves réflexions sur la main invisible de la République », in *Études en l'honneur de M. L. Philip*, Economica, 2005, p. 106.

84　Henri Oberdorff et Nicolas Kada, *Les institutions administratives*, 8ᵉ éd., Dalloz, 2016, p. 79.

（1） 法律家の機能

内閣事務総局は、様々な面で法律家の機能を果たしている。まず、内閣事務総局は、(a) すべての政府テキストの義務的通過点であり、(b) 政府テキストの作成者である。次に、内閣事務総局は、首相の名で一定の政府テキストを、(c) コンセイユ・デタ行政部及び経済社会環境評議会に移送し、(d) 議会に移送する。さらに、内閣事務総局は、(e) テキストへの署名及び副署の収集において重要な役割を果たし、(f) 適用デクレの遂行において重要な役割を果たしている。最後に、内閣事務総局は、(g) 官報でのテキストの公布を確保する[85]。

(a) すべての政府テキストの義務的通過点

①第一に、内閣事務総局は、政府内における法律案及びオルドナンス案の準備を先導する。法律案又はオルドナンス案を所管している大臣は、その草案を内閣事務総局に移送し、内閣事務総局はその草案を関係するすべての内閣構成員に配布する。

②第二に、内閣事務総局は、すべての命令テキスト案を自身の下に集める。まず、デクレ案に関しては、首相デクレ案は内閣事務総局によって準備され、また、大統領デクレ案も当然に内閣事務総局に集められる[86]。次に、それ以外の命令案に関しても、内閣構成員は、その省庁から発せられるすべてのアレテ案、指示又は通達の謄本を内閣事務総局に通知しなければならない。

③第三に、内閣事務総局は、内閣が交渉中のすべての国際テキストを通知される。また、国際条約又は合意が署名され、追認又は承認されるために議会の許可を必要とするときは、その許可法律案は他の関係する省庁の協力を伴って外務大臣によって作成され、内閣事務総局に通知される。一方、内閣事務総局は、合意の交渉によって提起されるすべての憲法問題を通知されなければならず、また、必要な場合、草案の憲法適合性に関する求意見（demende d'avis）をコンセイユ・デタ行政部に付託する[87]。

④第四に、その他の法的又は準法的テキスト（具体的には、「通達、経済社会環境

85　以下の分析・整理を参照。Caron, *supra* note (14), pp. 631-639.

86　以下の通達も参照。閣議を経たデクレの内閣事務総局への移送手続に関する1989年7月12日通達第3483号。

87　これは行政裁判法典L第112-2条に基づいて形式上首相の名の下に行われる。法律問題（憲法問題を含む）に関するコンセイユ・デタ行政部への諮問については、拙稿「フランスにおける憲法解釈機関としてのコンセイユ・デタ行政部」レファレンス783号（2016年）94-95頁、100-101頁。

評議会若しくはコンセイユ・デタ行政部に充てられる求意見又は求研究（demandes d'avis ou d'études）、政治的な連絡を除く各種文書」[88] も同様に内閣事務総局に集められる。

(b) 政府テキストの作成者　　内閣事務総局は、すべての政府テキストの義務的通過点であるだけでなく、①自身で一定の政府テキスト草案を起草し、また、②政府テキストの作成手続の適正性を審査する。

①第一に、内閣事務総局は、新たな内閣の編成の際に、自身で任命、権限、委任のデクレを準備する。さらに、内閣事務総局は、大統領府構成員、首相府構成員及び大臣キャビネ構成員の任命アレテの作成に関与し、首相通達を作成し、政府提出法律案の提出デクレ[89]を作成する。

②第二に、内閣事務総局は、政府テキスト作成のすべての段階に関与する。例えば、内閣事務総局は、省庁によるテキスト作成において適切なテキストの性質を選択する際に、省庁の部局や大臣キャビネを補助する。すなわち、ある改革又は措置のために必要な法的行為の性質（デクレを制定すべきか、あるいは、政府提出法律案を準備すべきか。デクレであれば、閣議を経たデクレか、コンセイユ・デタの議を経たデクレか、単純デクレか。それともアレテで十分かなど）について助言するのである。具体的には、内閣事務総長がその決定的な意見を付与する[90]。そして、このような手続において、内閣事務総局は、コンセイユ・デタ行政部への諮問を筆頭に、義務的諮問機関に対する諮問が適正になされたかを監視する。最後に、内閣事務総局は、省庁によって作成されたテキスト案が大臣によって署名される前に、そのテキスト案の法的質（qualité juridique）、すなわち、テキストの明瞭性、一貫性、効率性、及び、形式性を確認する。このようにして、内閣事務総局は政府テキストの確定版を作成する。

さらに、内閣事務総局は、政府テキストに関して、「憲法尊重の要請により、議会手続のすべての段階」[91]を監視する。

(c) コンセイユ・デタ行政部及び経済社会環境評議会への付託者　　①まず、政府提出法律案（憲法第39条第2項）、オルドナンス案（憲法第38条）及びコンセイユ・デタの議を経たデクレ案は、必ずコンセイユ・デタ行政部に諮問されなけれ

88　Lasvignes, *supra* note（76），p. 12.
89　政府提出法律案の提出デクレは首相の署名及び所管する大臣の副署を必要とするが、大統領の署名は不要である。詳しくは、拙著・前掲注（13）109-113頁を参照。
90　Long, *supra* note（47），p. 65.
91　前掲・2007年5月18日内閣事務総長通達第5222号。

ばならない。その際、内閣事務総局がこれらの草案をコンセイユ・デタ行政部に付託する。

他方で、行政裁判法典 L 第112-2条に基づいて、大臣は法律問題について求意見をコンセイユ・デタ行政部に付託することができる。しかし、実際には、内閣事務総局が、求意見をコンセイユ・デタに付託する。ただし、求意見は、大臣自身、又は、例外的に大臣キャビネ長によって署名されなければならない[92]。

②次に、首相が経済社会環境評議会に付託したいとき、この機関への付託文書を準備するのも内閣事務総局である。経済社会環境評議会は、いかなる場合においても、大臣によって直接付託されることはできない。経済社会環境評議会の下での求意見又は求研究を表明したいすべての大臣は、事前に、首相キャビネ又は内閣事務総局経済問題補佐官に懇請し、首相の署名に付されなければならない付託文書の草案を移送する。経済社会環境評議会がその意見を表明したときは、内閣事務総長キャビネはその意見を当該大臣に移送する。当該大臣は、その問題についての自身の立場を首相キャビネに知らせ、首相キャビネはその後、首相の認証の下でその事実を経済社会環境評議会に通知する。

(d) 政府テキスト・文書の議会への伝達者　①まず、内閣が政府提出法律案を確定させたとき、内閣は国民議会又は元老院の理事部にそれを提出しなければならない。すべての政府提出法律案の提出は「提出デクレ」によって行われる。「提出デクレ」は、首相府議会補佐官及び議会との関係に任務を負う大臣（又は政務長官）キャビネと連携して、内閣事務総局の「法制・立法の質課（service de la legislation et de la qualite du droit）」によって準備される。

②次に、内閣事務総局は、内閣が議会手続中に国民議会及び元老院に送付する文書の作成及び移送の任務を負う。具体的には、両院間回付を可能にする文書[93]、両院協議会を招集する文書、緊急手続を宣言する文書、憲法第49条の枠組みで内閣の責任をかける文書、修正文書（lettres rectificatives）[94]などである。

92　さらに、憲法第37条に基づいて法律事項から命令事項へと変更する際にコンセイユ・デタ行政部に求意見を付託するのも内閣事務総局である。Caron, *supra* note（14）, pp. 634-635.

93　一方の議院によって第一読会で採択された政府提出法律案は、内閣事務総局を通じて、首相によってもう一方の議院に移送される。実際、国民議会規則第115条は、「国民議会が修正無く元老院によって可決された政府又は議員提出法律案を採択するとき、国民議会議長は、内閣事務総局を通じて、審署のために大統領にその確定的テキストを移送する。元老院はこの移送を通知される」と定めている。

94　修正文書と内閣修正案との違い及びそれらに対する憲法院による統制について、拙著・前掲注

③また、内閣事務総局は、内閣が有する一定数の文書を議会に移送しなければならない。例えば、法制・法の質課は、欧州問題事務総局（secrétariat général des affaires européennes）[95]と協力して、「欧州の立法諸行為の政府提出案及びその他の欧州連合諸行為の政府提出案又は議員提出案」（憲法第88-4条第1項）を議会に移送する。また、内閣事務総局は、関連する議会審議部局に、法律で特別に予定されている一定の場合において議会が確保するための情報を移送しなければならない。

④さらに、内閣事務総局は、議会の書面質問への回答において役割を果たす。内閣事務総局の法制・法の質課は、中央省庁の回答を自身の下に集め、その回答を確認し、その回答を議会に移送し、議会はその回答を官報において公表することができる。

⑤最後に、以上の任務と関連して、国民議会においては内閣事務総局構成員3名の出席権が認められている（国民議会理事部規則第26条）。

(e) 署名及び副署の収集者　①まず、内閣事務総局は、オルドナンス及びデクレについての大統領と首相の署名を集める[96]。さらに、その呼称及びその体裁がいかなるものであれ、首相の管轄に属する行政決定行為は、内閣事務総長によって、かつ、首相キャビネ長の同意を伴ってしか、首相の署名に付されることはできない。この準則は、デクレ、アレテ及び大臣又は知事に通知される通達だけでなく、合意、文書及び決定・行政指示を含む他の行為にも適用される。

②次に、内閣事務総局は、大統領の行為についての首相の副署、及び、法律の審署デクレ、オルドナンス、閣議を経たデクレ及び憲法第37条を適用して制定されたデクレについての大臣の副署を集めなければならない。その際、内閣事務総長又は副事務総長は、法的異常が存在していないか、これらのテキストを綿密に再読する。すなわち、「法論理的完璧性の探求（recherche de la pureté légistique）」[97]を行うのである。

③一方、他のデクレ及びアレテについては、草案に責任を負う省庁がその副署を集める。その副署が集められると、所管省庁は内閣事務総局に、副署が統合さ

---

(13) 163-170頁。なお、修正文書は、内閣事務総局の処理によって行われる修正付託（saisine rectificative）の形式を取る。Caron, *supra* note (14), p. 635.

95 欧州問題事務総局について、詳しくは、以下を参照。Oberdorff et Kada, *supra* note (84), pp. 81-82.

96 法の質に関する2011年7月2日通達。

97 Caron, *supra* note (14), p. 637.

れたテキスト案の紙バージョンと、SOLON（Système d'Organisation en Ligne des Opérations Normatives）情報システムを通じてその電子バージョンを送付する。

(f) 適用デクレの遂行機関　　多くの法律は、それを適用するためのデクレを必要とする。この適用デクレは、通常、法律の審署後6ヶ月以内に制定されなければならない。政府提出法律案の閣議での審議決定後、省庁は法律の適用に必要なデクレのリストを決定しなければならない[98]。それは、「議会審議の際に国民代表を啓蒙するため」[99]である。

①まず、内閣事務総局は、国会による法律可決後、所管省庁に、必要な適用デクレのリスト及びそのデクレ発効のためのカレンダーの作成を要求する。

②次に、内閣事務総局は、「存在する問題を証明し、とるべき措置の工程表を定めるための、デクレについての計画会合」[100]を開催する。法制・法の質課は、所管省庁と緊密に連携して、計画された適用デクレの遂行を確保し[101]、最も適切な期限内で適用デクレが制定されるかを監視する。

(g) テキストの官報への公刊機関　　内閣事務総局は、すべてのテキストの官報への公刊を確保する。内閣事務総局は、テキストの公刊前に、公刊することを法制・法の質課及び首相キャビネに通知しなければならない。

首相のデクレ及びアレテに関しては、特別な手続による。すなわち、首相のデクレ及びアレテは、SOLON情報システムを通じて、関係する首相補佐官及び所管する内閣事務総局審議官に同時に通知される。

（2）法律顧問の機能

内閣事務総局は、首相キャビネ、大臣キャビネ及び中央省庁の部局に対する法律顧問・法的助言者の機能を果たしている。この法律顧問機能は、(a) 政府の組織及び手続、(b) テキストの作成、(c) 影響評価に関する問題、(d) 政治・行政機関での任命の局面で果たされている。また、内閣事務総局は、(e) 憲法訴訟及び行政訴訟に関して、(f) 重要な法律問題に関して、法律顧問機能を果たしている[102]。

98　Caron, *supra* note (14), pp. 637-638.
99　前掲・内閣事務総長通達第5222号。
100　同上。
101　所管省庁は、政府提出法律案の影響評価の作成段階から、これらの適用規範の予測リストを作成する。「憲法第34-1条、第39条及び第44条の適用に関する2009年4月15日憲法附属法律第403号」（以下、2009年法律）第8条第11項。

(a) **政府の組織及び手続に関するすべての問題についての助言者**　　政府活動に関する組織的・手続的問題が生じたとき、当該政府関係者はその問題すべてについて内閣事務総局に質問することができる。そして、内閣事務総長は、その組織的・手続的問題についての質問にすべて答えなければならない。

(b) **テキストの作成についての法的助言者**　　中央省庁の部局又は大臣キャビネによる政府テキスト作成のすべての段階において、内閣事務総局は諮問を受け、助言を行う。つまり、内閣事務総局は、すべての省庁の恒常的な「行政的対話者（interlocuteur administratif）」[103]である。

したがって、内閣事務総局審議官は、省庁構成員によって直接要請されたときはもちろん、省庁間会合においても、コンセイユ・デタ行政部への付託の際においても、いつでも助言を求められうる。審議官は、政府テキストが法形式上適正に起草されることに留意する。

(c) **影響評価についての法的助言者**　　2009年9月1日以来、政府提出法律案についての影響評価の作成は憲法上及び憲法附属法律上の義務となった[104]。このような影響評価の作成は、法律案を所管する1人又は複数の大臣の管轄である。ところが、内閣事務総局の法制・法の質課は、必要があれば、影響評価の作成又は審議チームの編成のために所管省庁を支援することができる。法制・法の質課は、所管省庁、首相キャビネ及びその審議官と連携して、政府提出法律案に伴う影響評価の作成を可能にする省庁間会合を指揮する。

このような任務を負っているため、2011年4月、内閣事務総局は、中央省庁が利用できる「影響評価の作成のための指針（Lignes directrices pour l'élaboration des études d'impact）」を作成した。内閣事務総局は、この指針の中で、影響評価の役割、領域、内容及び手続を明確にした。

(d) **任命についての法的助言者**　　大統領府構成員、首相府構成員及び大臣キャビネ構成員の任命は、極めて厳格な形式によって行われなければならない。内閣事務総局は、一定の任命行為の作成に自ら関与するだけでなく、特に閣議での任命行為のために法的助言者の役割を果たしている。この任命行為における法的助言者の機能は、任命行為の適正性に必要な法的認証を行うことにその本質が

102　以下の分析・整理を参照。Caron, *supra* note（14）, pp. 631-639.

103　Carcassonne, *supra* note（75）, p. 33.

104　前掲注（101）・2009年法律第8条。

ある。

(e) 行政訴訟及び憲法訴訟についての法的助言者　　内閣事務総局は、コンセイユ・デタ訴訟部及び憲法院における政府の立場の守護者である。とりわけデクレに関する行政訴訟においては、古くから内閣事務総局は重要な役割を担ってきたが、2000年に急速審理手続が導入されたことにより、行政訴訟におけるその役割はさらに重要なものとなった[105]。その一方で、国会議員による付託を認めた1974年憲法改正以来、法律の事前審査に関する憲法院への付託が活発化し、そして、2008年憲法改正により2010年3月からQPCが導入されて以来、法律の事後審査に関する憲法院への付託が増大している。したがって、現在では、「憲法適合性の問題は内閣事務総局の日常的課題となったのであり、付託された法律の守護は内閣事務総局の重要な責任である」[106]。

①第一に、内閣事務総局は、コンセイユ・デタ訴訟部における行政訴訟の対象となっているデクレの守護を確保する。法制・法の質課は、コンセイユ・デタ行政部へのデクレの付託を準備し、次いで、内閣事務総局審議官は、内閣の所見を提示し、省庁間の立場をより一貫させ、そこで行われる審議の遂行を確保するために、コンセイユ・デタ行政部の審議に投票権無く参加する。さらに、内閣事務総局は、政府テキストの作成の際に必要なすべての訴訟予防策を取ることを目的としてコンセイユ・デタ訴訟部の判例を理解すること、すなわち、行政裁判官及び憲法裁判官としてのコンセイユ・デタ訴訟部[107]によるデクレ等の命令の事後的制裁を回避することに、強い法的関心を払う。

②第二に、内閣事務総局は、憲法第61条及び第61-1条の枠組みで法律の憲法適合性が憲法院に付託されたとき、及び、憲法第37条第2項に基づいて法律事項から命令事項への変更が申立てられたとき、憲法院において内閣の立場を守護し、首相の所見を述べる[108]。

審議は一般に憲法院の主導で行われ、報告者たる憲法院構成員、憲法院の法務部局、内閣事務総局及び所管大臣の代表者がこれに参加する。このとき、内閣事

105　Lasvignes, *supra* note（76), p. 13.

106　*Ibid.*

107　コンセイユ・デタ訴訟部は、法律の憲法適合性を審査できないが、命令等の行政の行為の憲法適合性を審査できるため、憲法裁判官としての性格も有している。

108　特にQPCにおける首相の所見について、詳しくは以下の文献を参照。Arnaud Dilloard, « Les observations du Premier ministre dans le cadre de la QPC », *RDP*, juillet 2014, n° 4, p. 967.

398

務総局は、対審手続の枠組みにおいて、内閣の所見及び反論を提示する。

(f) 重要な法律問題についての法的助言者　　内閣事務総局は、近年、テキストの起草とは独立して、内閣にとって特別に重要な法律問題についての専門家及び法的助言者の役割を発展させてきた。特に、ある問題について異なる省庁の法的専門家の結論が一致しないときに、内閣事務総局の意見が尊重される。

四　おわりに

以上、フランスの行政機構を明らかにした上で、フランスの内閣事務総局の機能を明らかにしてきたが、最後に、フランスの内閣事務総局と日本の内閣官房との機能上の違いを検討したい。

1　フランスの内閣事務総局と日本の内閣官房との機能上の相違点

これを検討するための前提問題として、フランスの内閣事務総局と日本の内閣官房は、組織上、大きな違いを有していることに留意しなければならない。すなわち、日本では行政組織法定主義が採られ、内閣官房が法律上の組織であるのに対して、フランスでは行政組織法定主義が採られていないだけでなく、内閣事務総局は慣習上の組織である。さらに、フランスの内閣事務総長が（最）高級公務員であるのに対して、日本の内閣官房長官は大臣である（内閣法第13条第2項）。

このような組織上の違いがある一方で、フランスの内閣事務総局と日本の内閣官房との機能上の最も大きな違いは、フランス内閣事務総局は、わが国の内閣官房と違い、法律家・法律顧問として政府案の確定において決定的な役割を果たしていることである。確かにフランスにおいては、政府の一般的法律顧問としてのコンセイユ・デタ行政部が存在しているが、政府提出法律案、オルドナンス案及びデクレ案についてのコンセイユ・デタ行政部の答申は諮問的価値しか有せず、政府を拘束しない[109]。しかし、内閣事務総局は、法律家・法律顧問として政府提出法律案、オルドナンス案及びデクレ案の作成段階から関与し、コンセイユ・デタ行政部への諮問前に、法的観点から厳格に審査した上で政府原案をまず確定させる。その後コンセイユ・デタ行政部への諮問を経て、コンセイユ・デタ行政部

109　政府案のコンセイユ・デタ行政部への諮問について、詳しくは以下を参照。拙稿・前掲注（87）91-98頁。

による答申を踏まえた政府案が（大統領府事務総局とともに）内閣事務総局によって確定され（つまり、内閣事務総局がコンセイユ・デタ行政部の答申に従うかどうかを事実上決定するのである）、その政府案が閣議で審議決定される。つまり、閣議で審議決定される政府案確定版は（大統領府事務総局との調整はあるにせよ）内閣事務総局によって作成されるのである。そして、そのような政府案確定版は閣議で修正されることなく審議決定される。すなわち、フランスにおいて、政府案を実質的に決定するのは内閣事務総局であると言えよう。

　一方で、わが国においては、内閣提出法律案及び政令案は、所管する省庁が内閣法制局の予備審査を受けながら原案を作成する。その後閣議請議され、原案を受け取った内閣官房がその原案を内閣法制局に送付し、内閣法制局の本審査を受けた後、政府案は内閣官房に返付され、確定される。内閣法制局が原案に修正を行わない場合は、内閣はその原案をそのまま閣議決定する。また、内閣法制局が原案に修正を行う場合であっても、内閣は内閣法制局の修正を拒否することなく修正通りに閣議決定する。したがって、わが国において政府案を実質的に確定させるのは内閣法制局であり、内閣官房は政府（原）案についての内閣と内閣法制局との「仲介人」としての役割しか果たしていない。

2　二重の法令案審査の必要性？

　このように比較すると、フランスの内閣事務総局は、わが国の内閣官房と内閣法制局の機能を兼ね備えているように見える。一方で、わが国においては、フランスのコンセイユ・デタ行政部のような諮問機関は存在していない。敷衍すれば、フランスでは政府法令案について、「内閣の補助部局としての内閣事務総局」と「政府の諮問機関としてのコンセイユ・デタ行政部」による二重の審査が行われるのに対し、日本では内閣法令案について、「内閣の補助部局としての内閣法制局」による審査のみが行われる。内閣の総合調整機能をどのように内閣の補助部局に分担させるかは重要な問題である。しかし、内閣——内閣官房——内閣法制局が一体化している現況に鑑みると、「内閣の補助部局としての内閣官房」に「内閣補助機能としての法令案審査機能」を付した上で、内閣法制局を「内閣の補助部局」ではなく「内閣の諮問機関」として位置づけて（当然、組織法上の改正が必要となる）、内閣法制局に「内閣から中立的かつ専門的な立場」での法令案審査機能を付与してはどうか。執行府における異なる立場での二重の法令案事前審

査は、より法的安定性を強固にするのではないか。いずれにせよ、第一次的な内閣の補助部局たる内閣官房にいかなる機能を付すかは、統治機構論上の大きな課題であろう。

独立財政機関と憲法
——イギリスの予算責任局を題材として——

上 田 健 介

一　はじめに
二　背景と目的
三　任　務
四　組　織
五　活動方法
六　おわりに——若干の分析と日本法への示唆

一　はじめに

　現在の日本において、財政規律は喫緊の課題であり続けている。政府の長期債務残高は、2017年度末に国が898兆円、地方が195兆円で、合計すると1093兆円に達すると見込まれている。

　この状況の中で、財政規律を図る新たな手段として、独立財政機関の設置が主張されている。独立財政機関とは、政府（行政府）から独立して、政府の財政政策や予算提案を分析したり、経済財政の状況を予測したりする組織である。もっとも、独立財政機関といっても、その実態は多種多様である[1]。アメリカ（議会予算局）やオランダ（経済財政分析局）などのように古くからこれをもつ国もあるが、多くは1990年代以降に設置されたものである。また、その機能、組織のあり方も様々である。たとえば、財政ルール遵守の監督機能は、EU諸国（オランダを除く）の独立財政機関のみが有するものである。経済財政状況の将来予測についても、独立財政機関みずからが政府の公式の予測を作成する国（イギリス）、政府の予測とは別に予測を作成する国（アメリカ・カナダなど）、政府の予測に対する意見を述べる国（フランス・アイルランド・スウェーデンなど）にわかれる。

1　OECD, *Governance at a Glance 2013*, p. 98.

日本では、公共政策学の領域で上野真城子[2]や田中秀明[3]などによる研究が行われ、各国の独立財政機関の概要の紹介も進んでいる[4]。現実政治でも、2013年に超党派の9議員が独立財政機関の国会への設置を提言し[5]、「経済・財政社会保障等推計委員会（仮）」を国会に設置する議員立法が検討されたことがある[6]。しかし、公法学の領域ではまだ本格的な検討が行われていない[7]。

本稿では、独立財政機関の一例としてイギリスで2010年に設置された予算責任局を取り上げたい。予算責任局についても岡久慶による詳細な紹介があるが[8]、本稿では、その内容を憲法学の観点から整理し、また関係する憲法上の問題について若干の検討を行いたい。すなわち、イギリスにおける予算責任局の設置の背景をみたうえで（二）、その作用（三）、組織（四）、活動方法（五）を整理し、最後に若干の分析と日本法との比較を行う（六）。

二 背景と目的

多くの国で、財政政策を改善するために、財政ルール（fiscal rule）の導入と、財政制度の強化が図られるようになっている。イギリスにおいても、すでに1997年からの労働党政権下で財政ルール（fiscal rule）が導入されていた。すなわち、いわゆるゴールデンルール（借り入れは投資のためだけに行い、経常経費を賄うためには行わないというルール）と、「安定投資ルール」（公的部門の純債務[9]のGDP比を安定

---

2 Makiko Ueno & Rudolph G. Penner, "An Institution Model For Reforming Japan: Capacity to Budget" NIRA Research Output 2004, Vol. 17 No. 1; 上野真城子「日本における独立財政機関（IFI）の必要性」ECO-FORUM 31巻1号（2015年）1頁。

3 田中秀明『財政規律と予算制度改革』（日本評論社、2011年）、同「独立財政機関を巡る諸外国の動向と日本の課題」ECO-FORUM 31巻1号（2015年）12頁。

4 アメリカの議会予算局について、渡瀬義男「米国議会予算局（CBO）の足跡と課題」レファレンス689号（2008年）5頁、カナダの議会予算局について、塚田洋「カナダ　議会予算局の機能強化による法改正」外国の立法273-2号（2017年）、オーストラリアの議会予算局について、等雄一郎「オーストラリア連邦議会の行政統制と議会予算局の新設」外国の立法255号（2013年）183頁、同「議会予算局による選挙公約の実施概算額の公表」外国の立法257-2号（2013年）、同「議会予算局関連の情報自由法等の改正」外国の立法254-2号（2013年）。

5 参照、東京財団「政策提言　独立財政機関を国会に」（2013年11月）。

6 『日本経済新聞』2015年5月11日朝刊2面。

7 中長期の財政見通しを踏まえた予算編成と確実な将来予測の必要性を説くものとして、片桐直人「財政」佐々木弘道＝宍戸常寿『現代社会と憲法学』（弘文堂、2015年）151頁、166頁。

8 岡久慶「イギリスにおける独立財政機関創設——イギリスの2011年予算責任及び会計検査法——」外国の立法263号（2015年）52頁。

的かつ慎重な水準で推移させるというルール）という２つのルールである。もともと
イギリスでは1961年以来、歳出調査（Public Expenditure Survey: PES）制度という
かたちで中期的な財政計画の枠組みが存在していたが、これが次第に歳出統制の
道具として発展してきた[10]。1998年財政法は、財務省が、透明性・安定性・責
任・公正性・効率性という５つの諸原則を具体化する財政安定コード（Code for
Fiscal Stability）を作成して議会に提出すること（155条）、政府が毎年、財政声明
および予算報告書（Financial Statement and Budget Report）、経済財政戦略報告書
（Economic and Fiscal Strategy Report）、債務管理報告書（Debt Management
Report）、予算前報告書（Pre-Budget Report）を作成して議会に提出すること（156
条）としていた。

　その後、純債務残高（括弧内は対 GDP 比）は、1999年（３月。以下同じ）で3578
億ポンド（35.0%）、2000年で3493億ポンド（32.5%）、2001年で3167億ポンド
（28.4%）、2002年で3231億ポンド（27.7%）と低下傾向を見せ、2003年で3562億ポ
ンド（29.0%）、2004年で3910億ポンド（30.2%）、2005年度で4465億ポンド
（32.7%）、2006年度で4872億ポンド（33.7%）、2007年度で5236億ポンド（34.5%）と
金額は増加するもなお対 GDP 比では20世紀末の水準に収まっていた。しかし、
2001年以降は構造的財政赤字を抱えていた上、2008年秋の世界金融危機の勃発に
伴い大規模な財政出動を行ったため、2009年には7683億ポンド（50.1%）、2010年
には１兆119億ポンド（64.4%）と急増する[11]。

　このような状況の中、2009年９月に、財務大臣が財政赤字を削減するための立
法を行う意向を示し、これに基づいて、2010年の総選挙の前に、2010年財政責任
法（Fiscal Responsibility Act 2010. 以下「2010年法」という。）が定められた[12]。同法
は、財務省に、①2011年度から2016年度まで毎年、公的部門の純借入金の対
GDP 比を減らすこと、②2013年度末までに2009年度末との比較で、公的部門の
純借入金の対 GDP 比を半分未満にすること、③2016年度末の公的部門の純債務

　9　公的部門の純債務（Public Sector Net Debt: PSND）とは、公的部門の統合総債務から流動資
　　産を引いたものである。Office of Budget Responsibility, *Fiscal Sustainability Report January
　　2017,* para. 1.10.
　10　詳細につき参照、拙稿「イギリスにおける財政制度と憲法」比較憲法学研究30号所収予定。
　11　財政制度等審議会『海外調査報告書』（2014年）47〜8 頁。〈http://www.mof.go.jp/about_
　　mof/councils/fiscal_system_council/sub-of_fiscal_system/report/kaigaichyosa 2607/index.htm〉
　　2018年５月6日最終アクセス。
　12　田中嘉彦「海外法律情報　英国　2010年財政責任法」ジュリスト1397号（2010年）98頁。

の対 GDP 比を2015年度末のそれより低くすることを法的に義務付け（1条）、こ
れらの財政目標の達成状況を議会に報告することを求める（3条）。同法はあく
まで1998年財政法の規定を補充するものであった[13]。

　これに対し、保守党は2010年総選挙のマニフェストで、労働党政権の間に債務
残高が拡大し、2010年度で財政赤字の対 GDP 比が日本やアメリカを超えている
ことなどを批判して、債務削減を公約した[14]。そして、その中で、「財政を管理
する政府の能力に対する信頼を回復するために独立した予算責任局を設置する」
ことを明言したのであった[15]。従来、政府の経済財政見通しは財務大臣の判断に
依拠していたため、予測が過度に楽観的なものではないかとの疑いを生み、ひい
ては財政計画に対する信認を失わせることとなっていたことから、予算責任局に
経済財政見通しを立てさせ、それを政府の予算作成の基礎とすることで、予測が
政治的な動機から捻じ曲げられる危険を除去し、財政枠組みの信認性を高めるこ
とが期待されたわけである[16]。2010年5月11日の連立合意文書の中に予算責任局
の設置が掲げられ、同年5月17日から、制定法上の根拠をもたない暫定的な組織
として、予算責任局は設置された（暫定予算責任局）。

　この後、2011年予算責任及び国家監査法（Budget Responsibility and National
Audit Act 2011. 以下「2011年法」または「法」という。）が制定された[17]。2011年法
は、1998年法が定めていた財政安定コードにかえて、政府の財政政策および国債
管理政策を明らかにするために財務省が予算責任憲章（Charter for Budget Respon-
sibility）を作成することを求める（法1条1項）。予算責任憲章とは、財政政策及
び国債管理政策の形成及び執行に関する一種の規範であり[18]、とくに、①財政政
策及び国債管理政策に関する財務省の目的（objective）、②財政政策に関して財務
省の目的を達成するための手段（これを「財政公約（fiscal mandate）」と呼び、日本で
は「財政健全化目標」がこれに相当する[19]）、③財政声明及び予算報告書に盛り込むべ

13　Explanatory Note of the Budget Responsibility and National Audit Act 2011, para. 5.

14　Conservative Party, *Invitation to Join the Government of Britain*, 2010, pp. 6-9.

15　*Id.*, p. 7.

16　Matthew Keep, *Office of Budget Responsibility and the Charter for Budget Responsibility*,
House of Commons Library Briefing Paper 05657, 2016, p. 12; House of Commons Treasury
Committee, *Office of Budget Responsibility, Fourth Report of Session 2010-11, vol. 1*, HC 385,
2010, para. 40.

17　同法の予算責任局に関係する箇所の翻訳について、岡久・前掲注8　52〜60頁。

18　2011年法1条7項は、憲章が庶民院の決議により承認されるまで発効しない旨を定めている。

き内容を定めるものである（法1条2項）。財務省が目的、財政公約を改定したい
ときは、2011年法で定められた、この憲章を改正するための公式の手続——議会
に提出して下院の同意を得ること（法1条6項、7項）——よるものとされ、財務
省は、以前の財政政策の目的や公約からの逸脱について、その理由を説明しなけ
ればならないとされた（予算責任憲章〔2011年4月版〕3.4、〔2017年1月版〕3.7）これ
は、2010年法が定めていた財政目標及びその達成状況の報告に関する手続きを更
新したものである[20]。そして2011年法は、予算責任局の設置を定めた（法3条、附
則第1）。

　その後、さっそく2011年4月に制定された予算責任憲章（以下「憲章」）[21]では、
①目的として「経済に対する信認を支える持続可能な財政を確保し、世代間の公
正を促進し、及び広範な政府の政策の実効性を確保すること、並びに経済の諸変
動を安定させる中で通貨政策の実効性を支持し改善すること」（憲章3.1）を掲げ
た。また、②財政公約として、5年間の予測期間の終了時点において景気変動調
整後に経常収支が均衡していることを（憲章3.2）、これを補足する公約として、
「財政が持続可能な経路に復元していることを確保するため、2015-16年度の時点
で、公的部門の純債務の対GDP比が減少していること」を（憲章3.3）、掲げてい
た（なお、上述の通り法1条が定める憲章改定の手続により目的、財政公約は改定するこ
とができ、現にその後、何度か改定されている。以下では、2017年1月のもの[22]に基づき引
用する）。

　もっとも、憲章には、かかる財政政策及び国債管理政策に関する実体的な規範
の他にも、財務省が適切だと考える内容を盛り込むことが可能とされており（法
1条3項）、とくに、予算責任局の任務遂行のあり方に関する手引き（guidance）
を含めることが想定されている（法6条1項）。

　さらに、予算責任局は、後述するとおり、その任務の遂行にあたり政府の関連
省庁（財務省、歳入関税庁、労働年金省）と協働することが必要となるため、その枠
組みを「予算責任局、財務省、労働年金省及び歳入関税庁の間の覚書（Memoran-
dum of Understanding between the Office for Budget Responsibility, HM Treasury, the

---

19　財政制度等審議会・前掲注11　50～1頁。
20　Explanatory Note of the Budget Responsibility and National Audit Act 2011, para. 7.
21　HM Treasury, *Charter for Budget Responsibility*, 2011.
22　HM Treasury, *Charter for Budget Responsibility*（*Autumn 2016 update*）, 2017.

Department for Work & Pensions and HM Revenue & Customs)」（以下「覚書」という。）で取り極めている。覚書は法的な拘束力をもつものではないが（覚書4項）[23]、予算責任局の活動を枠づけるものであることに違いはない。

こうして、予算責任局の活動は、①2011年法のほか、②憲章、③覚書によって枠づけられることとなった。そこで、以下では、これらの規定を紹介しながら、予算責任局の任務、組織、活動方法にかかわる法的枠組みを明らかにしていきたい。

三　任　務

1　経済財政見通しの作成

予算責任局の任務は、大きく分けて4つある。

第一は、経済財政見通し（Economic and Fiscal Outlook: EFO）の作成である。その内容は、第1章が要旨、第2章が「直近の予測からの進展」で、GDP成長率や、物価変動率、雇用者数、住宅価格等の経済状況、公的部門純借入れ（Public Sector Net Borrowing: PSNB）をはじめとする財政状況の変動の概要が記される。第3章は、「経済見通し」である。短期的・中期的な（向こう5年間の）GDP成長率、物価変動率、雇用者数、賃金、貯蓄、住宅価格、企業収益、設備投資、政府投資、世界経済、貿易額の見込みなどが掲載される。第4章が「財政見通し」で、公的部門の中期的な歳入額・歳出額・貸出しなどの取引額の見通し、財政リスク、国際機関（欧州委員会、IMF）が示す純借入れや純債務の数値との比較などが示される。第5章では、財政公約の達成度の評価（2参照）が記される。

法によれば、予算責任局は、少なくとも各年度に2回、経済財政見通しを作成することとされている（法4条3項 (a)）。「各年度に2回」というのは、11月～12月の、財務大臣による秋季声明（Autumn Statement）の公表と、3月の予算報告書（Budget Report）の公表に合わせて作成することを想定している（なお、2018年度から予算を秋季に提出することとされたため、2017年度の秋以降は、11月～12月に予算報告書、3月に春季声明となっている）。

予算報告書とは、財務大臣が下院で行う予算演説（Budget Speech）に伴って公表される文書である[24]。憲章によれば、予算報告書では、政府の経済財政政策を

23　覚書の当事者は、いつでも、内容の見直しを請求することができるとされている（覚書11項）。

24　Sir Malcolm Jack KCB PhD ed., *Erskine May's Treatise on the Law, Privileges, Proceedings*

提示し、翌年度の課税政策を宣言するとともに、予測期間にわたる歳出〔額〕の経路（path）を明らかにすることとされている（憲章3.10）。また、予算報告書には、①前年度の予算以降、政府が導入したすべての重大な財政政策上の措置の影響の説明及び算定並びに各措置の財政に与える影響を算定するために用いた方法、②財政の経路が、⑦財政政策の目的、⑦財政公約、⑦政府のEUに対するコミットメント、とくに安定成長協定（Stability and Growth Pact）[25]の諸規定、⑤（予算責任局が重要な福祉政策を監査する際の規準となる）福祉関係歳出の上限（2を参照）[26]と適合的なものであるかについての説明を最低限掲げるものとされている（憲章3.11）。具体的には、冒頭に現在の経済財政状況と中期的な見通しを記述したうえで、税制を中心とする政策決定が財政に与える影響を数値化して説明し、税制の詳細や重要政策分野に対する歳出の概要について（2017年秋の予算報告書では、生産性向上と住宅に関係する政策に章が割り当てられている）、適宜、表も用いながら、文章の形式で明らかにする文書である。秋季声明（2018年以降は春季声明）とは、2010年以降、キャメロン政権によって、従来の「予算前報告（Pre-Budget Report）」を置き換えたもので、その内容は予算報告書と同様である[27]。

　政府は、予算報告書の作成にあたり、予算責任局の経済財政見通しを公式の予測として基礎にすることとされている（憲章3.9[28]、覚書2項）。具体的には、予算

---

and Usage of Parliament, 24th. ed., 2011 p. 722.

25　「安定成長協定」とは、一般に、EU加盟国が穏健な財政を追求し財政政策を調整することを確保するために定められたルールの集合体をいう。ここでは、そのうち、EU運営条約126条2項をうけて過剰財政赤字は是正手続に関する第12議定書（Protocol（No 12）on the Excessive Deficit Procedure）1条が定める、一般政府の財政赤字の対GDP比3％、一般政府の債務残高の対GDP比60％という実体的な基準を指すと思われる。イギリスは、EU運営条約126条2項の適用を受けないので、是正手続に基づく制裁は受けない。しかし、同条1項の「締約国は過剰財政赤字を避けるものとする」との規定の適用は受ける（EU条約及びEU運営条約に付属する、イギリスに関する第15議定書（Protocol（No 15）on Certain Provisions Relating to the United Kingdon of Great Britain and Northern Ireland）第4、第5パラグラフ）。それゆえ、欧州委員会は、イギリスの財政状況の調査を行い、理事会に報告書を提出することができるようである。このような意味で、上記の実体的な基準そのものにはイギリスもコミットしていると考えられる。See, Tony Prosser, *The Economic Constitution*, 2014, pp. 62-3.安全成長協定について参照、加藤浩「『安全・成長協定』の現在――EUのガバナンスの枠組みをめぐって――」レファレンス797号（2017年）1頁。

26　2015年10月版の憲章には、これらの項目のほかに、「債務管理報告書」も掲げられていたが、2017年1月版の憲章では削除されている。

27　Jack, above n. 24, p. 722. また参照、岡久・前掲注8　45～6頁。

28　また憲章4.8は、「予算責任局の予測は、政府の進行中の政策形成にとり不可欠な情報（input）である」と定める。

報告書冒頭の経済財政状況の説明および見通しの内容が、原則として、予算責任局が作成する経済財政見通しに基づくものとなったのである。「原則として」と述べたのは、財務大臣は、予算責任局が作成する予測に同意しない権限を留保するが、同意しない場合には、議会に対して説明を行うことが求められるからである（憲章3.9）[29]。この仕組みゆえ、財務大臣が、予算責任局の予測を無視することは事実上難しいと考えられる。

　また、経済財政見通しの中には、政府の諸政策のコスト算定に対する審査の結果も示される。コスト算定とは、政策決定が財政に直接与える影響を数値化したものである。すべての政策および政策コスト算定について責任を負うのは政府であるが（憲章4.11、4.14、覚書5項）、予算責任局は、この政府のコスト算定を独立して審査し、その数値に同意するか同意しないか、また判断に至るために不十分な時間および情報しか得られなかったか否かを述べ、さらに当該政策が結果的に（resultant）経済予測に与える影響について、その公表前に決定することとされている（憲章4.11、覚書9項）。また、同様に、税収見込額および税額控除見込額の算定とそれらが財政に与える影響については、歳入関税庁が財務省と共同して、また福祉関係の歳出額の予測と財政に与える影響については、労働年金省が財務省と共同して、それぞれコスト算定を行い、予算責任局がこれを審査する（五も参照）。具体的には、経済財政見通しの第4章及び附録Aの中で、予算（または秋季声明）の中で発表された新政策（税制が中心であるが、歳出に関わるものも一部含まれる）が中期的な財政収支に与える影響を財務省が数値化したもの（「スコアカード」と呼ばれる）を紹介した上で、その正確性について所見を述べる。それゆえ、財務大臣は、予算すなわち政府の経済財政政策を作成するときに、その政策が財政に与える影響を考慮しなければならない。

　このように、予算作成にあたり予算責任局の経済見通しが前提とされるという意味でも、政策が財政に与える影響の正確性について予算責任局の認証を受けるという意味でも、予算責任局による経済財政見通しの作成は、予算過程に組み込まれている。「予算責任局の予算過程に対する直接の関与は、予算責任局が、政策形成過程において、外部のコメンテーターよりもヨリ大きな影響力を有する地位にあることを意味する」[30]と評されたところである。

29　See also, Explanatory Notes to Budget Responsibility and National Audit Act 2011, para. 37.

30　House of Commons Treasury Committee, above n. 16, para. 25.

なお、法は、経済財政見通しに関連して、予算責任局に、少なくとも各年度に1回、以前の財政経済見通しの正確性について評価することを義務付けている（法4条4項(a)）。もっとも、見通しは外れるものであるから、正確性の要請を強調するべきではないと認識されている[31]。設置時の財務委員会の報告書でも、見通しについて、「絶対的な正確性は有用な評価基準ではない」としていたところである[32]。

2　財政公約の達成度の評価

第二の任務は、政府の財政公約の達成度の評価である。2011年法によれば、予算責任局は、少なくとも各年度に2回、財政公約が達成された程度および財政公約が達成されるだろう程度について評価することとされている（法4条3項(b)）。上述のとおり、憲章は、財政政策に関する目的等を定めるが、その内容はその後変更されている。2017年1月版によれば、目的は、「次期の議会におけるできるだけ早期に、財政を均衡に戻すこと」である（憲章3.1）。そして、この目的を達成するための、今期の国会における財政公約は、「景気循環の調整を経た、公的部門の純借入れを、2020-21年度までに、［対 GDP 比］2パーセント未満に削減する」というものである（憲章3.3)[33]。また、憲章は、上記の公約を補足する目標として、「2020-21年度に、公的部門の純債務残高を対 GDP 比で減少させること」を掲げる（憲章3.4)[34]。さらに憲章は、福祉関係の歳出の持続可能性を

31　Keep, above n. 16, pp. 22-3.

32　House of Commons Treasury Committee, above n. 16, para. 39.

33　なお、改定前の2015年10月版の憲章では、財政公約として、いったん黒字が実現した場合として公的部門の黒字を掲げつつ（3.2)、赤字が続いている現状を踏まえ、2019-20年度末までの黒字の実現を掲げていた（3.3)。改定によって公約の内容が変更され、後退したことがわかる。もっとも、イギリスの財政は慢性的に赤字が続いており、1955-56年度から2014-15年度までの60年間のうち、黒字は8年間だけである。それゆえ、この単年度黒字という公約は、「過去の政府の財政上の業績に照らせば、野心的」だと指摘されていた（Keep, above n. 16, p. 9)。

34　この補足的目標についても、改定前の2015年10月版の憲章では、公的部門の純債務残高の対GDP 比を毎年減少させることとされていた（3.4)。ここでも、改定によって公約の内容が後退させられている。もっとも、改定前の憲章では、上記の財政公約および補足的目標について、経済財政見通しにおいて英国に対する重大な衝撃（significant negative shock）があると判断するときには適用されない、という留保が付されていた。最新の憲章では、この留保はなくなり、代わりに、イギリス経済に重大な衝撃が発生した際には、財務省は、財政公約および補足的目標が目的達成手段として適切であるかにつき見直しを行う旨の定めが入っている（3.6)。「重大な衝撃」とは何かについて、最新の憲章には定められていないが、改定前の2015年10月版の憲章では、4四半期ベースで実質 GDP 成長率が1％を下回ることと定義されていた。ちなみに、予算責任局

410

確保するため、2021-22年度における福祉関係の歳出を、2016年秋季声明で財務省が設定した上限および余地（margin）——1260億ポンドの上限に加えて３パーセント以下の余地が認められているので、実質的には1297億ポンド[35]——の範囲内に収まることを確保することを補足的目標として定める（憲章3.5)[36]。この福祉関係歳出上限は、2014年度予算によって新たに導入された枠組みである[37]。もっとも、その対象となる歳出の範囲は、各議会の最初の予算において政府が宣言することとされており、実質的にみて福祉関係歳出だと思われるものすべてがこの対象に含まれているわけではない。2016年９月現在で、上限の対象に含まれる歳出は、税額控除（tax credits）、子ども手当（child benefit）と障がい者手当（disability benefit）など、福祉関係歳出の55パーセントほどといわれ、年金と失業手当（Jobseeker Allowance payments）は対象から除外されている[38]。この点には注意を要する。

　このように、憲章は、中期的な期間（＝５年間）で、財政公約ならびに債務残高および福祉関係歳出にかかる補足的目標を定める。予算責任局は、これらに照らして、財政規律の実施状況を評価し報告するわけである[39]。

　財政公約の達成度の評価は、経済財政見通しと同時に作成するものとされており（憲章4.22)、実際には、上記の通り、経済財政見通しの第５章の中で纏めて公表されている。

3　財政の持続可能性の評価

　第三に、予算責任局の任務には、少なくとも２年に１度、財政の持続可能性を分析し報告することが含まれる（法４条４項（b）、憲章4.15、覚書１項）。これは、暫定予算責任局（interim OBR）が、財政の長期的な持続可能性に関する年次報告

　　は、1957年以降、40の四半期——これは1957年から2015年第２四半期までのうち、17％に相当する——で、経済が非通常時であったと計算していた（Keep, above n. 16, p. 8)。

35　Office for Budget Responsibility, *Economic and fiscal outlook 2016*, Cm 9346, 2016, para, 5.10.

36　この補足的目標については、改定前の2015年10月版の憲章と文言は異なっているものの、財務省が設定した金額という枠組みは変わっていない。

37　これを受けて、予算責任局は、年次福祉動向報告書（Welfare Trend Report: WTR）を作成することとされた。この報告書は、福祉歳出の動向および動因（driver）を述べるものである。この報告書は、福祉歳出において、従来の予測との比較で誤りが発生した源および長期動向を考慮するものとする（憲章4.17)。

38　Keep, above n. 16, p. 11.

39　*Id.*, p. 8.

書の作成を提案したことが契機となっているようである[40]。また、当初は毎年報告することとされていが、2015年の憲章改定により、2年に1度とされている[41]。

この財政持続可能性報告書（Fiscal Sustainability Report: FSR）には、財政の長期推計（long-term projections）と公的セクターの貸借対照表の評価を盛り込むこと、中間年度の報告書には、持続性にかかわる特定の争点についての綿密な（in-depth）分析を盛り込むこととされた（憲章4.15）。

すなわち、持続可能性報告書では、第一に、従来の政策が財政に与えた影響を、公的セクターの貸借対照表における資産と負債をもとに、国民経済計算（National Accounts）や政府総決算（Whole Government Account）[42]が用いる各種の計算方法によって算出するとともに、第二に、将来の政策が潜在的に財政に与える影響を、政府のすべての歳出（教育や社会保障）、歳入、取引き（transaction. 学生ローンなど）の50年後までの対 GDP 比の推移を試算して[43]、最終的に、50年後までの基礎的財政収支と債務残高の推移を予測する。そして、債務残高を一定の枠（対 GDP 比40％未満）に収めるにはどの程度の歳入増・歳出減を図らなければならないかを示す。

将来の財政の試算は、年齢ごとに、一人当たりの、収入に占める歳出（教育、医療、長期ケア、福祉）および税収の割合をプロファイリングし、それに年齢ごとの推計人口をかけるかたちで、年齢ごとの歳出・歳入を予測したものを基礎として積み上げ方式で行う[44]。人口推計は国家統計局（Office for National Statistics）が作成するものが用いられている。また、医療・保健部門の歳出を推計するにあたって、2017年の報告書では、同部門の生産性の成長率の低さを勘案した歳出増

40　House of Commons Treasury Committee, above n. 16, para. 48.

41　Office for Budget Responsibility, *Fiscal Sustainability Report January 2017*, 2017, p. 2.

42　政府総決算とは、2000年政府資源決算法（Government Resources and Accounts Act 2000）9条〜11条に基づき作成するものとされたものである。実際に初めて公表された総決算は2009年度のものである。現在は、公的部門にある5500の組織の決算を統合し、イギリスの公的部門における、包括的な、決算ベースの像を描くことを可能にしている。国際会計基準（International Financial Reporting Standards）に基づき作成される。

43　平均寿命の予測に基づき、年金支給開始年齢の引上げのタイミングについても明記されているのが興味深い。

44　Office for Budget Responsibility, above n. 41, para. 3. 42-46. 福祉や長期ケアの数字は、労働年金省が、予算管理局の経済財政見通しを用いて、年金支給開始年齢等の要素を独自に加味して算定したものを使うようである。

412

を新たに盛り込むこととされている[45]。

なお、憲章によれば、長期間の政策が政府によって定められていない場合、予算責任局が、予測を行うにあたって、政策に関して仮定を置く旨定めている（憲章4.15）。その際には、透明性、すなわちその仮定を置いた理由につき十分な説明を行うことが求められる[46]。

財政持続可能性報告書は、上記の経済財政見通しとは別に公表されている。2017年1月に公表された報告書には、現在の政策を前提にする限り、公的部門純債務残高は2020年代に対GDP比80%まで低下するものの、その後は増加して2066年度には234%にまで達するという、身も蓋もない予測が明記されている[47]。

4　財政リスクの評価

第四に、予算責任局は、財政リスクの評価を行う。これは、経済財政見通しや財政持続可能性報告書を作成するにあたり、それらに対するリスクの評価を行うものである。これは、上述の三つの役割のように2011年法で直接に定められているものではなく、これらに追加して行われる分析であると位置づけられているようである[48]。また、従来、その内容は財政持続可能性報告書や経済財政見通しの中に含まれていたが、2015年の憲章改定によって、予算責任局は、マクロ経済上のリスクおよび特別な財政上のリスクを含め、財政に対する主要なリスクを述べる財政リスク声明書（Fiscal Risk Statement）を、少なくとも2年に1度作成し、政府（財務省）は、この声明に対して公式に一年以内に応答を行うものとされた（憲章3.14、4.16）。これに基づき、2017年7月に初めて、独立した「財政リスク報告書（Fiscal Risk Report: FRR）」が公表されている。

5　予算責任局の任務とされていないもの

なお、ここで、予算責任局の任務とすべきだとの提案がありながら、今まで、その提案が採用されていないものも挙げておきたい。

第1は、総選挙時の野党の政策提案に対するコスト算定である[49]。この主張

45　*Id.*, para.16. これは、アメリカの議会予算局など外国の推計機関の手法を取り入れたものである。

46　*Id.*, para. 1. 27.

47　Office for Budget Responsibility, above n. 41, para. 30, Chart 1.

48　予算責任局は、上記の3つ（以前の財政経済予測の正確性の評価を加えれば4つ）以外にも2011年法に従って分析を行うことができるとされている（覚書8項）。

は、予算責任局の設置時にもあった。そこでは、オランダの経済財政分析局の例を引き合いに出しつつ、選挙時における議論の水準を引き上げること、また野党が適切なコスト算定なしに政策を公約することを防ぐこと、さらに、野党との対話を行うことで予算責任局の独立性が増すこと、といった利点が挙げられた。また、2013年、野党である労働党の影の財務大臣エド・ボールズ（Ed Balls）が、予算責任局は2015年総選挙の労働党のマニフェストが掲げる歳出や課税措置のコスト算定を行うべきだと主張した。

しかし、予算責任局の設置時にも、2013年にも、結局、この主張は受け入れられていない。その理由として、設置時の議論では、公務員規範が、公務員による野党の政策検討を厳格に統制していること[50]、政治的中立性の原則が予算責任局にもあてはまることが挙げられた。2013年の提案の際にも、予算責任局長は、実施には明確なルールの策定と十分な資源の準備が必要になるところ、それなしに性急に導入すると予算責任局が傷つくことになるので、2015年の選挙時には導入せず、選挙後すぐに検討を行ってその次の選挙での導入に備えるべきであるとの意見を述べた。さらに、財務省内部の検討でも、野党の政策のコスト算定を行うことは、時の政府のために働くべきものだという公務員の利害と衝突するという憲法上の問題を引き起こすとの評価が下されている。

第2は、政策内容に対する論評（Commentary）である。憲章も、「予算責任局は、政府の諸政策の個別の実体的内容（particular merits）に関する規範的な論評を行ってはならない」（憲章4.12）としてこれを禁止する。設置時の庶民院財務委員会の議論でも、予算責任局は財政公約の達成度の評価よりも広範な論評・調査機能をもつべきだとの意見や、さらに広く、予算責任局は政府の個別政策と野党等からの改革提案の「スコアをつける」役割を持つべきだとの意見、財政公約の変更について長期的な持続可能性と両立するか否かに関する論評を行うべきだとの意見も出されたが[51]、これらの提案は退けられている。その背後には、個別政策の是非に踏み込むと予算責任局の中立性が失われるとの懸念があったようである[52]。予算責任局の役割は、財政政策と長期の経済動向にかかる情報を流通さ

49　注1のOECDの統計にいう⑤の機能に対応するものである。以下の議論につき、Keep, above n. 16, pp. 18-21. 岡久・前掲注8　50～1頁も参照。

50　参照、拙稿「政権交代と公務員」阪本昌成先生古稀記念『自由の法理』（成文堂、2015年）179頁、181～2頁。See, Ciril Service Code, para, 13-14（"Political Impartiality"）.

51　House of Commons Treasury Committee, above n. 16, paras. 52-54.

せ、経済構造における潜在的なリスクを同定し、データを提供することを通じて、公共の討議に情報を提供するものであるべきであると結論づけている[53]。

四　組　織

予算責任局は、①財務大臣が、庶民院財務委員会の同意を得て任命する長（法附則第1第1条1項a号）、②財務大臣が、長に諮問し庶民院財務委員会の同意を得て任命する委員2名（同項b号）、③予算責任局が推薦し財務大臣が任命する2名以上の委員（同条1項c号）で組織される。①②の3名の委員で「予算責任委員会（Budget Responsibility Committee）」を組織する（附則第1第9条1項）。この委員会が、経済財政見通し、財政公約の達成度の評価、財政持続可能性の評価という、予算責任局の主要任務の執行責任を負う（附則第1第12条3項）。また、③の委員は、外部委員会（Non-executive Committee）を組織する（附則第1第9条2項。実際には、①②の3名の委員と共に監視委員会〔Oversight Board〕が組織されており、これが外部委員会に相当するようである）。その主な役割は、予算責任局の独立性を保障することであり、外部委員会は、上記の主要任務の遂行を監督し、年次報告書の中で、予算責任局が、完全な裁量をもって、また客観性、透明性、公平性をもって業務を遂行したか否かについての評価を行う（5条1項、2項、附則第1第13条、第15条2項。五1参照）。そして、独立性を損なうおそれのある事柄があれば、それを庶民院財務委員会に警告する責務を負う。また、委員長および予算責任委員会の構成員、そして必要があれば庶民院財務委員会に、助言を行う[54]。任期は、①②の長および委員は5年、③の委員は「5年を超えない期間」とされている（2条1項、2項）。また、①～③の長および委員は、2期を超えて再任されないとされる（同条3項）。

①②の長および委員の任命に庶民院財務委員会の同意が不可欠となっていることは重要であろう。また、これらの長および委員は、2011年法によって「局の任務の遂行に重要となる知識または経験」を有する者でなければならないと定められている（1条2項）。設置時の議会の議論では、1名はマクロ経済、1名は財政

52　*Id.*, para. 55.
53　*Id.*, paras. 56, 64.
54　*Id.*, para. 97.

に通じた者を想定しており[55]、実際にも後述のとおりこれに沿った人事が行われている。さらに、③の委員についても、任命前に庶民院財務委員会での聴聞（pre-commencement hearing）を行うこととされている[56]。そしてこの聴聞手続——この手続は①②の長および委員についても行われる——にあたっては、政府による任命そのものだけでなく、財務委員会の側の拒否権の発動が党派的なものとなることを避けるために、明確な基準を設けるべきとされ、具体的には、個人的な独立性と専門家としての能力が基準とされている[57]。

　長および委員が辞任するのは、本人が自発的に財務大臣に書面を提出した場合のほか、財務大臣が、以下の要件のいずれかを充たすとして書面を交付した場合に限られる。すなわち、㋐本人が局の許可なく3ヶ月以上会議を欠席したとき、㋑本人が破産者となったとき、㋒本人に不行状（misconduct）があり任務を継続し難いとき、㋓本人が任命の条件に適合しなくなったとき、㋔その他、本人が、任務遂行できない（unable, unfit or unwilling）ときである（附則第1第6条2項）。もっとも、①②の3名の長および委員について財務大臣による解職が認められるには、これらの要件の充足に加えて庶民院財務委員会の同意が必要とされる（附則第1第6条3項）。それゆえ、①②の3名の長および委員については、日本でいえば独立行政委員会の委員に匹敵する独立性が確保されているといえる。

　現在の委員長は、フィナンシャルタイムズの編集記者、IMFのアドバイザーを経て2010年に着任したロバート・チョー（Robert Chore）であり、2015年に再任されている。彼は当時のオズボーン財務大臣の財政緊縮政策に厳しい批判を繰り返していた人物であった[58]。また、②の2名の委員は、LSEで教鞭を執った後にイングランド銀行で財政政策担当の副総裁を務めたチャールズ・ビーン（Sir Charles Bean）（2017年着任）と、財務省で長年にわたり予測・推計業務を担ったグレアム・パーカー（Graham Parker CBE）（2014年再任）である。イギリスでは、委員の政治的中立性の確保には問題が生じていないという共通認識があるのか、関心は、もっぱら十分な能力を有する者を委員としていかにして確保するかに向いている。庶民院の財政委員会は、財務大臣による委員の推薦を、現職委員退任の

55　*Id.*, para. 92.
56　*Id.*, para. 100.
57　*Id.*, para. 104.
58　岡久・前掲注8　50頁。

少なくとも4カ月半以上前に行うべきであると勧告している[59]。

これらの委員の下に、若干のスタッフが置かれている。スタッフは、予算責任局が公務員担当大臣の同意を得て定める俸給その他の勤務条件に従って、予算責任局が雇用し、公務員の身分をもつ（法附則第1第8条）。その人数は少なく、2017年現在で27名である[60]。スタッフは、省庁——とくに財務省——から異動することが想定されていたが、他方で民間や大学など可能な限り広い分野から採用するべきであるとも主張されていた[61]。実際には、主に財務省から異動してきている[62]。現在は、1名のスタッフ長のもと、経済予測・分析、財政予測・分析、福祉予測・分析、持続可能性分析、戦略・コミュニケーション・運用の5つのグループで組織されている。

さらに、組織図の上では予算責任委員会から横へはみ出した箇所に、顧問団（Advisory Panel）が設置されている。顧問団は、定期的に会議を開き、予算責任局に対し、その作業プログラムおよび分析手法について、助言を行う。現在は、9名の教授、コンサルタントで組織されている。

なお、予算責任局の所在地も、当初の暫定体制のときには財務省内にあったが、現在は、財務省から独立して、しかしそう遠くない場所——財務省の南西数百メートルの Attorney General's Office——に置かれている。

五 活動方法

1 自律性の確保

予算責任局は、三で挙げた任務を独立して遂行する。そのために、予算責任局には、任務の遂行に完全な裁量が認められている（法5条1項）。具体的には、予測・評価・分析の手法、予測を行う上で行う判断、公表物の内容、作業計画の内容の決定につき完全な裁量を有する（憲章4.5、4.19）。経済財政見通しとそれと同時に公表される財政公約達成度評価に係る報告書の公表時期については財務大臣の指定を受けるが（憲章4.20)[63]、これ以外の報告書は、予算責任局がみずから時

---

59 House of Commons Treasury Committee, *Reviewing the Office for Budget Responsibility, Seventh Report of Session 2015-16*, HC 514, 2016, para. 13.

60 2015年の時点では21名であった（*Id.*, para. 14）ので、若干、規模は大きくなっているともいえる。

61 See, House of Commons Treasury Committee, above n. 16, paras. 84, 115.

62 Keep, above n. 16, p. 18.

期を決定する（憲章4.23）。財政経済見通しの正確性の評価および財政持続可能性分析を公表する時期については、予算責任局が完全な裁量をもつ（覚書15項）。

予算責任局には組織にかかる自律性も保障されている。内部組織に関しては、予算責任局には、予算責任委員会以外の委員会・小委員会の設置権限、また局及び委員会等の手続の決定権が2011年法で保障されている（法附則第1第10条、第11条）。財務に関しては、制度導入時の下院財務委員会の議論で、透明性を確保するために、①予算責任局の予算は、独自の項目（line）をもたなければならないこと、②予算は、予算責任局じしんが準備する説明を添付して、歳出予算が提出される少なくとも6週間前に、内密に（in confidence）財務委員会に送付しなければならないこと、が提案されたが[64]、2011年法では、議会が歳出授権を行った金銭から、財務省が、予算責任局がその費用を支弁するために適切だと判断する支払いを予算責任局に行うこと、金銭の支払いは財務省が適切だと判断する時期、条件で行うことだけが定められている（法附則第1第17条）。

他方、任務遂行の自律性を確保するため、予算責任局には、その任務を、客観性、透明性、中立性をもって遂行しなければならない義務が課されている（法5条2項、憲章4.6）[65]。

具体的には、予算責任局は、各種の報告書の中で、その作成にあたり考慮に入れた諸要素——主要な仮定やリスクを含む——を説明するものとされる（憲章4.7）。とくに、予算責任局が経済財政見通しを公表する際には、従来の慣行との整合性を確保するために、最低限、明らかにするべき情報が掲げられている（憲章4.8）[66]。また、予算責任局による経済財政見通しの予測期間（horizon）は、財政

---

63 これを受けて、覚書は、例外的な事情がない限り、財務大臣は、少なくとも10週間前に予算責任局に財政経済見通しの公表日を告知するものとしている（覚書12項）。そしてまた、予算責任局が公表日の告知を受けたときは、予算責任局は、見通しを行う事項の範囲、工程表および進め方について、関係省庁に諮問し同意を得るものとする（覚書13項）。この公表日は、下院財政委員会および議会に対しても通知することとされている（憲章4.21）。

64 House of Commons Treasury Committee, above n. 16, para. 112.

65 また、予算責任局の活動には、効率性・費用効率性も要求される（法7条）。

66 すなわち、経済見通しについては、①予測を支える、鍵となる仮定および慣行（conventions）、②GDPとその構成要素、インフレーション、労働市場、国際収支の現況に関する、鍵となる推計、③経済見通しを取り巻くリスクの分析が列挙される（憲章4.8.1）。また、財政見通しについては、①予測を支える鍵となる決定要素（determinants）、②鍵となる財政にかかる様々な総計（key fiscal aggregates）、すなわち、公的部門の経常歳出、公的部門の総投資、公的部門の純投資、公的部門の経常歳入、経常収支、公的部門の純借入、景気循環調整後の純借入、一般政府の純借入、中央政府の純現金支払必要額、公的部門の純債務、イングランド銀行を除く公的部門

公約に対する政府の業績を予算責任局が評価できる程度の十分な長さ（少なくとも公表時から5年以上の期間）でなければならず、各予測は、直近の2会計年度にかかる、比較対象となる数値（comparative figures）を公表しなければならない（憲章4.9）。さらに、予算責任局の予測は、政府のすべての決定および財政見通しに実質的な影響を与える他のすべての事情に基づかなければならず、これらの決定及び事情が財政に与える影響を合理的な正確性をもって算定できるときは予測に含め、それが不可能なときはこれを財政リスクとして記録しなければならない（憲章4.10）。

また、報告書の公表時期についても、公表日を明確にするプログラムを定め、定期的に作成される工程表（timetable）のかたちで公表することとされている（憲章4.23）。

また、予算責任局には、年次報告書の作成が義務付けられている（附則第1第15条）。年次報告書には外部委員会による、局の主要任務が完全な裁量を保ちつつ客観性、透明性、中立性をもって遂行されたか否かに関する評価を記載しなければならない（四を参照）。年次報告書は財務省に送付され、財務省から議会に提出されることとされるが、予算責任局により公表することも義務付けられている。

さらに、予算責任局は、少なくとも5年に1度、外部評価を受けることが義務づけられている（附則第1第16条）。最初の評価が、カナダの議会予算官であるケビン・ペイジ（Kevin Page）を長とする審議会によって行われ、2014年9月に報告書が提出されている。また、2013年の秋季声明で、政府が自ら評価を行うことを発表し、財務大臣と財務省の首席経済顧問デイビッド・ラムズデン（David Ramsden）卿によって行われた。2015-16年度に行われ、2016年2月に報告書が公表されている[67]。

の純債務、公的部門の純金融負債、一般政府の総債務そして、一般政府の財政政策の公約に照らした改善又は到達を判断するために要求される、または政府の欧州に対するコミットメント、とくに安定成長協定のために要求される他の数値または指標、③景気循環を補正した状況の見積もりを含む、鍵となる財政にかかる集合体に与える景気循環の影響の分析、④財政見通しを取り巻くリスク分析、⑤政府の財政政策が財政公約を達成する見込みが50パーセントを超えて存在するのか否かの予算責任局の評価を含むものとされる（憲章4.8.2）。

67 HM Treasury, *HM Treasury review of the Office of Budget Responsibility*, 2015.

2 政府情報へのアクセス

予算責任局が三でみた任務を遂行するためには、財政、租税や社会保障等に関わる膨大な情報や専門的知見を必要とする。これらの情報や専門的知見を有するスタッフは、従来、政府の中で財務省、歳入関税庁、労働年金省（以下、これら3つの省庁を「関連省庁」という。）が抱えてきた。そこで、予算責任局にも同様の情報や専門的知見を有するスタッフを置くことが考えられる。しかし、この方策は、スタッフの二重抱えとなるため無駄が多い。それゆえ、基本的には、予算責任局は、その任務遂行の基礎となる情報や専門的知見を、関連省庁から提供してもらうこととなる。

法は、「予算責任局は、第4条の任務の遂行のために必要であると合理的に考えられるすべての政府情報に（合理的な時期に）アクセスする権利を有する」（9条1項）、「予算責任局は、政府情報を保有し又は政府情報につき説明責任を負う者から、前項の目的のために必要であると合理的に考えられる援助又は説明を受ける権限を有する」（9条2項）と定め、関連省庁の保有情報へのアクセス権限を明示する[68]。

これを受け、憲章は、予算責任局が歳入関税庁に情報（個人情報を除く）を請求することができる旨を定める（憲章4.13）。また、財務省が、予算作成中の政策であっても予測や分析に重要なものを予算責任局に教示する旨も定められている（憲章4.14）。そして、覚書は、予算責任局が、分析に重要なすべての政府情報に完全に時宜を得たかたちでアクセスする制定法上の権限をもつこと、関連省庁は、納税者および給付請求者の秘密情報を除き、予算責任局が請求するあらゆる情報とそれを理解するための援助を提供すべきことを確認する（覚書19項）。予算責任局には、財務省のマクロ経済分析モデルおよび他の政府諸機関の予測・分析モデルへの完全なアクセスと、これらの自らのバージョンを展開する自由が認められ、他方、関連省庁には、予算責任局がこれらのモデルを適切に審査するために必要な援助が義務付けられる（覚書20項）。覚書は、関連省庁が予算責任局にその責務を果たすために合理的で必要なものだとの合意が得られた適切な分析材料（analytical resources）を提供するものとしている（覚書7項）。また覚書は、具体的に関連省庁ごとに、予算責任局の任務遂行を補佐するにあたり責任を負うべき

68　ただし、「情報開示または支援もしくは説明を禁止または制限する制定法または法に服する」（9条4項）。

420

事項を掲げている（覚書９項）。たとえば、労働年金省は、各種の社会保障給付に関する専門知識と受給者データを活用して予測した各種手当の支払見込額を、また歳入関税庁は同様の方法で予測した租税歳入見込額および税額控除見込額を、予算責任局に提供する。さらに、財務省は政府の諸政策が財政に直接与える影響を、労働年金省や歳入関税庁も関連諸政策が財政に直接に与える影響を財務省と共同して、それぞれ分析し、その結果を予算責任局に提供することとされている[69]。このように、予算責任局が、分析のために、政府のもつ情報および分析モデルに対してアクセスする権限の行使方法が具体化されている。

3　関連省庁に対する情報提供

他方で、予算責任局の報告書——とくに経済財政見通し——は、政府の政策形成、予算作成の基礎となるものである。また、関連省庁が各種の予測やコスト算定を行うにあたっては、予算責任局が決定する判断や仮定が基礎となる[70]。それゆえ、政府は、政策形成のために合理的かつ必要であると考える情報及びその情報を理解するための援助を完全に時宜を得たかたちで予算責任局から得る権限を有する（憲章4.18、覚書21項）。とくに、予算責任局は、政府に対して、政府が「財政上の行事（‘fiscal events’）[71]」に先立ち政策決定に到達するため必要な予測情報への、時宜を得たアクセスを提供しなければならない（憲章4.18）。具体的には、予算責任局は、工程表の作成にあたり、政府による政策決定を可能とするために、鍵となるデータへの公表前アクセスを考慮すること、少なくとも「財政上の行事」の４〜６週間前までに政府が情報を得られるようにしなければならない（覚書21項）[72]。予測以外の、政府の政策上の応答を要求する結論および分析につい

69　覚書には、さらに、経済財政見通し、政府の財政公約の達成度の評価、経済財政見通しの正確性の評価、財政持続可能性の分析という４つの任務以外に予算責任局が自らの判断で、または政府の要請に基づいて行う分析にあたり、予算責任局は、財務省、労働年金省および歳入関税庁に、追加の分析資料を求めることができる旨が定められている（覚書17項）。

70　たとえば、２で述べたように、労働年金省は各種手当の支払見込額を、歳入関税庁は税収見込額および税額控除見込額を予算責任局に提供するが、これらの算定は予算責任局が決定する経済決定要因（determinants）ならびに予算責任局予算責任委員会の判断および仮定に基づくものとされている（覚書９項）。

71　「財政上の行事（‘fiscal events’）」とは、秋季声明と予算を指す。See, Office for Budget Responsibility, *Briefing Paper No. 6, Policy Costings and our forcast*, 2014, para. 2. 1.

72　なお、同項は、予算責任局が、経済財政見通しの公表日の告知を覚書12項に定めた通常の時期（注63を参照）よりも遅く受けた場合、または政府が、予算責任局の予測に沿って政策決定を行わないことを示した場合、この４〜６週間前の告知の期待は軽減されるとする。

ても、予算責任局は、上記の原則に従い当該情報に対する公表前アクセスを提供するものとされている（覚書22項）。

また、予算責任局は、経済財政見通しをはじめとする諸々の最終報告書の1部を、公表の24時間前までに、国家統計局（Office for National Statistics）からのデータ公表に関する公表前アクセス取扱いルールに従い、関連省庁に提供することとされている。また、予算責任局は、関連省庁の職員の支援をうけて作成した分析・予測の内容に対する事実に関する論評（factual comments）を必要とするときには、さらに早い段階で、作成物に含まれる資料を関係省庁と共有することができるとされる（覚書23項）。

この「公表前アクセス」の制度は関係する公表物の正確性・有用性を改善するために認められるもので、予算責任局の報告書の規範的な評価が修正されることは想定されていない[73]。しかし、現実にこの「公表前アクセス」を通じて内容修正への圧力がかけられたのではないかと疑われる事案が発生しており、財務委員会からはこの仕組みの改善が提案されているところである[74]。

4　予算責任局と関連省庁との協働・調整

このように、予算責任局と関連省庁とは密接に連携し相互に情報を共有しながら活動することとなるため、調整が必要になる。覚書は、そのための組織として、予測リエゾン会議（Forecast Liaison Group）と政策コスト算定推進会議（Policy Costings Steering Group）を設置する。予測リエゾン会議は、予算責任局の諸々の予測・分析業務に対する関連省庁による支援に必要な執務関係――関連省庁が提供すべき情報および分析材料の決定およびその提供の実施、財政経済見通しに関する総合調整、争いの裁定を含む――について検討する。会議で合意が得られないとき、その争いは予算責任局長と関係省庁事務次官との調整に回される

---

[73]　House of Commons Treasury Committee, above n. 59, para. 18.

[74]　2014年の経済財政見通しの内容について財務省から表現の修正を求められるという事件が発生した。この事件を調査した庶民院財務委員会は、この事件で報告書の内容が歪曲された事実はなかったとしながらも、関係省庁の職員が公表前アクセスを通じて事実の修正を要請することを認めるなら、その射程と限界を覚書で明記すべきこと、公表前アクセスは文書の質を高める目的のために必要な最小限の数の者に限り認めるべきこと、大臣が別の目的から公表前に文書の閲読を要請する――通常、大臣が文書の内容の事実関係の正確性やその内容の質の向上のためにいちいち文書の内容に目を通すことは考えにくい――ことを認めるならばその点を覚書で明確にしておくべきこと、といった提案を行っている。Id., paras. 33-37.

（覚書10項）。予測リエゾン会議は、予算責任局が主宰し、関連省庁の代表者が参加して定期的に開催されるが、とくに経済財政見通しの準備の際には、その総合調整などを行うために、より頻繁に会合することが予定されている（覚書10項、14項）。また、政策コスト算定推進会議は、財務省が主宰し、予算責任局と歳入関税庁の代表者が出席するものであるが、年間を通して定期的に会合し、「財政上の行事」の際には、政策コスト算定と認証の過程を監督するため、頻繁に会合することとされる（覚書14項）[75]。

　また、予算責任局と関連省庁は、共有情報が客観的で各組織がその責務を満足に遂行するため必要な質を保つことを可能な限り確保するものとし、次の仕組みが設けられている。第一に、関連省庁の職員は、その予測と分析を説明するために、予算責任局の予算責任委員会が要求するときにはチャレンジ会合（challenge meetings）に出席しなければならない。予測や分析で用いられる、すべての判断および仮定は、予算責任委員会が、このチャレンジ会合を通じて最終的に決定する。第二に、予測を行う時期以外にも、予算責任局と関連省庁は定期的に会合し、資料取扱いの方針や予測の仮定について検討する。第三に、予算責任局と関連省庁は、客観的で必要な質をもつ情報を提供するため、業績管理を通じてスタッフを支援するものとする。これらの事項に関する最終的な責任は、予算責任局長および関連省庁事務次官にあるものとされている（覚書24項）[76]。

75　さらに、福祉政策のコスト算定にかかる別会合を、労働年金省、財務省および予算責任局の間で必要な時に開催するとされている。

76　覚書は、予算責任局及び関連省庁が効率性を確保するために情報の重複を避けるよう協調すること、複数の機関が同一の情報を必要とする際の調整方法を定める（覚書25項）。また、予算責任局の文書中で公表されるデータ、分析および判断に関する外部からの問合せへの対応は、予算責任局の責務とし、必要な際には他の省庁に諮問すること、補足的な情報提供の要請については、適切な［覚書の］署名者が他の署名者に諮問したうえで検討するものとし、その際にはできる限り予算責任局の公表方針（毎月、一定の日時に情報提供を行うことを内容とする）に従うべきことを定める（覚書26項）。補足的な情報の内容は、予算責任局の直近に公表された分析に含まれる仮定に基づくものとされる（覚書27項）。これは、予測・コスト算定にかかるマクロの算定根拠となる各種の判断や仮定は予算責任局が定めることとされていることに関連しているとみられる。

六　おわりに——若干の分析と日本法への示唆

1　独立財政機関の役割とイギリスの予算責任局の特徴

　独立財政機関の役割として、OECDによれば、①マクロ経済推計の予測、②長期的な財政の持続可能性の分析、③財政ルール遵守のモニタリング、④政策コスト算定、⑤選挙公約のコスト算定の5つが挙げられる。イギリスの予算責任局は、中期的な経済財政見通しの作成、長期的な財政の持続可能性の分析、中期的な財政公約の達成度の評価、政策コストの算定を行うので、上記の①〜④に相当する役割を果たしていることになる[77]。

　これを憲法学の観点からみれば、③中期的財政目標を用いたモニタリングは、政府の活動に対する具体的な行為規準（基準）との適合性を判断する仕組みである。しかし、基準そのものは政府みずからが策定するものであるし、独立財政機関もその実現可能性の判断を述べるだけで、否定される場合であっても裁判所を通じたサンクションは存在しない。その点で、ソフトローの一種であるということもできよう。

　また、①マクロ経済推計の予測、②長期的な財政の持続可能性分析や④政策コスト算定は（そして⑤選挙公約のコスト算定も）、それ自体としては経済・財政の現況・将来見通しに関する情報の作出にすぎない。もちろん、これらは、マクロ経済の客観的な現況・見通しや（①）、諸政策が財政・マクロ経済に中長期的に与える影響を数値化して可視化することで（②④⑤）、政府に対し、合理的な政策形成を促すものである。そして、③も合わせてこれらすべては、究極には、長期的な財政の持続可能性の確保を目指すものである。この長期的な財政の持続可能性という要請を（抽象的ではあるが）規準と捉えるならば、これらの仕組みは、裁判所によるサンクションには裏付けられていないもののこの規準の遵守を担保するための仕組みとしてみることができる。その点で、これらすべてをソフトローの一種とみることもできよう。また、これらの仕組みは、従来から議会の重要な機能として挙げられてきた、アカウンタビリティの確保あるいは情報による統制[78]

77　OECDの評価一覧には、イギリスの予算責任局は、②③④は「Yes」、①については「公式予測を準備する」という印が付されている。OECD, above n. 1, p. 98.

78　Prosser, above n. 25, pp. 18-9; Mark Elliott and Robert Thomas, *Public Law*, 3 rd ed., 2017,

を——担い手は議会とは別の独立財政機関であるが——強化したものとして捉えることもできる。

　具体的にイギリスの予算責任局の役割をみて興味深いのは、予算責任局がみずから経済財政見通しを作成し、その数字がこれと同時に発表される政府の歳出、税制にかかる諸政策の基礎となること、また政府の諸政策のコスト算定が合理的なものであるか否かの評価も政府による諸政策の公表と同時に発表されることである。予算責任局の活動が同時並行で走る政府の個々の予算編成・政策形成過程に組み込まれているのである。このように、予算責任局の判断が政策形成に直接関係し、また経済財政見通しの作成にあたり財務省との間の密接な連絡が必要となるがゆえに、予算責任局の政府からの独立性、「距離」の取り方如何、という難しい問題が生じることになる。

　そこで、予算責任局の組織についてみると、まず、予算責任局は、議会ではなく行政府の一部、すなわち非省庁公共機関（NDPB）として位置づけられている。これは、予算責任局の独立性を確保しながらも政府に近いところに置く必要があるからだろう。組織の位置づけについては、設置時に庶民院財務委員会で議論があり、将来の見直しの際に会計検査院と同様に議会の組織とすることも検討すべきだという見解が示されたが、政府が作成する将来予測を認証する組織であればともかく、みずから将来予測を作成する——そしてそれが政府の予算作成の基礎となる——という行政作用を営む以上、行政府の一部とするべきだされた[79]。そのうえで、独立性を付与されているわけである。

　それでは、予算責任局の政府からの独立性は、どのようにして確保されているのか。興味深いことに、イギリスでは、組織上の独立性（任命過程など）にはあまり関心が向けられていない。四でみたとおり、予算責任委員会を構成する3名の委員長、委員の任命及び解職には、庶民院財務委員会の同意が必要とされており、また聴聞の手続もおかれている。しかし、それ以上の注意は払われていない。その背景には、人事が政府と財務委員会との間のコンセンサスに基づき行われているという認識があるようである[80]。おそらく、この人事に党派性は持ち込

---

　　pp. 37, 387; Pierre Avril et Jean Gicquel, *Droit parlementaire*, 4ᵉ éd., 2010, n. 203.
79　Keep, above n. 16, p. 14.
80　議会の同意を必要とする提案に対して、これにより任命が党派性を帯びるとの意見もあったようであり、興味深い。See, House of Commons Treasury Committee, above n. 16, para. 102.

まれておらず、与野党間の対立事項ともなっていないのであろう。近時の報告書でも、党派的中立性には疑問が向けられておらず、むしろ適切な専門家を得ることの難しさゆえの長期的な人事計画の重要性が説かれている[81]。

予算責任局の独立性をめぐる議論の中心になっているのは、活動の独立性である。予算責任局が将来推計を行うにあたり政府（関連省庁）が有している情報や専門知識を活用することは、任務遂行の実効性や効率性に資するが、予算責任局と政府との密接な接触ゆえに予算責任局の独立性（および独立性に対する信頼）を損ないかねないのでそれをどのように防ぐか、という問題である[82]。

この点、予算責任局と関連省庁（財務省、労働年金省、歳入関税庁）との間で、協働の枠組みに透明性を与えるために、「覚書」が交わされている（憲章4.14、覚書3項）。これによれば、専門知識と個人情報を用いて各分野（財政全般、社会保障、租税）にかかる予測・コスト算定を行う責務を負うのは関連省庁であるが、そこでは予算責任局が定める判断・仮定・経済決定要因を用いることとされている。また経済財政見通しの中で予算責任局が政府による予測・計算の適切性を認証するため関連省庁が提出すべき資料は、予算責任局が主宰する予測リエゾン会議で定められ、さらに経済財政見通しの作成にかかる総合調整も同会議で行われる。さらに、覚書は、予算責任局が諸々の分析のためにすべての政府の情報およびマクロ経済分析モデルに対してアクセスする法的権限を有することを確認する一方で、政府による税制・歳出予算作成の基礎とするため予算責任局が情報を提供するべきこと、またその時期や、予算責任局の報告書に対する関連省庁の「公表前アクセス」について定める。このように、覚書は、予算責任局の活動——とくに経済財政見通しの作成と政府の個別政策のコスト算定の認証——に当たり関連省庁から提供するべき情報を明確にするとともに、具体的な調整を予算責任局が主宰する会議で行う旨を明示することによって、予算責任局の活動の独立性を担保しようとしている。

また、予算責任局は、自らの活動につき事後的にアカウンタビリティを果たすことで、その独立性を確保することも目指されている。予算責任局にアカウンタビリティを果たさせるにあたり中心的な役割を果たすのは庶民院財務委員会である。予算責任局は、年次報告書を議会に対し直接提出し、またその予測につい

---

81 House of Commons Treasury Committee, above n. 59, para. 6.
82 See, House of Commons Treasury Committee, above n. 16, paras. 67-69

て、財務委員会で質問を受けることとされている。同委員会は、予算責任局の独立性を評価するにあたっての考慮要素として、予算責任局がその判断・予測に当たり完全な裁量を有しているか、必要なデータにアクセスできているか、エビデンスを考察し評価を行うための十分な資源を有しているか、官僚や大臣の見解から独立して判断を形成しているか、報告書の内容の決定について自律性を有しているか、という点を掲げているところである[83]。

2　日本における現状

翻って日本をみると、管見による限り、独立財政機関に期待される上記の諸作用は、少しずつ出現してきているものの、法的な根拠が弱く、十分に制度化されるには至っていない。

①マクロ経済推計の予測に類似するものとして、内閣府が半年に1度作成し、経済財政諮問会議に提出している「中長期の経済財政に関する試算」が存在する。これは、「政府の掲げる経済再生と財政健全化のこれまでの進捗状況とともに、今後、目標実現のために必要となる取組の検討に必要な基礎データを提供することで、経済財政諮問会議における審議に資することを目的としている」もので、向こう10年間のGDPや物価、失業率や長期金利に関する推移を、「成長実現ケース」と「ベースラインケース」という2つのケースに分けて示すものである。そしてまた、これらの経済に関する2つのシナリオに基づき、財政について、国・地方の基礎的財政収支（対GDP比）と国・地方の公債残高等（対GDP比）の見込みが明らかにされる。

とはいえ、この数値は政府の政策決定の基礎として拘束力をもつかたちで使用されていない。そもそも、将来推計に政策決定への拘束力を強くもたせようとするならば、（予測である以上ある程度の幅をもたせるとしても）軸となる数値は1つとすることが望ましい——予測する者自身の責任も重くなるのでヨリ真剣に予測を行うインセンティヴが働くだろう——のに、数値が2つ並んでいるためこれらの数値の拘束力は弱くならざるをえない。また、名称からすれば「ベースラインケース」が基本となる数値のはずなのだが、政府は「経済再生ケース」の数値を取り上げる結果となっている。そのうえ、この数値に対しては、確実性の低い、

83　*Id.*, para. 27.

有体にいえば政府にとり都合のよい前提に基づくものであるとの批判が向けられている。「経済再生ケース」は、実質経済成長率２％、消費者物価上昇率２％近傍を想定しているが、第２次安倍政権発足と同時に始まった景気回復局面でもこの数字は達成されていない[84]。これに基づく2020年に税収70兆円超との試算は、与党議員からも「ありえない」と批判されている[85]。「ベースラインケース」ですら、第２次安倍政権発足後の名目国内総生産はこれに届いたことがなく、非現実的であるとされる[86]。このように、この試算は、政府の政策決定を拘束し財政規律を実現するものとしては不十分なものにとどまっている。それは、この試算の位置づけが法的に明確なかたちで与えられていないからだろう。

もう１つ、財務省が作成する「後年度影響試算」がある。これは、一般会計予算の国会提出に合わせて公表している試算で、当該予算の前提になった制度や政策を継続した場合に税収や国債費、そして財政収支がどのような影響を受けるかを、向こう３年間について機械的に算出したものである。これも、みずから表紙で述べる通り「将来の予算編成を拘束するものではなく」、現実の予算編成過程への影響も不明であり、近年は報道でも取り上げられることが少なくなっている。

②国家財政の全体についての長期的な持続可能性の分析に相当するものとして、財政制度等審議会財政制度分科会への提出資料のかたちで、2014年に「我が国の財政に関する長期推計」が、2017年と2018年にその改訂版が、それぞれ作成、公表されている[87]。欧州委員会の財政安定性報告書（Fiscal Sustainability Report）の手法に倣って、50年後までの債務残高対 GDP 比の推移を、２つの経済前提と、現行の制度・施策を前提とする場合および2020年度に基礎的財政収支を均衡させた場合とを掛け合わせた４つのケースで試算し、2060年度に債務残高対 GDP 比を100％に抑えるために必要な収支改善幅を示すものである。

84　『日本経済新聞』2017年７月19日朝刊５面。

85　鈴木馨祐衆議院議員の発言。『ロイター通信』2017年３月29日配信〈http://jp.reuters.com/article/ldp-japan-suzuki-idJPKBN16Y11L〉。

86　清水真人「『ポスト真実』と化す2020年度財政健全化目標」『日本経済新聞』2017年２月14日電子版〈https://www.nikkei.com/article/DGXMZO12828260T10C17A2000000/〉。

87　『我が国の財政に関する長期推計』〈https://www.mof.go.jp/about_mof/councils/fiscal_system_council/sub-of_fiscal_system/proceedings/material/zaiseia260428/08.pdf〉、『我が国の財政に関する長期推計（改訂版）』〈http://www.mof.go.jp/about_mof/councils/fiscal_system_council/sub-of_fiscal_system/proceedings/material/zaiseia271009.html〉、『我が国の財政に関する長期推計（改訂版）』〈http://www.mof.go.jp/about_mof/councils/fiscal_system_council/sub-of_fiscal_system/proceedings/material/zaiseia300406/02.pdf〉。

また、法定の仕組みとして、年金に係るいわゆる「財政検証」が存在する。政府は少なくとも5年ごとに、国民年金、厚生年金の財政に係る収支についてその検証及び財政均衡期間における見通し（「財政の現況及び見通し」いわゆる「財政検証」）を作成しなければならないとされている（国民年金法4条の3、厚生年金保険法2条の4）。具体的には、法律で既定の保険料率の将来変動および国庫負担割合（2分の1）を前提として、将来の人口・経済の推移を加味して、約100年後までの年金の所得代替率を算出するものである。法律に根拠を有する長期的な予測という意味では画期的なものといってよいが、所得代替率が50％を下回らないかを試算すること（だけ）が目的となっている。また、経済変動につき8パターン、人口変動も出生率や平均余命それぞれで3パターンを想定しこれらを組み合わせるものとなっている。これに関連して、中期的な社会保障費の推計が、厚生労働省によって作成、公表されたことがある。「社会保障に係る費用の将来推計について」である。社会保障制度改革の議論のため、2011年6月に作成、2012年3月に改定された。2025年度までの年金・医療・介護・子育て・その他の社会保障関係の給付費、保険料水準の変動の見通し等が示されたが、その後、同種の将来推計は現在まで公表されていない。いずれにしろ、これらは国家財政全体に関わるものではない。

　③財政ルール遵守のモニタリングを明確に目的とする仕組みも存在していない。財政公約に相当するものとしては、平成8年12月に「財政健全化目標について」を閣議決定して以来、財政健全化のための目標や、政府が各年度で取り組むべき方針が示されてきている[88]。直近の中期目標といえるものとして、「当面の財政健全化に向けた取組み等について——中期財政計画——」（平成25年8月8日閣議了解）がある。これは、「2015年度までに2010年度に比べ赤字の対GDP比を半減、2020年度までに黒字化、その後の債務残高対GDP比の安定的な引下げを目指す」というものであり、「財政健全化目標」として知られる。これを達成できるか否かという観点から、上でみた内閣府の「中長期の経済財政に関する試算」中の、向こう10年間の国・地方の基礎的財政収支（対GDP比）の推移が報道でもよく取り上げられる。こうしたかたちで、「財政健全化目標」が政府の取組みを統制する一定の機能を果たしているとはいえる（最新のものによれば、2020年

88　会計検査院『平成28年度決算検査報告』833頁。

度には経済再生ケースにおいても8.2兆円程度の赤字が見込まれており、財政健全化目標は達成されないことは明らかである）。

もっとも、「財政健全化目標」そのものが、「閣議了解」という位置づけからも窺われるように、政府が強くコミットメントしているものか怪しいところがある。現に、その内容が「経済財政運営と改革の基本方針2017」（平成29年6月9日閣議決定）によって改変されたとの見方がある。すなわち、2020年度までの黒字化目標とともに、「債務残高GDP比の安定的な引下げを目指す」ことが加えられた。これは、黒字化目標が達成できないことを前提として、達成の容易な目標にすり替えることを意図していると言われている[89]。しかし、この点も含め、「財政健全化目標」に関して国会で説明・議論を行う特別な仕組みは存在していない[90]。

④政策コスト分析は、財政投融資の対象事業との関係で実施されており[91]、その「事前・事後の定量的なコスト把握」という手法を予算編成過程全般に持ち込む提案は古くからなされているが[92]、現在まで実現していない。

3　日本における独立財政機関設置の可能性

日本において独立財政機関の設置を検討するならば、これらの作用（またイギリスでは存在していない⑤野党のマニフェストの検証や、イギリスに特徴的にみられる⑥予算編成過程への直接の関与）のうちどれを担わせるのか、検討する必要がある。そのうえで、権限に適合的な設置形態を模索することになるだろう。設置形態としては、さしあたり③独立行政委員会、ⓑ（両）議院（国会）の附属機関、ⓒ憲法上の独立機関が考えられる。「はじめに」でみた「経済・財政社会保障等推計委員会（仮）」はⓑの1種であるし、会計検査院にこの役割を付与するならⓒということになる[93]。イギリスのように⑥まで行わせるのであれば内閣の予算編成

89　参照、『日本経済新聞』2017年6月1日4面。この趣旨からの質問に対し、政府は「今回の骨太の方針において、基礎的財政収支を2020年度までに黒字化しとこれは明記してあるとおり、2020年度のPB黒字化目標の位置付けは何ら変わっていない」と説明している。平成29年6月13日『参議院財政金融委員会会議録』第18号3頁（大塚拓財務副大臣）。

90　財政健全化目標については財政金融委員会や総務委員会の一般質疑や本会議の代表質問の中で取り上げられることがあるが、簡単な質疑応答にとどまる。質疑応答全般をめぐる問題とその背景について、参照、白井誠『政党政治の法構造』（信山社、2017年）。

91　拙稿「財投改革と財政の金融的側面の変容」法律時報88巻9号（2016年）26頁、35頁。

92　河村小百合「わが国の政策コスト分析の課題」Japan Research Review 2005年5月号106頁。

権との関係から⑥や⑥の形態はとりづらいだろう。逆に、⑤の作用を付与する場合には⑧はとりづらい。独立行政委員会は、内閣——時の政権——から一定の距離を置くとはいえ、内閣の所轄の下に置かれるものであり、その活動が（特定政党に肩入れしているという意味で）党派性を帯びているとみられることは避けなければならないからである。野党のマニフェストの検証を、政府＝政権党の政権運営に対する検証と並んで行うことは、党派性を帯びているとみられてしまうおそれなしとしないだろう。

これに対し、①〜④の作用を予算編成過程に直接に関与させないかたちで、事後的に果たさせる場合には、⑧〜⑥いずれの形態をとることも可能である。マクロ経済および債務残高等の中長期的な予測（①②）は、マクロの経済財政政策の形成の基礎となる作業である。財政公約の達成度の評価（③）も、従来の経済財政政策を修正・転換する契機とする点に着目すれば、経済財政政策の形成の基礎となる作業といえる。また政策コストの分析（④）は、個別政策の当否の判断材料を準備する作業である。それゆえ、これらの任務を政策形成の一部とみるならば、「行政権」（憲法65条）、「国務の総理」（憲法73条1号）あるいは予算作成権（憲法73条5号）に含まれ内閣の所管であるとしたうえで、財政の持続可能性という長期的な公益を確保するべく、短期的な政策目標を優先しがちな時の内閣から距離をおく点に合理性を認めて[94]、⑧独立行政委員会の所管とすることは可能であろう。

他方、これらの任務を予算・法律の審議・議決のために有益な情報を得るものとみるならば、立法権（憲法41条）、財政処理権（憲法83条）あるいは予算議定権（憲法86条）に含まれ、ひいては国権の最高機関性（憲法41条）を根拠にして、⑥国会の所管とすることも可能である。また、③は（ひいては①②④も）、これを内閣の活動に対する事後的な統制だとしてみるならば、国会が内閣に責任を果たさ

93　会計検査院は、平成28年度決算検査報告で、特定検査対象の1つとして「国の財政健全化への取組について」を取り上げている。補正予算の編成の結果、決算額ベースでみると取組方針に設定された指標から多くの年度で乖離していることを示し、「財政健全化への取組が複数年度にわたるものであることを踏まえ、当該補正予算が執行されることによって、当初予算で達成を求められている取組方針に設定された指標が、当初予算で達成を求められているような水準からどの程度かい離することになるかも含め明らかにするなどの継続的な取組が重要である」などの所見を示している。会計検査院・前掲注88　859頁。

94　参照、曽我部真裕「公正取引委員会の合憲性について」石川正先生古稀記念論文集『経済社会と法の役割』（商事法務、2013年）5頁、29〜31頁。

せる政府統制（行政監視）の一手段として国会の所管とみることも可能だろう（憲法66条3項、憲法62条、63条）[95]。

　また、会計検査院は、元来、決算の検査を行うための組織であり（憲法90条）、その主たる役割は会計処理に関わる正確性・合規性の事後的な検査である。しかし、現在、その検査は、「経済性、効率性及び有効性の観点」「その他会計検査上必要な観点」からも行われており（会計検査院法20条3項）、政策評価に踏み込んでいる。③はこの延長で理解することが容易であって、現に行われている[96]。これに対し、④は、事前の算定であるので、会計検査院の任務を厳密に事後的な検査に限るならば、ここから外れることになる。しかし、会計検査院の活動の目的を行政府のアカウンタビリティの確保と捉え、アカウンタビリティには「無駄遣い防止」の観点からの要請への応答も含まれるとするならば、事前の政策コスト分析（または行政機関が行う分析の検証）を会計検査院の任務とすることも許されるように思われる。そして、これが許されるのであれば、個別の政策・事業のコスト分析だけでなく、①②を会計検査院に行わせることもまた、決して許されないわけではないだろう（もっとも、とくに①②の任務を行うには、財政政策の専門家や予測・推計業務の専門家を新たに任用するほか、人的および予算上のリソースを追加して与えることが不可欠となる）。

　このように、憲法上はⓐ〜ⓒいずれの形態も許容されると考える。独立財政機関の活動の独立性（および独立性に対する信頼）を確保するためには、（前提条件や計算方法の開示などを通して透明性を確保することが前提であるが）ⓑやⓒが望ましい反面、関係省庁が保有する情報へのアクセスを実効的確保するにはⓐの方が望ましいのかもしれず、立法者の判断に委ねられることとなる。

95　（両）議院（国会）に情報による統制のための補助機関を設置することは憲法上可能であると考える。国会が行政機関の個別具体的な活動に対して直接に命令や指図を行うことは権力分立に反するとの観念から、国会の機関が各種の調査・勧告を行うことは認められないとの見方もある。この観念は、おそらく、対人民作用を念頭に置いた「立法＝一般的抽象的な法定立」、「行政＝個別具体的な法適用」という権限分配の像をもとに、個別具体的な法適用の判断に対する立法府の介入を否定するものだと思われる。しかし、少なくとも、マクロの経済財政政策に関わる将来予測は、個別具体的な活動ではない。また、政策コスト算定は、個別具体的な活動に関わるものだとしても、最終の決定権限を政府（省庁）から奪うものではない。なお参照、大森政輔『二〇世紀末期の霞ヶ関・永田町——法制の軌跡を巡って』（日本加除出版、2005年）343〜9頁、岡田順太「国政調査権と国会事故調」法学セミナー712号（2014年）28頁、笹田栄司＝原田一明＝山崎友也＝遠藤美奈『トピックからはじめる統治制度』（有斐閣、2015年）83頁（原田一明執筆）。

96　注93を参照。

もっとも、現状に鑑みれば、日本に独立財政機関を設置して機能させるのは容易でない。そのために必要なのは、次の2点だと考える。1つは、専門的客観的に描出された事実（証拠）に基づく政策立案・評価に対する意識である。日本でも、「証拠に基づく政策立案（Evidence Based Policy Making: EBPM）」、すなわち、1990年代末以降英米で進められている、ランダム化比較試験や疑似実験法といった実証分析による効果測定を活用する政策立案に対する関心が高まっているが[97]、数値に基づく帰納的な検証を政策決定に活用するという基本的発想は、マクロ経済分析に基づく将来推計と財政政策との関係にも共通するものだと思われる。個別政策のみでなく、財政全体との関係でも、かかる専門的合理性に対して敬意を払うことが求められる。

2つめは、財政の長期的持続可能性に関わる推計や財政公約の達成度の検証は党派的な対立を超えた作用であるとの認識である。もちろん、中期的な財政公約の内容やその枠内で行う個々の具体的政策の内容は政権によって異なり、またその評価は党派的な議論の対象になるであろう。しかし、財政の長期的持続性は、党派を超えて共有すべき命題である。また、政権が設定した財政公約の達成如何の検証や長期的な財政持続可能性の推計もまた、党派的に中立な作用である。これらは、とくに日本の現状に鑑みれば、時の政権に対するソフト・ロー的な統制として機能しうるものではあるが、それ以上に長期的な日本の利益に資するものである。それゆえ、これらの作用は与野党間の経済財政政策をめぐる議論の共通の基盤であるとの認識をもつことが求められる。

独立財政機関を設置しよく機能させるためには、その組織形態をいかなるものとするにせよ、独立財政機関の活動そのものの透明性確保、また将来推計を活用した財政検証のための場として——イギリスでいえば財務委員会に相当する——国会の中の組織が不可欠になる。それゆえに、上記の意識・認識を与野党の立場を越えて国会議員、マスコミひいては国民の間で醸成していくことが求められる。そしてかかる意識・認識の醸成のためには、翻ってまた、国民に対する、財政の現状や予算の内容そして長期的な将来推計に関する情報開示を、国会の審議のあり方の見直しと合わせて、漸進的にでも、進めていかなければならない[98]。

97　山本清「証拠に基づく政策とは何か（1）」日本経済新聞2018年1月4日朝刊21面など。
98　参照、加藤創太＝小林慶一郎編『財政と民主主義』（日本経済新聞社、2017年）。

公債発行と憲法85条
——議論の手掛かりを求めて——

片　桐　直　人

一　はじめに
二　明治憲法62条 3 項
三　日本国憲法85条と公債発行
四　整理と検討
五　財政運営ルールと憲法85条
六　むすびにかえて

一　はじめに

（1）　あるドイツの公法学者は、公債発行による財政運営は、「現代国家のもっとも"センシブル"な領域」だという[1]。現代国家の任務の膨張は、必然的に、その裏付けとなる財政の膨張をもたらし、伝統的な収入形式である租税だけでは、そのすべてを当然にはまかなえない状況にある。また、公債発行を伴う財政運営それ自体が、経済政策の手段としても正当化され、加えて公債それ自体が、重要な投資先ともなっている。すなわち、公債の存在を前提としない国家・社会はもはや考えることができない。

同時に、民主制国家において、公債発行を伴う財政運営を適切に行うことに困難が伴うということも繰り返し指摘されてきた。その問題意識は、各国で共有され、現在では、公債発行の統制も含む財政運営ルール（Fiscal Rule）の導入が多くの国で試みられている。そのような国の中には、例えばドイツのように、それを憲法典レベルで規定する例も見られ、我が国でも、財政運営ルールを憲法に入れるべきだという提案がなされることがある[2]。また、憲法学・財政法学から

1　*Wolfram Höfling / Stephan Rixen*, Art. 115, in; Wolfgang Kahl / Christian Waldhoff / Christian Walter, Bonner Kommentar zum Grundgesetz, 106. Lfg., Juli 2003, Rn. 45
2　動向の整理として、片桐直人「憲法改正議論『財政』の論点」（https://thepage.jp/detail/20171021-00000004-wordleaf、2018年 5 月13日最終アクセス。以下同じ。）

も、そのような方向性を支持する見解も出されている[3]。

　度々表明してきたところではあるが、本稿筆者は、財政運営ルールを憲法典に挿入するという提案には、現在のところ、賛成できない[4]。その理由は、概括的にいえば、そのようなルールを挿入しさえすれば自動的に公債発行を含めた財政運営が実体的に統制できるようには思われないからであり[5]、その裏返しとして、仮にそのようなルールに基づいて財政運営を行おうというのであれば、その点に関する国民の長期的かつ広範な合意も含めて、それを支える制度的な手当てを併せて議論する必要があると考えるからである。無論、本稿筆者も、財政運営ルールが不要だと考えているわけではない。そうではなくて、そのような財政運営ルールが適切に機能しうる条件も含めて、慎重に考察する必要があると言いたいのである。

　もっとも、このような考察はひとり憲法学のみが行うものではなく、経済学や財政学、政治経済学といった観点からも行われる必要があろう。その意味で、憲法や憲法学の知見を駆使すれば、財政運営ルールやその実効的な機能を保証する法制度の青写真が描けるわけではない。それどころか、むしろ、そのような青写真が、経済学や財政学といった法学以外の分野からもたらされる方が通常である。したがって、この領域において欠かせないのは、周辺諸科学との協働であり、それらの知見との対話である。

　（2）　ただ、いずれにしても、憲法（解釈）上の論点にどのようなものがあり、現状の法制度にどのような特徴があるかといった事柄はあらかじめ明らかにしておかなければならない。その点で、本稿筆者がかねて気になっていたのは、憲法85条（特に後段）と公債発行・財政ルールとの関係である。

　すなわち、憲法85条が定める「国の債務」には、いわゆる財政公債が含まれるとともに、憲法85条は、かかる国会の議決形式について決定していないと解するのが通説のようである。しかし、そうだとすると、次のような疑問が浮かぶ。

　3　何よりも、石森久広『財政規律の研究』（有信堂高文社、2018年）を参照。

　4　さしあたり、片桐直人「公布70年　憲法を考える（下）」日本経済新聞2016年10月21日朝刊31頁。

　5　中央銀行の独立性に関するものではあるが、しばしば、法令によって与えられる（したがって、それをインデックス化して計量的に把握される）独立性のみでは、期待されていた十分な効果が得られないことが指摘されている。Adam S. Posen, *Declaration Are Not Enough: Financial Sector Sources of Central Bank Independence*, NBER MACROECONOMICS ANNUAL 1995, Vol. 10, 253 (1995)

第一に、いくつかの概説書やコンメンタールでは、上のような説明を共有しているように見受けられるにもかかわらず、公債の発行が法律によるのだとするものがある。その多くは簡短な言及にとどまり、精確な内容はよくわからない。ただ、少なくとも、このような説明は、①憲法85条からすると公債の発行については法律という形式で議決が与えられなければならないという意味にも、②憲法85条は公債の発行について議決形式を特定していないが、実際には法律によって与えられているという意味にも受け取ることができるように思われる。どちらの意味で解するべきか。これが第一の疑問である。

　もっとも、この点、憲法85条が国の債務負担行為に関する国会議決を特定していないという理解に立つ以上、②の意味で理解するのが適当なのかもしれない。しかし、そうだとすると直ちに第二の疑問が生じる。

　現在、我が国で新規に発行される国債は、発行根拠法別に見ると、いわゆる特例公債法に基づく赤字公債や財政法４条ただし書に基づく建設公債が主である。そして、これらの公債については、年度ごとにその限度額について予算総則に定められ、予算として議決を受けることになっている（財政法22条参照）。この予算としての議決は、憲法85条にいう議決ではない、ということなのだろうか。このようにして、公債発行については、毎年度に発行できる限度額が規律されるのであるが、このような規律は、憲法85条が予定するところではないのだろうか。換言すれば、例えば、「政府は、一般会計予算において、公債を発行することができる」といった程度の法律でも、憲法85条にいう国会の議決があったと見なすことができるのだろうか。

　他方で、第三の疑問として、次のようなことも気になる。よく知られているように、我が国の財政法４条は——既に空文化しているとはいえ——「国の歳出は、公債又は借入金以外の歳入を以て、その財源としなければならない」と定める。これは、一種の財政運営ルールとして理解できる。しかし、通説が説くように、公債発行に関する国会の議決が法律によるというのであれば、財政法４条に反する形で公債を発行することを決定する法律が制定されれば、かかるルールは容易に迂回しうる。実際、かかる財政法４条の規定の特例として定められている特例公債法はその例であるが、仮に公債発行が法律の形式で議決されれば憲法上の要求を満たすというのであるならば、かかる特例公債法のみでもって（つまり、予算総則で改めて議決を求めるのではなく）公債発行を認めることも憲法上許容

されるとみるべきだろうか。

　これらの疑問点については、あるいはすべてそうなのだと答えるべきなのかもしれない。すなわち、公債発行について「どのようなものであれ」国会の議決があれば憲法85条の要求は満たすという以上、国会は、財政法や特例公債法の定めにかかわらず、法律を制定することによって、いつでもどのような形でも公債発行を認めることができるということなのかもしれない。しかし、そうだとすれば、今以上に公債に依存した——究極的には歳入の100％を公債に依存するような——財政運営も国会がそれを議決する以上、なしうるということになりはしないだろうか。そのように日本国憲法を解釈することが合理的な態度なのだろうか。

　（3）　本稿は、極めて不十分ながら、このような問題意識の下、憲法85条後段の解釈と、主として財政法4条の性質について若干の検討をしようとするものである。以下では、明治憲法の規定と解釈を踏まえつつ、日本国憲法85条の解釈をレビューし（二、三）、次いで、比較の視点としてドイツの議論を交えながら検討を加える（四）。その後、財政運営ルールの昨今の世界的な動向も踏まえつつ、今後の議論の手掛かりを得たい（五）。

二　明治憲法62条3項

　日本国憲法第7章「財政」の諸規定は、「旧憲法における財政制度の基本原則が根本的に改められた」ものだとは、よく言われる[6]。しかし、その解釈は、こちらもよく言われるように、大日本帝国憲法（以下、「明治憲法」という。）のそれに強い影響を受けている。このことは、公債発行を巡る解釈論においても例外ではない。そこで、まず、明治憲法の規定を確認し、あわせて、美濃部達吉の学説について確認しておこう。

　明治憲法は62条で、租税法律主義（1項）、行政上の手数料（2項）と並んで、「国債を起」すことについて触れ、それが「帝国議会の協賛」を経るべきことを定めていた（3項）[7]。

　美濃部は、明治憲法62条3項が定める、国債の起債と帝国議会の協賛について、それが「行政作用に付き議会の権限の特に認められたるもの」のひとつだと

6　佐藤功『憲法（下）〔新版〕』（日本評論社、1984年）1088頁。

7　以下では、読みやすさを考慮して、カナをひらがなに改めている。

いう理解を示したうえで[8]、次のように説明している[9]。

ここにいう「国債」とは、国家が財政上の理由に基き金銭を借入れることであり、国家の一切の財政上の債務を意味する。このような財政上の債務には、固定国債に加えて、大蔵省證券や一時借入金といったものも含まれる[10]。

そして、このような財政上の債務について、明治憲法62条3項は、帝国議会の協賛を経ることを要求するわけであるが、その協賛を経る方法は一様ではない。

まず、財政上の債務のうち、大蔵省証券及び借入金は、いわゆる大正会計法6条3項によって、毎年度帝国議会の協賛を経てその最高額を定めることとされており、予算の冒頭にこれを掲載して、予算と共に議会の協賛を経る。したがって、これは「予算の一部を為すものとして取り扱はれ、随て予算不成立の場合には前年度の予算に依り発行又は借り入れを為し得べきものと解せらる」[11]。これに対して、「一般の起債は臨時に一定の目的と一定の金額とを限り議会の協賛を経るものにして、その協賛を得る形式に付ては憲法上別段の制限なしと雖も、法律の形式による例なり」[12]。

そして、美濃部によれば、このような一般の起債に対する議会の協賛が法律の形式で与えられていることの性質は、立法行為ではないとされる。というのも、起債は、政府の為すべき行政作用に対して承認を与えるに過ぎないものだからである[13]。また、起債がこのような性質を持つことからして、国債の協賛については、議会に発案権はなく、また、協賛が政府に起債を義務づける効果を持つものでもないとされる。

ここには予算承認説と評される美濃部学説の特徴がよく出ているが、ただ本稿では、さしあたり、①固定国債の発行はその性質上行政であり、議会はただそれ

---

8 美濃部達吉『憲法撮要〔改訂版〕』（有斐閣、1946年）339頁、同『逐条憲法精義』（有斐閣、1927年）637頁。なお、以下、本稿で各論者の学説を検討するが、それは、学説史的観点からのものではなく、このような検討を通じて、解釈論上の問題を析出しようとする意図にでたものである。

9 以下の叙述について、全体として、美濃部・前掲注8（『撮要』）342頁以下、同・前掲注8（『逐条』）・637頁以下を参照。

10 美濃部・前掲注8（『逐条』）・637頁以下。

11 美濃部・前掲注8（『撮要』）・342頁。

12 美濃部・前掲注8（『撮要』）・342頁。

13 美濃部・前掲注8（『撮要』）・343頁。もっとも、国債の中には、強制国債もあり、このような強制国債については、法律によることが必要だと説く。なお、美濃部・前掲注8（『逐条』）・641頁以下も参照。

に承認を与えるに止まると解されていたこと、②その結果、議会には発案権も修正権もないと解されていたこと、③政府は、「臨時に一定の目的と一定の金額とを限」って協賛を経るのだとされていたことを確認しておきたい。

三 日本国憲法85条と公債発行

1 憲法85条と公債発行

明治憲法に対して、日本国憲法は、国債の起債に関する明文の規定を持たないが、憲法85条にいう「国の債務」に国債が含まれ、したがって憲法85条がこれを規律しているというのが、一致した理解である。以下では、国債の起債に関する憲法85条の解釈を中心に代表的な学説の比較・検討をし、これらの学説には、無視できない相違があり、また、その結果、解明すべき点が残されていることを明らかにしたい。

2 美濃部説

美濃部は、日本国憲法85条の規定が明治憲法62条3項のそれと変わらず、「大体に於いて其の儘適用せらるべきものである」とする[14]。したがって、起債に対する国会の議決についても、おそらくは、帝国憲法同様の理解が妥当するということになるのだろう。すなわち、憲法85条にいう国会の議決は、あくまでも行政作用に対する承認であり、したがって、国会には発案権も修正権もなく、他方、政府が国会の承認を得るためには、臨時に一定の目的と一定の金額とを限って、起債の発案をしなければならないということになろう。なお、美濃部はその後、この点を財政法の規定に沿う形で説明し直しているが[15]、それが解釈の変更を意味するのかは判然としない。

3 宮沢説

宮沢俊義は、すでに旧憲法下においても、起債に対する議会協賛が法律の形式で与えられていることに注目し、明治憲法62条3項の規定にもかかわらず、事実

---

14 美濃部達吉『新憲法逐条解説』(日本評論社、1947年) 131頁。
15 美濃部達吉『日本国憲法原論』(有斐閣、1948年) 394頁、同 (宮沢俊義補訂)『日本国憲法原論』(有斐閣、1952年) 348頁。

上、それが「法律事項とせられ」ていることを指摘していた[16]。このような宮沢の立論は、日本国憲法85条の解釈でも前提とされているように思われる。

　宮沢は[17]、憲法85条は、国会の議決形式を特定していないと理解したうえで、その形式は、財政法22条がこれを定めたものとする。すなわち、憲法85条の「国の債務」について、財政法は、公共事業費等の財源としての公債発行等（財政法4条）、大蔵省証券や一時借入金（同7条）、いわゆる国庫債務負担行為（同15条）を定めており、それらの限度額について、財政法は予算総則で国会の議決を受けるべきことを要求している（同22条）のであるが、それによって予算として議決を受け、予算として成立するものと理解しているものと思われる。これは、起債に関する国会の議決は、予算の方式で与えられていると理解するものといえる。なお、宮沢は、財政法の定める場合以外に、債務を国が負担し、あるいは、国債を発行する場合には、すべて法律によるべきであるともいう。

　このような宮沢説は、起債に関する国会の議決の方式は、財政法によって予算とされている、というものと理解できる[18]。ただし、そうだとしても、宮沢が、財政法が定める場合以外には、法律によるべきだとされることの理由はなお問題になりうる。この点は、おそらく、財政法が先占している以上、それと矛盾する国会の議決は法律によるしかないということであると解するのが素直だろう。

　もっとも、このような宮沢説に立つとすると、財政法を改正するか、別途法律を設けるかしない限り、起債の発案それ自体は、憲法86条、73条5号が予算の提出権を内閣に専属せしめている以上、国会にはなしえないことになるように思われる。この点は、国会自らが当然に行使しうる法律による起債の発案について、財政法によって国会自らがそれを制約するという構成になることの理論的な問題がありうる。また、宮沢は、予算の修正について、歳出金額の全体が原案を超えることになるプラス修正は、それに相当する財源を伴わない場合には、適法ではないとするが、このような場合に、国会が予算総則における限度額の修正権を有するかも問題となるだろう。

16　宮沢俊義『憲法略説』（岩波書店、1942年）254頁。これがいわゆる「法律の競合的所管」論に基づく理解であることは言うまでもない。

17　以下の叙述全体について、宮沢俊義（芦部信喜補訂）『全訂日本国憲法』（日本評論社、1978年）716頁以下を参照。

18　なお、同様の説明を採用するのが、小嶋和司である。小嶋和司『憲法概説』（信山社、2004年）510頁以下。

4 清宮説

清宮四郎は、日本国憲法制定後、比較的早くに出された解説書で次のように主張していた[19]。清宮はまず、「国が債務を負担する行為（広義の国庫債務負担行為）には、いろいろのものがあり、これに対して国会が与える承認の仕方にも、さまざまのものがある」と指摘したうえで、国会の議決の仕方を基準として、広義の国庫債務負担行為を①法律にもとづく国庫債務負担行為、②歳出予算内の国庫債務負担行為、③狭義の債務負担行為（財政法上の国庫債務負担行為）に区分する。そのうえで、国債または公債は①に、大蔵省証券や一時借入金などが②に属すると説明する。

順序は逆になるが、②の説明から見てみよう。清宮は、大蔵省証券や一時借入金などが②に属するとしたうえで、「当該年度内に返済する債務であって、予算年度内における、歳出予算内の暫定的義務的負担である」と指摘し、「この種の債務負担行為は、歳出予算としてすでに国会の議決を経て、その範囲内でなされる行為であるから、あらためて国会の議決を要しないのである」という。そして、そのことを裏付ける、いわば傍証として、財政法15条が歳出予算の金額の範囲内の債務負担行為について、別に国会の議決を要しないとしている点に触れる。

次に、①の説明をみよう。清宮は、「国債」または「公債」を「国家が財政上の目的のために負担する債務」であり、いわゆる財政公債だと定義したうえで、そのうちの償還期が次年度以降にわたるもの、すなわち固定公債が、①にいう「法律にもとづく国庫債務負担行為」の例だという。そして、「この主の債務負担行為はすでに法律によって規定され、それに基づいてなされる行為であるから、さらに国会の特別の議決を要しない」とし、ここでもまた、財政法15条が法律に基づく債務負担行為について予算による国会の議決を要しないとしていることに触れ、「それは当然である」と指摘する。

清宮は、その後、広く読まれた有斐閣法律学全集の『憲法Ⅰ』においてもその叙述を維持している[20]。すなわち、「国の債務負担行為も国会の議決にもとづく必要があるが、この場合の議決形式については、憲法には特別の規定はなく、財政法で、法律および予算の二種を認めている」としたうえで、財政公債のうち、固定公債は「法律の形式」により、大蔵省証券や一時借入金のような流動公債が歳

---

19 清宮四郎『新憲法と財政』（国立書院、1948年）28頁以下。
20 清宮四郎『憲法Ⅰ〔第三版〕』（有斐閣、1979年）267頁以下。

出予算により議決を受け、また、財政法上の国庫債務負担行為については財政法が「予算の一部として、予算の形式で議決することにしている」というのである。

清宮説が特徴的なのは、固定公債等の発行について、法律による議決を受ければ、予算による議決は不要だとする点である。すでに確認した美濃部説からも了解されるように、たしかに明治憲法下では、起債に対する議会の協賛が法律の形式で与えられるのが通例であり、また、日本国憲法下でも、たとえば昭和28年の特別減税国債法（昭和28年法律第178号）のように、同様の考え方の下[21]、起債を認めた例がある[22]。しかし、そうだとすれば、たとえば財政法4条ただし書が建設公債等について、発行限度額について国会の議決を受けることとし、同22条が予算総則にこれを定め、予算として国会の議決を受けるとしている点はどのように理解されているかが問題となる。

加えて、清宮説が、自説の補強として度々財政法15条を持ち出すことの趣旨も不明である。一般に、財政法の解釈論では、財政法15条はいわゆる狭義の国庫債務負担行為を規律するものであり、したがって、固定公債についても、流動債についても、その規律の対象となっているとは解されていない。このことは、すでに財政法立案者の手による戦後最初の逐条解説でも前提とされている[23]。むしろ、財政法の解釈論では特に一般会計における固定公債や流動債の発行は、財政法4条等のそれぞれの条文において、固有の議論が展開されるのが定石である。

5 『註解日本国憲法』

最後に法学協会編『註解日本国憲法』（以下、『註解』という。）における85条の注釈を検討しよう。

『註解』も、憲法85条の「債務負担行為につき国会の議決がなされる形式は、前段の場合と異なって、憲法上はその点の規定がない」という理解に立つ[24]。こ

21　なお、同法の1条1項は、「政府は、産業投資特別会計の歳出の財源に充てるため、昭和28年度において、200億円を限り、当該特別会計の負担において、特別減税国債を発行することができる」と定めていた。

22　あるいは、宮沢説はこの点を上手く説明できないということなのかもしれない。しかし、昭和28年の特別減税公債は、一般会計ではなく、特別会計で発行されていたことに留意が必要である。

23　平井平治『財政法逐条解説』（一洋社、1947年）62頁以下。なお、杉村章三郎『財政法〔新版〕』（有斐閣、1982年）82頁、小村武『予算と財政法〔5訂版〕』（新日本法規、2016年）191頁以下。

24　法学協会編『註解日本国憲法（下）』（有斐閣、1954年）1287頁。なお、註解も、憲法86条が明治憲法62条3項と「実質的には異ならない」としている（1282頁）。

のような解釈は、憲法86条にいう予算を実質的意味、すなわち歳出予算として捉え、憲法85条前段がその形式面を、86条が実質面を規定するという前提を理論的に措くものであるが、この点の当否はここでは触れない。いずれにせよ、このように考えられた結果、その規定ぶりにもかかわらず、憲法85条と憲法86条との連関が債務負担行為については理論的に断ち切られ、その結果、債務負担行為の国会議決については、憲法上、その形式が特定されていないという解釈論的帰結が引き出されることになる[25]。したがって、この解釈からは、「財政法によって……予算に掲げられる場合にも、それは単なる技術的措置に止まり、本来の性質から云えば、第86条の予算とは関係のないもの」[26]だということになる。

　そのうえで、『註解』は、本条にいう「債務」を負担する行為を「債務負担行為の種類」の観点から、①歳出予算内の債務負担行為、②法律上の債務負担行為、③財政法上の国庫債務負担行為に区別する[27]。

　このうち①について、『註解』は、「債務負担行為には、債務の効力が当該会計年度に限られ、従ってその年度内に債務の弁済が完了するものがあるが、かかるものについては、政府は歳出予算の範囲内でこれを処理しうるから、歳出予算に関する国会の議決があれば、その歳出予算の金額の範囲内における債務負担行為についても当然国会の承認があったものと認められる」[28]として、財政法15条1項はこのことをも定めるものと説明する。

　歳出予算によって国会の議決が与えられたことになる債務負担行為が存することは、すでに清宮も指摘するところであり、そこでは典型例として大蔵省証券や一時借入金が示されていたのであった。しかし、『註解』がここで念頭においているのは、大蔵省証券や一時借入金といったいわゆる流動公債に限られない。むしろ、これらの流動公債について、『註解』はさらに説明を加え、これらもここにいう債務の効力が当該会計年度に限られ、従ってその年度内に債務の弁済が完了するものに属するものの、財政法が、これらの最高額について国会の議決を、予算総則で受けるべきことを定めていることをも指摘している。このような整理がなされる結果、流動公債に対する最高額の議決は、「憲法上の要請ではなく、

25　なお、憲法86条が実質的意味の予算としての歳入歳出予算を、国会が予算として議決することを定めたものであるという理解に立つ論者はいずれも共有する前提である。
26　法学協会・前掲注24・1287頁。
27　以下の叙述全体について、法学協会・前掲注24・1286頁以下。
28　法学協会・前掲注24・1287頁。

ただそれらの濫発を抑制するためにとられた特別措置にすぎない」[29]ものだとされる。

　次に、②、③についてみてみよう。『註解』は、これを「債務の効力が一会計年度を超え、従ってその弁済が次年度以降にわたるもの」と理解している。そして、憲法86条が毎会計年度の予算議決を要求し、その予算を歳出予算としてみる理論的前提の下、「かかるものは当然歳出予算の範囲を逸脱し、しかも継続費の範囲にも入らぬ以上」、歳出予算によって与えることができないことを指摘する。

　このような理解に立つと、①以外の場合にどのような形式で「国会の議決」を与えるのかが問題となる。そこで、『註解』は、この点に関し法律が制定された場合（②）と財政法が「国庫債務負担行為」として特定して、予算の一部に包含するもの（③）とに分けるのである。換言すれば、すでに法律によって議決が与えられていれば、改めて予算等を通じて国会の議決を経る必要はなく、また、法律によっても、歳出予算や継続費等によって議決を受けていないものについては、財政法の規定にしたがって、「国庫債務負担行為」として議決を受けると理解するものといえる。

　このような理解から、公債発行に関する「国会の議決」も次のごとく説明される。すなわち、まず、公債発行が──明治憲法下の慣行と同様に──法律によって議決された場合、それは法律によって国会の議決が与えられたことになり、したがって、改めて予算等による議決を受ける必要はない[30]。もっとも、財政法4条のように、公債発行をし又は借入金をなす際に、予算（総則）でもって限度額を定めるように要求されている場合には、その議決でもって、憲法85条にいう「国会の議決」がなされることになる、というわけである。

　このような『註解』の理解は、体系的な整理の観点として、債務の種類という観点を取り入れ、基本的には、その時点での実務を記述的に述べたものだと言えよう。その結果、次のような特徴的な帰結が導かれている。

　まず、予算総則中に定められる、大蔵省証券をはじめとする短期債等の限度額は、すでに歳出予算において債務負担を授権されており、したがって、この限度額の定めを含む予算の議決は、憲法85条にいう「国会の議決」とは無関係だということになる。次に、固定公債の発行に対しては、「国会の議決」を法律によっ

29　法学協会・前掲注24・1287-1288頁。
30　ここで念頭に置かれているのは、すでに触れた昭和28年の特別減税国債法である。

ても、予算によってもよく、実際、実務的にはそのようになされている。そのうえで、財政法4条ただし書による建設公債等の発行については予算総則として予算に包含され、予算として議決を受けると理解する。

このような『註解』の解説は、清宮説・宮沢説の中間に位置するものだといえ、その意味ではある種の折衷説と理解することが可能であろう。たとえば、『註解』の体系的な説明の構造は、清宮説に近い。しかし、財政法上予定されている建設公債等については、予算によって議決されるという説明がなされており、清宮説というよりも宮沢説のそれに近く、従って、清宮説のような疑問が生じる余地はない。

もっとも、『註解』が、「財政法によって……予算に掲げられる場合にも、それは単なる技術的措置に止まり、本来の性質から云えば、第86条の予算とは関係のないもの」だとしていることと、建設公債等については財政法が予算によって憲法85条との議決を受けるとしているという説明との関係は、やや不鮮明である。この点については、「単なる技術的措置に止ま」るという表現の意味理解によるだろうが、叙述全体を整合的に把握するためには、このような「技術的措置」として、歳出予算に重ねて予算総則として定めた上で予算として議決を受けることも、法律の議決に代えて予算として議決を受けることも可能だという意味として理解するのが適切であろう。このように解するとすれば、この点も、どちらかというと宮沢説に近いように思われる。

6 通説化？

その後の学説について若干触れると、たとえば佐藤功は、「公債（固定公債）の発行は法律の形式による。この場合は、さらに重ねて予算によるなどの国会の議決を要しない。財政法15条1項が……と定めているのはこの趣旨である（ただし、財政法は、公債の発行について、いわゆる健全財政主義の見地から、「国の歳出は、公債又は借入金以外の歳入を以て、その財源としなければならない」という原則などの規定を設けている）」と説明する[31]。

このような佐藤功の諸説は、上述の学説のうち、あえて言えば清宮説に近いのであるが、通説化したように思われるのは、この説明であり、比較的近年のコン

31　佐藤・前掲注7・1116頁。

メンタールなどでもほぼ同趣旨の説明が見られる[32]。しかし、このような解釈が、財政法4条ただし書が要求する限度額の議決をどのように解するのかという点に難を抱えているのはすでに指摘したとおりである。

このような中、注目に値するのは、淺野博宣の説明である[33]。淺野は、憲法85条の国会の議決が予算あるいは法律によって行われていることを、財政法15条を示して説明したうえで、「財政法4条1項ただし書に基づいて債務を負担する場合は、予算総則に「公債又は借入金の限度額」および「公共事業費の範囲」を記載して（財22条1号・2号）、予算として国会の議決を受けなければならない。また、償還計画を国会に提出することも求められている（財4条2項）」と説明し、「結果として、財政法4条によって、赤字公債を発行するためには予算だけではなくて法律の制定も必要になっている」としている[34]。こちらは、どちらかといえば宮沢説ないし註解に近い説明であるように思われる。

四　整理と検討

1　論点の整理と展開

以上の検討からもわかるように、憲法85条の特に国債の発行に関する解釈には、論者によって無視できない違いがある。そこで、改めて問題を整理し、再構成してみよう。

従来の学説は、憲法85条は「国会の議決」を特定しておらず、法律でも予算でもよいと解する点については一致する。その一方で、現在の制度の理解、すなわち、①現在の財政運営において、公債発行に関する国会の議決は、法律によって与えられているのか、それとも予算によって与えられているのか、②これとの関係で、財政法の規定をどのように考えるかという点に対立がある。

他方、忘れられている論点もある。たとえば、明治憲法下では、起債の発行の議会協賛に際して、政府は、臨時に一定の目的と一定の金額とを限ったうえで承認を受けるとする解釈や、議会は起債の発案も修正もできないとする解釈があっ

32　樋口陽一ほか編『憲法Ⅳ』（青林書院、2004年）189頁〔浦部法穂〕、木下智史・只野雅人編『新・コンメンタール　憲法』（日本評論社、2015年）669頁〔只野雅人〕。

33　以下の叙述全体として、毛利透ほか編著『憲法Ⅰ〔第2版〕』（有斐閣、2017年）190頁以下〔淺野博宣〕。

34　毛利ほか・前掲注33・191頁〔淺野〕

た。この点については、日本国憲法下では十分に検討されていないようである。

　そして、本稿筆者の観点からは、これらの対立や未解決の論点は、決してとるに足らないものとして切り捨てることが許されないように思われるのである。

　浅野が指摘するように、現在の制度では、「財政法４条によって、赤字公債を発行するためには予算だけではなくて法律の制定も必要」となっている。この点、たしかにそのような制度は、予算が成立したとしても、別途赤字公債を発行するための法律が成立しない可能性があるという点で問題があり、毎年度の財政運営に必要以上の政治的コストが必要とされている可能性がある。しかし、他方で、そのような法律は止めてしまって、予算によって議決することに改めるのは別の問題を生じうる。たとえば、そのような制度を採用する場合、国会の起債の発案権や修正権はどのように解するべきか。また、財政法４条は、そのただし書で建設公債等の起債について定めるだけでなく、健全財政原則を定めてもいる。この点をどのように考えたらよいのだろうか。同じく、たとえば、公債の発行について、それが法律の議決を受ければ足り、財政法が定めるような予算における毎会年度の議決は必ずしも要求されないと解されるのであれば、際限なく公債発行が行われうるということになりはしないか。

　このように考えるとすれば、憲法85条の解釈をもう少し詰めておくことは、公債運営を前提とした財政運営の法的規律のあり方を検討する際にも何らかの貢献ができるだろう。そこで、そのための手がかりを、ドイツにおける起債の授権に関する基本法の条文とその基本的な解釈を確認することによって得よう。

2　ドイツにおける「議会留保」と起債授権

　明治憲法62条３項が国債の起債について「帝国議会の協賛」を要求し、それが解釈論上、法律の形式とは限らないと考えられてきたこと、日本国憲法85条は、基本的に、明治憲法62条３項と同趣旨の規定だと考えられてきたことは縷々触れてきた通りである。そして、我が国の学説は、正当にもドイツの憲法に伝統的に同様の規定が見いだされることに注目してきた[35]。

　たとえば、1850年のプロイセン憲法103条では、「国庫のための起債は、法律に基づいてのみ行われる。このことは国の負担となる担保の引受についても適用さ

35　たとえば法学協会・前掲注24・1283頁。

れる」としていたし、1919年のヴァイマル憲法87条は、「国債は、通常外の必要のある場合に限り、かつ、通例は事業目的の経費に充てるためにのみ、これを起こすことができる」としたうえで、「かかる起債及びライヒの負担による担保の引受けは、ライヒ法律の根拠に基づいてのみ、これを行うことができる」としていた。さらに、1949年制定当初のドイツ基本法においてもヴァイマル憲法とよく似た規定が踏襲され、115条で、「資金は、非常の需要がある場合においてのみ、かつ、原則として事業目的の支出のために、及び、連邦法律の根拠に基づいてのみ、きさいの方法で、これを調達することが許される。連邦の負担となる人的及び物的保証の提供は、この効力が一会計年度を超えるものである時は、連邦法律の根拠に基づいてのみ、これを行うことが許される。この法律中には、起債の額、又は連邦が責任を引き受ける義務の範囲が定められていなければならない」と定められた[36]。

このようなドイツの憲法上の公債発行に関する規定の展開については、ヴァイマル憲法が国債の起債が認められる場合についても規定していたこと、戦後のドイツは、起債の憲法的コントロールの実効性を高めるために暫時憲法改正を進めており、現在では相当に複雑かつ体系的な規定が整備されていることなども関心を惹くが、この点は後で若干触れたい。それよりも、ここで注目したいのは、ドイツでは伝統的に、国債の起債に法律の根拠が求められている、という点である[37]。そして、これは現在の基本法115条1項においても変わらない[38]。

さて、改めて言うまでもなく、ドイツの憲法が伝統的に起債について法律の根拠を求めているのは、それが議会の財政権を確保しようとするからである[39]。したがって、ここで問題となるのは、伝統的な意味での「法律の留保」ではなく、財政権に基づく「特別の法律の留保」[40]であり、起債を授権する法律は実質的意味の法律ではなく、形式的意味のそれである[41]。このような特別の法律の留保

---

36 ドイツ憲法の訳文は、高田敏・初宿正典『ドイツ憲法集〔第7版〕』（信山社、2016年）及び初宿正典『ドイツ連邦共和国基本法』（信山社、2018年）を参照した。ただし、本文の叙述をクリアにするために、適宜訳語を変更した箇所がある。

37 *Wolfram Höfling*, Staatsschuldenrecht, 1993, S. 13ff. なお、石森・前掲注3・7頁も参照。

38 *Höfling*, a. a. O. (Fn. 37), S. 15.

39 *Helmut Siekmann*, Art. 115, in: Michael Sachs (Hrsg.), Grundgesetz Kommentar, 7. Aufl., 2014, Rn. 23.

40 *Hanno Kube*, Art. 115, in: Theodor Maunz / Günter Dürig (Hrsg.), Grundgesetz, Kommentar, Loseblattwerk, Lfg. 56, 2009, Rn. 62.

は、財政憲法の本質的な構成要素を確保するためのものであり[42]、議会による統制のほか、租税同意権の迂回を防ぐことや[43]、議会が法律を議決することによって、起債や債務の引受が行われたことを人々に公知せしめるという意義があるといわれる[44]。

他方、ドイツの場合、こちらもよく知られているように、予算も法律の形式で議決されることになるから、起債を授権する法律には、予算法律とそれ以外の法律[45]のどちらもがありうる[46]。この点、連邦予算規則（Bundeshaushaltsordnung〔BHO〕）18条2項は、起債の授権を予算法律によって与えることを定めており、これが伝統的に通常の方式であるが、かといって予算法律以外の法律による起債授権が行われていないわけではない。このような例として、たとえば、経済安定成長促進法（Gesetz zur Förderung der Stabilität und des Wachstums der Wirtschaft〔StWG〕）6条3項による起債授権がある。

もっとも、予算法律によるにせよ、その他の法律によるにせよ、その授権は明示的でなければならないとされ、基本法115条1項3文は明文で、その授権が「金額によって特定されるか、少なくとも特定しうるものでなければならない」と定めている。このような「金額の特定」という憲法規定は、ヴァイマル憲法には存在せず、そこにおける財政運営において発展してきたものである[47]。そして、現在では、この規定の趣旨もまた、議会の財政権の確保にあると考えられている[48]。

3　検　討

かような基本的な議論を確認するだけでも、日本国憲法の解釈論にとっては、

41　このような理解は古くから見られる。例えば、*Hermann von Mangoldt*, Bonner Grundgesetz, 1953, S. 603. なお、BVerfGE 79, 311（326）も参照。

42　*Kube*, a. a. O.（Fn. 40）, Rn. 62.

43　石森・前掲注3・7頁。

44　*Hermann Pünder*, Staatsverschuldung, in: Joseph Isensee／Paul Kirchhof（Hrsg.）, Handbuch des Staatsrecht, Bd. 5, 3. Aufl., 2007, §123, Rn. 15.

45　ちなみに、この法律は異議法律だと解されているようである。*Ekkehart Reimer*, Art. 115, in: Volker Epping／Christian Hillgruber, BeckOK zum GG, 36. Edn. 1. 3. 2015, Rn. 28.

46　*Hoffling／Rixen*, a. a. O.（Fn, 1）, Rn. 168.; *Siekmann*, a. a. O.（Fn. 39）, Rn. 24; *Kube*, a. a. O.（Fn. 40）, Rn. 94ff.

47　*Friedrich Ernst Moris Saemisch*, Staatsschuldenwesen, in: Gerhard Anshütz／Richard Thoma, Handbuch des Deutschen Staatsrechts, 1932, §92, S. 438 f.

48　*Kube*, a. a. O.（Fn. 40）, Rn. 91.

有用な視点が得られるように思われる。

　ドイツでは、起債授権に関する議会権限が、議会の財政権のひとつとして——しかも重要な意味を持って——理解され、かかる議会の財政権を確保するためにも、起債授権は明示的に、金額を特定又は特定しうる形でなされる必要があるとされている。ここでは、明治憲法下の美濃部説との異同が注目されよう。

　すなわち、美濃部説は、起債に関する議会協賛権を行政作用の承認として捉える一方で、議会の協賛は、「臨時に一定の目的と一定の金額とを限」って経るものだとしていた。このうち前半は、ドイツにおいてももはや採られておらず、日本国憲法下で国会の財政権が強化されたことに鑑みれば維持し難い。しかしながら、後半の部分のうち、少なくとも金額の限定については、ドイツでは未だ明文の規定として残っており、しかもその議会の財政権の確保という趣旨は、日本国憲法の前提とも親和的であるように思われる。そうすると、85条についてこのような解釈を採りうる可能性もまた検討に値しよう。

　次に、起債の授権が、金額について特定又は特定しうる形でなされなければならないとすれば、それに最も適した形式は予算においてその授権を与えることではないだろうか。この点について、ドイツでは、法律による授権が求められ、それが予算法律かそれ以外の法律かは、憲法上特定されていないのであるが、それが伝統的に通常、予算法律によってなされるというのは、このような面もあるからであろう。

　これに対して日本では、むしろ、明治憲法下で起債授権が法律によってなされてきたことや、予算に対して独特の理解が与えられてきたこともあって、この点が意識されにくかったのではないだろうか。しかし、改めて考えてみれば、金額を特定して起債の授権をするのであれば、歳出予算と併せて議決をする方が合理的であるし、それにより、その年度の予算でどれだけの公債負担をしようとしているのかを理解しうることにもなろう。加えて、予算の議決がなければ公債の発行はなしえないのであって、これに鑑みても、憲法85条の国会の議決は予算に対するそれによって与えられているとみるべきであろう。

　しかし、このように考えると、ドイツでも我が国でも、予算とは異なる法律によって起債が授権される例があることをどのように考えるかが問題となる[49]。

49　なお、*Hoffling / Rixen*, a. a. O. (Fn. 1), Rn. 169は、両者の関係を一般法・特別法の関係として捉えている。

もっとも、この点は、それがあくまでも原則なのであり、必要があれば、法律による起債授権も可能だと解すれば足りる。

4 小 括

以上の検討を踏まえて、公債発行に関する憲法85条の解釈を暫定的に示しておきたい。

まず、憲法85条は、公債発行について、国会の議決を要求するが、この議決は、公債発行権限の授権を意味する。これは、国会の財政権の表れであり、その観点からしても、その金額が特定され、あるいは特定されうる形で行われることが求められる。

次に、憲法85条は、国会の議決について、その形式を特定していない。もっとも、国会の議決については、上に述べたこととの関係で、予算と連関する形で行うのが合理的である。この観点からすると、公債発行の授権は、原則として予算と一体となって行われるのが望ましい。そして、財政法もこのような観点から、予算総則に限度額を定め、国会の議決を受けることとしたものだとみるべきである。また、このように考えるとすれば、公債発行に関する憲法85条の「国会の議決」は予算によって与えられていると考えるべきであろう。

五 財政運営ルールと憲法85条

1 財政法と起債授権

以上の暫定的な解釈からすれば、財政法4条ただし書や、財政法4条の特例として定められるいわゆる特例公債法は、それ自体の議決が憲法85条の国会の議決を与えるものとみるべきではない。しかし、このような理解に対しては、いくつかの疑問が提起されることも想定される。

第一に、財政法が、起債授権を予算の議決によって行うという選択の結果、その発案権は内閣に専属し、また、財政法に適合的な予算案しか国会に提出されないことから、国会もまた財政法に拘束されることになる。これは国会の財政権を侵害しないか、換言すれば、財政法が起債授権を予算と関連付けることにより、発案や修正等について、予算に連動するために生じる問題が起こりうるのではないかという指摘があろう。

このうち発案権については、我が国でも、起債と同じく法律の議決でなしうる可能性がある狭義の国庫債務負担行為の授権は、財政法上、予算の議決によって行うものとされている点などとも併せて考える必要があろう。このような制度が許容されると考えるのであれば、起債についても許容されるとみるべきであるように思われる。

　他方で、修正等については、国会の予算修正権との関係が問題となる。この点、国会による予算の修正については、法的な限界はないとする説が学説上、通説であるが[50]、しかし、そのように解する見解であっても、政府原案の歳出総額を超えるプラス修正については、その分の財源を国会が用意すべきだとするものがある点に留意が必要であろう[51]。このような財源は、租税法の改正によるか、公債の発行によるしかなく、従って、国会は、予算総則の公債発行の限度額の規定についても修正ができるものと考えるべきだろう。

　第二に、それでは財政法４条ただし書の法的意義ないしその性格をどうみるべきかが問題となろう。

　財政法４条ただし書は、それ自体としては、財政法４条本文が定める非募債主義の原則に対する例外を示したものである。そして、財政法４条本文は、財政運営に関する基本原則であり財政運営ルールである。したがって、その例外を定めるただし書もまた、財政運営ルールだと解されるように思われる。

　このように考えてみると、「結果として、財政法４条によって、赤字公債を発行するためには予算だけではなくて法律の制定も必要になっている」のは、結局のところ、財政法４条が非募債主義とその例外としての建設公債原則を財政運営ルールとして定めたため、赤字公債を発行するには、①財政運営ルールを定める法律の改正と、②改正された財政運営ルールに基づく公債発行の授権という二つの国会の議決がそれぞれ別途必要となるからに過ぎない。したがって、真に問題なのは、毎年度ないし頻繁に財政運営ルールを改めなければならないという事態であって、赤字公債を発行しようとすると、財政法４条により、法律と予算の議決がいわば二重に求められること自体が問題なのではない。それを避けたければ、赤字公債に頼らない財政運営を行うか、財政運営ルールの合理化を図るべきである。

50　佐藤・前掲７・1137頁以下。
51　宮沢・前掲注17・726頁など。なお、このような理解は、予算上、歳入と歳出とが一致することを前提とするが、この点については他日の検討に委ねたい。

2 財政運営ルールの意義

さて、本稿筆者の立場からは、財政法4条はただし書も含めて、財政運営ルールとみることになる。そこで、次に、このような財政運営ルールについて検討を行おう。

財政は、国家がその存立を図り、任務を遂行するために必要な財力を調達し、管理し、使用する作用であるが、このような作用を担うに当たっては、一定の財政制度が必要となり、そのような制度は、法によって形成される。かかる法には、その内容面からみれば、租税法のほか、予算・決算・会計制度に関するもの（財政管理法）に区分される[52]。近年のある研究によれば、このうち財政管理法は、財政運営をよりよく機能せしめることを通じて、①マクロ経済上の安定性及び長期的な財政の維持可能性の確保、②予算資源の適切な配分の促進、③公的支出の効率化、④国庫の資金繰りをはじめとする財政業務の効率性の確保、⑤議会や市民への質の高い財政情報の提供といった目的を達成するための枠組みを提供するといわれる[53]。

このような財政管理法は、その形式面から見れば、法律のほか、各種の政省令、慣行[54]などはもちろんのこと、憲法によっても構成される。したがって、これらの法が総体として、財政管理法を形成し、それによって、如上の目的を達成することになるが、我が国の憲法・財政法研究を振り返ってみると、多くの研究が②ないし⑤の観点から行われる一方、①の観点からの分析は十分な蓄積がない。

他方で、現代の財政には、資源分配機能、再配分機能、経済安定化機能があるといわれている[55]。このうち経済安定化機能は、マクロ経済財政政策に密接に関わる。このようなマクロ経済財政政策の運営については、かねて、ケインジアン型の反景気循環政策の重要性が認識されてきたところであり、また、金融危機後の世界において再び脚光を浴びているが、同時に、経済のマクロ・レベルでの安定が持続可能な成長にとって必要であり、過度の財政赤字や公債発行がマクロ経

---

52 杉村・前掲注25・5頁、なお、藤谷武史「財政制度をめぐる法律学と経済学の交錯」フィナンシャル・レビュー104号3頁以下（2011年）8頁も参照。

53 Ian Lienert, *The Legal Framework for Public Finances and Budget System*, in THE INTERNATIONAL HANDBOOK OF PUBLIC FINANCIAL MANAGEMENT, 63, 65 (Richard Allen et al. ed. 2013).

54 慣行などが制度を支えている側面についてまで、財政法学の研究対象とすべきであるとする指摘について、藤谷・前掲注52・13頁以下も参照。

55 Richard Hemming, *The Macroeconomic Framework for Managing Public Finances*, THE INTERNATIONAL HANDBOOK OF PUBLIC FINANCIAL MANAGEMENT, *supra* note 53, 17, at 18.

済の安定を害しうるという理解も共有されている[56]。

このように現代の財政運営の目的には、景気の安定のほか、財政規律を遵守し経済の安定と持続可能性を維持することも含まれることになる。もっとも、財政運営の目的としては、これ以外のものもありうるところであり、かつ、そのような目的のために、どのような手段が用いられるべきか、具体的にどのような財政制度運営上の措置が要求されるものと考えるべきかといった点については、唯一の解があるわけではない[57]。

したがって、適切な財政運営は、目的や手段、措置をそれぞれ適切に選択し、組み合わせて行う必要があり、それには財政担当者に一定の裁量が認めなければならない。その意味で、適切な財政運営をリジッドに体系的かつ厳格に規律するルールは構想できない。しかし、このような裁量は、他方で、よく知られているように財政赤字バイアスを生むという欠点がある。そこで、財政赤字バイアスをできる限り削ぐような規律が求められるのである。このような規律をもたらすものとして、市場や選挙を通じたそれが考えられるが、市場の規律力は適時性を欠くとともに、それが発揮されるときには強力過ぎる。また、選挙を通じた規律は、政治家が適切でない財政運営によって失職するか（換言すれば、財政の適切な運営が政治家の当選へのインセンティブになるか）、選挙民に適切な情報が与えられるかといった点で難がある。

3　実体的財政運営ルール

財政運営ルールは、以上のような短所や難点を回避するために、財政運営を拘束するよう設計された制度である[58]。このような財政運営ルールには多種のものが考えられるが、しばしばこれを整理する視点として、手続的財政運営ルール（procedual rule）と実体的財政運営ルール（numerical rule）とが区別されることがある[59]。

56　*Id.* at 17.

57　この点が、物価安定という目的とそのための手段（たとえばインフレ・ターゲッティング）、その下での具体的な政策運営（金融緩和）という形である程度整序されている通貨政策と異なる点であるように思われる。*See also,* George Kopits, *Fiscal Rules; Useful Policy Framework or Unnecessary Ornament?*, IMF WORKING PAPER WP/01/145, 3 (2001).

58　Hemming, *supra* note 55, at 32-33, Ana Corbacho and Teresa Ter-Minassian, *Public Financial Management Requirements for Effective Implementation of Fiscal Rules*, THE INTERNATIONAL HANDBOOK OF PUBLIC FINANCIAL MANAGEMENT, *supra* note 53, 38, at 39.

そして、我が国の財政法4条は、このうち、実体的財政運営ルールとして理解
できる。実体的財政運営ルールとは、一定の財政指標に結びつける形で設定され
たルールを設けることによって、財政運営を継続的に拘束するルールの総体であ
り[60]、このようなルールは、①それがどのような財政指標との関連で設定される
かという観点から、(a) 予算均衡ルール（この中には投資的経費に関する支出を除外
する、いわゆるゴールデン・ルールや、構造的赤字も許容する構造的予算均衡ルールも含
まれる）、(b) 債務ルール、(c) 歳出ルール、(d) 歳入ルールに区別されるほか、
②それが与えられる法形式、③そのカバーする財政の範囲、④例外条項や⑤違反
時の制裁、⑥ルールが適用される期間といった観点から様々に類型化しうる[61]。

このような類型化を前提に、我が国の財政法4条の特徴を分析してみよう[62]。
まず、①の点については、明らかに予算均衡ルールだと理解される。また、②に
は政府のコミットメント、法律、憲法、国際条約といった形式が考えられるが、
当然、法律である。③については、中央政府の、しかも一般会計のみを対象とし
ており、非常に狭い。④や⑤については正式の制度としては存在していない。一
方、⑥は予算・会計の年度を超えて適用される永続的なルールである。

比較のために、ドイツについても分析してみよう。ヴァイマル憲法87条は、
「非常の必要のある場合に限り、かつ、通例は事業目的の経費に充てるためにの
み」起債を認めていたことにはすでに触れた。このような規定は、その規律力は
ともかくとして、通常は起債を認めず、一定の要件が満たされた場合にのみこれ
を認めるという意味で、予算均衡ルールの一種だと考えることができる。そし
て、ドイツの最大の特徴はこのときすでに、このような予算均衡ルールが憲法上
採用されていたという点にある。

このような予算均衡ルールは、1949年制定の基本法でも維持された。もっと
も、すでに優れた紹介がなされているように[63]、その不十分さが認識され、1969

59　*Id.* at 40.

60　Luc Eyraud, Xavier Debrun, Andrew Hodge, Victor Lledó, and Catherine Pattillo, *Second-Generation Fiscal Rules: Balancing Simplicity, Flexibility, and Enforceability*, IMF STAFF DISCUSSION NOTE SDN/18/04, 6 (2018).

61　Corbacho and Ter-Minassian, *supra* note 58, 40-41.

62　*Id.* at 43, Victor Lledó, Sungwook Yoon, Xiangming Fang, Samba Mbaye, and Young Kim, *Fiscal Rules at a Glance*, IMF, 43 (2017), available at http://www.imf.org/external/datamapper/fiscalrules/map/map.htm

63　石森・前掲注3・6頁以下。

年の基本法改正で、予算均衡ルールが改められ、それが、2009年の基本法改正で
さらに構造的予算均衡ルールへと改められるとともに、それを実行する制度や例
外ルールの整備が行われているのである。

　日本とドイツとでは、その法形式は違うものの、予算均衡ルールが採用されて
いる点では一致を見る。もっとも、実体的財政運営ルールについて、種々の類型
があることからもわかるように、これが絶対のものではなく、アメリカのように
予算均衡ルールが採用されていない（あるいはうまくいかない）という国もある。
また、我が国でも、法律ではなかったものの、民主党政権下で支出ルールが導入
されていた時期がある。もっとも、仮説の域を出ないが、ドイツや日本で、比較
的古くから予算均衡ルールが採用されていたのは、早くから、歳入歳出予算を統
合的に編成するという財政制度が確立されていたためであり、そのようなルール
が導入しやすかったという要因もあるかもしれない。

4　財政運営ルールと日本国憲法

　このように、我が国にはすでに財政運営ルールとして理解される財政法4条が
ある。もっとも、その実効性は極めて低く、すでに空文化して久しい。その意味
では、財政運営ルールそのものの抜本的な見直しが必要であろう。

　ただし、すでに述べたことからも理解されるように、どのような財政運営ルー
ルが適切であるかは、それに違反した場合の制裁や規律の実効性確保の仕組み、
予算均衡ルールの中でもどのようなルールを選択すべきかなど、様々に検討すべ
き事柄があり、また、各国それぞれの財政制度や法体系との関連で多様な選択が
ありうる。加えて、いたずらに財政運営ルールを厳格にすれば、財政運営の柔軟
性が失われかねないことにも注意が必要であろう。

　したがって、本稿筆者の従来の主張通り、我が国が財政運営ルールをどのよう
に改めて行くべきかという点については、なお慎重な検討を要するというほかな
いのであるが、若干の言及をしておきたい。

　第一に、財政運営ルールは、その内容のひとつとして、起債の発行に関する
ルールを含みうる。このような起債制限ルールの必要性については、従来、憲法
学でも、公債依存の財政運営が、将来世代の負担になるという世代間衡平の観点
からいわば原理的な考察がなされてきた。もっとも、すでに述べたところからも
うかがわれるように、財政運営ルールに関して必要となる視点は、経済の安定な

ども含まれるのであって、世代間衡平だけではない。また、民主的な決定の余地を残すという点も重要な視点である。これらの視点は、決して、憲法学と無縁のものではなく、そうであるならば、これらの点に関する検討が深められる必要があろう。

第二に、財政法4条を含め、財政運営ルールそれ自体は、憲法85条とは直接には関係しない。むしろ、憲法85条との関連では、そのような財政運営ルールの設計において、なお、国会の財政権をどのように実効的に確保するか、という点が重要であろう。この点の考察のためには、国会の財政権とは何か、その確保のためにどのようなことが要請されるのか、財政運営における国会と内閣をはじめ、国政上のアクターとの関係をどのように整序するのが憲法適合的なのかも含めて考察する必要がある。そして、それはおそらくは憲法83条の解釈論的課題である。

第三に、財政法4条が空文化していることとの関係で、憲法典に財政運営ルールを書き込む必要があるという主張については、ドイツでは、予算が法律とされており、予算法律と、財政運営ルールを定める法律とが衝突しうるのに対して、我が国では（これ自体、異論がありうるが）予算は法律を改正したり、廃止したりする効果はないと考えられている点に留意が必要であろう。その意味では、ドイツとは状況が異なるのであって、財政運営ルールを憲法典に設ける必要性は高くはないのではないか。もっとも、そのような法律によって設けられる財政運営ルールをどのように守るべきかは別途考察される必要がある。その際には、遵守しやすい適切な実体的財政運営ルールを模索するとともに、手続的財政運営ルールや財政管理法も含めた総合的な見直しをするべきであろう[64]。

六　むすびにかえて

以上、本稿では、憲法85条の解釈について、主として国債の起債に対する国会の議決という観点から整理・検討するとともに、財政法4条がどのようなルールなのかについて検討を試みた。

本稿の検討は、従来の筆者の主張と変わらないもので、また、既存の研究のいくつかを紹介・検討したに過ぎず、屋上屋を重ねるものではある。また、伝統的

64　なによりもまず、宍戸常寿「予算編成過程と将来予測」法律時報88巻9号（2016年）45頁以下。

な比較法研究の手法という観点からも、大いに批判がありうることであろう。

このような誠に拙い論考を、初宿正典先生の古稀を寿ぐ論文集に寄せることについては、忸怩たる思いが、当然にある。しかし、他方で、不出来な弟子の現在地をありのままにさらすこともまた、いただいた学恩に報いることではないかと思い改めた次第である。先生に、財政金融という領域を憲法学の観点から研究することの重要性をいち早く理解していただき、絶えず励ましていただくことがなければ、ここまで研究を継続することはかなわなかった。

これまでの暖かい愛情に心より感謝申し上げるとともに、今後も変わりない御指導をいただけますようお願い申し上げます。

[付記]　本稿は、JSPS 科研費基盤研究（B）課題番号26285008の助成を受けている。

応答的司法の政治的基盤と正統性

見　平　　典

一　はじめに
二　「応答的法」の概念
三　応答的司法の政治的基盤
四　応答的司法の正統性

一　はじめに

　本稿は、いわゆる「応答的司法」を実現していく上で生じうる課題とその対処について、滝井繁男・元最高裁判所裁判官の思想やアメリカ司法のありようを手掛かりに考察しようとするものである。

　アメリカの社会学者フィリップ・ノネとフィリップ・セルズニックは、日本においても広く知られる著書『移行期の法と社会』の中で、法秩序を「抑圧的法」「自律的法」「応答的法」に類型化した[1]。このうち「自律的法」においては、法形成と法適用は厳格に区別され、司法は自己の職分を後者に限定することによって、自律性と安定性を確保する。これに対し、「応答的法」においては、法形成と法適用は必ずしも厳格に区別されず、司法は柔軟な法解釈を通して法形成を行い、社会のニーズや理想に応答しようとする、とされる。これまで日本司法は自律的法、アメリカ司法は応答的法の典型といわれてきた。

　もっとも、日本においても学界・実務界において、応答的法型の司法を求める声は少なくない[2]。なかでも、2000年代に最高裁判所裁判官を務めた滝井繁男は、応答的法を志向した近年の代表的な実務家といえる。滝井によると、政治部

1　PHILIPPE NONET & PHILIP SELZNICK, LAW AND SOCIETY IN TRANSITION: TOWARD RESPONSIVE LAW (1978). 邦訳は、フィリップ・ノネ、フィリップ・セルズニック（六本佳平・訳）『法と社会の変動理論』（岩波書店、1981年）。本稿では訳出にあたり、同書を参考にしている。
2　公法学においては、たとえば、奥平康弘「応答的法への転換」法律時報76巻13号317頁（2004年）参照。

門が社会事象・価値観の変化や時代の要請に有効に対処しないときには、司法は柔軟な法解釈を通して大きな役割を果たさなければならず、このことはとりわけ少数者の権利にかかわる憲法事件において妥当するという。滝井自身は「応答的法」という表現を用いていたわけではないが、「法にその時代に即した活力を与えていく」ことこそが司法の使命であるとの信念に表れているように、まさに応答的法型の司法の実現を目指していたといえよう[3]。

　もっとも、応答的法型の司法には、司法に対する政治的攻撃のリスクが高まること、「法の価値中立的発見・適用」という伝統的な裁判イメージから司法の正統性を調達することが困難になることなどの課題も存在する。そこで本稿では、日本においても応答的法を求める声が少なくないことに照らして、こうした応答的法型の司法が抱える課題にいかなる対処がありうるのかについて、考察してみたい。

　本稿では考察にあたり、滝井繁男の思想と、応答的法の典型とされるアメリカ司法のありようを参照する。滝井に着目するのは、滝井が応答的法を明確に志向していたのみならず、応答的法が抱える上記課題についても、実務家として鋭敏に意識していたとみられるからである。くわえて、2000年代以降、最高裁判所が憲法事件・行政事件において従来よりも積極的な姿勢を示すようになったが、滝井はこの変化の立役者の一人と目されてきた[4]。その滝井の思想と実践を理解することは、今後の日本司法のあり方を考えていく上で重要な意義を有するであろう[5]。

3　滝井繁男「これから法曹を担う皆さんに期待するもの」関西大学法科大学院ジャーナル2号（2007年）（以下、滝井①）6頁、滝井繁男「これからの社会に求められる法律実務家の役割」近畿大学法科大学院論集4号（2008年）（以下、滝井②）133-134頁、滝井繁男「最高裁の憲法上の役割と国民の期待」憲法問題23号（2012年）（以下、滝井③）132-133頁、滝井繁男「法科大学院で何をどう学ぶか」関西大学法科大学院ジャーナル8号（2013年）（以下、滝井④）21頁。滝井の司法観の詳細は、本稿第二節第3項を参照。

4　佐藤幸治「「国民の司法」へのさらなる発展を求めて──滝井繁男氏を偲びつつ」佐藤幸治・泉徳治 編『滝井繁男先生追悼論集　行政訴訟の活発化と国民の権利重視の行政へ』（日本評論社、2017年）4頁。

5　アメリカにおいては、連邦最高裁判所の各裁判官の思想を分析した研究が少なくない。司法の頂点に立って法の形成・適用に関与している最高裁判所裁判官の憲法観・司法観を探求することは、判例を深く理解する上でも、今後の司法のありようを考える上でも重要な意義を有するであろう。

　なお、近年の日本の憲法学におけるこのような試みとして、渡辺康行・木下智史・尾形健 編『憲法学からみた最高裁判所裁判官──70年の軌跡』（日本評論社、2017年）を参照。本稿は、同書所収の見平典「「公共性の空間を支える柱」としての司法を目指して──滝井繁男」を一部基礎としている（このため、叙述に一部重複がある）。

以下では、まず応答的法の概念について、滝井の司法観にも触れつつ整理し説明する。その上で、応答的法型の司法に伴う課題を明らかにし、それらの課題にいかに対処すべきかについて、滝井の思想とアメリカ司法のありように照らしながら検討を加えたい。

二　「応答的法」の概念

1　法の三類型

本節ではまず、応答的法の概念について整理しておきたい[6]。冒頭で紹介したように、ノネとセルズニックは『移行期の法と社会』の中で、法秩序を「抑圧的法」「自律的法」「応答的法」に類型化した。このうち、抑圧的法とは、「抑圧的権力のしもべとしての法」のことをいう[7]。そこでは、法／司法は、抑圧的な政治権力の思いのままになる道具として、主に秩序維持を担う。法／司法は政治権力に従属しているため、政治権力に制約を課すことは難しく、国民の権利は曖昧である。

これに対し、自律的法とは、こうした「抑圧を抑制し、自らのインテグリティを保つことのできる、分化した制度としての法」のことをいう[8]。そこでは、司法と政治は厳格に分離され、法の形成は政治部門、法の適用は司法部門が行うこととされる。司法においては専門性・中立性・一貫性が強調され、法の忠実な適用が行われる結果、法的安定性・法的予測可能性・公平性が実現する。

自律的法の下では、政治部門は司法の独立を認め、自らに不利な判決にも従う。政治部門は法に服していることを示すことによって、支配の正統性を獲得し、より安定的な支配を行うことができるからである。もっとも、この司法の独立は、法形成は政治部門、法適用は司法部門という厳格な区別を前提としていることに注意を要する。この点について、ノネとセルズニックは次のように述べる。

6　応答的法の概念および法の三類型については、NONET & SELZNICK, *supra* note 1 のほか、ロバート・A・ケイガン（見平典・訳）「「応答的法」型の司法に向けて──可能性と危険性」棚瀬孝雄編『司法の国民的基盤──日米の司法政治と司法理論』（日本評論社、2009年）、Malcolm M. Feeley, *Law, Legitimacy, and Symbols: An Expanded View of Law and Society in Transition,* 77 MICH. L. REV. 899 (1979) 参照。本項の以下の説明は、これらの文献を参照している。

7　NONET & SELZNICK, *supra* note 1, at 14.

8　*Id.*

実質的には、1つの歴史的な取引が行われるのである。*法機関は実体面での従属という代償を払って、手続面での自律を獲得する*。政治共同体は、法律家に政治的介入を受けることなく行使できる一定の権限を付与するが、そのような不介入の条件として、法律家には公共政策の形成には関わらないことが求められる。これが、司法が「独立」を獲得するための条件なのである[9]。(斜体は原文)

こうした「取引」により、司法は自律性を確保し、裁判に専門性、中立性、法的安定性、法的予測可能性、公平性がもたらされるのである[10]。その一方で、法の是正、法の形成は政治部門の役割とされるため、法の字義通りの適用が不当な結果をもたらす場合、あるいは、法そのものが不当な場合であっても、司法が創造的に対処できる余地は小さい。司法はたとえ違憲審査権を与えられていても、法令が憲法に明確に違反しているといえない限り、その権限を行使することもないであろう。このため、政治部門が対処しない場合、社会変化に対応していない法、問題のある法が、そのまま適用され続けることになる。

応答的法とは、このような自律的法の抱える問題を克服しようとするものである。それは「社会のニーズや理想への応答を促進するものとしての法」であり[11]、そこでは、司法は法の基本的価値・原理・目的に照らしながら、社会の変化やニーズに応答した実質的正義にかなった解決を追求する。司法はそのために硬直的な法適用を排し、法の柔軟な解釈・再構成を通して法を形成し、創造的な救済を行う。政治部門に異議申立をすることも辞さず、違憲審査権も活発に行使するであろう。これにより、法形成は政治部門、法適用は司法部門という厳格な分離・分担は融解し、司法と政治は再び交錯する。

このような応答的法においては、法源は国家法に限られない。アメリカの法学・政治学者のマルコム・M・フィーリーは、次のように述べる。

応答的法においては、法源は曖昧になりうる。それはむろん国家でありうるが、一般原理でもありうるし、自然法でもありうる。それは理想、憲法的理想でもありうる。それは全ての法規定の総和を超えた、正義感に対する忠誠でもありうる[12]。

9　*Id.* at 58.

10　この「取引」は、民主政国家においては、民主的正統性を有する政治部門が法形成、専門性を有する司法が法適用という形で、規範的にも正当化されることになる。

11　NONET & SELZNICK, *supra* note 1, at 14-15.

12　Steve Leben et al., *Friends of the Court? The Bar, the Media, and the Public*, 41 COURT REVIEW 36, 38 (2005).

このように、応答的法は実質的正義・実質的合理性を追求し、自律的法が陥りがちな形式主義や硬直的な法適用の問題を克服しようとする。ただ、その応答的法も問題や課題から免れているわけではない。この点については、後に詳述する。

2 日本司法とアメリカ司法

ここまでノネとセルズニックの法の3類型をみてきたが、日本司法には以上の3類型のうち、自律的法の特徴を多く見出すことができる。そこでは、専門性、非政治性、中立性が強調され、法的安定性が重視されてきた。下級裁判所においては判例の忠実な適用がみられ、司法判断は均質性——その意味での公平性——を特徴としている。また、判例を形成している最高裁判所においては、法形成や政治部門に対する謙抑的な意識が存在してきた。滝井は最高裁判所時代を振り返って、次のように述べている。

> 司法界には非常に謙抑的な人が多いということを、司法の世界に入って私は改めて思いました。要するに、自分たちは法律によって解決できる根拠があってそれによって解決できるものでないとなかなか踏み込めないという根強い思いがあるのです。昔から司法については政治からある程度離れたところにいないと駄目だという考え方が根強いのです。今はそういうことを極端な形で言う人はいませんが、自分の領域についても非常にセンシティブな人が多いことは事実です[13]。

たしかに日本司法は四大公害訴訟のように、私人間の民事事件——司法固有の領域とみられており、自己の専門性を強く主張できる領域——においては、しばしば法創造的な役割を果たしてきた。しかし、それ以外の領域——特に憲法事件・行政事件——においては、法形成・公共政策への関与を控え、法令の安定的な適用に努めることにより、自律性を確保しようとしてきたといえよう。こうした日本司法の行動の背景には、1970年代のいわゆる「司法の危機」の時代の経験や、旧憲法下の司法の権限と地位などの影響があるとみられる[14]。

これに対し、アメリカ司法は応答的法の特徴を多く備えているといえよう。そもそも、ノネとセルズニックは「応答的法」の概念を、アメリカ司法の動態を踏まえて経験的に形成していた。実際に、そこでは実質的正義・実質的合理性の追

13　滝井② 149頁。
14　見平典「近現代における司法と政治」高谷知佳・小石川裕介 編『日本法史から何がみえるか——法と秩序の歴史を学ぶ』（有斐閣、2018年）。

求、社会変化への応答、柔軟性、創造性が観察され、政治部門への異議申立も頻繁にみられる。たとえば、2017年には各地の連邦裁判所が、選挙時の重要公約に基づく大統領令（イスラム圏の特定諸国の国民を対象とした入国制限令）に対して、憲法違反の疑いがあるとして一時的差止命令・暫定的差止命令を下した。そこには、政権の最重要政策であっても異議を申し立てることを辞さない、応答的司法の姿をみることができる。また、2015年には連邦最高裁判所が、社会の価値変化に対応する形で全米の同性カップルに法律婚への道を開いたが、ここにもアメリカ司法の応答的性格がよく表れているといえよう。

3　滝井繁男の司法観

このように、日本司法は自律的法、アメリカ司法は応答的法の特徴を持つが、日本においても応答的法を求める声、自律的法から応答的法への転換を求める声は少なくない。その近年の代表的な実務家として、滝井の名前を挙げることができる。

滝井によれば、法は紛争解決手段である以上、より良い解決を見い出すことこそが、実務法律家の役割である[15]。それゆえ、裁判官であるか弁護士であるかを問わず、実務法律家にとっては「結論から眺めてみることが大事」であり[16]、当該事件について自分がどのような解決が一番正しいと思うかということを出発点として議論すべきであるという[17]。したがって、実務法律家は条文の一般的な解釈や判例を「そのまま当てはめると、自分がその事件のあるべき解決と考える結論にはならない」ときには、「そこでとまるのではなく、そこで自分の考えを正当化できる別の理屈を見出せないかを考え」なければならない[18]。そして、この「正しい結論」は、その人のこれまでの法に関する蓄積（法知識等）を介した「全人格の力」によって導き出されるものであるという[19]。

滝井はこのように三段論法的思考を退け、結論重視のプラグマティックな思考を重んじるが、このような立場からすれば、「正しい結論」のために、条文・判

15　滝井④ 20頁、滝井繁男「法曹という仕事の喜びについて」関西大学法科大学院ジャーナル7号
　　（2012年）（以下、滝井⑤）9頁。
16　滝井⑤ 5頁。
17　滝井④ 23-24頁。
18　滝井⑤ 5頁、9頁。
19　滝井② 144頁、滝井① 3頁。

例の新たな解釈、柔軟な解釈を通して法創造・法形成を行うことや、判例を巧みに区別することは積極的に評価される[20]。もちろん、「解釈として許される限度というものがある」し、政治部門との適切な分担という意味で司法の役割にも限界があるが[21]、次の場合には、とりわけそうした限度を広く解すべきであるという。

その1つが、社会の変化や時代の要請に政治部門が対応しようとしないときである。滝井は、「法は生き物であり、社会の発展に応じて、展開して行くべき性質のものである。法が社会的適応性を失ったときは、死物と化する」との団藤重光の言葉を踏まえ、社会事象・価値観の変化や時代の要請に対して政治部門による対処が緩慢なときには、司法は大きな役割を果たす――「法にその時代に即した活力を与えていく」――ことが求められると考えていた[22]。

また、滝井は、少数者の立場に関わるときにも、解釈の限度や司法の役割の限界を広く捉えていた。時代の変化が生じても、多数決で決せられる立法部においては、少数者の立場に関わることへの対応はとりわけ緩慢になるためである。したがって、少数者の権利に関わる「憲法の解釈となると、[法にその時代に即した活力を与えていくという司法の]使命は格段と大きくなる」という[23]。

このような滝井の司法観は、プラグマティックな結果志向、実質的正義の追求、社会への応答性、柔軟な法解釈・法形成を特徴としており、まさに応答的法の司法観といえよう。滝井は、日本において自律的法から応答的法への転換を目指していたといえる。

4 「応答的法」の課題

もっとも、自律的司法が問題（硬直的な法適用の問題）を抱えていたように、応答的法も問題や課題から免れているわけではない。応答的法の下では、裁判官は裁量を行使し、法の柔軟な解釈・再構成を通して法を形成することから、法的安定性・法的予測可能性が低下するとともに、恣意的判断の余地が生じる[24]。また、裁判官がそのように法形成を行うことの正統性も問われることになる。ノネ

---

20 滝井繁男『最高裁判所は変わったか――一裁判官の自己検証』（岩波書店、2009年）（以下、滝井⑥）80-82頁、滝井⑤ 6 - 7 頁、滝井④ 20-26頁。

21 滝井繁男「法学部で何を学ぶか」青山法学論集52巻 1 号（2010年）340頁、滝井② 135-136頁。

22 滝井① 6 頁、滝井② 133-134頁、滝井③ 132-133頁、滝井④ 21頁。

23 滝井③ 132-133頁、滝井④ 21頁。

24 ケイガン・前掲注 6 ）219-222頁。

とセルズニックは、裁判官が法の基本的価値・目的に基づきながら実質的正義を
実現するところに応答的司法の正統性を見出しているが、法の基本的価値・目
的、実質的正義の理解は裁判官によって異なりうる。このため、民主的正統性の
希薄な裁判官が、自己の価値理解に基づいて法を形成すること、とりわけ民主的
に制定された法を塗り替えたり否定したりすることの正統性がやはり問われるで
あろう。このことは、法に関する蓄積を介した「全人格の力」によって「正しい
結論」を導き、それを実現しようとする滝井の所説にもそのまま妥当する。

　また、応答的司法は法形成にも従事し、政治部門が形成した法を塗り替えたり
否定したりする。このため、応答的法の下では、司法部門と政治部門との摩擦が
生じ、司法が政治的攻撃を受けるリスク、司法の独立性や活動基盤が侵害される
リスクは高まらざるをえない。そもそも自律的法において、法形成は政治部門、
法適用は司法部門という厳格な区別がなされ、司法がこの区別に敏感であるの
は、司法の自律性を確保するためであった[25]。ノネとセルズニックのいう「歴史
的な取引」が破られ、司法が法形成の領域に介入するとき、政治部門もまた司法
に介入を始めるであろう。実際に、司法による法形成が盛んなアメリカにおいて
は、これまで司法に対する様々な政治的攻撃が試みられてきた。応答的司法は、
いかにして政治部門による介入から自らの独立性・権威・活動を維持するか、い
かにして自己の政治的基盤を築くかという問題に向き合わなければならないので
ある。

　以下では、応答的司法が抱えるこれらの問題・課題のうち、政治的攻撃のリス
クの問題と正統性の問題を取り上げ、これらにいかに対処しうるかについて、滝
井の思想と、応答的司法の典型とされるアメリカ司法のありようを手掛かりに考察
したい。

三　応答的司法の政治的基盤

　本節では、応答的司法が抱える問題・課題のうち、司法に対する政治的攻撃の
リスクの問題を取り上げ、これにいかに対処しうるかについて検討する。

25　なお、司法がこの区別に敏感であるのは、民主政国家においては、このような政治力学上の理
　由に加えて、司法の民主的正統性の欠如ないし希薄さという規範的な理由もあり、正統性の問題
　にも関わっている。

1　政治力学上の司法の位置

　はじめに、司法に対する政治的攻撃にはいかなるものがありうるか、確認しておきたい。政治部門や主要政治勢力は、自己の重要な政策・利益に関わる法を変更・否定した司法に対し、判断の変更を迫るため、あるいは報復のため、次のような行動をとることがありうる。①ネガティブ・キャンペーン、②判決の無視、③恣意的な裁判官人事（党派的選好を優先させて資質を犠牲にした人事）、④議会への裁判官の喚問、⑤裁判官弾劾手続の濫用、⑥裁判所定員を変更する立法、⑦裁判所予算への報復的措置、⑧裁判所の管轄権を変更する立法など[26]。

　これらの攻撃の中には、司法権の行使、司法権の独立に対する直接的な侵害に当たるものもあるが、司法はこうした攻撃を阻止するための手段をほとんど有していない。たとえば、他の政治アクターの場合、批判を受ければ反論を行うことができるが、司法の場合、歪曲・無知・誤解に基づく不当な判決批判を受けているときであっても、裁判官倫理上の制約から、裁判官が法廷外で判決について反論・弁明を行うことは難しい。また、他の政治アクターは自身への攻撃を阻止するために、公認・推薦、予算配分・資金提供、ポストの付与、票の取りまとめ、票の交換、市民の動員などの手段を用いることができるが、司法はこれらの手段を持ち合わせていない。司法が単独で上記の政治的攻撃に対峙し、これを阻止することは、相当に困難といえる。

　それゆえ、応答的法の下では、司法を支える意思と能力を有した政治勢力——司法を実効的に擁護して政治的攻撃を阻止し、判決の履行を促す政治勢力——の存在が不可欠となる。実際に、アメリカ司法はこれまで上記の様々な攻撃を受けてきたが、その中で独立性と応答性を維持することができたのは、政党、法曹集団、公益団体などが司法を実効的に支えてきたからであった[27]。

26　③－⑧は司法の活動基盤・制度的基盤に対する攻撃であり、独立かつ公平な裁判、質の担保された裁判を妨げ、権力間の抑制と均衡の実効性を失わせるおそれがある。また、②は司法の役割の否定といえる。①は②－⑧の地ならしとして機能しうるほか、司法の数少ない権力資源である権威・信頼——それは、判決の実施を人々の自発的受容に委ねざるをえない司法にとってもっとも重要な資源である——に対してネガティブな影響を及ぼすおそれがある。

27　たとえば、見平典『違憲審査制をめぐるポリティクス——現代アメリカ連邦最高裁判所の積極化の背景』（成文堂、2012年）参照。

2　司法の国民的基盤の重要性

もっとも、日本においては、政党は「一党優位」あるいは「一党多弱」と呼ばれる状態にあり、法曹集団の規模も小さく、公益団体もアメリカほど発達しているわけではない。非優位政党、法曹集団、公益団体は、いずれも政治部門・優位政党による攻撃から司法を実効的に支える十分な能力を有しているとはいい難いのが現状である。このため、日本において応答的司法を実現しようとすれば、司法の潜在的な政治的基盤としての国民のあり方が重要になる。

主権者である国民は、政治部門が判決に対する批判を超えて、司法権の行使、司法権の独立を脅かすような行動に出たときに、それに歯止めをかけることのできる最終的な主体である。もちろん、国民の声が常に政治に反映されるわけではないが、政治部門といえども国民の強い声を無視することは、多大な政治的コストを伴うがゆえに容易ではない。司法権の独立を侵害するような政治部門の行動に対して、国民が強い批判の声を上げれば、政治部門がそれ以上司法に介入することも難しくなる。その意味で、国民は潜在的には応答的司法の強力な政治的基盤になりうる。

もっとも、国民は司法にとって両義的な存在であることに留意する必要がある。判決に不服な国民が、司法権の独立を侵害するような政治部門の行動をむしろ後押しすることもあるであろう。この場合、国民は司法にとっての政治的基盤ではなく、むしろ脅威として立ち現れることになる。

それでは、国民が司法にとっての脅威ではなく、安定的な政治的基盤となりうるのは、いかなる場合であろうか。それは、国民が法の支配の実現や権利の保障という司法の役割とその重要性について理解し、その役割を担う機関として司法を信頼している場合である。国民が司法に対する理解と信頼に基づきつつ、そのあり方に注意を払っているとき、国民は政治動向に左右されにくい、司法の確かな政治的基盤になるであろう[28]。逆に、国民の間で、司法の役割に対する理解や信頼が欠けていれば、国民は司法に対する脅威にすらなりかねない。国民的な基盤を築いていくことは、応答的司法の存立にとって重要な意味を有するのである。

実際に、アメリカ司法が応答的でありえたのは、この国民のあり方に負うところも大きいとみられる。EU 諸国とアメリカを対象とした国際調査によると、ア

28　*See,* James L. Gibson & Gregory A. Caldeira, *Knowing the Supreme Court? A Reconsideration of Public Ignorance of the High Court,* 71 J. POL. 429 (2009).

メリカでは調査対象国中、自国の最上級裁判所に対する関心の程度を問われて、
「聞いたことがない」もしくは「分からない」と回答した人の割合はもっとも少
なく（0.7%）、それらの人々を除いた回答者の中で、「ほとんどの人が反対する判
決を最上級裁判所がたくさん下し始めたら、同裁判所を廃止した方がよい」との
立場に反対と回答した人の割合はもっとも高かったという（76%）[29]。さらに、別
の実証研究は、アメリカでは多くの人が司法に関する基礎知識を有していること
を報告している[30]。このように、アメリカでは司法に対する国民の理解と関心、
拡散的支持が比較的高い水準にあり、このような国民のありようも応答的司法を
支えてきたとみられる。

　以上のように、国民のあり方は応答的司法の存立にとって重要な意味を有する
が、とりわけこのことは、前記のように司法を実効的に支えうる政治勢力の乏し
い日本において妥当する。実際に、滝井は日本司法が応答的であるためには、司
法の国民的基盤を形成することが不可欠であると考えていた。滝井は日米を比較
しながら、次のように述べる。

　　　［投票価値の較差訴訟において］司法と立法の対立が表面化した時、国民はどちらを
　　支持するでしょうか。米国のように国民の多くが司法の役割を十分理解している国と
　　は異なり、日本では立憲法治国における司法の役割の重要さへの理解がそれほど深く
　　浸透しているとは思えません。司法が国会に厳しい判断を示した時、「国民が司法を支
　　持してくれるか」という不安があると、最高裁は「［選挙］無効」にまでは踏み込めな
　　いという考えが出てくると思うのです[31]。

　それでは、司法の国民的基盤はいかにして築くことができるのであろうか。こ
の点、アメリカにおいては、司法の判決活動自体に加えて、開放的な司法制度
（陪審制度、裁判官選任制度、アミカス・キューリー制度等）の存在と関係者の自覚的
な取り組みが、司法に対する国民の理解と信頼、関心の向上に寄与してきた。以
下では、こうしたアメリカのありようを参照しながら、日本の文脈の中で応答的
司法の国民的基盤を築いていくための施策について、滝井の提言とその他考えら
れる事項を順にみていきたい。

29　James L. Gibson et al., *On the Legitimacy of National High Courts*, 92 Am. Pol. Sci. Rev. 343
　　(1998).
30　Gibson & Caldeira, *supra* note 28; James L. Gibson & Gregory A. Caldeira, Citizens, Courts,
　　and Confirmations: Positivity Theory and the Judgments of the American People (2009).
31　滝井繁男「国民の支持、ナーバスな司法」朝日新聞2013年11月19日朝刊15頁。

470

3 司法の国民的基盤の形成①──滝井繁男の提言

滝井は、司法が応答的であるために必要な国民的基盤を構築していくために、次のことが取り組まれるべきであると考えていた。

第1に、個別意見制の活性化である。滝井は、「個別意見のある判決は、相違点が明確になるだけでなく、その判決が個別意見をふまえて深く検討された結果であることが読む者にも伝わって、司法への信頼を高める」こと[32]、さらに、個別意見が活発になれば「国民の権利についての裁判官の考えが具体的に明らかにされるだけに、一層国民の最高裁に対する関心は高まる」ことを指摘する[33]。滝井は最高裁判所裁判官在任中に積極的に個別意見を提出していたが、その背景には、個別意見が下級裁判所や学界における議論の深化に寄与するとの認識に加えて[34]、このように司法に対する国民の関心と信頼の向上に寄与するとの認識も働いていた。

実際に、個別意見が活発に提出されているアメリカ連邦最高裁判所においては、判決は多数意見と少数意見の討議空間として機能しており、後述のような専門性の高い司法記者の媒介を経て、市民社会や議会における憲法・司法に関する議論の深化に寄与している[35]。

第2に、裁判官選任手続の透明化である。滝井は最高裁判所裁判官選任手続の透明化の必要性を、司法に対する国民の理解と関心との関係からも捉えていた。そして、その第一歩として、まずは弁護士出身枠の裁判官候補を最高裁判所に推薦している日本弁護士連合会が、その推薦理由を国民に明らかにすることを提言する[36]。

実際に、アメリカにおいては透明性の高い連邦最高裁判所裁判官選任手続が、司法と国民をつなぐ役割を果たしている。すなわち、連邦最高裁判所裁判官は大統領による指名と上院による承認を経て任命されるが、上院の承認手続は、公聴会等を通じた司法委員会による精査と、マス・メディアによる詳細な報道を通して、候補者の資質・憲法観・司法観に関する国民的な論争の中で進められてい

---

32 滝井⑥ 63頁。

33 滝井③ 133頁。

34 滝井⑥ 63頁。

35 見平典「アメリカにおける少数意見制の動態」大林啓吾・見平典編『最高裁の少数意見』（成文堂、2016年）参照。

36 滝井繁男「最高裁裁判官の選任」法学セミナー686号（2012年）巻頭1頁、滝井③ 133-134頁。

る。この結果、選任手続は、司法の役割や憲法問題に関する国民の理解の深化に大きく寄与している[37]。

第3に、法教育・司法教育の実施である。滝井は「憲法や裁判所の役割は、国家の権力濫用から国民の権利を守ることにあるということは、教科書にも十分に説明されていないし、授業でも十分に教えられていない」ことを指摘し、司法界も協力して、学校において司法教育を進める必要性を指摘する[38]。

この点、アメリカでは各地の弁護士会が、「知識ある市民こそが、力強い民主政、法の支配、独立かつ公平かつ公正な司法の最高の堡塁である」（フロリダ弁護士会司法の独立委員会委員長）[39]との認識から、生徒・市民が憲法・司法の役割や司法の独立の意義、法的思考などを学ぶことができるように、学校・地域コミュニティへの弁護士の出張講義や教材の開発・公開などを組織的に実施している[40]。また、裁判所自身も法教育・司法教育に力を入れており、連邦裁判所の公式サイトには法教育・司法教育のための各種の教材が掲載されているほか[41]、各地の裁判所が法教育・司法教育プログラムを組織的に実施している[42]。アメリカの司法界では、法教育・司法教育は単なる社会貢献活動ではなく、司法自身の基盤の構築にほかならないことが明確に意識されている[43]。

第4に、社会に対する法曹の発信活動の強化である。滝井は司法に対する国民の理解や関心が乏しい一因には、法曹自身が理解を得る努力をしてこなかったことがあると指摘し、「法曹は、もっと司法の現状について国民に語り、その理解

---

37 アメリカ連邦最高裁判所裁判官選任手続については、見平典「最高裁判所と民主主義──最高裁判所裁判官人事を中心に」公法研究79号（2017年）。

38 滝井繁男「憲法裁、政府寄りなら危険」朝日新聞2013年6月8日朝刊17頁、滝井繁男「「暗黙のルール」の判事構成見直そう」朝日新聞2014年4月17日朝刊17頁。

39 Debra Moss Curtis, *Annual Reports of Committees of the Florida Bar: Judicial Independence*, 85 FLA. BAR J. 40, 40 (2011).

40 *See, e.g., Id.*; D. Dudley Oldham & Seth S. Andersen, *The Role of the Organized Bar in Promoting an Independent and Accountable Judiciary*, 64 OHIO ST. L. J. 341 (2003); Pennsylvania Bar Association, *Education for Students*, available at http://www.pabar.org/site/For-the-Public/Education-for-Students .

41 United States Courts, *Educational Resources*, available at http://www.uscourts.gov/about-federal-courts/educational-resources .

42 *See, e.g.,* SUPREME COURT OF FLORIDA, DELIVERING OUR MESSAGE: COURT COMMUNICATION PLAN FOR THE JUDICIAL BRANCH OF FLORIDA 18-23 (2015); ADMINISTRATIVE OFFICE OF THE COURTS, JUDICIAL COUNCIL OF CALIFORNIA, CALIFORNIA JUDICIAL BRANCH OUTREACH TO STUDENTS: HIGHLIGHTS (2011).

43 *See, e.g.,* SUPEME COURT OF FLORIDA, *supra* note 42; JUDICIAL CONFERENCE OF THE UNITED STATES, STRATEGIC PLAN FOR THE FEDERAL JUDICIARY 17-18 (2015).

を得る努力をすべき」であるとする[44]。滝井は退官後、マス・メディア、シンポジウム、著述活動を通して、司法に関して社会に向けて活発に発言を続けていたが、それにはこのような問題意識があった。

この点、アメリカにおいては連邦最高裁判所裁判官がこうした発信活動にも取り組んでおり、注目される。連邦最高裁判所裁判官は在任中から講演を行ったり、インタビューに応じたり、司法の現状や役割に関する一般向けの書籍や伝記を刊行したりして、法や司法に関する国民の理解の深化に努めている[45]。

4　司法の国民的基盤の形成②——その他の施策

以上の滝井の提言の他にも、司法の国民的基盤を構築するためには、次のような施策が考えられる。

第1に、裁判員制度の活用を挙げることができる。アメリカでは長年、陪審制度により、市民は公平な第三者が適正な手続を経て判断を行うという司法のあり方を実際に経験し、その意義と価値を理解することが可能になってきた。日本においても裁判員制度の導入により、市民はこうした経験をすることが可能になった。このような経験は司法の役割に対する理解や信頼、関心の深化につながるものであり[46]、応答的司法を支える国民的基盤を築くためには、このような裁判員制度の機能を活かしていくことが求められる。とりわけ、裁判員経験者のネットワーク化を図り、彼らが自己の経験を語ることのできる場を創り上げていくこと、彼らの経験を裁判員未経験の他の国民も共有できる場を創り上げていくことは、上記目的にとって有意義であろう。

第2に、アミカス・キューリー制度の導入を挙げることができる。アメリカには、事件の第三者であっても両当事者の同意または裁判所の許可を得られれば裁判に参加できるアミカス・キューリーの制度が存在しており、重要事件になると社会の様々な団体・個人が連邦最高裁判所に書面を提出している。この制度は、

44　滝井⑥ vi 頁。

45　連邦最高裁判所裁判官の講演やインタビューの一部は、C-SPAN にて視聴できる。https://www.c-span.org/supremeCourt/.

46　裁判員経験者を対象とした最高裁判所のアンケート（2015年度、回答者6580名）には、裁判員経験が司法に対する理解や信頼に与えた影響を直接問う項目はないが、「よい経験と感じた」と回答した理由を問う自由記述欄において、2552名が「裁判や裁判所のことがわかった、身近になった」ことをその理由として記述していたという。最高裁判所『裁判員等経験者に対するアンケート調査結果報告書（平成27年度）』（http://www.saibanin.courts.go.jp/vcms_1f/27-a-1.pdf）。

当事者以外の団体・個人にも裁判参加を認めることにより、様々な専門家団体・市民団体とその構成員が司法の動向に注視することを促しているとともに、法・司法をめぐる司法と市民社会との間の対話を可能にしている[47]。

第3に、法曹の質量の充実と職域の拡大を挙げることができる。弁護士は一般の国民にとって、司法の入口の役割を果たしている。身近に弁護士がいて、頼りがいのある存在であってこそ、司法に対する期待と信頼も育まれ、法的な考え方や司法の役割に関する国民の理解も深まる。この意味で、法曹の質のみならず、一定規模の量と職域の広がりは重要な意味を持っている。アメリカにおいて司法が国民にとって身近な存在である背景には、大規模な法曹集団の存在があることも見逃すことはできない。

第4に、司法報道の充実を挙げることができる。法や司法に関する国民の理解を深めていくためには、マス・メディアには、司法の動向・判決を非法律家の一般市民が消化できるように分かりやくかつ正確に伝達することが求められる。この点、アメリカでは、司法報道は1970年代頃まで質量ともに不十分であることが各所から指摘されていた。しかし、その後、連邦最高裁判所に関する主要メディアの報道については大幅な水準の向上が指摘されており[48]、近年の報道を分析した研究によれば、概ね妥当な水準にあるという[49]。この変化の背景には、主要メディアにおいて法科大学院修了者が連邦最高裁判所担当記者になる例が増加するとともに、担当期間も長期化して担当記者の専門化が進んだことがある[50]。日本の最高裁判所担当記者はゼネラリスト型人事により短期間で交代し、司法報道に必要な素養を修得しにくい状況にあるが、司法報道の充実のためには、アメリカのように法や司法に精通したスペシャリストの育成[51]や、法科大学院修了者・司

47　たとえば、見平典「現代アメリカにおける法部門の動態と展望——多元主義的な憲法秩序形成の担い手としての裁判所・訟務長官」川﨑政司・大沢秀介編『現代統治構造の動態と展望——法形成をめぐる政治と法』（尚学社、2016年）参照。

48　Elliot E. Slotnick, *Media Coverage of Supreme Court Decision Making: Problems and Prospects*, 75 Judicature 128, 131 (1991).

49　Donald P. Haider-Markel et al., *Understanding Variations in Media Coverage of U.S. Supreme Court Decisions: Comparing Media Outlets in Their Coverage of Lawrence v. Texas*, 11 (2) Press/Politics 64 (2006), Michael A. Zilis et al., *Hitting the "Bullseye" in Supreme Court Coverage: News Quality in the Court's 2014 Term*, 9 Elon L. Rev. 489 (2017).

50　Slotnick, *supra* note 48.

51　もっとも、人事制度全体に直接影響が及ぶ変更は短期間では難しいであろう。現行人事制度の下では、司法担当の論説委員・編集委員の配置・増員や、司法記者に対する実務法律家・法学研究者による定期的な解説・意見交換の機会の創設・充実を進めていくことが考えられる。

法試験合格者の記者としての採用、実務法律家のアナリストとしての採用[52]など
が求められる。

　また、アメリカ法曹協会は連邦最高裁判所の口頭弁論の前までに、法科大学院
教員が各審理事件の概要（論点、事実の概要、法的分析、意義等）を平易な言葉で解
説した冊子（『Preview』）を刊行している。この冊子は、より深く正確な報道の助
力として機能していることが指摘されており[53]、このような取り組みは日本にお
いても参考になるであろう。

　第5に、不当・不正な判決批判・司法批判への反論活動を挙げることができ
る。1980年代以降、アメリカ法曹協会および各地の弁護士会は、裁判官・裁判所
が深刻な不当・不正な批判・攻撃（重大な誤認や歪曲に基づくもの等）に晒されたと
きに、これに迅速・効果的に対応するためのプログラム（対応の基準・手続・方
法・担当委員会等）の策定を進めて、実施している[54]。これは、裁判官倫理上の制
約により公の場で反論することが難しい裁判官に代わって、弁護士会が直ちに反
論するなどの行動をとることにより、市民が正確な評価を行うことができるよう
にしようとするものであり、日本においても参考になるであろう。

　以上、司法の国民的基盤を築いていくための施策について、アメリカ司法のあ
りようを参照しながら順に検討してきた。アメリカの応答的司法を支える国民的
基盤は、司法の判決活動や開放的な司法制度にくわえ、関係者の意識的な取り組
みによって形成されてきたのである。日本においても応答的司法の実現を目指す
にあたっては、そうした自覚的な取り組みが求められる。

四　応答的司法の正統性

　次に、応答的司法が抱える問題のうち、司法の正統性の動揺の問題を取り上

52　法律事務所からの出向や非常勤などの雇用形態が考えられる。

53　*See, e.g.,* Stephen J. Wermiel, *News Media Coverage of the United States Supreme Court*, 42 ST.
　　LOUIS L. J. 1059, 1072 (1998).

54　*See, e.g.,* AMERICAN BAR ASSOCIATION STANDING COMMITTEE ON JUDICIAL INDEPENDENCE, RAPID
　　RESPONSE TO UNFAIR AND UNJUST CRITICISM OF JUDGES (2008); Laurence Pulgram, *When Attacks
　　on Judges Go beyond the Pale*, 43 LITIGATION 4 (2016); John Freeman, *Ethics Watch: Dealing
　　with Judges' Critics*, 19 S. CAROLINA LAWYER 16 (2008); Thomas L. Cooper, *Attacks on Judicial
　　Independence: The PBA Response*, 72 PA BAR ASSN. QUARTERLY 60 (2001).

げ、これにいかに対処しうるかについて検討したい。ただし、紙幅の都合上詳論できないため、ここではごく概略を示すに止まる。

応答的法の下では、裁判官は硬直的な法適用を排し、法の柔軟な解釈・再構成を通して、実質的正義・実質的合理性を追求する。そこでは、裁判官は事実上の法形成、公共政策の決定を行っており、司法はもはや「専門性に基づく法の価値中立的発見・適用」という伝統的な裁判イメージから正統性を調達することはできない。ノネとセルズニックによれば、応答的司法の正統性は、法の基本的価値・目的に基づきながら実質的正義を実現するところに存するという。

しかし、価値多元的な現代社会においては、実質的正義・実質的合理性の理解は多様でありうる。たとえば、アメリカにおいては、合衆国憲法の基本的価値・目的が自由と平等であることには共通了解が存在しているが、各価値の内実、実現方法、両価値の関係、具体的場面における両価値の要請内容などには多様な立場が存在する。このため、応答的法においては、裁判官が自己の価値理解・価値判断に基づいて裁量を行使し、法を事実上形成すること、公共的意思決定を行うことの正統性が問われることになる。とりわけ裁判官が違憲審査権の行使を通して、民主的に制定された法を塗り替えたり否定したりするときに、この問題は先鋭化するといえる。

それでは、応答的裁判官による実質的正義・実質的合理性の追求は、いかにして正統化されうるであろうか。それは、1つには専門性に求められるであろう。法の基本的価値・目的に基づく実質的正義・実質的合理性の追求が、裁判官の法的専門性を介して行われるところに、司法固有の正統性を見出すことができる。滝井も、「正しい結論」は「第六感」のような単なる直感ではなく、法に関する蓄積を介して導かれるものであると考えていた[55]。法的専門性は自律的司法のみならず、応答的司法にとっても重要な正統性資源になりうるのである。もっとも、アメリカにおいては多くの重要な憲法問題において、法律専門家の間でも憲法的正義・実質的正義が何を要請しているかにつき、見解の対立がある。このとき、裁判官による正義の追求を専門性によって正統化することにも限界が生じるであろう。

それでは、このようなとき、応答的司法は補充的な正統性をどこに求めること

---

55 滝井②144頁。

ができるであろうか。ここで、滝井の裁判観が参考になるであろう。滝井は「裁判には絶対的な正解というものが常にあるわけではな［い］」と述べ[56]、裁判官が導く「正しい結論」も、その人が法に関する蓄積を介した全人格的判断の結果正しいと信じる、いわば小文字の正解であることを自覚していた。それゆえ、滝井は、裁判官は自己の結論の「正しさを説得する気持ちをもつ」必要があり、単に「明らかである」「相当である」などと述べるに止まるのではなく、判断の根拠を具体的に説明する必要があることを指摘する[57]。また、滝井は個別意見、中でも補足意見を重視していたが、それには、前記のように個別意見が司法に対する国民の理解と信頼につながりうるとの認識に加えて、今後の判断のために当該問題に関する議論を喚起してその深化を促そうとの狙いがあった[58]。ここには、自己の判断について説明を尽くすとともに、議論から学び取ろうとする滝井の姿勢が表れている。そこでは、判決・意見は開かれた討議空間の中に位置づけられている。

このような討議への視点は、応答的司法の正統性を考える上で参考になるように思われる。というのも、応答的司法の正統性を、開かれた討議性、討議的な民主的正統性に求めていくという方向性が考えられるからである。裁判官の応答的判断が国民に開かれた討議の中で形成され、説明され、さらなる国民的な討議を通して不断の見直しに開かれている——国民に開かれた討議過程の中にある——とき、応答的司法は討議的な民主的正統性を獲得しうるであろう。

実際に、アメリカの司法過程はこのような側面を（部分的ではあるが）持っており、そこにアメリカ司法の正統性の部分的な源泉があるように思われる。たとえば、連邦最高裁判所はアミカス・キューリー制度を開放的に運用することにより、法律家・非法律家の専門家団体・市民団体にも裁判参加を認めており、裁判官はそれらの議論を踏まえながら判断を形成している[59]。また、裁判官は執筆意見の中で関連文献なども参照しながら理由を詳細に説明し、法廷意見・個別意見相互の応答もみられる。そして、それらの意見が新たな議論を喚起し、法学論文

56　滝井⑥ 61頁。
57　滝井⑥ 61頁。
58　滝井⑥ 63頁。
59　アミカスが実際に連邦最高裁判所裁判官の見解形成に影響を及ぼしていることについては、PAUL M. COLLINS, JR., FRIENDS OF THE SUPREME COURT: INTEREST GROUPS AND JUDICIAL DECISION MAKING (2008).

の公表、下級裁判所の判断、立法的・行政的対応、裁判官選任、新たな訴訟提起とそれへのアミカスとしての参加、市民運動などにつながり、それらが連邦最高裁判所の議論と判決にさらに影響を及ぼしている[60]。アメリカ司法の応答的判決はこのような国民に開かれた継続的な議論過程の中で形成されており、このことがアメリカ司法を正統性の面で支えてきたように思われる[61]。

　このように、応答的司法の正統性の問題に対しては、司法が国民に開かれた討議空間の中に自己を位置づけることにより、正統性を調達していくという方向性が考えられる。その場合、裁判官には、異なる立場からの説得に開かれた姿勢を維持すること、そして、提出意見において他の裁判官・下級裁判所・当事者・アミカスの意見に対して丁寧に応答することが求められる。また、それとともに、司法と国民をつなぐ制度・施策が重要な意味を有することになる。前節で検討した司法と国民をつなぐ諸制度・諸施策——個別意見の活性化、裁判参加制度（アミカス・キューリー制度）の導入、裁判官選任手続の透明化、法教育・司法教育の充実、司法報道の充実等——は、応答的司法の政治的基盤を築く上で要請されるのみならず、その正統性を維持する上でも要請されるのである。

　　[追記]　本稿は、JSPS 科学研究費（15K16915）、同（16H03547）、日米教育委員会フルブライト奨学金の研究成果の一部である。記して謝意を表したい。

60　このようなアメリカのありようについて、詳細は、平見・前掲注47参照。
61　実際に20世紀中期以降、連邦最高裁判所裁判官は同裁判所を、法を一体的・一義的に確定する場としてよりも、より良い法の解釈をめぐって継続的に議論する場、法的議論の中心フォーラムとして捉えるようになっている。この背景については、見平・前掲注35参照。

トランプ政権初期の入国禁止措置と合衆国司法部

松 本 哲 治

- 一　いわゆる travel ban
- 二　第1ラウンド——最初の大統領令とその差止——
- 三　第2ラウンド——第2の大統領令とその一部差止——
- 四　第3ラウンド——大統領による宣言は効力を維持して最高裁へ——
- 五　いくつかのコメント

一　いわゆる travel ban

　トランプ大統領によるいわゆる travel ban については、2017年1月の就任以降、それが空港等で引き起こした混乱、裁判所への提訴、事件の審理、相次ぐ救済命令とその停止、大統領の新たな対応の、まさに一挙手一投足が、我が国でもリアルタイムで報じられ、注目の的となっている。そもそも、この入国禁止措置（本稿では、いわゆる travel ban について、このように総称し、表題ともすることとする）については、大統領選挙中のトランプ候補の発言に遡る（このことは事実としては自明と言ってよかろうが、法的な評価としては以下でみるように議論の対象となるところである）ものであり、その段階からすでに、多くの報道が我が国でもなされている。

　その意味で、本稿は、それらの情報に付け加えるものを多くはもたない。しかし、この問題は、法的な問題としてのみではなく、広く、政治学や哲学等の観点からも、我が国において関心の対象となっているものと思われる。このことに鑑み、合衆国憲法に関心をもっている目で見ていても、展開の速さと、矢継ぎ早の執行府と裁判所の動きに目を奪われるここまでの展開について、時系列で整理して、法的な事実を整理しておくことにも、一定の意味があると思われる[1]。

　1　本稿の趣旨は以上の通りであるが、このようなテーマを設定してしまったために、執筆時期と現実の展開との関係で、以下に記す第1ラウンドでは事件は最高裁に到達せず、第2ラウンドでも最高裁の暫定的差止命令そのものへの判断は示されず、第3ラウンドで、いよいよ最高裁の判

二　第1ラウンド——最初の大統領令とその差止——

就任直後[2]の2017年1月27日、トランプ大統領は、大統領令13769号に署名した。この大統領令（以下、「大統領令Ⅰ」という。）。「外国のテロリストの合衆国への入国から国家を守る」と題されたこの大統領令[3]は、高められたテロの危険を示しているとして特定された7カ国（イラン、イラク、リビア、ソマリア、スーダン、シリア、イエメン）からの外国国民の合衆国への入国を、90日間中止することを定め（§3(c)）、この期間中に、執行府の職員が、査証審査の現在の実務の適切性について審査するよう指示した（§3(a)）。また、大統領令Ⅰは、難民政策を変更し、合衆国難民認定計画（United States Refugee Admissions Program（USRAP））を120日間停止し、2017年度の認定予定難民数を削減した。

大統領令Ⅰについて、ただちに多数の訴訟が合衆国裁判所に係属した[4]。

ワシントン州西地区の連邦地裁は、2月3日、大統領令の主要な条項の執行を禁止する、一方的緊急差止命令を発した[5]。この事案では、ワシントン州とミネソタ州が原告（申立人）となり、パレンスパトリエに基づく州民の保護や州立大学の教育機能が受ける損害の主張が認められた[6]。続いて、2月9日、第9巡回

　断が示されるかという手前で論述が終わってしまうこととなった。おそらく本書刊行直前または直後に、最高裁判決が下されるということになろうという不調法について、読者諸賢のご寛恕を乞うしかない。続報は続稿を期したい。

2　松本哲治「人身保護令状による救済と『テロとの戦争』——Boumedinene v. Bush, 128 S.Ct. 2229（2008）——」近畿大学法科大学院論集5号（2009年）134頁脚注（43）では、同稿脱稿後の情報として、グアンタナモの収容所を閉鎖することを命じる、オバマ大統領の就任直後の大統領令13492号に触れたが、その大統領令にも拘わらず、収容所が閉鎖されていないこととともに、政権初期の大統領令の方向性の相違には、政治状況の変化を感じさせられるものがある。

3　Executive Order No. 13769, Protecting the Nation From Foreign Terrorist Entry Into the United States. 82 Fed. Reg. 8977.

4　関連する事件で最も裁判所の反応が早かったのは、Aziz v. Trump, 2017 U.S. Dist. LEXIS 14818であったかと思われる。ヴァージニア州の東部地区連邦地裁の1月28日の一方的緊急差止命令（TEMPORARY RESTRAINING ORDER）で、ダラス国際空港で拘束されている永住者に対する弁護士のアクセスを認めるよう大統領に命じ、大統領による当該永住者の同空港からの移動を7日間禁止したものである。

5　Washington v. Trump, 2017 U.S. Dist. LEXIS 16012, 2017 WL 462040（WD Wash., Feb. 3, 2017）. この命令の発出のための審理の模様は、同裁判所のウェブサイトに当時、動画で掲載されていた（現在は確認できない）。筆者の記憶では、決定書は少し後にウェブサイトに掲載されたが、動画では、審理の最後に、James L. Robart裁判官が命令を言い渡している部分があった。口頭での命令の言い渡しが直ちに発効したということであったのであろうか。

区控訴裁判所は、連邦政府側の、命令の効力を上訴係属の間停止することを求める緊急の申立て（emergency motion to stay the order pending appeal）を退けた[7]。連邦政府は、大統領令Ⅰを諦め、新しい大統領令を発出すると表明した。この意向を受けて、第9巡回区控訴裁判所は、全員法廷で行われていた手続を停止した[8]。

三　第2ラウンド──第2の大統領令とその一部差止──

1　第2の大統領令

第2の大統領令（大統領令13209号。以下、「大統領令Ⅱ」という。）は、3月6日に発出された[9]。

大統領令Ⅱは、上述の7カ国からイラクを除いた6カ国の状況について、それらの国の国民が、「合衆国の安全保障に高められた危険を表し続けている」ことを示しており（§1(e)）、「我々の入国管理体制を通じて合衆国に入国した者の中には、国家安全保障にとっての脅威であることが明らかになった者もある」と記述した（§1(h)）。

その上で、大統領令Ⅱは、第1に、国土安全保障省長官に、合衆国に査証を申請する外国国民について、外国政府が適切な情報を提供しているかの全世界的な審査を実施し（§2(a)）、同令発効後20日以内に大統領に報告することを指示した。問題があるとされた国家は、発効後50日の、実務を変更する猶予期間を与え

6　Washington v. Trump, 2017 U.S. Dist. LEXIS at. 6.

7　Washington v. Trump, 847 F. 3 d 1151 (2017). この決定についての解説として、大林啓吾「海外判例研究　特報　トランプ大統領の第一次入国禁止令に対する一方的緊急差止命令が維持された事例」判例時報2324号（2017年）141頁。注目されたこの事件の審理を担当し、大統領令Ⅰについての効力を停止した最初の決定を言い渡したRobart裁判官は、George W. Bush大統領が任命した裁判官であるが、大林教授によれば、「リベラルなワシントン州で育ったワシントニアン」だそうである（同・142頁）。たしかに教授も指摘するように（同前）、第9巡回区控訴裁判所には顕著にリベラルな傾向がある（筆者は、故Antonin Scalia判事が──2004年5月の同志社大学法科大学院開設記念講演会に来日されたときではなかったかと思うが日時ははっきりしない──第9巡回区控訴裁判所について、crazyだと形容するのを耳にしたことを記憶している）が、後にみるように第4巡回区控訴裁判所は、第2ラウンドでも第3ラウンドでも、さらに踏み込んだ判断を示しており、そのような観点からのみ問題を捉えることができるかどうかは、検討の必要がある。

8　Washington v. Trump, 855 F. 4d 984, 2017 U.S. App. LEXIS 2792 (9th Cir. Wash., Feb. 16, 2017).

9　Exective Order No. 13780, Protecting the Nation From Foreign Terrorist Entry Into the United States, 82 Fed. Reg. 13209.

られる（§§ 2(b), (d)-(e)）。

第 2 に、大統領令 II は、上述の 6 カ国からの外国国民の入国を発効から90日間停止する（§ 2(c)）。これは、危険な個人が、執行府が「外国のテロリストがすり抜けるのを防止する適切な基準」を作成している間に、合衆国に入国することのないようにするために必要であり、加えて、20日間の長官の審査の間、当局の調査の為の負担を一時的に削減することになると説明される。入国は個別に認められる場合もある（§ 3(c)）。

第 3 に、大統領令 II は、USRAP の120日間の停止についても定める（§ 6(a)）。

第 4 に、「2017年度に 5 万人を超える難民の受け入れは合衆国の国益に有害である」との大統領の決定を引きつつ、大統領令 II は、そのような数の難民の受け入れを中止する（§ 6(b)）。

最後に、発効日は、2017年 3 月16日とされた（§ 14）。

2　下級審
（1）連邦地裁

大統領令 II についても、訴訟が連邦裁判所に起こされた。原告らは、大統領令 II が、国家安全保障の観点ではなく、イスラム教に対する憎悪に基づいているとして、修正 1 条の国教樹立禁止条項に違反すると主張した。また、原告らは、入国管理法（Immigration and Nationality Act（INA））の規定への違反も主張した。

3 月16日、メリーランド州の連邦地裁は、大統領令 II の § 2(c) が国教樹立禁止条項に違反するとの主張に本案勝訴の見込みがあると認め、§ 2(c) を、合衆国への入国を求める外国国民に対して執行することを禁止する、全国的な暫定的差止命令を発した[10]。

3 月29日、ハワイの連邦地裁は、同様に国教樹立禁止条項違反を認め、さらに広く、§ 6 についても（難民の問題もカバーして）執行を全国的に禁止する暫定的差止命令を発した[11]。

10　International Refugee Assistance Project v. Trump, 241 F. Supp. 3d 539（D Md., Mar. 16, 2017）.

11　Hawai'i v. Trump, 245 F. Supp. 3d 1227（D Haw., Mar. 29, 2017）. これに先立って、Hawai'i v. Trump, 241 F. Supp. 3d 1119, 2017 U.S. Dist. LEXIS 36935（D Haw., Mar. 15, 2017）が一方的緊急差止命令を発している。

（2）控訴裁判所

連邦政府側は、これらの地裁の命令により、大統領令Ⅱの相当部分を執行できなくなったので、いずれについても上訴した。

5月25日、第4巡回区控訴裁判所全員法廷は、匿名の原告 John Doe#1（永住権者でイラン人の妻が合衆国への入国を求めている）の国教樹立禁止条項違反の主張について勝訴の見込みを認め、控訴をほぼ退ける判決を下した[12]。多数意見は、トランプ大統領の、大統領になればイスラム教徒の入国を禁止する旨の選挙戦中の言明などを引いた上で、「世界は毎朝新調される訳ではない…し、我々はこれらの言明の鮮明な記憶から逃れて目覚めることなどできない。我々は、それらの証拠が、我々を正面から見つめている時に、目を閉じることなどできない。なぜなら、『見ようとしない者が最も盲目だからである』」[13]と述べている。判決には、13裁判官のうち、3裁判官の反対意見がある。

6月12日、第9巡回区控訴裁判所は per curiam の判決を下した[14]。判決は、全員一致で、ハワイ州と Ismail Elshikh 博士の勝訴とした。博士はアメリカ国籍でイマームであり、シリア人の義母が入国を求めていた。控訴審の判決は憲法ではなく、制定法に基づいたものであった。8 U.S.C. § 1182(f) は、たしかに、ある特定の外国人、あるいは外国人の集団の入国が、合衆国の国益にとって有害であろうと大統領が認定した場合の、大統領による入国の中止や制限を認めているが、そのような認定が行われていないというのである[15]。判決は、移民査証の発給について国籍差別を禁じた、8 U.S.C. § 1152への違反も認めた[16]。

3 最高裁

（1）2016開廷期

（a）決定まで 第9巡回区控訴裁判所の判決に先立って、2017年6月1日、

---

12 Int'l Refugee Assistance Project v. Trump, 857 F. 3d 554, 2017 U.S. App. LEXIS 9109 (4th Cir. Md., May 25, 2017).

13 Int'l Refugee Assistance Project v. Trump, 857 F. 3d at 599.「 」内の引用第1文は、McCreary County v. ACLU 545 U.S. 844 (2005) at 866からの引用であり、『 』内の引用は、Jonathan Swift, Polite Conversation 174 (Chiswick Press ed., 1892) からのものである。スイフトが Polite Conversation を出したのは、1738年である（ガリバー旅行記の初版は1726年）。

14 Hawaii v. Trump, 859 F. 3d 741, 2017 U.S. App. LEXIS 10356 (9th Cir. Haw., June 12, 2017).

15 Hawaii v. Trump, 859 F. 3d at 774.

16 Id. at 756.

連邦政府側は、第4巡回区の判決に対して、合衆国最高裁に裁量上訴受理の申立てをしていた。連邦政府側は両方の（第4巡回区とハワイの連邦地裁の）差止命令について、効力の停止を申し立てていた。最高裁は、相手方に対し、両申立てに対して対応する書面を6月12日までに提出するよう指示した[17]。この日に、第9巡回区控訴裁判所が上述の判決を下した。

元来、大統領令Ⅱは、3月16日が発効日とされていたので、§2(c) の入国停止措置は、90日後の6月14日に失効するのではないかという問題があった。しかし、6月14日、大統領は、執行府職員宛のメモランダムを発し、差止命令が取り消されたり効力を停止された日から、90日の期間は起算すると宣言した[18]。裁量上訴受理の申立てと、差止命令の効力停止の申立てが出揃った。

(b) 決 定　　合衆国最高裁は、6月26日、per curiam の決定を下した[19]。決定は、裁量上訴受理令状を発し、両事件を併合して2017年10月開廷期に弁論を行うとした[20]。6月14日でムートになるのかという点についても書面を追加するように指示がされた[21]。

決定はまた、入国中止を規定する§2(c) の執行を禁止した暫定的差止命令について、政府が求めた効力の停止について、「合衆国内における人または団体 entity との誠実な (bona fide) 関係を欠く外国国民に関する限りで」、効力を停止するとした[22]。下級審の発した暫定的差止命令は（§2(c) 以外についても）、同様の状況にある人々との関係の場合を除き、効力を維持される[23]。

この bona fide 要件は、曖昧であるが、判決では、幾分かは、明確化が試みられている。曰く、「個人について言えば、親密な家族的関係が要請される。Doe の妻や Elshikh 博士の義母のような、外国国民で家族構成員とともに暮らそうとしたり、家族構成員を訪問しようとして合衆国に入国する者は、明らかにそのよ

17　Trump v. Int'l Refugee Assistance Project, 137 S. Ct. 2080, 198 L. Ed. 2d 643, 2017 U.S. LEXIS 4266（U.S., June 26, 2017）の137 S. Ct. at 2085.

18　Presidential Memorandum for the Secretary of State, the Attorney General, the Secretary of Homeland Security, and the Director of National Intelligence（June 14, 2017）.

19　Trump v. Int'l Refugee Assistance Project, 137 S. Ct. 2080 (2017). この段階までの状況について、松井茂記『アメリカ憲法入門〔第8版〕』（有斐閣、2018年）344-345頁が言及している。同書415頁注（9）も参照。

20　Id. at 2086（per curiam）.

21　Id. at 2086-2087（per curiam）.

22　Id. at 2088（per curiam）.

23　Id. at 2089（per curiam）.

うな関係を有する。団体については、関係は正式のもので、文書で示され、［大統領令Ⅱ］を潜脱する目的で形成されたものではなく、通常の方法で形成されたものでなくてはならない。ハワイ大学に6カ国から入学を許可されているものは、アメリカの団体とそのような関係を有する。アメリカの企業からの雇用の申出を受け、受諾した労働者もそうだし、アメリカの聴衆に話すために招かれた講師もそうである。しかし、単に§2(c) を避けるためにのみ入った関係は不可である。たとえば、入国管理問題に専念する非営利団体が、6カ国の外国国民と接触をもって、依頼人のリストに並べて、排除による侵害を主張しても、入国を確保することはできない」[24]。

判決は per curiam だが、トーマス裁判官の、暫定的差止命令の効力を全面的に停止すべきとの一部反対意見（アリート裁判官、ゴーサッチ裁判官同調）がある[25]。反対意見は、法廷意見の示した基準が機能せず[26]、訴訟の洪水をもたらすと懸念している[27]。

大統領はただちにこれを「勝利」とする声明を発した[28]。

---

24 Id. at 2088 (per curiam).

25 Id. at 2089 (Thomas, J., concurring in part and dissenting in part).

26 なお、国務省のホームページに Information Regarding the U.S. Refugee Admissions Program として掲載されている記事（https://www.state.gov/j/prm/releases/factsheets/2017/272316. htm）に示されているガイダンスによれば a parent (including parent-in-law), spouse, fiancé, fiancée, child, adult son or daughter, son-in-law, daughter-in-law, sibling, whether whole or half は step relationships を含めて可で、grandparents, grandchildren, aunts, uncles, nieces, nephews, cousins, brothers-in-law and sisters-in-law と any other "extended" family members は不可だそうである。

27 Trump v. Int'l Refugee Assistance Project, 137 S. Ct. at 2090 (Thomas, J., concurring in part and dissenting in part).
　実際、前注に見た国務省の解釈では排除されている者について bona fide な関係の前提として認める解釈を採った7月13日の地裁決定（Hawaii v. Trump, 263 F. Supp. 3d 1049, 2017 U.S. Dist. LEXIS 109034 (D. Haw., July 13, 2017)）があり、第9巡回区控訴裁判所は、9月7日にこれを是認している（Hawaii v. Trump, 871 F. 3d 646, 2017 U.S. App. LEXIS 17340 (9 th Cir. Haw., Sept. 7, 2017)）。しかし、この控訴裁の決定は、9月12日、ただちに最高裁によって効力の発生を停止されている（Trump v. Haw., 138 S. Ct. 49, 198 L. Ed. 2d 777, 2017 U.S. LEXIS 4432 (U.S., Sept. 12, 2017)）。

28 Statement from President Donald J. Trump （https://www.whitehouse.gov/briefings-statements/statement-president-donald-j-trump-4/）。声明は、「本日の最高裁判所の全員一致の決定は我々の国家安全保障にとっての明確な勝利である。決定は、6つのテロ傾向国家についての移動の中止と難民受け入れの中止について、大部分を有効とした」とし、「最高裁判所の決定が9対0であることをとりわけ嬉しく思う」としている。たしかに決定は per curiam で、3裁判官は反対しているものの、反対意見は、大統領令Ⅱ全体についての暫定的差止命令の効力停止を認めるべきだとするものであるので、「全員一致」「9−0」ということにはなろう（もっと

（2）2017開廷期

　以上の次第で、2017開廷期には、両事案の口頭弁論が予定されていたが、元々、大統領令Ⅱには90日、あるいは120日という期限が付いていたため、最高裁による暫定的差止命令の一部効力停止からカウントしても、同開廷期の初期に、事案がムートになることが予想された。

　実際、第4巡回区の事案については、2017年10月10日、最高裁は、破棄差し戻しの決定をしている[29]。そこでは、「大統領令の当該規定は、2017年9月24日、『自ら定めた条件によって失効した』ため、上訴は、もはや『現実の事件争訟』に当たらない…。それゆえ、このような場合の確立した先例により、原審判決を破棄し、事件を第4巡回区控訴裁判所に、大統領令13780号に対する訴えを、ムートとして却下するようにとの指示とともに、差し戻す…。本案についてのいかなる判断も示さない」とされた[30]。なお、Sotomayor裁判官は原審判決を破棄するこの決定に反対で、裁量上訴の受理を適切ではなかったとして取り消すべきであると述べている[31]。10月24日には、ハワイの事案についても最高裁で同様の処理がされている[32]。差し戻しを受けた第9巡回区控訴裁判所は、11月2日、同様の指示を付して、事件を地裁に差し戻す命令を発し[33]、第4巡回区控訴裁判所も、11月17日、per curiumで、訴えをムートとして退ける決定をしている[34]。

　　も、反対意見があるのに、全員一致というのは、やや微妙な言い回しではある。KIMBERLY ROBINSON, AMERICAN JUSTICE 2017 THE SUPREME COURT IN CRISIS (University of Pennsylvania Press, 2017) は、"intriguing" だとする (at 93.))。

　　最高裁の課した条件が「大部分」(largely) について、大統領令の執行を可能にするものだといえるかどうか。誠実な (bona fide) 関係を主張できる家族等でないかぎりは、暫定的差止めは解除される（入国は中止される）ということであるので、大部分といえないこともなかろう。

29　Trump v. Int'l Refugee Assistance Project, 138 S. Ct. 353, 199 L. Ed. 2d 203, 2017 U.S. LEXIS 6265 (U.S., Oct. 10, 2017).

30　Id.

31　Id.

32　裁量上訴についての summary dispositon として https://www.supremecourt.gov/orders/courtorders/102417zr_e29f.pdf に掲載されている。

33　Hawai'i v. Trump, 874 F. 3d 1112, 2017 U.S. App. LEXIS 21956 (9th Cir., Nov. 2, 2017).

34　Int'l Refugee Assistance Project v. Trump, 876 F. 3d 116, 2017 U.S. App. LEXIS 23495 (4th Cir., Nov. 17, 2017).

四 第3ラウンド——大統領による宣言は効力を維持して最高裁へ——

1 大統領宣言（proclamation）9645号

　大統領令Ⅱの失効を見越して、2017年9月24日、トランプ大統領は、大統領宣言（proclamation）9645号[35]（以下、「宣言」という。）を発した[36]。宣言は、「安全にとって脅威となり得る外国国民の合衆国への入国」を防止することで、合衆国「市民をテロリストの攻撃及び他の公共の安全上の脅威から」守ることをその政策目的と述べる（前文）。宣言は、「査証審査およびその他の入国管理体制と連携した選考と審査の手順と手続は、当該政策目的の実施において決定的な役割を果たす」（§1(a)）と宣言する。さらに、宣言は、「各国政府がその国民と住民の本人確認と渡航関係文書を管理している」ので、「外国政府に対し、その情報共有と本人確認の手順と実務を改善し、本人確認と脅威に関する情報を我々の入国管理選考と審査の体制と日常的に共有することを奨励するための必要で適切なすべての手段を執るのが、合衆国の政策である」（§1(b)）とする。国土安全保障省長官が、国務長官および国家情報長官と協議の上実施した世界規模での審査と、国務省による「準備期間」（engagement period）を経て、国土安全保障省長官代理は、2017年9月15日、特定の諸国からの国民の入国を制限することを推薦する報告書を大統領に提出した（§1(c)-(h)）。大統領は、「この宣言に定められた手段を執ることなしには、この宣言の第2節に規定される人々の、移民としてのまたは非移民としての合衆国への入国は、合衆国の国益にとって有害であり、その入国には一定の制限、制約、例外が必要である」と認定した（前文）。

　宣言の第2節は、7カ国からの移民を無期限に禁止する。すなわち、イラン、リビア、シリア、イエメン、ソマリア、チャドおよび北朝鮮である。宣言は、ま

35　"Enhancing Vetting Capabilities and Processes for Detecting Attempted Entry Into the United States by Terrorists or Other Public-Safety Threats" 82 Fed. Reg. 45161（Sept. 27, 2017）.

36　この、宣言（proclamation）という法形式については、第3の大統領令（"EO-3"）として扱う判決（Hawai'i v. Trump, 265 F. Supp. 3d 1140, 2017 U.S. Dist. LEXIS 171242（D. Haw., Oct. 17, 2017）もある（265 F. Supp. 3d at 1145 n. 1.）。同判決によれば、宣言は、大統領令Ⅱの§2(e)が、国土安全保障省長官が、「［特定の］外国国家の国民の適切な範囲のものの入国を禁止する大統領の宣言（proclamation）に含めるべきものとして推薦する国家の一覧を大統領に提出するものとする」と規定していたことに基礎を有している（Id. at 1147 n. 7）。

488

た、以上のうちの6カ国の国民について、一定の非移民査証の発給を禁じる。イラン国民に対しては、非移民査証は、学生（F and M）および交換（J）査証を除いて禁じられる。チャド、リビア、イエメン国民に対しては、ビジネス（B-1）、旅行（B-2）、ビジネス／旅行（B-1/B-2）査証の発給が禁じられる（§§ 2(a)(ii)、(c)(ii)、(g)(ii)）。特定のベネズエラ政府関係者と家族については、ビジネス（B-1）、旅行（B-2）、ビジネス／旅行（B-1/B-2）査証の発給が停止され、北朝鮮およびシリアの国民は、非移民査証を受け取ることができない（§§ 2(d)(ii)、(e)(ii)、(f)(ii)）。

　宣言は、先行した大統領令と同様に、裁量的な、事案ごとの禁止の解除も認めている（§ 3(c)）。入国の制限は、大統領令Ⅱおよび最高裁の効力停止の判決で以前から制限されていた国民については即時に発効し、その他の該当者については、2017年10月18日午前12時1分（東部夏時間）に発効する（§ 7(a)、(b)）と定めた。

2　地　裁

　宣言がすべての規制対象者について効力を生じる前日の2017年10月17日、2つの連邦地裁が判決を下した。

　メリーランドの連邦地裁は、全国的な暫定的差止命令を発し[37]、宣言の第2節について、合衆国大統領を除くすべての被告、合衆国政府のすべての職員、事務官、被用者、彼らの権限と指示の下に活動するすべての者に対して、その執行を、次の例外を除いて禁止した。例外の第1は、第2節（d）〔北朝鮮〕と（f）〔ベネズエラ〕であり、例外の第2は、合衆国内にある個人または団体との誠実な関係を有するとの信頼しうる主張を欠く個人に関する場合である[38]。判決は、移民としての入国については、制定法上の主張として、8 U.S.C. § 1152(a)(1)(A) が、一定の例外の下に、「何人も移民査証の発給に際して、人種、性別、国籍、出生地または居住地によって、優遇、優先、差別されない」と規定していることについての違反の主張に勝訴の見込みを認め[39]、入国制限に大統領の認定を要求する8 U.S.C. § 1182(f)[40]についての違反の主張には勝訴の見込みを認めな

37　Int'l Refugee Assistance Project v. Trump, 265 F. Supp. 3 d 570, 2017 U.S. Dist. LEXIS 171879 (D. Md., Oct. 17, 2017).

38　Int'l Refugee Assistance Project v. Trump, 265 F. Supp. at 633.

39　Id. at 609.

40　先述注（15）とその本文参照。

かった[41]。判決はさらに、その他の者との関係では、憲法上の主張に立ち入って審査し、国教樹立条項違反の主張について勝訴の見込みを認めた[42]。宣言は、大統領令Ⅱのイスラム教等に対する禁止という性質を引き継いでいるというのである[43]。この事件では、合衆国の市民や永住者であって、その家族が、指定された国から合衆国に入国しようとしている個人や、難民等や移民を支援する団体に、原告適格が認められている[44]。

ハワイの連邦地裁は、制定法上の理由でのみ、一方的緊急差止命令を発した[45]。ハワイ州、上述のElshikh博士その他の個人原告、ハワイイスラム協会について原告適格が認められた[46]。命令は、国土安全保障省長官代理と国務長官とその他の職員等に、宣言の第2節の (a)、(b)、(c)、(e)、(g)、および (h) の執行を全国的に禁止した。合衆国の国境と通関港を含む合衆国内のすべての場所、査証の発行作業において、これらの規定の執行は禁止された[47]。地裁は、8 U.S.C.§1152(a) および 8 U.S.C.§1182(f) と§1185(a)[48]の双方について、制定法違反の主張の勝訴見込みを認めている[49]。なお、この一方的緊急差止命令は10月20日付けで暫定的差止命令に変更されている[50]。

3 最高裁による下級審の暫定的差止についての効力停止
（1）控訴裁判所
メリーランドの連邦地裁の判決については、第4巡回区控訴裁判所が、2017年11月6日、全員法廷での口頭弁論を開くことを決めた[51]。

ハワイの連邦地裁の判決については、第9巡回区控訴裁判所が、11月13日、政

---

41 Int'l Refugee Assistance Project, 265 F. Supp. 3d at 611 & 616.
42 Id. at 628.
43 Id.
44 Id. at 595-603.
45 Hawai'i v. Trump, 265 F. Supp. 3d 1140, 2017 U.S. Dist. LEXIS 171242 (D. Haw., Oct. 17, 2017).
46 Hawai'i v. Trump, 265 F. Supp. 3d at 1150-1153.
47 Id. at 1160.
48 §1185 (a)(1) は、「大統領による他の命令がないかぎり、いかなる外国人についても、合衆国からの出国、入国、その試みは、大統領が定める、合理的な規制と規則の下で、制限と例外に服したものでなければ、違法である」と規定する。
49 Hawai'i v. Trump, 265 F. Supp. 3d at 1158-1159.
50 注（53）に後掲の、Trump v. Hawaii, 138 S. Ct. 542, 199 L. Ed. 2d 382 (2017) の記述による。
51 Int'l Refugee Assistance Project v. Trump, 2017 U.S. App. LEXIS 22168 (2017).

府側の申立てを認め、地裁の差止命令の一部の効力を停止した[52]。停止されたのは、最高裁判決にいう「合衆国内の個人または団体と誠実な関係を有するとの信頼できる主張をもつ外国国民」に関する者以外の部分である。

（2）最高裁判所

2017年12月4日、合衆国最高裁は、連邦政府側の申立てを受け、両事件について、暫定的差止命令の効力停止を、連邦政府側の上訴が控訴裁判所に係属している間、または、裁量上訴受理の申立てがなされた場合はこれが係属している間、認めるとした[53]。最高裁は、裁量上訴令状の発給が拒否された場合は、この効力停止は自動的に終了し、裁量上訴令状が発給された場合、最高裁判所の判決の時点でこの効力停止は終了するとし、控訴裁判所に、審理を急ぐように期待する旨判示した[54]。ギンズバーグ裁判官とソトマイヨール裁判官は、申立てを棄却すべきだと述べた[55]。

4　両巡回区の判決、事件は最高裁へ

暫定的差止命令そのものについての判断が、2017年12月22日、第9巡回区控訴裁判所で、示された[56]。判決は、per curiam で、以下の制定法上の理由のみに基づき、暫定的差止命令の対象となる者の範囲を最高裁のいう誠実な関係についての信用できる主張を有する者に限定し、最高裁の決定に従い、暫定的差止命令の効力を停止した[57]。

その理由とするところは、8 U.S.C. § 1182(f) が、大統領による入国の停止に先立って求めている認定がなされていないということ[58]と、8 U.S.C. § 1152(a)(1)(A) が禁じている国籍差別があるということ[59]であった。

合衆国最高裁判所は、2018年1月19日裁量上訴令状を発給した[60]。最高裁は、

52　Hawai'i v. Trump, 2017 U.S. App. LEXIS 22725, 2017 WL 5343014（2017）.

53　Trump v. Hawaii, 138 S. Ct. 542, 199 L. Ed. 2d 382（2017）. Trump v. Int'l Refugee Assistance Project, 138 S. Ct. 542, 199 L. Ed. 2d 382（2017）.

54　Id.

55　Id.

56　Hawaii v. Trump, 878 F. 3d 662, 2017 U.S. App. LEXIS 26513, 101 Empl. Prac. Dec.（CCH）P45, 943, 2017 WL 6554184.

57　Hawaii v. Trump, 878 F. 3d at 702.

58　Id. at 694.

59　Id. at 697.

60　Trump v. Hawaii, 2018 U.S. LEXIS 759, 2018 WL 324357.

裁量上訴の申立てに示されたものだけではなく、反対書面の示した第3の問題についても書面を提出し弁論するように求めた[61]。裁量上訴の申立て[62]に記載されている問題とは、①大統領による外国にいる外国人の入国の停止に対する被上訴人の請求は司法判断適合性があるか、②宣言は、大統領の、外国にいる外国人の入国[63]を停止する権限の合法的な行使であるか、③全世界的差止命令は、広範すぎて許容されないのではないか、の3つである。反対書面[64]の示している問題の第3とは、宣言が国教樹立条項に違反するか、である[65]。国教樹立条項違反の点は、第9巡回区控訴裁判所は判断していない。ただし、第4巡回区裁判所は、2017年12月8日に口頭弁論を開いており[66]、第9巡回区の事案に裁量上訴令状が発給された時点では判決は出ていなかったが、原審の地裁の判決は上述の通り、憲法判断に踏み込んで、国教樹立条項違反と判示していたところであった。なお、第9巡回区の事案については、2018年4月25日に口頭弁論が開かれ、2018年6月末あるいは7月初めに判決が言い渡されると予想されている[67]。また、その後、2018年2月15日、第4巡回区控訴裁判所は国教樹立条項違反を認め、地裁判決を支持する判決を下した[67a]。

---

61 Id.

62 PETITION FOR A WRIT OF CERTIORARI（https://www.supremecourt.gov/DocketPDF /17/17-965/26928/20180106115022487_Trump%20v%20Hawaii%20Revised%20Petition.pdf）

63 後述の通り、「わが国に在留する外国人」が権利の享有主体であるのが我が国の判例であるが（後出注（68）参照）、ここでは、「外国にいる外国人の入国の停止」であることが繰り返し強調されている。

64 BRIEF IN OPPOSITION（https://www.supremecourt.gov/DocketPDF/17/17-965/27771/ 20180112172848825_Trump%20v.%20Hawaii%20Brief%20in%20Opposition.pdf）

65 反対書面の示している他の二つの問題は 8 U.S.C. §§ 1182（f） と8 U.S.C. § 1152（a）（1）（A）への違反があるかであって、受理申立ての方の問題に含まれているとみることができよう。

66 Amy Howe, Justices to review travel ban challenge, SCOTUSblog（Jan. 19, 2018, 3:53 PM）, http://www.scotusblog.com/2018/01/justices-review-travel-ban-challenge/

67 Amy Howe, Court releases April argument calendar SCOTUSblog（Feb. 23, 2018, 1203 PM）, http://www.scotusblog.com/2018/02/court-releases-april-argument-calendar/

67a Int'l Refugee Assistance Project v. Trump, 883 F. 3d 233 (2018). Gregory 首席裁判官の法廷意見に8名の裁判官が参加し、4名の裁判官が反対意見を執筆、又は、それに参加している。Traxler 裁判官が、大統領令Ⅱの場合と結論を変えた。なお、チャドに関する宣言による制限は、その後、2018年4月10日付の新しい宣言で撤回されている。Proclamation 9723, Maintaining Enhanced Vetting Capabilities and Processes for Detecting Attempted Entry into the United States by Terrorists or Other Public-Safety Threats, 83 Fed. Reg. 15937.

五　いくつかのコメント

1　日　本

　本件と同様の事態が、我が国で起こりうるものか。そもそも検討の前提が問題であるとも思われる。周知の通り、「憲法上、外国人は、わが国に入国する自由を保障されているものでないことはもちろん…在留の権利ないし引き続き在留することを要求しうる権利を保障されているものでもない」のであって、法務大臣の処分が、「その判断が全く事実の基礎を欠き又は社会通念上著しく妥当性を欠くことが明らかである場合に限り、裁量権の範囲をこえ又はその濫用があつたものとして違法となる」ことや、「憲法第三章の諸規定による基本的人権の保障は、権利の性質上日本国民のみをその対象としていると解されるものを除き、わが国に在留する外国人に対しても等しく及ぶ」ことはあるとしても、「外国人に対する憲法の基本的人権の保障は…外国人在留制度のわく内で与えられているにすぎないものと解するのが相当であつて、在留の許否を決する国の裁量を拘束するまでの保障、すなわち、在留期間中の憲法の基本的人権の保障を受ける行為を在留期間の更新の際に消極的な事情としてしんしやくされないことまでの保障が与えられているものと解することはできない」とするのが我が判例[68]である。この発想を前提にすれば、ラウンド1の事例であっても、原告の「請求が認められるのは難しい」[69]とされる。

　私も、「『在留資格制度』と“外国人の人権”との間には、主権国家というものを前提とする限り解消することのできない『難問』が横たわっている」[70]ことは理解する。その意味で、合衆国最高裁が裁量上訴受理の申立て状の記載に依拠して行っているように、外国にいる外国人の入国の停止に対する被上訴人の請求は司法判断適合性があるか、と問題を立てた場合、そもそも外国にいる外国人に日本への入国を求める権利などあり得ようはずがない、ということに、とりあえずはなるのではないかと考える。また、それがマクリーン判決の帰結であろう。た

68　マクリーン事件判決・最大判昭和53年10月4日民集32巻7号1223頁。

69　大林・前出注（7）142頁。

70　佐藤幸治『日本国憲法論』（成文堂、2011年）149頁。これは安念教授の見解（安念潤司「『外国人の人権』再考」樋口陽一ほか編『現代立憲主義の展開（上）　芦部信喜先生古稀祝賀』（有斐閣、1993年））177-180頁の議論の参照を促しておられる箇所である。

だ、本件で中心的な問題になり、また、関心を呼んでいるのは、一つには、その
外国人が、国内にいる国籍保有者と緊密な家族的関係を有するということになっ
ているものであるということであり、（これはもちろんどう認定するかという問題にな
るのであるが）その外国人への入国禁止が宗教的な偏見のみに基づいてなされて
いるということである。果たしてマクリーン事件の射程、発想を当然に及ぼして
よい事案であるのか[71]。

2　今後の展開

さて、重要なのは、今後どうなるかであるが、いくつかの観点を示しておきたい。

まず、差止の範囲が全国（あるいは全世界）に及ぶかという点について種々議論
がある。たしかに、全連邦裁に提訴した上で、一つでも全国差止を勝ち取れ
ば、あとは全部負けても、差止が得られるというのも、違和感のある話である
が、入国管理というものの性質上、広範な差止がおよそ不条理ともいえないので
はないか[72]。本稿では立ち入って検討する準備がないので、続稿を期したい。

次に、最高裁は、大統領令IIについては、暫定的差止命令を最高裁のいう誠実
な（bona fide）関係があり得る場合については、維持していたが、宣言について
は、暫定的差止命令の効力を全面的に停止している。つまりそのような関係があ
る場合についても、宣言は、全面的に執行できる状態にある[73]。これは本案につ
いての一定の示唆を伴っているとみる余地があろう。やはり、政府が一定の評価
を行った上で決定をし直していること、また、対象国にベネズエラと北朝鮮とい
う、イスラム教と無関係な国が含まれていることなどが、評価に影響しているの
であろう。2017年12月の最高裁の決定は、簡略なものであるので、直接的な手が

71　直接的なアナロジーが成立すると主張するつもりはないが、国籍法違憲判決（最大判平成20年
6月6日民集62巻6号1367頁）では、請求が認容されれば日本国籍があることになるという事案
ではあったにせよ、外国人の平等違反の主張が認められている。原告らは日本に在留している者
達であったが、それはたまたまで、判決の論理からいけば、そのことは請求認容の前提として必
要ではない。もちろん、この種の平等の主張を認めないことが不合理であることは十分理解して
いるが、だからこそむしろ、外国にいる外国人の日本国憲法上の権利主張は認められないという
公理の妥当性については、少なくとも、これを国内に居る国民の家族としての権利や、平等の観
点と関連で、およそ例外があり得ないというわけではないかもしれないというスタンスも採りう
るのではないかとも考えるのである。

72　大林・前出注（7）142頁は、「プラグマティズムを志向するアメリカの司法ならでは」とする。

73　ホワイトハウスの副報道官 Hogan Gidley は、12月4日、大統領専用機中で、報道陣に、我々
は今日の最高裁の決定に驚いていない」との声明を読み上げている。https://www.whitehouse.
gov/briefings-statements/press-gaggle-deputy-press-secretary-hogan-gidley-120417/

かりは示されていないのではあるが。

第3に、本案について以上のような示唆が読み取れるとしても、なお、本件のような難事件に際して、最高裁が、憲法解釈ではなく、制定法上の問題として処理するということはありうることである[74]。8 U.S.C. § 1182 (f) によって、制定法上、大統領による「認定」が必要になるが、この点の判断はどうであろうか。もっとも、大統領令Ⅱに比べれば、宣言は、手順を踏んでおり、実際、メリーランドの連邦地裁は、8 U.S.C. § 1182(f) 違反については、勝訴の見込みを認めていないことに留意する必要がある。8 U.S.C. § 1152(a)(1)(A) での国籍差別で処理しても、制定法上の処理とはなる。

さらに、最高裁は、国教樹立条項についても論ずるように求めているが、この点についての判断に踏み込んで違憲だとするということになれば、文面上は中立的な法令について、制定者の悪意を認定して、憲法判断をすることになる。必ずしも一般的な処理ではないが[75]、第4巡回区控訴裁判所の判断は、第2ラウンドでも第3ラウンドでも大統領の悪意を論難する、踏み込んだものとなっていた。とても一般的な処理で対応できるような相手ではない大統領の登場であると受け止めて、大統領との正面対決を選択して、連邦の裁判官として気を吐いたともいえる。最高裁がどう対応するかが、注目される[76]。

74　Hamdan v. Rumsfeld, 548 U.S. 557 (2006) はその典型例である。判決は、グアンタナモの軍事委員会（military commission）の手続が、軍法会議の手続と異なっていることを違法とし、また、ジュネーブ条約の共通3条にも違反するとしたが、それは統一軍事裁判法典の36条及び21条の解釈適用の結果として示されたもので、憲法や条約が変わらなくても、連邦議会は法律改正によって対応可能なものであった。同判決については、松本哲治「『テロとの戦争』と合衆国最高裁判所2001-2007――Hamdan v. Rumdsfeld, 126 S.Ct. 2749 (2006) を中心として」初宿正典ほか編『国民主権と法の支配　佐藤幸治先生古稀記念論文集［上巻］』（成文堂、2008年）195頁参照。簡単には、松本哲治「大統領の戦時権限」樋口範雄ほか編「アメリカ法判例百選」（別冊ジュリスト213号）（2012年）16頁参照。ちなみに、ハワイ州の代理人は、Hamdan の代理人であった Neal Katyal である。両事件の間、Katyal は、オバマ政権の訴務長官代理等を務めた。グアンタナモのさらにその後の展開について、松本・前出注（2）参照。

75　京都府風俗案内所規制条例事件判決・最判平成28年12月15日について、「真の目的」に目を向けるべきであったと示唆する評釈として、櫻井智章・判例評論708号（2018年）11頁。その趣旨は、「真の目的」であった「古都の風情を守る」であっても、風俗案内所の営業の一定地域での全面禁止は、通説と異なり、合憲だったと考えるべきだと示唆する点（同・12頁）にあり、興味深い。同判決については、松本哲治・平成29年重要判例解説〔ジュリスト臨時増刊1518号〕（2018年）22頁も参照。

76　すでに校正の最終段階なので詳細に立ち入ることはできないが、4月25日に、第9巡回区の事案で、最高裁での口頭弁論が開かれた。報道では連邦政府側が勝訴するとの予想が大勢である。

アメリカにおける連邦法による州法の専占をめぐる議論の一断面——医薬品規制に関する最近の判例を中心に——

髙　井　裕　之

一　はじめに
二　専占に関する最近の判例
三　「専占」理論再考の試み
四　結びに代えて

一　はじめに

アメリカ合衆国憲法6条2項は次のように定める。

　　この憲法、この憲法に準拠して制定される合衆国の法律、および合衆国の権限に基
　づいてすでに締結され、または将来締結されるすべての条約は、国の最高法規であ
　る。各州の裁判官は、州の憲法または法律の中にこれと矛盾する規定のある場合とい
　えども、これに拘束される[1]。

この規定は州法に対する連邦法の優位を定めたものであり、通例、最高法規条項（Supremacy Clause）と呼ばれる。すなわち、連邦法と州法とが矛盾する場合には連邦法が効力を有し、これと矛盾する限りで州法は効力を有しないとする規定であり、連邦制国家の法秩序の統一のために欠かせない規定である。このように、連邦法がこれと矛盾する州法を排除することを、連邦法による「専占（preemption）」という[2]。しかし、実際上の問題は、連邦法と州法とが矛盾するかど

1　This Constitution, and the Laws of the United States which shall be made in Pursuance thereof; and all Treaties made, or which shall be made, under the Authority of the United States, shall be the supreme Law of the Land; and the Judges in every State shall be bound thereby, any Thing in the Constitution or Laws of any State to the Contrary notwithstanding.
2　わが国では法律と条例との関係で通例「先占」という語が用いられるが、アメリカ法については「専占」という表記がなされることが多いので、本稿もこれに従う（電子的な検索の際も便宜であろう）。文字の意味としても、先行する州法を後に制定された連邦法が無効にすることもあるので、「先占」よりも「専占」が適切であろう。なお、英語表記として、裁判所の判決文では

うかをどのようにして判断するかである。この点、事案にもよるが、各州におけるコモン・ロー（判例法）の形で存在する不法行為法に基づく個別の判決が一定のルールを前提としていると解されるときには、そのルールが連邦法と矛盾するかどうかが争われることがある。近年の連邦最高裁判所の判決には、このような事案での専占の有無について判断するものも多く見られ、特に、不法行為の中でも製造物責任に関するものが目立ち、その中には医薬品や医療機器の事故の事案も少なくない。これらの判例については、わが国でも研究が進んでいる[3]。

　本稿では、これらの先行業績も参照しつつ、特に憲法原理の面に着目し、専占の判断方法について連邦最高裁の判例をひとつの視角から整理することを試みる。その際、個別の裁判官の意見、とりわけ多数の裁判官の意見としばしば対立するクラレンス・トーマス裁判官の意見を手がかりとし、その関連で学説にも言及することにする。

　以下では、まず二で、専占の判断方法について立ち入った言明が含まれる近年の医薬品に関するいくつかの判例を紹介し、判例の動向と個々の裁判官の意見の分布を概観する。次いで三でトーマス裁判官の意見に現れた論点を検討し、関連する学説に触れることにする。

二　専占に関する最近の判例

1　専占についての一般的な説明

　判例の紹介に入る前に叙述の見通しをよくするため、専占の態様についての通説的な分類を紹介する[4]。これは、具体的事案における専占の有無、範囲、効力等の判断方法に着目したものである。

　ハイフンを入れる"pre-emption"が用いられるが、論文ではこれを入れずにpreemptionと書くことが多いようである。専占についての一般的な説明として、樋口範雄『アメリカ憲法』（2011年、弘文堂）170～192頁参照。

3　専占と製造物責任との関係について、佐藤智晶『アメリカ製造物責任法』（2011年、弘文堂）、特に211～286頁、さらに医薬品については秋元奈穂子『医薬品の安全性のための法システム』（弘文堂、2016年）111～123頁参照。

4　この説明については、樋口・前掲注（2）、特に175頁の図に負うところが大きいが、訳語等は必ずしも同じではない。

```
I  明示の専占（express preemption）
II 黙示の専占（implied preemption）
 1  領域の専占（field preemption）
 2  抵触による専占（conflict preemption）
  （1）両立不能による専占（impossibility preemption）
  （2）障碍による専占（obstacle preemption）
```

　まず、連邦法の規定の仕方によって明示の専占と黙示の専占に分けられる。明示の専占とは、連邦法に、連邦法と抵触する州法の規定は効力を有しない旨の規定を置く場合であるが[5]、その具体的な文言は様々である。この場合でも、その専占の文言の意味・範囲が争われることは少なくない。また、逆に、連邦法に効力維持条項（saving clause）が置かれ、州法を専占しないことを明示的に規定する場合もある[6]。

　しかし、判例では、連邦法に専占についての規定がない場合に黙示の専占の有無が問題になることも多い。そのうち、領域の専占と呼ばれるものは、連邦法が一定の領域を広く規制している場合にはその領域における州法の規制は許さない趣旨であると解釈するものであって、実際の判例でこれが認定されることもある[7]が、比較的少ないといわれる[8]。これに対して、判例に頻繁に現れるのが抵触による専占であり、これには、（1）連邦法と州法の双方を遵守することが不可能である場合（両立不能による専占）と、（2）連邦法の目的の達成を州法が妨げる場合（障碍による専占）があるとされる。おそらく現在も、判例法理をこのように

5　*See* Shaw v. Delta Air Lines, Inc., 463 U.S. 85, 95-100 (1983).

6　代表的な例として Geier v. American Honda Motor Co., Inc., 529 U.S. 861 (2000) 参照。この事件では、連邦法に、明示的な専占の規定と明示的な効力維持条項の両方が含まれていた。

7　例えば、Pacific Gas & Electric Co. v. State Energy Resources Conservation and Development Comm'n, 461 U.S. 190, 212 (1983) は、連邦法の解釈として、「州に明示的に委ねられた限られた権限を除いて、連邦政府が原子力発電所の安全に関わる全領域を占拠した」と認定した。*See also* Schneidewind v. ANR Pipeline Co., 485 U.S. 293, 299-304 (1988); Rice v. Santa Fe Elevator Corp., 331 U.S. 218, 229-236 (1947).

8　例えば、Silkwood v. Kerr-McGee Corp., 464 U.S. 238 (1984) は、事案を前注の Pacific Gas 判決と区別し、連邦法により規制される核燃料製造工場からのプルトニウム漏出事故による被害について州不法行為法による懲罰的損害賠償を命ずることは連邦法により専占されていないとした。また、English v. General Electric Co., 496 U.S. 72 (1990) は、核燃料製造工場従業員が安全基準違反を連邦政府機関等に通知したことによる報復的な措置を受けたと主張して州不法行為法上の損害賠償を求めることは、連邦法により専占された領域に入らないと判断した。

498

分類するのが、連邦最高裁判所の多数の裁判官の支持する考え方であろうが[9]、異論もあるところであり[10]、本稿が特に注意する点である。

2 医薬品被害に関する近年の3つの判例

(1) Levine 判決

まず2009年の Wyeth v. Levine 判決（Levine 判決と略する）から始めたいが、この判決については既に邦語による詳しい研究がある[11]ので、専占の判断方法に関する一般論を中心にごく簡単に紹介するにとどめる。

事案は、静脈に注入すべき嘔吐治療薬を看護師が患者に注射した際に誤って動脈に注入したため患者の腕が壊死し切断を余儀なくされたことから、患者が製薬会社を相手取り、この医薬品のラベル（説明書）における注意書きが不備であった（事故が起きないように、点滴による注入方法を明記すべきだった）ことを理由に損害賠償を求めたものである。ヴァーモント州の事実審裁判所は陪審裁判により、ラベルの不備を認め製薬会社に賠償を命じ、これを州最高裁も支持したところ、製薬会社は、この判決の前提にある製薬会社に課される注意義務は FDA（連邦食品医薬品局）による医薬品承認制度（ラベルの承認も含む）に反し、州法は連邦法によって専占されていると主張して、連邦最高裁に上告したものである。

最高裁は、スティーヴンス裁判官の法廷意見（ケネディ、スーター、ギンズバーグ、ブライヤー各裁判官が同調）で、製薬会社の主張した両立不能による専占と障礙による専占の双方について検討し、いずれも主張を退け、州裁判所の判断を支持した。両立不能による専占については、FDA の規則が、発売後の医薬品につき副作用が発見された場合に、製薬会社がラベルの変更を FDA に申請したときには FDA の承認を待つことなくラベルを変更することを認めていた——これをCBE（changes-being-effected）手続という——ことから、製薬会社は、連邦法に違反することなく、州裁判所が前提とした注意義務（ラベルにおける警告強化）を

9　*See, e.g.*, Oneok, Inc. v. Learjet, Inc., 135 S.Ct. 1591, 1594-95 (2015).

10　例えば、English v. General Electric Co., 496 U.S. 72, 79 n. 5 (1990) は、明示の専占、領域の専占および抵触による専占の3つは厳格に異なるものではなく、領域の専占は抵触による専占の一種であるとも理解しうると述べる。

11　Wyeth v. Levine, 555 U.S. 555 (2009). 本判決については、樋口範雄「アメリカにおける製造物責任訴訟と連邦法による専占」加藤一郎先生追悼論文集『変動する日本社会と法』（有斐閣、2011年）769頁以下、佐藤・前掲注（3）258〜268頁、秋元・前掲注（3）116〜118頁参照。

満たすことが可能であったとして、両立不能ではなかったと法廷意見は判断した。また、法廷意見は、障碍による専占に関しては、①連邦食品医薬品法が医療機器については明示の専占規定を置きながら医薬品についてはそのような規定を置かなかったことを指摘し、②2006年のFDA規則改正でその規則前文に、処方薬のラベルに関してFDAによる承認と矛盾する州法は専占されると規定していたことについては、それが従前のFDAの方針を変更することについて合理的な説明もないことなどから尊重に値しないなどとして（FDAは、その限られたリソースでは市場に出回るあらゆる医薬品を監督することができないことから、これを補完するものとして州法による医薬品規制を伝統的に認めてきた）、本件における州法が連邦法の目的・目標の達成の障碍になるわけではないとして、障碍による専占も認めなかった。

これに対して、トーマス裁判官の結果同意意見がある。同意見は、本件では州裁判所の判断が直接に連邦法と衝突するわけではないとして法廷意見の結論には賛成するが、広範にわたる黙示の専占の法理、特に「目的への障碍」を理由とする専占の法理には賛同できないとして法廷意見への同調を拒否した。このトーマス裁判官の意見は後にやや詳しく検討したい。

他方、アリート裁判官が執筆しロバーツ長官とスカリア裁判官が同調する反対意見は、医薬品について専門知識のあるFDAの判断を素人である州裁判所の陪審が覆すのは連邦法の目的に反するとして、専占を認めるべきであるとする。陪審が目の当たりにするのは医薬品で被害を被った人だけであるが、当該医薬品で利益を得る人も多数いるはずで、その利益不利益のバランスを取ることができるのはFDAであるというのである。

この判決は、おそらく日本人の感覚からすると被害者救済は当然のことのように感ぜられるのではないかと思われるが、アメリカ法の文脈では、従前の判例からすると、本件で専占を認めなかったということが意外感をもって迎えられたようである[12]。ただし、この事件は先発薬に係る事件であったことに注意が必要である。次の2つの判決は後発薬（ジェネリック薬）に関するもので、最高裁の結論は逆になった。

12　樋口・前掲注（2）187〜188頁参照。

（2）PLIVA 判決[13]

（a）事案の概要　2011年の PLIVA 判決では、後発薬のラベルは先発薬のラベルと同じでなければならないとする連邦法は、後発薬で発生する副作用についての警告を後発薬ラベルに記載しなければならないとする州法（不法行為法）と衝突し、したがって、連邦法が州法上の主張を専占するとされた。

事案は次のようである。FDA は1980年、消化器疾患の治療薬を承認した（これが先発薬である）が、その長期の服用は遅発性ジスキネジア（tardive dyskinesia）という深刻な神経障害を引き起こすことがわかった。そのため、数次にわたって警告ラベルの強化・明確化がなされ、2009年には最も強い形の警告（a black box warning）がなされるに至った。原告 M と D はそれぞれ2001年と2002年に当該先発薬を処方されたが、薬剤師からは後発薬を受け取った。数年服用して遅発性ジスキネジアを発症した。原告らは後発薬製造業者が適切なラベルの添付を怠ったとして州（ミネソタ、ルイジアナ）不法行為法に基づき業者を提訴したが、業者は、連邦法律および FDA 規則が後発薬には先発薬と同じ安全性・効果に関するラベルを使用することを要求しており、連邦法と州法との両方に同時に従うことはできないと反論した。いずれの事件でも連邦控訴裁判所は業者の訴えを退けたため、業者が上告した。

（b）法廷意見　連邦最高裁は、トーマス裁判官の法廷意見（ロバーツ長官、スカリア、ケネディ、アリート各裁判官が同調するが、Part Ⅲ-B-2にケネディ裁判官が同調せず、この部分は相対多数意見となる）は、原審を破棄し差し戻す判断を下した。理由は次のようである（以下、判決原文にある章立ては ［　］ に括って示す）。

法廷意見は、本件業者に適用される州法と連邦法の内容を次のように述べる［Ⅱ］。すなわち、両州の不法行為法は、製品の危険を知っているか知るべきである医薬品製造業者に対して、合理的に安全になるようにラベルを貼ることを要求している［Ⅱ-A］。他方、連邦法のラベル規制は複雑である。1962年法は、新しい医薬品の販売の承認を求める業者は、これが安全・有効で、かつそのラベルが正確・適切であることを証明しなければならなかったが、これには多額の費用を要し長期にわたる臨床試験が必要であった。1984年、連邦議会は Hatch-Waxman 修正を可決し、後発薬は既に FDA に承認された医薬品と同等のものであ

13　PLIVA, Inc. v. Mencing, 564 U.S. 604 (2011). 本判決については、秋元・前掲注（3）120〜123頁に紹介がある。

ることを証明するだけでFDAの承認を得ることができるようになった。これは、ラベルも同じであることを求めている。問題は、後発薬製造業者はFDA承認の後にラベルを変更できるかである。原告MとDは副作用を防止するために変更するための方法があったと主張する。FDAは先発薬と後発薬のラベルは常に同じでなければならないという見解をとる［Ⅱ-B］。CBE手続によって製薬業者はFDAの事前の承認なしにラベルの警告を強化できるが、FDAの見解では、後発薬の場合には先発薬のラベルに一致させるとき以外はCBE手続を使えない。我々は、FDAの見解は明らかに誤っているわけでも規則に矛盾するわけでもないので、これを尊重する［Ⅱ-B-1］。原告MとDは、製薬業者から処方医師等に追加的警告を知らせる"Dear Doctor"letterを利用できたと主張する。しかしFDAはこれはラベルに相当すると解釈しており、我々はこの解釈も明らかに誤っているとはいえないので、これを尊重する［Ⅱ-B-2］。また、本件製薬業者はFDAに対してより強い警告ラベルにするように提案することができた（することが要求されている）、とFDAは主張している。連邦の法律や規則によれば、重大な危険を想起させる合理的証拠があるときはラベルに警告を含めなければならない。この要求は後発薬製造業者にも適用される。この要求を、先発薬と後発薬のラベルは常に同じでなければならないという要求と調和させるためにFDAは次のような解釈をとる。すなわち、安全性に問題があると気づいた後発薬製造業者は、先発薬と後発薬の双方に使用されるラベルの警告強化をFDAに要請しなければならない、と。本件製薬業者はそのような義務の存在を争うが、我々は、それがたとえあったとしても専占を認めるので、この点は判断しない［Ⅱ-B-3］。以上が法廷意見による連邦法と州法の要約である。

　これをふまえて法廷意見は本件における専占の有無について判断する［Ⅲ］。法廷意見は、合衆国憲法6条2項（最高法規条項）により、連邦法と州法とが直接に抵触（衝突）するときは、州法が譲らなければならず、そして、私人が連邦法と州法の双方の要求に従うことが不可能なときはそのような抵触があるとする。すなわち、「両立不能」の基準を適用する。

　法廷意見は、本件でそれが不可能であったと判断する。すなわち、もし本件製薬業者が独立にラベルを変更すれば連邦法違反になる。警告内容を強化するように先発薬のラベルも合わせて変更するようにFDAの助力を求める連邦法上の義務があると仮定しても、州法の要求は満たせない。原告MとDの主張が正しい

としても、州法が求めているのはより安全なラベルであって、本件製薬業者がより安全なラベルの可能性についてFDAに連絡することを指示しているのではない。原告MとDも、その州不法行為法上の主張が本件製薬業者がFDAにラベルの変更を要請しなかったことに基づくものであることを否定している、と法廷意見はいうのである［Ⅲ-A］。

　さらに続けて法廷意見はいう。もし本件製薬業者がFDAの助力を求め、もしFDAがそれを支持する十分な情報があると判断し、もしFDAが先発薬製造業者と交渉を始め、そしてもし適切なラベル変更が決定され実施されたとしたら、本件製薬業者は、結果として後発薬のよりよいラベルにつながる「ねずみ取りゲーム」（a Mouse Trap game）を開始したことになろう。このことは、抵触による専占が、FDAや先発薬製造業者の行動の可能性を考慮に入れるべきかどうかという新たな問題を提起する。つまり、連邦法は、FDAや先発薬製造業者が州法の要求に合致するようにラベルを変更する場合に限って、本件製薬業者が州法に従うことを許すことになる。原告MとDは、専占があることを証明するためには、州法に従うことをFDAが許さなかったことを証明しなければならないと主張し、本件では、製薬業者はその手続を開始さえしなかったのであるから、両立不能の証明の責任を果たしていないと主張する。これはそれなりによい議論（a fair argument）ではあるが、法廷意見はこれを退ける。両立不能の問題とは、私人が州法の要求することを連邦法の下で独立してすることができたかどうかの問題である。原告MとDの主張を受け入れれば抵触による専占の大部分は無意味になる。私人が州法の要求することを連邦法の下で行うことを適法にするために、第三者や連邦政府が何かをするかもしれないということは、しばしば想像することができる。本件でも、本件製薬業者がFDAの助力を求めれば警告ラベルを強化することができた可能性はある。業者がFDAを説得して規則の解釈を改めCBE手続を利用できるようにしたかもしれないし、原告MとDの主張の論理を推し進めれば、業者がFDAに対して、後発薬に関する規則を全面的に書き換えるよう説得することも、連邦議会に対してHatch-Waxman修正を修正するよう働きかけることも、ありえただろう。もしこのような想像が最高法規条項にいう連邦法と州法との抵触を防ぐなら、明文による専占の場合以外に最高法規条項は意味があるのか疑問になる、と法廷意見は述べる［Ⅲ-B-1］。

　トーマス裁判官の意見は続くが、ケネディ裁判官の同調が得られず、4裁判官

による相対多数意見となっている部分がある［Ⅲ-B-2］。本稿の関心からはこの部分は重要なので、後に改めて検討する。

いずれにせよ、法廷意見は、本件では連邦法の下で本件製薬業者が独立して行えることだけでは州法の要求を満たせないのであるから、連邦法が州法を専占していると結論する［Ⅲ-B-3］。

最後に、法廷意見は、この結論が上記の Levine 判決とも矛盾しないことを説明する。Levine 判決では先発薬製造業者について、連邦法と州法との矛盾が問題になったが、先発薬製造業者は FDA の事前の承認なしに一方的に警告を強化することができたため、州不法行為法上の義務に従うこともできたのである。たしかに、原告 M と D その他の後発薬を服用した者の立場からすればこの結論はナンセンスにみえるだろう。先発薬を服用していたら製薬業者に対して州法上の不法行為責任を追及できるのに、後発薬を渡されたばかりにそれができないのだから。しかし、先発薬と後発薬では規制が異なるのであり、そのおかげでより多くの薬をより早くより安く公衆に提供できるようになったのである、と法廷意見は述べ、連邦議会と FDA はもし望むなら法律・規則を改正する権限を有していると付け加えている［Ⅲ-C］。

(c) **反対意見**　これに対して、ソトマイヨール裁判官の反対意見（ギンズバーグ、ブライヤー、ケーガン各裁判官が同調する）は、我々は伝統的に両立不能による専占に高度の証明水準を要求してきたのであり、単に両立不能の可能性だけでは専占を認めるのに十分でないという。もし FDA がラベルが不適切と判断すれば先発薬、そしてそれに応じて後発薬のラベルも変更されたのであると主張する。

反対意見は、まず、各州は Hatch-Waxman 修正成立以前に後発薬普及の努力をしてきたのであり、同修正の成立した1984年には後発薬は全国で販売される医薬品の19％を占めていたが、今や後発薬がある場合には90％が後発薬で占められ、2009年、後発薬の販売額は660億ドルと推計されている、と指摘する［Ⅰ-A］。また、警告の追加が必要なときに後発薬製造業者が FDA にラベルの変更を申請する義務があるかどうかについては争いがあるが、連邦法の下で業者が製品の安全性をモニターする義務を負うこと、そして、FDA にラベル変更を提案することができることに争いはない、と認定している［Ⅰ-B］。

その上で、反対意見は、法廷意見のいう両立不能を理由とする専占に賛成できないとして、次のように論ずる。まず、すべての専占について2つの原則があ

る。第1に、連邦議会の目的が究極の試金石であること、第2に、歴史的に認められてきた州のポリス・パワーは、これを排除するという連邦議会の目的が明白でない限り、連邦法律によって排除されないという想定から出発すること、である。医療器具に関する1976年法では連邦議会は州法を専占するという明示の規定を置いていたが、8年後の Hatch-Waxman 修正ではそのような規定はない〔Ⅱ-A〕。そして、反対意見は、両立不能による専占は積極的な抗弁なので、これを主張する者が立証責任を負うとして、それは物理的不可能を証明しなければならず、仮定的ないし潜在的衝突、つまり両立不能の単なる可能性では不十分であるという。Levine 判決でも、先発薬製造業者のラベル変更申請は最終的には FDA の承認を要したのであり、同判決は業者に対して、申請しても FDA が承認しなかったであろうことの明確な証拠を要求したと述べて、本件でも同じアプローチを適用したいと反対意見はいう。もちろん、両立不能を証明できる場合もありうることは認めている〔Ⅱ-B〕。

　そして反対意見は法廷意見を批判して、次のようにいう。法廷意見は、連邦法の下で私人が独立して州法の要求を満たせるかという基準を立てたが、これは先例に根拠がない。Levine 判決の事案でもラベル変更には FDA の承認を要したし、この判決は、せいぜい、一方的行動で州法に従いうるということは両立不能の抗弁を退ける十分条件であることを示したにすぎず、必要条件だといったわけではない。法廷意見は、業者が規則・法律を改正するように行政機関や議会に働きかけたかどうかをも責任の有無の判断の考慮に入れるのか、と批判するが、専占はあくまで現行法を前提とするものであり、本件では現行法に連邦法と州法との両立の方法が規定されている。また、相対多数意見（上記〔Ⅲ-B-2〕）の主張する、最高法規条項の「かかわらず」（non obstante）規定としての解釈は、専占を狭く解釈しようとしてきた先例に反する、とも反対意見はいう〔Ⅱ-C〕。

　最後に反対意見は、法廷意見のもたらす不当な帰結を次のように指摘する。まず、法廷意見の論理からは、後発薬のラベルが不適切であったことから生じた被害を受けた者が賠償を受けることができなくなるが、連邦議会がそのようなことを意図したとは考えがたい。次に、法廷意見は、後発薬製造業者が薬品の危険を監視するインセンティブを失わせる。Levine 判決の趣旨により先発薬製造業者はインセンティブを維持するが、上記のように後発薬が出回ると先発薬は市場から撤退するので、州法による消費者保護の上乗せがなくなる。最後に、法廷意見

は、先発薬と後発薬とが同等であるという Hatch-Waxman 修正の根幹原則を破壊する。後発薬についての不法行為責任追及を難しくする法廷意見は後発薬の消費者の信頼を損ね、後発薬の普及を妨げる［Ⅲ］。以上が反対意見の要旨である。

　本判決は、連邦法が州法を専占しているかどうかにつき、連邦法と州法の双方を遵守することが不可能かどうかという基準の下で、法廷意見と反対意見とでその評価が分かれたものである。

（3）Bartlett 判決[14]

　(a) 論 点　　本件も、後発薬による副作用被害について被害者が後発薬製造業者に賠償を求めたのに対し、ニュー・ハンプシャー州不法行為法を適用して製品の「設計の欠陥（design-defect）」を理由に賠償を命じた原審につき、最高裁が専占を理由に破棄したものである。事案としては、上記の PLIVA 判決と較べて、不法行為責任追及の根拠がラベルにおける警告の欠陥（failure to warn）ではなかった（医師がラベルを読まなかったという自白に基づき、事実審はこの根拠を排除した）ことが相違点である。また、判決内容としては、業者にとって連邦法と州法の双方に従うためには販売中止という選択肢があったのではないか、という論点が明示的に論ぜられたことが注目される。

　(b) 法廷意見　　アリート裁判官が法廷意見を述べ、これにロバーツ長官とスカリア、ケネディ、トーマス各裁判官が同調した。

　法廷意見は、本件では両立不能による専占が認められるとする。法廷意見は、まず、上告人（製薬業者）に課される州法上の義務を明らかにする。この場合に適用される州法は、リスクの分散を図る「絶対責任（absolute liability）」ではなく厳格責任（strict liability）であり、製品の製造者は、その予見できる使用にとって合理的に安全であるように製品を設計しなければならないという義務を課されているとする。したがって、製品の設計が使用者にとって不合理に危険な、欠陥のある状態を作り出したときにだけ、製造者は設計の欠陥を理由とする責任を負うことになる。そして、同州最高裁の示す厳格責任に関する法理は、不合理に危険かどうかを判断する際にリスク・効用アプローチを取り、危険の重大さが製品の効用を上回るときにそれが不合理に危険であるとするが、これは主に3つの要素を考慮に入れて判断される。①公衆全体にとっての当該製品の有用性と望まし

14　Mutual Pharmaceutical Co., Inc. v. Bartlett, 570 U.S. 472 (2013).

さ、②危険のリスクを、製品の効果または製造費用に実質的に影響することなく減ずることができたかどうか、③隠れた危険または予見しうる使用から生ずる危害の不合理なリスクを避けるための警告の存在と効果、である。しかし、法廷意見は、本件では当該薬品の設計の変更は次の2つの理由で可能ではなかったという。ひとつは、連邦食品医薬品法が後発薬は先発薬と同じ成分であることを要求しているからであり、いまひとつは、当該後発薬は単一の分子を成分としており変更のしようがなかったからである。したがって、製薬会社にとって当該後発薬のリスク・効用評価を改善する唯一の方法は、ラベルの警告を改めることであった。実際、事実審ではラベルの記載が適切であったかどうかが重要な争点であった。他方、法廷意見は、PLIVA判決を引用して、連邦法は後発薬のラベルを一方的に変更することを禁止しているとし、したがって製薬会社にとって州法と連邦法の双方を遵守することは不可能であったとするのである〔Ⅲ〕。

　問題は、しかし、原審がいうように、製薬会社が当該後発薬の販売を中止すれば、州法にも連邦法にも違反しないで済むのではないかということである。これに対して法廷意見は、先例に照らして、販売中止という選択肢があることは州法と連邦法の両立不能を否定する理由にならないという。PLIVA判決の事案でも、販売中止をすれば連邦法にも州法にも違反しないで済んだが、判決は両立不能を認定したのである〔Ⅳ〕。ソトマイヨール裁判官の反対意見は、法廷意見が「連邦法が製薬会社に、コモン・ロー上の責任を負うことなく、連邦政府によって承認された医薬品を販売する権利を与えた」という前提に立っていると非難するが、そのような前提に立つものではないと法廷意見は反論する〔Ⅴ〕。

　(c) ブライヤー反対意見　　以上の法廷意見に対して、ケーガン裁判官の同調するブライヤー裁判官の反対意見と、ギンズバーグ裁判官の同調するソトマイヨール裁判官の反対意見がある。このうち、ブライヤー裁判官の反対意見は、本件では製薬会社は州法と連邦法の双方に従うことが文字どおり不可能であったわけではないという。製薬会社は、販売を中止することもできたし、あるいは損害賠償金を支払って事業を続けることもできたというのである。しかし、問題はそのような要求をすることが、連邦法の目的の達成の障碍になる場合があり、その場合には州法は専占される、とブライヤー裁判官はいう（障碍による専占）。さらに、同裁判官は、その判断のために、通常は、所管の行政機関（本件ではFDA）の見解を参照すべきであるという。FDAには専門知識があり、医薬品が医学的

に価値が高ければ高いほど、その医薬品を市場から追い出すことを連邦議会が州に許すとは考えにくくなるし、また、行政機関は利害関係者に意見提出の機会を与えることにより判断を下すことができ、専占の意向を規則で示すこともできるからである。しかしながら、ブライヤー裁判官は、本件ではFDAの見解を重視することはできないという。それは、FDAが見解を策定する際に公衆からのヒアリングを行っておらず、その見解は訴訟の文書でのみ示され、しかも、その見解を変遷させているからである。そこで、ブライヤー裁判官はFDAの見解を特に参考にせず、本件では当該後発薬がニュー・ハンプシャー州市場からなくなることが連邦法の目的を特に阻害するとも考えられないとして、専占を認めないのである。

(d) ソトマイヨール反対意見　ソトマイヨール裁判官の反対意見は、専占について2つの要石（①連邦議会の目的が究極の試金石であること、②歴史的に認められてきた州のポリス・パワーは、これを排除するという連邦議会の目的が明白でない限り、連邦法律によって排除されないこと）を指摘する。この2点は、Levine判決の法廷意見にあるが、PLIVA判決と本判決では法廷意見に現れず、ソトマイヨール裁判官の反対意見で述べられていることが注目される。

　ソトマイヨール裁判官はLevine判決法廷意見を引用して、連邦薬事法と州コモン・ロー上の責任とが協働して消費者の安全を促進すると理解されてきたのであり、連邦薬事法の下で自らの製造した医薬品の情報をより多く有する製薬会社こそが製品の安全性に究極の責任を負うと述べ、連邦議会は市販薬、化粧品やワクチンについては専占規定を設けながら、処方薬については先発薬、後発薬を問わず専占規定を設けていないと指摘する。連邦行政機関の事前規制では、医薬品による有害事象であっても、まれにしか起こらないもの、潜伏期間の長いもの、あるいは臨床試験に含まれていない集団に属する人に影響するものは見つけ出すことができないため、州法、特にコモン・ローによる救済は重要なのである〔I〕。

　ソトマイヨール裁判官は、本件では連邦法と州法の双方を遵守することが物理的に不可能であったわけではないと主張する。ニュー・ハンプシャー州は、製品の欠陥に関する厳格責任について、製造上の欠陥、設計上の欠陥および警告における欠陥という3種を認めているが、本件で問題になったのは設計上の欠陥だけである。州法上、消費者に不合理な危険をもたらす製品が、設計上の欠陥を有するとされる。法廷意見は、事実審においてラベルの警告の欠陥が問題とされたと

認定しているが、ソトマイヨール裁判官によれば、ラベルの警告は製品の不合理な危険を判断する際の要素のひとつにすぎず、ラベルが適切であることは、設計上の欠陥を理由とする損害賠償責任を逃れるための必要条件でも十分条件でもない。確かに州法の定める厳格責任は製品のラベル等を変更するインセンティブを与えるが、州法は規制的目的と賠償目的の双方を有することに変わりはなく、結局、州法によって製薬業者に要求される義務は、被害を受けた消費者に賠償することだけであるとソトマイヨール裁判官はいう［Ⅱ-B］。州法上、不合理に危険な医薬品の製造業者は複数の選択肢があり、ラベルを変更することができなくても、市場から退出することも、賠償支払いを覚悟の上で販売を続けることもできると同裁判官はいう。そうだとすると、連邦法が製薬会社に、FDA の事前承認を受けた医薬品を州法上の賠償責任を負うことなく販売し続ける権利を与えたことを多数意見は前提としているが、それは連邦食品医薬品法の文言、構造、州法効力維持規定（saving clause）および歴史に反する、とソトマイヨール裁判官は批判する。連邦法は、承認を受けた医薬品がその後「健康に危険」すなわち「ミスブランド」と判明したときにはその販売を禁止しているし、そのような場合に法的措置によらず FDA による勧告に従って製薬会社が販売を中止することが普通である。州法は、連邦法によって許容され、時には推奨され要求されている行為のきっかけを与えるにすぎないと同裁判官はいう［Ⅱ-C］。

　ソトマイヨール裁判官は、多数意見が「障碍による専占」の論点を取り上げなかったことを批判し、それは有用な枠組みである——例えば、連邦議会が FDA に、州法による規制を許さない最大限の安全基準を策定することを求めたのか、それとも FDA の安全基準は最低限のものであって州法による補完を許す意図であったのか、といった点を検討できる——という［Ⅱ-D］。そして、同裁判官は、本件で製薬会社が主張した障碍による専占について検討し、連邦食品医薬品法の核心的目的が消費者の保護であること、一般に州不法行為法は連邦法の安全性の目標を補完すること、FDA が医薬品の安全性問題に迅速に対応する能力には実際上限界があること、そして被害を受けた消費者に対する救済が連邦法に規定されていないことから、障碍による専占を否定する［Ⅲ］。最後にソトマイヨール裁判官は、多数意見が両立不能による専占を広く認めたことを批判し、処方薬の承認手続が他の多くの製品の規制のモデルとなっていることから、多数意見のこのような判断方法が州法による製品の安全確保に及ぼす悪影響を懸念する［Ⅳ］。

（4）小　括

　以上、多数に上る連邦最高裁の「専占」判例から、ひとつの代表例として近年の医薬品被害をめぐる3つの判例を取り上げ、「専占」に関してどのような法的推論がなされているか、例を示してみた。医薬品に関するこれらの判決を理解するためには、連邦議会の制定した法律の下で連邦政府の行政機関であるFDAが制定する命令や規則の効力という行政法的な論点も絡んでおり、その面からの分析も本来は必要であるが、本稿では専占の問題としてその一面を捉えるにとどまる。

三　「専占」理論再考の試み

　以下では、キャレブ・ネルソン（Caleb Nelson）教授の「専占（Preemption）」と題する論考[15]を中心に、これを引用する連邦最高裁のトーマス裁判官の議論やこれらを批判する学説を検討し、「専占」理論の現在の一断面を照らし出してみたい。ネルソン教授はトーマス裁判官のロー・クラークを務めた経歴を有するようである[16]。おそらくそのためか、教授の論文が同裁判官の判決文に幾度か引用されており、まずはそれを追うことから始めよう。

1　トーマス裁判官の議論
（1）Geier判決におけるスティーヴンス裁判官の反対意見

　ネルソン教授の上記論文は、それが公表されて間もないGeier判決[17]において、トーマス裁判官も同調するスティーヴンス裁判官の反対意見で言及されているので、まずはこれに触れておく。

　Geier判決も専占に関する著名な判決のひとつである。論点は、自動車に装備すべき安全装置に関する連邦法（連邦運輸省が公布した規則）と地域[18]法上の不法行為責任を認める判決との関係である。連邦最高裁の法廷意見は専占を認めたが、

15　Caleb Nelson, *Preemption*, 86 Va. L. Rev. 225 (2000).

16　Daniel J. Meltzer, *Preemption and Textualism*, 112 Mich. L. Rev. 1, 3 (2013).

17　Geier v. American Honda Motor Co., 529 U.S. 861 (2000). この判決については、佐藤・前掲注（3）243〜247頁参照。

18　コロンビア特別区の不法行為法なので（*See* Geier, 529 U.S. at 865）、厳密にいえば合衆国憲法6条2項（最高法規条項）にいう州 state の法ではないはずだが、本件では州法の場合と特に区別せず論ぜられている。

510

トーマス裁判官も同調するスティーヴンス裁判官の反対意見は専占を認めるべき
でないと主張した。その際、スティーヴンス裁判官は専占を否定する推定（pre-
sumption against pre-emption）を論じ、「この推定の利点（signal virtues）は、（特に
伝統的な州の規制の領域において）州－連邦の適切なバランスを図ることにおいて
司法部よりもずっと適している連邦議会の手の中に、専占の権限をきっちりと置
くことであり、また、連邦議会がその権限を行使する際に明確に述べることを求
めることである。このようにして、立法過程の通常の運用に内在する構造的な安
全装置が不当な侵害から州の利益を防衛するために働くのである。……加えて、
この推定は、目的の阻害に基づく、黙示の抵触による専占という、潜在的に無限
定な（そしておそらく不適切に考案された）我々の法理——すなわち、州法は、それ
が連邦議会の十分な目的および目標の達成および執行にとって障碍となるときに
は専占される、という法理——でもって駆け回る（run amok）ことを連邦裁判官
にさせないための制約原理としても役立つ」と述べ、ここにさらに脚注を付け
て、「最近、ある論者は、我々の目的阻害（つまり「障碍」）による専占の法理は最
高法規条項の文言によっても歴史によっても支持されておらず、これを除去する
ことによって我々の専占の法理論に一定の合理性をもたらすべきだと主張してい
る」と述べ、ネルソン教授の論文「専占」から次の一節、すなわち、「最高法規
条項の下で、専占は、連邦議会によって制定された有効なルールに州法が矛盾す
るときにのみ起こるのであって、連邦法が一定の目的に仕えているという事実だ
けでは、これらの目的の妨げになるかもしれないすべてのものと連邦法とが矛盾
するということを自動的に意味するわけではない」という一節[19]を引用する。つ
づけて、脚註は、「明らかに、我々がもしそうすれば、専占を否定する推定（こ
の論者はこれも批判する）の必要性はずっと少なくなるだろう。しかし、現状にお
いては、この推定は、連邦裁判官が、目的の阻害を理由とする専占を認定する際
に、規制の歴史のような、操作可能で政治的責任を負わない論拠にあまりに深く
依存するリスクを減らすものである」と述べている[20]。

　この反対意見はトーマス裁判官が自ら執筆したものではないが、このあたりの
叙述にはトーマス裁判官の主張が影響し、スティーヴンス裁判官が苦労してこれ
を取り込んだのではないかとも思われる。しかし、これは推測の域を出ない。

19　Nelson, supra note (15), at 231-232.
20　Geier, 529 U.S. at 907-08 & n. 22 (Stevens, J., dissenting).

（2）Levine 判決におけるトーマス裁判官の結果同意意見

　トーマス裁判官は、上記のように Levine 判決で結果同意意見を書き、当該事案では FDA の事前の承認なく医薬品のラベルの警告を変更することができたこと、かつ、連邦法は、製薬業者に、FDA によって承認された医薬品をいつでも無条件で販売する権利を与えたものでないことを理由として、ラベルの警告の欠陥を理由とする州不法行為法上の賠償命令判決は専占されないと判断するものの、法廷意見が黙示的に是認する黙示の専占、特に目的への障碍を理由とする専占を批判して（トーマス裁判官は上記の Geier 判決以外の判決でもこのような疑問を呈してきた[21]）、法廷意見への同調を拒否した。

　トーマス裁判官は、基本的な自由を守るため憲法は二重主権（dual sovereignty）の連邦制を採用しているとし、連邦政府と州政府との微妙な均衡を守るためには最高法規条項はその文言に従って運用されなければならないという。そして、「憲法に準拠して」制定される連邦法律は、次の2つの主要な構造的限界に従わなければならないとする。ひとつは、連邦議会の権限が憲法に列挙されたものに限られることである。第2の構造的限界は、連邦法律を制定する際に連邦議会と大統領とが従わなければならない複雑な手続、つまり二院制と法案の大統領への提出の要件である。このような観点から次のようにいう。「連邦議会や行政機関の観想（musings）は、連邦法律制定のための憲法1条7節の定める要件を満たさず、したがって最高法規条項の下で州法を専占しない。憲法に適合するためには、連邦法律またはその下で有効に公布された規則の専占の効力を分析する際、専占の目的の証拠は、問題となっている規定の文言と構造の中に求められなければならない」[22]。

　そして、トーマス裁判官は、両立不能を理由とする専占について、最高裁の先例は様々に定式化してきたものの、「物理的不可能」[23]などと概して狭い基準を立ててきたとし、それは、「一部には、当裁判所の『目的・目標（purposes and objectives）』アプローチの過度に広範な範囲が、当裁判所が両立不能による専占（"impossibility" pre-emption）に依拠することを不要にしたからだ」というので

21　*See, e.g.,* Bates v. Dow Agrosciences LLC, 544 U.S. 431, 458-59 (2005) (Thomas, J., concurring in the judgment in part and dissenting in part).

22　Levine, 555 U.S. at 583-88 (Thomas, J., concurring in the judgment).

23　*See* Florida Lime & Avocado Growers, Inc. v. Paul, 373 U.S. 132, 142-43 (1963).

ある[24]。

　そして、トーマス裁判官は、ネルソン教授の論文を引用しつつ、次のようにいう。連邦法と州法とが直接に抵触する命令を与えるときでも州法と連邦法の双方を遵守することが「物理的に不可能」ではない場合がありうる、例えば、州法が禁ずる一定の行為を行う権利を連邦法が個人に与える場合、個人はその行為を行わないことによって両者を遵守することはできるが、両者は矛盾する命令（command）を与えている、したがって、「物理的不可能性」は州法と連邦法の文言（text）が直接に抵触するかどうかを決定するための最も適切な基準ではない、と。いずれにせよ、本件では両者の直接の抵触はなく、専占はない、とトーマス裁判官はいう[25]。

　他方、同裁判官は、「当裁判所の『目的・目標』専占の法理論の全体が本来的に欠陥を有する」、「判例は、州法を専占するために、不適切にも、立法史（legislative history）、連邦議会の目的についての広範な、法文によらない（atextual）観念、そして連邦議会の不作為にまで依拠している」と批判する[26]。同裁判官は、現在の「目的・目標」専占を最初に定式化したのは Hines 判決[27]であるとしてこれを詳細に批判し、次に最近の Geier 判決を批判する[28]。同裁判官は、また、最高裁の「目的・目標」専占の法理論は、それが制定法の文言を過度に広汎に読むことを促進する点でも問題があるという。連邦の立法は様々な利害を持ったグループ間の妥協でありえ、したがって、連邦法律の文言に合致するように見える全ての政策が連邦議会によって承認され、専占の効力を有するという、「目的・目標」専占の根底にある想定には、何の根拠となる事実もない、というのである[29]。

（3）PLIVA 判決におけるトーマス裁判官の相対多数意見部分

　これも上記のように、PLIVA 判決の法廷意見はトーマス裁判官が執筆したが、トーマス裁判官の意見の中で一部分、ケネディ裁判官の同意を得られず４人

24　Levine, 555 U.S. at 589-90 (Thomas, J., concurring in the judgment). 他の裁判官（および学説）が "obstacle" pre-emption（「障碍」による専占）と略することが多いのに対して、トーマス裁判官は「『目的・目標』"purposes and objectives" アプローチ」といった略語を用いているので、同裁判官の意見に言及するときには基本的にこれによることにする。

25　Id. at 590-91, *citing* Nelson, supra note（15）, at 260-61.

26　Levine, 555 U.S. at 594 (Thomas, J., concurring in the judgment).

27　Hines v. Davidowitz, 312 U.S. 52 (1941).

28　Levine, 555 U.S. at 594-601 (Thomas, J., concurring in the judgment).

29　Id. at 601-602.

の裁判官の相対多数意見となった部分[30]がある。この部分は、ネルソン教授の論文に依拠して、最高法規条項の「州の憲法または法律の中にこれと矛盾する規定のある場合といえども」という部分が non obstante（～の規定にかかわらず）を意味する規定だというのである。一般に制定法解釈の原則のひとつとして、旧法と新法とで相矛盾するように見える規定がある場合でも、新法が旧法を明示に廃止する規定を持たない限り、黙示の廃止があったと考えることはできるだけ避けるように解釈すべきだとされていたが、18世紀の議会は、新法に non obstante 規定を入れることにより、矛盾する旧法の規定を廃止した、というのである。合衆国憲法6条の最高法規条項も non obstante 規定を含むことにより、抵触する州法を廃止するものと理解すべきであり、したがってまた、裁判所は、連邦法と、これと抵触するように見える州法とを調和するように無理をすべきではなく、連邦法の通常の意味に従えばよい、とトーマス裁判官は主張する。本件でも、そのような観点から、不確実な FDA や先発薬製造業者の行動を想定して連邦法と州法とを調和させる解釈をとるべきではない、というのである。

（4）その後の判決におけるトーマス裁判官の意見

　その後の事件でもトーマス裁判官は上記の立場を繰り返し表明している。Hillman v. Maretta 判決では、トーマス裁判官単独の結果同意意見において、多数意見の用いる「目的・目標」専占の枠組みは不当であると主張し、この事件では、連邦法の通常の意味が州法と衝突するから専占があると判断した[31]。また、Oneok v. Learjet 判決では、制定法の法文から大きくかけ離れた黙示の専占の法理は憲法に合致しないという主張を繰り返した[32]。さらに、CTS Corp. v. Waldburger 判決では、ロバーツ長官とトーマス、アリート両裁判官が同調するスカリア裁判官の一部同意・一部結果同意意見は、相対多数意見が明示の専占は狭く解釈すべきであると判示する部分に反対し、法文の通常の意味で解釈すべきであると主張した[33]。

30　PLIVA, 564 U.S. at 621-23 (plurality opinion).

31　Hillman v. Maretta, 569 U.S. 483, 499-502 (2013) (Thomas, J., concurring in the judgment). *See also* Howell v. Howell, 137 S.Ct. 1400, 1406 (2017) (Thomas, J., concurring in part and concurring in the judgment).

32　Oneok, Inc. v. Learjet, Inc, 135 S.Ct. 1591, 1603 (2015) (Thomas, J., concurring in part and concurring in the judgment). *See also* Hughes v. Talen Energy Marketing, LLC, 136 S.Ct. 1288, 1300-01 (2016) (Thomas, J., concurring in part and concurring in the judgment).

33　CTS Corp. v. Waldburger, 134 S. Ct. 2175, 2189 (2014)(Scalia, J., concurring in part and con-

2　ネルソン教授の問題提起

そこで、改めて2000年に Virginia Law Review に公表された81頁に及ぶキャレブ・ネルソン教授の「専占」と題する論文[34]を、本稿の関心にしたがって概観しておこう。同論文は大きく3部からなり、第1部では、上記の判例中の引用からも窺われるように、合衆国憲法の最高法規条項は、連邦法が州法の適用を排除するかどうかの問題を、新法が旧法を廃止するかどうかの問題の枠組みで捉えるべきことを主張する。第2部では、一般的な、障碍による専占（"obstacle" preemption）の法理を批判し、専占は州法が連邦法の規定と矛盾する場合にのみ起こると主張する。第3部では、「専占を否定する推定」（presumption against preemption）の法理も批判し、連邦法は言葉どおりに自然に解釈すればよく、専占を避けるために連邦法を不自然に狭く解釈すべきではないと主張する。

（1）最高法規条項制定の背景

ネルソン教授は、合衆国憲法制定直前の18世紀末におけるアメリカ諸邦における立法技術に着目し、法令集の整備されていない当時、新たな法律を制定する際に、その法律の規定対象を含む既存の法律をすべて洗い出すことが困難であったため、そのような既存の法律規定を一括して廃止するための文言が新法に置かれることが多くあったと指摘し、そのような例を多数挙げている[35]。例えば、「この法律の主題に関連する、これまで効力のあったすべての法律」を廃止する、といった規定[36]である。もっとも、このような規定には欠点があり、新法に合致する有用な旧法の規定をも不用意に廃止してしまうおそれがある。そこで、「新法は、これに反する（repugnant, contrary, contradictory）旧法を廃止する」という一般に承認された法原則に依拠すれば、新法に矛盾しない旧法規定は残すことができるから、この欠点を避けることができる。そのため、「これに反するいかなる法にもかかわらず（any law to the contrary notwithstanding)」といった形の規定が新法で用いられるようになった[37]。ここでネルソン教授が強調するのは、この「かかわらず」（non obstante）規定は、「新法は、これに反する旧法を廃止する」

---

　curring in the judgment).

34　Nelson, supra note（15).

35　Id. at 235-37.

36　Id. at 235 n. 34, *citing* An Act for the Punishment of Fornication, and for the Maintenance of Bastard Children, ch. XXVII, 1786 Mass. Acts 416, 418.

37　Nelson, supra note（15), at 237-40.

という法原則の言い換えではないということである。というのは、当時、別の一般的な法原則として、新法が旧法を黙示的に廃止したという解釈はできるだけ避けるべきであり、可能な限り新法と旧法を調和して解釈すべきであるとされていたからである。「かかわらず」規定がなければこのような調和的解釈が求められると、少なくとも19世紀半ばまでアメリカの法実務では考えられていた、というのである[38]。連合規約の下でイギリスとの平和条約の条項を各邦が十分に遵守しなかった歴史的背景なども指摘しつつ[39]、ネルソン教授は合衆国憲法の最高法規条項の起草過程も参照してその意味を分析するが、最高法規条項の末尾の「かかわらず」規定は、州法と調和させるために連邦制定法の意味を歪めて解釈することを裁判所に禁止する意味があると主張するのである[40]。「かくして、最高法規条項の下で専占のテストは簡明である。すなわち、州法が、連邦法によって有効に確立されたルールに矛盾するときに、しかし、矛盾するときにのみ、裁判所はその州法を無視することを要求される」[41]。続けてネルソン教授は、この論理的矛盾テスト（logical-contradiction test）は、抵触による専占のうちの「物理的不可能」の場合と混同されてはならない、という。例えば、連邦法が労働者が労働組合に加入する権利を与えているのに州法が一切の労組加入を禁止する場合、労働者は労組に加入しないことによって物理的には双方を遵守することができるが、論理的矛盾テストによれば州法は専占され、効力を有しないことになる。

　ネルソン教授は、この論理的矛盾テストは抵触による専占の場合だけでなく明示的な専占や領域の専占の場合にも妥当すると主張し、最高裁の採用する専占の分類——明示の専占、領域の専占、抵触による専占——には少なくとも次の３つの問題があるという。第１に、抵触による専占と領域の専占との区別と、明示の専占と黙示の専占との区別とは独立ではないか、すなわち、抵触による専占や領域の専占は黙示的だけでなく明示的にもなされるのではないか、という疑問がある。第２に、抵触による専占と領域の専占との区別、あるいは、明示の専占と黙示の専占との区別は、そう判然としたものではないということである。第３に、最も重要なことであるが、このような区別は専占の分析にあまり役立たない、と

38　Id. at 240-44.
39　Id. at 246-49.
40　Id. at 255.
41　Id. at 260.

いうことである。事実は簡単なことであって、憲法が連邦議会に与えた権限によって連邦議会がルールを制定し、州法がそのルールと矛盾するならば、そのルールが州法を専占する、というだけのことだとネルソン教授はいうのである[42]。

（2）障碍による専占の法理への批判

ネルソン教授は、上記の論理的矛盾テストの立場から、障碍による専占の法理を批判する。障碍による専占とは、州法が「連邦議会の十全な目的および目標の達成および執行の障碍となる」[43]場合に、その州法を専占する連邦議会の黙示の意図を認定する法理である。

ネルソン教授は、まず、建国初期の Gibbons v. Ogden 判決[44]や McCulloch v. Maryland 判決[45]が障碍による専占の先例として挙げられることがあることから、これらの判決を検討し、いずれも論理的矛盾テストで説明できるという[46]。さらに、合衆国憲法制定期の議論についても同様であるとする[47]。

次に、障碍による専占を憲法上の原則ではなく subconstitutional な連邦議会制定法解釈の法理として、すなわち、連邦議会による黙示的な専占の意図の問題として捉える考え方を取り上げ、そのような一般的な法理は成立しないと批判する。多数の議員からなる議会に（法文に現れない）目的・目標のコンセンサスがあると想定することは難しいし、仮にそのような目的・目標があるとしても、議会がそれをいかなる犠牲を払ってでも追求する（すなわちすべての障碍を除去する）という意図を有するとは限らない。いずれにせよ、どのような連邦議会の黙示の目的・目標を法文の解釈から導き出すのか、一定の答えはない。さらに、連邦最高裁の判例が障碍による専占の法理を用いていることを連邦議会は知っているはずだから、連邦議会が州法の専占を意図しないときには明文で州法の効力を維持する旨の規定（savings clause）を置くはずであり、したがって効力維持条項が法律にないときには障碍による専占の法理を適用すればよいという議論もありうるが、ネルソン教授は、この議論は、議会が裁判所の用いる解釈準則を意識することはほとんどないという経験的事実に反する、という。このように述べて、教授

42　Id. at 261-64.

43　Hines v. Davidowitz, 312 U.S. 52, 67 (1941).

44　Gibbons v. Ogden, 22 U.S. (9 Wheat.) 1 (1824).

45　McCulloch v. Maryland, 17 U.S. (4 Wheat.) 316 (1819).

46　Nelson, supra note (15), at 266-72.

47　Id. at 272-76.

は、連邦議会制定法を解釈する際に、一般的に障碍による専占の法理を用いることを批判するのである[48]。

（3）専占を否定する推定の法理への批判

ネルソン教授は、最高裁の判例が、一方で障碍による専占の法理によって専占の範囲を広げ、他方で専占を否定する推定の法理によってこれを狭めることでバランスを取っていることを認めつつ、それよりもいずれの法理も排除して論理的矛盾のテストを採用すべきであると主張する[49]。教授が、専占を否定する推定の法理の一般的な適用に反対する（したがって、連邦法のある特定の解釈が州法と矛盾するということは、それだけでは、当該連邦法の別の解釈を求めるべき理由にはならないという）のは、上記の「かかわらず」規定の理解から当然であるが[50]、教授は、最高裁が比較的よく用いる次の命題、すなわち、裁判官は少なくとも伝統的に州の権限とされる領域では明示の専占規定を狭く解釈すべきであるという命題も、やはり「かかわらず」規定の観点から問題があるという。もとより、他の解釈準則によって曖昧な法文を解釈した結果として専占規定を狭く解することはありうる[51]。

さらに、ネルソン教授は、「かかわらず」規定との関係を別にしても、最高裁による一般的な、専占を否定する推定の法理には疑問があるという。まず、最高裁自身がこの法理の適用を徹底していないのではないか。特に、連邦法の規定が州法に対する明示の専占の形をとらず実体的規定である場合、当該規定の広範な適用を認めることがあるが、実質は同じことなのに規定の形式によって解釈方法が異なるのはおかしい、と主張する[52]。また、連邦議会の議員は各州から選出されるから、このこと自体が連邦による州権侵害の政治的歯止めになるという憲法制定時以来の議論について、教授は、そのように政治的歯止めの効いた連邦議会が法律を制定した時点でこの歯止めは役割を終え、裁判所は制定された法律の文言を解釈すべきであり、専占規定を狭く解釈すべき根拠とはならない、という[53]。

48　Id. at 276-90.
49　Id. at 290-91.
50　Id. at 292-93.
51　Id. at 293-98.
52　Id. at 298-99.
53　Id. at 299-303.

3 ネルソン教授への批判

このように連邦最高裁の一部の裁判官にも強い影響を与えたネルソン教授の論考に対して、当然のことながら批判もある。ここでは、その代表例として、ダニエル・メルツァー（Daniel J. Meltzer）教授の論文[54]に触れておこう。この論文は、制定法解釈における textualism（文理主義）の限界を明らかにする具体的検証の一例として専占の問題を取り上げるものである。

メルツァー教授は、トーマス裁判官やネルソン教授の主張する文理主義的解釈の難点のひとつとして、議会の立法能力の問題があると指摘する。すなわち、議員やそのスタッフが連邦法を起草する際にどのような州法を専占するかをすべて決めてこれを法文に書き表すことができるか、疑問だというのである。まず、専占の対象となる50州やその下に無数にある地方自治体の法律・条例をすべて特定することはできないし、しかも法律制定後に制定される州法があるかもしれないのである。当該連邦法が制定後どのように運用されるかを予見することもできない。これは行政規則によって左右されうるし、私人の反応や現実世界の動きも制定時に見通すことはできない。さらに、議員の判断として、当該連邦法の運用に幾分かの影響を及ぼす州法を容認することもありうる。場合によっては州法専占の根拠となる連邦法が19世紀に制定されたもので、今日の状況を予見していたとは到底思われないものもある。このような事情の下では制定法の文言のみによる解釈は無理だとメルツァー教授はいう[55]。実際、裁判官の間でも意見が分かれ激しく議論されるような最高裁の専占に関する判決の場合であっても、これを覆すために連邦議会が法律を改正することは滅多にない[56]。また、連邦法が専占に関する規定を置く場合、州法は「～～の問題に関する（related to）」、「要件」・「規定」・「ルール」等を課してはならないといった文言になることが多いが、そこには解釈の余地が大きく、文言だけでは解決できない[57]。

メルツァー教授は、そこで、ネルソン教授が提唱する「論理的矛盾」テストについて検討する。メルツァー教授によれば、専占が認められた大多数の事件は「論理的矛盾」を抱えていたと見うるから、このテストは見た目ほどの制限的な

54　Meltzer, supra note（16）.
55　Id. at 14-18.
56　Id. at 18 & n. 115.
57　Id. at 26-29.

効果を有しない。また、このテストを適用したからといって連邦議会の目的についての裁判官の広範な判断の余地を排除できるわけでもない[58]。

　さらに、メルツァー教授は、合衆国憲法の最高法規条項を「かかわらず」規定とみるネルソン教授の理解を次のように批判する。まず、文言そのものからいえば、同条項が拘束するのは「各州における裁判官（Judges in every State）」であり、ここに連邦裁判官を含めて読むのでなければ、この規定は連邦裁判官には適用されないはずである。次に、イギリス法で新法が旧法の効力を排除するために使う「かかわらず」規定はコモン・ローに及ぶものではなかったのであり、したがって、「コモン・ローから逸脱する制定法は厳格に解釈されるべきである」という別の解釈準則を排除するものではなかったはずである。この点は、連邦法による規制とコモン・ローの形を取る州不法行為法とが交錯する事案の多い今日においても重要な視点である[59]。さらに、メルツァー教授は、最高法規条項の文言は、連邦の憲法と通常の連邦法とを区別せず並記しているため、連邦法と州法との調和的解釈を不要とするネルソン・トーマス流のアプローチでは、州法の合憲性（連邦憲法適合性）が問題になったときに合憲性の推定ないし州政府への敬譲は働かないのではないかと疑問を呈する[60]。

　メルツァー教授は、専占を否定する推定の法理に関しても、これが実際問題の解決にどれだけ資するのか疑問を呈しつつも、実態として連邦政府が巨大化した今日において、その権力の濫用を防ぐためにも州法を尊重することが必要な場合もあるとして、この法理に好意的な評価を下すのである[61]。

58　Id. at 31-34. メルツァー教授は、続けて、障碍による専占（トーマス裁判官の用語では「『目的・目標』専占」）に対する同裁判官の批判を検討する。Id. at 35-43.

59　Id. at 47-49. なお、ネルソン教授は、イギリス法において新法の解釈の際に旧法の黙示の廃止の認定を避け両者を調和的に解釈すべきであるという法解釈準則の根拠として、黙示の廃止を認めれば、①新法の立法者が心変わりしたことになる、もしくは旧法の立法者への敬意を欠くことになる、あるいは、②新法の立法者が旧法を知らなかったことになり、新法の立法者を貶めることになる、という考えがあることを紹介するが（Nelson, supra note (15), at 241 n. 47）、これに対してメルツァー教授は、アメリカの連邦法と州法との関係では、①については立法者が異なるから問題にならず、②についても連邦議会が多数の州法を知らないことは何ら不名誉ではないとして、いずれの論拠も妥当しないという。Meltzer, supra note (16), at 48-49 n. 299.

60　Id. at 50.

61　Id. at 54-55. なお、教授は、州法の規定が連邦法の専占により無効となると、州法内部で統一性が損なわれ、専占されていない他の州法領域に悪影響が及ぶ懸念があるという。Id. at 54-55.

四　結びに代えて

　以上、連邦法による州法の専占についての判例およびこれに関連する学説のご
く一部を取り上げて検討した。連邦制をとるアメリカ法における専占の話が日本
法にとってどのように参考になるかは、難しい問題である。直接的には法律と条
例との関係（憲法94条）に示唆を与えそうであるが、アメリカの連邦制とわが国の
地方自治制度との異同を含め慎重に検討すべきであろう。もちろん、実務の面で
は、専占に関わる近年の著名な判決の当事者として Honda や Mazda といった名
前が現れていることに象徴されるように[62]、アメリカでビジネスを行う日本企業・
日系企業にとって連邦法による規制と州法による規制とがどのように調整される
かは必要不可欠の知識である。本稿が中途半端にしか取り上げることのできな
かったアメリカ薬事法の問題も、もっと深めて検討すべき課題である。また、そ
の他の製造物も含めて安全規制については行政法的観点からの研究も欠かせない。
　その上で、さらに一歩引いて、より抽象的に次のような研究課題を本稿の検討
から得られる示唆として挙げておきたい。
　まず、アメリカの判例の研究方法についてである。伝統的な判例研究は、裁判
所、特に連邦最高裁の法廷意見を中心に分析する。このことは、連邦下級裁判所
も州裁判所も、そして他の国家機関も私人も、連邦最高裁の判例（法廷意見）を
前提にして動くから当然のことである。わが国の研究者も、まずはこのような観
点から判例研究をする。しかし、法廷意見を構成する裁判官は事件によって変わ
る。法廷意見は本当に一貫しているのか。本稿で見た判例は、明示の判例変更が
ないので一貫しているという建前がとられている。しかし、特定の裁判官に着目
すると、法廷意見（多数意見）に加わることも反対意見を述べることもある。そ
こで、裁判官ごとに時系列を追って、判決で述べる内容の一貫性、発展、変遷を
析出する作業も必要であろう。このような研究は、今後の判決を予測する手がか
りになるだけでなく、アメリカの判例に直接拘束されるわけではない日本法の解
釈論や立法論の参考にするためにも有用であろう。もっとも、専占の議論は、連
邦制をとらないわが国には直接役立たないかもしれないが。

62　*See* Geier v. American Honda Motor Co., Inc., 529 U.S. 861（2000）; Williamson v. Mazda Motor
of America, Inc., 562 U.S. 323（2011）.

専占をテーマとする本稿では、この論点について比較的多くを語るがゆえにわかりやすいトーマス裁判官の意見を中心に取り上げた。他にブライヤー裁判官も専占について詳しい意見を述べることがあり、今後の検討課題となろう。

さらに、これに関連して、「保守派」とされる裁判官の内在的論理を探究することも重要ではないかと筆者は考えている。概してリベラルなわが国の憲法学界では、アメリカの保守派の裁判官や保守派の法理論というものには大きな関心が払われないのかもしれないが、保守派の議論は現実に連邦最高裁の判決などにおいて大きな影響力をふるっている以上、無視することはできない。判例の展開を予測するためにも、その分析は必須であろう。

もっとも、「保守」といってもいくつかの要素からなり、それらが相互に矛盾することがありうる[63]。アメリカの「保守」の法理論の特徴としては、①司法消極主義、②憲法解釈における原意主義、③法律解釈における文言重視、④連邦制における州権重視、⑤個人の権利については財産権や武器保有携帯権を重視し、精神的自由や性的自由そして刑事手続における保障や少数者の権利に消極的、さらに⑥プロ・ビジネス（事業者寄り）といったことが挙げられる。本稿のテーマである専占に関していえば、一般に保守派とされる裁判官が連邦法による州法の専占を認めることが多くプロ・ビジネス的であるが、それは同時に州権重視という原則には反すること、ところがトーマス裁判官の場合には、法律解釈の際の文言の意義を強調するがために他の保守派の裁判官と袂を分かって専占を否定することがあり、にもかかわらず合衆国憲法6条2項（最高法規条項）を原意主義的に「かかわらず」規定であると解釈したためにその限りでは州権を制限する余地を大きくしたことを指摘できる。

ただ、筆者がここで一言付け加えておきたいことは、このような保守派裁判官の価値観の内部矛盾は、それをそのまま裏返してリベラル派の価値観の内部矛盾を意味するかというと、それは必ずしもそうではないように思われることである。リベラル派は、実体的価値観の面においてこそ、つまり、⑤′個人の権利に関して財産権や武器保有携帯権の保障には消極的で精神的自由や性的自由そして刑事手続における保障や少数者の権利には積極的であり、⑥′事業者の利益よりも労働者や消費者の保護に好意的であるという点でこそ保守派と鋭く対立するも

63　*See* Meltzer, supra note（16）, at 6-7 n. 38.

のの、法解釈方法論や統治構造そのものに原理的な強いこだわりはなく（ことさらに連邦政府の権限を拡大したり、法律の文面を離れた解釈をすること自体を志向するわけではなく）、自らの抱く実体的価値観に沿った結論を導けるように憲法・法律を解釈し統治機構上の権限配分をしているのではないか、ということである。もとより、これは非常に広範な法分野にわたる話であり、本当にそのように言えるのか、またその原因は何なのかといった点の究明が必要であって、今のところはひとつの仮説にすぎないが、本稿執筆の過程で関連判例を読み進めるうちに筆者が抱いた感想ではある。

第 3 部

基　本　権

「憲法上の権利」の導出に関する試論
——ドイツの公権論を参考に——

篠　原　永　明

　一　はじめに
　二　枠組みの未発達
　三　客観法の内容
　四　憲法上の権利の導出①：伝統的見解から
　五　憲法上の権利の導出②：もう一つの可能性
　六　おわりに

一　はじめに

　国家を名宛人とし、その行為義務（客観法[1]）を定める憲法規定から、憲法上の権利が導出されるのは如何なる場合であろうか[2]。伝統的な「自由の侵害禁止」という国家の不作為義務に対応し、対国家防御権が成立するということは差し当たり自明視されてきた。しかし、「境界設定」から「自由の現実化」へと憲法上の自由保障の意義が変化し、憲法上保障された自由・利益が共同体における秩序形成の「指導原理」として位置づけられるに伴い[3]、今日では、憲法上保障された自由・利益との関連で、多様な国家の作為義務、特に国会の立法義務が承認され[4]、あるいは議論されるようになっている[5]。拡大した客観法上の義務、特に立

1　「客観法」とは、名宛人が遵守しなければならない法命題の集積のことを言う。「客観法」の定義については、vgl. etwa, Steffen Detterbeck, Allgemeines Verwaltungsrecht, 15. Aufl., 2017, Rn. 394; Hartmut Maurer, Allgemeines Verwaltungsrecht, 18. Aufl., 2011, § 8, Rn. 2-3.
2　憲法第三章の各条項につき、まず客観法としての内容を検討した上で、客観法との関係において憲法上の権利の成立を論じるという思考の順序を採るべきことについて、拙稿「『指導原理』・客観法・憲法上の権利」甲南法学57巻1・2号（2016年）163-164頁を参照。
3　簡単にではあるが、拙稿・前掲注（2）156-162頁を参照。
4　以下で検討する憲法25条の他、例えば憲法24条の「婚姻の自由」についても、最高裁は、婚姻制度を形成する立法義務をその規範内容として観念している（最大判平成27年12月16日民集69巻8号2592-2593頁を参照）。
5　以下で検討する政府情報開示請求権の保障の他、「基本権保護義務」の議論が有名であろう。

法義務との関連で、如何なる場合に憲法上の権利が導出されるのか、憲法論として改めて検討されなければならない。

　また、立法義務に対応する憲法上の権利の導出の可否は、我が国の訴訟制度との関係でも重要性を持つ。現在、平成16年の行政事件訴訟法の改正と、平成17年の在外邦人選挙権訴訟[6]を経て、立法不作為の違憲確認を求める公法上の当事者訴訟の利用可能性が模索されているところ[7]、これを肯定するためには立法義務に対応する憲法上の権利が必要となるという指摘がされている[8]。なるほど、権利に関する紛争については、「裁判を受ける権利」[9]あるいは「司法権の概念」[10]を介して、裁判所による実効的な救済ないし統制が与えられなければならないというのが憲法の要請であるとすれば、立法義務に対応する憲法上の権利が導出される場合には、法律が制定されていない場合も視野に入れ、裁判所による救済ないし統制のあり方が問題にされなければならない。これに対し、その導出が否定される場合には、一先ず立法義務が履行され、法律上の権利が与えられた段階から、救済ないし統制のあり方を検討すれば足りるということになろう。そうであるとすれば、考察の出発点として、立法義務に対応する憲法上の権利が如何なる

「基本権保護義務」については、拙稿「『基本権保護義務』の成否についての若干の検討」甲南法学56巻1・2号（2016年）33頁以下を参照。また、我が国の議論について、同34頁の注（2）に掲げた各文献も参照。

6　最大判平成17年9月14日民集59巻7号2087頁。

7　興津征雄「憲法訴訟としての公法上の当事者訴訟（確認訴訟）」曽我部真裕他編『憲法論点教室』（日本評論社、2012年）178-180頁、土井真一「法律上の争訟と行政事件訴訟の類型」法学教室371号（2011年）88-90頁、山本隆司「在外邦人選挙権最高裁大法廷判決の行政法上の論点」法学教室308号（2006年）30-31頁を参照。

8　興津・前掲注（7）178-180頁を参照。関連して、宍戸常寿「『憲法上の権利』の解釈枠組み」安西文雄他『憲法学の現代的論点（第2版）』（有斐閣、2009年）252-255頁も参照。

9　笹田栄司「『裁判を受ける権利』の再生と行政裁判手続」長谷部恭男編『リーディングズ現代の憲法』（日本評論社、1995年）173-174頁・180-182頁、棟居快行『人権論の新構成』（信山社、1992年）290-292頁を参照。

10　司法権の概念につき、「法律上の争訟」を中核的要素として維持する立場から、例えば、土井・前掲注（7）81-86頁を参照。憲法上の権利と「法律上の争訟」の関係について、土井真一は、「法律上の争訟」の「当事者間の具体的な権利義務ないし法律関係の存否に関する紛争」という要件（いわゆる「事件性の要件」）にいう『権利・義務ないし法律関係』に憲法上の権利が含まれることは当然であって、憲法上の権利の侵害が争われている具体的争訟は、原則として、法律上の争訟を構成すると解さねばならない」と論じている（同81頁）。

　また、司法権の概念から「事件性の要件」を除外し、「適法な提訴を待って、法律の解釈・適用に関する争いを、適切な手続の下に、終局的に裁定する作用」と司法権を定義する高橋和之の見解においても、憲法上の権利がある場合は、裁判を受ける権利を介して当然に出訴が認められることになるとされる（高橋和之『立憲主義と日本国憲法（第4版）』［有斐閣、2017年］410-412頁を参照）。

場合に成立するのかが明らかにされなければならない。

二　枠組みの未発達

1　承　前

　憲法上の権利の導出については、我が国の憲法論においても、「対国家的『権利』が導かれる場合とは、市民の自由・利益が、まさに市民のために法的に保護されているという場合であ」り、「そのように言えるためには、この市民のこの自由・利益を保護するということが明らかである程に、条項内容が個別的である（そのように解釈できる）ことが必要である」[11]という程度の共通認識はあったであろう。規範が個人の利益を、公益の中に吸収・解消せしめることなく個別に保護する目的を有している場合、権利が導出されるという議論である。憲法上の自由保障の意義の変化を踏まえてなお、「自由の侵害禁止」という国家の不作為義務に関しては、まずは個人等に「自由」の実現を委ねるべく、憲法上保障された「自由」に関わる個人等の活動を、国家による「侵害」から保護していると構成でき、個人の利益が個別に保護されていると言えよう[12]。その限りで、対国家防御権が導出されることには問題がない。では、客観法の内容として、国家の作為義務、とりわけ立法義務が問題になる場合はどうであろうか。

2　学説の状況

　我が国において、立法義務に対応した憲法上の権利についての議論として想起されるのは、やはり憲法25条の生存権の権利性を巡る議論であろう。

　学説上、「健康で文化的な最低限度の生活」の実現を国会に義務付ける客観法に対応した憲法上の権利を明示的に承認したのが、大須賀明の「具体的権利説」であった[13]。大須賀は、行政機関が金銭等の具体的給付を行うためには法律の定めが必要としつつ、「健康で文化的な最低限度の生活」の内容、すなわち、個人に与えられる利益の内容は、国会による具体化を不要とする程度に、憲法の次元

11　宍戸・前掲注（8）236-237頁。そこでも指摘されているように、こうした権利の導出に関する議論は、我が国では主として、行政法学の原告適格論の中に流れ込んでいる。

12　拙稿・前掲注（2）165-166頁・170-171頁・184-185頁を参照。

13　大須賀明『生存権論』（日本評論社、1984年）71-113頁。

で具体的に確定可能であるということを前提に[14]、国会・裁判所との関係では、憲法25条は、「その権利主体、権利内容、規範の名宛人において合理的にかつ客観的に確定可能な規範内容をもっている」という[15]。その上で、大須賀は、必要な法律が制定されていない場合の対処として、立法不作為の違憲確認訴訟を構想したのである[16]。しかし、大須賀が前提とする、国会の決定を離れ、「健康で文化的な最低限度の生活」の内容を憲法の次元で確定できるという理解に対しては、批判が強い[17]。また、国会による具体化を不要とする程度に、憲法の次元で個人に与えられる利益が具体的に確定できなければ、個人の利益が個別に保護されているとは言えないとすれば、客観法上の義務は拡大したものの、それに対応する憲法上の権利が導出される範囲はかなり限定されたものとなろう[18]。客観法上の義務の拡大を踏まえ、憲法上の権利の理解として、それで十分かが問われるべきである。

それでは、「健康で文化的な最低限度の生活」の内容の具体化も国会に委ねられていると考える場合、なお、立法義務に対応した憲法上の権利を観念することは可能であろうか。この点、通説とされる「抽象的権利説」[19]に分類される見解

14　要するに、「健康で文化的な最低限度の生活」の内容（水準）を決定する権限は国会にないということである。国会には、その利益を実現する方法・手続を詳細に定めるべきことが義務付けられているに過ぎない。この点については、大須賀・前掲注（13）98-100頁も参照。

15　大須賀・前掲注（13）93-102頁を参照。

16　大須賀・前掲注（13）102-112頁を参照。だが、この立法不作為の違憲確認訴訟の構想に対しては批判が強い。しばしば引用される批判として、佐藤幸治『日本国憲法論』（成文堂、2011年）637-638頁の他、浦部法穂『憲法学教室（第3版）』（日本評論社、2016年）252頁を参照。但し、この批判は、手続の問題を指摘するものなので、憲法上の権利の導出を否定する理由にはならない（野中俊彦他『憲法I（第5版）』［有斐閣、2012年］504頁〔野中俊彦執筆〕の他、浦部・252頁も参照）。

17　批判的見解として、大石眞『憲法講義II（第2版）』（有斐閣、2012年）273頁、尾形健『福祉国家と憲法構造』（有斐閣、2011年）141-148頁を参照。また、以下で見るように（三‐1）、最高裁もこうした理解は共有していない。

18　関連して、松本和彦「生存権」小山剛他編『論点探究憲法（第2版）』（弘文堂、2013年）260-261頁も参照。

19　但し、「現実には誰も支持していないプログラム規定説と極めて射程の狭い具体的権利説の間で、抽象的権利説が支持されているだけ」であり、「しかも、通説となった抽象的権利説も、プログラム規定説と具体的権利説を否定する以上のことは何も述べておらず、その内容は茫漠としたままである」という状況にあることは否定できない（松本・前掲注［18］261頁を参照）。積極的な意味での「通説」なるものは存在しないというのが正確であろう。ここでは、一方で、金銭等の具体的な給付請求権の保障を認めるタイプの「具体的権利説」だけでなく、大須賀のような「具体的権利説」も批判しつつ、他方で、プログラム規定説も否定し、憲法25条に何らかの裁判規範性は認める見解を、「抽象的権利説」という総括概念の下で理解しておく。

の中には、金銭等の給付請求権という意味では「抽象的」であっても、憲法25条の生存権は「法的権利」であるとした上で、必要な法律が存在しない場合にも、国家賠償請求訴訟において立法不作為の違憲性を争うことは可能とする見解も存在する[20]。こうした見解は、「健康で文化的な最低限度の生活」の内容が憲法の次元で確定可能か否かということを離れて議論を展開しているので、「健康で文化的な最低限度の生活」の内容を具体化する国会の権限を認めつつ、立法義務に対応する憲法上の権利の存在も肯定する可能性を示唆している[21]。しかしながら、こうした見解は、その根拠について、生存権は「法的権利」であると述べるにとどまっている。例えば、個人の利益に定位して権利を論じるとして、憲法25条が如何なる意味で個人の利益を個別に保護していると言え、どの範囲の者に権利が与えられるのかが明らかにされているわけではない。

そして今日、憲法25条の裁判規範性を前提に、かつ、一先ず立法義務が履行され、法律上の権利が与えられていることを出発点にして、如何なる訴訟類型において如何なる基準で裁判所による救済ないし統制を行うのかという、裁判での争い方に学説の関心が向けられる中で、立法義務に対応した憲法上の権利を導出する枠組みについては解明されないままとなっている[22]。また、この点が明らかにされないまま、憲法25条と同じ構造の下で、政府情報開示請求権等、法律による具体化が必要とされる他の「権利」についても論じられているというのが現状である[23]。

20　佐藤幸治『現代国家と司法権』（有斐閣、1988年）510-520頁、特に515-518頁、浦部・前掲注（16）250-252頁を参照。

21　但し、国家賠償訴訟で立法不作為の違憲性を争うという見解は、憲法上の権利を否定しつつ、国家賠償法1条の法律上の権利に基づく主観訴訟の中で、憲法25条の客観法違反を問題にしているものと解する余地もある。特に、佐藤幸治は、「この種の法律が存在しない場合でも、その立法不作為が国家賠償請求権の問題として争う余地がありえないわけではない（傍点：筆者）」と述べており（佐藤・前掲注［20］518頁）、立法義務に対応した憲法上の権利は観念していないという読みも十分に可能である。

22　樋口陽一他『注解法律学全集 憲法Ⅱ』（青林書院、1997年）152-154頁〔中村睦男執筆〕、芹沢斉他『新基本法コンメンタール憲法』（日本評論社、2011年）220-222頁〔尾形健執筆〕、尾形健「生存権保障」曽我部真裕他編『憲法論点教室』（日本評論社、2012年）146-150頁を参照。そこでは、「憲法25条を具体化する立法」が存在する場合の、裁判所による救済ないし統制のあり方を検討した後に、立法不作為の場合についても、国家賠償請求との関係で言及されてはいるが、問題提起にとどまっている。立法義務に対応する憲法上の権利の成否が明らかにされているわけではない。この点に関連して、前掲注（21）も参照。

23　政府情報開示請求権についての議論として、佐藤・前掲注（20）510-520頁、同・前掲（16）251-252頁・280-282頁・363-366頁、松井茂記『情報公開法（第2版）』（有斐閣、2003年）29

530

3 小 括

結局、我が国では、憲法上の自由保障との関係で問題になる客観法の内容は拡張したものの、それに呼応して、憲法上の権利を導出する枠組みも練り上げられてきたとは言い難い。確かに、憲法25条など、憲法上の立法義務が問題になる領域で、必要な法制度が一先ず整備されている現状を踏まえれば、法律上の権利に基づく訴訟の中で、当該法制度の違憲性を争えばよい。敢えて憲法上の権利の導出を問題とせずとも、法律上の権利に基づく訴訟の中での、憲法の規範内容（客観法）の展開の仕方を考えた方が、憲法の要請の実現にとって、実務上はるかに意義があろう[24]。その限りで、今日の議論状況は理解できなくはない。しかし、先に述べたように（一）、憲法論としてそれで十分であるか否かは別問題である。それ故、本稿では、憲法上の自由保障の意義の変化、自由保障との関連で問題になる客観法の拡大を踏まえ、特に立法義務が問題になる場合を念頭に、憲法上の権利を導出する枠組みについて考察することにしよう。また、こうした考察は、憲法上の権利の機能についての考察と不可避的に結びつくであろう。

以下では、まず、具体的な検討の素材として、憲法25条に加え、比較のため、政府情報開示請求権の保障を巡る議論も取り上げ、そこで想定される客観法の内容について簡単に確認することにしよう（三）[25]。その上で、客観法と権利との関係につき、豊富な議論の蓄積のあるドイツの公権論に導きの糸を求め、客観法に対応する憲法上の権利を導出する枠組みの方向性を示すことにしよう（四・五）。

頁・40-44頁、駒村圭吾『憲法訴訟の現代的転回』（日本評論社、2013年）175-179頁・265頁、松本和彦「知る権利と自己情報コントロール権」小山剛他編『論点探究憲法（第2版）』（弘文堂、2013年）131-133頁を参照。

24 なお、こうした議論は、「自由の侵害禁止」の場合にも当てはまる（拙稿・前掲注［2］184-185頁を参照）。

25 但し、憲法25条及び政府情報開示請求権の保障にかかる客観法の内容について、議論が十分に深められているとは言い難い現在の状況の下では、以下で確認する客観法の内容は、判例や学説を参考にしての、仮定的・暫定的なものにとどまらざるを得ないことを予め断っておく。とはいえ、本稿の関心は、憲法第三章の各規定、特に立法義務が問題になる規定につき、そこで想定される客観法に対応した憲法上の権利を導出する枠組みの方向性を示すことにある。こうした本稿の関心からすれば、仮定的・暫定的な客観法の内容であっても、考察の素材としては差し当たり十分であろう。

三　客観法の内容

1　憲法25条の場合

　最高裁によれば、憲法25条は、全ての国民が「健康で文化的な最低限度の生活」を営みうるよう必要な措置を講ずることを国家の責務としている。しかし、「健康で文化的な最低限度の生活」は、極めて抽象的・相対的な概念である。その具体的内容は、「その時々における文化の発達の程度、経済的・社会的条件、一般的な国民生活の状況等との相関関係において判断決定されるべきもの」であり、憲法の次元で一義的に確定可能なものではない。それ故、その内容を具体化すべく必要な立法措置を講ずる国会の義務が、憲法上まずは問題とされる[26]。また、最高裁は、こうした立法義務について、「国家は、国民一般に対して概括的にかかる責務を負担しこれを国政上の任務としたのであるけれども、個々の国民に対して具体的、現実的にかかる義務を有するのではない」と述べる[27]。なるほど、国家は特定の個人の利益のためではなく、国民一般の利益、すなわち公益のために活動すべきであるとすれば、上述の客観法も、第一次的には、社会的なセーフティネットを整備するという公益の実現を目的にしたものというべきであろう。

　こうした立法義務を履行する上で、最高裁はまず、「国の財政事情」を考慮事項として挙げている[28]。金銭等の給付にかかる制度を設計する際には、国会において、例えば、財源を如何に確保するか、限られた財源を如何に配分するかといった点につき検討されることが不可欠である（関連して憲法83条以下も参照）。「国の財政事情」は、憲法25条が要請する立法措置を講ずる際の、義務的な考慮事項として位置付けられよう。また、「健康で文化的な最低限度の生活」の内容を具体化する上では、支援を必要とする者の生活実態も考慮されるべきという指摘がされているところである[29]。「健康で文化的な最低限度の生活」は相対概念

26　以上につき、とりわけ、最大判昭和57年 7 月 7 日民集36巻 7 号1238頁を参照。

27　最大判昭和23年 9 月29日刑集 2 巻10号1238頁。更には、最大判昭和57年 7 月 7 日民集36巻 7 号1238頁も参照。

28　最大判昭和57年 7 月 7 日民集36巻 7 号1238頁を参照。

29　尾形・前掲注（17）154-161頁、同・前掲注（22）146-147頁、駒村・前掲注（23）177-179頁・180-181頁を参照。

532

であるので、「一般的な国民生活の状況等」との関係で、国民一般とは区別された、現に社会において類として存在する[30]"支援を必要とする者"――例えば、低所得者・障害者・高齢者・児童など――の生活実態を考慮することなくして、「健康で文化的な最低限度の生活」が何たるか、どの範囲の者に如何なる給付を行うべきか判断できまい。そうであるとすれば、「国の財政事情」に加え、「支援を必要とする者の生活実態」も、国会が考慮すべき事項と位置づけられよう。以上をまとめれば、憲法25条の客観法としての内容は、差し当たり、"国会は、「支援を必要とする者の生活実態」や「国の財政事情」も考慮し、「その時々における文化の発達の程度、経済的・社会的条件、一般的な国民生活の状況等との相関関係において」、「健康で文化的な最低限度の生活」の内容を具体化すべく、立法措置を講じなければならない"と捉えられよう。

2　政府情報開示請求権の保障の場合

　政府情報開示請求権については、国民主権原理・民主制原理に結び付けながら、憲法21条1項（表現の自由）でその保障が説かれることが多い[31]。この政府情報開示請求権に関しても、憲法25条の場合と同様、憲法の次元では開示されるべき情報の範囲等が確定困難ということもあり、法律による具体化が必要であるとされる[32]。それ故、政府情報開示請求権の保障を巡る議論においても、憲法の趣旨に適う適切な開示制度が整備されているか否かが先ずは問題にされなければならないというように[33]、国会の立法義務がその客観法の内容として想定されている。また、政府保有情報の開示制度を整備するという客観法の目的としては、民主主義を健全に運営する基盤・行政活動を適正化する基盤の整備といった利益の実現が指摘されている[34]。ここで実現が目指されている利益も、国民一般の利

30　立法の次元で考慮事項とされるのは、支援を必要とする具体的個人の、個別の生活実態ではなく、それらを抽象化した、社会において類として存在する"支援を必要とする者"の生活実態であるということにつき、駒村・前掲注（23）181頁の注（11）も参照。

31　例えば、佐藤・前掲注（16）251-252頁、松井・前掲注（23）27-29頁、松本・前掲注（23）129-130頁を参照。

32　佐藤・前掲注（16）251-252頁の他、松井・前掲注（23）27-29頁・40-42頁、駒村・前掲注（23）265頁、松本・前掲注（23）131-133頁、芦部信喜『憲法学Ⅲ 人権各論（1）（増補版）』（有斐閣、2000年）270-271頁、渡辺康行他『憲法Ⅰ 基本権』246-247頁〔宍戸常寿執筆〕を参照。

33　渡辺他・前掲注（32）246-247頁〔宍戸常寿執筆〕、駒村・前掲注（23）265頁、松本・前掲注（23）132-133頁を参照。

34　長谷部恭男『憲法学のフロンティア』（岩波人文書セレクション、2013年）138-140頁、松本・

益、すなわち公益であり、特定の個人の利益ではない。

　国会がこうした公益を実現する上では、「民主主義の健全な運営・行政活動の適正化のための情報開示の必要性」と、「プライバシーや営業秘密等の保護」、あるいは、「国の安全・公共の安全等の確保」・「行政事務の適正な遂行への支障の回避」といった対抗的要請との調整が必要であるとされる[35]。他方、ここでは憲法25条の場合と異なり、国民一般とは区別された、一定の類の"情報開示を求める者"の特別な需要は考慮事項にならないであろう。民主主義を健全に運営する基盤・行政活動を適正化する基盤の整備が求められる文脈で、例えば、個人の人格形成や表現活動にとっての必要性の高さ等、情報開示を求める者の特別な需要に配慮して、開示される情報の範囲を異にするよう制度設計をしなければならないとは、基本的に考え難い[36]。以上をまとめると、政府情報開示請求権の保障においては、差し当たり、"国会は、「民主主義の健全な運営・行政活動の適正化のための情報開示の必要性」と、「プライバシーや営業秘密等の保護」あるいは「国の安全・公共の安全等の確保」・「行政事務の適正な遂行への支障の回避」という要請を適切に調整し、政府保有情報の開示制度を整備しなければならない"という客観法が想定されていると言えよう。

3　小　括

　以上、憲法25条及び政府情報開示請求権の保障を巡る議論において想定される客観法の内容を確認してきた。いずれも、第一次的には公益の実現を目的としたものであるが、その公益が実現されることで、具体的な個人に対し人格的・自律的生を営むために必要な給付が与えられ、あるいは、自己の求める情報が開示さ

　　前掲注（23）131頁、駒村・前掲注（23）265頁を参照。

35　例えば、行政機関情報公開法の立法過程における議論として、行政改革委員会の「情報公開法要綱案の考え方」を参照（総務省行政管理局編『詳解情報公開法』［財務省印刷局、2001年］464-465頁を参照）。現行制度におけるその具体化として、行政機関情報公開法5条がある（解説として、宇賀克也『新・情報公開法の逐条解説（第7版）』［有斐閣、2016年］63-121頁、総務省行政管理局編『詳解情報公開法』38-82頁を参照）。また、考慮事項については、駒村・前掲注（23）265頁・266-267頁も参考になる。

36　実際に、現行の制度は、開示請求を行った者が誰であるか、請求の理由は何かといった個別的事情は開示決定に影響を与えないものとして構想されている（行政機関情報公開法3条・4条を参照）。この点に関しては、総務省行政管理局編・前掲注（35）30頁、宇賀・前掲注（35）59頁、松井・前掲注（23）60-61頁を参照。関連して、行政機関情報公開法の下では個人情報の本人開示も認められないことにつき、総務省行政管理局編・前掲注（35）53頁、宇賀・前掲注（35）88-90頁、松井・前掲注（23）57-60頁を参照。

れるなど、個人の利益も実現されることになる。また、上述の客観法は、「支援を必要とする者の生活実態」・「国の財政事情」、「民主主義の健全な運営・行政活動の適正化のための情報開示の必要性」・「プライバシーや営業秘密等の保護」等といった、共同体における様々な利益・要請を調整し、必要な法制度を整備することを、国会に義務づけている。これらの客観法は、いわば、国会が共同体における様々な利益・要請を調整し、目的とされた公益を実現していく過程を規律するものと言えよう。

四　憲法上の権利の導出①：伝統的見解から

では、差し当たり以上のような客観法が想定できるとして、この客観法との関係で憲法上の権利は如何なる場合に導出されるのであろうか。ここでは客観法と権利の関係が明らかにされなければならない。以下では、この問いにつき豊富な議論の蓄積があり、我が国にも影響を与えてきたドイツの公権論に導きの糸を求めつつ、憲法上の権利を導出する枠組みを検討していこう。なお、客観法と主観的公権の関係についての以下の議論は、主として行政法の領域で展開されてきたものである。しかし、憲法上の自由保障において問題になる客観法が拡大した今日、こうした議論に憲法論も向き合わなければならない[37]。

1　公権論の原初と「保護規範説」

19世紀末、国家と社会の構造的二元論、あるいは、公益と私益の二元論を前提にした立憲君主制の議論の下、Georg Jellinek は、私法の理論構成に倣い[38]、「財や利益に向けられた、法秩序によって承認され保護された人間の意思の力」[39]、あるいは「個人の利益のために法規範を作動させる能力」[40]と、主観的公権を定義した。Jellinek によれば、「意思の力」は主観的公権の形式的要素であるのに

37　憲法の次元での検討として、vgl. etwa, Klaus Stern, Das Staatsrecht der Bundesrepublik Deutschland, Band III-1, 1988, S. 978-994; Hans D. Jarass, Die Grundrechte: Abwehrrechte und objektive Grundsatznormen, in: Peter Badura/Horst Dreier [Hrsg.], Festschrift 50 Jahre Bundesverfassungsgericht, Band II, 2001, S. 46-51.

38　Georg Jellinek, System der subjektiven öffentlichen Rechte, 2. Aufl., 1905, S. 41-53.

39　Jellinek（Anm. 38）, S. 44.

40　Jellinek（Anm. 38）, S. 51.

対し、「財と利益」といった私益＝個人の利益がその実質的要素である[41]。な
お、Jellinek は、個人の利益を保護するものではないが、法秩序が個人等に対し
法的力を与えている場合につき、「形式的な主観的権利」というカテゴリーも認
めてはいる。しかし、こうした例外を承認することにつき、Jellinek は、「近代
国家において、通常、法秩序を保護するために適任の国家機関に与えられた能力
が、個人の手中に収められてしまうことになる」と、危惧感を表明している[42]。
Jellinek においては、公益はあくまでも国家機関によって担われるべきものであ
り、主観的公権は、公益と対置される私益＝個人の利益を保護するための道具立
てとして位置づけられていると言えよう[43]。

　こうした主観的公権について、20世紀初頭、それを導出するドグマーティクた
る「保護規範説」を構築したのが、Ottmar Bühler であった[44]。Bühler に端を発
する「保護規範説」によれば、主観的公権がある法規定から導出されるための要
件は、①その法規定が客観的な行為義務を定めていること、②その客観的な行為
義務が、公益のためのみならず、個人の利益を保護するためにも定められている
こと、③義務者に対し規範によって保護された利益を実現することを要求できる
法的力が個人に認められていること[45]、である[46]。ここでは以下の二点を確認し
ておきたい。第一に、主観的公権の成立について言えば、主観的公権は、国家に
義務を課す客観法の存在を前提にし（①）、個人の利益を保護するという規範の
目的を媒介として（②）、その客観法上の義務と個人とが規範的に結び付けられ
る場合に成立するということである。そして、第二に、以上の構造からして、個

41　Vgl. Jellinek（Anm. 38）, S. 45.

42　Vgl. Jellinek（Anm. 38）, S. 70-72.

43　こうした Jellinek の議論については、以下で述べるように（五 - 2）、主観的公権を私益の保護
　のための道具立てに限定することで、君主制の下では専ら君主と政府によって担われるべき公益
　を個人が主張し、国家機関による公的任務形成と法の実現に対して影響を与えることを可能な限
　り防止するという政治的な意義があったという指摘がされている。

44　Vgl. Ottmar Bühler, Die subjektiven öffentlichen Rechte und ihr Schutz in der Verwaltungs-
　rechtssprechung, 1914, S. 21, 224.

45　戦後、Otto Bachof の影響の下、その利益を保護することが法規範によって意図されている者
　に対しては、それを実現するための法的力を付与しないままにしてはならないという見解（vgl.
　Otto Bachof, Reflexwirkungen und subjective Rechte im öffentlichen Recht, in: Gedächtnis-
　schrift für Walter Jellinek, 1955, S. 299-303）が普及したことで、要件③は形骸化し、要件②が主
　観的公権の成立にとって決定的な要件とされているようである。Vgl. Ulrich Ramsauer, Die Dog-
　matik der subjektiven öffentlichen Rechte, JuS 2012, S. 771.

46　Bühler の他、vgl. etwa, Ulrich Ramsauer, Grundrechte im System der subjektiven öffent-
　lichen Rechte, AöR 111, 1986, S. 503-505, 509-513; Maurer（Anm. 1）, § 8, Rn. 8-9.

人の利益を保護する裏側で、いわば副次的に[47]、客観法上の義務の履行を統制するものとしても、主観的公権は機能するということである。

2　状況の変化と現在の到達点

（1）状況の変化

以上のように、主観的公権は、伝統的に、個人の利益をその中核的要素とし、個人の利益の保護という観点から捉えられてきた。しかし、今日では、君主制国家から民主制国家への転換等、Jellinek の公権論が成立した時代とは状況が大きく異なる。既に Jellinek においても自覚されていたことではあるが[48]、今日では国家に期待される役割が一層拡大したことに鑑みると、公益と個人の利益の区分は極めて困難となっている。それどころか、「境界設定」から「自由の現実化」へと自由保障の意義が変化し、憲法上保障された自由・利益が共同体における秩序形成の「指導原理」と位置づけられるに伴い、公益と個人の利益を対立したものと考えるのではなく、両者を連続的・重畳的に把握することは、むしろ憲法が前提とするところになったとさえ言えよう[49]。また、民主制の下では、国家は我々のものとして構築・運営されるものとなったことから、所与の、我々のものならざる国家権力の制限ではなく、如何に適切に我々のものたる国家権力を用いるか、いわば国家権力の統制こそが、憲法の重要な課題として設定されることになる。ここでは、公益が適正に実現されるよう、客観法上の義務の履行を統制する過程へ個人を関与させることも、憲法秩序における重要な関心事とならざるを得ない[50]。

こうした状況の変化は、個人の利益を主観的公権の中核的要素にするとしても、客観法が第一次的に実現を目指す公益と、個人の利益が連続的・重畳的に捉えられる中で、個人の利益を保護するという規範の目的をどのように認定すべき

47　個人の利益の保護という観点から主観的公権を捉える場合、確かに個人の利益の保護と客観法
　　上の義務の履行の統制は重なり合うが、主観的公権の側から見れば、前者が主たる機能であり、
　　後者は副次的なものである。

48　Vgl. Jellinek (Anm. 38), S. 71-72.

49　ドイツの議論の整理として、拙稿「国家による自由の秩序の実現（二）（三・完）」法学論叢176
　　巻4号（2015年）96-101頁・法学論叢177巻3号（2015年）79-83頁を参照。

50　正にこうした関心に基づき議論を展開しているのが、次章で検討する Johannes Masing であ
　　る。Vgl. Johannes Masing, Der Rechtsstatus des Einzelnen im Verwaltungsrecht, in: Hoffmann-
　　Riem / Schmidt-Aßmann/Voßkuhle (Hrsg.), Grundlagen des Verwaltungsrechts, Bd. I, 2.
　　Aufl., 2012, § 7, Rn. 1-7, 112-115.

かという問題を投げかけることになる。あるいは、更に、そもそも個人の利益は主観的公権の中核的要素たり得るのかということ自体が問われるべきかもしれない。

（2） Schmidt-Aßmann の公権論

こうした状況の変化を踏まえてなお、今日でも一般に、個人の利益が主観的公権の中核的要素とされている[51]。こうした、個人の利益を主観的公権の中核的要素とする見解の、現在の到達点を示しているのが、Eberhard Schmidt-Aßmann であろう。

Schmidt-Aßmann は、主観的公権を「自身の利益を追求するために法秩序を作動させることができる、人格化され個別化された法的力」と定義する[52]。主観的公権は、個人を公権力の客体としてしまうのではなく、その人格性と個別性において、個人を主体として承認する法秩序の中心的な構成要素とされる。ここでいう人格性とは、「国家の組織や公的に義務づけられた役割において国家の目的のために個人を徴発することに抵抗する」ものであり、個別性とは、「公益と私益を一括りにしてしまうことに抵抗する」ものである[53]。今日における公共の役割と私人の役割の交錯、そして公益と私益の交錯ゆえにこそ、「集団的・団体的な生のための多種多様な強制に対抗する重みづけ」として、主観的公権は維持されなければならない[54]。Schmidt-Aßmann によれば、こうした主観的公権の理解こそが、個人を他者と代替し得ない固有の価値を持つ人格として承認する一方、こうした個人が共同体と関わる上での規律を行うべく必要とされたものと国家を位置づける、基本法の憲法秩序に適うものである[55]。

そして、Schmidt-Aßmann は、公益と私益＝個人の利益が連続的・重畳的に把握されうることを前提に[56]、社会に存在する諸利益を秩序付け調整を行うもの

51　ドイツにおける公権論の展開の概略として、vgl. Johannes Masing, Die Mobilisierung des Bürgers für die Durchsetzung des Rechts, 1997, S. 56-128; Ramsauer（Anm. 46), S. 503-505; ders.（Anm. 45), S. 770-771.

52　Eberhard Schmidt-Aßmann, Kommentierung von Art. 19 Abs. 4（2014), in: Maunz/Dürig（Hrsg.), Grundgesetz, Rn. 118.

53　Vgl. Schmidt-Aßmann（Anm. 52), Rn. 117. なお、Eberhard Schmidt-Aßmann, Das allgemaine Verwaltungsrecht als Ordnungsidee, 2. Aufl., 2004, S. 81-82では、個別性は、「其々特有のものへの配慮と尊重が要求され実現されうること」、人格性は、「公益と私益を一括して同一視し、公的な組織における役割や公的な義務を負う役割において国家の目的のために市民を徴発することを防ぐ」ものと若干異なった定義がされているが、本質的要素は変わっていない。

54　Vgl. Schmidt-Aßmann（Anm. 52), Rn. 117.

55　Vgl. Schmidt-Aßmann（Anm. 53), S. 12-16, 81-84; ders.（Anm. 52), Rn. 117; ders., Gemeinwohl im Prozess, in: Gedächtnisschrift für Winfried Brugger, 2013, S. 421-422.

として公法上の規範を捉えた上で[57]、個人の利益を保護するという規範の目的を、規範それ自体に加え、規範を取り囲む規範構造やその制度的な枠組み条件も踏まえて、柔軟に解釈すべきことを説く[58]。「今日の理解によれば、保護規範説とは、法命題の主観的権利としての内容を推論する、方法論と規則についての規準の総称」であり、「その下に纏められる方法論と規則の規準は、閉じたものではなく発展に開かれている」[59]。保護規範説には多様な利益状態を受け止める柔軟性があるというのである。

（3）「個人の利益」と主観的公権

Schmidt-Aßmann の議論は以下のように整理できよう[60]。自律的に自己の生を追求する主体としての個人を出発点に置き、こうした個人が共同体の中でより良き生を追求すべく国家を構築・運営するとして憲法秩序を構想するのであれば、国家が実現する公益は、個人の利益と切り離されたものとしては想定され得ない。国家の作為義務を定める客観法とは、詰まる所、国家が共同体における様々な利益・要請を調整し、目的とされた公益を実現していく過程を規律するものに他ならない[61]。この場合に、国家が公益として具体化したものを、個人は最終的には自らのためにもなるとして鵜呑みにしなければならないとすれば、結局は、個人は国家の活動の客体に過ぎないこととなり、自律的に自己の生を追求する主体として個人を承認するというその出発点と矛盾する。それ故、客観法が目的とする公益を実現する上で調整・考慮されるべき事項の中に、一定の個人の利

56　Vgl. Schmidt-Aßmann（Anm. 53），S. 150-153；ders.（Anm. 55），S. 424-425. なお、そこでは Schmidt-Aßmann は、「公益（Öffentliche Interessen）」を「一般的利益を直接的に促進することを狙いとする利益」と定義する一方、この意味での「公益」や私益を調整した結果として実現される利益を「公共善（Gemeinwohl）」と呼んでいる。本稿において、客観法上の作為義務の目的として論じられる「公益」は、共同体における様々な利益・要請を調整し実現することを規範が目指している利益という意味で、Schmidt-Aßmann のいう「公共善」と重なると言えよう。Schmidt-Aßmann の利益概念については、山本隆司「集団的消費者利益とその実現主体・実現手法」千葉恵美子他編『集団的消費者利益の実現と法の役割』（商事法務、2014年）217頁も参照。

57　Vgl. etwa, Schmidt-Aßmann（Anm. 52），Rn. 121, 123-124, 130, 139-146. Schmidt-Aßmann の議論は専ら行政法を意識してのものであるが、本文で述べたように、同様の理解は憲法規範にも妥当する。

58　Vgl. Schmidt-Aßmann（Anm. 52），Rn. 128-130.

59　Schmidt-Aßmann（Anm. 52），Rn. 128.

60　Schmidt-Aßmann の議論の整理・分析としては、山本隆司『行政上の主観法と法関係』（有斐閣、2000年）254頁も参照。

61　本文で述べた客観法の理解に関連して、山本隆司「客観法と主観的権利」長谷部恭男編『岩波講座現代法の動態1 法の生成／創設』（岩波書店、2014年）39-40頁も参照。

益が位置づけられているのであれば、実際に当該利益について適切に考慮するよう国家に対し要求する手段＝主観的公権が、当該利益の帰属する個人に与えられなければならない[62]。

こうした理解からすれば、およそ国会による具体化を不要とする程度に、憲法の次元で保護されるべき個人の利益が具体的に確定できなければ、憲法上の権利は認められないと、その導出を厳格に捉える必要はないし、捉えるべきでもない。第一次的には公益の実現を目的とする国家の作為義務との関係でも、当該規範を柔軟に解釈することによって、国家が公益を実現する上での考慮事項を抽出し、その中に一定の個人の利益を位置づけることが可能であれば[63]、個人の利益を保護する目的があるとして、主観的公権を認めてよいということになろう。

3 憲法上の権利の導出

それでは、こうした枠組みに照らし、先に検討した客観法に対応して、憲法上の権利が導出可能か否か、簡単に検討していこう。

（1）憲法25条の場合

まず、憲法25条についてであるが、憲法25条は、社会的なセーフティネットを整備するという公益を実現する上で、国民一般と区別された、社会において類として存在する"支援を必要とする者"の生活実態を考慮すべきことを要請していると考えられる。こうした「支援を必要とする者の生活実態」という考慮事項に鑑みると、憲法25条は、上述の公益の実現のみならず、こうした類に含まれる個人の利益——そこには、健康状態の維持・衣食住の確保に加え、情報受領等に関する日常生活上の需要の充足も含まれると考えられる——の保護をも目的にしていると解釈できるのではないだろうか。そうであるとすれば、憲法25条においては、"支援を必要とする者"という類に属する個人に対しては、上述の客観法に対応し、「支援を必要とする者の生活実態」を適切に考慮して立法をするよう求める憲法上の権利も与えられていると言えよう[64]。

---

62 関連して、諸利益を「社会において主張し実現するためのコミュニケーションの過程」において、客観法の「論証過程に位置づけられる利益を表現し主張する主体の法的資格」として権利を理解する、山本・前掲注（61）40-41頁も参照。
63 山本・前掲注（60）254頁によれば、規範の構造を「諸利益の相互関係（の複合）として表現し……、個人（的利益）の位置を同定し差異化する」という、「立法者と逆回転の作業」をすることが、保護規範説の要請である。

以上に対し、「国の財政事情」という考慮事項が、国民一般とは区別された、特定の個人の利益への配慮を要請しているとは考え難い。それ故、例えば、必要以上の給付がされているとして、給付の削減をするよう制度を改正すべきことを主張する個人に対しては、立法義務に対応する憲法上の権利は認められないであろう。

（2）政府情報開示請求権の保障の場合

政府情報開示請求権の保障については、まず、上述のように、民主主義を健全に運営する基盤・行政活動を適正化する基盤の整備といった公益を実現する上で、国民一般とは区別された、一定の類の"情報開示を求める者"の特別な需要に配慮すべきことまでは要請されていないと考えられる。ここでは、例えば、個人の人格形成や表現活動といった、情報開示を求める個人の利益を個別に保護するという規範の目的を、「民主主義の健全な運営・行政活動の適正化のための情報開示の必要性」といった考慮事項を介して読み取ることも出来ないであろう。それ故、既存の制度では開示される情報の範囲が不十分であるとして制度の改正を求める個人、更には、そもそも必要な制度が整備されていない場合に制度の整備を求める個人に対しては、立法義務に対応した憲法上の権利は与えられていないということになろう[65]。

他方、「プライバシーや営業秘密等の保護」という考慮事項を介して、個人のプライバシー等の利益を、政府情報開示請求権の保障において想定された上述の

64　こうした憲法上の権利の理解からすれば、他の考慮事項との関係で、国会が「支援を必要とする者の生活実態」を適切に考慮しているといえるのであれば、結果的に"支援を必要とする者"という類に属する一部の者に対して金銭等の給付を認めない立法がされたとしても、違憲とは言えないことになろう。なお、こうした憲法上の権利を行使する個人は、自己の利益を主張すると同時に、"支援を必要とする者"という類に属する他者の利益を代表しているという側面も有することも併せて指摘しておく。関連して、前掲注（30）の議論の他、取消訴訟の原告適格についての議論であるが、山本隆司『判例から探求する行政法』（有斐閣、2012年）457頁も参照。

65　なお、個人の利益の保護という観点から権利を捉える場合、行政機関情報公開法上の情報開示請求権も「権利」とは言い難いように思われる。この点については、米田雅宏「現代法における請求権」公法研究78号（2016年）128-129頁も参照。
　　行政機関情報公開法は、「行政機関の保有する情報の一層の公開を図り、もって政府の有するその諸活動を国民に説明する責務が全うされるようにするとともに、国民の的確な理解と批判の下にある公正で民主的な行政の推進に資すること」（1条）という公益の実現を目的にしたものとされ、「行政文書の開示を請求する権利につき定めること」（1条）は、公益を実現するための手段に過ぎないと位置づけられている（総務省行政管理局編・前掲注［35］11頁を参照）。しかも、注（36）でも述べたように、情報開示に当たっては、開示請求を行った者の個別的事情は考慮されない。そこでは、個人の人格形成や表現活動といった、個人の利益の保護も目的とされているとは言い難い。

客観法は保護しようとしていると解し得る。それ故、例えば、現に行政機関により私生活や営業に関する情報が取得されており、情報開示によってプライバシー等の利益が侵害され得る者に対しては、「プライバシーや営業秘密等の保護」について適切に考慮して立法をするよう求める、立法義務に対応した憲法上の権利が認められ得る。これに対し、「国の安全・公共の安全等の確保」・「行政事務の適正な遂行への支障の回避」といった考慮事項の中に、国民一般とは区別された、特定の個人の利益への配慮を読み込むことは困難であろう。

五　憲法上の権利の導出②：もう一つの可能性

1　視座の転換

以上、個人の利益を主観的公権の中核的要素とし、個人の利益の保護という観点から主観的公権を捉える伝統的な理解を見てきた。しかし、とりわけ、Schmidt-Aßmann のように主観的公権を理解するのであれば、一方では確かに、個人の利益を保護するという側面は否定できないものの、他方で、個人の利益を足掛かりとして、公益が適正に実現されるよう、客観法上の義務の履行を統制する過程に個人が組み込まれているという側面も否定できない。しかも今日では、個人の利益と国家の実現する公益が連続的・重畳的に把握され、かつ、この国家は我々が運営・構築するものと位置づけられることにより、如何に適切に国家権力を用いて公益を実現するか、国家権力の統制が憲法の重要な課題となっているところである。この課題に公権論としても正面から取り組むべきことを強調すれば、前者の、個人の利益の保護という観点から主観的公権を捉えるのではなく、むしろ後者の、客観法上の義務の履行の統制という観点から主観的公権を再構成するという考えに至るであろう。こうした視座の転換の下、一つの枠組みを提示しているのが、Johannes Masing である[66]。

2　Masing の公権論

Masing は、Jellinek の見解につき、個人の利益を主観的公権の中核的要素とすることには、主観的公権を私益の保護のための道具立てに限定することで、君

66　我が国における紹介・分析として、山本・前掲注（56）224頁の脚注（22）及び225頁の脚注（27）も参照。

主制の下では専ら君主と政府によって担われるべき公益を個人が主張し、国家機関による公的任務形成と法の実現に対して影響を与えることを可能な限り防止するという政治的な意義があったことを指摘する[67]。個人の利益を主観的公権の中核的要素とすることは、こうした立憲君主制の諸条件の下で意味を持ったに過ぎず、主観的公権の理論にとって必然的なものではない。Masing は、「今日では、主観的公権は、もはや個人の利益を保護しているということによっては定義されない」とし[68]、主観的公権を「自らの自由によって法秩序を動員する能力」と定義する[69]。そして、専ら公益のために保障される「監視者としての権利」も、主観的公権の概念に原理的に含まれるとするのである[70]。Masing によれば、「主観的公権は、人間をその固有の利益と公的生への参加において承認することの表れ」であり、国家と個人の間のコミュニケーション関係を基礎付けるものである[71]。

　以上の理解を踏まえ、Masing は伝統的な保護規範説の再構成を説く。まず、Masing は、「主観的公権のプロトタイプ」は依然として個人の利益を保護するものであるとする（「固有の利益」における承認）。個人の利益が保護されているといえる場合には、主観的公権が付与されるという推定が働くという[72]。これに対し、「監視者としての権利」については（「公的生への参加」における承認）、一般的な推定は成り立たず、規範が主観的公権を明示的に付与していることが必要であるという[73]。

67　Vgl. Masing（Anm. 51），S. 62-73. Masing による Jellinek の見解の分析としては、vgl. auch, ders.（Anm. 50），Rn. 103.

68　Masing（Anm. 50），Rn. 104.

69　Masing（Anm. 50），Rn. 98.

70　Masing（Anm. 50），Rn. 102-105.

71　Vgl. Masing（Anm. 50），Rn. 98.

72　Masing（Anm. 50），Rn. 100, 106-107, 109-110. 勿論、「推定」であるので、個人の利益の保護も目的とする規範につき、主観的公権の導出が否定される場合もあり得る。

73　Masing（Anm. 50），Rn. 107, 114-115. Masing によれば、個人の利益を中核的要素とする主観的公権の伝統的理論にあっては、脱政治化され、専ら個人の保護に関連付けられたものとして、行政（国家）と市民の間の関係が構想されてきたという（vgl. Masing［Anm. 50］，Rn. 103）。これに対し、「公的生への参加」という側面での個人の主体性の承認に関わる「監視者としての権利」を認めることは、公権論において、こうした限定を突破し、行政（国家）と市民の間の関係、更には市民相互の関係も政治化させることを意味する（但し、公益と個人の利益が連続的・重畳的に把握される以上、個人の利益の保護を目的とした主観的公権であっても、それが公的な決定に関わるという側面を持つことを否定できないことは、Masing 自身も認めるところである。Vgl. Masing［Anm. 50］，Rn. 110, 114）。それ故、「監視者としての権利」は、事項的に詳細に輪郭が定

3 義務履行の統制と主観的公権

　個人の利益と国家の実現する公益が連続的・重畳的に把握され、かつ、この国家は我々が運営・構築するものと位置づけられるのであれば、公益が適正に実現されるよう、客観法上の義務の履行を統制する過程へ個人を関与させることも、憲法秩序における重要な関心事となろう。そうであるとすれば、個人の利益を依然として主観的公権の中核的要素とし、客観法上の義務の履行の統制という側面を主観的公権の副次的機能に位置づけてしまうことが、共同体における個人の主体性の承認、あるいは国家と個人のコミュニケーション関係の表現としての権利論にとって適切か否か、改めて問われてよい。Masing のように、主観的公権の定義から個人の利益という要素を除外し、「法秩序を動員する力」、要するに、客観法上の義務の履行を求める手段へと主観的公権を再構成することも、一つの理論的可能性として検討に値する[74]。

　また、Masing は、伝統説を踏まえ、個人の主体性の承認という観点から、個人の利益を保護するものを「主観的公権のプロトタイプ」としているようであるが、主観的公権の再構成を踏まえてなお、個人の利益に注目することは、次のようにも正当化できよう。すなわち、客観法上の義務の履行を求める手段として主観的公権を理解するのであれば、法秩序が誰にこの手段を割り当てているのかという判断が必要になるところ、当該客観法が実現を目指す公益との関係で配慮すべきとされた利益が帰属する個人には、客観法上の義務の履行を統制する過程に適正に関与することが期待できると言えるので、主観的公権の所在を確かめる第一次的な評価軸は、なお個人の利益であると考えるのである。また、個人の利益に引き付けられないのであれば（「監視者としての権利」）、客観法上の義務の履行を統制する過程に関与する適格性が認められるか否かが、別途検討されなければならない。こうした場合において、「監視者としての権利」について考察する端緒が形成されたばかりの現在にあっては、それを付与する明文の規定の存在を重視することにも合理性があろう[75]。

　　められた観点の下で初めて保障されるべきであり、規範による明示的な承認を必要とするというのである（vgl. Masing [Anm. 50], Rn. 114-115）。

74　我が国で、Masing の議論も踏まえつつ、こうした再構成を試みるものとして、行政法学の議論であるが、米田・前掲注（65）129-131頁・133-135頁を参照。

75　「監視者としての権利」を認める制度の整備が進むにつれ、制度間の比較を通じて、より柔軟に「監視者としての権利」を導出する枠組みを構築することも可能となろう。こうした可能性を示

544

このように、客観法上の義務の履行の統制という観点から主観的公権を捉える場合、立法義務を定める客観法が考慮事項としているものの中に、一定の個人の利益を位置づけることができなくとも、直ちには憲法上の権利の導出は否定されないことになる。立法義務の履行を国民に監視させるのが憲法の意図であると解釈できるのであれば（勿論、このような解釈が可能か否か、あるいは更に、「監視者としての権利」が認められる者の範囲を如何に画定するかは、なお個別に検討を要する問題であるが）、例えば、社会保障にかかる給付の削減や、政府保有情報の一層の開示を求めるという局面においても、客観法に対応した憲法上の権利が導出されよう。

六　おわりに

以上、客観法に対応して権利を導出するための二つの枠組みを見てきた。第一の枠組みは、国家の作為義務を定める客観法を、国家が共同体における様々な利益・要請を調整し、目的とされた公益を実現していく過程を規律するものと捉えた上で、その過程に組み込まれた個人の利益につき、実際に適切に考慮するよう国家に対し要求する手段として、権利を構想するものである。これに対し、第二の枠組みは、個人の利益という基礎から権利を解き放ち、客観法上の義務の履行を求める手段として権利を構想するものである。もっとも、第二の枠組みにおいても、客観法上の義務の履行を統制する過程に関与する適格性を判断する指標として、権利を導出する際に、個人の利益はなお重要な機能を果たし得る。何れの立場に立つとしても、憲法上の権利の導出を考える上では、憲法第三章の各規定、特に立法義務が問題になる規定につき、その客観法としての内容を分析し、そこでの考慮事項を抽出する作業が、まずは重要となろう。

また、公益を適正に実現すべく、客観法上の義務の履行を統制する過程へ個人を関与させることの意義が高まり、現にそのための諸制度が構築されていることに鑑みると[76]、何れの立場から権利論を構築すべきか、憲法論としても立場選択が求められていると言えよう[77]。そして、この立場選択は、裁判所の機能の問い直し——すなわち、個人の利益の保護と、客観的な法秩序の維持の何れを主たる

　唆するものとして、米田・前掲注（65）134頁を参照。

76　我が国における現状の紹介・分析として、米田・前掲注（65）128-129頁を参照。

77　立場選択の必要性を指摘するものとして、米田・前掲注（65）128-129頁も参照。

軸として、裁判所の機能を構想するか——も要請するであろう[78]。こうした検討も、今後の課題である。

---

78 とりわけ、客観法上の義務の履行を求める手段として権利を構想する場合、従来「権利」と言われてきたものと「権限」と言われてきたものの区別は相対化し、更には、我が国で言う主観訴訟と客観訴訟の区別も相対化しよう。こうした相対化に関連して、機関訴訟の「法律上の争訟」該当性を再検討する、西上治の一連の議論がある。西上の構想の全体像については、西上治『機関争訟の「法律上の争訟」性』（有斐閣、2017年）409-425頁を参照。

何人も国籍を離脱する自由を侵されない
——国籍離脱の自由と帰化の憲法上の位置づけについて——

ペドリサ・ルイス

- 一　はじめに
- 二　帰化制度の設置は立法者の選択か、それとも憲法上の要請か？
- 三　帰化は制度的保障として理解されうるか
- 四　帰化制度の「核心」とその「機能」
- 五　基本権享有主体になる途としての帰化制度
- 六　「何人も」の権利としての国籍離脱の自由
- 七　おわりに

一　はじめに

　帰化（naturalization）とは、一般的に、国籍国と異なる国（定住国）に居住している外国人が、原則として自己の意思に基づいて定住国の国籍を取得する法的手続を意味する[1]。国籍の取得につながる帰化は、外国人の基本権享有主体性の範囲を最大限に拡大させ、かつ彼（女）らが定住する国の政府に対する政治的責任の及追を可能にするため、憲法学の視点からみてその意義はきわめて高いはずである。にもかかわらず、帰化は戦後の日本憲法学に対して、あくまで憲法論としてそれほど関心の的になっていない。それは、日本国憲法が外国人——無国籍者も含む——の法的処遇について何も言及していないことに鑑みれば、その無関心は分からないでもない。とはいえ、日本に定住して久しい筆者にとって、外国人について日本国憲法がまったく触れていないことについて遺憾の意を禁じえない。しかし日本国憲法の諸条項のうち外国人に関する規定が置かれていないの

1　出生後、国籍を取得する方法のすべてを「帰化」とよばれることがある（広義の帰化）。原則として、本稿において、外国人（無国籍者を含む）が自己の志望により国籍を付与される場合だけ——要するに、日本の国籍法にいう帰化——を「帰化」と呼ぶことにする（狭義の帰化）。佐藤幸治『日本国憲法論』（成文堂、2011年）109頁を参照。

は、帝国議会の議員の不注意に起因するわけではない。周知の通り、GHQ が用意した法草案は第13条において「一切ノ自然人ハ法律上平等」であることを確認した上で、「国籍起源（national origin）ノ如何ニ依リ如何ナル差別的待遇」を許さないと定めており、また、第16条において「外国人ハ平等ニ法律ノ保護ヲ受クル権利ヲ有ス」と述べた[2]。結局、第90回帝国議会で審議された憲法改正草案にはこれら規定がなくなっていた[3]が、外国人に関する事項について憲法典が沈黙するということは、言うまでもなく、戦後日本では外国人に基本権の保障が認められていないという意味ではない——そうでなければ、筆者は本稿を公表することができなかったであろう。

　いずれにせよ、外国人の基本権享有主体性を完全に否定する論者は、今日の憲法学界において先ず見られないと言っても過言ではない。確かに、外国人の基本権享有主体性については、いわゆる「肯定説」が憲法解釈論上の公理になっていると言える。けれども、国民と外国人とは法的地位が異なる以上、外国人にも及ぶ基本権保障の範囲ないし度合いは日本国民のそれとは同様ではなく、それゆえ、彼（女）らに保障される基本権と保障されない基本権——あるいは保障されたとしても、日本国籍を保有しないことを理由に特殊な制約の対象になりうる基本権——を選定する基準が必要となる。そこで、「〔憲法上の〕権利の性質上日本国民のみをその対象としていると解されるものを除き、わが国に在留する外国人に対しても等しく及ぶ」[4]という名句に集約される、いわゆる「性質説」と呼ばれる考え方は、通説ないし判例の立場であると考えられる。ところで、肯定説のうち、ある基本権規定の保障は外国人にも及ぶかを判断するために、当該規定は「何人も」に保障されるか否かを基準とする考え方はかつてあったと述べる憲法の基本書が数多く見られる[5]。この考え方は、一般的に「文言説」という名で知

　2　さらに、1946年1月7日、国務・陸・海軍三省調整委員会（SWNCC）が承認した日本の憲法改正に関する米国政府の指針を示した SWNCC-228 の次のような記述が興味深い。「日本臣民および日本の統治権の及ぶ範囲内にいるすべての人の双方に対して基本的な人権を保障する旨を、憲法の明文で規定することは、民主主義的理念の発達のための健全な条件を作り出し、また日本にいる外国人に、彼らがこれまで〔日本国内で〕有していなかった程度の〔高い〕保護を与えるであろう」。

　3　日本政府の憲法改正案から外国人に関する一切の言及が欠落した背景について、佐藤達夫『日本国憲法成立史（第3巻）』（有斐閣、1994年）118-119頁、176頁ないし334頁を参照。

　4　いわゆるマクリーン事件（最大判決昭和53・10・4民集32巻7号1223頁）における最高裁の多数意見より引用。

　5　例えば、佐藤幸治『日本国憲法論』（成文堂、2011年）144頁、松井茂記『日本国憲法（第3

られている[6]。しかしながら、日本国民にのみ保障されているはずの国籍離脱の
自由について定める憲法22条2項は、「何人も」という表現を使っていることが
文言説の難点として指摘されて、今日、この学説を支持する学者はいない[7]。

　筆者の理解において、もはや誰も支持しない古めかしい学説について標準的な
教科書がわざわざ触れる意図は、——憲法解釈の変遷を説明することの他——そ
もそも憲法の諸条項を解釈するに当たって、各条文の文言に拘束されることな
く、憲法の精神を探るべきだ、というメッセージをこれから憲法学を学ぶ人に送
るところにある。しかし、憲法22条2項が、文字通り「何人も」の国籍離脱の自
由を保障していると考えるのは、果たしてとんでもない背理なのだろうか。

　本稿において、憲法22条2項が述べるように、国籍離脱の自由を何人にも——
つまり、外国人も含めて——保障することは、憲法学の観点からどのような意義
をもつのかを検討したい。そのために、日本に定住する外国人が元の国籍を離れ
て、日本国籍を選ぶことを可能にする帰化制度の憲法上位置付けについて新たな
一考察を提案する。主に、次の点を明らかにしたい。第一に、帰化制度の設置は
立法者の単なる選択なのか、それとも憲法上の要請であるか。第二に、帰化は、
憲法上保障されている制度（保障規定）として解することは可能か。第三に、憲
法学の観点からして、帰化制度が果たす機能（＝役割）とは何か。最後に、国籍
離脱の自由を、外国人を享有主体とするものとして、日本国籍にアクセスする権
利として再構成することは妥当か。先に断わっておくが、いわば「文言説の再発
見」というのが本稿の狙いではない。しかしながら、本稿が国籍離脱の自由につ
いて定着した（してしまった）通説を見直す契機となれば、筆者の目標が達せら
れる。

二　帰化制度の設置は立法者の選択か、それとも　　憲法上の要請か？

　一般論として、帰化は、自己の国籍と異なる国に居住している個人が定住国の
国籍を取得する制度である。このように解される帰化制度の存在は、何かしらの

　版）』（有斐閣、2007年）319頁、長谷部恭男『憲法（第6版）』（新世社、2014年）115頁など。
6　文言説に属するものとして入江俊郎『日本国憲法読本』（海口書店、1948年）66-67頁を参照。
7　その他に、文言説は基本的人権の前国家的性質に適合していない、という指摘も見られる。

形で世界各国に認識できるのであり、その意味では普遍的なものとしてみることができよう。勿論、帰化の具体的な手続や要件は国によって相違がある。国籍取得を希望する外国人の申請を前提に、帰化は行政機関の許可による場合もあれば、立法者の決定による場合もある。又、帰化を申請した者に対して、定住国での一定の滞在期間を満了したこと、品行方正であること、自立するための十分な資力を有すること、そして定住国の公用語や風習、歴史などについて必要最低限度の知識をもつことが、帰化の要件として求められることは珍しくない。また、定住国の法令を遵守することを宣誓させた上で、元の国籍を放棄させる帰化手続もある。いずれにせよ、帰化の要件の難易度はともあれ、実際にその領土に定住しているすべての外国人に国籍への途を完全に閉ざす国は先ずなかろう。

　このことから、帰化制度はその普遍性からして自明の制度として解されうるかもしれない。しかし同時に、憲法学の観点から考慮すれば、帰化制度の設置について次の疑問が生じよう。つまり、帰化は、ただ単に立法者の選択によって創設されたものであるのか、それとも憲法の要請に基づき設置されたのか。実は、本稿を執筆する契機になったのは、次のような素朴な（そして、実際の問題としてありそうにない架空の考えに過ぎないかもしれない）問いに答えを見つけたかったがためである。すなわち、国会が帰化制度を完全に廃止すれば——あるいは、形式的に帰化制度を残しつつ、極めて具備しにくい要件（例えば、数十年の滞在期間を求めるなど）を定めることによって実質的に国籍への途を閉ざしてしまえば——それは憲法違反にならないか。換言すれば、憲法10条の趣旨を受けて国籍そのものについて国会が定める際に、帰化（の可能性）を何らかの形で設けることは、やはり憲法上の要請として解することは妥当ではないだろうか。

　この問いに対して答えを見出すために、何よりも先に憲法が「国籍」（nationality）について何を要請しているかを考える必要がある。周知のとおり、憲法10条は「日本国民たる要件は、法律でこれを定める」と述べ、いわゆる国籍法律主義という原則を採用している。この点において日本国憲法は、「日本臣民タル要件ハ法律ノ定ムル所ニ依ル」と定めた明治憲法18条の趣旨を基本的に踏襲していると言える。そこで、国会は憲法の趣旨を受けて国籍法を定めたわけである。

　憲法の文言を一瞥したところ、国籍の制度化はまったく法律事項であり、それだけに国会の裁量が広く認められるべきである。しかし憲法10条の内容を、決して白紙委任として読むべきではない。国会が国籍について定めるに当たって、憲

法の諸原則に従うことが期待されており、実際に、国籍法そのものの歴史を概観するだけで、国民の一般意志といえども、結局、法律の制定は憲法上——ないし国際法上——の制約を受けざるを得ないことがわかる。

国籍法の歴史的沿革は、日本憲法史に並行している。戦前の国籍法（以下は、旧国籍法）は、1899年4月1日に制定され、1916年ないし1924年に若干改正された。戦前民法の趣旨に基づいて作られた旧国籍法は、日本国憲法の諸原則にそぐわなかったため、抜本的な改正を必要とする規定が多かった。先ず、旧国籍法は、日本臣民が日本国籍を離脱することができる場合を狭く限定し、行政機関の許可を必要とする場合があったが、それは、日本国憲法22条2項の規定に抵触していた。第二に、旧国籍法には家制度に立脚する規定があったが、そもそも家制度は両性の本質的平等および個人の尊厳を宣下した憲法24条に相反するものとして廃止された。第三に、旧国籍法は、国籍の取得や喪失について、当時、比較法の観点からすると一般的であった、夫婦国籍同一主義（＝妻は夫の国籍に従う）ないし家族一体主義（＝子どもは、原則として父、場合によって母の国籍に従う）の原則を採用しており、その結果、婚姻、離婚、認知などの身分行為や夫又は父母の国籍喪失に伴い、妻又は子たちの国籍は、本人の意思と関係なく変更されることになっていた。これら原則も憲法24条の趣旨にかみ合わないものと考えられた。第四に、旧国籍法においては、帰化した者に対して国務大臣その他上級の官職につく資格を制限しており、この規定が日本国憲法14条に抵触するものと判断された。

以上のことから、旧国籍法が廃止され、1950年5月4日、新憲法の誕生に伴い、新しい国籍法が制定された。

1984年、日本が「女子に対するあらゆる形態の差別の撤廃に関する条約」に署名したことに伴い、国籍法は一部の改正を見た。同条約9条2項は、「締約国は、子の国籍に関し、女子に対して男子と平等の権利を与える」と定めているため、国籍法が採用していたいわゆる父系血統主義を父母両系血統主義に改める必要が生じた。一方、父母両系血統主義の採用に伴い、重国籍者の増加が予想されたので、外国の国籍を有する日本国民がその外国の国籍を選択したときは日本国籍を失い、重国籍者は成年に達した後2年以内にいずれかの国籍を選択しなければならないなど、重国籍を防止するための規定が新設された。

その後、2008年6月4日の最高裁判所大法廷が出した違憲判決[8]を契機に、国籍法は再び改正の対象となった。改正前の国籍法3条1項は、日本国民である父

と外国人である母との間に出生した後に父から認知された子について、父母の婚姻により嫡出子としての身分（準正嫡出子）を取得した場合に限って届け出による日本国籍の取得を認めていた。そこで、国籍法３条１項は、父母の婚姻により嫡出子たる身分を取得した準正嫡出子のみに日本国籍の取得を認めている点で、日本国民の父から出生後に認知された子でありながら父母が法律上の婚姻をしていない非嫡出子について合理的理由のない差別をもたらしており、憲法14条１項に反する、と大法廷は判示した。

　本稿の課題に関連しうるものとして、最高裁の多数意見のうち、次の２論点はとりわけ傾聴に値すると考えられる。

　先ず、最高裁によれば、「国籍は国家の構成員としての資格であり、国籍の得喪に関する要件を定めるに当たってはそれぞれの国の歴史的事情、伝統、政治的、社会的及び経済的環境等、種々の要因を考慮する必要があることから、これをどのように定めるかについて、立法府の裁量判断にゆだねる趣旨のものであると解される。しかしながら、このようにして定められた日本国籍の取得に関する法律の要件によって生じた区別が、合理的理由のない差別的取扱いとなるときは、憲法14条１項違反の問題を生ずることはいうまでもない」。これは、とりもなおさず、誰が日本国民になるかは国会の広範な裁量に属する事柄でありつつ、この裁量権は無限界ではなく、憲法の条文によって拘束されることを意味する。

　次に、最高裁によると、国籍法３条１項の立法目的に当たる、日本との密接な結びつきの存在を確認すること自体は合憲であるものの、日本との密接な結びつきの存在を示す指標として、認知に加えて準正を求めることは、「社会的、経済的環境等の変化に伴って、家族生活や親子関係に関する意識も一様ではなくなって」きた今日の日本において、もはや合理性を欠く。筆者の視点からすれば、この論点において特に魅力的なのは、国籍取得の決め手を「日本との密接な結びつき」の存在に求めるところにある。といのも、最高裁の意見を逆説的に読めば、日本との密接な結びつきの存在を確認する方法の決定こそ法律事項であるとはいえ、実質的な観点からして日本と密接な結びつきをもつ——あるいは、もつようになった——個人に日本国籍を付与することは憲法上の要請であると考えられるからである。さらに言えば、日本との密接な結びつきの存在を確認できる個人に

_____

　8　最大判平成20・6・4民集62巻6号1367頁。

ついて、日本国籍を取得する権利すら認められてしかるべきであると言える。そこまで、大法廷意見を深読みすることは妥当であろうか。だとすれば、国籍法違憲判決から次のような結論が必然的に導き出される。つまり、帰化は日本との密接な結びつきをもつようになった個人が日本国籍にアクセスすることを可能にする「メカニズム」として、憲法上の制度として解されざるを得ない。要するに、国籍取得の方法の決定そのものは法律事項であると憲法が定めているといはいえ、国会は憲法の趣旨を実現するとき、帰化制度の存在を尊重しなければならい。従って、帰化制度の設置は憲法上の要請である、と断言できよう。次の節において、帰化について以上のような理解が妥当であるかを検証するために、いわゆる「制度的保障」の概念を検討することにする。

三　帰化は制度的保障として理解されうるか

　日本憲法学において基本権保障に関わる一つの古典的な理論として制度的保障がある。周知のとおり、「制度的保障」(*institutionelle Garantie*) の理論は、ワイマール憲法の解釈のために、ドイツ法学者カール・シュミットにより提唱された[9]。制度的保障論は、本来、憲法の権利宣言の諸条項には、権利ではなく「制度」を保障した規定が含まれる場合があることを主張しており、——ドイツ史の文脈で見れば、たとえば伝統的な大学、官僚制、分権的な地方行政、資本主義体制、キリスト教と深く結びつく宗教教育制度・祝祭日・婚姻制度など——第一次世界大戦の敗北と共産主義革命の動きの中で制定された最初の共和制憲法であったワイマール憲法下でも、ドイツ帝政期までに確立していたこれら制度を守ることはこの議論の狙いであったと考えられる[10]。ドイツの学説を無批判的に受け入れた面もあるが[11]、制度的保障論は日本国憲法の解釈のために、日本にも導入されている。ドイツの制度的保障論に含まれた「権利宣言の諸条項には、権利ではなく制度を保障した規定が含まれている場合がある」[12]という考え方は、説得力

9　シュミットの理論を軸にして、サヴィニー、レナー、ヴォルフ、オーリウ等の思想をたどり、日本における制度的保障がいかに誤った考え方に基づいて議論されていたかを指摘する精緻な研究として、石川健治『自由と特権の距離〔増補版〕』(日本評論社、2015) を参照。

10　赤坂正裕「人権と制度保障の理論」高橋和之・大石眞 (編)『憲法の争点 (第3版)』(有斐閣、1999年) 60頁。

11　赤坂正裕　前掲書61頁。

のあるものとして多数説により支持され、特に最高裁の判例によって歓迎された。

日本流の憲法学説の標準的な理解として、芦部信喜は次のように制度的保障の概念を捉えている。すなわち、基本権の諸規定の中には、権利保障と結びつきはあるものの、基本権そのものではなく「制度」を保障しているものが含められており、その場合、立法者は制度の「核心ないし本質的内容」を侵害する法律を制定することができない。ただし、制度的保障の理論を日本国憲法の解釈論として用いるために、立法者によっても奪うことのできない「制度の核心」の内容が明確であり、かつ制度と基本権との関係が密接でなければならない、と芦部は念押ししている[13]。

一方、前述の通り、制度的保障論は最高裁によっても受け入れられている。いわゆる津地鎮祭事件[14]、そして法定メモ訴訟[15]が、代表的な判例としてよく挙げられる。しかし、この2つの判決において、立法者によって侵害してはならない「制度の核心」などについて、最高裁による一般論を見つけ出すことが出来ず、結局、最高裁がことさらに「制度的保障」の概念を持ち出すのは、ある憲法規定は個人に権利を保障しているものではないことを強調するためである、との指摘が見られる[16]。

実は、学説ないし判例は、制度的保障論を多種多様な内容・性質を有する憲法の諸規定に対して用いていることは特徴的である。これら規定を大別すると、日本法の制度的保障論は次の3種類の規定を認識していると考えられる。①憲法第3章（＝権利章典）のうちに含まれている規定で、ある基本権を保障しているものではなく、ある制度を保障していると解されるもの（たとえば、憲法20条1項後段・20条3項が保障する政教分離の制度）。②文面上、基本権保障の規定でありなが

12　シュミット（尾吹善人・訳）『憲法理論』（創文社、1972年）212-217頁。

13　芦部信喜、『憲法（第六版）』（岩波書店、2015年）86頁。具体的に、制度的保障規定として芦部は、政教分離という制度（憲法20条1項後段・20条3項・89条前段）、大学の自治という制度（憲法23条）、私有財産の制度（憲法29条1項）および地方自治の制度（憲法92条）に触れる。

14　最大判決昭和52・7・13民集31巻4号539-540頁を参照せよ。特に、次のくだりは有名である。「元来、政教分離規定は、いわゆる制度的保障の規定であって、信教の自由そのものを直接保障するものではなく、国家と宗教との分離を制度として保障することにより、間接的に信教の自由の保障を確保しようとするものである」。

15　最大判決平成元・3・8民集43巻2号92頁を参照せよ。最高裁は憲法82条について、「[その] 趣旨は、裁判を一般に公開して裁判が公正に行われることを制度として保障し、ひいては裁判に対する国民の信頼を確保しようとすることにある」と語る。

16　赤坂正裕「人権と制度保障の理論」大石眞・石川健治（編）『憲法の争点（第3版）』（有斐閣、2008年）70頁。

ら、さらに制度的保障も導き出されるもの（たとえば、大学の自治を保障するとされる憲法23条ないし私有財産制度を保障するとされる憲法29条1項）。③権利章典に属しない規定で、具体的な権利保障の規定として読まれることを避けるために制度的保障規定として解釈されるもの（たとえば、裁判公開制度を保障する82条、地方自治制度を保障する92条、あるいは政教分離の制度にも関わる89条前段）。

　こうして、学説ないし判例が用いる制度的保障論にいう「制度」の概念は決して明瞭とは言えないのみならず、考えてみれば、制度的保障論をまったく使用しなくとも、例えば憲法20条、同23条、同29条、同89条、同92条などに関する通説的な解釈は、これまでどおり維持されるはずである。このことから、近年、憲法解釈論上の概念として、制度的保障論は不要なものである、と論じる学者が多くなっている[17]。

　そうすると、憲法上の要請として帰化制度を検討するに当たって、日本流の制度的保障論は果たして参考になるのか。そもそも本稿は日本流の制度的保障論の妥当性をアピールすることを目標としていない。それどころか、筆者の理解において、制度的保障論に対して近年寄せられた上述のような批判は有力である。しかしそれでも、標準的な制度的保障論にあえて触れたい筆者は、憲法の権利宣言諸条項には、立法者によってもその核心を侵害することができない制度が存在するという考え方に対して魅力を感じざるを得ないからである。というのも、帰化という制度を憲法上の制度的保障規定として捉えることに成功すれば、おのずと帰化という制度の憲法の価値が認められ、その結果、帰化のあり方は正真正銘の憲法問題としての次元に入るからである。そして、場合によって、国籍法旧3条1項の内容もそうであったように、帰化という制度のあり方は司法審査の対象にならざるを得ないからである。もちろん、帰化制度をこのように捉えるために、制度的保障論の最大の難関を突破しなければならない。すなわち、芦部説を借りて言うなら、帰化制度を制度的保障として解釈するために、①立法者によって侵害することが出来ない帰化制度の核心を明らかにした上で、②帰化制度と基本権規定との密接性を論証する必要がある[18]。

17　例えば、赤坂正裕　前掲書71頁。
18　ちなみに、日本語の「制度」は英語で system、あるいは institution——フランス語の場合 system・institution、スペイン語の場合、sistema・instititución、ドイツ語の場合、system・institution など——として訳されることが多い。system は古典ギリシャ語の σύν（＝共に）＋ ἵστημι（＝立てる、設置する）が語源であり、institution は、ラテン語の in（＝中に）＋ statuo（＝立て

四　帰化制度の「核心」とその「機能」

　先ず、帰化制度の「核心」を、帰化の「機能」(function) の観点から定義することを試みたい。考えてみれば、帰化制度に限らず、このような考え方はいかなる制度的保障の核心を定義するにあたって妥当であろう。というのも、帰化制度の核心は、帰化制度の果たす機能を識別することにより画定することが可能だからである。確かに、本稿において帰化制度を検討する方法としてある種の機能主義を提示している[19]。けれども、これは社会学者が伝統的に提唱してきた機能主義ではない。それどころか、むしろ筆者が支持するのは、(法) 社会学者によって禁忌されがちである、目的論的な (teleological)、いや規範的な (normative、prescriptive) 機能主義である。なぜなら、筆者の理解において、およそ法的制度は特定の機能を果たすために設計されるのであって、かかる機能を果たさなくなったとき、当該法的制度は機能不全のもの (dysfunctional) になってしまうからである。

　実際に、帰化制度をはじめとして、およそ制度的保障の核心を検討するために筆者が試みようとする方法論というのは、当該制度の目的ないし手段に着目した機能主義として評価されうるし、方法論として、法原理機関たる裁判所が行う法解釈のあり方に適応しているようにも考えられる。そもそも裁判官は、社会諸事象——そして、紛れもなく法は一つの社会現象であるが——に内在するはずの機能を見出そうとしている社会学者として法解釈を行うわけではない。裁判官は、通常、法の専門家として、法の諸制度が果たすべき機能を認識した上で——かかる機能は何であるかは、法制定者の意思からして明確な場合もあれば、逆に当該

　る、設置する) から派生している。ちなみに、constitution (＝憲法) は、ラテン語の cum (＝共に) + statuo (＝立てる、設置する) に語源をもっており、構造上、古典ギリシャ語 system に該当している。そうすると、英語の文献でしばしば眼にする constitutional system (＝憲法制度) という語は、あくまで語源論として冗長な表現であることがわかる。

19　機能主義の方法論 (functional method) は、比較法学の分野にしばしば関連付けられることは周知のとおりである。しかし、Ralf Michaels "The Functional Method of Comparative Law" in M. Reimann, R. Zimmermann (ed.) *The Oxford Handbook of Comparative Law*, (Oxford University Press 2006) pp. 340-363において論じられているように、機能主義という名の下に、8つもの異なる方法論を確認できるし、これら方法はややもすれば互いに排他的な性格を有する。本稿が提案する機能主義は、上掲論文で記述されている8つの方法論のうち、アリストテレス主義の伝統を汲むものと考えられる目的論的な機能主義に類似するものと評価できる。

法制度の包括的な検討を行うことを通じて導出しなければならない場合もある
——、法解釈を行う。

　では、帰化制度の果たすべき機能——あるいは諸機能——とは何だろうか。言
うまでもなく、人々は特定の法制度を利用するとき、多種多様な目標を念頭に置
いている。帰化を望む外国人の視座は実に様々であろう。ある人は、定住国の国
籍を取得すればおのずと雇用の機会が増えるだろうと信じているかもしれない。
またある人は、帰化は社会への溶け込みを促すと考えているかもしれない。さら
にある人は、出身国に強制送還される恐怖からようやく逃れたいかもしれない。
このように、考えられる個人の利益に対応した機能は枚挙に遑がなかろう。無
論、帰化制度が果たしうるこれら諸機能は、あくまで帰化を申請した本人の意思
に関わるものとして、いずれも尊重に値すべきであろう。しかし、千差万別であ
るこれら機能は、つまるところ、何のために新しい国民になりたいのかという個
人のいわば願望の領域に属する以上のものでもなく——そしてそれ以下のもので
もないが——、立法者によっても侵すことのできない帰化制度の「核心」として
捉えることは妥当ではない。

　では、帰化制度の（諸）機能とは何なのか。本稿において、2つの機能を指摘
したい。すなわち、憲法上の制度として帰化は、第一に、外国人に憲法が保障す
る諸権利を享有する完全な能力（資格）を付与するメカニズムとして（これを『第
一機能』と呼ぶ）、そして第二に、「民主主義の赤字」を修正する措置として（これ
を『第二の機能』と呼ぶ）、機能しなければならないと主張したい。このように解
すると、形式的に立法者が帰化制度を設置したとしても、外国人の実質的な基本
権保障への途が完全に開かれておらず——この点について、前述の通り、旧国籍
法は帰化した者に対して国務大臣その他上級の官職につく資格を制限していた
——その結果、彼らが依然として政治過程から排除されている状態が継続される
のであれば、かかる帰化制度は、機能不全に陥ったとして、憲法上の問題を引き
起こしてしまうという結論に至るであろう[20]。

20　本文において議論することをわざと避けたが、帰化制度の機能を検討するアプローチとして、
　それを、帰化を望む本人の視座からでななく、帰化を許可する国家の観点から捉えることも十分
　可能である。というのは、国家の観点からして、帰化を申請する外国人のうち、なるべく望まし
　い国民——或いは少なくとも国家の負担にならないような国民——をスクリーニングする方法と
　して機能するように、帰化制度が設計されることが考えられるからである。例えば申請者の「素
　行が善良であること」（国籍法5条3号）や申請者が「自己又は生計を一にする配偶者その他の

558

　帰化の第一機能からすれば、帰化は、ある国家の権力に服従しながら、生来的な原因に基づき、当該国家の国籍を取得できなかったことを理由に完全な基本権保障から排除された個人（つまり外国人ないし無国籍者）に対して、憲法が保障するすべての権利を享有する能力（資格）を獲得するための憲法上の制度として解釈できる。この解釈は、基本権の領域における「能力」という概念を前提とするが、その詳細な分析を次節に譲ることにする。

　帰化の第二機能に関していえば、そもそも「民主主義の赤字」（democratic deficit）という概念は、専ら1990年代以降、欧州統合が進むなか、加盟国が主権の一部を EU の機関に委譲した結果、EU の政策は加盟国の国民の意思から遠ざかってしまっているのではないかという EU の民主主義的な性格に疑問が投げかけられたことを背景に登場したと考えられる。しかし、本稿においてこの概念を、EU のような超国家的機構の次元においてではなく、国家内の次元において取り扱うものとする。要するに、筆者はある国家の政治過程——これは、政治的プログラムの提案、決定ないし執行から政治的指導者の選出まで含む——に対する民主的統制、かつ当該国家の政治諸機関に対する答責性（accountability）が十分でない状態を民主主義の赤字として解する。

　このように解された民主主義の赤字を別の観点から捉えてみると、これを統治するもの（＝治者）と統治されるもの（＝被治者）が同一の関係をもたせようとする、いわゆる「自同性の原理」のいかなるズレとして理解することができよう。当然ではあるが、ある国家に定住した外国人は、被治者として当該国家の権力に拘束されるが、彼らには参政権が認められていないため——つまり、彼らを拘束する決定を行う諸機関は彼らに対して責任を負わないため——常に民主主義の赤字たる状態に置かれていると言える[21]。そこで、帰化制度は定住外国人にとって

――――――――――
　　親族の資産又は技能によって生計を営むことができること」（国籍法5条4号）などが帰化の要件として要求する国籍法の規定は国家の利益に対応していると評価できる。しかし、現代立憲主義の伝統を汲む日本国憲法の解釈論として帰化の位置づけを考察するために、先ず、帰化したい個人からのアプローチこそ重要であると筆者が考える——ましてや、本稿において論じようとしている帰化の機能というのは、帰化制度の立法者にも侵害されることができない「核心」に関するから。従って、紙幅の都合もあり、帰化制度の機能に関する国家の利益に比重が置かれたアプローチを試みること——そして、個人の利益に比重が置かれたアプローチと比較すること——を別の機会に譲りたい。
21　徹底した血統主義に拘泥した結果、他の民主主義国家においてほとんど例を見ない「四世」の定住外国人が暮らす日本において、このような問題は特に深刻だと考えられる。E. A. Chung *Immigration & Citizenship in Japan* (Cambridge 2010) p. 3を参照。

国籍取得への途になりうるだけに、民主主義の赤字を是正する措置として機能すると評価できる。このように考えれば、帰化は、いやしくも民主主義の病理状態に対する治療処置としての効果を発揮するものであり、憲法にビルトインされた制度として解することは妥当である[22]。いずれにせよ、帰化制度を民主主義の赤字を是正する措置として検討するとなると、これは憲法解釈の問題のみならず、移民政策に関連する政治的な課題も含まれるため、ここではこれ以上立ち入らず、詳細な論考を他の機会に譲りたい。

五　基本権享有主体になる途としての帰化制度

個人が有する権利の行使を制限し、代理人を通じて法律関係を成立させていくという法理論は、古代ローマの時代から確認できる。権利ないし義務の帰属主体になる資格としての「権利能力」や「事理を弁識する能力」を前提に、法律行為を単独で行う資格としての「行為能力」のような法カテゴリは、私法の領域のいろはと言っても過言ではない。ところが、憲法の領域になると、つまり、基本権の享有ないし行使を分析するためのものとして、これら私法上のカテゴリ——あるいはそれに類似したもの——が参考になるのだろうか。筆者は、未成年期における基本権の行使の検討を試みた論文において、既にこの課題に取り組んだことがある[23]。その際、①「基本権能力」、②「享有能力」および③「行使能力」という３つの概念を用い、憲法の領域における能力論を提案した。これら概念は、帰化制度の機能を把握するために有益であると考えられるので、以下よりそれぞれについて簡単に説明する。

22　もちろん、自同性の原則のズレとして解された民主主義の赤字を完全に解消することは不可能である。とはいっても、その病理状態を放置することは、憲法学の答えとして適切であろうか。考えてみれば、一票の較差問題について最高裁は、最高裁判決昭51・4・14民集30巻3号223頁において、「憲法14条1項に定める法の下の平等は、選挙権に関しては、国民はすべて政治的価値において平等であるべきであるとする徹底した平等化を志向するものであり、右15条1項等の各規定の文言上は単に選挙人資格における差別の禁止が定められているに過ぎないけれども、単にそれだけにとどまらず、選挙権の内容、すなわち各選挙人の投票の価値の平等もまた、憲法の要求するところである（傍点は引用者による）」とはっきりと述べた。やはり、憲法は治者と被治者の徹底した同一化を志向し、民主主義の赤字の解消を要求しているところであると解するのも妥当ではないだろうか。

23　ペドリサ・ルイス「基本権における『能力』の概念——未成年期の意義——」曽我部真裕・赤坂幸一（編）『憲法改革の理念と展開（下巻）』（信山社、2012年）599-611頁を参照。

①**基本権能力**　　基本権能力は、憲法上保障される諸権利の主体となる総合的な能力であり、いわばある種の「憲法上の人格」(constitutional personhood) として解することができる。その意味では、基本権能力は、私法上の権利能力に類似すると言える。けれども、似ても非なるところがある。といのも、そもそも権利能力は既存の法体制を前提とするのに対して[24]、基本権能力（＝憲法上の人格）の存在は、基本権保障体制が構築される土台になるものとして、実定憲法に先立つと言えるからである。筆者の理解において、基本権能力は、単一（unitary）のものとして、不可譲（inalienable）かつ不可分（indivisible）の能力であり、基本権保障体制の礎となる[25]。確かに、このように解された基本権能力たる概念には、自然法的なニュアンスは否めないし、いわゆる「人間の尊厳」という概念と同視されがちなところが認められるかもしれない。そうなると、憲法解釈論上の概念として、基本権能力はそれほどオリジナルな概念でなくなってしまう。しかし、それならそれでもよい。いずれにせよ、基本権能力の存在を裏付けるために、わざわざ「人間の尊厳」のような抽象的な観念に立脚する必要はないと筆者は考える。なぜなら、個人は「社会的関係を構築する実際の能力」(actual capacity of social interaction) を有するからこそ、基本権の享有主体になることが出来るからである。この実際の能力こそは、基本権能力の根拠である。

②**享有能力**　　享有能力は、憲法が保障する具体的な権利の主体となる「資格」(entitlement) を指す。従って、享有能力は基本権能力と異なり、単一かつ不可分の能力（資格）ではなく、実定憲法が保障する権利の数だけ、複数の個別能力から成立している。なお、基本権能力はすべての個人について認められるのに対して、ある個人の享有能力の有無は、当該個人の「法的地位」(legal status) に依拠する。もちろん、表現の自由や信教の自由のように、法的地位と関係なく何人にも保障されるものもあるが、憲法が保障する諸権利のうち、出入国の権利、居住の権利、選挙権、公務就任権などのように、その保障は法的地位によるものもある。そして、ここにおいて、法的地位とは何よりも国籍を意味する[26]。つま

24　例えば、民法3条1項は「私権の享有は、出生に始まる。」と定めるが、この文面からすれば民法典が権利能力（＝私権）を創設していると解釈できる。

25　基本権能力という概念は、アーレントが論じた「権利を持つ権利」(right to have rights) という考え方から着想を得た点がある。H. Arendt *The Origins of Totalitarism* (New Edition with Added Prefaces) (Harcourt 1966) pp.296-297を参照。

26　最高裁は最判大平20・6・4民集62巻6号1367頁において「日本国籍は、我が国において基本的

り、国籍の保有は、諸基本権の享有能力の有無についての決め手となる。

③**行使能力**　　行使能力という概念は、特定の基本権に対する享有能力（資格）に基づいて、単独で当該基本権を行使する能力である。言うまでもなく、この概念は私法上の行為能力に類似する。もちろん、未成年者について特定の基本権に対して制限された行使能力しか認められないことは、当該基本権に対して享有能力が欠けているということではない。しかし、基本権保障の観点からすれば、ある個人が未成年者であるということは、外国人であることと異なって、法的地位ではなく、保護を必要とする一時的な状態に置かれていることのみを意味する。従って、未成年期が終了することは、憲法上の観点からすれば、ある基本権の保障について、本来認められている享有能力が未成年者の間に制限された行使能力と融合（fusion）したことを意味するのである[27]。

　上に紹介した諸概念のうち、基本権能力ないし享有能力は、帰化制度の機能を考えるに当たって有益であろう。比喩的に言えば、基本権能力は、各個人に与えられた「土地」であり、その上に憲法上の基本権保障制度という「建物」が建築される。そして、各享有能力（資格）は、こうした建物の煉瓦や梁となる。法的地位とは関係なく、各人に与えられた土地たる基本権能力の面積や地質は同じであるのに対して、その上に建築される建物の完成度は国籍の有無によって異なる。つまり、国籍を有しない個人については建物が未完成のままである。しかし、事後に煉瓦や梁を加えることによって——つまり欠けている享有能力（資格）を取得することによって——建物を完成させることが可能である。というのも、国籍保有の有無を問わず、各自に与えられた土地たる基本権能力は同質のものであるからである。確かに比喩として単純ではあるかもしれないが、完全な基本権享有主体性を完成させるメカニズムとして、帰化制度の憲法上の必要性を理解するために十分ではないだろうか。

　人権の保障、公的資格の付与、公的給付等を受ける上で極めて重要な意味を持つ法的地位であり、その意味において、基本権享受の重要な前提を成すものということができる（傍点は引用者による）」と述べている。

27　ペドリサ・ルイス　前掲書608頁。

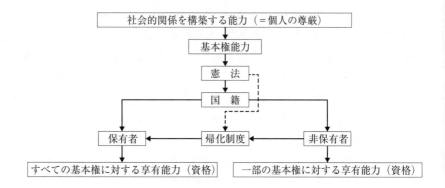

　上の図は帰化制度と基本権の関係を示す。「憲法」と「帰化制度」をつなぐ点線は、帰化制度の憲法上の位置付けを強調するために付した。

六　「何人も」の権利としての国籍離脱の自由

　憲法のある規定を制度的保障として理解するために、立法者によっても廃止することができない制度の「核心」が明確であり、かつ当該制度は特定の基本権と密接な関係でなければならない、と芦部信喜が考えている[28]。後者の要件に関して言えば、およそ制度的保障の raison d'être は、特定の基本権の保障の強化にあると考えられる。これまで、2つの機能を指定することによって、廃止されることができない帰化制度の「核心」の定義を試みた。では、制度的保障としての帰化と密接な関係にある基本権は何だろうか——つまり、帰化制度がその保障を強化しようとする基本権は何だろうか。

　確かに、前述の通り、国籍を取得することによって実定憲法が保障する諸々の権利に対して享有能力（資格）を取得するので、帰化という制度的保障はすべての基本権の保障を強化するように見える。逆に言えば、帰化制度はこれといった具体的な基本権の保障と密接な関係を持つのではなく、いわば間接的な形でのみ基本権の保障を強化するにすぎない。しかし、筆者の理解において、帰化制度は少なくとも、日本国憲法が保障するある基本権と直接に関っていると言える。こ

　28　芦部信喜　前掲書86頁。

れは、憲法22条2項が保障する国籍離脱の自由である。しかし、筆者が念頭に置く国籍離脱の自由の内容というのは、日本憲法学説がほぼ例外なく伝統的に解釈してきたものとは異なる。

実は、日本国憲法の諸条項のうち、その解釈をめぐってほとんど論争を巻き起こさなかったものがあるとすれば、それはまぎれもなく憲法22条2項が定める国籍離脱の自由である。日本の憲法学説は、次のように国籍離脱の自由を捉える傾向にある。つまり、憲法22条2項が保障する基本権は、日本国民が他国の国籍を取得としたことを前提に日本国籍を離れる権利であり、しかしながら、そのような権利は無国籍になる自由までは含まない[29]。日本に定住している外国人に対しても、参政権の保障を、国民のそれとほぼ同程度まで拡大すべきだと論じる憲法学者でさえ、国籍離脱の自由となると、オーソドックスな憲法学説と異ならない解釈を行う[30]。

憲法の文面上、22条2項は保障する権利の享有主体について「何人も」と定めているが、外国に移住する自由の享有主体はともかく、国籍離脱の自由に関していえば、権利の性質からして、それが日本国民にのみ保障されていると一般に解される[31]。冒頭に述べたとおり、外国人の基本権享有主体性を肯定するいわゆる文言説の難関として、憲法22条2項は「何人も、（中略）国籍離脱する自由を侵されない。」と規定していることがしばしば挙げられている[32]。

ところで近藤敦は、どの基本権の保障が外国人にも及ぶかの判断基準として、憲法の文言が決め手とならないとする「性質説」に対して傾聴に値する批判を寄せている[33]。つまり彼によると、「何人も」という文言を無視することは、場合に

29　例えば、大石眞『憲法講義Ⅱ（第2版）』（有斐閣、2012年）122-123頁。

30　例えば、浦部法穂『憲法学教室（第3版）』（日本評論社、2016年）は、日本に生活の拠点を持つ定住外国人にも参政権を認めるべきである（66頁を参照）としつつ、国籍離脱の自由について、通説とさほど変わらない、日本国民を中心とした解釈を行う（245頁を参照）。

31　例えば、佐藤幸治　前掲書109-110頁、芦部信喜　前掲書232頁、松井茂記『日本国憲法（第3版）』（有斐閣、2007年）495頁などを参照。

32　入門書のレベルでも、文説と国籍離脱の自由の「非互換性」が指摘される。例えば、初宿正典（他）『いちばんやさしい憲法入門（第5版）』（有斐閣、2017年）15頁において、次の文章は興味深い。「『すべての国民は……』というように書いてある箇所（たとえば13条）と、『何人も』と書いてある箇所（たとえば16条～18条）と、だれの権利かが明記されていない箇所（たとえば21条）があります。憲法をつくった人たちは、ある程度はこの区別を意識していたのかもしれませんが、この区別はあまり当てになりません（たとえば22条2項）」（傍点は引用者）。

33　近藤敦『外国人の人権と市民権』（明石書店、2001年）274-278頁を参照。近藤が提示する「立憲性質説」という考え方には傾聴に値するところが多い。

よって成文憲法をかかげ国家権力から個人の権利を守るという立憲主義の基本に背くことになりかねない[34]。

　しかし、圧倒的多数の憲法者が解釈するように、国籍離脱の自由は、果たして日本国民に保障されうる権利なのだろうか。換言すれば、憲法22条2項は日本国民に国籍離脱の自由を保障することにおいてはどれほどの実益があるのだろうか。というのは、22条2項のように国籍離脱の自由を憲法で保障したとしても、日本国民が他国の国籍を取得するかどうかは、日本国ではなく、当該国が決定する事項であるからである。これに対して、国籍離脱の自由は、ただ単に国籍を離れる自由であると反論されそうだが、そもそも日本国籍を離れるためには、既に他国の国籍を取得したことが前提となるので（国籍法11条1項・2項）、憲法において国籍離脱の自由を定めようが定めるまいが、それほど実質的な意味がないようにみえる。いや、考えてみれば、日本がある国の国民に日本国籍を取得することを制限すれば、仮に当該国の帰化制度が互恵主義の原則に基づいている場合、逆に日本国民は当該国の国籍を取得する途が閉ざされることになる。これは日本国民の視点からすれば、それを国籍離脱の自由に対するある種の制約として捉えることさえできよう。

　そこで、憲法22条2項に対する視座の転換を検討してみたい。そもそも、多数の憲法学者が認めるように、国籍離脱の自由は、国籍は個人の意思によるものであるという、個人主義に基づく国家観に裏付けられる権利である[35]。このような理解は、国際法上、定着したものとして見ることができる[36]。そうすると、既に指摘したように、日本国憲法は日本国民が実際に他国の国籍を取得する自由を実質的に保障することが不可能であるため、——それは当該国の決定事項であるから——あくまで国籍選択の自由として22条2項を理解しようとするなら、憲法が実質のあるものとして保障できるのは、外国人が日本国籍を取得することに関連

34　一例として挙げられるのは、憲法17条は「何人も」に対して「公務員の不法行為により、損害を受けたときは、法律の定めるところにより、国又は公共団体に、その賠償を求める」権利を保障しているが、その趣旨を受けた国家賠償法は、第6条において同法の適用を「外国人が被害者である場合には、相互の保証があるときに」限定している。本国法の不備のために——つまり、外国人に国家賠償請求権が保障されていないために——外国人の被害者は国家の不法に対して泣き寝入りを余儀なくされるこの規定が妥当といえるのだろうか。

35　木下智史・只野雅人（編）『新・コンメンタール憲法』（日本評論社、2015年）278頁。

36　国際人権宣言（1948年）15条2項は「何人も、ほしいままにその国籍を奪われ、又はその国籍を変更する権利を否認されることはない。」と述べる。

する権利でなければならない。国政離脱の自由を——あくまで国籍選択の自由として——外国人の視座から捉えなおすことは、憲法解釈論として「背理」[37]としか考えない論者がいるかもしれないが、このような視座の転換は、憲法学者が受け入れられない突飛な解釈でない。もちろん、筆者が論じる国籍離脱（国籍選択）の自由は、いかなる外国人は、——不法滞在者も含めて——自分の意思に従い、好きな時に日本国籍を取得する権利ではない。筆者が論じたいのは、外国人に日本国籍への途が開かれる——あるいは閉ざされない——ことを内容とする権利である。つまり、憲法22条2項は国籍選択の自由という原理を前提として、外国人が所定の要件を満たしたとき、日本国籍を取得する法的手続、つまり帰化制度を設置するよう、憲法は立法者に要請していると主張したい。そして帰化の要件の設置は、もちろん、法律事項ではあるが、その目的はあくまで当該外国人が日本と密接な結びつきを有するようになったかどうかを確認することにとどまるべきだろう。

　以上の論考から、憲法22条2項には二つの側面があることがわかる。一つは、日本国民の視点からして、日本国籍を離れる自由である——もちろん、国籍自由の原則に基づく国籍離脱の自由は、自己の意思に反して国籍を離脱しない自由も含む[38]。もう一つは、外国人の視点からして、国籍離脱（選択）の自由は、何人にも日本国籍へのアクセスが開かれる権利である。考えてみれば、憲法制定者が憲法22条2項の享有主体に「何人」を選んだのはあながち間違いではなかったのかもしれない。

七　おわりに

　本稿において、帰化を憲法上の制度的保障として解する妥当性を検討し、立法者によっても侵害することが出来ない帰化の「核心」として、①基本権に対する完全な享有能力（資格）への途を開くこと、および②民主主義の赤字の是正という2つの「機能」を指摘した。こうして帰化制度を憲法上の議論として再構成した結果、基本権の保障および民主主義の実現における帰化の重要性を明らかにした。冒頭で述べたとおり、憲法10条は国籍法律主義を採用しているので、国籍を

37　佐藤幸治　前掲書144頁。
38　近藤敦　前掲書277頁。

取得する方法の決定について立法府の広範な裁量が認められると一般に考えられ
ている。しかし、最高裁の判例から導出できるように、国会に与えられた裁量は
無限界ではなく、憲法上の諸要請を尊重しなければならない。では、帰化につい
て言えば、立法府が尊重しなければならない憲法上の諸要請とは何だろうか。国
籍法律主義の範囲に関わるこの問題を解明するためにより詳細な研究が必要であ
るが、本稿において指示した帰化制度の「核心」をなす2つの機能からすれは、
立法府は帰化制度を設置するに当たり、国籍取得の可能性をすべての外国人に対
して公平な機会の下で開かれなければならないと現段階では断言することができ
る。従って、帰化申請者の国は、国籍の離脱を認めていないことを理由に、当該
申請者の帰化を日本政府が許可しなかったり、あるいは、互恵主義に基づくよう
な帰化要件を国会が設けたりすることは、憲法上認められないはずである。もち
ろん、性別、信条、人種などを帰化の要件にすることは、憲法14条1項からして
言語道断であるが、アメリカのような「人種のるつぼ」にも白人の帰化しか認め
られなかった時代があったことを忘れてはならない[39]。

　以上のことから、憲法22条2項は、「帰化の権利」(right of naturalization) では
なく何人もの「帰化への権利」(right *to* naturalization) を保障していると解釈する
ことが可能かつ妥当であると言える。そして、この「帰化への権利」は——ある
いは、これを「日本国籍にアクセスする権利」(right to access to Japanese national-
ity) と読み替えてもよい——、日本と密接な結びつきを持つようになった外国
人に対して帰化のために国籍法が定める帰化の諸要件を客観的に満たしたとき、
日本国籍を取得する「正当な期待」(legitimate expectation) を内実するものとし
て評価できる。その意味では、帰化への権利は、帰化申請に対する行政機関の裁
量は拘束されることになるだろう[40]。

　こうして、国籍離脱の自由に関するいわば視座の転換を試みた結果、帰化への
権利という、従来の憲法学説によってほとんど論じられなかった権利を導き出し

39　米国の国籍制度と憲法の関係について、概観となるものとして Gerald L. Neuman "Citizen-
　ship" Mark Tushnet *et al.* (Ed) *The Oxford Handbook of the U,S. Constitution* (Oxford Univer-
　sity Press 2015) pp. 587-606を参照。
40　法務省は、帰化の法的性格について、帰化の申請があった場合、それを許可するかどうかは、
　まったくの法務大臣の自由裁量であり、帰化申請者で条件に該当すれば請求権のような権利が認
　められないという意見を示している。第101回国会衆議院法務委員会議録第5号17頁（昭和59・
　4・3）を参照。

た。しかし、かかる権利の具体的な実現方法（＝保護方法）について何も触れていない。およそ憲法上の権利の実現方法を考えるとき、先ず、当該基本権の性質を明らかにした上で、憲法上の分類を行うことは作法となっている[41]。当然、帰化への権利のようなものは、帰化制度の設置を前提とする以上、その実現は法律の制定を必要とし、その意味では請求権的な要素があると考えてもよいだろう。しかし、基本権の分類の相対性が指摘されて久しい今日となって、このような課題を解明するために緻密な研究が望まれる。いずれにせよ、本稿は日本憲法学のいわば「常識」に対して新しい見解を提供することができた（と筆者は信じる）ので、ここに筆を擱くことにする。

　　［追記］　本研究は JSPS 科研費 JP15K16921の助成を受けたものである。

41　小山剛『「憲法上の権利」の作法（第3版）』（同学社、2016年）を参照。

戸籍実務と憲法上の権利

稲　葉　実　香

一　はじめに
二　これまでの戸籍法改正とプライヴァシー保護
三　戸籍記載の正確性の担保と行政機関による職権訂正
四　氏の問題と人格権
五　おわりに

一　はじめに

　家族のあり方については基本的に民法第4編に定める家族法の規律するところである。日本国憲法制定時に、憲法24条に定める個人の尊厳と両性の平等とに基づいて家族法は全面的に改正され、明治憲法下の「家」制度は解体された。その後も家族法は、憲法に定める権利をよりよく保障するよう、時代の要請に応じて改正され、近年では最高裁判所は家族法にかんするいくつかの判断を行い、一部の民法の規定については違憲判断を下している。その意味で、いまだ不十分な点は多々指摘されているとはいえ、国会も裁判所も、民法については憲法に適合するように改正していこうという努力が認められる。また、学界においても、特に男女の平等と女性の権利の保障のために、さまざまな改正が提言されている。

　しかしながら、民法の附属法であり手続法たる戸籍法については事情が異なる。戦後すぐの家族法の全面改正の時点で、本来であればそれに合わせて抜本的な改正がなされるべきところであったが、現実には「家」制度廃止に伴う必要最小限の改正にとどまり、制度そのものに抜本的な変更がなかったこと、そのために戸籍法の成立した明治時代の戸籍制度の目的であった国家による国民の把握と、現行法制度の下でありうべき身分関係の登録・公証という目的との間の齟齬を生じさせていることが指摘されている[1]。また、そもそも明治憲法下の戸籍法においても、「民法と戸籍制度との間に矛盾する点があり、戸籍と民法が矛盾す

る場面では、民法を適用しても特に支障がない場合を除いて、原則として戸籍のほうが民法を凌駕する存在であった」[2]といわれる。すなわち、法規範のヒラエラルヒーからすれば本来「憲法＞民法＞戸籍法」であるべきところ、「憲法＞民法」とする努力こそなされてきたが、民法と戸籍法の関係ではむしろ「民法＜戸籍法」という実務がもともと存在し、そこが戦後に至っても完全には解消されていない、換言すれば、戸籍法の憲法適合性が確保されているかどうかに疑問があるのが現状である、といえる。

　筆者は生殖補助医療をめぐる研究の中で、戸籍実務についていくつかの疑問を抱くことがあった。本稿は、それらについて実際の戸籍法の規定や実務がどうなっているのかを改めて調べ、これまでの憲法学説や判例との関係を考察しようとしたものである。ただ、筆者は家族法についても戸籍法についても素人であるため、誤りもあるかもしれないし、これまでの学説を網羅することもできてはいない。さしあたり、筆者の目に触れた範囲での疑問点を整理し、並列しただけにとどまることをお断りしておく。

二　これまでの戸籍法改正とプライヴァシー保護

　昭和22年に全面改正された戸籍法の10条においては、何人でも戸籍の閲覧、戸籍謄本・抄本の交付の申請等ができ、市町村長は正当な理由がある場合に限りその請求を拒むことができると定められていた。すなわち、もともと戸籍は身分を公証するものとして「誰でも自由に閲覧できる公開原則の下で運用されてきたものであり、プライバシーという観念とはほど遠いものであった」[3]。また、このことが、「他人に見られたくない、知られたくない、他人と異なる事実（離婚、婚外子、禁治産者など）が戸籍に載ることを恐れる意識（「戸籍が汚れる」）を人々の中に植え付け、それを回避する行動をとらせるなど、戸籍が家族のあり方に大きな影響を及ぼしてきた」[4]とも指摘される。

　その後、憲法学におけるプライヴァシー権論の発展とともに、戸籍の制度や実

1　増田勝久「現在の戸籍制度が果たしている役割」法律時報88巻11号30-31頁。
2　水野紀子「戸籍の虚偽記載と訂正等をめぐる問題」法律時報88巻11号37頁。
3　水野前掲注2、37頁。
4　床谷文雄「戸籍法の立法的課題」法律時報88巻11号52頁。

務においてもこれに応じて、プライヴァシー保護のためにすでに変更されてきた点も多くある。本項ではそれを概観する。ただし、こうした変更の結果として、戸籍の公証機能・公示機能が後退し、制度の必要性そのものに対する疑問が生じる状況となりつつあることも指摘されている[5]。

1 戸籍の公開の制限

先に挙げた戸籍の公開原則を定めた戸籍法10条は、2度にわたって改正されている[6]。

まず昭和51年改正[7]において、戸籍謄本・抄本及び戸籍記載事項証明書の交付請求のためには理由を明らかにしなければならず、不当な目的によることが明らかなときには拒むことができる旨規定され、また不正な手段によりこれらの交付を受けたり戸籍の閲覧をした場合の罰則が定められた（旧121条の2）。この結果として、第三者からの閲覧請求は、正当な理由のない限りできなくなった。

しかしそれでもなお、請求事由の明示を要しない弁護士等の専門職の立場を利用しての悪用が後を絶たなかったため、個人情報保護法が平成15年に制定されたことを契機として、個人情報の適正な取扱いを確保するための施策の一つとして、平成19年改正[8]が行われた。この改正においては、戸籍謄本等の請求は原則として戸籍に記載されている者またはその配偶者、直系尊属、直系卑属に限ることとし（改正10条）、第三者による請求は自己の権利行使・義務履行に必要な場合、一定の専門職の職務上必要な場合など限定的にのみ認められることとなり、その際の本人確認や理由説明についても定められた（10条の2〜10条の4）。

2 婚氏続称

昭和51年の民法・戸籍法等の改正まで、民法767条（現1項）は離婚した場合に復氏することを定めており、このことから氏の変更により離婚したことが周囲に必然的に知られることとなっていた。また、多くの場合女性が婚姻の際に氏を変える日本では、母は離婚により復氏しても子はそうではなく、出生前の離婚の場

5　増田前掲注1、32頁。
6　床谷前掲注4、55頁。
7　民法等の一部を改正する法律（昭和51年6月15日法律第66号）。
8　戸籍法の一部を改正する法律（平成19年5月11日法律第35号）。

合にも子は「離婚の際における父母の氏を称する」(民790条1項但書)。その結果、父の氏を称する子は父の戸籍に入り、母の氏を称する子は母の戸籍に入る(戸18条2項)という「同一戸籍同一氏の原則」により、子は父の戸籍に残ることとなっていた。しかし、協議離婚においては母が親権を持つことが多く、また出生前の離婚の場合にも親権者は母とされる(民819条3項)ので、親権者である母が子と戸籍が異なるという問題が起こり、それを解消するためには791条1項による子の氏の変更が必要であるという不便があった。

昭和51年の民法改正における767条2項の挿入により、離婚後も婚氏を続称することができるようになり、それに伴い戸籍法にも77条の2が新設されて婚氏続称の手続きが定められた。なお、離縁の場合についても、縁組後7年を経過している場合に限ってではあるが、同様の民法・戸籍法の改正が次の特別養子縁組導入と併せて昭和62年に行われている(民816条2項、戸73条の2)。

3 特別養子縁組

養子であることもまた人には知られたくないと感じる人の多い、プライヴァシーに属する事柄であるが、戸籍には養子縁組の事実が記載され、それが昭和51年までは誰にでも公開される状況にあった。

出産の経歴を隠したい実の母と、養子であることを隠して実子のように育てたい養親に、医師が協力して100名以上の虚偽の出生証明書を発行していたという赤ちゃんあっせん事件が1973年に明るみに出たことを契機に議論が起こり、昭和62年に民法が改正され特別養子縁組の制度が導入された(民817条の2~817条の11)[9]。この同じ法律で、その手続きを定める戸籍法20条の3が新設され、その際、養子であることを目立たなくするために、まず養子について養親の氏で新戸籍を編成し、その後養親戸籍への入籍がされることとなり(戸18条3項)、特別養子となった子より年少の養親の他の子がいる場合には、その子の続柄欄も訂正される[10](たとえば長男がいたところにそれより年長の特別養子の男子がくると、特別養子が長男となり、元の長男は二男となる)。

---

9 民法等の一部を改正する法律(昭和62年9月26日法律第101号)。
10 山下敦子『戸籍の重箱(第2版)』(日本加除出版、2012年)70頁。

4 成年後見制度

成年後見制度が導入されるまでは、禁治産者・準禁治産者は戸籍に記載されていたが、先にも触れたように誰もが見られる戸籍にそのような記載があることを嫌い、本来は無能力者を保護する制度であるはずであるのにそれを利用するのを拒むということが頻繁に起こっていた。

平成11年の民法改正による成年後見制度の開始に伴い、後見登記等に関する法律[11]が制定され、後見については成年後見登記簿を作成し、戸籍には記載しないこととなった。

5 続柄欄の記載

従来、戸籍において、嫡出子については「長男」「長女」等、非嫡出子については「男」「女」と記載されていたが、東京地裁は平成16年判決[12]において次のように述べ、これらが必要のない不当な差別であると判示した。

「戸籍には、他人に知られたくないと思われるような事項が含まれていることが少なくなく、そのため、社会生活上において正当な理由もないのにこれらの事実をみだりに探索したり、あるいは公表したりすることを許した場合には、個人のプライバシー権が侵害されることとなる……。」

「非嫡出子であることというプライバシーに属する事柄を戸籍に記載せざるを得ないとしても、国民のプライバシー保護の観点から、その記載方法は、プライバシーの侵害が必要最小限になるような方法を選択し、非嫡出子であることが強調されることがないようにすべきであり、その程度を超えた戸籍の記載は、プライバシーの権利を実質的に害するものとの評価を免れないというべきである。」

「非嫡出子の場合、身分事項欄に「認知」の記載がなされるか、認知の記載がなくても、父欄が空白であることにより非嫡出子であることが判別できるから、このような記載に加えて、あえて本件のように戸籍の続柄欄において……非嫡出子であることが一見して明瞭に判別される方法を用いることの合理性、必要性は乏しいものといわざるを得ない。」

「本件戸籍の続柄欄における嫡出子と非嫡出子とを区別した記載は、前記の戸籍制度の目的との関連で必要性の程度を超えており、原告らのプライバシー権を害しているものといわざるを得ない。」

---

11 平成11年12月8日法律第152号。
12 東京地判平成16年3月2日（訟月51巻3号549頁）。なお、本件はプライバシー侵害を認めたものの、国家賠償法1条1項上の違法はないとされ、控訴審でもその結論が維持された。

また、すでに住民票について、嫡出子を「長男」「長女」等、非嫡出子を「子」と区別していたことにかんし、東京高裁が平成7年[13]にプライヴァシー侵害を認定しており、住民基本台帳事務処理要領の改正によりこの判決の少し前から嫡出か否かを問わず一律に「子」と記載されるようになっていたこともあり、この判決を機に、戸籍法施行規則の改正[14]によって、嫡出か否かを問わず母との関係において出生順に「長男」「二男」というような表記をすることとなり、すでに戸籍に記載されている子についても続柄を更正することができるようになった。

以上みてきたように、戸籍記載をめぐるさまざまなケースにおいてプライヴァシー保護のための法改正がされてきたことは評価できる。けれどもさらに、国家が収集する情報（届書の記載事項）にそれが本当に必要かというような観点からの検討も必要であろう。たとえば婚姻届や離婚届、出生届に夫婦や父母の職業の情報は必要であろうか。戸籍上明らかになる法律上の婚姻期間ではなく、「同居を始めたとき」や「同居の期間」を問う理由は何だろうか。戸籍に記載されない情報は、憲法学におけるプライヴァシー権論に照らしてみれば、また行政機関個人情報保護法3条2項の規定からも、収集は許されないように思われる。

三　戸籍記載の正確性の担保と行政機関による職権訂正

1　問題の所在

戸籍が身分法上の事実や法律関係の登録・公証制度であるということを承認する以上、虚偽記載や錯誤の訂正の制度が必要であることに異論の余地はないであろう。特に近年は、日本国籍取得を目的とする虚偽の婚姻や養子縁組、認知等が問題視されており、実体がないにもかかわらず戸籍制度を悪用することに対しては、訂正する道を開いておくことが必要である。

ここで問題としたいのは、そういった違法であることに争いがないことではなく、違法か適法かについて学説上の争いがあったり、あるいは法律の内容の解釈が幾通りもあるような場合に、戸籍実務における解釈のみを正しいとして職権訂正をするという問題である。生殖補助医療により生まれた子の親子関係をめぐっ

13　東京高判平成7年3月22日（判時1529号29頁）。
14　平成16年法務省令第76号による附録第6号の改正。

て、このような問題がしばしばみられる。

平成25年12月10日、最高裁判所第三小法廷は、性別の取扱の変更の審判を受けた者の妻が婚姻中に AID（非配偶者間人工授精）により懐胎した子につき、夫婦の嫡出子と認める決定を出した。この決定は、トランスジェンダーの「子をもつ権利」を認めるものとして評価されたが、本件はそもそも、戸籍事務管掌者である新宿区長が、性別の取扱の変更の審判を受けた者とその妻の産んだ子との間の血縁関係が存在しないことが明らかであるとして、その子が民法772条による嫡出推定を受けないと判断し、戸籍法24条1項に基づき夫妻に対し追完を求めたが従わなかったので、同条2項に基づき、東京法務局長の許可を得て子を妻の非嫡出子とする戸籍の職権訂正を行い、これに対して申立人夫妻が同法113条に基づく戸籍の訂正の許可を求めたものである。

関連する戸籍法の規定は次のようになっている。

> 第24条　戸籍の記載が法律上許されないものであること又はその記載に錯誤若しくは遺漏があることを発見した場合には、市町村長は、遅滞なく届出人又は届出事件の本人にその旨を通知しなければならない。ただし、その錯誤または遺漏が市町村長の過誤によるものであるときは、この限りでない。
> 2　前項の通知をすることができないとき、又は通知をしても戸籍訂正の申請をする者がないときは、市町村長は、管轄法務局又は地方法務局の長の許可を得て、戸籍の訂正をすることができる。前項ただし書の場合も、同様である。
> （3項略）
> 第113条　戸籍の記載が法律上許されないものであること又はその記載に錯誤若しくは遺漏があることを発見した場合には、利害関係人は、家庭裁判所の許可を得て、戸籍の訂正を申請することができる。

戸籍実務上はもちろん、平成25年決定の後、通達[15]により、性別の取扱の変更の審判を受けた夫とその妻との婚姻中に出生した子に関しては嫡出子として受理することとされ、またすでに嫡出でない子として戸籍に記載されている場合には、戸籍法24条1項に基づき錯誤があるとして通知し、2項により嫡出子と訂正することとされた。

問題は、戸籍法において市町村長が管轄法務局又は地方法務局の長の許可を得て職権で戸籍の訂正をすることとされる、「戸籍の記載が法律上許されないもの

15　平成26年1月27日民一第77号民事局長通達。

であること又はその記載に錯誤若しくは遺漏があること」というのが、いったいどういう場合なのかということである。本件においても、戸籍事務管掌者は、血縁関係があるはずがないにもかかわらず嫡出子として届け出ることを、戸籍法24条1項にいう「戸籍の記載が法律上許されないもの」であると考えて職権により訂正を行い、これに対して申立人夫妻は、民法772条にいう「妻が婚姻中に懐胎した子」であるのに嫡出子としないことが「法律上許されないもの」にあたると考えて、戸籍法113条に基づく訂正を求めたのである。

平成25年決定により、性同一性障害者であり性別の変更の審判を受けた者についてこそ、婚姻中に妻が懐胎した場合には嫡出子とされることが確定したが、これらの条文からは、トランスジェンダー以外の理由による不妊カップルについて、仮にそのいずれか（あるいは双方）に生殖能力がないということを戸籍事務管掌者あるいは担当者が知っていた場合には、血縁関係がないことが明白であるとして職権による訂正の対象となる可能性がある。現在、不妊治療が成功して子をもうけた不妊カップルはその子を嫡出子として届け出て、それが問題なく受理されているが、それは戸籍事務担当者が当事者の不妊について知り得ず、結果として不妊カップルを父母として登録されているにすぎないともいえるのである。不妊治療に対する助成を申請していれば、都道府県や市は不妊治療の履歴や結果の情報を持っており、通常は出生届を受理する際にいちいち他部局にそのような照会をかけることはないであろうが、たまたま担当者が異動などにより職務上知り得ていたような場合には、戸籍法の規定上は、本人にそのことを通知しなければならず、訂正がなされない場合には職権により訂正することになるのではないか。

同様のことは、代理母出産でも起こっている。最高裁判所は、外国において代理母出産で子をもうけた夫婦が提出した嫡出子の出生届について、「民法が実親子関係を認めていない者の間にその成立を認める内容の外国裁判所の裁判は、我が国の法秩序の基本原則ないし基本理念と相いれないものであり、……公の秩序に反するといわなければならない」と判示して、妻の分娩の事実が認められないとして出生届を受理しなかった戸籍事務管掌者の処分を是認した[16]。しかし、本件は代理母出産について子の出生前からさかんに報道されていたために担当者が知り得ていただけであり、通常外国で代理母出産を行う不妊カップルは、夫を

---

16 最二判平成19年3月23日（民集61巻2号619頁）。

父、妻を母とする出生証明書を添えて嫡出子として届け出ており、戸籍事務担当者が代理母出産について知り得ない以上、それが受理されている。しかし、もし担当者が妻に子宮がないことを知っていたり、子宮奇形などにより極めて妊娠の確率が低いことを知り得ていたような場合は、すぐに受理せず、事実関係について確認することになるのではないか。

2　戸籍実務

　戸籍事務管掌者は、一般的に、届出を受理する際に、届出が実質的要件及び形式的要件を具備しているかどうかを審査することとなる。実質的要件については、民法のいくつかの条文に「……法令の規定に違反しないことを認めた後でなければ、受理することができない。」とする規定がある（民法740条〔婚姻〕、765条1項〔離婚〕、800条〔養子縁組〕、813条1項〔離縁〕）。戸籍法34条2項は「市町村長は、特に重要であると認める事項を記載しない届書を受理することができない。」と定めている。これらについて確認する際には、戸籍法所定の届書の添付書類が参照されるほか、戸籍法施行規則63条には、「市町村長は、届出又は申請の受理に際し、戸籍の記載又は調査のため必要があるときは、戸籍の謄本又は抄本その他の書類の提出を求めることができる。」と定められており、そのために戸籍法10条の2第2項には戸籍謄本等の公用請求の規定が置かれ、これら戸籍関係の資料は当然に審査資料として予定されている。一般に、戸籍事務管掌者は形式的審査権しかないと考えられているが、これらの届書の受理に際しては、一定程度実質的審査に踏み込むことが要請されているといえる。

　なお、戸籍法3条2項は、「戸籍事務の処理の適正を確保するために特に必要があると認めるとき」すなわち疑義が生じる場合には、法務局において届出関係者の供述を聴取するなどの調査をした上で、戸籍事務管掌者に指示をすることができる旨定めている。主に偽装婚姻や偽装養子縁組に対するためのものであるが、法務局についてもどこまでの審査が許されるのかについての規定はない。いくつかの場合には通達により、管轄法務局等の管轄局の長が関係者につき十分な調査を行うことなどとされている[17]。認知については、国籍法違憲判決を受けた

　17　「学齢に達した子の出生届の受理について」（昭和34年8月27日民事甲1545号民事局長通達）、「無国籍者を父とする嫡出子等の出生の届出を受理する場合の取扱について」（昭和57年7月6日民二第426号民事局長通達）、「養子縁組の届出に関する取扱いについて」〔虚偽の養子縁組が疑わ

平成20年の国籍法改正の際に、虚偽の認知による国籍取得の届出に対する刑事罰が新設され（国籍20条1項）、これによって法務局は血縁について確認し、不受理となった場合には戸籍事務管掌者に通知がされ、認知の職権消除がなされることになった[18]。

　さて、この実質的要件の審査について、（1）民法に定めのある婚姻、離婚、養子縁組、離縁（および国籍法に定めのある認知）の場合に限られるのか、（2）実質的要件の確認に際して、戸籍法所定の添付書類および戸籍法施行規則63条に定める戸籍関係書類といった当然に審査資料として予定されている以外の資料を基礎に審査をすることができるかどうか、ということが問題となる。

　戸籍実務において、（1）については一般に限定はないと解されているようである。それゆえに、平成25年判決の事件における出生届について、当然に審査資料とされている戸籍簿の記載から、父が性別変更している＝生殖能力がないことが明白であり、実質的要件を欠くと判断したのであろう。仮に実質的要件審査は民法に定めのあるものに限られると解するのであれば、出生については定めがないので、嫡出の推定には婚姻している夫婦の間に子が生まれたということで充分であり、本件における実質的要件審査は許されないことになる。

　一方で、性同一性障害による性別変更以外の理由による不妊カップルについては、（2）について根拠となる資料は戸籍関係書類等の当然に審査資料とされるものではなく、それゆえに現在は審査されていないのだろうと思われるが、戸籍事務管掌者や担当者たる公務員がそれについて知っていた場合に、裏づけとしてそうした資料を利用することが禁じられているのか否かは、定かではない。代理母出産のケースでは、ニュース報道などを根拠に不受理としたのである。

　では、個人情報保護法制との関係ではどのようになっているだろうか。

　戸籍法129条は、戸籍、除かれた戸籍の副本、届書その他受理した書類に記録されている個人情報については、行政機関個人情報保護法第4章（12条～44条、開示・訂正・利用停止・審査請求）の適用除外を定めている。しかし、行政機関における個人情報の取扱いを定めた第2章は適用除外されておらず、次のような規定が適用されることになる。

　　れる場合〕（平成22年12月27日法務省民一第3200号民事局長通達）など。詳しくは山川一陽『戸籍実務の理論と家族法』（日本加除出版、2013年）16頁注（13）。
18　平成20年12月18日民一民事局長通達第2の1。

第7条　個人情報の取扱いに従事する行政機関の職員若しくは職員であった者……
　　は、その業務に関して知り得た個人情報の内容をみだりに他人に知らせ、又は不当
　　な目的に利用してはならない。

第8条　行政機関の長は、法令に基づく場合を除き、利用目的以外の目的のために保
　　有個人情報を自ら利用し、又は提供してはならない。

　2　前項の規定にかかわらず、行政機関の長は、次の各号のいずれかに該当すると認
　　めるときは、利用目的以外の目的のために保有個人情報を自ら利用し、又は提供す
　　ることができる。ただし、保有個人情報を利用目的以外の目的のために自ら利用
　　し、又は提供することによって、本人又は第三者の権利利益を不当に侵害するおそ
　　れがあると認められるときは、この限りでない。

一　本人の同意があるとき、又は本人に提供するとき。

二　行政機関が法令の定める所掌事務の遂行に必要な限度で保有個人情報を内部で利
　　用する場合であって、当該保有個人情報を利用することについて相当な理由のある
　　とき。

三　他の行政機関、独立行政法人等、地方公共団体又は地方独立行政法人に保有個人
　　情報を提供する場合において、保有個人情報の提供を受ける者が、法令の定める事
　　務又は業務の遂行に必要な限度で提供に係る個人情報を利用し、かつ、当該個人情
　　報を利用することについて相当な理由のあるとき。

（四号及び3項以下略）

　これによれば、出生届を受理した公務員がたまたま不妊や代理母出産について
知り得ていた場合には、7条にいう「みだりに他人に知らせ、または不当な目的
に利用」することにはならない。また、たとえば不妊治療助成等を担当していた
時に知り得た情報について、確認するためにその情報提供を求めた場合であって
も、目的が戸籍の正確性の確保であれば、8条2項2号または3号に該当するこ
とになり、それが「本人または第三者の権利利益を不当に侵害するおそれがあ
る」と認められる場合でない限り、情報提供が認められることとなる。もちろ
ん、嫡出子とならないことは、その子にとっても父母にとっても大きな不利益で
あるが、「不当に」侵害することになるかどうかは、戸籍の正確性の確保という
利益とこれらの不利益との比較衡量ということになろうか。

3　判例の立場

　判例をみると、一方で「戸籍法上の届出の受理、不受理を決するに当つては、
その届出が民法、戸籍法等に規定する法定要件を具備するかどうかを審査し、届
出に添附書類を要する場合には、届出事項が添附書類の記載と一致するかどうか

を審査する、いわゆる形式的審査権限を有するにとどまり、届出が届出人の真意に出たものかどうか、届出事項が事実に一致するかどうか、添附書類の記載が真実に合致するかどうかの実質的審査権限を有するものではなく、形式上適法な届出は必ずこれを受理する外はなく、これについて不受理処分をなすことは許されない」[19]と、（1）についても（2）についてもきわめて限定的に解しているように思われる決定がある。

他方、戦前の大審院判例によれば「戸籍事務ヲ管掌スル市町村長ハ戸籍ノ記載ヲ為スニ当リ其届出カ苟モ形式上ノ要件ヲ具備スルニ於テハ之カ記載手続ヲ為スヘク其届出事項カ真実ニシテ実体法規ニ牴触セサルヤ否ヤ調査シテ後之カ採否ヲ決スルノ要アルコトナシ然レトモ戸籍簿ハ人ノ身分ヲ公証シ人ヲシテ各人ノ有スル身分地位等ヲ知ラシムル為メニ設ケタル公簿ニシテ其記載事項ノ適法ニシテ且ツ真実ニ合スルコトヲ期スヘキハ勿論ナレハ届出事項カ虚偽ナルコト又ハ実体法規ニ牴触シ為ニ其効力ヲ生セサルコトノ明白ナル場合ニ於テハ市町村長ハ其記載ヲ拒ムコトヲ得ルモノト解スルヲ以テ最モ立法ノ精神ニ適合スルモノト為スヘシ」[20]とされており、この判決の趣旨は戦後もたびたび引用されている。最近の判決でも、これと同旨の「市町村長は、戸籍に関する届出が民法及び戸籍法等に規定する実体的又は形式的要件を具備するか否かについての審査権を有しており、届出が民法及び戸籍法等の予定しないものであるとき、又は実体法規に抵触するために効力が生じないことが明白なときは、戸籍の記載を拒むことができる」[21]と述べられており、（1）については限定しておらず、（2）については定かではないが、何らかの理由で「明白」であれば戸籍記載を拒否できることになる。

また、名古屋高裁の昭和49年決定においては「戸籍事務管掌者……の権限は、戸籍の届出ないし訂正の申請の受理につき、その審査の方法が届書およびその添付書類並に戸籍簿等に限定されることはいうまでもないところであるが、その審査の対象については、届書における記載事項の具備、法令に要求された証明書の添付等形式的要件の審査をなしうるにとどまらず、民法740条、765条、800条、813条などの各規定からも窺知しうるがごとく、ある程度の実質的要件の存否の審査もこれをなしうるのであり、ことに、届出事項が虚偽なることまたは実体法

---

19 大阪高決昭和30年1月29日（高民8巻1号53頁）。
20 大判大正7年7月26日（大審院刑事判決録24輯1016頁）。
21 仙台高決平成25年6月25日。

規に牴触しためにその効力を生ぜざることの明らかな場合には戸籍の記載を拒否することができるものと解されるのである」[22]（傍点筆者）と述べており、（1）について民法に規定のある4つの届出に限定してはいないこと、（2）については添付書類と戸籍簿等に限定されること、が示されている。

　これとは逆に、東京高裁は平成14年判決において、「単に記載内容に誤りがなく、記載要件が満たされているかどうかという点についてのみ審査し、記載要件が満たされている限り受理すべきであるとすれば、極端な場合、不受理申出書と全く違った署名や印影による取下書が提出されても、そのまま受理すべきこととなってしまい、その結果の不当なことはいうまでもない。さらに、……疑問を払拭することができずに、……本人に対する調査を行うことがあったとしても、……真意の確認のために……本人に対して質問や出頭依頼をする場合のあることを想定しており、また、同様のことは、戸籍実務上、市区町村長が既に知り得た事実に基づいて、届出事項が明らかに事実に反すると認められる場合などには、書面審査の範囲を超えて、届出人の意思を確認するなどした上で届出の受理、不受理の判断をすることができるとされていることからしても、形式的審査主義の下にあっても上記のような調査が許されないものではない。」[23]（傍点筆者）と述べて同一性確認義務を認めている。不受理申立書とその取下げというとりわけ慎重な取扱いが求められる事項に関するものであるがゆえに広く解したとも考えることができるが、傍点部を読む限り、戸籍実務一般について、知り得たことの確認をするための審査に限界はないと解しているように思われるのである。

　さらに、戸籍事務管掌者は、届書や戸籍謄本により生じた疑問を解決するために必要な資料の収集をすることができ、これは権限であるが義務ではないとする判例もあるようである[24]。

4　民法学説

　学説上も、形式的審査権の捉え方として、審査の範囲は形式的事項にとどまらねばならないという考え方と、戸籍担当者としては形式的審査のみで受理をする

22　名古屋高決昭和49年7月3日（高民集27巻3号231頁）。
23　東京高判平成14年10月30日（判自242号10頁）。
24　判例集未搭載。「戸籍記載の正確性の担保について」法務省戸籍制度に関する研究会第9回会議（平成27年7月30日）資料9（http://www.moj.go.jp/content/001156440.pdf）1-2頁参照。

582

ことが許され、それによって免責されることを意味し、実質審査をしてはならないという意味ではないという考え方の二つがあることが指摘されており、前者が通説とされてはいるものの、届出の内容によっては実質審査ができるとされているものもある。一方で、法務局の審査権を法制化することは許されるが、戸籍事務管掌者たる市町村長の実質的審査権を認める必要はないという意見もある[25]。水野紀子教授は、もともと現在の戸籍制度が当事者の過大な私的自治に依存しており、虚偽届に対する脆弱性をはらんでいることを指摘し、身分行為について公的セクターによる確認等が望ましいとしている[26]が、ここでもその公的セクターの実質的審査権をどこまで認めるのかという問題は生じる。

　先にも述べたように、民法学者からは、公証制度であるがゆえに正確性を求められる戸籍法と、民法との間で齟齬があることは常に指摘されているところであるが、最高裁もまた、「実親子関係不存在確認訴訟は、……実親子関係を公証する戸籍の記載の正確性を確保する機能を有するものであるから、真実の実親子関係と戸籍の記載が異なる場合には、実親子関係が存在しないことの確認を求めることができるのが原則である。しかしながら、上記戸籍の記載の正確性の要請等が例外を認めないものではないことは、民法が一定の場合に戸籍の記載を真実の実親子関係と合致させることについて制限を設けていること（776条〔嫡出の承認〕、777条〔出生から1年を過ぎた嫡出否認の禁止〕、782条〔成年の子の認知に本人の承諾が必要〕、783条〔胎児認知には母の承諾・死後認知には直系卑属の承諾が必要〕、785条〔認知取消の禁止〕）などから明らかである。」[27]（傍点筆者）と述べており、これらについては戸籍の職権訂正はできないと考えているようである。

　しかしここで、民法785条と先に述べた国籍法20条との矛盾が生じる。仮に血縁がなくともいったん行った認知の撤回を認めない民法に対し、国籍がかかわるときに限るとはいえ、国籍法では血縁のない認知を刑事罰をもって禁止しているのである。この国籍法は、「極端な血縁主義」として批判も多く、子の出生や子連れ結婚の際に、血縁がないことを知りつつ子を父として引き受けるために行う「好意認知」については、子の福祉にかなうとして有効と考える学説が多いようである[28]。

25　床谷前掲注4、55頁。
26　水野前掲注2、39頁。
27　最二判平成18年7月7日（集民220号673頁）。

このような民法学説をみても、やはり血縁関係を厳密に調べ上げるような実質的審査は、戸籍事務管掌者はもちろん、法務局によっても許されないのではないか。憲法学では、非嫡出子であること、養子であること、不妊であることなどは、とりわけセンシティヴなプライヴァシー情報と考えられており、したがって、本人の知らないところでその情報がやり取りされるようなことは、プライヴァシー権の重大な侵害にあたると考えられる。

戸籍が、血縁間の結婚による子の障害の多発を避けるために使われるので、血縁上の正確性が要請されるといわれることもあるが、そのような目的のものであればそもそも公開にはなじまないし、民法が例外を認めていることも許されないことになる。戸籍法より民法が、民法より憲法が上位の規範である以上、戸籍実務においてもプライヴァシー権の保障を第一に考えるべきであり、民法に定めのない実質的要件の審査は許されず、またその際にも戸籍関係書類以外のものの参照や照会は、原則として許されないものと考えるべきではないか。偽装婚姻等による国籍取得に対処する必要があるのであれば、どのような場合に審査ができるのかを限定したうえで、そのために必要な審査権の範囲を法律で定める必要があるように思われる。

5 戸籍に記載される関係性と人格的自由

最高裁判所は、昭和43年判決において、「婚姻の継続中に、自己の意思に基づかないでほしいままに離婚届を偽造、行使され、真実に反する離婚の事実を戸籍に記載された者は、そのこと自体によつて自己の有する人格的自由を侵害されたものと解すべきである」[29]と述べた。ここでいう人格的自由とは、真実を戸籍に記載する利益、ということになろうか。

生殖補助医療を利用する不妊カップルは、「自分の子が欲しい」わけで、それがたとえば第三者からの配偶子提供ゆえに嫡出子とされなかったり、あるいは代理母出産ゆえに夫婦の子とされないことに、非常に抵抗が強く、自分の信じる真実を戸籍に記載してもらう権利を主張する。特に代理母出産のケースでは、夫婦の配偶子を利用して血縁上は紛れもなく親子であるケースも多く、「真実の（＝血縁上の）子であるのに養子となる」ことが権利侵害であるというのである。

28　水野前掲注2、41-42頁。
29　最一判昭和43年10月31日（集民92号783頁）。

ここで「真実」とは何なのか。血縁なのか、親子であろうとする意思なのか。民法学界においてもどちらであるべきか学説は分かれており、また実際の民法の条文上も一定しているわけではなく、血縁を重視する規定も親子であろうとする意思を重視する規定も交じっていることは、先の平成17年最高裁判決の述べるとおりである。

また別のケースでは、母が未婚で子を産み、その後結婚をし、子と結婚相手との養子縁組をしようとすると、民法795条により、夫婦共同縁組としなければならないことになる。子が非嫡出子の身分のままであることによる相続分格差を解消するために昭和62年に改正された規定であるが、嫡出子の身分を与えるためとはいえ、夫婦共同縁組のほかに選択肢はなく、「真実の（＝血縁上の）子なのに養子」ということに抵抗を覚えるケースもあるようである。

日本においては、「真実の父」という表現にみられるように、血縁や遺伝を真実とする感覚がある一方で、戸籍に記載されること＝真実という感覚もまた広く持たれているように思われる。親子のケースだけでなく、現在の家族法が夫婦別氏を認めていないことによりやむを得ず事実婚を選択したカップルや、現行法では婚姻が認められていない同性カップルなども、法的な、あるいは事実上の不利益の解消もさることながら、「戸籍にきちんと夫婦であると記して、自分たちの関係が真実であることを証明してほしい」という要求が根底にはあるように思うのである。

逆に、同性カップルの場合にカップル間で養子縁組をすることで、夫婦でこそないが「家族」であるという証明を得ようとすることもある。これも、その本意が親子関係の形成ではない点で虚偽の届出といえるのであり、担当者がそれを知り得ている場合には先述のような問題が起こり得る。

こうした真実性の証明機能のようなものを戸籍に求めるのが日本人の一般的な感覚なのであれば、戸籍もそういった情緒的な要請に応えることが要求されるのであろうか。それともこういった感覚そのものが「家」制度の名残であり、われわれはそれを克服する必要があるのだろうか。

四　氏の問題と人格権

1　民法上の氏と呼称上の氏

　氏は、かつては家制度と固く結びついていた。戦後の家制度の解体によっても
なお戸籍が「氏」を単位として編纂されており、これがゆえに個人の尊重を旨と
する憲法および民法との齟齬が生じていることは、先述の通りである。戸籍編製
の基準は「氏を同じくするもの」を一つの単位としてなされており、ここから
「夫婦同氏の原則」「親子同氏の原則」「同一戸籍同一氏の原則」となっているの
である。

　さて、現行の戸籍実務には、「民法上の氏」と「呼称上の氏」という二つの氏
が存在する。「民法上の氏」とは、その氏の変動が直接戸籍の変動と結びつくも
のであり、「呼称上の氏」とは戸籍の変動に関係しないものである、と説明され
ている[30]。「呼称上の氏」は、当初は戸籍法107条に定める「やむを得ない事由に
よって氏を変更する場合」にかかわるのみであったが、第1章に述べたこれまで
の戸籍法の改正のうち、離婚・離縁というプライヴァシーにかかわる事実をあえ
て公知しないための婚氏続称・縁氏続称の場合、および昭和59年改正[31]によって
加えられた外国人の配偶者の氏を名乗る場合がそれに加わった。

　戸籍実務上、「民法上の氏」は民法767条1項、816条1項により当然に復氏し
ているが、2項によって、「呼称上の氏」として離婚前の氏を称している、とい
う考え方を取っているのである。この考え方が極めて分かりにくいという問題
は、民法学者からも指摘されているところである[32]。そして、この「呼称上の
氏」についても「同一戸籍同氏の原則」が適用されるので、その結果、復氏する
者は原則として婚姻前の戸籍に戻るのに対し（戸籍法19条1項）、婚氏を続称する
者については、家族と氏が異なることになるので、新戸籍を編成することになる
（同条3項）。

　国際結婚の場合には、戸籍法107条3項によれば、当然復氏はしないこととな
る。なぜなら、そもそも外国人の配偶者の氏を名乗ること自体が「呼称上の氏」

30　山川前掲注17、34頁、58頁。
31　国籍法及び戸籍法の一部を改正する法律（昭和59年5月25日法律第45号）。
32　山川前掲注17、42頁、常岡史子「戸籍制度当時をめぐる問題」法律時報88巻11号47頁。

にすぎず、「民法上の氏」は婚姻前から変わっていないので、離婚の際に「復氏」することにはならず、婚姻前の氏を名乗るのも、単なる「呼称上の氏」の変更にすぎない、ということになる。

これらは、単に戸籍実務上の取扱いが異なるだけであって、どちらが不利益かという判断も難しく、あえてそれを平等原則違反というにはあたらないであろうが、その手続きの差異（日本人同士の離婚の場合は婚氏を続称する場合に届出が必要であり、外国人との離婚の場合には復氏する場合に届出が必要である）は、当事者の混乱を招くに十分であろう。

2　同一戸籍同一氏の原則と親子同氏、夫婦同氏

さて、子連れ再婚で再婚相手の氏を選択し、再婚相手と子との養子縁組をしない場合、子はもとの氏のままであり、「民法上の氏」が異なっているので同一戸籍にはならず、親は新しい夫婦の戸籍、子はもとの親の戸籍に記載されることになる（子の氏の変更により同籍にすることは可能）。国際結婚により生まれた子は、「民法上の氏」は日本人配偶者の婚姻前の氏であるが、外国の姓を「呼称上の氏」として名乗っている場合には、同一戸籍にいる以上、やはり「呼称上の氏」がその子の氏となる。日本人配偶者が婚姻前の氏（民法上の氏）を名乗り続けている場合、子が外国姓を名乗ることは戸籍法107条4項により可能であるが、この場合には子の「呼称上の氏」が変更されるので日本人親とは氏が異なってしまい、子は日本人親と同一戸籍ではなくなる（戸20条2項）。また、夫の氏を選択した夫婦が子の出生前に離婚した場合には、親権者が母でありながら、子は（場合によっては再婚後の）父の戸籍に入ることとなる。

「親子同氏の原則」とはいうものの、このように親子ではあるが、戸籍が異なったり、氏が異なったりすることが、戸籍法上は認されている。いわば、「同一戸籍同一氏の原則」を守るため、「親子同氏の原則」が後退しているのである。しかし、特に未成年の子にかんする場合には、このように親権者と戸籍が分かれてしまうことは大きな問題をはらんでいる[33]。

これと対比して、「夫婦同氏の原則」については、日本人同士の場合、夫婦ではあるが戸籍は異なり氏が異なるということは現行法では認められていない。

33　常岡前掲注32、49頁。

「同一戸籍同一氏の原則」を守るために、「夫婦同氏の原則」に例外を許さない扱いとなっている。大のおとなが戸籍を一緒にする／しないメリット・デメリットを十分に理解した上で選択することを否定しつつ、保護が必要な未成年の子には、本人にはどうしようもない親の勝手な事情で親と戸籍が分かれることを余儀なくされることを是認していることに、不均衡を感じざるを得ない。

3 改氏と人格権

　夫婦同氏を強制することの問題については、すでにさまざまに論じられ広く知られていることゆえ、ここでは触れない。その他に改氏を強いられる場合を考えてみる。

　子連れ再婚のケースで、再婚相手と養子縁組をした場合、あるいは同籍にするために子の氏の変更をした場合は、子は改氏することとなる。養子縁組にせよ氏の変更にせよ、法律上は子自身の意思によることとなっているが、実際には子が幼少であって自分の意思を述べられなかったり、親の養育下にあって親の意思に逆らい難いことがほとんどであろう。そういった場合に、実際には本人の意思を無視した形で、親の再婚相手の姓を名乗らざるを得ないこととなる。

　婚姻継続中に、氏を改めなかった者が養子縁組・離縁等をして氏が変わった場合には、夫婦同氏の原則・親子同氏の原則から、その配偶者もその子も、自動的に改氏することとなる。しかし、夫婦の氏を改めた方が養子縁組をしても、氏は変わらない（民810条但書）。この扱いの区別が平等違反かどうかは措くとしても、前者の場合に当事者でもない配偶者や子までが意向を訊かれることもなく改氏を強制されることになることには疑問がある。

　おもしろいところでは、民法767条1項によれば、離婚した場合は「婚姻前の氏に復する」とされているが、婚姻後に親が戸籍法107条1項により氏の変更をした場合、復する先は変更後の氏となる[34]。なぜなら、107条1項の氏変更の効果は「同籍者に及ぶ」とされているからである。しかし、離婚した子にとっては、生まれ育った氏に戻る予定であったところ、縁もゆかりもない氏に変わってしまうわけである。とはいえ、離婚時には新しい戸籍を作ることが可能であり、その場合には婚姻前の氏となる（戸19条1項但書）。

34　昭和23年1月13日民事甲17号通達。山下前掲注10、117頁。

「氏名は、社会的にみれば、個人を他人から識別し特定する機能を有するものであるが、同時に、その個人からみれば、人が個人として尊重される基礎であり、その個人の人格の象徴であつて、人格権の一内容を構成するものというべきである」[35]というのが最高裁の一貫した考え方である。もっとも、夫婦別氏訴訟判決によれば、「氏は、婚姻及び家族に関する法制度の一部として法律がその具体的な内容を規律しているものであるから、氏に関する上記人格権の内容も、憲法上一義的に捉えられるべきものではなく、憲法の趣旨を踏まえつつ定められる法制度をまって初めて具体的に捉えられるものである。したがって、具体的な法制度を離れて、氏が変更されること自体を捉えて直ちに人格権を侵害し、違憲であるか否かを論ずることは相当ではない」。

最高裁が「氏の性質に関し、氏に、名と同様に個人の呼称としての意義があるものの、名とは切り離された存在として、夫婦及びその間の未婚の子や養親子が同一の氏を称するとすることにより、社会の構成要素である家族の呼称としての意義があるとの理解を示している」としながらも、夫婦とその未婚の子について、親が離婚する場合には子の意思によらずして氏が分かれたり、改氏を強制されたりすることは先に述べたとおりである。配偶者や親の氏でもない、生まれたときからの氏でもない、縁もゆかりもない氏に変えることを強いられることが、人格権の侵害になりはしないのだろうか。実際、夫婦別氏判決においても、「本件で問題となっているのは、婚姻という身分関係の変動を自らの意思で選択することに伴って夫婦の一方が氏を改めるという場面であって、自らの意思に関わりなく氏を改めることが強制されるというものではない」（傍点筆者）と述べており、これによるならば夫婦の一方の縁組等により配偶者や子が改氏を強制されるような場合には別の理解が可能であるように思われる。また親の再婚における未成年の子の場合のように、改氏を事実上強制されたり、あるいは改氏しない場合には親と氏＝戸籍が異なるという不利益を受けざるを得ない場合には、人格権の侵害にあたる可能性が高いように思われるのだが、子が改氏を強いられることが当たり前のこととして日本中にあふれているという現状がある。

35　最三判昭和63年2月16日（民集42巻2号27頁）、最大判平成27年12月16日（民集69巻8号2586頁）。

4　戸籍の個人識別機能

現在の「氏」を単位とした戸籍においては、人は一生において、親の離婚・再婚、自分の結婚・離婚、養子縁組・離縁など、氏が変わるたびに、多くの戸籍を遍歴することになる。一生の身分関係を証明するには、そのすべての戸籍を集めなければならない。親の離婚・再婚に伴う子の改氏の問題も、「氏」を編纂単位としていることから発生するものである[36]。

戸籍が個人を識別するため、あるいはある場面と他の場面における個人の同一性の確認をするために用いられるならば、むしろそのように一生において氏＝戸籍が変遷することは、かえってその機能を損なわせることとなるのではないか。

折しも平成28年からマイナンバー制度が施行され、行政事務においてはこのマイナンバーによって個人が識別されるようになっている。戸籍事務については、当初からマイナンバーの利用が検討されていたものの、まだ導入はされていない。現時点では、市町村ごとの戸籍情報システムの一元化が難しいこと、すでに死亡しておりマイナンバーが振られていない人の戸籍データなども相続等に際して必要になることから、即時の実施は難しいようである[37]。

このマイナンバー制度の戸籍事務への導入を契機に、戸籍情報の一元化とともに、戸籍編製原理までさかのぼって見直すべきであるという提言もなされている[38]。もともと戦後すぐの家族法大改正に伴う戸籍制度の検討の際にも、一人についてカードを作る方式も候補に挙がっていたという[39]。最終的に「氏」を単位にすることになり、その結果として戦前の家制度の名残が戸籍法には残存し、民法との間に齟齬が生じていることは先述のとおりである。さらに、本籍の記載が部落差別などにつながったこと、現在では住所地と本籍が遠く離れることも珍しくなく、本籍地でしか行わない戸籍謄本等の交付に不便があることなどを理由に、一元化を前提として本籍を廃止する提案もある。

マイナンバーをキーとして戸籍事務を行うのであれば、今のような「氏」による編成はあまり意味がないものとなるのではないか。たとえ家族を単位とすることを維持するとしても、戸籍上の、あるいは経済活動における個人の識別として

36　増田前掲注1、35頁、床谷前掲注4、54頁。
37　渡邊ゆり「戸籍行政をめぐる現下の諸問題〜網羅的な登録公証〜」戸籍時報760号24-26頁。
38　床谷前掲注4、54頁。
39　利谷信義「戸籍制度の役割と問題点」ジュリスト1059号12頁。

は、○○○番と×××番が夫婦であり、その子が△△△番である、といったものになるのであれば、夫婦や親子の同氏もほとんど意味をなさない。その意味で、氏は夫婦別氏判決にいう「個人の属する集団を想起させるもの」「家族という一つの集団を構成する一員であることを実感することに意義を見いだす」という、単なる情緒的なものにすぎないこととなるのではないか。今後、改氏が事実上強制されるようなことに対する正当化は、非常に困難なものとなるように思われる。先に述べたようなさまざまな問題を解消するためにも、個人単位の戸籍が望ましいように思われる。

五　おわりに

　平成26年より法務省民事局ではマイナンバーの導入に伴う戸籍法改正を見すえ、戸籍制度に関する研究会が設置されて、平成29年には最終とりまとめが公表された[40]。しかし、ここでは主にマイナンバー導入や戸籍の電算化に伴う実務上の問題が扱われているのみで、その他のことについてはほぼ現状維持となっている。しかし、そのような抜本的な改革の時期であるからこそ、戸籍の編製原理やより現実的なプライヴァシー権の保障、現行制度への疑問等をより積極的に発信してゆく必要性を感じている。増田勝久弁護士は、現在の戸籍制度が果たしている役割を検討する中で、「相続関係を除けば、意外と利用場面は少ないことに気がついた」[41]と指摘しており、戸籍制度そのものの必要性や身分公証に必要な情報が何かということ、戸籍の利用場面の制限なども検討の余地がある。

　今回は憲法学から目についた問題のピックアップする試論にとどまるものとなったが、本来、このようなテーマに関する研究は、専門家である家族法研究者との共同研究とすることが望ましく、今回気づいた問題について、今後そのような機会を得ることができれば幸いである。

40　『戸籍制度に関する研究会最終とりまとめ』法務省戸籍制度に関する研究会第22回会議（平成29
　年8月1日）資料22（http://www.moj.go.jp/content/001236231.pdf）。
41　増田前掲注1、36頁。

同性婚と日本国憲法

白　水　　隆

一　はじめに
二　日本における同性愛の受け止め方
三　平成27年の2つの大法廷判決
四　検　討
五　おわりに

一　はじめに

21世紀に入り同性婚の法制化が世界各国でみられる。2018年1月の時点で、24の国及び地域が同性婚を認容しており[1]、その数は今後も増えていくものとみられる。特に、アジアにおいて初めて同性婚の禁止を憲法違反と判断した台湾の事例[2]やドイツの同性婚の法制化[3]は、日本へ大きなインパクトを与えるものと思われる。他方、日本は同性婚を認めてはいないものの、同性婚の法制化に向けた動きを——わずかにではあるが——見出すことができる。例えば、2015年4月1日より施行された東京都渋谷区のパートナーシップ条例[4]（以下、渋谷区条例とする）は、日本で初めて、自治体レベルではあるが、同性カップルの権利を条例で保障

1　世界で初めて同性婚を法制化したのは、オランダである（2000年成立、2001年施行）。直近では、2017年12月に、オーストラリアが同性婚を法制化した（http://www.asahi.com/articles/DA3S13264393.html　朝日新聞デジタル2017年12月13日最終閲覧）。また、同じく2017年12月には、オーストリアの憲法裁判所が同性婚を認容し、2019年1月から合法化される予定であることが報じられている（http://www.bbc.com/news/world-europe-42243829　BBC NEWS 2017年12月13日最終閲覧）。
2　詳細は、鈴木賢「アジアで一番乗り、台湾で同性婚実現へ——台湾司法院大法官第748号解釈を読み解く」法律時報89巻9号（2017年）4頁以下。
3　詳細は、戸田典子「すべての人のための婚姻——同性婚法施行」論究ジュリスト23号（2017年）128頁以下。
4　「渋谷区男女平等及び多様性を尊重する社会を推進する条例」。同条例の詳細については、本稿二2にて触れる。

したものであり、他の自治体においても同性カップルを含めLGBTの人々を法的に保護する動きは近時活発化してきている。もっとも、このような潮流と共に、同性カップルの権利や同性婚に関わる問題もまた山積しており[5]、憲法上の論点も多分に含まれている。そこで本稿では、これらの中でも同性婚に焦点を当て、日本国憲法との関係について検討する。

二　日本における同性愛の受け止め方

1　同性愛の日本文学や日本史との結びつき

　日本は従来、同性愛（者）に対して寛容であるとの言説がしばしばみられる[6]が、その際に用いられる根拠として、日本文学で同性愛がテーマに描かれていることや日本の歴史上の偉人が同性愛者であったことが挙げられることは少なくないように思える。日本文学については、例えば、著名な男色研究家で知られる岩田準一は、『日本書紀』において初めて日本の男性間の同性愛が描かれていると述べ[7]、奈良時代以降、近代に至るまで数多くの作品の中で男性間の同性愛の場面が登場してきたことを示す。他方、同分野で世界的に権威とされるゲイリー・P・リュープは、岩田が、日本書紀が歴史上最も古い男性同士の同性愛を描いたものであるとすることに対し、否定的な立場を採る[8]。リュープは、『萬葉集』の中で「同性愛的感情から生じたと思われる詩はいくつかある」[9]としながらも、日本で最初の男性間の同性愛が明白に描かれた作品は、天台宗の僧であった源信による985年の『往生要集』であるとし、近世以前の日本における男性間の同性愛

5　例えば、青森市役所が同性カップルの婚姻届を不受理とした2014年の事案は記憶に新しい。なお、青森市は、当該不受理の根拠を憲法24条1項としている（http://www.city.aomori.aomori.jp/inquiry/detail?sheet-no=6219　青森市役所ホームページ2017年12月4日最終閲覧）。

6　これに関連して、社会学の観点から、日本人の同性婚への寛容度を示したものとして、杉浦郁子「女性カップルの子育て願望への反発に見る排除のかたち──『子どもがかわいそう』をめぐるポリティクス」好井裕明編『排除と差別の社会学［新版］』（有斐閣、2016年）169〜170頁参照。杉浦は、毎日新聞が2015年に行った全国調査の結果で、同性婚について賛成が44%、反対が39%となった調査結果やメディアの反応も総じて肯定的であった旨を述べる。もっとも、杉浦は、「寛容さのなかの不寛容」として、性別を変更することや同性同士の性愛関係や婚姻には寛容ではあるものの、子をもうけることや養育することに対しては許容しない現状を指摘する。

7　岩田準一『本朝男色考　男色文献書志（合本）』（原書房、2002年）8〜9頁。

8　ゲイリー・P・リュープ［藤田真利子訳］『男色の日本史　なぜ世界有数の同性愛文化が栄えたのか』（作品社、2014年）40〜41頁。

9　リュープ・前掲注（8）42頁。

は、仏教寺院との関連に見出せると述べる[10]。しかしながら、いずれの立場にせよ、日本文学が古くから同性愛を描いてきたことは史実として認識されており、このような日本文学と同性愛との関わりについて、木村朗子は、同性愛は奇なる現象であると同時に秘事として珍重され、それが「『変態』を逆手にとるような美学として一つの潮流をなした」[11]と評する。

　歴史上の偉人についても、これまで多くの偉人が同性愛者であったということ以上に、男色文化が根付いていたことが指摘されており[12]、江戸時代には主に男性間の同性愛に関する文献が多くみられることが研究によって明らかにされている[13]。その中でも、鈴木則子は、元禄時代に書かれたとされる史料をもとに、全大名のうち約15.2%の諸大名が、男色であったことについて批判されていたことや実際の男色率は更に高まる可能性を示した上で、男性間の同性愛が非難されることはあったが、それ自体が否定されていたのではなく、「男色・女色に限らず、好色であることに対して寛容な態度」がみられた点を指摘する[14]。加えて、歌舞伎野郎との遊興が大名のみならず都市部の町人層に広く流行した点や歌舞伎野郎の士分化を挙げ、男性間の同性愛が藩の政治経済や風紀に深刻な影響を与えることがあった旨を述べる[15]。17世紀後半以降、幕府は、成年男性と少年男性との関係を指す「衆道」関係を罰したものの、大名・旗本と家臣との主従間の衆道関係が藩政や家政に影響を与えない限り許容され、男性間の同性愛が当時の日本文化に深く根付いていたことがわかる[16]。

　もっとも、同性愛が古くから日本文学史や歴史上、ある意味許容または受容されていたことが、従来日本社会が同性愛（者）に寛容であったと直ちに断定でき

10　リューブ・前掲注（8）40頁、47頁~52頁。

11　木村朗子「クィアの日本文学史──女性同性愛の文学を考える」三成美保編著『同性愛をめぐる歴史と法──尊厳としてのセクシュアリティ』（明石書店、2015年）188~189頁。

12　他方、女性間の同性愛については文献がほとんどみられなかったものの、木村は、女性同士の性愛関係がなかったわけではなく、女性の書き手がほとんどみられなかったものであると推察する（木村・前掲注（11）195頁）。なお、木村は、女性間の性愛関係を明示的に描いた作品が13世紀後半にみられることも指摘している（木村・202頁）。

13　鈴木則子は、藤原頼長の日記に、朝廷・貴族が武力獲得のために武家と男色関係を持つことが示されており、徳川時代より前（平安時代）から、男性間の性愛関係の政治へもたらす影響が生じていたことを紹介する。鈴木則子「元禄期の武家男色──『土芥寇讎記』『御当代記』『三王外記』を通じて」三成・前掲注（11）213~214頁。

14　鈴木・前掲注（13）217頁。

15　鈴木・前掲注（13）222~225頁。

16　鈴木・前掲注（13）214頁。

るかについては慎重であるべきであろう。氏家幹人が指摘するように、同性愛が社会秩序や平和を妨げない限りにおいて、「実質的に黙認されていた」江戸時代の同性愛は、決して好意的に受け入れられていたわけではない[17]。したがって、今現在、一見すると受け入れられているように思える同性愛は、実は日本社会が同性愛に寛容であるからではなく、自身とは無関係な性的関係が他所で存在しているのであるというある種の無関心が根底にあると言えるのではないだろうか。この点、明治時代に制定された改訂律令の中の「鶏姦罪」[18]以外に、法的に同性愛者を罰してこなかったという点を重視し、法的には寛容であったとする考え方も成り立ち得るが、これをどのように評するかは視点をどこに置くのかによって異なる[19]。これは、次項で述べるように、日本には同性愛者を刑罰等をもって処罰する法がないことと同時に、同性愛者をマイノリティとして法的に保護する視点が諸外国に比べ著しく不十分であることと関係するからだ。

2　同性カップルの法的保護

　日本が法的に同性愛者を保護していないことについて、ここでは本稿の主題である同性婚に範囲を絞り、それが認められないことの実際上の不利益について概観する。主な不利益は、次の三点が指摘できよう[20]。第一に、相続である。現在、相続において同性カップルを保護する制度や法律上の規定がないことから、例えば、自身のパートナーが死亡した際、当該パートナーの遺産を相続することは、遺言がない限り、一切できない。また、仮に遺言が残されていたとしても、遺留分の問題や当事者がカミングアウトしていなかった場合、意図しない形で自身が同性愛者であることが明らかになるという問題もある[21]。第二に、税制上の処遇である。その中でも特に影響が大きいとされるのは、相続税法19条の2が定める措

17　氏家幹人『武士とエロス』（講談社現代新書、1995年）105頁。

18　同規定の制定過程について、長志珠絵「COLUMN 1 セクシュアリティ射程と歴史研究」三成・前掲注（11）117～119頁。

19　例えば、1920～1930年当時の日本の精神医学界は、同性愛者を「変態性欲」にカテゴライズする西洋の理論に倣っていた。なお、変態性欲とは、「一定の基準に照らして時期や量が異なる性欲異常」と定義されており、当時の精神医学界では、同性愛もサディズム、マゾヒズムなどと同様に変態であるとされていた。これについての詳細は、菅野聡美『〈変態〉の時代』（講談社現代新書、2005年）68～70頁参照。

20　詳細は、同性婚人権救済弁護団編『同性婚　だれもが自由に結婚する権利』（明石書店、2016年）100～106頁参照。

21　南和行『同性婚——私たち弁護士夫夫です』（祥伝社、2015年）78～84頁。

置配偶者控除（配偶者の税額軽減措置）[22]である。これは、配偶者が取得した遺産が、１億6000万円と配偶者の法定相続分相当額のいずれか大きい額までは相続税がかからないという制度であるが、同性カップルは一切利用できない（加えて、その他の控除が受けられない点も問題となっている）。第三に、各種法定福利厚生制度である。現行法上、同性カップルが、労災保険などを利用できるか否か明文で規定されていない。これについては、民間会社で、法定外福利厚生制度を同性カップルにも認める事例がみられるなど[23]、同性カップルを対象に含める必要性はわずかに認識されつつあるが、法制度がない以上、同性カップルの社会保障に関する地位は著しく不安定である。法律上の問題以外にも、実生活上同性婚が認められていないが故に被る不利益は、住宅、医療・介護、生命保険、養育、生殖補助医療、DV やストーカー、外国籍を有している者の在留資格など、多岐にわたる[24]。

　そういった状況下において、革新的な法令として挙げられるのが、全国で初めて同性カップルの地位を条例で定めた、2015年３月に成立した渋谷区条例である[25]。同条例は、2018年１月現在、自治体で唯一、パートナーシップ証明書の発行を条例によって定めている。このパートナーシップ証明の発行の要件について、10条２項本文で、「当事者双方が、相互に相手方当事者を任意後見契約に関する法律（平成11年法律第150号）第２条第３号に規定する任意後見受任者の一人とする任意後見契約に係る公正証書を作成し、かつ、登記を行っていること」及び「共同生活を営むに当たり、当事者間において、区規則で定める事項についての合意契約が公正証書により交わされていること」とされている[26]。この２つの

22　同性婚人権救済弁護団・前掲注（20）103頁。もっとも、同措置それ自体が、租税法の中立性の要請の観点から改善の余地があるとも指摘されている。この点については、加藤友佳「家族のあり方と租税」金子宏監修『現代租税法講座第２巻　家族・社会』（日本評論社、2017年）15～16頁参照。

23　東京弁護士会　LGBT 法務研究部編著『LGBT 法律相談対応ガイド』（第一法規、2017年）143～144頁。

24　東京弁護士会　性の平等に関する委員会　セクシュアル・マイノリティ　プロジェクトチーム編著『セクシュアル・マイノリティの法律相談：LBGT を含む多様な性的指向・性自認の法的問題』（ぎょうせい、2016年）参照。

25　同条例の制定過程については、大川育子「『（仮称）渋谷区多様性社会推進条例制定検討会』での論点」棚村政行＝中川重徳編著『同性パートナーシップ制度：世界の動向・日本の自治体における導入の実際と展望』（日本加除出版、2016年）150頁以下参照。

26　加えて、同条例施行規則３条で、渋谷区に居住し、かつ、住民登録があること（１号）、20歳以上であること（２号）、自身に、相手方以外の配偶者やパートナーがいないこと（３号）、相手方が近親者でないこと（４号）が定められている。

公正証書を求める原則、そして、同項ただし書において、「区長が特に理由があると認めるときは、この限りでない」とする例外の要件が、条例制定において最大の論点であったとされる[27]。公正証書の作成を求める趣旨は、両当事者の関係性が真摯なものであることの証明であったが、他方で、それらの公正証書の作成には場合によっては10万円近く（もしくはそれ以上）の費用がかかることから、負担と保護の内容が見合っているのか問題となった。渋谷区条例は、区民や事業者の責務として、「区が実施する男女平等と多様性を尊重する社会を推進する施策に協力するよう努める」（6条2項、7条1項）とし、特に事業主に対しては、採用や待遇等で条例の趣旨を遵守するよう求め（7条2項）、一切の差別を禁じているが（7条3項、8条3項）、それらに違反した場合の罰則等は設けられていない。また、3章以下では、区長の附属機関として様々な体制を整えているが、実効的なものは、条例の趣旨等に著しく反する行為を引き続き行っている関係者に対し是正勧告を行ったり（15条3項）、それに従わない場合には関係者名等を公表したりすること（15条4項）にとどまり、同性カップルの法的保護としては十分でない。もっとも、16条で、同性カップルの区営及び区民住宅への入居を促進するなど一定の意義もあり、渋谷区条例は、同性カップルの法的保護という側面より、法的地位を認めることで、民間企業や医療機関など様々なアクターへこの問題への喚起を促す側面が強いといえよう。

　渋谷区条例を皮切りに、2018年1月現在、同性カップルのパートナーシップ制度を設ける自治体は、東京都世田谷区（2015年9月）、三重県伊賀市（2016年4月）、兵庫県宝塚市（2016年6月）、沖縄県那覇市（2016年7月）、北海道札幌市（2017年7月）の計6つあり、自治体により、「要綱」や「宣誓」と名称が異なり、また、法的拘束力がない点で渋谷区条例とは異なる[28]。しかし、福岡県福岡市が同制度を、更には、世田谷区が「世田谷区多様性を認め合い男女共同参画と多文化共生を推進する条例」を2018年4月より施行する予定であるなど、全国に広がりを見せており、今後、条例の形式で更なる法的保護を与える動きが予測されよう。

27　中川重徳「渋谷区男女平等・多様性社会　推進会議での議論から」中川＝棚村・前掲注（25）159頁以下、164頁。

28　それらの自治体の一部や他の自治体のLGBT支援策等について、LBGT法連合会編『「LGBT」差別禁止の法制度って何だろう？：地方自治体から始まる先進的取り組み』（かもがわ出版、2016年）参照。

三　平成27年の２つの大法廷判決

　上述のような日本における同性カップルをめぐる現状に対し、司法はどのような対応をするのであろうか。これまで、同性婚（禁止）の憲法適合性をめぐる事件は下級審を含め一つもみられないことから、ここでは、平成27年12月に下された２つの大法廷判決を素材に、最高裁の婚姻及び家族について規定する憲法24条の解釈を概観する。

1　再婚禁止期間一部違憲判決[29]・夫婦同氏合憲判決[30]

　再婚禁止期間一部違憲判決は、原告が、前夫との離婚後、現夫と婚姻するまで６か月以上再婚を妨げられ、その結果精神的苦痛を負ったとして、再婚禁止期間を設けている民法733条１項が憲法14条１項及び24条２項に反し、同条の改正を立法府が行わなかった立法不作為を理由に国家賠償請求した事件である。第１審、第２審共に原告敗訴となった上告審では、最高裁は100日を超える部分につき、憲法14条１項及び24条２項違反とする一部違憲判断を下した（ただし、国家賠償請求は棄却した）。法廷意見は、24条２項と婚姻との関係について、「婚姻及び家族に関する事項について、具体的な制度の構築を第一次的には国会の合理的な立法裁量に委ねるとともに、その立法に当たっては、個人の尊厳と両性の本質的平等に立脚すべきであるとする要請、指針を示すことによって、その裁量の限界を画したものといえる」とし、24条１項と婚姻との関係については、「婚姻をするについての自由は、憲法24条１項の規定の趣旨に照らし、十分尊重に値するものと解することができる」と、初めて24条についての実体判断を下した。また、24条１項の解釈として、婚姻するについての自由を「十分尊重」すべきとしたことは、婚姻する権利を憲法上の権利として積極的に認めたものとまでは言えないが、立法裁量を統制するにあたり考慮すべき利益として尊重しなければならないという意味において、新たな判断枠組みを提示した。

　他方、夫婦同氏合憲判決では、婚姻の際、夫の氏を選択しつつも通称を使用している者および婚姻届を提出した際に婚姻後の氏の選択をしなかったことから不

29　最大判平成27年12月16日民集69巻８号2427頁。
30　最大判平成27年12月16日民集69巻８号2586頁。

598

受理とされた者が原告となり、夫婦同氏を強制する民法750条が憲法13条、14条１項、24条１項および２項等に反し、同条の改正を立法府が行わなかった立法不作為を理由に国家賠償請求した事件である。上告審では、原告敗訴となった原審、原々審に続き、原告の主張は退けられた。法廷意見は、憲法24条１項に関し、同条は婚姻の自由を保障していることを明らかにしつつ、夫婦同氏は婚姻の効力の一つであり、婚姻を直接制約するものではないとする。そして、法制度の内容により婚姻が事実上制約されていることについては、国会の立法裁量の範囲を超えるものであるかの検討にあたって考慮されるべきと説く。その上で、憲法24条２項の検討へ移り、上述の再婚禁止期間一部違憲判決で示された説示同様、制度の構築は国会に委ねられているとしつつ、個人の尊厳と両性の本質的平等に立脚すべき要請、指針を明示していることから、「憲法上直接保障された権利とまではいえない人格的利益をも尊重すべきこと、両性の実質的な平等が保たれるように図ること、婚姻制度の内容により婚姻をすることが事実上不当に制約されることのないように図ること等についても十分に配慮した法律の制定を求めるものであり、この点でも立法裁量に限定的な指針を与えるものといえる」とする。他方で、婚姻や家族に関する事項は、「国の伝統や国民感情を含めた社会状況における種々の要因を踏まえつつ、それぞれの時代における夫婦や親子関係についての全体の規律を見据えた総合的な判断によって定められるべきもの」とし、特に憲法上直接保障されていないような権利利益については、「その時々における社会的条件、国民生活の状況、家族の在り方等との関係において」決せられるとした。

2　憲法24条の意味内容

　再婚禁止期間一部違憲判決で採られた論理構成について、宍戸常寿は「憲法上の自由・利益の保護の程度にいわばグラデーションを設けるという最高裁の発想が、憲法24条論にも応用されたもの」[31]と捉え、婚姻の自由を24条１項が一定程度保護していると解している。他方で、御幸聖樹は、これまでの最高裁判例にみられる「尊重」の用法が多様であり、精緻に使い分けられていない点を指摘し[32]、また、木下智史も、同判決において採られた審査基準は審査密度の相当程

31　大村敦志ほか「座談会　夫婦同氏規定・再婚禁止期間規定の憲法適合性をめぐって」法の支配183号（2016年）31〜32頁（宍戸常寿発言）。
32　御幸聖樹「『尊重』の意味──『尊重に値する』ことは権利が認められたことにはならないの

度低いものである点を指摘するなど[33]、最高裁が婚姻の自由をどの程度憲法上の保護に値するものとして位置付けているのか判然としない。同じく、夫婦同氏合憲判決も、そもそも「氏の変更を強制されない自由」が憲法上の人格権の一内容とはいえないことから、婚姻の自由への間接的な制約であっても審査密度が高くならないことを示唆している。これは、夫婦別氏を望む原告にとって民法733条１項が婚姻への直接の制約であったにも拘らず、同項の憲法適合性審査が厳格でなかったという理解に依拠すればある意味当然であり、小山剛が指摘するように、同判決はそもそも24条１項などに対する保護領域または制限の有無の段階で処理されている事案であり、正当化以前の問題でもある[34]。

　両判決を踏まえて、今後同性婚（禁止）の憲法適合性が争われた際に、どのような影響が及ぶのかという観点から若干の検討を加える。これまで、24条１項で保障される婚姻の自由の最大の意義（目的）は、当事者以外の第三者の介入を防ぐことにあった。すなわち、「家」制度に付随する戸主の権限を排し、当事者双方の合意のみに基づいて婚姻が成立するという点である。この点、既に述べたように、再婚禁止期間一部違憲判決では婚姻の自由が十分尊重に値するとされ、裁判所の24条に対する初めての実体判断として評価できなくもないが、学説上は権利から一歩後退させたものであるとして批判的に捉える見解がみられる[35]。仮にこのような最高裁の立場を踏襲した場合、同性婚の禁止は、それが婚姻への直接的制約であるにも拘らず、その審査の密度は高まらない可能性も考えられる。加えて、同性愛者であっても婚姻すること自体は妨げられてはおらず（自らの性と異なる者とであれば婚姻はできる）、そもそも制約がないと最高裁が考える可能性も排除できない[36]。また、夫婦同氏合憲判決において示された種々の事柄の総合的考慮は、近時最高裁が憲法14条違反を判断する際に頻繁に用いる、立法事実の変

　　か？」大林啓吾＝柴田憲司編『憲法判例のエニグマ』（2018年、成文堂）91頁以下。

33　木下智史「判批」重判平成28年度（ジュリ臨増1505号）19頁（2017年）。

34　小山剛「判批」重判平成28年度（ジュリ臨増1505号）22頁（2017年）。

35　辻村みよ子『憲法と家族』（日本加除出版、2016年）243頁、巻美矢紀「憲法と家族――家族法に関する二つの最高裁大法廷判決を通じて」長谷部恭男編『論究憲法　憲法の過去から未来へ』（有斐閣、2017年）331頁以下、337頁。

36　このような見解を示す学説として、上田宏和「日本における同性婚容認の可能性――アメリカ合衆国最高裁判所の同性婚容認判決の論理を示唆として――」創価法学47巻１号（2017年）１頁以下、19頁。もっとも、仮に同性愛者が自らの性的指向とは異なる相手方を選択し、婚姻できるとしても、それが実際に同性愛者にとって意味のあるものなのかは、大いに疑問である。

遷を問う事柄の変遷論と共通するテーマでもあるが、日本社会において同性婚を受容する環境が整っているか否かの判断に際して、同判決で示された最高裁の、氏の統一が家族ユニットにとって必要不可欠であるという見解に鑑みると、最高裁が、同性婚が日本社会に受け入れられていると判断するかは疑わしい。他方で、非嫡出子相続分違憲決定[37]や性別変更をした性同一性障害者の子の嫡出推定を容認した最高裁決定[38]をはじめ、家族法における最高裁の積極的な姿勢がみられないこともなく、本稿冒頭で述べた諸外国の動向を踏まえると、同性婚について立法府へ働きかける可能性も——夫婦同氏合憲判決で、最高裁が、選択的夫婦別姓制度の合理性を否定するものではない旨を述べたことも踏まえると——少なくないように思える。

　次に、再婚禁止期間一部違憲判決で付された、そもそも再婚禁止期間を設けること自体が憲法14条1項及び24条2項違反であるとの鬼丸裁判官による「意見」と山浦裁判官の「反対意見」を取り上げる。鬼丸・山浦両裁判官は、民法733条1項の適用除外条項である733条2項は、女性に子どもが生まれないことが生物学上確実な場合や前婚の解消等の時点で女性が懐胎していない場合を定めており、このような2項に該当する場合や再婚禁止期間内であっても婚姻届を受理しても良いとする戸籍実務の現状に照らし、再婚を禁止することで父性の重複を防ぐ必要のある場合は、前婚の解消等から100日が経過していない女性が前婚中に懐胎したがまだ出産していないという非常に例外的な場合であり、このような極めて例外的な場面のために、733条2項の適用場面を除き、一律に女性に再婚禁止期間を設けることは、婚姻における両性の本質的平等や憲法14条が保障する男女平等に違反する旨を述べた。特に、山浦反対意見は、24条1項が保障する婚姻の自由をベースに立法裁量に限定を加え、その結果として24条2項（及び14条1項）違反とした法廷意見とは異なり、端的に区別自体の合理性を問い、24条2項（及び14条1項）の問題とするものであった。同性婚の問題を考える上で、このような見解から導き出せる重要な点は、24条2項において、個人の尊厳と両性の本質的平等による制度設計については、同性愛カップルに婚姻を認めないことが彼ら／彼女らに劣位者の烙印を押すといった個人の尊厳に関わる議論がまずもってなされ、その上で、立法裁量の限界を画することが可能であるか否かという点に

37　最大決平成25年9月4日民集67巻6号1320頁。
38　最三小決平成25年12月10日裁時1593号4頁。

あろう。すなわち、同性婚の問題は、まさに24条2項が保障する個人の尊厳に関わり、より実質的には、同性カップルを異性カップルと区別する14条の問題でもあるということである。もっとも、夫婦同氏合憲判決でみられた、国の伝統や国民感情といったものが考慮要素に加えられる可能性もあることから、今後同性婚の問題を考える際には、このような抽象概念をどのように尊厳論と結びつけるのかが一つの論点となろう。

四　検　討

本節では、上記の両判決を踏まえて、同性婚と憲法の各条項との関わりについて考察する。

1　13条からのアプローチ

アメリカ合衆国における憲法学の議論と関係して、婚姻する権利を13条が保障する（と一般的に説明される）自己決定権に含まれるとする見解がみられる。これらの学説は、婚姻を含む家族形成、親密な人的結合の文脈で登場する[39]。婚姻する権利を13条において検討することは、再婚禁止期間一部違憲判決や夫婦同氏合憲判決の登場前において一定の意義があったことは否めないが、両判決を受けて、ことさら——婚姻と13条に関する判例や学説の蓄積がない状況において[40]——13条に婚姻する権利を読み込む必要性は高くないようにも思える。特に、法律婚は、いわゆる同棲や交際とは異なり、親密な関係を築くことと共に様々な法的権利及び義務が伴う制度であるが故に、このような婚姻制度への参加を自己決定できるものと捉えることは妥当ではないだろう。例えば、高井裕之も、婚姻に付随する諸制度をライフスタイルの自由に集約させる点を批判し[41]、

39　芦部信喜『憲法学Ⅱ　人権総論』（有斐閣、1994年）394頁、佐藤幸治『日本国憲法論』（成文堂、2011年）191頁。

40　辻村みよ子は、家族形成が13条の自己決定権に含まれるとする学説が散見されることに対し「実際には、婚姻・離婚・非婚の自由、シングルマザーの権利、妊娠・出産・妊娠中絶に関する決定権など、具体的な権利についての研究はあまり進展していない」と述べる。（辻村みよ子「『個人の尊重』と家族——憲法13条論と24条論の交錯」『戦後日本憲法学70年の軌跡（法律時報増刊）』（2017年、日本評論社）112頁以下、114頁。）ただし、辻村は、同性婚については13条による立論が可能であるとする（116頁）。

41　高井裕之「家族をめぐる憲法理論の分析」京都産業大学論集24巻4号（1994年）97頁。

同性カップルなどの問題について、佐藤幸治が述べる人格的自律権（自己決定権）に依拠するとしても、「人権」と捉えることができるかどうかは「微妙である」[42]とし、「少なくとも、家族問題について広範な実体的権利ないし『ライフスタイルの自由』が認められるということは自明ではない」と結論づける[43]。

　そのアメリカ合衆国では、2015年のオバーゲフェル判決[44]にて、同性婚の禁止が合衆国憲法に違反するとされた。同判決で合衆国最高裁は、婚姻する権利が基本的権利であるとし、具体的には、個人の自律の概念に内在する、個人の選択する権利などが同性カップルにも認められるとした。この合衆国最高裁の論理を日本の議論に援用するのであれば、婚姻（すること）が個人の自律にとって必要不可欠であるとの論証をベースに、13条論を展開することになろう。オバーゲフェル判決では、婚姻の重要性が強調され、そのような重要な婚姻制度から同性カップルを排除していたことが問題とされたが、このことは反対に、婚姻をしていない者に対するネガティブなステレオタイプを作り出しかねず、このような視点から同判決を批判する学説はアメリカの憲法学界にも多くみられ[45]、日本の学説上にも同判決に対して同様の指摘をする見解がみられる[46]。つまり、婚姻の意義を個人の自律性から説けば説くほど、かえって多様な生き方を保障している13条全体の趣旨に反するおそれが生じ得ると考えられるため、同性婚を13条に依拠して展開することには慎重であるべきであろう。

2　14条からのアプローチ

　同性婚を平等権の観点から検討する木村草太は、「共同生活契約の公証制度が

42　高井・前掲注（41）99頁。

43　高井・前掲注（41）101頁。なお、高井は、同性カップルなどの新たな家族の問題は、留保付きながら、平等原則の問題であるとする（104頁）。

44　Obergefell v. Hodges, 135 S.Ct. 2584 (2015). [*"Obergefell"*].

45　学説を整理し、検討を加えたものとして、例えば、巻美矢紀「自由と平等の相乗効果——Obergefell 判決が開く憲法理論の新たなる地平」樋口陽一＝中島徹＝長谷部恭男編『憲法の尊厳——奥平憲法学の継承と展開』（日本評論社、2017年）359頁以下、紙谷雅子「Obergefell v. Hodges について——アメリカ法の立場から——」[2016-2] アメリカ法235頁以下、白水隆「同性婚の是非——同性婚を認めないことは同性カップルの尊厳を害することになるのか？」大沢秀介＝大林啓吾編『アメリカの憲法問題と司法審査』（成文堂、2016年）37頁以下。

46　駒村圭吾「同性婚と家族のこれから——アメリカ最高裁判決に接して」世界873号（2015年）38頁以下、小竹聡「アメリカ合衆国と同性婚——Obergefell 判決をめぐって——」拓殖大学論集（301）政治・経済・法律研究18巻2号（2016年）55頁以下、白水隆「オーバーゲフェル判決を振り返る」立教アメリカン・スタディーズ38号（2016年）123頁以下など。

ないこと」及び「共同親子関係形成資格を付与しないこと」の二点が日本国憲法上の権利侵害となり得る点を挙げ、共に13条では原告にとって論証が困難であるものの14条ではそれが可能であると説明する[47]。前者については、公証制度の有無を同性カップルと異性カップルとで区別するそもそもの目的を構成できないとする。つまり、共同生活契約において、同性カップルであろうと異性カップルであろうと、特定のパートナーと共同生活を行う点において変わりはなく、かつ、それと子の存在が無関係であることからすると、結局のところは、異性カップルの方が同性カップルよりも「正しいカップル」であるといった程度の目的と解さざるを得ず、このような区別は端的に差別的であると述べる[48]。次に、後者の親子関係形成資格については、嫡出推定による父子関係の形成資格と特別養子縁組資格が問題となるが、両制度は子の福祉のために親子関係を形成するものであることからすると、同性カップルにはそれを認めない点は不合理な区別であるとする[49]。なぜなら、子の福祉の観点に立つ以上、異性カップルにも同性カップルにも不適切なカップルは存在し、そのような場合には、個別に家庭裁判所が判断すれば足りるのであり、同性カップルであるからという理由のみで両制度の利用を認めないことは平等権侵害となるからだと結論付ける。以上のような考察をもとに、木村は、同性婚の不保護は、平等権によるアプローチによれば十分であり、同性婚の不保護を違憲とする論者の多くは14条に依拠していると述べる[50]。

巻美矢紀は、仮に法律婚と法的効果の点で全く同じパートナーシップ制度などを同性カップルが利用できたとしても、同性カップルが望んでいるのは「他ならぬ『正統性』」であり、同性婚の承認は、「現在でも『二級市民』として社会的に差別されている者たちが、自尊を回復すべく対等な人格としての承認の『象徴』を求める闘争」であるという[51]。このような、同性婚を認めないことが、いわゆるスティグマの烙印を押すことや同性カップルの尊厳を害するという視点は、まさに、14条1項が保障している差別されない権利としての平等権が同性婚の問題

---

47 木村草太「憲法と同性婚」杉田敦編『グローバル化のなかの政治』（岩波書店、2016年）81頁以下、95頁。
48 木村・前掲注（47）96頁。
49 木村・前掲注（47）97頁。
50 木村・前掲注（47）98頁、101頁。
51 巻美矢紀「憲法と家族——家族法に関する二つの最高裁大法廷判決を通じて」論究ジュリスト18号（2016年）86頁以下、95頁。

の本質であると説く見解であるといえよう。

　もっとも、平等権が問題となる事例において、最高裁は、区別事由の性質を綿密に検討するわけでもなく、また、それにより正当化の段階の審査密度の高低を決する判断枠組みを採用していない。加えて、事柄の変遷論を採用する傾向に鑑みて、同性婚を認めないことを差別の問題として、議論を展開することは期待できない。そこで、昨今のLGBTの権利運動など、国民の意識の変化に着目しながら、事柄の変遷の観点から同性婚の認容を考える可能性が高いとも思われるため、次に、24条をベースとした、婚姻の性質の変化に着目した議論を取り上げる。

3　24条からのアプローチ

　24条についての最高裁の解釈は、上記大法廷判決を通じて示されたばかりであり、その射程に関しても不明確な点も多いことから、ここでは、特に婚姻の意味内容の変化に着目する議論に着目したい[52]。

　田代亜紀は、「24条が前提とする家族像のようなものを考慮する必要はないのか、そもそも憲法は家族について何らかのコミットをしているのかなどの疑問も同時に沸く」[53]とし、憲法が予定する家族観を導き出すことを提案する。田代は、どのような関係が憲法上の家族とするのか、その判断基準の構築は困難であるとしつつも、「正規の『婚姻』を阻まれている当事者の多くがいわゆる少数者であろうことを思えば、公認されることの意義を憲法論として強調する必要があるかもしれない」とし、「ある結合関係を正規婚、法律婚とするかどうかについて、前提として、13条の家族形成権、家族に関する自己決定権で保障される事案であることを確認したうえで、その結合関係に婚姻と同様の権利の束が保障されているか否かを含めて、区別についての合理的な理由があるのかどうかを平等権

52　もっとも、24条の制定過程、すなわち、それが主に女性の権利の確立のためあったことを重視すると、同条1項の「両性」に同性カップルを排除する意図がないことから、24条のもとでも同性婚は可能であるとする見解が家族法学界からも向けられている一方で（二宮周平編『新注釈民法（17）親族（1）』（有斐閣、2017年）79頁［二宮周平執筆］）、憲法学界では、同性婚についての24条解釈が定まっていないことから、「現時点で、憲法が同性婚を異性婚と同程度に保障しなければならないと命じているわけではないとの理解が大方のところであろう」とされている（長谷部恭男『注釈日本国憲法（2）国民の権利及び義務（1）§§10〜24』（有斐閣、2017年）510頁［川岸令和執筆]）。

53　田代亜紀「現代『家族』の問題と憲法学」佐々木弘通＝宍戸常寿編著『現代社会と憲法学』（弘文堂、2015年）73頁以下、85頁。

の範疇で問うことになる」[54]と述べる。この見解は、同性婚のような少数派の関係を24条が包摂することを志向していると思われ[55]、また、24条単独ではなく13条及び14条と連携して考察するという点において、従来の24条論を更に推し進めるものと言えよう。

　上述のとおり、14条からのアプローチにおいて、事柄の変遷論が最高裁の判断枠組みで採られていることと関連し、24条が定める婚姻が時代によって変遷していること、さらに言えば、現代に適合するよう進歩的に解釈することができるのではないかという点も考えられよう[56]。これについて、比較憲法学の観点から参照できるのが、カナダにおける生ける樹（Living Tree）理論である[57]。生ける樹理論とは、憲法上の文言解釈を時代状況の変化に応じて変更させるという憲法解釈理論であり、アメリカ憲法においてもこのような解釈方法が妥当するか否かについて議論がみられるなど[58]、わが国でも既に紹介されているところである。生ける樹理論について、カナダ最高裁は、2004年の同性婚に関するレファレンス[59]において、1867年憲法91条26号が定める「婚姻」の定義につき、従来の、婚姻と宗教とを不可分に考える婚姻概念は現在（2004年）のカナダには当てはまらないとした。これまでカナダは、イギリスにおける Hyde 判決[60]で定義された「他の全てを排除する一人の男性と一人の女性の一生涯の自発的な結合」というコモン

54　田代・前掲注（53）87頁。

55　同様に、齊藤笑美子も、24条が性別役割を内包した近代家族を超えた、ジェンダー平等を徹底する規定であると解せるならば、同性婚を認めることも可能であると述べる（齊藤笑美子「家族と憲法——同性カップルの法的承認の意味」憲法問題21号（2010年）108頁以下、112頁）。

56　もっとも、事柄の変遷と進歩的解釈は対象としているものが異なる点に注意が必要である。前者は、主に立法事実に関する議論であり、後者は、後述するように、憲法上の規定そのものを直接の対象としているため、両者を意識的に区別する必要がある。この点を指摘するものとして、例えば、大林啓吾「生ける憲法と憲法訴訟」法学研究91巻1号（2018年）395頁以下、418頁参照。

57　同理論が生成された過程及びその限界について論じたものとして、手塚崇聡「カナダ憲法解釈における『生ける樹』理論の限界——原意主義的理解の可能性——」立命館法学（上巻）363・364号（2016年）1656頁以下参照。

58　アメリカでは「生ける憲法」（Living Constitution）と呼ばれており、昨今、アメリカ憲法学界において議論が盛んである分野である。（詳細は、大林啓吾「司法裁量——原意主義と生ける憲法の接合は可能か？」大沢秀介＝大林啓吾編著『アメリカの憲法問題と司法審査』（成文堂、2016年）267頁以下、268頁参照。）生ける憲法と生ける樹理論は非常に似通った考え方であるが、アメリカにおいてはそれが原意主義との対比または対立といった枠組みで議論されるのに対し、カナダでは原意主義を採る学説が憲法学界において少数であるため、生ける樹理論単体で語られることが多い。

59　*Reference re Same-Sex Marriage* [2004] 3 S.C.R. 698. [*"Reference"*].

60　*Hyde v. Hyde and Woodmansee,* [1866] L. R. 1 P. & D. 130 (Eng. P.D.A.).

ロー上の婚姻の定義を維持してきた。しかし、カナダ最高裁は、このような、キリスト教と密接に結び付いた婚姻概念を維持することは凍結された諸概念（frozen concepts）であり、これはカナダ憲法の解釈において妥当でないとした[61]。その後もカナダ最高裁は、カナダ憲法が生ける樹であることを明示し、現代社会の現実を反映させるものであるから、制定者の意図に縛られない旨を繰り返し述べてきている。通説もまた、進歩的解釈を採用することは、裁判所の通常の解釈からの逸脱を許すものではなく、適切な文言、哲学的及び歴史的コンテクストに沿ってなされなければならず（制定者意図を全く無視して良いことではなく）、また、解釈に際して、もっともな制約（Natural limit）は存するが、新たな発見、条件、考えが憲法上の文言に適切に当てはまるのであれば、裁判所は制定当時の解釈に拘束されないと解している[62]。このようなカナダにおける生ける樹理論は、よりリベラルな解釈方法として、日本における24条解釈に際して、一つの有用な手がかりを与え得るかもしれない。

　他方で、この生ける樹理論を日本の同性婚の文脈で用いることには、いくつかの問題点をクリアしなければならない。一点目は、平成27年判決において、最高裁が、婚姻制度は法律事項であり、立法府に広範な裁量が与えられていると判示した点である。これは、婚姻制度を形成するのは憲法ではなく、民法、刑法、社会保障法など、形式的にも実質的機能においても、一次的には各立法による制度設計が望ましいとされていることと関連する。すなわち、憲法が介入する場面は、婚姻制度が、特定の範疇に属する者または集団を正当な理由なく排除しているときであり、憲法が何らかの婚姻像を想定しているとするには、更なる根拠が求められよう。二点目は、仮に同性婚を含む婚姻概念が、直接的に憲法問題として位置付けられるとしても、あるべき婚姻や家族といったことを裁判所が判断することが妥当であるのか、または、その必要があるのかといった疑問が生じる。確かに、現代社会にふさわしい、リベラルな解釈を裁判所が志向することは特に少数者保護に資するものであり、裁判所が一定の方向性を示すことは不合理であるとはいいがたい。他方で、様々な利益や義務が付随する婚姻については、各々内包する事項が異なり、裁判所が、大きなくくりで家族概念を提示することで、

61　*Rerefence, supra* note 59 at para. 22.

62　Peter W. Hogg, Constitutional Law of Canada, 2017 student ed., (Toronto: Carswell, 2017) at 15-50.

かえって何が問題となっているのか見失う危険性もあろう。三点目は、二点目に関連し、裁判所が進歩的解釈を行うことで、同性婚の問題が、複婚や近親婚といった問題に派生する点である。もしも、婚姻が、同意のある当事者同士の親密な結合であるという定義に基づき、その定義に当てはまる同性婚が認容された場合、次に問題となるのは、複婚などの他の婚姻形態である[63]。本稿の主題は同性婚であるため、他の婚姻制度について考察する余裕はないが、複婚の禁止の憲法適合性が争われたカナダの事件[64]について一言触れておく。同事件でブリティッシュ・コロンビア州高位裁判所は、一夫多妻制を採用しているコミュニティでは、家父長制を基本としジェンダー不平等が制度化されていることなどを理由に、複婚の禁止を合憲とした[65]。同事件で提出された証拠によると、これまで、慣習として複婚が定着しているコミュニティにおいて、一夫多妻制はみられても、一妻多夫制はみられず、複婚が一夫多妻制と同義であり[66]、複婚が事実上、女性にとって身体的にまた精神的に有害な制度であることが示されている[67]。すなわち、同性婚と複婚は、同じ婚姻制度の議論であっても、その内実は全く異なっており、同性婚は、同性愛者と異性愛者という性的指向に基づいた区別であり、同性婚禁止の本質は同性愛者への差別であるのに対し、複婚は、区別事由が配偶者の数であると同時に[68]、（同事件の裁判所の判断を是認するのであれば）女性差別を防止することにある。このように、区別事由の性質、さらには、その婚姻が包摂する中身はそれぞれ異なっていることから、進歩的解釈に基づく検討は——少なくとも婚姻については——慎重になされなければならないだろう。

63　オバーゲフェル判決の反対意見において、ロバーツ首席裁判官が、複婚に言及した点はまさにそのことを示している。*Obergefell, supra* note 44, at 2621-2622.

64　*Reference re: Section 293 of the Criminal Code of Canada*, 2011 BCSC 1588. 本件は、連邦法である刑法293条が複婚を禁止していることにつき、ブリティッシュ・コロンビア州が当該規定の憲法適合性について同州高位裁判所（British Columbia Supreme Court）に勧告的意見を求めたことにつき、同裁判所が、合憲判断を下した事件である。

65　*Ibid.* at para. 13.

66　*Ibid.* at paras. 135-137.

67　*Ibid.* at para. 8. 女性は極めて高い確率でドメスティック・バイオレンスをはじめとしたリスクにさらされ、また、抑うつ障害にかかる割合が高いとされている。

68　加えて、24条１項の「両性」が、２人を意味し、３人以上の婚姻を禁止していると解釈できるのか否かも論点となろう。

4 小 括

　日本国憲法上、同性婚をどのように捉えるのかにつき、主に、憲法14条１項そして24条の観点から概観してきた。14条論については、判例と学説との間に、少なからず距離がみられる。最高裁はこれまで、立法目的の合理性と目的と手段との合理的関連性を問う手法を採ってきたが、学説上の一般的な判断手法は、区別事由の検討、権利・利益の重要性の検討を踏まえて、目的手段審査における審査密度を決するものである[69]。学説の理解に倣えば、同性婚を認めないことは異性愛者と同性愛者とを性的指向に基づいて区別するものであるため、まずは性的指向の性質の検討をしなければならない。この点、多数説は、14条１項の後段列挙事由に特別の意味を持たせる特別意味説に立っているため、後段列挙事由に該当しない性的指向は、厳格な審査が適用される事由とはならない。他方で、性的指向を社会的身分と解することの可能性を説く見解[70]やある事由が後段列挙事由に類似するのであれば、列挙されていなくとも審査密度を高めることができるとする見解[71]に立てば、厳格な審査が適用される可能性もあろう。また、権利・利益の重要性については、本稿二２で触れた様々な利益の捉え方にも関わるが、仮にそれらの権利・利益が重要でない、または、重要ではあるがパートナーシップ制度の改善により確保できるとしても、権利・利益の性質以上に、尊厳という価値の観点から、婚姻制度が享受できない場合の権利・利益の重要性を考察することが求められる。すなわち、同性婚を認めないことは、原則、誰もが参加できる婚姻制度[72]において、ある範疇に属する者または集団を排斥することであり、同性カップルの尊厳を害するが故に平等権違反となると考えられる[73]。

　他方で、24条を中心とした、家族観の移り変わりに着目する議論は、制定者の意図に縛られず、より現代社会が実現しようとする価値に即して憲法の規定を柔軟に解釈するという点においては意義があるものの、その解釈については慎重さが求められよう。それは、14条の事例において事柄の変遷論が用いられることと

69　高橋和之『立憲主義と日本国憲法（第４版）』（有斐閣、2017年）165〜166頁。

70　君塚正臣「同性愛者に対する公共施設宿泊拒否——東京都青年の家事件」長谷部恭男＝石川健治＝宍戸常寿編『憲法判例百選Ｉ（第６版）』（有斐閣、2013年）67頁。

71　松井茂記『日本国憲法（第３版）』（有斐閣、2007年）390〜391頁、佐藤・前掲注（39）209頁。

72　例外として、婚姻年齢（民法731条）、重婚の禁止（民法732条、刑法184条）、近親婚の禁止（民法734条）などの一定の制約も課されている。

73　この点についての詳細は、白水隆「カナダ憲法下の平等権と同性婚（１）・（２・完）」法学論叢166巻３号（2009年）149頁以下、167巻２号（2010年）124頁以下。

も関連する。無論、比較法的見地からも、諸外国の状況などを14条論において考慮にいれることは自然であるし、立法事実が変わったこと自体に言及することは当然である。加えて、立法事実の変遷を、例えば、同性婚についての国民意識が（許容する方向に）変遷してきているという文脈で語られるのであればそこに一定の意義はあろう。しかし、最高裁の立法事実の変遷論は、14条固有の議論として展開しているのか、議論の一部にすぎないのか判然としないばかりか、そこに裁判所の価値観が入り込む危険性も否定できない。この点は、同性婚に対する国民意識の変化や諸外国の状況といった立法事実の変化に言及する意味での進歩的解釈なのか、それとも24条解釈の文脈で、「両性」や「婚姻」をより現代社会に即した解釈を行う進歩的解釈なのか、両者を明確に区別する必要があることと関連する。特に後者について、裁判所が、立法事実の変遷をもとに、あるべき婚姻や家族を積極的に定義づける、「べき論」に走るのであれば、それは大きな問題を孕んでいると思われる。したがって、同性婚の禁止が、同性愛者の平等権問題とは切り離された、家族観や家族像といった議論に収斂されないことが重要であると言えるだろう。

五　おわりに

　以上本稿では、日本国憲法上、同性婚をどのように考察すべきか、一つの選択肢を提示したが、今後同性婚が日本においても認容されることがあるとすると、そのプロセスについて、法律の制定により解決を図るのか司法による判断を経て立法がなされるのかといった点も考えなければならない。最近の司法による（違憲判断に限られない）積極的な判断、とりわけ家族法分野における動向をみる限り、その可能性もなくはないように感じるが、最高裁の採る14条の判断枠組みがいまだに定まっていない状況[74]や24条解釈がようやく動き出した点などから、その可能性は高いとは言えず、むしろ、立法による解決が現実的であるように思える。パートナーシップ制度などを経て同性婚の法制化がなされた多くの諸外国の経緯に照らしてみても、現在地方自治体で起こっている現象がさらに広がれば、いずれ法律制定の機運が高まるものと思われる。なお、司法による解決を目指す

74　白水隆「平等違反基準の変更なき変更——目的手段審査か総合衡量か？」大林＝柴田・前掲注（32）27頁。

場合、国家賠償請求訴訟以外で争う方法にどのようなものが考えられるのかといった訴訟上の問題がまず挙げられる[75]。この点についても、更なる検討が求められよう。

[付記] 本研究は、JSPS研究費16K03300の助成を受けたものである。

---

75 婚姻届の不受理処分に対する取消訴訟、受理の義務付け訴訟などが考えられるが、前者については、戸籍法121条との兼ね合いで、戸籍事件について処分を不服とする申立てを家庭裁判所以外で行うことは困難であるとされる点がしばしば指摘される（例えば、三輪晃義「同性による法律婚の可能性——日弁連に対する同性婚人権救済申立て」二宮周平編『性のあり方の多様性——一人ひとりのセクシュアリティが大切にされる社会を目指して』（日本評論社、2017年）29頁以下、45頁）。

修正13条の意義

藤 井 樹 也

```
一  はじめに
二  修正13条と奴隷解放
三  修正13条と私人による侵害行為
四  修正13条 2 節と連邦議会の執行権限
五  おわりに
```

一　はじめに

　南北戦争終結期の1865年12月にアメリカ連邦憲法 5 条所定の 4 分の 3 の州議会（36州中27州）による批准を得たとして成立した修正13条[1]は、その成立後150年以上が経過した現在、奴隷制の法的廃絶という大きな歴史的な役割を果たした制定当時の華々しさは影を潜め、連邦議会や連邦最高裁判所での憲法論における主役の座を、通商条項や修正14条などの別の憲法規定に譲っている感がある。ところが、近年、修正13条の再評価をテーマとするシンポジウム[2]が各地で開催され、あるいは、修正13条に関する研究書[3]が相次いで出版され、さらには、その成立過程が克明に描写された映画作品[4]が話題を呼ぶなど、修正13条に対する関心が

---

1 Library of Congress によるウェブ・ペイジ "Primary Documents in American History – 13th Amendment to the U.S. Constitution," https://www.loc.gov/rr/program/bib/ourdocs/13 thamendment.html でリンクされている資料中の、William H. Seward 国務長官による1865年12月18日声明を参照（2018年 5 月13日確認）。

2 *See Thirteenth Amendment Symposium*, 38 U. TOL. L. REV. 791 (2007), THE PROMISES OF LIBERTY: THE HISTORY AND CONTEMPORARY RELEVANCE OF THE THIRTEENTH AMENDMENT (ALEXANDER TSESIS ed., 2010) (based on a symposium jointly sponsored by University of Chicago and Loyola University), *Symposium: Constitutional Redemption & Constitutional Faith*, 71 MD. L. REV. 953 (2012), *Symposium, The Thirteenth Amendment: Meaning, Enforcement, and Contemporary Implications*, 112 COLUM. L. REV. 1147 (2012).

3 *See* MICHAEL VORENBERG, FINAL FREEDOM; THE CIVIL WAR, THE ABOLITION OF SLAVERY AND THE THIRTEENTH AMENDMENT (2001), ALEXANDER TSESIS, THE THIRTEENTH AMENDMENT AND AMERICAN FREEDOM: A LEGAL HISTORY (2004).

再び高まっている。

修正13条には、現代の日本の憲法学にとっても研究上の重要な意義がある。一方で、この条項は日本国憲法18条の淵源規定の一つとして知られており、この点で比較憲法上の重要な価値がある。他方で、以下本稿で紹介するように、アメリカにおける修正13条には、日本で巷間に流布している観念とは、相当異なった内実を有している部分がある。にもかかわらず、根拠の弱い抽象的観念が無意識のうちに前提とされ、抽象命題から具体的結論がダイレクトに演繹されることになるならば、比較憲法上の問題が生じることになる。本稿では、修正13条に関するさまざまな議論を手がかりに、固定観念の相対化を試みたい。

二　修正13条と奴隷解放

修正13条は、奴隷制の廃止に関わる条項（1節）と、連邦議会の執行権限を定める条項（2節）の2条項によって構成されている。日本語訳と対照すると、その文言は以下のとおりである[5]。

第1節　奴隷または意に反する苦役は、犯罪に対する処罰として当事者が適法に有罪宣告を受けた場合を除いて、合衆国またはその管轄に属するいずれの地域内においても存在してはならない。

Neither slavery nor involuntary servitude, except as a punishment for crime whereof the party shall have been duly convicted, shall exist within the United States, or any place subject to their jurisdiction.

第2節　連邦議会は、適当な立法によって本条の規定を実施する権限を有する。

Congress shall have power to enforce this article by appropriate legislation.

1787年に制定されたオリジナルのアメリカ連邦憲法は、制度としての奴隷制を明認してはいなかったが、一般に各州による奴隷制の採用を容認していたと解され、そのことを当然の前提としていると理解できる複数の条項を確認することができた[6]。しかし、"slavery" という用語が連邦憲法にはじめて登場したのは、

4　Steven Spielberg 監督・製作『リンカーン』（原題 "Lincoln"、2012年公開）。

5　初宿正典＝辻村みよ子編『新解説世界憲法集（第3版）』85頁（2014）（野坂泰司訳）。

6　奴隷制の容認を前提とする憲法規定の例として、下院議員数と直接税の徴収額を州の人口に応じて配分するとし、「各州の人口は、自由人の総数に、その他のすべての者の数の5分の3を加えることにより算出する」と定める規定（1条2節3項）、「合衆国議会は、1808年より前におい

皮肉なことに、奴隷制を廃止した修正13条第1節においてであった[7]。この規定は、一見明瞭に奴隷制を廃止したものと思われる規定であるが、複数の日本語訳を照合してみると、そこには幾通りかのヴァリエイションが存することに気づかされる。とりわけ、"slavery"の訳語として、上記の「奴隷」[8]のほか、「奴隷制」[9]、「奴隷制度」[10]といった、ややニュアンスの異なるいくつかの言葉が使用される例が認められる[11]。実際に、"slavery"の語義として、多くの英語辞書は、奴隷である身分・状態と奴隷制度の両方を示しており、手近な英英辞典も、制度（the system of having slaves）と状態（the state of being a slave）の両義を示している[12]。すなわち、"slavery"の概念に広狭の幅があったことに加え、「意に反する苦役」を禁止する文言が併存していることからも、1節による禁止は、狭義の奴隷所有制（chattel slavery）の禁止に限定されてこなかった[13]。

また、連邦最高裁によると、修正13条1節による禁止は、「黒人奴隷」にも限定されない。1873年のSlaughter-House Cases判決[14]では、家畜陸揚げ場・屠畜

　て、現存する州のいずれかが受け入れを適当と認める人々の移住及び輸入を禁止してはならない」と定める規定（1条9節1項）、「ある州において、その法律に基づき役務または労働の義務を有する者は、他の州に逃亡した場合であっても、逃亡した先の州の法律または規則により、その役務または労働から解放されることはない。また、逃亡した者の身柄は、その役務または労働に対して権利を有する者の請求により、これを引き渡さなければならない」と定める規定（4条2節3項）があげられる。

7　Jack M. Balkin and Sanford Levinson, *The Dangerous Thirteenth Amendment*, 112 COLUM. L. REV. 1459, 1460 (2012).

8　野坂訳（前掲）、宮沢俊義編『世界憲法集（第4版）』51頁（1983）（斎藤眞訳）。

9　松井茂記『アメリカ憲法入門（第7版）』443頁（2012）、阿部照哉＝畑博行編『世界の憲法集（第4版）』13頁（2009）（高井裕之訳）、阿部竹松『アメリカ憲法（補訂版）』80頁（2009）。

10　高橋和之編『世界憲法集（新版）』79頁（2007）（土井真一訳）。

11　このほか、刑罰として科される場合を例外とする挿入部分"except 〜 convicted"が、"involuntary servitude"の禁止のみを限定し、"slavery"が例外的に許容される余地がないことを明示しようとする日本語訳（松井訳、土井訳など）と、両者の違いをとくに明示しない日本語訳（野坂訳、斎藤訳、高井訳、阿部訳など）とが区別される。

12　Longman Dictionary of Contemporary English Online, https://www.ldoceonline.com/dictionary/slavery を参照（2018年5月13日確認）。

13　日本国憲法の1946年2月13日GHQ草案における、現行18条に対応する部分は、以下のとおりである。Article XVII. No person shall be held in enslavement, serfdom or bondage of any kind. Involuntary servitude, except as a punishment for crime, is prohibited. 仮訳では、「第十七条 何人モ奴隷、農奴又ハ如何ナル種類ノ奴隷役務ニ服セシメラルルコト無カルヘシ犯罪ノ為ノ処罰ヲ除クノ外本人ノ意思ニ反スル服役ハ之ヲ禁ス」。ここでも禁止対象は狭義の奴隷所有制に限定されていない。http://www.ndl.go.jp/constitution/shiryo/03/076shoshi.html を参照（2018年5月13日確認）。

14　The Slaughter-House Cases, 83 U.S. 36 (1873).

場経営に関する独占権を州法によって設立した特定会社に付与するとともに料金等の規制を定めた措置に関して、修正14条に加えその修正13条適合性が争われた。法廷意見は、「奴隷制」または「意に反する苦役」に該当するかぎり、修正13条が、アフリカ系黒人奴隷制のみならずメキシコ系債務者強制労役（peonage）や中国系苦力（coolie）の強制労働にも適用されると述べた。1883年のUnited States v. Harris 判決[15]は、共謀・変装による平等侵害行為を処罰する連邦法規定（Civil Rights Act of 1871 §2に由来）が、白人に対する加害行為をも処罰対象としている部分につき修正13条の授権を超えると判断したが、1906年のHodges v. United States 判決[16]は、製材所の白人雇用主によって解雇された黒人労働者が、契約に関する差別を禁止した連邦法規定（Civil Rights Act of 1866に由来）に基づく救済を請求した事例で、修正13条がアフリカ系だけでなく、中国系、イタリア系、アングロサクソン系などあらゆる人種を保護すること、奴隷制とはある者を他者に従属させる状態であることを指摘しつつ、あらゆる不正が修正13条によって禁止されるわけではないとして、当該請求を棄却した。その後、1976年のMcDonald v. Santa Fe Trail Transportation Co. 判決[17]は、横領行為を理由に解雇された白人が、同様の行為を行った黒人が解雇されなかったのは人種差別であるとして、契約の締結・執行に関わる人種差別を禁止する42 U.S.C. §1981（Civil Rights Act of 1866 §1に由来）違反等を主張した事例で、§1981は私人による人種差別を禁止し、この禁止は白人に対する人種差別にも及ぶと判断した。ここでは、「白人が享有するものと等しく」という文言が、保障されている権利の人種的性格を強調しているに過ぎないと解され、なおかつ修正13条2節の執行権限が白人に対する差別の禁止にも及ぶと考えられた。この立場は、1987年の2事例にも継承されている。すなわち、Saint Francis College v. al-Khazrazi 判決[18]は、私立大学でのテニュア申請を拒否されたイラク生まれ・アメリカ国籍の准教授が、§1981違反を主張した事例で、白色人種に分類される原告には§1981の保護が及ばないことに加え、黒人と白人の差別事例であった *McDonald* 判決と白人同士の差別事例である本件とは事例が異なるという被告側の主張に関し、Civil

---

15　United States v. Harris, 106 U.S. 629 (1883).

16　Hodges v. United States, 203 U.S. 1 (1906).

17　McDonald v. Santa Fe Trail Transportation Co., 427 U.S. 273 (1976).

18　Saint Francis College v. al-Khazrazi, 481 U.S. 604 (1987).

Rights Act of 1866の制定時には、白色人種とはヨーロッパ系を指し、アラブ系や中国系とは区別されていたとして、§1981が出生または民族を理由とする意図的差別を禁止することを承認し、原告による§1981違反の主張が可能であると判断した。また、Shaare Tefila Congregation v. Cobb 判決[19]は、シナゴーグの外壁にスプレイ塗料で反ユダヤ的メッセージが落書きされた事例で、§1981と、不動産取引上の人種差別を禁止する42 U.S.C. §1982（Civil Rights Act of 1866 §1に由来）、共謀・変装による平等侵害行為を禁止した42 U.S.C. §1985(3)（Civil Rights Act of 1871 §2に由来）および州法に基づく訴えが連邦裁判所に提起された事例で、al-Khazrazi 判決に依拠しつつ、ユダヤ人に対する差別は人種差別にあたらないとして§1982請求を斥けた連邦控訴裁判決は誤りであり、同条の制定期にはユダヤ人やアラビア人も保護される集団にあたると考えられていたとして、ユダヤ人による白色人種に対する請求を承認した。これらの事例によって、修正13条2節に基づく連邦法によって白人を含むすべての人種が保護されることが明確にされている。もっとも、2節に基づく連邦議会の執行権限が、1節による禁止に限定されない広汎な裁量行為だと解するならば、1節があらゆる人種を保護するという理解に、1970年代以降の判例理論が直結しないことにも注意が必要である。

　修正13条1節による禁止の外延は、「意に反する苦役」という文言が一義的でないため、条文上必ずしも明確ではない。禁止対象が、「奴隷（制）」に類する「苦役」に限られるのか、「苦役」であれば「奴隷（制）」と無関係なものに広く及ぶのかという点も、解釈上問題になる。連邦最高裁によると、労働契約を締結した船員による不就労の処罰[20]、一定年齢の男性市民を徴用し道路工事を義務づける州法[21]、徴兵対象者の登録を義務づける制度[22]、人口増の緊急時において契約期間満了後も住居にとどまる賃借人への水道・電気等の提供を賃貸人に義務づける州法[23]、証人としての出廷担保金の不払いにより身体拘束された不法滞在外

19　Shaare Tefila Congregation v. Cobb, 481 U.S. 615 (1987).

20　Robertson v. Baldwin, 165 U.S. 275 (1897)（修正13条は私的労役だけでなく公的労役にも及ぶが、軍役などと同様、契約期間内の船員労働はその例外とされてきており、また不就労の処罰規定は修正13条成立以前から存在していたことから、意に反する苦役の禁止は船員労働契約の履行強制には及ばないとした）.

21　Butler v. Perry, 240 U.S. 328 (1916)（修正13条は黒人奴隷制に類似した強制労働を禁止するもので、軍隊、民兵、陪審などの政府に対する奉仕の義務づけは禁止されないとした）.

22　Selective Draft Law Cases, 245 U.S. 366 (1918)（国防への貢献という至高かつ高貴な義務の遂行を市民に求めることが、意に反する苦役の強制に該当することは考えられないとした）.

国人に1日1ドルのみを支給する制度[24]などが、いずれも修正13条違反にあたらないとされた。「意に反する苦役」という文言には拡張解釈の余地が大きく、なんらかの限定がなければあらゆる義務づけが修正13条の問題とされる可能性が生じる。この点で、同条には、同じ文言を含む日本国憲法18条や、思想・良心の自由を保障する日本国憲法19条と共通する難題が含まれているといえる。修正13条1節の「意に反する苦役」に関しては、身体的強制の有無という形式的基準による限定、対抗利益とのバランシングによる限定などが考えられるところ、上記諸事例は公共の必要性を理由とする制約を示すものだと説明する見解がある[25]。

以上に対して、債務者強制労役については、人種差別の有無を問わず、しかも私人による労役強制も含めて、修正13条2項に基づく連邦法による規制が正当化されている。1905年のClyatt v. United States判決[26]は、債務返済まで労役を強制する債務者強制労役を廃止し、これに関与した者の処罰を定める連邦法規定（Anti-Peonage Act of 1867に由来）によって、労務者を債務者強制労役に連れ戻した私人が訴追された事例で、当該訴追が有効であると判断した。法廷意見は、本件債務者強制労役が州法によって制度化されたものでなかったことを確認しつつ、先例に依拠して、州法による是認の有無にかかわらず、債務者に労役を強制する私人の行為を直接規制する本件連邦法は、修正13条に基づき有効であると判断した。また、1911年のBailey v. Alabama判決[27]は、不動産会社と被告人（黒人）が報酬先払いの労働契約を締結し、報酬の一部を返済金として天引きする約定がなされたのち、被告人が離職し先払い金の返済を拒否したため州法上の詐欺罪に問われた事例で、刑事法によって奴隷制または意に反する苦役を実現することは修正13条のもと許されないとして、長期雇用契約を締結し先払い金を受領し

23　Marcus Brown Holding Co. v. Feldman, 256 U.S. 170 (1921)（本件で義務づけられているのは個人的役務でなく、伝統的に土地保有に付随した役務であるので修正13条に反しないとした）.

24　Hurtado v. United States, 410 U.S. 578 (1973)（1ドルが低額に過ぎるので修正13条によって禁止される意に反する苦役にあたるという主張には理由がないとした）.

25　Lauren Kares, *The Unlucky Thirteenth: A Constitutional Amendment in Search of a Doctrine*, 80 CORNELL L. REV. 372, 392-393 (1995). 同論文は、学校での教育プログラムとしての地域奉仕の必修化が修正13条違反にあたるという主張がしりぞけられた裁判を例にあげ、連邦控訴裁の任意性基準でなく、連邦地裁のバランシング・テストが有用であると論じている。See Streier v. Bethlehem Area School District, 789 F. Supp. 1227 (E. D. Pa. 1992), *aff'd*, 987 F. 2 d 989 (3 rd Cir. 1993), *cert. denied*, 510 U.S. 824 (1993).

26　Clyatt v. United States, 197 U.S. 207 (1905).

27　Bailey v. Alabama, 219 U.S. 219 (1911).

た者が離職する行為を詐欺と推定する一方で被告人に推定を覆すための証言権を認めない本件州法は、修正13条および Anti-Peonage Act of 1867に由来する連邦法規定に反し無効であると判断した[28]。すなわち、州の刑事法制が私人による労役強制の手段として機能する事態が、修正13条によって阻止された。そして、1914年の United States v. Reynolds 判決[29]は、保釈金や罰金を立て替えた者が犯罪者に労働させることを認める、犯罪者保証法（criminal-surety law）と呼ばれる州法を背景として、刑事法違反で投獄される怖れを利用した労働強制が、修正13条が保障する権利の侵害にあたるとして、Anti-Peonage Act of 1867に由来する連邦法規定および州法に基づく処罰を有効だと判断した[30]。その後、1942年の Taylor v. Georgia 判決[31]も、*Bailey* 事件で問題になった州法と類似した詐欺推定条項に基づく処罰を修正13条違反と判断した。さらに、1944年の Pollock v. Williams 判決[32]もまた、*Bailey* 事件・*Taylor* 事件で問題になった州法と類似した詐欺推定条項に基づく処罰を修正13条違反と判断した。そこでは、雇用主を変える権利により労働者が強制労役から逃れることができなければ、労働者が過酷な条件を是正する力も、雇用主が労働条件を緩和するインセンティヴも失われることが指摘されている。ここに至って、債務者強制労役の補強法制に関する合憲性判断基準がかなり明確にされた。こうして、限定的に解されてきた修正13条にあって、労働者保護規定としての側面に関しては、例外的に、個人権保障機能が判例上承認されてきたということができる[33]。現在、Anti-Peonage Act of 1867の後継規定である42 U.S.C. §1994は、債務返済のための意に反する労役のみならず、自発的な労役をも規制対象として、損害賠償等の請求権を承認しており、この点で修正13条2節を根拠に1節の禁止を超えた広汎な規制が正当化されているとみ

---

28 これに対して、労務を提供するふりをして詐欺的に金銭を得る行為を、他の犯罪と同様に処罰しても修正13条に反しないとする Holmes 反対意見がある。

29 United States v. Reynolds, 235 U.S. 133 (1914).

30 このほか、Flood v. Kuhn, 407 U.S. 258 (1972) は、多年にわたり好成績をあげた黒人メイジャー・リーガー（Curtis Charles Flood）が、FA 資格を認められないのは修正13条違反の債務者強制労役ないし意に反する苦役である等と主張した事例で、労役強制の立証が認められないとして連邦地裁が修正13条違反の主張を否定したのち、反トラスト法上の主張を否定した。ROGER I. ABRAMS, LEGAL BASES: BASEBALL AND THE LAW ch. 3 (1998)（ロジャー・I・エイブラム〔大坪正則監訳・中尾ゆかり訳〕『実録 メジャーリーグの法律とビジネス』第3章〔2006〕).

31 Taylor v. Georgia, 315 U.S. 25 (1942).

32 Pollock v. Williams, 322 U.S. 4 (1944).

33 藤井樹也「労働者保護規定としての修正13条」成蹊法学88号 (2018)。

る見解がある[34]。

さらに、1988年の United States v. Kozminski 判決[35]は、精神遅滞者2名を雇用する農場主が、社会から隔離された劣悪な条件のもと、心理的威迫による労働強制をしたとして訴追された事例で、憲法・連邦法が保障する権利行使を妨害する行為の共謀を処罰する18 U.S.C. §241（Enforcement Act of 1870に由来）、および、意に反する苦役を強制する意図的行為を処罰する18 U.S.C. §1584が、物理的強制に対する救済に限定されると判断した。本件の精神遅滞者2名（8〜10歳児程度の知能を有していたとされる）は、週7日間、しばしば1日に17時間、週15ドルの報酬（のちに無報酬）での労働を強いられ、物理的虐待だけでなく、さまざまな心理的強制を加えられた。連邦控訴裁は、意に反する苦役に心理的強制を含むと定義した事実審（連邦地裁）での陪審説示が広汎に過ぎるとして、再審理を命じた。これに対して、連邦最高裁は、以下のように述べた。①修正13条の主目的は黒人奴隷制の廃止だが、同条の目的はこれにとどまらず、意に反する苦役の禁止は奴隷制に類似する強制労働の禁止を意味する。②奴隷制類似の強制労働を禁止する一般的意図と、修正13条の禁止がステイト・アクションのない場合にも及ぶことから、制憲者には物理的強制を禁止する意図があったと考えられる。③修正13条の意に反する苦役に心理的強制が含まれると判断した先例は存在しない。④本件連邦法の文言は修正13条と同じなので、連邦議会が当時一般的だった修正13条の意味を意図していたと考えられる。⑤§241・§1584にいう意に反する苦役とは、物理的拘束、物理的加害または法的強制による労働強制を意味する。すなわち、本判決は、一方で修正13条が黒人奴隷制の廃止にとどまらないとしてその射程をゆるやかに理解しながら、修正13条の執行立法の解釈を通じ、同条の禁止対象から心理的強制による強制労働を除外することによって、その射程を限定した[36]。本判決後の連邦法（Victims of Trafficking and Violence Protection Act of 2000）は、本判決による§1584の限定的解釈に言及したうえで（§102（B）(13)）、規制対象となる「意に反する苦役」の定義規定（§103（5）(A)）において、重大な

34　Aviam Soifer, *Federal Protection, Paternalism, and the Virtually Forgotten Prohibition of Voluntary Peonage*, 112 COLUM. L. REV. 1607（2012）.

35　United States v. Kozminski, 487 U.S. 931, 950（1988）.

36　Lea S. VanderVelde, *Labor Vision of the Thirteenth Amendment*, 138 U. PA. L. REV. 437, 503（1989）, VORENBERG, supra note 3, ch. 8, text accompanying note 88, Jack M. Balkin and Sanford Levinson, *The Dangerous Thirteenth Amendment*, 112 COLUM. L. REV. 1459, 1460（2012）.

加害または物理的な身体拘束を受けると信じさせる方法による強制にもこれが及ぶことを明示し、本判決を立法によって修正した。

　以上から、修正13条は、その歴史的成立経緯に照らせば、奴隷解放宣言を憲法化し黒人奴隷制を廃止した条項であるという一般的観念が自然であるものの、その後連邦最高裁が蓄積した判例法理によれば、黒人以外の人々々も保護対象とし、私人による労役強制も禁止対象としており、奴隷（制）という形態での人種差別禁止規定という性格のみならず、労働者保護規定という性格を併せもつ規定であるということができる。したがって、同条を一回限りの〈被抑圧階級の解放規定〉としてのみ位置づける見方は一面的に過ぎるといえよう。

三　修正13条と私人による侵害行為

　修正14条の平等保護条項には state action 要件の制約が作用することから、人種差別をはじめとする差別の禁止根拠として修正14条が多用される今日では、この制約がしばしば、私人による侵害行為に対する救済を求める当事者の前に障壁として立ちはだかってきた[37]。修正14条による禁止に state action 要件による制約がかかることを明らかにした先例として知られているのが1883年の Civil Rights Cases 判決[38]であるが、同判決は他方で、修正13条による禁止とその連邦議会による執行に関しても重要な判断を示し、修正13条と修正14条の相違を指摘した。この事例では、差別的な州法が存在しない場合に、公共施設（宿泊施設、劇場、交通機関）の利用に関して行われた私人による人種差別行為を、公共施設での差別を禁止する連邦法（Civil Rights Act of 1875 §§1 & 2）違反に問う複数の民刑事事件において、当該規定が連邦憲法による連邦議会への授権の範囲を逸脱するものであったかが問題とされた。Bradley 法廷意見は、一方で、修正14条による権利保障は、州法による侵害のみを禁止するものであり、連邦議会の執行権限はその禁止を実施する権限にとどまるので、私人を第一次的・直接的に規律する立法は認められないとした。しかし他方で、修正13条については、法廷意見・反

37　修正14条の制定により、かえって修正13条の効力が弱められたとみる見解として、以下の文献を参照。Mark A. Graber, *Subtraction By Addition ?: The Thirteenth and Fourteenth Amendments*, 112 COLUM. L. REV. 1501 (2012).

38　The Civil Rights Cases, 109 U.S. 3 (1883).

対意見ともに、state action 要件による制限が及ばないという点で一致した。す
なわち法廷意見は、修正13条 2 節が「奴隷制の痕跡および付随物（badges and
incidents of slavery)」を廃止するために必要かつ適切なあらゆる法を制定する権
限を連邦議会に付与していると述べ、修正13条・修正14条の相違を認め、修正13
条に基づく立法は、奴隷制とその付随物にしか及ばないものの、州法による是認
の有無にかかわらず、個人の行為に直接作用する直接的かつ第一次的な立法で
あってもよいと述べた。ただし、奴隷制廃止以前にも自由黒人に対する差別が存
在したことから、本件で問題とされた単なる人種差別は修正13条が禁止する奴隷
制の痕跡にはあたらないとして、本件立法に対する修正13条による正当化は否定
された。Harlan 反対意見もまた、奴隷制とその付随物に対処するための修正13
条に基づく立法は、直接的かつ第一次的なものであってよいとしたが、修正13条
は奴隷制の禁止規定であるにとどまらず、解放された人々を人種差別から保護す
る権限を連邦議会に付与したとして、その範囲を広く理解した。こうして、本件
で問題となった連邦法規定は違憲無効とされたが、修正13条との関係では、私人
の行為を直接規制していることではなく、その禁止範囲に含まれない種類の行為
を規制していることがその理由とされた。

　その後、1960年代に至るまで、修正13条の法意に関しては *Civil Rights Cases*
判決が基本的に踏襲されていった。1896年の Plessy v. Ferguson 判決は[39]、公共
施設（鉄道）における州法に基づく「分離すれども平等」な人種隔離措置が修正
14条違反にあたらないと認定した事例として知られているが、同時に修正13条に
関する判断を示していた。Brown 法廷意見が、白人と有色人種の単に法的に区
分する法律は、人種的平等を否定するものでも、意に反する苦役の状態を再びも
たらすものでもないと述べ、修正13条違反の主張をしりぞけたのに対して、Har-
lan 反対意見は、修正13条が奴隷制の廃止のみならず、奴隷制または苦役の痕跡
といえるあらゆる負担を阻むものであり、修正14条とともに、自由と市民権に伴
うあらゆる人権を保護すると主張している。

　1960年代になると、state action 要件が妨げとなり修正14条の執行としては認
められてこなかった公共施設における私人による権利侵害行為を禁止する連邦法
(Civil Rights Act of 1964) を、通商条項を根拠に正当化する新たな判例理論が確立

39　Plessy v. Ferguson, 163 U.S. 537 (1896).

していった[40]。しかし、それによって修正13条の執行が不要になるという立場を、連邦最高裁はとらなかった。1968年の Jones v. Alfred H. Mayer Co. 判決[41]は、黒人であることを理由に家屋の売り渡しを拒否されたと主張する原告が、§1982に基づく救済を求めた事例で、§1982が state action のみに適用されるとした連邦控訴裁判決を否定した。すなわち、法廷意見は、Civil Rights Act of 1866が政府による差別とともに私人による差別を禁止したと解し、修正14条の成立とその後の同法の再制定によって適用対象が state action に限定されたと解釈することはできないとした。そして、修正13条は単に黒人奴隷を主人から解放しただけのものではなく、同条に基づき何が奴隷制の痕跡または付随物であるかを連邦議会が決定するには理にかなった根拠があればよいとして、住居に関する私人による人種差別は、黒人が白人と等しく財産を相続・購入・賃借・販売・譲渡する権利を否定しているので、これに該当すると判断した。すなわち、本判決によって、修正13条を根拠とする、私人間での財産取引上の差別を禁止する連邦議会権限が肯定された。

以上、修正13条を根拠に私人による侵害行為を直接規制する連邦法を制定することが認められており、state action 要件による制約を受ける修正14条と好対照をなしていることが確認された。とりわけ、*Civil Rights Cases* 判決は、19世紀に成立した憲法規定の解釈を、19世紀の裁判所が行ったものであった。ここでは、〈近代立憲主義憲法は公権力を制限するためのものであって、私人の行為を規律しない〉という一般命題から演繹的に私人間効力を否定する、日本で頻繁に観察される論法がとられているのではなく、修正13条と修正14条の文言上の相違から、それぞれの適用範囲の違いが解釈上帰結されていることに注目すべきである。ここではまた、〈私人による侵害行為という現象は20世紀以降に生じた特殊現代的現象であって、19世紀の近代立憲主義憲法の時代においてはさほど問題視されていなかった〉という認識ともずれが生じている。この点は、巷間に流布し

---

40 Heart of Atlanta Motel v. United States, 379 U.S. 241 (1964), Katzenbach v. McClung, 379 U.S. 294 (1964). このほか、Georgia v. Rachel, 384 U.S. 780 (1966) は、公共施設（飲食店）でのサーヴィス提供を求めたため不退去を処罰する州法違反に問われた被告人らが、人種差別による逮捕・訴追を受けたと主張して、28 U.S.C. §1443 (Civil Rights Act of 1866に由来) に基づき連邦裁判所への移送を請求した事例で、上訴中に制定された Civil Rights Act of 1964が本件行為にも適用されるとして、被告人に立証の機会を与えるため事案を連邦地裁に差し戻すこととした連邦控訴裁判決を支持している。

41 Jones v. Alfred H. Mayer Co., 392 U.S. 409 (1968).

ている権力批判を重視するタイプの憲法論にとって、修正13条が不都合な実例であることを示している。同時に、日本国憲法が近代立憲主義憲法であるからという根拠により、具体的な解釈論上の帰結をダイレクトに導きだす論法にとっても、修正13条は説明困難な実例であるといえよう。

四　修正13条2節と連邦議会の執行権限

ここで、再建期の修正条項（修正13~15条）と、同時期に連邦議会によって制定された一連の執行立法との先後関係を確認しておきたい。1863年1月の奴隷解放宣言ののち、第38回連邦議会（1863-1865）において連邦憲法修正案の審議が開始され、1865年1月に可決され各州に提案された修正13条は、各州議会による批准を得て1865年12月に成立した[42]。その間の1864年大統領選挙・連邦議会議員選挙を経て組織された第39回連邦議会（1865-1867）は、1866年4月にAndrew Johnson大統領の拒否権を覆してCivil Rights Act of 1866[43]を制定した。Civil Rights Act of 1866の成立後、1866年6月に第39回連邦議会によって可決された修正14条が、1868年7月に各州の批准を得て成立し、さらに、1869年2月に第40回連邦議会（1867-1869）によって可決された修正15条が、1870年2月に各州の批准を得て成立した。また、その間の1867年3月（つまり修正14条の連邦議会での可決よりも後、修正14条の批准成立よりも前の時点）には、債務返済のための労働強制を廃止したAnti-Peonage Act of 1867が、第39回連邦議会によって制定されている。

以上の時間的経緯からすれば、修正14条・修正15条の成立前に制定されたCivil Rights Act of 1866およびAnti-Peonage Act of 1867は、当然に修正13条2節の執行権限によって連邦議会が制定した修正13条執行法であると考えられよう。しかし、修正14条・修正15条成立後の1870年5月に第41回連邦議会（1869-1871）によって制定されたEnforcement Act（Ku Klux Klan Act）of 1870[44]は、連邦市民の投票権の実現等を目的とする法律というタイトルのもと、人種的マイノ

42　修正13条制定期における連邦議会での審議内容に関しては、小池洋平「合衆国憲法修正13条の奴隷制の廃止が意味するもの——第38回連邦議会における審議を素材として——」ソシオサイエンス21号124頁（2015）、小池洋平「修正13条の制定と『再建』の論理——第38回連邦議会における共和政体保障条項の位置づけを素材として——」ソシオサイエンス22号36頁（2016）を参照。

43　Ch. 31, 14 Stat. 27 (1866).

44　16 Stat. 140 (1870).

リティの投票権を保護して修正15条を執行する規定、投票権以外の権利・利益に関わる差別禁止規定のほか、Civil Rights Act of 1866を本法により再制定することを明記した規定（§18）を追加した。この経緯から、Civil Rights Act of 1866に、修正13条執行法としての広い射程を認めることができるのか、修正14条執行法としての限られた射程を認めることができるにとどまるのかという論点が生じることになった。

　また、Enforcement Act of 1870には、複数者が、同法違反または連邦憲法・連邦法上の権利侵害の意図で、公道等で共謀または変装する行為に対する刑事制裁規定（§6）が含まれていた。さらに、1871年4月に第42回連邦議会（1871-1873）によって制定された Enforcement Act（Ku Klux Klan Act）of 1871[45]には、修正14条の諸条項の執行等を目的とする法律というタイトルが付されていたが、同法にも、複数者が他人の平等保護を奪うため公道等で共謀または変装する行為に民刑事責任を負わせる規定（§2）が含まれていた。これらの規定によって私人による侵害行為を規制しようとする場合、一方で、state action 要件の制約を伴う修正14条によって正当化しようとするならその適用範囲の限定が必要となり、他方で、その適用範囲を私人の行為の処罰に及ぼそうとするなら修正13条による正当化の是非を論じる必要が生じることになる。

　修正13条2節を根拠とする連邦議会の執行権限をめぐっては、それにより1節による禁止を超えた広汎な裁量が連邦議会に付与されたと考えるのかどうかが問題となる。この点で、修正13条成立前に奴隷制の存在を前提としていたと考えられる規定の一つである逃亡奴隷条項（4条2節3項）を手がかりに、13条2節に基づく連邦議会の広汎な執行権限を認めようとする興味深い見解がある。それによれば、奴隷所有権を憲法上の基本的権利とする逃亡奴隷条項を連邦議会が執行したFugitive Slave Act of 1793および Fugitive Slave Act of 1850[46]は、連邦議会が最も効果的な方法で人権を保障した先例であると、Trumbull 上院議員が述べたという。そして、1842年の Prigg v. Pennsylvania 判決[47]は、他州に逃亡した労働者の返還を求める奴隷所有者の権利を定めた逃亡奴隷条項のもとで、財産権保障のため裁判所を利用することを承認しており、連邦政府が逃亡奴隷条項の執

45　17 Stat. 13 (1871).

46　Ch. 7, 1 Stat. 302 (1793), Ch. 60, 9 Stat. 462 (1850).

47　Prigg v. Pennsylvania, 41 U.S. 539 (1842).

行をする包括的な権限を有することを認めた事例だというのである[48]。

修正13条2節の執行権限に関する事例として、1976年の Runyon v. McCrary 判決[49]は、白人だけを受け入れていた人種別学の私立学校がアフリカ系の子どもの入学を拒否した事例で、契約の締結・執行に関わる人種差別を禁止する §1981 が私的行為に適用されることを認め、本件人種差別に同条を適用することは、結社の自由、プライヴァシー権、親の教育権の侵害ではないとし、また、§1981の適用は修正13条2節に基づく執行権限の行使にあたり、先述の Jones 判決に依拠して、この権限は私人の行為の直接規制に及ぶと判断した。ここでは、私学による人種別学が修正13条2節の執行権限によって規制可能とされており、規制が私人による人種差別に広く及ぼされる結果になっている。その後、1989年の Patterson v. McLean Credit Union 判決[50]は、McCrary 判決の変更の要否を再検討したが、先例拘束性の法理から逸脱する特段の事由が認められないとして、先例変更には至らず、改正前の §1981が契約上の義務履行を妨げない契約成立後の行為には適用されないと判断した。この事例では、レイオフの対象となった信用組合の職員（黒人女性）が、§1981訴訟において、人種に基づくハラスメントと昇進差別を主張したのに対し、連邦最高裁が再弁論命令を発して、McCrary 判決の再検討の要否に関するブリーフィングを両当事者に指示した[51]。法廷意見は、①先例拘束性の法理に基づき McCrary 判決を維持し、私人による契約の締結・執行における人種差別行為に §1981が適用されること、② §1981は契約上の義務の執行を妨げない契約成立後の行為に適用されない（このような行為には Title VII が適用される）ので、人種的ハラスメントには §1981の適用がないこと、③昇進差別の主張が雇用者と労働者の新たな関係に関わる場合には、§1981訴訟が可能であり、そのために必要とされる一応の証明の域を超えて、昇進した白人よりも優れた能力を原告が有していたことの証明を求めた連邦地裁の陪審説示は誤りであったことを指摘した。

この判決による §1981判断は、次に述べるように、のちの連邦法改正によって修正された。以下の2事例は、修正後の §1981の適用範囲に関する判断である。

---

48 Robert J. Kaczorowski, *The Enforcement Provisions of the Civil Rights Act of 1886: A Legislative History in Light of* Runyon v. McCrary, 98 YALE L. J. 565, 567–573 (1989).

49 Runyon v. McCrary, 427 U.S. 160 (1976).

50 Patterson v. McLean Credit Union, 491 U.S. 164 (1989).

51 485 U.S. 617 (1988)

2006年の Domino's Pizza, Inc. v. McDonald 判決[52]では、法人に対する契約締結の拒否が§1981に違反することを、経営者である個人が主張できるかが問題になった。本件当時の当該規定には、Civil Rights Act of 1991[53]による修正により、契約の締結・執行に、契約の作成、履行、修正、終了のほか、契約上の関係から生じる利益の享受等が広く含まれることを定める定義条項が追加されていた（§1981(b)）。この事例では、黒人である原告が唯一の株主でありかつ社長として運営するレストラン事業を営む法人が、ピザの全国チェイン Domino's との法人間の契約締結を進めていたが、Domino's のエイジェントとの間で対立が生じたため契約の成立に至らず、その過程で、原告に対する人種差別的発言と受け取られうる発言がなされたことが、原告個人による§1981に基づく損害賠償等請求の根拠とされた。原告は、人種的敵意による法人間の契約破棄が、原告に対する個人的な損害を生じさせたと主張した。連邦控訴裁は、法人が被った損害と区別される個人的損害が存在する場合には、契約の当事者ではない個人による§1981訴訟が可能であると判断した。これに対し、連邦最高裁は、①§1981は、契約上の関係に基づく権利を有する者（契約が未成立であってもよい）が人種差別を受けた場合の救済を定めるものである、②法人法理によれば、株主や社員は法人の契約から生じる権利義務の当事者ではないので、契約交渉を担当したにすぎない原告には契約に由来する権利は帰属しない、③差別の現実のターゲットになった個人が請求権を得るという主張は§1981の条文に反する、④§1981はあらゆる人種的不正義に対する包括的救済でも万能薬でもマイノリティ労働者によるクラス・アクションを認めるものでもない、⑤原告が契約当事者としての権利を有するのでない限り、§1981請求は認められないと判断した。すなわち、実質的に個人経営に近いと思われる法人の契約事例においても、個人に対する差別行為と法人が被った損害との牽連関係が形式上否定された。つぎに、2008年の CBOCS West, Inc. v. Humphries 判決[54]は、本人の人種、および、同僚への人種差別に対する不服申立てを理由に解雇されたと主張するレストランのアシスタント・マネジャー（黒人）が Civil Rights Act of 1964 Title VII 訴訟と§1981訴訟を提起した事例で、§1981が報復事例に及ぶと判断した（Title VII 請求は訴訟費用支払いの不備を理

52　Domino's Pizza, Inc. v. McDonald, 546 U.S. 470 (2006).
53　105 Stat. 1071 (1991).
54　CBOCS West, Inc. v. Humphries, 553 U.S. 442 (2008).

由に連邦地裁で斥けられた）。法廷意見は、①先例によると§1982は報復事例に及ぶとされたが、従来§1981と§1982は同様に解されてきた、② Civil Rights Act of 1991による§1981(b) の追加により、契約成立後の行為（多くの報復行為はこの類型に含まれる）を§1981の適用範囲から除外した *Patterson* 判決は覆され、その後の連邦控訴裁判例は§1981を報復事例に及ぼしている、③§1981を報復事例に及ぼす結論は、先例拘束性の法理によって強く支持されると判断した。すなわち、§1981に報復事例への適用が明示されていないことを被告側が強調したが、この主張はしりぞけられ、§1981が報復事例を包含するものとして広く理解された。

　以上に加え、共謀または変装による平等侵害行為を禁止した§1985(3) をめぐる諸事例が、修正13条２節の執行権限の範囲を考える手がかりになる。1971年の Griffin v. Breckenridge 判決[55]は、原告ら（黒人）が公道上を自動車で走行中に被告ら（白人）によって停止させられ暴行を加えられたとして、§1985(3) を根拠に損害賠償を請求した事例で、私人による行為を規制する同条が修正13条２節に基づく有効な立法であることを認めた。すなわち、法廷意見は、§1985(3) よりも広汎な刑罰法規である §241が合憲とされてきたことを指摘し、*Jones* 判決に依拠して、連邦議会は何が奴隷制の痕跡および付随物であるかを理に照らして決定する権限を有するとして、同条を修正13条によって正当化した。また、1993年の Bray v. Alexandria Women's Health Care Clinic 判決[56]は、妊娠中絶に反対する活動家による妨害行為が、中絶を求めて医療機関にアクセスした女性の権利を侵害する共謀行為であり、§1985(3) の禁止行為にあたるとして、インジャンクションの請求がなされた事例で、妊娠中絶を受ける権利は修正14条が保障するプラヴァシー権の一つであるので、私人による侵害に対しては保護されず、州際移動の権利の主張に関しては、侵害の共謀が成立するためには人種的または階級に基づく差別的な敵意がなければならないとして、原告の主張をしりぞけた。

　以上から、修正13条２節に基づく連邦議会の執行権限は、相当広汎な私人による行為の規制に及ぼされていることがわかる。近時の連邦最高裁は、修正14条５節に基づく連邦議会の執行権限に関しては、予防・救済すべき侵害とそのための手段との調和と比例性（congruence and proportionality）を求める基準に従って、執行立法の合憲性を判断するに至っているが[57]、修正13条２節に基づく執行権限

55　Griffin v. Breckenridge, 403 U.S. 88 (1971).
56　Bray v. Alexandria Women's Health Clinic, 506 U.S. 263 (1993).

は、これよりも裁量が広い権限であるように感じられる。この点に関しては、必要適切条項に基づく連邦議会の立法権限は、本来は意味のある司法審査を排除するほどの広汎な裁量をともなう権限ではなかったとして、修正13条2節の権限についても同様に、意味のある司法審査の余地を留保すべきだという見解がある[58]。修正13条2節を根拠に連邦議会による私人間関係の広汎な規制を許容する判例理論は、ここでも、〈近代立憲主義憲法は公権力を制限するためのものであって、私人の行為を規律しない〉という一般命題からの逸脱を示している。この点でも、修正13条の内実と日本で巷間に流布している憲法論との乖離には、注意が必要である。

五　おわりに

　ある国の憲法典が確定・成立したのち、時間の経過とともに、憲法判例の蓄積などを通じて個々の憲法規定の内容が形成され、一方で、ある憲法規定が当初想定されていた意味よりも拡張的に理解され、他方で、別の憲法規定が当初想定されていた意味よりも限定的に理解されることによって、各憲法規定の役割分担に過不足・不均衡が生じることがある。アメリカ連邦憲法においては、拡張的に理解されている規定の例として、1条8節3項の通商条項、修正14条のデュー・プロセス条項などを、限定的に理解されている規定の例として、修正9条、修正14条の特権免除条項などを挙げることができ、修正13条もまた、限定的に理解されている規定の例といえよう。同条は、一般に、奴隷制を廃止した歴史的意義を有する規定であると認識されているが、一回限りの歴史的な偉業を達成したのちに、現在では役目を終えた功労者または歴史の遺物と化している感すらある。

　しかし、本稿でみたように、労働者保護規定としての側面や、私人間の経済取引における人種差別の規制根拠としての側面など、修正13条が例外的に柔軟に解釈されている分野も存在している。また、近年、修正13条を、文字どおりの奴隷（制）および意に反する苦役に該当しない、現代のさまざまな社会問題に対する規制根拠とする拡張的解釈が、各論者によって提言されている。例えば、出産の

57　City of Boerne v. Flores, 521 U.S. 507 (1997).

58　Jennifer Mason McAward, *McCulloch and the Thirteenth Amendment*, 112 COLUM. L. REV. 1769 (2012).

強制は意に反する苦役に該当し、修正13条は妊娠中絶を擁護しているとして、妊娠中絶規制が修正13条違反だとする見解がある[59]。あるいは、修正13条の禁止対象を人種的ヘイト・スピーチに拡張し、ヘイト・スピーチが修正13条違反だとする見解や、ヘイト・スピーチが「精神的な意に反する苦役」にあたるとして修正13条によって言論規制を正当化する見解、修正13条2節を根拠に連邦議会がヘイト・スピーチを禁止することができると主張する見解、修正13条2節を根拠に連邦議会が南軍旗の使用を規制することができるとする見解がある[60]。あるいは、修正13条の起草者は、奴隷制の廃止だけでなくその形跡の除去も意図していたとして、宗教的動機によるヘイト・クライムや、テロ捜査におけるアラブ系・イスラム教徒に対する人種的プロファイリングなど、奴隷制と具体的関連があるその痕跡および付随物に該当するものは修正13条違反であるとする見解、警察が過去に逮捕された者を情報屋として使用するのは修正13条違反だとする見解、黒人に対する差別的な死刑執行は修正13条が禁止する奴隷制の痕跡に該当するとする見解がある[61]。あるいは、修正13条が児童虐待を禁止するという見解、児童労働が修正13条によって禁止された意に反する苦役の一形態であると示唆する見解がある[62]。あるいは、重罪犯の選挙権停止を定める州法には差別的インパクトがあるとして、これを無効にする権限が修正13条によって連邦議会に付与されていると主張する見解がある[63]。あるいは、女性に対する家庭内暴力は奴隷所有制の痕跡および付随物であって、修正13条2節が連邦議会による規制の根拠になるという

---

59 Andrew Koppelman, *Forced Labor: A Thirteenth Amendment Defense of Abortion*, 84 Nw. U. L. Rev. 480 (1990).

60 Akhil Reed Amar, *The Case of the Missing Amendments:* R. A. V. v. City of St. Paul, 106 Harv. L. Rev. 124 (1992), Michael A. Cullers, *Limits on Speech and Mental Slavery: A Thirteenth Amendment Defense Against Speech Codes*, 45 Case W. Res. L. Rev. 641 (1995), Alexander Tsesis, *Regulating Intimidating Speech*, 41 Harv. J. on Legis. 389 (2004), Tsesis, The Thirteenth Amendment and American Freedom, *supra* note 2, at 137-149.

61 William M. Carter, Jr., *Race, Rights, and the Thirteenth Amendment: Defining the Badges and Incidents of Slavery*, 40 U. C. Davis L. Rev. 1311 (2007), Robert L. Misner & John H. Clough, *Arrestees as Informants: A Thirteenth Amendment Analysis*, 29 Stan. L. Rev. 713 (1977), Douglas L. Colbert, *Liberating the Thirteenth Amendment*, 30 Harv. C. R. -C. L. L. Rev. 1 (1995).

62 Akhil Reed Amar & Daniel Widawsky, *Child Abuse as Slavery: A Thirteenth Amendment Response to* DeShaney, 105 Harv. L. Rev. 1359, 1365-1366 (1992), Dina Mishra, *Child Labor as Involuntary Servitude: The Failure of Congress to Legislate Against Child Labor Pursuant to the Thirteenth Amendment in the Early Twentieth Century*, 63 Rutgers L. Rev. 59 (2010).

63 Darrell A. H. Miller, *A Thirteenth Amendment Agenda for the Twenty-First Century: Of Promises, Power, and Precaution*, in Tsesis ed., The Promises of Liberty, *supra* note 2, at 291.

見解、女性への売春強制は奴隷制の本質的要素をすべて含むので修正13条違反であるとする見解、セクシュアル・ハラスメントは奴隷制の痕跡に該当するので、修正1条違反であると主張されるハラスメント規制は修正13条によって正当化できるとする見解がある[64]。あるいは、同性愛者の人権を保障する州法を無効とする州憲法修正を修正13条違反とする見解がある[65]。あるいは、医師による自殺幇助は、差別されたグループ（黒人）に不均衡なインパクトを及ぼすので修正13条違反だとする見解がある[66]。近年では、オルカにために訴えを提起した原告が、エンターテインメント施設でオルカを使役するのは修正13条違反だと主張した裁判例も登場している[67]。

　これら修正13条の拡張的解釈に対しては、一方で、この楽観主義的な立場が現在の支配的見解から乖離しているため、判例法理として定着する可能性が低いことを認めつつ、政策論・立法論の分野で有効であるとして、肯定的に評価する見解がある[68]。本来は一般的な権利保障規定としての含意を有していた修正13条が、修正14条や通商条項の役割増大の影響によって縮減されている現状を問題視する立場から、修正13条の拡張的解釈を肯定的に評価する見解もある[69]。しかし他方で、修正13条が意味ある憲法規定としての効力を保持するためには、その射程を過剰に拡張してあらゆる社会的不正義の救済規定とするような解釈には問題があるという指摘もある[70]。

　このような修正13条論は、日本国憲法の解釈論にどのような示唆をもたらすのであろうか。まず、修正13条と共通する含意を有すると考えられるのは日本国憲法18条[71]・19条であり、18条は修正13条の継受規定であると理解でき、19条に関

64　Marcellene Elizabeth Hearn, Comment, *A Thirteenth Amendment Defense of the Violence Against Women Act*, 146 U. PA. L. REV. 1097 (1998), Neal Kumar Katyal, *Men Who Own Women: A Thirteenth Amendment Critique of Forced Prostitution*, 103 YALE L. J. 791 (1993), Jennifer L. Conn, *Sexual Harassment: A Thirteenth Amendment Response*, 28 COLUM. J. L. & SOC. PROBS. 519 (1995).

65　David P. Tedhams, *The Reincarnation of "Jim Crow:" A Thirteenth Amendment Analysis of Colorado's Amendment 2*, 4 TEMP. POL. & CIV. RTS. L. REV. 133 (1994).

66　Larry J. Pittman, *Physician-Assisted Suicide in the Dark Ward: The Intersection of the Thirteenth Amendment and Health Care Treatments Having Disproportionate Impacts on Disfavored Groups*, 28 SETON HALL L. REV. 776 (1998).

67　Tilikum v. Sea World Parks & Entertainment Inc., 842 F. Supp. 2d 1259 (S. D. Cal. 2012).

68　Jamal Greene, *Thirteenth Amendment Optimism*, 112 COLUM. L. REV. 1733 (2012).

69　Graber, *supra* note 37, at 1547-1549.

70　Carter, *supra* note 61, at 1378-1379.

わる最高裁判例も「屈辱的若くは苦役的労苦」という要素に言及している[72]。そして、これらの憲法規定にも同様の拡張可能性があることはたしかである。他方で、生命・自由・幸福追求権を保障する13条は、一般的・包括的自由権の補充的保障規定であると解され、しばしば、その過重負担の問題性が論じられてきた。しかし、かりにある憲法規定が過小評価され、他の憲法規定の過重負担を生じさせる理論が支配的見解として定着している場合に、過小評価されている憲法規定の過度の拡張解釈を主張することが、ただちに有効な解決策になるとは考えにくい。複数の憲法規定間の役割配分に過不足・不均衡が生じている場合の対処については、政策的に不当・不合理な憲法規定が存在する場合や、政策的に不当・不合理な憲法判例が定着している場合に憲法改正という手段を活用してその是正を図る選択肢も含めて、多様な選択肢を考察対象に含め、広い視野のもとで考えるべき課題ではないかと思われる[73]。

　本稿で述べたように、アメリカにおける修正13条論は、日本で巷間に流布している憲法論とは相当に異なる内実を有している部分があった。同条には、一回限りの〈被抑圧階級の解放規定〉にはとどまらない内実がみとめられ、〈近代立憲主義憲法は公権力を制限するためのものであって、私人の行為を規律しない〉〈私人による侵害行為という現象は20世紀以降に生じた特殊現代的現象であって、19世紀の近代立憲主義の時代においてはさほど問題視されていなかった〉という一般命題に反する内実が含まれていた。そもそも、修正13条の成立自体が、〈既存の憲法典に政策的に不当・不合理な規定が含まれていることはありえない〉という想定、および、〈憲法改正はその本質上不正義である〉という想定と矛盾している。一見、日本社会にとって無縁な異国の過去の遺物のようにみえる修正13条との比較研究には、このような固定観念の相対化を図るうえで、極めて有用な部分があると考えるべきである。

　71　近年の18条研究として、山崎友也「『意に反する苦役』禁止（憲法18条後段）の現代的意義——裁判員制度を合憲とした平成23年最大判を契機に——」岡田信弘＝笹田栄司＝長谷部恭男編『憲法の基底と憲法論　高見勝利先生古稀記念』861頁（2015）。

　72　最大判昭和31年7月4日民集10巻7号785頁。

　73　別の例をあげると、私見によれば、司法的救済権限の範囲に関しては、現在の日本ではこれを過小評価する憲法判例が定着しているように思われるが、それを前提として他の憲法規定の解釈論を操作することは適切ではなく、たとえば憲法訴訟におけるエクイティ的救済権限を明文化する憲法改正や、統治行為論の使用を禁止ないし制限する憲法改正を提案するなど、多様な選択肢を考察対象に含めることが本筋であると思われる。

スポーツイベントの安全と公法的規制
——フランスのフーリガン対策法制の憲法問題——

井　上　武　史

一　はじめに
二　刑事的規制
三　行政的規制
四　おわりに

一　はじめに

1　「ヘイゼルの悲劇」の教訓

　ヨーロッパでは長らく、スポーツイベントの際の、熱狂的なファンによる暴動問題に悩まされてきた。とくにサッカー（football）の試合では、フーリガン（hooligan）と呼ばれる暴徒化した集団によって試合会場の内外で繰り返し行われる破壊行為や暴力行為などの違法行為が、国内試合においてだけでなく国際試合においても度々見られた。このため、スポーツのイベントや試合における安全の確保は、今でもヨーロッパ各国政府にとって重大な関心事であり続けている[1]。

　とりわけ重要な契機となったのが、1985年5月の「ヘイゼルの悲劇（英：Heysel Stadium disaster, 仏：drame du stade du Heysel)」である[2]。その悲劇は、ベルギーのブリュッセルにあるヘイゼル・スタジアムで起こった。UEFAチャンピオンズリーグの1984-1985年シーズンの決勝戦前、リヴァプール（イングランド）のサポーターとユヴェントス（イタリア）のサポーターとのあいだで衝突が起こ

1　Frédéric Buy, Jean-Michel Marmayou, Didier Poracchia et Fabrice Rizzo, *Droit du sport*, 4ᵉ éd., LGDJ, 2015, p. 445.

2　「ファン衝突40人死ぬ　ベルギー　英・伊、それでも試合　欧州サッカー」朝日新聞1985年5月30日夕刊第1面（東京）、「ヘイゼルの悲劇から25年、ユーヴェが追悼セレモニー」朝日新聞Digital（2010年5月30日）、「ヘイゼルの悲劇から20年：リヴァプールとユヴェントス（トリノ）が再会」ル・モンド2005年4月4日（http://www.lemonde.fr/sport/article/2005/04/04/vingt-ans-apres-le-drame-du-heysel-liverpool-retrouve-la-juventus-turin_635056_3242.html)

り、ユヴェントスのサポーター39名が死亡し、負傷者が600名以上にも及ぶ文字通りの大惨事となった。

この悲劇を受けて、欧州評議会は1985年8月19日に「スポーツイベント、とりわけサッカーの試合の際の観客の暴力及び暴発に関する欧州協定[3]」（以下「欧州協定」という）を採択した。この欧州協定は、スタジアムでの暴力の予防と抑制、およびそれらに関する締約国の協力の強化を盛り込んだ初めての政策協定である。

この欧州協定は宣言的なものにとどまり強制力をもたないが、フーリガン対策のための特別のルールを整備するように締約国に推奨するものであった。協定の目的を掲げた第1条は、「締約国は、サッカーの試合の際の観客の暴力及び暴発を予防及び抑制するために、各締約国の憲法規定の限度内で、本協定の諸規定に効力を与えるのに必要な諸措置をとる義務を負う」と定めている。

この協定を受けて、各締約国ではフーリガン対策のための国内法の整備や責任機関の設置が行われることになった。しかし、国や地方自治体などの公権力による規制措置を認めるのであれば、協定自身が「憲法規定の限度内で」と指示しているように、人権保障とのバランスが考慮される必要がある。

2　フーリガン対策法制の傾向

もっとも、フーリガンによる破壊活動や暴力行為への対処といっても、それらはまず、通常の民事法や刑事法で行うのが普通であろう。しかし、前記の欧州協定では、一般法では対処できないからこそフーリガン対策のための「特別ルール[4]」の整備が推奨されたのだった。そこで、フランスでも、フーリガン対策として新たな犯罪類型や行政的措置を設けたり、既存の犯罪を重罰化したりする動きが見られた。

フランスのフーリガン対策法制は、当初は事後的な刑事制裁が中心であった。しかしその後、暴動によってもたらされる被害が深刻かつ甚大であるため、その未然の予防の必要から、行政による事前の規制措置の重要性が増してきている。

3　Convention européenne sur la violence et les débordements de spectateurs lors de manifestations sportives et notamment de matches de football, 19 août 1985. https://rm.coe.int/168007a093

4　Laurent Falacho, «Les mesures prises pour lutte contre le hooliganisme à l'épreuve des libertés publiques», *Revue du droit public*, 2001, p. 428.

また、規制対象についても、個人の行為だけでなく、集団的行為にまで拡大される傾向にある。

　本稿では、上記欧州協定の締約国の一つであるフランスのフーリガン対策法制を取り上げて、公法的な視点から検討を行うことにしたい[5]。

二　刑事的規制

1　刑事的規制の概観

　フランスが欧州協定を批准したのは1987年である。しかし、それ以前にも1984年7月16日の体育活動及びスポーツ活動の組織と促進に関する法律（通称アヴィス法〔loi Avice〕）および1992年7月13日の同改正法（ブルダン法〔loi Bredin〕）によって、スポーツイベントでの暴動や暴発が犯罪として定められた。とくに、1984年のアヴィス法は、スポーツ関連法令がその後にスポーツ法典として再編されるまで、スポーツに関する基本法としての意味をもっていた。

　1985年の欧州協定で具体的な措置として挙げられていたのは、スポーツ会場内へのアルコールと危険物の持ち込みの禁止であったが、すでにアヴィス法ではそれ以外にも多くの措置がすでに定められていたのだった。その後の、1992年のブルダン法および1993年のアリヨマリ法（後述）などによって規制対象は順次拡大し、従来から規定されていた犯罪も厳罰化された。

　とりわけ、1993年8月28日、パリ・サンジェルマン（Paris Saint-Germain）のホームスタジアム「パルク・デ・プランス（Parc des Princes）」（パリ市）で起こった暴動事件によって、フーリガン対策は一層強化された。同事件では、暴徒化したパリ・サンジェルマンのサポーターと警察官が衝突して10名が負傷し、18名が有罪判決を受けた。この事件を契機として、従来の対策では不十分であることが認識されたのだった。そこで、同年12月6日にスポーツイベントの安全に関する法律（アリヨマリ法〔loi Alliot-Marie〕）が制定されて、従来からの禁止行為が重罰化され、新たな犯罪類型が設置されただけでなく、後に見るように、司法による

　5　スポーツイベントの安全については、収容能力の拡大のために設置した仮設スタンドの崩壊によって18人が死亡し、2000人以上が負傷した1992年の「フュリアニの悲劇（Drame de Furiani）」のように、スタジアムの設備・施設の管理や主催者の運営のあり方も問題となりうるが、本稿が対象とするのは、フーリガンを念頭に置いた、暴動行為からの安全の問題である。

634

入場禁止措置が新たに追加された[6]。

　その後の法律によってフーリガン対策法制は幾度も改正を経ているが、それらの措置は、現在、スポーツ法典（Code du sport）の「スポーツイベントの安全」（法律の部第3編第3章第2節）という表題の下に整備されている[7]。それによると、試合が行われているスポーツ会場又は公開の中継放送が行われているスポーツ会場で以下の行為を行うことが禁止される。

スポーツ会場などで禁止される行為

犯罪となる行為	刑　　罰	根拠法律 （スポーツ法典）
①　無理やりに又は秘かにアルコール飲料を持ち込む又は持ち込もうとする行為	7500ユーロ以下の罰金及び1年以下の禁固	L332-3条
②　酩酊状態でスポーツ会場に接近する行為	7500ユーロ以下の罰金	L332-4条
③　酩酊状態でスポーツ会場に接近した者が、暴力によって他人を8日以内の労働不能にする行為	15000ユーロ以下の罰金及び1年以下の禁固	L332-4条
④　酩酊状態で、無理やりに又は秘かにスポーツ会場に侵入した又は侵入を試みた行為	15000ユーロ以下の罰金及び1年以下の禁固	L332-5条
⑤　手段の如何にかかわらず、審判、選手、あらゆる人々又は団体に対する憎悪又は暴力を観客に誘発させる行為	15000ユーロ以下の罰金及び1年以下の禁固	L332-6条
⑥　人種差別又は排外主義を呼び起こす標章やシンボルなどを掲げる行為	15000ユーロ以下の罰金及び1年以下の禁固。未遂でも同じ刑罰。	L332-7条
⑦　発煙筒又は発火物を持ち込み、所持し、使用する行為	15000ユーロ以下の罰金及び3年以下の禁固。未遂でも同じ刑罰。没収も可。	L332-8条
⑧　正当な理由なく、武器になりうる物を持ち込む又は使用する行為	15000ユーロ以下の罰金及び3年以下の禁固。未遂でも同じ刑罰。没収も可。	L332-8条
⑨　人の安全を危険にさらす発射物を投げ込む行為	15000ユーロ以下の罰金及び3年以下の禁固	L332-9条
⑩　可動式又は不可動式の発射物を使用する又は使用しようとする行為	15000ユーロ以下の罰金及び3年以下の禁固	L332-9条
⑪　試合が行われている会場に侵入し、試合展開を妨害する行為又は人や財産の安全を脅かす行為	15000ユーロ以下の罰金及び1年以下の禁固	L332-10条

　6　Olivier Magnaval, «L'État, le juge et les hooligans : bilan législatif et jurisprudence», *Actualité juridique de droit administratif* (AJDA), 2013, p. 1607.

これらの犯罪は、スポーツイベントという特定の場面や多数人が集まるスタジアムという特定の場所を対象としたものであり、各々の保護法益や非難対象となる行為も、一般の刑法犯とは異なるものと言えるだろう。

2　司法による入場禁止命令（Interdiction judiciaire de stade）
（1）内　容

興味深いのは、上記の何れかの犯罪で有罪とされた者は、補充刑[8]（peine complémentaire）として、スポーツイベントが行われる会場内部への入場禁止命令を受けることである。これは、司法による入場禁止命令と呼ばれるものであり、1993年のアリヨマリ法（前記）によって導入された。同措置を定めるスポーツ法典 L332-11条1項は、次のように定めている。

> 「本法典 L332-3 条から L332-10条までの諸規定と L332-19条〔解散命令を受けた団体を維持・再建する行為を処罰する規定〕が定める犯罪の一つによって有罪とされた者はまた、5年を超えない限度において、スポーツイベントが行われる会場への侵入又は接近を禁止する補充刑が科される。当該補充刑を科された者は、スポーツイベントが行われているときに、裁判所が判決で指定する特定の機関又は特定の者からの召喚に応じることを裁判所によって強制される。この裁判所の決定には、その決定が指定する一定のスポーツイベントが国外で行われる時にも、召喚に応じる義務の適用があることを定めることができる。」（第1項）

この規定には、2つの措置が含まれている。第1の入場禁止命令は、有罪判決を受けた者が、サッカーの試合などのスポーツイベントが行われている時間帯に

7　スポーツ法典は、スポーツに関係する法令を集成したものであり、2006年に整備された。同法典は、法律の部（Partie législative）、政令の部（Partie réglementaire - Décrets）、命令の部（Partie réglementaire - Arrêtés）の三部で構成されている。このため、本稿において同法典の法律の部の条文を示すには「スポーツ法典 L332-3 条」と、政令の部の条文を示すには「スポーツ法典 R332-12」と表記する。フランスにおけるスポーツ法の展開の経緯については、前記 Frédéric Buy ほか, *Droit du sport*, p. 29以下を参照。

8　補充刑とは「法定の場合に、主刑 peine principale を補充するもので、重罪または軽罪については、自然人に科する場合、禁止 interdiction、失権 déchéance、権利無能力 incapacité もしくは権利の取消 retrait du droit、物の移動禁止 immobilisation もしくは没収 confiscation、事業所閉鎖 fermeture de l'établissement、新聞などへの判決の掲示 affichage de la décision prononcée などがある（刑131-10条）。違警罪については、運転免許停止、狩猟免許の取消、武器所持の禁止、没収などがある（同131-16条）。必ず言い渡さなければならない必要的補充刑 peine complémentaire obligatoire（没収 confiscation、禁止 interdiction など）と、言い渡すことができる裁量的補充刑 peine complémentaire facultative とがある」とされる。参照、山口俊夫編『フランス法辞典』（東京大学出版会、2002年）423頁。

当該会場に侵入又は接近することを禁止するものである。第2の召喚命令は、2006年に導入されたもので、有罪判決を受けた者を、同じくスポーツイベントが行われている時間帯に特定の場所に呼び出すことである。

しかし、これら2つの措置は、何れも人の移動を制限するものであるため、本来、移動の自由（liberté du déplacement）あるいは往来の自由（liberté d'aller et venir）を制約するものである。それゆえ、これらの措置は、一般的な自由を定めた1789年人権宣言4条[9]、移動（通行）の自由（liberté de circulation）を定めた国際人権自由権規約12条[10]および欧州人権条約第4議定書2条[11]と両立するか否かが指摘されている[12]。しかし、何れの法文書も、移動の自由が公の秩序の維持や他人の権利自由の保護によって制約されることを明記しており、入場禁止命令が憲法違反や条約違反になるとは考えられていないようである。

むしろ、司法による入場禁止命令は、一度スポーツイベントで暴力行為等を行った者から一定の期間自由を奪うものであるものの、対象となる個人の暴力行為を予防する効果が認められるために、有益な手段であると考えられている[13]。

9　1789年人権宣言第4条「自由は、他人を害しない一切のことをなしうることに存する。したがって、各人の自然的権利の行使は、同じ権利の享受を他の社会構成員に保障すること以外の限界をもたない。その限界は、法律によってのみ定めることができる。」（高橋和之編『新版世界憲法集〔第2版〕』〔岩波文庫、2012年〕）

10　国際人権規約・自由権規約（市民的及び政治的権利に関する国際規約）第12条
　　1　合法的にいずれかの国の領域内にいるすべての者は、当該領域内において、移動の自由及び居住の自由についての権利を有する。
　　2　すべての者は、いずれの国（自国を含む。）からも自由に離れることができる。
　　3　1及び2の権利は、いかなる制限も受けない。ただし、その制限が、法律で定められ、国の安全、公の秩序、公衆の健康若しくは道徳又は他の者の権利及び自由を保護するために必要であり、かつ、この規約において認められる他の権利と両立するものである場合は、この限りでない。
　　4　何人も、自国に戻る権利を恣意的に奪われない。

11　欧州人権条約第4議定書（1963年）第2条
　　1　国内に適法に滞在する者は、当該国内において自由に移動する権利および自らが居住する場所を自由に選ぶ権利を有する。
　　2　何人も、自国を含めて、いかなる国からも自由に退去することができる。
　　3　これらの権利の行使は、法律で規定され、かつ、民主的社会において国の安全、公の安寧、公の秩序の維持、刑事犯罪の予防、衛生又は道徳の保護、他者の自由と権利の保護に必要な措置の場合にしか、制約されてはならない。
　　4　第1項が認める諸権利は、法律で規定され、民主的社会における公の利益によって正当化される場合には、特定の区域において制限されることがある。

12　Falacho, *op. cit.*, p. 435-436.

13　有罪判決を受けた者が外国人でありフランスに住居を有さないとき、裁判所は、当該犯罪が重大である場合には、入場禁止命令の代わりに、2年を限度としてフランスへの入国禁止を命じる

学説でも、「入場禁止命令は、一部のサポーターの暴力への十分な対処策になっているように思われる[14]」とする意見が見られる。

このように、司法による入場禁止命令は否定的に捉えられるどころか、むしろ肯定的に評価されているようである。また、入場禁止命令は、前記スポーツ法典に列挙された犯罪行為を行った者だけでなく、スポーツイベントが行われている会場内で刑法典上の一般的な暴行罪や器物損壊罪を行った者、さらには、スポーツイベントと直接の関係があれば、会場の外で前記犯罪を行った者にも適用される（スポーツ法典L332-11条2項）。

さらに、2003年3月18日の法改正で、補充刑としての入場禁止命令に違反してスポーツ会場に侵入又は接近した者、あるいは正当な理由なく召喚命令に応じなかった者には、2年以下の禁固および30000ユーロ以下の罰金が科される（同法典L332-13条）。これらは、入場禁止命令の実効性を確保する意味をもっている。

他方、司法による入場禁止命令が下された場合、検察官は、県知事に対して、入場禁止命令を受けた者の身元と住所、当該命令（補充刑）が下された日付と補充刑（入場禁止）の期間を通知しなければならない（スポーツ法典R332-1条）。また県知事は、関連するスポーツ団体および認可スポーツ連盟に対して、入場禁止命令を受けた者の身元を連絡しなければならない（同法典L332-15条）。

（2）運用と課題

一連の法改正がなされた後、司法による入場禁止命令の件数は増加傾向にある。具体的には、2002年には95件であったが、2004年には200件を数えたようである[15]。

しかし、このような日本ではおよそ考えられないような裁判所による入場禁止命令であっても、フーリガン対策にはなお不十分であると考えられている[16]。それは、同命令が有罪判決に伴う補充刑としての性格をもつので、裁判を待たなければならないからである。

そこで、フーリガンの暴力行為や破壊行為による被害を未然に防ぐために、行政による事前的な予防措置の導入が重要な課題とされた。

ことができる（スポーツ法典L332-14条）。

14　Marie Prokopiak, «Les interdictions de stade», *Revue du droit public*, 2016, p. 1455.

15　Prokopiak, *op. cit.*, p. 1456.

16　Prokopiak, *op. cit.*, p. 1457.

三 行政的規制

1 行政による入場禁止命令（Interdiction administrative de stade）

（1）導入の背景

2006年1月23日法律（テロとの闘い及び安全と国境管理についての規定に関する法律）によって、公の秩序を脅かす者に対して、警察がスポーツ会場への入場を禁止できる措置が導入された。この措置は、前記の司法による入場禁止命令と対比されるかたちで、行政による入場禁止措置と呼ばれる。

同法以前の2003年11月17日、欧州連合理事会（Conseil de l'Union européenne）は、「締約国において、サッカーの国際試合が行われる競技場への接近禁止措置の採用に関する決議[17]」を採択し、欧州各国に対して、スタジアムへの接近禁止措置およびその違反に対する制裁を定めるべきことを推奨しており、この法律は上記決議に応答したものであった。

2006年法の国会審議では、スポーツイベントの際にフーリガンの行為がもたらす公の秩序への侵害の重大性が意識されていた。とりわけ、パリ・サンジェルマンの本拠地であるパルク・デ・プランスでサッカーの試合があるときは、スタジアム周辺での混乱の回避や広域警備のために2000名にも及ぶ警察官が動員される。また、他の自治体にとっても、暴動による身柄拘束や繰り返される被害に対処することに伴う費用を無視することはできない。そこで、混乱の発生を防止するためには、行政機関の介入によって、トラブルをもたらす個人のスポーツ会場への接近又は侵入を事前に禁止することが効果的であると考えられたようである[18]。

（2）内 容

この行政的入場禁止命令は、その後の改正を経て、現在ではスポーツ法典L332-16条で規定されている。同法では、司法的入場禁止命令と同じく、①入場禁止命令と、②出頭命令が定められている。もっとも、司法的入場禁止命令が刑

---

17 Résolution du Conseil du 17 novembre 2003 relative à l'adoption, dans les États membres, de l'interdiction d'accès aux enceintes dans lesquelles se déroulent des matches de football revêtant une dimension internationale, *Journal officiel* n° C 281 du 22/11/2003 p. 1.

18 Prokopiak, *op. cit.*, p. 1457.

罰であるのに対して、行政的入場禁止命令はそうではない。その目的は、特定の
サポーターによって公の秩序に脅威がもたらされることを事前に回避することに
ある。

　まず、入場禁止命令についてであるが、以下に掲げる4つの何れかの要因によ
り「公の秩序を脅かす者」に対して、県知事は、その者の競技場への入場禁止又
は接近禁止の措置をとることができる。4つの要因とは、①スポーツイベントの
際に行われる行為全体、②過去のスポーツイベントの際に重大な行為を犯したこ
と（2010年に追加）、③解散命令を受けたサポーター団体（L332-18条）に所属して
いたこと、④活動停止処分（同条）によって活動が禁止されているサポーター団
体への活動に参加したこと（以上、2011年に追加）、である（第1項）。入場禁止命
令などの期限は原則として24カ月以内であるが、過去3年以内に入場禁止命令を
受けたことがある者については、36か月まで延長することができる（第2項[19]）。
また、命令には、スポーツイベントの種目が定められなければならない。

　次いで、出頭命令（第3項）についてであるが、県知事は、入場禁止命令の対
象者に対して、禁止対象となるスポーツイベントの際に、県知事が指定する特定
の機関および特定の者の下への出頭を義務づけることができる。具体的には、対
象者の居住地を管轄する警察署又は憲兵隊舎への出頭が義務づけられる（スポー
ツ法典 R332-4条）。このことは、司法による召喚命令の場合と同じく、県知事が
指定する国外でのスポーツイベントの場合にもあてはまる。もっとも、この出頭
義務は、対象者が行った行為と比例するものでなければならないとされている。
上記命令に違反すれば、1年以下の禁固および3750ユーロ以下の罰金が科される
（第4項）。

　このような禁足義務（obligation de pointage）は、対象となる個人を警察署など
一定の場所に足止めすることで、入場禁止命令を実効的に確保する意味がある。
司法的入場禁止命令の場合とは異なり、法律上、県知事は出頭命令を出すことを
義務づけられるわけではない。しかし、2007年の内務省通達[20]において、「入場
禁止命令の最善の執行を確保するためには、出頭命令が最も効果的な手段であ

19　2016年5月10日法律（サポーターとの対話及フーリガニズムとの闘いを強化する法律）によっ
　　て、禁止期間が延長された。

20　Circulaire, 20 août 2007 du ministre de l'intérieur, de l'Outre-Mer et des Collectivités territo-
　　riales relative à la mise en oeuvre des interdictions administratives de stade. NOR: INT/
　　D/07/00089/C, p. 4.

る」という理由から、例外的な場合を除き、入場禁止命令には出頭命令が伴わなければないとされている。このため、実務上、出頭命令は入場禁止命令と一体的に運用されているようである

また、県知事は、入場禁止命令を受けた者を、関連するスポーツ団体や認可スポーツ連盟に通知しなければならない（第5項）。これも、司法による入場禁止命令と同じである。

（3）憲法適合性の問題——移動の自由との関係

しかし、スポーツ会場での公の秩序を維持するのに、特定の個人を警察署などに出頭させることは、過剰な措置ではないのか。しかも、特定の時間に特定の場所に居続けることを義務づけられることによって、個人の移動の自由は大きく制約される。このため、出頭命令を定めるスポーツ法典L332-16条3項は、憲法が保障する権利及び自由を侵害する可能性が指摘されてきた[21]。

具体的な行政訴訟において、原告から前記条項に対して違憲の抗弁が提起されたが、コンセイユ・デタは、同条項を憲法院に移送しなかった。コンセイユ・デタは、試合中における「出頭義務は、入場禁止命令を補完するものであるとともに、当該禁止命令を実効的にする目的をもっており、入場禁止命令と同様に、公の秩序の保護の必要に応えるものである。この出頭義務は、個人の自由を何ら剥奪するものではなく、競技場への入場禁止命令と同じく、往来の自由（liberté d'aller et venir）に対する限定的な侵害にとどまり、達成されるべき目的とも比例している[22]」とし、憲法違反のおそれはないと述べたのだった。

学説では、警察署などへの出頭義務が移動の自由に対する極めて厳しい制約であることを認めつつも、対象となるスポーツイベントが特定されており、時間も限定されていること、理由付記や防御権などの手続保障が確保されていること、そして、出頭できない場合や出頭場所の変更についての規定が命令で定められていること（スポーツ法典R332-6条）などを理由として、出頭義務を認めるスポーツ法典L332-16条3項は移動の自由を侵害しないとする見方が示されている[23]。

21　Prokopiak, op. cit., p. 1463-1463. 具体的には、憲法66条の個人の自由、移動の自由、権力分立、無罪の推定、実効的な救済を受ける権利、刑罰の必要性が挙げられている。

22　Conseil d'État, 13 juillet 2010, *Merlin*, n° 340302; *AJDA*, 2010, p. 1456; Olivier Le Bot, «L'obligation de pointage des hooligans validée par le Conseil d'État», *Constitutions* 2011, p. 103.

23　Prokopiak, *op. cit.*, p. 1465. また、同条項は人身の自由を保障する欧州人権条約5条に違反しないとした下級審判決がある。Tribunal administratif de Montreuil, 21 septembre 2010, n°

（4）適用例

司法および行政によるものを合わせて、入場禁止命令は、2011-2012年シーズンで413件出されており、そのうち、行政的入場禁止命令は290件で、司法的入場禁止命令は123件である[24]。また、2014-2015年シーズンでは367件出されており、そのうち、249件が行政的入場禁止命令で、118件が司法的入場禁止命令である[25]。行政的措置が事前的なもので、しかも裁判手続によらない権利自由の制約であるにもかかわらず、適用事例が多いというのが現状である。

ここでは最近の適用例を一つ紹介したい。2013年7月17日、パリ警視庁は、パリを本拠地とするサッカーチーム「パリ・サンジェルマン」の一人のサポーター（X）に対して、同チームの試合が行われるスタジアム内および同チームの試合を中継するスタジアム内への入場を6か月間禁止する命令を下した。その理由は、2013年5月13日、パリ・サンジェルマンが2012-2013年シーズンのフランス一部リーグ（Ligue 1）で優勝したことを受けて行われたパリ市内でのパレードにおいて、警察官とサポーターが衝突する暴動が発生し、その際、Xを含む過激サポーター団体の一部が、チームの指導部を侮辱する意図をもって、公道において発煙筒、自動発火装置、爆竹を放擲したからである。

Xが入場禁止命令の取消しと7000ユーロの損害賠償を求めて提訴したところ、パリ行政裁判所は、原告の主張を認めて入場禁止命令を取り消した（2014年5月28日）。しかし、パリ行政控訴裁判所は、Xが行った行為を評価すると、Xはスポーツ法典L332-16条にいう「公の秩序を脅かす者」に該当するとして、原判決を取消したのだった[26]。

他方、過去に過激なサポーター団体に所属していたことや[27]、過去に発煙筒をスポーツスタジアムに持ち込んだという事実だけでは[28]、公の秩序への脅威は認められないとして、県知事の入場禁止命令を取り消した裁判例もある。

0810341; *AJDA* 2011, p. 230.

24　Magnaval, *op. cit.*, p. 1610.

25　Prokopiak, *op. cit.*, p. 1462.

26　Cour administrative d'appel de Paris, 31 décembre 2015, N° 14PA03676.

27　Tribunal administratif de Versailles, 11 décembre 2008, n° 0701397, *AJDA* 2009, p. 790.

28　Tribunal administratif de Versailles, 11 décembre 2008, n° 071386, *AJDA* 2009, p. 557.

2 サポーターに対する移動禁止命令 (Interdiction de déplacement)

(1) 内 容

2011年3月14日法律（国内安全の確保のための方針及び計画に関する法律）によって、国および地方自治体は、暴力的なサポーターの移動を制限できるようになった。移動の制限は、①フランス全土に及ぶ場合と、②県内を対象とする場合とに分けられる。

①内務大臣の権限　まず、フランス全土を対象として、内務大臣は、サポーターの国内移動を禁止できるようになった（スポーツ法典 L332-16-1 条）。具体的には、あるチームのサポーターであることを誇示する者又はサポーターのように振る舞う者[29]が試合の行われる場所に存在することで、「公の秩序に対する重大な脅威」の発生が見込まれる場合、内務大臣は、当該サポーターの個人的又は集団的な移動（déplacement）を禁止することができる。たとえば、パリのチームの試合がリヨンで行われるという場合、パリのチームのサポーターである個人又はその集団に対して、パリからリヨンまでの移動を禁止するという具合である。

この禁止は理由の付された命令で行われ、その命令には、移動禁止の期間、禁止を正当化する詳細な事情、移動が禁止される出発地と目的地それぞれの市町村名が記入されなければならない（同2項）。移動禁止命令に従わない場合、6か月以下の禁固及び30000ユーロ以下の罰金が科される（同3項）。この場合、特別の理由がない限り、1年以内の司法的入場禁止命令（スポーツ法典 L332-11条）が必要的補充刑として科される（同4項）。

②県知事の権限　一方、地方レベルにおいて、県知事は、公の秩序に対して重大な問題を引き起こす可能性のあるサポーターの「往来の自由（libert d'aller et venir）を制約することができる」（同 L332-16-2条1項）。たとえば、特定のチームのサポーター資格を有する者が、個人又は集団で県内の特定のスタジアムに接近することを禁止するという具合である。

この場合も同じく、禁止命令には、移動禁止の期間、禁止を正当化する詳細な事情、禁止命令が適用される区域が記されなければならない（同2項）。移動禁止命令に従わない場合、6か月以下の禁固及び30000ユーロ以下の罰金が科される

29　内務省通達では、あるチームのサポーターであると主張する者およびサポーターであることを示す服装やアクセサリーを着用している者が例に挙げられている。Circulaire du 28 mars 2011 - Application de la LOPPSI en ce qui concerne les pouvoirs de police administrative, p. 7.

（同3項）。この場合、特別の理由がない限り、1年以内の司法的入場禁止命令が必要的補充刑として科される点も同じである（同4項）。

（2）憲法適合性

上記2つの条文（スポーツ法典L332-16-1条とL332-16-2条）は、往来の自由に違反するおそれがあるとして、法案可決後、直ちに国会議員によって憲法院の事前審査に付された。しかし、憲法院は、以下のように述べて、何れの条文も往来の自由を侵害するものではなく、憲法に違反しないと判断した（憲法院2011年3月10日判決）。

まず、往来の自由の根拠と制約の判断枠組みについての一般論として、憲法院は次のように述べる。

> 「行政警察上の諸措置は、憲法が保障する諸自由の行使に影響を与えることがあり、そのような自由の中には、1789年人権宣言第2条[30]及び第4条によって保護される個人的自由を構成するものとして、往来の自由（liberté d'aller et venir）が含まれる。行政警察上の諸措置は、公の秩序の保護の必要性によって正当化され、かつ、その目的に比例していなければならない」（第53段）

そのうえで、本件で問題となった諸規定について次のような判断を示した。

> 「問題となっている諸規定は、スポーツイベントの際に多数の人々が集合する場合における行政警察の諸権限を強化するものであり、多数人の集合は公の秩序に対して重大な問題を引き起こす可能性がある。行政裁判官の統制の下で、客観的かつ詳細な基準に基づいて、移動禁止措置の対象となる人々及びそれらの人々のカテゴリーを確定する権限は行政機関に属する。行政警察上の諸措置は、公の秩序の保護の必要性によって正当化されなければならず、かつ、往来の自由を不均衡に侵害してはならない。立法府が定める目的および立法府が規定した保護の全体に照らせば、問題となっている諸規定は、往来の自由の尊重と公の秩序の保護との調整を適切に図るものであり、その調整は明らかに不均衡であるとは言えない[31]。」（第50段）

この判決については、行政機関が、移動禁止の対象者を「客観的かつ詳細な基準」に従い定めるべきことを要求していることから、法律を限定解釈したという理解が示されている[32]。

30　1789年人権宣言2条「あらゆる政治社会形成の目的は、人の自然的で時効消滅することのない権利の保全である。その権利とは、自由、所有権、安全、圧政への抵抗である。」

31　Conseil constitutionnel, Décision n° 2011-625 DC du 10 mars 2011; *AJDA* 2011, p. 1097, note David Ginocchi.

32　Roseline Letteron, *Libertés publiques*, Edition 2016, p. 207; Magnaval, *op. cit.*, p. 1611.

644

（3）適用例

移動禁止命令については、最近に至るまでいくつかの適用例があるが、ここでは興味深い事例を 2 つ紹介したい。

①「Olympique lyonnais」事件（コンセイユ・デタ2013年11月 8 日判決[33]）

2013年11月10日、フランス一部リーグに属する「オランピック・リヨネ（Olympique lyonnais）」（リヨン）と「AS サンテティエンヌ（AS Saint-Étienne）」との試合が、AS サンテティエンヌの本拠地であるジェフロワ・ギシャールスタジアム（Stade Geoffroy Guichard）で行われる予定であった。

しかし、内務大臣は同年10月30日、スポーツ法典 L332-16-1 条に基づいて、試合のある11月10日にオランピック・リヨネのサポーターが個人又は集団で、サンテティエンヌ市があるロワール県に隣接する県のすべての市町村からサンテティエンヌ市に移動することを禁止する命令を下した。

一方で、ロワール県知事も同年10月22日、スポーツ法典 L332-16-2 条に基づいて、試合のある11月10日にオランピック・リヨネのサポーター団体に所属する者および解散されたかつてのサポーター団体に所属していた者に対して、上記スタジアムへの接近およびスタジアム周辺区域への立ち入りを禁止する命令を下した。

そこで、オランピック・リヨネのサポーターらは、11月 5 日、内務大臣と県知事の何れの命令も往来の自由を侵害するとして、その取消と執行停止を求める訴えを提起した。コンセイユ・デタは 2 つの事件を併合して審理し、急速審理手続（行政裁判法典 L512-2 条）に従って判断を行った。

コンセイユ・デタはまず、本件においても公の秩序の保護と往来の自由などの基本的自由との調整が図られなければならないことを確認した。そのうえで、事実関係として、同年 4 月28日に両チームが対戦した際に、サポーター団体どうしが衝突し、それ以来両サポーター団体の間の緊張状態がいまだ継続していること、もし11月10日に試合が行われれば、暴力行為を伴う報復が行われることによって、重大な事件が起こる危険があることを理由として、オランピック・リヨネのサポーターの移動を禁止する以外には公の秩序への脅威を避けることはできないとし、内務大臣による移動禁止命令は有効であるとした。

他方、ロワール県知事の移動禁止命令については、禁止対象者の要件として、

33　Conseil d'État, 8 novembre 2013, *Olympique Lyonnais et autres*, n° 373129; *AJDA* 2013, p. 2472.

オランピック・リヨネの現在又は過去のサポーター団体に所属している者であることだけが要件となっており、対象者の行為が考慮されていないために、公の秩序の保護の必要性は認められないとした。その結果、試合2日前の11月8日、コンセイユ・デタは、原告の請求を棄却した下級審（リヨン行政裁判所）の判決を取り消すとともに、県知事に対して移動禁止命令の執行停止を命じた。

② 「Association «Tigers»」事件（コンセイユ・デタ2014年9月12日判決[34]）

　2014年9月13日にフランスの一部リーグの試合がコルシカ島で予定されていた。対戦するのは、フランス北部のパ＝ド＝カレー県のランス（Lens）に本拠がある「RCランス」と地元コルシカ島のバスティアを本拠とする「SCバスティア」であった。

　ところが、9月9日、内務大臣は、スポーツ法典L332-16-1条に基づいて、RCランスのサポーター資格を有する個人又はその集団が、手段の如何にかかわらずコルシカへ移動することを禁止する命令を下した。その命令の具体的な内容は、2014年9月12日の午前9時から、当該試合が行われる13日の24時までの間、RCランスのサポーターが、本拠があるパ＝ド＝カレー県内、ニース、マルセイユ、トゥーロンの各港、リール空港、シャルル・ドゴール空港、オルリー空港の各場所から、コルシカ島に移動することを禁止する、というものであった。

　そこで、9月11日、RCランスのサポーター団体「Association Tigers」は、コンセイユ・デタに対して、上記移動禁止命令が往来の自由（liberté d'aller venir）、集会の自由（liberté de réunion）、表現の自由（liberté d'expression）に対する重大な侵害にあたるとして、国に対して禁止命令の執行停止と2000ユーロの損害賠償を求める訴えを、急速審理手続によって提起した。

　この事件が興味深いのは、移動禁止命令の根拠とされた公の秩序に対する脅威の直接の原因が、移動を禁止される側であるRCランスのサポーターには求められていないことである。逆に、命令では、移動先のSCバスティアのサポーターがこれまでコルシカの本拠地スタジアムで引き起こしてきた暴力事件が原因とされている。コンセイユ・デタの決定でも、2014年8月9日、マルセイユを本拠地とするオランピック・ドゥ・マルセイユ（Olympique de Marseille）戦において、SCバスティアの本拠地であるコルシカ島フリアニ（Furiani）にあるアルマ

34　Conseil d'État, 12 septembre 2014, *Association «Tigers» c/ministère de l'intérieur*, n° 384405.

ン・チェザーリスタジアム（Stade Armand Cesari）での両サポーターの間で起こった暴動事件が引き合いに出されている。この事件では、警察官10名と憲兵隊34人が負傷していた。

こうした事情を考慮に入れて、コンセイユ・デタは、原告のRCランスのサポーターには本件移動禁止命令について直接的な責任がないことを認めつつも、本件の事実関係の下では、「他の措置では公の秩序への重大な侵害の発生を回避できない」とし、公の秩序の保護の必要から、原告の移動の自由等に対する重大かつ明白な侵害はないとして、請求を退けたのだった。

RCランスのサポーターからすれば、自らに原因がないにもかかわらず、往来の自由などが制約されることは不当であるとも考えられる。学説ではこのコンセイユ・デタの判断について、「犯罪を引き起こした暴力事件が数カ月前に起こったことが、移動の自由の侵害を正当化するのに十分だった[35]」という評価が見られる。

3　サポーター団体に対する活動停止命令（Suspension d'activité）および解散命令（dissolution）

（1）制度の内容

さらに、スポーツイベントの際に公の秩序に違反するサポーター団体については、その活動の規制や、さらには存立そのものを規制する方策がとられている。

2006年7月5日法律（スポーツイベントの際の暴力の予防に関する法律）では、暴動や騒乱を起こしたサポーター団体に対して、行政による解散処分制度が導入された。その後の2010年3月2日法律によって、団体の解散という重大処分にまでは至らない形態として活動停止処分が新設されている。これらの2つの制度は現在、スポーツ法典L332-18条で合わせて規定されている[36]。

同条によれば、スポーツイベントの際に、サポーター団体の構成員が①財産の破壊、②他人への暴力、③出自、性別、性的志向を有する者又は特定の民族、国籍、人種、宗教に帰属する者に対する憎悪又は差別の誘発を行った場合、当該サポーター団体は解散又は12カ月以内の活動停止の処分を受ける。対象となる構成

35　Letteron, *op. cit.*, p. 208.

36　2013年末までの状況については、参照、井上武史『結社の自由の法理』（信山社、2014年）204頁以下。本稿ではその後の法改正に対応している。

員の行為は、繰り返し行われた場合だけでなく、たとえ一回であってもそれが「極めて重大な行為」である場合は、前記の処分の対象となる。

このように、要件についても効果についても幅があることによって、それほど重大でない行為に対しては短期間の活動停止処分を、一回でも極めて重大な行為であれば解散命令を下すことができるなど、行政機関は、問題となる行為の程度に応じた制裁を選択することが可能となったと言われている[37]。

解散処分および活動停止処分は首相が行うが、処分を下す前に、「スポーツイベントの際の暴力行為の防止に関する中央諮問委員会（Commission nationale consultative de prévention des violences lors des manifestations sportives）」に意見を求めなければならない。同委員会は、コンセイユ・デタ構成員２名（コンセイユ・デタ副長官が指名）、司法裁判官２名（破毀院長が指名）、スポーツ団体関係者３名（スポーツ担当大臣が指名）、スポーツイベントの際の暴力問題について権限を有する者１名（スポーツ担当大臣が指名）で構成される。各委員の任期は３年で、１度だけ再任が認められる。委員長は、コンセイユ・デタ構成員出身の１人が務める。行政による団体の活動停止や解散は重大な処分であるので、行政限りでなく、法律家やスポーツ関係者などの第三者の判断を考慮に入れる手続がとられているのだと思われる。

内務大臣から諮問を受けた場合、同委員会は、解散処分については１か月以内に、活動停止処分については２週間以内に答申をしなければならない（スポーツ法典R332-11条）。答申を受けて、首相がデクレ（政令）によって、団体の活動停止又は解散を宣告する。

サポーター団体が上記処分を受けた場合、解散団体を維持又は再建に加担する行為や活動停止団体の活動に関わる行為は、１年以下の禁固および15000ユーロ以下の罰金が科される（スポーツ法典L332-19条１項）。また、解散団体の維持および再建を企図する行為や活動停止団体の活動を企図する行為も禁止され、その場合は２年以下の禁固及び30000ユーロ以下の罰金が科される（同２項）。

さらに、解散処分や活動停止処分の理由が、被害者の出自、性的志向、性別又は特定の民族、国籍、人種、宗教への帰属に関する場合、前記の法定刑は、３年以下の禁固および45000ユーロ以下の罰金（同１項違反）並びに５年以下の禁固お

---

37 Voir, Magnaval, *op. cit.*, p. 1609.

よび75000ユーロ以下の罰金（同2項違反）にそれぞれ引き上げられる（同3項）。こうしてみると、物理的な破壊活動や暴力行為よりも、憎悪や差別を助長する行為の方が重い処罰を受けることがわかる。

上記の犯罪（同法典L332-19条）で有罪判決が下された場合、当該団体に帰属する動産・不動産が没収されるだけでなく、当該団体のために用いられる制服、標章、紋章、武器などのあらゆる物品が没収される（同法典L332-21条）。

これまで、活動停止処分は1件（2011年1月31日）出されている一方、解散処分は9件出されている。そのうち5件は2008年4月17日に、4件は2010年4月28日に出されている[38]。

（2）憲法適合性および条約適合性

（a）憲法適合性

団体に対する活動停止や解散は、団体活動に対する重大な制限であるため、そのような措置を認めるスポーツ法典L332-18条は、結社の自由と両立するのかが問題となる。もっとも、同条の制定過程において、同条が憲法院への事前審査に付されることはなかった。

2008年憲法改正で導入された事後審査（QPC）においても、同条の憲法適合性はいまだ判断されていない。しかし、同条の適用を受ける原告が違憲の抗弁を行ったので、コンセイユ・デタは、同条を憲法院に付託するか否かの判断を迫られたが、以下のように独自に憲法判断を行って、同条の憲法問題を憲法院に付託しなかった。

> 「スポーツ法典の諸規定は行政警察措置の性格を有する諸措置の宣告を認めるものであるが、それらは、スポーツクラブを支援する団体及び結社の構成員が引き起こす重大な混乱を考慮すると、公の秩序を保護する必要に応えるものであり、かつ、共和国の諸法律によって承認された基本的諸原理に含まれる結社の自由の原理を過度に侵害するものではない。[39]」

（b）人権条約適合性

一方、同条の解散処分については、結社の自由を掲げる欧州人権条約11条[40]に

38　*Code du sport 2018, annoté et commenté*, 13ᵉ édition, Dalloz, 2018, p. 288.

39　Conseil d'État, 8 octobre 2010, n° 340849, *Groupement de fait bridade sud de Nice et M. Zamolo; AJDA* 2010, 1914; Oliviere Le Bot, «Dissolution d'association de supporters violents : absence de renvoi de la QPC », *Constitutions 2011*, p. 253.

40　欧州人権条約第11条

違反するとして、欧州人権裁判所に提訴されている。

①「Boulogne Boys」事件（欧州人権裁判所2011年2月22日判決[41]）

パリ・サンジェルマンのサポーター団体である「Association nouvelle des Boulogne Boys」が、対戦相手（RCランス）が本拠とする地方の住民を侮辱する内容（「ようこそ小児愛者、失業者、近親愛者の皆さん」）を記した巨大な横断幕を掲げたことが問題となった（いわゆる「横断幕事件」）。この事態を重くみた内務大臣は、差別的な横断幕を掲げた行為がスポーツ法典 L332-18条にいう「憎悪又は差別の誘発」にあたると判断して前記委員会に諮問し、答申を受けた首相は同団体の解散を宣告した（2008年4月17日）。

同団体は解散処分の取消しを求めて急速審理および本案訴訟を提起したが、コンセイユ・デタは何れの請求も棄却した。そこで、同団体は、国による同団体の解散処分が欧州人権条約11条の規定する結社の自由に違反することを理由に、フランスを相手方として欧州人権裁判所に提訴した。

欧州人権裁判所は、「解散措置は、原告の結社の自由を享受する権利への干渉となる」が、同条2項の要請から、当該措置が法律で定められていること、目的が正当であること、目的と手段が比例していることの3つの条件が満たされる場合には、結社の自由に対する制約は許されるとした。

本件において欧州人権裁判所は、当該サポーター団体の多くの構成員がこれまで極めて重大な暴動を起こしてきたこと、2006年11月23日のテルアビブ戦において、約150人のパリ・サンジェルマンのサポーターが対戦相手であるイスラエルのサポーターに集団的な暴行を行ったことに伴い、警官の発砲で死者が出たこと、さらに解散処分の直接の原因となった横断幕の内容が特定の人々を侮辱するものであったことを勘案して、解散処分という措置は「秩序の保護及び犯罪の予防」という正当な目的と比例していると判断して、サポーター団体の訴えを退けた。

1　何人も、平穏に集会する自由及び他人と結社する自由を有し、それには利益の保護のために労働組合を組織し、加入する権利が含まれる。

2　これらの権利の行使は、法律で規定され、かつ、民主的社会において国の安全、公の安寧、秩序の保護及び犯罪の予防、衛生又は道徳の保護、他者の自由と権利の保護に必要な措置の場合にしか、制約されてはならない。〔以下略〕

41　CEDH, 22 févreir 2011, *Association Nouvelle des Boulogne Boys c. France*, n° 6468/09.

650

② 「Authentiks」「Supras Auteuil 91」事件(欧州人権裁判所2016年10月27日判決[42])

「Association Les Authentiks」も「Association Supras Auteuil 91」もパリ・サンジェルマンを熱狂的に応援する過激なサポーター団体であるが、前者は度重なる破壊行為と暴力行為を理由として、後者は一回の行為であったが、警察官に発煙筒を投げ込み、さらに1人のサポーターを死に至らしめるなどの暴力行為を行ったことが「極めて重大な行為」に該当するとして、スポーツ法典 L332-18条に基づいて解散処分を受けた(2010年4月28日)。提訴を受けたコンセイユ・デタが何れの解散処分の取消請求も棄却したため[43]、両団体は、当該解散処分が欧州人権条約11条に違反するとして、それぞれフランスを相手方とする訴えを欧州人権裁判所に提起した。

欧州人権裁判所は、両団体の訴えを併合して審理し判決を下している。欧州人権裁判所は、フランスが行った解散処分が欧州人権条約11条で保障される結社の自由への介入に当たることを前提として、前記2011年判決に倣い、規制措置が法律で定められていること、目的が正当であること、目的と手段が比例していることの3つの条件が満たされる場合は、結社の自由に対する制約は正当化されるとした。そして、本件事案の判断においても、前記判決と同様に、解散措置は目的との関係で比例しているとして、条約違反は認められないと結論づけた。

ただ、本判決には2011判決とは異なる点も見受けられる。第1に、国家の介入が「差し迫った社会的必要」によって正当化されることが強調されている点である。ここから、「秩序の保護及び犯罪の予防」という目的に対する解散処分の必要性が基礎付けられている。第2に、本判決では政党とそれ以外の団体とが区別されている点である。すなわち、政党とそれ以外の団体とでは民主主義にとっての重要性に違いがあるため、政党に対する制約が正当化されるにはより厳格な審査が必要であるとされる。しかし、本件のサポーター団体は何れもサッカークラブを応援することを目的とするものであり、「民主主義にとって政党と同等の重要性をもたない」団体であったために、団体解散が結社の自由に対する強度の制約であるにもかかわらず、厳格な審査はなされなかった。

---

42 CEDH, 27 octobre 2016, *«Authentiks» et «Supras Auteuil 91» c/ France*, n° 4696/11 et 4703/11.

43 Conseil d'État 13 juill. 2010, *Assocciation Les Authentiks*, n° 339257, Conseil d'État 13 juill. 2010, *Assocciation Supras Auteuil 91*, n° 339293.

四 おわりに

本稿では、フランスのフーリガン対策法制の一部を簡単に見てきた。取り上げた措置はいずれも憲法が保障する基本権に制約をもたらすものであり、直ちに正当化できるというものではないだろう。

しかし、そうした強権的な措置は、フランスに限らずヨーロッパ諸国がこれまでも長くフーリガンの被害に悩まされてきたことに対する応答であるということも、忘れてはならないだろう。1990年から2001年までに限っても、サッカーの試合に際して死者が約970人、負傷者が約5600人も生じたという重い現実[44]がある以上、関係する国としては、被害を回避するために実効的な対策を講じないわけにはいかない。その意味で、フランスには、観客や市民の安全のためにフーリガン対策法制を設けたり、その規制を強化したりする立法事実が十分存在したのだった[45]。

一方、日本のサッカーや野球の試合では、ヨーロッパやフランスで見られるような暴力行為や破壊行為が起こることはほとんどない。それゆえ、日本においては、スポーツイベントの安全に対して公的規制で対処しなければならない立法事実は認められないであろう。

しかし、本稿で見たフランスのフーリガン対策法制が日本にとってまったく無関係であるとも言い切れないのではないか。2014年3月8日に埼玉スタジアムで行われたJリーグの試合で、浦和レッズのサポーター団体のメンバーが「JAPANESE ONLY」と書かれた横断幕を掲げたことが、人種や民族による差別ではないかが問題となった（浦和レッズ横断幕事件）。Jリーグは、当該横断幕が差別的内容を含むものであると判断し、また事態に適切に対処できなかった主催者浦和レッズの責任を認めて、本拠地での1試合の無観客試合処分という制裁を下した[46]。一方で浦和レッズも、当該横断幕の掲出行為を行った者が所属するサポー

---

44 Falacho, *op. cit.*, p. 419, 445（annexe）.

45 フーリガン対策法制を概観する論考において、Magnaval は、フーリガン対策法制およびそれに基づく行政（内務大臣および県知事）の諸措置によって「スタジアムでの暴力は間違いなく減退し、〈本当の〉サポーターたちは多大な満足を得ている」という言葉で締めくくっている。Magnaval, *op. cit.*, p. 1613.

46 「Jリーグ、6日で厳罰 差別的横断幕「放置は加担」浦和に無観客試合処分」朝日新聞2014年

ター団体に対して、無期限の活動停止処分を言い渡したほか、当該サポーター団体に所属するメンバー全員に対して、浦和レッズが出場するすべての試合について、無期限入場禁止処分を下している[47]。

　これらは、あくまでJリーグとその所属クラブによる自主的な制裁であるが、活動停止処分や入場禁止処分などの制裁はフランスのフーリガン対策法制と異ならない。もちろん、法的規制と自主規制との間には法的性質において大きな違いがあるが、今後、自主規制では対処しきれない事態が頻繁に生じることになれば、フランスやヨーロッパ諸国がそうであったように、わが国でも法的規制の検討が必要となるかもしれない[48]。

　3月14日朝刊。
47　具体的な内容については、浦和レッドダイヤモンズのオフィシャルウェブサイト（下記）を参照。http://www.urawa-reds.co.jp/（「トップチームトピックス」2014年3月13日記事）
48　最近でも、2017年8月31日に埼玉スタジアムで行われたサッカーワールドカップロシア大会のアジア最終予選の試合（日本代表対オーストラリア）において、日本人の観客2人が警備員に対して暴力を振るう事件が発生した。日本サッカー協会は2018年5月22日、警備員に深刻なけがを負わせた観客に対しては無期限入場禁止処分を、もう一人の観客に対しては期間限定の入場禁止処分を下した（朝日新聞2018年5月23日朝刊）。

わが国における大学の自治制度の経緯について

齊 藤 芳 浩

一　はじめに
二　明治期の大学創設から敗戦後の制度改革までの大学の自治制度と運用
三　現行憲法および学校教育法制定から市場原理主義的改革前まで
四　市場原理主義の導入──国立大学法人法と学校教育法「改正」──
五　おわりに

一　はじめに

　2014年6月20日に「学校教育法及び国立大学法人法の一部を改正する法律」（平成26年6月27日法律第88号）が国会で可決された。これにより、学校教育法93条が「改正」され、教授会は学長（あるいは学部長等）に「意見」を述べるだけの存在となった。つまり、教授会は、学生の入学・卒業、学位の授与、教員人事、教育課程の編成等について、意見を述べるだけで、法律上は拘束力のある決定権を持たないということが明白になったのである。しかも、これまで伝統的に教授会の審議事項とされてきた教員人事と教育課程の編成の両者は必須の審議事項ではなくなった。このような法改正が憲法第23条の保障する大学の自治を侵害するのではないのか、という疑問が、本稿執筆の動機である。

　そのような疑問を解明するためには、憲法の保障する大学の自治とはどのような内容であるのかを理論的に考察する必要があるとともに、わが国における大学の自治の歴史的経緯を認識することが必要であろう。制度やその運用の歴史的な積み重ねは憲法の保障内容に影響を与えうるものである。また、憲法解釈論にとどまらず、大学の自治に関する制度や政策面について一般的に理解を深めるためにも、そのような作業は避けて通れないであろう。そして、本稿でもっぱら対象としているのは、わが国における大学の自治の歴史的経緯である。大学の自治に関する憲法解釈上の考察は別稿で行う予定である。

本稿は、わが国での近代的大学の創設から近年の制度改革に至るまでの歴史的経緯を、大学の自治制度に焦点をあてて、時代順に記述しようとするものである。そして時代を、明治期の大学創設から敗戦後の制度改革まで（二）、現行憲法および学校教育法制定から市場原理主義的改革前まで（三）、市場原理主義の導入から学校教育法改正まで（四）、という三つにわけ、それぞれの時代の法制度と大学の運営実態を記述することにする。

また、本稿は、従来から研究対象とされることが比較的多かった国立大学に加え、論じられることの少なかった私立大学を対象とする[1]。さらに、法制度を記述するだけではなく、大学の自治の実態を明らかにするために、いくつかの大学を選び、大学内部での運用についても簡潔ながら記述していく[2]。

それでは、わが国における近代的大学の創設のところから論じて行こう。

二　明治期の大学創設から敗戦後の制度改革までの大学の自治制度と運用

1　経　緯

近代的な意味での大学とは、高い水準の研究・教育を行う、ある程度の自律性を持った、教員と学生の共同体である、とするならば[3]、わが国での最初の近代的大学は、1877（明治10）年に設立された東京大学であろう。明治政府は、新しい時代に即応する指導者人材の養成と当時急務とされていた欧米の学術・文化の導入を図るために、高等教育機関を設置する必要があった[4]。東京大学は、既存の高等教育機関を統合し設立されたものである。

設立後、東京大学法学部理学部文学部職制及事務章程[5]と東京大学医学部職制

1　わが国には公立大学も多数存在するので、本来は公立大学も研究対象とした方がよりよいのであるが、本稿では扱わない。

2　もっぱら対象としたのは、国立大学では、東京大学と京都大学、私立大学では、慶應義塾大学、早稲田大学、立命館大学である。もとより、これだけでは研究サンプルとして十分とはいえない。今後、国公私立各大学の具体的制度運用にも目配りした研究の出現を期待したい。

3　参照、クリストフ・シャルル、ジャック・ヴェルジェ（岡山茂、谷口清彦訳）『大学の歴史』（白水社、2009年）7頁。

4　参照、文部省『学制百年史』（帝国地方行政学会、1972年）82頁。

5　東京大学百年史編集委員会編『東京大学百年史　資料一』（東京大学出版会、1984年）281-283頁（各大学の年史については初出以外は書名だけで表示）。

及事務章程[6]が制定（明治11（1878）年5月15日達）され、のち東京大学職制（明治14（1881）年6月15日達）[7]に改正された。また、東京大学事務章程（明治14（1881）年7月29日達同年8月20日改正）[8]が制定された。これらの諸規定が大学の自治らしきものを定めたわが国最初のもので、以後のわが国の大学の自治に関する規定の原型となったと思われる。

　まず、人事については、綜理の具状権の規定がすでに存在した[9]。例えば、東京大学法学部理学部文学部職制及事務章程には、綜理の職制として、「本部教授助教員外教授及予備門主幹訓導助訓ノ進退黜陟ヲ文部卿ニ具状シ其他ハ之ヲ専行スルコトヲ得」という規定があった。なお、1881年の東京大学職制により、学部ごとの綜理職は一人の総理に統合された。この総理は「文部卿ノ命ヲ奉シ大学ノ事務ヲ総理ス」とされ、また人事についての具状・専行権をもつとされた。

　また、1881年8月20日改正の事務章程により、のちの帝国大学評議会と学部教授会の先駆となる、諮詢会総会と諮詢会部会が設置された。総会は、総理が会長となり、各学部長、予備門長および総理の意見により任ぜられる若干名の各学部教授で基本的に組織され、各学部共通の事項を審議するとされた。部会は、該当学部長が会長となり、学部の教授で基本的に組織され、該当学部に関する事項を審議するとされた[10]。特に審議事項として、学科課程に関する事項や学生の在籍に関する事項が含まれていることは注目される。わが国で大学の自治に関する問題が生ずる可能性が生じたのもこれ以降ということになる。

　東京大学は、帝国大学令（明治19（1886）年勅令第3号）により、帝国大学（のちに京都帝国大学設置に伴い1897年東京帝国大学と改称）となった。帝国大学令1条は、「帝国大学ハ国家ノ須要ニ応スル学術技芸ヲ教授シ及其蘊奥ヲ攷究スルヲ以テ目的トス」と定め、大学の目的を学問を通じた国家への奉仕という狭窄なものに限定していることには注意が必要である。

　それでは、この帝国大学について大学の自治に関する規定はどのようなもので

6　同288-289頁。

7　同325-326頁。

8　同290-293頁。

9　大学につながる学校での具状権の最初の規定は、1874年の東京医学校職制及権限（同283-286頁）の中にあったとされている。——寺崎昌男『日本における大学自治制度の成立　増補版』（評論社、2000年）75-80頁。もっとも、寺崎は、この時期の具状権は、そもそも大学の自治のために付与されたものではなく、大学の自治の観点からは形式的な意味しかないとみている。

10　参照、同46-48頁。

あったのだろうか。当初の帝国大学令は、上で見た東京大学の規定より大学の自治の面で後退したところもあったが[11]、数次の改正を経た上、井上毅文部大臣の時代に明治26（1893）年勅令第82号によって改正され、大学の自治組織として、当初の帝国大学令からあった評議会に加え、教授会が創設された[12]。また、大学の人事については、帝国大学官制（明治26（1893）年勅令第83号）が規定していた。なお、この帝国大学官制は、1897年の東京帝国大学官制制定により廃止され、以後は個別の大学ごとに官制が制定されていたが、各大学の官制の主要な部分は共通であった[13]。

ところで、周知のごとく、大日本帝国憲法（1889（明治22）年）には、学問の自由ないし大学の自治に関する規定は存在しなかった。この旧憲法の起草において参照されたプロイセン憲法（1850年）には学問の自由に関する規定があったが、憲法の起草段階から当該規定を入れようという議論はなかった。その理由は、学問の自由を国民に保障すると、政府による学問・教育の統制が困難になる可能性があり、専制的支配の確立の障碍になるというものであったと思われる[14]。

憲法の規定がない以上、適用される最上位の法令は先に述べたものであった。もっとも、これらの規定を含む教育関係の規定は、民主的な手続を経た法律ではなく、政府の一存で変更できる命令にすぎなかった。このうち教員の身分に関する規定は、天皇の官制大権（帝国憲法10条）による勅令で定められたと解されるが、その他の教育法規のほとんどは、天皇の大権とされた独立命令権（帝国憲法9条）により勅令で定められた（教育法令の勅令主義）。もっとも、教育法規は国民の権利義務にかかわるものであるから、当時においても法律で定めるべきではないかという批判はあった[15]。

11　参照、家永三郎「大学自治の歴史的考察――大学管理制度と学問の自由との関連を中心に――」（『家永三郎集　第十巻　学問の自由・大学自治論』、岩波書店、1998年）278頁。

12　実際には、改正前に慣行として教授会が既に存在していたという指摘がある。――寺崎・前出註（9）158-161頁、寺崎昌男「日本の大学における自治的慣行の形成」教育学研究32巻2・3号（1965年）48頁以下。なおこの点につき、明治19年の総長達「各分科大学において教授助教授を集会せしむ」（『東京大学百年史　資料一』299頁）参照。

13　のち、1946年の帝国大学官制が各校ごとに公布されていた官制をまとめた。さらに、1947年に国立総合大学官制と改称した。

14　参照、平原春好「戦前日本の教育行政における命令主義について」東京大学教育学部紀要9巻（1967年）107-108頁、山崎真秀「戦前日本における『学問の自由』」（東京大学社会科学研究所編『基本的人権4各論I』、東京大学出版会、1968年）466-473頁。

15　参照、美濃部達吉『行政法撮要　下巻〔3版〕』（有斐閣、1932年）501頁、同『憲法撮要〔5版〕』（有斐閣、1932年）460頁。

勅令で教育関係の法規を定めた理由は、多様な思想を反映しうる議会の関与を避け、国民を教育し統制する手段を政府が独占的に管理しようとするところにあったと考えられる[16]。結局、当時は法令による大学の自治の部分的保障といっても、制度的には脆弱なものに過ぎなかったといえる。

明治憲法下では、基本的に以上の制度が継続しており、大学の自治が問題となった主要な事件もこの制度下で生じたので、それらの規定の内容を次にみてみよう。なお、1918（大正7）年に大学令が制定され、1919年に帝国大学令が全部改正されたが、帝国大学の自治に関する法令上の基本的な枠組みに大きな変更はなかった（大学令によって分科大学が学部と変更された）。また、大学令によって、大学の目的に「人格ノ陶冶及国家思想ノ涵養ニ留意スヘキモノトス」という文が付け加わり、そこに反体制的思想を統制しようとする政府の意向が反映された。

2　法令から見た帝国大学の自治

帝国大学令（明治26（1893）年勅令第82号で改正された時点のもの）によれば、大学内部の権限関係のうち主要なものは以下のようになる。「帝国大学総長ハ帝国大学ヲ総轄シ帝国大学内部ノ秩序ヲ保持ス」（5条）とされ、総長の役割は大学の総轄である[17]。分科大学長は「分科大学ノ学務ヲ統理　」する（10条）。

会議体には評議会（6条1項）と教授会がある。「評議会ハ各分科大学長及分科大学教授各一名ヲ以テ会員トス」（6条2項）とされ、評議会は分科大学長と各分科大学から互選された評議員（7条）からなる。教授会については、「各分科大学ニ教授会ヲ設ケ教授ヲ以テ会員トス」（14条）とされ、教授会は当該分科大学の教授で構成される。

評議会は、①「各分科大学ニ於ケル学科ノ設置廃止ノ件」、②「講座ノ種類ニ付諮詢ノ件」、③「大学内部ノ制規但勅令又ハ省令ヲ発スルノ必要アルモノハ其ノ建議案」、④「学位授与ノ件」（この当時の学位とは博士のことである）[18]、⑤「其ノ他文部大臣又ハ帝国大学総長ヨリ諮詢ノ件」、について審議する（8条）とさ

16　参照、山崎・前出註（14）479頁、平原・前出註（14）109-110頁。

17　なお、帝国大学官制には、「総長ハ一人勅任トス文部大臣ノ監督ヲ承ケ帝国大学令ノ規定ニ依リ帝国大学一般ノ事ヲ掌リ所属職員ヲ統督ス」（2条1項）と規定されており、総長は、大学一般のことを「掌り」、また所属職員を「統督」するという、現在の学校教育法の規定の元になったと思われる表現が使われている。

18　参照、鈴木勲編著『逐条学校教育法　第8次改訂版』（学陽書房、2016年）954頁。

れ、おおむね大学全体にかかわる問題についての審議権をもつ。

　教授会は、①「分科大学ノ学科課程ニ関スル件」、②「学生試験ノ件」、③「学位授与ト資格ノ審査」、④「其ノ他文部大臣又ハ帝国大学総長ヨリ諮詢ノ件」、について審議する（15条）とされ、おおむね分科大学内部の事項について審議権をもつ。

　また、帝国大学官制によると、大学の人事については次のようになる。大学の総長は政府の勅任（2条1項）である。また、「総長ハ高等官ノ進退ニ関シテハ文部大臣ニ具状シ判任官ニ関シテハ之ヲ専行ス」（2条2項）とされ、教授は総長の具状を経て政府により奏任又は勅任される（7条）[19]。また、分科大学長は、該当分科大学の教授から政府が任命する（10条1項）とされている。

　法令自体からいえることは、教授の選考について、教授会や評議会の関与は特に想定されておらず、総長の政府に対する具状権だけが予定されている。ただし、総長の具状がいかなる拘束力をもつのかは明らかではない。また、総長や分科大学長も政府の任命とされ、学内の教授からの互選といった規定は存在しない。

　一方、大学内部の組織編制、教育編制、学位授与、試験、などについては、評議会・教授会がそれぞれ審議権をもつとされていて、総長や分科大学長が一方的に決定できないことになっていた。もっとも、法令上は評議会・教授会は審議機関にすぎず、決定権をもつものではなかった[20]。

　つまり、法令上の大学の自治の枠組みは、国に対しては、総長が人事についての具状権をもって対応し、大学内部の関係では、総長・分科大学長に対抗して、合議制機関である評議会と教授会が自治を担うという構造であった[21]。

　なお、帝国大学に対する国の主要な統制として法令上次のようなものがあった。

　　・総長は文部大臣の監督を承ける（帝国大学官制2条）
　　・学則の文部大臣による認可（大学令16条）

　これだけにみると、帝国大学に対する国の統制はそれほどでもないように思われるが、1888年に制定された帝国大学総長職務規程[22]をみると、文部大臣の許可

19　寺崎は、一時廃止されていたこの具状権と専行権が、帝国大学総長だけに復活したことを考えると、今回の規定復活が大学の自治に対する政府の保障を意味している可能性があるとする。──寺崎・前出註（9）279-281頁。

20　参照、家永・前出註（11）280頁。

21　参照、高木英明『大学の法的地位と自治機構に関する研究──ドイツ・アメリカ・日本の場合──』（多賀出版、1998年）232頁。

22　『東京大学百年史　資料一』300-301頁。なお、1918年の京都帝国大学総長職務規程でも同様の

が必要なものとして、学科課程編制、規則制定、授業料等の収入金、外国人の雇用、などかなりのものがあげられている。文部大臣の「監督」対象が相当あったということである。

3 運営から見た帝国大学の自治

　法令上は以上のように定められていたけれども、その後、何度かの紛争を経て、慣行により人事問題を中心に実質的な大学の自治が形成されていった。その主要なものは、戸水事件と澤柳事件であった。

　1905年、東京帝国大学において、教授の休職処分を巡る紛争が起こった（戸水事件）。これは、法科大学教授戸水寛人が、対露強硬意見等を主張し、政府の政策に反対したところ、文部大臣が文官分限令11条1項4号の「官庁事務ノ都合」によって戸水を休職処分としたというものである。当時の教授会は、大学の意向を無視して処分が行われたことに反対し、総辞職の意思を示した。このため、最終的に文部省側が折れて、戸水教授は復職することになった[23]。

　また、これに続く重要な事件として、1913年発端の京都帝国大学澤柳事件がある。総長の澤柳政太郎は、無能教授の一掃という理由で、独断で医、理工、文の7教授に辞表を提出させた。この措置に教授会の同意がなかったことから、法科大学の教授・助教授全員が辞表を提出し、抵抗した。

　この事件のなかで総長に対して提出された法科大学の意見書には次のような記述がある。「学問ノ進歩ハ学問ノ独立ト相待タサルヘカラス故ニ大学ヲシテ真ニ学問ノ淵叢タラシメント欲セハ教授ヲシテ官権ノ干渉ト俗論ノ圧迫トノ外ニ立タシムルコトヲ必要トス」。「学者ノ能力ト人物トハ一ニ其学識ノ優劣ト其研究心ノ厚薄トニ見テ之ヲ判定セサルヘカラス是レ同僚タル学者ヲ待テ始メテ為スコトヲ得ルモノトス」。「従来教授ヲ任命スルニハ教授会ニ於テ査覈詮考シテ之ヲ推薦スルヲ例トシ既ニ一箇ノ不文法タルノ観アリ」。「以上ノ理由ニ依リ教授ノ任免ハ教授会ノ同意ヲ得ヘキモノトス」。ここで、学問の独立のためには大学教員に対して権力の介入や専門外の観点からの介入はあってはならないこと、及び大学教員

　定めがある。——京都大学百年史編集委員会編『京都大学百年史　資料編一』（京都大学後援会、1999年）255-256頁。

23　参照、東京大学百年史編集委員会編『東京大学百年史　通史二』（東京大学出版会、1985年）161-171頁、田中耕太郎・末川博・我妻栄・大内兵衛・宮沢俊義『大学の自治』（朝日新聞社、1963年）10-22頁、家永・前出註（11）291-294頁。

の学問的評価は同僚である教員がその専門的見地から行うべきであること、そして、教授の任命にあたって教授会が推薦することがすでに慣行（不文法）となっていること、が述べられていることは注目に値する。

この結果、文部大臣奥田義人は、「教授ノ任免ニ付テハ総長カ職権ノ運用上教授会ト協定スルハ差支ナク且ツ妥当ナリ」という意思を表明し、教授の任免に教授会の同意を要するという原則を承認することになった。ただし、7教授の復職はなかった。一方、総長澤柳は辞任した。この事件をきっかけに、総長は大学内の選挙によって選ばれるようになった。そして、この慣行が他の官立大学にも継承されていった。なお、分科大学長も互選とするという慣行が形成された[24]。

もっとも、ファシズムの伸長や軍国主義化によって思想弾圧が進行し、これに連動して大学の自治が侵害される事件が生じるようになった。人事に関する大学の自治の慣行が、教授会の抵抗にもかかわらず侵害された例として、1933年の京都帝国大学瀧川事件がある。これは、法学部教授瀧川幸辰の刑罰に関する思想等が問題視され[25]、文部省が文官高等分限委員会で文官分限令11条1項4号に基づき休職処分を決定したというものである。このとき、総長の具状がなく、また教授会の同意もなかったことから、法学部教官全員が辞表を出して抗議した。しかし、処分は撤回されず、また辞表を出した教授のうち、瀧川を含めた6名の辞表が受理された[26]。

一方、人事権についてなんとか大学が抵抗した例として、荒木改革事件がある。1938年、荒木貞夫文部大臣が、総長、学部長、教授、助教授の任命を学内の選挙で決めることなどが、天皇の任免大権を侵犯するものであるとして、このようなものをやめるように帝国大学側に要請した。しかし、帝国大学側は連携して

24 参照、「大学教授ノ罷免ニ関スル交渉顛末」京都法学会雑誌9巻1号（1914年）1頁以下、京都大学百年史編集委員会編『京都大学百年史 総説編』（京都大学後援会、1998年）212-233、286-287頁、『大学の自治』前出註（23）30-38頁、家永・前出註（11）294-298頁。京大で、総長につき教授による完全な選挙制が実施されたのは1919年である。このときの「総長選挙手続」（『京都大学百年史 資料編一』257-258頁）によると、総長は教授の選挙により選定するとなっている。また、東大の1919年の「総長候補者選挙内規」（『東京大学百年史 資料一』427-428頁）によると、総長候補者は教授の選挙によりこれを推薦するとなっている。なお、京大法学部で部長を最初に互選したのは1919年とされている。──京都大学百年史編集委員会編『京都大学百年史 部局史編1』（京都大学後援会、1997年）265頁。

25 悪名高い扇動思想家蓑田胸喜が関与したという説もある。──『大学の自治』前出註（23）69頁。

26 参照、『京都大学百年史 総説編』374-395頁、『大学の自治』前出註（23）68-91頁、家永・前出註（11）305-309頁。

抵抗し、人事についての自治を一応守った[27]。

　以上のような抵抗事例がある一方、そもそも教授会の態度が消極的で、政府の介入を許してしまった例として、岡村事件、河上事件などがある。岡村事件とは、1911年、京都帝国大学の法科大学教授の岡村司が「家」制度を批判したところ文部省が文官懲戒令により譴責処分としたが、このとき教授会が沈黙したというものである。結局、岡村は自ら退職することになった[28]。また、河上事件とは、1928年、京都帝国大学経済学部教授の河上肇を、政府から働きかけを受けた総長が、河上の言論に不穏当な点があるなどという理由で、辞めさせようとしたところ、経済学部教授会は総長が自発的辞職を要求することには反対しないという消極的な態度をとったため、河上が辞職したというものである[29]。

　さらに、教授会自体が構成員の教授の思想を問題視し、大学から追い出しを図り、自ら大学の自治を破壊した例として、1937年の矢内原事件がある。これは東京帝国大学経済学部内部で、矢内原忠雄教授の反戦的思想が問題視され、総長がこれに応じて処分を決心したところ、本人が自ら辞職したというものである[30]。これは、イデオロギーに基づく追い出し工作であり、学問的な評価によるものとはいえないもので、大学の自治の理念に反する事例といえよう。

　人事以外の事項についてはどのようになっていたのか。必ずしも明確に確認できるわけではないが、東大の場合、学科課程については教授会の審議権、学位については教授会の審査権限、大学院生の在籍事項については評議会の審議権、学生の在籍事項については教授会の審議権が、慣行上尊重されていたと思われる[31]。

4　大学令と私立大学

　以上では国立大学を扱ってきたが、大学の自治に関する私立大学の制度や運用はどのようなものであったのだろうか。

　私立大学の源流となるものは明治初頭前後から存在し、慶應義塾（慶應義塾大

27　参照、『大学の自治』前出註（23）116-141頁、家永・前出註（11）311-314頁、『京都大学百年史　総説編』408-415頁、『東京大学百年史　通史二』877-886頁。

28　参照、『大学の自治』前出註（23）26-30頁、『京都大学百年史　総説編』203-211頁。

29　参照、『京都大学百年史　総説編』350-359頁、『大学の自治』前出註（23）55-59頁、家永・前出註（11）302頁。

30　参照、『東京大学百年史　通史二』861-867頁、将基面貴巳『言論抑圧　矢内原事件の構図』（中央公論新社、2014年）、『大学の自治』前出註（23）103-106頁、家永・前出註（11）309-310頁。

31　参照、寺崎・前出註（9）313-335頁。

学）（1868年）、同志社英学校（同志社大学）（1875年）がはやくも創設されている。明治十年代になると私立の学校が続出した。東京法学社（法政大学）（1879年）、専修学校（専修大学）（1880年）、明治法律学校（明治大学）（1881年）、東京専門学校（早稲田大学）（1882年）、英吉利法律学校（中央大学）（1886年）といったものが創設されている。

　法令上、これらの学校は、1899年の私立学校令、1903年の専門学校令で規制されていた。つまり、私立学校は法令上正式な大学にはなれなかったのである。しかし、産業の発達により高度の専門的人材が多く必要になったことや、私学側からの官民学校間の地位平等化の要求などを背景に[32]、1918年の大学令（大正7年勅令第388号）によって、私立「大学」が法令上公認された。

　このとき、私立大学は、財団法人であることとされ（6条）、かなりの額の基本財産を文部省に供託するという条件が付けられた（7条）。この大学令により、1920年には慶應義塾大学、早稲田大学などの8大学が認可を得た[33]。

　大学令によると、文部省は私立大学に対し、上記のほか、次のような規制を行っていた。

　　・大学・学部の設置廃止は文部大臣の認可および勅裁が必要（8条）
　　・学則の文部大臣による認可（16条）
　　・相当員数の専任教員を置く必要（17条）
　　・教員の採用には文部大臣の認可が必要（18条）
　　・文部大臣による監督（19条）
　　・文部大臣は、報告を徴し、検閲を行い、その他監督上必要な命令を行う（20条）

　このなかで、特に教員採用に国の認可がいちいち必要であるという規制は大学の自治の面からは特筆すべきものであろう。

　それでは、私立大学の内部組織や権限については法令上どのようになっていたのか。大学令には、私立大学は財団法人であるというほかには、執行機関や審議機関については規定がない。もっとも、1920年制定の学位令によると、学位授与のためには、学部教員会という組織が必要となっていた。そうすると、法令上、

32　参照、草原克豪『日本の大学制度——歴史と展望——』（弘文堂、2008年）56頁。
33　参照、『学制百年史』前出註（4）492-493頁、文部省編『わが国の私立学校』（大蔵省印刷局、1968年）8頁。なお、私立大学の創設経費又は経常費に対する補助として、1大学当たり25万円を10年間均等割りで交付する（のち16年間）ということが行われた。——同17頁。

大学は、学位授与のため、学部教員会あるいはその機能を含む教授会等の組織を定めるべきということになっていたといえる。実際は、教授会等の組織は各大学が自主的に設置するということであった。

当時の民法上の財団法人では、1人または数人の理事を置くとされ、理事が数人の場合、法人の事務は、寄付行為に別段の定めがなければ、理事の過半数で決するとなっていた。また、監事を置くかどうかは寄付行為の定めに委ねられていた。さらに評議員会も法律上要求されていなかった。したがって、大学の財団法人としての組織編制は、寄付行為に大幅に委ねられていた。

5　運営から見た私立大学の自治

まず、慶應義塾大学で大学令による大学設置以降どのような運営がなされてきたかをみよう。慶應の場合、大学令が成立する以前の1907年にすでに財団法人となっている。その規約によると、30名からなる評議員会が塾務と財産に関する議決機関であり、5名以内の理事が、評議員会の決議に基き塾務を処理するとなっている。また、評議員は慶應義塾大学部卒業生と社頭が特選した者から選挙された者で構成され、理事は、評議員が選挙で選んだ塾長と評議員が互選した者で構成される。なお、塾長は教員職員を統率するとされている[34]。この規定からすると、法人としての慶應はかなり民主的な組織であったといえる。

大学の組織としては、大学評議会、教授会、大学予科の教員会議が設けられた。1920年時の慶應義塾大学評議員規則によると、大学評議会は、総長（塾長）、大学各学部長、予科主任、予科副主任、各学部教授会で選ばれた教授のおの2名で構成された。評議会は、学則、海外留学生、予科入学、学位授与、塾長（総長）より諮詢の件、について審議するとされた[35]。つまり、大学全般あるいは共通の重要事項を審議する機関であったといえる。

1920年時の教授会規程によると、教授会は、部長の推薦に基き総長の命ずる教授で構成される。この教授会は、試験、学生の管理・処罰、学科課程、教員の任免に関し部長より諮詢の件、部長選挙、大学評議会員互選、学位請求論文審査、総長より諮詢の件、について審議するとされた[36]。つまり、教授会は学部の学事

34　慶應義塾編『慶應義塾百年史　中巻（前）』（慶應義塾、1960年）549-552頁。
35　慶應義塾編『慶應義塾百年史　中巻（後）』（慶應義塾、1964年）57-58頁。
36　同60頁。

を中心に審議する機関であった。特に、審議事項として、教員の任免、部長選挙、が挙げられていることは注目できる。これらは帝国大学令では掲げられていないものであり、帝国大学では慣行にすぎなかったことが、規定の上で明文化されている。

早稲田大学は、1898年に社団法人として認可されていたが、1908年にこれを変更し財団法人として認可された[37]。大学令制定より後の1923年改正の寄付行為[38]は次のように定めている。維持員会は、維持員会が功労者中より推挙した維持員と評議員会が評議員中より選出した維持員からなる。この維持員会は大学に関する重要事項を議定する。理事は維持員会で互選される。理事は維持員会の決議に基き一切の経営を担当する。総長は理事の互選により選出され、大学の代表者となる。評議員会は、維持員会が推挙した者、教授会において教授中より選出した者、学部長等、校友会会員より選出した者などの評議員で構成される[39]。評議員会は、学事並びに会計報告の承認のほか、諮問事項その他につき決議を行う。

当時の早稲田の特徴は、大学功労者などからなる維持員会が相当の権限を持っている点にある。一方、理事は維持員会の議決を執行する機関にすぎず、また評議員会はおおむね単なる監督機関であったといえよう。

また、当時の早稲田では、教授会についても寄付行為が定めを置いていた。それによると、学部教授会は各学部の教授を構成員とし、教務教則に関する事項を審議するとなっていた。また、1927年の「教職員任免規程」[40]では、教授の任用は教授会の同意を得た上、維持員会の承認を経て大学が行うとされ、教授会の同意という要件が明文化されている。もっとも、当時の教授会につき、「甚だ形式的で、微小な力しか持たなかった」という評価もある[41]。なお、1924年に学部間の意思疎通を図る機関として、各学部の学部長と各学部から互選された教授で構成される学部協議委員を設けた。この機関は、各学部に亘る事項を審議するとされた[42]。

---

37 参照、早稲田大学大学史編集所編『早稲田大学百年史　第二巻』（早稲田大学出版部、1981年）350-360頁。

38 早稲田大学大学史編集所編『早稲田大学百年史　第三巻』（早稲田大学出版部、1987年）139-144頁。

39 早稲田大学大学史編集所編『早稲田大学百年史　第四巻』（早稲田大学出版部、1992年）416頁。

40 『早稲田大学百年史　第三巻』160-162頁。

41 同165頁。

42 同163頁。

わが国における大学の自治制度の経緯について（齊藤）　　*665*

　立命館大学は、1913年に財団法人として認可されている。大学令によって大学に昇格したのちの1922年改正の寄付行為[43]は次のように定めている。理事（5名以内）は創立者と、創立者が選任した者からなる。理事は財団の一切の事務を処理する。また、理事会は財団に縁故のある者から協議員（40名以内）を選任する。また、理事と監事は当然に協議員になる。協議員会は、学校の設置廃止その他重要な変更、財団の維持に付き必要な事項、等を決議する。

　これを見ると規定上は、創立者である理事が強力な権限を持っていることがわかる。ただ、一応、協議員会が重要事項を決議することになっており、ワンマン体制から合議制への移行を目指していたともとれる[44]。

　大学の組織は、1927年の立命館職制[45]によると次のようなものであった。立命館長（大学以外の組織も統轄）は、大学を統轄する。この館長は理事と大学長が推薦するとされていた。大学長は大学の学務を統轄する。大学長は学務上の諮問のために教授会を開く。教務委員は大学長の指揮を受け教務委員会に諮り各科の教務を分掌する。大学長は教授会に諮り、教務委員、教授、講師は大学長の推薦により、立命館長が嘱託する。

　これをみると、館長・大学長の権限が強力であり、教授会は学務に関する諮問機関にすぎないといえる[46]。また、教員人事について、大学長の選任は教授会に諮問することになっているが、教授、講師等の選任は大学長の推薦によるとされ、教授会に諮問されるわけではなかった。一方、1931年の職制改正で、教授会は、学科課程・時間配当、学生の入退学・試験、補講、学位授与・取消、総長（館長から名称変更）より諮詢された事項、を審議するとされた[47]。

　なお、以上のような評議会等、教授会の審議結果の実際の拘束力がどの程度であったかということも重要な問題であるが、扱った資料からの判断は困難である。

43　立命館百年史編纂委員会編『立命館百年史　資料一』（立命館、2000年）410-412頁。
44　参照、立命館百年史編纂委員会編『立命館百年史　通史一』（立命館、1999年）231頁。
45　『立命館百年史　資料一』651-652頁。
46　『立命館百年史　通史一』392頁。
47　『立命館百年史　資料一』790-792頁。

三 現行憲法および学校教育法制定から
市場原理主義的改革前まで

1 経 緯

敗戦後、わが国の大学制度はどのように変化したのだろうか。法制上の変化を
みよう。すでにみたように、明治憲法には、特に大学の自治に関する規定はな
かった。これに対して、1947年に施行された日本国憲法23条は「学問の自由はこ
れを保障する」と規定している。これにより、大学の自治も単なる勅令ではな
く、憲法によって保障されることになった。

連合国総司令部（GHQ）による憲法第一次試案12条は、「①大学（academic）に
おける教育および研究の自由②並びに合法的な調査研究の自由を保障し、③教員
の罷免権を有するのは、〔教育・研究〕専門職従事者の組織ないし協会に限られ
るべき」（○付き数字は引用者付加）としていた[48]。ここでは特に、③部分の規定が
注目に値する。これは大学の人事には学問の専門家が拘束力ある関与をすべきで
あるという趣旨を含むものと解される。もっとも、罷免の制限の定めは手続的な
ものであり、憲法ではなく一般の法律で規定すべきあるなどと批判され[49]、②部
分とともに、③部分の規定は、結局削除されて、マッカーサー草案では「大学
（academic）の自由および職業の選択は、保障される」となった[50]。ただし、職業
の選択の部分は、別の条文に移され、また大学（academic）の自由を学問（aca-
demic）の自由と訳語を変更し[51]、最終的に現行憲法23条の形になった。

また、現行憲法草案の審議過程の答弁で、政府は「……個人的な研究の範囲に
於ける學問の自由、大學の學園に於て行はれて居る所の學問研究の自由も、共に
包容して居ると云ふ趣旨に了解して居ります」とし[52]、個人の学問の自由と大学
における学問の自由はともに憲法23条によって保障されるという解釈を示した。

---

48 高柳賢三・大友一郎・田中英夫編著『日本国憲法制定の過程Ⅰ 原文と翻訳——連合国総司令部
　 側の記録による——』（有斐閣、1972年）203-204頁。
49 同205頁。
50 同276-277頁。
51 高柳賢三・大友一郎・田中英夫編著『日本国憲法制定の過程Ⅱ 解説——連合国総司令部側の記
　 録による——』（有斐閣、1972年）167頁。
52 第90回帝国議会衆議院議事速記録第5号官報号外昭和21年6月26日76頁。

憲法制定以外でも、民主化を基本とする教育改革が、連合国総司令部の主導により進められた。この教育改革は、GHQで教育を担当する民間情報教育局（CIE）のコントロールの下、教育刷新委員会の審議をもとに具体化されていった[53]。そして、1947年に教育基本法および学校教育法（昭和22年3月31日法律第26号）が成立した。

この学校教育法の成立により大学令・私立学校令などが廃止され、大学の目的も「国家の須要」に応えるためというものではなく、「学術の中心として、広く知識を授けるとともに、深く専門の学芸を教授研究し、知的、道徳的及び応用的能力を展開させること」（旧52条・現83条）という中立的なものになった。

学校教育法は教授会の権限を定め、国・公立大学の教員人事については、1949年に成立した教育公務員特例法（昭和24年1月12日法律第1号）が定めを置いた。この教特法は、従来慣行にすぎなかった人事についての教授会の権限を明文の法律によって保障したという点で、画期的なものであった。

また、1949年に国立学校設置法（昭和24年5月31日法律第150号）が制定され、国立総合大学令（1947年に帝国大学令から改題）、国立総合大学官制（1947年に帝国大学官制から改題）などは廃止された。

2　法令からみた国立大学の自治

まず、国立大学の内部組織とその権限については法令上どのようになっていたのだろうか。

学長については、「学長は、校務を掌り、所属職員を統督する」（学教法旧58条3項・現92条3項）と規定されている。標準的な注解書によると、「つかさどる」（1999年に「掌り」から「つかさどり」に改められた）とは、学長が大学の包括的な最終責任者としての職務と権限を有することであり、「統督」するとは、「すべおさめ、かつ監督する」ことで、監督等の用語より、包括的、大局的な立場でなされる場合に用いられるとされている[54]。

次に、評議会についてみよう。評議会の組織と権限については、1999年に国立学校設置法改正で法定されるまで、「国立大学の評議会に関する暫定措置を定める規則」（昭和28（1953）年4月22日文部省令11号・昭和38（1963）年一部改正）という

53　参照、草原・前出註（32）76頁。
54　鈴木・前出註（18）824-825頁。

省令により定められていた[55]。ただし、人事についての評議会の権限は教育公務員特例法によって規定されていた。

それによると、数個の学部を置く国立大学に評議会を置く（1条1項）とされ、構成員は、①学長、②各学部長、教養部長、③各学部及び教養部ごとに教授2名、④各附置研究所の長、（2条1項）とされている。なお、評議員は学長の申出に基いて文部大臣が任命する（3条）とされていて、各学部・教養部所属の教授からの評議員は、この省令上は、学長が選ぶことになっていた。この点において、評議員を互選としていた帝国大学令より大学の自治の面で後退しているともいえよう。

評議会は、教特法上の権限を行使するほかに、以下の事項について、学長の諮問に応じて審議する（6条）とされている。①学則その他重要な規則の制定改廃に関する事項、②予算概算の方針に関する事項、③学部、学科その他重要な施設の設置廃止に関する事項、④人事の基準に関する事項、⑤学生定員に関する事項、⑥学生の厚生補導及びその身分に関する重要事項、⑦学部その他の機関の連絡調整に関する事項、⑧その他大学の運営に関する重要事項。

教授会の権限については、1999年に国立学校設置法で定められる以前は、法律レベルでは、学校教育法の「大学には、重要な事項を審議するため、教授会を置かなければならない」（旧59条1項）という規定が置かれていただけであった。ほかには学校教育法施行規則144条の、「学生の入学、退学、転学、留学、休学及び卒業は、教授会の議を経て、学長が定める」という定めがあった。これ以外何が重要な事項であるかは各大学の自主的決定によっていた。なお、人事についての教授会の権限は教特法によって定められていた。

国公立大学の人事については、教育公務員特例法（ここでは昭和48（1973）年法律第103号で改正されたものを基にする。改正により協議会が評議会に吸収されている。）が特別に定めを置いていたので、これを見てみよう。

まず、大学教員の採用・昇任については以下のようになる。

　・学長は、評議会が選考する（4条2項）
　・学部長は、当該教授会の議に基づき、学長が選考する（4条3項）

55　なお、大学管理の重要事項を法律ではなく、省令という形で定めたことについては批判があった。――参照、海後宗臣・寺崎昌男『大学教育　戦後日本の教育改革9』（東京大学出版会、1969年）630-632頁。

・その他の部局長は、学長が選考する（４条４項）

・教員については、教授会の議に基づき学長が選考する（４条５項）

つまり、学長・学部長・教員の採用・昇任については、評議会あるいは教授会の議決にしたがって決定されるということである。ここにおいて、人事に関する大学の自治が明文で定められたのである。なお、「議に基づき」という文言はどういう意味かが問題となりうる。これについては、政府も議決が法的拘束力をもつと解している[56]。

次に、教員の転任（５条）、降任・免職（６条）、懲戒処分（９条）についてはどうか。

・学長、教員については、評議会の審査が必要

・部局長については、学長の審査が必要

このような審査が必要とされた理由は、人事について、大学外からの干渉を防止するとともに、大学内部の大学の自治をさらに強化するという趣旨で、その手続の適正化を図ったものと解される[57]。

もっとも、当該法律には処分の実質的決定権者が誰であるのか明示されていない（形式的決定権者は教特法10条によれば任命権者である）。そうすると、誰が実質的決定権者かは各大学の自律的判断によるものと解される[58]。例えば、教授の免職処分は、当該教授会で決定し、それをさらに評議会で審査して最終的に処分を決めるということになる。

また、任命権者の権限行使（教特法10条）は、学長の「申出に基づいて」となっており、学長の申出に法的に拘束され、明白な形式的違法性がある場合以外は、拒否できないと解されている[59]。

56　後出（四１）の「学校教育法等の一部を改正する法律」（平成11年法律55号）国会審議時における政府見解を参照。

57　参照、種谷春洋「学問の自由」（芦部信喜編『憲法Ⅱ　人権（１）』有斐閣、1978年）407、410頁。

58　参照、同410頁。

59　参照、東京地判昭和48年５月１日（九大井上事件）訴月19巻８号32頁。なお、政府も、おおむねこの考えに従っていると思われる。――参照、165回国会参議院文教科学委員会会議録第16号平成15年５月29日18頁の副大臣河村建夫発言。

3 運営から見た国立大学の自治

東大の場合、総長の選考は、教特法によると、評議会の権限（1973年改正以降。それ以前は協議会）であるが、1949年の東京大学総長選考内規では、教授、助教授の選挙によって選考することになっている[60]。

学部からの評議員は法令上互選とされていないが、1961年の東京大学評議会規則及び内規では教授会による選挙で選出することになっている[61]。つまり、大学の自治の観点から法令の内容を学内の運用において是正しているといえるだろう。評議会の審議事項は、大学共通の問題に関するものである。ただし、法令の定めより審議事項は広範囲にわたっており、教職員の海外出張や寄付に関する事項なども含まれている。また、「国立大学の評議会に関する暫定措置を定める規則」では評議会は諮問に応じる審議機関であり議決権があるとはされていなかったが、評議会は大学最高の機関であり、その権限や運営方式は従来どおりであり議決権があると解していたようである[62]。

教授会については、1986年時点で有効であった教育学部内規[63]によると、次のようになっている。教授会は、教授、助教授、専任講師によって構成される。この内規には、審議事項をまとめて列記した条項はみあたらない。ただし、教授会が、学部長、評議員の選出を行うこと、教員の人事に付き教授等の候補者の議定を行うこと、などについては内規に規定がある。また、教育課程の編成や学生の地位・身分に関する事項の扱いについて教授会の権限を明記した規定も内規にはない。学生の入学・卒業等については、先にみたように学校教育法施行規則144条が教授会の権限を定めていたが、その他の教育課程の編成などは学校教育法の「重要な事項」であると判断していたと推察される。

ところで、この内規では教授会が審議機関なのか決定機関なのかははっきりしない。ただし、1962年に大学管理制度に関して出された東大総長の声明書に、「……大学の管理運営が制度上教授会の自治を基底として行われることである。

---

60 『東京大学百年史 資料一』433-435頁。

61 同306-309頁。

62 『東京大学百年史 通史三』499-505、110-111頁。ただし、東京大学評議会内規は、「……を審議する」という文言になっている。

63 文書開示請求により入手。他のいくつかの学部についても、国立大学法人東京大学に対して、1999年の国立大学設置法改正以前の教授会規程あるいは内規等について、文書開示請求を行ったところ、「請求に該当する文書は保有しておらず不存在」とか「廃棄したため不存在」という通知を受け取った。

けだし、……この問題を自由かつ専門的な立場で審議決定する教授会こそ、最適の機関といいうるからである。」とある。これからみると、教授会は「決定」機関として扱われていたと思われる[64]。なお、1965年の東京大学大学院運営組織規程[65]によると、研究科委員会は、専門課程の新設改廃、教官の選考、学生の入学・試験、学生の身分、等について「審議決定」するとされている。

京大の場合も、総長の選考は、1966年時点の京都大学総長選考基準[66]によると、教授、助教授、講師により選挙で行うことになっている。

一方、1975年時点の京都大学評議会規程[67]は、手続的な規定しか定めていない。審議事項は法令の定めに従ったものと考えられる。なお、学部からの評議員は各学部より互選される。評議会が、審議機関であるか決定機関であるかは規程上不明である。ただし、全学的事項に関する大学の最高の意思「決定」機関であると、1969年の「評議会あり方検討委員会報告」で確認されている[68]。

各学部教授会規程・内規等[69]については、審議事項を列挙しているもの[70]、審議事項につき、抽象的な形で規定あるいは一部分のみ規定しているもの[71]、審議事項について何ら定めていないもの[72]に分類できる。このうち、審議事項を列挙している1996年時の農学部教授会内規では、審議事項として、学部長・評議員・学科長等の選考・選出、教授・助教授・講師の選考等、組織の改廃および諸規定等の制定・改廃、予算関係、入学者の選抜・学生の身分その他教務に関すること、その他管理運営に係る重要な事項、というものが掲げられている。なお、教特法の定める事項以外の審議事項について、教授会が決定権をもっていたかどうかは規定からはわからないけれども、教授会は決定機関と見做されていたと思われる[73]。

---

64 東京大学百年史編集委員会編『東京大学百年史 通史三』（東京大学出版会、1986年）544-545頁。
65 『東京大学百年史 資料一』316-318頁。
66 『京都大学百年史 資料編一』262-264頁。
67 文書開示請求により入手。
68 『京都大学百年史 総説編』628頁、京都大学百年史編集委員会編『京都大学百年史 資料編二』（京都大学教育研究振興財団、2000年）712-717頁。
69 文書開示請求により入手。
70 京都大学農学部教授会内規（1996年時）、京都大学工学部教授会内規（1996年時）、理学部教授会内規（1985年時）および理学部協議会について（1971年時）。
71 京都大学教育学部教授会規程（1970年時）、（経済学部）教授会内規（1971年時）。
72 （法学部）教授会会議規則（1968年時）、京都大学医学部教授会内規（1977年時）、京都大学薬学部教授会内規（1960年時）、文学部教授会申合事項（1970年時）。
73 『京都大学百年史 部局史編1』701頁に、「京都大学医学部の管理・運営の決定機関は教授会で

以上みたように、東大でも京大でも、法令の規定と異なり、学長は教員の選挙によって選出されていた。また、評議会・教授会は、この時期の運用では決定機関とされていたと思われる。

4 法令から見た私立大学の自治

私立大学に対する国の統制としてはどのようなものがあるか。私立大学については、学校教育法による規制と私立学校法による規制、および助成を受ける場合、私立学校振興助成法による規制がある。

まず、現行の学校教育法による主要な規制を箇条書きにしてみよう。

- ・私立の大学・学部・大学院等の設置廃止などに対する文部科学大臣の認可（4条）
- ・法令違反などの場合の文部科学大臣による学校閉鎖命令（13条）
- ・法令違反の場合の文部科学大臣による改善勧告、変更命令ないし関連組織の廃止命令（15条）
- ・大学の自己点検・評価の義務および認証評価を受ける義務（109条）

このうち、15条の強力な規制と109条の規制は2002年の法改正により追加されたものである。

私立学校法は1949年に制定された（昭和24年12月15日法律第270号）。その目的は、私立学校の自主性と公共性を確保し、公的助成の根拠を明確にするというものであった。この法律によって、私立大学の設置形態が財団法人から学校法人となった。その理由は、役員（理事・監事）に関する規定の整備や、評議員会を設置することにより民主的な運営を確保するというものであった[74]。

現行の私立学校法の規定によると私立大学に対する国の主要な規制は次のようになる。

- ・私立大学に対する、必要な施設・設備・財産等の保有の義務付け（25条）
- ・文部科学省による、寄付行為の認可（30条）、寄付行為の変更の認可（45条）
- ・文部科学省による、解散事由の認可又は認定（50条）
- ・私立大学の法令違反、寄付行為違反、不適正な運営などの場合の、文部科学省によ

ある」という記述がある。また、法学部の規則・内規類を集成した内部文書のなかの、教授会について説明している部分に、「教授会は、法学研究科・法学部の最高意思決定機関である」という記述がある。ただし、この文書が何時作成されたものなのか、入手した文書からははっきりしない。ただ内容から、1992年度以降に作られたものである（かつ1999年度より前）。

74　参照、草原・前出註（32）84頁。

る措置命令等（60条）

・私立大学の法令違反等の場合の、文部科学省による解散命令（62条）

・文部科学省による私立大学に対する報告要求および検査（63条）

なお、このうち、文部科学大臣の強力な権限行使（30、50、60、62）にあたっては、大学設置・学校法人審議会の意見を聴くことが義務づけられている。また、60条、63条の強力な規制は2014年の法改正で加えられたものである。

ところで、戦後、文部（科学）省は私立大学に対して、施設整備の補助金は支出していたが、経常経費は補助していなかった。しかし、私学側からの要請などにより、1968年から経常経費助成が予算措置としてなされるようになり、1975年には、予算措置の法的裏付けとなる私立学校振興助成法が成立した（昭和50年7月11日法律第61号）[75]。

この私立学校振興助成法によると、定員超過の場合や教育条件・管理運営が適正を欠く場合などのばあい国は補助金の減額などができる（5条）ほか[76]、助成を受ける場合、国から、①報告徴取、質問、検査、②収容定員に対する是正命令、③予算の変更命令、④役員の解職勧告、という強力な監督を受ける（12条）[77]。

旧制度と比較すると、私立大学の教員採用の際の文部大臣の認可（大学令18条）は廃止、学則の認可（大学令16条）は不要（もっとも大学設置の際の届出などは必要）となるなどした。また、旧制度では大学設立時多額の基本財産を供託する義務（大学令7条）があったが、これも廃止された。

結局、私立大学に対する直接的な文部科学省の統制は旧制度よりは削減されている。ただし、助成を通じた統制、学部・学科増設の際の認可権を利用した間接的統制は健在で、実質的にはかなりの統制をしているといえよう。

それでは、私立大学の自治について、法令はどのように定めているのだろうか。現行の私立学校法では、大学法人の組織やその権限は次のように定められている。

理事会（理事会は2004年の法改正で加えられた。それ以前は理事の過半数で学校法人の業務を決定するという条文（旧36条）があっただけである。）は、学校法人の業務を決するとなっていて（36条）、理事会が私立大学の管理運営を決定することになっ

75　参照、草原・前出註（32）134、142頁。

76　参照、俵正市『解説私立学校法　新訂三版』（法友社、2015年）458-459頁、大崎仁『大学改革1945～1999』（有斐閣、1999年）288頁。

77　参照、俵・前出註（76）460-461頁。

ている。理事の定数は5人以上とされ（35条）、少数理事による専断を排除するようにされている。また、学長を必ず理事に加えることにより（38条）法人の運営に教育者の意見が反映する方途を確保した[78]。さらに、同族支配排除のため理事・監事に近親者が3名以上含まれないようにした（38条）。

監事は、学校法人の業務および財産を監査する役割をもつ（37条）。また、評議員会は理事会の諮問機関として設けられている（41-43条）。ただし、寄付行為の定めで、評議員会を議決機関とすることもできる（42条2項）。

一方、大学の組織や権限はどうなっているのか。これについては、現行の学校教育法が、校務をつかさどる学長および合議制機関である教授会を置くことを必要とし、また学長を助け、命を受けて校務をつかさどる副学長や学部に関する校務をつかさどる学部長を置くことができるとしているだけで、それ以外は法律上管理制度について何も定められていない。つまり、その他の組織やその権限は各大学が自主的に決定するということになる。

5 運営から見た私立大学の自治

法制上は以上のような構造であったが、運用はどのようになされていたのだろうか。

慶應大学の場合をみてみよう。私立学校法の制定により、慶應義塾規約（寄付行為）も1951年に改正された。もっとも本質的な点に変更はなかった。新規約によると、理事会、評議員会の構成員がそれぞれ増員され、選出方法にも変更があった。もっとも選出方法がかなり民主的である点には変更はない。また、理事会が一切の塾務執行につき決定の権限を有するとされ、評議員会は、一定の重大事項を議決するとされた。なお、塾長（理事長であり、原則として学長を兼ねる）は一切の塾務を総理するとされている。この塾長は、銓衡委員会が候補者を推薦し、評議員会が選任するとされている[79]。

また、2003年における慶應義塾大学学部学則[80]によると、学長は、全学の学事を統括するとされ、学部長はその学部を統轄するとされている。学部の教授会は、入学・進級・卒業・退学・休学等、試験、教育課程、教員の進退、学部長等

---

78 参照、『わが国の私立学校』前出註（33）30頁。
79 慶應義塾編『慶應義塾百年史　下巻』（慶應義塾、1968年）42-52頁、507-517頁。
80 公表文献未搭載。

の選出、等に関する件について「議決」する機関である。評議会は、学長、常任理事、各学部長、その他の機関の長、各学部の教授代表によって構成され、大学全般にわたる学事を審議する。

この規定からすると、慶應では、教授会が各学部の教員人事、学事等について決定権をもっていると考えられる。旧制度下の規定では教授会は審議機関とされていたのに比べると、教授会の権限が規定の上でも強化されているといえよう。一方、評議会は大学共通の学事を審議する機関であるとされている。この点は旧制度下の大学評議会も審議機関とされており、規定上の権限強化はされていない。もっとも、審議結果がどの程度の拘束力をもっているかという運用実態については、閲覧した資料からはわからない。

早稲田大学の場合、私立学校法制定後の1951年に寄付行為[81]が改正されている。このとき、維持員会は評議員会に、評議員会は、商議員会に名称が変更された。新評議員会は、自動的に評議員となる各学部長等、および学内評議員、学外評議員で構成される。評議員会は、予算、学部等の設置廃止、校規・規則の改廃等の重要事項について議決する。理事会は、総長および評議会が選任した理事で構成される。理事は、法人の業務を執行し、法人経営の責に任ずる。総長は理事長でありまた学長である。商議員会は、学内商議員と学外商議員からなり、学事及び会計の報告を受け、諮問事項について審議する。

また、1970年時点の総長選挙規則[82]によると、第一段階の総長候補者選挙は、教職員のほぼ全員と学外評議員全員で直接選挙によって行うとされた。次に、選出された総長候補者を学生の信認投票にかけ、学生の意思を反映させた（もっとも投票結果に拘束力はなく参考に止まる）。第三段階で、学内から互選された者、学外評議員、学外商議員等からなる選挙人が総長決定選挙を行うとされた。

こうしてみると、早稲田の場合、旧制度では維持員会に権限が集中していたが、戦後の改革の後の大学管理体制はかなり民主化されたといえそうである。

また、2004年における早稲田大学学部規則[83]によると、各学部の教授会は、研究・教育、学部長選挙、教員の進退、学生の身分、等に関する事項について「議

81　早稲田大学大学史編集所編『早稲田大学百年史　第四巻』（早稲田大学出版部、1992年）1080-1089頁。

82　早稲田大学大学史編集所編『早稲田大学百年史　第五巻』（早稲田大学出版部、1997年）556-560頁。

83　公表文献未搭載。

決」するとされ、また、研究および教務教則に関する予算を審議するとされている。2003年における早稲田大学学部長会規程[84]によると、学部長会は総長および各学部の学部長により組織される。この学部長会は、研究・教育に関する基本方針、教則・学則・学部規則に関する事項、大学の諮問事項、等について「議決」する機関である。

これらの規定から見ると、早稲田では、学事の大学共通事項については学部長会が決定し、各学部の学事、教員人事については教授会が決定する権限をもっていると思われる。旧制度下の規定では教授会・学部協議委員は「審議する」となっていたのに比べると、規定上権限強化がされていると考えられる。

立命館大学の場合、私立学校法制定後の1951年の寄付行為[85]によると学校法人としての組織は次のようになっている。総長は学校その他一般教学に関する事項を統括する。総長は選挙によって選任され、在任中理事となる。理事は、大学の学部長のほか、高校校長・中学校長、評議員、校友会等、理事長の推薦する者、から評議員会が選任する。理事長は理事の互選による。理事長は法令・寄付行為上の職務を行うほか法人内部の事務を総括する。理事会は法人の業務の決定を行う。評議員は、法人の職員の互選による者、卒業生、功労者等で理事長の推薦した者から理事会で選任した者、及び理事・監事から構成される。評議員会は、理事長の諮問に応じるほか、重要な資産処分、寄付行為の変更、合併等について議決する。

総長は、1949年の総長選挙規程[86]によると、互選された選挙人による間接選挙で選挙される。選挙人は、理事、監事、評議員、専任教員、職員、高等学校以上の学生生徒により、区分に従い互選される。

このようにみると、旧制度下の創設者理事のワンマン体制から、大幅に民主化が図られているといえよう。特に総長選挙において、学生も参加できる体制になっていること[87]、および、教員である学部長が理事になり、大学の教学関係者と学校法人との意思疎通を図っていることが注目される[88]。

大学の組織については、新制の大学として認可されたのちの1948年の学則[89]が次

84　公表文献未搭載。
85　立命館百年史編纂委員会編『立命館百年史　資料二』（立命館、2007年）317-323頁。
86　同80-82頁。
87　参照、立命館百年史編纂委員会編『立命館百年史　通史二』（立命館、2006年）195頁。
88　参照、同474頁。

のように定めている。教授会は次の事項を「審議決定」する。学科課程・学科考査、学生の資格認定・身分、教員の進退、学位の審査、学則の変更、その他重要な事項。戦前の規定では、教授会は諮問機関にすぎなかったが、決定機関へと変化しているといえる。また、各学部長及び各教授会で互選された2名の協議員によって、協議会を組織する。この協議会は各学部に亘る事項について「審議決定」を行う。

なお、1970年の学部長選挙規程[90]によると、学部長は、教員・職員による選挙によって選任されるが、学生も学部長候補者について拒否投票をすることができる。

以上のように、旧制度下とは異なり、戦後の改革の後、立命館は、教学事項・教員の人事について教授会が決定権をもつようになった。また、協議会は、事実上教学に関する大学の最高決定機関になったと評されている[91]。なお、学部長選挙にも学生が関与できるようになっている点は興味深い。

その他の私立大学の運営実態については、日本私立大学振興・共済事業団私学経営情報センターが、2008年に実施した「学校法人の経営改善方策に関するアンケート」報告[92]によると次のようなデータがある。

教員人事についての実質的な意思決定機関はどこかという問い（複数回答可）に対して、大学（506法人）のうち、教授会63.4%、学長59.3%、理事長34.6%、学部（科）長26.5%、理事会25.9%、法人本部（事務局）6.5%などという回答がされている。

学部（学科）新設・改組についての実質的な意思決定機関はどこかという問い（複数回答可）に対して、理事会61.1%、学長53.0%、教授会49.4%、理事長37.2%、学部（科）長21.1%、法人本部（事務局）12.8%などという回答がされている。

予算についての実質的な意思決定機関はどこかという問い（複数回答可）に対して、理事会77.5%、理事長45.8%、法人本部（事務局）41.3%、学長20.8%、教

---

89 『立命館百年史　資料二』49-60頁。

90 同1207-1209頁。

91 『立命館百年史　通史二』201頁。

92 日本私立大学振興・共済事業団私学経営情報センター編『私学経営情報第26号　「学校法人の経営改善方策に関するアンケート」報告』（日本私立大学振興・共済事業団私学経営情報センター、2009年）20-23頁。他に、私立大学の管理運営の実態をある程度記述しているものとして、大沢勝『日本の私立大学　第3版』（青木書店、1981年）がある（特に283頁以下参照）。

授会5.1％、学部（科）長4.0％などという回答がされている。

施設計画についての実質的な意思決定機関はどこかという問い（複数回答可）に対して、理事会67.8％、理事長51.8％、法人本部（事務局）44.9％、学長25.7％、教授会9.3％、学部（科）長4.7％などという回答がされている。

これをみると、おそらく同一事項につき複数の機関の同意が必要な場合が多いと思われるが、おおざっぱに言って、教学事項については教授会、学長などの意思が優先され、経営事項については、理事会や理事長などの意思が優先される傾向があるといえよう。

6　学長独裁制の先駆──大学の運営に関する臨時措置法と筑波大学──

1969年に「大学運営に関する臨時措置法」（昭和44年8月7日法律第70号）が制定された[93]。当時大学紛争が激化しており、自民党や経済団体などからは、大学の自主的な収拾策では成果が挙がらないので、より強硬な手段が必要という声が高まっていた[94]。この法律は、そのような声を背景に、大学紛争の解決を目的として作られた5年の「限時」立法であった[95]。

当該法律は、学長が評議会、教授会等を代行できること（6条）、学長が学部等の組織の一時閉鎖をできること（7条1項）などを規定し、学長独裁制の前例を作った。これは、大学執行部による教授会・評議会等の権限侵害を可能にするものである。

また、当該法律は、紛争が長期化した場合、文部大臣に学部や機関の機能の停止権を与え（7条2項）、当該教員を教育公務員特例法の規定にかかわらず、休職扱いとできるとした（8条）。これは、公権力の大学自体に対する直接的介入の制度である。

実際に、この法律に基づいて、学長による教育・研究機能の停止などがされた事例がある。もっとも、文部大臣による機能停止措置等は現実には発動されなかった[96]。

93　参照、谷聖美「国立大学の管理運営をめぐる政策過程（2・完）」岡山大学法学会雑誌62巻3号（2013年）37頁以下。

94　参照、草原・前出註（32）135-136頁。

95　これは通常の時限立法とは異なり、5年で自動的に効力を失うという規定ではなく、5年以内に法律を廃止することを義務づけただけであると解された。実際に法律で廃止されたのは、2001年である。──参照、大崎・前出註（76）254頁。

わが国における大学の自治制度の経緯について（齊藤）　*679*

　また、新構想大学というかけ声のなかで、1973年に、集中管理を特色とする新しいタイプの大学である筑波大学が設置された。これに伴い、国立学校設置法も一部改正された。この筑波大学では、5名の副学長を置いて学長中心の管理体制を強化し、学外者の意見を取り入れるために学長の諮問機関として参与会を設け、従来学部の権限であった教員の人事を全学的な組織である人事委員会の権限とした[97]。

　このような試みは、のちの文部科学省による、学長独裁制導入の先駆となるものであった。

四　市場原理主義の導入
——国立大学法人法と学校教育法「改正」——

1　大学審議会の答申とその実現化——市場原理主義の導入——

　石油危機を引き金に、1980年代は行財政改革が国の重要課題となり、緊縮財政政策がとられるようになった。この結果、文教予算の拡充が困難になり、大学改革は困難な状況になった[98]。その中で政府（中曽根康弘政権）は、1984年内閣に直属の臨時教育審議会を設置し、教育改革に乗り出した[99]。この臨時教育審議会答申を受けて1987年に文部省が設置した大学審議会（2001年1月の省庁再編に伴って中央教育審議会大学分科会に再編された）の一連の答申に基づいて、大学改革が推進された。

　1991年に大学審議会は、大学設置基準の大綱化と自己点検・評価の導入を提言した。これに基づき、文部省は1991年に大学設置基準を改正し、自己点検・評価も努力規定として盛り込まれた。文部省はこの規定を利用して、各国立大学が毎年の概算要求するときに取り組み状況（シラバスの作成、学生による授業評価など）を報告させた。また、公・私立大学に対しても、学部・学科新増設の認可申請の際に、取り組み状況を問うという態度をとった[100]。このように政府は予算や認可権

96　参照、同252頁、文部省『学制百二十年史』（ぎょうせい、1992年）191頁。

97　参照、草原・前出註（32）148-150頁、『学制百二十年史』前出註（96）407-409頁。

98　参照、草原・前出註（32）159-162頁。

99　臨教審の背景や答申の内容については、参照、細井克彦『戦後日本高等教育行政研究』（風間書房、2003年）132-152頁。

100　参照、草原・前出註（32）176-177頁。

限をつかって、間接的に大学の運営を支配しようとするようになったのである。

　また、大学審議会は、教員の任期制の導入を提言し、これを受けて、1997年、「大学の教員等の任期に関する法律」が制定された[101]。

　1998年に大学審議会は、「21世紀の大学像と今後の改革方策について——競争的環境の中で個性が輝く大学——」を答申した[102]。この答申のなかで、①責任ある意思決定と実行のための組織運営体制の整備、②多元的評価システムの確立、という主張がされている。この答申は、大学を競争的環境におき、市場原理のなかで評価および資源配分を行うという市場原理主義的政策、ならびに、競争的環境に対応するためには、大学にトップダウン式の運営体制を導入するという組織改革が必要であるとする政策を明確に打ち出したという点で、特に注目される。

　まず、審議会は、従来の大学の組織運営について、次のような問題があったと述べている。「……学部自治の名の下に新たな学問分野や社会的需要に対する取組が遅れがちであるとの指摘もある。例えば、大学が、……学部を越えた全学的な改革を断行しようとした場合、現行のシステムでは全学的な改革が円滑に行われにくいことは、大学の内外を問わず多くの識者が指摘するところである。これまでの学部中心の自治は、個々の専門分野ごとの意思決定を重視するものであり、大学を外部の関与から守るための仕組みとして機能してきた。しかし、現在では、この仕組みはむしろ大学自身が内に閉じこもる方向に作用し、知の拠点としての大学が未知の領域へと展開し飛躍する芽を摘んでしまっている状況をもたらしていると見られる」。

　要するに、学部自治（教授会）は学内の組織や資源配分の変更等の改革の障碍となっているから、抜本的な見直しが必要だというのである。

　そして、大学の内部管理について、学内諸機関の機能・責任分担の明確化と学長を中心とする運営体制を提言した。

　評議会等と学部教授会の機能については、評議会等は大学運営に関する重要事項について審議する機能を担い、学部教授会は学部の教育研究に関する重要事項を審議する機能を担うべきとした。

　合議制機関と執行機関との関係については、次のような答申を行った。合議制

101　参照、大崎・前出註（76）322-323頁。

102　文部科学省のサイト http://www.mext.go.jp/b_menu/shingi/old_chukyo/old_daigaku_index/ toushin/1315932.htm〔2017年10月7日閲覧〕

機関は「学部の教育研究あるいは大学運営の重要事項について基本方針を審議する」。執行機関は「企画立案や調整を行うとともに、重要事項については審議機関の意見を聞きつつ最終的には自らの判断と責任で運営を行う」。つまり、この時点ですでに合議制（審議）機関は意見を述べるだけであり、決定権をもつのは執行機関であるという現行法の考えに近いものが示されている。

　これを受けて法令を改正するため国会で審議が行われた。このなかで、政府は、「［有馬国務大臣〕……今回の法改正では、……教授会や評議会を審議機関として法律上位置づけ、大学運営については学長が、学部運営については学部長がそれぞれ最終的には決定するものであることの明確化を図っているわけです」[103]として、評議会・教授会は、単なる審議機関であり、意思決定機関ではないとしている。また、「［政府委員（佐々木正峰君）〕従来から評議会や学部教授会は審議機関でございまして、……最終的な意思決定は学長、学部長が行うものでございます。したがいまして、これまでも評議会、教授会を意思決定機関というふうな位置づけはしてまいりませんでしたし、法令上、このことが明らかなわけでございます」[104]と述べて、このような解釈は従来からのものであるとしている。さらに、「［政府委員（佐々木正峰君）〕評議会、教授会の性格、すなわち最高意思決定機関ではなく審議機関であるということ、また評議会、教授会の審議事項については法律に具体の規定があるわけでございます。したがいまして、法令の規定に照らして、それに抵触する内規につきましては改正の必要があると考えているところでございまして、文部省といたしましては、各大学において法改正の趣旨に即した適切な対応を求めてまいりたいと考えております。」[105]とし、当該法律が任意規範ではなく、強行規範であると捉えている。以上を見てわかるとおり、あとで見る今回の学校教育法の改正は、実のところ当該改正をさらに明確化したものに過ぎないともいえる。

　ただし、教特法の「議に基づき」という文言については、「［佐々木政府委員〕議に基づきという場合、例えば、学部長の採用、教員の採用、昇任に当たっては、学長は教授会の議決に原則として拘束されるという趣旨でございます」[106]と

103　第145回国会衆議院文教委員会議録第9号平成11年4月22日5頁。
104　第145回国会参議院文教・科学委員会会議録第9号平成11年5月13日21頁。
105　第145回国会参議院文教・科学委員会会議録第11号平成11年5月20日7‐8頁。
106　第145回国会衆議院文教委員会議録第7号平成11年4月14日31頁。

して、教授会の議決の拘束力を認めている。

このような審議を経て、1999年に「学校教育法等の一部を改正する法律」（平成11年5月28日法律55号）が成立した。

まず、国立学校設置法において、国立大学の評議会とその審議事項を法制化した（7条の3）。

評議会の評議員の構成は、次のようになった。①学長、②学部長、大学院の研究科の長、教養部の長、大学附置の研究所の長、その他の部局長、③評議会の定めるところにより、評議員に加えることができる者として、Ⓐ学部、大学院の研究科、教養部及び大学附置の研究所のうち評議会が定めるものごとに当該組織から選出される教授、Ⓑ評議会の議に基づいて学長が指名する教員。

評議会は、教育公務員特例法上の権限を行使するほか、次の事項について審議するとされた。①大学の教育研究上の目的を達成するための基本的な計画に関する事項、②学則その他重要な規則の制定又は改廃に関する事項、③大学の予算の見積りの方針に関する事項、④学部、学科その他の重要な組織の設置又は廃止及び学生の定員に関する事項、⑤教員人事の方針に関する事項、⑥大学の教育課程の編成に関する方針に係る事項、⑦学生の厚生及び補導に関する事項、⑧学生の入学、卒業又は課程の修了その他その在籍に関する方針及び学位の授与に関する方針に係る事項、⑨大学の教育研究活動等の状況について当該大学が行う評価に関する事項、⑩その他大学の運営に関する重要事項。

また、国立大学の教授会については、教育公務員特例法上の権限を行使するとしたほか、次の三つの事項につき審議するとした。①教育課程の編成に関する事項、②学生の入学、卒業又は課程の修了その他その在籍に関する事項及び学位の授与に関する事項、③その他当該教授会を置く組織の教育又は研究に関する重要事項（7条の4）[107]。

さらに、外部の意見を取り入れるため、国立大学に運営諮問会議を設け、学長の諮問に応じて重要事項を審議し、学長に対して助言又は勧告を行うとされた（7条の2）。

学校教育法においても、「学部長は、学部に関する校務をつかさどる」（旧58条4項・現92条5項）という学部長の職務に関する規定が付け加えられた。

107　参照、草原・前出註（32）190-191頁、大崎・前出註（76）324頁。

大学審議会の答申は、先に見たように評価システム改革をもう一つの柱としていた。大学に競争原理を導入するという狙いの下、第三者評価システムの導入および評価に基づく資源配分を推進するというものである。これを受けて、まず、1999年に大学設置基準が改正され、自己点検・評価が義務化された。さらに、2002年には学校教育法が改正され、国立だけでなく、私立を含むすべての大学に第三者評価（認証評価機関による認証評価）を義務づけることになった[108]。

2　国立大学法人法制定の経緯

1999年、独立行政法人通則法が制定された。独立行政法人化の目的は、各行政官庁の業務部門を切り離し、本省のスリム化と業務部門の運営の効率化を図ろうとするものであった。また、これは国の行政改革の一環としての国家公務員の削減にも関係していた。国立大学も行政改革の対象となっていたが、大学にこの行政独立法人通則法をそのまま適用するのは無理があることから、別途法律を作り法人化する方向となった[109]。

2000年に文部科学省によって設置された「国立大学等の独立行政法人化に関する調査検討会議」は、法人化について審議を行い、2002年に「新しい『国立大学法人』像について」という最終報告を行った[110]。

この報告は、①大学に対しては、第三者評価に基づく適切な競争原理を導入し、評価結果に基づく重点的な資源配分の徹底を図るべきであると主張し、教員に対しては、成果・業績に対する厳正な評価システムの導入とインセンティブの付与を行い、ならびに任期制・年俸制の積極的導入によって多様性・流動性を確保すべきであると主張している。要するに、大学、教員を競争的な環境に置くという市場原理主義的主張がなされているといえる。

また、この報告は、②経営責任の明確化による機動的・戦略的な大学運営の実現、およびその実現の方法としてトップダウンによる意思決定の仕組みの確立の必要性を主張している。

このうち、教員に対する評価システム等は法案化されなかったが（結局、各大

108　参照、草原・前出註（32）181-185頁。
109　参照、草島・前出註（32）204-207頁。
110　国立大学法人法制研究会編著『国立大学法人法コンメンタール』（ジアース教育新社、2012年）509頁以下に収録。参照、大崎仁『国立大学法人の形成』（東信堂、2011年）100-101頁。

684

学の自主的判断で導入するかどうか決めることになった）、その他の部分は法案の内容に取り込まれることになった。

以上のような報告を踏まえて、2003年に国立大学法人法（平成15年7月16日法律第112号）が制定された。これに伴い国立学校設置法は廃止された。なお、2003年に地方独立行政法人法も制定され、公立大学も法人化が可能になった。この国立大学法人の制度の特徴は、①各大学の法人化、②学長の権限強化に重点をおいた、管理運営体制の変更、③学外者の大学運営への参画、④教職員の非公務員化、④目標管理および第三者評価による資源配分、であった[111]。

3 国立大学法人法の内容

国立大学法人法制定により、管理運営体制は次のようになった。まず、合議制機関として、役員会、経営協議会、教育研究評議会、が設けられた。

役員会（11条）は、学長および学長が任命した理事（学外の理事を含む必要）で構成される。学長は、次の事項について、役員会の議を経なければならない。①中期目標についての意見及び年度計画に関する事項、②この法律により文部科学大臣の認可又は承認を受けなければならない事項、③予算の作成及び執行並びに決算に関する事項、④当該国立大学、学部、学科その他の重要な組織の設置又は廃止に関する事項、④その他役員会が定める重要事項。

役員会の議決の拘束力については、役員会の事前審議を義務づけただけで法的拘束力はないというのが文部行政の見解と思われる[112]。

経営協議会（20条）は、①学長、②学長が指名する理事及び職員、③学長が任命する学外の者（2014年に、委員総数の2分の1以上から過半数に変更された）で構成される。

この経営協議会は、経営に関する重要事項を審議する。その審議事項は、①中期目標についての意見に関する事項のうち、国立大学法人の経営に関するもの、②中期計画及び年度計画に関する事項のうち、国立大学法人の経営に関するもの、③学則（国立大学法人の経営に関する部分に限る。）、会計規程、役員に対する報

---

111 参照、草原・前出註（32）209頁。
112 元文部官僚と現役の文部官僚が執筆したコンメンタールの見解による。——『国立大学法人法コンメンタール』前出註（110）123頁。なお、国会の法案審議では、大学内の審議機関と学長の権限関係について、ほとんど議論されていない。

酬及び退職手当の支給の基準、職員の給与及び退職手当の支給の基準その他の経営に係る重要な規則の制定又は改廃に関する事項、④予算の作成及び執行並びに決算に関する事項、⑤組織及び運営の状況について自ら行う点検及び評価に関する事項、⑥その他国立大学法人の経営に関する重要事項、である。

教育研究評議会（21条）は、①学長、②学長が指名する理事、③学部、研究科、大学附置の研究所その他の教育研究上の重要な組織の長のうち、教育研究評議会が定める者、④その他教育研究評議会が定めるところにより学長が指名する職員、⑤副学長（教育研究に関する重要事項に関する校務をつかさどる者）を置く場合には、当該副学長（2014年追加）、で構成される。

この教育研究評議会は、教育研究に関する重要事項を審議する。その審議事項は、①中期目標についての意見に関する事項（国立大学法人の経営に関する事項を除く。）②中期計画及び年度計画に関する事項（国立大学法人の経営に関する事項を除く。）③学則（国立大学法人の経営に関する部分を除く。）その他の教育研究に係る重要な規則の制定又は改廃に関する事項、④教員人事に関する事項[113]、⑤教育課程の編成に関する方針に係る事項、⑥学生の円滑な修学等を支援するために必要な助言、指導その他の援助に関する事項、⑦学生の入学、卒業又は課程の修了その他学生の在籍に関する方針及び学位の授与に関する方針に係る事項、⑧教育及び研究の状況について自ら行う点検及び評価に関する事項、⑨その他国立大学の教育研究に関する重要事項、である。

経営協議会・教育研究評議会は、審議権をもっているけれども、その審議結果の法的拘束力については法文上必ずしも明らかではない。この点、文部行政は、これらの合議制機関を大学法人の意思決定の過程に関与させつつ、学長が最終的な意思決定を行うものと解していると思われる[114]。つまり、審議結果には法的な拘束力はないと解していると思われる。

教授会については、国立学校設置法には規定があったが、法人法には規定がないので、学校教育法の規定が適用されるだけということになる。したがって、どのような形で教授会を置くかということは、各法人が自主的に定めることになる。

また、教員の身分が非公務員化されたことによって、教育公務員特例法は適用

113　教員人事に関する事項は、国立学校設置法における評議会の審議事項では教員人事の方針に関する事項となっていた。「方針」の文言が削られている点は気になるところである。

114　参照、『国立大学法人法コンメンタール』前出註（110）160頁。

されないことになった。このため、教員の人事について、従来は教授会に拘束力のある決定権が付与されていたが、その保障はなくなった。

そして、すでにみたように政府の1998年あたりからの解釈によれば、教授会は審議機関にすぎないので、教授会には、審議事項全般にわたって、法律上拘束力のある決定権はないことになる。

一方、学長の権限の強化は、次のような形で実現されている。学長は、学校教育法の「校務をつかさどり、所属職員を統督する」権限と、「国立大学法人を代表し、その業務を総理する」という権限を持つ（11条）。そして、政府は、先に見たように、この学校教育法の規定を学長に大学運営全般にわたる最終決定の権限を与えたものと解釈し、その解釈を強調している。また、学長は、理事（13条）の任命権のほか、大学内の教職員の任命権をもつ（独立行政法人通則法準用26条）。結局、大学内で学長から独立した権限をもつのは、学長選考委員会と監事だけである。

このような強大な権限を持つ学長の選考は次のようになった。学長は学長選考会議で選考され、国立大学法人の申出に基づいて文部科学大臣が任命する（12条）[115]。この会議は、経営協議会の学外委員の中から経営協議会において選出された者、教育研究評議会の委員の中から教育研究評議会において選出された者、それぞれ同数で構成される。また、学長選考会議の定めるところにより、学長又は理事を加えることができる（ただし、学長選考会議の委員の総数の三分の一を超えてはならない）とされている。

それでは、予算関係の制度はどうなったか。以前の予算制度では文部科学省が細かい使途まで決めて配分していたが、大学側が自由に使える運営費交付金の制度となったので、学内の予算利用の自由度は上がった。ただし、運営費交付金が年々減額されるというという政府の方針により、予算が逼迫し地方国立大学等において大学運営の困難さが増しているという実態がある。加えて、交付金の配分基準はあきらかでなく、政府の意向が介入する余地が多分にあるという問題もある。

また、この法人化に際して、文部科学省はあらたな大学統制手段を手にした[116]。文部科学大臣は、国立大学法人から中期目標（学部・研究科等の編成（設

115　なお、文部科学大臣は監事についての任免権を有する（12条8項・17条）。

116　本文の統制手段のほかに、文部科学省は、違法行為等の是正措置要求権限（34条の2（2014年追加））、報告の要求および検査の権限（通則法準用64条）をもつ。

置・変更など）はこれに含まれる）に関する意見（原案）を聴いた上で、中期目標を定め国立大学法人に示し（30条）、大学側はその目標を達成するための中期計画を作成し大臣の認可をうけるとされている（31条）。つまり、大学は、中期目標の原案を中期目標に織り込んでもらうときと、中期計画の認可を受けるときに、国から統制を受けることになる。

さらに、大学は、中間目標の期間中の実績について国立大学法人評価委員会の評価を受けなければならない（通則法準用34条）、文部科学大臣はその評価を踏まえ所要の措置を講ずるとなっている（通則法準用35条）。その結果、文部科学省は評価結果を運営費交付金の配分に反映するという方針をとっている。なお、国立大学はこれとは別に学校教育法により定められた認証評価機関による認証評価も受けなければならない。

4　学校教育法改正の経緯

2013年に、安倍晋三内閣は私的諮問機関として教育再生実行会議を設置した。同年、当該会議は、抜本的な大学のガバナンス改革を提言した（「これからの大学教育等の在り方について」（第三次提言））[117]。そこには次のような記述がある。

「国や大学は、各大学の経営上の特色を踏まえ、学長・大学本部の独自の予算の確保、学長を補佐する執行部・本部の役職員の強化など、学長が全学的なリーダーシップをとれる体制の整備を進める。学長の選考方法等の在り方も検討する。また、教授会の役割を明確化するとともに、部局長の職務や理事会・役員会の機能の見直し、監事の業務監査機能の強化等について、学校教育法等の法令改正の検討や学内規定の見直しも含め、抜本的なガバナンス改革を行う」。

また、第2期教育振興基本計画（2013年6月14日閣議決定）や「日本再興戦略——JAPAN is BACK——」（2013年6月14日閣議決定）においても大学におけるガバナンス機能の強化が求められている。

これらを受けて、中央教育審議会大学分科会は、2014年に「大学のガバナンス改革の推進について」（審議まとめ）[118]を公表した。

117　文部科学省のサイト http://www.mext.go.jp/b_menu/shingi/chukyo/chukyo0/gijiroku/attach/__icsFiles/afieldfile/2013/10/16/1340415-9-1.pdf〔2017年10月7日閲覧〕なお、当該法改正について、参照、松田浩「大学の『自治』と『決定』——学校教育法及び国立大学法人法の一部を改正する法律」法学教室413号（2015年）49頁以下。

まず、なぜガバナンス改革が必要なのかという点については、次のように述べる。「グローバル化の進展の中で国際的な大学間競争が激化しており、我が国の大学の国際競争力を高め、高度な教育研究を行い、グローバル人材を育成する拠点として世界の大学と伍していくためには、戦略性を持って大学をマネジメントする意識が必要であり、その意味で大学ガバナンス改革は不可避となっている」。「学長は、学内における資源配分に際しては、重点化・効率化の観点だけでなく、教職員の人事や学生の募集、部局横断的な大型研究プロジェクトの獲得等の様々な取組を通じて、大学全体の学問的多様性を戦略的に構築する観点からも、資源配分の最適化に努めるべきである」。一方、「大学の意思決定過程を外部から見た場合、権限と責任の所在が不明確ではないか、大学として意思決定するまでに時間がかかり過ぎるのではないか、といった疑問が、社会の各方面から寄せられ、学長がリーダーシップを発揮して、機動的な大学改革を進めていく」必要がある。

要するに、大学間の競争を勝ち抜くためには、大学内で資源の配分変更など（研究教育組織の再編やそれに伴う人事、予算の配分変更等）をする必要があるが、その際、教授会等が障碍となっているから、学長に権限を集中させることによって、改革を進めるべきであるということである。

大学ガバナンスの現状については次のように分析している。

「教育公務員特例法は、一般公務員法制の特例として、国や地方公共団体による公権力の行使に対して、『大学の自治』を保障する観点から、教員組織である評議会や教授会に教員人事に関する決定権を認めたものであり、戦後の長きにわたり、全ての国公立大学に適用されてきた。……（特例法が適用されなくなった【引用者付加】）法人化後も大学内では従来と同様の慣行が行われ、法人化に伴い法律の適用関係が変わっていることが一般の教職員に正しく理解されないままとなっている場合が少なくない。……大学の場合には、法律上、学長が教学面における最終的な意思決定機関として位置付けられながらも、各学部や学部教授会のレベルにおいて、事実上の意思決定が行われているケースも多々見られる。特に、教授会は、法律上は審議機関として位置付けられており、法的には、その審議結果に対して直接責任を負わないにもかかわらず、事実上、議決機関として意

118　文部科学省のサイト http://www.mext.go.jp/b_menu/shingi/chukyo/chukyo4/houkoku/1344348.htm〔2017年10月7日閲覧〕

思決定を行っている場合も多い。すなわち、権限と責任の所在が必ずしも一致しない状況が生じているのである」。

これを見ると、教特法の下では、国公立大学において人事について評議会や教授会に人事の決定権があったけれども、私立大学や法人化された国公立大学では、教授会等は審議機関にすぎず、学長が最終的な意思決定機関であると法解釈していることがわかる。

それではどのようにガバナンスを改革するのかという点については、学長の権限の強化と教授会権限の削減を提言している。

まず、学長の権限の強化については次のように述べている。「法律上、学長には教育研究に関する最終的決定権と、所属する教職員に対する指揮監督権が与えられている。しかしながら、長年の慣行を踏襲した内部規則等によって各学部に権限が配分され、学長がリーダーシップを発揮しにくい構造となっている場合が少なくない。そのため、これらの内部規則等が現時点のニーズに合ったものとなっているか、国の制度改正を踏まえつつ、各大学において総点検・見直しを行うことが必要である」。そして、学長は人事、予算、組織再編等に関しても、最終決定を行うべきとする。

つまり、先にも述べたように学長はそもそも学校教育法により、最終決定権をもっているのであって、これに反するような教授会に決定権があるなどの大学の規則や慣行は変更すべきであるというのである。

次に教授会の権限の削減については以下のように述べている。「学校教育法第93条は、『大学には、重要な事項を審議するため、教授会を置かなければならない』と規定している。同条に規定する『重要な事項』について、その内容が必ずしも明確でないため、……現在でも学部教授会の審議事項が大学の経営に関する事項まで広範に及んでおり、学長のリーダーシップを阻害しているとの指摘がある。……教授会については、……『重要な事項』の具体的内容として、①学位授与、②学生の身分に関する審査、③教育課程の編成、④教員の教育研究業績等の審査等については、教授会の審議を十分に考慮した上で、学長が最終決定を行う必要がある」。

さらに、このような改革を促進するために、法制度を改正するほか、予算を通じて大学を統制することを主張している。「国による財政的支援は、大学のガバナンス改革を進めるための有効な手法の一つである。……メリハリを利かせた予

690

算措置を行うことで、大学のガバナンス改革を後押ししていくことが求められる」。

5　学校教育法改正の内容

　このような提言を背景に、2014年6月20日に「学校教育法及び国立大学法人法の一部を改正する法律」(平成26年6月27日法律第88号) が成立した。これにより、学校教育法93条が次のように改正された。

> 　第九十三条　大学に、教授会を置く。
> 　　2　教授会は、学長が次に掲げる事項について決定を行うに当たり意見を述べるものとする。
> 　　一　学生の入学、卒業及び課程の修了
> 　　二　学位の授与
> 　　三　前二号に掲げるもののほか、教育研究に関する重要な事項で、教授会の意見を聴くことが必要なものとして学長が定めるもの
> 　　3　教授会は、前項に規定するもののほか、学長及び学部長その他の教授会が置かれる組織の長 (以下この項において「学長等」という。) がつかさどる教育研究に関する事項について審議し、及び学長等の求めに応じ、意見を述べることができる。
> 　　4　教授会の組織には、准教授その他の職員を加えることができる。

　この改正により、学長が最終的決定権をもつのであり、教授会は単に意見を述べるだけであることが法文上明確化された。政府は、従来から学校教育法92条3項の「学長は、校務をつかさどり、所属職員を統督する」という条文を根拠として、教育公務員特例法が適用されるとき以外は、学長が最終的決定権をもつのであり、教授会は単なる審議機関であると解していた。しかし、法文上教授会の決定が学長を拘束するものであるかどうかが必ずしも明確でなかった。これにつき、国会の審議において、「[国務大臣 (下村博文君)]……九十三条が、その辺が解釈によってといいますか、取り方によっていろんな幅があるということが問題であるということで、これを整理するための一つとしてこの九十三条の改正を行うものであ」ると述べられている[119]。つまり、教授会の決定に拘束力がないことを明確にするという意図のもとにこのような改正が行われたのである。

　学長の権限に関しては、国会の審議で次のような発言がなされている。「[吉田政府参考人]……現行の学校教育法第九十二条三項におきましては、学長の職務

119　第186回国会参議院文教科学委員会会議録第20号平成26年6月19日5頁。

を、校務をつかさどると規定をしております。現行法におきましても、学長は大学としての最終的な意思決定権を有するものと解しております。今回の法律改正におきましては、九十三条の教授会に関する規定の中で、教授会が教育研究に関する事項について、その字義どおり審議することを規定するとともに、決定権者である学長に対して意見を述べる関係にあることを明確にしたところでございまして、これによって、大学における権限と責任の一致が明らかになるものと考えております」[120]。「[吉田政府参考人] ……現行法におきまして、大学における最終的な意思決定権は学長にありまして、必ずしも教授会の審議結果に従う法的義務が存在するわけではございません」[121]。

　また、政府は学長に最終決定権があるという趣旨を各大学に徹底し、その趣旨と異なる大学の内部規定は改正しなければならないとして、次のように述べている。「[下村国務大臣] 今回の改正の趣旨は、学長が大学における最終決定権者であることを明確にするものであります。各大学において、内部規則やその運用の点検を行い、この法律改正の趣旨に沿った必要な見直しが検討されなければ意味がないわけでありまして、文部科学省としても、施行通知等により、確実に周知徹底をしてまいりたいと考えております」[122]。実際、法律制定後の文部科学省の通知において、「……各大学において、大学の校務に最終的な責任を負う学長の決定が、教授会の判断によって拘束されるような仕組みとなっている場合には『権限と責任の不一致』が生じた状態であると考えられるため、責任を負う者が最終決定権を行使する仕組みに見直すべきであること」[123]としている。

　さらに、政府は当該93条2項3項の、学長が決定し、教授会は意見を述べるだけであるという規範部分は、ほかの形の定めを許さない強行規範であると解釈している点が重要である。このように政府が解していることは、学長が教授会等に

120　第186回国会衆議院文部科学委員会議録第20号平成26年5月23日3頁。
121　第186回国会衆議院文部科学委員会議録第20号平成26年5月23日7-8頁。
122　第186回国会衆議院文部科学委員会議録第21号平成26年6月4日22頁。
123　「学校教育法及び国立大学法人法の一部を改正する法律及び学校教育法施行規則及び国立大学法人法施行規則の一部を改正する省令について」（通知）（平成26年8月29日26文科高第441号、各国公私立大学長等あて　文部科学省高等教育局長・文部科学省研究振興局長）。――この通知は、鈴木・前出註（18）857頁以下に抄録されている。なお、念の入ったことに、文科省は、「内部規則等の総点検・見直しの実施について」（事務連絡）（平成26年8月29日、各国公私立大学長あて　文部科学省高等教育局大学振興課・国立大学法人支援課）において、平成27年4月末には総点検・見直し結果の調査を実施するとして、各大学に圧力をかけた。

権限を移譲できるかという点について、政府は、「［国務大臣（下村博文君）］権限を移譲するということは、学長の判断を妨げるというような内容であれば、これは新しい法律改正案に反する」[124]としているところからも明らかである。

なお、政府は、学部長と学部教授会の関係においても、学部長が決定権をもち、学部教授会は審議を行い意見を述べるだけであると解している。「［下村国務大臣］……学校教育法の趣旨にのっとり、学長や学部長に決定権が認められており、教授会は学長や学部長が決定を行うに当たって審議を行い意見を述べる関係にある」[125]。

また、この改正により、国立のみならず、公立や私立大学においても教授会の審議対象が限定された。従来、「重要な事項」が教授会の審議対象であったが、これについて、先に見たように中央教育審議会大学分科会は、重要な事項を、①学位授与、②学生の身分に関する審査、③教育課程の編成、④教員の教育研究業績等の審査等、に限定するように求めていた。

ところが、この改正では、さらに審議事項を限定し、教授会が意見を述べることが必須の事項として（２項）、①学生の入学、卒業及び課程の修了、②学位の授与、③教育研究に関する重要な事項で、教授会の意見を聴くことが必要なものとして学長が定めるもの、が列挙され、意見を述べることが可能な事項（３項）として「教育研究に関する事項」が挙げられているだけである。

特に、従来教授会の核心的権限であり当然の審議対象と考えられてきた、「教育課程の編成」「教員の人事・教育研究業績等の審査」が、必須の審議対象から欠落していることが注目される。その理由として、政府は、「［吉田政府参考人］……これは大学におきましてさまざまな実態がございます。例えば、学長が主導いたしまして実験的な教育プログラムの策定をするとか、あるいはプロジェクト型授業の実施に伴いまして特任教授を採用するとか、そういったものにつきましては必ずしも既存の教授会での審議を必要とするかといいますと、必ずしもそうではないというふうに考えられます。そういった柔軟な運用も許すという意味で、ここのところでは明記をしなかった」[126]と説明している。ただ、政府は、２項３号の「教授会の意見を聴くことが必要なものとして学長が定めるもの」に

124　第186回国会参議院文教科学委員会会議録第19号平成26年６月17日９頁。
125　第186回国会衆議院文部科学委員会会議録第22号平成26年６月６日16頁。
126　第186回国会衆議院文部科学委員会会議録第20号平成26年５月23日18頁。

「教育課程の編成」「教員の人事・教育研究業績等の審査」が該当する可能性はあるとしている[127]。

なお、従来、学校教育法施行規則144条では、「学生の入学、退学、転学、留学、休学及び卒業は、教授会の議を経て、学長が定める」とされていたが、この条文は今回の改正にともない廃止された。つまり、「退学、転学、留学、休学」については、教授会の意見は必須ではないことになった。その理由として、政府は「本人の希望を尊重すべき場合などさまざまな事情があり得る」[128]からと述べている[129]。ただし、本人の意思に反する懲戒としての退学処分などについては、学校教育法施行規則26条5項で、学長が手続を定めなければならないとされた。

意見を述べることが可能な事項（3項）の「教育研究に関する事項」として、政府は、授業担当科目の決定、共用設備の導入、指導教員の変更、留学生の受け入れ、といった事項を想定している[130]。なお、学長等の求めなしに、審議した結果の意見を述べたばあい、政府によると、事実行為として伝えることになる[131]。

また、「教育課程の編成」「教員の人事・教育研究業績等の審査」について学長が2項3号に基づき教授会の意見を聴くことが必要なものと定めなかった場合でも、一応、3項により、教授会が審議し意見を述べることは可能であるように思われるが、どちらにしても意見には拘束力はないことになる。

6 小 括

以上みたとおり、政府はこの章で扱った時期において、市場原理主義という考えを背景にして、学長独裁制の導入ならびに教授会等の合議制機関の権限の削減を実現していった。その内容は、合議制機関の審議事項の限定と合議制機関決定の無効力化であった。特に、教員の人事と教育課程の編成を必須の審議事項から排除した点と、教授会の決定権を一般的に否定した点については、憲法の保障する大学の自治に照らし厳しく吟味されるべきであろう。

127　第186回国会衆議院文部科学委員会議録第20号平成26年5月23日5頁。
128　第186回国会衆議院文部科学委員会議録第21号平成26年6月4日22頁。
129　これについては、在学契約上の契約当事者意思の尊重の観点からみるべきで、学生本人の意思によりこれらを希望する場合には、それを尊重すべきということにはそれなりの理由がある。
130　第186回国会衆議院文部科学委員会議録第21号平成26年6月4日35頁。なお、政府は、キャンパスの移転等については、2項3号あるいは3項に含まれる可能性があるとする。――第186回国会衆議院文部科学委員会議録第21号平成26年6月4日39頁。
131　前出註（123）の文科高第441号通知。

また、第三者評価等と予算措置を組み合わせることにより、間接的であるが極めて効果的な大学統制手段を政府は手中にしたといえる。これとともに、国立大学の場合は、中期目標の原案を中期目標に織り込んでもらうときと、中期計画の認可を受けるときに、国から統制を受けるという点も見逃すことはできない。

そして、今回の学校教育法の改正によって、各大学は対応を迫られることになった。法人化された直後の2004年の東京大学基本組織規則[132]は、「学部の教授会は、次に掲げる事項について審議し、及びこの規則又はその他の規則によりその権限に属する事項を行う」（24条2項）とされていた。次に掲げる事項とは、①教育課程の編成に関する事項、②学生の入学、卒業その他その在籍に関する事項及び学位の授与に関する事項、③その他学部の教育研究に関する重要事項、であった。また、教授、助教授及び講師の任命は、教授会の議に基づいて行う（9条5項）とされ、学部長は、当該学部の教授会の議に基づき、総長が任命する（25条3項）とされていた。そして、この「議に基づき」という文言は、議に拘束力があるという意味と解される。

しかし、今回の法改正の結果、2017年時点の同規則[133]では、「学部の教授会は、次に掲げる事項について審議し、学部長に対して意見を述べる」（24条2項）とされた。次に掲げる事項とは、①学生の入学及び卒業に関する事項、②学位の授与に関する事項、③学部の教育研究に関する基本組織、教育課程の編成及び教員の選考に関する事項、である。なお、教授、准教授及び講師の任命は、教授会の議を経て行う（9条5項）とされ、学部長は、当該学部の教授会の議を経て、総長が任命する（25条3項）とされている。もっとも、この「議を経て」とは議決に拘束力があるという意味ではないと思われる[134]。

また、2017年時点の国立大学法人京都大学の組織に関する規程[135]では、研究科

132　文書開示請求により入手。

133　東京大学の現行規則は東京大学のサイトに掲載されている。http://www.u-tokyo.ac.jp/gen01/reiki_int/kisoku_mokuji_j.html〔2017年10月7日閲覧〕

134　なお、2004年制定の東京大学法学部管理運営規程（文書開示請求により入手）によると、学部教授会は、学部の教育課程の編成・授業担当に関する事項、学部の学生の入学・試験に関する事項、学部の学生の身分に関する事項、等について「審議決定」するとされていて、法改正後の現在（2016年11月時点）も改正されていない。当該規程は通常公表されていないことを背景とした、当該学部のささやかな抵抗なのか、単なる放置なのかは不明である。

135　京都大学の現行規則は、京都大学のサイトに掲載されている。http://www.kyoto-u.ac.jp/uni_int/kitei/reiki_menu.html〔2017年10月7日閲覧〕

（学部の教授会は研究科に関する規定を準用）の「教授会は、研究科に係る次の各号に掲げる事項について審議し、総長が決定を行うに当たり意見を述べるものとする」（18条）とされた。次の各号に掲げる事項とは、教育課程の編成に関する事項、学生の入学、課程の修了その他学生の在籍に関する事項及び学位の授与に関する事項、等である。なお、「学部長は、当該学部の教授会の議を踏まえて、総長が任命する」（26条2項）、「教員の採用及び昇任のための選考は、前項の選考基準により学系会議等の議を踏まえて、総長が行う」（国立大学法人京都大学教員就業特例規則3条3項）とされている。この「議を踏まえて」という文言も議決に拘束力があるという意味ではないと思われる。

　さらに、2017年時点での立命館大学学則[136]では、「教授会は、次の事項を審議し、学長に対して意見を述べる」（12条6項）とされている。他の大学も、政府の意向に沿って、おおむね同様の改正を行ったものと思われる。

　もっとも実際の運用において、教授会の「意見」がどのように扱われているのかは、各大学の運用実態を調査しなければ正確なことはわからない。おそらく、正常な運営がなされている大学では、「意見」はおおむね従来どおり尊重されているのではないかと思われる。しかし、一部の大学では、今回の法改正前からあったことであるけれども、教授会の「意見」を無視あるいは軽視する、学長の独裁的権限行使の実態が存在するようである。

五　おわりに

　以上みたように、政府は、大学の学長が大学管理について最終的にほとんどすべての権限を持ちうると解釈している（ただし、私立大学の理事会と学長の関係は別である）。つまり、教授会、その他の合議制機関には一定の事項を審議させさえすればよく、教授会等の意向を尊重するかどうかは学長が自己の責任で判断すればよいというのである。ところでこれについての政府の解釈の経緯はどうだったか。

　学校教育法制定時の国会審議過程では、特に、学長が決定権をもっているといった発言もないし、教授会は単なる審議機関でなんの決定権もないともいっていない。むしろ、政府は、「唯大学の自治と云つたやうな面から申しまして、少

136　立命館大学のサイト http://www.ritsumeikan-trust.jp/file.jsp?id=285806&f=.pdf〔2017年10月7日閲覧〕

なくとも教授会は設置する必要があるのぢやないかと考え」教授会の規定を置い
たとし[137]、教授会が大学の自治のために必須のものであることを認めている。
もっとも、この教授会は単なる審議機関でも大学の自治に十分なのか、一定の場
合は拘束力のある決定権をもたなければ大学の自治に十分でないのかということ
は、審議過程からははっきりしない。一方、教育公務員特例法は、教授会・評議
会（協議会）に人事に関する決定権を認めていたことはすでにみたとおりである。

　現憲法下で、文部行政が現在のような解釈をとろうとした最初の試みは、おそ
らく、1962年の池田勇人内閣時代の中央教育審議会の「大学の管理運営につい
て」という答申であろう。その答申では、国立大学において、学長は大学の総括
的かつ最高の責任者であること、評議会・教授会は諮問機関にすぎないことを明
確にすべきであるとされている。ただし、この答申をもとにした「国立大学運営
法案」は国会に提出されずに終わった[138]。文部行政としては、この時期あたりか
ら、このような方向に大学管理制度を持っていきたい意向があったのであろう。

　さらに、文部行政は、1969年の大学運営に関する臨時措置法の国会審議の中
で、次のように述べたことがある[139]。「［村山（松）政府委員］評議会と申します
ものは、……教育公務員特例法に規定する事項を除きましては、学長の諮問に応
じて、次のような事項を審議するという形になっておりまして、諮問機関という
形になっております。それから教授会は、学校教育法によりまして、国公私立大
学は、大学の『重要な事項を審議するため、教授会を置かなければならない。』
ということになっています。これが諮問機関であるか、決議機関であるかは、法
律の文面からは必ずしも明らかでございませんので、大学によりまして諮問機関
として扱っているところもありますし、事実上決定機関であるごとく運用されて
いる大学もある。実態によってやっておるというのが実情であります」。「［村山
（松）政府委員］従来慣行上は、学長は、全学的なことは評議会、それから学部
長は、学部に関することは教授会にはかりまして、そこで得た結論のとおりに実
行するという慣行が、かなり広範に行なわれております。しかし、法律的に申し
ますと、絶対に拘束されて何もできないというものではない、かように解してお

137　第92回帝国議会貴族院教育基本法案特別委員会議事速記録第7号昭和22年3月26日3頁。
138　海後・寺崎・前出註（55）674-678頁に答申が抄録されている。参照、草原・前出註（32）118-
　　121頁。
139　第61回国会衆議院文教委員会議録第28号昭和44年7月2日7頁。

ります」。前の発言では、教授会の決定に拘束力があるかどうか法律上はっきりしないという解釈をしているが、後者では結局、教授会の決定も法的拘束力がないかのような解釈になっていて、明瞭さに欠ける見解となっている。

結局、教授会等が単なる審議機関であり決定権をもたないという文部行政の見解が、明確な形で主張されていくようになるのは1998年の大学審議会の答申以降と思われる。

政府は、上述したように、「学長は、校務をつかさどり、所属職員を統督する」（学校教育法92条3項）という条文と教授会は「重要な事項を審議する」という規定（学校教育法旧59条（のち93条））を根拠として、教育公務員特例法が適用されるとき以外は、学長が最終的決定権をもつのであり、教授会は単なる審議機関であると、遅くとも1998年以降は解していた。しかし、すでにみたように、多くの大学では、教授会・評議会等を意思決定機関であると考え、実際そのような運営がなされていた。

そこで、政府は、まず、1999年に国立学校設置法を改正し、国立大学教授会の審議事項を限定しようとした。次に、2003年制定の法律により国立大学を法人化することで、教育公務員特例法の適用を除外し、国立大学において、人事についての教授会・評議会の法律上の決定権をなくした。そして、今回2014年の法改正は、このような解釈の総仕上げで、国公私立を問わず教授会の審議事項を限定し、また、教授会はあらゆる事項について単なる審議機関であり、教授会の決定に法的拘束力がないことを法律上明確にしたということである（ただし公立大学で法人化されていない大学は教特法がまだ適用されている）。

それでは、このような現状の制度（学長全権・独裁制度）は、憲法解釈上どのように評価されるべきなのであろうか。これについては別稿で検討したい。また、法解釈論とは別に、政策的な観点からの評価も課題として残る[140]。

140　参照、齊藤芳浩「大学の自治制度の後退──学校教育法『改正』の政策的観点からの検討」（西南学院大学法学部創設50周年記念論文集編集委員会編『変革期における法学・政治学のフロンティア』、日本評論社、2017年）3-22頁。

憲法問題としての研究倫理
——学問の自律性と公共性——

中 山 茂 樹

一　はじめに
二　自律的権力としての学問の自由
三　研究者集団と国家の協働
四　公共的な「倫理」問題
五　学問的自律性にもとづく規制の正統性
六　おわりに

一　はじめに

　本稿は、臨床研究（人を対象とする医学系研究）などを対象とするいわゆる研究倫理審査について、それを担う組織や手続のあり方を憲法上の学問の自由の保障の観点から探求しようとするものである。

　筆者は、「研究倫理審査を誰がおこなうのか」と題した前稿[1]において、再生医療等の安全性の確保等に関する法律（平成25年法律85号。以下、「再生医療法」という。）を題材にして、研究倫理審査[2]について若干の考察をおこなった。そこでは、情報の自由としての性格を有する憲法上の学問の自由の保障（憲法23条）について、立法者が十分に注意を払っていないのではないかという問題点を指摘した。「研究倫理審査を誰がおこなうのか」といえば、学問共同体がそれを担うことが原則であり、法律によって研究倫理審査を一定の研究に義務付けることは合憲であるにしても、民主的・政治的な行政機関が個々の研究の情報的価値を直接に評価して審査をおこなうのではなく、学問に適合的な組織がそれを担うように

1　中山茂樹「研究倫理審査を誰がおこなうのか（1）（2・完）——統治論としての学問の自由」産大法学50巻1・2号111頁（2017）、同52巻1号29頁（2018）。以下、「前稿」という。
2　前稿と同じく、本稿での「研究倫理審査」は、研究の科学的・社会的意義の評価が含まれ、研究の情報的価値を審査基準に含むものを指す。

法律により基本的な枠組みが定められるべきである。

　他方で、民主的な正統性を必ずしも有するとはいえない学問的な組織が、実質的に公権力の行使に当たるような審査（それに法的効果があるかどうかはともかく）をおこなうのだとすれば、研究の自由が規制される個々の研究者との関係でも、一般市民との関係でも、その正統性が問題となる。しかし、前稿では、この点についてあまり論じることができなかった。そこで、本稿では、研究倫理審査をいとなむ学問共同体の集団的な自律性の憲法的保障について、学問共同体の外部としての一般社会や国家との関係およびその内部に属する個々の研究者との関係で、すこし整理したい[3]。

二　自律的権力としての学問の自由

1　学問の集団性

　憲法上の学問の自由は、個人の生き方の自由を保障する人権としての側面もあるが、その特徴は、社会から託されて「真理」を探究する研究者らの集団的な学問的活動のプロセスを、民主的な公権力に対し自律的なものとして確保する、いわば統治「権限」としての性格をも有するところにある。学問共同体によってその一員としての資格を認められた個々の研究者、および大学や学会等の研究者集団[4]は、国家との関係で、学問的情報を創出・獲得し、伝達・交換（検証・批判）する集団的な学問的プロセスが原則として干渉を受けないことを保障される。

　このような集団的で「特権」的ともいいうる自律性は近代憲法の論理におさまりがよくないが、どうしてこのようなものが保障されるのかといえば[5]、民主的

　3　2017年度日本法哲学会学術大会統一テーマ「生命医学研究と法」（2017年11月19日）の諸報告からは有益な示唆を得た。

　4　前稿と同じく、本稿では、「学問共同体」と「研究者集団」の語について、前者は抽象的なコミュニティを、後者は組織化されて具体的な意思を示すことができる大学や学会等の組織を指すものとして用いることとする。

　5　学問の自由の集団的・「特権」的性格については、文献を含め、中山茂樹「臨床研究と学問の自由」曽我部真裕＝赤坂幸一編『大石眞先生還暦記念 憲法改革の理念と展開 下巻』（信山社、2012）235頁の253頁以下の参照を願う。近時の文献として、長谷部恭男編『注釈日本国憲法（2）』（有斐閣、2017）480頁以下［長谷部恭男執筆］、本郷隆「『大学の自治』に関する試論──社会・正当性・構造」東京大学法科大学院ローレビュー7号66頁（2012）、石川健治「制度的保障論批判──『大学』の国法上の身分を中心に」現代思想43巻17号108頁（2015）を参照。かぎ括弧つきでも「特権」の語を用いることが適切かどうかは議論の対象になり、日本国憲法23条が近代市民社会とは異なる身分制の論理を採用しているとは考えにくいが、学問の自由が、直接・間接

政治過程による公権的決定とは別のものとして「真理」の探究があるとされるからであろう。たとえば、数学的定理の証明や、ある場所の地質がどのようなものであるのかは、国民の民主的な議論にもとづく合意や多数決によって決するわけにはいかないと考えられる。自然だけでなく、技術や歴史や言葉や哲学や社会など——もちろん、このような分節が批判の対象となる——に関する知識もそうである。たとえ不確実性・不定性があるにせよ、また科学だけでは決せられない公共的問題があるにせよ（たとえば、当該場所に原子炉を設置・維持すべきかは学問が決すべきものではない）、専門的な学問的知見がそれらについて（不明であるという答えを含めて）情報を与える[6]。学問的プロセスによる暫定的な専門的知識は、社会での民主的意思決定と個人の生き方の自律にとっての情報的基盤ともなるだろう。学問という知識生産の方法が、社会においてどのような生き方を有する者にとっても（さしあたり）共通の信頼しうる情報の源（いわゆる権威）となるがゆえに、憲法は諸個人が共生しうる統治のしくみを定めるにあたってこの活動に特別の地位を認めていると考えられる。

　この情報＝知識は、「真理」と呼ばれたりもするのだが、可謬的で社会的バイアスもありうる仮説的・暫定的なものであり、研究者らによる集団的な批判・検証にさらされ、研究者の間の見解の対立もありうる[7]。学問は、人類が体系的に（つまり、いつでも取り出せるように整理された形で）「知っていること」を増やす活動だともいえるが、それは研究者らが一定のディシプリンの下で学問共同体を形成して集団的に、そして世代を継承して、批判・検証を重ねておこなわれる。このような集団的な批判・検証のプロセスを経る学問的活動は、ただちに社会に役立つものばかりではなく、何の役に立つのかわからないようなものも含めて、社

　に国民により民主的に選定された者が有するとはいいがたいのに、市民社会のために認められる統治権限的性格を有する特殊な権利であることを示す意味では、ありうる語法ではなかろうか。

6　科学技術社会論（STS）の対象はほぼいわゆる自然科学に限られているように思われるが、中山茂樹「科学技術と民主主義——憲法学から見た『市民参加』論」初宿正典ほか編『佐藤幸治先生古稀記念論文集　国民主権と法の支配［上巻］』（成文堂、2008）79頁では、そこで語られる「科学技術への市民参加」について憲法学の観点から検討した。科学と法の関係に関する近時の議論として、「シンポジウム大規模災害をめぐる法制度の課題——基礎法学の視点から」法律時報85巻3号（2013）所収の諸論考、長谷部恭男ほか編集委員『岩波講座現代法の動態6　法と科学の交錯』（岩波書店、2014）、本堂毅編『科学の不定性と社会——現代の科学リテラシー』（信山社、2017）を参照。

7　「学問の自由」論において真理や学問的方法を想定することの複雑さについて、松田浩「学問と党派性——フィッシュ＝ポスト＝バトラー論争に寄せて」阪口正二郎ほか編『浦田一郎先生古稀記念　憲法の思想と発展』（信山社、2017）409頁を参照。

会の通念や短期的な有用性に必ずしもとらわれず、独自の発想・価値観を有する個々の研究者らが自発的に知識を創出・獲得する研究活動が、集団的に蓄積していくものである。

憲法は、そのような社会の通念や有用性の基準に挑戦する性格を有する学問的活動が、政治的・経済的・倫理的その他の圧力を受けやすいことから、その自由をとくに保護することで、学問が国民の福利ないし社会の豊かさに資することを期待するものと考えられる。民主的政治過程とは別に（それ自体とその産物を批判することも含めて）、専門家らがそれぞれに「真理」を探究してそれが集団的に蓄積する公的回路を設けておくことが、公共の利益になるという憲法的判断があるともいえる。もちろん、このような学問的権力が（他の諸権力と同様に）恣意的な専制者にならないように誰がどのようにしてコントロールするのかを考察しなければならないから、学問的プロセスと民主的政治プロセスの役割の仕切りや関係は、まさに社会における「ものの決め方」について定める「憲法」の問題といえよう。

2　大学の自治

多くの場合、個々の研究者は、ある細分化された専門分野の研究者らで組織される学会等に属するだけでなく、（一定のまとまりがある）異なる専門分野の研究者らが集まる大学等の高等教育研究機関に属する。次世代への知識・能力の継承（教育）・研究者の再生産も、研究者の研究や社会とのつながりも、医療職・法律職等の専門職の育成も、異なる（とりわけ隣接する）専門分野に接し、関連させて総合的におこなうことが必要・有益であり、適切に資源配分をおこなって研究教育を財政（研究者の生計を維持しなければならず、研究費も必要である）その他の点で支えることも必要であるから、学問の場として、また学問と一般の社会が接する場として、後者のような大学等の組織が設けられるのであろう。今日、このような組織なくして自律的な学問が成り立つとは考えにくいから、日本国憲法も学問のセンターとしての大学を予定していると解される。

研究者は、このような大学等の高等教育研究機関に属し、その設置者と雇用関係を結んで生計を立てることが多いが、憲法上の学問の自由の保障の効果として、使用者である研究機関設置者（あるいはその機関である任命権者などの外的管理権者）から、研究教育内容について指揮監督を受けないものとされる[8]。臨床研究

についていえば、臨床研究は病院等の医療機関においておこなわれることが多い
だろうが、病院等の開設者・外的管理権者は、そこでの研究活動を認める限り、
個別の研究内容について研究者を指揮監督することは原則としてできないと解さ
れる[9]。

　他方で、個々の研究者は、研究教育内容も含めて、大学や学会等の研究者集団
の自律的規律に服する。研究者集団は、社会から研究活動を託されたことにこた
えて、そこでの活動が「研究」と呼びうるインテグリティのある活動になるよう
に、専門的知見にもとづき自己規律をおこなう。憲法23条の学問の自由の保障に
は、大学等の高等教育研究機関の組織としての自律性の保障（大学の自治）が含
まれると解されるが、これは研究者らの集団的自律性を保障する趣旨であり、外
部の民主的公権力（国家）との関係ではその干渉を受けないことを保障し、内部
の研究者・学生等との関係では、研究者らの集団が（国公立機関である場合にも法
律による格別の授権なく）それを統治する権力が憲法上認められているものであ
る[10]。学会等についても、これと同様に考えることができるだろう[11]。

8　高柳信一『学問の自由』（岩波書店、1983）61頁以下、同「学問の自由」有倉遼吉編『基本法コ
　ンメンタール新版憲法』（日本評論社、1977）102頁、芦部信喜編『憲法Ⅱ人権（1）』（有斐閣、
　1978）382頁以下〔種谷春洋執筆〕、伊藤正己『憲法』（弘文堂、第三版、1995）282頁以下、佐藤
　幸治『憲法』（青林書院、第三版、1995）509頁、樋口陽一ほか『注解法律学全集2憲法Ⅱ』（青
　林書院、1997）120頁〔中村睦男執筆〕、阪本昌成『憲法理論Ⅲ』（成文堂、1995）188頁以下な
　ど。この点は、学問の自由の保障の意義にかかわる本質的な内容であると解されている。高柳の
　論は、学問の自由を研究教育機関の内部における市民的自由の貫徹・回復と捉えて、使用者の権
　能を制約する解釈を示し、その後の学説に大きな影響を与えた見解として著名である。本稿は学
　問の自由は市民的自由と同質のものとは捉えがたいと考えるが、長谷部・前掲註（5）482頁
　は、高柳の論の「真意」を説明する。
9　なお、研究としての性格を有さない診療については、本稿の考察の対象外である。
10　学生との関係のものでなり、憲法論との関係も明らかでないが、最高裁昭和49年7月19日第三
　小法廷判決・民集28巻5号790頁（昭和女子大学事件）は、「大学は、国公立であると私立である
　とを問わず、学生の教育と学術の研究を目的とする公共的な施設であり、法律に格別の規定がな
　い場合でも、その設置目的を達成するために必要な事項を学則等により一方的に制定し、これに
　よつて在学する学生を規律する包括的権能を有するものと解すべきである。」と述べる。最高裁
　昭和52年3月15日第三小法廷判決・民集31巻2号234頁（富山大学単位不認定事件）も参照。な
　お、後に述べるように、公共的な学問的観点からの大学の統治の自律性と、宗教等の私的な倫理
　としての建学の精神の観点からの大学の教育・布教等の自由は、憲法上、区別されるべきもので
　あろう。参照、種谷・前掲註（8）388頁。本稿は、国公立大学と私立大学の内部関係の異同の
　問題に立ち入らない。
11　日本国憲法における学問の自由は、本質的に自生的な秩序である学問共同体の自律性を保障す
　るものであり、その具体的組織としての学会も主体となると解すべきである。大学は学術の中心
　となる組織として憲法上予定され、その自律性も、学問共同体の自律性の具体化として（ドイツ
　で発達した一定の範型を伴う制度体を維持するかはともかく）憲法が学問組織を定める法律に要

研究者集団としての大学の自治の主体は、したがって、同僚団としての研究教育者団（教授団）である。大学の意思決定手続を合理的に規整する法律は認められるが、大学の意思決定権限を学長等に集中させ、所属する研究者らがもっぱらその指示に従う通常の行政機関や会社のような組織にしてしまうことは、憲法上の大学の自治の保障の趣旨に反し、許されない[12]。学長等が内部の研究者の学問の自由を規制するとき、研究教育にたずさわる研究教育者団の授権にもとづいて（研究教育内容にかかわるとすれば、その学問的専門性にもとづく判断にしたがって）権限行使されているのか、そうではなく組織経営者（外的管理権者）として権限行使されているのかが問題となろう。後者であれば、研究教育内容について指揮監督することはできない[13]。

請するものであろう。ただ、本稿は、大学と学会が対立した場合の問題について、検討できていない。専門職倫理にもかかわるが、「生命倫理」分野における学会の自律的規律の憲法上の位置づけについて、山本龍彦「生殖補助医療と憲法13条——『自己決定権』の構造と適用」（初出2009）辻村みよ子＝長谷部恭男編『憲法理論の再創造』（日本評論社、2011）325頁、同「『統治論』としての遺伝子プライバシー論——専門職集団による規範定立と司法審査（覚書）」慶應法学18号45頁（2011）、同「専門職集団の会告と司法審査——日本産科婦人科学会会告事件」憲法判例研究会編『判例プラクティス憲法』（信山社、増補版、2014）385頁を参照。

12 累次のいわゆる「大学改革」に関連して文献は多いが、山本隆司「独立行政法人」ジュリスト1161号127頁（1998）、立山紘毅「大学自治の憲法論——その今日的課題解明のための一試論」全大教時報23巻2号1頁（1999）、蟻川恒正「国立大学法人論」ジュリスト1222号60頁（2002）、常本照樹「大学の自治と学問の自由の現代的課題」公法研究68号1頁（2006）、市橋克哉「国立大学の法人化」同160頁、中村睦男「国立大学の法人化と大学の自治」北海学園大学法学研究43巻3・4号523頁（2008）、吉田善明「大学法人（国立大学、私立大学）の展開と大学の自治」明大法律論叢81巻2・3号431頁（2009）、君塚正臣「国立大学法人と『大学の自治』」横浜国際経済法学17巻3号193頁（2009）、中富公一「国立大学法人化と大学自治の再構築——日米の比較法的検討を通して」立命館法学2010年5・6号1035頁（2010）、山元一「大学の自治」小山剛＝駒村圭吾『論点探究憲法』（弘文堂、第二版、2013）198頁、松田浩「大学の『自治』と『決定』——学校教育法及び国立大学法人法の一部を改正する法律」法学教室413号49頁（2015）、中西又三「学校教育法・国立大学法人法一部改正法（平成二六年法律八八号）の問題点」法学新報121巻9・10号381頁（2015）、長谷部・前掲註（5）488頁以下などを参照。また参照、德本広孝『学問・試験と行政法学』（弘文堂、2011）第1章、小貫幸浩「近年ドイツにおける、『大学自治』の判例法理——または学問の自由と組織について」駿河台法学26巻1号358頁（2012）、栗島智明「ドイツにおける近年の大学改革と学問の自由——『学問マネジメント』の憲法適合性をめぐって」法学政治学論究103号233頁（2014）。

13 種谷・前掲註（8）383頁は、当時の法人化以前の国立大学を例にとった憲法論として、「たとえば、国立大学においては、教員は、自己の研究教育活動について、その任命権者（教公特10・25Ⅱ）乃至はその上司の指揮監督を受けないことが保障されなければならない。この点で、学校教育法……は、『学長は、校務を掌り、所属職員を統督する』（58Ⅲ）と定めるが、ここにいう『統督』が、教員の研究教育活動に対する指揮監督を含みえないことは当然である、と解される。」という。ここでの「学長」は、公務員法上の上司ないし外的管理権者としての地位のそれを指すものと解される。参照、同401頁以下、408頁以下。

憲法問題としての研究倫理（中山）　　705

　個々の研究者の学問の自由と研究者集団（大学）の自治は、互いに支え合う関
係にあるのだが、やはり緊張関係も否定できない。その関係をどのように考える
のかには、議論がある[14]。両者の緊張関係は研究者や大学等が外部の公権力（と
くに立法権・行政権）に対峙する場面ではあまり目立たないが、大学等の自律的規
律が個々の研究者の学問の自由を制限する場面では、その対立について公権力
（とくに司法権）が調整・裁定することがあり、三極関係が表面化する[15]。図式的
には、個々の研究者の自由を重視する見解では、自律的規律との関係でも研究内
容の規制は原則として許されず、自由の侵害に対して司法審査が厳しくなされる
必要があると考えるのに対し、研究者集団の集団的自律性を重視する見解から
は、自律的規律による研究内容の規制は広く許され、それに対し裁判所を含む公
権力は介入しないことが原則となろう。本稿は、先に述べた学問の自由の性格の
理解から、基本的に後者を妥当なものだと考えているが、集団的な学問的プロセ
スは個々の研究者の自由な研究活動があってこそのものであることに留意すべき
であろう。紛争について、具体的事件・争訟性はただちには否定されないと解さ
れる。

3　自律的規律としての研究倫理審査

　日本の行政倫理指針では、臨床研究を実施しようとする者は、個々の研究につ
いてあらかじめ研究計画書を作成し、研究機関の長の許可を得なければならない
とされている[16]。また、医薬品・医療機器等法（旧薬事法）にもとづく医薬品の臨

14　山本隆司「学問と法」城山英明＝西川洋一編『法の再構築Ⅲ科学技術の発展と法』（東京大学出
　版会、2007）143頁のほか、拙稿・前掲註（5）の註（46）に挙げた文献を参照。議論の整理と
　して、宍戸常寿『憲法解釈論の応用と展開』（日本評論社、第2版、2014）175頁以下を参照。近
　時の議論展開として、堀口悟郎「『教授会自治』と『教授の独立』」法学政治学論究103号35頁
　（2014）、同「学問の自由と『中央集権』」憲法理論研究会編『対話と憲法理論』（敬文堂、2015）
　61頁、小貫幸浩「大学自治・制度的保障論・客観的価値決定論──ドイツの場合」同書3頁、中
　林暁生「アメリカの大学自治と制度理論」同書31頁、栗島智明「大学の自治の制度的保障に関す
　る一考察──ドイツにおける学問の自由の制度的理解の誕生と変容」法学政治学論究106号101頁
　（2015）を参照。
15　たとえば、自律的規律といえるものか自体も問題となるが、最高裁平成19年7月13日第二小法
　廷判決・判例時報1982号152頁（鈴鹿国際大学事件）や大阪高裁平成17年12月28日判決・判例タ
　イムズ1223号145頁（京都大学再生研事件）などの裁判例がある。
16　たとえば、人を対象とする医学系研究に関する倫理指針（平成26年12月22日文部科学省・厚生
　労働省告示第3号）（平成29年2月28日文部科学省・厚生労働省告示第1号（一部改正））では、
　「研究責任者は、研究を実施（研究計画書を変更して実施する場合を含む。以下同じ。）しようと
　するときは、あらかじめ研究計画書を作成し、研究機関の長の許可を受けなければならない。」

床試験の実施の基準に関する省令では、個々の治験の実施計画について、実施医療機関（の長）がそれを承諾していなければならないことを前提とする枠組みがとられている[17]。再生医療法では、前稿でも触れたように、再生医療等提供計画の厚生労働大臣への提出および認定再生医療等委員会の意見聴取は、再生医療等を提供しようとする病院又は診療所の管理者の義務とされており（4条1項・2項）、かりに研究内容に着目した実体基準を同法が認めるとすれば[18]、その点も含めて個々の研究が管理者の管理に服することを前提とするものと解される。

　このような研究機関（の長）に個々の研究の獲得情報内容（研究目的）によって[19]それを許可したり禁じたりする権限を認める定めは、研究機関が研究の遂行について責任を負うことを示すものだと考えられるが、個々の研究者の研究の自由に対し（雇用関係等にもとづく指揮監督でなく）研究者集団による学問的専門性にもとづく自律的規律が及ぼされることを定めていると解する限りで憲法に適合するといえよう。

　他方で、臨床研究法（平成29年法律16号）では、特定臨床研究にかかる実施計画の厚生労働大臣への提出や認定臨床研究審査委員会の意見聴取は、「特定臨床研究を実施する者」の義務とされており（5条1項・3項）、法律の仕組みとしては個々の研究について研究機関（の長）の承認を要求していないし、それを前提とする規定も見当たらない[20]。これは、法律の仕組みに現れないだけで、研究機関における自律的規律を禁ずるものではないと解すべきであろう。

　研究倫理審査は、研究機関内の委員会によっておこなわれるとは限らず、学会

　　（第3章 第7「1 研究計画書の作成・変更」（1））と定めている。もちろん、行政倫理指針に法的拘束力はない。
17　同省令10条は、「治験の依頼をしようとする者は、あらかじめ、次に掲げる文書を実施医療機関の長に提出しなければならない。」と定めて、治験実施計画書等を挙げ、同13条は、「治験の依頼をしようとする者及び実施医療機関……は、次に掲げる事項について記載した文書により治験の契約を締結しなければならない。」と定めて、「実施医療機関が治験実施計画書を遵守して治験を行う旨」（13号）などを挙げる。また、同15条の7は、「自ら治験を実施しようとする者は、あらかじめ、次に掲げる文書を実施医療機関の長に提出し、治験の実施の承認を得なければならない。」と定めて、治験実施計画書等を挙げる。
18　再生医療法は研究の情報的価値の評価を実体基準としていないものと解すべきことについては、前稿で述べた。
19　これに対し、情報内容に着目せずに、消防・衛生などに関して一般と同様に研究活動をも規制することは、民主的公権力もなしえ、組織経営者としての研究機関の長も指揮監督できると考えられる。
20　ここには従来の考え方からの変化がうかがわれるのであるが、この点について本稿は立ち入らない。研究機関の責任にもかかわり、省令の内容も含めて検討する必要があろう。

やその他の機関によっておこなわれることもありうるが、いずれにせよ学問共同体の自律的権力にもとづいておこなわれることが本来の形である。臨床研究における研究倫理審査の中核的目的は研究対象者の保護であるが、社会から「真理」探究のための専門的活動を託された学問共同体（また、それが組織化された研究者集団）は、人を対象とする研究がなされる際に研究対象者を保護する社会的責任を負っている。その責任が果たされるために、まず個々の研究者が、研究により得られる利益（ベネフィット）と研究により生じる研究対象者の不利益（リスク）の適切な衡量を考えて、自らおこなう研究のデザインが科学的・社会的に「よりよい」ものになるよう検討することが、臨床研究における研究倫理の基本である。それは、その方向に向かっての不断の姿勢が求められるものであるから、法的な規制になじまない。そのような個々の研究者の研究倫理活動をうながして確保するために、研究者集団が組織として自律的にそれを点検する機会を設けたものが研究倫理審査であろう。学問共同体（研究者集団）は、そのような集団的な研究倫理活動としての研究倫理審査を通じて、社会に対する責任を果たすことになる。

三　研究者集団と国家の協働

1　規制と自由の「あいだ」

　研究者集団による自律的な研究倫理審査は、個々の研究者から見れば研究の自由の規制だといえるが、学問共同体（研究者集団）から見れば、なされようとしている臨床研究が「まともな」研究であるのか、研究の名に値するものであるのかを問う、社会からの負託に応える活動であり、国家（民主的公権力）からの干渉を排する活動でもある。人の身体に侵襲を加えるなどする臨床研究は、正当な研究活動であるからこそ社会的に認められるものであると考えられるが、具体的なある研究活動が、「研究、学問の世界としてちゃんとしている」[21]か、またその活動によって得られる利益（情報的価値）と失われる利益の均衡が認められて「正当な」ものなのかどうかを、原則として（とくに事前規制によって）国家に直接に決めさせるべきではない。

　しかし、20世紀後半に「生命倫理」（Bioethics）というパラダイムが生まれたの

21　唄孝一「『臨床研究』に対する医事法学的接近」年報医事法学13号37頁（1998）の38頁。

は、ひとつには、医学的専門性の内部的自律に全面的にまかせてしまっていては、臨床研究における研究対象者の保護が十分に図れないことが経験的教訓として認識され、臨床研究に対して一般社会の側の公権力（国家）による介入が必要だと考えられたからであった。

　臨床研究における研究対象者の保護という社会的課題に対処するにあたって、国家が研究内容を事前規制することは大いに警戒しなければならない（憲法上の限界が設けられている）が、かといって、国家法による規制がないのでは研究対象者の保護のために不十分である。「法律によって規制されないことは自由である」という規制／自由の近代法的二分法に対し、「生命倫理」と呼ばれる諸課題は、その「あいだ」について考察することを求めているところがある[22]。そこで、臨床研究における研究対象者の保護に関しては、学問的組織としての倫理審査委員会による研究倫理審査を国家法によって義務付けるという形で、学問共同体による自律的規律と国家の法律による規律が折衷・協働するしくみが考え出されたのであろう。

　研究倫理審査を倫理審査委員会のような学問的組織が担うことは、国家と民間組織の協働（公私協働）によるガバナンスの一種とみることも可能であろう。もっとも、日本国憲法の秩序において、学問共同体は、前国家性を有しつつ、不定形ながらも憲法によってある種の統治権力が承認された主体であり、通常の国家組織とは異なるが半ば公権力といえる性質を有していると見ることができる[23]。また、研究者集団の具体的な組織は、学問的活動の実態を基礎にして合理的な法律によって整序されうる（最も典型的なものが学校教育法にもとづく大学であるが、現行法の合憲性には疑問もある）が、それは不定形の学問共同体が組織化されたものといえる。法律で義務付けられる研究倫理審査を担う学問的組織が、すでに組織された大学等の研究機関内に設置される機関内倫理審査委員会（IRB）であったり、学問に適合的に組織された独立行政委員会等の国家機関であったり、

22　中山茂樹「憲法学と生命倫理」公法研究73号171頁（2011）では、公権力を限界づける近代憲法の論理が「生命倫理」という思考から挑戦を受けていることを論じた。本稿は、「生命倫理」という社会的現象を近代憲法の論理の中で説明する試みの一つである。

23　個々の研究者は学問共同体の一員であることにより学問の自由の特別な保護を享受するのであり、保護を享受しながら学問共同体の一員であることを辞めることはできない。理論的には、個別の大学や学会を辞めても研究者である限り（不定形であるが）学問共同体の権力に服することになる。

そのほかさまざまな形で法律により構成されうることについては前稿で触れた。

2　行政指針体制

　学問共同体（研究者集団）と国家とのどのような協働によって、学問の自由を不当に侵害せずに臨床研究における研究対象者の保護を図るのかを考えなければならないが、それをおこなうのは、憲法上、第一次的には立法府たる国会である。特段の法的規制をおこなわずに、学問共同体（研究者集団）の自律的な取り組みにまかせるという立法政策の選択肢もあるが、その政策が、臨床研究の研究対象者の生命・身体や自律性などの憲法上の重要な法益を過少に保護することにならないかを、立法府は配慮する必要がある。

　臨床研究に対する「規制」が、従来、日本では、法的拘束力のない行政倫理指針によっておこなわれてきたことは、研究や医療の専門性に対する法的規制に消極的な見解が一般的で、国会が対応する様子を見せなかった状況で、研究対象者を保護して（とくにヒトゲノムを扱うなどの先端的とされる）臨床研究が社会的に受容されるために、行政が何もしないわけにもいかなかったという面があったように思われる。それでも、その積極面を捉えれば、いわゆるソフトローの形式をとることで、研究活動に対するハードな法的規制ではなく、学問共同体の自律的な規律を促すことが目指されたものともいえた。

　しかし、行政倫理指針による「規制」（公的研究費の支給条件とされることもある）は、現実には、学問共同体の自律的な規律を促すものではなく、いわば「お上」から与えられたルールに従わなくてはならない（従っていればよい）という形で、研究者らが自律的に研究倫理について考察する機会をかえって奪うことになってしまったように思われる。行政倫理指針は、法令ではないからその内容の法治国的精査が不十分な一方で、些末な点まで事実上ハードな法令のように拘束的に機能し、その行政解釈の詳細化により規制／自由の区分が争われずに明確に線引きされる（グレイな規範創造のゾーンはない）という極端な二分法で思考されるようになってしまった。これは、国会が定める法律の授権によらずに行政が事実上規制するもので、法治国家として正常な状態とはいえないし、研究者らが研究の妥当性を「みずから考える」べき研究倫理の観点からも問題があろう[24]。

24　行政指針体制については、文献も含め、青木清＝町野朔編『医科学研究の自由と規制──研究倫理指針のあり方』（上智大学出版、2011）を参照。近時の議論として、磯部哲「行政法学と生

710

　実務的に、再生医療法とそれにもとづく省令である再生医療等提供基準（および
びその行政解釈通知）は、同分野の臨床研究について、同法制定にともない廃止さ
れた「ヒト幹細胞を用いる臨床研究に関する指針」を実質的に代替するものと捉
えられているようである。しかし、本来的には、行政指針は Good Practice を示
すガイドラインであって、規制／自由に線を引く法的基準ではない。何が正当な
研究であるのかについて研究者らが自ら検討することを促すために、法的拘束力
をもたせずに研究実施の際に注意すべき諸々の点を示したものが「指針」であろ
う。また、そうでないと学問の発展への対応もできまい。

　前稿では、再生医療法は、何を目的にどのような規制をしたいのかが不明確で
あり、規制の重要事項の規律を大臣に丸投げしているきらいがあることを指摘し
たが、従来の行政指針の内容をそのまま法的規制（省令）に移行することはでき
ないはずである。同法は、法律の規律に欠ける行政による規制を温存するもので
あり、研究者らが自律的に研究倫理について考察することを妨げる行政指針体制
からの脱却というよりは、そのような異常な状態の法制化であると評価せざるを
えないのではないか[25]。

3　研究倫理と法

　立法府は、臨床研究における研究対象者の保護の問題を、学問の自律性を不当
に侵害しない形で適正にマネジメントする制度を整備する必要がある。もし任意
の研究倫理審査では研究対象者の保護等のために不十分で、法律による研究倫理
審査の義務付けが必要だと考えられるのであれば、憲法上の学問の自由の要請を
ふまえた上で、法律による基本的な実体的政策と手続的枠組みの決定の下に、科
学の進展や国際動向にも動態的に対応可能な、法令と法的拘束力ない指針や自律
的な研究倫理規範との機能の分担と協働を検討すべきであろう。

　研究対象者の保護を中核とするここでいう「研究倫理」は、「倫理」の一種と

命倫理」公法研究73号182頁（2011）、平野仁彦「生命倫理とソフトロー」平野仁彦ほか編『現代
法の変容』（有斐閣、2013）179頁、辰井聡子「先端生命科学技術の規制——正しさを語る社会を
作る」法律時報89巻9号19頁（2017）を参照。先端研究の分野での日本の医科学関係者（報道機
関なども）が、「法律により規制されていない行為は自由である」という法原則とは逆に、「国家
によって適正だと積極的に認められた行為でなければ行ってはいけない」という萎縮的原則を有
しているらしいことはしばしば指摘される。
25　参照、辰井聡子「再生医療等安全性確保法の成立・再論」年報医事法学30号117頁（2015）。

されるのであるが、公私区分を基本原理とするリベラリズムないし近代立憲主義にもとづく法秩序において、宗教や個人的信条などの個人の「善き」生き方に関する私的な倫理に位置づけられるものではなく、むしろ公的な規範としての性格を有するものである。学問には社会から専門的活動を託されているという公共的な性格があり、学問共同体（研究者集団）は社会からの信頼・信託に応える社会的責任を有するというべきであろう。

　他方で、どのような活動が「研究」活動だといえるのか、それにふさわしい行為のあり方がどのようなものかは、原則として民主的公権力（国家）によって定められるべきではなく、よりよい研究を目指した学問共同体の自律的な規範形成にゆだねられるべきことを、憲法上の学問の自由の保障は定めている。そのような規範が研究倫理であり、それは、私的な倫理でもなく、また、国家によって定められる法規範でもなく、公共性を有する専門的活動を社会から託された研究者集団が自律的に担う、立憲的秩序において独自の意義を有する規範と位置づけられよう。

　規制／自由の近代法的二分法の「あいだ」としてのこのような「倫理」の形成は、まずは国家法と無関係な自律的なものであるが、ときにそれを国家が支援する必要もあり、国家の関与の危険性もふまえつつ国家法と協働の関係にあるものとして憲法上考察する必要があろう。

　人の身体に侵襲を加えるなどする臨床研究については、研究対象者の生命・身体等の保護は、学問共同体における自律的な研究倫理の課題であるとともに、国家にとっても compelling な（はずの）関心事であるから、協働していくことが必要であろう。日本では、従来、立法府も臨床研究に関する学問共同体も、研究対象者の保護について責任を負う姿勢が希薄であったようにも見えるが、臨床研究法の制定に見られるように、これからは法律によって規制をおこなう方向に向かうとすれば、学問共同体の責任ある自律性を涵養していくような政策が必要になっているようにも思われる。

　なお、私立の研究機関（とくに宗教系の基盤を有する私学など）では、当該研究機関の内部でおこなわれる研究を対象に、特定の宗教等にもとづく建学の精神などの私的な倫理の観点にもとづいて規制がなされることがありうる（その正当性や限界についてここでは論じられない）。これは、憲法の観点からは、ここまで述べてきた公的性格を有する「研究倫理」とは別のものと整理すべきであろう。法律に

よって要求される研究倫理審査の実体的基準が、宗教等の私的な「善き」生き方を内容とすることは許されない。

四　公共的な「倫理」問題

1　メディア倫理との比較

　学問の自由の分野では、社会における公共的な課題でありながら、国家法による規律が危険視されて（当該活動が真価を発揮することを妨げるものとして）忌避され、社会から専門的活動を託された専門家集団による自律的な「倫理」に原則としてゆだねられるという憲法的現象があることを述べた。類似の現象は、学問の自由の分野以外でも生じており、それぞれ比較参照して、その自由と専門性が適切に発揮できるように支え、また統制するしくみについて考察を深めていくことが有益であるように思われる[26]。ここでは、整合性をもった憲法論を深めるために、いくつかの他の比較参照分野について言及しておきたい[27]。

　表現の自由の分野におけるメディアの自律的規律に関する憲法学・情報法学における議論は、日本でも発達しており[28]、共通して（とくにPost-Truthといわれる時代の）情報の自由に関する議論である点にかんがみても、学問の自由の規制に関する法的枠組みを考察する際にも参考にすべきである。臨床研究における研究対象者の保護は、国家の規制と学問の自律性がぎりぎりせめぎ合う場面のはずでありながら、日本では行政に頼る形でほとんどその緊張関係が意識されていない

26　幅広くプロフェッションについて論じるものとして、松田浩「プロフェッションの自律――『中間団体』の居場所」憲法問題24号43頁（2013）を、自主規制に関する包括的な研究として、原田大樹『自主規制の公法学的研究』（有斐閣、2007）を参照。

27　本稿では触れられないが、図書館・博物館などにおける文化専門職の自律性について、蟻川恒正「国家と文化」『岩波講座現代の法1・現代国家と法』（岩波書店、1997）191頁、同「政府と言論」ジュリスト1244号91頁（2003）、駒村圭吾ほか「日本国憲法研究第9回・国家と文化」ジュリスト1405号134頁（2010）、石川健治「文化・制度・自律――"l'art pour l'art"と表現の自由」法学教室330号56頁（2008）、横大道聡『現代国家における表現の自由』（弘文堂、2013）203頁以下、松井茂記『図書館と表現の自由』（岩波書店、2013）を参照。また、初等中等教育における教育専門職の自律性についても、本稿では論じられない。

28　文献は多いが、駒村圭吾『ジャーナリズムの法理』（嵯峨野書院、2001）、清水英夫『表現の自由と第三者機関――透明性と説明責任のために』（小学館、2009）、西土彰一郎『放送の自由の基層』（信山社、2011）、生貝直人『情報社会と共同規制――インターネット政策の国際比較制度研究』（勁草書房、2011）、花田達朗編『内部的メディアの自由』（日本評論社、2013）、曽我部真裕「放送番組規律の『日本モデル』の形成と展開」曽我部＝赤坂編・前掲書註（5）371頁、鈴木秀美『放送の自由』（信山社、増補第2版、2017）などを参照。

感も否めないのに対し、表現の自由の分野においては、国家の規制とメディアの自律性の緊張関係が強く意識されているといえる。

映画倫理委員会（映倫）や放送倫理・番組向上機構（BPO）の活動において「倫理」の語が使われるのは、国家による法規制と区別して、社会からの負託に応えてメディアの自主組織によって自律的な規律をおこなうことを示すものといえよう。放送法4条が定めるいわゆる番組編集準則の法的意味や、インターネット・プロバイダ等の民間組織と国家とのいわゆる共同規制に関する議論も展開しているところであり、法的規制とは異なる自律的「規制」とそれらの協働について、メディア倫理分野での議論を参考にして研究倫理の分野でも考察を深めていくべきである[29]。

また、メディア倫理に関する議論は、営利広告や経済的圧力とのかかわりで、民主政治の基盤となる公共性を有する国民への情報提供機能と営利的活動との関係やその整序のための制度について意識的に展開されており、学問への営利性の影響が強まる中で、公共性を有する学問の自律性を確保するための制度について、示唆を得るところは大きいと思われる。

もっとも、表現の自由と学問の自由の違いにも留意する必要があろう。学問の自由は、本来的に集団的・組織的な性格を有している（と本稿は解する）のに対し、表現メディアが総体として国民に多様な情報を提供して豊かな公共の議論を支える機能を有し、メディア総体の信頼性にもかかわって自主規制に関して集団性が見られるにしても、本来的な表現の自由の主体は個々の表現者ではなかろうか[30]。また、学問の自由は、無形の情報創出・獲得と不可分のものとして有形の研究活動の自由を保護する。人の生命・身体等の保護のために研究活動を規制することは、学問共同体の自律的権力とともに国家にとっても当然の任務といえ、研究活動については有形的効果に着目する限り事前規制も憲法上禁じられないのである。

29　たとえば、曽我部・前掲註（28）の395頁は、「放送法は、放送を公共の福祉に適合するように規律する手段として、自主規制を義務付け、それを原則とする法体系を導入していると理解することができる（「規律された自主規制」）。国家による規制の手段としての自主規制、というわけである。……これを裏返せば、放送法による自主規制の原則は、放送事業者が報道機関としての職業倫理に基づいて行う（べき）自主規制とは（内容は類似していたとしても）性質は異なるものと見るべきである。」という。研究倫理審査の法的義務付けについてはどうだろうか、といった問題がある。

30　なお、表現の自由論においても、集団としてのプレスの「特権」が語られることがある。

2 医療倫理（専門職倫理）

医療職や法律職などの専門職（プロフェッション）の業務は、伝統的に国家による介入が忌避されてきた領域といえ、専門職の「倫理」が発達している。これも、社会から専門的活動を負託された専門職集団が、その責任を果たすために、国家の干渉を排して自律的に専門的活動を規律する公的な規範としての「倫理」を構築してきた点で、団体的統治権としての性格を有するといえるだろう。また、これらの「倫理」が、国や分野によって多様だが、国家法と自律性を保ちつつ協働の関係にあることも観察できるだろう[31]

強制加入団体として組織される弁護士会が個々の弁護士等に対して行使する自律的規律権が、一種の公権力であることは広く承認されているといえる。日本でも、医師会が強制加入団体として組織されれば、同様の統治団体性・公権力性を有することになるだろう。もっとも、このような国家から独立した専門職による統治団体は、日本国憲法においては、たとえば法曹についていえば、憲法が裁判官や弁護士など法律専門職の存在を予定し、正義を担う法曹の国家からの独立性等を支える点で、憲法に順接的であるとはいえても、憲法上の要請とまではいいがたく、法律によって形成されるものといえる。法律職としてどのような資格を設けるのかやいわゆる法曹一元制の採用なども、基本的には立法裁量に属するといえよう。また、医療職については、日本では、国家による医療制度の整備は憲法25条が要請しているといえるが、憲法上、専門職集団が予定されているとまではいえず、また、現行法上、弁護士会のような強制加入の統治団体は形成されていない[32]。法律職も医療職も、基本的な資格認定（試験）は国家によって運営されているといえる。

学問共同体が「真理」の探究（学問的情報の更新的生産）を社会から託されてい

---

31 専門職倫理と法の関係について、田中成明「プロフェッショナル倫理における自律と強制、倫理と法の関係をめぐって①～④・完」書斎の窓545号25頁、546号18頁、547号23頁、548号11頁（2005）、服部高宏「ケアの専門職と法・倫理——Pflegeberufe の理念・倫理・制度をめぐって」田中成明編『現代法の展望』（有斐閣、2004）177頁、飯島祥彦『医療における公共的決定——ガイドラインという制度の条件と可能性』（信山社、2016）、棚瀬孝雄「弁護士倫理の言説分析——市場の支配と脱プロフェッション化1～4・完」法律時報68巻1号52頁、2号47頁、3号72頁、4号55頁（1996）、同『司法制度の深層——専門性と主権性の葛藤』（商事法務、2010）とくに第11・12章、安田理恵「行政法を構成する専門職自主法（一）～（四・完）」名大法政論集248号123頁、249号63頁、251号297頁、253号441頁（2013・14）などを参照。

32 参照、日本学術会議医師の専門職自律の在り方に関する検討委員会「全員加盟制医師組織による専門職自律の確立——国民に信頼される医療の実現のために」（平成25年（2013年）8月30日）。

るのに対し、専門職が託されているのはノーマルな専門知にもとづく業務である。それは、集団的には公共的な任務といえるが、個々にはクライアントの私的な事務を担うものである。たとえば、医療職の制度は、個人の身体の扱いは憲法上本人のプライバシー（私的自律の領域）に属するところ、健康上の問題等が生じた場合に医療的知識・技能をもたない一般の者は自己（や近親者）のみでそれに適切に対処することができないため、その事務処理を外部化して専門家である医療職に担わせることとしたものだと考えられる[33]。医療職と患者（クライアント）の関係は、通常の商品交換関係と異なってプライバシーの領域（の延長）にあるものであり[34]、私事を開示できる信頼関係が肝要であるから守秘義務等が課されることになるし、外部の公権力の介入は忌避される。医療職の基本的な職務——そのために広い裁量が必要であり、かつ、その目的に拘束される——は、患者の自己決定を支援・補完して身体・健康に関する（本来 private な）判断をおこない、患者個人の最善の利益を図ることである[35]。専門職といわれるもの一般がこのような論理でうまく説明できるかどうかはわからないが、プライバシーに属する事務の公共化という点は法律職についても基本的に同様ではなかろうか[36]。

　狭義の専門職倫理の憲法上の位置をこのように解すると、先ほどまで述べてきた臨床研究における「研究倫理」と、本節で述べている専門職倫理としての「医療倫理」は、いずれも「生命倫理」と呼ばれる議論に属し[37]、国家との関係で自律的な専門性を尊重する理論であるが、やや異なる性格のものであるように思われる。もちろん、現実には、患者のための診療[38]と社会のための臨床研究は密接にかかわっており、医師等の医療職は同時に研究者であることも多いだろう。医

33　ここで述べているのは法的な論理の構成であり、歴史的実証的事実について述べるものではない。
34　中山茂樹「小児の臓器移植の法理論」甲斐克則編『臓器移植と医事法』（信山社、2015）207頁では、小児医療の場面での関係的プライバシーの論理について論じた。医師の具体的な患者に対する情報提供の国家との関係での自由は、表現の自由というよりプライバシーの問題、また患者の生命・身体に対する権利等にかかわる職務の自由の問題として捉えるべきものであろう。
35　伝統的な医の倫理はパターナリスティックな性格を有しており、それがときに専断的医療を生じさせることにもなったが、個人の「自律」原則、「患者の自己決定権」などの社会における「生命倫理」的な人権運動を受けて変化が生じたと考えられる。医の専門性・自律性と国家法の適切な関係について考察することが、医事法学の固有の課題というべきか。
36　法人の事務も問題になるけれども。脱プロフェッション化について、棚瀬・前掲註（31）を参照。
37　伝統的な医の倫理が専門性にもとづいた部分社会の倫理であったのに対して、医療も専門倫理に閉じこもってはいられず、一般社会の規範的課題として問題が捉えられ（国家の介入も受け）るようになったものが「生命倫理」と呼ばれる現象だといえよう。
38　ここでの「診療」の語の意味については、前稿・註（5）の例にならう。

療職は、個別の患者の最善の利益の追求だけでなく、公衆衛生、資源分配や人の尊厳などにかかわる問題など、社会全体の利益の観点からの倫理的判断が求められることもある[39]。医学系の研究者集団としての学会は、実質的に医療職の団体として、研究倫理だけではなく、医療が社会的に適正におこなわれるための自己規律として医療倫理を担っているところもあるし（たとえば、日本産科婦人科学会の専門職倫理にかかる活動はよく知られている）、医療職集団が実質的に研究者集団として研究倫理について規律することもあるだろう。それでも、一般の社会と学問共同体の集団的関係が基本にある研究倫理と、クライアントと専門職の個別的な委任信認関係が基本にある医療倫理（専門職倫理）とは、その自律性が法によって尊重される根拠について別の理論だと整理することができ、その上でその共通性や担い手の重なり等を含めて比較検討を進めることが適切ではなかろうか[40]。

3　スポーツ倫理

　もうひとつ本稿が研究倫理との比較参照の対象として興味深いと考えるのは、スポーツ倫理である[41]。日本国憲法の下では、スポーツは、元来、個人や競技団体等の私的な主体による私的な活動であり、そこでの競技ルールはそれぞれの競技団体において原則として国家の介入を受けることなく自律的に形成されるものであろう[42]。たとえば、どのような行動のルールで「サッカー」というスポーツが構成されるのかは、国家が決定すべきものではない。スポーツが、国家による振興の対象となったり、公教育の一部として取り入れられたりすることはあるとしても、国家法とのかかわりは、従来、契約法・不法行為法・団体法や労働法などの一般市民法秩序と関係を有する場面やスポーツ紛争の解決のための仲裁法などの手続に関する場面等に限られていた。しかし、今日では、世界的に、スポーツ競技そのものの構成的ルールにかかわって、競技の公正さを確保するための

39　法律職もまた社会における正義の観点からの判断を必要とされる。専門職倫理は、個別のクライアントの利益と社会全体の利益の衝突の場面で発達しているともいえるのではないか。

40　田代志門『研究倫理とは何か──臨床医学研究と生命倫理』（勁草書房、2011）は、研究と診療を統合する新たな専門職像を提示する。

41　スポーツと法のかかわりについては、日本スポーツ法学会監修『標準テキスト スポーツ法学』（エイデル研究所、第2版、2017）、道垣内正人＝早川吉尚編『スポーツ法への招待』（ミネルヴァ書房、2011）などを参照。

42　このような自由が憲法上の権利として（どのように）構成されうるのかについては、本稿は論じられない。

ドーピングなどの規制が、スポーツ運営団体の内部的規律や私法上の契約関係によるだけでなく、国家法によって刑事罰も含めて直接になされるようになりつつあるようである[43]。

ドーピングに関しては薬物規制として国家の関心事となることを説明できるかもしれないが、どうしてスポーツの場合に限って規制するのかという過少包摂の問題がある。もしスポーツ競技の公正さやそれに対する国民の信頼を確保することが規制目的（保護法益）であるとすれば、国家の正当な規制目的となりうるのかが憲法上の問題となろう。そこでは、スポーツの公共的性格をどのように理解するのかが問題となる[44]。そして、この点は、研究倫理に関して、捏造・改竄などのいわゆる研究不正の防止等への国家の関与について考えてみたときに、比較して検討すべき対象であるように思われる[45]。

本稿は、人を対象とする臨床研究を念頭に置いて、そこでの中心的課題となる研究対象者の生命・身体等の保護を内容とする研究倫理に限定して考察してきたが、研究としてなされる活動に「研究」としてのインテグリティを確保しようとする研究倫理の内容は、一般的にはそれに限られるものではない。研究不正をおこなわない、それを防ぐということは、臨床研究に限られるものではなく、広く学問共同体の自律的な「倫理」の内容となるものであろう。他方で、研究の公正さやそれに対する国民の信頼の確保を目的にして、国家が研究の自由に対し法的に規制を加えることが許されるのか（また、国家による給付に条件が付される場合もある）については、憲法上の学問の自由の保障との関係で慎重な考察が必要となろう[46]。

また、スポーツ団体の内部的規律についての実体的正当性や紛争の自律的な解決手続の展開も、研究倫理をめぐる紛争の解決に関し参考にすべきものと思われる[47]。

---

43 参照、髙山佳奈子「ドーピングの刑法的規制」法学論叢170巻4・5・6号360頁（2012）、小名木明宏「ドーピングに対する刑事規制について」北大法学論集67巻5号1804頁（2017）。

44 参照、井上典之「スポーツ法とEU法（第12回）EUの価値観の実現に向けて」書斎の窓637号26頁（2015）。

45 学問の自由の保障根拠として、自律的個人のモデルを提供する象徴的意義が挙げられることがあることにも注意すべきである。参照、長谷部恭男「憲法学から見た生命倫理」（初出2000）同『憲法の理性』（東京大学出版会、増補新装版、2016）150頁、長谷部・前掲註（5）482頁。

46 参照、米村滋人「研究不正と法の考え方——科学研究に対する法規制の基本思想」科学85巻2号169頁（2015）。

五　学問的自律性にもとづく規制の正統性

1　グローバル化

規制の実質が国家（国民に由来する立法権）とは異なる主体に分散することは、グローバル化との関係でも説明されるが[48]、臨床研究に関する研究倫理審査についても国際的な基準との整合性が問題とされている。医学等の学問は一国に閉じたものではなく、臨床研究は国際共同研究によって進められることもある。各国で研究対象者を保護する水準が異なり、低い保護水準（緩やかな規制）の下で臨床研究が実施できる（そのような臨床研究に基づく医薬品等の開発が認められる）国があることは望ましくない。

臨床研究における研究対象者の保護は世界的に進展してきたが、国際的な専門家集団による自律的な規範として、世界医師会のヘルシンキ宣言や、CIOMS（Council for International Organizations of Medical Sciences：国際医学団体協議会）のガイドラインなどがよく知られている。医薬品等の法的規制については、日米欧等の医薬品規制当局と医薬品業界団体で構成された ICH（International Council for Harmonisation of Technical Requirements for Pharmaceuticals for Human Use：医薬品規制調和国際会議）が規制の調和を図っており、そこで作成された臨床研究の実施基準である ICH-GCP（Good Clinical Practice）にもとづいて、日本でも医薬品の臨床試験の実施の基準に関する省令（いわゆる GCP 省令）が策定されている。また、実体的基準だけでなく、倫理審査委員会の国際的な認証制度も発展してきている。

臨床研究の研究倫理審査を日本で法的に義務付ける場合にも、このような国際的な学問的基準に整合することが望ましいといえるが、実体的基準の基本的なポリシーは法律で定められるべきであることは前稿で述べた。さいわいこの分野での基本的原則は、研究対象者の人権の保護を第一に掲げて国際的にほぼ確立しており、日本の立法権が妥当な内容として法律化することは困難ではないように思われる。ただ、さらに詳細な基準については、学問の発展に適応する必要がある

47　参照、藤井樹也「アマチュア・スポーツ規制をめぐる法的問題——その後の Brentwood 事件を手がかりに」筑波ロー・ジャーナル 4 号107頁（2008）。

48　参照、浅野有紀ほか編『グローバル化と公法・私法関係の再編』（弘文堂、2015）など。

から法律で規定することには限界があり、そこで学問共同体が中心的な役割を有すると見るべきである。

2　正統性と責任

　近時の公法学の一焦点でもある問題は、国民に由来する議会の立法権によって十分に規律されていない規制が、民主的正統性とは異なる（あるいは補完する）かたちで、どのようにして正統性を有するのかである[49]。ここでは、研究倫理審査を担う学問的組織による審査の正統性についてもうすこし考えたい。

　憲法43条1項は両議院の議員を「全国民の代表」であるとするが、これは選挙された議員は一部の者の立場・利害ではなくて、全国民の利益を代表することを示している。すなわち、自分の支持母体に含まれない者、自分と異なる利害を有する者をも代表する地位であることを定めている。そのような議員らが公開の場で国民からの批判を受けつつ議論して表決がおこなわれることにより法律は定められ、それに従って公権力は行使される。このような、特定の利害・善の構想に依拠しない普遍的な[50]公共的理由へと枠づけられた判断であるという建前が、学問的組織による自律的規律においても正統性を支えるというべきであろう。これをいかに確保するのか（国家のいわゆる保障責任もある）が問題である。

　学問的自律性にもとづいて活動する組織は、その規律の正統性を、民主的な法律とは別に、自ら調達する必要がある。そして、研究倫理審査は、研究対象者の生命・身体等を保護するための活動であって、外部の一般社会と直接の関係を有するのであり、学問的専門性や内部的民主性、個々の当事者の自律（同意）だけでは話がすまない（「生命倫理」という社会的事象はそれを示すものだと先に述べた）。それを担う組織は、（個別当事者との関係でのデュープロセスだけでなく）「正当な」研究活動についての判断の公開性と説明責任を果たすことによって、研究活動を託している国民ないし社会からの信頼を得るべきであろう。やや一面的な見方かもしれないが、とくに、臨床研究をおこなう学問共同体が、私的利益（業界利益など）を追求するのではなく全国民・全人類のための真理の探究をおこなっており、研究活動のリスクとベネフィットを適切に衡量して当該活動を進めているこ

49　文献は多いが、近時のまとまった研究として、高橋雅人『多元的行政の憲法理論——ドイツにおける行政の民主的正当化論』（法律文化社、2017）を参照。
50　民主的正統性には、もちろん、「国民」という限界があるけれども。

とについて、人々から信頼されることが重要であるように思われる[51]。これは個々の研究者の研究活動の動機等の問題ではなく、学問共同体の集団的な公共性をどのように確保するかという集団のあり方の問題である。

このような観点から見たとき、学問的自律性が、研究者らの内内だけでやっていればよいというものではないことも理解されるだろう。自律性の保障は、その研究活動が社会からどのように認識されるのかにも注意を払い、正統性を自ら調達する責任を負っていることを意味する。学問共同体（研究者集団）は社会から研究活動を託されているのであり、特に研究対象者にリスクを及ぼすなどして一般社会での法益保護と抵触するおそれがある場合には、その正当性について説明する責任がある。

憲法が学問の自由を保障するのは、民主的な政治によって、そのときどきの通念や短期的な有用性などにより研究活動の「正当性」が不当に評価されることを防ぐためでもあり、学問共同体側の説明と一般の社会の規範・評価との抵触もありうる。他者の権利利益の侵害を防ぐために国家が介入することも否定されないが、抵触は原則として継続的なコミュニケーションによって解決されるべきものであろう。

研究倫理審査が、ピア・レビューを基本としつつも、一般の市民（レイ・パーソン）や法学・生命倫理学などの一般社会の規範に関する専門家も委員となった組織によっておこなわれることが通例であるのは、研究活動の正当性について、当該医学系分野の専門的観点だけなく、一般市民の常識や異なる専門性を含んだ多様な観点から検討することに意義があると考えられるからであろう。研究倫理審査は学問の自律性に対して当該学問の外部からの制限だと捉えられがちだが、しかし、そのような一般社会の観点をも取り込んで議論する審査こそが、独善に陥ることなく、学問共同体が自律的に公共性を担うことを確保する[52]。また、研

51　極端な場合として、いわゆる「原子力ムラ」とは、学問が利権にからめとられてしまって、科学的意見に公正に耳を傾けなくなってしまったような当該学界・業界の状況を指す語であるといえる。その社会的事実の真偽について本稿は定見をもたないが、いわゆる安全文化（これが本稿がいう「倫理」の内容の例に当たる）が失われて大規模な原子力事故が生じ、その一因にそのような「ムラ」の状況がある、と人々に認識され、当該分野の学問が国民ないし社会の信頼をかなり失ってしまったといえるであろう。なお、「原子力ムラ」に関しては、国家機構もその一部を構成していると考えられるけれども。参照、東京電力福島原子力発電所事故調査委員会（国会事故調）『報告書』（2012）とくに523-524頁、金森修『知識の政治学──〈真理の生産〉はいかにして行われるか』（せりか書房、2015）第13-15章。

究倫理審査の会議録ないし理由の公開なども、説明責任のために必要となろう。

3 日本での課題

しかし、日本では、公共性をになう自律的な学問的組織が十分に発達しておらず、いわば「お上」（行政）頼みになっているのが現状であろう。臨床研究の規制に関与する研究者集団は、利益集団政治における業界団体として私的利益を追求しているように人々に見られているかもしれない。厚生科学審議会等の日本の生命倫理政策に関する審議会等でも、その多くの委員は、その母体たる業界団体等の利害関係の代表者や患者の立場などとして、ポジション・トーク的にそれぞれの立場からの規範的評価が語られることが多いといわれる[53]。それは当事者性の表明ともいえるが、おそらく誰も普遍的な「正しさ」（公共的理由）を語ることに慣れていないのである。結局、公共的な判断は「落としどころ」として行政が用意するものになっているのではないか[54]。そのような状況にある研究者集団が、憲法上の自律的権力だとされて、どのような研究活動が正当／不当であるのかの判断をおこなう公共性を担えといわれても、困惑するばかりかもしれない[55]。

たとえば、2017年4月に、ヒト胚に対してゲノム編集技術を用いる研究に関して審査の制度をどのように定めるのかについて、関連学会と内閣府が対立し、4学会が組織した審査委員会の解散を決めたとの報道があった。学問の自由に国家が介入することに学会が反発したのかと思いきや、話は逆のようである。新聞報道によれば、学会側が内閣府に不満をもった点は、「国の意向で審査体制を築いたのに、学会が自主的にやっていると受け取られているため」[56]、「国の責任ある関与が見込めないため」[57]、「学会員にとどまらない影響力を確保するためにも国

---

52 専門職の自律にかかわるが、日本学術会議医師の専門職自律の在り方に関する検討委員会・前掲註（32）14頁は、医師の専門職自律の仕組みについて、国民の適切な関与を確保する機会を持つことが重要であるという。専門職の「開かれた自律」について、田代志門「専門職の『自律』の転換──医学研究を監視するのは誰か」仲正昌樹編『自由と自律』（お茶の水書房、2010）273頁、同・前掲書註（40）とくに141頁以下を参照。

53 町野朔は、「日本の生命倫理の特色は、立場の相違が倫理の相違にすぐなるということ」（第22回厚生科学審議会疾病対策部会臓器移植委員会（2006年4月26日）（http://www.mhlw.go.jp/shingi/2006/04/txt/s0426-1.txt））という。生命倫理分野での利益集団政治に関し、髙井裕之「医療技術の発展に伴う生命倫理問題についての比較憲法学的考察」比較法史学会編『複雑系としてのイエ』（未来社、1999）275頁を参照。

54 憲法の観点から見れば、議会ではなくて、行政が決定者になっているところが、また奇妙である。

55 参照、辰井・前掲註（24）。

56 「受精卵ゲノム編集　審査委、学会側が解散」日本経済新聞2017年4月18日夕刊

のお墨付きが必要だ」[58]とのことである。事実関係については報道を超えて知るところではないが、学会側は研究活動の規制に関する自律性を放棄し、国家の責任によって規制することを望んでいるように見える。憲法上の学問の自由の原則からすると倒錯した話のように思われるが、研究活動の規制を自律的権力として責任をもって担うことが困難な日本の学問共同体の現状を、端的に示す事案ではなかろうか。

たしかに、権利利益の保護調整など国民一般に関係する公共的な秩序にかかわる問題について学問共同体が実質的に決めてしまうことに、研究者集団自身が躊躇を覚え、その正統性に疑問をもって、国家に判断をゆだねることはありうるだろう。ヒト胚等のゲノム編集についても、胚を着床させることを国家が規制する理由はあるのかもしれないし[59]、研究者集団が国家の「お墨付き」を得ようとすることは、社会と対話することなく独善的に研究を進めようとするよりも、あるいはまだよいことなのかもしれない。しかし、もし関係学会が着床に至らない基礎的研究を含めた研究のルールや個別の審査についての自主性・自律性を最初から放棄しようとしているのだとすれば、残念に思えてならない。

普遍的な公共的理由といっても、神ならぬ人間がおこなうことあるから、ひとりひとりが語る「正しさ」には必ずバイアスがかかっているし、さまざまな見解を有する人々が議論し合っても普遍的な「正しさ」に到達できるとは限らず、その結論は可謬的なものである。それでも、公共性は、個性あるひとりひとりが誰にとっても公正であろう普遍的な「正しさ」を語ろうとし、多くの人々が意見を持ち寄って議論して、独善や恣意を防ぐためのさまざまな手続の組み合わせによって、暫定的に到達するしかないものである。日本の医学系の研究者集団のみなさんには、まずは、行政に「正しさ」を預けるのではなく自ら「正しさ」を語りましょう、と呼びかけたい[60]。そして、一般の市民もまた、「正しさ」を語り、また語ることができるような社会の形成について責任を負っているというべ

---

57 「ゲノム編集研究　学会審査委解散　国に不信感」毎日新聞2017年4月19日
58 「ゲノム編集、学会 VS. 国」朝日新聞2017年4月19日
59 この規制の合憲性については論じない。規制する場合には法律が定められる必要がある。
60 拙稿「生命倫理における民主主義と行政倫理指針」青木＝町野編・前掲書註（24）161頁でもそのようなことを書いた。第59回日本人類遺伝学会・第21回日本遺伝子診療学会合同大会（2014年11月）において、そのような内容の拙報告「学問の自由と法の支配」の機会を与え、聴いてくださったみなさまには感謝申し上げたい。法学もその外部に向かって法学の思考を説明すべきである。

きであろう[61]。

六　おわりに

　学問の自由は複雑な性格を有するが、本稿は、「知りたい」という個人の生き方の自律性にかかわる「人権」としての学問の自由の側面について、ほぼ捨象した。人権の観点からは学問は公共のためのものとは必ずしもいえないのであるが、どうして憲法が学問の自由を思想の自由や表現の自由などとは別に特に保障しているのかを考えると、公共的に信頼しうる体系的な情報の生産という統治論上の意義に行き着く。あらゆる情報は人それぞれの評価によるしかなく、社会的に信頼しうるタイプの情報生産装置というようなものは想定できないと考えれば、学問を特に保護する必要はなかろう。学問の自由には、専門性を有する一部の者（研究者）のみが、「公共性」という（ほぼ定義上）社会の全構成員に開かれているものの一端を担う、やや矛盾をはらんだ秩序の構想があることになる。また、「知りたい」という情熱をもって「真理」を探究する研究者らは[62]、研究対象者その他の人々の権利などを無視して「真理」の探究に走ってしまう危険な独善的傾向があると考えた方がよい。それでも、憲法は、学問という集団的営みが社会秩序の構成要素だと考えており、その自律性を保護して学問に公共のためになるように期待するものがあると解される。

　研究倫理審査はやや特殊な場面だが、このような複雑で「取扱注意」な（個々の研究者と学問共同体の）学問の自由と、民主的に構成される公権力、そして研究対象者という人権主体の接点である。本稿は、大雑把な整理でしかないが、学問の自由という論理を現代において生かしていこうという試みである。

　　［追記］　本稿は、JSPS 科研費 JP15H03299および JP16K03306による研究成果である。

61　「正しさを語る社会」については、嶋津格「社会改革としての司法改革—『法の支配する社会』を求めて」（初出2001）法務省法教育研究会第 2 回会議（平成15年10月15日）議事概要（www.moj.go.jp/shingi 1 /kanbou_houkyo_gaiyou02-02.html）、辰井・前掲註（24）を参照。拙稿・前掲註（6）では当事者性と公共性について論じて「正しさを語る社会」に触れたのだが、その際には専門家性についてあまり論じられなかった。本稿はそのとき残した課題についてすこし考えたものである。専門家性・当事者性・公共性という三つの視点については、林真理『操作される生命——科学的言説の政治学』（NTT 出版、2002）244頁以下を参照。
62　この文章の読者の多くの方は、筆者も含めてその一員でしょう。

イタリア婚姻制度における教会法秩序と
国家法秩序との連結――イタリア政教関係の
一側面――

田　近　　肇

一　はじめに
二　教会法秩序と国家法秩序との連結
三　協約上の婚姻と国家法の論理
四　おわりに

一　はじめに

　本稿は、婚姻制度に着目しつつ、イタリアの政教関係がどのようなものである
かを明らかにしようとするものである。イタリアの政教関係は、政教分離制とは
異なる政教関係の例としてわが国の憲法の基本書でも言及されることが少なくな
い。ただ、それらの記述は、例えば、国家と教会との相互の独立性が承認され、
両者の間で政教協約（concordato）が結ばれていること[1]、教会に一定の特権が認
められ、あるいは国家と教会との間に一定の協力関係がみられること[2]などをご
く簡潔に紹介するにとどまり、イタリアの政教関係が政教分離制と決定的に異な
る特徴は何であるかは、必ずしも明確には示されていない。

　イタリア共和国憲法第 7 条は、国家とカトリック教会との間の関係について、
「国家とカトリック教会は、各自その固有の秩序において、独立かつ最高であ
る。両者の関係は、ラテラノ諸協定により規律する。……」と定めている。この
規定について、筆者は別稿において、法秩序は多元的であって国家以外にもさま
ざまな法秩序が存在し、教会もまた国家と並立する始源的法秩序であるとする、
サンティ・ロマーノの多元的法秩序の理論を背景として制定された規定であるこ

1　例えば、芦部信喜（高橋和之補訂）『憲法〔第 6 版〕』（岩波書店、2015年）160頁、野中俊彦ほ
　か『憲法 I〔第 5 版〕』（有斐閣、2012年）324頁（中村睦男執筆）、長谷部恭男『憲法〔第 6 版〕』
　（新世社、2014年）193頁などを参照。
2　例えば、高橋和之『立憲主義と日本国憲法〔第 4 版〕』（有斐閣、2017年）195頁、佐藤幸治『日
　本国憲法論』（成文堂、2011年）232頁などを参照。

とを指摘した[3]。つまり、国家とカトリック教会はともに、始源的法秩序、すなわち「固有のかつ完全な自律性を誇る社会」であるがゆえに相互に最高かつ独立の存在なのであり、一方が他方を自らの意思に従属させることができないからこそ、両者の共通の利益に関する事項の規律を調整するため政教協約という手法がとられるのである。

このように、政教協約は、同一の事項について教会が定めた規範と国家が定めた規範とが並存するとき、その両者を結び付けるという機能を有している。そして、イタリア国家とカトリック教会との間で結ばれた1929年のラテラノ協約の諸条項の中で国家法秩序と教会法秩序との「連結（collegamento）」が最も顕著な形でみられたのが、婚姻について定めた第34条の規定であり、この規定によって、イタリアの国家法秩序はその内部に、教会法によって規律される婚姻という、国家法秩序の論理とは異質な制度を抱えることになった。その具体的な仕組みがどのようなものであったかは、二において概観する。

とはいえ、ラテラノ協約がもたらした教会法秩序と国家法秩序との結びつきは、1970年代以降、憲法裁判所の一連の判決の結果、大きく変容してきた。そこでは、個人の自由や平等、国家の主権といった国家法秩序の論理が強調され、その反面で、国家法秩序の内部に教会法が支配する領域を確保するというカトリック教会の特権は後退を余儀なくされている。三では、それらの憲法裁判所判決によって婚姻に関するラテラノ協約体制が変容していく様子をたどることにしたい。

ところで、公認宗教制をとる国としてイタリアと並んで紹介されることの多いドイツについて、石川健治教授は、カール・シュミットの制度体保障論が「〔市民的法治国原理の論理的なコロラリーである〕政教分離原則に反するにも関わらず、教会を公法上の制度体として保障してしまったワイマール憲法の中途半端な規定を……説明するための枠組」であったこと、つまり、市民的法治国の論理が貫徹されるべき国家法秩序にワイマール憲法上それとは異質なものが含まれていることを説明するための理論であったことを指摘しておられる[4]。この石川教授の高著に対し、本稿は、ロマーノの多元的法秩序の理論——この理論はシュミッ

3　田近肇「多元的法秩序の理論とイタリア政教関係——サンティ・ロマーノの学説とその影響——」阪本昌成先生古稀記念論文集『自由の法理』（成文堂、2015年）711頁。
4　石川健治『自由と特権の距離——カール・シュミット「制度体保障」論・再考〔増補版〕』（日本評論社、2007年）129頁。

トの制度体保障論に「直接に発想の糸口を与え」、「紛うことなき直接的影響」を与えたとされる[5]——の圧倒的な影響を受けたイタリアにおいて、国家法秩序がその固有の論理とは異質な教会法の規範をどのように受け入れたか、他方で、自己の論理をいかに防衛しようとしているかを実証的に分析する論考ということになる。

二 教会法秩序と国家法秩序との連結

1 背 景

カトリック教会法の世界において、婚姻は、契約であると同時に秘跡としての性質も有していると理解されている（1984年教会法典第1055条及び第1057条参照）[6]。婚姻は秘跡でもあるがゆえに教会の管轄権に属するという命題は、トレント公会議第24会期（1563年）で宣言されて以来（「婚姻の秘跡に関する規範」第1規範及び第12規範）、今日まで維持されている。

そして、統一以前のイタリアの諸国家では、婚姻は、教会法によって規律されていた[7]。ナポレオンがイタリアを支配した時代には市民婚（matrimonio civile）の制度が導入されたこともあったが、王政復古後には再び婚姻は教会法の規律に服するものとされた。例えば、サルデーニャ王国の1837年民法典（アルベルト民法典）は、婚姻は「カトリック教会により規定された盛儀をもって挙式をしなければなら」ず（第108条）——そうした盛儀のない挙式をした場合には刑罰を科すものとされた（第113条）——、「カトリック教により規定された盛儀をもって挙式した証明書」のない場合には、その婚姻は国家法上の効力（effetto civile）を有しないと定めていた（第114条）[8]。

しかしながら、当時の自由主義政治家にとっては、市民婚すなわち国家法に

---

5 石川・前掲書31頁及び193頁。

6 Cfr., per es., Enrico Vitali e Salvatore Berlingò, *Il matrimonio canonico*, 3ª ed., Giuffrè, 2007, p. 8. また、枝村茂「カトリック婚姻法における世俗性と宗教性」宗教法14号（1995年）255頁、257頁もみよ。

7 Francesco Finocchiaro（aggiornamento a cura di Andrea Bettetini e Gaetano Lo Castro）, *Diritto ecclesiastico*, 12ª ed., 2015, p. 477.

8 河野義祐「1865年イタリア民法婚姻編の成立過程」上智法学論集13巻1号（1970年）155頁、166頁以下。その他の国々の状況について、Finocchiaro, op. cit., p.477 n. 3のほか、河野・前掲論文195頁を参照。

従った形式で結ばれる婚姻こそが理想的な婚姻制度であった。婚姻制度は宗教上の信条の違いにかかわらずすべての市民について統一的でなければならず、そのためには国家が婚姻を規律する排他的権限を有しなければならないと考えられたからである[9]。サルデーニャ王国において、市民婚の導入は、1850年頃から進められ（例えば、1850年4月9日法律第1013号（第一次シッカルディ法）第7条[10]）、最終的には、統一イタリア王国の成立後に制定された1865年民法典によって実現された。

1865年民法典は市民婚以外の方法による婚姻を認めておらず、その意味で強制的市民婚（matrimonio civile obbligatorio）の制度を定めていたといわれることがあるが、教会婚が法的に禁止されていたわけではない[11]。ただ、カトリック信徒にとって教会婚こそが真の婚姻である反面で、国家法上婚姻としての効力を認められるのは市民婚だけであったから、国家にとっても教会にとっても有効な婚姻をしようとする者は、市民婚の挙式と教会婚の挙式とを二重に行わなければならなかった[12]。

2　ラテラノ協約体制

（1）教会法上の婚姻と国家法上の効力

こうした状況に大きな変化をもたらしたのが、1929年2月11日のラテラノ諸協定である。諸協定のうちラテラノ協約の第34条1項は、婚姻に関して、「イタリア国家は、家族の基礎である婚姻の制度に対しイタリア国民のカトリックの伝統に合致した尊厳を与えるため、教会法が規律する婚姻の秘跡に対し国家法上の効力を承認する」と定めており、これに基づいて、国家の法律上、「教会法の規範に従いカトリック司祭の前で挙式がなされた婚姻は、……市民権登録簿に登録されたときは、挙式の日から市民婚と同一の効力を有する」（1929年5月27日法律第847号第5条）ものと定められた。

9　Cfr. Sergio Lariccia, *Diritto ecclesiastico*, 3ª ed., CEDAM, pp. 259 ss.

10　第一次シッカルディ法の翻訳は、井口文男「近代イタリアにおける政教関係」岡山大学法学会雑誌54巻4号（2005年）378頁、361頁を参照。また、1865年民法典で市民婚が導入されるまでの経緯について、同『イタリア憲法史』（有信堂、1998年）47頁以下を参照。

11　なお、フランスでは、教会婚は法的に禁止されていた（1810年刑法典第199条及び第200条参照）。Finocchiaro, op. cit., p. 478. また、小谷真男「19世紀イタリア家族法におけるカトリック教会法の関与——イタリア法におけるカトリック法文化の意義について——」法社会学48号（1996年）204頁、207頁も参照。

12　Finocchiaro, ibidem; Lariccia, op. cit., p. 260.

イタリア婚姻制度における教会法秩序と国家法秩序との連結（田近）　*729*

　教会法に従って挙式がなされ、登録によって国家法上の効力を付与された婚姻
は、「協約上の婚姻（matrimonio concordatario）」と呼ばれるが、1930年代から1970
年代にかけてその制度は、具体的には次のようなものであった。まず、1917年教
会法典第1058条[13]以下に定められた婚姻障害事由（impedimento）が存在しないこ
とを確認するために、主任司祭によって「婚姻契約を締結しようとしている者」
の公示（pubblicazione）が行われ（第1022条）――これは、小教区教会等の入口に
婚姻当事者の氏名を掲示することで代えることができる――、この教会法上の公
示によって婚姻障害事由のないことが確認されると（第1027条参照）、婚姻の挙式
（celebrazione）が行われる。挙式は、「教会の承認した典礼書に規定された儀式、
あるいは承認すべき慣習によって伝わった儀式」を守って行われ（第1100条）、少
なくとも２人の証人が立ちあい、教区裁治権者・主任司祭等の面前で、両当事者
が婚姻に合意する意思を表示することが必要である（第1094条参照）[14]。

　こうして教会婚が有効に結ばれたとしても、これだけでは、この婚姻は教会の
法秩序において効力を有するにすぎず、直ちに国家法上も婚姻としての効力を有
するわけではない。これに国家法上の効力をもたせるには、市民権登録簿に登録
するため、事前に民法典の規定に従った国家法上の公示を行わなければならない
（1929年法律第847号第６条）。この公示に対して異議申立てがなかったときは、市民
権登録官（ufficiale dello stato civile）は、「国家法上有効な婚姻を執り行うことに反
対する理由が存在しないことを宣言する証明書」を交付する（第7条1項）。

　主任司祭は、挙式の後直ちに当事者に対し、市民婚の場合と同じように夫婦の
権利及び義務に関する民法典の条文を朗読して婚姻の国家法上の効力を説明し、
婚姻証明書の正本を２部作成する（1929年法律第847号第8条1項及び2項）。主任司
祭は、挙式から５日以内に婚姻証明書の１部を市民権登録官に送付して、当該婚
姻の国家法上の登録を申請する（第8条2項）。市民権登録官は、これを受領する
と、当該婚姻を市民権登録簿に登録するよう取り計らう（第9条1項）。これに
よって当該婚姻は、教会法上の婚姻の日から国家法上の婚姻と同一の効力を獲得
する。

　このような仕組みを通じて教会婚は国家法上の効力を与えられるわけである

13　以下、1917年教会法典の翻訳は、ルイジ・チヴィスカ訳『カトリック教会法典』（有斐閣、1962
　　年）を参照した。
14　Cfr. Vitali e Berlingò, op. cit., p. 118.

が、注意すべきなのは、協約上の婚姻が本来教会法上の法律行為である以上、その成立はあくまでも教会法の規律に服するという点である。つまり、婚姻の当事者に婚姻障害事由（例えば、不適齢婚（1917年教会法典第1067条）、婚姻前からの終生的交接不能（第1068条）、重婚（第1069条）、近親婚（第1076条以下）等）が存しないか否か、当事者によって有効な婚姻意思の表示がなされたか否か（例えば、婚姻に関する無知（第1082条）、人に関する錯誤（第1083条）、強迫（第1087条）等）はすべて、教会法の諸規定に照らして判断がなされるのである。

（2）婚姻の無効・免除に関する教会の管轄権

協約上の婚姻の成立が教会法の規律に服する以上、このことの論理的な帰結として、協約上の婚姻がそもそも教会法上有効に成立したものか否かの判断は、教会機関の管轄に委ねられることになる[15]。教会法の定めるところによれば、「受洗者間の婚姻訴訟に対しては、教会の裁判官のみが固有にして独占的な管轄権を有する」ものとされ（1917年教会法典第1960条）、婚姻の無効に関して、婚姻障害事由の原因となった配偶者を除いて配偶者の双方は、教区裁判所を第一審とし、使徒座署名院最高裁判所（Supremum Tribunal Signaturae Apostolicae）を最上級審とする教会裁判所に訴訟を提起することができるものとされていた（第1572条1項、第1576条1項1号、第1603条1項5号及び第1971条1項参照）。

他方、未完成の認証婚（matrimonio rato e non consumato）――要するに、いまだ夫婦間で交接がなされていない婚姻[16]――の免除（dispensa）に関しては、1917年教会法典は「使徒座がその解消を宣言することによって解消される」と定めており（第1119条）、秘跡聖省（Congregatio de disciplina Sacramentorum）がこれに関する「すべての事項を独占的に審理」し（第249条3項）――現実には教区裁治権者に予審が委ねられることが多かったようである[17]――、教皇が免除を付与するものとされていた。

婚姻の無効・未完成の認証婚の免除に関するこうした教会法の定めを踏まえ、国家は、ラテラノ協約第34条4項及び5項において、「婚姻無効に関する処分及び未完成の認証婚の解消に関する事件は、教会裁判所（tribunale ecclesiastico）及

---

15 Paolo Moneta, *Matrimonio religioso e ordinamento civile*, 3ª ed., G. Giappichelli, 2002, p. 7.

16 Cfr. Vitali e Berlingò, op. cit., p. 131. また、1917年教会法典第1015条及び1983年教会法典第1061条も参照。

17 Vincenzo del Giudice, *Nozioni di diritto canonico*, 12ª ed., Giuffre, 1970, p. 392 n. 8.

び教会省庁 (dicastero ecclesiastico) の権限に留保」し、「婚姻に係る処分及び判決についての終局的な判断は署名院最高裁判所が行う」ことを承認したのである。

そして、教会婚の挙式が国家法によって無視された単なる事実ではないのと同様に、婚姻の無効及び未完成の認証婚の免除に関する教会機関の決定もまた、単なる事実にすぎないものではない。署名院最高裁判所の関連決定による上記の終局的な処分及び判決は、婚姻文書が登録された市町村を管轄する控訴院にその謄本が送付され（第34条6項及び1929年法律第847号第17条1項）、「控訴院は、法廷で発する命令によりこれに国家法上の執行力を付与し、市民権登録簿において婚姻証明書の余白に注記するよう命じる」（ラテラノ協約第34条6項。1929年法律第847号第17条2項も参照）ものとされており、この仕組みを通じて、教会機関によって無効とされ又は免除がなされた協約上の婚姻は、国家法上も効力を失うことになっていた。

このようにしてラテラノ協約は、協約上の婚姻はその成立の日から国家法上の効力を獲得し、教会機関の決定によって国家法上も効力を失うという意味で、教会婚と市民婚とを「結合」させる仕組みを導入した[18]。もちろん、協約上の婚姻の国家法上の効力の得喪は、制度上自動的に生じるわけではなく、国家の行政官による登録や国家の裁判所の命令が要件とされていた。しかし、現実には、これらの国家機関の関与は、教会機関の行為に対する統制をもたらすものではなく、教会法秩序の領域で生じた状態を公的に記録する意味しかなかったといわれる[19]。それゆえ、協約上の婚姻の制度は、「教会にとって有効な婚姻は、国家にとっても有効であり、無効判決を通じて教会にとって効力を失った婚姻は、国家にとっても効力を失う」制度だったと評されたのである[20]。

（3）教会法と国家法との連結とカトリック教会の特権

さて、以上のような制度を説明するのに、ロマーノの多元的法秩序の理論以上によりよく説明することのできる理論はない。カトリック教会は、国家と並ぶ始源的法秩序——国家によって創設されたのではなく、その源泉において独立している法秩序——なのであり[21]、これをイタリア国家も認めていることは、ラテラ

---

18 Finocchiaro, op. cit., p. 479.

19 Moneta, op. cit., p. 8.

20 Arturo Carlo Jemolo, *Trascrizione di matrimonio religioso celebrato all'estero*, in *Riv.dir.priv.*, 1939, II, p. 193.

21 Santi Romano, *L'ordinamento giuridico*, 2ᵃ ed., Sansoni, 1946, pp. 120 ss e 141.

ノ諸協定において聖座に「主権的な裁治権（giurisdizione sovrana）」（ラテラノ条約第3条）あるいは「教会事項における裁治権」（ラテラノ協約第1条）が承認されていることから明らかである。教会が始源的法秩序である以上、教会の立法権は「国家が付与する権限ではありえず」、「国家の承認に先在する」立法権なのであって[22]、教会は、婚姻に関しても国家とは無関係に固有の規範を定めることができる。他方で、国家もまた、固有の関心に基づいて婚姻に関する規範を定めることができ、その結果、婚姻に関しては、教会が定めた規範——具体的には1917年教会法典第1012条以下——と国家が定めた規範——1865年民法典第53条以下——とが並存することになった。

　そして、両者の間の調整を行ったのが、ラテラノ協約第34条の規定にほかならない。その際、同条は、協約上の婚姻の成否ないし有効性に関して、教会法の規範とも国家法の規範とも異なる新たな規範を自ら定めるのではなく、教会法に従った婚姻の成立と、その有効性を判断する教会機関の決定とを国家が受け入れるべきことを定めるという方法をとったのである。注意する必要があるのは、同条及びこれを施行するための1929年法律第847号の諸規定は、単にカトリックの司祭の前で婚姻の挙式がなされたという事実あるいは教会機関がその婚姻を無効と判断したという事実を国家が受け入れるよう求めたにとどまるものでなければ、教会法上の婚姻が国家法上の婚姻に変型されることを定めたわけでもないということである[23]。そうではなく、教会法に従った婚姻の成立とその有効性を判断する教会機関の決定とを国家法秩序に受け入れるべきことを定めるラテラノ協約を国家が締結したということは、協約上の婚姻の有効性について国家法秩序が教会法を参照すること[24]、つまり、協約上の婚姻の有効性に関する教会法の規範を国家が自らの法秩序のうちに受け入れるということを意味していた。

　婚姻に関してラテラノ協約第34条が定めていた教会法秩序と国家法秩序との連結は、婚姻をもって秘跡であるとし、そのような婚姻を結ぶことを望むカトリック教会あるいはその信徒にとっては、その「自由」を確保するために必要だったということかもしれない。しかし、国家は、同条を受け入れた結果、その固有の論理とは整合しない異質な制度を国家法秩序の内部に抱えることになった。

22　Romano, op. cit., p. 118.
23　Cfr. Romano, op. cit., p. 179.
24　Cfr. Romano, op. cit., p. 178.

そもそも、協約上の婚姻と市民婚という二元的な婚姻制度それ自体、婚姻は宗派を問わずすべての市民について統一的な国家法に基づくべきであるという、1865年民法典の婚姻制度の背後にあった思想から明らかに逸脱したものであった[25]。

さらに、ラテラノ協約第34条による教会法秩序と国家法秩序との連結は、国家法秩序の中に民法典の諸規定が適用されず、国家の裁判権が及ばない領域が設けられるということを意味していた。つまり、同条によれば、協約上の婚姻の成立は民法典ではなく教会法典による規律に服し、その婚姻の有効性をめぐる訴訟は国家の裁判権ではなく教会機関の管轄に属するのであり、その結果、国家の主権の一部——協約上の婚姻の成否に関する国家の立法権と裁判権——が制限され、国家法秩序の内部に、国家に由来しない教会法の規範が支配する領域が、あたかも教会法の「飛び地」のようにして創設されることになったのである。

なお、ラテラノ協約と同時期に、「国家において認容された宗派の活動及びその祭司の前で挙式がなされる婚姻に関する諸規定」（1929年6月24日法律第1159号[26]）が制定され、カトリック以外の宗派の祭司の前で挙式がなされる宗教婚の制度が設けられている（第7条以下）。しかし、カトリック以外の宗派の宗教婚は、挙式が各宗派の祭司の前で——市民権登録官の前ではなく——行われるということのほかは市民婚と同様に国家法の規律に服するのであり（1942年民法典第83条参照）[27]、決して各宗派の定めた規範が国家法秩序に受け入れられたわけではなかった。ラテラノ協約が定めていた婚姻に関する教会法秩序と国家法秩序との連結は、まさしく「国の唯一の宗教」（ラテラノ条約第1条）であるカトリック教会にのみ認められた特権であった。

このカトリック教会の特権は、多元的法秩序の理論の論理必然的な帰結ではなく、ラテラノ協約第34条が婚姻に関してカトリック教会に有利な形で教会法秩序と国家法秩序との連結を定めた結果にすぎない。しかし、カトリック教会が国家と並ぶ始源的法秩序でなければ、教会が独自の立法権・裁判権を有することを前提に国家法秩序が教会法を参照すべきことが政教協約で定められることはないは

25　Finocchiaro, op. cit., p. 479.
26　同法の翻訳は、文化庁編『海外の宗教事情に関する調査報告書　資料編4　イタリア宗教関係法令集』（2010年）102頁以下（井口文男＝田近肇訳）を参照。
27　Lariccia, op. cit., p. 261. また、安井光雄「イタリアにおける婚姻解消——教会法およびイタリア法の競合——」上智法学論集19巻2＝3号（1976年）249頁、269頁も参照。

734

ずであり、それゆえ、多元的法秩序の理論なくしては、婚姻に関するカトリック教会の特権を説明することはできないのである。

三　協約上の婚姻と国家法の論理

1　離婚制度の導入

ラテラノ協約がもたらした、婚姻に関する教会法秩序と国家法秩序との連結は、戦後の新憲法の制定・施行（1948年）によっても変わることがなかった。冒頭でも触れたように、現行憲法第7条は、第1項で「国家とカトリック教会は、各自その固有の秩序において、独立かつ最高である」と、教会が国家と並立する始源的法秩序であることを改めて承認し[28]、第2項において「両者の関係は、ラテラノ諸協定により規律する」と定めることで、協約上の婚姻の制度を固定化していたからである[29]。

しかし、他方で現行憲法は、宗教による区別のない平等（第3条1項）、信教の自由（第19条）、裁判を受ける権利（第24条）などを保障しているから、ラテラノ協約第34条及び1929年法律第847号の諸規定は、本来、それらの憲法上の諸原理との関係を問題とすることができた[30]。そして、イタリア社会の世俗化が進むなかで、国家法秩序の論理を防衛するため、教会法の規範が支配する領域の範囲が限定され、さらには国家法秩序の諸原理に反するときには教会法秩序と国家法秩序との連結が否定されるようになったのである。

その最初の兆しが、国家法秩序における離婚制度の導入である[31]。1970年12月1日法律第898号（婚姻を解消する場合の規律）は、「裁判官は、……和解の試みが不成功に終わり、……両配偶者の間で精神的にも物質的にも共同生活を維持しえず又は再建しえないことを確認したときは、民法典に従って結ばれた婚姻の解消を言い渡す」（第1条）と定めることによって、市民婚に関して離婚制度を導入した。問題は、同法が協約上の婚姻についても「離婚」の途を開いたことである。すなわち、同法は、「婚姻が宗教上の儀式を伴って挙式がなされ適式に登録され

28　Cfr., per es., Francesco Finocchiaro, *Art. 7*, in Giuseppe Branca（a cura di）, *Commentario della Costituzione*, N. Zanichelli & Soc. ed. del Foro italiano, 1975, pp. 327 ss.

29　Moneta, op. cit., p. 9.

30　Finocchiaro, op. cit., pp. 479 ss.

31　Moneta, op. cit., p. 10.

ていた場合」であっても、市民婚の解消について定める要件がみたされたときには、国家の裁判官は「婚姻の登録に由来する国家法上の効力の終了を言い渡す」ことができると定めていた（第2条）。

これが問題となるのは、第一に、カトリック教では有効に結ばれた婚姻は「いかなる理由によっても解消されることはあり得ない」（1917年教会法典第1118条。また、1983年教会法典第1141条も参照）ところ、国家は「教会法が規律する婚姻の秘跡」を解消不可能性という性質を含めて承認したはずであり（ラテラノ協約第34条1項）、それゆえ協約上の婚姻について国家が一方的に「離婚」制度を導入することは、ラテラノ協約の同条項に違反し、さらには憲法第7条にも違反するという主張がありえたからである[32]。また、第二に、国家は協約上の婚姻の効力に関して教会裁判所・教会省庁の排他的な管轄権を承認したのであるから（ラテラノ協約第34条4項）、協約上の婚姻の効力を国家の裁判官が否定する制度も同様に、ラテラノ協約の同条項及び憲法第7条に違反するという主張がなされていた。

この前者の合憲性の問題が提起されたのが憲法裁判所1971年7月8日判決第169号[33]であり、憲法裁判所は、次のように述べて、本件の合憲性の問題には理由がないと判示した。すなわち、ラテラノ協約の締結に至る交渉過程や同協約の婚姻に関する部分を施行する1929年法律第847号に照らして考えると、国家が「教会法が規律する婚姻の秘跡」の承認によって協約上の婚姻の解消不可能性までをも受け入れたとはいえないから、「国家は、ラテラノ諸協定によってその法秩序に離婚制度を導入しないという義務を負っている」わけではない。国家法秩序と教会法秩序とが区別される以上、国家法秩序においては、婚姻の絆は国家法によって規律されるべきものである、と。

他方で後者の問題は、婚姻解消訴訟の管轄裁判所をめぐる争いに関連して、憲法裁判所1973年12月11日判決第176号[34]で争われた。ただ、憲法裁判所によれば、婚姻の効力の終了を求める実体的な権利を承認しながら、これを裁判上実現しえないということはありえないから、後者の問題は論理的に、1971年判決第169号によってすでに解決された前者の問題に包含されるとされる。そのうえで、憲法裁判所は改めて、ラテラノ協約上、夫婦の別居に関する事件は国家の裁

32　安井・前掲論文263頁を参照。
33　Sentenza Corte cost. 8 luglio 1971 n. 169, in *Giur.cost.*, 1971, p. 1784.
34　Sentenza Corte cost. 11 dicembre 1973 n. 176, in *Giur. cost.*, 1973, p. 2338.

判所が裁判することに聖座が同意していること（第34条7項）、教会法上の婚姻「解消」事由のすべてについて教会機関の決定が国家法上も効力を有するとされているわけではないことを指摘して、ラテラノ協約第34条4項に定められた教会裁判所・教会省庁の管轄権の留保は「協約上の婚姻の有効性及び効力にかかわるあらゆる訴訟を含む広汎かつ全面的な留保」や「国家による婚姻関係の規律の放棄」を意味するものではなく、むしろ国家は婚姻の国家法上の効力を自由に規律することができるから、協約上の婚姻の国家法上の効力の終了を国家の裁判所の管轄に属せしめたとしても、ラテラノ協約第34条及び憲法第7条に違反するものではないと判示した。

　この2つの判決で憲法裁判所が示したのは、要するに、婚姻の成立（行為としての婚姻）と婚姻の継続（関係としての婚姻）とを区別して、教会の管轄権は協約上の婚姻が有効に成立したか否かという有効性（validità）の問題にのみ及び、有効に成立した婚姻がその後も国家法上継続しているかという効力（effetto o efficacia）の問題には及ばないとする考え方だったと説明される[35]。つまり、憲法裁判所は、協約上の婚姻に関して教会の立法権と裁判権とが支配するのはその成立の場面に限られ、その国家法上の継続の問題は国家の立法権と裁判権に服すると説くことで、教会法秩序と国家法秩序との連結が限定されるようなラテラノ協約第34条の解釈を示したのである。

2　ラテラノ協約と憲法秩序の最高原理
（1）憲法裁判所による違憲審査の可能性

　1970年法律第898号第2条の合憲性に関する憲法裁判所の2つの判決は、婚姻に関する国家法秩序と教会法秩序との連結それ自体、あるいは市民婚と協約上の婚姻という二元的婚姻制度それ自体の合憲性を問うものではなかった。しかし、憲法裁判所は同時期に、ラテラノ協約第34条及びこれに由来する国家法律の規範が憲法の保障する自由や平等に反しないかという検討にも踏み出すようになった。

　憲法裁判所1971年3月1日判決第30号[36]は、協約上の婚姻の無効訴訟が教会裁判所に留保されていることが特別裁判所の設置を禁止した憲法第102条2項に反するのではないかが争われた事案である。憲法裁判所は、結論としては、憲法が

35　Moneta, op. cit., p. 11.
36　Sentenza Corte cost. 1 marzo 1971 n.30, in *Giur. cost.*, 1971, p. 150.

禁止しているのは国家法秩序の中で特別裁判所を設置することなのであり、教会裁判所の裁判権はこれに当たらないとして、本件の合憲性の問題を斥けている。しかし、ここで重要なのは、ラテラノ協約——より正確に言えばこれを国内法に変型する1929年5月27日法律第810号——及び同協約に由来する規範を定めた国家法律——例えば、1929年法律第847号——の諸規定も、憲法裁判所の違憲審査の対象となりうることを確認した次の一節である。すなわち、憲法第7条は「国家と教会との間の関係の規律において妥当する一般的な協定原理（principio pattizio）を確認しているだけではなく、まさしくラテラノ協約を参照しており、その内容に関して法を形成している。しかしながら、憲法第7条は、国家と教会に対し相互に独立しかつ主権的な地位を承認しているのであるから、国家の憲法秩序の最高原理（principio supremo dell'ordinamento costituzionale dello Stato）を否定することができないのである」、と。

なお、余談ながら、教会裁判権の留保に関してはさらに、憲法裁判所1973年12月11日判決第175号[37]において、①協約上の婚姻の無効訴訟に関する教会裁判権の留保は裁判権能の領域における国家の主権の放棄であって、主権は憲法の定める方式で行使されるべきことを定めた憲法第1条2項に反しないか、②教会裁判所の判決に国家法上の執行力が付与される結果、協約上の婚姻であるか否かによって婚姻の無効事由等に顕著な違いが生じることになるが、そのことは平等原理を定めた憲法第3条に反しないかが論じられている。

まず①の問題について、憲法裁判所は、1971年判決第30号の考え方に従って教会裁判権の留保が憲法秩序の最高原理に反するか否かを検討し、裁判権が「主権の典型的な根源であり主権の構成要素である」ことを認めつつも、「合理的かつ政治的に正当化可能」な場合に裁判権の例外を設けることは憲法秩序に反するものではなく、教会法により規律される婚姻に国家法上の効力を承認するに当たり婚姻無効事由の審理を教会裁判所に帰属させることは不合理とはいえないと判示した。

②の問題に関しては、憲法裁判所は、自らの婚姻が国家の裁判権に服することを望む場合にはカトリック信徒もまた市民婚を結ぶことができる——然る後に教会婚を結べばよい——のであって、自らの婚姻が教会と国家のどちらの裁判権に

37　Sentenza Corte cost. 11 dicembre 1973 n. 175, in *Giur.cost.*, 1973, p. 2321.

服するかは婚姻当事者の選択の結果にすぎず、それゆえ婚姻がいずれの裁判権に服するかによって生じる差異は、平等原理に反するものではないと判示している。

話を元に戻すと、同時期に、協約上の婚姻と市民婚との間に存する婚姻障害事由に係る取扱いの差異の合憲性も争われている。憲法裁判所1971年3月1日判決第31号[38]で争われたのは、協約上の婚姻の障害事由を市民婚の場合と比べて限定していた1929年法律第847号第7条3項が憲法第3条に反しないかであり、具体的には、次のような取扱いの差異があった。すなわち、一親等の姻族関係にある者同士が婚姻をしようとする場合、市民婚は民法典の規定によって結ぶことができないが、教会婚は教会法上婚姻禁止の免除を教区裁治権者から受ければ結ぶことができるものとされており、1929年法律第847号第7条3項は協約上の婚姻の国家法上の公示に対して近親婚を理由とする異議申立てがなされても司法当局は審理しないものと定めていたため、その結果、同じように一親等の姻族関係にある者同士であっても、協約上の婚姻と市民婚とのどちらを選んだかによって、婚姻をすることができるか否かが異なっていた。

本件でもやはり憲法裁判所は、1971年判決第30号を引用して、憲法第7条は「ラテラノ諸協定の諸条項を国内法秩序に導入した法律の合憲性の統制を排除しておらず、それらが憲法秩序の最高原理に適合しているか否かの評価は、これをすることができる」と説きつつも、協約上の婚姻に関する1929年法律第847号の規定は政教関係がラテラノ諸協定に従うことを定めた憲法第7条によって正当化されるのであり、それゆえ「市民婚と協約上の婚姻との間にみられる単純な差異は、それ自体としては違憲的な取扱上の差異ではない」として、本件の合憲性の問題には理由がないと判示している。

以上のように、憲法裁判所は、1971年判決第30号及び第31号において、ラテラノ協約第34条及びこれに由来する1929年法律第847号の規範も憲法裁判所による違憲審査の対象となること、ただしその審査は憲法典の諸規定ではなく「憲法秩序の最高原理」に照らして行われることを明らかにした。これらの規範が憲法秩序の最高原理に反し違憲であると憲法裁判所が宣言すれば、当然、教会婚及び教会機関の決定に国家法上の効力又は執行力を付与することはできなくなる。それゆえ、1971年判決第30号及び第31号で憲法裁判所が説いたところを敷衍すれば、

38　Sentenza Corte cost. 1 marzo 1971 n. 31, in *Guir. cost.*, 1971, p. 154.

ラテラノ協約第34条の規定にかかわらず、国家は、憲法秩序の最高原理に照らして認めがたい教会婚とその有効性に関する教会機関の決定とを受け入れることを拒否することができ、さらに言えば、そのような婚姻の有効性を肯定する教会法の規範を国家法秩序に受け入れることを拒否することができるということになろう。つまり、憲法裁判所は、憲法秩序の最高原理を防衛するため国家が教会法秩序と国家法秩序との連結を否定する可能性を開いたのである。

（2）違憲審査の回避？

とはいえ、憲法裁判所は、ラテラノ協約第34条及び1929年法律第847号の規範に関して、その後直ちに、憲法秩序の最高原理を基準とする違憲審査に踏み込んだわけではなかった。このことを示しているのが、いずれも1929年法律第847号第12条及び第16条の合憲性が争われた、憲法裁判所1971年3月1日判決第32号[39]及び憲法裁判所1982年2月2日判決第16号[40]という2つの判決である。

1929年法律第847号第12条は、協約上の婚姻を国家法上登録することができない場合を定めた規定であるが、この規定が障害事由として掲げているのは①重婚となる場合（第1号）、②当事者間にすでに婚姻関係がある場合（第2号）及び③当事者が精神上の障害を理由とする禁治産者である場合（第3号）の3つであり、それ以外の場合には、民法典が定める婚姻障害事由が存する場合であっても、教会法上有効に婚姻が成立していれば、国家はこの婚姻を登録するものとされていた。そして、同法第16条は、協約上の婚姻の登録に対する異議申立事由を定めるにあたり第12条を参照しているから、同条が定める3つの場合に当たらない限り、この登録に対して異議を申し立てることはできないこととなっていた。

さて、1971年判決第32号は、婚姻の挙式時点での意思無能力を理由とする協約上の婚姻の登録の無効確認訴訟に関連して、1929年法律第847号第16条が憲法第3条に反しないかが争われた事案である。1942年民法典第120条は、市民婚に関して婚姻の当事者が「禁治産者でなくとも、挙式の時点において……意思能力（capacità di intendere o di volere）がなかったことが証明された」ときにはその婚姻が無効となりうることを定めている。しかし、上記のように1929年法律第847号第16条によれば、意思能力のない者によって婚姻が結ばれたとしても禁治産の宣告がなされていない限り登録に異議を申し立てることができないことから、協

39　Sentenza Corte cost. 1 marzo 1971 n. 32, in *Guir. cost.*, 1971, p. 156.
40　Sentenza Corte cost. 2 febbraio 1982 n. 16, in *Guir. cost.*, 1982, p. 115.

約上の婚姻を結んだ者と市民婚を結んだ者との間に取扱いの違いが生じていたのである。

この合憲性の問題に関し、憲法裁判所は、次のように述べて、1929年法律第847号第16条は違憲であると判示した。すなわち、憲法第7条2項が明示的に言及するラテラノ諸協定によって協約上の婚姻という制度が定められている以上、協約上の婚姻と市民婚という二元的な婚姻制度の結果として宗教に基づく法的取扱いの差異が生じていることそれ自体は憲法第3条の平等原理に違反するものではない。しかし、協約上の婚姻の挙式の前に、協約上の婚姻と市民婚という2つの儀礼（rito）の間でそのどちらを選ぶかという選択行為が論理的に先行するところ、平等原理に対する例外が認められるためには、この選択をする者が完全な意思能力を有していることが必要である。そして、この選択行為は、婚姻の挙式そのものではないのだから、教会法の規律には服さず、国家法の規律に服する。それゆえ、ある者がこの選択の時点において意思能力を欠いていたときには、その者による教会婚の選択行為は無効であり、その必然的な帰結としてその登録の有効性も基礎を欠くことになるはずである。したがって、1929年法律第847号第16条は、「生まれつき意思無能力の者が、自由かつ自覚的に行ったのではない選択の結果を甘受させられ、……登録しうる宗教婚と市民婚との間の自由な選択においてのみ正当化される規律に服せしめられること」を許しているという点で、憲法第3条に基づき違憲である、と。

また、1982年判決第16号は、協約上の婚姻の登録に対する無効確認訴訟等の中で、1929年法律第847号第12条及び第16条は民法典所定の市民婚の婚姻適齢に達しない者によって協約上の婚姻が結ばれたことを登録障害事由及び異議申立事由として掲げていない点で憲法第3条に違反するという合憲性の問題が提起された事例である。つまり、民法典（1975年5月19日法律第151号による改正後のもの）が市民婚の婚姻適齢を男女とも原則として18歳と定めているのに対し（第2条及び第84条1項）、1917年教会法典は教会婚の婚姻適齢を男子は16歳、女子は14歳と定めており（第1067条1項）、上記のように1929年法律第847号第12条及び第16条は16歳（又は14歳）以上18歳未満の者によって結ばれた協約上の婚姻の登録を排除していないため、市民婚を結ぼうとする者と協約上の婚姻を結ぼうとする者との間で取扱いの違いが生じていた。

本件で憲法裁判所は、先の1971年判決第32号に全面的に依拠して、1929年法律

第847号第12条の規定は違憲であると結論づけている。すなわち、ラテラノ協約第34条及び1929年法律第847号がもたらした法的取扱いの差異それ自体は平等原理に反するものではないが、「平等原理への顕著な例外が有効であると主張しうるために必要な条件は、『儀礼の選択を行う者が完全な能力を有している』」ことであり、この能力を確認する基準は「国家の法律から引き出されなければならない」。そして、「選択行為を行うために国家法律が規律するような完全な能力の保有が要求されるとしたら、この能力は、……成年によって行為能力を獲得した者以外には承認することができない」。なぜなら、「婚姻が個人及び社会にとって有する際立った重要性ゆえに、婚姻がもたらす権利、義務及び責任について必要な自覚を有すると立法者が認めたのは……、成年によって完全な成熟性を獲得したとみなされる主体のみ」だからである。「それゆえ、国家法律が定める年齢に達していないがゆえに教会の法秩序が規律する婚姻契約と国家の法秩序が規律する婚姻契約との間で自由な選択を行うのに不可欠な能力を有しない者によってなされた教会婚の登録と、その結果としてこれに対する国家法上の効力の付与は、これをすることができないし、すべきではない」。それにもかかわらず、1929年法律第847号第12条は、「婚姻の挙式の選択を自由かつ自覚的に行うことのできる能力を有しない者」によって結ばれた教会婚の登録を禁止していないので、その点で、憲法第3条に基づき違憲である、と[41]。

　これらの2つの判決において、憲法裁判所は、ラテラノ協約第34条とこれに由来する1929年法律第847号の諸規定は憲法秩序の最高原理に反するがゆえに違憲であるという論理構成をとらなかった。憲法裁判所はむしろ、協約上の婚姻を締結する行為に論理的に先行する行為として、協約上の婚姻と市民婚との間で選択する行為というものを措定し、この行為は国家法の規律に服するとしたうえで、十分な判断能力の認められない者による協約上の婚姻の選択を1929年法律第847号の諸規定が承認していることには合理性がないと判断している。

　このような論理構成をとることで、憲法裁判所は、「ラテラノ協約と憲法との間の対立に関する問題を回避することができた」[42]。ただ、協約上の婚姻への国

41　さらに憲法裁判所は、法律のある規定を違憲と宣言する場合にその帰結として他の規定も違憲となることを宣言しうる旨を定めた憲法裁判所法（1953年3月11日法律第87号）第27条を適用して、1929年法律第847号第7条3項についても違憲と宣言している。憲法裁判所法の邦訳は、曽我部真裕＝田近肇編『憲法裁判所の比較研究』（信山社、2016年）236頁以下（田近肇訳）を参照。

家法上の効力の付与の場面ではこうした選択行為を措定することができるとして
も、協約上の婚姻の無効等に関する教会機関の決定に対する国家法上の執行力の
付与が問題となる場面では、同様の方法によってラテラノ協約の違憲審査を回避
することは難しい。現に憲法裁判所は、次にみる1982年判決第18号において、ラ
テラノ協約とこれに由来する1929年法律第847号の諸規定の合憲性の審査に踏み
込んだのである。

（3）ラテラノ協約に対する違憲審査

憲法裁判所1982年2月2日判決第18号[43]は、21件の原裁判の中でそれぞれ提起
された合憲性の問題が併合されて審理された事案であり、①ラテラノ協約第34条
4項から6項までをイタリア国内法に変型した1929年法律第810号第1条及び
1929年法律第847号第17条は、協約上の婚姻の無効訴訟を教会裁判所の裁判権に
留保している点で、裁判上の保護を求める権利という憲法秩序の最高原理に反し
ないか、②1929年法律第810号第1条及び1929年法律第847号第17条は、署名院最
高裁判所から送付された文書が適式であれば、婚姻無効判決が出された教会法上
の手続において対審と防禦の権利が実効的に尊重されたか否か、また、判決の主
文がイタリアの公の秩序に反しないか否かを国家の裁判官が確認しないまま、そ
の判決に国家法上の執行力を付与するものとしている点で、訴訟を提起する権利
及び防禦をする権利に関して憲法秩序の最高原理に反しないか、③教会法上未完
成の認証婚の免除は主権的な赦免権の行使として裁量的な行政処分を通じて行わ
れることから、1929年法律第810号第1条及び1929年法律第847号第17条は、協約
上の婚姻に関して未完成の認証婚の免除の付与を教会省庁の権限に留保している
点で、裁判上の保護を求める権利という憲法秩序の最高原理に反しないか、とい
う合憲性の問題が争われた。

さて、憲法裁判所は、①の問題に関しては、裁判上の保護を求める権利が憲法
秩序の最高原理の一つに数えられること、国家の裁判所と教会の裁判所との間に
は組織及び裁判作用の行使の点で相違があることを認めつつも、上記の1971年判
決第30号及び1973年判決第175号を引用して、「ラテラノ協約第34条が定める教会
裁判権の留保が合憲であることは、すでに当裁判所によって承認されている」と
述べ、協約上の婚姻の無効訴訟が教会裁判権に留保されていることが憲法秩序の

---

42 Luigi de Luca, *Il «matrimonio concordatario» esiste ancora?*, in *Guir. cost.*, 1982, p. 430.

43 Sentenza Corte cost. 2 febbraio 1982 n. 18, in *Guir. cost.*, 1982, p. 138.

最高原理に反しないことを改めて確認している。

　これに対し、②の問題に関しては、憲法裁判所は、自己の権利を守るため訴訟を提起し防禦をする権利は憲法第24条に根拠を有し、また、公の秩序すなわち憲法及び法律によって定められた基本的な規律を例外なく保護することは国家の主権を擁護するために必要とされるものであることからすれば、この２つの原理は憲法秩序の最高原理に含まれ、ラテラノ協約に由来する規範であってもこれに反することはできないと説き、それゆえ、1929年法律第810号第１条の規定はラテラノ協約第34条６項の施行に限って、また、1929年法律第847号第17条２項の規定は控訴院に対し教会裁判所の手続の中で自己の権利を守るため訴訟を提起し防禦する権利が当事者に確保されていたこと及び教会裁判所の判決がイタリアの公の秩序に反する主文を含んでいないことを確認する権限を認めていない点において違憲である、と宣言した。

　さらに、③の問題に関しても、憲法裁判所は、次のように説いている。すなわち、教会省庁への未完成の認証婚の免除の留保は国家の裁判権に代わる仕組みを定めるものである以上、憲法がラテラノ協約の規範を保障しているからといって、憲法秩序の最高原理である裁判上の保護を求める権利が確保されているか否かという審査を免れることはできない。そして、未完成の認証婚の免除について教会法が定める仕組みは「手続の点でも、……処分の点でも、裁判という性格を有するとは認めることができ」ない。遂行と終結とが行政裁量に委ねられた手続、それゆえ固有の意味での裁判官と裁判とが当事者に保障されない手続において権利の裁判上の保護が実現されえないことは争う余地がないのであるから、教会法における未完成の認証婚の免除の手続において裁判上の保護を求める権利が確保されているとはいえない。したがって、1929年法律第810号第１条の規定はラテラノ協約第34条４項から６項までの施行に限って、また、1929年法律第847号第17条の規定は未完成の認証婚の免除を付与する教会の処分に控訴院が国家法上の執行力を与えることを定めている点において違憲である、と。

　このように憲法裁判所は、1982年判決第18号において遂に、憲法秩序の最高原理という国家法秩序の原理に照らして、ラテラノ協約第34条（その施行法律）及びこれに由来する国家法律の一部を違憲と宣言するに至った。次に触れるようにラテラノ協約はこの直後に全面的に改正されるが、これまでみてきた憲法裁判所の一連の判例は、当然、ラテラノ協約の見直しにも大きな影響を与えたのである[44]。

四　おわりに

　1984年 2 月18日の政教協約（ヴィッラ・マダーマ協約）は、「この数十年間にイタリアで政治及び社会について生じた一連の変化」とイタリア国家の「憲法で確認された諸原理」とを考慮して（前文）、ラテラノ協約を全面的に改正した政教協約である。ヴィッラ・マダーマ協約の下でも、協約上の婚姻という仕組み自体は維持され、婚姻に関する教会法秩序と国家法秩序との連結は残されている。事実、同協約第 8 条第 1 段落 1 項[45]は、「教会法の規範に従って結ばれた婚姻契約は、……市民権登録簿に記載されるという条件のもとに、国家法上の効力を承認する」と定め、同条第 2 段落 1 項は、「教会裁判所による婚姻無効の判決……は、……管轄の控訴院の判決で、イタリア共和国において有効なものと宣言する」と定めており、ラテラノ協約におけるのと類似した仕組みが維持されているのである[46]。

　しかしながら、ヴィッラ・マダーマ協約が定めている教会法秩序と国家法秩序との連結は、ラテラノ協約が定めていたそれとは決して同じではない。教会婚の登録と国家法上の効力の付与に関して、同協約第 8 条第 1 段落 2 項は、「挙式を行うのに必要な年齢に関して、夫婦が民法典の要件を充たさないとき」（第 1 号）及び「民法典が例外を認めない婚姻障害事由が夫婦間に存在するとき」（第 2 号）には「登録をすることができない」と定めており、前者が憲法裁判所1982年判決第16号を確認したものであることは明らかであろう[47]。なお、後者の「民法典が

44　Cfr. Ombretta Fumagalli Carulli, *Giurisdizione ecclesiastica e Corte costituzionale*, in Raffaele Botta（a cura di）, *Diritto ecclesiastico e Corte costituzionale*, Edizioni Scientifiche Italiane, 2006, p. 192.

45　ヴィッラ・マダーマ協約の翻訳は、文化庁編・前掲書26頁以下を参照。

46　なお、ラテラノ協約が全面改正された以上、本来、同協約第34条を施行するための1929年法律第847号に代えて、ヴィッラ・マダーマ協約第 8 条を施行するための法律が制定される必要があるが、そうした国家法律は未だ制定されていない。そのため、1929年法律第847号は、新協約の諸規定に反しない限りで現在もなお効力を有するものとされている（1986年 2 月26日恩赦司法省通達）。

　　　他方、カトリック教会の側は、新協約の規律を実施するため、ラテラノ協約の下での1929年 7 月 1 日秘跡聖省訓令（istruzione）に代えて、イタリア司教協議会の一般決議（decreto generale）という形で（1983年教会法典第455条参照）、「教会婚に関する一般決議」（1990年11月 5 日）を定めている。

47　Finocchiaro, op. cit., p. 494; Lariccia, op. cit., p. 281; Moneta, op. cit., p. 57.

例外を認めない婚姻障害事由」とは、「婚姻契約当事者の一方が精神上の障害により禁治産を宣告されていること」、「配偶者間に世俗上有効な他の婚姻が存在していること」及び「犯罪又は直系姻族関係から生じる婚姻障害事由が存在すること」を意味している（同協約附属議定書第4項）[48]。

また、協約上の婚姻の有効性に関する教会機関の決定についても、第一に、同協約第8条第2段落1項が国家法上の効力の付与の対象としているのは「教会裁判所による婚姻無効の判決」に限られ、未完成の認証婚を免除する教皇の処分は対象とはされていない。これが憲法裁判所1982年判決第18号を踏まえたものであることは、言うまでもない[49]。

第二に、新協約では、教会裁判所の婚姻無効判決に国家法上の効力を付与するためには、「教会裁判官が、本条に従ってなされた婚姻に関する訴訟について判断する権限を有する裁判官であったこと」（第1号）、「教会裁判所の手続において、イタリア法の基本原理と異ならない方法で主張及び反論する権利が両当事者に保障されていたこと」（第2号）及び「外国の判決が効力を有する旨の宣言に関してイタリアの立法が要求するその他の条件が充たされていること」（第3号）を国家の裁判所が確認することが条件とされている。第3号に関して、当時の民事訴訟法典によれば外国の判決が有効と宣言されるためには「判決がイタリアの公の秩序に反する主文を含んでいないこと」の確認が必要とされていたから（旧第797条7号）、この場面でも、新協約の規定は、教会裁判所の判決に国家法上の効力を付与するための条件として、憲法裁判所1982年判決第18号に従った条件を定めているのである[50]。

なお、教会裁判権に関しては、その後、破毀院1993年2月13日判決第1824号[51]にみられるように、協約上の婚姻の無効訴訟が教会裁判権に「留保」されることを定めたラテラノ協約第34条4項がヴィッラ・マダーマ協約では再現されておら

---

48 憲法裁判所1971年判決第32号にもかかわらず、ヴィッラ・マダーマ協約第8条第1段落2項及び附属議定書第4項は、禁治産宣告を受けていない意思無能力を登録障害事由とはしていない。これは、婚姻の登録を行う市民権登録官が婚姻当事者の意思能力の有無を自ら認定することができないからだと説明される。ただし、禁治産宣告を受けていない意思無能力者によって結ばれた教会婚の登録に対して異議が申し立てられた場合、国家の裁判官は登録を無効とすることができると理解されている。Moneta, op. cit., p. 62.

49 Moneta, op. cit., p. 94.

50 Cfr. Finocchiaro, op. cit., p. 519.

51 Sentenza Cass., Sez.un., 13 febbraio 1993 n. 1824, in *Foro it.*, 1993, I, p. 722.

ず、それゆえ新協約上教会裁判権への留保は廃止されたものとみなすべきである
として（同協約第13条1項参照）、協約上の婚姻の無効訴訟に対しては教会の裁判
権だけでなく国家の裁判権も及ぶとする通常裁判所の判例も現れている[52]。

　さて、イタリアの政教関係が政教分離制と決定的に異なる特徴は何であるかと
いう冒頭の問いに戻れば、次のようなことになろう。

　政教分離制の下では「あらゆる宗教団体は、他の私的団体と同様に私法上の法
人となりうるにとどまる」[53]と言われることがある。このことは、宗教が私事で
あることの帰結というだけではない。宗教団体が私法人であるというのは、元
来、宗教団体の法的地位は他の私法人と同様に唯一主権を有する国家の一方的な
規律に服するということも含意しているのであり[54]、したがって、政教分離制の
下では原理的に、宗教団体は始源的法秩序ではありえず、国家が宗教団体の定め
る法を国家法と並立する法と認め、国家法秩序に受け入れるということもありえ
ない。

　これに対して、イタリアでは、国家は、カトリック教会が始源的法秩序体とし
て婚姻に関し独自に立法権と裁判権とを行使することを承認し、婚姻に関する教
会法秩序と国家法秩序との連結を政教協約で取り決めることにより、婚姻の成立
に関する教会法の規範とその有効性を判断する教会裁判所の判決とを国家法秩序
に受け入れてきた。そして、これこそが、従来わが国で抽象的に、婚姻に関する
カトリック教会の「特権」あるいは「国家と教会との協力関係」と言われてきた
ものであった。この特権が法秩序の多元性を前提としなくては成り立たないこと
はすでに指摘したとおりであり、要するに、多元的法秩序の理論を前提として国
家・教会関係を理解し、教会の特権を正当化してきたという点で、イタリアの政
教関係は政教分離制とは決定的に異なっていたのである。

　もちろん、イタリアの政教関係も変化してきている。今日では、カトリック国
教制は廃止され（ヴィッラ・マダーマ協約附属議定書第1項）、イタリアでも国家の

52　ただし、憲法裁判所1993年12月1日判決第421号（Sentenza Corte cost. 1 dicembre 1993 n.
　　421, in *Guir.cost.*, 1993, p. 3469）は、傍論においてではあるが、協約上の婚姻の有効性について
　　は依然として教会裁判所が排他的な裁判権を有することを確認している。
53　大石眞『憲法講義II〔第2版〕』（有斐閣、2012年）156頁。また、田中耕太郎「宗教と国家」末
　　弘厳太郎＝田中耕太郎編『法律学辞典　第2巻』（岩波書店、1935年）1219頁、1220頁も参照。
54　Cfr. Francesco Finocchiaro, *La repubblica italiana non è uno Stato laico*, in *Dir. eccl.*, 1997, I, p.
　　21.

世俗性（laicità dello Stato）が憲法上の原理であると理解されるに至っている[55]。婚姻制度に関しても、ヴィッラ・マダーマ協約上の教会法秩序と国家法秩序の連結が限定的なものとされていることは、すでにみたとおりであり、その意味では、イタリアの政教関係の特色は、幾分薄れつつあると言えるのかもしれない。とはいえ、婚姻に関する教会法秩序と国家法秩序の連結は完全に廃止されたわけではなく、今でもイタリア国家法秩序の内部には教会法の支配する領域が存在しているのである[56]。

　　［追記］　本稿は、平成29年度科学研究費助成事業・基盤研究（B）「国法と宗教法人の
　　自治規範との対立・調整に関する研究：非営利法人の位置づけ再考」（課題番号：
　　17H02474）の研究成果の一部である。

55　田近肇「国家の世俗性原理は教室の十字架像によって表されるか──イタリアにおける教室十
　　字架像事件──」岡山大学法学会雑誌62巻2号（2012年）11頁参照。
56　国立統計研究所（ISTAT）の統計によれば、2015年にイタリア国内で結ばれた婚姻の54.7%を
　　宗教婚が占めており、当事者がともにイタリア人で初婚というカップルに限れば69.8%が宗教婚
　　を選択している。Istituto nazionale di statistica, *matrimoni, separazioni e divorzi*, 2016, in
　　http://www.istat.it/it/archivio/192509

医師法17条による医業独占規制と憲法
──タトゥー彫師訴追事件に即した検討──

曽 我 部 真 裕

一　はじめに
二　医業あるいは医行為の解釈について
三　憲法22条１項適合性について
四　被告人の表現の自由との関係での合憲性
五　タトゥー施術依頼者との関係での合憲性
六　おわりに

一　はじめに

　2015年８月、大阪でタトゥースタジオを営んでいた彫師（M氏）は、医師免許なくして医業を行い、医師法17条に違反したとして略式起訴された。M氏は正式裁判の請求を行い、大阪地裁は2017年９月27日、M被告人を罰金15万円に処するという有罪判決を宣告した（公刊物未登載）。これに対して被告人は直ちに控訴を行った。本稿の次節以下は、この控訴審段階において、筆者が弁護人の求めに応じて執筆した意見書である（ただし、若干の表記の変更等を施した。）。

　本稿は個別事件に即した検討ではあるが、本件には憲法訴訟上様々な興味深い論点が含まれているとともに、つとに批判の多い医師法17条の規定の不備についてもこれまでとは別の角度からの問題提起がなされているものであって、こうした形で公表するに値するものと考える。

二　医業あるいは医行為の解釈について

1　一審判決の問題点について

　一審判決は「医業」（医師法17条）の内容である医行為とは、「医師が行うのでなければ保健衛生上危害を生ずるおそれのある行為をいう」とし、タトゥー施術

は医行為にあたるとした。その際、医行為とは医療及び保健指導に属する行為すなわち医療関連性を有する行為であることを前提とするという弁護人の主張について、美容整形外科手術等の例に言及しつつ、医療関連性の要件は不要であるとした。しかし、こうした一審判決の立場はやはり妥当ではなく、タトゥー施術業は医業には当たらないと考えるべきである。

以下、この点について詳述する。

2　医行為の内実の多様性

医師法は医業あるいは医行為の定義を示しておらず、この問題は解釈に委ねられている。この点について、「かつては、『診療の目的』などの主観的要素や『医学の原理原則』の応用を要件とする見解も存在したが、現在では『医師が行うのでなければ保健衛生上危害を生ずるおそれのある行為』とするのが通説・判例であるとされる。」と説明されている[1]。この説明で注目されるのは、かつては医行為概念を限定しようとする試みがあったが断念され、もっとも広義に捉えるのが通説・判例になっているという点である。これは、医行為の内実が極めて多様であり、それを包摂するためにはこうした広義説をとらざるを得ないということを示している。

実際、ごく大まかに見ても、医行為には、検査、診断、治療といった各段階があり、また、各段階でもその内容は多種多様である。たとえば、治療段階を見ても、身体への侵襲の観点では、カウンセリングのように身体への侵襲のないものから、大きな外科手術のように生命の危険を伴うものまである。また、専門知識の要否の観点からも、視力検査のようなものから高度の医学的知識・経験を要するものまで多種多様である。いうところの「保健衛生上〔の〕危害」についても、手術等の介入行為そのものが必然的に伴う危険性だけではなく、十分な治療がなされない結果として病気が悪化することの危害も含んでおり多様である。

そもそも、こうした多様な内実をもつ医行為を、単一の定義で定め尽くそうとすることには無理がある。この点、諸外国のうちフランスの例は注目に値する。弁護人の調査によれば、同国では、病気の診断又は治療に該当する行為を医師に留保するほか、法律の委任を受けた命令により医師に留保される行為を列挙して

1　米村滋人『医事法講義』（日本評論社、2016年）40頁。

いる（整骨療法や理学療法行為等がこれに当たる）。これらの定義が十分なものかどうかは別として、多様な内実をもつ医行為に対応する概念を複数の角度から捉えようとしていることはうかがえる。

これに対して医師法17条の一般的解釈は、「医行為」を「医師が行うのでなければ保健衛生上危害を生ずるおそれのある行為」ときわめて抽象的に捉えた上で、危害についても抽象的危険で足りるとする極めて広い定義を採用せざるを得なかったのが実情であろう。

このようなアプローチによれば、過少包摂の問題は解決されるが、過剰包摂の問題が生じることになる。この点は、近年、医師法制定以降の医療関係技術の進歩と国民の間での医療知識の普及、および、在宅医療の推進という動きの中で[2]、様々な現実の問題として現れてきている。

これらの問題について、厚生労働省は、具体的な問題ごとに通知を発して医師法17条の解釈を示す方法で対応してきているが、これについても問題がある。1つは、医行為該当性に疑義の生じる事例が多数生じているということは、すでに多くの指摘がある通り[3]、要するに医行為概念の外縁が不明確であるということである。医師法17条違反が犯罪とされていることからすれば、罪刑法定主義（憲法31条）に違反するおそれが強いと言わざるをえない。

また、広汎な医行為概念は、厚生労働大臣の裁量を広く認める結果となり、法治主義（憲法41条、72条6号等）の観点からも問題がある[4]。実際、これまで医行為該当性が問題となった事例を見ると、医行為に該当しないという厚生労働省の通知が発出されて初めて公然と行うことができるようになっているということで、あたかも厚労省の許可制が敷かれているような実情になっており、これは医師法17条からは想定されていない事態である。

以上のように、医行為あるいは医業の概念には憲法上の疑義があり、医師法17条自体にも違憲の疑いがあると言わざるをえない。ただ、最高裁判所は不明確な刑罰法令が憲法31条に違反する可能性のあることは認めるものの[5]、実際にこの

2　樋口範雄「医行為・医業独占と業務の縦割り 医師法17条他」法学教室314号（2006年）91頁。

3　樋口範雄「『医行為』概念の再検討」樋口範雄・岩田太（編）『生命倫理と法Ⅱ』（弘文堂、2007年）11頁、高山佳奈子「医行為に対する刑事規制」法学論叢164巻1－6号（2009年）371頁、天野良「医行為概念の再検討」東京大学法科大学院ローレビュー8号（2013年）12頁など。

4　山本隆司「医行為概念の再検討　行政法学の立場からのコメント」樋口・岩田（編）・前注3）5頁。

理由で違憲判断をしたことはない。

とはいえ、合憲判断の際にも、限定解釈をした上でそのような判断を行っている例があること[6]からすれば、本件でも限定解釈が可能かどうかの検討が必要だろう。そこで、項目を変えて若干の検討を行う。

3　医療関連性要件の必要性

一審判決は医療関連性を医行為の要件ではないとしたが、医療関連性を有する行為が医行為の中核にあることは医師法および関連法規を一瞥すれば明らかである。理容師の行う顔そり（理容師法1条の2第1項）が、保健衛生上の抽象的な危険があると思われるにも関わらず一般に医行為とは理解されていないのは、およそ医療関連性が認められないからではないか。さらに言えば、医療関連性がおよそ認められなくとも、「医師が行うのでなければ保健衛生上危害を生ずるおそれのある行為」はすべて医行為であるとするならば、人体への侵襲を伴う行為がすべて医行為になってしまう。プロボクシングも医業に当たるが、違法性が阻却されると考えるのだろうか。やはり、医行為に該当するというためには、医療関連性が必要であろう。医療関連性を要件としなければ、医業の範囲は無限定に広がり、罪刑法定主義（憲法31条）との関係で明らかに違憲であろう。したがって、限定解釈の要素として、医療関連性要件は最低限必要である。なお、この要件は医師法の目的規定をはじめとする諸規定から当然に導かれるものであり、あえて合憲限定解釈というほどのものではない（いわゆる憲法適合的解釈[7]である。）。

もっとも、前述のように美容外科手術の医療関連性は明白ではないことなどを考慮すると、医行為というには医療関連性が必要であるとしても、医療関連性の意味については弾力的に考える必要があろう。そこで、さらに検討が必要になるが、この点を次に論じる。

4　医師法17条の2つの役割

有力な医事法研究者の米村滋人は、医師法17条は①業務規制としての側面と、

5　最大判1975年9月10日刑集29巻8号489頁（徳島市公安条例事件）。

6　最大判1984年12月12日民集38巻12号1308頁（税関検査事件。ただし憲法21条との関係での判断。）、最大判1985年10月23日刑集39巻6号413頁（福岡県青少年保護育成条例事件）、最三小判2007年9月18日刑集61巻6号601頁（広島市暴走族追放条例事件）。

7　宍戸常寿『憲法解釈論の応用と展開（第2版）』（日本評論社、2014年）310頁。

②医療安全のための一般的行為規制としての側面とがある複合的な規定であるとし、こうした観点から医業あるいは医行為の概念の整理を行っている[8]。

　①の観点からは、米村によるものではないが、医師法及び関連する資格法規は、第一次的に医師に広い業務独占を認め、その上で個々の医療従事者に個別制限的に列挙された範囲での業務を医師の下で行うことを認めるという形をとっており、医療従事者の業務分担は現行法上医師を頂点とする縦型の構造となっている[9]という指摘が重要である。こうした立法政策からは、保健衛生上の危険性のある行為のうち、社会通念上、医療従事者が通常行う行為をいったんは広く医行為として包摂する必要があることになり、保健衛生上の抽象的な危険のある行為が広く医行為とされることになる。この観点から医行為の範囲は広く捉えられることになるが、当然、社会通念上の医療関連性は外枠として存在するはずである。

　②の観点からは、保健衛生上の危険性のある行為をそれに応じた知識・技術がある者によって行わせることが重要であり、危険性に応じた考慮が求められることになる。その結果、医師のように広く深い医学上の知識・技術を習得した者が独占すべき行為というのは、相応の危険性を有する行為に限られることになろう。すなわち、この観点からは、医行為の定義のうち「医師が行うのでなければ」という点に注目をしなければならない。なお、②の観点から医行為該当性を否定された場合には、それを業として行う場合には医業には該当しないとしても、行為の危険性等に応じ、一定の資格制が求められる場合もあるが、これはもちろん医師法17条の問題とは別個のものである[10]。

　こうした整理からすれば、顔そりは、社会通念上、医療従事者が行う行為とは区別されるから、医療関連性がなく、①の観点との関係で医業に該当せず、保健衛生上の危険性もそれほど高くないから②の観点との関係でも医行為に該当しない。ここでは「社会通念上」という不確定概念を用いているが、その判断の際には、当該行為が行われてきた歴史的な経緯、関連法制度、医療従事者の養成課程で学修する内容に含まれるかどうかなどが考慮されるのであって、必ずしも恣意的なものではない。

8　米村・前掲注1）44頁。なお、以下の記述は米村の議論そのままではない。

9　宇都木伸・平林勝政（編）『フォーラム医事法学（追補版）』（尚学社、1997年）205-208頁〔平林勝政〕。

10　いわゆる医業類似行為には、①の観点から医行為該当性を否定されるものと②の観点から否定されるものがあるとみられる。

他方、美容整形外科手術は、歴史的に医師によって行われてきたものであるし、相応の危険性を伴う行為であり、①②のいずれの観点からしても医行為に該当する。

5 タトゥー施術業の医業該当性

以上の考察を踏まえてタトゥー施術業について考えてみれば、医業該当性は否定されるということになろう。

すなわち、①の観点からは、医療従事者が行う行為とタトゥーの施術とは社会通念上大きく異なる。このことには多言を要しないであろうが、歴史的に医師がタトゥーの施術を行ってきたという事実はないし、そのような社会通念も存在しない。また、当然のことながら、タトゥーを施すには保健衛生上の知識だけではなく、タトゥー施術そのものの手技の習得やデザイン等の美的な要素に関する素養や知識の習得が不可欠なのであって、これらは医師を始め医療従事者の養成課程ではおよそ取り扱われることのないものである。実際、タトゥーの施術業に従事する者で医師免許を取得しているものは、仮に存在するとしても、全くの偶然の事情によるものであろう。

また、②の観点からは、タトゥー施術の際には保健衛生上の危険性が伴うことは否定できないが、施術の際に相応の注意を払えば保健衛生上の被害の多くは防止可能であり、医師でなければ対処することのできないものではない。現に、日本において保健衛生上の被害はほとんど知られていない。また、このことは、海外主要国では、後述の通り、医師免許ではなく、より取得の容易な資格制度等、緩やかな規制によって足りるとされていることとも符合する。

なお、以上述べてきた2つの観点からの議論によって、世上、医行為該当性が論議される諸事例のすべてに対して明確な解答を与えられるわけでは必ずしもないかもしれない。しかし、これは必ずしも熟考された結果として制定されたのではない、あるいは、時代の変化に合わせた見直しを経ていない医師法17条の規定を可能な限り合理的に理解しようとする試みであり、いま述べたような限界があることをもって解釈枠組みとして致命的な欠陥があると見るべきではない。とりわけ、本件で問題となるタトゥー施術業のような社会通念上およそ医師が行うものとは想定しがたいような行為の医行為該当性を否定する論拠となるには十分だといえよう。

6 小 括

以上のように、医師法17条の合理的な解釈からすれば、タトゥー施術業は「医業」に該当しないと考えるべきである。

仮に、このような解釈をとらず、タトゥー施術業に医師法17条を及ぼすとすれば、職業選択の自由（憲法22条1項）および表現の自由（憲法21条1項）を不当に侵害するものとして適用違憲となると考えざるを得ない。以下、この点について述べる。

三 憲法22条1項適合性について

1 違憲審査の方法について

本件の憲法上の争点は、医師法17条そのものが全体として違憲となるか否かということではなく、タトゥー施術業を行った者を医師法17条違反で処罰することが憲法上許されるかどうかという点である。したがって、裁判所の違憲審査の対象は、医師法17条のうちタトゥー施術業に適用される部分であり、つまりは適用審査が行われるべきこととなる。その結果、違憲判断が得られたとしても、医師法17条が全体として違憲となるわけではない。

適用審査の具体的な方法については、近年、憲法学説に進展が見られる[11]。最近の学説によれば、まず、適用審査は、処分審査とは異なり、法令審査の一種である。すなわち、法令の規定のうち当該事案類型に適用される部分の合憲性を審査するもので、処分ではなく法令自体の憲法上の瑕疵を審査するものであるから、法令審査である。

そこで、適用審査も、法令審査と同様、目的手段審査によって行われるものとされる。すなわち、①当該訴訟事件で問題化した具体的事実類型（適用事実類型）に適用される法令部分が、②立法目的と本当に適合しているか（立法目的の実現を促進するか。適合性＝合理性）、③立法目的の実現にとって本当に必要か（必要性）が審査される[12]。

---

11 土井真一「憲法判断の在り方 違憲審査の範囲及び違憲判断の方法を中心に」ジュリスト1400号（2010年）51頁、山本龍彦「適用審査と適用違憲」曽我部真裕ほか（編）『憲法論点教室』（日本評論社、2012年）32頁、駒村圭吾『憲法訴訟の現代的転回』（日本評論社、2013年）49頁など。

12 以上につき、山本・前注34頁。

以上を踏まえると、前提として、本件の適用事実類型をどのように構成するか
が問題となる。この点については、職業としてのタトゥー施術業に医師法17条を
適用することの合憲性の問題として捉えるべきであろう[13]。ここでいう「タ
トゥー施術業」とは、社会の一般人の依頼に応じて施術をするものを指し、暴力
団員に対して入れ墨を施すような営業とは区別される。

2 違憲審査の基準
(1) 規制の強度について

本件における職業選択の自由の制約の合憲性判断基準を論じるにつき、薬事法
違憲判決[14]が出発点となるべきことには異論がないであろう。

合憲判断を行った一審判決も、同判決の枠組みを前提としている。しかし、一
審判決の問題点は、医師の免許制が職業選択の自由そのものにとって極めて強力
な制限であることを十分に考慮していないところにある。すなわち、医師免許を
得るためには、大学医学部において6年間修学したのち、医師国家試験に合格す
る必要があり、長期間の学修を要するほか、大学医学部の実情からすれば、医学
部に入学し修学をするためには、過酷な勉学又は極めて重い経済的な負担が求め
られるものである[15]。こうした点を考慮すれば、医師国家試験そのものの合格率
は高いとは言え、医師の免許制は各種の資格制の中でも極めて強力な制限である
ことは明らかで、タトゥーの彫師にとっては禁止的とも言える制約となる。

なお、ドイツの憲法判例を参照して、職業選択の自由に対する制約を、本人の
努力によって克服可能な主観的制約（資格制度など）と、そうではない客観的制
約（適正配置規制など）を区別し、後者のほうが強力な制約であるという見解があ
る[16]。しかし、これはあくまでも一般論であって、機械的に割り切れるものでは

13　これに対して、適用事実類型をより具体化し、依頼者への説明の有無、衛生上の配慮等の要素
　　も取り込んで適用事実類型を構成した上で適用審査を行うことも考えられる。ただ、適用事実類
　　型を細分化することは法的安定性の観点からの懸念もありうるところであり、本文に述べた程度
　　の類型化が穏当であると考える。こうした類型化で考慮されなかった要素は、後述の通り、後に
　　処分違憲や実質的な違法性阻却のレベルで考慮されることになる。
14　最大判1975年4月30日民集29巻4号572頁。
15　なお、この点は、国が医学部設置ないし医学部定員を抑制していること（大学、大学院、短期
　　大学及び高等専門学校の設置等に係る認可の基準〔平成15年3月31日文部科学省告示第45号〕1
　　条4号）の効果でもある。
16　簡単な紹介として、石川健治「薬局解説の距離制限」長谷部恭男ほか（編）『憲法判例百選Ⅰ
　　（第6版）』（有斐閣、2013年）207頁。

ない。医師の免許制は前段落に述べたような理由から、極めて強力な制限というべきである。

（2）タトゥー施術業の憲法的評価

なお、ある職業が反社会的なものである場合、職業選択の自由の保障が及ばないものとされたり、あるいは保障が及ぶにしても保障の程度が低いと判断される（したがって違憲審査基準が緩和される。）という議論がありうる。仮にこのような見解をとるとしても、本件で問題となっているタトゥー施術業はそのような職業には当たらず、違憲審査基準が緩和されることはない。

すなわち、たしかに、従来、入れ墨は暴力団員が行うものという社会通念が存在し、また、こうした社会通念を反映して、各都道府県の定める青少年保護条例において青少年に入れ墨を施すことを禁止したり、温泉施設への入場が拒否されたりといった、入れ墨ないし入れ墨を施した人物を否定的に見る事例が広く存在する。このような入れ墨の施術業については職業選択の自由としての保障の程度が低いものと見る余地があるいはあるかもしれない（もっとも、こうした見方については議論の余地が大いにあるが、ここではこの点は措く[17]。）。

しかし、本件被告人が施術していたようなタトゥーは、技術的には従来の入れ墨と共通性があることは確かであるが、職業として捉えた場合、社会通念上、従来の入れ墨とタトゥーとは明確に異なるものであることは、一審での審理の際に現れた各種の証拠から明らかであろう。タトゥー施術を依頼する客の動機は、ファッション感覚の軽いものから、家族の思い出や信念を自らの身体に刻み込むためといった切実なものまで様々であるが、これらの動機が健全なものであることには疑いがなく、これに応えるタトゥー施術業は社会通念上正当な職業活動であって、職業選択の自由の完全な保障を受けるべきものである。したがって、保健衛生上の危険性を理由とする規制が問題となっている本件ではとりわけ、意識

---

17 この点については厳密にはより立ち入った検討を要する。精神的自由については、道徳的な理由で規制を許容することが許されないことは少なくとも学説上は広く認められてきており、わいせつ物頒布等罪（刑法175条）について、「性的秩序を守り、最小限度の性道徳を維持すること」を理由として合憲としたチャタレイ事件判決（最大判1957年3月13日刑集11巻3号997頁）には学説上強い批判がある。

　他方で、経済的自由については、例えば売春防止法による売春業の規制には道徳的な理由が含まれていると見ざるを得ないが、この点については精神的自由の場合ほど強い批判は見られないものの、だからといって経済的自由においては道徳的理由による規制も許されるという明確なコンセンサスが学説上あるわけでもない。

的にでも無意識的にでも、タトゥー施術業に対する価値的な評価を判断に混入させることのないように留意しなければならない。

（3）小　括

以上から、本件については、薬事法違憲判決のいう、「より緩やかな制限によってはその目的を十分に達成することができないと認められる」か否かについて、綿密な審査を行うべきであるが、一審判決はこの点について十分な審査を行わず、安易により緩やかな手段の存在を否定したものと言わざるをえない。

3　本件における適用審査

以上を前提として本件について検討する。

まず、医師法17条の目的についてであるが、前述（二4）の通り、同条は、①業務規制としての側面と、②医療安全のための一般的行為規制としての側面とがある複合的な規定である。そこからすると、同条の目的は、おおよそ、a）医療及び保健指導に関する業務が少なくとも抽象的に生命・健康に対する危険性を有することに鑑み、こうした業務に関して高度な専門的な知識・技能を有する者の少なくとも監督下に委ねることを担保すること、及び、b）生命・身体に対して一定程度以上の危険性のある行為について、高度な専門的な知識・技能を有する者に委ねることを担保し、医療及び保健指導に伴う生命・健康に対する危険を防止すること、といったものとなると思われる。

そこで、こうした目的と、医師法17条によりタトゥー施術業を規制することとの間に目的・手段の関連性があるかどうかの検討が求められることになる。もっとも、すでに論じたように、そもそもタトゥー施術業はおよそ医療関連性を欠くため、立法目的の中に医療の安全が含まれている限りですでに目的・手段の関連性（とりわけ、いわゆる適合性[18]。）が欠けるのではないかとも思われる。このことは結局のところ、タトゥー施術業が医業に含まれないことと表裏の関係にあり、このことはすでに論じたので、ここではこの点は措き、上記の立法目的を生命・健康の安全確保を中心に理解した上で強引に目的・手段の関連性の検討を進めることとする。

a）との関係では、業務という観点からは、タトゥー施術業は医療・保健指導

18　「手段の適合性は、その手段が立法目的（規制目的）の実現を促進する場合に肯定される。」（小山剛『「憲法上の権利」の作法（第3版）』（尚学社、2016年）70頁）。

とはおよそ異なる業務であるのは前述（二5）のとおりであるから、a）との関係でタトゥー施術業を規制することには目的と手段との関連性が全く見られない。

また、b）との関係では、タトゥー施術業が、医療・保健指導に関する広く深い専門知識・技能を有する医師という資格を有する者によって行われなければ安全に行われ得ないかが問題となるところ、以下に述べる通り、そうとは言えないだろう。

タトゥーには一審判決が指摘するようなアレルギーや感染症等の危険が伴うことは確かである。しかし、一審判決は、こうした危険性があることから直ちに、「入れ墨の施術に当たり、その危険性を十分に理解し、適切な判断や対応を行うためには、医学的知識及び技能が必要不可欠である。よって、本件行為は、医師が行うのでなければ保険衛生上危害が生ずるおそれのある行為である」（5頁）、「営業の内容及び態様に関する規制では十分でなく、医師免許の取得を求めること以外のより緩やかな手段によっては、上記目的を十分に達成できない」（7頁）としているが、賛成できない。

まず、一審判決は、「営業の内容及び態様に関する規制では十分ではな」いということの論証が不十分である。確かに、医師に独占させれば健康に関わる事故の件数は減少するかもしれないが[19]、より緩やかな規制のもとでも社会的に許容できる水準の安全性を確保することは十分に可能である。この点については薬事法判決の次のような判示が重要である。

> もっとも、法令上いかに完全な行為規制が施され、その遵守を強制する制度上の手当がされていても、違反そのものを根絶することは困難であるから、不良医薬品の供給による国民の保健に対する危険を完全に防止するための万全の措置として、更に進んで違反の原因となる可能性のある事由をできるかぎり除去する予防的措置を講じることは、決して無意義ではなく、その必要性が全くないとはいえない。しかし、このような予防的措置として職業の自由に対する大きな制約である薬局の開設等の地域的制限が憲法上是認されるためには、単に右のような意味において国民の保健上の必要性がないとはいえないというだけでは足りず、このような制限を施さなければ右措置による職業の自由の制約と均衡を失しない程度において国民の保健に対する危険を生じさせるおそれのあることが、合理的に認められることを必要とするというべきである。

この部分の判示は、「開業場所の地域的制限は、実質的には職業選択の自由に

19　他方で、タトゥーが依頼者の希望通りに仕上がらないという別の意味での事故は増加しそうである。

対する大きな制約的効果を有する」ことを前提に、規制の必要性（より緩やかな規制手段の有無）を強く問うたものである。本件の規制の合憲性の判断においても、同様の強さで必要性が判断されるべきであろう。

そうすると、タトゥー施術業に医師免許を要求することはタトゥー施術業に参入することに禁止的と言ってよい強い制約となる一方で、医師免許を要求しなくても社会的に許容できないほどの危険性が生じているわけではないことから、本件では規制の必要性が否定され、より緩やかな規制手段が存在するとして違憲判断をすべきである。以下、若干の敷衍を行う。

まず、医師免許を要求することがタトゥー施術業にとって禁止的とも言える強い制約であることは前述のとおりである。

他方、医師免許を要求しなくても社会的に許容できないほどの危険性が生じているわけではないことについては、弁護人が援用する国民生活センターの統計によれば、現状においても、タトゥー施術に関わる事故はほとんど登録されておらず、タトゥー施術の安全性に対する懸念は少なくとも顕在化はしていないと言える。

また、潜在的な危険性については、次のように考えられる。すなわち、タトゥーには一審判決が指摘するようなアレルギーや感染症等の危険が伴うことは確かであるが、彫師に対して一定の教育・研修を行い（場合によっては医師よりは軽易な資格制度のもとにおかれ）、また、施術設備、器具の衛生状態や施術前後の手順に関する基準に従って相応の注意を払っていれば危険性は大きく低下するはずである。もちろん、このような注意を払っていたとしても事故が生じる可能性は皆無ではないが、これは医師による場合であっても同じであり、医師法17条によって確保しようとしているのは一般的な安全性である。一般的安全性が社会的に許容できる水準で確保されることが立法目的なのであるから、教育を受けた彫師が相応の注意を払った場合に、事故の発生確率から見て一般的な安全性が確保されているといいうるのであれば、立法目的に照らして医師免許を要求する場合よりも緩やかな規制手段がある（医師免許を要求することが必要性に欠ける）と言えることになる。

また、弁護人の調査によれば、米国ニューヨーク州では許可制、英国や米国カリフォルニア州では登録制、ドイツやフランスでは届出制となっているなど、海外主要国ではタトゥー施術業に医師免許を要求している例はないことからも、医師免許を要求することに必要性がないことが傍証されるであろう。

なお、薬事法判決の事例は、薬局等の業務に関する規制が存在した上で、許可制が過剰な規制であるとして違憲とされたものであって、後者が違憲無効とされてもなお前者の規制は残存する。これに対して本件では、彫師の資格制や届出制は日本には存在せず、医師免許を要求する規制が違憲だとされれば何らの規制も残らない状態となる。しかし、少なくとも本件ではこの点を重視する必要はなく、医師免許を要求する規制に必要性があるか否かを端的に判断すればよい（「おわりに」参照。）。

ところで、コンタクトレンズの処方のために行われる検眼等の危険性がそれほど高くない行為も医行為に含まれるとされ、その合憲性が疑われていない（最一小決1997年9月30日刑集51巻8号671頁）のだから、タトゥー施術を医行為だとしても合憲ではないかという反論も予想される。

しかし、危険性がそれほど高くない行為が医行為に当たるとされるのは、むしろ、上述のところで検討対象から外した医業独占の観点（(a) の観点）からであり、タトゥー施術の場合には当てはまらない。

四　被告人の表現の自由との関係での合憲性

1　タトゥー施術と表現の自由

一審判決は、「入れ墨の危険性に鑑みれば、これが当然に憲法21条1項で保障された権利であるとは認められない。」と述べて、タトゥー施術が表現の自由の保護範囲に含まれないとした。

しかし、危険性を根拠に表現の自由の保護範囲から除外される場合がありうることは否定できないが、それは表現そのものが脅迫罪を構成するような場合など、ごく例外的な場合であろう。表現の自由ではなく学問の自由に関するものだが同じく精神的自由の例として、原子力に関する研究がその危険性のゆえに学問の自由の保護範囲から除外されることがないことなどを想起すべきである。これまで述べてきたところからも明らかなように、タトゥー施術は一定の注意を払えば安全に実施可能なのであり、本件で問題となるのはこのような意味でのタトゥー施術の表現の自由該当性である。

タトゥー施術は、人の肌の上にメッセージ文言や絵柄を刻み込むものであって、思想や感情等の表明であると言え、表現の自由として保障されるものである

と言える。タトゥーの内容は様々であるが、信念の表明と捉えることのできる文言や、芸術的な価値を有するモチーフである場合もしばしばあり、表現の自由の保障を十全に受けるべきものである[20]。

人の肌の上に施術されるという特徴があるが、憲法は「一切の表現の自由」を保障しているのであり、この特徴はタトゥー施術を表現の自由の保護範囲外に置く理由とはならない。アメリカにおいては、タトゥーの施術行為とタトゥーそのものとをあわせて表現の自由の保障を受けるものとされているが、以上のところからは日本でも同様に考えるべきである。

なお、タトゥーの施術は、彫師と依頼者とが共同して行う表現と言いうる場合が通常である。すなわち、タトゥーは依頼者の身体に施されるものであるが、依頼者自身が施術することはできず、依頼者が彫師と相談の上でタトゥーの内容を決定し、施術自体は彫師によって行われるのである。こうした特徴はあるが、タトゥー施術への規制が被告人のような彫師の表現の自由に対する制約となることには変わりはない。

2 医師法17条による表現の自由の制約の性格と違憲審査基準

医師法17条は、医業を行うにつき医師免許を要求する趣旨の規定であり、直接には職業選択の自由を制約するものである。本件で問題となる表現の自由の制約は、同条がたまたまタトゥー施術業に対して適用されることによって生じるものである。したがって、同条は表現の自由の制約を目的としているものではないことから、違憲審査基準の検討の際にも、先に職業選択の自由との関係での合憲性の検討の際に用いたものとは異なる考慮が必要となる[21]。

この点、一審判決は、職業選択の自由に対する制約の合憲性審査の内容をそのまま援用して表現の自由（ただし、被施術者の表現の自由である。）との関係でも合憲であるとしているが、違憲審査基準のあり方としては妥当ではない。

表現規制を目的としていない規制が偶発的に表現の自由の規制に該当する場合

20　なお、わいせつ表現など、「有害」性を有するとされる表現を低価値表現として保障程度の低いものとして捉えられる場合がある。タトゥー施術は表現内容そのものが「有害」であるわけではなく、また、施術そのものについても一定の注意を払えば安全に実施可能なのであるから、低価値表現ではなく、十全の保障を受けるべき表現である。

21　これに対して、アメリカで訴訟となった事例の多くは、タトゥー施術（業）を直接の対象とする規制についてのものであり、当該規制の目的・手段審査を行うことが容易であった。

には、当該規制の本来の目的との関係での目的手段審査を行い、仮にその観点からは合憲であったとしても、表現の自由を過度に制約する場合には規制は許されないと考えるべきである。

すなわち、前述のように、職業選択の自由との関係でも、医師法17条をタトゥー施術業に適用する限りで違憲であるが、仮に職業選択の自由との関係では合憲であるとしても、表現の自由との比較衡量を行うべきである。ただ、本件の場合、職業選択の自由との関係では合憲だということは、一般的に言えば、生命・身体の安全という極めて重要な法益保護のためにより緩やかな規制手段がないということを意味するのであるから、表現の自由との比較衡量を行っても、表現の自由が優越するとは言いにくいかもしれない[22]。

他方、個々の事情を個別に見れば、表現の自由を過度に制約するがゆえに規制は許されないと考えるべき場合もありうる。しかし、このような個々の事情の考慮を伴う判断を適用審査とはいえ法令審査レベルで行うことは適当でないようにも思われる。むしろ、この点については、個々の事例の中の個別事情を詳細に検討することによって、処分違憲あるいは実質的違法性阻却[23]のレベルで考えるのがふさわしいように思われる。

本件では、被告人の施術の技量は熟練したものであったこと、衛生面についても相応の配慮がなされていたこと、依頼者への説明もなされていたこと、健康被害が生じていなかったこと等の事情からは、被告人の行為は憲法上保護されるべきものと言え、それを処罰することは処分違憲といえ、この結論を避けようとする場合には違法性阻却により無罪判断を行うべきである。

五　タトゥー施術依頼者との関係での合憲性

1　主張適格

タトゥー施術業を医師法17条の規制対象とすることは、タトゥー施術依頼者（以下、「依頼者」という。）の基本権との関係でも憲法上問題となる。この点に関す

22　このことは、三1において、適用審査における適用事実類型として、タトゥー施術業一般という広めのものを採用したことと関わる。

23　近年の裁判所は実質的違法性阻却を認めることに消極的であるが、この概念は人権保障の観点からは重要であり、消極的であるという事実自体が刑事裁判における憲法論の不在を例証しているとも言える。

る前提問題として、被告人が依頼者の基本権を援用できるかといういわゆる第三者の権利主張適格の問題がある。

最高裁は、適用審査を行わず、法令全体の合憲性を審査する法令一般審査の手法を取っていることとの関係もあり、少なくとも精神的自由が問題となる事案では、第三者の権利主張適格が制限されるとは考えていないようであり[24]、また、一審判決でもこの点は特に問題にされていない。

実際、彫師と依頼者との間には密接な関係があり、依頼者が独自に医師法17条の合憲性を争うことができず、問題となる依頼者の基本権が表現の自由や自己決定権であるといった本件の事情のもとでは、仮に第三者の権利主張適格が制限されるという従来有力な見解を前提としたとしても、例外的に主張適格が認められる場合に当たるだろう[25]。

また、前述したように、表現の自由に関しては、彫師と依頼者との共同行使であるといえることから、このことからも主張適格を認めるべきである。

2 本件で問題となる依頼者の基本権

依頼者が自らの身体にタトゥーを施す理由は、ファッション感覚に出るものから、より真摯な動機に基づくものまで様々である。また、タトゥーを施す身体の部位についても、着衣の状態で通常他人から見ることのできるような部位の場合もあれば、通常他人には見せないような部位の場合もある。

こうしたことから、タトゥーを施す行為の憲法的な評価は多元的なものとならざるを得ないが、主として、自己決定権及び表現の自由に含まれるものと考えることができる。

まず、自己の身体にタトゥーを施すことは、自己の身体に相当の永続性を持った刻印を施すという身体の処分に関する重大な選択であるという側面に着目すると、自己決定権として憲法13条で保障されると考えられる。このことは、例え

---

24 第三者所有物没収事件(最大判1962年11月28日刑集16巻11号1593頁)では、この論点について言及した上で主張適格を肯定したが、その後の判例ではこの論点について明示的に言及しないまま判断を行ってきている。

25 かつては第三者の権利主張適格は制限されるという見解が有力であったが、その場合であっても、援用される憲法上の権利の性格、援用者と第三者との関係、第三者が独立の訴訟で自己の権利侵害を主張することの可能性といった諸要素を勘案して第三者による権利主張が認められる場合があるとされていた(芦部信喜『憲法訴訟の理論』(有斐閣、1973年)68-73頁)。

ば、本件の証人ともなった被告人の依頼者の1人は、父親の命日を身体に刻み込むことにより、亡き父親に対する深い愛情、哀悼の念を表していたように、真摯な動機からタトゥーを施す者も少なくないことからしても、自己の身体にタトゥーを施す行為は、自己決定権として保障されるにふさわしいものである。なお、自己決定権との関係では、どの部位にタトゥーを施すかは重要ではない。

次に、表現の自由として保障されるのは、通常他人から見ることのできるような部位に施す場合であろう。このような場合、基本的に、タトゥーの内容には関わらず表現の自由として保障されるというべきである。また、タトゥーの内容は多様でありうるが、自己の信念を示す文言であれば第三者にとっても表現であることは明瞭であり、また、文字ではなく絵柄の場合には芸術的表現の自由として保障されうるからである。なお、身体に施されているという点は特殊な事情ではあるが、憲法21条1項は「一切の表現の自由」を保障しているのであり、表現の自由として保障されるか否かの問題との関連でこの特殊性を考慮する必要はない。

以下では、医師法17条による自己決定権と表現の自由との制約の合憲性についてあわせて論じる。

3　医師法17条による制約の性格と違憲審査基準

彫師の表現の自由のところで述べたのと同様に、医師法17条は、医業を行うにつき医師免許を要求する趣旨の規定であり、直接には職業選択の自由を制約するものである。本件で問題となる自己決定権や表現の自由の制約は、同条がたまたまタトゥー施術業に対して適用されることによって生じるものである。したがって、同条は自己決定権や表現の自由の制約を目的としているものではないことから、違憲審査基準の検討の際にも、先に職業選択の自由との関係での合憲性の検討の際に用いたものとは異なる考慮が必要となる。

職業選択の自由との関係でも、医師法17条をタトゥー施術業に適用する限りで違憲であるが、仮に職業選択の自由との関係では合憲であるとしても、自己決定権や表現の自由との比較衡量を行うべきである。ただ、本件の場合、職業選択の自由との関係では合憲だということは、生命・身体の安全という重要な法益保護のためにより緩やかな規制手段がないということを意味するのであるから、一般的に言えば、表現の自由との比較衡量を行っても、自己決定権や表現の自由が優越するとは言いにくいかもしれない。

しかしながら、この場合も、個別の事情によっては処分違憲又は実質的違法性の阻却が認められるべきである。自らの身体にタトゥーを施すことによって信念の表明等を行うことには表現の方法として代替する手段のない貴重な方法であること、また、彫師によるタトゥー施術業が禁止的な制約を受けてしまえばほかにタトゥーを施す術がないこと、といった事情がある。他方で、安全性の観点との関係では、本件では依頼者はリスクを理解した上で施術を受けていること、相応の保健衛生上の措置がとられていたことといった事情を考慮すれば、処分違憲又は違法性阻却により無罪との結論が妥当であろう。

六　おわりに

　一審判決が、タトゥー施術業を医業に当たると解釈をし、こうした解釈をしても、医師免許の取得を求めること以外のより緩やかな手段によっては立法目的を十分に達成できないから憲法に反しないとした背景には、現状ではタトゥー施術業に対する資格制度等が存在せず、医師法による規制がなければいわば野放しになってしまうという懸念があるいは存在したのかもしれない。

　しかし、このような政策的な考慮を巡らすことは司法の本来の役割ではない。特に本件では、タトゥー施術業を野放しとする結果になったとしても現状を維持するだけであり、そして、現状ではこれまで大きなトラブルは知られていないのであるから、新たな社会的な混乱が生じわけではなく、むしろ、タトゥー施術業に対する適切な立法を促す契機になる。判決内容において社会的な影響に配慮するよりは、純然たる法理的な判断によって結果的に行政府や立法府に問題提起を行うことが、裁判所の役割としてふさわしい。

　なお、政策的な考慮としても、一審判決は負の影響を及ぼしうることもあわせて指摘しておきたい。すなわち、医師法17条の規定そのものあるいはその解釈のあり方については、周知の通り、医療関連性を有する諸事例との関係で、医業の範囲が広すぎる等様々な問題点が指摘されているが、本件のように医療関連性のない事例にまで医業該当性を認めることにより、医業の概念の見直しの機運に水を差す負の影響を与えうる。

　御庁の適切な判断が期待されるゆえんである。

［付記］　校正段階で、小山剛「職業と資格──彫師に医師免許は必要か」判例時報2360号（2018年）141頁、辰井聡子「医行為概念の再検討──タトゥーを彫る行為は医行為か」立教法学97号（2018年）285頁に接した。

憲法的刑事手続の一側面
——刑事裁判における訴訟能力論をめぐって——

尾　形　　健

一　はじめに
二　刑事裁判と障害者、そして訴訟能力論
三　訴訟能力をめぐる憲法論的基礎——アメリカでの議論から
四　訴訟能力論の憲法的検討の可能性
五　むすびにかえて

一　はじめに

　わが国憲法は、適正手続保障をはじめ（憲法31条）、罪刑法定主義・刑事手続法定主義を前提とし、刑事司法手続に関わる国家機関——国会・内閣・裁判所——に対し、憲法上の限界を画定し拘束する、「憲法的刑事手続」を採用している[1]。国家による刑罰権行使とそのための手続は、国家権力行使の場面として最も峻厳なものの一つであり、犯罪の嫌疑を受けた者への処遇に対する政府権力の行使について、合理的な抑制をおこうとすることは[2]、「法による統治への制限（limitation of government by law）」を、今日に至るまで絶えず本質的要素としてきた立憲主義にとって、不可欠のものといえるであろう[3]。

　ところで、現在、わが国では、障害者権利条約の批准（平成26〔2014〕年）を契機に、障害者法制の整備が急速に進められている。特に、障害を理由とする差別については、障害を理由とする差別の解消に関する法律（障害者差別解消法）が施

1　初宿正典『憲法 2　基本権〔第 3 版〕』（成文堂、2010年）4 - 5 頁、376-377頁、大石眞『憲法講義 II〔第 2 版〕』（有斐閣、2012年）64頁、100頁以下、佐藤幸治『日本国憲法論』（成文堂、2011年）341頁など参照。
2　2 JOSHUA DRESSLER AND ALAN C. MICHAELS, UNDERSTANDING CRIMINAL PROCEDURE: ADJUDICATION 16 (4th ed. 2015).
3　CHARLES HOWARD MCILWAIN, CONSTITUTIONALISM: AINCIENT AND MODERN 22 (revised ed. 1947).

行（平成28〔2016〕年4月1日）され、行政機関等に対し、社会的障壁の除去のための「必要かつ合理的な配慮」が求められる（同法5条・7条2項・8条2項）などの動きがあり、「障害法」研究に関して、議論・業績が蓄積されつつある[4]。

障害者権利条約は、「締約国は、障害者が全ての法的手続（捜査段階その他予備的な段階を含む。）において直接及び間接の参加者（証人を含む。）として効果的な役割を果たすことを容易にするため、手続上の配慮及び年齢に適した配慮が提供されること等により、障害者が他の者との平等を基礎として司法手続を利用する効果的な機会を有することを確保する」としたうえで（13条1項）、締約国に対し、「障害者が司法手続を利用する効果的な機会を有することを確保することに役立てるため、司法に係る分野に携わる者（警察官及び刑務官を含む。）に対する適当な研修を促進する」ことを求める（同2項）。そして、わが国の障害者基本法は、特に、司法手続において「個々の障害者の特性に応じた意思疎通の手段」を確保すべきこととし（29条）、わが国において、現行法上、司法手続全般における障害者への配慮が求められている。しかし、障害者が刑事手続の当事者——被疑者又は被告人——となった場合、困難な問題が生ずることがある。すなわち、当事者主義を基調とする刑事手続は、その前提として一定の判断能力等を備えた主体を前提とするものと解されるところ、障害者については、しばしばこの点でその前提と齟齬を来す事態を生じることがある。しかし、障害者権利条約はじめ、各種現行法制が障害者の生の有り様に格別の配慮を求めているものとすれば、障害者の特性に配慮しつつ、まさに立憲主義の古典的要請と解される刑罰権の発動とその手続のあり方にかかる法的統制をどのように確保するか、という困難な問いを、憲法学としても検討する必要があろう。

本稿は、以上のような問題関心から、障害者の刑事手続の問題のうち、いわゆる「訴訟能力」をめぐる論点を検討したい。この点は、すでに刑事訴訟法学で一定の議論の蓄積があり[5]、また、刑事裁判実務での検討が進められてきたほか[6]、

4　近時の包括的研究として、植木淳『障害のある人の権利と法』（日本評論社、2011年）、杉山有沙『障害差別禁止の法理』（成文堂、2016年）のほか、各法分野にわたる総合的研究として、菊池馨実＝中川純＝川島聡編著『障害法』（成文堂、2015年）、川島聡＝飯野由里子＝西倉実季＝星加良司『合理的配慮』（有斐閣、2016年）などがある。また、2016年12月、日本障害法学会が設立され、学会機関誌『障害法』が2017年11月より刊行されている。

5　障害者と刑事司法をめぐる諸問題については、池原毅和「障害と刑事司法」菊池ほか編・前掲注（4）所収209頁参照。訴訟能力をめぐる刑事訴訟法学の研究として、以下本稿で引用するもののほか、後藤昭「被告人による控訴取下げの効力が争われた一事例」千葉大学法学論集7巻1

後述する一連の最高裁判例等により一定の方向性が示され、基本的な論点については、すでに刑事法学界では落ち着きつつあるようにみえるが、ここでは、障害法に関心を寄せる憲法研究者という筆者の立ち位置から、これまでの学説・判例等を整理した上で、若干の検討をすることとしたい。まず、刑事訴訟法学においてあらためて訴訟能力論に関心が寄せられる経緯となった、平成７年の最高裁決定（最三決平７・２・28刑集49巻２号481頁。以下「平成７年２月決定」という）の事案と判旨を概観し、問題の所在を確認し、かつ、近年の事案をみた上で、刑事訴訟法で議論される訴訟能力論について検討したい（二）。次に、この問題への手がかりを探るべく、アメリカ合衆国における憲法論を概観したい（三）。かの地では、この問題は公判維持能力（competency to stand trial）として論じられ、一定の判例が蓄積されつつある。本稿では限られた範囲であるが、そこから一定の示唆を得たいと考えている。その上で、本稿の見地から、若干の検討を試みたい（四）。

号（1992年）159頁、木村烈「訴訟能力と刑事鑑定」原田國男＝川上拓一＝中谷雄二郎編『中山善房判事退官記念　刑事裁判の理論と実務』（成文堂、1998年）所収25頁、飯野海彦「刑事被告人の訴訟能力について」北海学園大学法学研究35巻２号（1999年）１頁、同「刑事手続における訴訟能力の判断」廣瀬健二＝多田辰也編『田宮裕博士追悼論集　下巻』（信山社、2003年）所収393頁、同「訴訟の主体としての被告人の訴訟能力」岩瀬徹＝中森喜彦＝西田典之編集代表『町野朔先生古稀記念　刑事法・医事法の新たな展開　下巻』（信山社、2014年）所収461頁、渡辺修『刑事裁判を考える』（現代人文社、2006年）第13章、法と精神医療22号（2008年）14頁以下所収「ミニシンポジウム『訴訟能力』」、指宿信『刑事手続打切り論の展開』（日本評論社、2010年）第６章、暮井真絵子「治療法学に基づく訴訟能力論の再検討」法と精神医療31号（2016年）１頁、北潟谷仁「序――訴訟能力について」訴訟能力研究会編『訴訟能力を争う刑事弁護』（現代人文社、2016年）所収12頁などがある。憲法論的観点をもふまえた研究として、横藤田誠『法廷のなかの精神疾患』（日本評論社、2002年）第５章、小林武『人権保障の憲法論』（晃洋書房、2002年）第３章、尾形健「障害者法をめぐる憲法的一思考」大原社会問題研究所雑誌640号（2012年）４頁、15-17頁、同「障害と憲法」菊池ほか編・前掲注（４）所収74頁、86-88頁など参照。なお、本稿は、尾形健「障害者の権利保障――刑事裁判における障害者の一側面」尾形健編『福祉権保障の現代的展開――生存権論のフロンティアへ』（日本評論社、2018年）所収189頁と重複する部分があることを、お断りしておきたい。

6　弁護士・刑事法学者・精神医学者らにより、刑事裁判における訴訟能力をめぐる刑事弁護実務上の諸問題について研究する「訴訟能力研究会」が組織されており（北潟谷仁＝金岡繁裕「共同研究のお誘い　訴訟能力論への提言」季刊刑事弁護50号〔2007年〕94頁）、そこでの成果は、随時『季刊刑事弁護』誌上で発表されたほか、訴訟能力研究会編・前掲注（５）としてまとめられている。また、訴訟能力は聴覚障害者が被告人となったケースでしばしば問題となるが、刑事訴訟法学者・弁護士・手話通訳者による刑事弁護実務にかかる解説書として、松本晶行＝石原茂樹＝渡辺修編集『聴覚障害者と刑事手続』（ぎょうせい、1992年）がある。

二 刑事裁判と障害者、そして訴訟能力論

　後述のように、刑事裁判における訴訟能力をめぐっては、今日までに様々な事例が存在しているが、ここではまず、問題の所在を確認する意味で、刑事手続に直面する障害者の問題のうち訴訟能力に関する論点を鮮明に示した事例を二つ取り上げたい。まず、平成7年2月決定の事案と裁判所の判断についてみておく（1）[7]。本稿がこの事案をとりあげるのは、障害者が刑事訴訟において直面する問題が、ここでは訴訟能力をめぐって極めて異例の形で顕現していることと、訴訟能力がないと判断された場合の裁判所の措置のあり方について、最高裁によって基本方向が示されていると思われることによる。次に、近年の動きとして、平成28年の最高裁判決（最一判平28・12・19刑集70巻8号865頁。以下「平成28年判決」という）を取り上げる（2）。これは、訴訟能力の回復の見込みがないとされた被告人に対する措置のあり方を示したものとして、注目されるものである。これらをふまえて、刑事訴訟法で議論される訴訟能力論について一瞥しておきたい（3）。

1　刑事裁判と障害者（1）――平成7年2月決定

（1）本件の概要

　本件事案は、被告人が昭和55（1980）年8・9月、岡山市内にある2箇所の鉄工所事務所において、現金300円をそれぞれ窃取したとして逮捕・起訴された事案であり（その後、同市内の自動車から現金を窃取した等の罪でさらに起訴されている）、それほど複雑な事件ではない。しかし本件被告人は、耳が聞こえず、言葉も話せない聴覚及び言語の障害者であり、しかも学校教育や手話教育を満足に受けておらず、文字を読むこともできず、また、聴覚障害者（ろう者）の言語である手話も会得していない状況であった[8]。このため、裁判所において審理を進め

　7　本件の事案の詳細については、岡部泰昌「刑事手続と障害者の人権保障（上）（下）」判例時報1270号13頁、同1274号7頁（1988年）、渡辺修『刑事裁判と防御』（日本評論社、1998年）第3部第2章、水田賢＝鎌田真和「岡山・Mさん事件によせて」松本ほか編集・前掲注（6）所収211頁、金岡繁裕＝中島直「連載訴訟能力の研究2　聴覚障害者」季刊刑事弁護64号（2010年）127頁（訴訟能力研究会編・前掲注（5）140頁以下所収）、曽根英二『生涯被告「おっちゃん」の裁判』（平凡社、2010年）など参照。

　8　被告人がこのような状況であるため、より根本的には、捜査手続における被疑者の諸権利（逮捕状の呈示を受ける権利、逮捕後弁護人選任の告知を受け、取調べにあたり黙秘権告知を受ける

るにあたり、通訳人として手話通訳者を介しているものの、筆談や手話によって被告人との意思の疎通を図ることは困難であり、通訳人の身振り・手振りの動作によって意思疎通を図ることが試みられた。

　しかしそれが極めて困難であったことは、第1回公判期日より明らかとなった。すなわち、岡山簡易裁判所での第1回公判期日の際の人定質問では、被告人に住所・本籍などの言葉を通訳することができなかったという。その後弁護側の請求により、事件を岡山地方裁判所に移送する手続が取られたが（しかし簡裁・地裁といった概念も通訳できていない）、岡山地裁でも人定質問は不完全なものとなった。第4回公判で起訴状朗読の後、黙秘権告知の手続がなされるが（刑訴法291条1項・4項）、通訳人は、被告人に対し、「『黙れ』ということは伝えられるが、黙秘権の本来の意味である『自分には不利益になると思われることは、しゃべる必要はない』ということは伝えられない」、と説明したとされる。また、罪状認否においても、裁判官の質問に対し、被告人は反射的に首を縦にふる動作を繰り返していたが、それが起訴状記載の事実を認めたものとはおよそ考えられないものと評されている[9]。また、公判中では、法廷の正面に被告人に相対するのが裁判官であり、左側にいるのが検察官、右側にいるのが弁護人であるという認識を被告人が有しているかどうかも疑わしいものであった。以上のような状況のまま、本件第1審は、第1回公判期日の開始（昭和55〔1980〕年11月）から第66回公判期日（昭和62〔1987〕年7月）までの7年余りを要し、その間、裁判官が7名関与するという経緯をたどった。

　権利等）が十分に保障されていたのかも、そもそも疑問の余地があった（水田＝鎌田・前掲注（7）216頁）。本件の上告趣意では、こうした捜査手続の違法性（原判決の憲法14条1項違反）も問題にされていた（弁護人水谷賢の上告趣意第三〔刑集49巻2号496-499頁〕）。この点は控訴審でも主張されていたが、排斥されている）。

9　水谷＝鎌田・前掲注（7）221-222頁。聴覚に障害があるということは、音による情報の伝達が困難であるという即時的な情報断絶のみならず、「ことば（音声語）」のフィードバックが困難となり、「ことば（音声語）」の自然な状態での獲得が困難となる場合がある。そして、様々な事情で教育が受けられなかったりそれが不十分なものだったりした場合、二次的な言語発達上の障害が生じやすくなるとされる（市川恵美子「聴覚障害とは、手話通訳とは」松本ほか編集・前掲注（6）所収27頁、31頁）。こうした言語上の制約ゆえに、聴覚障害者については、抽象的思考が困難な傾向にあるとしばしば指摘されてきた（神田和幸＝藤野信行『基礎からの手話学』〔福村出版、1996年〕19頁〔藤野執筆〕）。ただし、手話については、抽象的な表現が制限されることはないとの指摘も今日有力になされている（木村晴美＝市田泰弘『はじめての手話』〔日本文芸社、1997年〕21頁など参照）。

（2）第1審・控訴審の判断

第1審たる岡山地裁は、「本件のような極限的事例においては、被告人に対する訴追の維持ないし追行は救い難い影響を受けている」というほかなく、「それはまた同時に、刑訴法が公訴の適法要件として本来当然に要求する訴追の正当な利益が失われている」、として、本件各公訴について、刑訴法338条4号（公訴棄却の判決をする要件として、「公訴提起の手続がその規定に違反したため無効であるとき」を定める規定）を使って、公訴提起の手続自体が不適法であった場合に準じ、公訴棄却をするのが相当であると判断した（岡山地判昭62・11・12判時1255号39頁）。

控訴審（広島高裁岡山支判平3・9・13判時1402号127頁、高等裁判所刑事裁判速報集〔平成3年〕119頁）は、本件被告人につき、被告人は社会内で他人の介護を受けなくても生活することができ、善悪の事理弁識能力はあると認められるから、責任能力はあると考えられるが、「裁判手続の中で、訴訟行為をなすにあたり、その行為の意義を理解し、自己の権利を守る能力すなわち訴訟能力があると認めるには、極めて疑問が大きい」、として、第1審同様、本件被告人の訴訟能力について疑問に付した。しかし、控訴審は、第1審が刑訴法338条4号により本件各公訴を棄却した点につき、同条項は起訴状の瑕疵等公訴提起手続に瑕疵がある場合に限定されると解されるので、本件のような場合に適用すべきものではない、と批判し、結局本件被告人は、訴訟能力が欠けているから、「手続の公正を確保するため、刑事訴訟法314条1項を準用して公判手続を停止すべきである」、と判断し、原判決を破棄し、公判手続の停止の可否につき、さらに審理を尽くすべく、岡山地裁に差し戻した。刑訴法314条1項は、後にみるように、被告人が心神喪失の状態にあるとき、その状態の続いている間公判手続の停止をする旨定める規定であるが、控訴審は、本件被告人のように責任能力の欠ける状態にまで至らない者の公判手続に関する明文の規定は欠落しているものと認めつつ、同条項による公判手続停止も止むを得ない、と判断した。

（3）最高裁決定

これに対し被告人側から上告があったが、最高裁は、弁護人の上告趣意をいずれも排斥しつつ、職権により、次の通り判断した（平成7年2月決定）。すなわち、「刑訴法314条1項にいう『心神喪失の状態』とは、訴訟能力、すなわち、被告人としての重要な利害を弁別し、それに従って相当な防御をすることのできる能力を欠く状態をいうと解するのが相当である」ところ、本件事実関係によれ

ば、「被告人に訴訟能力があることには疑いがあるといわなければならない」。このような場合に、「裁判所としては、同条４項により医師の意見を聴き、必要に応じ、更にろう（聾）教育の専門家の意見を聴くなどして、被告人の訴訟能力の有無について審理を尽くし、訴訟能力がないと認めるときは、原則として同条１項本文により、公判手続を停止すべきものと解するのが相当であり、これと同旨の原判断は、結局において、正当である」、というのであった[10]。

法廷意見は以上のように判断したが、公判手続停止後の措置について、千種秀夫裁判官は、次のように補足意見で付言した。すなわち、「裁判所は、訴訟の主宰者として、被告人の訴訟能力の回復状況について、定期的に検察官に報告を求めるなどして、これを把握しておくべきである。そして、その後も訴訟能力が回復されないとき、裁判所としては、検察官の公訴取消しがない限りは公判手続を停止した状態を続けなければならないものではなく、被告人の状態等によっては、手続を最終的に打ち切ることができるものと考えられる。ただ、訴訟能力の回復可能性の判断は、時間をかけた経過観察が必要であるから、手続の最終的打切りについては、事柄の性質上も特に慎重を期すべきである」、と。

（４）若干の検討

最高裁はこのように、訴訟能力の意義を明らかにしつつ、これに欠ける場合には、「原則として」刑訴法314条１項本文に従い、公判手続を停止すべきものとした。そもそも、公判では、被告人に十分な防御の機会が与えられなければならないところ、被告人が防御することができないような状態にある場合には、公判を行うことができず[11]、こうした状況にある被告人を当事者として公判手続を進めると、その防御権を無視することとなり、手続の公正を害することになる[12]。刑訴法314条は、このように、公判では被告人に十分な防御の機会を与えるべく、

10　なお、上告審から差戻後第１審の段階で、本件被告人について、聴覚障害・知的障害に関する専門家である伊藤雋祐（1949～1988年まで京都府立聾学校に教諭として勤務し、わが国の手話通訳制度等の整備に尽力した手話専門家）・清水美智子（大阪教育大学教授〔当時〕・心理学）両氏による鑑定意見が作成され、それによれば、本件被告人は、可能な交信手段を共有し被告人に理解可能な話題を共有する限りにおいてはほぼ支障なく意思疎通が可能であるが、直接目に見えない因果関係や事柄の仕組み等に関して意思疎通をすることは極めて難しく、どのように理解しているかを確かめること自体容易ではない、などとして、著しい精神発達の不均衡である等の結論が示されていたとされる（金岡＝中島・前掲注（７）130頁〔中島執筆〕〔訴訟能力研究会編・前掲注（５）146-147頁〕）。

11　青柳文雄ほか『註釈刑事訴訟法　第３巻』（立花書房、1978年）269頁（青柳執筆）。

12　平場安治ほか『注解刑事訴訟法　中巻』（青林書院新社、1974年）609頁（高田卓爾執筆）。

被告人の防御権を尊重し手続の公正を担保し、被告人の権利保護のために設けられたものと解されている[13]。平成7年2月決定が本件被告人のようなケースにつき、本条項の適用を肯定したことは、以上の立法趣旨に沿うものといいうる。

同条項にいう「心神喪失」は刑法上の責任能力の文脈（刑法39条）で用いられる「心神喪失」と同じ語ではあるが、平成7年2月決定は、刑訴法314条1項本文の「心神喪失の状態」の意義を、「訴訟能力」を欠く状態と解している。刑法上の責任能力の文脈でいわれる「心神喪失」とは、「精神ノ障礙ニ因リ事物ノ理非善悪ヲ辨識スルノ能力ナク又ハ此ノ辨識ニ從テ行動スル能力ナキ状態ヲ指稱」するとされているが（大判昭6・12・3刑集10巻682頁）、かねてより、「心神喪失」の概念については、刑法上のものと異なり、刑訴法上の訴訟能力の観点から別に目的論的に構成されなければならない、と解されてきた[14]。最高裁判例も、「刑法上心神喪失者であるというのはその犯行の当時において行為の違法性を意識することができず又はこれに従つて行為をすることができなかつたような無能力者」を指すのに対し、「訴訟能力」とは、「一定の訴訟行為をなすに当り、その行為の意義を理解し、自己の権利を守る能力を指すのである」、として、刑法上の問題と訴訟法上のそれとを区別している（最二決昭29・7・30刑集8巻7号1231頁。以下「昭和29年決定」という)[15]。平成7年2月決定はこれらに従い、刑訴法上の「心神喪失の状態」を、「訴訟手続を進めていく上で被告人が防御能力を欠くこと一般をさすもの」と捉えつつ、防御能力を欠く原因を精神の障害に基づく場合に限定せず、「原因のいかんにかかわらず、防御能力を欠く場合のすべてを直截に刑訴法上の概念としての心神喪失に含める」ものとした[16]。

13　藤永幸治＝河上和雄＝中山善房『大コンメンタール刑事訴訟法　第4巻』（青林書院、1995年）811-812頁（高橋省吾執筆）、松本時夫ほか編『条解刑事訴訟法〔第4版増補版〕』（弘文堂、2016年）708頁、河上和雄ほか編『注釈刑事訴訟法〔第3版〕　第4巻』（立花書房、2012年）561頁（小林充＝前田巖執筆）。刑訴法314条1項は、控訴審手続および上告審手続にも準用される（控訴審につき最三判昭53・2・28刑集32巻1号83頁、上告審につき最二決平5・5・31刑集47巻6号1頁）。

14　団藤重光『新刑事訴訟法綱要〔7訂版〕』（創文社、1967年）112頁。

15　この決定が用いている「違法性」の語は、本文でふれた大判昭6・12・3にいう「事物ノ理非善悪」と同義であるとされる（法曹会編『最高裁判所判例解説刑事篇〔昭和29年度〕』209頁〔法曹会、1973年〕〔青柳文雄執筆〕)。

16　法曹会編『最高裁判所判例解説刑事篇〔平成7年度〕』（法曹会、1998年）130頁（川口政明執筆〔以下、川口・最解説と引用する〕)。平成7年2月決定言渡し前の段階で、下級審裁判例は、聴覚障害者たる被告人の事例において、刑訴法314条1項を（「適用」ではなく）「準用」するとしていた（例えば大阪地決昭63・2・29判時1275号142頁、東京地裁八王子支決平2・5・29判タ737

このように、平成7年2月決定は、心神喪失状態にある被告人の公判のあり方について、一定の方向性を示した。

2 刑事裁判と障害者(2)——近年の動き

ところで、近年、訴訟能力をめぐる判例の基本姿勢が示される、重要な例が登場した。名古屋地裁岡崎支判平26・3・20判時2222号130頁の事案がそれであり、これは、平成7年5月、被告人が愛知県豊田市において当時66歳と1歳の被害者2名を文化包丁で刺殺し、殺人・銃刀法違反の事実で起訴された事案に関するものである。

(1) 第1審・控訴審の判断

平成7年11月の第1回公判期日において、弁護人から、被告人は精神病に罹患しており公判手続停止の事由に該当する可能性があるため、公判手続停止の必要性の有無につき専門医の意見を求める申立てがあった。裁判所によって精神鑑定等が実施され、その結果、平成9年3月の第7回公判期日において、被告人が心神喪失の状態にあるとされ、その状態が続いている間公判手続を停止する旨の決定がなされた。平成10年5月、被告人の勾留執行停止がなされ、被告人は精神保健福祉法(精神保健及び精神障害者福祉に関する法律)29条1項に基づく措置入院を受けた。これ以降、4～6ヶ月ごとに勾留執行停止期間延長が繰り返され、一方、被告人には、従来の精神的な症状についてあまり変化がないまま、入院治療が継続された。平成22年2月以降、裁判所・検察官・弁護人の間で断続的に打合わせ期日が開かれ、被告人の入院先病院の主治医による精神鑑定の実施のほか、被告人の状態に関する検証の実施等、訴訟能力の回復可能性等に関する審理が続けられた。しかし、公判手続停止から約17年を経過した時点でも、被告人の訴訟能力の回復が認められなかった。第1審判決が言い渡された時点での被告人の状況は、引き続き入院中であるが71歳と高齢となり、日常生活を維持する能力も重篤に低下し、全面的に介護を要する状態にあるとされ、裁判所による被告人の状況の検証がなされたが、言語的にも非言語的にもコミュニケーションは成立せず、訴訟関係人や黙秘権の理解はおろか人定質問すら成立する状況になかった。

裁判所は、以上のような状況を前提に、被告人の訴訟能力の回復可能性につい

号247頁、平成7年2月決定の控訴審など参照)。刑法における心神喪失概念に含まれる「精神」の要素を尊重したことが反映されたものと示唆されている(川口・最判解130頁)。

て次のように判断した。すなわち、平成7年2月決定を引用しつつ訴訟能力の意義を確認し、その内容として、具体的には、①公訴事実のみならず刑事裁判の進行や訴訟関係人の役割の基本を理解し、重要な情報・資料を弁護人に提供し、②冒頭手続において人定質問に答え、黙秘権の意味を理解し罪状認否を行い、③証拠調べにおいて冒頭陳述や証拠の採否の手続を理解し意見を表明し、証人に反対尋問をしたり任意に供述したりするなどの反証活動を行い、④検察官の論告や弁護人の弁論、判決内容をおおむね理解することなどが想定される、という。これらは弁護人の協力や裁判所の後見的関与を得てなしうる程度のもので足り、「したがって、訴訟能力の有無及びその回復の見込みの判断にあたっては、被告人が、裁判所や訴訟関係人、とりわけ、被告人の正当な利益を擁護すべき弁護人と意思疎通できるか否かが極めて重要である」。しかし本件被告人には訴訟能力が回復しなかっただけでなく意思疎通能力がほぼ完全に失われ、その原因は、非可逆的な慢性化した統合失調症に加え、脳萎縮による認知機能の低下も重なっており、さらに、71歳と高齢となり、日常生活維持能力も重篤に低下し、介護を要する状態にあり、言語的・非言語的にもコミュニケーションは成立せず、先述のように、裁判所や訴訟関係人の認識の理解も不可能な状態にあり、被告人に訴訟能力はなく、その回復の見込みが認められないことは明らかである、とした。

　第1審裁判所は、このように訴訟能力の回復見込みがないとしたが、さらに、平成7年決定の千種裁判官補足意見を引用し、このような場合に検察官の公訴取消しがなければ公判手続停止状態を続けなければならないものではなく、被告人の状態等によっては手続を最終的に打ち切ることができるものと考えられるとして、刑事法338条4号を準用し公訴棄却とした。このため検察から控訴があったが、控訴審（名古屋高判平27・11・16判時2303号131頁）は、第1審裁判所が訴訟能力の回復見込みはないとした判断を是認した。その際、検察官は、第1審裁判所が平成7年2月決定を判断基準とし、最一判平10・3・12刑集52巻2号17頁（後述するが、重度の聴覚障害及び言語未習得による二次的精神遅滞により精神的能力等に重い障害のある被告人につき、刑訴法314条1項本文にいう「心神喪失の状態」にないと判断した事例。以下「平成10年判決」という）よりも相当高度な抽象的・言語的理解力や意思疎通能力を要求し、訴訟能力回復の見込みの評価を誤ったとして争ったが、控訴審は、第1審は平成7年2月決定を判断基準として摘示したものでないこと、平成10年判決と区別しうること（被告人の知的能力の障害の程度や社会的適応能

力の点で平成10年判決の被告人とは異なることや、事案の単純さにおいても異なること等）を指摘し、第1審は訴訟能力の判断に当って考慮すべき点を適切に判示したものと評価できる、としている。ただし、高田事件最高裁判決（最大判昭47・12・20刑集26巻10号631頁）にもふれつつ、本件について、検察官が公訴を取り消さないことが明らかに不合理であると認められる極限的な場合に当たるとはいえず、公訴棄却とした第1審判決には刑訴法338条4号解釈適用の誤りがあるとして、破棄差戻しをした。

（2）上告審判決

上告審（平成28年判決）は、「被告人は、非可逆的で慢性化した統合失調症の症状に加え、脳萎縮による認知機能の障害が重なり、訴訟能力が欠けており、その回復の見込みがないとした原判断は、正当として是認することができる」、とした上で、次のように述べ、訴訟能力の回復の見込みがなく公判手続再開の可能性がないと判断される場合、裁判所は刑訴法338条4号に準じて、判決で公訴を棄却できることを明らかにした。「訴訟手続の主宰者である裁判所において、被告人が心神喪失の状態にあると認めて刑訴法314条1項により公判手続を停止する旨決定した後、被告人に訴訟能力の回復の見込みがなく公判手続の再開の可能性がないと判断するに至った場合、事案の真相を解明して刑罰法令を適正迅速に適用実現するという刑訴法の目的（同法1条）に照らし、形式的に訴訟が係属しているにすぎない状態のまま公判手続の停止を続けることは同法の予定するところではなく、裁判所は、検察官が公訴を取り消すかどうかに関わりなく、訴訟手続を打ち切る裁判をすることができるものと解される。刑訴法はこうした場合における打切りの裁判の形式について規定を置いていないが、訴訟能力が後発的に失われてその回復可能性の判断が問題となっている場合であることに鑑み、判決による公訴棄却につき規定する同法338条4号と同様に、口頭弁論を経た判決によるのが相当である」。「したがって、被告人に訴訟能力がないために公判手続が停止された後、訴訟能力の回復の見込みがなく公判手続の再開の可能性がないと判断される場合、裁判所は、刑訴法338条4号に準じて、判決で公訴を棄却することができると解するのが相当である」。

なお、池上政幸裁判官が補足意見を執筆しており、訴訟能力との関係では、次のように述べるのが注目される。刑訴法314条1項本文にいう「心神喪失の概念は、精神医学的知見等を基にした法的判断であるが、訴訟手続における問題であ

るので、弁護人が刑訴法によって与えられた権限を行使するなどして被告人を適切に援助し、裁判所が後見的役割を果たすことも考慮して判断すべきものと解される〔平成10年判決を引用〕」。裁判所は、公判手続停止決定をするに当たり、「弁護人による防御の十全を図るための弁護活動や裁判所の後見的関与を考慮して、具体的に被告人の自己の立場の理解の程度、状況判断、供述や対応の的確性などを見極め、担当医師や精神医学等の専門家に鑑定意見を求めるなどして、被告人に訴訟能力が欠如しているかどうかについて、慎重に審理を尽くすべきである」。一方、公判手続停止決定は、被告人の訴訟能力が回復したときには公判手続再開を当然の前提としており、裁判所は、同決定後も職権で、被告人の訴訟能力の回復状況につき、定期的に、検察官・弁護人の意見を聴き病状を把握し、必要により鑑定を実施するなどして、訴訟能力が回復したと認めるときは、速やかに同決定を取り消すなどして公判手続を再開すべきである、と。

　平成7年2月決定は、後述するように、①訴訟能力の意義と、②訴訟能力に欠ける場合の措置のあり方、という二つの論点を提起したといえるが、平成28年判決は、②について、公判手続停止後も訴訟能力回復の見込みがない場合、刑訴法338条4号に準じ、公訴棄却とすることができる旨明らかにした。これらの判決により、訴訟能力をめぐる諸問題については、最高裁判例として一定の方向性が示されたことになる。

3　訴訟能力の意義

　本節の最後に、これまで特に説明を加えてこなかったが、「訴訟能力」の意義について概観しておきたい。

（1）総　説

　刑訴法第一編第三章は「訴訟能力」について規定するが、訴訟当事者の能力そのものについて直接指示する規定はない。学説では、刑事訴訟における訴訟能力とは、「有効に訴訟行為を行いうる能力」をいうとされ、民事訴訟では行為能力が必要とされているところ、刑事訴訟では、刑訴法28条（意思無能力者と訴訟行為の代理に関する規定）が意思能力を標準とし、また、314条が心神喪失を要件としているところから、ここにいう「訴訟能力」とは、「意思能力、すなわち、自己の訴訟上の権利を防衛する事実上の能力」で足りると解されてきた[17]。「訴訟能力の実質的な内容は意思能力である」としつつも、「被告人ないし被疑者としての重

要な利害を理解し、それにしたがって相当な防禦をすることのできる能力」[18]とする立場のほか、「被告人が訴訟の状況を理解し、防禦上必要なコミュニケーションを行なう能力」[19]とする立場など、意思能力にとどまらず、被告人が防御する上で必要となる意思疎通能力の側面も含めて理解する見解が有力となっている。平成7年2月決定がそうであったように、また、のちにみるように、聴覚・言語障害者の訴訟能力が問題となる事例がしばしばみられたことなどから、最近では、訴訟能力について、意思疎通能力を重視する傾向がみられるといわれている[20]。

このように理解される訴訟能力は、三つの要素に分解しうるとされる[21]。第一に、日常的な意味での意思疎通能力、すなわちコミュニケーションの可能性が必要とされること、第二に、こうした意思疎通能力を前提として、被告人は、自らに対して向けられ、また自らが主体として行う訴訟行為の意味を理解する力（理解力）が求められること、第三に、訴訟行為の抽象的な意味を知るだけではなく、自分の問題として合理的かつ主体的に利害得失を衡量できる能力（判断力）が必要とされる。そして、訴訟能力は、同じ被告人でも事件の内容によって肯定され、あるいは否定されることがある（事件の内容や争点が単純な場合には訴訟能力は肯定しやすく、逆に複雑な事件では要求される能力の水準は高くなる）といったように、訴訟能力の相対性も指摘される。さらに、被告人に対する制裁が重大であるほど防御権保障も手厚くする必要があり、訴訟能力の基準設定にあたっては、刑の重さも考慮すべきものと説かれる。

（2）最高裁判例における訴訟能力の諸相

① **公判手続続行能力と訴訟行為能力**　　最高裁は初期の判例で、先にふれたように、刑法上の責任能力論とは区別しつつ、「訴訟能力というのは、一定の訴訟行為をなすに当り、その行為の意義を理解し、自己の権利を守る能力を指すの

17　平野龍一『刑事訴訟法』（有斐閣、1958年）72頁、法曹会編『例題解説刑事訴訟法（一）〔三訂版〕』（法曹会、1998年）18-19頁。

18　団藤・前掲注（14）112頁。

19　松尾浩也『刑事訴訟法（上）〔補正第3版〕』（弘文堂、1991年）212頁。

20　木村・前掲注（5）26頁。渡辺・前掲注（5）『刑事裁判を考える』169頁は、先天性の聴覚障害等のある被告人にかかる窃盗事件の上告審に提出された意見書とされるが、そこでは、被告人は防御権の主体であり、弁護人と意味ある意思疎通が不可欠であることなどから、①裁判の意義や防御することの意義を認識し理解する力と、②防御に関する情報交換・意見交換が弁護人とできる力いう、二つの精神諸力の総合として訴訟能力が把握されている（169頁）。

21　以下につき、後藤・前掲注（5）162-163頁参照。

である」、と解していた（昭和29年決定）。しかしその後、平成7年2月決定で
は、訴訟能力を、「被告人としての重要な利害を弁別し、それに従って相当な防
御をすることのできる能力」と捉えている。昭和29年決定は、第1審の鑑定意見
において意思無能力者とされた被告人による控訴取下げの効力が問題とされたも
のであり、個別の訴訟行為の能力が問題とされたものであった（このため、「一定
の訴訟行為をなすに当たり」とされている）。これに対し、平成7年2月決定は、こ
うした個別の訴訟行為能力ではなく、能力に制約のある被告人が、防御権保障な
いし手続の公正の確保の観点から、そもそも訴訟手続を進めていくことが許され
るか否かが問題となったものであった[22]。

　そこで、両者の関係をいかに理解するかが問題となるが、平成7（1995）年6
月、第1審で死刑判決を受けた被告人の控訴取下げが無効とする最高裁決定が出
された（最一決平7・6・28刑集49巻6号785頁。以下「平成7年6月決定」という）。こ
の事件で、最高裁は、死刑判決の言渡しを受けた被告人が、死刑判決宣告の衝撃
および公判審理の重圧に伴う精神的苦痛によって拘禁反応等の精神障害を生じ、
その影響下において苦痛から逃れることを目的に上訴を取り下げたという本件事
案の場合に、上訴取下げを無効とした。というのも、「被告人の上訴取下げが有
効であるためには、被告人において上訴取下げの意義を理解し、自己の権利を守
る能力を有することが必要であると解すべきところ〔昭和29年決定を引用〕、右
のような状況の下で上訴を取り下げた場合、被告人は、自己の権利を守る能力を
著しく制限されていたものというべきだから」である、というのであった。この
決定をふまえ、昭和29年決定と平成7年2月決定との位置付けを整理すると、①
昭和29年決定は控訴取下げの有効性が問題とされた事案であり、訴訟行為の有効
要件である「訴訟行為能力」に関して判示されたものであるが、②平成7年2月
決定は、刑訴法314条1項による公判手続停止の要否が問題とされた事案であ
り、「公判手続続行能力」（公判手続を続行するに耐え得る能力）に関して判示された
ものである、と位置付けられている。そして、訴訟行為能力については、昭和29
年決定の判文に照らし、同決定は、「訴訟行為に必要な能力を個々の訴訟行為ご
とに検討しようとしたもの」、とされる[23]。

22　川口・最判解131頁。
23　法曹会編・前掲注（16）266-267頁（中谷雄二郎執筆）。平成7年6月決定は、上訴取下げの特
　殊性を考慮し、上訴取下げ能力については、意思能力と解されてきた意味での訴訟能力よりも若

憲法的刑事手続の一側面（尾形）　　*783*

　以上からすると、最高裁は、訴訟能力について、①公判手続続行能力としての
それと、②個々の訴訟行為能力としてのそれとを区別し、かつ、その判断基準も
異なるものと位置付けていることが看取される。この両者の意義ないし関係につ
いては、①・②いずれも、被告人の防御権保障・手続公正確保の観点から、訴訟
手続で被告人に必要な能力という限度では共通することから、この共通部分に即
応するものとして「訴訟能力」概念を構成し、①公判手続続行能力と②訴訟行為
能力とは、「訴訟能力」の派生概念と捉え、両者は「訴訟能力」を異なった問題
局面で捉えたもの、とされる。ただ、先述の、上訴取下げの効力が問題となった
平成7年6月決定をふまえると、「訴訟能力」概念の用い方としては、昭和29年
決定にもかかわらず、平成7年2月決定が問題とした公判手続続行能力を指すも
のとして用い、訴訟行為能力については、問題となる個々の訴訟行為に対応させ
て呼称する（例えば「上訴取下げ能力」等）のが相当とされる[24]。もっとも刑事訴訟
法学説では、①と②の意義ないし位置づけについて、様々に説かれている[25]。

　②　**訴訟能力判断の具体的指針──平成10年判決**　　その上で、平成7年2月
決定で問題となり、かつ、本稿も関心を寄せる①公判手続続行能力としての訴訟
能力について、最高裁はさらに、新たな判断を示している。すなわち、重度の聴
覚障害および言語を習得しなかったことによる二次的精神遅滞により、精神的能
力・意思疎通能力に重い障害を負っている被告人について、刑訴法314条1項本
文にいう「心神喪失の状態」にあるかが争われた事件で、最高裁は、当該被告人

　干高い能力を要求し、また、その前提として、公判手続続行能力と訴訟行為能力との判断基準が
　異なりうることを明らかにしたものとされる（同274頁）。
24　川口・最判解131-133頁。
25　従来の学説につき、①公判手続続行能力＝意思能力＝②訴訟行為能力としつつ、意思能力を訴
　訟行為ごとに判断し、最低限の意思能力も継続的にない状態を①（のない状態）とする考え方
　（統合説）と、①と②とを切り離し、①は従来の意味での意思能力とし、②は昭和29年決定に即
　して定義付ける考え方（分離説）として整理するものもある。法曹会編・前掲注（16）274-275
　頁（中谷雄二郎執筆）。一方、飯野・前掲注（5）「刑事手続における訴訟能力の判断」394-399
　頁は、①がなければ公判手続停止となり、個々の訴訟行為（②）が問題となることはないなど、
　両者は重なり合うところがあり、また、①はあっても②が無効となる場合もありうることなどか
　ら、①公判手続続行能力≧②訴訟行為能力と理解しつつ、①の本質的要素として意思能力（意思
　決定能力）と意思疎通能力が、②の本質的要素として意思疎通能力が重視されるべきであるとさ
　れる（飯野・前掲注（5）「訴訟の主体としての被告人の訴訟能力」464-468頁も参照。こちらで
　は①につき意思疎通能力が本質として重視されるようである）。また、コミュニケーション能力
　としての訴訟能力を「一般的訴訟能力」とし、個々の訴訟行為の有効要件としての訴訟能力を
　「個別的訴訟能力」と区別する立場もある。白取祐司「訴訟能力とは何か」法と精神医療22号
　（2008年）14頁、19-20頁、同『刑事訴訟法〔第9版〕』（日本評論社、2017年）40-41頁参照。

は心神喪失の状態になかったとして、これを肯定した原判決を破棄する判断をした（平成10年判決）。ここで最高裁は、被告人は上記の通り重い障害を負ってはいるが、手話通訳を介することにより、刑事手続において自己の置かれている立場をある程度正確に理解し、自己の利益を防御するために相当に的確な状況判断をすることができ、必要な限りにおいて各訴訟行為の内容も概ね正確に伝達を受けられるなどの本件事情の下で、「被告人は、重度の聴覚障害及びこれに伴う二次的精神遅滞により、訴訟能力〔平成7年2月決定にいう訴訟能力〕……が著しく制限されてはいるが、これを欠いているものではなく、弁護人及び通訳人からの適切な援助を受け、かつ、裁判所が後見的役割を果たすことにより、これらの能力をなお保持していると認められる」、と判断した[26]。ここでは、平成7年2月決定にいう訴訟能力が著しく制限されている場合でも、弁護人・通訳人からの適切な援助と、裁判所の後見的役割があれば、訴訟能力がなお肯定される余地があることが示された。

　この平成10年判決は、訴訟能力の内容として、自己の置かれている立場、各訴訟行為の内容、黙秘権等に関し、必ずしも一般的・抽象的・言語的な理解能力ないし意思疎通能力までは必要とせず、具体的・実質的・概括的な理解能力ないし意思疎通能力があれば足りる、と判断したものと説明されている。その理由として、①刑訴法は、犯行時に責任能力が認められ、事件後に心身の状態に特段の悪化が見られない被告人について、訴訟無能力を理由として公判手続を停止することを通常の手続のあり方として想定しているとは考えにくいこと、②弁護人・通訳人による適切な援助に加え、裁判所による後見的役割が果たされている限り、被告人の能力がかなり制限されていても、その権利が実質的に侵害されるような状況がなければ、公判手続を停止すべき理由はないこと、③訴訟無能力者に対する治療等の受け皿が用意されている諸外国と異なり、わが国では病院収容処分等の措置が制度上用意されておらず、被告人の法的責任を明確にせず、責任能力の認められる障害者を法の埒外に置くことの刑事政策上の適切性、といった背景が挙げられている。平成7年2月決定との関係については、同決定は「心神喪失の状態」の意義を示しつつ、被告人の訴訟能力に疑問があるとした原判決の認定判

26　平成10年判決は、個々の刑事手続においても手話通訳を介して自ら決めた防御方針に沿った供述等をすることができ、黙秘権についても、被告人に理解可能な手話を用いることにより、その趣旨が相当程度伝わっており、黙秘権の実質的侵害もない、としている。

断を是認したにとどまり、被告人の心神喪失ないし訴訟能力の判断基準について まで判示するものではなかったところ、平成10年判決は、「訴訟能力の判断基準 について、具体的指針を示したもの」とされる[27]。

4 小 括

以上、刑事裁判に直面する障害者をめぐる問題を理解する観点から、平成7年 2月決定と平成28年判決を概観した上で、刑事訴訟法学における訴訟能力論につ いて概観した。以上の最高裁判例から、訴訟能力論については一定の方向性が示 されたように思われる。しかし、本稿は、平成7年2月決定が示した、二つの論 点に注目しておきたい。まず、①訴訟能力の意義についてである。同決定は、 「被告人としての重要な利害を弁別し、それに従って相当な防御をすることので きる能力」と解し、聴覚障害者たる本件被告人についてはその能力に疑いがある として、訴訟能力がないときは公判手続を停止すべきものとしたが、いかなる場 合に、どのような状況下にあれば、訴訟能力に「疑いがある」ないし欠くものと 評されるのか、という問題がある。この問題では、障害者の刑事裁判における訴 訟遂行に関する能力が端的に問われ、被告人たる障害者の裁判を受ける権利（憲 法32条・37条1項）や適正手続保障（憲法31条）の前提となる論点といえる。次 に、②被告人が仮に訴訟能力に疑いがあるないし欠くとされた場合、裁判所はい かなる措置を採るべきか、という問題がある。平成7年2月決定は、刑訴法314 条1項本文に従い公判手続を停止すべきものとし、平成28年判決は、公判手続停 止の後、訴訟能力に回復の見込みがない場合には、刑訴法338条4号により、判 決で公訴棄却としうることを明らかにした。しかし、そのような打切り措置を講 ずることの根拠として、憲法論からみてどのようなものが考えられるか、という 問題は、なお検討の余地があるように思われる。次に、アメリカでの議論を通 じ、これらの問題を考える手がかりを得てみたい。

三 訴訟能力をめぐる憲法論的基礎──アメリカでの議論から

以上をふまえ、訴訟能力をめぐる憲法論的基礎について、アメリカ法での議論 を素材に検討していきたい。アメリカでは、本稿が対象とする訴訟能力について

---

27 法曹会編『最高裁判所判例解説刑事篇（平成10年度）』（法曹会、2001年）25-26頁、21・27頁 （中谷雄二郎執筆。以下、中谷・平成10年度最判解と引用する）。

は、公判維持能力（competency to stand trial）として論じられるところがあり、以下でもこの点に焦点を当て、簡単ながら概観しておきたい。

1　訴訟能力と刑事手続
（1）歴史的淵源——法の「人道性（humanity）」の観点

そもそも、アメリカ憲法論にあっては、公判維持能力について、次のように説かれる。「次のことは、長きにわたり受容されてきた。すなわち、その精神状態が、自身に不利益となる手続の性質及び目的を理解し、弁護人に助言を求め、自身の防御の準備を援助してもらう能力を欠くに至っている者は、公判手続に服せしめることはできない、ということである」[28]。

英米法の伝統でいえば、18世紀半ばに、ブラックストン（Sir William Black-stone）は、今日的にいえば刑事責任能力の文脈ではあるが、次のように説いている。「〔意思の欠如によって刑罰を免れる類型の〕第二の例は、理解力の欠損又は減退、すなわち精神障害者又は心神喪失者（an idiot or a lunatic）についても生じる[29]。後者についての法原則（rule of law）は、前者についても当然適用されるが、それは、『心神喪失者は、ただその心神喪失をもってのみ、処罰される（"furiosus furore solum puntitur"）』ということである。したがって、刑事事件にあっては、精神障害者と心神喪失者は、その無能力状態でなされた自身の行為について、罪に問われることはない。それは、反逆罪についてさえもそうである。また、ある者が、正常な記憶状態において死刑を科しうる罪に当たる行為をしたが、その罪状認否手続（arraignment）前に精神を病むに至ったときは、その者に罪状認否を求めてはならない。というのも、その者は、自身が有しているはずの助言や慎重さでもって、答弁することができないからである。そしてまた、仮にその者が罪状認否の答弁をした後に、被告人が精神を病むに至ったときは、その者を裁判手続に服せしめてはならない。というのも、その者は、いかにして自身の防御をなしうるのであろうか。仮に、その者が裁判手続に服し、有罪とされた

28　Drope v. Missouri, 420 U. S. 162, 171 (1975). 以下、アメリカの議論状況につき、岩井宜子『精神障害者福祉と司法〔増補改訂版〕』（尚学社、2004年）第3章、横藤田・前掲注（5）170-184頁、指宿・前掲注（5）112-119頁、暮井・前掲注（5）3-7頁など参照。
29　いずれも精神障害を指すが、イギリスでは、idiot が先天的なものを、lunatic が後天的なものと意味するものとして区別されていたようである（田中英夫編集代表『英米法辞典』〔東京大学出版会、1991年〕422頁）。

後で、判決前に心神を喪失するに至ったときは、判決は言い渡されてはならない。そして、仮に、判決言渡し後に、記憶が正常でなくなったときは、刑の執行は停止されなければならない。イギリス法における人道性（the humanity of the English law）が語るところによれば、万が一被告人が正常な記憶状態であったなら、その者は判決又は刑の執行の停止について何がしかを訴えたかもしれないからである」。そして、ヘンリー8世下の制定法（正常な精神状態で大逆罪を犯した者がのちに精神を病むに至った場合でも、あたかも正常な精神状態にあったかのように、被告人不在で裁判を行い、死刑に処するとする法律）が廃止されたことに言及し、クック（Sir Edward Coke）が次のように述べるのを引用する。「犯罪者への刑の執行が戒めとして行われるとすれば、それは、処罰の対象はわずかの者であるが、その脅威はすべての者に及ぶ、ということになる。しかし、精神を病む者に対してそれが執行されるときは、そのようなことにはならない。それはただ悲惨な見せ物にしかならないのであって、法に反し、かつ極めて非人道的で無慈悲なものなのであり、その他の者にとっての戒めにはならないのである」[30]。そして、19世紀にブラックストンのこの注釈書にアメリカ法の見地から解説を加えたクーリィ（Thomas M. Cooley）は、免責されるべき心神喪失の程度については医学界の専門的知見等を参照する必要性を説き、いくつかの裁判例に言及しながら、この領域において、「実務上容易かつ安定的に適用しうる定義及び抽象的ルールを示すことの困難さ」を指摘している[31]。

　ここから看取されるのは、心神喪失等に至った被告人を裁判手続に服させ、刑を執行することは、（英米）法の「人道性（humanity）」の観点から許容しがたいこと、そして、より近代的な文脈では、その心神喪失性の判断に医学的知見が求められる反面、一般的なルールの形成が困難であることが示唆されているように

30 　4 Sir William Blackstone, Commentaries on the Laws of England 24-25 (University of Chicago Press, 1979)(1769). 引用文中ラテン語で標記されている部分があるが、これについては後記のクーリィ版を参照した。ブラックストンはこのように述べるが、絶対的な精神の障害の状態にある者（absolute madmen）については、その行為には有責性がないのであり、適切な監督なき限り行動の自由を与えてはならないとし、「次のことは、わが国古来の法理であった。すなわち、理性を喪失した者は、その心神を回復するまで、命令（forms of a commission）その他国王の格別の権限を待たずして、監禁されることもありうる、ということである」、という。Id. at 25. この問題が、被告人等に対する拘禁等、身体的拘束の問題と深い関わりがあったことを示すものといいうる。

31 　2 Thomas M. Cooley, Cooley's Blackstone 1230 n. 2 (James DeWitt Andrews, ed., 4th ed. 1899).

思われる。

（2）自由な統治（free government）における適正手続

その後、アメリカ連邦最高裁は、折にふれて心神喪失ないし知的能力が不十分である被告人に対する憲法的刑事手続保障について言及している。合衆国憲法修正第6条の弁護人依頼権が問題となった Powell v. Alabama 判決（1932年）は、白人少女に対する強姦罪に問われ、州裁判所で死刑を言い渡された黒人青年たる被告人らに対し、弁護人依頼権が保障されなかったことが争われたものであるが、連邦最高裁は、被告人らが無教育で読み書きができなかった（ignorant and illiterate）ことを認定しつつ、本件事案において被告人らには事実上弁護人の支援を得る機会がなく、実質的意味において弁護人依頼権が付与されなかったとした。そして、弁護人依頼権が修正第14条の適正手続の観念に含まれる根本的性質（「わが国の市民的・政治的制度のすべての基礎にある、自由及び正義の根本的諸原理」にかかわる性質）を持つものであり、「告知と聴取（notice and hearing）」が適正手続保障にとって基礎的な憲法上の要請となることを指摘した上で、次のようにいう。「さて、ここに聴取とは何を含むであろうか。歴史的かつ実務的にみて、少なくともわが国にあっては、権利を主張する当事者が望み、用意された弁護人による援助を得る権利が常に含まれてきたといえる。……たとえ知識があり、教育のある一般の者であっても、法律学については、知識がわずかであるか、または全くないこともある。……弁護人の援助なく放置されれば、適切な訴因によることなく裁判にかけられ、また、不十分なあるいは争点に無関係か採用しえない証拠に基づいて有罪とされる」。「被告人は、自身に対する裁判手続のあらゆる段階で、弁護人の導きの手が必要なのである。それなくしては、被告人は、たとえ有罪にならないとしても、自身の無罪を立証するすべを知らないで、有罪となる危険にさらされるのである。知識ある者についてこれが妥当するのであれば、無教育で読み書きができず、あるいは知的能力が十分とはいえない（feeble intellect）者については、どれだけよく妥当するであろうか。民事刑事いずれの事件であっても、州または連邦の裁判所が、当事者によって依頼され、その者のために出廷する弁護人を通じて、当事者の主張を聴取することを恣意的に拒否するとすれば、それは、聴取の機会（hearing）の否定であって、したがって憲法的意味での適正手続の否定であるということは、おそらく疑いえないことであろう」。「……死刑を科しうる犯罪事件において、被告人が、弁護人を選任しえず、無教育、知

的能力の不十分さ（feeblemindedness）、読み書きができないこと、等々の事由により、自己の防御を適切に成し得ないときは、それが要求されたか否かにかかわらず、適正手続の必要条件として、その者に弁護人を選任することは、裁判所の責務である」[32]。

この判示を受けて、連邦下級裁判所では、精神的に判断能力が不十分等であった被告人に関する事案で、次のように判示するものがみられるようになった。「〔自身の知らないところで投与された薬物の影響により裁判の経緯を認識できないまま有罪とされたと主張する人身保護請求者について〕もしこの主張が真であれば、法及び正義は、有罪を覆し、その者を釈放しなければならないことを要求する」。「精神的及び身体的に、防御する能力に欠ける者を裁判し有罪とすることは、自由な統治（free government）というまさにその観念に固有の、正義の不変たる諸原則に反するのである」[33]。また、ある裁判官は、公判を維持する精神的能力（mental competency to stand trial）を争点とする間接的攻撃（collateral attack）の管轄権を裁判所が有することについて、上の判示を引用しつつ強調する個別意見を執筆している[34]。このように、憲法上の適正手続保障、あるいは、刑罰権を発動する政府に対する抑制という観点──「自由な統治（free government）」──との関係で、公判維持能力（competency to stand trial）が位置付けられるようになる。

（3）公判維持能力と適正手続保障

このほか、1950年代後半には、連邦最高裁は、公判維持能力があると認定した第1審の判断を是認した控訴裁判所の判決を破棄し、当事者の公判時における精神状態に関する審理をすべく控訴裁判所に差し戻している[35]。続いて、1960年代に入り、公判維持能力の判断基準と、その適正手続保障における意味が判例法理上明確にされていく。

32　Powell v. Alabama, 287 U. S. 45, 52, 57, 67-69, 71 (1932). この事件は、事案が示唆するように、人種問題をも含むものであり、公正な刑事裁判への権利、実効的な刑事弁護の保障、証拠開示、そして適正手続の意味といった憲法的刑事手続の要請のみならず、刑事司法において人種問題や被告人の経済的地位も大きく関わる典型例として紹介される。 See ERWIN CHEMERINSKY AND LAURIE L. LEVENSON, CRIMINAL PROCEDURE 12-16 (2nd ed. 2013).

33　Sanders v. Allen, 100 F. 2d 717, 719-720 (D. C. Cir. 1938) (*quoting Powell*, 287 U. S., at 71).

34　Bishop v. United States, 223 F. 2d 582, 588 (D. C. Cir. 1955) (Bazelon, J., dissenting) (*quoting Sanders*, 100 F. 2d. 720.). 同意見では、公判維持能力の考慮要素について、「被告人が自身の状況を理解し、自身の防御を支持する能力」としている。*Id.* at 590.

35　Bishop v. United States, 350 U. S. 961 (1956). 前注の Bishop 判決の上訴審であるが、判決は匿名の法廷意見（Per Curiam）であった。

まず、公判維持能力の判断基準を示した判例として、Dusky v. United States 判決（1960年）が挙げられる。ここでは、被告人の公判維持能力を支持する証拠の証明の程度について争われたが、連邦最高裁は次のように述べ、公判維持能力の判断基準を明確にした。「当裁判所はまた、次の点についても、合衆国訟務長官の指摘に同意するものである。すなわち、地方裁判所裁判官にあっては、『被告人が時と場所を正しく判断し、事象をある程度回想しうることを認定するのみでは足りない』、ということ、そして、『判断基準は、被告人が、合理的な程度の合理的な理解力で、その弁護人に助言を求める上で十分な能力が現在するか、そして、自身に対する公判手続について、合理的な事実に関する理解力を有しているか、というものでなければならないならない』、ということである」[36]。

そして、被告人の公判維持能力に関する審理をすべきことが憲法上の権利とされたのが、Pate v. Robinson 判決（1966年）である。被告人の精神状態について、犯行時において心神喪失状態であったとして公判維持能力を争った弁護人の主張に関し、連邦最高裁は、次のように、合衆国憲法修正第14条の適正手続上、公判維持能力に関する審理が要請される場合があることを示した。「当裁判所は、〔本件被告人側に〕採用された証拠からすると、この争点〔公判維持能力をめぐる争点〕に関する審理を求める権利が、被告人に認められるものと解する。この審理をしなかった裁判所は、〔被告人から〕公正な裁判を受ける憲法上の権利を奪うことになる。……被告人の公判維持能力について、証拠上『真正の (bona fide) 疑い』が生じたときは、裁判官は、被告人の申立てにより、〔本件で問題となったイリノイ州の〕手続に従い、陪審を選任し、精神状態にかかる審理を開始しなければならない」[37]。この判決は当該事案の州（イリノイ州）法を前提とするものであったが、その後、連邦最高裁は、同判決の趣旨（公判維持能力に関する審理につき州法上の手続を発動しなかった州裁判所は、被告人の憲法上保障された公判維持能力に関する審理を否定する旨判示したもの）をふまえつつ、他州の手続との関係で、公判維持能力に関する審理手続が被告人の公正な裁判を受ける権利に合致したものであるかを審査している[38]。

36　Dusky v. United States, 362 U. S. 402 (1960).

37　Pate v. Robinson, 383 U. S. 375, 385 (1966).

38　Drope v. Missouri, 420 U. S. 162, 172-173 (1975).

2 公判維持能力をめぐる諸問題

　以上の判例から、今日では、「合衆国憲法修正第14条の適正手続条項は、公判維持能力に欠ける被告人について刑事訴追を禁止するものである、ということは、十分確立されている」、といわれる[39]。これを前提に、連邦最高裁では、公判維持能力をめぐる様々な問題が論じられてきた。

（1）個別の訴訟行為をめぐる問題

　わが国の判例で公判手続続行能力と訴訟行為能力が問題とされたのと同種の論点として、公判維持能力を認定する基準と、個々の訴訟行為にかかる基準に相違があるかが問題となった例がある。具体的には、被告人が、弁護人依頼権を放棄したり、罪状認否につき有罪の答弁をする場合に、その判断基準は、公判維持能力を判断する基準（Dusky 判決で示された基準）と同じであるのか、あるいはより厳格に判断すべきなのかが問題となった。Godinez v. Moran 判決（1993年）がそれであるが、連邦最高裁は、結論として、被告人に憲法上保障された行為等を行う能力の基準と、公判維持能力に関する判断基準とは同じものである、とした。その法廷意見によれば、どの被告人も、公判手続が開始されたなら、有罪の答弁のみならず重要な判断を様々な場面でせねばならず、有罪答弁の判断の難しさは公判中に求められるその他の判断の複雑さと同様であることや、弁護人依頼権を放棄する能力が他の憲法上の権利を放棄する能力に比べ高い水準が求められるものとはいえない、という。先例によれば、弁護人依頼権等の放棄については、公判維持能力に加えて、その放棄は意図してかつ任意に（knowing and voluntary）になされるべきことが求められるが、これは能力について高い水準を求めるものではない、などとしている[40]。法廷意見によれば、公判維持能力の焦点は公判手続を被告人が理解する能力を有しているか否かに当てられるが、弁護人依頼権等の放棄について求められる「意図してかつ任意に」の判断は被告人が自身の判断の重大性と帰結を実際に理解しているかを問うものである点等で相違があるとされる[41]。

39　Medina v. California, 505 U. S. 437, 439, 446, 453 (1992). 同判決は、州法上公判維持能力欠如を主張する被告人に対し、証拠の優越（preponderance of the evidence）により立証責任を課しても、適正手続条項に反しないとする。

40　Godinez v. Moran, 509 U. S. 389, 397-401 (1993). 先例によれば、被告人が弁護人依頼権を放棄し、被告人自らが代理人となることは、合衆国憲法修正第6条の構造に含意されているのであり、それが認められるのは、「被告人が『意図してかつ理知的に（knowingly and intelligently）』」これらの利益を放棄する場合でなければならない。See Faretta v. California, 422 U. S. 806, 819-820, 835 (1975).

792

（2）公判維持能力保持のための強制的措置

公判維持能力に関しては、州が被告人のこの能力を維持するためにとった措置の合憲性も問題となっている。Indiana v. Edwards 判決（2008年）では、弁護人が付されれば公判維持能力があるとされる被告人が、本人訴訟として（自らを代理人として）訴訟を追行するには能力が欠ける場合に、被告人の本人代理権を否定し、弁護人による公判追行を州が憲法上強要しうるか、が問題となった。連邦最高裁は次の点を指摘し、これを肯定した。第一に、公判維持能力に関する先例で示された能力判断基準は弁護人による代理が前提とされ、その重要性が強調されてきたこと、第二に、弁護人を付された被告人が訴訟を追行しうるかという問題と、公判に臨む被告人に本人代理が認められるかという問題は、単一の能力判断基準で決するべきではないこと、第三に、公判で本人代理をする権利は、弁護人を付されないで防御する精神的能力に欠ける被告人にとって、その尊厳を否定する可能性があること（被告人の精神状態が不安定なため、本人代理によって生ずる事態は、屈辱的にも高貴なものにもなりうること、さらに、弁護能力欠如により不適切な有罪判決等がもたらされるおそれがあり、公正な裁判という憲法的基礎を損ないかねないことなど）、である[42]。

このほか、やや特殊な例として、幻聴等の症状のある被告人が、公判において心神喪失の主張をしたいにもかかわらず、州の拘禁施設の医師によって処方される薬によって真の精神状態を陪審に立証することができなくなり、投薬が公判における被告人の振る舞いや精神状態に影響し、適正手続が否定されているなどとして争われたものがある。連邦最高裁は、刑事施設被収容者（prison inmate）がその意に反して強制的に投薬を受けない利益は修正第14条の適正手続条項で保障されるとした先例をふまえつつ、圧倒的正当化と医学的適切さにかかる判断なくして強制的投薬は許容されない、などとして、原審がその認定をしていないとして破棄差戻しをした[43]。ただし、同じ強制的投薬の事例でも、その目的が公判維持能力を保持するためだけでない場合（例えば自傷他害のおそれ等）には、被告人の意に反する場合でも憲法上許容される場合があるとしたものがある[44]。

41　*Godinez*, 509 U. S. 401 n. 12.
42　Indiana v. Edwards, 554 U. S. 164, 174-178 (2008).
43　Riggins v. Nevada, 504 U. S. 127, 129, 133-135 (1992).
44　Sell v. United States, 539 U. S. 166, 169, 181-183, 186 (2003).

3 公判維持能力の回復可能性

そして、アメリカにあっても、わが国の平成7年2月決定と極めて類似した事案で、公判維持能力の回復可能性が極めて低い被告人に関するものがある。Jackson v. Indiana 判決（1972年）は、知的障害を有するろうあ者の被告人で、その知的能力が就学前の児童と同程度のものに関する事案である。被告人は、強盗の罪で起訴されたが、読み書きができず、極めて限定的な手話のほかはコミュニケーション手段がない状態にあった。被告人が罪状を否認する答弁をしたが、公判維持能力判断のための審理手続がとられたところ、被告人は防御する上で十分な理解力を欠くとされ、心神喪失状態が回復したことが認められる時まで、州の精神衛生施設に収容されることとなった。弁護人は、被告人が心神喪失の状態にあるとも公判維持能力を有する程度の状態にあるとも立証されていない状況では、被告人は有罪とされずに終身刑に服することとなり、修正第14条の適正手続および平等保護等に反するとして、再審理（new trial）を申し立てた。連邦最高裁は、もっぱら被告人が公判維持能力に欠けるという理由で、被告人を無期限に拘禁することは憲法上許されない、とした。「当裁判所は、したがって、州によって刑事訴追された者であって、もっぱら公判維持能力に欠けるという理由で収容されたものは、予見しうる将来においてその能力を獲得できる相当の蓋然性の有無を決するのに必要とされる合理的な期間を超えて、拘束されてはならない、と判断する。もしその蓋然性がないと判断されるならば、州は、その他市民を無期限に拘禁するのに要求される通常の行政的拘禁手続（civil commitment proceeding）を開始するか、または被告人を解放しなければならない。さらに、たとえ被告人が近く公判維持能力を有する見込みがあると判断されたとしても、その者を引き続き拘禁することは、〔能力達成という〕目的にむけた進捗状況に照らして正当化されなければならない」[45]。

4 小括——憲法的刑事手続の基本構造と公判維持能力

以上、極めて限られた範囲ではあるが、アメリカ合衆国の議論状況を概観した。各判例から示される法理についてはなお検討の余地があるが、ここでは、これらから看取しうるものとして、公判維持能力（competency to stand trial）の問題

45　Jackson v. Indiana, 406 U. S. 715, 717-720, 738 (1972).

794

とは、アメリカにあっては、刑事裁判における憲法上の適正手続保障に深く根ざす問題として論じられてきたという点に、注目しておきたい。

合衆国憲法修正第14条第1節の適正手続条項解釈については、かつての判例法理では、コモン・ロー上見出される「公正な手続に関する中核的諸原理」に従うべきことが指摘されていたが[46]、公判維持能力にかかるコモン・ロー上の判断基準とは、被告人自身に対する訴追手続の性質と目的を理解し、合理的な防御をなしうる能力に焦点が当てられたものとされる。その機能として、司法判断の正確性の確保、刑事手続の外観上の公正性の確保に加え、国家は、被告人が自身の行為に関し道徳的問責性（moral reprehensibility）を認識する蓋然性が存する場合にのみ、刑罰を科すことが正当化される、という観念があるとされる[47]。さらに、公判維持能力に欠ける被告人を刑事訴追しないことの前提には、その訴追が、①被告人を有責な主体として処遇せず、国家がその目的実現のための客体として処遇する点で、刑事手続の道徳的尊厳性（moral dignity of the process）に反すること、②刑事手続の信頼性を損ないうること、③被告人が、その防御または事件の処理に関し一定の決定をなしうる権能を有すべきであるという自律性（client autonomy）とも抵触しうることも指摘される[48]。

歴史的には、心神喪失者等に対する刑事手続の発動が法の「人道性（humanity）」に反する趣旨が示唆されていたことや、公判維持能力の判断基準として、「被告人が、相当な程度の合理的な理解力をもって自身の弁護人に助言を求める十分な能力が現に存在するか、そして、自身に対する訴訟手続に関し合理的で実際上の理解力を有しているか」（Dusky判決）、という、比較的高度と思われる判断能力を要求していたのは、「人の身体の不当な拘束（逮捕・監禁等）またはその威嚇は、国家権力による人の自由の侵害行為」として古典的かつ強力なものであるからこそ[49]、対審構造を採用する刑事司法手続において、これに対峙する主体としての被告人には相当程度の能力が要求される一方、その能力が不十分とされる者については、むしろ刑事手続を発動しないとすることが、「司法の対審構造にとって核心的である」[50]とされたもののように思われる。その背後には、公権

46　WAYNE R. LAFAVE ET. AL., CRIMINAL PROCEDURE 61 (5th ed. 2009).

47　*See* Note, *Incompetency to Stand Trial*, 81 HARV. L. REV. 454, 457-459 (1967).

48　Richard J. Bonnie, *The Competence of Criminal Defendants: Beyond* Dusky *and* Drope, 47 U. MIAMI L. REV. 539, 551-554 (1993).

49　初宿・前掲注（1）376-377頁。

力による刑罰権行使の抑制的運用という、「自由な統治（free government）」への視点があったともいえるであろう。このように、訴訟能力論は、憲法的刑事手続、とりわけ適正手続保障の法構造に深く関わっているということを、ここではひとまず確認しておきたい。

　これとの関連で、アメリカでは、Jackson v. Indiana 判決の事案が示していたように、公判維持能力を欠くとされる被告人が（行政的な）施設収容の対象とされること（civil committability）が問題とされ、その文脈で、公判維持能力を欠く被告人が、治癒可能性もなく施設収容の対象性にも欠ける場合に、それでもなおその者の身体を拘束することは、「実体的適正手続保障の要請（requirements of substantive due process）」に反するとの指摘があることも留意しておきたい[51]。わが国の訴訟能力論に関しては、今のところ、行政上の施設収容が直接問題とされてはいないが[52]、平成７年２月決定の千種裁判官補足意見や平成28年判決が示したように、訴訟能力を欠くとされ公判手続停止とされた被告人が、その後も訴訟能力が回復されない場合に、裁判所として、手続を最終的に打ち切ることができることとされる憲法的根拠は、やはり、こうした人身の自由に関する適正手続保障の要請の一つと捉えることが可能であるように思われる。こうして、訴訟能力論の問題は、憲法的刑事手続の基本構造の中に位置付けられていくことになる。

四　訴訟能力論の憲法的検討の可能性

　以上、刑事訴訟法に関して全くの素人ながら、限られた範囲であるが訴訟能力をめぐる裁判例を概観した。最後に、本稿が注目してきた二つの論点――①訴訟能力の意義と、②訴訟能力に欠ける場合の措置のあり方――に即して、若干の検討をしておきたい。

50　Drope v. Missouri, 420 U. S. 162, 171-172 (1975).

51　*See* Note, *supra* note 47, at 463-464.

52　ただし、わが国でも、公判手続停止期間中における心神喪失状態の治療等の訴訟能力回復のための取組みや裁判が打ち切られた後の被告人の処遇等については、福祉的支援が必要とされるなどの課題も指摘されている。岩井・前掲注（28）138頁、暮井・前掲注（５）12-13頁、中島直「訴訟能力と精神鑑定」訴訟能力研究会編・前掲注（５）所収110頁、118頁など参照。触法高齢者・障害者をめぐる福祉的支援については、菊池馨実「司法福祉と社会福祉」日本社会保障法学会編『新・講座社会保障法第３巻　ナショナルミニマムの再構築』（法律文化社、2012年）所収311頁など参照。

1 訴訟能力の意義

訴訟能力の判断は、精神医学の知見等が極めて重要であるとされ、また、わが国の文脈についていえば、具体的な裁判例の分析が不可欠であるが[53]、まず、訴訟能力が問題になる被告人の事情・状況は極めて多様であるということが指摘される[54]。そもそも、障害者への国家的配慮とは、その性質上、「差異に対する鋭敏さ（responsiveness to difference）」が求められるといえる[55]。しかし、訴訟能力の判定は、被告人の裁判を受ける権利ないし適正手続保障に大きな影響を与えるものであって[56]、また、訴訟能力が問題となる「場」の特質も看過してはならない。すなわち、刑事訴訟とは、現在の法廷とは時間的・空間的に離れた、過去の特定時点・場所での犯罪行為について論ずる「場」であり、単純な事案であっても、時間的・空間的に別の場面での出来事について論ずるということ自体、「既にそれなりの抽象的能力を必要」とする。つまり、「実生活空間と訴訟空間との間には大きな性格の違い」がある、ということである[57]。日本国憲法は、適正手続保障を掲げ（31条）、刑事被告人の公平な裁判を受ける権利を保障し（37条1項・32条）、刑事裁判を含め対審による公開裁判を原則とすることで（82条1項）、当事者主義的な対審構造を通じた適正手続保障の確保を求めるが、以上の点で、様々な障害をもつ被告人の状況に慎重な配慮を図りつつ、憲法が本来予定する刑事裁判の基本構造をふまえた対応が求められる。

　本稿がみたアメリカ法の伝統によれば、心神喪失等の状態にある者を公判手続

53　精神医学の知見の重要性につき、中島・前掲注（52）、中田修「拘禁反応と訴訟能力」精神医学8巻2号（1966年）113頁など参照。裁判例については、指宿信「訴訟能力判断をめぐる実務の動き」訴訟能力研究会編・前掲注（5）所収66頁、金岡繁裕「訴訟能力に関する刑事裁判例研究」訴訟能力研究会編・前掲注（5）所収92頁のほか、尾形・前掲注（5）「障害者の権利保障」でも若干検討した。

54　指宿・前掲注（53）90頁。ブラックマン（Harry A. Blackmun）裁判官は、連邦最高裁の判例法理上、訴訟能力の評価は、手続の文脈と趣旨に応じて調整されるべきものと解していた。See Godinez v. Moran, 509 U. S. 389, 413 (1993) (Blackmun, J., dissenting).

55　See Tennessee v. Lane, 541 U. S. 509, 536 (2004) (Ginsburg, J., concurring). 筆者自身の見解として、尾形・前掲注（5）「障害者法をめぐる憲法的一思考」及び尾形健『福祉国家と憲法構造』（有斐閣、2011年）128頁を参照されたい。

56　1966年の論文であるが、中田・前掲注（53）117頁は、精神医学では、訴訟無能力を非常に厳しく制限するのが一般的である、としていた。精神疾患のほとんどは犯行当時からその状態にあり、責任無能力者として無罪の言渡しを受ける可能性が大きいのに、訴訟無能力として公判手続停止とされると、未決のまま長くその状態にあることになり、それは被告人に決して望ましいこととは考えられない、とされる。

57　川口・最判解134-135頁。

に服せしめることは、「極めて非人道的でかつ無慈悲なもの（extreme inhumanity and cruelty）」とされ（クックの言葉）、防御をなしうる精神的・身体的能力を欠く者の公判と判決言渡しは、「自由な統治というまさにその観念に固有の、正義の不変たる諸原則に反する」[58]。こうして、「その精神状態が、自身に対する裁判手続の性質及び目的を理解し、弁護人に助言を求め、自身の防御ため手を貸す能力を欠いている者について、公判手続に服せしめてはならないことは、長きにわたり受容されてきた。……このような制限は、司法の対審構造（adversary system of justice）にとって核心的である」[59]。そして、訴訟能力を慎重に判断する手続を尽くさないことは、適正手続に反するとされ[60]、そこでの能力の判断基準は、「被告人が、合理的な程度の理解力で、その弁護人に助言を求める上で十分な能力が現在するか、そして、自身に対する公判手続について、合理的な事実に関する理解力を有しているか」、という、刑事裁判という「訴訟空間」に相応しい能力のあることが求められる[61]。

　このように考えると、わが国憲法の下であっても、訴訟能力判断の基本としていえば、被告人には一般的・抽象的・言語的な理解能力ないし意思伝達能力が必要であるとせざるを得ないように思われる[62]。ただ、憲法は、公平な刑事裁判実現の主宰者として裁判所を予定しており（37条1項、76条1項・3項。なお最大判平23・11・16刑集65巻8号1285頁〔裁判員制度合憲判決〕も参照）、弁護人依頼権を重要な権利として保障する（34条・37条3項）ことから、訴訟能力判断には、弁護人の助力や裁判所による後見的役割もある程度考慮する余地もあろう[63]。ただし、訴訟能力は事件の内容や被告人の状況に応じて多様でありうるから、以上を前提としつつ、精神医学の知見等もふまえながら慎重かつ個別具体的に検討せざるを得ず、訴訟能力概念の段階的ないし多様な把握も重要となる[64]。こうして、裁判所は、弁護人の弁護活動や裁判所の後見的関与を必要に応じて考慮し、「具体的に被告人の自己の立場の理解の程度、状況判断、供述や対応の的確性などを見極

58　Sanders v. Allen, 100 F. 2d 717, 720 (D. C. Cir. 1938).
59　Drope v. Missouri, 420 U. S. 162, 171-172 (1975).
60　Pate v. Robinson, 383 U. S. 375, 385 (1966).
61　Dusky v. United States, 362 U. S. 402 (1960).
62　川口・最判解133-135頁。本文の思考は、中谷・平成10年度最判解24頁にいう「抽象的・言語的理解能力説」に近いものといえるように思われる。
63　川口・最判解134頁、暮井・前掲注（5）13-14頁参照。
64　暮井・前掲注（5）11-12頁。

め、担当医師や精神医学等の専門家に鑑定意見を求めるなどして、被告人に訴訟能力が欠如しているかどうかについて、慎重に審理を尽くすべきである」（平成28年判決の池上政幸裁判官補足意見）。

2　訴訟能力に欠ける場合の措置のあり方

次に、訴訟能力に欠ける場合の措置のあり方であるが、この点については、かつてのわが国の裁判例では、訴訟能力に欠ける被告人に対しては、起訴状謄本の送達は無効であるとして（刑訴法271条2項参照）、刑訴法339条1項1号により公訴棄却の決定をなすべきものとするものがみられた[65]。そのほかのありうる措置として、次のような議論があった[66]。まず、①刑訴法338条4号（公訴提起の手続がその規定に違反したため無効であるとき）を準用し、公訴棄却判決とすべきとの説があり、これは、公判手続の構造的基礎が失われたことを理由にするものや[67]、公訴提起後に回復不能が明らかになったときは事後的に公訴を棄却すべき事情が生じたとするか[68]、または、検察が公訴取消しをしない場合（刑訴法257条等参照）、裁判所は訴訟係属を形式的に放置する結果となり、訴訟の主宰者として職責を全うできないことから、形式的な訴訟係属を解消することを理由とするものなどがあるようである[69]。次に、②刑訴法339条1項4号（被告人が死亡し、又は被告人たる法人が存続しなくなったとき）を準用して公訴棄却決定とする説があり、これは、被告人死亡の場合に準じた措置とされる[70]。また、③刑訴法339条1項3号

65　例えば、三条簡裁決昭34・8・18判時199号36頁、東京高決昭34・10・21下刑集1巻10号2131頁、宇都宮地決昭38・8・30下刑集5巻7・8号819頁など参照。ただしその理論的問題も指摘され、今日この手法をとる裁判例はみあたらないようである。法曹会編『例題解説刑事訴訟法（一）〔三訂版〕』（法曹会、1998年）20-24頁参照。

66　議論状況につき、さしあたり指宿・前掲注（5）132-133頁、暮井真絵子「訴訟能力の回復見込みがないとして公訴棄却した原判決を破棄・差し戻した事例」季刊刑事弁護86号（2016年）119頁、121頁、松代剛枝「訴訟能力欠如を理由とする公訴棄却の適否」ジュリスト1505号（2017年）192頁、193頁など参照。裁判所による公訴取消し等に批判的な立場として、土本武司「訴訟能力の欠如と公訴棄却」捜査研究757号（2014年）10頁参照。

67　松尾浩也『刑事訴訟法（上）〔新版〕』（弘文堂、1999年）151-152頁。

68　青木紀博「判批」判例評論448号76頁、79頁（判例時報1561号230頁、233頁）、高田昭正「訴訟能力を欠く被告人と刑事手続」ジュリスト902号（1988年）39頁、43頁。ただし、青木学説は、後述の高田事件最高裁判決の趣旨にならった免訴判決の可能性にも言及している。

69　長沼範良「訴訟能力に疑いがある場合と公判手続の停止」ジュリスト1108号（1997年）114頁、118頁。

70　鈴木茂嗣『刑事訴訟法〔改訂版〕』（青林書院、1990年）44頁、126-127頁。この点を指摘するものとして、暮井・前掲注（66）121頁、松代・前掲注（66）193頁、渡辺咲子「被告人の訴訟能

（公訴が取り消されたとき）により公訴棄却決定とする説があり、これは、裁判所が検察官に公訴取消しを要請し、それができない場合、裁判所は訴訟の主宰者として、非常事態として代替的に公訴を取り消したものと擬制し、同号によって処理しようとする[71]。そして、④高田事件最高裁判決（前掲・最大判昭47・12・20）のように、被告人に帰責しない事由で裁判が長期化した場合には、免訴判決によるべきとする説がある[72]。

　以上のうち、平成28年判決は①説によったといえるが、ただ、その論拠として、「事案の真相を解明して刑罰法令を適正迅速に適用実現するという刑訴法の目的（同法1条）」を挙げる。しかし、訴訟能力回復の見込みがない場合の措置について、刑訴法は直接には規定を置いていないのであるから、本稿の見地からは、そのような措置を裁判所がとることについて、憲法的論拠を考察する余地はあるように思われる。

　適正手続保障（憲法31条）の意義に立ち返るならば、少なくとも、国家が、私人に対し、刑事被告人としての地位を強い続けることが許されるのは、それが当該刑事訴追追行という目的との間で合理的関連性がある場合に限られる、というべきであろう。わが国刑訴法314条1項本文との関係でいえば、当該被告人が、将来において訴訟能力を回復する相当の蓋然性があるかどうかを決するのに必要な期間を超えて公判手続停止が及ぶ場合、そのような状態に被告人を置き続けることは、適正手続保障の観点から極めて問題がある。そして、自身の無実を証明する機会を決して得ることのないまま、被告人を無限に訴追状態におくことは、迅速な裁判を受ける権利（憲法37条1項）及び適正手続保障を否定するものというべきであって、そのような場合、訴追そのものが否定されるべきであろう[73]。この点で、平成28年判決の第1審たる前掲・名古屋地裁岡崎支判平26・3・20が、次のように述べていたことに注目しておきたい。すなわち、裁判所は、訴訟能力回復の見込みがない場合、「公判手続の停止を継続し、刑事被告人の地位を半永久的に強制することは、被告人の迅速な裁判を受ける権利（憲法37条1項）を侵害し、適正手続の保障（憲法31条）にも反するおそれがあるだけでなく、事

　　力」井上正仁編『刑事訴訟法判例百選〔第8版〕』（有斐閣、2005年）118頁、119頁など参照。
[71]　指宿・前掲注（5）133頁。
[72]　青木・前掲注（68）79頁（判時1561号233頁）。なお渡辺・前掲注（7）『刑事裁判と防御』167頁参照。
[73]　以上につき、*See* Jackson v. Indiana, 406 U. S. 715, 738, 740 (1972).

案の真相を明らかにし、刑罰法令を適正かつ迅速に適用実現するという刑事訴訟法の目的（1条）にも反することになる」（傍点筆者）。

しかし、例えば聴覚障害者が被告人の事例で問題となったように、「捜査・公訴・裁判手続いずれも被告人の理解・意思表示・権利行使を無視して行われているもので、捜査権限を含む公訴権及び裁判権の不当な行使によって、被告人の黙秘権・弁護人依頼権のみならず『包括的防御権』が侵害された」場合にあっては、裁判追行の瑕疵を重く見て、高田事件最高裁判決に即し、免訴という措置もありうるように思われる。もちろん、このような事由は現行法上免訴事由とされていないが、「司法が自らの瑕疵を正す責務は憲法76条の『司法権』に内在する」、というべきであろう[74]。

五　むすびにかえて

以上、はなはだ素人作業ではあるが、刑事訴訟法学における訴訟能力論を手がかりに、障害者の権利保障のあり方について、憲法的刑事手続の観点から検討を試みた。本稿の結論は、さしあたっては、憲法の予定する刑事裁判の基本構造と権利保障の意義に立ち返り、古典的な手続保障によりつつ多様な障害を持つ被告人の状況に、鋭敏に対応していくという、少々逆説的なものとなった。ただ、障害者と刑事裁判に関する問題は、本稿で取り上げた公判手続等の問題のみならず、捜査段階でも問題となりうるものであって、その意味で、なお解明すべき課題が山積していることは、筆者自身痛感している。

初宿正典教授は、その概説書『憲法2　基本権』において、裁判を受ける権利について論及される際、「被害者等の公訴請求権」に言及され、勾留期間中の精神鑑定により心神耗弱として起訴猶予となる場合に関し、「起訴猶予処分がなされても、被疑者の行為は《前歴》として残るとされているため、被疑者が被疑事実そのものを争っている場合には、起訴猶予処分が被疑者の利益に適っていると

74　渡辺・前掲注（7）『刑事裁判と防御』166-167頁。なお、ここでの手続打切りは、法定列挙事由によらない措置であり、刑訴法学では「非類型的訴訟条件」とされるかと思われるが、訴訟条件の欠如という点で、刑訴法338条4号により公訴棄却の裁判に一本化すべきことが説かれている。ただし、免訴か公訴棄却かは、一事不再理効について違いが生じうるとされる（以上に関する議論につき、さしあたり田宮裕『刑事訴訟法〔新版〕』（有斐閣、1996年）226頁、448-451頁参照）。

は必ずしも言えない場合がありうる」ことを指摘され、「被疑者が被疑事実その
ものを争っている場合には、被疑者が起訴とか不起訴の意味を理解し、かつ自己
を防禦するだけの判断能力がある限りにおいて、被疑者自身に積極的に裁判を請
求する権利を認めることが適切と考えられる場合がある」とする見解があること
に言及され、この場合、被疑者は憲法32条に保障された権利の行使として、検察
官に対し、公訴提起を請求する権利がありうる（逆に検察官は、原則として被疑者の
同意がある場合のみ起訴猶予処分とすることができ、そうでない限り公訴を提起する義務
を有する）可能性を述べられた[75]。残念ながら、本稿はこの慧眼に応答するものと
なっていないが、本稿が対象とした障害者と刑事裁判の問題は、実に多様な側面
があり、憲法が保障する権利のあり方に再考を促す潜在的契機を秘める広い裾野
がある領域であることをご教示いただいた指摘として、引き続き考察を深めたい
と考えている。

　　［**追記**］　脱稿後、平成28年判決の調査官解説（川田宏一・ジュリスト1520号〔2018年〕
　　108頁）に接した。

75　初宿・前掲注（1）498-499頁。

「教育格差」社会における憲法第26条の「教育を受ける権利」に関する考察

梁　　邵　英

一　はじめに
二　「教育」の意味と憲法第26条の位置づけ
三　「教育機会の不平等」と「格差の固定化」
四　「格差」をめぐる論争と「教育格差」の行方
五　おわりに

一　はじめに

　「格差社会」という言葉が使われるようになってから二十年が経った。日本で「格差」という論争に火を付けたのは、1998年に発刊された橘木の『日本の経済格差』[1]である。それ以後、2006年には「格差社会」という言葉が「日本新語・流行語大賞」のトップテンに入るほど国民の生活にとって馴染みのある言葉になった。現在も進行中である日本の格差は、生活全般にわたって現れるようになっている。都市と地方間での情報格差をはじめ「地域格差」、「経済格差」、「所得格差」、「教育格差」、「若年者の格差」など様々な格差が社会の隅々に存在している。その中でも「教育格差」[2]は、親の収入などによる経済的格差が教育環境に反映される問題であり、生まれ育った環境により、受けられる教育に格差が生じてしまうことを意味する[3]。また、「教育格差」は、技術的、中立的用語として使用されるが、階層に関する「教育不平等」の要素を含む概念として捉えられる場合

1　橘木俊詔『日本の経済格差　所得と資産から考える』（岩波新書、1998年）
2　「教育格差」というの言葉は、きちんとした定義がなく学術的な専門用語ではなく、「教育不平等」現象を示す日常的な用語である。この言葉が持つ含意として、本人の知的能力・学習意欲・努力といった本人にかかわる格差と、親の所得水準や学歴や文化資本といった家庭にかかわる格差に分けられるが、本稿では後者に焦点を絞って議論を展開する。
3　前川史彦「日本における教育の格差」『経済政策研究』第7号（2011年、香川大学経済学学部経済政策研究室）65頁。

もある。本稿では個人の知的能力、社会経済的背景、性別、地域、制度的要因、学校の特性など様々な要因によって発生する個人間、集団間の格差を意味する。

　その間、「教育」の役割は、階層間の移動の梯子の役割を果たして来たといっても過言ではない。しかしながら、今日の「教育格差」は、「経済格差」から生み出されたものが多く「多様な格差」の背景[4]となり、その結果、「教育」を通じて、「公正な競争」、「平等な機会」を期待し難い社会になりつつある。さらに、親が属している社会階層の経済・文化・社会的資本が後の子どもの成績、学歴、学閥に転換されるようになり、機会均等を前提にする業績主義という理念はもはや支持を得られない社会的雰囲気になっている。

　隣国の韓国では、このような格差論の一つの現象として「スプーン階級論」が登場した。これは、「裕福な家庭に生まれる（Born with a silver spoon in one's mouth）」という西洋の話を借りた表現で、人が生まれた家庭環境を「金の匙」、「銀の匙」、「銅の匙」、「土の匙」に区分する貧富の差の例えである。つまり、裕福な家に生まれるということで、根から苦労を知らない環境で育つことや受けられる教育の質の差で学歴格差が生じていることにより、結局、将来の経済格差につながることを指している。

　そこで、本稿では子どもの「教育格差」は、成人後の格差の要因となるため、生まれた環境により、その後の人生が決まってしまうという懸念から、憲法第26条の「すべて国民は、法律の定めるところにより、その能力に応じて、ひとしく教育を受ける権利を有する。」規定の保障範囲と「その能力に応じて」、「ひとしく」の意味を再検討し、「教育格差」がもたらす貧困の再生産や社会の両極化と固定化について国家の責務を考察する。

4　「格差問題」とは実のところ「経済格差」つまり「貧困問題」のことであったというのは、ほぼ常識に近づきつつある。「格差社会」という言い方が「貧困」を覆い隠しているとする。湯浅誠『貧困襲来』（山吹書店、2007）58頁以下；日本ではときに次のような特別な意味でつかわれていることがある。
　　・偏差値の高い高校と低い高校との間にある格差のこと。さらに公立の学校と私立の学校の入学金や授業料の格差のことをさすと同時に、それらの教育内容の格差
　　・私立学校や塾がたくさんあり、学校や塾を選べる都市とそれができない地方の格差
　　稲葉茂勝、『教育格差』（2008年、ほるぷ出版）30頁。

二 「教育」の意味と憲法第26条の位置づけ

1 「教育」とは何か

(1)「教育」の意味と語源

「教育」の定義について、多くの思想家や教育家が様々な視点から議論してきたが、必ずしも定説があるといえない。カント（Immanuel.Kant）は、「人間は、教育されなければならない唯一の被造物である」[5]と説き、「教育」は人間にとって必要不可欠なものと定めた。「教育」の語源について日本語の辞書では、「ある人間を望ましい姿に変化させるために、身心両面にわたって、意図的、計画的に働きかけること」とされており、より具体的な例を交えて「知識の啓発、技能の教授、人間性の涵養などを図り、その人のもつ能力を伸ばそうと試みること」[6]と定義されている。

一方、「教育」を意味する英語のeducateは、ラテン語のeduce（引き出す）から来たeducareを語源である。つまり、植物や動物などに肥料や水をやりながら「育てる」という意味合いを持ったものであった。その後、子どもを養い育てるといった「養育」を意味するようになり、さらに今日の「教育」といった意味でも使われるようになった。日本語の「そだつ」は、「巣立つ」を語源としているものと考えられ、人間などの生物が成長することをも意味しているのである。こういったことから「教育」とは、親が子どもを養い育てる生物的な子育てに始まったのが、やがて社会の一員としての社会的・文化的行動様式を教えるという意味を持つようになり、「教育」の概念が成立してきたものと考えられる[7]。「教育基本法」第1条では、「教育は、人格の完成を目指し、平和で民主的な国家及び社会の形成者として必要な資質を備えた心身ともに健康な国民の育成を期して行われなければならない」と規定している。「人格の完成」というのは、個人の価値と尊厳との認識に基づき、人間の具えるあらゆる能力を、できる限り、しか

---

5 "Man is the only being who needs education ("Der Mensch ist das einzige Geschöpf, das erzogen werden muss.")." Immanuel Kant (trans by A. Churton), Education, The University of Michigan Press, 1971, p. 1.

6 https://dictionary.goo.ne.jp/jn/55770/meaning/m0u/ goo 国語辞書。

7 伊藤博「教育史・教育思想の概観からの教育の方法・Method of Teaching Based on the History and Ideology of Education」、豊岡短期大学論集 No.13（2016年）1～2頁。

も調和的に発展せしめることである（「教育基本法制定の要旨」昭和22年文部省訓令）。さらに、真、善、美の価値に関する科学的能力、道徳的能力、芸術的能力などの発展完成、人間の諸特性、諸能力をただ自然のままに伸ばすことではなく、普遍的な規準によって、そのあるべき姿にまでもちきたすことでなければならない（「教育基本法の解説」）としている[8]。

また、UNESCO の「教育上の差別禁止に関する協約（UNESCO's Convention against Discrimination in Education of 1960）」第１条の２項では、「〈教育〉という用語は、すべての類型及び水準を指し、教育へのアクセス、教育の基準と質、それが与えられる条件を含む」としている。

（2）憲法における「教育」の意味

憲法学において「教育」の意味は、憲法的人間像にふさわしい憲法的市民、つまり、国家共同体の拘束性を持つ尊厳な人格体（Person）の形成を目的にするとき、憲法が求める教育の意味であるといえる（教育の意味と目的）。また、このような憲法的市民を形成するために、デューイ（J. Dewey）の表現を借りて説明すると、「すでに市民」である彼らの個人的な経験の再構成に基づいて国家共同体の理念と秩序ないし文化遺産、そして、世界の普遍的価値と知識などと調和され伝承または継承が可能な時、憲法的観点では、意味がある「教育」といえる[9]。

一方、憲法第26条の「教育」をめぐって、その意味を学校教育（教育基本法第6条）[10]に限らず、社会教育（教育基本法第12条）[11]を含むとし、「教育を受ける権利」における「教育」は、人権の尊重を基調とする民主主義の教育でなくてはならないとする意見がある[12]。

1976年「旭川学テ事件」の判決では、「教育は、子どもが〈自由かつ独立の人

---

8 http://www.mext.go.jp/b_menu/kihon/about/004/a004_01.htm 文部科学省の教育基本法の資料室 HP。

9 Seok-No, Hong. "The Constitutional Concept and Characteristics of the Right to Education", Public Law, Korean Public Law Association Vol. 42, No. 4, Jun. 2014. p. 120.

10 【教育基本法 第6条】法律に定める学校は、公の性質をもつものであつて、国又は地方公共団体の外、法律に定める法人のみが、これを設置することができる。

11 【教育基本法 第12条】個人の要望や社会の要請にこたえ、社会において行われる教育は、国及び地方公共団体によって奨励されなければならない。

　　2　国及び地方公共団体は、図書館、博物館、公民館その他の社会教育施設の設置、学校の施設の利用、学習の機会及び情報の提供その他の適当な方法によって社会教育の振興に努めなければならない。

12 宮沢俊義（著）、芦部信喜（補訂）『全訂 日本国憲法』（日本評論社、1978年）276頁。

格〉として成長するうえで不可欠のサービスである（最大判昭和51・5・21刑集30巻5号615頁）」とし、自律的に生きる人間となるうえで民主政治に参加する能力と資質を備えるためにも自由独立の人格となるための「教育」が必要とされる。

　なお、最高裁は、このような「一個の人間として、また一市民として、成長、発達し、自己の人格を完成、実現するために必要な学習をする固有の権利」としての「学習する権利」をすべての子どもが有しており、この学習権に対応して「その充足をはかりうる立場にある者」は子どもを教育する「責務」を有する[13]としている。

（3）「教育の目的」と「教育の変遷」

　教育の目的は、大きく分けて、二つの基本的な柱がある。一つは、人が生きていくためには何らかの労働に従事して収入を得られなければならない。それを仕事の遂行と理解すると、教育を受けることによって知識と技能を高め、仕事を効率的に行えるようにするということである。もう一つは、人間が社会のなかで生きていくにあたり、法律を侵さない、他人に迷惑をかけないなど、社会や他人との接し方を教育から学び、よりよい価値観や社会観、道徳観をもてるようにすることである。この二つの目的のため、人間は以下のような教育方法を編み出したのである。

　18世紀までのヨーロッパにおける教育方法や、日本の江戸時代における寺子屋などでの教育方法は、個別教授が原則だった。その後、ヨーロッパでは中世や近世に大学が創設され、日本では江戸時代に藩校が作られるようになり、中等・高等教育のさきがけとなった。1885年（明治18年）、明治政府で初代森有礼が就任し、小学校から大学（帝国大学）までを法律で規定したことで、本格的な学校教育が始まった。

　学校教育が広く普及、拡大した理由として、教育学的な視点[14]からは、次の三つがあげられる。第一に、文字文化が普及したことにより、教育が容易になった点、第二に、身分社会から階級社会に変容したことで人々は努力や才能によって階級を変えることが可能となり、教育がその役割を担うこととなった点、最後に、国民国家が形成されるようになったため、国が学校教育の普及に努めるようになった点があげられる。これらの理由はヨーロッパを念頭に置いたものである

13　最大判昭和51.5.21刑集30巻5号633頁。
14　教育学者である広田照幸の『ヒューマニティーズ教育学』（岩波書店、2009年）参照。

808

が、日本での明治時代における教育の整備も、同様の理由で説明できる[15]。

2　憲法第26条の位置づけと「教育を受ける権利」の法的性格
（1）憲法第26条の趣旨及び位置づけ

憲法第26条の１項では、「すべて国民は、法律の定めるところにより、その能力に応じて、ひとしく「教育を受ける権利」を有する。」二項では、「すべて国民は、法律の定めるところにより、その保護する子女に普通教育を受けさせる義務を負ふ。義務教育は、これを無償とする。」と、定めている。

本条の趣旨は、教育は、個人が人格を形成し、社会において有意義な生活を送るために不可欠な前提をなし、人間が人間らしく生きていくために必要なものとし、この意味で「教育を受ける権利」の保障は、憲法第25条の生存権の保障における文化的側面をなすものであるとしている。憲法第26条を具体的に解釈すると以下のとおりある。

（a）「すべての国民は」　「教育を受ける権利」は、その性質上、子どもに対して保障される。その権利の内容は、子どもの学習権を保障したものと解される。子どもの「教育を受ける権利」に対応して、子どもに教育を受けさせる責務を負うのは、第一次的には親ないしは親権者である。26条二項が、「すべて国民は、法律の定めるところにより、その保護する子女に普通教育を受けさせる義務を負ふ」と定めているのは、そのことを明示している。また、「教育を受ける権利」の社会権としての側面として、国は、教育制度を維持し、教育条件を整備すべき義務を負う。この要請を受けて、教育基本法および学校教育法等が定められ、小・中学校の義務教育を中心とする教育制度が設けられている[16]。

あるいは「教育を受ける権利」の主体である国民の中心をなすのは、親権者の保護にかかる子どもであるといわれる[17]。外国人の子どもが「教育を受ける権

15　橘木俊詔『日本の教育格差』（岩波新書、2010年）106頁。
16　芦部信喜、高橋和之『憲法第５版』（岩波書店、2011年）264頁。
17　一方、外国人の子どもが「教育を受ける権利」を有するかについては、「教育を受ける権利」の性質によることになるが、教育が経済生活の基盤をなす権利であり、かつ精神生活形成の重要な機能を果たすという観点からすると、国籍によってこの権利を否定する根拠を見出すことはできないと考えられる。なお、今日では、「教育上の配慮等の観点」からのものであるが、定住外国人一般について、公立小中学校に入学する場合には、授業料の不徴収、教科書の無償措置、就学援助措置を含めて、日本人の子どもたちと同等の取扱いをすることにより、「義務教育」を受ける機会を実質的に保障するものとなっている。

利」を有するのかについては、「教育を受ける権利」の性質によるが、今日では、「教育上の配慮などの観点」から、定住外国人一般について、公立の小中学校に入学する場合には、授業料の不徴収、教科書の無償化、就学援助措置を含めて、日本人の子どもと同等に扱うことにより「義務教育」を受ける機会を実質的に保障している。

(b)「法律の定めるところにより」 「法律の定めるところにより」は二つの意味があると解釈されている。一つは、教育の目的、内容、制度などが大日本帝国憲法下においては、勅令によって定められていたこと（教育勅令主義）を改め、法律によることとしたこと（教育法律主義）を意味する。

(c)「その能力に応じて」、「ひとしく」 「その能力に応じて」、「ひとしく」教育を受けるに適するかどうかの能力に応じて差別なくという意味であり[18]、「教育を受ける権利」における平等、すなわち、憲法第14条の定める平等原則の教育における適用を意味する[19]。したがって、各学校でその性質に応じて入学試験を行い、合格者だけを入学させるのは差し支えないが、教育を受けるのに必要な能力（学力、健康など）と無関係な事情、たとえば、財産、家庭などを理由として入学拒否または、差別されてはならないこととしている教育基本法第4条1項は、「すべて国民は、ひとしく、その能力に応じた教育を受ける機会を与えられなければならず、人種、信条、性別、社会的身分、経済的地位又は門地によって、教育上差別されない。」としている。これは、各人の適性や能力の違いに応じて異なった内容の教育が許される趣旨と一般に解されており、一般的平等原則の教育の領域における確認にとどまらず、子どもの心身の発達機能に応じた教育の保障を意味する。さらに、同条3項は、「国家及び地方公共団体は、能力があるにもかかわらず、経済的理由によって修学が困難な者に対して、奨学の措置を講じなければならない」としている。以上のことを踏まえて考えると、現在の教育は、はたして「能力に応じて」、「ひとしく」教育を受ける権利が与えられているのか疑問である。

まず、「その能力に応じて」を考えると、機会均等の考え方より、理屈上は能力に応じた教育の機会は与えられているといえる。しかしながら、機会は与えられているが、真に平等だといえるだろうか。児童生徒個人によって、家庭や周囲

---

18 宮沢俊義（著）、芦部信喜（補訂）『全訂 日本国憲法』（日本評論社、1978年）274頁。
19 佐藤功『ポケット注釈全書・憲法（上）新版』（有斐閣、1983年）445頁。

の環境、個人の性質や身体面、その地域の教育環境等様々な状況が同じではない。すなわち、機会を同じように与えられていても、それが平等であるとはいえない。特に、一斉授業の中では、能力に応じた授業を行うのは不可能であると考えられる。能力のまったく異なる30人程度の人数の生徒に、同じ授業を行うのは、「その能力に応じて」とはいえない。少人数の授業であれば、また状況は少し変わってくるのだろうが、現在の状況では「その能力に応じて」教育を受ける権利を有しているとはいえない。

また「ひとしく」の辞書的意味は、「二つ以上のも物の間に、性質、数量、程度などの相違がない。同等である。」ということである。しかしながら、26条の「ひとしく」とは、公平に、という意味合いが強いと考えられる。「その能力に応じて」に関わってくるが、「能力に合わせた公平な教育」を受ける機会を与えることが「ひとしく」であるのではないだろうか。今日の教育制度の問題も勿論であるが、そもそも国民全員のあらゆる状況は異なっていて、そこに一人ひとり「ひとしく教育を受ける権利」を与えるのは難しいであろう。しかしながら、困難であるがゆえに、「ひとしく」権利のある状況に近づける努力を怠っていいということではない。いかにすると、より「ひとしく教育を受ける権利」を有することができるのか、考察及び努力を続けることが必要である。

(d) 「教育を受ける権利を有する」　「教育を受ける権利」をめぐる通説的見解は、「子どもの学習権の保障」である。最高裁も、全国一斉の学力テストの実施が教育への国家介入を強めるものだとして、その実施を阻止しようとした教師が公務執行妨害罪等で起訴された事件にかかわる旭川学力テスト事件判決（最大判昭和51・5・21刑集30巻5号615頁）において、本条の「規定の背後には、国民各自が、一個の人間として、また、一市民として、成長発達し、自己の人格を完成、実現するために必要な学習をする固有の権利を有すること、とくに、みずから学習することのできない子どもは、その学習要求を充足するための教育を自己に施すことを大人一般に対して要求する権利を有するとの観念が、存在している」と判示し、「教育を受ける権利」の学習権的理解を基本的に採用した[20]。

初期の学説[21]のように平等な教育サービスの享受を軸に考えた場合は、教育が

20　木下智史・只野雅人（編）『新・コンメンタール憲法樋口ほか』（日本評論社、2015年）307頁。
21　初期の通説的見解は、「教育を受ける権利」の内容を「教育の機会均等を実現するための経済的配慮を国家に要求する権利」として捉えていた。しかし、教育学者の批判をうけて、「子どもの

教育の名に値する活動であるか否かを考える視点は排除されるが、学習権を踏まえて理解することによって、人間として発達するために受け手が必要とする学習機会を保障されることが権利の実質といえることが指摘されている[22]。

(2)「教育を受ける権利」の法的性格

(a) 自由権としての教育権 この権利には、自由権としての側面もある。つまり、国民は一方で幸福追求権（第13条）の一内容として、自己の選択するところにしたがって教育を受けることについて、原則として公権力の規制を受けないという自由を有していると解される。この自由は、子どものみならず国民一般の自由である。他方で、親などの親権者は、その子どもにどういった教育を施すかについての自由（親の教育権）も有している。それゆえ、親は子どもの教育について原則として自由に決定しうる権利（たとえば家庭教育についての自由や私立学校に入学させる自由など）を有し、これについて公権力によって強制されたり規制されたりすることは、原則として禁じられていると解される[23]。

(b) 社会権としての教育権 「旭川学力テスト事件」判決は、「私事としての親の教育及びその延長としての私的施設による教育をもってしては、近代社会における経済的、技術的、文化的発展と社会の複雑化に伴う教育要求の質的拡大及び量的拡大に対応しきれなくなるに及んで、子どもの学力における重要な共通の関心事となり、子どもの教育をいわば社会の公共的課題として公共の施設を通じて組織的かつ計画的に行ういわゆる公教育制度の発展をみるに至り、現代国家においては、子どもの教育は、主としてこのような公共施設としての国公立の学校を中心として営まれるという状態になっている」との認識を示している[24]。

それゆえ、現代国家は、子どもを含む国民の教育の権利を具体化するために義務を負い、逆に国民は、国家に対して、そうした制度や施設の充実を請求する権利をもっていることになる。こうして、近代の公教育制は、親に対して一定年限までの子どもに学校における普通教育を受けさせるべき義務を課すことによって、すべての国民に平等な教育の機会を与え（教育の機会均等）、それによって、

権利の中核には《子どもの成長・発達の権利と、その実質を保障する学習の権利》があり、本条の「教育を受ける権利」は、この「子どもの学習権」を前提としているというようになった。

22 芹沢斉・市川正人・阪口正二郎（編）『新基本法コンメンタール憲法』別冊法学セミナーNO. 210（日本評論社、2011年）227頁。

23 初宿正典、『憲法2 基本権〔第二版〕』（成文堂、2003年）405〜406頁。

24 最大判昭51.5.21刑集30巻5号615頁。

812

子どもの自立的で自律的な自己実現のための条件を整備しようとしている。

　なお、この条文が、生存権規定の後に置かれていることを鑑みて「社会権」として分類され、これを国家に対する請求権として位置付けるのが一般的であった。なお、将来を担うべき子どもの教育のためには適切な教育制度と施設が必須であるため、「教育を受ける権利」は、国民がそうした適切な教育環境の提供・充実を国に要求する権利である限りは、たしかに社会権的権利の性質を帯びることになる[25]。そして、国民はすべて「教育を受ける権利」を有し、その保護する子女に教育を受けさせる義務を負うが、国民各人が自らなしうるところには限界がある。そこで、現代国家において「教育を受ける権利」は、国に対し合理的な教育制度と適切な教育の場を提供することを要求する「社会権」（国家に対し積極的な配慮を求めることができる権利）としての性格をも有していることになる[26]。したがって、「教育を受ける権利」が保障されていることによって、人間に値する生存の基礎条件が保障されることになる。この意味で、「教育を受ける権利」の保障は憲法第25条の生存権の保障における文化的側面をもつものである[27]。

三　「教育機会の不平等」と「格差の固定化」

1　日本の公教育（公立、国立を含む）と私教育（私立）の概要

　まず、日本の教育システムにおける公教育と私教育の区別について簡単に説明すると、「公教育は、国家・地方公共団体が財政負担して、国民に平等な教育機会を与える制度で、私教育は、教育を受ける人が授業料などを負担して希望者だけが教育を受ける制度」[28]である。

　公立校の設立動機は、ヨーロッパのように、それまで学校で学ぶことができるのは私的な家庭教師や、裕福な家庭の子弟が通う私立校だけに限られていたのを、国民に平等な教育機会が与えられるように、税収を用いて国家なり地方政府が学校を創設したことにある。しかし、日本では西欧と異なり先に公立校が設立

25　初宿正典、『憲法2　基本権〔第二版〕』（成文堂、2003年）参照。

26　佐藤幸治、『憲法〔第三版〕』（青林書院、1995年）626頁。

27　佐藤功、『憲法（上）〔新版〕』（有斐閣、1984年）444〜445頁。

28　橘木俊詔『公立VS私立　データで読む「学力」、「お金」、「人間関係」』（ベスト新書、2014年）16頁。ところが、今日における日本の状況は、私立学校（特に、高校・大学）には私立学校補助金として公的資金が導入されているので、完璧に公教育と私教育を区分できないといえる。

され、しかもその数が多かったこととエリート校も存在したため、私立校の役割は小さかった。

そして、公立校は、文部科学省による各学校令の定めが公式の発端であり、それが1886年であるから、日本の私立学校（私学）の発端は、1858年（安政5）の福沢諭吉による慶応義塾（前身は蘭学と呼ばれた）であり、日本では公立校よりも私学のほうが30年弱古い伝統があるいえる[29]。

私立校は独自の教育方針に基づいて教育を行い、教育費用も教育を受ける者の負担に大きく依存するのに対して、公立校は特殊な教育方針に縛られることなく、国民全員に普遍的な知識を教育することを目的とする。だとすると、公立校には名門校と非名門校の違いは生じないのが一般的だが、日本ではフランスと同様に公立校でも学校間に格差の生じることを容認した[30]。一般論として、公立校が私立校に対して優位にあったのが日本の教育界の特色である。しかし、高度経済成長による家庭の所得増加や「ゆとり教育」[31]による公立学校の学力低下の懸念から、親による質の高い教育のニーズが高まった。私学は独自の努力によって学校教育の質を高めることに成功した結果、私立校への希望者が増加[32]するようになった。さらに、私立高校の一部では名門大学への進学を売りにする学校が出て、私立の中・高一貫校の繁栄の時代になっていると言ってもよいほど、公立と私立の格差は激しくなっている。結局、高い学費を払えない家庭の子どもは、経済的理由での高等教育への進学制限や、学習塾への通塾制限など、教育機会格差や学力格差につながりやすい社会構造になっているのが今日の現実である。

2 日本教育の特徴と「教育機会の平等」

以下では、教育社会学者である苅谷の「大衆教育社会」[33]の概念を用いて日本

---

29 橘木俊詔、八木匡『教育と格差』（日本評論社、2009年）5頁。

30 橘木俊詔『公立 VS 私立 データで読む「学力」、「お金」、「人間関係」』の本は、入学の難易度、学区制、学力水準、卒業後の就職と活躍状況、学費負担と稼得所得との関係、そこで学んでいる人の特色の差などを比較しながら公立と私立を相当に詳しく論じている。

31 「ゆとり教育」は、文部科学省の正式名称ではないが、従来の「詰め込み教育」と言われる知識量偏重型の教育方針を是正し、思考力を鍛える学習に重きを置いた経験重視型の教育方針をもって、学習時間と内容を減らしてゆとりある学校を目指し、1980年度、1992年度、2002年度から施行された学習指導要領に沿った教育のことである。

32 文部科学省によって1999年に導入された公立中高一貫学は、私学においても私学の特色を生かすために中高6年間の一貫校が登場し、さらに大学では現在にあっては学生数の約80％が私立大学で学ぶという私学全盛の時代に入った。

教育の特徴を紹介[34]する。

(a) 教育が量的に拡大し、多くの人々が長期間にわたって教育を受けることを望み、それが実現される社会である。重要な特徴は、特定の出身階層のみが高等教育を求めている社会ではなく、階層に関わらず教育に高い価値をおいている社会である。

(b) 能力と努力の結晶である「メリット（業績）」が選抜の基準となる「メリトクラシーの大衆化状況」が成立している社会である。この考えが階層を越えて日本社会で受け入れられている点が重要な特徴である。

(c) 戦後日本における平等志向と大衆文化志向に裏打ちされた、大衆文化に染まった大衆の中の優等生である「学歴エリート」が大衆を支配する社会である。そこには道徳的責務を負った指導者としての「選良エリート」は消えている。

ところが、上記に説示したように日本教育の特徴を説明できるが、教育費負担における私費負担の高さは、教育機会の公平性の観点から大きな問題を抱えているといえる。文部科学省平成28年度「子どもの学習費調査」[35]の 公立学校と私立学校の学習費支出状況を比較すると、私立の学習費総額は公立の学習費総額に対し、幼稚園では2.1倍、小学校では4.7倍、中学校では2.8倍、高等学校（全日制）では2.3倍となっている。

最も論争を呼び、かつ人々が関心を寄せてきた「教育機会の平等」は、教育に関することである。将来の人生を左右すること必至であるため、多くの人の間で論じられたテーマが教育の機会平等、不平等であろう。高い教育・学歴を得た人は、一般的に高い所得を稼ぐ職に就くことになるため、多くの人が可能な限り高い教育を受けたいと希望している。さらに、日本であれば9年間の義務教育後、90％以上の人が高等学校に進学し、ほとんどの人が12年間の教育を受ける。大学に進学すれば、さらに4年間、大学院に進学すれば、さらに2年間ないし5年間

---

33 「大衆教育社会」の詳細については、苅谷剛彦、『大衆教育社会のゆくえ（学歴主義と平等神話の戦後史）』（中央公論新社、1999年）参照。

34 橘木俊詔、八木匡『教育と格差』（日本評論社、2009年）11〜15頁。

35 保護者が支出した1年間・子ども一人当たりの学習費総額（保護者が子どもの学校教育及び学校外活動のために支出した経費の総額）は、公立幼稚園で23万4千円、私立幼稚園で48万2千円、公立小学校で32万2千円、私立小学校で152万8千円、公立中学校で47万9千円、私立中学校で132万7千円、公立高等学校（全日制）で45万1千円、私立高等学校（全日制）で104万円となった。http://www.mext.go.jp/b_menu/toukei/chousa03/gakushuuhi/kekka/k_detail/_icsFiles/afieldfile/2017/12/22/1399308_1.pdf 文部科学省のHPより。

の教育をうける。人生80年とすれば、約4分の1から6分の1の期間を教育に費やすことになる。

3 公立の「学校選択制」による格差拡大

公立の「学校選択制」による格差拡大は、2002年の学習指導要領の改訂以降、いわゆる「ゆとり教育」の是非をめぐる声や、少子化が進む中での学校の生き残り、また21世紀というグローバル社会を生き抜く新しい力を子どもたちに身につけさせたい、などといった様々な意図や要因が絡み合って、公立校の新しいあり方の模索や改革が進んできたことにある。その改革のひとつに義務教育（公立学校）の「学校選択制」が挙げられる。「学校選択制」のきっかけは、1997年に当時の文部省が「通学区域制度の弾力的運用について」という通知を出したことに始まる。それまでは、各自治体の教育委員会が指定した通学区域（学区）にある学校に通うことが定められていたが、子どものおかれている状況によって、学校の選択に幅をもたせたのである。単純に学区で学校が指定されてしまうと、近所の学校ではなく、自宅からより遠い学校に通わなければならなくなるケースもある。またこの頃は、いじめや不登校といった問題が顕在化していたため、そうした子どもに対する柔軟な対応ができるようにという目的もあった。2003年には学校教育法施行令が改正されて、各自治体の教育委員会の判断で制度の導入が可能だということが明記された。文部科学省の調査（2006年）では、全国の小中学校の各14％が学校選択制を導入している[36]。

4 公立と私立の学力差

義務教育段階において、公立校と私立校の間で生徒に学力差はあるだろうか。2007年から2009年において、全国の小・中学生全員を対象にして「全国学力テスト」が実施された。その成績の結果からみると（図1 全国学力テストの公私別の小・中学校における平均点参照）[37]、私立の小・中学生の成績が高いことが明確にわかる。

小学生の場合、私立が公立より成績が優位になっているのが目立っている。私立が公立よりも学力の高い理由を橘木の説明を借りると、「第一に、私立の場合

---

36 増田ユリヤ『新しい「教育格差」』（講談社現代新書、2009年）30頁。
37 橘木俊詔『日本の教育格差』（岩波新書、2010年）106頁。

図1　全国学力テストの公私別の小・中学校における平均点

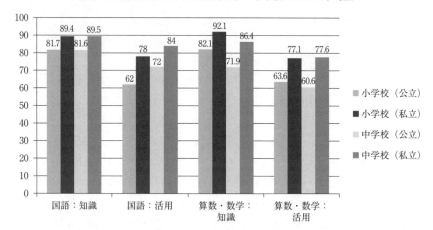

は、試験で入学者を選抜しているのに対して、公立の場合はその学区に住むすべての生徒を入学させているからである。第二に、家庭の所得格差が子どもの学力差にも影響を与えており、学費のかなりかかる私学に通うことのできる子どもは経済的に豊かなので、私立校の生徒の学力は結果として高くなる。第三に、特に中学生に関しては、中・高一貫の進学校の生徒は本人の能力の高さに加えて、塾や家庭教師などの学校外教育を入学前や在学中にも受けている場合が多く、そのために学力がかなり高い。それらの生徒の高い学力が、私立中学校の平均点を上げている。」[38]と述べている。

5　「教育格差」の二極化と固定化

上述したように、公立と私立の学力格差として、その一つの背景として経済格差の原因が大きいと考えられる。ここでは、「教育格差」をめぐる先行研究において用語が混在されて使用されているため、その用語を簡略にまとめると以下のとおりである。まず、「教育格差」は、記述的・中立的用語として使用されているが、階層に関する「教育不平等」の要素を含む概念で拡大されることもあり、「教育不平等」と「教育の二極化」の問題まで取り上げる傾向がしばしばある。そのゆえ、教育不平等研究や教育の二極化の研究の間ではその区別があいまいに

38　橘木俊詔『日本の教育格差』（岩波新書、2010年）107頁。

表1　教育格差・教育不平等・教育の二極化の概念

教育格差	教育不平等	教育の二極化
- 記述的・価値中立的概念 - 権力と資源の所有水準の差異による集団間の教育の機会と結果の差異とその程度に注目	- 価値含意的概念 - 教育機会と活動における権力と支援の公正的配分を重視 - 教育の機会と結果における特定集団の差別と恩恵などの不公正的な扱いに注目	- 価値含意的概念 - 教育機会と結果における集団格差とともに集団内の同質性強化で集団の両極中心の集団化及び中間層の減少に注目 - 経済・政治・社会の二極化が教育に及ぶ影響と関係性

なったことは事実である[39]。

　ところが、二極化は「集団の間のギャップにとどまらず、格差の傾向と傾向性を評価する用語」で定義できる[40]。また、「教育格差」の深化が「教育の二極化」と同一視されている場合もある。「教育格差」を「教育の二極化」とするために比較される教育の階層で「中間層の減少」、「集団間の異質性の深化」、「集団内の同質性の強化」という三つのプロパティがみつからなければならないと主張している。「教育格差」と教育の二極化に関する概念区分は、親の学歴、所得水準や居住地域に基づいて私教育費の支出、大学入学率、学力達成という差が明らかに表れていると同時に同属性を持つ集団で、学生の教育達成の一般的な特性が発見されないという点からみると説得力があると思われる。

6　「格差の連鎖」と「世襲格差社会」

　日本には義務教育制度があり、より上の教育を受けるための奨学金制度もある。生活に困窮すれば、生活保護制度が最低限度の生活を保障してくれる。さらに、家庭自体が崩壊するようなことがあれば、児童養護施設などの福祉施設が用意されている。ゆえに、たとえ子どもが貧困の状況に育っても、その子の努力と能力次第で望みの職や人生を達成することができる。これが「機会の平等神話」[41]である。しかしながら、貧困家庭に育つ子どもは、学力・学歴はもとより

39　Cho, Young-Jae., Ko, Hyean-Min., Han, Seok-Guen（2012）*A discussion on the concept and measurement of educational polarization.* The Journal of Educational Research: Vol. 10, No. 2, p. 30.

40　Ryu, Bang-ran、「社会二極化と教育、なぜ問題なのか？」（韓国教育開発院、2006年）

41　橘木俊詔・宮本太郎　編著『格差社会』福祉＋α（ミネルヴァ書房、2012年）60頁。

図2 「格差の連鎖」と次世代への継承[42]

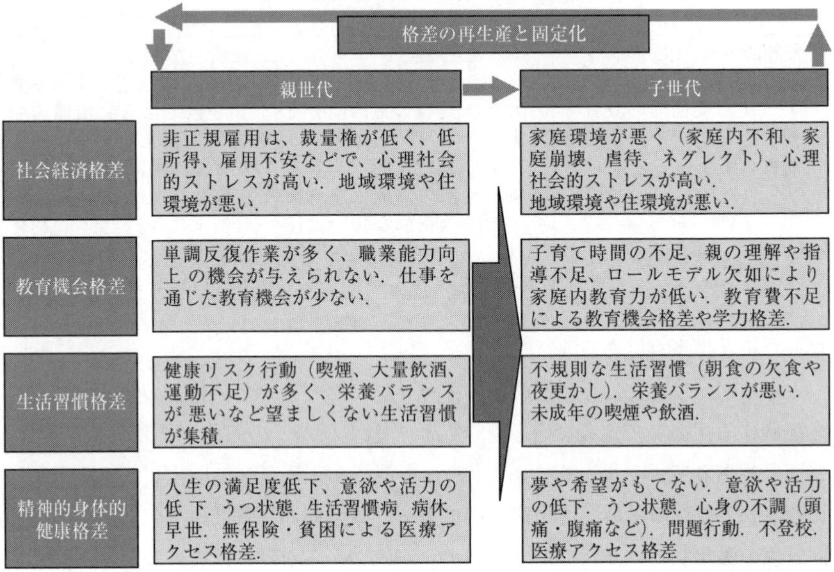

	親世代	子世代
社会経済格差	非正規雇用は、裁量権が低く、低所得、雇用不安などで、心理社会的ストレスが高い。地域環境や住環境が悪い。	家庭環境が悪く（家庭内不和、家庭崩壊、虐待、ネグレクト）、心理社会的ストレスが高い。地域環境や住環境が悪い。
教育機会格差	単調反復作業が多く、職業能力向上の機会が与えられない。仕事を通じた教育機会が少ない。	子育て時間の不足、親の理解や指導不足、ロールモデル欠如により家庭内教育力が低い。教育費不足による教育機会格差や学力格差。
生活習慣格差	健康リスク行動（喫煙、大量飲酒、運動不足）が多く、栄養バランスが悪いなど望ましくない生活習慣が集積。	不規則な生活習慣（朝食の欠食や夜更かし）。栄養バランスが悪い。未成年の喫煙や飲酒。
精神的身体的健康格差	人生の満足度低下、意欲や活力の低下。うつ状態。生活習慣病。病休。早世。無保険・貧困による医療アクセス格差。	夢や希望がもてない。意欲や活力の低下。うつ状態。心身の不調（頭痛・腹痛など）。問題行動。不登校。医療アクセス格差

格差の再生産と固定化

様々な指標において、貧困でない子どもに比べて大きな不利を抱えているのである。用意されているはずの様々なセーフティネットは、それこそ最低限かそれ以下の生活しか保障せず、セーフティネットがトランポリンとなることはまずない。それどころか、貧困層と非貧困層の子どもの間には、努力、意欲、そして希望にまでも格差が存在し、貧困は固定化し、次世代までにも継承されている。

　子どもが置かれている経済状況は、こどもの様々な側面に影響を及ぼす。図1のように社会経済的格差は、直接的に、あるいは「教育格差」や生活習慣格差を介して間接的に、健康格差へ至ると考えられる。例えば、非正規雇用者は、正規雇用者と比較して同一労働に対する賃金が低いために低所得になりやすいことに加えて、解雇や雇用不安などの心理社会的ストレスにさらされるなど、自身を取り巻く社会環境が悪い。また、経済的理由により治安や騒音などの点で地域環境が良くない場所に 居住せざるを得ない場合や、居住スペースが狭いなど住環境も悪くなる可能性がある。成人期は、自身の能力を高めるための教育機会や情報

42　関根道和「格差社会と子どもの生活習慣・教育機会・健康」学術の動向 15巻（2010年）4号の図参照。

の獲得は仕事を通じてなされることが多いが、非正規雇用者の業務は単調反復作業が多く、仕事の中で新しいことを学ぶ機会が少ない。また、昇給機会も少ないため、労働意欲は低下しやすく、職務満足度は低い。職場での裁量権が低いなどの心理社会的ストレスは、喫煙や大量飲酒などの健康リスクとなる生活習慣につながりやすく、最終的に、疾病の発生や病休などの健康状態の悪化につながりやすい。また、保険の場合、医療へのアクセスが制限されることで、健康格差につながる可能性もある。

　親世代の社会的不利は、様々な形で次世代に継承される。親世代の心理社会的ストレスは、家庭内不和や子どもへの虐待などの形で家庭環境の悪化を招き、子どもの心理社会的ストレスを高める。また、経済的理由での高等教育への進学制限や、学習塾への通塾制限など、教育機会格差や学力格差につながりやすい。また、子育て時間の不足や教育への理解不足で、家庭内教育力が低い場合もある。生活習慣としては、朝食の欠食や夜更かしなどの望ましくない生活習慣が多い。未成年の飲酒や喫煙などの問題行動につながる場合もある。また、このような家庭環境では家庭内でのロールモデルが欠如しやすく、その結果として自分の将来像を描きにくく、夢や希望を抱きにくい。総体的な影響として、心身の不調や意欲や活力の低下、不登校などの健康問題に至りやすいと考えられる。以上のことから、社会経済的格差は、教育機会格差や生活習慣格差を招き、健康格差に至る「格差の連鎖」ともいうべき状況に陥り、さらに、次世代へと継承されると考えられる[43]。

　しかも、フランスの経済学者は、少子化の進んでいる日本では、今後、世代間で受け継がれる資産の格差がさらに拡大すると指摘している。つまり、格差の固定は経済成長に損失をもたらす。この格差固定をもたらす一つの要因が、職業の世襲である。特に、日本における世襲の現状については、二つの二極化が指摘できる。一つ目は親と同じ職業に就いた人は、そうでない人と比べて、所得が高い社会になりつつある点である。つまり、世襲が有利な社会になりつつある。そして、第二は、この二極化は、世襲をする人々の間にも大きな格差がある点である。世襲が行われる傾向にある職業のなかでも、医師、会社経営者といった高所得の職業群と、農林水産業やものづくり業、住職や神主などの宗教家といった、

43　関根道和「格差社会と子どもの生活習慣・教育機会・健康」学術の動向 15巻（2010年）4号83頁。

それほど高所得でないグループに分かれている。世襲者に限定しても、このような二極化が進んでいるのである[44]。

四　「格差」をめぐる論争と「教育格差」の行方

1　格差をめぐる論争

　日本における格差をめぐる論争を国民的な議論にまで高めたのは、マスコミの世界や官僚、政治家が議論に登場してきたことにある。その極め付けは、小泉元首相の「格差はどこの社会でもあり、格差がでることは悪いことではない。成功者をねたんだり、能力ある者の足を引っ張ったりする風潮を慎まないと社会は発展しない」という国会での発言であった。一国のトップによる発言により、論争はヒートアップして、総選挙の争点にまでなった。小泉元首相による発言は、経済効率性を優先すれば、公平性という所得分配の平等にはある程度犠牲を払わなければならない、ということを述べたと理解してよいが、当時の経済不況を克服しないといけないために、日本を強い経済に導くためには、格差の大きいことを気にする立場を放棄せねばならない、ということを主張したのかもしれない。

　これに関連して、「効率性と公平性といってもどの程度の効率性が望ましいか、どの程度の公平性、ないし配分の平等性が望ましいかということは、人によってその判断が異なるのである。例えば、小泉元首相の経済ブレーンであった竹中平蔵氏であれば、経済効率性の指標としての経済成長率は日本では3～4％が望ましいと判断するであろうが、現代の日本にあってはせいぜい1～2％の成長率で効率性が達成されていると判断する。あるいは、高度成長率を望んでも、少子高齢化の制約や、電力などの資源制約によってそれを成就するのは不可能である。ということと同様である。そうであれば、効率性を求める程度は弱くなってよいので、公平性をより重視してよいことになる。」[45]

　このように、経済効率性と公平性に関して人々の判断基準は異なるので、最適な組合わせを決定するのは容易ではない。ところが、効率性と公平性を同時に達成している国家として、デンマーク、ノルウェー、スウェーデン、フィンランドといった北欧諸国家が挙げられる。これらのすべてが福祉国家であり、国民の間

44　橘木俊詔・参鍋篤司『世襲格差社会――機会は不平等なのか』（中公新書、2016年）11～19頁。
45　橘木俊詔・宮本太郎　編著『格差社会』福祉＋α（ミネルヴァ書房、2012年）5頁。

での所得配分の平等性は高く、経済成長率もある程度高い。北欧諸国のような小さな国だからできることではなく、日本であっても、できるだけ経済効率性と公平性の双方を追い求める姿勢は必要である。

2 教育における社会階層間の格差

今日における日本の教育制度の優れた点は、日本全国どこにいても同じ質の義務教育を受けることができ、家庭の経済状況などにもかかわりなく平等の教育機会が与えられることである。ところが、その前提はすでに崩れているという指摘がある[46]。さらに、文部科学省の『学校教員統計調査（2010年度版）』によれば、小学校教員の場合、40代と50代で全教員の3分の1は、50代以上である。中学校でもほぼ同様であり、このような、教員の高齢化に伴い、財政面や教員数などで都道府県間の「教育格差」の拡大が懸念の声[47]が高まっている。それは、単に大都市圏と地方との格差拡大を意味しない。その背後には、家庭の経済力の格差という、もう一つの格差問題が隠れている。経済力の高い家庭の多い地域は、財政力のある地域とほぼ重なるからである。

人口の学歴構成においても、財政力のある地域ほど高学歴者の割合が高い。このように見ると義務教育の地域間格差の拡大は、教育における社会階層間の格差をいっそう助長するものになる可能性が高い。問題は、教育のどのような面で格差が拡大するかである。それというのも、21世紀型の経済社会においては、知識技術の陳腐化がスピードアップし、それに対応できる能力の形成が問われるようになるからである。「自ら学び、自ら考える力」教育改革でいわれる「生きる力」は、変化の激しい時代にあって、詰め込まれた知識以上に重要である。

3 公教育の充実化のための憲法的保障の検討

新自由主義の進展と格差社会が広がる中で、教育の役割、位置づけがどう変わるべきなのか、この問題を考えるにあたって社会関係資本の貧困が格差を広げることに注目しなければならない[48]。

---

46 橘木俊詔・宮本太郎　編著『格差社会』福祉＋α（ミネルヴァ書房、2012年）62頁。
47 苅谷剛彦『学力と階層』（朝日文庫、2012年）19〜25頁。
48 フランスの社会学者ブルデュー（Pierre Bourdieu）の理論は、家庭環境の影響を、経済資本、文化資本、社会関係資本の三つに分類して、学力との関係を調べた結果、それぞれの資本が学力に対して、それぞれ独立して統計的に有意に作用していたと述べている。ともすると、学力との関係では、家計の所得ばかりが注目されたが、親が持っている社会関係資本や家庭の教育環境が

日本の公教育費支出は、OECD 諸国の中で2008年から2013年まで最下位だった。6年連続で OECD 最下位だったが、2017年には連続の最下位はま免れた[49]。しかし、日本は最低レベルが続いていることに変わりなく、フィンランド、エストニア、オーストリア、ノルウェー、デンマークの3分の1以下という低い水準である。家計が苦しいために教育費を負担できず、進学を諦めざるを得ない状況が日本で目立ってきている。

安倍首相は「教育無償化へ憲法改正が必要」などと言っておきながら、実際にやっていることは、教育無償化どころか逆に教育費の自己責任化に拍車をかけている。

高等教育における私費負担の割合をこの OECD データで確認してみると、前回の2013年の高等教育の私費負担割合は64.75％だが、2014年では65.90％と1％以上増えている（OECD 平均は30％）。また、高校までの教育の私費負担の割合も増えている。

五　おわりに

本稿では、ますます広がる「教育格差」の問題と憲法第26条の「教育を受ける権利」をめぐる理論を中心に検討を行った。上述したようにどの国も問わず、多様な格差が存在しているが、特に、経済社会の不平等と格差は、社会制度の教育政策と学校教育に直・間接的に影響を及ぼしているのを確認した。すでに、日本は「経済格差」による「教育格差」は進行しており、今まで教育が果たしてきた社会階層移動の機能が弱化され、むしろ、「教育格差」が不平等社会へと導いているのではないかと思われる。今は鳶が鷹を産めなくなる時代が到来したと言っても過言ではない。

日本国憲法第26条「教育を受ける権利」は、個人が人格を形成し、社会において有意義な生活を送るために不可欠な前提をなし、人間が人間らしく生きていくために必要な権利であると規定している。そこで、「教育を受ける権利」の保障

子どもの学力に大きく影響していた [対談] 宮本太郎×志水宏吉「格差社会をどう克服するか——教育の役割を問う」斉藤学　編著『教育の再定義』岩波講座　教育変革への展望1（岩波書店、2016年）78〜95頁。

49　http://www.oecd-ilibrary.org/education/education-at-a-glance-2017_eag-2017-en 参照。

は、憲法第25条の生存権の保障における文化的側面をなすものであるといえる。ところが、今日は、過去に比べてより個人の自己責任を重視するようになり、国家による生存権の保障に基づいて教育を通じた自己実現ではなく個人間の競争を通じた社会の発展を企図しているようになりつつある。勿論、個人が、機会の平等の下に、その能力と努力に対応した報酬を得る社会は、効率性と公正性からみて望ましい社会である。しかし、機会の平等をもたらす教育に対し、国家が配分する資源という点では、日本は他国と比較するとその割合は高くはないと言わざるをえない状況にある。さらに、国家の教育への関与は減少しつつあり、親の経済力や教育態度が子どもの教育水準を決定するという度合いが次第に大きくなっていることを指摘した。

　さらに、第4次産業革命社会における人材育成を担う教育の役割はその重要性が高まっている中で、教育が果たしている個人の人格発現と幸福追求権の実現は、個人の発展のみならず国家の未来と繁栄を左右する。そこで、国家は、文化的生存権の配慮から政策を行うときこの点を十分に考慮しないといけないと思われる。なお、憲法第26条は、「教育を受ける権利」を規定しているすべての子どもが親の財産や地域に関係なく、均等な教育を受けるようにすることが最も重要であると解釈できる。そうだとすれば、今日の教育機会は、すべての人に平等に与えられているのであろうか。

　そこで、教育をめぐる格差を是正する第一歩の政策は、公的部門の教育費支出をもっと増額して、教育における機会均等の原則を達成することと、特に、公教育の質を高めることが重要であると考えられる。日本は天然資源に恵まれず、あるのは人的資源だけといっても過言ではない。一人ひとりの資質を高めるには研究と教育しかないと国民が認識すれば、税負担による公的教育支出の増加等にも賛成してくれるのではないだろうか。

　経済力と個人の能力による根本的な差異を持つ今日の資本主義社会では、多様な格差が生じるのは当然である。しかし、社会の中で格差は存在しても差別は存在しないようにすることが国家の責務ではないかと思われる。したがって、「教育格差」を是正するためには、上述したように具体的な立法と現実的な政策を行うべきである。

ドイツ連邦憲法裁判所と就学義務

横　田　守　弘

　一　はじめに
　二　就学義務の内容と就学義務に関する法令
　三　第1法廷・第2法廷による裁判と就学義務
　四　部会決定と就学義務
　五　むすびにかえて

一　はじめに

　本稿は、ドイツ（ドイツ連邦共和国）において連邦憲法裁判所が就学義務（Schul-pflicht）に関してどのような判断を示してきたかを跡づけようとするものである。ドイツにおいては、就学義務が親の教育権（宗教的世界観的観点において子を教育する権利も含む。ドイツ基本法［以下、「基本法」という。］6条2項、4条1・2項）を侵害するものではないかが争われている（子すなわち生徒の信仰等の自由が主張される例もある）。これについて正面から判断しているのは、連邦憲法裁判所第1法廷・第2法廷による裁判ではなく、憲法訴願を受理しないとした各法廷の部会決定である[1]。本稿はそれら部会決定とこれを参照する連邦行政裁判所の裁判を扱うが（四）、それに先だって、ドイツにおける就学義務の内容と就学義務に関する法令の規定を概観しておく（二）。また、学校教育にかかわる事案を扱う第1法廷・第2法廷の裁判であって就学義務にもかかわるものを概観しておく（三）。最後に、部会決定等の内容について若干の検討を行う（五）。就学義務とその合憲性に関する法律学の論稿は多いが、本稿では検討の対象としない。

1　連邦憲法裁判所法93a条〜93c条参照。同法の訳は、初宿正典・須賀博志［編訳］『原典対訳　連邦憲法裁判所法』（成文堂、2003年）による。

二 就学義務の内容と就学義務に関する法令

1 就学義務の内容と就学義務を定める法令の規定

ドイツ基本法には、日本国憲法26条2項前段、教育基本法5条1項、学校教育法16条に相当する規定は存在しない。基本法7条に学校制度についての定めがあるが、学校制度については州に管轄がある[2]。

多くの州憲法には「就学は一般的義務である。（Es besteht allgemeine Schulpflicht.)[3]」（ヘッセン州憲法56条1項1文）といった簡潔な規定がおかれている。具体的な規定は、各州の学校に関する法律（学校法 [Schulgesetz] などの名称をもつ。）のなかにある。例えば、ヘッセン州学校法56条1項は、「ヘッセン州に住所があり、日常的に居所を有し、又は職業訓練所ないし職場を有するすべての児童、少年及び年長少年（Kinder, Jugendliche und Heranwachsende）にとって就学は義務である。」と定めている。

就学義務は、6歳となった児童について8月1日に開始する。就学義務の内容は、公立学校又は国（すなわち州）により認可された私立代用学校（基本法7条4項）に通い、授業その他の活動に参加することである。詳細は州により差異があるが、就学義務はおおむね12年間の義務であり、まず普通教育学校に9年間通い（基礎学校に4年間［ベルリーン・ブランデンブルクの両州は6年間]、次に進学先の上級

2　以下の1・2の内容さらには就学義務に関する裁判や学説に関しては、vgl. Hermann Avenarius, in: Hermann Avenarius/ Hans-Peter Füssel, Schulrecht, Ein Handbuch für Praxis, Rechtsprechung und Wissenschaft, 8. neubearbeitete Aufl., 2010, S. 346 ff., 351 ff., 355 ff., 371 ff.; Johannes Rux, in: Johannes Rux/Norbert Niehues, Schulrecht, 5. vollständig neubearbeitete Aufl., 2013, Rn. 209 ff., 219 ff., 271 ff., 338 ff., 368 ff., 382 ff. さらに、ヘルマン・アベナリウス［著］／結城忠［監訳]『ドイツの学校と教育法制』（教育開発研究所、2004年）116頁以下も参照。1・2において取り上げているヘッセン州憲法（Verfassung des Landes Hessen; 1946年12月1日［最終改正2011年4月29日]）の文言は、http://www.rv.hessenrecht.hessen.de/lexsoft/default/hessenrecht_rv.html#default:0による。また、同州学校法は、2005年6月14日のヘッセン州学校法（最終改正2015年3月24日）であり（Hessisches Schulgesetz in der Fassung vom 14. Juni 2005 [GVBl. IS. 441], zuletzt geändert durch Gesetz vom 24. März 2015 [GVBl. S. 118]）、その文言は、https://kultusministerium.hessen.de/sites/default/files/media/hkm/lesefassung_schulgesetz_mit_inhaltsverzeichnis_stand_20170116.pdf による（いずれも2017年2月6日最終アクセス）。

3　この文言は、ヴァイマル憲法145条1文の文言と同じである。訳語については、高田敏・初宿正典編訳『ドイツ憲法集〔第7版]』（信山社、2016年）113頁以下の初宿正典教授によるヴァイマル憲法の訳に従った。

学校［ギムナジウム、実科学校、基幹学校、総合学校など]）、その後は普通教育学校又
は職業学校に通う。

　就学義務を負うのは児童等である（外国人も含む)。これとは別に、親・教育権
者や使用者などは、就学義務を負う者が学校の授業等に参加するよう配慮しなけ
ればならない（ヘッセン州学校法67条1項「親は、就学義務を負う者が学校の授業
（Unterricht）及び行事（Unterrichtsveranstaltungen）に規則正しく（regelmäßig）参加す
ることに責任を負う。親は、……通学のために適切に支度を整える義務を負う。｣)。

　各州法律には、「特別な理由がある場合」、「やむを得ない理由」などといった
要件の下で、例外的に就学義務の免除を認める権限を学校監督当局に付与する規
定がある。とはいえ、教育上ないし宗教上の理由で就学義務全般を免除すること
は許されないと言われてきた。

2　就学義務を履行させるための手段

　就学義務違反への制裁として、就学義務に違反した本人、さらに親などに秩序
違反としての過料を科す規定がある。ヘッセン州学校法181条1項は、就学義務
のある満14歳以上の者で通学しなかったもの、就学義務のある者に授業等に規則
正しく参加するよう促すなどの義務（同法67条1項）に違反した者を秩序違反と扱
うとする。さらに、親などへの刑事罰の規定を有する州が5つある。ヘッセン州
もその1つであり、同州学校法182条1項によると「他者の就学義務を長期にわ
たり又は執拗に繰り返し妨げる者」は、6ヶ月までの自由刑又は日割り金額180
日までの罰金刑に処せられる（訴追は下級学校監督当局の告訴に基づいて行われる)。

　これとは別に、多くの州では、児童等を学校に強制的に連れて行く就学強制
（Schulzwang）が用意されている。ヘッセン州学校法68条は、個人的な相談など
の手段に成果がない場合に、就学義務に従わない者が学校に強制的に引き渡され
ることがある旨定めている。就学強制の規定がない州の場合や就学強制がうまく
いかない場合には、行政上の強制執行の一般規定に従って強制金（Zwangs-
geld)、強制のための拘禁（Erzwingungshaft）の可能性も指摘される。

　最後に、就学義務のある子を通学させない親について、それが子の福祉を害す
る監護権濫用となれば、家庭裁判所は危険を防ぐために必要な措置をとらなけれ
ばならず、ここから身上監護の剥奪に至りうる（民法1666条、1666a条)。

828

3 諸国との比較

就学義務に関するある先行研究は、各国の義務教育制度を、（ア）教育義務と就学義務の同時並列型、（イ）国公立学校だけへの就学義務型、（ウ）国公立学校又は私立学校への就学義務型、（エ）就学義務制度下での例外的教育義務容認型の４つの類型に区分し、日本の「原則的立場」とドイツの現行法制を（ウ）としている（ただしドイツにおけるホーム・スクーリング運動の活発化にふれている）[4]。他方で、ドイツにおいて社会学的観点からホーム・エデュケーション（以下、「Ｈ・Ｅ」と略称する。）について研究したある論者は、各国におけるＨ・Ｅの法的取扱いについて、（１）合法化されている国、（２）「アンビバレントな地位」においている国（基本的に禁止はされていないが、学校通学へのオールターナティブとしては確立していないか期待されていない国）、そして（３）許容されていない国（学校通学義務がありＨ・Ｅはオールターナティブとして許容されていない国）の３つに分類し、日本を（２）、ドイツを（３）としている[5]。前者の分類が法令の規定を重視するのに対して、後者の分類は実際にＨ・Ｅが活用されているか、就学義務違反に対して上記２の法的手段が発動されているかなどの実状をも重視しているのであろう。とはいえ、ドイツにおいて常に２の法的手段が発動されている、というわけではないようである（五において言及する）。

三 第１法廷・第２法廷による裁判と就学義務

ここで扱う第１法廷・第２法廷の裁判は、①ヘッセン州における進路指導学年の導入の合憲性を判断した1972年12月６日の第１法廷判決[6]、②バーデン＝ヴュル

---

4 結城忠『日本国憲法と義務教育』（青山社、2012年）33頁以下。

5 Thomas Spiegler, Home Education in Deutschland: Hintergründe – Praxis – Entwicklung, 2008, S. 13 f. この論者は、そもそも一般的な学校制度がありながら、経済的にやむを得ないからという理由や教育施設が足りないという理由とは異なる理由で学校に行かないことを Home Education、そのなかでも家庭での教育がとくに学校に照準を当てている場合を Homeschooling と呼んでいる（S. 11 ff.）。この Home Education を「ホーム・スクーリング」、「不登校」などと訳すのが適切なのか、筆者は検討しきれていない。そのため、本稿ではこの論者の Home Education を「ホーム・エデュケーション」（略称「Ｈ・Ｅ」）と呼ぶにとどめている。なお、廣澤明「ドイツ基本法７条１項と就学義務」法律論叢89巻６号（2017年）365頁以下は、この論者と「ホームスクーリングを一律に認めない現行就学義務制は、基本権を侵害し違憲である」とするドイツの学説とを参照して、本稿四において扱う部会決定を批判する。

6 BVerfG, Urteil des 1. Senats vom 6.12.1972 – 1 BvR 230/70 und 95/71 –, BVerfGE 34, 165.

テンベルク州において公立国民学校の統一的な学校形態として「伝統的なバーデンの意味でのキリスト教の性格を持つ宗派混合学校（Simultanschule）」（キリスト教共同学校、die christliche Gemeinschaftsschule）を州全体に導入することを基本法4条、6条2項に反しないとした1975年12月17日の第1法廷決定[7]、③公立学校における性教育の合憲性について判断した1977年12月21日の第1法廷決定[8]、④学校において宗教授業外に行われる祈祷の合憲性を判断した1979年10月16日の第1法廷決定[9]、⑤「教室には十字架が掲げられなければならない」と定めるバイエルン州国民学校規則の規定を基本法4条1項と相いれないとした1995年5月16日の第1法廷決定[10]、⑥イスラム教徒である教職志願者がスカーフ着用予定を理由に採用を拒否された事例を扱った2003年9月24日の第2法廷判決[11]、⑦イスラム教徒である教職員がスカーフを着用しないように求められた事例を扱った2015年1月27日の第1法廷決定[12]である。

　このうち、①～⑤においては、基本法7条1項の定める国（すなわち州）の学校監督から導かれる国の教育任務（Erziehugsauftrag, Erziehungs- und Bildungsauftrag）に対して基本法6条2項、4条1項・2項から導かれる親の教育権及び生徒の信仰等の自由が主張される構図となっており、それは就学義務に対して親の教育権等が主張される構図と類似する。そのため、①～⑤において採用された基本法解釈と判断枠組み（国の教育任務と親の教育権の同順位性、親と学校の相互に意義深く関連付けられた協働、消極的宗教の自由と積極的宗教の自由の緊張関係の州立法者による調整、実践的整合の原則、寛容の要請など）が後に四1において扱う部会決定において参照されることになる。⑥は教職志願者が基本法4条1項・2項等の基本権を主張した事件であるが、国の教育任務、親・生徒の基本権との調整が必要となる点で①～⑤が先例となる。また、国の教育任務が遵守しなければならない世界観的宗教的中立性についての⑥の理解が部会決定において参照されることがある。

　しかし、以上の基本法解釈、判断枠組みとその部会決定における参照の仕方は本稿の関心事項ではない。本稿の関心は①～⑥のなかに、基本法が就学義務を前

7　BVerfG, Beschluß des 1. Senats vom 17.12.1975 - 1 BvR 63/68 -, BVerfGE 41, 29.

8　BVerfG, Beschluß des 1. Senats vom 21.12.1977 - 1 BvL 1/75, 1 BvR 147/75 -, BVerfGE 47, 46.

9　BVerfG, Beschluß des 1. Senats vom 16.10.1979 - 1 BvR 647/70 und 7/74 -, BVerfGE 52, 223.

10　BVerfG, Beschluß des 1. Senats vom 16.5.1995 - 1 BvR 1087/91-, BVerfGE 93, 1.

11　BVerfG, Urteil des 2. Senats vom 24.9.2003 - 2 BvR 1436/02-, BVerfGE 108, 282.

12　BVerfG, Beschluss des 1. Senats vom 27.1.2015 - 1 BvR 471, 1181/10-, BVerfGE 138, 296.

提としている、就学義務が基本法7条1項から導かれる国の教育任務を根拠とすると理解していると考えられるものがあること、就学義務にかかわる事案であるという点が裁判の結論を左右していると考えられるものがあることにある。

　まず①は、ヘッセン州が基礎学校に続く第5学年と第6学年を進路指導学年とし、伝統的なギムナジウムや実科学校への進学は進路指導学年を経た後に行うとする仕組みを導入しようとしたことについて、Pflichtschule として進路指導学年を導入することそのものについては基本法6条2項の親の権利を侵害するものではないとしたが、第5・6学年における学区外の公立ギムナジウム・実科学校と私立代用学校への通学が排除される点で、進路指導学年への通学を義務的とする法律の規定は基本法6条2項1文と相いれないと判断した。①は就学義務の合憲性について判断したわけではないし、就学義務の基本法上の位置付けについて明示的に述べているわけでもない。しかし、以下の判示からみて、①は就学義務の合憲性を前提とし、就学義務の憲法上の根拠を基本法7条1項に求め、就学義務とくに基礎学校への通学を通じてあらゆる社会階層の児童が同一の教育を受けることを重視していると理解できる。

　すなわち①は、財政上組織上可能な範囲で多様な才能の方向に発展の余地を認める学校システムを用意することは教育任務の一環としての国の任務であり、「伝統的に存在し一般的なコンセンサスにより支持されている、少なくとも4年間の『すべての者に共通の基礎学校』（ヴァイマル憲法146条1項[13]参照）は上記学校システムの一つである」とする。次に、①によれば、就学義務のあるすべての児童をすべての者に共通の基礎学校にまとめることは19世紀の統一学校運動の要求（国民学校を全学校制度の基礎とすることによって異なった社会階層別住民諸集団を共通の教育理念の下に置き、すべての子どもに均等な教育の機会を与えようとした）に由来し、この要求の一部がヴァイマル憲法146条から148条に形となって現れている。基本法は統一学校についてのヴァイマル憲法の原理を明文では受けついでいないが、すべての者に共通の公立基礎学校から出発している。第三に、①によると、進路指導学年が Pflichtschule として導入されるのは、あらゆるレベル・方向の才能

13　「公立学校制度は、系統的に構成されなければならない。すべての者に共通の基礎学校の上に、中等学校及び高等学校の制度を設ける。これらの制度を設けるに当たっては、生業の多様性を基準とし、特定の学校への子どもの受入れについては、その親の経済的及び社会的な地位又は宗教上の信条ではなく、その子どもの素質及び性向を基準とする。」（前掲注3の初宿教授訳による。）

の生徒が集められたときにのみ進路指導学年の特徴が実現されるからであり、任意選択の学校では進路指導学年の社会学的構成は住民を鏡のように反映するものにならない[14]。

ここで Pflichtschule という語は、もともとは就学義務を履行する生徒が通例において通う学校（つまり同世代の多くが通う学校ということになる）を意味し、普通教育の学校であれば基礎学校と基幹学校がこれに数えられたところ（α）、その後、生徒が自らの居住する学区の学校に通わなければならない学区内就学義務のある学校という意味になっている（β）[15]。進路指導学年がいわば基礎学校の延長であることと上記①の結論からみて、①の Pflichtschule は単に「通学により就学義務が履行されるとみなされる学校」ではなく α の意味であり、そこには β も含意されているとみてよいであろう。

②の判示は Pflichtschule としての公立学校を明示的に前提にしている[16]。②は国民学校すなわち基礎学校・基幹学校の宗教的形態を取りあげた決定であり、②の Pflichtschule も α の意味であり、そこに β も含意されているとみてよいであろう。少なくとも基礎学校段階については、②はあらゆる階層の出身者が通う学校を想定していると考えてよい。②によると、基本法4条による宗教の自由の保護は、社会福祉の必要性あるいは政治的目標設定に基づいて、社会内諸勢力（gesellschaftliche Kräfte）の無制約な行動だけに任せることなく国による配慮がされてきた生活領域の形成にとってとりわけ効果を持つところ、Pflichtschule への通学については、そこで年少者の教育が行われるのであり、したがって古くからその性質上宗教及び世界観が重要な意義を持った領域であるという事情が付け加わる[17]。

なお、②と同じ日付の2つの第1法廷決定は、バイエルン州において導入が図られた公立国民学校の統一的形態（1968年の州憲法等の改正により、国民学校への就

14　BVerfGE 34, 165 [182 ff., 186 f., 196 f.].

15　2010年の段階では、ノルトライン＝ヴェストファーレン州とシュレースヴィヒ＝ホルシュタイン州の2州を除いて基礎学校は Pflichtschule であるとされている。ノルトライン＝ヴェストファーレン州における学区内就学義務は、2007/2008年度末に廃止された。Avenarius, a.a.O（Anm. 2), S. 60 f., 93 f. なお、坂野慎二『統一ドイツ教育の多様性と質保証　日本への示唆』（東信堂、2017年）114頁注16によると、ノルトライン＝ヴェストファーレン州においては2010年法改正により通学区域設定が可能になったとのことである。

16　BVerfGE 41, 29 [48, 49]. 前者の頁においては、Pflicht が強調体になっている。

17　BVerfGE 41, 29 [49].

学義務のあるすべての子どもに共通の学校とされ、生徒はキリスト教諸宗派の［共通の］教義に従って教育がなされることとされたもの）と、1968年のノルトライン＝ヴェストファーレン州憲法等改正による国民学校についての共同学校の導入（この共同学校においては「子どもはキリスト教の教育価値及び文化価値に基づいて、キリスト教の諸宗派及び他の宗教的世界観的確信に対する開放性の中で、共通に授業を受け、教育を受ける」［改正後の州憲法12条6項1文］。）を、それぞれ基本法4条、6条2項等に反しないとした（バイエルン州国民学校決定[18]、ノルトライン＝ヴェストファーレン州共同学校決定[19]）。

　④はその冒頭において、自らが扱った2つの憲法訴願を「公立 Pflichtschule における宗教授業外の学校祈祷の許容性の問題にかかわる」と明言し、また、公立 Pflichtschule に宗教との関連、キリスト教との関連を持ち込むことは禁止されないというところから出発して判断をしている[20]。2つの憲法訴願のうちの1つはヘッセン州のある Mittelpunktschule を舞台にしたものである。Mittelpunktschule は基礎学校・基幹学校について用いられるものと解される[21]。もう1つは、ノルトライン＝ヴェストファーレン州の福音主義国民学校（憲法訴願提起までに2つの共同学校に分割）を舞台とするものであった。それゆえ、④の Pflichtschule は α であるとともに β も含意しており、社会内各層の子どもが通う学校が想定されているといえそうである。

　⑤は国民学校に関する事案を扱い、キリスト教の宗派学校でない限りは、国の Pflichtschule に十字架を掲げることは基本法4条1項と相いれないとする。また⑤は、公立国民学校の形成の際にキリスト教との関連を持ち込むことの合憲性に関する②の判示に注意を促している[22]。したがって、⑤の判示も Pflichtschule

18　BVerfG, Beschluß des 1. Senats vom 17.12.1975 - 1 BvR 428/69 -, BVerfGE 41, 65.

19　BVerfG, Beschluß des 1. Senats vom 17.12.1975 - 1 BvR 548/68 -, BVerfGE 41, 88.

20　BVerfGE 52, 223［224, 236f.］.

21　1980年代の学校法に関する概説書には次のような記述がある。かつてはほとんどの生徒が住所の近くの学校に通っていたが、今日では何倍も長い通学路を通わなければならない、その原因の一つは基礎学校や基幹学校が Mittelpunktschule に統合されたことにある、この動向は最近の生徒数減少により強まっている。Hermann Avenarius, in: Hans Heckel, Schulrechtskunde, Ein Handbuch für Praxis, Rechtsprechung und Wissenschaft, 6. völlig neubearbeitete Auflage von Hermann Avenarius, 1986, S. 401 f. なお、訴願人の2人の子は舞台となった学校の学年（学級 Klasse）3 b 及び5に通っていた。

22　前者について、BVerfGE 93, 1［24］. 公刊された連邦憲法裁判所裁判集にある決定要旨にも同様の表現がある。なお、この点に関しては、第1法廷のヘンシェル裁判官による決定後の発言と「裁判要旨の更正」の問題があるが、本稿ではとりあげない。畑尻剛・工藤達朗編『ドイツの憲

を前提にしていると解される。また⑤によると、「たしかに、種々の信仰確信に存在の余地を認める社会において、個人には自分のものと異なる信仰表明、文化的行為、そして宗教的シンボルなどによって煩わされずにいることを求める権利はない。しかし、これと区別されなければならないのは、国によって作り出された状況であって、個人が回避可能性なしに特定の信仰の影響、この信仰の表明である諸行為、そしてこの信仰の表現であるシンボルにさらされるという状況である。その点で、社会における自己組織（gesellschaftliche Selbstorganisation）に任せることなく国による配慮がなされてきた生活領域においてまさしく、基本法４条１項は自由を保護するその効果を発揮するのである。」そして⑤によれば、教室における十字架と一般的就学義務とが相まって、生徒は授業中に国の名によって回避可能性なしにこのシンボルに直面し、「十字架の下で」学ぶことを強いられる[23]。それゆえ⑤の判示は就学義務を前提にしていると解される。

　⑥の教職志願者はバーデン＝ヴュルテンベルク州の基礎学校・基幹学校の教職（試用官吏 Beamte auf Probe）に就くことを志願していたから、⑥の事案も Pflichtschule にかかわっている。判決理由のなかで就学義務の存在理由や Pflichtschule の役割は述べられていないが、⑥は国の教育任務が遵守すべき世界観的宗教的中立性について、「開かれていて広がりのある、あらゆる宗派にとって信仰の自由を同じように促進する態度」と理解し、この理解がとりわけ「Pflichtschule という、国によって配慮される領域」について妥当すると述べ、また、公立学校を世界観的宗教的に特徴づけるについて基本法７条は州がその学校高権の枠内において Pflichtschule を原則として自由に形成することを念頭においている、と述べてもいる[24]。したがって、⑥の判示も α の意味での Pflichtschule を前提にしていると解してよいだろう。

　もっとも、⑥は、「……宗教的な表現手段の効果という点では、問題とされている象徴が学校監督当局の指示により用いられるのか、それとも、基本法４条１

　法裁判所　連邦憲法裁判所の組織・手続・権限　第二版』（中央大学出版部、2013年）255頁注103）［嶋崎健太郎］参照。後者について、BVerfGE 93, 1 [23].

23　BVerfGE 93, 1 [16, 18]. 前者において②が参照されている（前掲注17参照）。

24　BVerfGE 108, 282 [300, 302]. どちらの箇所においても、②と④が参照されている。なお、⑥も②⑤を参照して「国によって作り出された」「個人が回避可能性なしに……さらされる状況」、「……国による配慮がなされてきた生活領域」について⑤と同様の判示をしている。BVerfGE 108, 282 [302].

項２項の個人の自由権の行使を主張することのできる個々の教師（Lehrkraft）自らの決定に基づいて用いられるのかが、区別されなければならない。教員（Lehrer）が個人の決定に基づいて着用した着用品であって、宗教的な動機によるものと解されるものを学校において国が許容することは、学校において宗教的シンボルを備えるよう国が命ずることと同視できない……。個々の教員によるスカーフ着用と結び付いた宗教的メッセージ（Aussage）を受け入れる国は、そのことによって直ちにこのメッセージを国自身のメッセージとするものではなく、当該メッセージを国によって意図されたものとしてその責に帰せしめられる必要もない。」と述べて[25]、⑤の事案との区別をしようとしている。

　以上の諸裁判に対して、③は就学義務について明示的な言及はしていないし、Pflichtschule にも言及していない。また、この決定に至る経緯の発端となった事件の舞台がどのような学校種であるかは③の論理展開に影響を与えていない。③は憲法訴願と具体的規範統制の２つの手続を受けてのものであり、憲法訴願は10歳でギムナジウムに入学した娘の親が提起し、具体的規範統制のきっかけとなった行政裁判所判決の原告は、10歳、14歳、16歳の子の親である[26]。③の事案は就学義務を履行する場となる学校に関するものであるから、③の判旨は就学義務を暗黙の前提にしていると解することができる。

　最後に、⑦は、ノルトライン＝ヴェストファーレン州の社会福祉教育者 X₁（Sozialpädagogin[27]）と教員 X₂ が任用時から宗教上の理由で勤務中にスカーフを着用していたところ（X₁・X₂ ともにトルコにルーツを持ちドイツ国籍を有する）、2006年に新たに導入された同州学校法57条４項を根拠にスカーフを着用しないよう求められたことに端を発して提起した憲法訴願に応えたものである。同項は、「教員は学校内において、政治的、宗教的、世界観的又はこれに類する外部的な表明で

25　BVerfGE 108, 282［305 f.］. ただし、その直後に、「とはいえ、生徒は学校通学の全期間、授業という事象の中心にいる教員と回避可能性なしに直面しているから、教員が宗教的理由により着用するスカーフの効果は特別な強度に及ぶことがありうる。他方で、教員の着用物のもつ宗教的なメッセージ内容は生徒に対してきめ細かく説明され、それによってその効果も弱められる可能性がある。」と述べられている。

26　具体的規範統制に至る前の行政裁判所判決による。VG Hamburg, Urteil vom 25.4.1972 - V 165/71, DÖV 1973, S. 54 ff.［55］. この親は就学義務の存在を指摘して、学校関係は給付行政の契機と侵害行政の契機の双方からなると述べていた。BVerfGE 47, 46［59］.

27　Sozialpädagogin ないし Sozialpädagoge の訳語については、横田守弘「ドイツにおける終日制学校の拡充と法」西南学院大学法学論集第45巻第２号（2012年）81頁注10参照。

あって、生徒及び親に対する州の中立性又は政治、宗教若しくは世界観の面での学校の平穏を害し又は乱すおそれのあるものを行ってはならない。」とする1文、州憲法12条6項などに従った教育任務履行を1文の要請に反しないとする3文などからなり、同法58条によって、その他の教育職員及び社会福祉教育職員（pädagogische und sozialpädagogische Mitarbeiterinnen und Mitarbeiter）に準用されることになっていた。⑦は、学校法57条4項3文を基本法3条3項1文及び33条3項と合致せず無効であるとした。また、学校法57条4項1・2文（及びこれを準用する58条の規定）について、「……おそれ」という要件を保護法益に対する単なる抽象的な危険だけではなく十分に具体的な危険が発生しなければならないという意味に限定する解釈を行って、基本法に合致するとした。訴願人が敗訴した労働裁判所各判決については、各判決はこの限定解釈の必要性を考慮しておらず、両訴願人の基本法4条1項・2項の基本権を侵害するとした[28]。

　⑦は⑤を参照して「国によって作り出された」「個人が回避可能性なしに……さらされる状況」にふれながらも、⑥と同様の論理によって⑤の事案との区別を図っている。その際に⑤の事案との共通点として、教員によるスカーフ着用の場合について「生徒が、一般的就学義務の結果として授業中に回避可能性なしに、国によって雇用された、イスラムのスカーフを着用した教員と向かい合うときも、生徒はたしかに避けられない状況にある」と述べてもいる[29]。したがって、⑦は就学義務を前提にして判断していると一応は言えそうである。

　ところで、X_1は総合学校（要するにギムナジウム・実科学校・基幹学校という3つの進路を含むもの）に勤務しており、学校における紛争の調停の際に（とくに外国人生徒とその親の相談を通じて）異なる国籍と宗教を持つ構成員と接するとされている。X_2はある学校教育事務所の地区内における複数の学校において「母国語の

28　BVerfGE 138, 296 [342 f., 345 f., 346 ff. <Rn. 116 ff., 120 ff., 123 ff.>].

29　BVerfGE 138, 296 [336 f. <Rn. 104 f.>]. それに続けて、「もっとも、宗教的な表現手段の効果という点では、問題とされている象徴が学校監督当局の指示により用いられるのか、それとも、基本法4条1項2項の個人の自由権の行使を主張することのできる個々の教育者（Pädagoginnen und Pädagogen）自らの決定に基づいて用いられるのかが、区別されなければならない。」とし、続けて注25に対応する本文（「個々の教員による……必要もない。」）と同旨の判示をしている。ただし、注25において紹介した「とはいえ……」に対応する判示はなく、スカーフ等の着用だけでは原則として生徒の消極的信仰の自由への干渉にならない、他の信仰・世界観を持つ教員の登場により相対化される、その点で「宗派に開かれた共同学校」（die bekenntnisoffene Gemeinschaftsschule）において宗教的に多元的な社会が反映される、という趣旨の判示がある。

授業をトルコ語で」行っていたが、自由選択であるこの授業に参加するのはもっぱらムスリムの生徒であったとされている[30]。X_1の事案はPflichtschuleを舞台とするものではないし、X_1は授業を行うわけではない[31]。X_2の事案における学校種は不明であるが、仮にそれが国民学校であったとしても、X_2の担当していた授業の性質に注目すると、ここでPflichtschuleや就学義務とのかかわりが法的に大きな意味を持つかは議論がありうる。実際に⑦は⑥と異なり、扱う事案がPflichtschuleにかかわるとは強調していない。また、公立学校の世界観的宗教的形態やPflichtschuleの形成についての州の権限を強調する判示もみられない[32]。

　⑦と就学義務等との関係を考える際にもう一つ、2016年10月18日の第1法廷第2部会による決定が重要に思われる。この決定は、バーデン＝ヴュルテンベルク州において自治体（市）が設置した児童昼間居所（Kindertagesstätte）に勤める国家資格を有する保育士（staatlich anerkannte Erzieherin）が勤務中にイスラムのスカーフを着用したために警告を受けたことに端を発する憲法訴願を扱ったもので、憲法訴願提起に至る経過は⑦の事案に類似する。警告の根拠となった州法律の規定（バーデン＝ヴュルテンベルク州の「幼稚園、その他の昼間保育施設及び児童昼間保育における児童の保育と助成に関する法律（児童昼間保育法）[33]」[das baden-württem-

---

30　BVerfGE 138, 296［301, 308 <Rn. 7, 26>］. 憲法訴願の対象の一つとなった労働裁判所の判決をみると、X_2側がスカーフ着用は州学校法57条に違反しないと主張しており、その際に、X_2の科目が正規のものではないことや自由選択であったことなどがとりあげられている。Vgl. LAG Hamm, Urteil vom 16.10.2008 -11 Sa 572/08-, juris, Rn. 21.

31　X_1に関連して⑦は、学校法57条4項1文・2文が同法58条2項によって教員以外の教育職員と社会福祉教育職員（pädagogisches und sozialpädagogisches Personal）に適用されなければならない場合にも57条4項についての限定解釈は必要であるとする際に、「教員以外の教育職員と社会教育職員は教員に匹敵するほどに学校の日常と国の教育任務の行使に組み込まれているから、これら職員に教員と異なることが妥当することはありえないのである」と述べている。BVerfGE 138, 296［345 <Rn. 119>］. なお、⑦によればX_1・X_2はともに「公立学校における公務職員（Angestellte）」である。BVerfGE 138, 296［299 < Rn. 1>］.

32　なお、⑦の判示には、前掲注29においてふれた箇所の他にも、事案が「宗派に開かれた共同学校」を舞台とするものであることに注目しているかにみえる箇所がある。BVerfGE 138, 296［334 f., 342 <Rn. 100 f., 115>］. 公刊されている連邦憲法裁判所裁判集における決定要旨は3か所で「公立の宗派に開かれた共同学校」に言及する。この「宗派に開かれた共同学校」は、ノルトライン＝ヴェストファーレン州共同学校決定が扱った州憲法12条6項の共同学校を意識してのものなのか（⑦の事案当時も同じ文言である。https://recht.nrw.de/lmi/owa/br_show_historie?p_id=200#FN5〈2017.1.8最終アクセス〉　⑦の事案当時の同州学校法26〜28条によると、この共同学校は基礎学校・基幹学校について設けられるものである 。https://recht.nrw.de/lmi/owa/br_show_historie?p_id=2722#FN5〈2017.1.7最終アクセス〉）、それともキリスト教との関連のない共同学校（正課としての宗教の授業［基本法7条3項］は行われる）であるのか（Vgl. Avenarius, a.a.O.［Anm. 2］, S. 128.）など、筆者は検討しきれていない。

bergischen Gesetz über die Betreuung und Förderung von Kindern in Kindergärten, anderen Tageseinrichtungen und der Kindertagespflege [Kindertagesbetreuungsgesetz]]）の内容もノルトライン＝ヴェストファーレン州学校法57条4項とほぼ同じである（「学校」や「教員」という文言が保育施設にふさわしい文言となっている）。第1法廷第2部会決定は、基本法4条1項・2項の基本権侵害の主張についてのみ憲法訴願を認容し、その他の主張については憲法訴願を受理しなかった（連邦憲法裁判所法93c条1項）。同決定は⑦にならって児童昼間保育法の規定を憲法に適合するように解釈し、スカーフ着用を禁止するには保護法益に対する十分に具体的な危険が必要であるとする[34]。

　同決定は、訴願人の基本権と対抗する憲法上の価値・利益として国の教育任務を取り上げていない。このことは、児童昼間居所が基本法7条1項のいう学校制度に属さない以上、当然のことである。そうすると、就学義務のある学校教育の事案と保育施設における事案とを同視して⑦の論理にならってよいのかという疑問がありうる。しかし、同決定は、⑤⑦を参照して「国によって作り出された」「個人が回避可能性なしに……さらされる状況」にふれたうえで、「学校の場合と異なって保育施設を選択することができるとともに、国によって雇用される保育士であって『イスラムのスカーフ』を着用するものに児童が回避可能性なく対峙することを強いられるかもしれないもととなる通所義務（Besuchspflicht）は存在しないにもかかわらず、児童昼間居所に関して、回避することのできない状況を語りうるために、事実上の強制（faktische Zwänge）だけで十分なのかについては、結論を出さなくてよい」と述べ、さらに「宗教的な表現手段の効果という点では少なくとも、問題とされている象徴が施設設置者の指示により用いられるのか、それとも、基本法4条1項2項の個人の自由権の行使を主張することのできる個々の保育士（Erzieherinnen oder Erzieher）自らの決定に基づいて用いられるのかが、区別されなければならない。個々の保育士によるスカーフ着用と結び付いた宗教的メッセージを受け入れる国の施設設置者（staatlicher Einrichtungsträger）は、そのことによって直ちにこのメッセージを設置者自身のメッセージ

---

33 「児童昼間居所」や児童昼間保育法に関するその他の訳語については、齋藤純子「ドイツの保育制度——拡充の歩みと展望——」レファレンス721号（2011年）34頁以下、横田・前掲注27、105頁以下参照。

34 BVerfG, Beschluss der 2. Kammer des 1. Senats vom 18.10.2016 - 1 BvR 354/11 -, http://www.bverfg.de/e/rk20161018_1bvr035411.html, Rn. 69 f.

とするものではなく、当該メッセージを設置者によって意図されたものとしてその責に帰せしめられる必要もない。」（⑥⑦が参照されている。）として、以下、⑦と類似の論理をとる[35]。

このような経緯からすると、少なくとも第1法廷第2部会決定の理解によれば、学校教職員によるイスラムのスカーフ着用を禁止することの合憲性を判断する⑦の論理過程において、就学義務そのものに⑦の結論を左右するほどの格別の意義があるわけではないということになりそうである。

四　部会決定と就学義務

1　部会決定と就学義務

1986年9月5日の第1法廷第2部会決定（1986年決定）は、バイエルン州の就学義務法に違反して過料を課された親（息子は6歳）が提起した憲法訴願を受理しないとした。この決定は、一般的就学義務とそこから生じる義務は子の教育についての親の決定権の制限として許容されるなどとする際に、親の権利に対抗するものとして国の教育任務をあげ、それが子どもの利益に仕えるものと位置付けられると述べるにとどまる（①が参照されている）[36]。

1989年4月21日の第1法廷第2部会決定（1989年決定）は①③④を参照し、1986年決定よりも若干詳しい理由付けをしている。まず、国は親から独立して自らの教育目標を追求することができる。親の教育観に対して必要な中立性と寛容を欠くときになって初めて、国はその権限を踏み越えることになるが、それは本件では認められない。次に、国がその時々の親の教育観を尊重しなければならないだけではなく、親も意見の異なる親に対する寛容の思考を義務付けられる。国と親は相互に尊重し、お互いの努力を実践的整合の原則に従って調整しなければならない。訴願人がこのような義務に従っていたかは疑わしい。第三に、通学を拒否する親の立場を親の良心の自由から導こうとする見解があるが、良心の自由は第三者の基本権や子どもに対する国の教育任務の履行により制限を受ける、国の教育任務は親の教育権と同様に人格の発展に仕えることによって公益だけでは

35　BVerfG, a.a.O. (Anm. 34), Rn. 65.
36　BVerfG, Beschluß der 2. Kammer des 1. Senats vom 5.9.1986 – 1 BvR 794/86–, FamRZ 1986, S. 1079=NJW 1987, S. 180=RdJB 1993, S. 113.

なく基本法 1 条 1 項と結びついた 1 条 2 項を通じて保護される子どもの利益にも仕える、と[37]。

2003年 4 月29日の第 1 法廷第 2 部会決定（2003年決定）は、その後の部会決定の基盤となる判断を示した重要な決定である。バーデン＝ヴュルテンベルク州において聖書を字義通りに信ずるキリスト教団に属する親が、宗教的な理由で子の公立学校への通学を拒否し、家庭教育を行うことの許可を求めたが拒否され、行政裁判所においても敗訴したため、公立基礎学校通学義務からの免除の拒否によって基本法 4 条 1 項・ 2 項、 6 条 2 項の基本権などが侵害されると主張して憲法訴願を提起したものの、2003年決定は受理しなかった。

同決定は、親と子の権利と国の教育任務の間の衝突を実践的整合の原則により解決しなければならないとして、主に以下の 3 点を述べている。

（A）公立基礎学校への通学を義務づけることは国の教育任務の実現という正当な目的のためのものであり、この目的達成のために適合的でありかつ必要である。国の教育任務は知識の伝達だけではなく、責任ある公民の育成をも目指しており、この公民は、同権であり全体に対して責任を負うという意識を持って多元的社会における民主主義の過程に参加できるものとされる。知識伝達という目的達成のためには、国の教育任務の役割を家庭教育の実施と成果を定期的にコントロールすることに限定することが（就学義務に比べて）より穏やかで、またその限りで直ちに適合的な手段と言えるかもしれない。しかし、社会性及び公民性の能力伝達という教育目標の観点からみて、家庭教育を国によりコントロールするだけでは直ちに有効とみなさないことは、誤った評価であるとはいえない。なぜなら、社会とそして社会において主張される区々の見解とのふれあいがたまたまなされるというだけではなく、それが規則正しい学校通学と結び付いた日常の経験の一部であるというときには、意見の異なる者ともつきあうことのなかでの社会性の能力、寛容の姿勢を伴う暮らし（gelebte Toleranz）、あることをやり抜く能力、そして多数派と異なる確信の自己主張をより効果的に身に付けることができるからである[38]。

---

37 BVerfG, Beschluß der 2. Kammer des 1. Senats vom 21.4.1989 - 1 BvR 235/89-, juris, Rn. 3 ff. ノルトライン＝ヴェストファーレン州の親が提起した憲法訴願の不受理決定であるが、事案は明らかではない。

38 BVerfG, Beschluss der 2. Kammer des 1. Senats v. 29.4.2003 - 1 BvR 436/03-, BVerfGK 1, 141 [143].

（B）公立基礎学校への通学を義務づけることによる親の権利への介入は、国の教育任務とその背後にある公益が義務履行に期待する利益と適切な関係にある。すなわち、宗教的世界観的に動機づけられた「平行社会」（Parallelgesellschaft）の生成に対抗し、この領域での少数派を統合することについて、公共は正当な（berechtigt）利益を有するのである。その際に統合ということは、住民の多数派が宗教的世界観的少数派を除け者にしないことを前提とするだけではなく、少数派自身が自ら一線を画してしまうのではなく意見・信仰の異なる者との対話を閉ざさないということも求める。そのような少数派との対話は、開かれた多元的社会を豊かにする。これを寛容の姿勢を伴う暮らしという意味で身に付け実行に移すことは、すでに基礎学校においても重要な任務である。学年（学級 Klassengemeinschaft）のなかに多様な確信が幅広く存在することによって、民主主義的な意思形成過程の基礎条件としてのすべての生徒の寛容と対話の能力を後々までも持続するように伸ばすことができる[39]。

（C）基本権としての自由への就学義務による干渉は訴願人にとって要求可能なもの（zumutbar）である。なぜなら、この干渉の重みは、異なった宗教的確信を考慮する義務などによって緩和されるため、親及び生徒にとって要求不可能という限界は踏み越えられないからである。その際、公立学校が中立と寛容を義務づけられるということがとりわけ意義をもつ。この義務づけが厳格に遵守されるなら、信仰及び良心の要求可能性のない葛藤が生じないだけではなく、学校において教員を通じて、訴願人らのように世界観的少数派の立場を主張する人々に対して寛容であることを積極的にめざす義務を国に課すのである。それでも学校に通学すれば、世俗の色合いを増す多元的社会の諸見解・価値観に直面することになるが、それは訴願人らにとっては自らの宗教的確信と矛盾するにもかかわらず、要求されうるのである（zuzumuten sein）[40]。

2003年決定において注目されるのは、就学義務によって実現されるべきものについて、公民の育成、子どもの社会性、寛容という要素を織り込みながら統合という言葉を用いて、かつ、三の裁判を参照することなく語った点である（（A）（B））。また、国や多数派だけではなく少数派にも寛容にまつわる一定の姿勢が求

39　BVerfGK 1, 141 [143 f.].「平行社会」という訳語は、近藤潤三『移民国としてのドイツ 社会統合と平行社会のゆくえ』（木鐸社、2007年）24頁、282頁以下に従った。

40　BVerfGK 1, 141 [144].

められている点も、目を引くところである。

2006年 5 月31日の第 2 法廷第 1 部会決定（2006年決定）は、ヘッセン州学校法
182条 1 項違反により有罪とされた親が、有罪判決を下した裁判所の判決による
基本権侵害（基本法 4 条 1 項、 6 条 2 項など）を主張して提起した憲法訴願につい
て受理しないとした。訴願人は、その信仰に基づいて、聖書の規範等に文言通り
に従って子育てをし、神の戒律に反する影響から子を遠ざけておくよう義務づけ
られているとする者であるが、2001/2002年度の初めから 3 人の娘を地域の総合
学校に通わせず、家庭で教育をした。

2006年決定は、一般的就学義務の目的が正当であること、就学義務が目的に適
合的であり必要であることについて、2003年決定の（A）（B）とほぼ同様の判断
をしている。ただし、2003年決定においては少数派との対話を「寛容の姿勢を伴
う暮らしという意味で身に付け実行に移すことは、すでに基礎学校においても重
要な任務である」としていたが、2006年決定は「……公立学校における重要な任
務である」とした。総合学校への通学拒否という事案のゆえであろうが、基礎学
校と総合学校との違いについての説明は一切ない。多元的社会の諸見解等に直面
することの要求可能性についても、公立学校の世界観的宗教的中立性の義務、実
践的整合などにふれたうえで、2003年決定の（C）とほぼ同様の判断をしている[41]。

2006年決定独自の判示としては、就学義務違反に刑罰を科すことは比例性を欠
くものではない（nicht unverhältnismäßig）とした。すなわち、学校の授業に子を
参加させるよう刑罰を伴って要請されることと自己の信仰上の確信との矛盾は、
法律に違反することが正当であると言えるであろうような逃げ道のないものでは
なく、訴願人らは真摯な信仰上の確信と就学義務との間の解き難い葛藤が存在す
ると主張できない、というのである（訴願人が葛藤を解消するために身近にある可能
性を利用しないままでいる、特定の授業にだけ子を出席させないということではなぜ不十
分なのかが明らかではないなど）[42]。

2014年10月15日の第 2 法廷第 2 部会決定（2014年決定）は、ヘッセン州におい
て 9 人の子を持つ親（夫婦）が年長の 5 人を家庭において教育し、さらに次の 3
人の子を学校に通学させなかった後に罰金刑を宣告されたため、区裁判所ないし

41　BVerfG, Beschluss der 1. Kammer des 2. Senats vom 31.5.2006 - 2 BvR 1693/04-, BVerfGK 8,
　　151［155f.］.

42　BVerfGK 8, 151［157 f.］.

上級地方裁判所の各判決と州学校法182条1項に対して提起した憲法訴願を受理しないとした。訴願人たる夫婦は通学拒否に際して「確固としてかつ覆すことのできない」信仰および良心上の理由を引き合いに出したとされる。訴願人の主張は、ⓐ州学校法182条1項の規律対象は連邦と州との競合的立法権の対象であり、連邦法である刑法171条（16歳未満の者への監護・教育義務違反）により連邦がすでに立法権を行使しているのであるから州には立法の権限がない、ⓑ州学校法182条1項は基本法6条2項1文から導かれる価値決定的原則規範に違反する、ⓒ区裁判所などの裁判は基本法6条1項と結び付いた6条2項1文から導かれる親の権利の放射効果を州学校法182条1項の解釈の際に考慮せず同項を違憲的に適用した、など多岐にわたる。

　ⓐについて2014年決定は、就学義務違反に刑事罰を科す州の立法権限は刑法171条によって排除されるものではないとし、その際に、刑法171条の立法目的は16歳未満の者の健康な身体的精神的発達の保護であるのに対して、州学校法182条は一般的就学義務の貫徹だけを目的とするのであり、就学義務はまず何よりも国の教育任務の達成を目標としており、国の教育任務は子どもの利益のためだけではなく公益のためにもあるとする（1989年、2003年、2006年の各決定が参照されている）[43]。

　ⓑについて2014年決定は、上記4つの決定と後記 2009年決定を参照して、立法者が就学義務違反について刑罰規定を設けることには何ら憲法上の疑念はないとした[44]。ⓒについて2014年決定は、事実審裁判所によって行われた確認によると子の福祉は危うくされていなかったし、それどころか年長の5人の子は「優」ないし「特優」という修了資格（Schulabschluss）を獲得して職業生活に入ることができたが、このことは、子を学校の授業に参加させる義務を何ら変更させうるものではないとして、訴願人の主張を退けた。その際に同決定は2006年決定を参照して、「平行社会」が発生しないための少数派の統合についての正当な利益にふれるとともに、うまく成果を上げている家庭教育であっても、意見の異なる者及び信仰の異なる者との対話に対して子が心を閉ざすということがあり、とりわけ多様な見解に直面して学年において寛容の姿勢を伴う暮らしを後々まで持続す

43　BVerfG, Beschluss der 2. Kammer des 2. Senats vom 15.10.2014 – 2 BvR 920/14–, http://www.bverfg.de/entscheidungen/rk20141015_2bvr092014.html, Rn. 16 ff.

44　BVerfG, a.a.O. (Anm. 43), Rn. 22.

るように伸ばすのには適していないという。さらに、2014年決定は、裁判所によって実際に科された刑事罰が比例性を欠くものではないとする際にも2006年決定を参照し、2006年決定と同様の事情を指摘している[45]。

以上の諸決定の考え方は、授業の一部免除が認められなかったことの合憲性を判断した部会決定においても採用されている。例として、ベルリーン州における必修倫理授業（第7〜10学年に順次導入。これと並んで任意参加の世界観ないし宗教の授業が行われたが、宗教授業に参加する生徒が倫理授業を免除されることについて州法律に規定がなかった）の合憲性を扱った2007年3月15日の第1法廷第2部会決定（2007年決定。福音主義の信仰を持つキリスト教徒の生徒［学校種は不明］及びその親が提起した憲法訴願）と、ノルトライン＝ヴェストファーレン州の基礎学校における演劇プロジェクトとカーニバルの行事に関する2009年7月21日の第1法廷第3部会決定（2009年決定。2人の息子が参加しなかったため過料を課せられた親［バプテストの信仰団体に属する］が提起した憲法訴願）がある。いずれも三の諸裁判とともに1989年決定と2003年決定を参照しており、2009年決定は2006年決定も参照している[46]。

2　連邦行政裁判所による部会決定の参照

1の部会決定の前に連邦行政裁判所が就学義務の合憲性について判断を示した例として、バーデン＝ヴュルテンベルク州のある親が子の基礎学校への通学の強制を争った事例を扱った1975年4月9日の決定、ノルトライン＝ヴェストファーレン州のある親が自身のカトリックの信仰と相いれないとして子の公立基礎学校への通学を拒んだ事例を扱った1991年11月15日の決定がある。両決定ともに①を参照し基本法7条1項に依拠して一般的就学義務の合憲性を説明し、また後者は三の諸裁判（④まで）を参照して、親と子が一般的就学義務により憲法上要求不

45　BVerfG, a.a.O.（Anm. 43）, Rn. 25, 32.

46　BVerfG, Beschluss der 2. Kammer des 1. Senats vom 15.3.2007 – 1 BvR 2780/06–, BVerfGK 10, 423 [429 ff.]; BVerfG, Beschluss der 3. Kammer des 1. Senats vom 21.7.2009 – 1 BvR 1358/09–, http://www.bverfg.de/e/rk20090721_1bvr135809.html=NJW 2009, S. 315 ff., Rn. 13 ff., 17, 19. 2003年決定（B）において少数派との対話が基礎学校の任務であるとされていたところ、2007年決定はラント立法者にとって公立学校の重要な任務でありうるとするなどの相違がある。なお、ベルリーン州が基本法141条（いわゆるブレーメン条項）の適用を受けることについては、初宿正典「いわゆるブレーメン条項の適用範囲——ドイツにおける宗教教育の新展開——」同『日独比較憲法学研究の論点』（成文堂、2015年）193頁以下（初出：法学論叢144巻4・5号[1999年] 77頁以下）。

可能な信仰及び良心の葛藤に陥らないことが確保されているとする[47]。

1の部会決定の後は、連邦行政裁判所もこれら部会決定を参照して一般的就学義務の合憲性を説明している。例えば、ブレーメン州において子を学校に通学させる代わりに家庭での教育を行うことの許可を求めた親がこれを拒否されたために訴えを提起した事例を扱った2009年10月15日の決定がある[48]。

授業等の一部免除を扱うものとしては、ノルトライン＝ヴェストファーレン州のギムナジウムに通うトルコ国籍の女生徒（12歳）が、イスラムの信仰上の理由から男女共修スポーツ授業からの免除を求めたところ、拒否されたため提訴したという事例を扱った1993年8月25日の判決がある。下級審判決が水泳の授業の免除に関してのみ州の法令上免除が認められる「重大な例外事例」にあたるとしたのに対して、連邦行政裁判所は基本法4条1項及び2項に基づいて男女共修スポーツ授業からの完全な免除を求める権利を認めた。

判決は、三の諸裁判（④まで）に加えて上記1975年4月9日決定を参照して、以下のように判示した。国はスポーツ授業の内容と目標として、生徒の健康の促進とスポーツの能力・才能の発達だけではなく社会性の習得を目指してよい。信仰の尊重を求める女生徒の基本権と国の教育任務は原則として同順位にあり、スポーツ授業からの完全な免除を求める権利が認められるのは、原告の年齢の女生徒にとってスポーツ授業が専ら男女共修の授業の形式で行われている場合である。当該事例については、女生徒の通うギムナジウムにおいては性別のスポーツ授業が可能であるにもかかわらず実施されなかったところ、州側は教育任務との関係で共修でなければならない理由を説明していないため、スポーツ授業が共修で行われる限りで、スポーツ授業からの完全な免除だけが女生徒の信仰の自由の基本権を考慮に入れた調整となる、と[49]。

この判決は、女生徒の信仰の自由と国の教育任務・就学義務との調整を事案に即して行った点で注目されるが、2003年決定の前の時期の判決であり、一般的就学義務が基本権制限として正当化される理由、さらには就学義務の存在理由について詳しく述べてはいない。

---

47 BVerwG, Beschluß vom 9.4.1975 - VIIB 68. 74-, DVBl. 1975, 428 f. =NJW 1975, S. 1850 [LS]; BVerwG, Beschlulß vom 15.11.1991 -6 B 16.91-, RdJB 1993, S. 113 f. =NVwZ 1992, S. 370 f.

48 BVerwG, Beschluss vom. 15.10.2009 -6 B 27.09-, NVwZ 2010, S. 525 f.

49 BVerwG, Urteil vom 25.8.1993 -6C 8.91-, BVerwGE 94, 82 [84 ff., 89 ff.].

ノルトライン゠ヴェストファーレン州において性教育の授業への子の不参加を求めて親が訴えを提起した事例を扱った2008年5月8日の決定は、法律により学校に自制、開放性、そして寛容を義務づけることによって親の権利侵害の可能性は弱まり、免除されるために必要な「重大な理由」はなくなるという基本的な立場から、親による種々の主張を退けた[50]。③、⑤、2003年決定，2006年決定、そして2007年決定が参照されている。もっとも、就学義務に期待される統合機能などに詳しく言及されているわけではない。

　対照的なのが2013年9月11日の判決（ブルキニ判決）であり、1の部会決定を参照するだけではなく、部会決定よりも詳しく学校の統合機能について語っている。この判決は、ヘッセン州のギムナジウムに通うムスリムの女生徒がイスラムの信仰上の理由から男女共修の水泳授業からの免除を求めたものの受け入れられなかったため提訴したという事例を扱い、免除を拒否することは基本法4条1項の基本権の保護領域への介入であるとしながらも、この介入は学校制度における国の決定権（基本法7条1項）により正当化されるとして、生徒の訴えを退けた。信仰の自由と国の決定権という同順位にあるもの同士の実践的整合の原則に従った調整によると、信仰上の要請を理由にして生徒の授業免除が認められるのは例外的な場合のみであり、男女共修水泳授業への参加によって宗教上の要求が制限されるおそれはあるが、学校側が提案したブルキニ着用を受け入れていれば、それが忍受される程度になったかもしれないことなどから、当該事例において男女共修水泳授業からの免除を基本権として求めることはできない、というのである[51]。

　この判決は信仰の自由が学校領域において相対化されることを説明する際に、①、③、2003年決定，2009年決定を参照して学校の統合機能を強調するとともに、一般的就学義務を導入することなしに国が学校のこの任務に配慮することはできないとする[52]。また判決は、宗教上の要請として持ち込まれるものをカテゴ

50　BVerwG, Beschluss vom. 8.5.2008 -6B 64.07-, NVwZ 2009, S. 56 ff.

51　BVerwG, Urteil vom 11.9.2013 -6C 25.12-, BVerwGE 147, 362 [364, 369, 374 <Rn. 7, 10, 17, 23 f.>]. 原告は（当時11歳）ドイツに生まれているが家族はモロッコ出身であり、原告は5歳から8歳までの間モロッコに居住し、通学している。舞台となったギムナジウムにおいて移民の背景を持つ生徒の割合が2011年には約70％であったこと、ブルキニなどを着用する生徒が水泳の授業に参加していたことなどもふくめて、vgl. Hessischer VGH, Urteil vom 28.9.2012 -7A1590/12-, juris, Rn. 2 ff.

52　BVerwGE 147, 362 [365 f. <Rn. 13>].

846

リカルに尊重すれば、個人のいかなる信仰上の地位をも国の決定権に対して原則的に優位させることになり、学校はすべての宗教上の見地からみて受け入れられるようにみえる授業形成で満足しなければならないことになるが、それは宗教的に多元的な社会において実際上可能でもないし、学校の統合機能に照らし、憲法の意図するところでもありえないという。そして、学校による統合の効果は、少数派を考慮してその特性を尊重することに現れるだけではなく、少数派が自ら一線を画したり、宗教的、世界観的あるいは文化的に嫌う授業内容に直面することを最初から避けてしまってはならないということも前提にしているというのである。ここでは、2003年決定、2006年決定、2007年決定が参照されている[53]。

　さらに判決は、宗教上の利益に配慮する国の義務には学校の統合機能などのゆえに原則として限界があると述べ、これに続けて、「すべての当事者は、国の教育任務及びその実施のための就学義務に憲法上初めから組み込まれている付随的現象（einberechnete Begleiterscheinung）の典型的なものとして、その宗教上の確信の侵害を一定の範囲で忍受しなければならない」とする。また、授業からの免除が認められるか否かを個別的に判断するにあたって個々の授業時間だけで判断してはならないとする際に、少数ないし限られた数の授業時間を行わないことをとるに足らぬものとみなすなら、それは学校の統合機能を消し去るものであると指摘して、「学校は共同体を創出する効果（gemeinschaftstiftender Effekt）を目指しており、この共同体創出効果が国による就学義務導入を重要な関心事項に位置付けるのであるが、この共同体創出効果は、いかなる程度のものであれ対立するすべての個別的選好を脇に置いて学校の授業に絶えず義務として参加することによってのみ生み出されるのであるから、個々の生徒は学校の全部の行事に参加しなければならないとされる。……限られた範囲だけしかない、あるいは、関係者には教育効果が乏しいものにみえるかもしれない授業の単位も就学義務から排除されない」とする[54]。学校における教育活動の細部にまで統合機能を認めようとするかにみえるこの判示において、部会決定は参照されていない[55]。

53　BVerwGE 147, 362 [368 f. <Rn. 16>].

54　BVerwGE 147, 362 [369, 371 f. <Rn. 17, 20>].

55　連邦行政裁判所は、同じ2013年9月11日に、ノルトライン＝ヴェストファーレン州のギムナジウムに通う生徒の親（エホバの証人）が宗教上の理由により当該ギムナジウムにおいて行われる Krabat と題する映画鑑賞への参加からの免除を求めたところ学校側に拒否され、免除拒否が違法であることの確認を求めて出訴した事案について、免除拒否は正当化されると判断してい

なお、女生徒の側はブルキニ判決を不服として連邦憲法裁判所に憲法訴願を提起したが、連邦憲法裁判所第1法廷第2部会はこれを受理しなかった。訴願人がブルキニ判決などの理由付けに反論する際に憲法訴願の理由に要求されるところを充していない（連邦憲法裁判所法23条1項2文前段及び92条）というのである。そこでは、連邦行政裁判所は訴願人の信仰の自由が学校に託されている作用の背後に退かなければならないという見解を詳細な理由付けをもって主張しているが訴願人はこれに取り組んでいない、などと指摘されている。学校の統合機能に関して、ブルキニ判決の見解への評価は述べられておらず、第1法廷第2部会の見解が述べられているわけでもない[56]。

五　むすびにかえて

以上を踏まえて、最後に若干の検討をしておきたい。

まず第一に、連邦憲法裁判所の部会決定と連邦行政裁判所の諸裁判を一覧すると、授業の一部免除が認められるかはともかくとして、就学義務からの一般的免除が認められる見込みはない。家庭による教育を国が定期的にチェックするという代替手段が存在するとの指摘も、就学義務を違憲とする理由にならない。それゆえ、ドイツにおける就学義務は厳格であるという印象を受けざるを得ないが、両裁判所が就学義務そのものの合憲性を扱っている事例のほとんどは当事者が宗教上の理由で就学からの免除を求める事案であり、これらの事例だけからドイツにおける就学義務の運用について固まった像を描くことには慎重であるべきだろう。

この点に関連して、社会学的研究からドイツにおけるH・Eの多様性が指摘されている。すなわち、現在のH・Eの動きの出発点として1970年代の2つの潮流、すなわち、リベラル、反権威主義、子どもの権利の擁護を志向する潮流と保守的価値を志向する潮流（たいていはキリスト教志向）をあげることができ、この2つがその後の展開を今日まで特徴付けてはいるが、両者は一部を代表するにす

る。BVerwG, Urteil vom 11.9.2013 - 6C 12.12-, http://www.bundesverwaltungsgericht.de/entscheidungen/pdf/110913U6C12.12.0.pdf　結論に至るまでに親の宗教上の教育権と国の決定権との調整に関して判決が行う論証はブルキニ判決と同様のものであり、そこでも学校の統合機能と就学義務が大きな役割を果たしている。

56　BVerfG, Beschluss der 2. Kammer des 1. Senats vom 08.11.2016, 1 BvR 3237/13, http://www.bverfg.de/e/rk20161108_1bvr323713.html, Rn. 31 ff.

ぎず、運動はより多様になり、参加者はあらゆる階層の出身者を含み、社会的出自の意義は失われているとされる。また、H・Eとされる親子の状況についても、国から違法性を問われていない場合、法的手続を開始され結論が出ていない場合、法的手続を開始されながら大目に見られたか手続きの中止に至った場合、法的手続の結果として子が再び学校に行くか家族が海外に行くことになった場合の4つがあげられており、とくに地域における当局の姿勢次第でこの4つのどれになるかが決まるとされている[57]。他方で、本来は就学義務を履行することのできる場ではないはずの私立の補充学校、とくにインターナショナル・スクールに通う生徒（富裕層）が存在すること、これに就学義務履行を認める実務や法規定が存在することが危惧されている[58]。

第二に、連邦憲法裁判所部会決定が就学義務の合憲性を語る論理の中では、学校による統合機能が重視されている。その背景の一つとしては、①にみられるように、ヴァイマル憲法136条の「すべての者に共通の基礎学校」の理念とそれへの期待がそのまま基本法の下においても維持されていることを指摘できるだろう。その理解にあたっては、国家とは異なる精神的権威としての複数の教会の存在、社会階層による教育機会の大きな違い、地域による違いなど、基本法以前の諸憲法の条文と基本法の条文にも反映されるドイツ固有の歴史的文化的諸事情を無視することはできない。

とはいえ、部会決定が語る統合機能に対して、法律学の外から次のような批判があることにも留意しておこう。まず、学校への通学が社会性の能力と公民としての能力を伝える成果をもたらす前提であるという想定には、経験的証拠を見い出し難い。子どもの社会性の能力に強い影響力を持つのはむしろ家庭であり、家庭による差異を学校によっても均質化することができる範囲は限定される。また、ドイツにおけるH・Eの多様性に照らして、これに「平行社会」のレッテルを貼ることは適切ではない。さらに、すべての社会階層の子どもが出会う教育の場を作るというヴァイマル憲法の理想は、今日では公立学校によってさえ実現されない。その原因は、基礎学校については様々な住民各層が地域的に分離しているところにあり（すべての社会階層がどの地域にも同じように居住しているわけではな

---

57 そもそもドイツにおいてはH・Eについて正確な統計はなく、「隠れた」（発見されない）者もいるとされる。Spiegler, a.a.O.（Anm. 5), S. 162 f., 203 ff.

58 Avenarius, a.a.O（Anm. 2), S. 316 f., 352 f.; Rux, a.a.O（Anm. 2), Rn. 374.

い)、基礎学校の後の進学先上級学校については教育システムの三分岐性にある、と[59]。

　第三に、ドイツにおいて学校の統合機能を語ることができる土台は、もともとは基礎学校と基礎学校の後の進学先上級学校のなかのせいぜい基幹学校までだったのではないかと思われる。それは、同世代の子どもたちのほぼ全員ないし多数が通うことによりさまざまな社会層の子どもたちが通うことになるはずの学校である。この事情は、三において扱った①の判示やその他の裁判における Pflicht-schule という語の使い方に反映されているように思われる。

　しかし、21世紀の部会決定が統合機能を語る際に、2003年決定は基礎学校を念頭においていたが、2006年決定は公立学校を念頭においている（事案は総合学校）。また、連邦行政裁判所ブルキニ判決においてはギムナジウムの事案に統合機能が語られており、しかも統合の対象は移民の背景を持つ者になっている。学校の統合機能を語る際の学校種に限定がなく、統合の対象も拡大しているということについては、ヴァイマル憲法136条及びそれを受け継ぐ基本法制定期（さらには各州の学校法律制定期）には想定されなかった事案を連邦憲法裁判所等が扱っているからである、と説明することもできよう。移民の背景を持つ者の増加は「想定されなかった事案」の一つの要因であろうが、基幹学校の存在に目を向ければ、そもそも再統一後の旧東ドイツ諸州において基礎学校に続く上級学校は基幹学校・実科学校・ギムナジウムという三分岐型であるとは限らないし、旧西ドイツの州においても、再統一以前から３つの上級学校をあわせた学校が模索されているうえに、近時は基幹学校進学者が減少していることにも留意すべきであろう。さらにドイツにおいては、もともと親の学歴・収入が子どもの学力・進路に大きく影響すると言われているうえに、移民の背景を持つ者と持たない者との格差も語られ、また基幹学校における外国人生徒数割合はギムナジウムにおけるそれよりも高い[60]。

59　Spiegler, a.a.O. (Anm. 5), S. 141 f., 255 f., 260 f.近藤・前掲注39にあるように、Parallelgesell-schaft という語は、ドイツにおけるイスラム問題を研究するドイツ国内のグループによって、「ホスト社会と移民社会のどこまでも交わることのない」状態を指すものとして用いられたようである。このような由来を持つ Parallelgesellschaft を H・E との関連で就学義務を正当化する際に用いることが妥当といえるか、たしかに疑問がありうる。

60　木戸裕『ドイツ統一・EU 統合とグローバリズム　教育の視点からみたその軌跡と課題』（東信堂、2012年）68頁以下、505頁以下。

850

ドイツにおいて「学校の統合機能」を語る際には、どのような学校種の、どのような状況を念頭に置いて、何を期待するのか、注意が必要であろう。

最後に、ドイツの憲法論においては、親や子の自由を制約するものとしての就学義務と学校の統合機能を支える基本法上の根拠は、同7条1項に基づく国の教育任務である。この教育任務は子どもと無関係に語られるのではなく、少なくとも法論理のうえでは公益とともに子どもの権利を実現するものとしても語られている。日本国憲法においては26条2項前段に「普通教育を受けさせる義務」が規定されており、それは親の教育の自由を前提とするものであるとともに、同条1項の「能力に応じて、ひとしく教育を受ける権利」を確保するためのものであると位置づけられる。「普通教育を受けさせる義務」が学校教育法17条1項・2項の「就学させる義務」と同義なのかが争われており、就学義務を親の教育の自由等への制約であるとしてこれを正当化できるかについて、知識伝達、子どもの世界観形成、民主社会への参加能力の3つを学校の任務（すなわち制約目的）とみるとどうなるかという見地から議論の整理がなされている[61]。解釈論としては、この3つを「普通教育を受けさせる義務」の存在理由として語りうるか、とくに民主社会への参加能力養成のために自由が制約されることを日本国憲法26条2項前段が予定しているのか、あるいは許容するにとどまるのかが、論理的に先行する問題となるだろう[62]。

61　廣澤明「教育基本法第5条」荒牧重人他編『別冊法学セミナー　新基本法コンメンタール・教育関係法』（2015年）22頁以下。廣澤・前掲注5、391頁以下は、日本における現行の就学義務制は違憲の疑いがあるとする。

62　校正段階において斎藤一久「ドイツ憲法判例研究（198）保育園における保育者のイスラームスカーフ事件」自治研究93巻11号（2017年）144頁以下に接した。同150頁は2016年10月18日の連邦憲法裁判所第1法廷第2部会決定（前掲注34及び35）について、同決定が保育園について⑤⑥⑦の事案と異なり「子どもたちが回避可能性なく宗教的シンボルに対面しなければならないという状況は存在しないとしている」と解している。この点に関する筆者の理解は本文三末尾において示した通りであり、以下で若干の説明をしておく。
　　同決定における訴願人は労働裁判所において、幼稚園通園義務（Kindergartenpflicht）が存在しないから幼稚園児などの消極的宗教の自由は対立せず、また、訴願人は官吏ではないから国の中立性原則は侵害されていないなどと主張していた。これに対して州労働裁判所と連邦労働裁判所はともに、要するに学校と幼稚園とを同視できるという立場をとって、スカーフ着用を禁止するには学校領域と同じように抽象的な危険で足りると児童昼間保育法の規定を解釈した。学校と幼稚園を同視する理由についてはとくに州労働裁判所が詳しく述べている。すなわち、幼稚園領域は国によって配慮されており自己組織にある社会に任されてこなかった。社会法典第8編（SGB Ⅷ）において定められた3歳以上の児童の幼稚園入園請求権に対応して国等（本件では自治体）には幼稚園整備義務があり、幼稚園においては社会における自由な自己組織と国家から自由な日常生活があるのではなく、国家によって導かれる生存配慮がなされており、それは住まい

との近さという観点からみても、特定の、通常は自治体が設置する施設に通うことを事実上強制されるという結果をもたらす。連邦法である社会法典第8編が設置者である自治体に州の児童昼間保育法に従って児童の教育等（Erziehung, Bildung und Betreuung）を行うよう義務付けており、「たとえ幼稚園通園義務が存在しないとしても、広い意味で国として活動する設置者自治体はその法律上の任務を、特定の信仰を優先する表明であって設置者の責めに帰せしめられるものから離れて履行しなければならない」。スカーフを着用する保育士は設置者である自治体を代表するのであって、たとえ官吏の地位にないとしても、権威のある人物として、生徒と教員の関係に匹敵する中心的職務を占める、などというのである。LAG Baden-Württemberg, Urteil vom 19.6.2009 -7 Sa 84/08-, juris, Rn. 20, 82 f., 91, 105. 連邦労働裁判所による理由付けは州労働裁判所ほど詳細ではなく、自治体を広い意味での国とするような判示はないものの、保育士が児童に与える影響力を指摘するとともに、社会法典第8編における児童保育のための昼間保育施設通所請求権を手掛かりにして、学校と児童昼間居所との間に決定的違いはないとしている。BAG, Urteil vom 12.8.2010, -2 AZR 593/09-, juris, Rn. 23, 31, 33 f.

これに対して訴願人は憲法訴願に際しても、幼稚園については基本法7条1項の国の教育任務にあたるものがなく幼稚園通園義務も存在しないことを理由に、学校と幼稚園の区別を主張したのである。第1法廷第2部会決定は、たしかに児童昼間居所への通所義務が存在しないことなどを根拠にして学校と匹敵しうる回避不可能な状況の存在などについて疑問を提示することができるかもしれないと述べてはいるが、（労働裁判所各判決のように）幼稚園領域について学校領域におけるのと同様に中立性の要請を妥当させようという場合でさえも、中立性を維持するための禁止規定の形成については学校におけるのと同様の制限が妥当するとしたうえで、（具体的危険を要するとする解釈の）基礎にある憲法上の考慮は幼稚園領域についても少なくとも同様に妥当するとする。また、訴願人が公勤務における公務職員（Angestellte im öffentlichen Dienst）であるからといって、基本権を主張する資格の点で疑問とされることはないという。BVerfGE, a.a.O. (Anm. 34), Rn. 6 ff., 23, 54 f., 58.

同決定は州労働裁判所や連邦労働裁判所のように学校と幼稚園とを同視できるという立場を積極的に展開しているわけではないが、前掲注35に対応する本文に示した判示について筆者が本文において示した程度の理解は許されよう。なお、当該判示においては、「国によって雇用される保育士」、さらには「国の設置者」という文言が用いられている。その背景に幼稚園等の任務に関して州労働裁判所が示したような理解があるのか否か、興味がもたれる。

ドイツにおける教会の自己決定権と労働者の基本権──教会労働者の忠誠義務に関する判例の展開を中心に──

倉　田　原　志

一　はじめに
二　忠誠義務事件
三　医長事件
四　その後の展開
五　おわりに

一　はじめに

　ドイツ連邦共和国基本法140条は、「宗教団体は各々、すべてのものに適用される法律の範囲内で、その事務を独立して処理し管理する。」と定めるヴァイマル憲法137条3項[1]を、基本法の構成部分とする。この規定は宗教団体の自己決定権を保障するものと一般に理解されており、ここで、「独立して処理」することは、固有の影響範囲に関する宗教団体の独自の法定立を含み、独立の「管理」は、宗教団体の任務を実現するためのその機関の妨げられない活動を意味し、この自己決定権の射程は、「その事務」という概念の解釈によって明らかになる[2]。また、「すべてのものに適用される法律の範囲内で」とされているので、この自己決定権は一定の限界に服する[3]。なお、この宗教団体の自己決定権は、その原則的な意味にもとづき、宗教の自由（基本法4条）と国教会の禁止（ヴァイマル憲法137条1項とむすびついた基本法140条）とならんで、宗教憲法の「第三の柱」とさ

1　本条の訳は、初宿正典訳『ドイツ連邦共和国基本法』（2018年、信山社）107頁による。

2　詳しくは、*Unruh*, Das BVerfG und das Religionsverfassungsrecht, in: *van Ooyen/Möllers* (Hrsg.), Handbuch Bundesverfassungsgericht im politischen System, 2. Aufl., 2015, S. 777 f.

3　この制限の留保の解釈はヴァイマル憲法の発効以来争われている（*Unruh*, a.a.O. (Fn. 2), S. 778）とされるが、現在、一般的な見解は、この「すべてのものに適用される法律」には、宗教団体・世界観団体にとって、すべての人にとってと同様の意味を有するすべて法律が該当し、より厳しくかかわる法律はそれには該当しないとされる（たとえば、*Jarass/Pieroth*, Grundgesetz für die Bundesrepublik Deutschland. Kommentar, 14. Aufl., 2016, Art. 140 Rn. 13）。

854

れる[4]。

　教会は宗教団体の一つであるので、この自己決定権を有し、また、教会が経営する病院などの施設も、この自己決定権を享有すると一般には解されており（以下では、これら両者の自己決定権をあわせて「教会の自己決定権」という）、この教会および教会の経営する施設（以下「教会等」という）では、公勤務者に次いで多くの労働者（以下では「教会労働者」という）が働いている[5]。この教会と労働者の関係は、私法上の労働契約によって基礎づけられることがあり、その場合、国家法である労働法が適用される[6]。使用者たる教会等が教会労働者にどのような義務を課すかは労働契約の問題となるが、とくに教会の教義に反する行動を労働者がとると、それが忠誠義務違反として解雇されることがあり、その効力が裁判で争われてきた。特に、それが基本法上保護されている基本権を行使したことを理由とするものである場合、労働者のその基本権と、この教会の自己決定権が衝突するということになる。これは、「教会労働者の忠誠義務（Loyalitätsobligenheit ;Loyalitätspflicht）」というテーマで議論されてきたもので、新しいものではない[7]が、近年、いくつかの判例が出され議論の展開がみられることから、本稿では、労働関係における基本権の効力という視点から[8]、この問題に関する連邦労働裁判所と連邦憲法裁判所の判例の展開を中心に検討を加えることとしたい。

　以下では、まず第1章で、出発点となる忠誠義務事件をみて、第2章で、最近

4　たとえば、*Unruh*, a.a.O.（Fn. 2）, S. 759. なお、*Jarass/Pieroth*, a.a.O.（Fn. 3）, Art. 140 Rn. 8は、ヴァイマル憲法137条3項の保護は基本法4条の保護内容を超える内容であってはならないだろうとし、基本法4条よりも部分的に優位を与える見解は、ヴァイマル憲法137条3項には基本権が含まれていないことと適合しないとする。

5　*Richardi*, Arbeitsrecht in der Kirche, 7. Aufl., S. IX. 教会労働者の合計は、約140万人であり、そのうちカトリック教会が15万人、プロテスタント教会が23.6万人、カリタス会（Caritas）が61.7万人、社会奉仕活動（Diakonie）が46.5万人である。*Löwisch/Caspers/Klumpp*, Arbeitsrecht, 11. Aufl., 2017, S. 33.

6　解雇制限法を含む個別的労働関係法も、基本法140条にいう「すべてのものに適用される法律」に該当する（BVerfGE 70, 138/166 f.; 137, 273 Rn. 108; BAGE 145, 90 Rn. 25; *Jarass/Pieroth*, a.a.O.（Fn. 3）, Art. 4 Rn. 38）。

7　*Neureither*, Loyalitätsobligenheiten kirchelicher Arbeitnehmer-Neue Variation eines alten Themas, NVwZ 2015, S. 493.

8　なお、本稿で検討する議論は、政治的・信条的（konfessionell）・慈善的・教育的・学問的・芸術的などの目的あるいは報道・意見形成に、直接あるいはもっぱら、役立つ傾向経営（Tendenzbetrieb）における労働者の基本権の保障を考えるときにも示唆を与えるものと思われる。ただ、教会は基本法上の自己決定権の保障を受けており、傾向経営が受ける保護を超えた保護を受けるとする見解がある。Vgl., *Plum*, Tendenzschutz im europäischen Arbeitsrecht, 2011, S. 30 ff.; *Rüthers*, Tendenzschutz und Kirchenautonomie im Arbeitsrecht, NJW 1978, S. 2070.

の医長事件を概観し、第3章では、その後のカトリック教会と連邦労働裁判所の動きをみることとしたい。

二　忠誠義務事件

　教会労働者の忠誠義務に関する連邦憲法裁判所の判例で、これまで、リーディングケースと位置づけられてきた[9]のは、1985年6月4日の忠誠義務事件決定[10]である。

　この決定では2つの事件について判断が示されている。その1つは、カトリックの病院に勤務していたカトリック教会に属する医師が原告であり、妊娠中絶を法律で禁止する動きを批判する声明に署名し、さらにテレビのインタビューに応じたことが、教会敵対的行為とされ、この病院を解雇されたものである（以下「第1事件」という）。もう1つは、カトリックの修道会が経営する青少年寮に会計担当として勤務していた原告が、カトリック教会から脱退したことが教会敵対的行為とされ解雇されたものである（以下「第2事件」という）。いずれも解雇の無効を争って訴訟が提起された。労働裁判所は連邦労働裁判所も含め、すべて原告の主張を認めた。そこで、まず、この連邦労働裁判所の判決をみてみたい。

1　連邦労働裁判所判決（1982年10月21日・1984年3月23日）

　連邦労働裁判所は次のように判示して、解雇を無効とする原審の判断を是認した。

　第1事件についての1982年10月21日判決[11]の概要は以下のとおりである。教会の自己決定権によって、教会は、教会内の仕事をする労働者に忠誠義務を課すことができるが、その義務は任されている任務に対応しなければならない。教会と

9　*Sachs*, Staatskirchenrecht: Kirchliche Arbeitsverhältnisse. Eingeschränkte Überprüfung vertraglicher Loyalitätspflichten in kirchlichen Arbeitsverhältnissen durch staatliche Gerichte, JuS 2015, S. 666.

10　BVerfGE 70, 138. この決定については、石川健治「教会の自己決定権と労働者の忠誠義務——忠誠義務事件——」ドイツ憲法判例研究会編『ドイツの憲法判例（第2版）』（2003年、信山社）138頁以下、木村俊夫「ドイツにおける教会内部の労働法関係の憲法学的考察」安藤高行＝大隈義和編手島孝先生古稀祝賀論集『新世紀の公法学』（法律文化社、2003年）143頁以下、同「ドイツにおける教会内部の労働法関係の憲法学的考察」宗教法23号（2004年）123頁以下参照。

11　BAG, Urteil vom 21. Oktober 1982 -2 AZR 628/80-, juris; BAG, Urteil vom 21. Oktober 1982- 2 AZR 591/80-, juris.

労働関係にあるすべての仕事が、教会と同一化し教会の信頼に依拠するような、特別の教会の任務との近さを有しているわけではない。原告は、自制義務という意味での忠誠義務に違反したが、解雇理由を構成するのに十分重大かどうかは、解雇制限法1条2項および民法626条にしたがってなされる個別的な利益衡量で審査されなければならない。原審が、声明もテレビのインタビューも、カトリック教会の妊娠中絶に関する見解について攻撃したものとはいえはないことを原告に有利に判断し、これらの行為によって労働関係の継続に必要な使用者との信頼が損なわれるとはみなせず、解雇は社会的に正当化されないとしたことは是認される、とした。

　第2事件については、1984年3月23日に、概ね以下のとおり判示された[12]。教会からの脱会が、教会の任務に対する仕事の近さと無関係に、教会の使用者に労働者の雇用継続を期待できなくさせる、教会に敵対的な行為であるという見解には疑念がある。というのは、このことで絶対的な解雇理由がつくられることになるからである。したがって常に利益衡量を必要とし、利益衡量においては、この事案の特殊性によってこの解雇は正当化されないとした。つまり、この教会からの脱退を使用者は、所得税の書類によって知ったのであり、原告は第三者に知らせたものでも公にしたものでもないこと、脱退の理由は教会側の使用者としての行為に対する怒りからであること、雇用期間が長いこと、年齢、労働市場における不利さなどをあげ、また、原告は会計係であり、教会の特別な任務を果たしていたわけではないことを考慮した。

　これらの連邦労働裁判所の判決に対して、教会側から連邦憲法裁判所に憲法訴願が提起された。

2　連邦憲法裁判所決定（1985年6月4日）

　連邦憲法裁判所は次のように述べ、この連邦労働裁判所の判決を破棄し、事件を連邦労働裁判所に差し戻した[13]。

　教会の自己決定権の憲法上の保障は、教会の施設においてどのような勤務を設けるべきか、およびそれをどのような法形態で確保するべきかについて決定することを保障し、私法上の労働契約締結の方法によっても、教会労働者に、教会で

12　BAGE 45, 250.
13　BVerfGE 70, 138. 前掲（注10）参照。

の生活のための特別の義務を課すことができる。どの教会の根本義務が、労働関係の対象として意味がありうるかは、組織された教会（verfasste Kirche）によって承認された基準にしたがう。解雇制限法１条・民法626条という解雇制限規定は、ヴァイマル憲法137条３項１文にいう「すべてのものに適用される法律」に含まれることには、一般的な見解によれば疑いはないが、これらの国家の規律がどんな場合でも教会の自己決定権に優先することを意味するわけではない。ヴァイマル憲法137条３項１文は、国家と教会の平和的な共同生活という逃れることのできない要請を考慮して、教会による固有の事務の独立の処理と管理だけでなく、他の共同社会にとって重要な法益の国家による保護も保障している。教会の自由と制限目的とのこの相互作用は、対応する利益衡量によって考慮されなければならない。その際、教会の自己理解に特別の重さが付与されなければならない。

　これらのことから明らかになるのは、以下のことである。労働契約上の忠誠義務の評価に関しては、憲法が教会にこのことについて自分で判定する権利を承認している限りにおいて、労働裁判所は、設定された教会の基準を基礎としなければならない。教会における勤務に従事する職員のなかで、そもそもおよびどの程度、忠誠義務の「段階づけ」があるべきなのかについての決定も、原則として教会の自己決定権に委ねられる事項である。

　この教会の基準が、組織された教会によって承認された基準を考慮している限りにおいて、労働裁判所はそれにに拘束されるが、それは、たとえば一般的な恣意の禁止（基本法３条１項）ならびに「良俗」（民法138条１項）および公序（EGBGB 30条）という概念にあらわれている、法秩序の基本原則と矛盾することになる場合を除いてである。この領域においては、国家の裁判権の任務は残り、それは、教会の施設が個々の場合に、忠誠心として甘受できない要求を労働者に課さないことを確保するという任務である。

　連邦労働裁判所によって、解雇制限法１条・民法626条の適用の範囲内における利益衡量の際になされた義務違反の重みづけは、十分ではない。その重みづけは、ヴァイマル憲法137条３項に保障されている訴願人の自己決定権を要請される程度において考慮しているとはいえない。その理由としては、第１事件の原告については、テレビのインタビューにおいて、教会によって主張されている妊娠中絶の絶対的禁止に反対する見解を述べたのであり、これは、信仰の共同体からの破門によって脅される、重大な違反であり、憲法上、この教会の理解は、裁判

858

所による原告の忠誠違反の評価にとって、決定的な基準である。

　第2事件の原告の場合にも、教会からの脱退は、教会法によれば、信仰および教会の統一に対する最も重大な行為であり、教会の観点からは、信頼にみちた共同労働等と調和しない。

　連邦憲法裁判所はこれらのことから、連邦労働裁判所は、ヴァイマル憲法137条3項と結びついた基本法140条の意義と射程を見誤り、解雇制限法の枠内での較量の際に、教会の自己理解に、憲法によって要請されている重みを付与せず、このことで憲法違反のやり方で、自己の事務を独自に規律する教会の自由を制限した、と結論づけたのである。

　この判決は、連邦憲法裁判所が、教会労働者の個別的労働関係の形成に関する教会の自己決定権から生じる結論について、はじめて立場を表明したものである[14]。連邦労働裁判所の判決は、忠誠義務といっても、その労働者が担当している仕事によって段階づけがなされるべきであり、解雇につながるような忠誠義務違反とそうでないものがあるということから出発しているが、連邦憲法裁判所は、この忠誠義務の段階づけをそもそもするか、するとすればどのようにするか自体が教会の自己決定権の内容であり、その教会の判断は尊重されるべきであるとするもので、これは連邦労働裁判所によって展開されてきた「段階づけ理論」を決定的な点において修正するものである[15]とも評される。しかし、同時に、法秩序の基本原則と矛盾する場合は例外であるとし、判断枠組みとしては、忠誠義務違反が存在するかどうかは、教会の見解を尊重しつつも、それが無制約とはしておらず、限界を設定し、過度の忠誠義務とならないように歯止めをかけている[16]。なお、この判断枠組みにもとづく具体的な利益考慮については、批判もある。特に、第2事件の原告は、約30年間簿記係として雇用されていたので、第1事件の原告と異なり、解雇されれば、他の仕事を見つける可能性はほぼなかったことが考慮されていない[17]、また、宗教的な関連のない仕事や、特別に外部と接触せず、もっぱら技術的あるいは事務的な仕事をする職員（たとえば、職人、清掃係、事務員など）にも高められた忠誠義務をかさなければならないのか[18]、脱退の

14　*Weber*, Anmerkung, NJW 1986, S. 370.

15　*Rüthers*, Wie kirchenrtreu müssen kirchliche Arbeitnehmer sein ?, NJW 1986, S. 357.

16　この連邦憲法裁判所の判断枠組みは、明確な二段階の審査であるとする評価がある（*Weber*, a.a.O, (Fn. 14), S. 370）が、より明確にしたのは、次章でみる医長事件決定といえよう。

17　*Weber*, a.a.O. (Fn. 14), S. 370.

理由や脱退の状況を連邦憲法裁判所は考慮していないので、絶対的な解雇理由をつくったと等しい[19]、という批判である。

三　医長事件

　その後、連邦憲法裁判所は、この忠誠義務事件決定にしたがって、一般的な較量の際に、教会の自己決定権が後退しなければならないのは、法秩序の基本原則によって設定される限界が超えられた場合だけであるということから出発してきた[20]。

　連邦労働裁判所も、これらの連邦憲法裁判所決定に原則としてしたがってきた[21]が、別の事件に関する連邦労働裁判所の判決に対する憲法訴願が提起され、連邦憲法裁判所は、欧州人権裁判所の判決も考慮して、連邦憲法裁判所のこれまでの判決の基準を明確化した[22]とされるのが、医長（Chefartz）事件決定である。そこで、本章では、この事件をみることとしたい。

　この事件の原告は、2000年からデュッセルドルフにあるカトリックの病院の内科の医長として雇用されていた。労働契約には、労働者はキリスト教の隣人愛の精神においてその仕事をすること、解雇の理由として特に「教会として無効な婚姻あるいは婚姻同様の共同体における生活」が定められていた。原告は、2005年に最初の妻と別居し、今の妻と2006年から2008年まで結婚せずに同居したが、このことをこの病院の所有者である被告は、2006年秋には知っていた。原告は、2008年はじめに最初の妻と離婚した後で、2008年8月に今の妻と戸籍役場での結婚をした。被告は、このことを遅くとも2008年11月には知り、当事者間で話し合いが行われたが、被告は2009年9月30日付けで原告を解雇した。それに対して、原告は、この解雇は社会的に正当化されないとして訴訟を提起した。地方労働裁判所は、この訴えを認め、州労働裁判所も被告の上訴を棄却した。

18　*Dütz*, Kirchliche Festlegung arbeitsvertraglicher Kündigungsgründen ?, NJW 1990, S. 2028.

19　*Rüthers*, a.a.O. (Fn. 15), S. 357. なお、*Wank*, Auslegung und Rechtsfortbildung im Arbeitsrecht, 2013, S. 228は、連邦憲法裁判所が教会の自己決定権だけを考慮して、基本権の保持者（教会）の自己定義を許していることは疑問であるとする。

20　たとえば、BVerfG, NZA 2001, S. 717; 2002, S. 609. Vgl., *Edenharter*, Loyalitätsobligenheiten in kirchlichen Arbeitsverhältnissen, NZA 2014, S. 1378.

21　*Sachs*, a.a.O. (Fn. 9), S. 666.

22　Ebenda.

1 連邦労働裁判所判決（2011年9月8日）

　連邦労働裁判所は、2011年9月8日に、この解雇は、解雇制限法1条の意味において、社会的に正当化されないとして、解雇無効の判決をした[23]。

　まず、連邦労働裁判所は、連邦憲法裁判所の忠誠義務決定の判示の以下の点を確認している。つまり、①教会の特別の理由にもとづく解雇の場合、当事者の法的に保護された利益についての較量においては、教会の自己理解を特別に重視しなければならない、②婚姻の非解消という原則は、カトリックの信仰および道徳理論の本質的な原則に属する、③教会の自己決定権の憲法上の保障は、どのような職務がその施設にあるべきかおよびどのような法形態でそれが確保されうるかについて決定することを保障する、④そもそもおよびどのように教会勤務に従事する従業員の内部で忠誠義務の段階づけがなされるべきかについての決定も、原則として教会の自己決定権のもとにある事項である、という点である。

　ただ、利益衡量にあたっては、連邦労働裁判所は、一方の労働者の私的生活・家族生活への配慮を求める権利（欧州人権条約8条）と、他方の欧州人権条約9条（宗教の自由）・同11条（結社の自由）によって保護される宗教団体の権利との間で較量をしなければならないことが憲法上の要請であるとし、さらに、原告には、人格の自由な発展を求める権利（基本法2条1項）と婚姻の保護を求める権利（基本法6条1項）が、無制限ではないが保障されているとする。

　連邦労働裁判所は、決定的な教会の規定によれば、忠誠義務違反は存在するとし、利益衡量においては、被告に有利に忠誠義務違反のきわめて明白な重さが働くとしたものの、労働関係の解消についての被告の利益は、次の3つのことによって、決定的に弱くなるとした。つまり、①被告はカトリック教会の「教会の労働関係の範囲内での教会勤務（Dienst）の基本規則（Grundordnung）」（以下「教会勤務の基本規則」という）3条2項[24]にもとづいて、管理職に、カトリックではない人をつけることができること、②被告は、離婚し、あらたに結婚した医長を何度も雇用してきたこと、③被告は、2006年秋以来の原告の共同生活を知っていたが甘受していたこと、である。さらに、民法によって定められている婚姻の形態で今の妻と生活したいという原告の希望は、基本権として、および欧州人権条

23　BAGE 139, 144.

24　1993年9月22日に定められたこの規則の3条2項は、教会の使用者は、教育的仕事および管理的仕事は、通常は、カトリック教会に属する人だけに委ねることができる旨定めていた。

約 8 条・12条によって保護されていること、自分で選んだパートナーとの共同生活の形態を法律で規定された枠組みのなかで決める権利にも配慮されるべきこと、原告は教会の道徳理論に反対して発言したことはなく、また、仕事の上での障害は存在しないことを原告に有利に判断し、この解雇は社会的に正当化されないとし、被告には、労働関係の継続を要求されうることが生じると結論づけた。

このように本判決は、連邦憲法裁判所の基本決定である忠誠義務決定の判断枠組みにもとづいたものの、結果としては、利益衡量の結果、解雇された教会労働者の利益がうわまわるとして、この解雇を無効としたものであり、このことから、これまでの判例の変更を示唆しているという評価もみられる[25]。さらに、利益衡量にあたって、欧州人権条約 8 条と欧州人権条約 9 条・11条で保護されている双方の権利を較量しなければならないとし、この較量要請は、欧州人権裁判所の判決からも生じ、この配慮は憲法上も要請されているとしていることから、実際には、欧州人権裁判所の基準にしたがって関連する基本権を考慮しているとされたり[26]、特に2010年・2011年の欧州人権裁判所の判決[27]の中で示された較量プログラムとかかわりをもつことが強調されるべきであるとされる[28]。

また、利益衡量は、具体的な事実のうち上述の 3 点から医師の利益を尊重したものであり、この詳細で包括的な利益衡量は、適正といえるとする見解もあるが[29]、他方、すべて教会の基準からすれば正当化されるものであるのに、本判決は、教会内部の法規範の尊重を引き下げるものであるとする批判もある[30]。しかし、被告は他の医長については個別事情を考慮してきたとすれば、教会にとっても個別事情の考慮が許されているものであり、基準としての拘束力が弱まることは否定できいないと思われる。

2 　連邦憲法裁判所決定（2014年10月22日）

この連邦労働裁判所判決に対して、教会側が憲法訴願を提起した。連邦憲法裁

---

25 *Plum*, Anmerkung, RdA 2012, S. 374.

26 Ebenda.

27 Schüth 判決（EGMR von 23.9.2010-Nr. 1620/03）、Obst 判決（EGMR von 23.9.2010-Nr. 425/03）、Siebenhaar 判決（EGMR von 3.2.2011-Nr. 18136/02）。

28 *Reihold/Hartmeyer*, Anmerkung, AP KSchG 1969 § 1 Nr. 92.

29 *Plum*, a.a.O.（Fn. 25）, S. 374.

30 *Reihold/Hartmeyer*, a.a.O.（Fn. 28）.

判所は連邦労働裁判所の判決を破棄し、連邦労働裁判所に差し戻した[31]。この連邦憲法裁判所の決定の概要は以下のとおりである。

　まず、判断枠組みについては、労働法および解雇制限法は、一方では、教会の自己決定権に有利な憲法上の価値決定に照らして解釈されなければならず、強行規定の取扱いの際にも、解釈の余地は、必要な限り、宗教団体に有利に利用されなければならず、その際、教会の自己理解に特別の重要性が与えられなければならないと、忠誠義務決定の判示を確認しているが、他方、労働者に対する国家の保護義務（基本法12条1項）および法関係の安定性がなおざりにされるようなことになってはならないと保護義務に言及し、教会の自由と法律の制限の目的とのこの相互作用は、対応する利益較量によって考慮されなければならないとする。この利益衡量にあたっては、教会労働者の忠誠義務についての労働法上の争いの場合には、国家の裁判所に、二段階の審査が要請されている、としている。

　この審査の第一段階では、説得性コントロールの枠内で、組織された教会の信仰によって定義された自己理解を基礎として、その組織ないしは施設が教会の基本任務の実現に関与しているかどうか、特定の忠誠義務が教会の信仰原則の表現であるかどうか、およびこの忠誠義務とこれに対する違反には、教会の自己理解に照らしてどのような重要性が与えられるかを審査しなければならない。説得性に疑いが生じた場合には、権限のある教会の機関に問い合わせるか、教会あるいは神学の専門家によって明らかにされなければならない。使用者である教会によって、ある行為が忠誠義務の対象であることが説得的に示されたならば、国家は、基本的な憲法上の保障と矛盾しない限り、教会の価値と判断を基礎としなければならない。

　審査の第二段階では、「すべてのものに適用される法律」の制限の視点のもとで、開かれた全体較量がなされなければならず、その中で——教会の自己決定権に照らして理解される——教会の要求および集団的な宗教の自由と、関係する労働者の基本権およびその一般的な労働法上の保護規定に含まれている利益とが調整されなければならない。その際、対立する法的地位は、それぞれ可能な限り高い程度実現されなければならない。そこでは、教会の利益が労働者の利益に原則として勝るということではないが、教会の自己理解に、特別の重要性が与えられ

31　BVerfGE 137, 273.

なければならない。他方、国家の労働法は、「絶対的な解雇理由」を認めるわけではない、とする。

なお、連邦憲法裁判所は、この基準は、欧州人権条約とそれに関して出されている欧州人権裁判所の判決と一致することを確認している[32]。

連邦憲法裁判所は、この判断枠組みを適用して、連邦労働裁判所判決は、ヴァイマル憲法137条3項1文・基本法140条とむすびついた基本法4条1項・2項に違反するという結論を導いた。というのは、連邦労働裁判所が行った利益衡量は、訴願人である教会の自己決定権を憲法が要請する範囲において考慮していないからであり、解雇制限法1条2項の解釈の枠内で、訴願人の利益の重要度を判定する際に、教会の自己決定権の意義と射程を見誤り、第一段階で、宗教にすでに特徴づけられた事実の独自の評価を行い、忠誠義務の意義およびこれの違反の重大性について、教会の評価は、承認された教会の基準に対応し、基礎をなす憲法上の保障と矛盾しないのにもかかわらず、教会の立場にかわって独自に評価した、としたものである。

連邦労働裁判所が利益衡量において原告に有利に判断した3つの事実については、以下のように述べている。

まず、教会勤務の基本規則がカトリック教徒でない人にも管理的な仕事をまかせることができるとしていること、つまり、カトリック教会は、カトリック道徳理論に関する生活証明と管理職の地位とをむすびつけることを必須とはみなしていないことは、教会の自治の行使においてなされる忠誠義務の段階づけに該当するにもかかわらず、連邦労働裁判所は、それを一般的に信仰および地位にもとづいて審査し、自己の固有の——世俗的な——基準により、矛盾しているとみなしているのであって、ここには忠誠義務違反の重大性についての許されない固有の評価が存在するとする。

次に、連邦労働裁判所が、訴願人が過去に、離婚してあらたに結婚した医長を

---

32 しかし、欧州人権裁判所は、Schüth事件判決（前掲(注27)参照）において、事後審査なしで教会の立場を受け入れてはならないと判示しているので、本判決の立場と一致しているかどうかについては議論がなされており、連邦憲法裁判所が、Schüth事件判決は、個別事例の特別の状況を理由とした、その他の欧州人権裁判所の判決からの逸脱であるとみなしているのであれば、これは、Schüth事件判決をあまりに単純化するものであるという批判も出されている（*Edenharter,* a.a.O.（Fn. 20），S. 1380. また、*Sachs,* a.a.O.（Fn. 9），S. 667も参照）。この点については、別の機会に検討させていただくこととしたい。

864

も何度も継続雇用した事実から、より低下させられた解雇利益を推論した限りにおいて、連邦労働裁判所は、原告の忠誠義務違反の重大性の評価を組織された教会の見解におきかえており、それは正当化されないとする。

また、連邦労働裁判所が、原告が後の第2の妻と婚姻せずに一緒に住んでいたことを知っていたのに黙認していたことは、解雇の必要性を低下させるものだとしたことは、無効な婚姻における生活と結婚していない生活共同体における生活を同一視し、誤って考えたもので、組織された教会の基準を無視したものだとした。

これらを踏まえ、連邦労働裁判所に対して、次のような指示をしている。全体としては、連邦労働裁判所は、解雇制限法1条2項の解釈の際に、訴願人の側の教会の自己決定権と集団的宗教の自由（基本法4条1項・2項）と原告の側の婚姻・家族の保護（基本法6条1項）ならびに信頼保護の思想（基本法20条3項とむすびついた2条1項）との間の実践的整合を確立しなければならない、とする。

そして、連邦労働裁判所が基本法6条1項に言及したことに対して、連邦労働裁判所は、基本法6条1項の保護領域は原告とその第2の妻に有利に開かれ、婚姻・家族の保護は——欧州人権条約8条1項と12条にもとづく価値と同様に——解雇制限法1条2項の解釈の際に、間接的第三者効力の方法で考慮されなければならなかったことを確認しただけであり、なぜ訴願人の利益よりも上回ることになるかを示していない、とする。したがって、連邦労働裁判所は——場合によっては、補足する事実認定を行い——訴願人と原告の法的地位を、詳細におよび個々の本質的な事情のすべてを配慮した較量をしなければならない。さらに、教会労働者は忠誠義務を負う関係に自発的に入ったこと、および、使用者に、一度の誤った行為後の労働関係の継続が期待されえるのかも利益衡量の範囲内で配慮されなければならない、とした。

以上、連邦憲法裁判所の判断の内容を見てきた。この事件は、連邦憲法裁判所が、忠誠義務事件決定を、欧州人権裁判所の部分的には宗教団体に厳しい判決も参照して[33]、本質的にこれまでの判決を確認し[34]、明確にした[35]、さらに、深めた[36]、発展させた[37]と性格づけられる判決である。本判決は、二段階審査の枠組

33　*Sachs*, a.a.O.（Fn. 9）, S. 666.

34　*Richardi*, a.a.O.（Fn. 5）, S. X; *Edenharter*, a.a.O.（Fn. 20）, S. 1380.

35　*Sachs*, a.a.O.（Fn. 9）, S. 666.

36　*Neureither*, a.a.O.（Fn. 7）, S. 493.

37　*Lindau*, Die Rechtsprechung des BVerfG zum Selbstbestimmungsrecht der Kirchen im

みを提示したうえで、連邦労働裁判所が教会の自己決定権を十分に考慮していないとして、連邦労働裁判所の判決を破棄し、連邦労働裁判所に差し戻した。この連邦憲法裁判所の本決定については、判断枠組み、具体的な利益衡量について次のような議論がみられる。

　まず、判断枠組みたる二段階審査については、第一段階では、説得性についての審査がなされるが、連邦憲法裁判所は、教会労働者への要求は、「教会の固有性（Proprium）」として、基本法４条１項・２項によって集団的宗教の自由の基本的な構成要素として保障されているからであるとしているが、基本法19条３項もヴァイマル憲法137条２項も言及されていないことが注目されるという指摘がある[38]。また、この基準の内容は、組織された教会自身によって決定的に定式化されるべきものとされており、この説得性審査は、実質的にはすでに忠誠義務事件決定において連邦憲法裁判所は要求しているが、形式的にも教会の機関への照会に接続され、教会の自己理解の単なる追認であり、説得的なのは、教会が説得的とみなしたものであるということになり、連邦憲法裁判所は、教会に審査から免れる解釈の優先権を認め、法治国家が私人に部分的に自己理解に対して審査されえない優位を付与することは、中立的といえるのだろうかという疑問も出されている[39]。第一段階での、この説得性の審査だけを見ると、たしかに、基本的には教会の主張をそのまま認めるものであり、相当ゆるやかな審査といえるものと思われる[40]。

　第二段階である、開かれた利益較量については、これが解決の中心であるとされるが[41]、具体的な判断としては、連邦憲法裁判所は、連邦労働裁判所が指摘した３点を、連邦労働裁判所の独自の判断であるとして否定しており、このことについては、教会の婚姻規定に対する違反をどのように評価するかは教会だけが判断できるものであり、連邦労働裁判所判決が指摘する例外はそれ自体として教会の一貫性のなさを示すものではなく、また、訴願人が「非公認の婚姻」に対して

Bereich ihrer Arbeitsverhältnisse anhand des Chefartz-Beschlusses von 22. Oktober 2014, in: *Reichold* (Hrsg.), Führungskultur und Arbeitsrecht in kirchlichen Einrichtungen, 2017, S. 33.

38　*Sachs*, a.a.O. (Fn. 9), S. 667 f.

39　*Rixen*, Anmerkung, JZ 2015, S. 203.

40　なお、*Plum*, a.a.O. (Fn.25), S. 374も、これまで連邦労働裁判所は二段階の審査をしてきたとしている。さらに、二段階審査については、*Bumke/Voßkuhle*, Casebook Verfassungsrecht, 7. Aufl., S. 150、Jarass/Pieroth, a.a.O. (Fn. 3), Art. 140 Rn. 14, Art. 4 Rn. 38も参照。

41　*Classen*, Anmerkung, JZ 2015, S. 201.

措置をとらなかったことを連邦憲法裁判所は、信頼保護の範囲で考慮しており、連邦憲法裁判所の判断を正当とする見解がみられる[42]。たしかに、この連邦憲法裁判所の判断は、「教会の自己理解に、特別の重要性が与えられた」ものであり、利益衡量に際して、連邦労働裁判所が、教会の利益に特別の重要性を与えていないことを指摘したものであるが、教会側の利益がはじめから加重されているともいえ、そのもとで開かれた利益衡量となるのかどうか疑問に思われる。

その後の連邦労働裁判所に対する、実践的整合を確立するための指示については、連邦労働裁判所が基本法6条1項の婚姻の自由の保護領域が開かれるとしたことに対して、連邦憲法裁判所は、教会の宗教の自由は、留保なく保障されているので、特別な重みが置かれるべきであるとするが、このことについては、基本法6条1項の婚姻の自由に対しても同じことが妥当するだけではなく、むしろ特別の国家の保護におかれているので、このことは説得力がほとんどないという批判がある[43]。

また、連邦憲法裁判所は、基本法6条1項の評価に関して、「世俗化された」民法上の婚姻像が決定的でなければならないことを認め、その結果、離婚後の婚姻も憲法上は、最初の婚姻よりも低く評価されてはならないことを認めているが、基本法6条1項の保護領域に関係することだけでは、医長の利益に、訴願人の利益よりも優位を与えるには不十分であることを強調し、連邦労働裁判所には、個別事例のすべての本質的な状況に配慮した、関係者の関係するすべての法的地位の較量を要求しているので、その限りで、労働契約の個々の規定にもとづいて医長に有利に、信頼保護の原則が介入しうる可能性を指摘していること、他方、連邦憲法裁判所は、労働者に継続的な不法な行為があった場合ではなく、一度の誤った行為があったにすぎない場合には、使用者は異なった対応をとりうること、また、教会労働者が忠誠義務を負うことの任意性に配慮されなければならないことを指摘していることで、連邦憲法裁判所は、憲法上の基準を厳密化する努力と、教会の地位を強化する傾向にもかかわらず、個別事例の事実に多くを依存させていることを明らかにしているという評価がみられる[44]。さらに、この決定からは、労働裁判所は、教会の忠誠観念は、最高度に限定された程度において

42　*Classen*, a.a.O. (Fn. 41), S. 200.

43　*Classen*, a.a.O. (Fn. 41), S. 201.

44　*Sachs*, a.a.O. (Fn. 9), S. 668.

だけ、つまり、根本的な憲法上の保障と矛盾する場合に、問題とすることが義務づけられることからすると、教会の見解が通常は優位することを排除はしていないが、教会労働者の保護に値する地位は、個別事例のすべての状況を考慮して、包括的に較量される結果、優位が与えられることもありうるとも言われる[45]。

さらに、全体としてみた場合には、連邦憲法裁判所は、第一段階において教会の地位を強くした後、第二段階で、開かれた全体較量を要求し、その中で労働者の基本権と教会の自己決定権を調和させなければならないとすることで、教会の地位を弱めた、というのは、宗教団体の見解に、較量の際には特別の重要性がおかれるので、教会の利益の克服のハードルが低すぎてはならないことを意味するが、具体的な事件における解雇の公正さが問われ、厳格な個別の事件の考察が問題となり、労働裁判所は、この較量においては、「すべての本質的な事情」を労働者の観点から審査しなければならないからである[46]、また、忠誠義務違反の意味に関しては教会の審査できない解釈優位という原則は確かに維持されたが、適用の段階では、この原則は、利用可能なレベルに調整されたので、この医長事件決定は、ある意味では、ソロモン王のような解決であり、労働裁判所によって、開かれた利益衡量が精密化されることは、労働者の利益からすると、たいへん期待されるべきであるという評価がみられる[47]。なお、詳細にみると、医長事件決定は、忠誠義務決定の単なるコピーではなく、連邦憲法裁判所は、病院活動の特別の宗教的側面をより正確に枠づけ、欧州人権裁判所の判決に依拠して、どのような労働者の利益が考慮に値しうるかを、個別事件において教会の強い地位を弱めるために、忠誠義務事件決定よりも強く述べたものであるという評価もある[48]。

そうであれば、少なくとも、本決定の採用した二段階審査は、第二段階の利益

---

45 *Sachs*, a.a.O. (Fn. 9), S. 667 f. なお、*Däubler*, Das kirchliche Arbeitsrecht und die Grundrechte der Arbeitnehmer, RdA 2003, S. 208は、判例が、離婚してはいけないという教会法上の原則を、基本法6条1項にもとづく基本権に優位させるのは、連邦憲法裁判所のいわゆるスペイン人判決（BVerfGE 31,58/83）に違反するとするが、これに従えなくても、個々の事例においては、問題となっている従業員を継続雇用することによって、教会の信仰がどれだけ損なわれるかが問われなければならないとし、その際、当該労働者が教会の仕事を外部に向かって代表しなければならないのか、司書のようにもっぱら内部で仕事をしているのかという問題が役割を果たすとする。

46 *Rixen*, a.a.O. (Fn. 39), S. 205. なお、*Classen*, a.a.O. (Fn. 41), S. 200は、忠誠義務事件決定は、教会の判断権限の限界として、恣意の禁止、良俗、公序をあげたにすぎなかったが、医長事件決定では、労働者の基本権も明示的に強調していることを指摘する。

47 *Rixen*, a.a.O. (Fn. 39), S. 206.

48 *Rixen*, a.a.O. (Fn. 39), S. 202.

衡量が決定的な意味をもつものと考えられ、事案によっては、教会労働者の基本権が尊重される結論が出ることを可能とする判断枠組みといえよう。

本決定後、カトリック教会は、「教会勤務の基本規則」を改正し、また、本決定は、連邦労働裁判所を破棄し、差し戻したという点では、忠誠義務事件決定と同じであるが、その後、差し戻しを受けた連邦労働裁判所は欧州司法裁判所へ先決裁定を付託しているので、それらについて次章で簡単に見ることとしたい。

四　　その後の展開

1　カトリック教会の「教会勤務の基本規則」の改正（2015年4月27日）

ドイツ司教会議は、2014年11月25日に、「教会勤務の基本規則」を、忠誠心への期待も考慮して改めることを告知していた。そのことで、カトリック教会は、職員に将来は離婚とそれに続く再婚の場合には、もはや自動的に解雇しないこととする可能性があることが指摘されていた[49]が、実際に、2015年4月27日のドイツ司教区連盟の総会で「教会勤務の基本規則」の変更が多数で議決された。これは、ドイツ司教が、特に、連邦憲法裁判所の医長事件決定に応えたもので、この変更によって、ドイツ司教は、欧州人権裁判所の判決[50]と連邦憲法裁判所の決定で際立たされた視点を受け入れたことが確認でき、このことは、カトリック労働法に新しい基礎を与え、さらに、その大黒柱として役立ちうるものであるという評価がみられる[51]。

改正の内容として、決定的で、重要なものは、忠誠義務に対する違反の範囲を定め、教会固有の理由からの解雇に至りうる、「教会勤務の基本規則」の5条に関するものである[52]。つまり、すべての従業員に妥当し重大とみなされる忠誠義務違反と、カトリック教徒にのみ課せられうる忠誠義務違反との区別があらたに導入された。このことは、忠誠への期待の内容と違反によって生じる法的効果が労働者に予見可能でなければならないという、欧州人権裁判所と連邦憲法裁判所の要請に理解を示したものであり、同じことは、特別で、今はなお明文であげら

49　*Edenharter*, a.a.O.（Fn. 20）, S. 1382.
50　特に、Schüth 判決、Obst 判決、Siebenharr 判決（前掲（注27）参照）。
51　*Lindau*, a.a.O.（Fn. 37）, S. 44.
52　Ebenda.

れている状況が存在する場合だけに存在し、将来は解雇に関係する数少ない場合に存在する、特に、「重大な個人的道徳的なあやまち」という忠誠義務違反の新設にもあてはまる、とされる[53]。

医長事件で争われた、カトリック教徒の従業員が教会法上許されない市民婚をしたこと、あるいは、登録された生活パートナー関係に入ったことについては、忠誠義務違反がなお重大と位置づけられ得るのは、これが具体的な状況に照らして客観的に、勤務共同体の中で、あるいは、職業の影響範囲において、相当な不快事（スキャンダル）を呼び起こし、教会の信用を損なうといえる場合だけであり、なお、「教会勤務の基本規則」5条2項2号cでは、聖職者として働く従業員などの場合には、これに該当することが推定されることが否定できないとされているが、これは、信仰と職業上の地位にもとづいた忠誠義務の段階づけとして、教会の自己決定権に含まれるとされる[54]。

さらに、「教会勤務の基本規則」5条3項は、すべての個別事件において、解雇理由として適切な忠誠義務違反にもかかわらず、継続雇用が可能かどうかの審査を要求し、同時に、関係づけられる要求の最低限のカタログを定めているが、この審査は、国家法も知らない「解雇の自動化」を妨げるだけではなく、理想的には、さもなくば後に国家の裁判所によって、労働法の裁判の枠内で、審査の第二段階で要求される教会の要求と労働者の利益ならびに基本権との全体衡量を前もって行うことであり、このカトリック教会の労働法システムに関する新しい明確な基準は、カトリックの労働法が将来、よりよく法現実に適合することができ、教会の勤務の信頼を外にむけて示すことに貢献するといってよいだろうと評価されている[55]。

---

53 Ebenda.

54 Ebenda.

55 Ebenda. さらに、この基本規則の改正内容については、*von Tilling*, Blick ins Kirchenarbeitsrecht: Die neue Grundordnung für das Arbeitsrecht der katholischen Kirche, öAT 2015, S. 227参照。なお、プロテスタント教会およびその社会奉仕活動に従事する労働者については2005年に作成されたプロテスタントの忠誠指針が妥当してきた。そこでは、従業員は原則としてプロテスタント教会に属するか教会共同体を構成する教会に属する者の二つのグループに限られていた。この指針の4条では、その労働者に課せられる忠誠義務は、教会と労働者の近さによって明文で段階づけられていた。また、忠誠違反の制裁としての即時解雇の理由としては、教会からの脱退だけが明示されていた。その後、前者の労働者の雇入れの原則に対する批判が強くなり、2016年12月9日には新たな指針が作成され、雇用される者は3つのグループになったが、後者の教会からの脱退については変更はなされなかった。Vgl., *von Tiling*, Blick ins Kirchenarbeitsrecht: Die neue Loyalitätsrichtlinie der EKD, öAT 2017, S. 205. このことからすると、プロ

2 連邦労働裁判所による欧州司法裁判所への付託（2016年7月28日）

連邦憲法裁判所によって医長事件についての判決を破棄され、差し戻された連邦労働裁判所は、判決を修正して、医長に対する解雇を有効と宣言するか、あるいは、事案のさらなる解明のために州労働裁判所に差し戻すことが予想されたが、2016年7月28日決定[56]で、欧州司法裁判所に対して、EU運営条約267条に規定されている先決裁定手続（Vorabentscheidungsverfahren）[57]という方法を選択し、このことは驚きをもってむかえられた[58]。このことで、連邦労働裁判所の審理は、欧州司法裁判所の判断が示されるまで中断される。連邦労働裁判所が付託した2つの質問は以下のとおりである。

第1の質問は、「雇用と職業における平等扱いの実現のための一般的な枠組みの確定のための2000年11月27日の審議会の指針2000/78/EG」（以下「指針2000/78/EG」という）の4条2項2文は、この法的紛争の訴願人のような組織に関して、教会が、管理的地位にある労働者に向けられた忠誠心にもとづき正直な（loyal und aufrichtig）行為を要求する際に、教会に属している労働者と、他の教会に属するあるいは教会に属さない労働者との間で区別することを拘束的に定めることができると解釈することができるか、である。

第2の質問は、この第1の質問が否定された場合、

a) 労働者の信仰所属にもとづくこのような別異扱いに対しては、教会のそのつどの自己理解に応じて正当化されるとする一般平等取扱法9条2項のような国内法の規定は、この法的紛争において、適用されないままでなければならないのか。

b) 方針2000/78/EGの4条2項2文によって、組織のエートスの意味での教会の労働者あるいはそこで挙げられている他の組織の労働者に向けられた忠誠心にもとづく正直な行為の要求に関して、どのような要請が妥当するのか、である。

指針2000/78/EG4条2項2文は、この指針の規定がその他の点で遵守されている限り、教会およびそのエートスが宗教的原則あるい世界観に依拠している他

テスタント教会では、2005年の段階ですでに、労働者の忠誠義務について段階づけを行っていたことになる。

56 BAGE 156, 23.

57 先決裁定手続については、たとえば、中西優美子『EU法』（2012年、新世社）239頁以下、ヘルデーゲン〔中村匡志訳〕『EU法』（2013年、ミネルヴァ書房）156頁以下参照。

58 *von Thiling*, Aussetzung des Revisionsverfahrens wegen Vorlage an den EuGH, öAT, 2017, S. 61.

の公的ないし私的な組織は、個別国の憲法上の規定および法規範と一致すれば、これらのために働く人に、組織のエートスの意味で忠誠心にもとづき正直に行動することを要求することができると定める。また、ドイツの一般平等取扱法９条２項は、宗教および世界観を理由とした別異扱いの禁止は、同条１項に挙げられた宗教団体が、その従業員に、その自己理解の意味での忠誠心にもとづき正直な行為を求めることができる権利に抵触するものではないとする。この規定は、指針2000/78/EG４条２項を転換（国内法化）するためのものである[59]。

これらは、連邦憲法裁判所が示す段階づけられた忠誠の要請は指針2000/78/EG４条２項２段と相容れるかどうかという問題を提起したものであり、そのことで、欧州司法裁判所に、教会の自己決定権の範囲、またそれによって、教会はその忠誠の要請を自律的に定めることができるのかどうかの判断が求められることになる[60]。また、連邦労働裁判所は本決定の説明の中で、どの程度、国家の裁判所のコントロールが可能かについても問題としているので、この点も論点となろう[61]。

この連邦労働裁判所の決定をめぐっては、教会労働法を超えて、国内の憲法とヨーロッパ法との間の対立を引き起こしうるものであるという評価もみられ[62]、どのような判断が示されるのか注目される[63]。

五　おわりに

以上、ドイツでの教会の自己決定権と教会労働者の基本権の関係につき、教会労働者に課せられる忠誠義務に違反したことを理由とする解雇事件を素材として検討してきた。教会は使用者として多くの労働者を雇用しており、労働契約の内容として教会労働者に教義にもとづく一定の義務を課すことができ、その義務に違反すれば、制裁を予定している。これまで争われてきたものは、教会を脱退す

59　BAGE 156, 23 Rn. 18.
60　*Heuschmit/Hiava*, Verfahren vor dem EuGH, NZA 2017, S. 1314.
61　なお、この指針の文言は、狭い解釈も広い解釈も許すとする見解として、ebenda.
62　*von Thiling*, a.a.O.（Fn. 58）, S. 61.
63　連邦憲法裁判所とは異なった立場を示すのではないかと推測するものとして、たとえば、ebenda。また、連邦憲法裁判所の立場が受け入れられるのではないかとするものとして、*Lindau*, a.a.O.（Fn. 37）, S. 48.

ることや、離婚して再婚したことを理由とした解雇である。連邦労働裁判所は、解雇制限法のもとで、義務違反があったとしても、それが社会的に正当化どうかということを、その労働者の仕事内容によって教義との近さは違うのであり、忠誠義務の内容も労働者によって異なることを前提に、その労働者の仕事内容や対外的な影響などの事情を考慮して、当該解雇を無効とすることもあった。しかし、連邦憲法裁判所は、忠誠義務に段階づけをするかどうかは教会の自己決定権の内容であり、裁判所は、教会の規定に説得力があるかどうかだけを審査し、基本的には、教会の判断を尊重するという枠組みを採用してきた。しかし、最近の決定では、この判断枠組みを、説得性の審査と利益衡量という、明確に二段階の審査とし、第二段階の開かれた利益衡量が中心となり、個別の事情の判断が重要になってくることが指摘されている。この意味で連邦憲法裁判所と連邦労働裁判所の立場は接近してきたともいえるが、教会が忠誠義務とするものがほぼそのまま忠誠義務の内容として認められることから出発することは、特に解雇が業務には支障がない場合にも正当化されうることになり、解雇の正当性判断としては、問題が残るものであると思われる。その後、カトリック教会は、忠誠義務の内容を区別し、詳細化したので、現在では、離婚すれば直ちに解雇されるという状況ではなくなったが、これは教会の自己決定権の行使の結果であり、今後の議論の展開が注目される。さらに、連邦労働裁判所は、欧州司法裁判所に、先決裁定を付託し、議論はヨーロッパのレベルにも及んでいるが、ドイツの国内法とヨーロッパ法の関係も含め、その検討は今後の課題とさせていただきたい。

[**追記**] 本稿は、JSPS 科研費 JP15K03127の助成を受けた研究成果の一部である。

初宿正典先生 略歴・主要著作目録

略　　歴

1947年6月10日　滋賀県伊香郡（現在の長浜市）木之本町杉本に出生

1960年3月　　　木之本町立杉野小学校卒業

1963年3月　　　木之本町立木之本中学校（杉野分校）卒業

1966年3月　　　滋賀県立伊香高等学校卒業

1967年4月　　　京都大学法学部入学

1971年3月　　　同 卒業

1971年4月　　　京都大学大学院法学研究科修士課程（公法専攻）入学

1973年3月　　　同 修了

1973年4月　　　京都大学大学院法学研究科博士課程（公法専攻）進学

1973年11月15日　京都大学大学院法学研究科博士課程中退

1973年11月16日　愛知教育大学助手教育学部

1976年3月　　　フンボルト財団奨学生としてミュンヒェン大学（公法研究所及び政治学
　　　研究所）にて在外研究のためドイツ連邦共和国へ出張（1977年8月31日帰国）

1977年2月1日　愛知教育大学講師教育学部に昇任

1978年1月16日　愛知教育大学助教授教育学部に昇任

1978年10月1日　フンボルト財団主催の国際シンポジウム「国際法及び比較法的見地にお
　　　ける公法の近時の発展」（於：ルートヴィヒスブルク）出席のためドイツ連邦共和国へ
　　　出張（同月31日帰国）

1983年4月1日　京都大学教養部助教授

1988年10月1日　京都大学法学部教授

1991年1月1日　大阪市公文書公開審査会（のちに大阪市情報公開審査会）委員に就任＝
　　　1991年から2004年6月退任まで会長

1991年1月1日　大阪市個人情報保護審議会委員に就任＝1999年1月退任

1991年10月2日　フンボルト財団主催の国際シンポジウム「翻訳を通じての日独文化交流」
　　　（於：アルゴイ＝ゾントホーフェン）について報告のためドイツ連邦共和国へ出張（同
　　　月20日帰国）

1992年2月7日　京都府青少年健全育成審議会委員に就任＝2008年3月10日退任

1992年4月1日　京都大学大学院法学研究科教授に配置換 現在に至る

1993年1月18日　京都府（地方）労働委員会公益委員に就任＝2008年3月末退任

1995年4月1日　京都市個人情報保護審議会委員に就任（会長）＝2008年3月末退任

1997年5月7日　司法試験第二次試験考査委員に就任＝2005年11月末退任

1997年9月14日　「海外の宗教事情調査」（文化庁文化部宗務課）のためドイツ連邦共和国へ出張。ボン、ミュンヒェン、フライブルクなどを訪問調査（同月21日帰国）。

1998年9月30日　「海外の宗教事情調査」（文化庁文化部宗務課）及び日本学術会議による学会派遣委員として Vereinigung der deutschen Staatsrechtslehrer の学術大会（於：ポツダム大学）に出席のためドイツ連邦共和国へ出張（10月11日帰国）

1999年2月26日　宇治市個人情報保護審議会委員に就任（会長）＝2008年3月末退任

1999年9月1日　京都府介護保険審査会委員に就任 現在に至る

2000年3月19日　京都大学評議員に併任＝2002年3月31日退任

2001年11月23日　「20世紀の政治思想家カール・シュミット」に関する国際シンポジウム（於：ローマ大学）に参加・報告のためローマへ出張（同月30日帰国）

2003年4月3日　「台独日三国法学に関する比較研究シンポジウム」（於：台北大学）に参加・報告のため台北に出張（同月7日帰国）

2003年11月21日　参議院憲法調査会の委託調査のためドイツ連邦共和国へ出張。フランクフルト、カールスルーエ、ハイデルベルク、ケルン等を訪問調査（同月27日帰国）

2004年12月22日　バイエルンにおける法曹養成制度改革の調査のためドイツ連邦共和国へ出張。ミュンヒェン大学、ミュンヒェン大学弁護士法研究所、バイエルン州法務省などを訪問調査（同月29日帰国）

2005年9月17日　「海外の宗教事情調査」（文化庁文化部宗務課）のため、ドイツ連邦共和国及びフランス共和国へ出張。ベルリーン及びパリを訪問調査（同月24日帰国）

2005年11月1日　新司法試験考査委員（憲法）に就任＝2007年3月末退任

2006年9月24日　21世紀 COE 日独共催コロキウム（於：フランクフルト・アム・マイン・ゲーテ大学）出席及び「海外の宗教事情調査」（文化庁文化部宗務課）のためドイツ連邦共和国に出張。IVR ドイツ支部学術大会（於：ヴュルツブルク）に参加（同年10月2日帰国）

2007年4月1日　京都大学大学院法学研究科長兼法学部長＝2009年3月末退任

2007年8月20日　「海外の宗教事情調査」（文化庁文化部実務課）のため、ドイツ連邦共和国へ出張。マインツ、トリアー及びフライブルクを訪問調査（同月26日帰国）

初宿正典先生 略歴・主要著作目録　　*877*

2008年9月22日　台湾の国立政治大学及び国立台湾大学との部局間学術交流協定締結のために出張（同月26日帰国）

2010年5月4日　フンボルト財団の奨学金を受けてヴュルツブルク大学にて在外研究のためドイツ連邦共和国へ出張（同年8月4日帰国）

2011年2月28日　ヴュルツブルク大学との学術交流協定調印等のためドイツ連邦共和国およびフランス共和国に出張（同年3月7日帰国）

2012年3月31日　京都大学を定年退職

2012年4月1日　京都大学名誉教授の称号を授与される、京都産業大学法務研究科教授に就任

2012年4月27日　法制審議会委員に任命（平成26年4月26日まで、引き続き平成28年4月まで、引き続き平成30年4月まで）

2016年2月5日　ヴュルツブルク大学に出張。ハイデルベルクとミュンヒェンを視察。2月8日ヴュルツブルク大学で「日本における主権論」に関して講演。同月12日帰国。

2018年3月13日　科研費による調査のため、ドイツに出張し、ベルリーン（フンボルト）大学びハレ大学の文書館で調査（同月19日帰国）

2018年3月31日　京都産業大学を定年（契約期間満了）で退職

学界における活動

比較憲法学会理事（平成7年度より）、同常任理事（平成11年10月より）、同副理事長（平成23年10月より）、同理事長（平成27年10月より平成29年10月まで）、同名誉理事

日独法学会理事（平成9年度より平成25年3月まで）

比較法学会理事（平成10年度より平成19年度まで）

日本公法学会理事（平成16年10月より平成25年10月まで）

日本法哲学会会員

主要著作目録

著書・編著

1982年

『教養・憲法十五講──人権判例を中心に』木鐸社

1984年

『〔増補版〕教養・憲法十五講──人権判例を中心に』木鐸社

1988年

『判例法学』（西村健一郎・西井正弘・初宿正典＝編集代表）有斐閣

1989年

『基本判例・憲法25講』成文堂

1990年

阿部照哉先生還暦記念『人権の現代的諸相』（佐藤幸治・初宿正典＝共編）有斐閣

1991年

『法学ガイド 憲法Ⅱ（人権）』（阿部照哉・初宿正典＝共編）日本評論社

1992年

『判例法学〔改訂版〕』（西村健一郎・西井正弘・初宿正典＝編集代表）有斐閣

1993年

『憲法判例〔第3版〕』（阿部照哉・池田政章・初宿正典・戸松秀典＝共編）有斐閣

1994年

『暇つぶしは独語で』成文堂

1995年

『憲法（3）〔第3板〕』（阿部照哉・池田政章・戸松秀典・初宿正典＝共編）有斐閣

『憲法（2）〔第3版〕』（阿部照哉・池田政章・戸松秀典・初宿正典＝共編）有斐閣

『憲法（1）〔第3版〕』（阿部照哉・池田政章・戸松秀典・初宿正典＝共編）有斐閣

1996年

『憲法（4）〔第3版〕』（阿部照哉・池田政章・戸松秀典・初宿正典＝共編）有斐閣

『いちばんやさしい憲法入門』（初宿正典・高橋正俊・米沢広一・棟居快行＝共著）有斐閣

初宿正典先生 略歴・主要著作目録　*879*

宮田豊先生古稀記念『国法学の諸問題』（榎原猛・阿部照哉・佐藤幸治・初宿正典＝共編）
嵯峨野書院

『憲法2 基本権』成文堂

1997年

『判例法学〔第3版〕』（西村健一郎・西井正弘・初宿正典＝編集代表）有斐閣

『カール・シュミットとその時代』（初宿正典・古賀敬太＝共編）風行社

1998年

『憲法五十年の展望Ⅰ・Ⅱ』（佐藤幸治・初宿正典・大石眞＝共編）有斐閣

1999年

『目で見る憲法』（初宿正典・大沢秀介・高橋正俊・常本照樹・高井裕之＝共著）有斐閣

2000年

ホセ・ヨンパルト教授古稀祝賀論文集『人間の尊厳と現代法理論』（三島淑臣・稲垣良典・
初宿正典＝共編）成文堂

『いちばんやさしい憲法入門〔第2版〕』（初宿正典・高橋正俊・米沢広一・棟居快行＝共
著）有斐閣

『目で見る憲法〔補訂版〕』（初宿正典・大沢秀介・高橋正俊・常本照樹・高井裕之＝共著）
有斐閣

2001年

『憲法2 基本権〔第2版〕』成文堂

2002年

『基本判例・憲法25講〔第2版〕』成文堂

『判例法学〔第3版補訂版〕』（西村健一郎・西井正弘・初宿正典＝編集代表）有斐閣

『憲法1 統治のしくみ（1）』成文堂

『憲法判例〔第4版〕』（戸松秀典・初宿正典＝共編著）有斐閣

2003年

『目で見る憲法〔第2版〕』（初宿正典・大沢秀介・高橋正俊・常本照樹・高井裕之＝共著）
有斐閣

2004年

『憲法判例〔第4版補訂版〕』（戸松秀典・初宿正典＝編著）有斐閣

2005年

『判例法学〔第4版〕』（西村健一郎・西井正弘・初宿正典＝編集代表）有斐閣

『いちばんやさしい憲法入門〔第3版〕』（初宿正典・高橋正俊・米沢広一・棟居快行＝共著）有斐閣

『憲法 CASES & MATERIALS 人権 基礎編』（初宿正典ほか＝共著）有斐閣

『憲法 CASES & MATERIALS 人権 展開編』（初宿正典ほか＝共著）有斐閣

2006年

『新解説世界憲法集』（初宿正典・辻村みよ子＝共編）三省堂

2007年

『憲法判例〔第5版〕』（戸松秀典・初宿正典＝共編著）有斐閣

『目で見る憲法〔第3版〕』（初宿正典・大沢秀介・高橋正俊・常本照樹・高井裕之＝共著）有斐閣

阿部照哉先生喜寿記念論文集『現代社会における国家と法』（佐藤幸治・平松毅・初宿正典・服部高宏＝共編）成文堂

『憲法 CASES & MATERIALS 憲法訴訟編』（初宿正典ほか＝共著）有斐閣

2008年

『憲法判例〔第5版（補訂）〕』（戸松秀典・初宿正典＝共編著）有斐閣

佐藤幸治先生古稀記念論文集『国民主権と法の支配［上巻］［下巻］』（初宿正典・米沢広一・松井茂記・市川正人・土井真一＝共編）成文堂

2010年

『いちばんやさしい憲法入門〔第4版〕』（初宿正典・高橋正俊・米沢広一・棟居快行＝共著）有斐閣

『憲法判例〔第6版〕』（戸松秀典・初宿正典＝共編著）有斐閣

『新 解説世界憲法集〔第2版〕』（初宿正典・辻村みよ子＝共編）三省堂

『新版 暇つぶしは独語で』成文堂

2011年

„Verfassung und Religion in Japan", Schriftenreihe des Zentrums für rechtswissenschaftliche Grundlagenforschung Würzburg, Band 5, NOMOS-Verlag, Baden-Baden. 46 SS.

2012年

『判例法学〔第5版〕』（西村健一郎・西井正弘・初宿正典＝編集代表）有斐閣

2013年

『憲法 Cases and Materials 人権〔第2版〕』（初宿正典・大石眞＝編）有斐閣（第4章「思想・良心・学問の自由」担当）

2014年

『いちばんやさしい憲法入門〔第4版補訂版〕』（初宿正典・高橋正俊・米沢広一・棟居快行＝共著）有斐閣

『憲法判例〔第7版〕』（戸松秀典・初宿正典＝共編著）有斐閣

『新 解説世界憲法集〔第3版〕』（初宿正典・辻村みよ子＝共編）三省堂

『レクチャー比較憲法』（初宿正典＝編）法律文化社

2015年

『日独比較憲法学研究の論点』成文堂

『基本判例 憲法25講〔第4版〕』成文堂

2016年

『カール・シュミットと五人のユダヤ人法学者』（成文堂）

2017年

『いちばんやさしい憲法入門〔第5版〕』（初宿正典・高橋正俊・米沢広一・棟居快行＝共著）有斐閣

『新 解説世界憲法集〔第4版〕』（初宿正典・辻村みよ子＝共編）三省堂

2018年

『目で見る憲法〔第5版〕』（初宿正典・大沢秀介・高橋正俊・常本照樹・高井裕之＝共著）有斐閣

『憲法判例〔第8版〕』（戸松秀典・初宿正典＝共編著）有斐閣

論　文

1973年

「抵抗権論の史的考察序説（1）──特に十六・十七世紀を中心として」法学論叢94巻1号56〜82頁

1974年

「抵抗権論の史的考察序説（2）・完──特に十六・十七世紀を中心として」法学論叢95巻2号75〜99頁

1977年

„Die Entwicklung des japanischen Verfassungsrechts von 1965-1976", in : *Jahrbuch des öffentlichen Rechts der Gegenwart*, Neue Folge (hrsg. v. Gerhard Leibholz), J. C. B.

Mohr（Paul Siebeck）, Tübingen, Bd. 26, S. 595-629（mit Teruya ABE）.

1979年

「マルティン・クリーレの人権宣言史論──イェリネック＝ブトミー論争を手がかりとして」社会科学論集18号171～201頁

「カール・シュミットの『合法的世界革命』論」『法哲学年報1978』201～212頁

1980年

「抵抗権の理論──とくにボン基本法の『非常事態憲法』との関連において」比較法研究42号125～136頁

1981年

「ボン基本法の『抵抗権』条項──その成立過程と問題点」法学セミナー1981年2月号71～84頁

「C. シュミットとE. カウフマン」社会科学論集第20号1～60頁

「カール・シュミットにおける抵抗権の問題」『法の理論1』成文堂、182～210頁

1982年

「フランクフルト憲法におけるライヒ裁判所の管轄権」社会科学論集22号249～261頁

1983年

「抵抗権とその実定法化──とくにドイツと日本における問題」日本法政学会『法政論叢』19巻10～20頁

「人権概念史」長尾龍一／田中成明＝編『現代法哲学2（法思想)』（東京大学出版会）27～63頁

「『配偶者』の直系尊属に対する犯罪の加重刑の合憲性」社会科学論集24号37～63頁

1984年

「最高裁判例における先例参照の手法」法律時報56巻1号76～83頁1985（昭和60）年

「木村亀二の死刑《違憲》論について」『法の理論5』65～87頁

「最高裁の戸別訪問禁止合憲判例の説得性──再び「先例参照の手法」について」法律時報57巻第12号4～10頁

1986年

「亡命と抵抗──ゲルハルト・ライプホルツの場合」『ドイツ教会闘争の研究』（宮田光雄＝編）創文社、263～309頁

„Zur Lage der Carl Schmitt-Forschung in Japan──Ein bibliographischer Überblick", 政法論集6号45～64頁

初宿正典先生 略歴・主要著作目録　*883*

1987年

「西ドイツ基本法の現況と展望」ジュリスト臨時増刊（884号）1987年5月3日号106〜114頁

「C. シュミットと G. ライプホルツ——そのかかわりに関する若干の覚え書き」社会科学論集27号157〜183頁

「現在までのボン基本法の改正経緯について」政法論集7号13〜61頁

1988年

„Zur Lage der Carl Schmitt-Forschung in Japan——Ein bibliographischer Überblick", in: *Complexio Oppositorum*, hrsg. v. Helmut Quaritsch, 1988 Duncker& Humblot, Berlin, S. 491-502.

「フーゴ・プロイスとヴァイマル憲法構想」『ヴァイマル共和国の政治思想』（宮田光雄＝編）創文社、139〜184頁

「国家と宗教団体 日本」比較法研究50号72〜85頁

1989年

「ドイツ国法学者大会報告の中の C. シュミットと H. ヘラー——R. フォークトの引用分析に則して」人文（京都大学教養部）35集30〜59頁

「H. プロイスのビスマルク憲法改正提案」社会科学論集29号305〜327頁

1990年

「西ドイツの良心的兵役拒否法制の一断面」法学論叢126巻4・5・6号256〜295頁

「良心的兵役拒否の自由と平等原則——西ドイツの兵役制度の一断面——」『人権の現代的諸相〔阿部照哉先生還暦記念〕』佐藤幸治・初宿正典＝共編）有斐閣、112〜139頁

1993年

「ケルン大学教授カール・シュミット」社会科学論集32号109〜133頁

「ケルン時代のカール・シュミット——ケルゼン罷免問題にも触れつつ」法学論叢132巻1・2・3号115〜154頁

「ボン基本法における《執行権》の概念についての若干の覚え書き——日本

「国憲法上の《行政権》の概念と関連させつつ」法学論叢132巻4・5・6号163〜179頁

「日本国憲法前文冒頭における『国会』の意味」法学論叢133巻6号1〜22頁

„Die Rezeption der europäischen Rechtskultur durch Übersetzung——Eine bibliographische Skizze mit Hinweisen auf die Voraussetzungen eines zukünftigen Kulturaustauschs zwischen Deutschland und Japan", in: *Übersetzen, Verstehen, Brücken bauen* (Göttinger Beiträge zur Internationalen Übersetzungsforschung, Bd. 8, Teil I), hrsg. v. Armin Paul Frank, Kurt-Jürgen Maaß, Fritz Paul u. Horst Turk, Erich Schmidt Verlag, Berlin, S. 376-383.

1994年

「フランクフルト憲法に及ぼしたアメリカ合衆国憲法の影響」法学論叢134巻3・4号97～134頁

1995年

「ドイツ憲法における参議院の法的地位——二院制に関する若干の覚書き」法学論叢136巻4・5・6号135～164頁

「近代国家とデモクラシー思想：ドイツ——イェリネックを中心として」聖学院大学紀要6号84～115頁（聖学院大学総合研究所 News Letter, Vol. 3-3（1994. 03）と同一）

1996年

„Die amerikanischen Einflüsse auf das System der richterlichen Verfassungskontrolle in der japanischen Verfassung", in: *Zwischen Kontinuität und Fremdbestimmung. Zum Einfluß der Besatzungsmächte auf die deutsche und japanische Rechtsordnung 1945 bis 1950. Deutsch-Japanisches Symposion in Tokio vom 6. bis 9. April 1994*, hrsg.v. Bernhard Diestelkamp, Zentaro Kitagawa, Jesef Kreiner, Junichi Murakami, Knut Wolfgang Nörr u. Nobuyoshi Toshitani, J. C. B. Mohr（Paul Siebeck）Tubingen, S. 315-327.

「フリッツ・シュティア＝ゾムロとヴァイマル憲法構想——その中間的覚書き」『宮田豊先生古稀記念 国法学の諸問題』（榎原猛・阿部照哉・佐藤幸治・初宿正典＝共編）嵯峨野書院、189～221頁

「ドイツにおける憲法改正」比較憲法研究8号74～87頁

1997年

「基本法前文における《神》の文言についての若干の覚書き——その成立過程の予備的考察」法学論叢140巻3・4号95～111頁

1998年

「基本法の人権条項の規範性——基本法第1条2項の成立過程と連邦憲法裁判所の判例を中心に」『佐藤幸治先生還暦記念 現代立憲主義と司法権』（米沢広一・松井茂紀・土井真一＝刊行代表）青林書院、247～283頁

1999年

「いわゆるブレーメン条項の適用範囲——統一ドイツにおける宗教教育の新展開」法学論叢

144巻4・5・6号66～95頁

「憲法と芸術の自由」『京都大学法学部創立百周年記念論文集』（同刊行委員会＝編）2巻 103～139頁

「最高裁判所裁判官の定年制——ドイツにおける議論とも関連させつつ」『園部逸夫先生古 稀記念 憲法裁判と行政訴訟』（佐藤幸治・清永敬次＝共編）有斐閣、85～118頁

2000年

「《少数者の人権》について——その素描的覚え書き——」『ホセ・ヨンパルト　教授古 稀祝賀論文集 人間の尊厳と現代法理論』（三島淑臣・稲垣良典・初宿正典＝共編）成文 堂、567～586頁

「法律の一般性と個別的法律の問題——いわゆるオウム規制法の制定を契機として」法学論 叢146巻5・6号26～44頁

„Ein Beitrag zur Diskussion über den Begriff der Volkssouveränität in der japanischen Verfassung", in: *Staat—Souveränität—Verfassung. Festschrift für Helmut Quaritsch zum 70. Geburtstag* (Schriften zum Öffentlichen Recht, Bd. 814), hrsg. v. Dietrich Murswieg, Ulrich Storost u. Heinrich A. Wolff, Duncker & Humblot, Berlin, S. 183-192.

2001年

「集会の自由に関する若干の考察——とくに基本法第8条2項の成立過程を中心として」法 学論叢148巻5・6号90～120頁

2003年

「ドイツの結社法における宗教・世界観団体の地位——1964年法とその改正を中心に」『栗 城壽夫先生古稀記念 日独憲法学の創造力〔上巻〕』（樋口陽一・上村貞美・戸波江二＝ 編集代表）信山社、401～433頁

「現代ドイツにおける宗教と法」『法哲学年報2002』86～97頁

「人權保障理論之新展開——以基本權私人間適用的問題為中心」（蕭淑芬訳）『月旦法學』98 (2003. July) 43～48頁

2005年

「ドイツの連邦憲法裁判所」比較憲法学研究17号29～56頁

「バイエルンにおける法曹養成制度改革の概要と問題点——実地調査に基づく報告」法学論 叢158巻2号1～29頁

2007年

「平等原則の《適用》問題としての非嫡出子相続分差別」『阿部照哉先生喜寿記念論文集 現代社会における国家と法』（佐藤幸治・平松毅・初宿正典・服部高宏＝共編）成文堂、95〜122頁

「基本法第140条の成立過程について」比較憲法学研究18・19号合併号147〜167頁

2008年

「立候補の自由に関する若干の覚書」『佐藤幸治先生古稀記念論文集国民主権と法の支配［下巻］』（初宿正典・米沢広一・松井茂記・市川正人・土井真一＝共編）成文堂、215〜238頁

2009年

「ドイツ連邦共和国基本法の最近5回の改正──2006年8月以降の状況」自治研究2009年12月号3〜27頁

2011年

„Staat und Religion in Japan" (Vortrag gehalten am 12. Juli 2010 im Hörsaal der Julius-Maximilians-Universität Würzburg) 法学論叢168巻6号1〜29頁

2012年

「ドイツの現行憲法秩序における国立大学神学部の地位──ヴァイマル憲法から基本法へ──」曽我部真裕・赤坂幸一＝編『大石眞先生還暦記念 憲法改革の理念と展開 下巻』信山社、197頁〜234頁

「ドイツの基本法における基本権」聖学院大学紀要2011（No. 53）15〜50頁

2013年

「世界観上の告白の自由に関する若干の考察──ドイツ憲法を手掛かりとして」長谷部恭男・安西文雄・宍戸常寿・林知更＝編『現代立憲主義の諸相 高橋和之先生古稀記念 下』有斐閣、259頁〜279頁

2014年

「比較の中の二つの憲法──ドイツと日本」産大法学47巻3・4号30〜88頁

2015年

「出国の自由についての覚書き──ドイツと日本の憲法に照らして」（産大法学49巻1・2号（2015年10月）31〜60頁）

2016年

「具体的規範統制手続の《抽象性》──移送手続に関する若干の覚書き──」（百地章教授

初宿正典先生 略歴・主要著作目録　*887*

古稀記念論文集『憲法と国家の諸相』日本法学82巻3号）343〜374頁

　2017年

「フォルストホフのいわゆる《エーブラハ・セミナー》について」産大法学50巻1・2号
　〔京都産業大学創立50周年記念号〕135〜158頁

　　分担執筆

　　1975年

「憲法の尊重擁護義務」「抵抗権」など9項目『憲法の基礎〔入門編〕』（樋口陽一・佐藤幸
　治＝編）青林書院新社

　　1976年

「農民戦争とルター――アウトハウスと沢崎堅造のルター論について」『農業理論と村落社
　会』（土井康生＝編）有信堂、173〜203頁

「教育権」『判例と解説1：憲法』（阿部照哉＝編）日本評論社、229〜238頁

　　1979年

「社会国家と人権――ドイツ」『基本的人権の歴史』（阿部照哉・種谷春洋・中村睦男・佐藤
　幸治・浦部法穂・初宿正典＝共著）有斐閣（新書）、88〜116頁

　　1980年

「良心の自由と謝罪広告の強制」など6項目『基本判例双書 憲法』（阿部照哉＝編）同文館

　　1983年

「抵抗権」『講座・憲法学の基礎2 憲法学の基礎概念Ⅱ』（杉原泰雄＝編）勁草書房、237〜
　256頁

　　1990年

「憲法の基本原理」「人権の歴史的発展・体系」「思想・良心の自由」『Hand Book 憲法』（阿
　部照哉・松井幸夫＝共編）有信堂、17〜24頁、43〜51頁、85〜90頁

　　1991年

「第16条 請願権」「第18条 奴隷的拘束および苦役からの自由」など5項目『要説コンメン
　タール日本国憲法』（佐藤幸治＝編）三省堂

　　1992年

「日本における宗教団体とその紛争処理」『現代国家と宗教団体』（佐藤幸治・木下毅＝共
　編）岩波書店、273〜323頁

1994年

「ドイツ」『比較憲法入門』（阿部照哉＝編）有斐閣、281〜352頁

1995年

「基本的人権の歴史」『憲法（2）〔第3版〕』（阿部照哉・池田政章・初宿正典・戸松秀典＝共編）有斐閣、1〜32頁

1996年

「憲法と人権——憲法の保障する人権と日本社会」『21世紀日本の人権』（田畑茂二郎＝編）明石書店、11〜33頁

1998年

„Charakter und Grenzen der Befugnisse des OGH, abstrakte Normenkontrolle", in: *Japanische Entscheidungen zum Verfassungsrecht in deutscher Sprache* (Japanisches Recht, Schriftenreihe Japanische Rechtsprechung, Bd. 1), Carl Heymanns Verlag KG, Köln, Berlin, Bonn, Mannheim, S. 453-458.

「政治的統合としての憲法」『憲法五十年の展望Ⅰ統合と均衡』（佐藤幸治・初宿正典・大石眞＝共編）有斐閣、1〜70頁

2000年

「権利章典」ほか6項目『現代法律百科大辞典』（伊藤正己・園部逸夫＝編集代表）ぎょうせい

2001年

「イェリネック」「一木喜徳郎」など憲法史関連の約120項目『三省堂憲法辞典』（大須賀明・栗城壽夫・樋口陽一・吉田善明＝共編）三省堂

「近代ドイツとデモクラシー——G. イェリネックを中心として——」『ヴェーバー・トレルチ・イェリネック——ハイデルベルクにおけるアングロサクソン研究の伝統』（深井智朗／F. W. グラーフ＝共編著）聖学院大学出版会、197〜233頁

2004年

「憲法21条が保障する権利」『憲法学説に聞く——ロースクール・憲法講義』（井上典之・小山剛・山元一＝編）日本評論社、96〜112頁

2008年

「信教の自由」『新版 体系憲法事典』（杉原泰雄＝編）青林書院、475〜480頁

2012年

「板まんだら事件」『時代を刻んだ憲法判例』（石村修・浦田一郎・芹沢斉＝編）尚学社、

初宿正典先生 略歴・主要著作目録　*889*

273〜286頁

2016年

Ein kleiner Beitrag zum Begriff des Staates und der Volkssouveränität in der japanischen Verfassung", in: *Staatsverständnis in Japan. Ideen und Wirklichkeiten des japanischen Staates in der Moderne*, hrsg. v. Kazuhiro Takii / Michael Wachutka, Nomos, Baden-Baden 2016, S. 175-184.

翻　訳　書

1974年

G. ライプホルツ『現代民主主義の構造問題』（阿部照哉、初宿正典、平松毅、百地章＝共訳）木鐸社

マイヤー＝タッシュ『ホッブズと抵抗権』（三吉敏博・初宿正典＝共訳）木鐸社

1976年

C. シュミット・K. シュルテス『ナチスとシュミット』（服部平治・宮本盛太郎・岡田泉・初宿正典＝共訳）木鐸社

1978年

K. フォルレンダー『マキァヴェリからレーニンまで』（宮田光雄＝監訳、須藤祐孝・添谷育志・初宿正典・河島幸夫・油木兵衞＝共訳）創文社

『カール・シュミット論集』（宮本盛太郎・初宿正典＝共編）木鐸社

1980年

H. ヘラー・H. ゲルバー・R. スメント・G. ライプホルツ『ヴァイマル民主主義の崩壊』（宮本盛太郎・初宿正典・西村稔・手塚和男・川合全弘＝共訳）木鐸社

W. ラカー『ワイマル文化を生きた人々』（脇圭平・八田恭正・初宿正典＝共訳）ミネルヴァ書房

G. シュワーブ『例外の挑戦』（服部平治・初宿正典・宮本盛太郎・片山裕＝共訳）みすず書房

1981年

『人権宣言論争』（初宿正典＝編訳）みすず書房

1983年

K. ヘッセ『西ドイツ憲法綱要』（阿部照哉・初宿正典・井口文男・永田秀樹・武永淳＝共訳）日本評論社

890

1985年

S. ライプホルツ＝ボンヘッファー／ G. ライプホルツ『ボンヘッファー家の運命──その苦難・抵抗・勝利』新教出版社

1987年

C. シュミット『ヨーロッパ法学の状況』（初宿正典・吉田栄司＝共訳）成文堂

1988年

「ドイツ連邦共和国基本法（解説と邦訳）」『解説 世界憲法集』（樋口陽一・吉田善明＝共編）三省堂

1989年

M. クリーレ『平和・自由・正義』（初宿正典（代表）・吉田栄司・長利一・横田守弘＝共訳）御茶の水書房

1991年

「ドイツ連邦共和国基本法（解説と邦訳）」『解説世界憲法集〔改訂版〕』（樋口陽一・吉田善明＝共編）155～214頁

「ドイツ民主共和国憲法」『世界の憲法集』（阿部照哉・畑博行＝共編）259～276頁

1992年

H. クヴァーリチュ『カール・シュミットの立場と概念──史料と証言』（宮本盛太郎・初宿正典・古賀敬太＝共訳）風行社

1993年

H. クヴァーリチュ『カール・シュミットの遺産』（初宿正典・古賀敬太＝共編訳）風行社

「ドイツ連邦共和国基本法（解説と邦訳）」『解説世界憲法集〔第3版〕』（樋口陽一・吉田善明＝共編）三省堂

1994年

『ドイツ憲法集』（高田敏・初宿正典＝共編）信山社

1995年

『イェリネックとブトミー人権宣言論争』（初宿正典＝編訳）みすず書房

1997年

『ドイツ憲法集〔第2版〕』（高田敏・初宿正典＝共編）信山社

1999年

E. -W. ベッケンフェルデ『現代国家と憲法・自由・民主制』（初宿正典＝編訳）風行社

初宿正典先生 略歴・主要著作目録　*891*

2001年

「ドイツ連邦共和国基本法（解説と邦訳）」『解説世界憲法集〔第4版〕』（樋口陽一・吉田善明＝共編）三省堂

『ドイツ憲法集〔第3版〕』（高田敏・初宿正典＝共編）信山社

2003年

『原典対訳 連邦憲法裁判所法』（初宿正典・須賀博志＝編訳）成文堂

「人権保障理論之新展開──以基本權私人間適用的問題為中心」（蕭淑芬訳）『月旦法學』98（2003. July）43～48頁

2005年

『ドイツ憲法集〔第4版〕』（高田敏・初宿正典＝共編）信山社

2006年

K. ヘッセ『ドイツ憲法の基本的特質』（初宿正典・赤坂幸一＝共訳）成文堂

『新解説世界憲法集』（初宿正典・辻村みよ子＝共編）三省堂

2007年

『ドイツ憲法集〔第5版〕』（高田敏・初宿正典＝共編）信山社

2010年

『ドイツ憲法集〔第6版〕』（高田敏・初宿正典＝共編）信山社

『新解説世界憲法集〔第2版〕』（初宿正典・辻村みよ子＝共編）三省堂

2014年

『新 解説世界憲法集〔第3版〕』（初宿正典・辻村みよ子＝共編）三省堂

2016年

『ドイツ憲法集〔第7版〕』（高田敏・初宿正典＝共編）信山社

2017年

『新 解説世界憲法集〔第4版〕』（初宿正典・辻村みよ子＝共編）三省堂

2018年

『ドイツ連邦共和国基本法──全訳と第62回改正までの全経過』（初宿正典＝訳）信山社

その他の翻訳

1976年

J. K. ブルンチュリ「ヨハネス・アルトゥージウス」社会科学論集14・15合併号125～139頁

1978年

H. v. ボルヒ「抵抗権は不要か」社会科学論集17号214～218頁

1979年

J. ハスハーゲン「シュミットとスメントの憲法理論 Ⅰ：カール・シュミットの憲法論
（上）（下）」（初宿正典・手塚和男＝共訳）創文183号、184号6～9頁

J. ハスハーゲン「シュミットとスメントの憲法理論 Ⅱ：ルードルフ・スメントの統合理論
（上）（下）」（初宿正典・手塚和男＝共訳）創文187号、188号12～15頁

1981年

G. イェリネック「国家論におけるアダム」社会科学論集20号221～244頁

H. ヴァインカウフ「抵抗権について」社会科学論集21号191～200頁

1983年

「G. ライプホルツの D. ボンヘッファー論――ライプホルツの死に寄せて（追悼と翻訳）」社
会科学論集23号129～156頁

C. シュミット「マキァヴェリ論」みすず273号29～34頁

「ヨハネス・リムネウス」小林孝輔監訳『ドイツ法学者事典』170～174頁

1984年

「シェルスキー『ホッブズ論』の運命」政法論集4号59～68頁1985（昭和60）年

G. ライプホルツ「ナチズム・教会・抵抗運動」社会科学論集25号255～275頁

G. ライプホルツ「政治と自然法」政法論集5号63～69頁

A. ホラーバッハ「現今のドイツ法学における自然法の問題」日独法学9号19～40頁

1987年

H. コーイング「19世紀におけるナショナルな法典編纂とヨーロッパ的法論議 ――近代私法
のヨーロッパ的基礎」

『上山安敏教授還暦記念論集 ドイツ近代の意識と社会』（河上倫逸＝編）ミネルヴァ書房190
～206頁（吉原達也・初宿正典＝共訳）

H. ショラー「ドイツ連邦共和国における憲法裁判制度」自治研究63巻6号95～110頁

シュミット「カール・シュミットとの対話――シュミット、彼自身を語る」みすず320号9
～32頁

1988年

「『裏返しの官憲国家？』――ヴァイマル憲法草案起草者 H. プロイスの誕生」政法論集8号
23～31頁

初宿正典先生 略歴・主要著作目録　*893*

1989年

ホセ・ヨンパルト「『人間の尊厳』について」ほうしん23号1990（平成2）年

F. キューブラー「法廷としての公衆」（初宿正典・海老原明夫＝共訳）日独法学13号1〜16頁

1996年

「信教の自由に基づく治療拒否と刑事訴追——福音主義兄弟団事件判決——」ドイツ憲法判
　　例研究会＝編『ドイツの憲法判例』92〜97頁

2003年

「良心的兵役拒否権とその限界——第1次良心的兵役拒否事件」ドイツ憲法判例研究会＝編
　　『ドイツの憲法判例（第2版）』144〜151頁

『海外の宗教事情に関する調査報告書 資料編2　ドイツ宗教関係法令集』（初宿正典・片桐直
　　人・京都大学法学部宗教法令研究会＝共訳）

　　　資　　　料

1979年

「ヘレンキームゼー草案の基本権部分——ボン基本法およびヴァイマル憲法との対比におい
　　て」社会科学論集18号203〜219頁

1980年

「ヘレンキームゼー草案（続）——大統領と連邦政府」社会科学論集19号209〜220頁

1982年

「ヘレンキームゼー草案（三）——裁判に関する部分——」社会科学論集22号249〜261頁

「フランクフルト憲法——1849年3月26日のドイツ・ライヒ憲法」（初宿正典・高田篤＝共
　　訳）法学論叢131巻6号95頁以下

1986年

「G. ライプホルツの死をめぐる西ドイツの反響」社会科学論集26号191〜200頁

1988年

「フーゴ・プロイスのヴァイマル憲法草案」社会科学論集28号205〜236頁

1991年

「E. カウフマンとその『ニコラスゼー・ゼミナール』について」法学論叢129巻3号108〜
　　126頁

894

1995年

「最近のドイツの憲法改正について（1）」自治研究71巻2号3〜14頁

「最近のドイツの憲法改正について（2）」自治研究71巻3号3〜11頁

判例評釈等

1978年

「思想・良心の自由の保障の効果」ジュリスト増刊『憲法の争点』（小嶋和司＝編）76〜77頁

1980年

「良心の自由と謝罪広告の強制」別冊ジュリスト No. 68『憲法判例百選Ⅰ』（芦部信喜＝編）44〜45頁

「思想・良心の自由の保障の効果」ジュリスト増刊『憲法の争点（増補）』（小嶋和司＝編）76〜77頁

1985年

「信条による差別」「沈黙の自由」「信教の自由」「政教分離の原則」『ワークブック憲法〔新版〕』（池田政章・阿部照哉＝共編）有斐閣、79〜86頁

「思想・良心の自由の保障の効果」『憲法の争点〔新版〕』（小嶋和司＝編）91〜92頁

「わいせつ文書取締りと表現の自由（チャタレー事件）」『憲法の基本判例』（樋口陽一＝編）73〜77頁

1986年

「『帝銀事件』」人身保護請求事件」ジュリスト臨時増刊『昭和60年度重要判例解説』25〜6頁

1987年

「《忠魂碑》前での慰霊祭と憲法の政教分離原則——箕面市忠魂碑・慰霊祭訴訟控訴審判決についての若干の所感」ジュリスト1987年10月1日号22〜30頁1988（昭和63）年

「良心の自由と謝罪広告の強制」『憲法判例百選Ⅰ（第2版）』62〜63頁1989（平成元）年

「箕面市遺族会補助金等違憲訴訟第一審判決」法学教室102号70〜71頁1990（平成2）年

「玉串料等の公金支出と政教分離」法学教室113号別冊（判例セレクト '89）9頁

「長崎市忠魂碑訴訟について」自治研究66巻11号74〜80頁

1991年

「岩手靖国住民訴訟控訴審判決と違憲審査権の行使」ジュリスト979号39〜43頁

初宿正典先生 略歴・主要著作目録　*895*

1994年

「思想・良心の自由と謝罪広告の強制」別冊ジュリスト No. 130『憲法判例百選Ⅰ〔第3版〕』（芦部信喜・高橋和之＝共編）74〜75頁

1995年

「判例評釈：青少年保護育成条例によるコンピユーター・ゲームソフトの有害図書指定と表現の自由の制限の合憲性」判例評論431号（判時1509号）202〜206頁

1996年

「わいせつ文書取締りと表現の自由（チャタレー事件）」『憲法の基本判例〔第2版〕』（樋口陽一・野中俊彦＝共編）80〜84頁

2000年

「良心の自由と謝罪広告の強制」別冊ジュリスト No. 154『憲法判例百選〔第4版〕』（芦部信喜・高橋和之・長谷部恭男＝共編）78〜79頁

2007年

「宗教上の教義に関する紛争と司法権──『板まんだら』事件」『憲法判例百選Ⅱ〔第5版〕』（高橋和之・長谷部恭男・石川健治＝共編）420〜421頁

2012年

「判例批評：衆議院小選挙区選挙における一人別枠方式等の合憲性」民商法雑誌146巻4・5号（7・8月号）452〜477頁

2013年

「空知太神社事件第二次上告審判決（最一判平成24年2月16日民集66巻2号673頁）『ジュリスト臨時増刊・平成24年度重要判例解説』（平成25年4月10日発行）22〜23頁

書評・随想・その他

1975年

「（紹介）アルトゥージウス協会『アルトゥージウス文献目録──16〜18世紀政治思想史・国家論・国法・憲法史文献 2巻』」法律時報47巻3号86〜90頁（阿部照哉・初宿正典＝共同執筆）

「馭者が酔っ払ってしまったら」創文138号3〜7頁

「ある名判決──浅見仙作事件」『ほうしん』（愛知教育大学法律研究会）10号1〜13頁

896

1977年

「ドイツ留学四ヶ月」社会科学論集16号193〜204頁

「ヘルボルン大学とその今日——アルトゥージウスをたずねて」社会科学の方法100号7〜
9頁及び表紙裏

1978年

「公法学者ライプホルツの亡命の前半生（上）（下）」未来 No. 141（47〜50頁、No. 142（30
〜33頁）

1979年

「C. シュミットの『陸と海』概念の起源——彼の思想形成に占める『故郷』の重要性の一断
面」みすず231号13〜17頁＋12頁

「思想・良心の自由（1）」「思想・良心の自由（3）」別冊法学セミナーNo. 39『司法試験シ
リーズ1 憲法』82〜84頁、87〜89頁

「抵抗権」Law School（立花書房）12号116〜118頁

1980年

「実定法上の抵抗権——菅野教授の抵抗権論について」社会科学の方法131号1〜7頁

「書評："主権概念の社会学" 復権を図る」日本読書新聞1980年6月30日号

1981年

「坂口先生の追憶」『ぱいらんと火炎木——坂口正司遺稿集』（小野忠人・脇坂伝兵衛＝共
編）264〜266頁

1982年

「今は亡き恩師を想う」愛教大学園だより33号

„46. Tagung der Japan Public Law Association—Kelsen und Japan; Wirtschaft und Ver-
waltung—", in: *Deutsches Verwaltungsblatt* (*DVBl*), 97. Jahrgang, Nr. 3/4 1982 von 20.
Februar, S. 183 f. (Reinhard Neumann, Masanori Shiyake u. Hisashi Hiraoka)

「刑法200条と適用違憲の可能性——最高裁判例の論理に則して」ジュリスト766号82〜85頁

「シュミットと『抵抗権』——山下・根森氏の批判への若干の回答」『法の理論2』187〜
196頁

1983年

「良心の自由（1）」「良心の自由（3）」『別冊法学セミナー司法試験シリーズ（1）憲法
［新版］』（吉田善明・中村睦男＝共編）81〜83頁、86〜88頁

「私の姓をめぐる雑感——自己紹介に代えて」京大教養部報 No. 132号6〜7頁

初宿正典先生 略歴・主要著作目録　*897*

「憲法と抵抗権」名古屋政経社教育研究会・研究集録10号4～7頁

「ライプホルツ追想」木鐸11号4～5頁

1984年

「ベルとライプホルツの往復書簡集——宮本盛太郎『宗教的人間の政治思想』に寄せて」木鐸15号5頁

「マルティン・モールの『人権』宣言論について」政法論集4号81～94頁

「カール・シュミット『レヴィアタン論』新装版刊行に寄せて」みすず1984年6／7号26～34頁

1985年

「抵抗権」平凡社・世界大百科事典10巻37～38頁

「カール・シュミットの死——実像がさらに浮彫りにされることを期待」週刊読書人1985／5／20号8頁

「ライプホルツとボンヘッファー」京大教養部報147号6頁

「カール・シュミットの死に寄せて——その生涯・作品・研究動向概観」法学セミナー1985年7月号84～87頁

「『ボンヘッファー家の運命』翻訳余話」新教1985年夏季号（40巻12号）2～3頁

「G.ライプホルツのシュミット批判」政法論集5号81～84頁

1986年

「書評・山下威士著『カール・シュミット研究』」朝日ジャーナル1986.6.20号75～6頁

「〈的〉付き形容詞の多用」ジュリスト873号69頁1987（昭和62）年

「答案の誤字」法学教室1987年5月号84頁1988（昭和63）年

「C.シュミットにおける《学問と政治》あるいは《理論と実践》——C.シュミットとの対話（続）」みすず325号14～21頁

「雑感——個人主義と民主主義」木鐸53号

「カール・シュミットの憤慨の書簡」みすず331号25～31頁

「ニュルンベルクにおけるカール・シュミットの尋問」みすず333号50～64頁

1989年

「当世学生気質と法学教室」（西村健一郎・西井正弘・初宿正典＝共同執筆）書斎の窓388号14頁以下

1990年

「読書随想（エドワード・ホール『かくれた次元』）」法学セミナー1990年7月号131頁

「『ドイツ統一』とボン基本法の改正」ドイツ文化・社会史学会会報5号31～32頁

1991年

「シンポジウム『ベルリンの壁』」日独文化研究所報26～27頁

1992年

「天皇の権能」法学教室1992年6月号20～21頁

「近ごろちょっと気になる言葉」書斎の窓1992年9月号34～35頁

1993年

「外国人と憲法上の権利――とくに定住外国人の《参政権》を中心に」法学教室152号49～54頁

「ドイツ統一後の基本法改正について」ジュリスト1023号95～98頁

「税関検査と憲法」法学教室156号18～23頁

1994年

「家族をめぐる憲法問題――とくに最近の裁判例を中心に」法学教室160号61～69頁

「阿部照哉先生の思い出」有信会誌36号36～37頁

「最高裁判所の裁判における個別意見表示制」法学教室164号38～45頁

「思想・良心の自由と謝罪広告」別冊法学セミナーNo. 129司法試験シリーズ／第3版『憲法Ⅱ［基本的人権］』（岩間昭道・戸波江二＝共編）92～93頁

「最近気になっているコトバ」京都府地方労働委員会会報

「定住イギリス人の地方参政権」（初宿正典・時本義昭＝共同執筆）ジュリスト1045号71～72頁

「子どもの基本権」法学教室168号67～76頁

1995年

「表現の自由の限界――犯罪方法を伝授する出版物と『二重の基準』の適用」法学教室172号42～47頁

「学界展望」公法研究57号245～280頁

1996年

「ポストノーティス命令は法人の良心の自由の侵害か？」京都府地方労働委員会事務局＝編『五十年史』13～14頁

「ドイツにおける『立法としての憲法改正』」立法に関する総合的研究（平成7年度特定研究経費研究報告書）

「学界展望」公法研究58号274～301頁

初宿正典先生 略歴・主要著作目録　*899*

1997年

「家菜の人（1）」～「家菜の人（10）」書斎の窓 No. 461～470号

「信教の自由と政教分離——概観と展望」公法研究59号242～251頁

1999年

「公式判例集をよく読もう——憲法判例の読み方」法学教室222号 4 ～ 9 頁

「憲法前文の法的効力」『憲法の争点〔第 2 版〕』（高橋和之・大石眞＝共編）288～289頁

「憲法改正手続についての諸問題」『憲法の争点〔第 2 版〕』（高橋和之・大石眞＝共編）288
　　～289頁

「憲法だって変わるのだ！——『目で見る憲法』編集雑記」書斎の窓1999年 7 ・ 8 月号24～
　　28頁

2000年

「情報公開制度の発展と情報公開制度をめぐるいくつかの問題」平成11年度教育改善推進費
　　プロジェクト「研究・教育と情報公開」 1 ～33頁

2001年

「ドイツ宗教団体に関する法制度」『海外の宗教事情に関する調査報告書』（文化庁）187～
　　197頁

「ドイツ連邦共和国憲法概要」参議院憲法調査会事務局

2002年

「集会・結社・表現の自由」（特集・重要条文コンメンタール・憲法）法学教室260号22～23
　　頁22～23頁

「社会的権力と内心の自由」ジュリスト1222号52～59頁

「随想：ネオテニー」書斎の窓 6 ～ 8 頁

「憲法保障に関する主要国の制度——憲法改正・憲法裁判・緊急事態法制」参議院憲法調査
　　会事務局

2003年

「騒音の国ニッポン」京都府地労委年報

「ドイツの結社法改正と宗教団体の地位」ジュリスト1243号50～51頁

「安枝先生との出会いと別れ」安枝惠『盈進 安枝英 追悼集』89～90頁

「結社の活動と構成員の『思想・信条の自由』の衝突」法学教室272号20～28頁

「いわゆる環境保護と財産権の行使の規制」参議院憲法調査会事務局

「人権保障理論之新展開」（蕭淑芬訳）『月旦法学』98号43～48頁

900

「憲法21条が保障する権利」（初宿正典・小山剛＝共同執筆）法学セミナー102〜109頁

2005年

「バイエルンにおける法曹養成制度改革の概要と問題点——実地調査に基づく報告」科研費
報告書

2007年

「調査報告：ドイツにおける法曹養成制度改革と残された問題点——バイエルンでの実地調
査に基づく報告」京都大学法科大学院教育改善活動資料集第3号『ヨーロッパにおけ
る法曹養成の制度と実態の調査——ドイツ・オーストリア編——』29〜48頁

2008年

「ドイツ」（初宿正典・片桐直人＝共同執筆）『海外の宗教事情に関する調査報告書』（文化
庁）49〜91頁

「憲法前文の法的効力」『憲法の争点〔第3版〕』（高橋和之・大石眞＝共編）14〜15頁

2012年

「衆議院小選挙区選挙における一人別枠方式等の合憲性」（判例批評）民商法雑誌146巻4・
5号452〜477頁

2013年

「空知太神社事件第二次上告審判決」（ジュリスト臨時増刊・平成24年度重要判例解説）22
〜23頁

2015年

「私にとってのドイツ」『文明と哲学』（日独文化研究所年報）第7号（こぶし書房）162〜
165頁

2016年

「ことばの違和感」（論究ジュリスト19＝2016年／秋号）1頁

2017年

「《翻訳文化としての法律学》閑話」『文明と哲学』（日独文化研究所年報）第9号（こぶし
書房）246〜262頁

2018年

「ミュンヘンかミュンヒェンか」近畿化学工業界（きんか）2018年7月号（通巻783号）5
〜6頁

執筆者一覧

赤 坂 幸 一	（あかさか こういち）	九州大学大学院法学研究院准教授
稲 葉 実 香	（いなば みか）	金沢大学大学院法務研究科准教授
井 上 武 史	（いのうえ たけし）	九州大学大学院法学研究院准教授
上 田 健 介	（うえだ けんすけ）	近畿大学大学院法務研究科教授
大 石 　 眞	（おおいし まこと）	京都大学名誉教授
尾 形 　 健	（おがた たけし）	同志社大学法学部・法学研究科教授
奥 村 公 輔	（おくむら こうすけ）	駒澤大学法学部准教授
片 桐 直 人	（かたぎり なおと）	大阪大学大学院高等司法研究科准教授
樺 島 博 志	（かばしま ひろし）	東北大学大学院法学研究科教授
岸 野 　 薫	（きしの かおり）	香川大学法学部准教授
倉 田 原 志	（くらた もとゆき）	立命館大学法学部教授
齊 藤 芳 浩	（さいとう よしひろ）	西南学院大学法学部教授
櫻 井 智 章	（さくらい ともあき）	甲南大学法学部教授
篠 原 永 明	（しのはら のりあき）	甲南大学法学部准教授
白 水 　 隆	（しろうず たかし）	千葉大学大学院専門法務研究科准教授
須 賀 博 志	（すが ひろし）	京都産業大学法学部教授
鈴 木 　 敦	（すずき あつし）	山梨学院大学法学部准教授
曽 我 部 真 裕	（そがべ まさひろ）	京都大学大学院法学研究科教授
髙 井 裕 之	（たかい ひろゆき）	大阪大学大学院法学研究科教授
高 田 　 篤	（たかだ あつし）	大阪大学大学院法学研究科教授
田 近 　 肇	（たぢか はじめ）	近畿大学大学院法務研究科教授
土 井 真 一	（どい まさかず）	京都大学大学院法学研究科教授
時 本 義 昭	（ときもと よしあき）	龍谷大学社会学部教授
中 山 茂 樹	（なかやま しげき）	京都産業大学法学部教授
二 本 柳 高 信	（にほんやなぎ たかのぶ）	専修大学法学部准教授
藤 井 樹 也	（ふじい たつや）	成蹊大学法学部教授
ペドリサ・ルイス	（Pedriza, Luis）	獨協大学法学部准教授
松 本 哲 治	（まつもと てつじ）	同志社大学大学院司法研究科教授
見 平 　 典	（みひら つかさ）	京都大学大学院人間・環境学研究科准教授
御 幸 聖 樹	（みゆき まさき）	横浜国立大学大学院国際社会科学研究院准教授
毛 利 　 透	（もうり とおる）	京都大学大学院法学研究科教授
山 田 哲 史	（やまだ さとし）	岡山大学大学院社会文化科学研究科准教授
山 中 倫 太 郎	（やまなか りんたろう）	防衛大学校人文社会科学群公共政策学科教授
梁 　 邵 英	（やん そうよん）	成均館大学法学研究所先任研究員
横 田 守 弘	（よこた もりひろ）	西南学院大学大学院法務研究科教授

比較憲法学の現状と展望　初宿正典先生古稀祝賀

2018年9月20日　初版第1刷発行

編集委員　　毛利　透
　　　　　　須賀博志
　　　　　　中山茂樹
　　　　　　片桐直人

発　行　者　　阿部成一

〒162-0041　東京都新宿区早稲田鶴巻町514
発　行　所　　株式会社　成文堂
電話03(3203)9201(代)　FAX03(3203)9206
http://www.seibundoh.co.jp

製版・印刷　藤原印刷　　　　　　　　　　製本　弘伸製本
©2018　毛利、須賀、中山、片桐　　Printed in Japan
☆乱丁・落丁本はおとりかえいたします☆

ISBN978-4-7923-0636-6 C3032　　　検印省略

定価（本体22,000円＋税）